中远酒店物业管理模式三色书

高档公寓别墅管理

综合管理实务

Management of Top Quality Apartments and
Villas-Integrated Management Practice

主编　傅丽茹

中国旅游出版社

中远房地产开发有限公司总经理
中远酒店物业管理有限公司董事长　李明

　　李明，男，汉族，　1963年9月20日出生，湖北荆门人，硕士，研究生学历(EMBA)。现任第十届北京市政协委员，中国房地产协会理事，高级工程师。

　　主要从事房地产开发经营管理工作。主持开发了北京远洋大厦、远洋天地、远洋都市网景、远洋风景、远洋德邑、远洋山水、凯晨广场、上海国航大厦、广州颐和山庄等知名项目，项目先后获"鲁班奖"、"白玉兰杯"、"全国住宅小区环境特别金奖"、"国家优质工程（银奖）"、"长城杯"、北京10大"畅销楼盘"、"明星楼盘"、全国30大"名盘"等荣誉称号。

　　李明本人先后获得一系列业界荣誉：2002年被建设部《中国房地产报》评选为"中国房地产卓越贡献100人"；2003年被《北京青年报》评为"房地产10大创新人物"；2003年12月24日被《中国建设报》、中国房地产协会、建设部科技司评选为"中国房地产10佳品牌人物"；2004年1月9日，被《新地产》评选为"2003年中国房地产13位地产英雄"；2004年1月11日，被《北京晚报》、《安家》杂志和焦点房地产网联合评选为"2003年北京地产13位影响力人物"。倡导组建了"北京商务中心区（CBD）开发建设有限公司"。参与主持北京朝阳区CBD区域土地开发、整体规划、核心区及基础设施建设等工作。

开拓创新　推动行业发展再创新辉煌

李明

　　由中远酒店物业管理有限公司主编的中远酒店物业管理模式《三色书》与大家见面了。这是一套全面介绍酒店物业管理行业项目经营管理运作的工具书，书中全面总结了酒店物业管理行业发展的最新理论成果，是中远酒店物业公司多年来管理项目积累的成功经验。

　　中国物业管理行业是房地产业分化出来的一个服务行业，经过20多年的探索和实践，从无到有，从小到大，其巨大的社会效益、环境效益、经济效益、强大的生命力和广阔的发展前景，已充分显示出来。中远酒店物业管理有限公司是在我国房地产业、物业管理业发展大潮中诞生的。公司成立以来，物业管理总面积累计超过150万平方米，既有高档宾馆、高档写字楼，也有高档公寓和别墅。作为远洋地产控股有限公司旗下高端物业管理企业的代表，中远酒店物业管理有限公司对于行业的发展作出了积极的贡献。公司成立以来，致力于物业管理的探索和市场开发。在物业管理和服务实践中，积累了宝贵的经验。

　　随着行业发展和政策法规的不断完善，人们对物业管理的认识从最低的建筑运转维护的要求，发展到对环境、文化的更高品质的需要，这就要在完善传统的物业管理服务理念的基础上，引入创新的物业管理方式，从而更好地体现以人为本的理念，实现与客户共同发展的目标。

　　中远酒店物业管理模式《三色书》，系统介绍了物业管理项目科学管理、服务以及运作的制度、流程、标准等。展示了中远酒店物业完善的质量管理体系和已形成的完整的写字楼管理、酒店管理、高档公寓别墅管理等管理模式，以及如何应用科学的理论和方法，把酒店经营管理与写字楼等物业管理服务有机融合，从而形成了具有中远酒店物业特色的物业管理基本思路和理论框架。

　　作为中远酒店物业管理有限公司的董事长，借此机会,我向参与此书编辑工作的各位专家顾问和员工表示感谢，感谢他们为中国酒店物业管理行业发展、中远酒店物业管理有限公司成长所作的卓越贡献。我们希望通过编辑出版中远酒店物业管理模式《三色书》，对我们的工作进行总结，同时，也与同行进行交流和研讨，我们将以更加创新和开放的姿态，为推动我国物业管理行业的发展，创造更辉煌的业绩。

中远酒店物业管理有限公司董事总经理 傅丽茹
北京世纪远洋宾馆有限公司总经理

傅丽茹 女，汉族，本科学历，中共党员。

酒店及物业管理行业资深人士。毕业于西安外国语学院英语系，于1980年1月～1989年10月期间，先后在泰国亚洲帕他亚酒店、美国明尼苏达州大学中国中心学习饭店管理。曾任西安凯悦阿房宫宾馆中方总经理、东方喜来登饭店管理有限公司副总裁、北京燕山大酒店副总经理兼燕山大酒店饭店管理公司筹备处主任。1997年至今任职于中远酒店物业管理有限公司董事总经理。

序 二

积极进取　引领酒店物业管理行业潮流

中远酒店物业公司，是一家物业管理一级资质企业。成立以来，致力于物业管理的探索与市场开发。在物业管理和服务实践中积累了宝贵的经验。我们的目标是以一流的管理、一流的服务，打造一流企业。以文化营造环境、以服务创造效益，实现全面客户满意，使酒店及物业投资项目获得最佳的经济效益。使我们的酒店物业管理公司成为同行业佼佼者。我们致力于推广国际化的酒店、物业管理理念，通过我们专业化的管理和服务，促进物业项目的活化与增值，提高受托物业的市场价值和使用价值。为产权人、使用人取得效益和回报。公司成立之始，就坚持高起点运作，并在实践中不断系统化、规范化、人文化。几年来，发展很快，取得了可喜的社会效益和经济效益。

在现代管理中，首先是规范化的管理，要让管理者知道管什么，怎么管。要将自己的产品规范化，要让员工知道干什么，怎么干。机械化产品有固定的标准、固定的模具、规定的用料、固定的生产流程，所以，一个型号的产品，一个规格，一样的质量。世界上所有的名牌（品牌），无一不是在统一的标准下生产出来的。现在，企业都在强调执行力，而强化执行力的前提是规范化。服务产品，不同于其他产品，它有很多不可预测性，所以，要保持恒久的优质服务，更需要有统一的服务标准。在执行规范化服务的基础上，提倡个性化服务，这样，才能让客人满意。在从事多年的酒店管理、国外酒店管理集团管理和酒店物业管理工作中，我深感规范化的重要。它是管理之本，在规范的基础上，可以变化无穷，我们一流管理、一流服务的基础，首先就是规范化。品牌产品应该包括产品的标准、质量、信誉、服务、美誉度、顾客忠诚度。打造品牌，首先就要打造规范化的标准。

作为一家专业物业公司，市场化运作是我们发展的唯一道路。它要求我们在物业服务中，形成强有力的品牌优势。服务品牌的建设，与一般意义上的有形产品相比有其特殊性。服务是无形的，但是可以感知的，以客户为中心，时刻关注客户的需求，努力满足客户的需求，为其提供优质的服务，是我们坚持不懈的企业理念。

企业文化是指企业的全体成员所共同拥有的理想和信念，它是塑造品牌的基础，是"品牌"的灵魂。企业文化是看不到的，而正是这些看不到的东西，对企业的发展、员工的工作热情、士气、工作方法，甚至企业的生存，有着深远的影响。一个成功的企业品牌的塑造，首先得益于它有一种成功的企业文化。一个根本的原因，就是企业拥有极具影响力的企业文化，能将不同地域、不同背景、不同文化的人们整合到一个团队中来，并产生凝聚力。当前，从某种程度上讲，市场竞争是企业文化的竞争，有"文化定输赢"之说。提高企业整体素质是一个迫切的问题，员工素质不高，既是提高服务水平的障碍，也是制约企业发展的重要因素。企业做不大、做不强，原因就在于缺乏一种企业气质和企业文化。企业氛围不好，沟通不畅，执行力不强，影响了企业的发展。因此，企业文化也是执行规范标准的保证。

中远酒店物业管理有限公司致力于创造信息网络化、安全智能化、物业管理自动化的管理模式，把物业管理向纵深发展，实现全方位服务，规模发展。在以物业服务为基本内容的前提下，成立保洁公司、采购中心、工程技术中心。在管理及运作各类酒店、物业项目的同时，不断将经验进行总结，提炼。总结出了"写字楼管理"、"酒店管理"、"高档公寓别墅管理" 三种管理模式。我们执行现代的、智慧的、关爱的、体贴的管理和服务理念。打造物业服务行业高品质强势品牌，成为引领物业服务行业规模经营的国际化大型企业，是我们的目标。在物业服务上，通过科学、严格、现代化的管理，凭借丰富的管理经验和专业的水平，对写字楼、公寓、别墅等多种业态的高档物业进行日常规范的服务和有效的市场推广，为客户提供高效优质酒店式的服务，营造适合人们工作和居住的美好环境，使客户在这里工作方便，生活舒适；在酒店管理方面，我们以国际标准，结合我国的特点，进行管理和服务，极力为客人营造一个进行商务活动、休闲度假的最佳场所。为客人创造和谐、安静、舒适、温馨的家外之家，为商务客人营造流动的办公室。为了搞好酒店管理，我们吸取了国内外酒店的管理经验，吸纳高星级酒店和顶级写字楼的高级管理人才，同时聘请国外资深酒店管理专家加入我们的队伍，并与世界著名酒店管理集团——最佳西方国际集团（Best Western International）联手合作。凭借多年的管理经验，我们将管理酒店、写字楼的方法用于管理酒店式公寓、别墅，把酒店、公寓的管理模式和酒店的服务结合在一起，融会于各类服务之中，形成一种独特的管理和服务模式。科学、合理、专业是三种模式的编排主旨和特色的所在。它是中远酒店物业各级管理者和全体员工多年辛勤努力的结晶，凝聚着大家的心血和汗水。这三套模式的形成，是中远物业成熟的标志与实力的印证。公司已通过ISO9001国际质量管理体系认证、ISO14001环境管理体系及OH-SAS18001职业健康安全管理体系专业认证。ISO10002：2004投诉管理体系的认证并被国家建设部批准为国家"物业管理一级资质企业"。我们在员工中树立"以人为本、全面客户满意"的服务理念。物业服务企业是服务性行业，服务者和被服务者都是人，这就决定了物业管理公司要摆正服务过程中"人"的位置，关注人的需求。

同时，贯彻规范化的管理体制，要求物业服务的每一项工作，乃至每一个环节都有章可循，有法可依，避免因人为因素造成操作的随意性，以保证工作质量，提高工作效率。

推动创造性思维的开发，市场经济，意味着竞争，如何在激烈的竞争中生存并持续发展，是每一个企业所面临的问题。市场经济体制的逐步确定，知识经济时代的到来，使企业的经营管理面临前所未有的机遇和挑战。企业要发展，并在竞争中取得优势，造成强势，就必须要运用创造性思维指导企业的经营管理，不断进取，不断创新。

为了把管理和服务规范化，针对高档写字楼、高档酒店、高档公寓和别墅的不同特点，分别编写成酒店管理、写字楼管理、高档公寓别墅管理三种模式的《三色书》。

"红皮书"主要是公司（包括各管理项目）的综合管理规章制度、大政方针；"黄皮书"是管理实务、岗位职责、工作程序和标准；"蓝皮书"是培训教材，主要是培训的要求、方式、内容和培训方法。以公司和部门的不同要求，进行编写和组织。《三色书》是公司全体员工的行为规范和工作指南。

随着旅游业的发展，我国酒店业，汹涌澎湃，全国星级酒店超万家，酒店管理的水平日益提高。作为新型产业的物业管理企业，随着我国房地产业的发展，也如雨后春笋。酒店物业前景广阔。我们把酒店管理和物业服务结合在一起，形成我们特有的模式，突显我们在两个方面的优势。

《韩非子·喻老》曰："天下之难事，必作于易；天下之大事，必作于细。"老子曰："治大国，若烹小鲜。"这种治国有道，治事守则的思想，对我们是很有启迪的。

出版管理模式的系列《三色书》是我们打造中远酒店物业品牌、规范中远酒店物业管理模式和服务模式的重要手段之一，也是建设企业文化的重要组成部分，更是我们实现创国际化大型企业的重要措施。

由于我们的几种模式还在摸索中，经验不足，加之时间较紧，有不当之处，敬请各界专家、朋友指正。

远洋大厦

中远酒店物业企业背景

　　中远酒店物业管理有限公司成立于1997年,注册资本为950万元人民币。为适应现代企业制度的需要,符合物业管理行业国际化的发展趋势,公司在远洋地产控股有限公司（原中远房地产开发有限公司）的大力支持下,于2006年,改制为中外合资企业。公司的注册资本增长为1266.66万元人民币。

　　远洋地产控股有限公司作为中远酒店物业管理有限公司的上级公司,秉承"朝气、创新、可靠"的企业精神,其"远洋"系列地产项目,已成为著名的品牌。远洋地产控股有限公司,已发展成为中国最具成长性和市场竞争力的房地产开发商、服务商与资产运营商之一。中远酒店物业管理有限公司是具有国家物业管理一级资质的企业,是中国物业管理协会理事单位,中国旅游饭店协会会员单位。通过ISO9001质量管理体系、ISO14001环境管理体系、OSHAS18001职业健康安全管理体系及ISO10002：2004投诉管理体系认证。

　　公司致力于推广国际化的物业管理理念,通过专业化的管理服务,提高受托物业

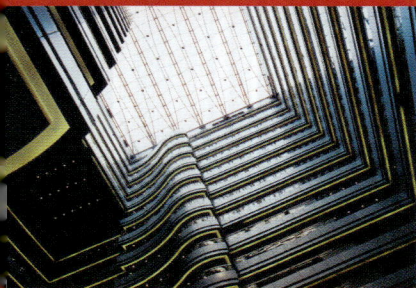

的市场价值和使用价值，为产权人、使用人取得管理效益和投资回报。公司一开始就在高起点上运作，并且在实践中不断使管理与服务系统化、规范化、人文化。公司致力于创造信息网络化、安全智能化、物业自动化的管理模式。

公司已经成功形成了三套独特的管理模式："写字楼管理"、"酒店管理"、"高档公寓别墅管理"，同时在多年管理运作项目经验的基础上，在业内成功进行了多项管理改革创新，成立了保洁中心、采购中心，将项目管理支持集中到公司的经营管理部门。公司在给项目管理支持的同时，在资源支持方面实现了规模效益和降低管理成本的目的，为所管项目大大节约了成本支出，有效地提高了各项目的服务质量，提高了客户满意度。公司服务的物业项目，在市场上建立了良好的物业形象，并取得了较好的社会效益，得到了旅游系统管理部门、物业行业管理部门及业内同行肯定。

中远酒店物业管理有限公司拥有来自于知名星级酒店、顶级写字楼的各类专业人才和复合型管理人才，同时外聘具有国际及香港物业管理背景的专家加盟管理团队。公司拥有员工1000余人，制度严谨完善，市场运作规范。在全力开拓物业管理和酒店管理服务的同时，同步展开其他单项服务业务，包括发展顾问、工程顾问、咨询服务等。经过实践与磨炼，中远酒店物业管理有限公司在高档办公物业、高档住宅公寓别墅物业、酒店的经营管理上，积累了丰富的管理运作经验，形成了完整实用的综合管理体系。

公司各级管理人员、专业人员具有崇高的敬业精神和团队精神，业务技术素质高，责任心强。多年的管理实践证明，公司具备了丰富的物业和酒店管理经验，尤其是对于如何针对物业特点和委托人要求，进行物业品牌的塑造和社会形象的维护，对于物业管理的成本控制等，有着独到的经验。同时，在物业管理过程中，不断进行管理服务创新，最大限度地满足客户的需求。

公司具备持续的市场核心竞争力，针对性的管理设计和服务设计的创新能力，并已成功地应用在所管理的不同类型项目上，与发展商、产权人一起，为物业项目的保值增值辛勤工作。公司将一如既往地保持企

业战略目标，用心打造物业管理品质，努力使公司成为全国知名的高端物业服务专家。

重点项目介绍如下：

远洋大厦：位于复兴门内、长安街和金融街的交会点上，地理位置极为优越。总投资21.5亿元人民币。占地面积17535平方米，总建筑面积11万平方米，总高度72.5米。面积1600平方米的中空采光顶大堂，挑高68米，直达楼顶，宏伟壮观，体量为亚洲第一。大堂中设置一尊由英国著名雕塑大师Richard Deacon设计创作的抽象雕塑四海一家（Just Us），这是第一部由西方艺术家在中国的鸿篇巨制，大厦的优越品质吸引了国内外众多大型企业集团的关注，中远集团、国家开发银行、深圳发展银行、贸促会专利商标事务所、中国太平洋保险公司北京分公司等大型企业均选择了远洋大厦作为办公地点。是公司2001年正式接管的高档写字楼项目。自2001年5月与北京远洋大厦有限公司签订《物业委托管理合同》至今，中远酒店物业管理有限公司对远洋大厦提供了高品质的物业服务，优质的服务得到了业内人士及客户的一致认可与好评。

世纪远洋宾馆：位于北京市东三环南路的高档商业文化中心，是一家四星级高档商务涉外旅游酒店。宾馆紧邻国贸商圈，地处北京古玩城南侧，与首都图书馆隔街相望。世纪远洋宾馆拥有装饰风格别致的各类标准间、豪华套房280套，及风格幽雅的餐厅、酒吧，设备先进的豪华宴会厅、会议厅、商务中心、花店、商品部及康体娱乐项目，是您商务旅游的理想下榻之所。2002年6月，世纪远洋宾馆正式开业，并由我公司进行经营管理。世纪远洋宾馆是享誉世界的Best Western在北京市的第一家战略合作伙伴，Best Western为宾馆带来了先进的管理理念，从而全面提升了宾馆的服务管理水平。

远洋新干线：坐落在东三环燕莎商圈繁华的城市曲线上，项目被南银大厦、国航大厦、鹏润大厦、中旅大厦、希尔顿酒店、长城饭店、昆仑饭店、京城大厦、凯宾斯基饭店等众多高档写字楼与五星级酒店所包围，临近第二、第三使馆区，紧临机场高速路，紧邻东三环。2005年8月，正式入住，由我公司提供物业服务。

远洋新干线是集"LOFT公寓"、"高级公寓"、"酒店式公寓"、"街区商业"、"高级会所"、"英式园林"于一身的综合社区，总建筑面积24万平方米，主力户型为100～160平方米，全部精装修，6栋塔楼同期施工同期入住，绝佳的地理位置、高

级的产品组合形态、现代极少主义的建筑风格、国际品牌的配套设备，使远洋新干线成为东三环上美丽的亮点。

远洋国际中心：坐落于北京市朝阳区东四环慈云寺桥东南角，西临东四环中路，北侧紧邻朝阳路。占地3.67万平方米，总建筑面积23万平方米。为"A座"、"B座"、"C座"、"D座"四栋相对独立的建筑，其中"A座"为甲级写字楼，"B座"为酒店服务式公寓，"C座"、"D座"为SOHO。建筑高度：A座129.9米，B座79.8米，C、D座94.8米，由中远酒店物业公司于2006年11月正式提供物业服务。

远洋·光华国际：地处北京市朝阳区光华路，位于北京中央商务区（CBD）成熟商圈的中心位置，地理位置优越，交通便利。总建筑面积21.2万平方米，是融写字楼、服务式公寓及商业为一体的国际化顶级商务综合体。

公司成立以来，管理物业面积累计超过150万平方米，经管、在管、待管的部分项目包括：

远洋大厦（高档写字楼）

世纪远洋宾馆（高档酒店）

远洋大厦餐厅（高档写字楼配套餐厅）

远洋新干线（高档公寓）

远洋国际中心（大型综合物业：写字楼、酒店式公寓、SOHO）

远洋·光华国际（高档写字楼、公寓、商业等）

上东别墅（高档别墅）

远洋花园

广东中山远洋城（会展、酒店、公寓）

天津远洋宾馆

金宸国际公寓

交通部党校（交通干部管理学院）（国家企事业单位）

远洋都市网景小区（高档住宅）

上海国航大厦（写字楼）

北京远洋酒店

青岛远洋宾馆

北京双龙宾馆

目　　录

第一部分　前期物业管理

前　言 ··· 7
　一、设计规划阶段 ·· 7
　二、施工阶段 ·· 9
　三、接管验收阶段 ·· 10
　四、物业管理前期文件准备 ·· 11

第二部分　管理制度

第一章　行政管理 ·· 116
　一、概述 ·· 116
　二、文件管理 ·· 116
　三、会议管理 ·· 121
　四、值班管理 ·· 123
　五、保密管理 ·· 124
　六、印章使用管理 ·· 125
　七、办公设备管理 ·· 126
　八、计算机管理 ·· 128
　九、劳保用品管理 ·· 131
　十、工作餐管理 ·· 134
　十一、办公用品领用管理 ·· 135
　十二、药箱管理 ·· 135
　十三、"员工之家"管理规定 ·· 136
　十四、行政管理手册 ·· 137

第二章　人力资源管理 ·· 254

　一、概述 ·· 254

　二、入职管理 ·· 254

　三、定职 ·· 255

　四、员工考核 ·· 256

　五、培训及员工再教育 ·· 257

　六、终止雇佣 ·· 258

　七、假期管理 ·· 260

　八、社会保险 ·· 263

　九、工资及福利管理 ·· 264

　十、奖惩条例 ·· 268

　十一、《员工手册》 ·· 271

　十二、员工福利 ·· 278

　十三、员工休假管理规定 ·· 279

　十四、工资支付管理规定 ·· 287

　十五、劳动合同管理 ·· 292

　十六、职场规范 ·· 293

　十七、员工职务行为准则 ·· 296

　十八、安全守则 ·· 299

　十九、奖惩制度 ·· 300

　二十、附则 ··· 305

　二十一、员工回执 ·· 306

第三章　财务管理 ·· 307

　一、仓库管理制度 ·· 307

　二、备用金管理规定 ·· 308

　三、节假日现金收费管理办法 ·· 309

　四、物管费等相关费用催收制度 ·· 310

　五、现金管理制度 ·· 310

　六、支票管理规定 ·· 311

　七、固定资产管理制度 ·· 312

　八、经费管理制度 ·· 316

　九、库存存货管理制度 ·· 320

十、收入管理制度 …………………………………………………… 322

十一、成本控制制度 ………………………………………………… 327

十二、发票管理制度 ………………………………………………… 334

十三、经济合同管理制度 …………………………………………… 336

十四、会计档案管理制度 …………………………………………… 337

第四章　工程管理 ………………………………………………… 340

一、业主室内作业管理制度 ………………………………………… 340

二、设备巡回检查制度 ……………………………………………… 340

三、维修材料及工具领用制度 ……………………………………… 341

四、交接班制度 ……………………………………………………… 341

五、应急应变处理解决办法规定 …………………………………… 342

六、工程部内部专业材料备件管理制度 …………………………… 342

七、设备设施维护保养监管制度 …………………………………… 343

八、部门强电专业管理制度 ………………………………………… 344

九、弱电专业管理制度 ……………………………………………… 345

十、综合维修管理制度 ……………………………………………… 347

十一、暖通、给排水专业运行值班及交接班制度 ………………… 347

十二、重点机房管理制度 …………………………………………… 348

十三、维修操作制度 ………………………………………………… 349

十四、保护用品制度 ………………………………………………… 350

十五、工程档案管理制度 …………………………………………… 350

十六、工程部装修手册 ……………………………………………… 351

第五章　安全管理 ………………………………………………… 366

一、安全管理相关规定 ……………………………………………… 366

二、内保相关规定 …………………………………………………… 368

三、消防相关规定 …………………………………………………… 373

四、车管规定 ………………………………………………………… 379

五、警卫队管理相关规定 …………………………………………… 386

第六章　客户服务管理 …………………………………………… 397

一、小区精神文明公约 ……………………………………………… 397

二、员工文明服务准则 ……………………………………………… 397

三、客服交接班管理规定 …………………………………………… 398

四、客服部日巡查管理规定 ………………………………………… 398

五、饲养宠物管理规定 ……………………………………………… 399

六、大型物品进出管理规定 ………………………………………… 399

七、二装施工相邻单元管理规范 …………………………………… 400

八、空置单元管理规定 ……………………………………………… 400

九、空置单元日常管理规定 ………………………………………… 401

十、空置单元钥匙管理规定 ………………………………………… 401

十一、客户服务部库房管理规定 …………………………………… 402

十二、前台接待管理规定 …………………………………………… 402

十三、防鼠及杀虫灭蟑管理规定 …………………………………… 402

十四、客服部员工管理规定 ………………………………………… 403

十五、垃圾房卫生管理规定 ………………………………………… 404

十六、业主委托钥匙管理规定 ……………………………………… 404

十七、业主档案管理规定 …………………………………………… 405

十八、外来服务人员公共区域行为管理规定 ……………………… 405

十九、公共区域物品损坏赔偿管理规定 …………………………… 406

二十、电话服务规范 ………………………………………………… 406

第七章　业主（临时）公约 ………………………………………… 407

一、物业基本情况 …………………………………………………… 407

二、业主应遵守的原则 ……………………………………………… 407

三、物业的使用和维修 ……………………………………………… 407

第八章　物业管理服务手册 ………………………………………… 410

一、一般事项 ………………………………………………………… 410

二、物业设备、设施及附属配套服务功能 ………………………… 412

三、温情提示 ………………………………………………………… 413

四、管理规则 ………………………………………………………… 414

五、紧急情况应变措施 ……………………………………………… 417

六、物业管理中心服务项目 ………………………………………… 419

七、客服部管理制度 ………………………………………………… 420

第一部分　前期物业管理

前　言

　　房地产开发是一个系统性的、有序性的工作——由规划审批、方案设计、施工、竣工验收、物业交接等一系列工作组成。对于物业管理企业，物业管理的前期介入工作十分重要，它不仅是衔接房地产开发及物业管理的关键环节，而且科学的物业前期介入工作。

　　对于高档公寓别墅类的项目，贴近客户使用、完善物业管理在项目建设伊始阶段便已经开始；早期物业顾问公司的介入对后期物业管理公司的管理、项目的品质有着非同寻常的意义。

　　首先，便于物业管理企业对项目的全面了解，通过早期介入，物业管理企业可以对开发商的设计理念、市场定位提供更好的控制，制订有针对性的管理方案。

　　其次，与各个协调单位、与业主建立良好的关系，作为物业公司，通过早期介入活动可以尽早接触到项目的施工现场和其他的操作过程，通过前期的磨合取得开发以及其他有关单位、部门的好感、信任与支持。并且，在与部分业主的互动中取得信任。

　　再次，为开发商提供物业建议，物业公司从后期管理和使用的角度对一些因规划、设计，以及设备、设施等相关技术参数对于今后管理工作中可能出现的问题或影响提出建设性的意见和方案。这样可以有效地解决开发与使用及对日后管理工作中带来的缺陷。

　　最后，物业公司可以有效地掌握开发节奏，为后期的接管验收提前做好相应的准备工作。

一、设计规划阶段

（一）规划设计的物业相关定位（顾问工作的组织形式和整体顾问工作计划）

　　通过对市场的调研和周边相近高档公寓及别墅客户结构、设计理念、设备配置等的比较，以及从客户使用角度、以物业顾问工作报告的形式提出项目功能设计定位的建议，使项目定位更加合理。通过对项目实际情况的了解与结合，建立有效的顾问工作组织形式，形成物业顾问团队，并以报告的形式提交整体顾问工作计划。

（二）人流车流交通组织及出入口控制

结合项目的图纸设计方案，从物业管理角度对项目各区域的平面交通、垂直运输（包括但不限于下列内容：公共区域、服务区域、客户的进出通道、货场、车道、工具间、停车场、电梯、物业用房等）等的交通布局、组织及人流组织方面提供物业管理顾问建议，使其日后之交通状况更为顺畅便捷。

（三）绿化景观环境及水体环境

按照建筑项目图纸设计与规划方案，提供楼内绿化分布、园区绿化的布置建议，从项目大门、绿化灌溉、景观照明设施式样等对项目整体景观提出相关建议，从物业管理角度对园区整体环卫方面提出物业管理顾问建议。

（四）机电房屋规划位置布局

建议物业内配电房、水泵房、煤气调压站、污水处理站、水池等放在适当位置，使日后管理运作能更为顺畅，节省资源，并协助物业管理公司制订管理维修保养计划，以便有效延长设备使用寿命，益于项目保值增值。

（五）物业配套设施

对于高档公寓别墅项目，客户对物业配套的要求高、要求全，对此物业顾问公司对配套设施如会所的选址、内部结构布置、布局等从物业管理角度提出建议，以便日后物业管理及适应高档客户的休闲等功能需求。

（六）辅助设备配置

对物业内的各种设施的设立、功能用房的安排等设置提供可行性建议，尽量为高档公寓别墅客户的休闲娱乐提供便利条件。

（七）水电容量配置

在规划设计中，不仅须考虑物业主的日常生活用水及用电，亦同时须考虑整个物业公共照明用电、清洁、绿化用水、电之容量问题，另外物业范围内公共区域要保持有充足的照明，又要节约用电，避免管理费预算透支，将是规划建设中不可忽视的问题，就此物业顾问公司应当从节约能源角度出发，对整体水电容量设计提出相关建议，在保证客户使用及物业管理的前提下优化设计，保证后期管理费的收支平衡。

（八）安防系统配置

作为高档公寓类项目，出入口较多、车流量大，各业主不仅是购置物业自住，更希望能有一个安全舒适的家居环境，使物业能保值升值；因此，完善可靠的安全保卫系统是不可缺少的。应对物业门禁、防盗报警、电子巡更、大门对讲、闭路监控及消防门出入控制系统等提出建议，务求使有限资源达到最大的效果。

而作为高档别墅类项目，业主对安全私密性的要求更高；在前期物业顾问阶段必须充分考虑到业主的这种需求，在保证业主隐私及生活不受干扰的前提下，合理设置安全防范系统。

（九）消防设备系统配置

在建筑设计中，消防设备的配套须严格按国家有关规范要求，并应重视各种消防死角；大型综合住宅物业，尤其应注意考虑消防设施的配套，对消防通道的规划及有关消防装备之设置必须作出适当周密的考虑。

（十）物业智能化系统配置

楼宇自动化系统：此系统将连接物业现场所有设备到中央计算机监控中心，包括给排水系统及供配电系统等，以便用科学化方式记录及控制此类系统的运作。

对于高档公寓别墅类项目，我们应当在保证基础使用的前提下，适度地对智能化系统进行建设，方便业主与物业公司的互动及物业管理公司的管理工作。

二、施工阶段

（一）二次结构之功能布局配置

对高档公寓类项目的大堂、商务中心、餐厅、设备层、控制室、管理办公用房等配套的分布和配置等提出优化改进建议。

对于高档别墅类项目，我们需要对其单体别墅的内部布局、功能结构提出相应的优化建议。

（二）参与工程相关会议

物业管理方的工程及管理人员应定期或不定期参加有关工程会议，对在施工过程中出现的相关问题提出专业意见。

（三）停车管理配置及管理方式

综合物业实际状况以及各项安全保卫需求，提供有关物业内停车场系统设置与运营建议。包括但不限于：停车场出入与计费管理系统；行车路线、停车场出入口、停车场规划等。

停车计费系统：对于高档别墅类项目，可根据项目情况选择设置临时停车场，并安排停车计费系统。

行车线路、出入口：应结合保安人员及整体物业管理设置并根据项目实际情况综合考虑。

（四）样板房配置及管理方式

物业管理已经成为完善物业的一个重要组成部分，物业管理的质量、物业管理费之构成及数额以及物业管理公司日后的服务水平等问题日益受到市民的关注；发展商设计构思完美的物业整体形象，从专业开发到专业销售及交付使用后的专业物业管理，整体的专业配合有利于充分体现发展商的形象及以客为先，一切从客户使用的角度去设计之用心，更能体现发展商让客户放心之专业经营理念，从而赢得目前竞争激烈之物业销售市场。同时，对销售现场（含销售中心以及样板房在内）的管理提供专业建议，对精装样板房内的整体电气、弱电控制等各方面从客户使用角度提出专业化建议。

（五）成品保护建议

建议制订成品保护方案，提交甲方使其在施工管理过程中，减少因施工对设施或成品可能造成的损害。

（六）协助物业管理公司人员熟悉物业设备线路情况

三、接管验收阶段

接管验收是物业管理的重要工作，为了做好这项工作，要做好几个方案。其中包括：

（一）总体验收接管方案

验收调试是物业前期管理过程中不可缺少的环节。根据物业的实际情况，依据国家有关工程验收的技术规范及质量标准以报告形式制定一套物业接管验收程序，为日后物业管理的正常开展打好基础。在工程竣工及交付使用前，协助成立一个验收队伍，并编制一份全面验收方案，与工程监理及总承包商一同进行全面仔细检验及调试，记录有关数据。对尚未符合工程标准的项目，责成总承包商提供跟进返修，保证物业本身的素质符合国家规范要求及避免日后物业使用人投诉物业的建筑质量。

（二）单项工程调试验收接管方案

与施工监理及施工单位共同按照国家有关规定制定验收标准，加强设备质量监理力量，使施工质量多一分保证，同时能保证建筑顺利交付使用和日后管理的连续性，既节省时间，又有利于提高工质、工期及售后服务诸多方面的信誉。

（三）物业管理方案

按物业的实际情况、财务开支、客户需求及市场定位建立一套完善的物业管理方案，例如对财务、工程、保安、绿化、保洁、维修保养、客户服务（包括有偿及无偿服务）、各项收费标准等制订方案。明确管理公司的工作范围、管理职责、财务对象、具体执行、操作情况，并作出系统性建议。

（四）人员到岗计划

在验收调试与物业交付使用前，协助物业管理人员成立物业管理中心处，并制定薪金标准提供参考。同时建议于物业落成前 6 个月，先行成立骨干班底，然后按实际需要让其他部门员工逐渐进入岗位，以便安排员工尽快入职，熟悉管理运作及设备操作，对员工进行上岗培训。

（五）物业开办方案

在此阶段筹备物业管理中心开办事宜，其中应包括物业办公地点的位置以及内部装修布局，购置各类家具、工具、文具用品，印制各式表格、信函和信封等。

四、物业管理前期文件准备

（一）验收接管方案

1. 总则
为了加强和规范公司的物业管理，保障所管辖项目物业的功能定位，以利于物业管理工作的开展与实施，特制定本方案。

2. 引用法规文件
（1）《房屋接管验收标准》，ZBP 30001—1990。

（2）《城市住宅物业项目竣工综合验收管理办法》，建设部，建法〔1993〕814 号。

（3）《智能建筑工程质量验收规范》，GB 50339—2003。

（4）《北京市居住物业项目接管综合验收办法》，北京市政管理委员会，1995 年 8 月 22 日。

（5）《南京市住宅物业项目物业管理配套设施综合验收办法》，南京市房产管理局，2002 年。

3. 术语和定义

（1）综合验收

在地方政府各专业主管部门竣工验收合格的基础上对物业使用功能和满足物业管理条件的验收。

（2）配套设施

为满足物业管理的开展与实施，项目（大厦）必须配置的或国家相关标准与规划设计要求配套的固定设施。

（3）配套设施综合验收

物业管理配套设施综合验收，是在竣工验收合格的基础上，以附属配套设施满足使用功能和物业管理条件为主要内容的验收。

4. 接管验收前提

物业管理配套设施综合验收，是指在新建住宅物业项目竣工验收合格的基础上，对物业满足使用功能和物业管理条件的验收。接管验收的前提条件应为：

（1）物业项目的所有建设项目应按照规划、设计的要求建成并满足规划、设计的使用功能；

（2）物业项目建设工程全部施工完毕，并经竣工验收合格，验收资料齐全；

（3）消防、安全、供电、供气、给水排水、卫生、绿化、道路、电信等主要设备和设施正常使用并符合相关规定；

（4）临时设施、施工机具、建筑构件、建筑垃圾、废料等全部清运完毕，室外无架设临时管线；

（5）施工单位及施工人员已完工退场，不再占用物业项目内房屋且临时施工用房已拆除；

（6）绿化已按设计要求种植；

（7）专用的机动车、非机动车停车场（车库、车棚）已按规定配置，物业项目室外道路建成并保持畅通；

（8）共用区域垃圾中转站（箱、桶）已按规定配置；

（9）在入口处已设置物业项目平面示意图；

（10）共用部位消防设备、设施及信报箱已按规定配置；

（11）物业项目及房屋的座、户编号已经过有关部门确定；

（12）物业管理用房均已按规定落实；

（13）物业维修基金已按规定归集；

（14）物业配套设备、设施采用新技术、新工艺、新材料的，应提供国内外先进、成熟的使用经验作为技术支持，并征得建设地区及主管部门的书面同意。

5. 物业验收与接管流程

（1）验收前的准备工作

- 我方与开发商联系，确定接管日期，组织管理中心管理成员，在工程设备设施调试前进入施工地盘，跟踪物业设施、设备的调试，以尽早掌握设施、设备的操作方法、性能。

- 验收小组根据开发商提供的图纸，按设计和施工要求编制验收计划，验收小组编制验收计划和标准。

- 组织若干人员分别参加各专项的竣工验收，记录好工程质量上的问题和需整改的项目内容。并提出有利于物业管理工作的合理化建议。

（2）验收的实施

根据物业管理公司接管验收标准，着手组织接管：

- 项目竣工验收后，项目总经理负责指定接管验收小组组长，组织各职能部门负责人成立验收小组。

- 接收全套竣工资料及各类设备的操作维护说明书。

- 会同发展商进行物业接管验收，重点为房屋本体设施与公用配套设施。认真如实填写接管验收记录，出具验收整改通知，由开发商确定整改期限、规定复检日期。

- 对楼宇以不定数目单元为单位模拟居住，测定综合居住指标，发现隐患及时整改。

- 抄水、电、燃气表底数，输入电脑备案。

- 确保保修项目、期限、责任、方式的落实；重大保修项目细则与图纸校验到位。

- 填报书面移交手续、签署物业管理正式接收文件，接管、进驻。

（3）验收后的处理工作

验收小组要填写物业资料验收记录，填写《现场验收记录表》。我方与发展商共同办理正式物业验收移交手续。

（4）验收后不合格的处理工作

对在预验收中未达到要求的项目，整改落实实施后，验收小组进行检查，验证并在《消缺报告》中记录结果，整改合格后进行正式的验收。

物业验收与接管流程图

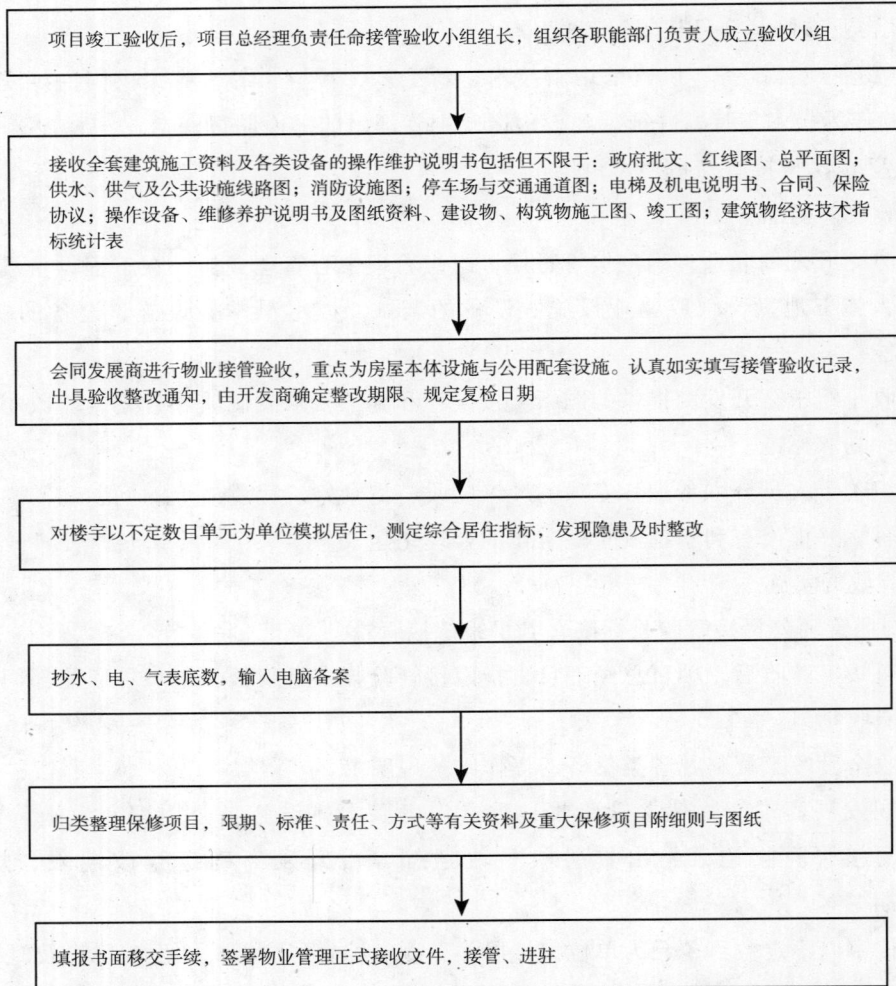

项目竣工验收后，项目总经理负责任命接管验收小组组长，组织各职能部门负责人成立验收小组

↓

接收全套建筑施工资料及各类设备的操作维护说明书包括但不限于：政府批文、红线图、总平面图；供水、供气及公共设施线路图；消防设施图；停车场与交通通道图；电梯及机电说明书、合同、保险协议；操作设备、维修养护说明书及图纸资料、建设物、构筑物施工图、竣工图；建筑物经济技术指标统计表

↓

会同发展商进行物业接管验收，重点为房屋本体设施与公用配套设施。认真如实填写接管验收记录，出具验收整改通知，由开发商确定整改期限、规定复检日期

↓

对楼宇以不定数目单元为单位模拟居住，测定综合居住指标，发现隐患及时整改

↓

抄水、电、气表底数，输入电脑备案

↓

归类整理保修项目，跟期、标准、责任、方式等有关资料及重大保修项目附细则与图纸

↓

填报书面移交手续，签署物业管理正式接收文件，接管、进驻

6. 建设单位在进行配套设施综合验收时应检索提交的资料

（1）产权资料

（2）项目批准文件

（3）用地批准文件

（4）建筑执照

（5）拆迁安置资料

（6）竣工验收资料文件

- 市建设工程竣工验收证书。
- 市建筑消防验收合格证。
- 用电许可证。
- 天然气系统验收合格证书、开通证。
- 供水合同。
- 排水许可证。
- 环境保护许可证。
- 卫生许可证（二次用水卫生许可证）。
- 有线电视合格证。
- 卫星接收许可证。
- 通信设施许可证。
- 无线通信许可证。
- 电梯准用证。
- 地下停车场收费证。
- 分户验收合格证书。
- 供热合同。
- 计算机信息系统安全专用产品必须具有公安部计算机管理监察部门审批颁发的"计算机信息系统安全专用产品销售许可证"。
- 人防验收合格证明书。

（7）物业管理委托合同

（8）物业维修基金归集资料

（9）售楼合同样本及售楼宣传广告资料

（10）业主临时公约承诺书

（11）技术资料

- 竣工图。包括总平面（1:500）、建筑、结构、设备、附属工程及隐蔽管线的全套图纸。
- 工程合同及开、竣工报告。
- 图纸会审记录。
- 工程设计变更通知及技术核定单（包括质量事故处理记录）。
- 隐蔽工程验收签证。
- 竣工验收证明书。
- 消防验收合格证明书。
- 水、电、采暖、卫生器具、电梯等设备的使用说明书及专项检验合格证书。
- 供水、供暖的试压报告，电气预防性试验报告等。

- 设施设备资料。
- 全部设备采购合同。
- 重点设施设备维保合同。
- 各类设备出厂合格证、使用说明书、维保材料、保修卡、保修协议等。

7. 验收标准

（1）物业管理用房

- 按照总建筑面积的千分之四至千分之五无偿提供物业管理服务用房。
- 达到物业管理公司提出的功能、布局要求。必须配有办公与会议区域、员工宿舍、保洁服务间、员工卫生间、员工更衣浴室和员工餐厅等。
- 物业管理用房应保证相对独立，不得与机站房混用，并具备宜人的照明、空调和通风条件。
- 达到通过协商拟定的物业管理用房的装修水平。门窗安装平整牢固，无翘曲变形，开关灵活，零配件齐全，位置准确，门窗缝隙严密。地面的面层与基层必须黏结牢固，不空鼓，无裂缝、脱皮和起砂等缺陷；块料表面平整，接缝均匀顺直，无缺棱掉角。
- 物业管理用房必须留有足够的用电容量、电话、宽带网接口，并设有一定数量电源插座，且有独立计量系统。

（2）设备用房

- 机站房门应采用钢质防火门，开启方向按国家规范要求。
- 机站房地面应无空鼓，无裂缝、脱皮和起砂等缺陷，机台表面应铺贴地砖，以便维修清洗。
- 有人值守的机站房如配电房应设值班室，在值班室内应便于观察设备的运行状况。
- 设备机房其余土建要求参照管理用房要求。
- 各机站房内应配备相应的检修电源。
- 机房内所有配电、电控设备应有详细的技术资料和验收合格报告。

（3）停车场

- 停车场地面的面层与基层必须黏结牢固，不空鼓，无裂缝、脱皮和起砂等缺陷，平整，地面应不起灰、易清洁。
- 地面车位、交通引导系统的设备、设施、标志标牌齐全。地面的交通组织要考虑产品的定位（访客、商业、业主等人流、车流的划分），主出入口应设置不少于 2 辆上下车泊位及附近等候泊位，并避开车行道。
- 车场应具备必要的照明、通风、清洗及防盗设施，封闭管理停车场有值班室。
- 车场内设有减速、防撞、防滑、路障、路桩、车位锁等必要辅助设施。
- 机动车停车场应配置电脑自动收费系统及自动进出场道闸。道闸安装牢固，开启灵活，标志清楚。
- 停车场水电应设有独立计量系统。

- 岗亭安装牢固，配件齐全，标志清晰。
- 地下停车场交通通道、出入口等处，要满足所需出入各类车辆（包括部分货车）进出通畅。

（4）道路、导向、卸货及其他

- 道路应采用砼、石材砖或柏油路面，必须保证表面平整，无积水，无水泥块，无起砂、断裂。转弯及出入口处设置减速垄。
- 道路应设有标志，设置及形状、颜色应符合国家道路标志规范。道路的车位线、行驶线明显齐全。道路系统顺畅，避免住区外交通穿行，满足消防、救护、抗灾、避灾的要求。出入口选择方便与外界联系的位置。
- 设置路牙的道路两侧路牙应安装平直，弯处不应峰突，保证牢固美观。
- 主要出入口处均应设有值班室（岗亭），并在室内提供照明、5A 电源插座、电话接口。有可能尽量提供上下水装置。
- 各座、层、室均应设有明显标志，标志应安装牢固、美观。
- 项目内设置导向系统：园区导向（园区平面图、功能区平面图）、楼宇导向（楼层标示、疏散指示）、功能标示（消防类、工程类、社区宣传类、环卫类、警示与安全提示类）。
- 楼宇广告（开发、物业、业主）总体要求要符合项目的 VI 设计要求与园区整体的协调统一，要体现人性化，简捷方便。
- 项目内设有单独的卸货区，其位置选择不影响交通，与电梯等运输设备有效衔接。处于不影响业主、客人正常生活、活动的区域。
- 卸货区至少可停放两部厢式货车（高度 3.2m 及宽度 4m）。设有规范尺度的卸货平台，其离地高度与运输车辆高度相近（0.9~1.2m）。满足所需出入货场卸货区各类货车进出通畅。卸货区应有验收、收发与值班用房。
- 座内应以每户为单位设信报箱，信报箱要求美观、防盗，与墙体连接牢固，大小适中，标志清楚，表面平整光洁。
- 标牌、广告牌安装牢固，立杆应避开通道，牌高不应小于 1.8m，防止刮伤行人，表面平整光洁。

（5）清洁设施

- 楼层必须保证有生活垃圾集中收集点，确保生活垃圾有序收集。
- 项目内设置垃圾分类收集与存放。设置垃圾处理房（生活垃圾、建筑垃圾）的垃圾中转站，中转站内应设上下水系统和防水插座。地面、墙面采用易于清洗、保洁的材料。
- 垃圾中转站应采用密闭性良好的耐腐蚀材质门窗。并设有通风设施，室内维持负压，符合环保要求。其位置尽量隐蔽、密闭，便于清运。
- 项目内道路周围应设有垃圾桶，垃圾桶艺术造型应与物业项目环境协调。

- 要考虑废旧物品及二次装修产生的垃圾堆放处。

（6）公益设施

- 物业项目应按设计与规划要求设置公益设施，如健身、商业、餐饮等。
- 公益设施内各项配套设施必须配置齐全，满足各项基本使用功能。
- 公益设施产权归所有业主，经营权归物业管理公司并已办理相关接管手续。

（7）建筑给水

①水压

项目内各处水压符合设计要求。在项目水压较低处试水使用正常。

②管道布置和敷设

- 宜沿墙、梁、柱或管道井内作平行或垂直布置，不得妨碍日常操作和紧急情况下的更换零配件。
- 给水管一般不得布置在橱窗、壁橱或木装修内，也不应穿越生活空间，如不可避免时，必须采取隔离和防护措施。
- 卫生洁具、给水配件、安装高度按国家规范或供应商样本尺寸执行，由业主自选洁具的房屋，至少应安装 2 只试验龙头。且其他的供水管口应妥善封堵，留出明显标记。

③管材及附件

- 给水管道上的阀门，应设置在易于操作和方便检修的位置，在其他部位安装的阀门部件，应考虑根据实际情况制作固定攀爬扶梯和工作平台。
- 生活给水系统若需设置减压阀，必须是可调式减压阀且不得串联安装，消防给水系统可以采用比例式减压阀。
- 高层建筑内的给水系统必须装设水锤消除装置，且应工作正常（可实际进行开/关泵试验二次检验）。

④水表设置位置

- 建筑的分户配水支管（含冷水和热水）、公共用水配水总管上。
- 不同功能分区（商场、餐饮、娱乐、客房）等的给水支管上。
- 浇洒道路或绿化用水的配水管上。
- 生活水、空调水加热器的冷水进水总管上。
- 锅炉、冷却塔、游泳池、喷水池、空调及其他补充水管上。
- 物业管理公司内部用水水管上。
- 其他必要的地方。

⑤水箱水池

- 二次供水应设泵房和蓄水箱（池）并与市政供水管网接通。
- 水箱水池的实际容量应满足设计要求，所需配件齐全、使用正常：水位指示、溢流管、通气管（加防护网罩）、检修入孔盖（应为密封型且加锁）、进出口扶梯、进水浮球阀、内部连通管（若内部有隔间）、排污阀等。

- 水池水箱必须有专业清洗单位的清洗记录及市卫生防疫站的水质化验合格单。
- 水池水箱四周应确保不渗、不漏、不冻、不被污染，为便于清洗，水池水箱应能够予以分隔。
- 高位水箱进水管与水箱检查口的设置应便于检修。

⑥水泵及泵房

- 水泵房内应有充足的照明和良好的通风装置（每小时换气次数不少于 4 次），至少设置 1 个能进出最大设备（或部件）的运输大门，内部配有电话通信口和维修用电源插座。
- 地下泵房楼梯坡度和宽度应考虑方便搬运主要零部件，楼梯踏步应有防滑措施。
- 地下泵房应有防潮或防地下水渗入的措施，泵房内必须设置排水明沟和集水坑，集水坑容量不得小于排水泵 3~5 分钟的流量。
- 泵房内重要设备顶部应预留吊钩。
- 各类水泵不得选用国家明令淘汰的产品，实际开机操作运行应满足额定流量、扬程，且耗电功率≤铭牌数据，运行平稳，无大的震动（抖动）。
- 地下水泵房应尽可能采取一定的降噪措施。
- 泵房内应留有足够的操作场地和维修通道。

⑦管路系统

- 各类管路应安装牢固；控制阀门启闭灵活，无滴漏现象；空间位置便于维修、更换；防腐、保温（注意室内外保温材料的选择），油漆已经完成，基本的管路识别符号（标志）已具备。
- 需安装减压阀、橡胶软接头、放气阀、伸缩节的位置必须由设计施工单位给出清单（一览表）并现场一一查看运转情况。
- 管路中阀门应采用明杆阀门或蝶阀，便于观察开启程度，止回阀应选用缓闭消声止回阀。
- 水泵进出口管路主要调节部位应装设压力表。

⑧变频调速

- 变频调速给水设备应具有各种基本功能（如来电自动、软启动、过流、过压、缺相、短路、过热保护等）。
- 现场能控测启停情况，记录下设定压力、启动压力、停止压力等基本参数。

（8）生活热水

- 冷水供水应有基本的水质处理装置。

- 热水温控装置、安全装置准确灵敏。
- 热水系统、膨胀管、释压阀、放气阀等齐全，工作正常。
- 运行 2 小时，回水泵运行 1 小时以上至最高、最低业主房内试水，应顺畅，冷热水压力无水压不平衡现象。
- 热水器或主管道上应装设表盘式温度计。
- 热水管路中的管道补偿器应由安装设计单位列出清单，现场查看。
- 热水管路保温良好，无跑冒滴漏现象。

（9）消防给水

- 消防水压测量记录，最高、最低点分别测量，最不利点处消火栓水压不小于 98kPa，室内消火栓口静水压力不应大于 800kPa，自动喷水灭火系统喷头工作压力 98kPa，最不利点处喷头的工作压力不得小于 49kPa。
- 消防车取水的孔口、水泵接合器应有明显标记且密闭上锁。
- 消防增压泵和气压罐应在线检测，运行合格为准。
- 对管路及泵房的要求同建筑给水部分。
- 应将水力警铃、减压阀、放气阀的位置功能清单（一览表）列出，供现场检查之用。
- 管路可见部分的防腐处理抽查应通过。
- 消防箱标志清楚，玻璃完好，消防设施配件齐全，消防管标志明显。

（10）特殊给排水

①水景工程

- 水质应符合《生活饮用水卫生标准》规定的感官性状指标。
- 工程循环净化过滤、加药、循环泵各工序设备运转正常。
- 循环水系统应加有防止喷水池内藻类生长的装置或建措施。

②游泳池

- 水质必须符合《生活饮用水卫生标准》。
- 游泳池自动加药器工作正常。
- 水系统运转无误，预过滤、过滤、加药、加热、消毒、循环泵各工序设备运转正常。
- 中水。
- 书面提供：竣工图、闭水试验、检测报告、调试报告、政府部门检测报告、设备清单、说明书。
- 维修工作的方便，应在进入设备弯管处加一个三通，并配有阀门。
- 中水给水管道不得装设取水水嘴，便器冲洗宜采用密闭型设备和器具，绿化、浇洒、汽车冲洗宜采用壁式或地下式的给水栓。
- 中水供水管道严禁与生活饮用水给水管道连接，中水管道不宜暗装在墙体和楼板内。

（11）建筑排水

- 所有地漏水封深度不得小于 50mm，当地漏同时排除卫生器具水时，不得有冒溢现象，地漏应设置在易溅水器具的附近地面上，地漏顶标高应低于地面 5～11mm。
- 污水管道不得穿越沉降缝、烟道和风道，并应避免穿过伸缩缝，不得穿越卧室，不宜靠近与卧室相邻的内隔墙。
- 使用硬聚氯乙烯管应符合特殊要求：避免冲击，避免热源；每隔 4m 设伸缩节。
- 公共饮食业、厨房及含有大量油脂的污水应与生活污水分流排出，且必须经过隔油处理后，再排入室外排水管道；当生活污水须经化粪池或污水处理装置处理时，粪便污水应与淋浴、洗脸等废水分流排出。
- 化粪池应按排污量合理设置，池内无垃圾杂物，进出水口高差不得小于 5cm。立管与粪池间的连接管道应有足够坡度，并不应超过两个弯。化粪池便于清掏。
- 管道应顺直且排水通畅，井盖应搁置稳妥并设置井圈。高层建筑的排出管应采取防沉降措施，地面各类井盖应明确标志类别、流向。
- 污水管道检查口、清扫口按现场实际情况保证实用，检查时着重于各层主管路，各接口不得渗漏，安装应平整、牢固。
- 污水处理装置：运行机械噪声不得超过《城市区域环境噪声标准》；工艺流程清晰、可靠，采用国家推荐的成熟工艺，处理效果待今后满负荷后由主管卫生防疫部门再进行测试。
- 集水坑应有便于维修安装污水泵的入孔、铸铁扶梯等，附近应有冲洗设施。
- 若配装卫生洁具，各接口不得渗漏，安装应平整、牢固，部件齐全，开关灵活。坐便器应用膨胀螺栓固定，并用油灰或硅酮胶连接密封，底座不得用水泥砂浆固定，浴缸排水应用硬管连接，所有卫生洁具应进行渗漏试验（盛水），试验时间不少于 2 小时（可进行抽查）。
- 排水设备型号、数量与移交清单相符，工作状态良好，标志清楚，设备表面油漆完好无损，安装牢固，无渗漏现象，机房配置完整。

（12）采暖与供热

- 具备分户单独热计量的手段。
- 热水供回水总管上设温度计、压力表、过滤器、除污器。
- 各类管路保温良好，无跑冒滴漏现象。管道的管径、坡度及检查井必须符合 GBJ 242 的要求，管沟大小及管道排列应便于维修，管架、支架、吊架应牢固。
- 采暖工程的验收时间，应在采暖期以前 2 个月进行。
- 锅炉、箱罐等压力容器应安装平正、配件齐全，不得有变形、裂纹、磨损、腐蚀等缺陷。安装完毕后，必须有专业部门的检验合格签证。并取得当地技术监督局认可的证明。

- 锅炉经过 48 小时试运行合格。锅炉和附属设备的热工、机械性能及生活热水水温必须符合设计要求。辅机运转正常。
- 锅炉房内应有独立的控制间，配设电话通信口和足够的维修用插座。
- 各种仪器、仪表应齐全精确，安全装置必须灵敏、可靠，控制阀门应开关灵活。

（13）空气调节

- 系统已开通，风量基本平衡，新风量合理，风压流速正常，分区有效（空调房间维持正压，卫生间负压等）。
- 全年使用的空调系统出风口应能调节出风气流方向。
- 新风进风口、回风口、送风管应有严密开关的风阀，新风/回风口的室外位置应符合设计要求。
- 冷水机组调节正常，出力稳定。供/回水泵运行平稳，参数在允许范围内波动。
- 空调风机房内应有水源、下水地漏（冲洗过滤网用）。
- 水输送系数应符合（尽量达到）国家规定。
- 冷却塔无明显漂水现象，噪声标准符合厂方及国标规定。
- 空调水系统已做过水处理。
- 空调自控系统能正常投用，各种执行器开关灵活，若配有平衡阀则该阀必须经过调试，楼宇自动控制装置，投用率至少 90% 以上。
- 运行所需的各类压力表、温度表均应安装到位并可准确读数，禁止使用玻璃管温度计。
- 空调设备型号、数量与移交清单相符，工作性能达到设计指标，配置齐全，标志清楚，机房通风、采光、降温良好，设备表面油漆完好，无损伤。

（14）制冷机与机房

- 机房内有通、排风装置且正常启用，配有足够的维修用插座。
- 机房与控制室之间有玻璃隔断，并做好隔声处理，并配有电话通信口。
- 设备应保证操作方便，且留有足够的维修空间。
- 各类表计阀门高度超过 2m，应考虑工作平台。
- 预留起吊吊钩。
- 机房内应有地漏、排水明沟，各类设备基本标志齐全。
- 管道保温材料选用正确，耐水性能良好，吸水率低，便于擦洗和维护。

（15）天然气设施

- 燃气分户计量到位，表前后均应安装阀门，设有调压站房和表房的应满足日常维护和应急处理的要求，室内环境应符合消防和设备工作温度要求。
- 室外燃气总管放水井位置、调压阀处应有除萘装置，放水阀开关灵活。

- 应将燃气立管中阀门、伸缩套管位置列出书面清单（一览表）。
- 室内燃气管应明设且不得穿越过道、卧室、壁橱等生活空间，支管与燃具的连接应采用铜管连接。
- 调压站室温 10℃～40℃ 范围内，达不到者应有特别措施。

（16）供配电系统

- 高供高计变电所应设专门的值班室和更衣室，并附设卫生间及清洁用水龙头。
- 变电所内所有进出口处（包括电缆沟内）均应安装隔离网，以防小动物侵入。高压设备应具备"五防"功能。
- 变电所内应配置相应的灭火器材及必要的停、送电操作工具。
- 变电所外应有相应的空间，便于维修车辆及设备出入。
- 变电所应配置供电系统模拟图板，配电室内包括配电设备的各项标志应齐全，并符合有关规范。
- 配电室计量表计设置应符合现行国家电价政策，便于不同电价分别核算。
- 变配电设备型号、数量与移交清单相符，工作状态良好，安全防护装置齐全，标志清楚，通风、照明良好，设备表面油漆完好，无损伤。
- 发电机型号与移交清单相符，工作状态良好，配件齐全，设备表面油漆完好无损伤，设备安装牢固，机房隔音，防护设施完好，通风、照明良好。

（17）供电线路

- 楼内动力照明线路的设计、施工应符合相关的设计规范要求。
- 独立产权用户应设单独计量表计，实行一户一表制。
- 各住户的电能表应准确可靠，计量校验在有效期内。
- 室内的暗敷管线要有详细的布线图，对暗敷在地面的线管应采用金属电管。

（18）智能化系统，防火、安防系统总体要求

- 高档物业智能化系统的设计、安装应符合《智能建筑工程质量验收规范》GB 50339—2003 的要求。从弱电井至用户末端管线应已预留、施工完毕。
- 智能化系统应满足物业管理和维护的基本要求，一般应设置建筑设备自动化系统（BAS）、通信网络系统（CNS）、信息网络系统（INS）、火灾报警系统（FAS）、安全防范系统（SAS）等。
- 防火、安防系统的设计、安装应符合国家相关标准。消防系统、保安监控系统等应通过主管部门验收合格后方可使用。
- 所有弱电线路敷设应规范，不影响美观，预留预埋线路应有详细图纸资料。
- 消防监控设备、保安监控设备型号与移交清单相符，工作性能良好，反应敏捷，标志清楚，表面完好无损，设备安装牢固，机房干燥、通风，照明、采光良好。

- 计算机信息系统安全专用产品必须具有公安部计算机管理监察部门审批颁发的"计算机信息系统安全专用产品销售许可证"。
- 如果与互联网连接，智能建筑网络安全系统必须安装防火墙和防病毒系统。
- 检测消防控制室向建筑设备监控系统传输、显示火灾报警信息的一致性和可靠性，检测与建筑设备监控系统的接口、建筑设备监控系统对火灾报警的响应及火灾运行模式，应采用在现场模拟发出火灾报警信号的方式进行。
- 安全防范系统中相应的视频安防监控（录像、录音）系统、门禁系统、停车场（库）管理系统等对火灾报警的响应及火灾模式操作等功能的检测，应采用在现场模拟发出火灾报警信号的方式进行。

（19）弱电机房

- 机站房内地面的通体砖铺设应平整、清洁。
- 各机站房内应配备相应的检修电源。
- 机房内应铺设防静电、防尘地板。
- 应采用必要措施降低噪声，防止噪声扩散。
- 机房工作面水平照度不小于 750lx，灯具满足眩光控制要求，灯具布置应模数化，消除频闪。
- 机房应采用甲级防火防盗门，宜设置自动灭火系统。
- 机房的空气质量：温度（℃）冬季 18~22、夏季 24~28；相对湿度（%）冬季 30~60、夏季 40~65；风速（m/s）冬季 ≤0.2、夏季 ≤0.3；新风量 20~30 立方米/小时·人。

（20）电梯

- 电梯应能准确启动运行、选层、平层、停层。牵引机的噪声和震动声不得影响环境。
- 电梯应考虑泄压并确保可靠开关门，电梯机房的噪声和震动对周边环境的影响不得超过国家有关标准。
- 电制动器、限速器及其他安全设备应动作灵敏可靠，并经政府主管部门检验且在有效期内。轿厢内有当地技术监督部门检验合格的标志。
- 电梯门厅及轿厢内应有电梯名称或编号标志。
- 电梯对讲、监控及警铃信号应接入监控室或值班室。
- 电梯应考虑高峰使用功能及配置必要的如满载直驶，防恶意选层等功能，并配置监控探头。
- 电梯安装的隐蔽工程、试运转记录、性能检测记录完整，图纸资料齐全。
- 电梯主机房发热量大，应有明确的通风降温措施，降温设备应选用自带冷源的空调机组。

（21）绿化

- 配套绿化工程已按规划设计要求基本施工到位，无黄土裸露，生长正常。不缺株少苗，无大面积杂草。
- 绿地率≥30%。人均公共绿地面积≥1.0平方米。乔木—草本型、灌木—草本型、乔木—灌木—草本型、藤本型等人工植物群落型三种及以上，植物培植多层次。木本植物不少于10种。
- 绿地配置合理，位置和面积适当，并做到点、线、面相结合，外形美观，造型、修剪合理。集中绿地与分散绿地相结合。
- 植物长势良好，成活率98%以上。没有枯枝败叶。名贵树种、大乔木应挂标志牌，大片绿地应设绿化宣传牌。
- 绿地应有方便的中水给水设施（每隔20m应有1个接水口），阀门开关灵活，安装稳固。有条件的物业配套绿地应设自动喷灌设施。
- 高档物业配套绿地面积相对较少的应布置适量的盆栽绿色植物。
- 注重以下问题：园区的整体布局是否合理，水系统的设计施工是否利于后期管理，灯光照明是否完善，植物的选择是否利于北方的生长环境，背景音乐的音响效果是否和谐，绿植与园区道路之间的衔接是否合理，后期花草的养护问题。

附件一：现场验收记录表

分户设备物业验收记录表

_____座_____层_____室　　　　　　　　　　　　　　　　　　　　编号：

厨房	灶　具	水　池	水　嘴	上水管（阀）	下水管（阀）	地　漏	
	热　水	插　座	照　明				
卫生间	坐便器	水　箱	上　水	下　水	阀　门	照　明	洗手盆
	电源插座	地　漏	电　话	热　水	排　风	镜　面	
电气	电　表	照　明	开　关	插　座	电　话	网　口	
	电　视	探　头	强电箱	弱电箱			
暖通给排水	水　表	给　水	排　水	阀　门	空调器	暖　气	
	热　水	喷　淋	通　风				
验收综合意见：							

物业管理公司：　　　　　　　　　　　开发商：　　　　　　　　　　　日期：

分户物业建筑验收记录表

_____座_____层_____室   编号：

项目 位置	顶 棚	墙 面	踢 脚	门	窗	地 面	五 金
厨 房							
卫生间							
客 厅							
居室 1							
居室 2							

验收综合意见：

物业管理公司：   开发商：   日期：

物业用房验收记录表

编号：

验 收 位 置				验收部位功能		备　注
验 收 项 目			检查评定记录			备　注
1	空间功能	面积				
		使用功能				
2	装修	墙				
		地面				
		门窗				
		顶棚				
3	环境	照明				
		空调				
		通风				
		给排水				
4	电气	插座				
		电话端口				
		数据端口				

验收综合意见：

开发商：　　　　　　　　　　　物业管理公司：　　　　　　　　日期：

设备机房物业验收记录表

编号：

验 收 位 置				验收部位功能	
验 收 项 目			检 查 评 定 记 录	备 注	
1	空间使用功能	面积			
		使用功能			
2	装修	墙			
		地面			
		门窗			
		顶棚			
3	环境	照明			
		空调			
		通风			
		给排水			
		防静电、防尘地板			
4	电气	插座（检修电源）			
		电话与数据端口			
		配电柜（箱）			
		防小动物			
5	所配置设备	数量			
		文件			
		灭火设施			

验收综合意见：

开发商：　　　　　　　　　物业管理公司：　　　　　　　　　日期：

停车场物业验收记录表

编号：

名　称			验收部位		
验　收　项　目			检查评定记录		备　注
1	车辆探测器				
2	自动栅栏	升降功能			
		防砸车功能			
3	读卡器	无效卡识别			
		非接触卡读卡距离和灵敏度			
4	发卡(票)器	吐卡功能			
		入场日期及时间记录			
5	满位显示器	功能是否正常			
6	管理中心	计费			
		显示			
		收费			
		统计			
		信息存储记录			
		与监控站通信			
		防折返			
		空车位显示			
		数据记录			
7	图像功能管理系统	图像记录清晰度			
		调用图像情况			
8	地面				
9	车辆引导系统及标志				
10	车位设施及标志				
11	辅助设施及标志				
12	独立计量				
13	岗亭				
14	照明、通风				
15	中水冲洗				

验收综合意见：

开发商：　　　　　　　　　　物业管理公司：　　　　　　　　　　日期：

室内公共区域消防设施物业验收记录表

_____座   编号：

楼层	消火栓	警铃/广播	隔离卷帘	手报按钮	消防电话	送风口	排烟口	应急照明/安全指示灯	防火门	灭火器	喷淋头	烟感探头

验收综合意见：

开发商：   物业管理公司：   日期：

注：消防栓箱检查：铭牌、手启动、报警、警铃、玻璃、闸阀、水枪、水带、滴漏

绿化工程物业验收记录表

编号：

验收位置				验收部位功能	
验收项目				**检查评定记录**	**备注**
涉及内容		1. 植物种类			
		2. 有无裸露地面			
		3. 有无杂草,杂草率			
		4. 种植面积是否达到设计要求			
		5. 有无枯枝败叶			
		6. 外形、造型美观			
		7. 修剪合理			
		8. 生长情况、成活率			
		9. 浇灌设施是否合理			
		10. 有无中水			
		11. 浇灌方便程度			
		12. 绿植与园区道路之间的衔接是否合理			
		13. 绿化区照明			
		14. 绿化区标牌、寻向系统			
		15. 背景音乐及音响效果			

验收综合意见：

开发商：　　　　　　　　　　物业管理公司：　　　　　　　　　　日期：

楼内公共区域物业验收记录表

编号：

验收位置（座、层）				验收部位功能	
验 收 项 目			检查评定记录	备　注	
1	卫生间	照明、插座			
		坐便器及设施			
		小便池			
		面盆			
		梳妆台及设施			
		墙、地、顶			
		排风			
2	楼道、门厅	照明、插座			
		暖气、空调			
		通风			
		扶栏			
		墙、地面、踢脚、检修口			
		门			
3	货场	高度			
		面积（车辆容量）			
		卸货平台			
		配套设施			
4	楼内	信报箱			
		楼、层、室标志			

验收综合意见：

开发商：　　　　　　　　　　物业管理公司：　　　　　　　　　　　　　日期：

垃圾收集处理物业验收记录表

编号：

验收位置				验收部位功能	
		验 收 项 目	检查评定记录		备 注
1	集中垃圾存放间	干垃圾存放面积			
		湿垃圾存放面积			
		垃圾桶数量			
		建筑垃圾、二次装修垃圾堆放			
		上下水			
		有无中水			
		室内封闭性			
		负压通风系统			
		电源插座			
		照明			
		交通便利情况			
		标志			
2	项目内存放处	垃圾桶设置			
		垃圾桶造型等			
		标志			
3	楼体内部	楼层垃圾存放处			
		标志			

验收综合意见：

开发商：　　　　　　　　　　物业管理公司：　　　　　　　　　　日期：

户外公共设施物业验收记录表

编号：

验收位置				验收部位功能		
验 收 项 目				**检 查 评 定 记 录**	**备 注**	
1	地面设施	消火栓结合器				
		电气井盖				
		电信井盖				
		给水、排水井盖				
		楼体照明				
		热力管井				
		化粪池				
		旗杆系统				
		避雷系统（接闪器、引下线、接地装置）				
2	项目内 VI	广告				
		导向系统				
3	道路	面层				
		马牙				
		路灯照明				
		表面观感				
		出入口				
		交通流线合理				

验收综合意见：

开发商：　　　　　　　　　物业管理公司：　　　　　　　　　日期：

管井设施物业验收记录表

_____座 _____专业   编号：

楼层	电气控制箱、接地	灯、开关	消防模块	桥架	孔洞封堵	烟感	插座	门、窗、锁	墙、地、顶	计量表	管道保温、阀门	检修空间

验收综合意见：

开发商：   物业管理公司：   日期：

电梯系统物业验收记录表

编号：

验收位置				验收梯号		备　注
验　收　项　目				检查评定记录		备　注
1	轿厢	装修外观				
		照明				
		操作盘各功能动作				
		开关门及防夹保护				
		报警与对讲呼叫				
		风扇				
		探头				
2	井道	照明				
		底坑设施				
		急停按钮				
3	厅外	厅门与电梯厅装修衔接、标志				
		操作盘各功能动作				
		到站显示与到站铃				
		运行显示				
4	机房	略（单独记录）				
5	扶梯	外观				
		运行平稳性与噪声				

验收综合意见：

开发商：　　　　　　　　　物业管理公司：　　　　　　　　　日期：

附件二：物业接收文件表格

建设工程文件交接物业公司一览表

序号	种类	分　项	资料编号	资　料　名　称	数量	完整程度	甲方	乙方
1	物业产权等资料			项目开发批准报告				
2				规划许可证				
3				投资许可证				
4				土地使用权证				
5				建筑开工许可证				
6				用地红线图				
7				建筑执照				
8				有关司法、公证文书的协议				
9				房屋分户使用清册				
10				拆迁安置材料				
11	竣工验收资料	市府验收合格资料		市建设工程竣工验收证书				
12				市建筑消防验收合格证				
13				用电许可证				
14				天然气系统验收合格证书、开通证				
15				供水合同				
16				排水许可证				
17				环境保护许可证				
18				卫生许可证				
19				有线电视合格证				
20				卫星接收许可证				
21				通信设施合格证				
22				无线通信许可证				
23				电梯准用证				
24				房屋使用说明书				
25				房屋保修书				
26				地下停车场收费证				
27				分户验收合格证书				
28				供热合同				
29				计算机信息系统安全专用产品销售许可证				
30				人防验收合格证明书				

续表

序号	种类	分项		资料编号	资料名称	数量	完整程度	甲方	乙方
31		未竣工项目			未完成设施设备竣工日期表				
32									
33		物业管理			物业管理委托合同				
34					物业维修基金归集资料				
35		售楼资料			售楼合同样本及售楼宣传广告资料				
36					业主临时公约承诺书				
37		竣工图			总平面(1:500)				
38					建筑				
39					结构				
40					设备(给排水、电力、弱电、暖通等)				
41					附属工程及隐蔽管线				
42	技术资料	竣工技术资料			工程合同及开、竣工报告				
43					图纸会审记录				
44					工程设计变更通知及技术核定单(包括质量事故处理记录)				
45					隐蔽工程验收签证				
46					竣工验收证明书				
47					消防验收合格证明书				
48					人防验收合格证明书				
49					水、电、采暖、卫生器具、电梯等设备的专项检验合格证书				
50					供水、供暖的试压报告,电气预防性试验报告等				
51	设施设备资料	相关合同			全部设备采购合同				
52					重点设施设备维保合同				
53		出厂合格证、使用说明书、维保材料、保修卡、保修协议(设备具体规格按项目实际安装为准)	给排水		A、B栋中区生活变频调速水泵				
54					A、B栋高区生活变频调速水泵				
55					不锈钢生活用水箱				
56					水箱自洁消毒器				
57									
58									

序号	种类	分项	资料编号	资料名称	数量	完整程度	甲方	乙方
59								
60								
61								
62								
63								
64								
65				中水中区变频调速水泵				
66				中水处理设备处理能力				
67				容积式电热水器				
68				消防电梯坑潜水泵				
69				集水坑潜水泵				
70				水表				
71								
72								
73				系统加压泵				
74								
75				消火栓				
76				水泵接合器				
77				水力减压阀				
78				自动喷水系统				
79								
80				消防水泵				
81				系统稳压泵				
82		消防		系统用气压罐				
83				湿式报警阀组				
84				预作用报警阀组				
85				空压机				
86								
87				水流指示器				
88				信号阀				
89								
90								

序号	种类	分项	资料编号	资料名称	数量	完整程度	甲方	乙方
91				雨淋阀				
92				水雾喷头离心雾化型,雾化角为90度				
93								
94				屋顶消防水箱				
95				烟感				
96				温感				
97				手报				
98				消防栓按钮				
99				广播喇叭				
100				声光报警器				
101				控制模块				
102				信号模块				
103				广播模块				
104				电话分机				
105				端子箱				
106				区域报警显示盘				
107				高压开关柜				
108				高压环网开关柜				
109				干式变压器				
110				低压配电柜				
111				成套动力配电柜				
112				双电源互投箱				
113				应急照明互投箱				
114			电气		动力配电箱				
115				照明配电箱				
116				网络设备				
117				保安监控设备				
118				公寓可视对讲设备				
119				防盗报警设备				
120				卫星及有线电视设备				
121				车库管理设备				
122				巡更系统				

续表

序号	种类	分 项	资料编号	资 料 名 称	数量	完整程度	甲方	乙方
123				楼宇自控设备				
124				消防火灾报警系统（含火灾报警系统、消防联动控制系统、紧急广播系统、消防通信系统）				
125				电锅炉				
126				冷水机组				
127								
128				冷冻泵				
129				冷却补水泵				
130				分水缸				
131				集水缸				
132				冷却塔				
133				空调板式换热器				
134				采暖板式交换器				
135				空调循环泵				
136				采暖循环泵				
137				空调循环补水泵				
138		暖通		采暖循环补水泵				
139				生活热水给水泵				
140				热水循环泵				
141								
142								
143								
144								
145				容积式换热器				
146								
147				潜水排污泵				
148				新风机组				
149				空调机组				
150				风机盘管				
151								
152								
153		工具及其他						
154								
155								

续表

序号	种类	分　　项	资料编号	资　料　名　称	数量	完整程度	甲方	乙方
156	公共设施及公共场地清单	绿化		绿化设计图				
157				苗木种植一览表				
158				绿化工程合同				
159				绿化工程竣工验收文件				
160				绿化工程预决算				

（二）物业管理方案

1. 项目概况及特点

（1）项目概况

对项目的区位、业态、周边情况等方面进行简要介绍。

（2）项目特点

对项目建筑特点、客户定位、具体客户群构成等方面进行扼要分析。

2. 物业管理总纲

①指导思想

为了适应项目的品质，要制定管理原则，推行先进的经营、服务和管理理念，并以此为整个项目管理的指导思想。

②管理思路

- 管理服务的思路。
- 团队建设的思路。
- 经营的思路。
- 建立和完善目标管理体系。
- 项目"亮点"推广思路。

③管理目标

确定总体管理目标，并制定具体目标如下：

- 物管费回收率；
- 业主维修及时率；
- 有效回访率；
- 员工培训率；
- 客户满意率；
- 设施、设备的使用完好率；

- 重大安全事故。

④管理模式

从管理角度确定整体的管理模式。

3. 物业管理服务内容与标准

（1）服务内容

①常规服务

- 房屋建筑共用部位的维修、保养和管理，包括楼盖房顶、外墙面、玻璃幕墙、承重结构、楼梯间、走廊通道、大堂、门厅等所有建筑物、构筑物内的公用面积和部位。
- 共用设施、设备的维修、保养、运行和管理，包括共用的上下水管道、煤气管道、污水管、垃圾站、共用照明、天线、通信系统、智能控制系统、高压水泵房、楼内消防设施设备、保安设施/设备、电梯等所有机电及弱电系统。
- 市政公用设施和附属建筑物、构筑物的维修、保养和管理，包括道路、室外所有市政管道、停车场、化粪池等。
- 公用绿地、花木、照明灯、建筑雕塑等的保养与管理。
- 附属配套建筑和设施的维修、保养和管理，包括各类出租、出售的经营面积，如商店、康体娱乐场所、休闲场所等。
- 公共环境卫生的清洁和管理，包括房屋共用部位的清洁卫生、公共场所的清洁卫生、门前三包责任区、外墙面的清洁卫生，垃圾的收集、清运等。
- 维护物业区域内车辆行驶秩序，对车辆停放进行管理。
- 维护公共秩序，包括安全监控、值班、巡视、门岗执勤等安全保卫和综合治理工作。
- 房屋装饰装修管理服务。
- 管理与物业相关的工程图纸、设备维修档案、装修档案与竣工验收资料等。
- 负责制定物业管理的各项规章制度，并组织执行。
- 负责向各业主和物业使用人收取下列费用：物业管理费、装修管理费及押金；其他相关的合理费用。

②特色服务

- 值班经理岗位制：实行值班经理制度，实施24小时"无界限服务"，引入酒店式服务，设置大堂经理，进行日常服务咨询，进行客户引导、听取和处理客户需求，负责大堂客户服务的调度、统一和协调。同时实行夜间值班经理制度，统一协调其他值班员工，随时向客户提供服务需求。
- 一站式服务：客服部设立服务中心，直接接待客户，对客户的诉求全程办理，所有员工在接到客户诉求后，及时将客户诉求报到客服中心，由客服中心办理。

- 专员式服务：实行专员式服务，将客服人员按专员式服务的规范实行一对一、面对面的贴身管家式的服务。
- 体察式服务：物管中心及员工对客户需求进行深入的体察和感应，从对客户的直接感知了解客户需求并提供针对性的服务。

③特约（有偿）服务

- 工程维修服务：如安装用电明线；拆换灯管；拆换电源开关、插座、电话、数据面板；贴墙砖、铺地砖（普通）；墙面重新粉刷；换锁；换门窗玻璃；木门维修等。
- 商务会议礼仪服务：代为筹办商务活动；筹办会议；筹划签字仪式；中英文打字、复印、传真；发送电子邮件；商务秘书；鲜花、礼仪接待服务。
- 入室保洁服务：钟点工服务、开荒、室内大清洁、不锈钢清洁上光、铜饰品清洁上光、大理石清洗上蜡等。
- 洗车服务及客户特约其他服务。
- 各业主和物业使用人单元自用部位、自用设施及设备的维修、保养，在当事人提出委托时，物业应接受委托并合理收取费用。

（2）服务标准

①房屋管理与维修

- 楼宇外观美观、整洁，无改变使用功能，无违反规划乱搭建现象。
- 房屋维修及时率达到95%以上，水电、电梯等设施随报随修，房屋土建方面的问题接报后在标准服务时间内完成。

②设备管理

设备图纸、档案资料齐全，管理完善，可随时查阅，配备所需各种专业技术人员，维修和操作人员持证上岗。针对不同设备定期保养、检修，保持设备运行正常并有针对突发事件的应急措施。

③供电系统

- 保证24小时正常运行，出现故障，立即排除。
- 限电、停电，按规定提前通知业户；外线停电时，自备发电机送电不超过15分钟。

④消防系统

- 消防控制中心及消防系统配备齐全，完好无损，可随时启用。
- 制订有突发性火灾等紧急事件处理程序，设立消防疏散示意图，保持疏散通道畅通，照明设施、安全指引标志完好。
- 电梯。
- 电梯轿厢、井道，保持清洁。

- 出现运行故障后，维修人员及时到达现场进行维修。

⑤给排水系统

- 定期对二次供水蓄水设施设备进行清洗、消毒，保持水池、水箱及周围环境的清洁卫生，无二次污染及隐患。
- 设备阀门、管道无跑、冒、滴、漏现象。
- 所有排水系统畅通，汛期道路无积水，楼内、地下室及车库无积水、浸泡发生。
- 遇有事故，维修人员能及时进行抢修，无大面积跑水、泛水。
- 无长时间停水事故。

⑥市政公用设施管理

- 公共配套服务设施完好，不随意改变用途。
- 公用照明、通信、邮政设备设施齐全，工作正常。
- 交通车辆管理运行有序，无乱停乱放现象。

⑦绿化管理

定期对物业管理区域内的绿地、花木、建筑小品等进行养护，做到无破坏、无践踏及随意占用现象。

⑧环境卫生管理

- 实行标准化清扫保洁，垃圾日产日清，公共走道、地下室、天台等所有公共场所保持清洁，无随意堆放杂物和占用。
- 商业网点管理有序，无乱设摊点、广告牌，乱贴、乱画现象。

⑨治安管理

- 实行封闭式管理，并实行 24 小时安全防范制度。
- 无重大火灾、刑事和交通事故。

4. 物业管理的核心工作

（1）建立客户服务体系

客户服务体系是搞好服务的关键，工作内容包括：客户信息的管理、客户服务管理；将服务质量监督工作贯穿于服务体系之中，保证服务质量。

①客户信息管理

- 客户信息管理主要包括信息的收集整理及建立档案。信息的收集从房屋销售阶段就要开始，争取第一时间掌握客户信息，根据客源结构的类型和特点，为后期的物业管理提供参考，以便确定客户专员分配方案，使物管中心的管理与服务掌握主动性，提前进入角色。客户入住后，要分户建立客户档案。客户档案应包括几个方面：一般资料，如：家庭（单位）人员的基础资料（人数、年龄、性别、职业、学历、工作性质）等；租入资料，如：入住资料、退租资料、装修资料、缴费资料；管理资料，如：走访记录、投诉记录、维修记录、车位记录、能源资料、合同、协议、调查问卷、与物业公司往来函件等内容；变更资料，如：租户的变更、业主或租户中人员状况变更、公司经营项目的变更、经营发展状况变化等，应及时修改存档。

- 客户需求信息：客户需求信息是客户信息的一部分，要及时了解客户的需求。客户的需求分为一般需求、特殊需求、重点需求。对各种需求，都需要下工夫去研究与关注，制订有针对性的服务方案或采用专员服务的方式，尽力满足其服务需求。

②客户服务管理

对于客户的各类服务需求，物管中心将提供热情、快速、细致的服务，同时由客服专员跟踪服务的全过程，提高客户的满意度。

- 建立 24 小时值班制度：全天候接受客户的各项服务需求。内部管理方面将通过部门间的信息互动，实现客户需求在各环节之间的运转顺畅、不脱节。
- 推行一站式服务：对于客户的各类服务需求，物管中心将成立呼叫中心，实施一站式服务，提供热情、快速、细致的服务，同时由客服专员跟踪服务的全过程，提高客户的满意度。
- 建立服务回访制度：为保证向客户提供需求服务的完整性及规范性，将建立严格的服务回访制度。规定于维修或特约服务等工作完成后的一定时间内，由客服专员对客户进行追踪访问，征求客户对于服务的意见或建议及满意程度。
- 建立服务礼仪标准：推行礼仪服务，使用"五声、十一字"等礼貌用语。对员工进行礼仪专业培训，编制礼仪手册对"坐、走、行、做、说"，进行严格细致的要求。营造服务爱心文化，开展员工培训，确保员工拥有阳光心态。
- 妥善处理客户投诉：处理好客户的投诉十分重要。处理投诉的原则是：先理清情感，后处理问题。客户在倾诉的过程中，客户的情绪得到了宣泄，问题也就接近解决了。通过进一步做工作，很快就会使事情得到妥善处理。关键是积极解决问题，一定要把自己怎么处理问题的态度表示明确，让客人感到你的诚心，积极落实解决问题的办法和时间。给客人确切的答复。把能马上做的事情立即进行。交谈中，注意词句。避免用模棱两可的语言，应付客户。

（2）安全体系的建立与管理

安全保障是客户最基本的需求，安全管理也是物业管理中最敏感、最重要、最为业主关注的工作，必须做到万无一失。安全管理按照管理内容可以分为消防管理、治安管理、车场管理 3 个主要方面。

①消防管理

树立安全重于泰山的思想，要做到"制度完善、设备齐全、方法得当、长抓不懈"。完善消防安全各项制度和预案，对员工及业主进行消防安全教育，定期对物业员工和业主进行消防安全知识培训，每年进行一次消防安全演习，保证消防安全无死角，无隐患。

②治安管理

- 建立安全防范体系，实行"三防"（人防、物防、技防）结合："人防"上，实施阶梯式快速推进体系，由安防中心统一指挥调度，强调多重结合，及保安流动岗与固定岗相结合、全面防范与重点防范相结合、整装与便装相结合。物防上采用24小时监控摄像等手段提高防范能力。在充分强调人防因素的前提下，以技防为主，充分运用远洋国际中心智能化保安设施如消防报警系统、电视监控系统、红外探头、门禁等，统一管理、快速调度，确保治安防范万无一失。

- 进行相对的封闭式管理：在可以设置的地点尽量增设栅栏式围墙，减少安全隐患。同时，针对项目管理特点，将保安岗分为巡逻岗和固定岗，实施分段管理，制定巡逻路线，设置分区巡逻、交叉巡逻等多种方式，进行24小时不间断巡逻。

- 群防群治：同业主签订安全管理协议书，建立安全员制度，展开群防群治工作，经常进行消防、安全教育和培训，提高业主安全意识。

③车场管理

车场管理做到"安全、畅通、有序"，突出VIP服务，使车场管理"显品位，出亮点"。方法是：

- 严格出入口管理。

- 实行分区管理：地下车场以不同的色块划分区域，为防止车辆丢失，对车辆管理实行一车一卡，防止一卡多用，同时设立个人密码，进一步加强个人的保密性。

- 实行智能化管理：在车场入口处，安装显示车库总的停车位、空余停车位的情况显示屏，以用来显示车库实际车位的情况，使得车主能及时了解车库的停车状况。

- 健全各项规章制度：健全并落实车场管理的各种规章制度，每日进行检查，并做好检查记录。车管人员统一管理，做到定岗、定编、定职责，地上、地下统一。

- 实行"三动"式服务：即"跑动式服务、手动式服务、嘴动式服务"的"三动"式服务。在车场管理中，要实行礼仪服务，使用文明用语，同时，建立客户车辆及VIP车辆管理档案，加强对车辆的有效管理，并推出VIP服务。使车场管理成为文明窗口，闪光岗位。

- 加强人防工程的管理：遵守国家关于人防工程的使用管理规定，确保人防通道畅通，同时合理利用人防工程。

（3）"二装"管理

①成立"二装管理小组"

为了搞好"二装"管理，由客服部、工程部、安保部成立"二装管理小组"，编制"二装管理手册"中，对"二装"施工单位进行管理。在"二装管理手册"中，明确装修流程，规定二次装修所要提供的申请材料及图纸审核工作。严格控制施工时间。同时，编写施工技术指导，为客户装修提供技术规范。

②严格"二装"监控

加大对施工单位资质的审查及进出施工人员身份的检查；为保证装修质量，避免因野蛮施工给园区带来的各种危害，物管中心应要求所有的施工单位必须具备二级以上资质。同时对于专业性较强的施工，要求施工人员必须具备相应的专业证书。对于噪声施工、异味施工、动火施工，物管中心将要求施工单位必须单独申请，由物管中心批准后方能进行施工。物管中心加强巡视检查，包括：用电安全、动火安全、现场灭火器配备、易燃易爆物品的现场管理等。

③设立"二装"专用通道

人员及装修材料的专用通道，严格材料进出管理；做好成品保护，防止因现场施工及材料运输造成公共设备设施的损坏。设立施工垃圾存放处，要求对施工垃圾日产日清。同时，对装修区域要进行隔挡设置，保持楼内整体环境的整洁。加强对施工人员的管理。物管中心将加强对施工人员的控制和管理，为施工人员建立档案，制作临时出入证，凭证出入。实行施工人员区域管理，采用分色区分每个施工队身份，防止其在楼内互串。

（4）工程管理

保证设备正常运行、增加设备使用寿命，充分发挥项目智能化设施的作用，是工程管理的重点目标。作为智能型建筑项目，楼宇自控系统、消防报警系统、安防监控系统、网络信息系统、办公自动化系统技术复杂、专业化程度高、现代科技含量大、设备维护保养要求全面，物管中心要建立强大的技术支持体系和拥有完善的预防性保养计划。对设施设备进行科学的使用和完善的维护与管理。建立完备细致的设备设施档案。同时将努力提高员工的专业技术知识，加强学习和培训，培养和锻造一支"技术过硬，管理合格"的团队，强化员工对系统设备的现场管理、事故诊断、有效处理能力。降低故障率和避免事故隐患，保持物业原有的价值，延长设备使用寿命。

①智能化管理

做到"两个到位"。一是业主培训到位，业主能否使用智能设施是降低管理难度、提高管理效率的关键。为此，编制《住户手册》，使业主扎扎实实掌握智能化设施的使用方法。二是专业技术人员和管理人员培训到位，物管中心将重点加强学习和培训，培养一批具备智能化系统管理与维护实操经验的专业技术人员，打造一支，"技术过硬，管理合格"的团队。

②设备运行维护管理

制定机房管理制度，完善各项设备运行表格记录，制订设备设施年度、月度维修保养计划，并按维保计划实施，保持物业原有的价值，延长设备使用寿命。制定接报修工作流程、入室维修工作程序，做好日常维修工作。

③节能降耗管理

统计每月能源消耗，制作每月能源消耗表，掌握设备性能，在满足日常服务需要的基础上，积极开展节能降耗。

④工程档案管理

建立档案管理制度，对产权资料、技术资料分类别存放，并建立文件目录，形成完备细致的设备设施档案。在充分研究智能化系统的基础上制订运行和管理方案，强化员工对系统设备的现场管理、事故诊断、有效处理能力，降低故障率和避免事故隐患，保证设备设施的正常运行。

（5）园区环境与文化建设

加强环境管理，搞好园区文化建设，打造一个自然、和谐、健康的园区环境。

①完善园区标示，展示企业文化

在园区内设置各种标志、指示、警示、提示的标志，凸显园区的高品位和规范化。全面落实公司企业文化，在办公区域悬挂公司企业文化内容的标示牌。各种标志的风格、形式、颜色、字体、规格、材质、风格等，要规范、统一。所有的服务人员统一着装上岗，保持员工仪容仪表整洁。制定员工的日常行为规范，统一员工服务行为标准，包括员工的"坐、走、行、做、说"，进行严格细致的要求。做到与环境的统一。

②公共环境的管理

- 严格制止私搭乱建：从源头开始控制，做到发现及时，并依据法律法规和管理公约进行有效提醒、劝阻、制止。针对随意设置广告宣传问题，物管中心将制定园区广告宣传管理制度，并提前告知业主。

- 搞好保洁、绿化工作：保洁要及时、细致，无盲区、无盲点，同时，加强对公共绿化的养护，设立温馨提示牌，创造美好的环境。

③开展公众宣传，提高共建意识

对于园区环境的维护与文化建设，遵循"与业主和谐共建"的原则，加强与业主的沟通和交流，听取业主意见，并让业主参与其中。物管中心将利用园区内的宣传阵地，通过图文宣传等形式，大力宣扬公众道德意识，增强业主的社会责任感。同时，适当组织社会公益活动，如赈灾捐款、植树造林等。

④开展丰富多彩的业主联谊活动

组织文化、体育、旅游、业主交流等活动。培养园区业主的认同感、归属感和参与积极性，从而弘扬良好的社会文化道德，提高园区文化层次。

5. 组织机构

①建立有效团队，实行扁平式管理

人员设置原则：精干高效。组建有效团队。组织架构及人员设置避免臃肿，减少管理层级，从而提高工作效率。

同时，项目实行计划目标管理，实施整体管理和责任管理相结合的管理方式。内部组织架构的设置形式：垂直领导、分工负责、整体协调。减少管理环节，提高各部门的工作效率。

- 项目由行政人事部、财务部、客服部、安保部和工程部组成。
- 客服部、工程部、安保部在各自的部门经理下，可以按照项目的四种业态分别设置管理人员，分别负责相应区域的工作，有所侧重。
- 财务部、行政人事部采取统一领导、内部协调的管理模式，集中分配工作任务。
- 根据不同业态物业的经营收入情况和管理特点，确定管理人员岗位和薪酬待遇，根据统一管理、分工协作、目标差别、待遇适当差别的原则来确定管理人员岗位和薪酬待遇。

②人员编制说明

根据扁平式管理的指导原则，并根据项目的阶段目标和任务，确定人员编制，并分阶段制订人员到岗计划。确保以最佳的人员配备实现物管中心的计划和目标。

- 项目总经理。
- 项目副总经理。
- 行政人事部。
- 财务部。
- 客服部。
- 工程部。
- 安保部。

（三）联合办公方案

1. 目的

为了使物业接管验收、交楼、整改及维保工作顺利展开及进行，特制订联合办公方案。

2. 内容

（1）成立联合办公小组

在联合办公开始前，开发商、物业管理中心抽调专人成立"联合办公小组"，共同完成联合办公期间的工作。

联合办公小组组长：

副组长：

组员：开发商人员、总包现场负责人、监理公司人员、物管中心、客服部、工程部主管、安保部主管

（2）建立例会制度

在联合办公期间，定期召开联合办公会议，对需跟进及配合的工作进行研究并协调总包单位解决相关问题，使工作按计划节点完成。

3. 职责

联合办公小组职责：

（1）统筹安排各阶段的重点工作；

（2）督促检查各节点工作的落实情况；

（3）按分座竣工划分管理区域；

（4）协调解决各节点工作中的问题。

4. 各阶段主要工作

本联合办公方案分为三个阶段，第一个阶段为筹开阶段，第二个阶段为集中交楼及整改阶段，第三个阶段为竣工后期完善及问题处理阶段。

（1）筹开阶段主要工作

筹开阶段是确定日后的物业管理模式及资料准备的重要阶段，在此期间，开发商及物业管理中心将准备日后管理的文件并开始进行培训工作，物管中心届时开始与政府部门相关单位进行接洽。

①重点工作

- 分项验收：根据工程施工的进度，由总包单位组织施工单位、监理单位、开发商及相关单位参与单项工程的验收，物管中心工程人员将参与验收、介入运行，熟悉设备状况，编制相应的设备运行方案，处理接管验收前的相关问题，为接管验收工作打下良好的基础。

- 接管验收：接管验收工作是在工程已通过竣工验收的情况下，物业管理中心对图纸、资料、设备设施等进行验收的工作。接管验收工作是今后正常管理及能否为业主/租户提供优质服务的前提条件，在此期间，物管中心与开发商对项目进行接管验收工作。

- 分户验收：由开发商工程部牵头对客户区域内设备、设施进行验收工作，包括但不限于：土建部分、风、水、电、弱电等系统的接口的验收。在每户验收合格后，将分户验收的合格报告贴于房门后。

- 接管区域管理：物管中心将对接管验收区域进行管理，控制每日进出区域的人员，指定人员进出的通道，做好成品保护，工作出入证将由总包人员到物管中心安保部统一办理。临时施工证在每日下班后归还，如需延长工作时间，需提前书面申请，经物管中心批准后，方可进行施工。总包单位安排对施工区域进行围挡，并考虑通道的整洁通畅。

- 空置房间管理：经过对空置房间的验收后，物管中心对空置房间实施管理。在工作期间，空置房间的钥匙由物管中心客户服务部管理，销售如带客户看房，应到物业管理中心客户服务部钥匙、档案专员处办理借用钥匙手续，看完房间后，及时归还；保洁人员定期对空置房间进行清洁工作；物管中心客服专员定期对空置房间进行检查，查看设备及门窗的完好程度，如有问题，及时与工程部沟通进行维修工作。在非办公时间内，需到安保部办理钥匙借用手续。

②具体工作

A. 客户服务方面

a. 双方需共同完成的工作

- 入住指南/五书内容最后确定并开始准备印刷工作。
- 收楼方案最后审定定稿。
- 收楼培训工作。
- 完成《答客问》的最终定稿。
- 开发商财务部与物管中心财务部提交收楼当日费用结算表给开发商客服部。
- 收楼现场布置（费用由开发商承担）。

b. 物管中心需完成的工作

- 物管中心联系垃圾外运事宜。
- 物管中心人员培训。
- 协助办理户口迁入、通邮等事宜。
- 公共区域的保洁开荒验收，要达到客户入住的标准。
- 户内部分的保洁验收截止到客户最终验收交楼为准。
- 与销售部交接购房合同。
- 与客服交接《临时业主公约承诺书》。
- 物管中心保洁进入日常保洁阶段。
- 与开发商确认室内、外 VI 的标准，确认安装时间。
- 配合工程部进行接管验收工作。
- 各类入住文件的清理、印刷（物管中心部分）。
- 物管中心收楼当日收费情况最终确认，并将费用清单移交开发商客服。
- 物管中心随入住通知书邮寄的业主资料表格等移交开发商客服。
- 物管中心完成入住当天文件装袋工作。
- 完成业务员、物管中心、收楼单位关于《入住方案》的培训工作。
- 各环节标志、座签、环境布置及复印机、饮水机、纸杯等接待物品；提前准备室外引导标志、气氛布置及入住期间的保安方案、车辆疏导方案及突发事件的应急方案（费用由开发商提供）。
- 摆放 C、D 座保洁日常用品。

- 配合租摆公司进场。

c. 开发商客服需完成的工作

- 完成入住指南/五书的印刷工作。
- 入住当日签署文件的准备。
- 签约客户名单的确认。
- 客户邮递地址的书面复核。
- 严重违约客户的解约通知书邮寄。
- 入住通知书、入住指南及业主信息表格发出。
- 各相关单位收楼人员名单汇总。

B. 工程方面

a. 双方共同完成的工作

- 物管中心工程部接收竣工文件与所需各种文件及技术资料。
- 按物业交接方案计划，进行各个区域的物业验收。

b. 开发商工程部主要工作

- 根据整体工程情况，安排分项验收计划，并组织实施。
- 完成所需竣工区域的全部工程量（含分项工程）。
- 完成对所需竣工区域的工程的质量检验验收（含分项工程）。
- 在质检站验收基础上，完成工程竣工验收。
- 完成各专业对物管中心的相关工程方面的培训。
- 完成工程竣工备案。
- 协助物管中心进入分项工程竣工区域设备设施的试运行。
- 安排总体调试运行。

c. 物管中心工程部主要工作

- 在工程竣工前，按照甲方对设备设施调试阶段、工程质量检验验收阶段、竣工验收阶段的节点安排，参与其相应必要的工作。
- 在项目完成所需竣工区域的竣工验收后，物管中心工程部接收竣工文件与所需各种文件和技术资料对物管中心人员培训（重点是工程部运行维保人员）。
- 在交接竣工文件及相应技术资料的基础上，按物业交接方案计划，进行各个区域的物业验收。
- 在试运行期间，发现问题向联合办公小组提交相关报告，由联合办公小组进行协调解决。
- 完成水、电等各种表卡的记录底数工作。
- 设备档案的建立、录入。

C. 总包主要工作

成品保护问题：在分项验收结束后，总包单位安排对相应系统进行成品保护。

（2）集中交楼及整改阶段

根据联合办公小组所划分的管理区域，物管中心实施现场管理。

分座竣工与集中交楼阶段是物管中心正式接触客户的阶段，也是收集业主资料的最佳时机，客户正式办理完入住手续后，物业管理中心便开始提供日常管理服务。

物管中心客户服务部每日下班前与开发商客服部核对当日收楼及未办理入住的单元；物管中心将《业主收楼记录》分发至相关部门，并监督整改后进行第二次复验。

在此期间，各部门按《收楼方案》中规定的具体事项执行，联合办公小组应定期举行会议，对交楼阶段的工作进行总结。对于特殊事件，提出解决办法。

对于在收楼过程中客户所提出的需整改的事项，物业管理中心交楼人员进行详细记录，及时汇总整改问题后，每天将需整改问题上报联合办公小组，由联合办公小组安排总包单位进行整改，并将整改结果及时反馈联合办公小组，物管中心客户服务部及工程部人员对整改事项进行复检，合格后，物管中心客户服务部通知客户进行二次验收。（详见联合办公期间整改及维护保修流程图）

（3）竣工后期完善及问题处理阶段

①后期交楼工作

集中交楼工作结束后，便进入正常物业管理阶段，如再有客户办理收楼手续，物管中心的客服专员将客户引领至开发商客户服务部，办理相关手续及交费后，由物管中心客服专员协同物业工程人员进行收楼工作，对客户所提出的整改项目进行详细记录，提交联合办公小组。联合办公小组安排总包单位协调施工单位整改，联合办公小组进行跟进，由物管中心客户服务专员及工程人员对整改项目进行验收，如合格，则由物管中心客服专员通知客户进行第二次验收。

②二次装修工作

如客户进行二次装修工作，由物管中心客服专员按二装流程为客户办理相关手续，物管中心各部门严格按《二次装修管理手册》规定提供服务。在客户装修之前，要求施工单位对现场公共区域的状况进行核实，并做相应的成品保护后，才能进行装修工作。涉及室内改动较大的工程，要经联合办公小组批准后才能进行施工。

③维护保修方面工作

（参照联合办公整改及维护保修流程图）

- 客户向物管中心客户服务部服务中心报修后，服务中心及时通知工程部人员到现场进行确认，如可进行维修的工作，及时处理，不能推诿。

- 对于属施工维护保修范围内的工程问题，物管中心无法完成的工作，物管中心客服部通知联合办公小组，由总包单位将按照《住宅使用说明书》、《住宅质量保证书》中规定的期限进行维修。由于工程问题涉及赔偿的，责任界定，由联合办公小组协调处理。

- 维护保修款的支付程序按《客服中心工程保修款支付及相关事项处理管理流程》办理。

（4）工作总结

在联合办公阶段结束后，联合办公小组对联合办公阶段的工作进行总结，提出仍需解决的问题，未尽事宜将由联合办公小组指定专人进行处理，总包单位安排维护保修阶段的人员负责实施。

5. 相关文件

（1）《二次装修管理手册》

（2）《接管验收手册》

（3）《客服中心工程保修款支付及相关事项处理管理流程》

（4）《入住方案》

（5）《客户服务部联合办公时间节点表》

（6）《入住指南》

6. 主要工作流程

（1）销售人员看房流程图

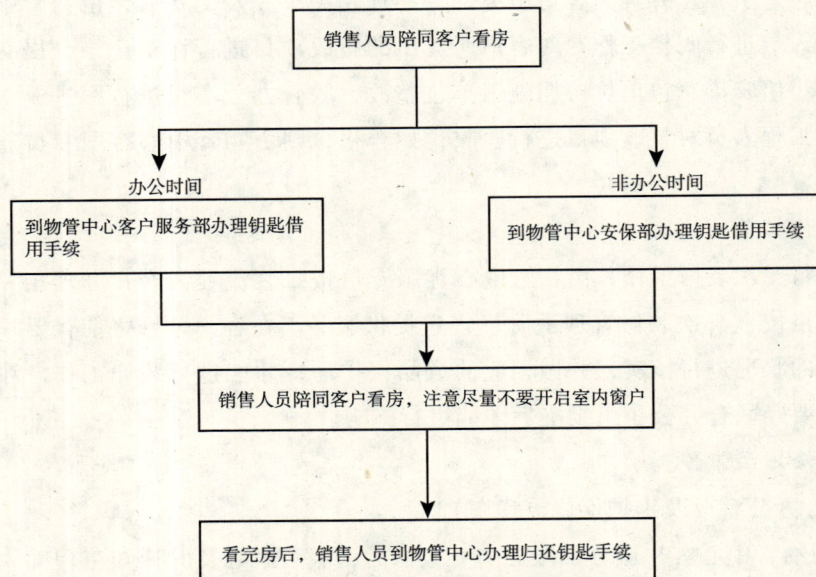

销售人员陪同客户看房

办公时间　　　　　　　　　　　　非办公时间

到物管中心客户服务部办理钥匙借用手续　　　到物管中心安保部办理钥匙借用手续

销售人员陪同客户看房，注意尽量不要开启室内窗户

看完房后，销售人员到物管中心办理归还钥匙手续

销售人员看房流程图

（2）集中交楼流程图

职责：通知业主进行复检 责任人：	业主	客服中心职责：在集中入伙维修期间监督和管理总包售后维修组的维修工作 责任人： 电话：

①业主到达销售大厅　　　②业主直接到

职责：销售代表接待并引领业主至入伙中心验证处 负责人：

职责：总包二次验房并设专人通知物管中心客服部 责任人：

销售代表引领

程序一：业主到验证处签到、核验身份 责任人：

程序二：业主验楼，物业工程人员陪同 责任人：

发展商财务部将每日的业主费用缴纳日报反馈回客服中心

职责：根据《入住收楼记录》进行返修并组织各分包单位返修 责任人：

程序三：业主到发展商财务部结算房款、缴纳税费 责任人：

程序四：物业公司物管费结算 责任人：

程序五：物业公司签署相关文件 责任人：

程序六：业主领取钥匙、磁卡等物品 责任人：

对《业主入住收楼记录》进行整理、汇总并分发给物业中心及客服中心等相关部门 责任人：

维护保修通道

现场咨询（工程、法律） 成员：

客户咨询（物业、装修） 责任人：

集中交楼流程图

（3）联合办公期间整改及维护保修流程图

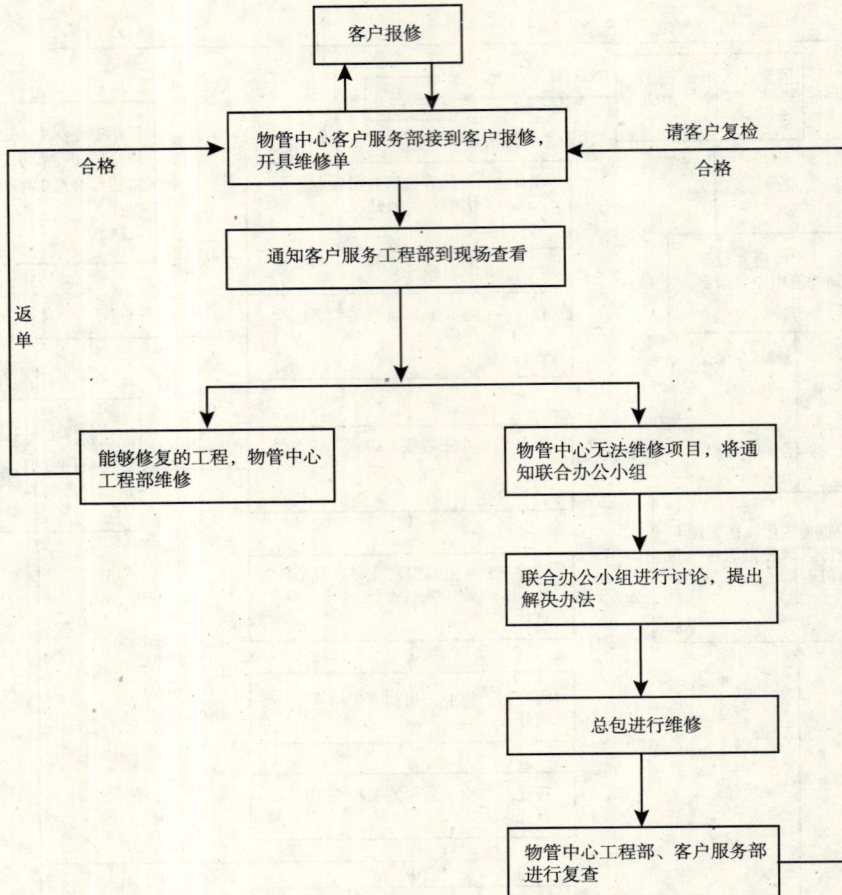

联合办公期间整改及维护保修流程图

（4）客户服务部联合办公时间节点表

客户服务部联合办公时间节点表（一）

序号	工 作 安 排																备注
1	入住指南/五书内容最后确定并开始准备印刷工作																
2	物管中心主管级以上人员进场																
3	物管中心联系垃圾外运事宜																
4	物管中心客户服务部人员培训																
5	收楼方案最后审定定稿																
6	收楼培训工作安排																
7	办理户口迁入、通邮事宜（物管中心）																

续表

序号	工 作 安 排		备注
8	物管中心保洁进行开荒验收并要求整改（物管中心）		
9	与销售部交接购房合同（物管中心客服）		
10	与客服交接《临时业主公约承诺书》（物管中心）		
11	物管中心进行日常保洁工作（物管中心）		
12	物管中心全体人员到岗		
13	完成入住指南/五书的印刷工作		
14	入住当日签署文件的准备（客服）		
15	客户邮递地址的书面复核（销售及客服）		
16	确认室内外 VI 标准（物管中心客服）		

客户服务部联合办公时间节点表（二）

序号	工 作 安 排		备注
17	配合物管中心工程部接管验收工作（物管客服）		
18	签约客户名单的确认（销售及客服）		
19	各类入住文件的清理、印制（包括入住验楼单）（物管中心）		
20	提交测绘数据（财务、客服、物管中心）		
21	销售完成对特殊客户及特殊折扣的最终确认递交客服		
22	完成收楼《答客问》的最终定稿（客服/物管中心）		
23	按揭到账情况核对及未交款客户的催缴工作（开发商财务）		
24	严重违约客户的解约通知书邮寄（客服）		
25	物管中心收楼当日收费情况最终确认，并将费用清单移交客服（物业管理中心）		
26	物管中心随入住通知书邮寄的业主资料表格等移交客服（物业管理中心）		
27	财务提交收楼当日费用结算表给客服（财务/物管中心）		
28	入住通知书、入住指南及业主信息表格发出（客服）		
29	分户验收表、提袋等移交物管中心（办公室）		

续表

序号	工作安排													备注
30	入住当天所有文件准备完毕（客服/物管中心）													
31	进行《答客问》的培训工作（客服/物管中心）													
32	完成业务员关于《入住方案》的培训（物管中心）													

客户服务部联合办公时间节点表（三）

序号	工作安排													备注
34	完成各专业对物管中心的相关工程方面的培训（各专业）													
35	对物管中心、收楼单位进行收楼培训工作（物管中心）													
36	各相关单位收楼人员名单汇总（客服）													
37	完成水、电等各种表卡的测试工作（物业工程）													
38	完成入住指引系统的设置（销售部）													
39	业务员开始电话联系客户入住通知书是否收到的确认提醒工作（销售）													
40	现场提供"五证"、竣工备案表、面积实测表、空气检测报告等文件装入镜框悬挂在入住中心（办公室）													
41	各环节标志、座签、环境布置及复印机、饮水机、纸杯等接待物品；提前准备室外引导标志、气氛布置以及入住期间的保安方案、车辆疏导方案及突发事件的应急方案（物管中心）													
42	收楼现场全部布置完毕（联合）													
43	集中交楼													
44	业主/租户档案的建立（物管中心客服部）													
45	摆放 C、D 座保洁日常用品（物管中心）													
46	配合租摆公司进场（物管中心客服）													
47	正常交楼开始													
48	制定货物搬运指定路线及对公共区域制定保护措施													

（5）工程部联合办公时间节点表

工程部联合办公时间节点表

序号	工 作 安 排																备注
1	消防验收（开发商工程部）	▨															
2	参加消防验收工作（物管中心工程部）	▨															
3	对消防、人防工程涉及的公共区域设施进行物业预验（物管中心工程部）	▨															
4	对进场员工进行培训（与预验工作相结合）（物管中心工程部）	▨															
5	质检站验收（开发商工程部）		▨														
6	物管中心与开发商进行接收竣工文件与所需各种文件和技术资料（物管中心工程部）			▨	▨	▨	▨	▨									
7	按物业交接方案计划（精确到天）进行各个区域的物业验收，随时反馈，准备复验（物管中心工程部）							▨	▨								
8	工程竣工备案（开发商工程部）								▨								
9	接管验收（开发商工程部）								▨	▨							
10	物业管理中心组织复检（物管中心工程部）										▨	▨					
11	集中交楼（开发商工程部）											▨					
12	进入正常维保期（开发商工程部）														▨		

（四）业主临时公约

1．总则

为落实××物业的售后物业管理，维护全体业主的合法权益，维护物业区域内公共环境和秩序，根据国务院《物业管理条例》及有关法规、规章、规范性文件制定本公约，由本物业区域内全体业主共同遵守。

本公约对发展商、物业管理公司的业主包括其受让人、继承人、承租人或占用人均有约束力。

2．物业使用和维修

（1）物业基本情况

物业名称、坐落位置、总建筑面积、国有土地使用证明文件政府批文号、土地用途。

（2）业主应遵守物业管理有关法规、政策和本公约规定，在业主大会或类似机构未重新选聘新物业管理公司之前，或与其所选聘的物业管理公司签署之物业服务委托合同生效之前，其购置的房屋由发展商依法选聘的××物业管理有限公司负责管理，遵守发展商与××物业管理有限公司所签订的《物业服务委托合同》的各项条款，接受××管理有限公司（以下均简称物业管理公司）提供的物业服务，配合物业管理公司的各项管理工作，妥善处理相邻关系，遵守物业管理公司按有关规定和本公约制定的管理细则及各项管理规章制度。同时，业主应保证其使用人及相关人员遵守本公约和相关规定，合理使用物业。

业主对发展商所建设的房屋或物业管理公司所提供服务持有异议时，应通过合法途径予以解决，不得采取私力救济措施（包括但不限于占道、阻塞交通、张贴或书写文字材料、不交物业管理费等方式）作为解决争议的手段。

（3）业主、使用人应当遵守法律、法规和规章的规定，按照有利于物业外貌保持、使用安全等原则，妥善处理供水、排污、通行、通风、采光、维修、装饰装修、环境卫生、环境保护等方面的相邻关系。

（4）业主、使用人应在物业管理区域内禁止以下行为：

①未经政府有关部门批准和业主大会、相邻业主同意，擅自改变楼宇的结构；更改承重墙、横梁、支柱等，或加建、扩建、拆除任何建筑物；在该物业外墙上安装任何雕塑品、遮光帘、遮篷、花架、天线、旗杆、悬挂旗帜、横幅、标语、广告牌、招牌、灯箱或其他任何伸出物，封堵任何窗户（安装防护栏）；

②堵塞、切割、损坏、更改、干扰楼宇任何公用部分之水、电、暖气、生活热水或燃气等供排水道、暗渠、喉管、电缆、固定装置等设施；

③擅自改变房屋外貌，包括外墙、外门窗等部位的颜色、形状和规格；

④占用或损坏物业公共楼梯、扶栏、走道、地下室、平台、屋面等共用部位，擅自移动共用设备；

⑤侵占或损坏道路、绿地、花卉树木、艺术景观和文娱、体育及休闲设施；

⑥随意倾倒或抛弃垃圾、杂物、高空抛物；

⑦堆放易燃、易爆、剧毒、放射性物品，排放有毒有害物质或者发出超过规定标准的噪声或其他可能对其他业主或承租人、使用人的人身及财产安全构成威胁的物品；

⑧私设摊点，不按规定随意停放车辆；

⑨未经有关部门批准饲养宠物、家禽、家畜；

⑩在该物业公共地区举行葬礼、宗教仪式、集会或其他类似活动；

⑪在楼宇内进行任何可能引致该物业投保的保险全部或部分失效，或引致保险费增加的行为；

⑫法律、法规、规章禁止的其他行为。

（5）业主或使用人，只能将其单元按规划设计用途使用，不得擅自改变其名下单元用途或将其名下单元作非法或不道德用途，以及在单元内进行任何足以妨碍或侵扰其他业主的事项。因特殊情况需要改变使用性质的，应征得相邻业主、物业管理公司以及业主大会的书面同意，并报政府有关主管部门批准。

（6）未向物业管理公司申报并获书面批准，任何业主或使用人不得擅自更改迁移用电装置、用水装置、供暖装置、供气装置、生活热水装置等机械装置（包括太阳能热水器）。其擅自拆改行为给物业整体及其他业主、物业管理公司造成损失的，应予赔偿。

（7）各业主不得干预或干扰开发公司、物业管理公司或其委托装修承建商在该物业范围内进行各项建筑工程。

（8）个别业主无权要求物业管理公司或其下属为其提供物业管理范围以外的服务。

（9）每个独立单元设电表、燃气表、水表（包括自来水、热水），费用以实际用量计算收取。未经物业管理公司书面同意，业主不得对上述仪表进行任何改动。否则物业管理企业有权按政府有关规定予以处理。

（10）业主或使用人在装饰、装修房屋时，应当事先将装饰、装修方案报经物业管理公司审核认可，并与物业管理公司签订书面装饰、装修管理协议，并依据装修管理规定，向物业管理公司缴纳装修管理费、装修押金等费用。物业管理公司应将房屋装饰、装修的禁止行为和注意事项告知业主或使用人。装饰、装修房屋时，不得影响物业的共用部位、共用设备设施的正常使用和维修养护以及相邻业主的合法权益，因装饰、装修导致共用部位、共用设备设施以及其他业主利益受损，业主或使用人应当承担修复及赔偿责任。

（11）利用物业设置广告等经营性设施的，应当在征得相邻业主、物业管理公司的书面同意后，方可向有关部门办理报批手续。经批准设置的经营性设施的收益，应当纳入公共维修资金/管理费用。

（12）业主转让或者出租物业时，应当将公约作为物业转让合同或者租赁合同的必要附件，新的业主及承租人成为本临时公约的当然遵守者。当事人应将物业转让或出租情况书面告知物业管理公司。

（13）物业管理公司实施对物业共用部位、共用设备设施进行维修养护时，有关业主和使用人应当予以配合。业主、使用人阻挠维修造成物业损坏及财产损失的，应当负责修复或者赔偿。

（14）物业管理公司进入业主或使用人的单元进行维修工作，应事先通知业主或使用人并取得其同意。紧急情况下无法通知业主或使用人的，物业管理公司可在第三方人员的监督下，进入单元内部，但事后应及时通知业主或使用人。

（15）如房屋建筑因火灾、台风、地震、地陷或其他原因而遭到破坏，大部分物业不能正常使用时，则业主大会应该召开特别业主大会，决定房屋建筑是否修复或重建以及修复或重建费用的筹集办法；如业主大会决定放弃修复和重建，则业主大会应拍卖剩余房产，并将拍卖所得与房屋公共维修资金及业主其他共有财产按建筑面积比例返还给各业主。

（16）除紧急情况外，开发公司或物业管理公司在发出合理通告后，有权暂时中止任何设施运行以进行维修。业主或使用人有责任配合物业公司、开发公司或工程维修单位对其房屋及其配套设施进行维修、保养。

（17）物业管理其他费用

物业管理费收费标准如下：

①物业管理费为人民币＿＿＿元/建筑平方米/月（不含夏季供冷和冬季采暖费用）。

②业主大会成立前，物业管理公司可根据物业竣工后的当地物业管理政策适当调整管理费。

③管理本物业公共区域及公共设施设备的管理费用，由全体业主按建筑面积比例分担。

④业主入住时，应预缴一年的物业管理费，管理费从发展商向业主或租户发出入伙通知书上约定的日期开始计算。首年后的物业管理费，每半年收取一次，各业主应于每期首十日内向物业管理公司预缴当期物业管理费。

⑤供暖费、有线电视收视费、自来水费、电费、燃气费、有线电视初装费按照国家及北京市有关规定收取；热水费根据实际运行成本计算收费标准。

⑥其他没有约定或约定不明的，按政府有关文件执行；政府有新规定时，收费应依新的政策进行调整，物业管理公司无须另行通知。

⑦根据已获开发企业或业主大会批准之年度预算，物业管理公司可从物业管理账户中支付有关管理支出范围内的一切费用。上述所指的支出费用包括，但不限于以下各项：

- 保养及维修楼宇外墙、绿化区、电梯、消防系统、保安系统、电气系统、照明系统、燃气系统、给排水系统及其他机械、设备、机器、装置和设施等的费用；
- 管理公司酬金；
- 公共区域之火险及各种责任保险的保险费；
- 聘用及解聘物业服务人员的支出，包括薪金、假期、福利、津贴、赔偿金、制服及装备等；
- 购买及租赁所有必需的机械及器材之支出；
- 公共地方适当照明及能源费用；
- 聘请法律、会计、工程、机械等专业人士的费用；
- 垃圾清理费；
- 公共地方及外立面的清洁费用；
- 节日装饰费用；
- 行政办公支出；
- 管理及维修住宅楼需外聘承包商时，该外聘承包商的费用；
- 其他为管理住宅楼的支出。

⑧不论单元是否空置、被占用或出租等，该单元业主须负责缴交管理费及其他应付费用。业主与租户另有约定的从其约定，但业主须承担连带责任。

⑨管理费的追收及欠款利息。若任何业主在本公约规定期限内仍未缴当期的管理费或其他费用，该业主应向管理公司另外缴付下列费用：

- 迟交或欠交款项的滞纳金，按迟交或欠交费用每日 0.3% 之比例自应付之日起至实际支付日计算；
- 管理公司为追讨迟交、欠交款而额外发生的业务、法律费用。

⑩物业管理公司有权对欠款业主提出诉讼或作出其他追讨行动，如限制该欠款或违约之业主、用户使用电梯及其服务、设备设施，或于告示栏张贴欠款单元及详情，直至该欠款业主清偿全部欠款、利息及手续费为止。

⑪物业管理公司为追缴业主管理费欠款而发生的各项费用由管理账户支出，若账户不足支付上述费用时，由全体业主按产权建筑面积比例分摊。

⑫业主如委托物业管理公司对其自用部位和自用设备进行维修、养护和进行其他特约性服务，应支付相关费用。

（18）管理酬金

①管理酬金是指因物业管理公司履行本公约的职责而由全体业主付给管理公司的报酬。在业主大会成立前，该酬金标准由开发公司与管理公司协商确定，并每年可作适当调整。

②物业管理公司无须从管理酬金中支付该物业管理、运作、审计等工作的一切直接或间接开支费用。

③物业管理公司可按照物业服务委托合同的约定每月从物业管理账户中提取当月物业管理酬金。

（19）房屋共用部位共用设施设备专项维修资金

①按照《关于归集住宅共用部位共用设施设备维修基金的通知》（京房地物字〔1999〕1088 号）的规定，各业主在其购买房屋时，须按购房款 2% 的比例缴纳共用部位共用设施设备维修基金。

②共用部位共用设施设备维修基金使用和管理按京国土房管物〔2002〕561 号文件执行。

③共用部位共用设施设备维修基金不敷使用时，经房地产行政主管部门或业主大会研究决定，按建筑面积比例向业主续筹。

④业主在出售、转让或馈赠其单元或因其他原因房屋产权转移时，所缴的共用部位共用设施设备维修基金不予退还，随房屋所有权同时过户。

3. 其他相关事项

（20）业主在转让或出租其拥有的物业时，应当要求新业主或承租人承诺遵守业主公约的规定，并签署书面承诺书。业主应于买卖合同或租赁合同签署之日起 10 个工作日内，将房屋转让或出租情况告知物业管理公司，并在上述日期内将新承诺书送交物业管理公司。在物业管理公司收到有效的新承诺书前，新业主或承租人发生违反业主公约的行为（包括但不限于拖欠物业管理费用或其他费用），业主与新业主和承租人承担连带责任。

（21）业主转让物业，应与物业管理公司结清物业服务费；出租物业，约定由承租人缴纳物业服务费的，从其约定，业主负连带责任。

4. 违约责任和违约纠纷的解决

（22）业主、使用人未按照本公约、物业管理服务合同缴纳物业管理费用，该业主应向物业管理公司另外缴付迟交或欠交款项的滞纳金，以及物业管理公司为追讨欠款而额外发生的业务、法律费用。物业管理公司有权采取下列措施并收取附加费用：

①向该业主收取迟交或欠交款项的滞纳金，按迟交或欠交费用每日0.3%之比例自应付之日起至实际支付日计算。

②物业管理公司有权对欠款业主在告示栏处张贴欠款业主单元及详情，有权对欠款业主提出诉讼，并可参照有关法规采取减少损失的措施，直至该欠款业主清偿全部欠款、滞纳金及手续费为止。

③业主欠缴管理费或其他费用超过2个月时，物业管理公司有权向法院提起诉讼追索欠费。在判决书生效后，如业主仍不履行该判决，物业管理公司有权向本物业所在地法院申请强制执行。

④各单元的业主须承担其单元使用人所拖欠的各项按本管理公约项下应缴的费用，包括管理费、代收代缴费用、税项等。

（23）物业任何单元业主直接或间接允许其单元的使用人对于本公约任何条款的不遵守、违反或不履行的行为均被视为该单元业主的不遵守、违反或不履行本公约的行为，该单元的业主对上述人士的行为及疏忽所导致的任何人身、物件或财产的损失负全责。

（24）业主须负责及时通知其他业主或物业管理公司有关单元内的损坏，并应防范单元受自然灾害所损害。各业主亦应负责单元内自用部分之维修，如有关业主没有及时妥善处理其单元内部自用部分的维修工作而引起其他业主的损失、骚扰或其拥有单元的破坏，物业管理公司有权在紧急情况下进入有关单元进行应急处理，而该业主须负担一切费用。

（25）对个别业主、使用人违反公约或损害其他业主、使用人合法权益的行为，业主大会有权代表业主提起诉讼；在其他有关本物业的法律诉讼中业主大会可作为全体业主的代表。有关诉讼费用由各业主分摊。

（26）物业业主或使用人违反本《业主（临时）公约》，物业管理公司应尽量使用可行的方法制止此等违约行为，并向违约者追讨赔偿及费用。

5. 附则

（27）本公约如有与法律、法规、规章和规范性文件相抵触的条款，该条款无效，但不影响其他条款的有效性。

（28）本公约自物业买受人签署买卖合同书面承诺遵守公约之日生效。

（29）公约制定人对本公约负有解释义务。在业主大会成立前，不得对本公约进行修改；业主大会成立后，由业主大会重新审议制定《业主公约》。

（30）业主大会通过的业主公约生效时，本公约自然终止。

《业主（临时）公约》制定人：××房地产开发有限公司

年　　月　　日

××项目业主承诺书

致：××房地产开发有限公司

本人_____为××项目_____座_____号房屋的购买方，为维护××项目所有权人的权益及维护××项目的物业管理，本人同意及承诺如下：

一、确认已详细阅读了由××房地产开发有限公司制定的《业主（临时）公约》。

二、完全明白并同意履行和遵守《业主（临时）公约》内的各项条款，履行《业主（临时）公约》中列明的业主的所有责任及义务（包括但不限于支付物业管理费用或其他费用的义务）。

三、本承诺书在本人签署的当日生效。

四、本承诺书一式三份，一份由业主留存，一份由开发商留存，一份由物业管理公司留存。

楼号：___座___号

业主签字：_____

___年___月___日

承诺人资料：

出生日期/成立日期：_____

身份证号/商业登记号码：_____

国籍/注册地：_____

住址/地址：_____

联系电话：_____

（五）二次装修管理手册

1. 前言

为确保业主/租户顺利有效地进行二次装修工程，我们编辑了这本装修管理手册。此手册是根据《业主（临时）公约》及政府制定的法律、法规而制定的。诚望各位在二次装修过程中能够遵守并预祝顺利完成有关装修工作。我们将为您提供相关服务并全力配合您的工作。

2. 装修施工流程图（说明：以下所有涉及设备、工程施工规格等数字均以××表示）

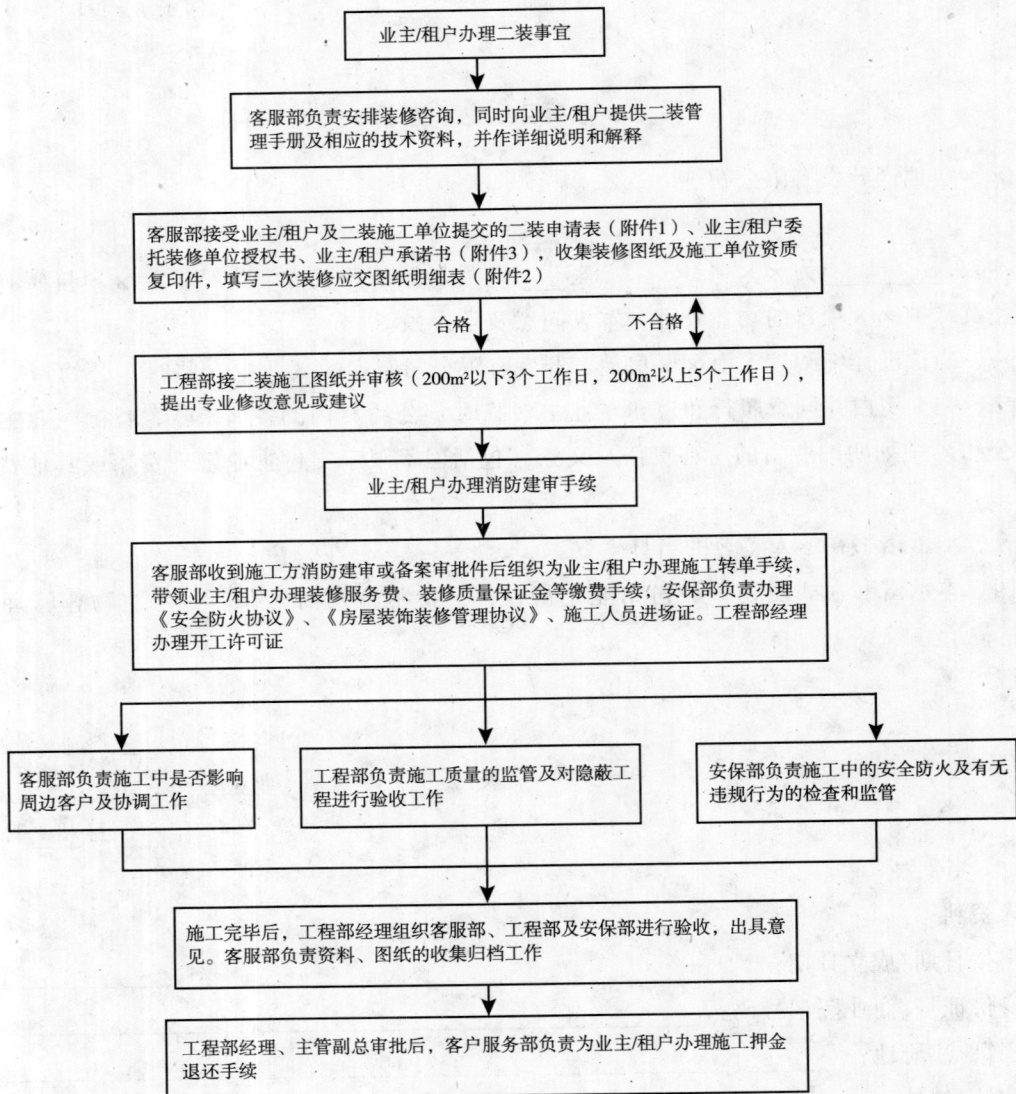

```
┌─────────────────────────┐
│   业主/租户办理二装事宜   │
└─────────────────────────┘
             ↓
┌──────────────────────────────────────────┐
│ 客服部负责安排装修咨询，同时向业主/租户提供二装管 │
│ 理手册及相应的技术资料，并作详细说明和解释       │
└──────────────────────────────────────────┘
             ↓
┌────────────────────────────────────────────────┐
│ 客服部接受业主/租户及二装施工单位提交的二装申请表（附件1）、业主/租户委 │
│ 托装修单位授权书、业主/租户承诺书（附件3），收集装修图纸及施工单位资质 │
│ 复印件，填写二次装修应交图纸明细表（附件2）          │
└────────────────────────────────────────────────┘
        合格                不合格  ↕
             ↓
┌────────────────────────────────────────────────┐
│ 工程部接二装施工图纸并审核（200m²以下3个工作日，200m²以上5个工作日）， │
│ 提出专业修改意见或建议                            │
└────────────────────────────────────────────────┘
             ↓
┌─────────────────────────┐
│  业主/租户办理消防建审手续  │
└─────────────────────────┘
             ↓
┌────────────────────────────────────────────────┐
│ 客服部收到施工方消防建审或备案审批件后组织为业主/租户办理施工转单手续， │
│ 带领业主/租户办理装修服务费、装修质量保证金等缴费手续，安保部负责办理 │
│ 《安全防火协议》、《房屋装饰装修管理协议》、施工人员进场证。工程部经理 │
│ 办理开工许可证                                   │
└────────────────────────────────────────────────┘
         ↓              ↓                    ↓
┌──────────────┐ ┌──────────────┐ ┌──────────────────┐
│客服部负责施工中是否影响│ │工程部负责施工质量的监管及对隐蔽工│ │安保部负责施工中的安全防火及有无│
│周边客户及协调工作    │ │程进行验收工作        │ │违规行为的检查和监管  │
└──────────────┘ └──────────────┘ └──────────────────┘
             ↓
┌────────────────────────────────────────────────┐
│ 施工完毕后，工程部经理组织客服部、工程部及安保部进行验收，出具意 │
│ 见。客服部负责资料、图纸的收集归档工作               │
└────────────────────────────────────────────────┘
             ↓
┌────────────────────────────────────────────────┐
│ 工程部经理、主管副总审批后，客户服务部负责为业主/租户办理施工押金 │
│ 退还手续                                         │
└────────────────────────────────────────────────┘
```

装修施工流程图

3. 装修指引

业主/租户在二次装修前，须按二装施工进场流程办理有关手续。同时指定一家二级以上资质的承包装修单位负责其区域内的室内装修。

（1）二次装修申请程序

①业主/租户提交2份装修设计方案及全套二装施工图交予物管中心客服部，同时填写《二次装修申请表》（见附件1），客户服务部收集装修图纸及施工单位资质复印件（加盖单位红章）、业主/租户委托装修单位授权书，填写《二次装修应交图纸明细表》（见附件2），工程部负责施工图的审批。业主/租户指定的设计单位建筑设计师、装潢设计师或承包装修单位，需签署业主/租户承诺书（见附件3）。

②建筑面积200m²以内的单元，图纸审批时间一般不超过3个工作日，建筑面积200m²以上的（含200m²）图纸审批时间一般为5个工作日（法定公休日及节假日顺延）。

③图纸审批通过后的施工图，承包装修单位需按北京市消防管理规定对承揽的装修项目报消防主管部门审批及备案。

④经消防主管部门批准后，凭报审相关文件到客服部办理施工转单手续，客服部带领业主/租户办理装修服务费、二装质量保证金等缴费手续；安保部负责办理《安全防火协议》、《装修管理协议》及施工人员进场证；工程部办理开工许可证。

（2）二次装修工程设计方案及施工图纸要求

①设计图纸需用A3纸按1:50比例标注，标志签名、编号与日期，设计单位盖章。

②所有的技术数据需用公制标注。

③施工图内容包含但不限于以下内容：

- 内部平面设置图、立面图及剖面图。
- 综合吊顶图。包括照明、拟改动的户式中央空调管道、设备及风口、预留上人检查口、拟改动的新风管道、空调水管及风口、自动喷洒、广播、烟感报警探头与其他吊顶设备。
- 强电系统图。包括电线、线路、导管的供电设计单线图及电线、开关、主断电保护器等的详细说明，并必须标明照明设备具体位置和电量。
- 给排水系统图。需标明附加的卫生洁具及上下水的位置，何处需凿墙或地板，以及所走管路，同时提供系统图及立面图。
- 标志设计和店面图及门面玻璃装饰设计图（只限于商铺及餐饮）。
- 内部煤气平面图设计（只限于商铺及餐饮）。
- 户门立面图。
- 特殊材料和固定方法必须标注于图纸上。
- 机器设备需有说明及铭牌等，以确定重量、耗电量及散热量。
- 对墙、地板、吊顶的修改工程需明确指出。

- 对于现有建筑、机电设备、结构方面的改动，需在方案中明确表示。

（3）二次装修施工图纸的修改

①业主/租户的二次装修工程必须严格按照审批后的设计方案实施。如有任何改动需事先以书面形式通知物管中心，并经批准后方可实施。物管中心有权对现场进行核查并清除任何未批准的工程，清除工作所需的修复事宜及相关费用均由业主/租户承担。

②修改后的图纸必须经物管中心重新审核确认及备案。

（4）施工条件

①开工必备

- 施工证。
- 临时施工用电协议。
- 二装施工单位营业执照、施工资质副本复印件。
- 安全防火协议书。
- 施工人员必须随身携带出入证，《施工证》张贴于施工现场显著位置（见附件4）。

②公共区域施工要求

业主/租户在装修时，涉及公共区域施工时，施工单位必须为二级以上资质的施工单位，消防工程必须由具有消防资质的施工单位进行施工。在施工之前需向物业管理中心提出申请，待批准后方可进行施工，施工项目包括但不限于：

- 配电柜至出租区域内主断电保护器的用电设备的增改工程。
- 空调系统的增改工程，包括暖气片组、暖气室内管线、户式中央空调机组系统、新风机组、风道、供回风调节阀隔栅等。
- 防火系统安装的增改工程，包括喷洒头、管道、烟感器等。
- 公用系统的增改工程，紧急广播、紧急照明系统、卫星电视系统等。

（5）退场条件

①业主/租户或授权的施工单位向客服部提交二装施工验收申请表（见附件8），经三方验收合格后填发二装工程验收单（见附件11）。如发现施工质量问题，须经整改后重新复检，待合格后填发二装工程验收单。

②验收合格后凭验收单客服部协助业主/租户或授权委托的施工单位办理退场手续并退还施工押金。

4. 装修管理规定

（1）施工时间

①装修公司的噪声施工将受时间限制，限时的具体安排为：周一至周五：12:00～14:00、18:00～次日8:00，不得从事敲、凿、刨、锯等产生噪声的装修工作。周六至周日及国家法定节假日全天不得进行有噪声施工。

②漆饰施工时间：施工单位需提前填写《装修施工油漆（喷漆）申请表》（见附件9），物业管理中心将根据情况安排最佳施工时间。

③物料进场时间：施工方在消防报批期间凭送审单可提前进场送料，待报批批准后方可施工。物料进场时间为每日 19:00 ~ 22:00。

客户集中装修期，施工时间将依相关规定执行。客户入住后，物管中心有权根据实际情况对噪声施工时间进行调整。

为保证业主/租户的办公环境，物管中心有权更改限制施工时间。

（2）装修规范

①施工现场管理

- 施工单位应严格遵照《装修手册》实施。
- 施工前，施工单位必须将施工现场的门、窗进行遮挡，保证整体环境的整洁。
- 施工证必须张贴于大门明显之处，以备随时检查。
- 处理好与相邻业主/租户的关系，如因施工引起的业主/租户投诉，应立即停止施工，并及时采取措施改进施工，严禁与业主/租户发生纠纷。
- 爱护电梯设施，不得划伤轿壁或天花板，防止并及时清除施工渣土，防止垃圾卡、堵电梯门。如有损坏照价赔偿。
- 施工中要保护好烟感探头、消防用具、电气设备及其他设备，严禁私自拆卸和改动，因施工不当造成消防系统损坏的，由施工方承担所有维修费用。
- 凡施工中因使用卫生间、水房、电梯（货梯）造成地面、墙面污染的，必须及时清洁干净。
- 施工现场使用台锯、台刨产生的刨花和锯末要随时清理。
- 所有材料和废料需用橡胶轮手推车于 19:00 ~ 21:00 之间，由施工单位人员将密封好的垃圾运至指定地点。若破坏公共区域设施应照价赔偿。货梯厅内必须做好完善保护措施方可运输。
- 施工前，应将房屋所有下水及管道地漏罩住，勿将混凝土、沙石、油漆等废弃物倒入下水管道及地漏内。
- 施工期间必须严格实行成品保护办法，保护好现场周围的地面、墙面、顶面及其他设施。在装修过程中凡损坏园区原有的装饰、公共设备设施，由承包装修单位赔偿。切勿在不取得物管中心同意的情况下擅自拆除园区任何设备。
- 装修材料须小心放置，禁止将装修物品、其他物品及废料等放于窗外或门外，以免从高处坠下，危及他人安全。
- 石膏板吊顶必须按风机盘管、各种截门及开关旁预留检修口。原则上应预留尺寸为 500mm × 500mm。

- 拆改消防喷淋、烟感设施必须按原编号密封妥善保存。
- 因装修工程所引致结构及设施损坏，包括业主/租户室内共用设备管线及异产毗邻房屋的结构设备设施、室内装修，均应由造成损害的装修公司承担责任及作出赔偿。若装修公司拒绝赔偿，则由该装饰公司所装修房屋的业主承担全部责任。
- 承包装修单位须保证所在施工区域公共卫生，地面不得有大量灰尘及污渍垃圾，不得有积水。
- 隐蔽工程在封闭前需通知物管中心做二装隐检，未做隐检的须拆除其需隐检部分。
- 承包装修单位在竣工前须进行自检，自检完善后由物管中心进行查验，对查验过程中发现的问题，承包装修单位应立即进行整改。
- 二次装修工程期限必须严格按照与物管中心签署的施工证中规定的期限执行。除特殊原因，并经物管中心书面同意并发施工证后方可延期。
- 由于需要或从安全角度出发，物管中心提前 3 天时间通知承包装修单位暂停工作，施工期可顺延。
- 施工中如遇到园区原有整体系统设施皆不得擅自改动，遇到园区原有设施需移位或变更项目必须提前向物管中心申请，得到同意后方可施工。事先未经物管中心的书面同意，切勿对柱、梁、墙或楼板进行任何改造，安装任何机器设备前必须确定楼板的有效承载能力。禁止遮盖风机盘管、阻塞机电部位，包括火警系统、煤气、空调系统，以便维修，卫生间、浴盆、厨房、洗漱间等区域必须做防水处理以防渗漏（日后因防水原因造成的渗漏，业主/租户需承担一切责任及经济赔偿）。凡是未被批准的工程有关补救和恢复工作须由业主/租户自行负责并加收 20% 的管理费。
- 施工单位不得占用本区域以外的任何区域用以堆放垃圾和材料及进行施工，如有需要必须经物管中心同意。
- 施工单位运出材料或工具等物，到物管中心办理通行证；由物管中心签字后方可生效。
- 施工装饰材料须符合国家环保要求的材料。

②施工现场消防管理

- 承包装修单位必须指定一名现场安全负责人，并负责现场防火安全工作，确保整个施工过程遵循国家的防火规章制度。
- 内部施工场地须达到材料分类整齐。临时仓库的使用须经物管中心认可。户内不得存放易燃、易爆品（如汽油、酒精、稀料、油漆）等材料及垃圾。无特殊施工（做防水等）不得有大面积水迹。施工现场严禁吸烟。
- 施工期间，施工单位应随时接受保安人员检查，施工单位必须自备轻便灭火器，灭火器要保证灵敏有效（按施工面积：每 30 平方米配备一具 40kg ABC 干粉灭火器）。消防器材需放在明显易取处，每天检查其是否处于有效状态，保证满足消防需要。

- 移动或改造消防设施必须由消防部门和物业管理中心共同认可的消防工程公司施工，严禁施工单位随意移动、遮挡和拆卸消防设施，包括消防门、消防喷淋头、消防烟感探头、消防喇叭、应急灯、消防排烟装置、消防栓箱、消防标志和防火卷帘门等。

- 施工中各种装饰材料要分类码放整齐，留出防火通道，可燃垃圾及时装袋，当日必须清理施工现场。

- 消防水龙头只限于灭火，任何人不得将消防水用于冲洗或取为他用。

- 施工如需消防喷淋泄水，必须提前24小时报物管中心批准。由物管中心工程部进行泄水工作，喷淋系统施工时间不得超过3天。在此期间，物管中心安保部将按实际情况，要求施工单位增加灭火器，物管中心人员会加大巡视力度。在施工结束后，施工单位要及时通知物管中心进行补水工作。

- 施工现场必须随时清除易燃物品，并设专人负责施工区域及相关通道的卫生保洁工作。

- 禁止由公共区域拉线取电。必须在正式开工前向物业管理中心提出临时用电申请，并安装MCCB和漏电保护器（ELCB 30毫安）防止负荷超载，临时用电线路应做好保护，不得裸露。电源开关控制盘禁止覆盖和遮掩（严禁使用1000W碘钨灯）。必须做到一机一闸，线路绝缘良好。

- 在使用明火或烧焊时，应向物业管理中心提出申请，得到批准后到安保部办理动火证，动火时物业管理中心派人在现场监督。施工单位动火前应负责对施工范围内的烟感和喷淋头作出保护，防止系统出现误报及启动现象。

- 施工机具及材料堆放在施工现场，不得堵塞遮掩消火栓、消防专用通道和任何公共通道，如在公共区域乱堆乱放，如丢失、损坏，由施工方负责。

- 每日施工结束后，施工单位防火负责人应对施工现场进行安全检查，断电、拉闸并关好门窗，在确保无火灾隐患后方可离开现场。

- 装修使用的易燃材料（如木龙骨、木制灯箱、棉布装饰物等），必须刷防火涂料，否则不准使用。

- 装修使用的壁纸、地毯必须有北京市消防局的检测报告，否则不准施工。

- 使用电动工具要严守操作规程，使用切割机要选择安全地点，防止切割产生火花乱溅引起火灾。

- 电器设备的安装与维修必须由专业人员进行，操作人员必须持有劳动局核发的电工操作证。

- 施工现场使用的临时配电箱应放在干燥的房间内，箱体必须是不燃材料制成，箱内各种电线接头要安装牢固，并装有漏电保护器，箱体周围不得存放易燃物，露天施工现场使用的配电箱应有防尘、防雨保护。

- 施工现场严禁乱拉临时电源线，确因施工需要安装的临时线应选用电缆线或双层互套线，用后立即拆除，严禁使用麻花线。

- 施工现场使用的电源线接线板要符合国家安全标准，接线板不准串联使用，插销与插座相匹配，接线板周围不得有易燃物，严禁将无插销的裸线直接插入插座内。

- 施工现场严禁使用任何电加热等大功率电器设备，禁止超负荷用电，因施工需要而使用的必须经物管中心安保部批准和工程部门核准后方可使用。

- 施工单位必须保证正确用电，一旦造成楼层或区域停电等事故，所造成的一切损失由施工单位负责。

③施工人员管理

- 承包装修单位应在施工前替其装修人员申请及办妥有效的工作证，将装修人员的资料详列在申请表格上，携同装修人员的身份证复印件或进京证、就业证、暂住证复印件（适用于外地施工人员）及近照 2 张交到物管中心办理工作证。若遗失工作证应及时补办并收取工本费。

- 装修施工人员在施工期间，应将工作证佩戴在本人身上显眼的地方，以便物管中心随时检查，如经劝告仍不执行者，物管中心将有权收回该装修人员的工作证及没收押金，并请其离开本园区，以后永不接纳其申请。

- 在进行装修前承包装修单位必须为施工人员投保足够的意外伤害保险，并投保建筑及安装工程的一切保险及第三者责任保险等。受益人需指定为租户和开发商的联名。并同意赔偿开发商和他们的承包商在装修中所受的损失。第三者保险金额每一事故最少为 50 万元（视工程范围而定）。所有保单均需提交物业管理中心，物业管理中心有权在必要时，要求提高保险额至适当程度。

- 不准在楼层卫生间内洗浴、洗衣服等。

- 每日施工完毕，均要断电、拉闸并关好门窗，在确保无火灾隐患后，方可离开现场。

- 严格按照指定的时间施工，不得在工地留宿，如有特殊情况，须经物管中心安保部同意并登记备案。

- 装修施工人员必须严格遵守物管中心的各项规章制度及其他要求，出、入行走规定的装修人员通道，乘坐员工梯。必须在其工作区域工作，不得占用或在公众区域进行施工、穿行，累计 3 次者物管中心将没收工作证和扣罚押金，以后再不接纳其申请工作证。

- 装修施工人员不得在园区以及装修屋内喧哗大叫，粗言秽语，赤身露体及做出不文明举动。

- 装修施工人员使用园区内指定卫生间，严禁在洗手间内冲洗任何施工材料和工具，严禁在装修区内或公众区域随地大小便。

- 二装施工不准将装修物料及泥沙等抛进抽水马桶内；不准将废物丢进小便池内以致造成堵塞。

- 物业管理中心有权随时检查施工现场，发现问题需进行整改以达到物管中心要求。对任何不符合物管中心要求的施工内容物管中心有权令其停工。

- 施工期间为了不使其他户受到影响，施工单位须将所在楼层的公共区走廊地面加盖保护。所有施工人员严禁使用客用电梯、卫生间，严禁穿拖鞋或不着上装。

- 施工人员必须严格遵守有关消防法规、规章和规定。

- 非专业电工人员严禁安装用电设备，工作完毕后切断电源，彻底消除火灾隐患后方可离开。

（3）二装施工单位临时增加施工人员进入园区程序

①正常工作时间：施工方向物管中心提出书面申请并经物管中心签字同意。施工方填写《二装施工临时进入园区施工确认单》，进门时，施工人员交此单至保安员留存并接受检查。（见附件10）

②非正常工作时间：施工方负责人向值班经理提出申请，值班经理确认后安排施工方负责人在园区门卫处填写《确认单》，由值班经理签字同意后交此单至保安员留存并接受检查。

③当日施工结束后，如需继续工作，施工方应于下一个工作日及时到物管中心办理施工出入证。

④此《确认单》仅限当日当次使用。施工结束后物管中心负责将此单收存，统一销毁。

（4）施工完毕后，施工单位应通知物管中心进行工程及消防查验，任何没有经过物管中心查验的区域造成的一切后果均由施工单位负责。

5. 施工技术指导

（1）装修技术要点

①结构工程

A. 结构及楼板承载能力

任何结构变更需事先经物管中心书面批准。禁止任何给房屋结构或周围环境带来不利影响的施工，结构改变（包括砖墙的拆建）在经物管中心书面批准后，业主/租户的承包装修单位须由专业工程师监督指导方可进行上述工程，楼板（土建/结构）最大承载能力为 $\times \times \times kg/m^2$。

B. 重物的放置

业主/租户将平面布置图提供给物管中心，须标明何处会由特殊设备工程造成重负荷。必要时须由物管中心专业工程师（土建/结构）对结构特性进行估算，并通过有关部门的批准。在地板上放置或在天花上悬挂重物须经物管中心书面同意，不得悬挂重物于管道之上（包括煤气管道和吊顶喷淋管上）。

②建筑及内部工程

A. 广告/标志

广告/标志招牌的修饰式样、定位、尺寸均需物管中心书面批准，施工前需将许可证及局部详图提交给物管中心。

B. 融焊材料

未经物管中心许可，禁止融焊任何材料。

C. 剔凿、湿工和重锤

承包装修单位未经物管中心书面许可，禁止在地板或墙壁上打孔、钻洞。禁止任何形式的凿钻操作，应尽量减少湿、重工程。必要时经物管中心同意后方可施工。往室内运水应使用水桶，禁止使用胶皮管。

未经物管中心的允许禁止对地板、吊顶、墙及其他地方进行重锤。

③机械与电气工程

暖通设施：

- 任何室内的暖通设施设备（包括户式中央空调及相应管线、暖气及相应管线、中央空调系统管线、风道、通风系统等）修改都应经过物管中心的书面批准。在维保期内的户式中央空调的改动，由原厂家承担改动，费用由厂家及业主协商。

- 暖通系统管线施工如需区域卸水，需提出书面申请，经过物管中心的书面批准并缴纳卸水费，由物管中心根据申请时间安排卸水后进行施工。

- 禁止任意改动公共区域的风道、管线，完工后必须将装修期间移动的公共区吊顶板、灯具、送/回风口格栅完全恢复原状。

- 禁止移动现有的排烟风道、排烟系统的通风口，冷媒输送管路、冷凝水管及其他附件。

- 装修期间承包装修单位必须采取有效的措施，以防止大量冷/热空气由室内渗漏及异味在园区内扩散。

- 未经物管中心的允许，不得私自安装单独的空调装置，冷凝水管和冷媒管必须保温以防凝结水。业主/租户需采取有效措施解决由于自行安装的独立系统所产生的热、噪声污染、震动等所引起的问题。

- 装修时容易产生灰尘的地方，施工方需将空调送/回风口的格栅用塑料垫密封，以防止损坏中央空调系统。

- 吊顶应适当留有一定空间及上人检修口，以便日后维修，例如：空调装置及管道的检查、天然气管道的检查等。

④消防报警系统

A. 烟/温感系统

未经消防部门和物管中心的批准，任何人不得擅自拆除、移位、遮盖或断/联室内原有的烟感器/温控器，任何烟感系统的改动都必须由国家认可的有消防施工资质的消防施工单位进行施工，其新增设施设备，必须与原系统同厂家、同规格。

B. 消防系统

消防水龙头只限于灭火，任何人不得将消防水用于冲洗或取为他用。

C. 广播设备

为了保证业主/租户的安全，未经批准禁止拆卸或移动扬声器位置。

D. 喷淋系统

任何喷洒系统的改动都必须由具有国家认可的消防施工资质的消防施工单位进行施工，费用由业主/租户承担。施工期间必须注意避免碰到花洒喷头或使其受热，花洒喷头严禁遮盖或损坏，否则会影响其性能。禁止在施工期私自放干喷洒系统的水。如需区域卸喷洒系统的水需提出书面申请，经物管中心书面批准并缴纳卸水费后，由物管中心卸水后安排进行施工。

E. 煤气监测系统

对于使用煤气的餐厅，根据有关部门的规定，必须安装与机械通风装置（厨房排风及新鲜空气）相通的煤气监测器和电磁阀，整个监测系统必须经过当地煤气质检部门的监测及批准。

F. 电气设备

如室内供电量有任何修改，业主/租户应事先申请并得到书面批准及付清增容的全部费用后才允许施工。施工由国家承认有二级施工资质以上的承包装修单位完成。

G. 自来水及卫生设施

在室内安装自来水和卫生设施须经物管中心书面批准后才可进行施工。

（2）装修图纸设计和审图要求

①强电

- 设计必须符合《民用建筑电气设计规范》（JGJ/T 16—1992）、《民用建筑照明设计标准》（GBJ 133—1990）和《高层民用建筑设计防火规范》（GB50045—1992）。
- 所有设计图中需标明强电照明天花图、开关位置、配电箱位置、插座分布图安装距离及电气系统图、布线图、平面图，如照明，插座，事故照明。
- 图纸中应注明选用材料的材质，各种灯具的容量、名牌、型号、数量等及施工工艺流程说明。
- 国产配电箱应符合二部一委证书要求。进口配电箱应符合商检要求，单相开关通断能力大于×kA，三相开关最小通断能力大于××kA。
- 配电箱应选用金属配电箱。在设计和使用中配电箱内应预留开关空位，所有照明、插座线路不得混用并且插座线路均应加装漏电开关，空调控制加漏电开关。
- 支路开关容量，整定电流与导线载流量应匹配。电力电缆及导线必须使用阻燃型。照明线不应小于××mm²，插座线不应小于××mm²，接地线截面不应低于××mm²铜芯线。接点处要求使用端子并刷锡，各支路电流设计不应大于××A。

- 选用灯具应尽量选用同一品牌产品。日光灯必须采用电容补偿产品。
- 电线管要求使用镀锌金属管至分线箱（盒），灯箱应使用铁制包塑蛇皮软管连接，且两端均应做护口处理。
- 室内原有的事故照明日光灯必须保留，位置应设在室内公共区域的居中位置，电池盒必须加装金属盖。为了满足消防要求，移位电线管必须使用符合要求的金属管，且金属管上应涂符合要求的防火涂料。
- 插座和灯具开关面板应尽量选用同一品牌的产品。插座从通用性考虑建议选用与园区相同的××A。
- 所有插座（含电话、电视）同一室内的设计均应等高（离地面距离）。所有开关面板（含空调温控调节器）距地面距离应一致且开关按键"开""关"朝向也应统一。
- 风机盘管用电，使用电线管将电源线送至距各风机盘管一米以内，作出带保险的出线盒即可，温控开关用线应使用××mm²硬线。
- 格栅灯盘必须≥ø6吊筋四根，上面用角铁固定在混凝土上（不准使用吊链铁丝悬浮）。
- 天花上的线管必须按施工规范固定，所有照明灯具外壳都要与园区的接地线连通。
- 地面只能使用专用地面防水插座，不许用墙插座代替地插座使用。
- 装地插座时，地板上挖沟深度不得超过×cm。
- 木制灯箱槽必须涂防火涂料，电源线要穿铁制包塑蛇皮软管，外刷防火涂料。
- 消防正常应急两用灯，其中一支灯管加装镉镍电池，放电时间不少于45分钟。从灯主电源多穿一根电源充电线连接电池，不允许将电池电源线接在园区应急照明电源上。强电所有线管、线盒均要求做焊接跨接地线，保证接地完好。
- 灯盘要求做接地线灯及插座必须和控制开关容量相匹配。
- 业主/租户若要求增容，需提交书面申请报请物管中心审批。电气增容所发生的费用由业主/租户全部承担。

②弱电

- 温感探测器的布置原则：距离及突出物的水平距离不应小于××m，距送风口、新风口的水平距离不应小于××m，尽量靠近回风口位置。
- 在没有消防局特殊批准的情况下，不得破坏原有防火分区。不得占用排烟风道。
- 烟感和喷淋头应与现有系统、牌号、规格一致，原有烟感安装原则上在预留软管半径范围内移动。
- 提供有关装修使用的木材、壁纸、地毯、纺织物等材料的品种、使用部位，以及防火性能的检测证明。

- 标明图纸中综合布线使用的材料、规格，要求装修方施工时按要求穿电话线及交换机接地线。

③暖通

- 图纸必须符合《采暖通风与空气设计规范》和《高层民用建筑设计规范》。

- 图纸应含冷（热）供、回水管道图，冷凝水排放管道图，包括水管位置、尺寸（管径）、坡度走向和必要的阀门、软接头。

- 图纸中须设计出比较准确的风机盘管位置，送、回风口位置以及必要的风阀，原则上每个独立的房间应有送、回风口。图纸应说明所选材料的名称、材质、规格和性能。回风采用独立回风管并带有过滤网，尺寸应保证维修便利。物管中心不接受天花顶栅回风，过滤网须采用多层金属网。

- 供、回水主管应采用不小于 ø××，分支采用 ø×× 的管材。干管与主阀门连接处应加装活接或法兰以保证当主阀门损坏时能维修更换。进出水阀门采用耐压 ××MPa/cm²，耐热 ××℃，耐冷 ×℃ 的专用铜阀门，同时应提供阀门的工作压力合格证。

- 供回水管与风机盘管连接处采用空调专用软连接管。

- 原则上每个风机盘管只允许带 2 个送风口，小于 FP－06 型风机盘管允许带 1 个送风口，在每台风机盘管风机下方应设上人检修口。预留检查口必须考虑到对风机盘管的维修方便，位置应置于风机风轮略后处。风机盘管风路系统不应采用软连接，如确实需软连接时应使用符合防火要求的帆布连接。

- 图纸中应含新风管道图，包括新风管位置、新风口的位置及数量以及必要的风阀。原则上每个独立的房间都应设有新风口，新风必须采用通过风管、风口垂直下送方式。室内总新风阀任何人不得擅自调整。新风口尺寸建议采用 100cm×200cm 形式并带有调节器。若业主/租户根据自己的情况不增加新风系统，必须在图纸上签字认可。

- 业主/租户要求增设分体空调、排风系统必须向物管中心提出书面申请，经批准后方可施工。

- 图纸中风机盘管、风口、风道应注明尺寸、型号、规格并注明所用保温材料。不得对主管路随意改动。业主/租户增做的线槽不得布在风机盘管的凝水盘下方。

- 原则上新风、排风、排烟管路必须采用镀锌钢板，接口采用角铁法兰螺栓连接。

④土建

- 在装修平面布置图中应注明轴线位置、平面尺寸、面积数、家具布置情况及房间名称或功能。

- 在天花吊顶图中应标明灯位、灯型尺寸、数量，送、回风口位置、喷淋、烟感位置。如需做天花藻井的，则应对藻井的做法、尺寸、标高及与灯、空调、烟感、喷淋的关系作出注明。

- 新做隔墙应使用轻体结构，注明所用材料及做法，同时还应注明隔墙高度（是否到顶）。
- 房间及楼层内的管井、消防、机房门不能封闭。
- 说明装修所用材料（顶棚、墙面、地面，如使用墙纸、地毯、木地板等）。还应提供所用材料的阻燃试验报告，如有拆改墙体、门口或损伤原有建筑中的墙、梁、柱、板等应在图中有所说明。
- 图中应注明有无使用大型重物或产生强烈振动的机器设备（如保险柜、大型文件柜）等资料，重量、安装位置及方法。
- 不可作出任何结构及外观（如外围灯、窗户、阳台、外墙等）之更改。以维护外观整齐、线条美观，保持整体品质。
- 如需在楼板、墙安装膨胀螺栓，规格不应大于直径××mm。所有承重结构柱均不允许剔凿破坏。
- 不论何种吊顶均应预留检查口（风机盘管，集中接线盒），以备检修。轻钢龙骨吊顶应用不小于ø×钢筋做吊杆，施工应符合规范要求。铝合金龙骨如用铅丝做吊杆，则应在调平后绑紧。
- 所有需拆改卫生间、茶水间、房门均应在开工前向物管中心申请，待批准后方许施工。否则所造成的一切后果均由业主/租户承担。
- 吊顶、隔墙工程在最终封板前应由物管中心对土建、电气、消防水、弱电、空调等项目进行隐蔽验收合格后方可封板。
- 所有隔墙木封板、木制灯盒必须涂刷3遍防火涂料。经隐检合格后方可进入下一步施工。
- 每个办公单元留门樘数应符合消防规范要求。更改后的玻璃门应用强化玻璃及符合消防条例。
- 除主门外其余木门向公共走廊方向开，不能封闭或作任何更改。
- 走廊墙身不许安装任何招牌。设计改动门口的宽度超过××m时，应当提供新设计门口的立面图、对原结构的加固措施和有关文字说明。

（3）装修验收标准

①强电

- 根据装修设计图纸在吊顶前进行隐检，查看布线情况是否规范。
- 承包装修单位提出正式验收前，需要填写二装施工调试送电申请表并明灯72小时，保证线路绝缘无问题后，提出书面申请报物管中心。再填写二装施工正式送电申请表。
- 检查配电系统是否与容量匹配，布线是否规范。三相电流是否平衡。
- 检查灯具安装是否用吊盘吊装，插座、开关是否规范。所用材料必须有国家质检报告。
- 验收后承包装修单位需在验收前一周内对该工程出正式竣工图备案。

②弱电

A. 管路

- 所使的导线、管材等均应符合国家或部委颁发的现行技术标准。
- 管路采用丝接钢管 SL（G）。
- 管路敷设宜沿最短路线，并应减少弯曲和重叠交叉，管路长时应加装中间接线盒。
- 管子入盒时，盒内外侧应套锁母。
- 线槽的置线段应每隔 1~1.5m 设置吊点或支点，在下列部位也应设置吊点或支点：线槽接头处、距接线盒 200m 处、线槽走向改变或转角处。
- 吊装线槽的吊杆直径不应小于 6mm。
- 消防控制设备外接导线，当采用金属软管做套管时其长度不宜大于 200mm，且应用管卡固定，其固定距离不应大于 500mm，金属软管与消防设备的接线盒采用锁母固定。

B. 消防系统导线敷设

- 火灾自动报警系统的传输线路应采用铜芯绝缘导线，其电压等级不应低于交流 250V，信号线主干线为 RVS-2/1.5mm^2；手动报警按钮内的电话主分线路均为 BV3×1.0mm^2。
- 信号线采用不同颜色区分。
- 导线在管内或线槽内，不应有接头或扭结。

C. 电话及电脑系统线路敷设

- 采用 3 类或 5 类非屏蔽双绞线沿指定路径引至园区通信竖井配线箱内。
- 电视管线按图纸设计做到位。

D. 探头安装

- 探测器底座应固定牢靠，其导线连接必须可靠压接，探测器的确认灯应面向便于人员观察的主要入口方向。
- 探测器与其他设备间距：探测器至墙壁、深边的水平距离不应小于 500mm，至送风口边的水平距离不应小于 1500mm，至多孔送风顶棚孔口的水平距离不应小于 500mm（房间面积允许时）；探测器至灯具喷淋头的水平距离不应小于 500mm。

E. 手报通过报警试验，插孔电话响，灯亮

F. 探头数量与图纸一致

- 不得影响园区内原有消防设备。
- 装修期间园区内原有设施无丢失及损坏。

③暖通

- 根据装修设计图，核对房间内风机盘管和送、回风口、新风口的数量，变动位置情况。
- 检查风机盘管风机三速温控开关调控是否正常。

- 风机盘管、送风箱与送风立管连接处应采用咬口或法兰，咬口有漏风处，应以密封胶密封。
- 在施工交验前应及时测试风口的风速、风温符合标准（见附件12）。
- 检查预留上人检查口是否符合要求。
- 管道在隐蔽前进行水压试验，试验合格并验收后方可隐蔽。
- 水压试验的压力 PS = 1.5P，但不小于 0.6MPa，试验时升压至试验压力，5 分钟降压不超过 0.02MPa，降压至工作压力维持此压力检查不渗不漏为合格。
- 卫生器具支管在器具安装后进行通水试验。
- 管道需在隐蔽前进行灌水试验。
- 楼层管道一般在卫生器具安装后进行通水试验。
- 器具位置的准确性。
- 器具的稳固性。
- 器具的美观性。
- 器具的严密性，包括器具与给、排水管道的连接、与建筑物墙体的靠接。
- 器具的可拆卸性，器具与给水管道连接处必须装可拆卸的活接头。
- 喷头数目、位置正确。
- 喷头两翼需排列整齐。
- 喷头装饰盘标高需在吊顶下。
- 喷头装饰盘安装牢固。
- 管道支架、吊架、防晃支架符合要求。
- 管道连接符合施工规范要求。

④土建
- 检查室内结构装修的连接是否符合设计要求。
- 检查吊顶、墙面、地面是否符合设计要求。
- 检查门、窗装修是否符合设计要求。
- 检查部分区域室内窗帘是否齐全。
- 检查室内各吊顶检查口开设得是否位置正确、符合设计要求。

（4）《装修安全防火协议书》

此项工程为业主/租户第＿＿座＿＿层＿＿号＿＿＿＿公司联系，由施工方＿＿＿＿＿承担的装修工程，该项工程计划于＿＿年＿＿月＿＿日竣工交付使用。

为了保障园区内二装施工工程的安全，防止火灾危害和发生治安灾害事故，根据北京市建委、市公安消防局对建筑施工现场安全防火工作的有关规定，经甲方（物管中心）和＿＿＿＿＿＿＿＿＿＿乙方（承包商）共同协商，制定安全、防火协议如下：

（一）施工现场的安全生产、治安防范、防火工作，由乙方全面负责，甲方负责监督检查措施的落实和执行情况，应由乙方接受监督，甲方负责监督检查落实情况。乙方应确定一名施工负责人为现场安全、防火工作负责人（佩戴标志），全面负责现场的安全、防火、治安工作。

（二）施工工地应有专职防火、保卫人员和义务消防组织及消防队员具体负责人，检查监督安全防火措施的落实和执行情况。该人员应当向甲方备案并作为乙方与甲方的联络人。

（三）乙方应在施工组织设计中编制安全保卫、消防工作方案和具体工作措施，报甲方保卫部门备案。这些具体措施不应与法律、法规、部门规章及甲方制定的相关规定相抵触，抵触的内容无效，按照甲方的相关规定执行。

（四）施工现场有明显防火标志，乙方应对职工进行安全、防火知识教育，上班作业应戴安全帽、佩戴出入证，防止治安、伤害事故的发生，并建立安全、防火工作档案。

（五）乙方要严格执行批准后的施工方案，不得擅自更改。

（六）乙方对所有参加施工的人员在施工前应进行防火安全教育，如施工现场发生火灾，须及时报警并组织扑救，保护事故现场。

（七）施工现场严禁吸烟。施工人员严禁在施工现场留宿。

（八）施工人员要按物管中心指定的出入口进入园区，按指定路线进入施工区域，使用指定卫生间。

（九）乙方施工现场用电要向物管中心申请，电器设备必须由正式电工安装，并设置配电箱，不得随意乱拉临时线，必要的临时线使用双层互套电线，并架空使用。

（十）乙方进行明火（包括但不限于电气焊、切割）施工时，应到物管中心办理临时动火许可证，并严格执行消防安全制度。物管中心在签发动火证后，将派专人到现场检查，已经发证但无专人到场监督的情况下，乙方不得进行施工作业。电气焊、切割作业，必须持有效操作证上岗。

（十一）乙方对于施工现场的可燃杂物必须做到随时清理，保持安全的施工环境。

（十二）乙方施工中需要使用易燃、易爆物品时，必须符合《化学危险品安全管理条例》的规定，有专人进行看管，不得过夜存放。施工中严禁大面积使用喷漆、刷漆等危险工作，现场保持通风良好。

（十三）严禁明火（包括电气焊、切割）和使用易燃易爆物品（包括喷漆）交叉作业。

（十四）乙方必须在施工现场设置明显的消防宣传标语，包括禁烟标志和防火安全制度牌，并配备足够的有效灭火器材。

（十五）乙方施工用的堆料或垃圾不得埋、压、圈、占消防器材，占用消防设备位置，遮挡消防栓，不得堵塞消防通道。

（十六）乙方不得在园区内（包括施工现场）酗酒、赌博、打架斗殴、无理取闹及其他违法犯罪活动。

（十七）施工完毕，经市消防局进行验收。验收合格后交付使用。

（十八）对有违反以上规定的人员，甲方有权进行制止，并对责任单位进行处罚、停工、限期改正，情节严重的送交公安机关处理。

（十九）乙方应遵守甲方制定的各项规章制度，如因乙方违反甲方制定的规章、制度及乙方自身原因导致的装修责任，由乙方承担。

本协议书自签字之日起生效，一式两份，甲、乙双方各执一份。此协议书在施工验收完毕，施工人员和施工材料设备全部撤离园区后自行终止。

甲方：物管中心　　　　　　　　　　　　　　乙方：

盖章：　　　　　　　　　　　　　　　　　　盖章：

　　　年　　月　　日　　　　　　　　　　　　　　年　　月　　日

（5）《业主/租户自装设备承诺书》

＿＿＿＿＿＿＿＿＿＿＿＿＿＿＿＿公司，为＿＿座＿＿号房屋业主/租户（以下简称业主/租户）。业主/租户同意依照如下规定进行设备的施工安装工作：

（一）业主/租户将负担一切设备安装和操作费用，在搬出现使用房屋时，应承担由于自行安装设备所致而引起设备拆除和房屋复原之全部费用。

（二）业主/租户及其承包装修单位应将更改方案和详细资料提交物管中心。

（三）业主/租户应为其设备在施工和操作期间可能对园区内其他业主/租户和物管中心带来的任何损失进行公共责任险投保。并将保单提供物管中心备案，如果无法提供，业主/租户的施工将无法获得批准。

（四）业主/租户应确保设备的安装和使用不会引起噪声、震动或对其他业主/租户的安全和健康及园区的设备造成不良影响。物管中心保留向业主/租户提出书面通知责令更正的权利。如业主/租户在收到物管中心通知后24小时之内未予以更正，业主/租户将愿意停止有关设备的操作。

（五）业主/租户设备的安装不得影响园区的整体结构和防水系统。

（六）业主/租户应负责设备的正确操作、维修及保养工作。

（七）业主/租户同意其上述安装及改造工作应符合中国有关政府部门之要求，如有不符，在接到有关政府部门整改的书面通知后，应立即依照有关要求予以更正，直到达到规定要求。

（八）业主/租户设备的安装、使用、搬运不应对房屋的安全构成威胁，例如超重、超大、产生环境污染等。其使用的相应水、电、气等的供应应当具备可行性。

业主/租户签字并盖章　　　　　　　　　　　　物管中心签字并盖章

_____　　　　　　　　　　_____
　　　年　　月　　日　　　　　　　　　　　　年　　月　　日

（6）《房屋装饰装修管理协议》

甲方：_____　　　　　　　　　　　　（业　　主）

乙方：_____　　　　　　　　　　　　（物管中心）

丙方：_____　　　　　　　　　　　　（装修公司）

丙方受甲方委托对其所有的＿＿座＿＿层＿＿＿＿单元进行装修，因装修项目毗连乙方所管理的其他物业，涉及房屋的共用部位、共用设施设备，为加强施工现场管理，提高工程质量，确保安全、文明施工，明确三方权利和义务，保证房屋居住安全，特签订本协议。

一、装修施工管理

（一）丙方装修前应填写《二次装修申请表》。

（二）丙方进入园区路线：_____

（三）丙方施工时间为＿＿＿年＿＿＿月＿＿＿日至＿＿＿年＿＿＿月＿＿＿日。

（四）乙方依据《装修手册》、《装修安全防火协议书》及此协议书的各项规定行使管理职能，丙方承诺遵守此协议书及《装修手册》、《装修安全防火协议书》的各项规定，接受乙方的管理。

（五）甲方应对丙方的各项装修行为负责，确保丙方的各项装修行为符合《装修手册》、《装修安全防火协议书》及此协议各项管理规定及约定条款之要求，对于丙方违反各项装修管理规定所带来的各种不良影响、损失承担连带责任。

（六）在装修施工期间乙方同意向丙方提供有关房屋结构承重量、水电系统、技术等方面必要的咨询。

（七）丙方对房屋的装修部分承担维修责任。乙方对房屋的共用部位、共用设施设备有正常安全检查和维修的权利，检查和维修涉及甲方及丙方装饰部分需拆改时，甲方丙方须予以协助，拆改部分由甲方及丙方自行负责。

（八）丙方擅自扩大未经乙方审核同意的装修范围、超过施工期限或因施工影响房屋安全的，乙方有权要求丙方停止施工、恢复原状、赔偿损失。

二、施工管理费与工程质量保证金及其他收费

（一）丙方承诺依照《装修手册》、《装修管理规定》中的规定，并向乙方缴纳装修服务费、工程质量保证金及其他各项费用。

（二）按照装修收费各项标准，丙方应缴纳的费用为：

1. 装修服务费_____元；

2. 质量保证金_____元；

3. 装修垃圾费、施工人员出入证费用、空调施工系统区域泄水、消防施工系统区域泄水、消防器材租赁费、消防器材租赁押金按实际发生以《装修手册》规定之标准进行收费；

4. 施工方应自觉购买施工保险、财产险和第三者责任险，保险单据复印件应在物业管理中心备案。

三、违约责任

（一）施工中如因违约，物管中心有权按此协议书要求施工方停止施工、支付违约金，施工方进行相应整改后经物管中心书面允许后可恢复施工，但给物管中心或任何第三人造成损失的，应予赔偿。

（二）施工单位违反《装修手册》、《装修安全防火协议书》及此协议管理之规定，《装修手册》、《装修安全防火协议书》及此协议未明确违约金数额的，物管中心有权根据施工单位违约的事实及造成的不良影响范围及后果决定收取违约金的数额。

（三）施工单位违反《装修手册》、《装修安全防火协议书》及此协议管理之规定造成损失的，物管中心有权要求施工单位赔偿损失，赔偿损失不影响违约金的缴纳。

（四）物管中心可根据施工单位的违规事实直接从工程质量保证金中扣除违约金，无须经过施工单位的同意，但必须提前向施工单位告知。

（五）物管中心扣除违约金或赔偿金后，物管中心有权要求施工单位补足保证金。

（六）施工单位违反约定造成损失并拒绝赔偿的，物管中心有权要求业主/租户承担赔偿责任。

（七）施工期内施工人员发生的工伤事故全部由施工单位负责。

（八）违约责任包括但不限于以下项目：

1. 禁止在大厦内焚烧任何物品，违者缴纳违约金_____元。

2. 不得阻塞消防专用通道和任何公共通道，违者缴纳违约金_____元。

3. 动用明火作业必须到安保部办理《动火证》，擅自动火的缴纳违约金_____元。

4. 动火前未清理动火现场、未配备灭火器材或灭火器材失效的，缴纳违约金_____元。

5. 违反消防安全管理规定而发生一般火情的，需缴纳_____元以上_____元以下的违约金。

6. 违反消防安全管理规定造成火灾的，由直接责任方承担法律责任并赔偿给大厦造成的经济损失。

7. 物管中心作为消防安全的管理者，有权要求丙方及时消除火险隐患，对严重违反消防安全管理规定并拒不整改的，需缴纳_____元以上_____元以下的违约金，情节严重的提请消防部门对其按有关规定处理。

8. 施工人员必须使用指定卫生间，注意卫生间的清洁，不得使用非指定卫生间，违者缴纳违约金_____元。

9. 施工区域内不得大声喧哗，保持肃静，违者缴纳违约金_____元。

10. 不得出入与施工无关的楼层，违者缴纳违约金_____元。

11. 严格按照大厦指定的时间施工，不在工地留宿，如有特殊情况，需经物业安保部同意并登记备案，违者缴纳违约金_____元。

12. 施工垃圾要每日清理并堆放在指定地点，违者缴纳违约金_____元。

13. 若施工区域为公共场所或在客户视线范围内，施工人员休息时不得随意倒睡，违者缴纳违约金_____元。

14. 施工区内不得有喝酒、赌博、打斗之行为，违者缴纳违约金_____元。

15. 服装整齐，禁穿奇装异服、赤膊和穿拖鞋，严禁穿破坏地面、地毯的鞋类，违者缴纳违约金_____元。

16. 有坠落物的施工现场，施工人员需戴安全帽方得进入，违者缴纳违约金_____元。

17. 大厦内任何区域均禁止吸烟，违者缴纳违约金_____元（含在施工现场每发现一个烟蒂缴纳违约金_____元）。

18. 不得使用不符合国家标准的电工产品，禁止设备带故障运行，违者缴纳违约金_____元。

四、工程验收

单项隐蔽工程封闭前，施工单位须及时通知物管中心进行单项验收。总体工程竣工前三日由施工单位通知物管中心进行验收（C、D座仅对与公共部分管线相连的设施进行验收）。物管中心安排日程组织施工单位和业主/租户进行联合验收。验收通过后，施工单位在一周内提供两套竣工图交物管中心存档。

五、工程保修

（一）装修工程若出现质量问题，业主/租户通知施工单位返修，施工单位应在48小时内派人员进行处理，不得无故拖延，如因施工单位的原因未能及时进行修理，由业主/租户承担责任。

（二）物管中心依据《验收规范》进行管理及验收，施工单位应在单项工程完工后通知物管中心进行验收。对工程中出现的问题应积极整改，由施工单位与业主/租户共同承担由此产生的一切后果。

（三）业主/租户与施工单位应约定装修工程质量保修期，保修期内的工程质量问题施工单位应及时维修，如发生重大质量问题，应由施工单位与业主/租户共同承担由此产生的一切责任。

（四）施工方应在完工后向物管中心提供竣工图及相关资料两套，以备物管中心日后维修。

六、本协议未尽事宜，由甲、乙、丙三方另行签订补充协议。

七、本协议履行过程中如发生争议，三方应协商解决，协商不成，任何一方均有权向当地人民法院提起诉讼。

八、本协议一式三份，甲、乙、丙三方各执一份，自三方签字盖章之日起生效。

甲方：　　　　　　　　　乙方：　　　　　　　　　丙方：

日期　　　　　　　　　　日期　　　　　　　　　　日期

（7）附件

附件1：

二次装修申请表

业 主／租 户：_____　　楼 层／单 元：_____

联　络　人：_____　　联 络 电 话：_____

承包装修单位：_____　　执　照　号：_____

公司负责人：_____　　紧急联系电话：_____

装　修　日　期：____年___月___日至___年___月___日

序　号	装　修　内　容
1	
2	
3	
4	
5	
6	
7	
8	
9	
10	

附件2：

二次装修应交图纸明细表

序　号	图　号	内　　容	比　例	规　格	提交日期	数　量	收图人
1		平面布置图					
2		吊顶布置图					
3		强　电					
4		弱　电					
5		空　调					
6		给排水					
7		消　防					
8		土建综合					

交图人＿＿＿＿＿＿＿＿＿＿＿＿＿＿＿＿＿＿＿＿＿＿＿

物管中心＿＿＿＿＿＿＿＿＿＿＿＿＿＿＿＿＿＿＿＿＿＿

附件3：

业主/租户承诺书

日期：＿＿＿＿＿＿＿＿

我方指定＿＿＿＿＿＿＿＿＿＿（公司）负责＿＿＿＿＿（房间号）的装修工程，施工期限为：＿＿＿年＿＿＿月＿＿＿日至＿＿＿年＿＿＿月＿＿＿日。

我方及承包装修单位遵守《二次装修管理手册》的各项规定，如我方/授权人/委托承包装修单位有违反《二次装修管理手册》及相关规定的行为，将由本人承担一切责任。

此致
敬礼

业主/租户签字：　　　　　　　　　承包装修单位签字：

公司职位：　　　　　　　　　　　　公司职位：

联系电话：　　　　　　　　　　　　联系电话：

公司盖章：　　　　　　　　　　　　公司盖章：

附件4：

施 工 证

施工单位：_____

施工地点：_____

工地负责人：_____

联系电话：_____

施工期限：_____ 至 _____

签发人：_____

遵守物管中心规定，公共区域地毯、货梯厅作保护，严禁吸烟，从_____取水，垃圾运到_____。

物业管理中心

日期：

附件5：

施工人员出入证登记记录

登记日期：_____

施工单位名称：_____ 施工地点：_____

施工日期：_____ 至 _____

施工时间：每日 _____

周六、周日 _____

施工单位负责人：_____

联系电话：_____ 紧急联系电话：_____

施工证编号	姓 名	身份证号码	施工证编号	姓 名	身份证号码

（1）后附各施工人员身份证副本共____张；

（2）共申请施工证____个，共付物管中心人民币_____元；

（含成本费_____元，押金_____元）

（3）上述所申请施工证将于____年____月____日前如数送还安保部，若逾期未还或有所遗失，物管中心有权没收施工单位上述所有押金，以作赔偿。

施工单位负责人签字：_____　　　物管中心签字：_____

附件6：

二次装修施工用电申请表

____座____层____单元　　　　　　　　　　　　　　　　____年____月____日

以下由申请单位填写				
公司名称			联系人	
公司电话			联系人电话	
装修公司			联系人	
公司电话			联系人电话	
申请用电时间：由_____年____月____日至_____年____月____日 由早上_____时至下午_____时				
用电设备				
序　号	名　　称	数　量	功率（kW）	备　　注
1				
2				
3				
4				
5				
6				
以下由物管中心二装物管中心填写				
	检查临时线路及用电设备。 物管中心：_____　日期：_____			
备注：施工装修期间发生用电违章现象，物管中心有权随时断电，停其使用				

附件 7：

正式送电申请表

___座___层___单元　　　　　　　　　　　　　　　　　　　　　___年___月___日

以下由申请单位填写			
公司名称		联系人	
公司电话		联系人电话	
装修公司		联系人	
公司电话		联系人电话	

申请用电时间：_____年___月___日___时

用电设备

序　号	名　　称	数　量	功率（KW）	备　注
1				
2				
3				
4				
5				
6				

以下由物管中心二装物管中心填写	
	已具备正式送电条件，同意正式送电 物管中心：_____　日期：_____

备注：施工装修期间发生用电违章现象，物管中心有权随时断电，停其使用

附件 8:

二次装修验收申请表

我公司在贵园区购/租用_____进行_____装修,面积为_____m²。经委托
_____公司承做,现场装修施工已结束,竣工图纸及资料已整理完成,特申请物管中心予以验收。

提交二次装修工程竣工资料图纸如下:

序　号	图　号	内　容	比　例	规　格	提交日期	数　量	收图人
1		平面布置图					
2		吊顶布置图					
3		强　电					
4		弱　电					
5		空　调					
6		给排水					
7		消　防					
8		土建综合					

此致

敬礼

业主/租户签字:　　　　　　　　　　　承包装修单位签字:

联系电话:　　　　　　　　　　　　　联系电话:

公司盖章:　　　　　　　　　　　　　公司盖章:

附件 9:

装修施工油漆(喷漆)申请表

业主/租户名称: _____

楼层/单元: _____

事由: _____

_____

加班油漆时间：由＿＿年＿＿月＿＿日至＿＿年＿＿月＿＿日共＿＿日

　　　　　　由＿＿时至＿＿时

承包装修单位/业主/租户代表签署及盖章：＿＿＿＿＿＿＿＿＿＿＿＿＿＿＿＿＿

以下由物管中心填写

不核准/核准：

原因：＿＿＿＿＿＿＿＿＿＿＿＿＿＿＿＿＿＿＿＿＿＿＿＿＿＿＿＿＿＿＿＿＿＿＿

＿＿＿＿＿＿＿＿＿＿＿＿＿＿＿＿＿＿＿＿＿＿＿＿＿＿＿＿＿＿＿＿＿＿＿＿＿＿＿

＿＿＿＿＿＿＿＿＿＿＿＿＿＿＿＿＿＿＿＿＿＿＿＿＿＿＿＿＿＿＿＿＿＿＿＿＿＿＿

物管中心：＿＿＿＿＿＿＿＿＿　日期：＿＿＿年＿＿＿月＿＿＿日

备注：1. 一切装修加班申请须 24 小时前向物管中心递交申请表，经物管中心书面批准后方可进行。

　　　2. 此申请表包括一切有刺激性气味的施工。

附件 10：

二装施工单位临时进入园区施工确认单

施工时间	
施工地点	
施工单位	
工作内容	
施工人员姓名及身份证号	
处理结果	施工方将临时进入园区人员的身份证交至施工进、出通道的门卫处，门卫核对有效证件登记后由通道门进入，离开时取回
备注	本确认单只限当日当次使用

施工负责人签字：＿＿＿＿＿＿＿＿　　　　　物管中心签字：＿＿＿＿＿＿＿＿

附件 11：

二装工程验收单

业主/租户名称：_____   二次装修单位名称：_____

物管中心意见：
负责人签字：   日期：

二装施工单位意见：
负责人签字：   日期：

业主/租户意见：
负责人签字：   日期：

物管中心主管领导意见：
主管领导签字：   日期：

附件 12：

图纸审核表

业主/租户名称：＿＿＿＿＿＿＿＿　　二次装修单位名称：＿＿＿＿＿＿＿＿

强电组意见：
 　 　 　 负责人签字：　　　　　　日期：
弱电组意见： 　 　 　 负责人签字：　　　　　　日期：
暖通组意见： 　 　 　 负责人签字：　　　　　　日期：
土建综合组意见： 　 　 　 负责人签字：　　　　　　日期：
部门经理意见： 　 　 　 部门经理签字：　　　　　　日期：

附件 13：

二装进场审核表

业主/租户名称：_____　　二次装修单位名称：_____

工程部意见：
      负责人签字：　　　　　日期：
安保部意见：
     负责人签字：　　　　　日期：
财务部意见：
     负责人签字：　　　　　日期：
客户服务部意见：
     负责人签字：　　　　　日期：
主管副总意见：
     主管副总签字：　　　　　日期：

附件 14：

二装隐蔽工程审核表

业主/租户名称：_____　　二次装修单位名称：_____

强电组意见：
负责人签字：　　　　　　日期：
弱电组意见：
负责人签字：　　　　　　日期：
暖通组意见：
负责人签字：　　　　　　日期：
土建综合组意见：
负责人签字：　　　　　　日期：
部门经理意见：
部门经理签字：　　　　　　日期：

附件 15：

二装验收审核表

业主/租户名称：_____　　二次装修单位名称：_____

强电组意见：
负责人签字：　　　日期：
弱电组意见：
负责人签字：　　　日期：
暖通组意见：
负责人签字：　　　日期：
土建综合组意见：
负责人签字：　　　日期：
部门经理意见：
部门经理签字：　　　日期：

附件16：

二装竣工图纸审核表

业主/租户名称：_____　　二次装修单位名称：_____

强电组意见：
负责人签字：　　　日期：
弱电组意见：
负责人签字：　　　日期：
暖通组意见：
负责人签字：　　　日期：
土建综合组意见：
负责人签字：　　　日期：
部门经理意见：
部门经理签字：　　　日期：

附件 17:

二装竣工审批表

业主/租户名称: _____　　二次装修单位名称: _____

工程部意见:
      　　　　　　　　　　　　　　　　　　　　　　负责人签字:　　　　日期:
安保部意见: 　　　　　　　　　　　　　　　　　　　　　　负责人签字:　　　　日期:
财务部意见: 　　　　　　　　　　　　　　　　　　　　　　负责人签字:　　　　日期:
客户服务部意见: 　　　　　　　　　　　　　　　　　　　　　　负责人签字:　　　　日期:
主管副总意见: 　　　　　　　　　　　　　　　　　　　　　　主管副总签字:　　　　日期:

（六）入伙指南（开发商提供，内容略）

1. 物业管理中心欢迎信

尊敬的业主：

对于您选择××项目作为您的居住/办公地点，我们深感荣幸。

物业管理中心的全体员工将从现在开始竭诚为您提供全方位的物业管理服务。

从现在直到您入住，我中心特别安排专业服务人员负责处理阁下的问题，包括但不限于装修方案审批、楼宇交接程序、××项目所提供的其他服务及收费标准的查询等。如对我们的服务有任何建议或有任何事需要与我们的物业经理进行探讨，请随时致电。

谢谢！

物业管理中心总经理（签名）

×年×月×日

您的客户服务专员

_____（先生/女士）电话：_____ 传真：_____

_____（先生/女士）电话：_____ 传真：_____

以上为我中心特为您安排的客户服务人员资料，供您随时联系使用。他/她将在装修方案审批及交接程序等方面为您提供服务。同时也希望贵公司能为我们提供后附表格中所列出的有关贵公司联系人及贵公司所聘工程承包商的资料。以便使我们能尽快与您及承包商联系，解决您在前期装修和后期入住期间的任何问题。

办公时间：星期一至星期五　　　　　　　　8:30～17:00

　　　　　　星期六、星期日及法定节假日　　休息（请与值班主任或24小时电话热线联系）

物业管理中心地址：_____。

2. 入住须知

为保证每位业主（以下尊称为"阁下"）顺利办理入住手续，并有效填写我公司提供的相关文件和协议，请阁下仔细阅读如下事项：

（1）为顺利完成入住全部流程并便于日后查阅，请阁下仔细阅读并妥善保管入住期间的全部文件和相关协议；

（2）为保证阁下所购房屋之安全，请阁下（《商品房买卖合同》之买受人）携带有效身份证原件亲自到现场办理收楼手续；

（3）为保证阁下能够得到及时周到的服务，避免人流过于集中导致阁下的等候时间，请阁下按照《入住通知书》建议的收楼时间前来办理入伙手续；

（4）如阁下非港、澳、台人员或国外人士，办理入住时请务必出示身份证原件，请勿使用护照；

（5）为确保阁下的资金安全，入住当日缴纳的各项费用均可通过刷卡支付；

（6）如阁下符合契税减免税条件，请在入住当日提交契税减免税证明原件；

（7）如阁下购房时付款方式为贷款，在入住以前提前结清全部购房款，请在入伙当日提交贷款银行出具的房款结清证明；

（8）为了给阁下提供满意服务，我们还在现场专门设立了由物业人员、客服人员、总包单位、监理单位联合组成的咨询组，随时解答阁下的咨询及疑问；

（9）因涉及我公司担保责任，根据《北京市商品房预售合同》或《借款合同》约定，如阁下以银行商业贷款、住房公积金贷款、组合贷款形式购房，均需委托我公司代办产权证，并在办理入住手续时缴纳办理产权证所需的相关费用及资料文件；

（10）如阁下未按照入伙通知规定的时间、地点及流程与出卖人办理房屋交接手续，签订《房屋交接单》或类似文件，并缴纳相关费用的，逾期超过 30 日，出卖人有权解除合同（详见《商品房买卖合同》之补充协议）。

3. 收楼当日需提交文件

（1）由开发商加盖印章之《入伙通知书》；

（2）本市居民：身份证原件及复印件 3 份；

外省市居民：身份证原件及复印件 3 份、有效暂住证或工作居住证原件及复印件 3 份；

军人：军官证或文职干部证或军官退休证或文职干部退休证或离休干部荣誉证原件及复印件 3 份；

港澳台同胞及外国人：身份证或护照原件及复印件 3 份、来往中国的有效证件（大陆通行证／台胞证／旅行证）原件及复印件 3 份，如证件名字为英文，提交中英文名字公证书原件 5 份；如证件名字中有繁体字，提交繁简体名字公证书原件 5 份；

（3）已交各期款项的收据或发票原件；

（4）事先填写好的《业主资料卡》和《业主资料卡》附页，并附各成员近期 1 寸免冠照片 2 张；

（5）如买受人为公司，在携带上述 1～4 项的同时，还应携带：

境内公司、其他组织：经最新年检的企业法人营业执照副本原件或事业单位法人证书原件及复印件（加盖公章）5份、批准该法人/其他组织成立的文件原件及复印件（加盖公章）5份、法定代表人身份证原件及复印件（加盖公章）5份、法定代表人身份证明（加盖公章）5份；

境外公司、其他组织：经公证的法人或其他组织的商业登记证或注册证书原件5份、或经公证的批准法人/其他组织成立的文件原件5份，外国法人或其他组织的公司注册文件在注册地公证后需中国驻该国使/领馆认证。外国法人身份证复印件（加盖公章）5份，公司公章是外文的需提交公章中英文对照公证5份。

注：1. 若买受人授权他人代为办理收楼手续，则该受托人除应携带有效身份证（或护照）原件及复印件3份外，还应同时携带买受人对此代表经过公证的授权委托书；若买受人为公司则提交加盖公章及法人签字的授权委托书。此委托人及受托人必须是完全民事行为能力人，受托人不可再委托他人，委托书文本应为中文。

2. 若买受人所购房屋为共有产权，请携带共有产权公证3份或声明原件（可由双方买受人在入伙现场验证处签署）、共有产权人的相关身份证明原件及复印件；若共有买受人当中有未成年人，应提交监护关系的公证书原件5份及监护关系双方的居民身份证、户口簿原件及复印件3份，或法院出具的监护证明原件及复印件5份。

4. 办理入住手续须结清费用

开发商收取的费用：

（1）购房尾款：＿＿＿＿＿＿元。

（2）面积差额补退款：＿＿＿＿＿＿元。

（3）逾期支付房款，需缴纳的违约金：＿＿＿＿＿＿元。

5. 代收产权代办机构收取的费用

（1）契税：房屋总价的3%（详见备注2）。

（2）住房专项维修基金：房屋总价的2%。

（3）分户测绘费：×××元/套（房屋分户测绘×××元/套，土地分户测绘×××元/套）。

（4）产权证印花费：×××元/2证（房屋所有权证×××元，土地使用权证×××元）。

（5）产权证代办费：住宅：×××元/证，每增加一个共有产权人加收×××元（公司产权证代办费×××元/证）。

商业：×××元/证，每增加一个共有产权人加收×××元（公司产权证代办费×××元/证）。

备注：1. 与面积相关项目的收费均以实测面积为准。

2. 上述费用业主在办理入伙时根据开发商出具的结算单数额缴纳。

3. 契税收取说明：贯彻国办发〔2005〕26 号文件的精神，结合我市居民住房实际情况，就享受我市普通住房优惠政策标准，应同时满足以下三个条件：住宅小区建筑容积率在 1.0（含）以上；单套建筑面积在 140（含）平方米以下（在 120 平方米基础上上浮 16.7%）；实际成交价低于同级别土地上住房平均交易价格 1.2 倍以下。

4. 如缴付支票，抬头为"×××公司"或抬头空着，代收费用暂时只能开收据，日后向买受人交付产权证之时，用收据换取相关发票。

5. 发展商代收相关税费，收取依据为国家现行规定，如遇调整，最终以国家相关部门的收费凭证据实结算。

6. 如有疑问请致电发展商财务。

6. 入伙当日物业管理公司收取的费用

本项目物业费：

①本项目物业费为：人民币 _____ 元/建筑平方米/月（含夏季供冷和冬季采暖费用）。

②收取物业管理费的方式为：业主入住时，应预缴一年的物业管理费，管理费从业主或租户收到入伙通知书上要求的日期开始计算。

③首年后的物业管理费，每半年收取一次，各业主应于每期首 10 日内向物业管理公司预缴当期物业管理费。首期后的物业管理费，每月收取一次，各业主应于每月首 10 日内向物业管理公司预缴当月物业管理费。

④供暖费：_____ 元/平方米/供暖季（收取第一个供暖季供暖费）

⑤地下停车费：

⑥门禁卡：_____ 元/张（每户开发商赠送××张，如需增加以××元/张到物业购买）

备注：1. 上述费用业主在办理入伙时根据物业管理公司出具的结算单数额缴纳。

2. 缴纳至物业的各项费用可通过现金、支票或刷卡支付（仅限卡），支票抬头为：物业管理有限公司。

3. 如有疑问请致电：（物业财务）、物业客服。

入伙流程图（收楼地点的选择）

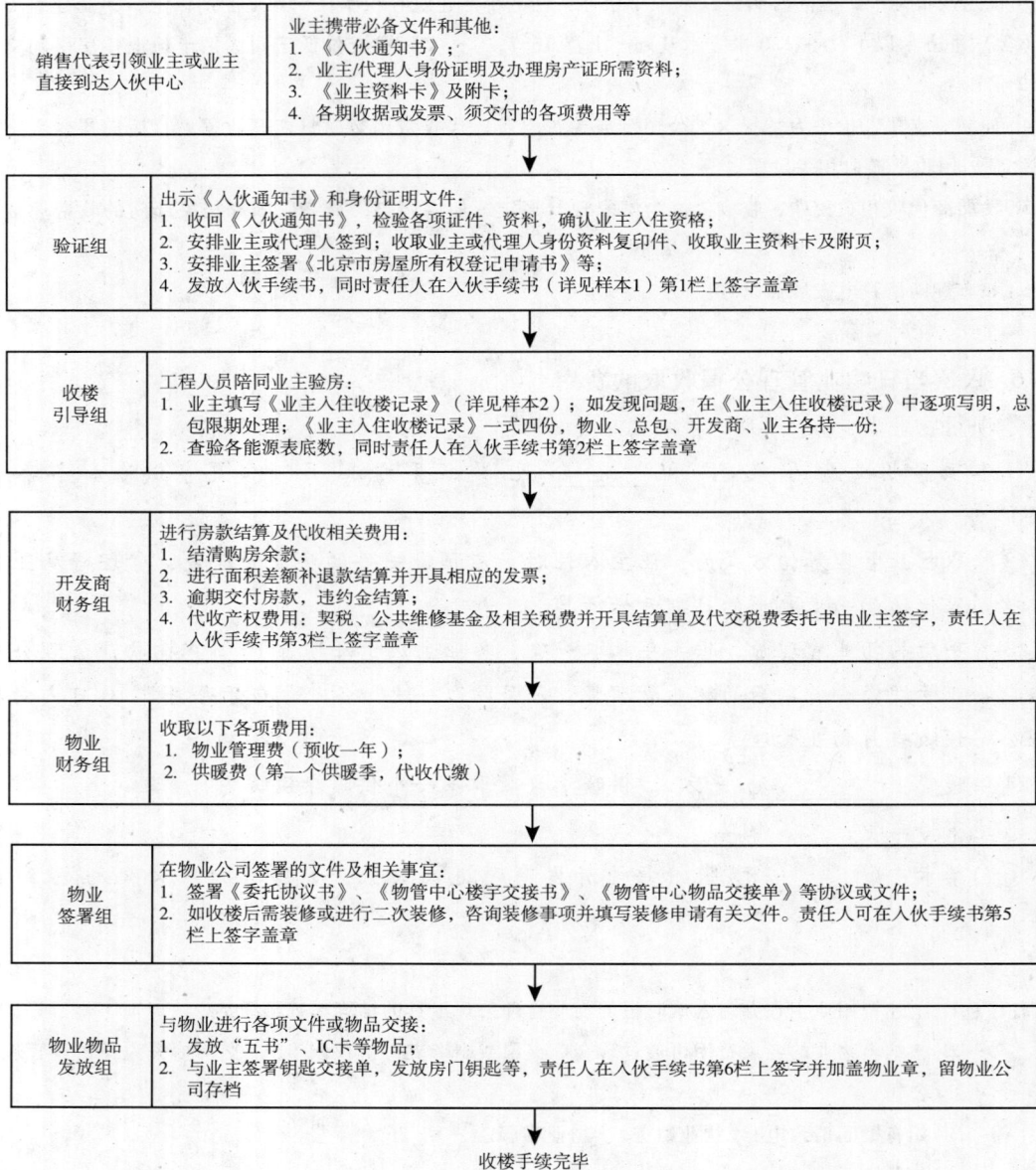

销售代表引领业主或业主直接到达入伙中心	业主携带必备文件和其他： 1. 《入伙通知书》； 2. 业主/代理人身份证明及办理房产证所需资料； 3. 《业主资料卡》及附卡； 4. 各期收据或发票、须交付的各项费用等
验证组	出示《入伙通知书》和身份证明文件： 1. 收回《入伙通知书》，检验各项证件、资料，确认业主入住资格； 2. 安排业主或代理人签到；收取业主或代理人身份资料复印件、收取业主资料卡及附页； 3. 安排业主签署《北京市房屋所有权登记申请书》等； 4. 发放入伙手续书，同时责任人在入伙手续书（详见样本1）第1栏上签字盖章
收楼引导组	工程人员陪同业主验房： 1. 业主填写《业主入住收楼记录》（详见样本2）；如发现问题，在《业主入住收楼记录》中逐项写明，总包限期处理；《业主入住收楼记录》一式四份，物业、总包、开发商、业主各持一份； 2. 查验各能源表底数，同时责任人在入伙手续书第2栏上签字盖章
开发商财务组	进行房款结算及代收相关费用： 1. 结清购房余款； 2. 进行面积差额补退款结算并开具相应的发票； 3. 逾期交付房款，违约金结算； 4. 代收产权费用：契税、公共维修基金及相关税费并开具结算单及代交税费委托书由业主签字，责任人在入伙手续书第3栏上签字盖章
物业财务组	收取以下各项费用： 1. 物业管理费（预收一年）； 2. 供暖费（第一个供暖季，代收代缴）
物业签署组	在物业公司签署的文件及相关事宜： 1. 签署《委托协议书》、《物管中心楼宇交接书》、《物管中心物品交接单》等协议或文件； 2. 如收楼后需装修或进行二次装修，咨询装修事项并填写装修申请有关文件。责任人可在入伙手续书第5栏上签字盖章
物业物品发放组	与物业进行各项文件或物品交接： 1. 发放"五书"、IC卡等物品； 2. 与业主签署钥匙交接单，发放房门钥匙等，责任人在入伙手续书第6栏上签字并加盖物业章，留物业公司存档

收楼手续完毕

注：为了保证业主的入住手续的办理速度，请对入住问题有疑问的业主直接到咨询组询问，我们工作人员将热忱回答您的问题。

7. 装修或二次装修业主须知

为了保障业主的合法权益及全体业主的共同利益，在进行装修时，应注意如下事项：

（1）装修公司的选择；

（2）请务必选择具有资质证书的装修公司；

（3）务必与装修公司签订正式的书面合同，建议采用北京市家庭居室装修的标准合同文本；

（4）房屋进行装修前，须到物业公司办理审批手续，填写《装修申请表》，缴纳相关费用，并办理《装修出入证》和《装修许可证》。

□请您在装修时遵守装修管理规定

项目名称	收费标准	用 途	备 注
装修押金	住宅_____元/户 商用公寓_____元/户	作为不损坏小区设施设备并按照已审核的装修方案进行施工的保证以及支付如装修过程中造成的公共区域损坏修补费用等	复验后根据验收情况退还全部或部分
装修垃圾清运费	每自然间20元	装修垃圾清运	国家统收
装修出入证	工本费：××元/人 施工押金：××元	工人出入证明	押金退还
装修许可证	_____元/户	装修审批证明	
装修管理费	××元/天/户	包括污染处理、物业公司监理、巡查、技术服务、电梯负载及装修提供的其他服务等各种费用	

□装修注意事项

①装修施工人员随身携带《出入证》；

②装修前请详细阅读《住宅使用说明书》及《装修手册》；

③装修施工请勿改动或损坏房屋的梁、柱、板、承重墙、隔热层、上下水管道、供电电路、暖气管道及位置、防盗及对讲系统等；

④装修期间会使用大量的可燃材料，做好安全防范措施，现场配备防火器材；

⑤××项目各楼座都在____层以上，防止高空落物伤人，杂物不要置于阳台、窗台。

如有疑问，请仔细阅读《装修手册》或在办理入住时向物业公司装修部咨询，或致电：

8. 物业服务手册

物业服务手册

1. 物业管理公司简介

主要内容包括：

①企业资质

②企业文化

③企业管理特点

④服务项目

2. 物业服务公司致辞（内容略）

3. 物业服务公司一般服务事项

物管中心的服务内容通常包括以下三大类：公共性服务、委托代办性服务及特约性有偿服务，其中公共性服务通常包括：公共设施设备的维修保养，公共区域的清洁，定时清运垃圾及园区环境的保护，园区内公共绿化及环境美化服务，24小时安全保卫、受理报修投诉等；委托代办性服务通常包括：代缴水费、供暖费及有线电视收视费等；特约性服务通常包括：装饰装修服务、居室清洁服务等。如您还需要一些个性化服务，物管中心提供的特约有偿服务将满足您的需求，但需要您支付相应的成本费用。

物管中心的地址：＿＿＿＿＿＿＿＿＿＿＿＿＿＿＿＿＿＿＿＿＿

邮政编码：＿＿＿＿＿＿＿

24小时服务热线电话：

（1）室内二次装修的申请

如您进行二次装修，请提前认真阅读《装修手册》及《住宅使用说明书》，并按《装修手册》中的要求前往物管中心办理申请装修手续，由物管中心审定会签同意后方可进行室内装修，未经物管中心书面审定会签同意的装修工程将被停止，因此引起的相关费用，由业主/租户自行负责。

（2）预约迁入

业主/租户须于迁入前填写《业主/租户搬家通知单》并提前两天交予物管中心客服部，以避免因众多的业主/租户在同期入住造成园区交通及电梯运输的紧张，给每一位业主/租户的迁入造成不便。

业主/租户在迁入时须亲自控制整个搬运过程，按照物管中心的要求，从指定路线进出，并保证路径畅通，以避免损坏楼宇建筑物或电梯。所有包装、纸盒、废物等须作适当处理，不应弃于公共区域。

（3）物业管理费支付方法

物管中心将在交款期到来之前向业主/租户发"缴费通知书"，请业主于收到通知书10

日内到物管中心支付物业管理费及其他有关费用。物业管理费由业主或租户缴纳均可，如果业主把物业出租，租户却未能按期缴纳物业管理费，最终仍需业主支付。您可以直接到物管中心财务部支付现金或支票，也可以通过汇款方式将物业管理费用划拨至物管中心指定账号，账号：＿＿＿＿＿＿＿＿＿；户名：＿＿＿＿＿＿＿＿＿。对不按规定按时缴纳物业管理费用的业主/租户，物管中心将按照《业主（临时）公约》有关条款进行经济追偿。

（4）日常维修

物管中心提供24小时"一站式"维修服务，维修人员均佩戴物管中心职员卡，请您注意查验识别。在您拨打热线服务电话时，在办公时间内，铃响3声将会有人接听，维修人员将在20分钟内到达维修现场。业主/租户室内维修只按成本核算收取您适当费用，维修之前，请您在《维修工作单》有偿服务费用金额一栏中签字确认；维修结束后，请您在维修工作单上签署维修意见并缴纳维修费用。倘若业主/租户对维修服务结果存有异议或意见，请您在维修工作单上予以说明或向物管中心进行投诉。

（5）投诉处理

物管中心将诚恳地接受各位业主/租户对物业服务提出的意见和建议。业主/租户可以直接到物管中心投诉，也可用电话、书信函件或邮件、传真的形式进行投诉。我们将及时向您反馈处理意见。物管中心还将定期向您发出《业主/租户满意度调查表》，征求您对物业服务的意见和建议。

（6）办公垃圾处理

物管中心将对公共环境实施清洁服务，保持所有公共场所的清洁。为维护物业环境的整洁优美，创建良好的办公环境，敬请您将当天的办公垃圾用袋装好放在每层步行梯的垃圾桶内，以便我们及时收集清理。

（7）公共通知

物管中心将把相关物业管理服务的公共通知张贴在各单元大堂内的告示牌上，请您务必随时留意。

（8）保险

物管中心将对园区的共用设施设备进行投保。并提醒各业主/租户对于自己单元的财物（房屋主体、机动车辆等）及时购买相应的保险。

（9）产权变更及物业租赁

您所属单元若有任何产权变更或物业租赁，请及时以书面形式通知物管中心，并提供新业主/租户的有关资料。

（10）失物处理

如业主/租户在公共区域捡拾到物品，请送交物管中心，物管中心将予以登记并及时寻找物主。一般普通物品将被保留3个月，贵重物品将送交公安部门管理。

4. 物业设备、设施及附属配套服务功能

（1）电力供应

园区为双路供电，每户设独立插卡式电表，业主/租户需自行到银行充值。每户平均电容量为××W/平方米。为了安全着想，业主/租户不可超负荷用电或私改户内电路。

（2）消防安全系统

园区设有消防保安控制中心，各单元门预留有门禁系统；设有可视对讲及门禁系统；设有智能火灾报警系统；设有保安监控系统；设红外线双监报警系统，以确保业主/租户办公安全。

（3）供暖

市政热力。

（4）供冷

中央空调、独立空调制冷，供冷时间为每日 8:00～18:00，如需延时空调供应，请在办公时间内，提前 24 小时到物管中心申请。

（5）供水

市政供水，如您发现供水系统出现问题，请尽快通知物管中心予以修复。

（6）有线系统

园区配置了有线电视接收系统。

（7）电话/通信插座

电信系统由城市管网接入园区电信管网，园区设电信模块局，直线入户。每户留有标准的语音、数据接口。

（8）车位及车库

停车场设在地下车库；访客车辆停在地下车库临时车位，物管中心采用计时收费的管理方式进行管理。

（9）邮政服务

园区提供邮政服务，如有需求请与物管中心联系。

（10）排烟及排污

楼宇已预留了排烟管道及隔油池，请在装修前到物管中心咨询相关连接事宜，为了保证安全及卫生，请定期清理使用区域内的排烟管道及隔油池。

5. 温情提示

（1）管理费计缴时间

不论您所购房屋是否使用，均从《入伙通知书》中规定的入住日期计缴管理费。

（2）装修施工单位的监控

请您对所聘用的装修施工单位及其行为进行监管，避免对公共部位或公共设施造成损坏，以免为您带来经济赔偿责任。

（3）紧急联络资料更新

为了能给您提供及时有效的服务，尤其是发生紧急情况时，能准确、及时地与您联系，快速处理紧急情况，以维护您及相邻业主/租户的人身、财产安全，请您务必留下有效的紧急联系方式。日后若联系方式发生变化，请及时以书面形式告知物管中心。

（4）卫生间及下水道

请勿把垃圾、毛发、卫生用品、剩菜剩饭等投入卫生间马桶、浴缸及各类排水设备中，此举易引致卫生间及楼宇管道堵塞。如因不当使用引起损坏，您需要负责全部修理及赔偿费用。

（5）告示海报

除物管中心指定的地方，所有公共区域和电梯内均不可随意张贴告示、海报、小广告，更不可随便涂绘。为保持园区环境整体美观，已对商业广告进行统一设计和规划，如需办理，请提前到物管中心进行洽商。

（6）注意高层物品的坠落

切勿将任何物品抛出窗外，尤其是位于高层的住户。以免造成地面物品的损坏，重则危害他人生命。

6. 管理规则

为了向每一位业主/租户提供整洁、安全、有序的办公环境，物管中心敬请广大业主及使用者遵守下列规则及条例。物管中心可按实际情况作出修改及增加并告知各业主。

（1）水、电使用管理规则

①水

- 园区内共用的给排水管道由物管中心负责养护维修，业主/租户不得随意开挖、安装、更改管线。如业主/租户在单元装修时需增建，必须事先书面申明理由并提交施工方案及图纸，经物管中心批准后，再进行施工。
- 业主/租户应爱护水表和其他公共管线设备，如发现水道设备损坏和给排水不畅，应及时报修，由物管中心负责维修。单元内维修费用由业主承担。

②电

- 电路出现故障，业主/租户应通知物管中心检查维修，不能私自触动公共配电设施，尤其在停电时不得私自维修。如因私自维修造成公共配电设施损坏，业主/租户应负全部责任。
- 业主/租户如需特殊用电，可向物管中心提出申请，并接受监督指导，保证用电安全。

（2）电信及有线电视使用管理规则

①电话

- 请业主/租户不要私拆电信线路，如违章施工，造成通信中断，由当事人承担由此引起的经济损失和法律责任。

- 电话使用、安装、拆移、更名、过户等按中国电信规定办理，电信线路有故障时，请及时向物管中心或电信管理部门报修，不要自行拆检，以避免发生大范围通信故障。

②有线电视

- 园区提供有线电视，电视节目内容的播放均按政府有关部门规范实施。
- 当收视效果不好，或者电视信号接收发生故障，请及时通知物管中心或相关电信单位派专业人员进行维修。

（3）园区车辆交通管理规则

- 车辆进入园区必须持有物管中心核发的本园区有效停车证，并按规定悬贴于车辆前挡风玻璃显著位置。无车证车辆进入园区时，由保安人员登记后发卡，方可进入。
- 进入园区的车辆必须遵守园区内交通规则、标志和服从园区管理人员的指挥，如损坏路面或公共设施，必须按价赔偿。
- 车辆驶入园区必须按照物管中心与公安交通部门所制定车速以及物管中心制定的路标行驶。
- 业主/租户需在指定区域装卸货物，以保证道路畅通。
- 为保证园区安全，严禁携带易燃、易爆、剧毒及各种腐蚀品的车辆进入园区。园区停车场内严禁堆放任何易燃、易爆物品，不准进行车辆修理。
- 非机动车一律停放在园区自行车停放处。机动车一律放于地下停车场。
- 为保证园区内公共环境卫生，请不要在园区内公共地方擦洗车辆，一经发现，物管中心管理人员有权制止。
- 建议停放在园区的业主/租户车辆购置车辆全险，避免因车辆丢失、损坏造成的经济损失。

（4）园区环境卫生管理规则

- 业主/租户的办公垃圾须置于垃圾袋内，每天将系好的垃圾袋放在步行梯的垃圾桶内，由清洁人员清倒处理，请不要乱扔乱抛垃圾袋。
- 进入园区的人员要保护环境整洁，不准随地吐痰，不准乱扔果皮、烟蒂、杂物等。
- 园区内公共区域请勿张贴海报广告类资料。业主/租户必须保持各类墙体清洁，请勿乱涂、乱画、乱写。

（5）园区绿化管理规则

- 在绿化区域内，未经物管中心同意不得存放任何物品，不得设置广告牌。
- 园区内公共绿化、花草树木、公共广场、中心水景皆为业主/租户共有财产，所有人员均有责任维护。请勿攀折、践踏、玩耍、停放车辆、燃烧树叶、垃圾等。

（6）消防管理规则

- 业主/租户应遵守《治安、消防协议书》中的条款。

- 园区内所有消防设施不得擅自移动，不得用于其他用途，擅自改动和使用消防设施者，将会受到处罚，情节严重者要负全部经济和法律责任。
- 业主/租户进行室内装修，需增设电器线路时，必须先到物管中心报批，施工要符合安全规则，严禁乱拉、乱接临时用电线路；使用易燃或可燃材料的，必须按规定进行防火处理。

（7）物业租赁管理规则

- 业主物业的承租人应遵守业主在《业主（临时）公约》中承诺遵守的相关规定。
- 业主在出租物业时，须要求其承租人到物管中心客服部办理相关手续。
- 物业承租人退租时，须按《客户退租流程》办理。

7. 紧急情况应变措施

物管中心敬请各位业主/租户详细参阅下列预防措施以应突发事件之需。

（1）办公防火办法

- 电器插座不可超负荷使用。切勿将过多插头插在同一电插座上。
- 切勿将电暖炉移近易燃物品，暖炉附近须保持空气流通，以免发生过热情况。
- 外出前，请将不必要的电插座拔下、电器开关关闭。
- 请勿在公共区域内吸烟。
- 办公区域内不可以存放易燃、易爆及化学物品。

（2）假如发生火情，您应该：

- 立即通知物管中心或消防中控室。
- 按手动报警按钮并呼叫，以警示他人。
- 关闭燃气阀门、电源总闸及着火区域附近的门窗。
- 保持镇静，通知其他人员立即离开办公场所，关上门户，切勿慌张乱走。
- 切勿不顾生命危险救火，以免给您带来更大的伤害。
- 如无法逃出，应躲避到未着火的房间内，关闭房门，并用湿毛巾等物品堵住门缝，保持冷静，待消防队救援。
- 按每层电梯间紧急疏散指示逃生。
- 听从物管中心人员的指挥。
- 逃生过程中，切勿乘坐电梯。

（3）发生水浸情况，您应该：

- 把可能受损的贵重物品移往较高处。
- 通知物管中心。
- 切断电器用具的电源。
- 提防通电的电线。

（4）电源中断

- 电源若突然中断，请立刻通知物管中心。
- 保持冷静，待物管中心处理。
- 业主若离开房屋，请将门窗紧闭及确保所有火种熄灭。

（5）安全防范

- 业主外出或下班前，须妥善关闭所有门窗。如发现有任何可疑情况，请立即通知消防中控室。
- 业主如遗失钥匙，请立即把门锁更换，以防偷窃事件发生。
- 不要给陌生人开门，遇有公共机构或政府人员上门，请其出示有效证件，并向物管中心查询。

（6）发生地震时，您应该：

- 保持镇定，迅速撤离或躲在桌子或坚固的结构下寻求掩护。
- 远离窗、玻璃隔板、架子或悬挂的物件。
- 地震时不要躲在楼梯底下。
- 准备应付有可能发生的余震。
- 按每层电梯间紧急疏散图的指示疏散逃生。
- 在地震间隙，要迅速拉断电闸，带上防震包，撤离到安全地区。
- 逃生过程中，切勿乘坐电梯，切勿触摸裸露的电线。

（7）如发生电梯故障，乘客被困在电梯内，您应该：

- 保持镇定，按动警铃，通知监控中心。
- 通过对讲电话与监控中心联系，配合工作人员的救援行动。
- 不要擅自从电梯天窗爬出。
- 电梯门开启后，请听从工作人员的安排，避免因电梯移动造成的意外事故。

特别提示：儿童乘坐电梯必须由大人陪同。

8. 物管中心服务项目

（1）免费服务项目

- 提供各种日常生活所需的便民服务：

运货式小推车的借用

常用工具的借用

雨伞的借用

电卡充值

代叫出租车服务

- 代收代缴服务：

代缴卫星、有线电视收视费

（2）特约有偿服务项目

清洁服务（钟点工、新居开荒、室内大清洁等）

消杀防疫

植物租摆

洗车服务

水站

代订机票、火车票

商务服务

室内有偿维修服务

9. 附件：

常用电话索引

物业管理 24 小时服务热线 …………………………………………………（自设）

火警 ………………………………………………………………………… 119

急救 ………………………………………………………………………… 120

交通事故报警 ……………………………………………………………… 122

查询气象 …………………………………………………………………… 121

查号台 ……………………………………………………………………… 114

电话报修台 ………………………………………………………………… 112

匪警台 ……………………………………………………………………… 110

中国联通北京客户服务中心 ……………………………………………… 10010

北京移动通信公司客户服务中心 ………………………………………… 10086

北京邮政客户服务台 ……………………………………………………… 185

市出租汽车调度中心叫车电话 …………………………………………… 68373399

民航服务热线 ……………………………………………………………… 67522114

北京铁路局铁路电话查号台 ……………………………………………… 51821114

客票中心订票热线 ………………………………………………………… 51827188

第二部分　管理制度

第一章　行政管理

一、概　　述

为了确保物管公司行政事务的管理有效运行，特制定有关规定，本规定适用于物管中心各部门。

（1）人事行政部负责各项行政规章制度的编制和管理。

（2）各部门按行政管理规定做好本部门的行政管理工作。

（3）人事行政部负责与相关方沟通、协调有关行政管理的事务。

（4）总经理负责对各项行政规定的批准。

二、文件管理

（一）文件

为加强公司及项目物管中心的公文管理，达到规范化、制度化、科学化管理，便于工作，利于保密，提高工作效率，特制定本规定。

1. 文件分类

（1）外来文件

①上级公司发来的公文；

②相关方发来的公文；

③开发商、业主/租户发来的公文。

（2）内部制发的公文

①公司及物管中心内部发文；

②向上级或相关方制发的公文。

2. 外来文件处理

（1）处理程序

①检查外来文件及附件是否齐全后进行登记，附上《收文处理专用单》，交人事行政部经理拟办。

②人事行政部经理根据文件内容及性质，附拟办意见，呈送总经理阅批。

③根据阅批意见在一个工作日内将公文送有关部门阅办或进行传阅。

（2）文件传阅

①指部门之间和两个人员以上轮流传看文件。

②根据批示范围附上《文件传阅单》将文件逐一发给应阅人传阅，每人传阅时间最多不超过一天，阅后签字。

③承办部门接到公文后，应按领导阅批意见及时办理。如确有困难，应向阅批公文的领导报告。

④对需催办的公文，按规定日期检查办文情况。发现问题应及时向人事行政部经理通报。

⑤对处理完毕的外来文件及时进行归档，做好登记。

3. 内部制发公文种类

（1）公司及项目物管中心内部发文

①决定、决议

- 凡对重大事项作出的安排用"决定"。
- 经过会议讨论并要求贯彻执行的事项，用"决议"。

②通知、通报

- 发布规章、制度，转发外来公文，要求相关部门办理或知道的事项，用"通知"。
- 表彰先进、批评错误、传达重要情况，用"通报"。

③签报

- 适用于中心内部各部门向主管领导请示或汇报工作。

④会议纪要

- 适用于记载和传达会议情况和议定的事项。

（2）向上级或相关方制发的公文

报告、请示

- 向上级汇报工作、反映情况、提出建议，用"报告"。
- 向上级请求指示、批准、申请，用"请示"。

4. 公文格式

正式发文一般由文件编号、发文机关、发至部门、成文时间、签发人、抄送机关正文、附件、印章等部分组成。

（1）发文机关应当写全称或规范的简称；联合行文，主办机关排列在前。

（2）公文标题，应当准确简要地概括公文的重要内容，一般应标明本中心的全称或规范化简称和公文种类。

（3）公文一律加盖公章。

（4）公文如有附件应在正文之后注明附件名称顺序。

（5）成文时间，以领导人签发的日期为准，拟稿人标明"年、月、日"即可。

5. 公文的行文规定

（1）请示的公文，应一事一文。除领导直接交办的事项外，请示不要直接送领导者个人。请示的公文不应抄送给同级或下级部门。

（2）签报的公文，应一事一报。签报不得使用"公司领导"称谓，应写明中心具体领导且仅限一人。会签在送交领导之前由起草部门完成，若中心领导还须其他部门会签，由起草部门按要求会签后送交中心领导。

6. 草拟公文的要求

（1）公文中的数字，除发文号外，统计表、计划表、序号、百分比、专业术语和其他必须用阿拉伯数字外，一般用汉字书写。

（2）引用公文时应注明发文时间、机关、标题和文号。

（3）用词要准确、规范。在使用简称时，应先用全称，并加以说明，其后再使用简称，不得采用不规范的词与字。

7. 文件签发

（1）物管中心制发的公文，根据分管领导的职责权限及公文内容，由分管领导签发，重要的或涉及面广的由总经理签发。

（2）部门制发的公文，由中心分管领导签批。

（3）审核、会签后的公文，由公文签发人签署意见、姓名、时间。

8. 公文印制与发送

（1）经领导签发的公文，按照统一编号登记并发放，底稿存档。

（2）各部门分别建立收、发文件登记本，收到的文件和发出的文件均应有详细的记录。

（二）大事记

为进一步加强信息报告和档案资料的收集工作，落实上级公司的相关要求，做好公司及《物管中心大事记》的报告和整理工作，特制定本规定。本规定适用于物管中心。

1. 内容

（1）上级领导参加公司及中心活动的情况、照片、指示精神和讲话记录稿。

（2）新闻媒体对公司及物管中心活动和与公寓物业管理相关的新闻报道（已发表）。

（3）上级公司、政府相关部门颁发的荣誉证书、奖状、奖旗、奖杯等荣誉的情况记录和相关奖励证明的照片及复印件。

（4）上报公司的工作总结和工作计划等重要文件。

（5）公司及中心的员工大会、专题会议的会议简况记录。

（6）公司及中心领导班子成员参加上级公司重要活动的情况记录和发言稿。

（7）公司及中心领导班子和各部门经理、副经理的调整情况。

（8）公司及中心组织的业主活动的记录和相关照片。

（9）公司及中心的管理规定调整的记录。

（10）公司及重大节日装饰照片、资料。

（11）公司及中心发生的重大事件的情况和处理结果。

（12）公司及公寓每逢重大节日、重要时期的值班记录、值班表。

（13）公司及中心组织的企业文化建设活动的记录和相关照片。

（14）公司及中心每月、季、年的经营管理指标完成情况。

（15）公司及中心员工在社会公益活动中的记录和照片。

（16）公司及中心领导认为有保留价值的其他事件。

2. 程序

（1）各部门按照本规定按周报人事行政部（须由部门经理签字确认）。

（2）人事行政部负责收集、整理各部门上报的《大事记》，并整理成《大事记》，经总经理签字确认后，上报公司人事行政部。

3. 保管与装订

（1）《大事记》由人事行政部负责保管。分文字资料、图片、复印件三部分保存，并存留电子版文件。

（2）人事行政部每年整理装订《大事记》，经总经理确认后，永久保留。

（三）上报文件

为严格执行中心各部门上报公司的相关方文件的制度。

人事行政部是中心与公司和相关方的直接联络部门，负责文件上报程序的监控。

1. 各部门所需上报的文件，需填写《上报文件审批单》后报人事行政部。

2. 人事行政部在《上报文件审批单》上签署意见后报总经理。

3. 上报文件若涉及财务、工程等专业问题时，须经财务部、工程部会签后报总经理。

4. 《上报文件审批单》经总经理批准后，由人事行政部登记、留底后报公司或相关方。

5. 人事行政部负责公司和相关方对上报文件反馈信息的报告，并做好上级指示的处理、跟踪和记录。

（四）档案资料管理

为加强档案与资料的管理，使档案资料更好地为物管中心的管理工作提供支持，根据物管中心实际工作情况特制定本办法。

1. 职责

人事行政部负责物管中心集中管理的档案资料，包括中心文件、报纸、期刊等，由人事行政人员统一购置、订阅、管理。

其他资料如法规、规范、规程、技术标准等各部门因工作需要而购置的专业书刊资料由各部门派专人管理。

2. 规定

（1）档案资料可根据各部门的需要进行购买或订购。

（2）由人事行政部统一管理的档案资料，实行借阅制度。借阅人应按期定时归还，遗失或破损应按档案原价一倍或折价赔偿。

（3）由人事行政部统一管理的档案资料，借阅人不得在其上标记符号、画线、折页、剪取。

（4）所有档案资料未经中心总经理同意不准外借他人（单位）；本中心形成的资料，未经总经理同意，不得向外单位公布或传抄。

3. 要求

（1）归档

①所有文件材料必须经过登记编号后方可归档。

②各项目及各部门由专人负责文件的收发、递转、登记、组卷及向人事行政部移交。

③建立文件收发登记本，对来往文件、图纸、资料、声像材料进行登记。

④负责检查督促本部门经办人员及时将文件交还专人存档。

⑤所有有关保洁分公司项目、经营等方面形成的文件材料，在七天内收集齐全并加以整理后送专人归档。

⑥在经营工作中形成的需要归档的合同、协议，在合同正式签字盖章之日即应将合同正本一份由保洁分公司财务部门保存并归入财务档案，合同签字前的有关文件及一份合同副本，交文书档案管理部门归档保存。

⑦档案归档范围及保管期限按照"档案归档范围及保管期限表"执行。

⑧档案材料的保管期限分为永久、长期（十六年至五十年）和短期（五年至十五年）三种。

（2）保存期限

①凡是记述和反映本单位主要职能活动和基本历史面貌的，对本单位和国家建设具有长

远利用价值的文件材料应列为永久保留。

②凡是反映本单位一般活动的,在相当长时期内对本单位工作具有查考利用价值的文件材料,应列为长期保管。

③凡是在较短时期内本单位需要查考的文件材料,应列为短期保管。一般基本建设项目及设备文件材料实际保管期限不得短于实物的实际使用寿命。

（3）保管

①凡属归档范围,用于工作的图书、刊物、报纸,各类规范及规程,各级政府颁发下达的法规、政策以及录像、录音、照片等载体资料,均属档案资料的管理范围。

②档案资料应妥善保管,应做好防盗、防火、防潮、防蛀、防污染工作。

③应建立分类整理,定期汇总整理检查制度。工具书、参考书应按专业分类整理存放,文件档案资料应按形成时间、经营类别、文件编号整理存放。

④每年应进行一次保管质量和完好程度的检查,发现破损、变质应及时修整和补救。

⑤各部门应有专人（兼职档案员）负责档案资料的管理。所有档案资料应实行登记归档。

三、会议管理

为加强物管中心各部门之间的沟通与协作,进一步提高工作效率,特制定本规定。

1. 周例会/经理办公会

（1）召开时间:每周一 8:30。

（2）主持人:总经理或副总经理。

（3）参加人员:各部门副经理级以上管理人员。

（4）会议内容:

①各部门主管、经理汇报上周重点工作情况及本周工作计划;

②主管领导对主管部门工作进行点评;

③总经理对上周整体工作及本周工作进行点评;

④公司主管领导协调、指导工作;

⑤参会人员因特殊原因不能参加会议的应向总经理请假;

⑥会议由人事行政部负责记录,经总经理、主管领导阅签后下发到所有参会人员;

⑦各部门根据会议要求对相关工作进行落实,并在下周周例会上汇报落实情况;

⑧要求参会人员所在部门不得安排参会人员会议当日休息。

2. 每日协调会

（1）召开时间为每日 8:30。

（2）主持人:总经理或副总经理。

（3）参加人员：各一线部门副经理级以上管理人员。

（4）会议内容：

①通报前一天重点工作情况；

②交流当日重点工作，提示明日重点工作；

③副总经理对相关工作进行安排；

④总经理、公司主管领导对重点工作进行统筹布置；

⑤参会人员因特殊原因不能参加会议的应向会议主持人请假；

⑥会议记录由人事行政部整理，经总经理阅签后下发到所有参会人员；

⑦各部门按照会议精神对相关工作进行跟踪、落实。

3. 每日部门沟通会

（1）召开时间：部门自定。

（2）主持人：部门经理。

（3）参加人员：主管副总、部门员工。

（4）会议内容：

①参会人员汇报、交流当日工作情况；

②部门经理、主管领导进行案例分析并布置工作；

③部门文员做好会议记录。

4. 月度服务质量分析会

（1）召开时间：每月 6 日以前。

（2）主持人：总经理。

（3）参加人员：各部门主管级以上管理人员。

（4）会议内容：

①参会人员沟通交流、汇报上月不符合之服务案例，总结经验教训，提出整改意见；

②主管副总、总经理进行点评；

③公司主管领导提出整改要求；

④人事行政部编制会议纪要，形成服务案例，跟踪考核整改结果；

⑤所有参会人员不允许请假。

5. 季度财务分析会

（1）召开时间为次季度首月第一周的周四。

（2）主持人：总经理。

（3）参加人员：部门经理级以上管理人员。

（4）会议内容：

①财务经理汇报季度物管中心费用的收支情况，并提出整改建议；

②各部门经理发表意见，明确整改时间节点；

③总经理、副总经理作点评；

④公司主管领导讲话；

⑤人事行政部做好会议纪要；

⑥所有参会人员不许请假。

6. 内部维修协调会

（1）召开时间为每日 15:00。

（2）主持人：副总经理。

（3）参加人员：副总经理、工程部经理、工程部副经理、客服部经理。

（4）会议内容：

①客服部经理汇报本日接报修情况及未整改完毕问题；

②工程部经理核实报修问题并制定整改时间节点；

③总经理、副总经理作点评；

④工程部、客服部统一对外政策；

⑤所有参会人员不许请假。

7. 周末工作协调会

（1）召开时间为每周五 17:00。

（2）主持人：副总经理。

（3）参加人员：副总经理、工程部经理、工程部副经理、客服部经理、安保部经理、保洁中心经理等。

（4）会议内容：

①通报周末各部门需协调问题；

②副总经理对工作进行统一安排布置；

③会议纪要由客服部文员拟写，中心副总经理签发；

④所有参会人员不许请假。

四、值班管理

为了严格值班时间，加强对值班工作的检查，特制定本规定。本规定适用于物管中心周末及节假日值班人员。

1. 值班时间：周六、日及节假日。

2. 规定。

（1）值班人员需按物管中心人事行政部安排的日期、时间到岗值班。

（2）值班人每日值班需按照规定进行打卡。

（3）值班负责人、负责代总经理全权处理值班期间发生的各种问题。特殊问题需按照程序写出书面特殊事故报告、当事人材料、照片等。

（4）值班期间遇施工单位办理加班申请，需在规定时间内施工并在保证无噪声的基础上，写出书面承诺书后，方可同意施工，并即刻书面通知安保部。

（5）安保部巡视警卫，在周六、日、节假日时间一旦发现有噪声施工，须立即制止，并将噪声施工工具、施工负责人带到安保部进行处理，并将详细情况记录。

（6）施工加班申请单、施工单存放在物管中心前台，工作需要时，由前台负责让施工单位填写后，由值班负责人审批。

（7）值班负责人每日 16:00 负责召开当日工程、安保、客服部值班人员协调会，并做好重要工作协调和会议记录工作。

（8）客服部周六、日除前台值班外，办公室不得少于两人值班。并于每周五下班前将周六、日业主/住户预约好的事项写在值班记录里，通知前台和周六、日值班客服人员。

五、保密管理

为了维护物业公司权益，保守机密，特制定本规定。

1. 保密范围

（1）重大决策中的秘密事项。

（2）尚未付诸实施的经营目标、经营规划、经营措施及决策。

（3）财务预算报告及各类财务报表、统计报表。

（4）所掌握的尚未公开的各类信息。

（5）员工人事档案，工资性、劳务性收入及材料。

（6）其他经中心确定应当保密的事项。

一般性决定、决议、通告、通知、行政管理资料等内部文件不属于保密范围。

2. 保密措施

（1）属于秘密的文件、资料和其他物品由人事行政部或总经理委托专人管理。

（2）对于秘密文件、资料或其他物品，未经总经理批准，不得复制或摘抄。

（3）秘密文件、资料或物品的收发、传递或外出携带，须有指定人员采取必要的安全措施。

（4）做好携带保险工具的保密措施。

（5）在对外交流和沟通过程中需要提供公司秘密事项的，须经总经理批准。

（6）在召开具有秘密的会议或其他活动时，主办部门应选择具备条件的场所，限定参加会议的人员范围，以及确定会议内容的具体范围。

（7）工作人员发现秘密被泄露或可能泄露时，应立即采取补救措施并及时报告总经理。

3. 责任与处罚

（1）出现下列情况之一者，给予警告，并处以适当处罚。

①泄露中心秘密，尚未造成严重后果或经济损失的。

②未按照保密措施实施保密工作的。

③秘密已泄露但采取补救措施的。

（2）出现下列情况之一的，予以辞退并酌情赔偿经济损失。

①故意或过失泄露中心秘密，造成严重后果或重大经济损失的。

②违反保密制度规定，为他人提供中心秘密的。

③利用职权强制他人违反保密规定的。

六、印章使用管理

为加强印章管理，安全使用印章，发挥标志、权威、证明、凭信作用，特制定本规定。本规定适用于物管中心。

1. 职责

（1）正常工作时间内，中心印章由人事行政部负责保管；

（2）非正常工作时间，印章由财务部负责保管；

（3）中心各部门专用章，必须由各部门负责人保管。

2. 印章的制作启用

（1）需要刻制印章的部门，应提出书面申请，绘制印章样式，经总经理批准后由人事行政部统一办理有关手续。

（2）人事行政部制作印章应到公安局办理登记手续，并到公安机关指定的刻字单位刻制。

（3）印章制作好后，在颁发时，人事行政部要有详细的登记，并留下印模。

（4）印章启用前，使用单位要将印模及启用时间书面通知人事行政部，如该部门撤销或改变名称，印章应交还综合部处理。

3. 印章的使用

（1）使用印章必须事先得到批准，凡不具备手续的一律不能使用。

（2）以中心名义对外行文，填写《用章审批单》经中心总经理签字后方可使用。

（3）以中心名义发出便函以及对外联系工作的介绍信，须由人事行政部经理同意后，方可使用印章。

（4）经总经理签署的文件、合同等，可直接用印。

（5）以中心名义签订的协议、合同等，须由中心总经理签字后使用印章，同时加盖骑缝章。

（6）其他证书、奖状等须经人事行政部经理签字后使用印章。

（7）本部门用章使用必须有记录，使用时不得超出本部门业务范围。

（8）中心印章一般不准携带外出，如需携带外出，须有2人同行，并办理借用手续，如期归还。

（9）凡劳动合同不属于中心之人员的，不得为其出具证明、介绍信等。

4. 印章的保管

（1）用印须有登记存底，并由专人负责，不能随意委托他人代写盖印，不准给空白信件盖印。

（2）使用带存根的公函或介绍信、证明信等要盖两处印章，一处盖在公函连接线上，一处盖在企业落款处，凡是在落款处加盖的印章都要"骑年盖月"。

（3）印章保管人对不符合规定手续的用印，有权拒绝并应及时向综合部报告。

（4）印章保管人要提高警惕，严防私用、盗用公章，以免造成损失。

（5）对印章保管人因疏忽或故意等原因用印而造成损失的，中心将追究责任，并给予适当的行政和经济处罚。

七、办公设备管理

（一）复印机使用

为了严格对办公设备的管理，特制定本规定。

1. 复印机由人事行政部负责管理，各部门办公设备由使用部门自行保管。

2. 所有办公设备必须按照操作规程使用，因使用不当造成设备损坏不能修复使用的由使用部门负责赔偿。

3. 复印机出现故障时，复印人员不得自行开机查看处置，由人事行政部联系维保厂家来维修。

4. 各部门复印文件资料时，需自带专用复印纸进行复印，不得使用其他类纸张。

5. 不得使用复印机复印绝密文件和个人材料。

（二）办公电话

为加强物管中心办公电话的管理，提高工作效率，保证各部门之间的工作联系，更好地为业主服务，特制定本规定。本规定适用于物管中心配备办公电话的员工。

1. 人事行政部负责中心领导及各部门经理办公电话的配置和管理工作

2. 财务部负责电话机的采买和领用工作

3. 各部门配备电话座机人员负责电话座机的管理和使用

4. 电话座机的配备

（1）中心副经理级以上管理人员及因工作需要的员工可以配备电话座机。

（2）申请电话线须经总经理批准。

5. 直线电话功能设置

（1）所有配备直线电话均需要得到总经理的批准。

（2）总经理电话功能具有长途功能，其余直线电话只限于市话功能。

6. 分机电话功能设置

（1）人事行政部负责控制各分机的电话功能配置（IDD、DDD）。

（2）中心总经理电话具备 IDD、DDD 功能（加锁控制）。

（3）各部门经理配备市话功能。

（4）因工作需要配备市话功能的员工，申请 DDD，须由中心总经理批准。

7. 电话的管理和使用

（1）配备电话座机的人员均由使用人自行保管。

（2）电话总机由人事行政部保管。

（3）属自然损坏的电话座机须经总经理批准后方可更换。

（4）属人为损坏或丢失的，经工程部弱电专业与财务部确认后按实际价值或全额赔偿。

（5）物管中心电话只作内部办公通信使用，严禁拨打办公以外的特殊服务电话（如长途、信息台等）。

（6）如因电话使用者保管不善等原因致使他人非法盗用，由使用人支付因被盗打而产生的全部费用，并按照员工守则给予相应处分。

（三）小灵通管理

为加强物管中心小灵通的管理，提高工作效率，保证各部门之间的工作联系，更好地为业主服务，特制定本规定。

1. 人事行政部负责中心领导及部门经理小灵通的配置和管理工作

2. 财务部负责小灵通的领用和库存保管工作

3. 各部门配备小灵通人员负责小灵通的安全使用和管理工作

4. 使用功能

具体功能详见工程部相关使用说明。

5. 配备

主管级以上管理人员及因工作需要的员工可以配备小灵通。

6. 管理

（1）配备小灵通的人员负责自行管理、使用。

（2）如小灵通无法使用需要更换时，更换内容（机身、电池、充电器）属自然损坏的须经工程部确认，总经理批准后方可更换。

（3）属人为损坏或丢失的，经工程部与财务部确认后按实际价值或全额赔偿（550元）。

（4）如出现多人使用一部小灵通的情况，使用部门需指派专人负责管理，做好定期检查和交接使用记录。

（5）小灵通手机只限在园区范围内使用，部门经理级以上人员及客户服务部楼长因工作原因可以带出园区，其余部门员工如遇特殊情况，需要将小灵通带出园区，应经主管领导同意。

（6）小灵通手机只作内部办公通信使用，严禁拨打办公以外的特殊服务电话（如长途、信息台等）。

（7）小灵通手机必须保持24小时开机状态。

（8）小灵通手机充电严禁无人看管。

（9）如因使用者对小灵通保管不善等原因致使他人非法盗用，由保管人支付因被盗打而产生的全部费用。

7. 话费结算

（1）物管中心为员工缴纳月基本月租费。

（2）物管中心为部分人员缴纳通话费。

（3）如因欠费等原因被网通公司停机，由小灵通使用者承担停机期间的基本月租费及话费。如因停机影响工作，按照物管中心相关制度给予处罚。

八、计算机管理

（一）网络

为了保护计算机信息系统的安全，根据《中华人民共和国计算机信息系统安全保护条例》、《计算机病毒防治管理办法》等有关法律法规的规定，结合本单位实际情况，特制定本规定。本规定适用于物管中心计算机信息系统。

1. 人事行政部负责计算机的配置和管理制度的制定

2. 工程部负责管理制度的监管与实施

3. 信息安全

（1）连入本中心的所有计算机使用者和用户必须遵守执行《中华人民共和国计算机信息系统安全保护条例》和国家有关法律法规，严禁有害信息上网。有害信息指：含有攻击人民民主专政、社会主义制度，攻击党和国家领导人，破坏民族团结等危害国家安全内容的信息；含有宣扬邪教、封建迷信、淫秽色情、凶杀、教唆犯罪等危害社会治安秩序内容的信息，以及危害计算机信息系统运行和功能发挥的软件、用于违法活动的计算机程序（含计算机病毒）。

（2）严禁在本中心局域网上进行任何干扰其他网络用户、破坏网络服务和破坏网络设备的活动，这些活动包括在网络上发布不真实的信息、散布计算机病毒、散布垃圾邮件，以不真实身份使用网络资源、攻击服务器、对网络进行未经授权的操作等。

（3）未经批准不得在互联网上刊登未经作者授权的文章、照片、歌曲、音乐等。

（4）未经许可，严禁在网上进行为自己谋取利益的商业活动。

（5）标明物管中心的"内部文件"、"内部资料"机要的内部信息不得上公众网发布张贴，防止泄露单位机密。

4. 网络维护

（1）建立操作人员密码制度，实行权限层级管理原则。密码修改要有记录；按照层级管理权限和操作范围来控制各级用户对数据信息的访问权限，包括访问方式和内容。

（2）网络管理人员要建立系统运行日志，记录网络使用者、信息发布者信息日志等所有数据必须保存半年以上，条件允许则长期保存备查；对本系统业务的计算机数据处理，严格管理，确定责任人，防止各类事故的发生；重要的数据要建立备份制度，对储有重要数据的故障设备交外单位人员修理时，必须经本单位技术人员将数据清除处理或将硬盘拆除后派专人在场监督，对废弃数据、介质要定时处理。

（3）本中心计算机信息系统连接公众网要做到内外网有别，建好防火墙。保证物理隔离。存储有重要内部数据或涉及单位秘密的内部专用服务器不得与公众网连接，必须做到物理隔离。

（4）与公众网相联的计算机，应安装相应的安全管理软件，过滤有害信息，网络管理人员要对上网人员进行网络安全常识和网络法律法规的教育，预防制作、复制、查阅、发布、传播有害信息，防止危害计算机信息系统安全的黑客行为。

（5）计算机网络管理人员调离时，必须移交全部技术手册及有关资料，并更换计算机的有关口令和密码。涉及本行业业务核心部分开发的技术人员调离本系统时，应确认对本系统安全不会造成危害后方可调离。

5. 机房安全

（1）计算机信息系统主机房内，严禁无关人员进入。因工作出入者必须登记。

（2）计算机信息系统主机房需按有关标准配置防雷、防火、防盗、防水、防鼠、防尘等设施和措施，有必要的报警、监控和灭火装置，并逐步配置防电磁波辐射等设施。

（3）对不能停机的计算机系统，配置必要的备份机，以便故障时切换使用。

（4）对与计算机信息系统有关的卫星天线、电源接口、通信接口、通信线路和线缆等设备网络管理员要定期进行检查维护，对联网的计算机及其网络设备和通信设备的安装、使用应建立严格的管理措施，统一购置安装，不得擅自拆装更改，以防黑客侵袭。外来人员不得使用本单位计算机设备。

（5）计算机使用人要严格遵守计算机设备的各项操作规程，保持计算机设备的卫生、整洁，任何计算机设备（部件）、资料等未经许可不得带出单位或外借。

6. 系统安全

（1）网络管理员对计算机系统应做到及时升级，更新版本，定期进行病毒检杀。用软盘、光盘等介质交换信息要按规定手续管理，并进行病毒预检，防止病毒对系统和数据的破坏。

（2）修改重要系统服务器业务程序和系统参数，必须经中心常务副总经理批准同意后，方可进行，并做好文档资料的修改记录。

（3）重要系统应用软件运行过程中出现异常现象，网络管理员应报告主管领导，并做好详细记录，经领导同意后，由系统管理员进行检查、修改、维护。

（4）对中心的服务器要建立定期的系统和程序备份制度，备份时间根据实际需要进行。并制定出应急情况处理预案。

7. 事故的申报制度

发生因病毒、系统硬件损坏或者安装运行软件冲突等引起的计算机信息系统瘫痪或程序、数据严重破坏等问题，应立即报本中心网络管理员进行处理和解决，视问题严重性由网络管理员报告主管领导及最高管理者。

8. 违规处罚条例

（1）中心内部 IP 地址由网络管理人员负责统一管理和分配。个人用户应严格使用网络管理员分配的 IP 地址，严禁盗用他人 IP 地址或私自设置 IP 地址，以保证局域网的正常运行。

（2）未经允许，不得私自对计算机信息网络中存储、处理或者传输的数据和应用程序进行删除、修改或者增加，不得故意制作、传播计算机病毒等破坏性程序。

（3）计算机使用时不得私自故意运行黑客程序和制造、施放计算机病毒，利用各种网络硬件或软件技术扫描用户口令侦听及盗用别人账号活动，该活动被认为是黑客行为，是对本中心局域网安全和网络用户权益的严重侵犯。

（4）本中心实行用户实名认证制度。所有用户必须按规定开设账户后使用网络，账户密码要妥善保管。个人账户和密码不得私自转借他人，严禁二人或多人共用同一账户。

（5）不得私自通过调制解调器拨号上网，因私自拨号上网发生的信息费、拨号电话费等费用，将从发生费用的电话使用人的当月工资中扣除，并按有关规定给予相应处罚。

（6）严禁在计算机上玩游戏、观看 VCD 以及利用公司计算机办理私人事宜。

9. 说明

本中心网络运行维护管理由工程部负责。网络管理员由工程部弱电组推荐，经中心办公会批准，对违反本规定第七章之规定的联网用户可进行警告、停止网络使用、给予降级等处罚，对情节严重的违法行为将诉诸法律进行处理。

（二）"OA"办公平台系统

保障中心"OA"系统的顺利进行、规范物管"OA"办公平台系统的使用和管理。本规定适用于物管中心。

工程部系统管理员负责"OA"办公平台系统的管理和技术维护。人事行政部负责"OA"系统内容的调整。各部门经理负责本部门"OA"办公平台系统的管理。

1. 中心高管人员及各部门主管及以上人员发生人事变动，导致"OA"办公平台系统使用权限需更改时，根据相关文件对"OA"使用人员进行相应调整。

2. 内部员工发生变动导致"OA"办公平台系统使用权限需更改时，由变动部门填写《技术维护表》，主管领导批准后由人事行政部负责调整。

3. 各部门在"OA"系统使用过程中模块发生变化，由各部门填写《技术维护表》，部门经理签字确认后，由主管领导审核，经总经理批准后由人事行政部负责协调解决。

4. 人事行政部在接到《技术维护表》后，根据内容进行调整。同时将《技术维护表》抄送工程部。

5. 工程部网络管理员负责协助软件开发公司的调试，确保正常使用。

九、劳保用品管理

（一）工服管理

为规范服务人员的仪容仪表，树立物管中心的良好形象，特制定本规定。本规定适用于物管中心工服的配置与管理。

1. 着装标准

中心员工工服由人事行政部统一订制（购买）和发放。

2. 标准

（1）新员工入职，根据《员工入职手续表》向员工发放工服。

（2）根据《员工离职表》，将离职有关人员的工服收回。

（3）工服的配置按中心标准执行。

（4）工服的管理：

①管理人员、技工工作 2 年以上，离职时，工服可归个人，根据人事行政部的《离职人员表》，到财务部领取押金。

②技工人员的工服破损严重，需补充更换的，经其本人提出申请，并经主管部门领导签字后，人事行政部安排补充更换。

③保安工服离职时须交回。

（5）工服的日常维护及管理由员工本人负责。

备注：管理人员——部门主管级以上人员、文员、助理、监控员和财务人员

（二）工服洗涤办法

为体现物管中心良好的企业形象，保证工服洗涤质量，简化工作程序，更好地为员工服务，特制定本办法。

人事行政部为物管中心员工工服洗涤管理的责任部门。负责工服洗涤合同的签订，负责对厂家工服洗涤质量、交期的监管，定期对厂家进行供方评审并提供评审报告，按月对工服洗涤费用进行统计，财务部负责工服洗涤费用的核对与支付。各部门文员兼任本部门工服洗涤管理员，负责本部门员工工服洗涤的管理工作。

1. 部门文员，每周一 16:30 以前将本部门需洗涤工服统一清点后送工服间。

2. 人事行政部与各部门文员核对数量并做好登记。

3. 洗涤厂家于每周一 17:00 取走工服。

4. 每周五厂家送回洗涤后的工服。

5. 各部门接人事行政部通知取回本部门工服。

6. 洗涤次数：

（1）西服、技工服、保安外衣每周洗涤一次。

（2）领带每两周洗涤一次。

7. 管理

（1）各部门对工服洗涤质量问题向人事行政部反映，人事行政部负责协调解决。

（2）全体员工应按本岗位标准着装，保证工服整齐、清洁。

（三）更衣柜管理

为了完善中心的各项规章制度，加强对员工更衣柜的管理，特制定本规定。本规定适用于物管中心更衣柜管理。

人事行政部负责物管中心员工更衣柜的统一管理与配置。各部门员工负责自己更衣柜的日常管理。

1. 员工入职到人事行政部领取更衣柜钥匙，离职员工在办理离职手续时将更衣柜钥匙交回。

2. 员工应锁好更衣柜，妥善保管钥匙。非人为原因造成更衣柜损坏需要维修时，应及时报告部门经理，经部门经理批准后报告人事行政部。

3. 因个人原因忘带钥匙或钥匙丢失，须经部门经理批准后到人事行政部申请撬锁或更换新锁时，员工本人须缴纳配锁成本费10元。

4. 每季度末，由人事行政部组织相关人员对更衣柜使用情况进行检查，记录并将结果报主管领导。

5. 要求

（1）员工调离工作时，应在半个月内办理更衣柜交接手续。否则，中心有权清查更衣柜。

（2）员工更衣柜只供员工本人使用，未经人事行政部批准，不得私自调换和转让，私自调换或占用其他更衣柜的，将处以××元的罚款。

（3）员工应自觉维护更衣柜及其周围的卫生，员工更衣时不得随意吐痰，乱丢纸屑杂物，禁止在更衣柜上张贴各种图片。

（4）员工更衣柜内只能存放工服和需要更换的衣物，不得存放其他物品。如有丢失、损坏现象，由个人承担全部责任。

（5）严禁在更衣柜外钉钉子和挂钩，否则，被视为故意损坏更衣柜，处以×××元罚款。

（6）严禁在更衣柜内存放食品。

（7）严禁在更衣柜内存放违禁品（毒品和易燃、易爆物品），一经发现将处以×××元的罚款，并报告相关机构。

（8）更衣柜内不得存放公共用品，一经发现根据《员工守则》予以处罚。

（四）员工工牌、标志管理

为加强规范化管理，提高服务质量，树立公司的良好形象，更好地体现中心员工的职业风范，特制定本规定。

（1）物管中心全体员工当班时必须穿着工装，佩戴工牌、标志章。

（2）工牌应端正地佩戴在左胸上方，不得佩戴他人工牌。否则按照《员工手册》处理。

（3）工牌、标志章如有遗失或损坏须赔偿工本费（工牌××元）。

（4）员工离职时须交还工牌。

十、工作餐管理

（一）餐卡发放

为规范管理，严格工作餐管理，有效控制成本，杜绝浪费，特制定本规定。

工作餐餐卡和加班餐券的发放由人事行政部负责。工作餐餐卡的管理由员工本人负责。

1. 工作餐标准

（1）各部门员工凭餐卡在食堂用餐，每人每个工作日只提供一餐。

（2）中心倒班员工根据排班情况核定用餐数量。

（3）安保部保安每人每日三餐。

2. 更换与发放

（1）每月19日由各部门文员统一收齐本部门员工餐卡后交到人事行政部，并在《餐卡登记本》上签字确认，按交回的数量更换新餐卡，餐卡上必须注明姓名、所在部门和用餐数量。

（2）人事行政部每月19日前到世纪远洋宾馆餐饮部购领餐卡，待中心员工餐卡更换后，将旧餐卡交回。

（3）根据《员工入职登记表》向新员工发放餐卡。

3. 餐卡的管理

（1）每月核对用餐数量，如员工餐卡上的数量超过规定数量，超出餐费经人事行政部、相关部门、财务部共同审核后，人事行政部按每顿××元标准扣除其当月工资。

（2）离职员工需交回员工餐卡并在《员工离职表》上签字确认。

（3）餐卡如有丢失需重新补办，每月××日前丢失的，补卡时需缴纳××元，每月10日后丢失的，补卡时需缴纳××元。

（4）员工加班3小时以上可提供加班餐，以部门经理审核后的加班申请单为准。

（二）工作餐结算

为合理控制用餐成本，加强员工用餐的规范化管理，量入为出，特制定本规定。

人事行政部负责中心全体员工的餐卡发放与用餐统计工作；负责加班餐券的发放与统计。安保部负责保安用餐统计。

（1）每月由人事行政部和安保部负责与世纪远洋宾馆核对用餐数量及餐费情况，并制作《当月用餐费用统计表》报部门经理审批签字。

（2）经部门经理签字后的《当月用餐费用统计表》报人事行政部汇总，报财务部审核。

（3）财务部审核无误后报中心总经理签批。

（4）财务部根据总经理签批后的《当月用餐费用统计表》，办理相关结算手续。

十一、办公用品领用管理

为了统一管理，合理控制使用成本，加强员工办公用品的规范化管理，特制定本制度。

1. 办公用品的申购

（1）办公用品包括中心日常办公所需物品和打印机、传真机、复印机等办公设备耗材。

（2）每月初各部门根据实际工作需要填写《物品申购单》提出所需办公用品名称及数量，由部门经理签字确认后经人事行政部经理审核，交由人事行政部办理。

（3）人事行政部依据各部门提供的《物品申购单》进行统计汇总后，根据库存情况填写《物品申购单》，经人事行政部经理确认、总经理批准后交由公司采购部交由指定厂家统一订购。

2. 验货

所订购办公用品送到后，按《物品申购单》进行验收，核对品种、规格、数量与质量，确保没有问题后填写《采购验货》。按照办公用品种类将办公用品类码放整齐。

3. 分发

（1）各部门分别填写《物品领用单》提出领用办公用品需求，部门经理签字确认，经人事行政部经理审核，交由人事行政部发放人员办理。

（2）办公用品发放人员在进行核对后，把申请用品备齐，分发给各部门。

（3）各部门在申请领用办公用品耗材时需提供报废的硒鼓或墨盒，以便对废旧硒鼓、墨盒做好统一回收。

（4）对决定报废的废旧硒鼓和墨盒在《废旧墨盒、硒鼓登记表》上做好登记，按照职业健康安全和环境管理有关要求进行处理。

十二、药箱管理

药箱是中心为员工提供的工作安全保障之一，同时也是向业主提供的一项便利服务。本规定适用于物管中心员工及中心相关方使用。

（1）物管中心可设药箱3个，分别设在安保部、工程部和人事行政部。

（2）安保部的药箱专为业主或租户设置，由安保部文员负责管理。

（3）工程部的药箱专为工程部工作人员设置，由工程部文员负责管理。

（4）人事行政部的药箱专为物管中心设置，由人事行政部文员负责管理。

（5）药品定期采购由人事行政部负责。

（6）每月及时清理药箱内已过期和被污染的药品，及时填报需更新补充的药品清单报人事行政部经理。

（7）人事行政部经理按实物采购程序办理采购。

（8）人事行政部经理根据各部门所报清单通知文员领药。

（9）标准。

①选购药品原则根据部门工作特点进行配备，以治疗常见病、多发病药物为主，配有治疗基本轻微外伤的药品及医疗用品。

②各部门做好药箱的整理和清洁，每次使用后要做到药品封存好。内服药与外用药分开存放。

③药箱管理人员应具备基本的药品使用常识，使用者使用前应注意用药禁忌。

④药箱管理员应避免浪费。对违反规定的不合理要求，管理人员有权拒绝。

（10）要求。

药箱管理员及使用者需注意：药箱设置旨在进行紧急处理，不可作为最终医疗手段。

十三、"员工之家"管理规定

员工之家是物管中心给员工提供的培训、沟通交流及休闲娱乐的场所，为了给员工提供一个良好的环境，特制定如下规定：

（1）"员工之家"是广大员工的家，每名员工对室内的各种物品、书籍、电器设备、培训设施要小心使用，珍惜保护；

（2）室内的设备设施及书籍由人事行政部专人负责保管和操作；

（3）室内要保持整洁卫生，禁止吸烟，不乱丢废弃物、纸屑，不随地吐痰；

（4）每个在"员工之家"参加活动的人员应举止文明，有礼貌，遵纪守法；

（5）"员工之家"由人事行政部负责管理，在没有安排活动的前提下，大力支持物管中心各部门组织活动使用，其他部门因工作安排需要使用"员工之家"，需到人事行政部登记统一安排；

（6）每名员工要认真遵守此规定，服从人事行政部的管理；

（7）员工借阅书籍需在"员工之家"开放时间内到管理员处进行登记，办理借阅手续后方可借出；

（8）员工不得将借阅书籍转借他人，一个月内如发生丢失、逾期不还等现象将按照书籍原价的80%给予赔偿。

十四、行政管理手册

行政工作人员的五项要求

※ 要具备良好的政治素质和个人品德。

※ 要具备强烈的责任心，细微之处见真功。

※ 要不断提高自身的业务素质，提高文字处理能力和综合分析能力。

※ 要提高协调、服务水平，成为各部门之间有效沟通的枢纽。

※ 要大胆工作，不仅要肯干、努力干，还要能干、会干、干得好。

第一部分　文件、档案管理

公文管理办法

档案管理制度

归档文件整理规则

各部门归档范围及保管期限

不归档文件管理处置办法

主要行政工作流程和常用公文格式

档案管理员岗位职责

保密制度

公文管理办法

第一条　为加强公司公文管理，达到规范化、制度化、科学化管理，便于工作，利于保密，提高工作效率，特制定本办法。

第二条　公文的分类

本公司公文按来源，分为两大类：

一、外来公文，包括上级机关有关部门或单位发来的公文以及应按公文处理的重要信函，公司外来公文统一由人事行政部负责处理，各部门收到外来公文后应统一交由人事行政部进行处理。

二、公司形成的公文，包括公司向上级或外单位制发的公文和公司内部发文。

第三条　外来公文处理

公司外来公文，由公司人事行政部根据管理职责分工，按下列程序处理：

一、收到外来公文，由秘书检查文件是否完整，附件是否齐全后，将文件统一编号登记，由人事行政部经理视文件的类别、性质附上《收文处理专用单》批办后，在 1 个工作日内呈送有关领导阅办。

（1）凡制发的红头文件一律附《收文处理专用单》。

（2）其他类型的公文可直接在文件上签批。

（3）各部门存放本部门的外来公文复印件，人事行政部存放所有外来公文的原件。

二、秘书根据领导阅批意见在 1 个工作日内将公文送有关部门阅办，各部门应建立收文登记本，收到文件后应进行登记。

三、对阅批传阅的公文，由秘书安排各部门进行传阅并填写《文件、刊物传阅单》，部门传阅时间最多不超过 3 天，部门经理传阅，传阅时间为 1 天，阅文后必须在传阅单上签字，本部门传阅完毕后，交由秘书递转下一部门。对急需办理的传阅公文，可先办理后传阅。

四、承办部门接到公文后，应按领导阅批意见及时办理。如办文确有困难，应向阅批公文的领导报告。

五、对需要催办的公文，秘书应按规定的日期检查办文情况。发现问题应及时向经理报告。

六、办理完的公文，需要回复的应由承办部门草拟回文，经领导审批后发出，发出的文件需在本部门的发文登记本上进行登记，不需回复的，在公文处理单上注明办理情况，及时退回归档，如部门认为此文件具有保留存查价值，只能保留文件的复印件，原件退回人事行政部。

第四条 公文格式

正式发文一般由发文机关、发文字号、标题、主送机关、正文、附件、印章、成文时间、主题词、抄送机关等部分组成，特殊情况可标注秘密等级、紧急程度，凡公司对外发送的文件，一律附公司《发文稿纸》经公司领导签批后对外发送。

一、发文机关应当写全称或规范的简称；联合行文，主办机关排列在前。

二、公文秘密等级、缓急、标志要清楚。密级分"绝密"、"机密"、"秘密"；缓急分"特急"、"急件"。"绝密"、"机密"公文应当标明份数序号。

三、发文字号，由公司代字、部门代字、年号、顺序号组成。其中的年份和顺序号均用阿拉伯数字，年份用方角括号括上。

四、公文标题，应当准确简要地概括公文的重要内容，一般应标明本公司的全称或规范化简称和公文种类。除批转法规性文件外，一般不加书名号。使用印有公司名称标头的文件纸和做首页的公文，标题中不再标明公司名称。

五、公文一律加盖公章。

六、主送单位，即行文的对象；抄送单位，即与文件有关的机关；内抄部门，即本公司各部。

七、公文如有附件应在正文之后注明附件名称顺序。

八、成文时间一般是公文编制完毕后的定稿时间；联合行文，以最后签发机关领导签发日期为准；拟稿人落款时间标明"年、月、日"即可。

九、正式发文可标注主题词。

十、公文纸一般用 A4 纸（长 297mm、宽 210mm）。

第五条　行文规定

一、公司向上级行文，应按隶属关系进行，一般不得越级请示。特殊情况必须越级行文时，应抄报越级的上级。

二、请示的公文，应一事一文。除领导直接交办的事项外，请示不要直接送领导者个人。请示的公文不应抄送给同级或下级部门。

三、签报的公文，应一事一报。签报不得使用"公司领导"的称谓，应写明公司具体领导且仅限一人。签报不要直接送领导个人，须由秘书递交。会签在递交秘书之前由起草部门完成。

第六条　草拟公文的要求

一、符合党和国家的方针、政策、法律、法规，符合上级和公司的有关规定。

二、情况要确实，观点要明确，条理要清楚，层次要分明，文字要精练，书写要工整，标点符号要准确，篇幅要力求简短。

三、人名、地名、数字、引文要准确。时间应当写具体年、月、日。

四、公文中的数字，除发文号外，统计表、计划表、序号、百分比、专业术语和其他必须用阿拉伯数字外，一般用汉字书写。在同一公文中，数字使用应前后一致。

五、引用公文时应注明发文时间、机关、标题和文号。

六、用词要准确、规范。在使用简称时，应先用全称，并加以说明，其后再使用简称。不采用不规范的词与字。

七、草拟公文应使用钢笔、毛笔或用打字机打印。

第七条　公文印制与发送

一、各部门编制好的正式公文，由人事行政部安排文书统一编登发文代号，由文书或拟稿人按规定格式打印，由公文拟稿人或指定专人进行校对。

二、人事行政部文书或拟稿人将校对后的公文打字稿按所需数量印刷、装订，由文书按规定发送，底稿存档。

三、各部门分别建立收发文件登记本，收到的文件和发出的文件均应有详细的记录。

四、提倡普及使用电脑、打字机，以促进公文质量和提高办公效率。

第八条　公文立卷、归档、销毁

一、在公司内部，外来公文由人事行政部统一管理。

二、各部门文件管理员应及时将办理完毕的外来公文临时存档，公司制发的公文正文及有关资料交由人事行政部统一保管。

三、公文立卷应能正确反映公司主要工作情况，便于保管、查找和利用。

四、各部门文件管理员应于每年1月份月底前，按国家档案行业标准的有关规定和标准，将上年的立卷公文，移交人事行政部文书档案员管理。

五、档案保管时限已满或没有存档价值和存查必要的公文，经过鉴定并经公司主管领导批准，可销毁。销毁密级公文，要进行登记，应有专人监督，保证不丢失，不漏销。

第九条 本办法未尽事宜，参照上级公司公文办理相应规定执行。

第十条 本办法自下发之日起执行，由人事行政部负责解释。

档案管理制度

根据中远房地产开发有限公司下发的档案管理办法之相关内容，特制定中远酒店物业管理有限公司档案管理制度，各部门要依照执行。

一、文件的归档手续、范围及保管期限

（1）所有文件材料必须经过部门文书档案管理人员登记编号后方可归档。

（2）文书档案管理人员负责文件的收发、递转、登记、组卷及向档案管理部门移交。

（3）建立文件收发登记本，对来往文件、图纸、资料进行登记。

（4）部门文书档案管理人员负责检查督促本部门业务人员及时将文件交还、存档。

（5）所有涉及公司、各项目业务及经营管理等方面形成的文件材料、图纸，主办部门档案管理人员负责收集齐全并加以整理后归档。

（6）在业务工作中形成的需要归档的合同、协议，在合同正式签字盖章之日即应将合同正本一份由财务部门保存并归入财务档案，合同签字前的有关文件及一份合同副本，应由该主办部门档案管理人员负责归档保存。

（7）档案归档范围及保管期限按照"档案归档范围及保管期限表"执行。

（8）档案材料的保管期限分为永久、长期（16年至50年）和短期（5年至15年）三种。

- 凡是记述和反映本单位主要职能活动和基本历史面貌的，对本单位和国家建设具有长远利用价值的文件材料应列为永久保存。
- 凡是反映本单位一般活动的，在相当长时期内对本单位工作具有查考利用价值的文件材料，应列为长期保存。
- 凡是在较短时期内本单位需要查考的文件材料，应列为短期保存。一般基本建设项目及设备文件材料实际保管期限不得短于实物的实际使用寿命。

二、内发文

（1）各部门呈递给公司领导的文件原则上不允许直接呈递，应由部门文书人员登记后交给人事行政部秘书递转，以便文件有序流转和催办工作，提高公司整体工作质量和效率。

（2）各部门的发文须有发文号，例如人事行政部下发各部门的文件须标注"×××人行〔 〕号"字样，以便于对文件的查找和利用。

（3）呈文经领导审批后，由人事行政部秘书转递相关部门，各部门按照领导批示完成工作，并将文件归档、立卷。

三、外发文

上报给上级公司的文件，主办部门拟稿后附《上报文件审批单》，经总经理书面批准后，方可上报（也可由公司人事行政部通过"OA"系统上报上级公司）。

四、收文

（1）内部收文：凡收到公司内部发文，由收文部门按照文件要求办理，工作完成后由部门档案管理人员将文件登记、存档，如文件内容与本部门无工作联系，阅后直接存档。内部收文必须在《收存文件记录》上进行登记。

（2）外部收文：凡收到公司外部文件，由收文部门负责填写《收文处理专用单》，报公司总经理审批。领导指示后由责任部门负责办理并负责登记、存档。

五、借阅文件

（1）对因工作需要临时借用文件，部门档案管理人员应及时提供，并在《临时借用文件登记表》上登记，归还时注销。

（2）严禁经办人员手中留存文件、图纸等有归档价值的文件材料，如需较长时间使用文件，应通过部门档案管理人员进行复印。

（3）各部门人员如需借阅本部门的文件，须由经办人填写《调阅档案审批单》，并由部门经理签字后方可调阅。

（4）各部门因公借阅其他部门形成的文书档案，须由经办人填写《调阅档案审批单》，除须经本部门经理签字同意外，还须经档案形成部门的经理同意，方可借阅。

（5）各类档案只限在人事行政部查阅，原则上不得借离档案管理部门，确因工作需要必须借离档案管理部门的，须经公司领导批准后方可借离并必须在7天内归还，如需延期，必须到档案管理部门办理延期借阅手续。

（6）借阅档案的人员，应对所借阅档案的安全、保密、完整负责，不得擅自拆卷、复制或在文件上涂改、乱画。

（7）凡属绝密、机密、秘密的档案原则上不对外提供借阅，因工作需要必须借阅的，须由借阅方提出申请，报公司领导批准后方可办理借阅手续。

六、档案的销毁

（1）在公司管理的档案在规定的保管期限结束后，应作相应的鉴定，如该档案的利用价值仍没有完结时，应相应延长保管期限。

（2）对于保管期限已到，该文件利用价值确实已经完结时，应由档案管理部门填写《档案销毁清册》，注明销毁原因，经主管领导审批后，由档案管理部门负责销毁，其他人员无权销毁档案材料。

七、其他

（1）财务档案的平时归卷工作由财务部门负责，财务部门应制定相应的实施细则。

（2）财会档案按财会年度立卷。

（3）其他部门的平时归卷工作由各部门指定专人负责，并在每年年底或次年1月份进行本部门档案的立卷归档工作。

归档文件整理规则

一、范围

本规则根据中华人民共和国档案行业标准 DA/T22—2000 规定了归档文件整理的原则和方法。

二、定义

本规则采用下列定义。

1. 归档文件

立档单位在其职能活动中形成的、办理完毕、应作为文书档案保存的各种纸质及磁记录介质文件材料。

2. 归档文件整理

将归档文件以件为单位，进行装订、分类、排列、编号、编目、装盒，使之有序化的过程。

3. 归档文件的整理单位

一般以每份文件为一件，文件正本与定稿为一件，正文与附件为一件，原件与复制件为一件，转发文与被转发文为一件。

附件：各部门归档范围及保管期限。

　　　主要行政流程和常用公文格式。

各部门归档范围及保管期限

文书档案的保管期限定为永久、长期和短期三种。长期为 16～50 年，短期为 5～15 年。

凡是反映本单位主要职能活动的基本历史面貌的，对本单位、国家建设和历史研究有长远利用价值的档案，列为永久保管。

凡是反映本单位一般活动，在较长时间内对本单位工作有查考利用价值的文件材料，列为长期保管。

凡是在较短时间内对本单位有参考利用价值的文件材料，列为短期保管。

人事行政部文书立卷归档范围和保管期限表

上级单位对本公司工作的指示、决定、通知	长期/永久
公司召开系统工作会议的通知、工作报告、领导讲话、会议纪要等	永久
公司召开经理会议的通知、报告、领导讲话、会议纪要等	永久
公司年度工作总结和工作计划	永久/长期
公司领导在各种会议上的讲话底稿和参加上级机关的会议文件	长期
公司大事记	永久
上级机关及本公司关于对各项工作的指示、通知及贯彻情况的报告、计划	长期/短期
本公司关于对保密及泄密事故的通知、通报	长期/短期
本公司领导出国考察的报告及有关材料	短期/长期
本公司关于外事接待文件	长期/短期
本公司关于外事工作会议文件	长期/短期
刻制和启用印章的请示、批复，公安部门审批印章文件	永久
本公司关于行政工作计划、总结	短期
凡具有五年以上查考价值的文件材料均应立卷归档	长期
上级机关和本公司关于劳动、人事管理工作方面的规定、办法、通知	长期
本公司劳动工资综合统计年报	长期
本公司有关工资调整、定级方案、实施细则等文件	永久/长期
本公司有关机构成立、合并、分立、撤销、更改名称的请示、报告、批示	永久
本公司有关劳动计划、劳动工资、招工等方面的文件	长期
本公司调入(出)工资转移证明存根及介绍信	长期
公司定编、岗位定员和劳动人事调配等文件	长期
上级机关、本公司关于劳动保险、劳动保护方面的规定、办法、通知	长期
本公司关于员工管理方面的规定、办法、条例、通知	长期
本公司关于员工管理工作总结	短期
本公司关于员工遵纪守法及违法违纪问题的通知、通报	长期
上级机关关于教育、培训工作的规定、通知	长期

续表

本公司制定的教育、培训工作的规定、通知	长期
本公司教育、培训工作计划、总结	短期
上级机关及本公司关于培训费用、标准等的通知	短期
上级机关及本公司关于员工考试、培训等的通知	短期
本公司组织举办或参加上级及外单位组织举办的培训班的有关文件	短期/长期
上级机关及本公司关于人员管理工作的规定、通知	长期
上级机关及本公司关于本公司和直属单位管理人员任免、调配、聘任、离职、奖惩、培训的请示、批复、通知、规定	长期
本公司关于借调管理人员的通知	短期
上级机关及本公司关于外派(临时、常驻)工作的有关文件	短期

财务部文书立卷归档范围及保管期限表

上级机关有关财经工作方面的管理规定、通知	长期/短期
本公司制定的各项工作制度、条例、办法	长期
上级机关及本公司有关财务指标完成情况报告及批复	永久
上级机关关于下达年终决算会计报表说明和本公司上报会计决算报表及批复	永久
本公司上报项目决算报表及批复	永久
本公司会计报表(汇总)	永久
上报上级机关及本公司关于利润计划、财务计划、外汇收支计划的通知、请示、批复	永久
本公司关于下达独资控股单位负责人财务指标、财务计划及上报指标完成情况分析说明	长期
上级机关及本公司关于临时出国人员用汇标准及其他有关规定、通知	短期/长期
本公司对出差人员费用开支标准及误餐费、夜餐费及其他行政费用开支标准的规定、通知	短期
上级机关及本公司关于对财务管理制度及有关财务核算办法的通知	长期
上级机关有关新会计制度的规定、通知	短期
本公司召开的财务系统工作会议的通知、会议纪要、领导讲话、会议发言	长期
上级机关及有关单位重要的业务往来文件	长期
凡具有五年以上查考价值的文件材料均应立卷归档	长期

市场开发部归档范围和保管期限表

设计任务书及审批文件	永久
初步设计、技术设计	永久
施工图设计及变更文件	短期
设计预算书采用的标准、标准设计、通用设计、总体规划设计	永久
环保、消防、卫生及水暖、电煤气供应协议书	永久

续表

开工报告、工程技术要求、技术交底图纸会审纪要	长期
施工组织设计、施工方案	长期
设备调试记录	长期
竣工报告、竣工验收报告	永久
竣工图	永久
项目质量评审材料	永久
试运转报告	永久
反映建设活动的录像、照片	永久
日常收、发文件和签报	长期/短期
公司战略发展规划方面的文件	永久
委托管理、咨询管理项目的合同协议初稿	长期
凡具有五年以上查考价值的文件材料,均应立卷归档	长期

经营管理部归档范围和保管期限表

日常收、发文件和签报	长期/短期
市场前期开发调研报告	长期
项目开发可行性研究报告	长期
品牌推广及"VI"设计方面的文件	永久
凡具有五年以上查考价值的文件材料均应立卷归档	长期
网站内容设计方面的资料	长期
对同行业市场情况的调研分析文件	永久
对写字楼、酒店、公寓、会所等专业性项目的研究分析报告及资料	长期

采购部归档范围和保管期限表

供应商名单及资质证明	长期
对供应商考核情况的报告	短期
各项物品采购的协议、合同	长期
市场价格调研分析报告	短期
日常收、发及签报等文件	长期
采购系统维护方面的有关资料	长期
对供应商日常检查、抽查的相关记录资料	短期
采购成本分析报告	长期
市场信息收集、整理、分析、反馈等方面资料	长期
凡具有五年以上查考价值的文件材料均应立卷归档	长期

不归档文件管理处置办法

公司在一个年度中形成的文件材料，除需要经过整理归档保存外，还有一部分是可以留在部门作为资料保存，或没有保存价值、可以销毁的文件材料。这里包括重要文件、未成文的草稿及一般性文件的历次修改稿，事务性、临时性的文件材料，与本单位职能无关的部分参考性文件等。对于不属于归档范围的文字材料，可由文件的产生部门保存一二年后按有关规定销毁。现将不归档文件范围规定如下：

1. **上级机关的文件材料**

- 上级机关任免、奖惩非本机关工作人员的文件，普发供参阅、不办理的文件材料。
- 上级机关发来供工作参考的文件。
- 上级机关征求意见的未定稿文件。

2. **本机关的文件材料**

- 重要文件。
- 无查考利用价值的事务性、临时性文件。
- 未经会议计划，未经领导审阅、签发的未生效文件、电报草稿，一般性文件的历次修改稿。
- 机关内部互相抄送、普发的有关文件。
- 为参考目的从各方面收集的文件。
- 从正式文件上摘录的供工作参阅的非证明材料。
- 非隶属机关抄送的不需要办理的文件材料。

3. **下级机关的文件材料**

- 下级机关送来参阅的简报、不必备案的文件材料。
- 越级抄送的一般的、不需要办理的文件材料。
- 下级机关抄送备案的一般性文件材料。

主要行政工作流程和常用公文格式

附图一：

收文流程图

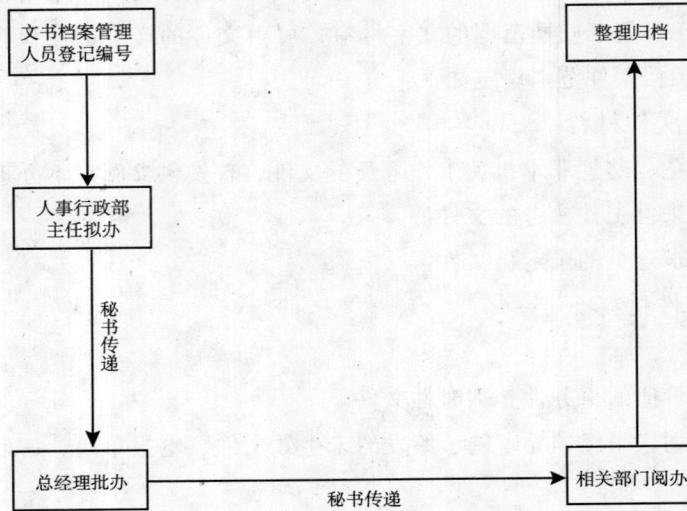

附图二：

发文流程图

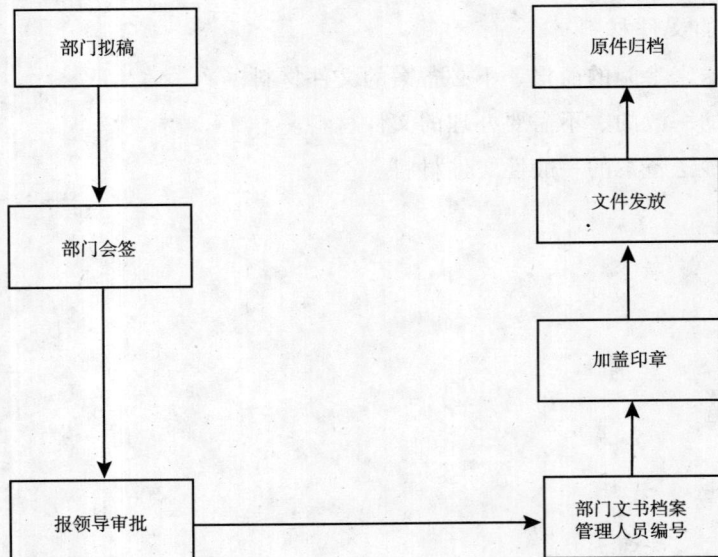

附图三：

借阅文件流程图

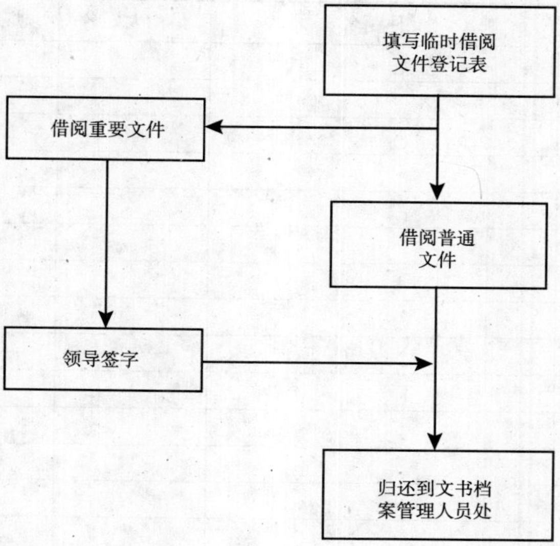

```
                                  ┌──────────────┐
                                  │  填写临时借阅  │
                                  │   文件登记表   │
                                  └──────┬───────┘
        ┌──────────────┐                 │
        │   借阅重要文件  │ ◄──────────────┤
        └──────┬───────┘                 │
               │                  ┌──────▼───────┐
               │                  │   借阅普通    │
               │                  │     文件     │
               │                  └──────┬───────┘
        ┌──────▼───────┐                 │
        │    领导签字    │────────────────┤
        └──────────────┘                 │
                                  ┌──────▼───────┐
                                  │  归还到文书档  │
                                  │  案管理人员处  │
                                  └──────────────┘
```

附表一：

档案销毁清册

序号	案卷或文件题名	年度	单位名称	卷号或文号	卷内文件页(件)数	原期限	销毁原因	备　注

附表二：

临时借用文件登记表

借文日期	文件编号	文件题名	借用人姓名	归还日期	备注

附表三：

收文处理专用单

年　　　月　　　日收文　　　号

批办：
存档部门：
领导批示：
部门处理意见：
备注：1. 各部室根据领导批示提出处理意见，时间最多不超过两天。 　　　2. 各部门如需留存文件，应留存复印件，原件退回存档部门存档。

附表四：

签 报

领导批示：		签报人	
		经办人 电 话	
		会签 单位	

附表五：

调阅档案审批单

年　　月　　日

文件名称		备　注
借阅原因		
借阅部门		
借阅人签字		
借阅部门经理签字		
文件保管部门 经理签字		

附表六：

发文稿纸

密别　（　　）　　　　　　　　　　　　　　　　　　　　　　缓急　（　　）

签发：	主办部室负责人：
	主办部室拟稿人：
会签：	
事由：	
主送： 抄报： 抄送： 内抄：	
附件(全称、件数)：	
发文：　　　××　　物　　字〔　〕号	打印份数：
主办部门核稿:主题词	年　月　日

附表七：

上报文件审批单

年　　　月　　　日报文　　　　号

上报文件名称	
上报部门	
上报文件 内容简述	
主办部门意见	内容概述（应包括报送时限）
项目负责人 审核意见	
公司办公室 意见	
公司财务部或 相关部室意见	
公司总经理批示	

附表八：传真格式

××××管理有限公司
COSCO HOTEL&PROPERTY MANAGEMENT CO., LTD.

地址：××××××××××　　邮政编码：××××××

Add：××××××××××

传真：××××

Fax：××××××××××

传　真
FACSIMILE

致
To：_____

拟稿人
Sender：_____

传真号码
Fax No：_____

联系电话
Tel：_____

日期
Date：_____

总页数（含本页）
Total Page：_____

附表九：公文格式

××××物业管理有限公司

物办〔年〕　号（仿宋三号）　　　　　　发布日期：　年　月　日（仿宋三号）

标　　题（仿宋小二号）

各部门、各项目：

（正文仿宋小三号）

附表十：会议纪要格式

××××物业管理有限公司
200×年×月月度会会议纪要　（宋体小二号）

200　年第　周　（仿宋五号）

办公室：　　　　　　　　　签发人：（仿宋小四号）

时间：　年　月　日　　时

地点：

主持人：

参加人：

记录人：

纪要：（宋体小四号）

（正文楷体小四号）

档案管理员岗位职责

为加强物业管理有限公司（以下简称公司）的文书及各类档案的管理工作，特制定《档案管理员岗位职责》。

一、档案管理人员〔在公司没有专职档案管理人员时，公司各部门助理（秘书）为本部门档案管理人员〕，负责部门文书、档案的管理工作。

二、档案管理员负责将本部门的各类文书档案进行分类，并按照档案管理规定定期进行整理、归档，每年年初将上一年部门发生的各类文书档案，按标准统一归整、存档。

三、档案归整合格后要存入指定库房进行存放。由财务部指派专人负责库房的日常管理工作，要保证清洁、干燥，符合档案管理的存放及安全要求。

四、公司设立专职工程技术资料档案管理人员，其职责为：

①负责工程、技术设备档案的管理；

②负责远洋大厦设备招标的有关文件的管理；

③负责大厦建设期间的图片资料的管理；

④负责档案室的日常安全检查和督导检查工作。

五、各部门档案管理人员要严格按照《中远酒店物业管理有限公司档案管理制度》中规定的归档手续、范围及保管期限进行文书、档案的整理、归档工作。

六、各部门档案管理人员要妥善保管好公司的各类文书、档案，不得发生遗失、损毁等问题，不得私自复印、外借。如发现有此类现象，将给予严肃处理。尤其是要加强对公司重要档案的管理，如图纸、合同、财务档案、人事档案等，上述档案不得放在人事行政部的明处，要有专用文件柜加锁保管。

保　密　制　度

第一章　总　则

第一条　为加强公司的保密工作，特制定本制度。

第二章　保密工作的主管领导和责任部门

第二条　公司主管安全工作的副总经理为公司保密工作的主管领导，公司总经理办公室为保密工作责任部门，公司各部门兼职档案员为本部门保密工作责任人，负责保管本部门业务文件。

第三章 全员重视保密工作

第三条 保密工作的具体要求

一、对于公司各部门的业务工作具体情况,包括有关文件、报告、合同及各种管理软件、培训教材、相关业务的价格及报表,公司所有人员都必须做到:不该对外说的,绝对不说;不该问的情况绝对不问。未经公司领导和部门经理批准,不准将上述文件在部门之间相互传阅或随意转交外单位人员。

二、公司部门人员对本公司的具体业务情况特别是有关数字不要在家属、亲友等面前讨论,不准为个人需要摘引和复制。

三、公司全体员工不得携带公司业务、技术、人事及财务方面的文件外出旅游、参观、探亲、访友和出入公共场所,以免发生丢失,给公司带来经济损失和整体影响。

四、如发生将公司具体业务文件丢失现象,应及时向部门经理和公司主管安全的领导报告,并采取相应措施,防止和减少给公司业务发展带来的不良后果。

第四章 附 则

第四条 将公司具体业务情况因工作疏忽或故意等原因违反本制度对外泄露,造成公司损失或不良后果的,公司将追究其责任,并给予适当的行政和经济处罚。

第五条 本制度已经中远酒店物业管理有限公司总经理办公会讨论通过,从下发之日起执行。

本制度由公司人事行政部负责解释。

第二部分　行政办公管理

会议管理办法

重大事项报告制度

印章使用管理制度

总结、计划上报制度

机动车辆管理制度

固定资产管理办法

办公用品管理及使用发放规定

办公设备使用管理规定

卫生标准

卫生检查制度

通信费报销制度

图书资料管理制度

介绍信使用管理制度

文件传阅管理制度

因公出差申请、汇报制度

员工着装管理制度

会议管理办法

　　本管理办法为规范公司组织生产经营和各项管理工作而召开的各种行政会议的计划、审核、批准、组织、召开、纪要、落实等方法和步骤。本办法适用于物业管理公司总经理办公会、项目总经理办公会、专题会及临时性会议等各种行政会议的组织工作。

　　一、公司办公会

　　1. 月度办公会

　　月度办公会是为研究、解决公司生产经营和企业管理中的重大事项并进行决策的行政会议。

①会议议题范围

- 研究本企业执行发展战略、年度经营计划和董事会下达的任务指标完成情况。
- 研究确定企业的经营决策；解决经营活动中的重要问题；研究总结经营和行政管理工作完成情况；总经理向分管领导布置工作任务。
- 各部室、各项目及分管领导提出交办公会集体讨论决定的议题；其他须经总经理办公会讨论决定的问题。
- 听取公司各部室、各项目月度工作计划、总结。
- 公司高管对各部门、各项目工作进行点评，布置工作任务。
- 传达有关会议、文件精神。

②会议时间

每月第一周的周二 14:00 召开；如遇特殊情况，可提前或推迟召开。

③会议主持人

总经理或常务副总经理。

④参加会议人员

公司高管、各部室负责人、各项目总经理、副总经理及各项目职能部门负责人。

根据会议议题需要，可请公司有关人员参加或列席会议。

2. 总经理办公会（临时性）

临时性总经理办公会除具备以上会议特点外，会议时间则是不定期召开，会议议题由各部室、各项目负责人及公司分管领导提出，经总经理同意后，由相关部门组织召开。

①会议时间

根据需要不定期召开。

②会议主持人

公司总经理或常务副总经理。

③参加会议人员

公司高管及与议题相关部室或相关项目人员。

3. 公司周例会

①会议议题范围

- 各部室、分管领导提出交办公会集体讨论决定的议题。
- 听取公司各部室本周工作总结及下周工作计划。
- 公司高管对各部门工作进行点评，布置工作任务。
- 传达有关会议、文件精神。

②会议主持人

公司常务副总经理。

③参加会议人员

公司高管、职能部门负责人。

根据会议议题需要，可请有关人员参加或列席会议。

二、项目办公会

1. 月度项目总经理办公会

项目总经理办公会是为研究、解决本项目生产经营和企业管理中的重大事项并进行决策的行政会议。

①会议议题范围

- 研究本项目执行发展战略、年度经营计划和公司下达的任务指标完成情况。
- 研究解决经营活动中的重要问题；研究总结生产经营和行政管理工作完成情况；总经理向分管领导布置工作任务。
- 各部门及分管领导提出交办公会集体讨论决定的议题；其他须经项目总经理办公会讨论决定的问题。
- 听取各部门月度工作计划、总结。
- 项目高管对各部门工作进行点评，布置工作任务。
- 传达有关会议、文件精神。

②会议时间

每月公司月度办公会召开后的同一周；如遇特殊情况可提前或推迟召开。

③会议主持人

项目总经理或常务副总经理。

④参加会议人员

项目总经理、常务副总经理、副总经理、各部门负责人、各部门骨干力量。

根据会议议题需要，可请公司的项目有关人员参加或列席会议。

2. 项目总经理办公会（临时性）

临时性总经理办公会除具备以上会议特点外，会议时间则是不定期召开，会议议题由各部室负责人及分管领导提出，经项目总经理同意后，由相关部门组织召开。

①会议时间

根据需要不定期召开。

②会议主持人

项目总经理或常务副总经理。

③参加会议人员

项目高管及与议题相关部室或相关项目人员。

3. 项目周例会

①会议议题范围

- 各部室、分管领导提出交办公会集体讨论决定的议题。
- 听取各部室本周工作总结及下周工作计划。
- 项目高管对各部门工作进行点评，布置工作任务。
- 传达有关会议、文件精神。

②会议主持人

项目常务副总经理。

③参加会议人员

项目高管、职能部门负责人。

根据会议议题需要，可请有关人员参加或列席会议。

三、专题会

专题会是为研究、解决各类专门问题而召开的会议。

①会议的议题

根据总经理或公司分管领导的布置，在主办部门及相关部门已做好准备的前提下，公司分管领导拟定适当时间、地点，并确定与会人员名单。

有公司领导主持的专题会议，议题主办部门要提前将起草好的会议通知提交人事行政部，人事行政部负责审核发出会议通知。通知中要明确会议时间、地点、参加人员范围、议题主要内容。

②会议召开

主办部门按通知要求组织会议，人事行政部根据需要提供必要的支持。

③会议善后

主办部门负责会议纪要的起草，报会议主持人阅签，在主持人签发后，由主办部门下发相关部门。

主办部门负责会议有关内容的落实及督办。

四、临时性会议

临时性会议由人事行政部根据公司领导指示负责安排召开。主办部门（单位）负责按人事行政部通知要求的时间、地点、人员和议程组织会议。

主办部门（单位）负责会议的各项准备工作，协助主持人处理会议期间的问题，草拟会议纪要或记录，报会议主持人核准签发，汇总会议期间公司领导的指示精神报人事行政部。

五、会议召开程序

公司的各项会议大致可分为两个步骤：

①会前准备工作

无论是公司的各类例会、专题会或是临时性会议，主办部门都需做好会前的准备工作。会前，将会上需讨论的议题及相关文件上报各位参会领导，并报备公司人事行政部。公司各类例会由人事行政部主办，负责做好各类文件的会前准备及各项会务准备工作，专题会及临时性会议，则由主办部门负责。

②会议后期工作

公司的各类例会，由人事行政部负责会议记录、整理会议纪要，其他会议则由主办部门负责。会议结束后24小时内完成会议纪要的整理工作，并在主持人签发后及时发放会议纪要，同时做好归档工作。

六、会议要求

1. 公司各类例会及总经理办公会原则上不能请假，因特殊原因不能参加会议的人员须得到会议主持人的批准。

2. 各单位在汇报工作时，要讲求效率、言简意赅，重点汇报与公司全局工作相关的问题。

重大事项报告制度

一、主要内容

1. 外事出访或出差请假/销假报告制度；

2. 上级或相关单位来访检查报告制度；

3. 党政纪律报告制度；

4. 突发重大事项及时报告制度；

5. 其他。

二、适用范围

1. 公司本部中层以上管理人员；

2. 公司所属项目高管人员。

三、外事出访或出差请假／销假报告制度

1. 凡进行外出访问或离京出差任务的相关人员，均需在出差前 3 个工作日内向公司分管领导请假，并向公司本部人事行政部经理汇报。

2. 汇报具体内容：出访（出差）时间、出访（出差）人员、出访日程、出访目的及工作内容等事宜。

3. 返京后及销假：

（1）返京后 3 个工作日内，向公司人事行政部进行出差销假；

（2）一周工作日内向公司人事行政部提交电子版出差报告，由人事行政部上报公司总经理。

四、上级或相关单位来访检查报告制度

1. 凡遇上级单位或地方相关监督检查单位，对公司或所属项目进行专项工作检查的，各部室、各项目都应在第一时间向公司分管领导报告，并及时向公司人事行政部汇报相关情况。

2. 汇报方式：

（1）一般采用电子形式，书面形式也可。

（2）内容客观、准确、简练、及时。

（3）经本部门、项目负责人签发。

（4）确保信息报送渠道的安全、保密、快捷。

3. 具体汇报内容：来访时间、来访检查目的、来访检查的具体内容。

五、党政纪律报告制度

1. 凡遇公关、外事经济活动中收受的礼品、礼金、有价证券、信用卡等，应按《党员、干部廉洁规定》进行处理，需在业务活动结束后 3 天内交公司党组织纪检委员登记后交人事行政部，由人事行政部保存，于每年年底前报房地产公司纪委登入本人《廉政档案》。

2. 汇报方式：传真、邮件或书面等。

3. 具体汇报内容：

（1）外事活动的时间；

（2）外事活动的内容；

（3）馈赠物品的对象单位；

（4）物品；

（5）处理物品情况。

六、突发重大事项及时报告制度

1. 凡遇公司突发重大事项，各部室、各项目，应随事件发生随时向公司人事行政部汇报相关情况。

（1）各单位建立处理突发及群体性事件工作领导小组；

（2）建立处理突发及群体性事件工作领导小组的工作机构；

（3）建立与公司人事行政部的日常工作联系。

2. 汇报要求：

（1）汇报应在第一时间；

（2）汇报信息必须真实准确；

（3）紧急的事件应追踪事件或情况的始末。根据需要再报、续报事件进展、处理情况及结果。

3. 具体汇报内容：

（1）发生时间；

（2）发生地点；

（3）事由、范围、人员；

（4）（上访）动因、上访形式；

（5）本单位采取的工作措施。

印章使用管理制度

第一章　总　则

第一条　为加强印章的管理，安全使用印章，使印章确实发挥标志、权威、证明、凭信作用，特制定本制度。

第二条　本制度适用本公司。

第三条　本制度所指印章是指含公司法定名称字样的所有印章。

第二章　印章的制作启用

第四条　需要刻制印章的部门，应提出书面申请，由公司总经理批示同意后，绘制印章样式，由公司人事行政部统一办理有关手续。

第五条　人事行政部制作印章应到公安局办理登记手续，并到公安机关指定的刻字单位刻制。

第六条　印章制作好后，在颁发时，人事行政部要有详细的登记，并留下印模。

第七条　印章启用前，使用部门要将印模及启用时间，书面通知公司各部门。如部门撤销或改变名称，印章应交还人事行政部处理。

第三章　印章的使用与保管

第八条　使用印章必须事先得到批准，凡不具备手续的一律不能使用。

1. 以公司名义对外行文，按公文运行程序使用印章。

2. 以公司名义发出便函以及对外联系工作的介绍信，须由人事行政部经理同意后，方可使用印章。

3. 以公司名义签订的协议、合同等，须由公司总经理签字后使用印章，同时加盖骑缝章。

4. 其他业务报表、证书、奖状等须经人事行政部经理同意后使用印章。

5. 公司各部门专用章，必须由各部门经理保管，使用必须有记录，使用时不得超过本部门业务范围。

第九条　用印须有登记存底，并由专人负责，不能随意委托他人代写盖印，不准给空白信件盖印。

第十条　使用带存根的公函或介绍信、证明信等要盖两处印章，一处盖在公函连接线上，一处盖在公司落款处，凡是在落款处加盖的印章都要"骑年盖月"。

第十一条　公司印章由行政助理保管，平日随用随锁。未经批准不得将印章私自携带外出。若因工作需要需携带公章外出必须经总经理批准。

第十二条　印章保管人对不符合规定手续的用印，有权拒绝，并应及时向人事行政部经理报告。

第十三条　印章保管人要提高警惕，严防私用、盗用公章，以免造成损失。

第十四条　对印章保管人因疏忽或故意等原因用印而造成的损失，公司将追究责任，并给予适当的行政和经济处罚。

第四章　附　则

第十五条　本制度已由总经理办公会讨论通过，从下发之日起实施，由人事行政部负责解释。

附表：

公章使用申请表

总经理批示： 年　月　日 主管领导批示： 年　月　日	公司内部使用		需携章外出使用（特殊情况）
	申请部门：		申请部门：
	申请人：		申请人：
	部门主管：		部门主管：
	用章事由： 年　月　日		用章事由： 年　月　日
	印章管理员： 年　月　日		备注：

总结、计划上报制度

一、适用范围

公司各部门及各所管项目。

二、上报种类

各单位周总结、计划；各单位月总结、计划（安全）；各单位季度总结、计划；各单位半年总结、计划；各单位全年总结、计划。

除月总结、计划中安全与经营是分开拟写外，其余各总结计划经营与安全工作均需体现。

三、总结计划收集汇总部门

公司人事行政部。

四、总结计划上报时间

各单位周总结、计划：每周一12:00前上报上周总结及本周计划。

各单位月总结、计划（安全）：每月25日前上报经营月总结计划，每月安全月度会前一天的17:00前上报安全月总结计划。

各单位季度总结、计划：每季度第三个月的 25 日上报季度总结及计划。

各单位半年总结、计划：6 月 25 日前上报半年总结及计划。

各单位全年总结、计划：12 月 15 日前上报全年总结及计划。

注：除周总结及月总结必须按以上要求上报，其他各类总结计划具体上报时间以人事行政部通知为准。

五、总结计划拟写要求

1. 周总结、月总结、季总结拟写要求

总结部分拟写要求：

（1）重要节点工作完成情况；

（2）工作难点及未完成工作说明；

（3）需要高管关注和解决的问题；

（4）其他属于日常工作内容的不必罗列汇报。

计划部分拟写要求：

工作计划要根据各部门职责按条块列明，计划突出重点、节点工作。季度工作计划强调季度工作安排整体性，月度工作计划要体现对季度工作计划的落实，有调整时要作出说明。

2. 半年总结、全年总结拟写要求

公司各部门及各项目的半年及全年总结和计划以人事行政部具体通知中要求为准，在此不作要求。

机动车辆管理制度

为进一步加强公司机动车辆的管理，特制定如下制度。

一、公司人事行政部为车辆管理的职能部门，主要职责是：

1. 贯彻执行上级公司和政府部门的有关管理规定及要求。

2. 对公司所有车辆归口统一管理。

3. 对驾驶员进行交通安全教育及车辆安全、维修管理。

4. 对公司驾驶员进行考核。

5. 对车辆的购置、更新及报废等进行资产管理。

二、人事行政部设司机岗位，司机负责机动车辆的日常管理及维修工作，主要职责是：

1. 根据车辆技术状况，按时提出车辆维修计划并落实，保证车辆处于良好的安全技术

状态。

2. 及时办理车辆的保险、养路费、年检等法定的手续；负责车辆发生交通事故的处理。

3. 负责车辆使用成本的控制，对有关行驶里程、油耗、修理费用等内容做好记录，注意检查及汇总分析。

4. 负责车辆档案管理，做到车辆的技术资料、维修记录、证件牌照等档案资料齐备、有效、准确。

5. 热心优质服务，积极主动工作，安全节约驾驶。

6. 不出私车。

7. 合理安排时间路线，提高工作效率。

8. 做好其他车辆的清洁、保养、使用等方面的工作，使所有车辆始终保持良好的安全状态。

三、车辆调度

1. 公司领导用车，由人事行政部统一安排。为方便工作和解决公司高管人员的交通问题，允许高管人员自行驾驶车辆，但必须注意交通安全。

2. 各部门业务用车，必须提前一个工作日填写用车申请单，部门经理及用车人在用车单上签字，经人事行政部经理同意审批后，由人事行政部经理统一安排。

四、安全责任

1. 所有车辆实施安全责任制；

2. 责任人负责车辆的交通安全、清洁卫生、维护保养、合理使用、财产保全、费用节支等事宜。

五、用车注意事项

1. 不得公车私用，不准把公车交给其他人使用。

2. 为保障用车安全，公务车一律由公司专职司机驾驶，原则上不许非专业司机驾驶公司公务车辆。

3. 用车人要注意配合、尊重司机，不得要求司机开快车、违章驾驶，司机有权拒绝用车人办私事等各项无理要求。

4. 车辆要定期进行维护保养，保证车辆正常安全行驶。

5. 司机开车应做到以下事项：

（1）严禁酒后开车、身体疲劳驾驶；

（2）严禁把车辆交给非司机；

（3）严禁带病车上路；

（4）严禁开快车、猛拐、强行超车；

（5）严禁用车办私事；

（6）司机必须严格遵守国家道路交通安全法律、法规，有违法、违规行为自行承担责任。

6. 下班后应按指定地点停放车辆，如有特殊情况需将车辆停回家中，须经总经理批准，并将车辆停放在有人值守的停车场内。

7. 公司所有机动车辆均为公务用车。

8. 不可预期情况由人事行政部统一进行协调。

六、维修管理

1. 日常维护清洁由责任人负责；

2. 正常保养由司机统一安排负责；

3. 如发生修理项目，由责任人报人事行政部经理进行安排；

4. 较大修理项目，由人事行政部报公司领导审批。

用 车 单

车号：　　　　　　　　　　　　　　　　　　　　　　　　　　　　年　月　日

用车部门		人　数	
起止地点/是否往返		行驶公里数	
用车时间	时　　分	截止时间	时　　分
用车人签字		用车部门经理签字	
人事行政部经理签字		备　注	

固定资产管理办法

第一节　总　则

第一条　为了加强公司固定资产的管理，保证固定资产的安全完整，充分发挥固定资产效能，根据国家有关财务管理、会计核算管理制度的规定，结合本公司实际情况，特制定本办法。

第二条　固定资产是指单位价值在 2000 元以上，使用年限超过一年的房屋、建筑物、机械、运输工具以及其他与生产、经营有关的设备、器具、工具等。不同时具备以上条件的，列为低值易耗品。

第三条　固定资产管理，遵循账实分开的管理原则，固定资产的账务管理部门为财务部，实物管理部门为办公室。

第二节　固定资产的计价

第四条　固定资产在取得时，应按取得时的成本入账。固定资产取得时的成本应当根据具体情况分别确定。

1. 购置的不需要经过建造过程即可使用的固定资产，按实际支付的买价、包装费、运输费、安装成本、缴纳的有关税金等，作为入账价值。

2. 自行建造的固定资产，按建造该项资产达到预定可使用状态前所发生的全部支出，作为入账价值。

3. 投资者投入的固定资产，按投资各方确认的价值，作为入账价值。

4. 融资租入的固定资产，按租赁开始日租赁资产的账面价值与最低租赁付款额的现值两者中较低者，作为入账价值。如果融资租赁资产占公司资产总额比例等于或小于30%的，在租赁开始日，公司也可按最低租赁付款额，作为固定资产的入账价值。

5. 在原有固定资产基础上改扩建的，按原固定资产的账面价值，加上由于改扩建而使该项资产达到预定可使用状态前发生的支出，减去改扩建过程中发生的收入，作为入账价值。

6. 公司接受的债务人以非现金资产抵偿债务方式取得的固定资产，或以应收债权换入固定资产的，按应收债权的账面价值加上应支付的相关税费，作为入账价值。涉及补价的，按以下规定确定受让的固定资产的入账价值：

（1）收到补价的，按应收债权的账面价值减去补价，加上应支付的相关税费，作为入账价值；

（2）支付补价的，按应收债权的账面价值加上支付的补价和应支付的相关税费，作为入账价值。

7. 以非货币性交易换入的固定资产，按换出资产的账面价值加上应支付的相关税费，作为入账价值。涉及补价的，按以下规定确定换入固定资产的入账价值：

（1）收到补价的，按换出资产的账面价值加上应确认的收益和应支付的相关税费减去补价后的余额，作为入账价值；

（2）支付补价的，按换出资产的账面价值加上应支付的相关税费和补价，作为入账价值。

8. 接受捐赠的固定资产，应按以下规定确定其入账价值：

（1）捐赠方提供了有关凭据的，按凭据上标明的金额加上应支付的相关税费，作为入账价值。

（2）捐赠方没有提供有关凭据的，按如下顺序确定其入账价值：

①同类或类似固定资产存在活跃市场的，按同类或类似固定资产的市场价格估计的金额，加上应支付的相关税费，作为入账价值。

②同类或类似固定资产不存在活跃市场的，按该接受捐赠的固定资产的预计未来现金流量现值，作为入账价值。

（3）如受赠的系旧的固定资产，按照上述方法确认的价值，减去按该项资产的新旧程度估计的价值损耗后的余额，作为入账价值。

9. 盘盈的固定资产，按同类或类似固定资产的市场价格，减去按该项资产的新旧程度估计的价值损耗后的余额，作为入账价值。

10. 经批准无偿调入的固定资产，按调出单位的账面价值加上发生的运输费、安装费等相关费用，作为入账价值。

固定资产的入账价值中，还应当包括公司为取得固定资产而缴纳的契税、耕地占用税、车辆购置税等相关税费。

购置的计算机硬件所附带的、未单独计价的软件，与所购置的计算机硬件一并作为固定资产管理。

已达到预定可使用状态但尚未办理竣工结算手续的固定资产，可先按估计价格记账，待确定实际价值后，再进行调整。

第五条　固定资产入账后，固定资产价值不能随意变动，凡属下列情况者方可进行账务调整：

1. 增加补充设备或改良工程；

2. 将固定资产一部分拆除；

3. 根据实际价值调整原来的暂估价值；

4. 发现原有固定资产价值有错误；

5. 根据国家规定对固定资产重新估价。

第三节　固定资产的折旧

第六条　除以下情况外，公司应对所有固定资产计提折旧：

1. 已提足折旧仍继续使用的固定资产；

2. 按照规定单独估价作为固定资产入账的土地。

第七条　公司的各项固定资产折旧采用平均年限法按月提取，计入成本、费用。折旧率和折旧额的计算如下：

年折旧率 =（1 - 预计净残值率）÷ 折旧年限

月折旧率 = 年折旧率 ÷ 12

月折旧额 = 固定资产原值 × 月折旧率

固定资产的使用寿命、预计净残值及折旧方法一经确定，不得随意变更，需要变更的，应在变更年度前，按照管理权限，经董事会批准，经批准后报送有关各方备案，并在会计报表附注中予以说明。

第八条　正常营业期间，当月开始使用的固定资产，当月不计提折旧，从下月起开始计提折旧。当月减少的固定资产，当月照提折旧，从下月起不计提折旧。提前报废的固定资产，其净损失计入营业外支出，不再补提折旧。

第四节　固定资产的购置和处置

第九条　固定资产的购置要纳入公司预算管理，严格执行审批手续。

1. 购置固定资产，必须填写"购置、新建固定资产申请单"。

2. 公司本部各部室购置预算内固定资产时，经部门经理、办公室、财务部经理和采购部经理审核，主管副总经理/财务总监审批后，报公司总经理审批；公司各项目购置预算内固定资产时，由项目总经理批准，经公司办公室、财务部会签，公司主管副总经理/财务总监审批后，报公司总经理审批。采购部依据批准的固定资产申请单，组织落实购置。

第十条　新增固定资产购置完毕，由采购人员填写"固定资产验收交接单"一式三联，第一联由资产管理部门留存，第二联送财务部门记账（附购置、新建固定资产申请单），第三联由使用部门留存。固定资产由财务部门按公司制定的分类标准编号、张贴标签后，由使用部门领取使用。

第十一条　固定资产报废要符合下列情况：主要结构和部件损坏严重，无修复价值；设备陈旧、技术性能很低，无改造价值；因事故和意外灾害造成严重破坏，无修复价值；因新建、改扩建需拆除；上级主管部门有文件规定，强行报废。

第十二条　固定资产报废，应由使用部门提出建议，由资产管理部门进行技术鉴定，填制"固定资产报废、出售申请表"。凡固定资产已使用年限达到或超过折旧年限的由总经理审批。在办妥批准手续后，由财务部门将有关固定资产转入固定资产清理，此后方可开始固定资产的拆除清理。固定资产的非正常废弃、毁损、丢失，将按情节轻重，追究相关人员的责任。

第十三条　固定资产有偿转让、报废、毁损、盘亏时，不论单位价值多少，都要填写"固定资产报废、出售申请表"。

第十四条　固定资产转让、报废、毁损、盘亏情况应在当年会计报表的财务状况说明书中加以说明。

固定资产有偿转让或清理报废的变价净收入与其账面净值的差额，作为营业外收入或营业外支出。固定资产变价净收入是指转让或变卖固定资产所取得的价款扣除清理费用后的净额。固定资产净值是指固定资产原值减累计折旧和固定资产减值准备后的净额。

盘盈、盘亏和毁损的固定资产经有关机构批准后，在期末结账前处理完毕。

第五节 固定资产的转移

第十五条 为充分利用固定资产，根据工作实际需要，公司固定资产在办理转移手续后可以内部调剂使用。

第十六条 固定资产在公司内相互拨转时应由移出部门填写"固定资产转移单"一式四联，资产管理部门会签后，送移入部门签认，第一联送资产管理部门，第二联送财务部门，第三联送移入部门，第四联移出部门留存。

员工离职时需将保管、使用的所有固定资产填写"固定资产转移单"，转交接替人员；暂无接替人员的，由部门经理暂时保管，待接替人员到岗后，验收、保管、使用。

长期不使用的固定资产，由原使用部门填写"固定资产转移单"，转交资产管理部门，由资产管理部门根据工作需要在公司内部进行再分配。

第六节 固定资产的盘点

第十七条 公司每半年进行一次全面的盘点清查。固定资产盘点工作应由公司主管领导负责，组织固定资产管理部门、使用部门和财务部门，依靠员工全面清点实物，以实物与账、卡相对照，查清固定资产的数量、质量和技术状况，填制固定资产盘存表。

第十八条 在清查中，对固定资产盘盈、盘亏，要查明原因，分清责任，提出处理意见，并向公司总经理报批。固定资产的非正常废弃、毁损、丢失有非正常事故的过失者，应按情节轻重，追究责任。

第十九条 对盘点结果，财务部门要及时进行账务处理，调整账面结存数。盘盈的固定资产，按同类或类似固定资产的市场价格减去按该项资产的新旧程度估计的价值损耗后的余额计入营业外收入。盘亏及毁损的固定资产，按照固定资产净值扣除收到的残料变价净收入、过失人及保险公司赔款后的余额计入营业外支出。

第七节 固定资产日常管理职责分工

第二十条 公司的固定资产内部实行归口管理，各有关部门分别负责固定资产的实物和价值管理。其分工和责任如下：

第二十一条 资产管理部门：

1. 公司的资产管理部门为人事行政部。

2. 根据公司生产、业务发展需要以及财力、物力的可能，有计划地增添固定资产并编制有关预算。

3. 根据公司生产、业务需要和资产的技术状况和使用情况，制定固定资产修理预算，会同有关部门提出增添、调拨、报废、拆除、封存、启封、出租等意见，送财务部核编有关预算，并按规定办理申请上报手续。

4. 负责固定资产的动态管理工作，会同财务部门共同管理固定资产卡片，保证账、卡、物相符。

5. 根据公司生产、业务需要，合理配备固定资产，充分发挥固定资产效能，提高设备利用率和完好率。

6. 组织办理固定资产的验收、交付、盘点、清查、清理等工作，对固定资产盘盈、盘亏和损毁等事故进行调查，提出处理意见。

7. 每年年底与财务部门共同清查固定资产，编制固定资产盘存清单。

第二十二条　财务部门：

1. 负责公司的固定资产管理工作，掌管固定资产账册和卡片，对固定资产的动态和资金渠道进行财务监督，会同有关部门共同确保固定资产账、卡、物相符。

2. 根据有关部门提供的年度固定资产变动和修理预算资料，核编财务收支计划中有关固定资产的各项预算。

3. 参加公司固定资产的验收、移交、盘点、清查、报废等工作，并提出建议和处理意见。

4. 负责按月计提固定资产折旧，办理固定资产增减变动的会计记录。

5. 负责固定资产的投保、索赔事宜。

第二十三条　使用部门：

1. 负责本部门固定资产的合理使用和保管，不断提高设备利用率和完好率，随时做好资产状况的记录，保证固定资产账、卡、物相符。

2. 根据本部门固定资产的技术状况和生产、业务需要，提出固定资产的增减、修理、封存、启封、调拨、报废、拆除及技术革新、改造的建议和意见，并负责固定资产封存、报废后的保养和清理工作。

3. 参加本部门有关的固定资产的验收、移交、盘点、清查、拆除等工作。

第二十四条　归口部门的管理要求：

1. 固定资产管理要严格执行"分级归口管理"的办法，严格落实资产管理部门、财务部门、使用部门"三对口"的措施。

2. 各使用部门要对本部门的每项固定资产的使用管理落实到人，建立健全岗位责任制，严格要求每个使用人员按操作规程使用管理，确保公司财产的安全完整。

3. 资产管理部门和使用部门负责保证本部门所分管固定资产的完整性，未经公司有关部门批准严禁随意处置。

4. 固定资产的增减变动、内部调拨必须按规定程序办理审批手续，未取得正式批准文件之前，任何部门或个人不准擅自调出、出租、对外投资、兑换和变卖固定资产。

物业管理有限公司固定资产验收交接单

单位（部门）：　　　　　　　　　　资产编号：

资产名称		原　价	
规格型号		预计使用年限	
使用部门		调入时已用年限	
保管地点		调入时已提折旧	
用　途		残余价值	
调入来源		验收日期	
附属设备					
名　称	规　格	单　位	数　量	金　额	备　注
资产管理部门验收 签名 　　　　年　月　日		财务部门验收 签名 　　　　年　月　日		使用部门验收 签名 　　　　年　月　日	

一式三联　　　第一联：管理部门留存　　　第二联：财务部门记账　　　第三联：使用部门留存

办公用品管理及使用发放规定

一、人事行政部为公司办公用品管理部门，统一负责公司本部办公用品的管理发放工作。

二、公司办公用品采取双月购买制，各部门在双数月（2月、4月、6月……）月末将本部门所需日常物品填写计划单，经部门负责人确认签字后报公司人事行政部，由人事行政部人员进行汇总后根据库存情况，统一提出办公用品采购计划，通过采购系统逐级上报各级领导签批后，由采购部统一购买。

三、办公用品购回后，由人事行政部经办人员对所购物品进行验收并签字，由经办人根据各部门所报办公用品需求进行分发，余下办公用品由人事行政部统一存放，根据各部门需求进行统一调配。

四、日常办公用品原则上每两月集中领用一次，但为了保证各部门业务正常运转，在特殊情况时由人事行政部对整体办公用品进行统一调配，如果现在办公用品不能满足其需求，由人事行政部办公用品管理人员提出临时性采购计划报人事行政部负责人审批后由采购部采购。

五、公司办公用品由人事行政部统一提出采购计划，统一由采购部采购，其他部门在未经许可的情况下不得私自采购办公用品。

办公设备使用管理规定

为确保公司办公设备得到正常使用、维护，发挥办公设备在企业经营管理中的作用，实现客户满意的服务承诺，提高工作效率，特制定本规定。

一、办公设备的购置及维修

1. 办公设备包括：计算机、打印机、传真机、复印机等，需要使用办公设备的部门应以签报的形式提出购置申请，并提出对相关技术参数和外设的要求，会签人事行政部、财务部等部门。

2. 购置办公设备的申请得到公司领导批准后，由采购人员统一组织实施。

3. 计算机和打印机等设备的保修单、随机光盘、软盘在装机正常使用后，由各部门指定管理员统一保管，以便今后使用、安排维修等。

4. 办公设备在使用中发生故障，需要进行修理和签订维修协议的事项由人事行政部统一安排解决，各部门办公设备需要进行维修由各部门填写《办公设备报修表》，人事行政部接到报修单后应在2个工作日内，由管理员对报修设施、设备派专人及时进行联络、维修，并由人事行政部负责人签署意见；办公设施维修完毕后，由报修部门管理员验收、签署意见。

5. 办公设备的维护由指定厂家负责，上门进行维护保养，人事行政部负责厂家上门维护保养的登记工作，并填写《办公设备维护保养登记表》。

二、复印机、传真机等办公设备的使用

1. 办公设备的使用要严格按照有关操作要求进行，有办公设备的部室应确定一名管理员，负责设备清洁与保养。任何人未经领导批准不得使用办公设备处理与公司业务无关的事项。

2. 公司新员工在使用办公设备前，应向有关人员学习操作常识后，再操作办公设备。办公设备在使用中发生故障，应向人事行政部说明，由其安排解决，有些简单问题，可与公司人事行政部协商共同研究解决。

三、消耗品和资料的使用

计算机消耗品如软盘、色带等视同办公用品。由采购人员统一购买后各部门领用。

四、附则

本规定自下发之日起执行，由人事行政部负责解释。

卫 生 标 准

一、根据《质量手册》制定本标准。

二、工作环境的办公家具颜色、规格应相对统一，桌椅、办公用品应摆放整齐划一。

三、公司卫生区域共划分为六个：公共区域、人事行政部办公区域、经营管理部办公区域、财务部办公区域、市场开发部办公区域、采购部办公区域。

四、公共区域由保洁员负责，每个部门负责保持自己工作区域及办公用品的清洁卫生，禁止存放与本职工作无关的杂物。

五、办公桌上的文件、文具应及时整理，废弃物应每日清理。

六、办公区域内禁止吸烟，并设立禁烟标志。

七、工作环境公共区域由保洁人员统一按有关规定清理，员工应自觉维护公共区域的卫生。

八、员工在使用公共设备（如复印机、饮水机、传真机等）时，应爱护设备并保持设备清洁。

九、办公区域的温、湿度应满足员工日常办公的需要。

十、公共区域的噪声不宜过大，禁止在办公区域大声喧哗。

本标准自下发之日起执行，由人事行政部负责解释。

卫生检查制度

一、根据《质量手册》制定本制度。

二、公司各部门的办公范围均视为工作环境。

三、公司工作环境的确定和管理由人事行政部负责。

四、各部门根据确定的工作环境负责本部门的环境卫生。

五、每季度的最后一个月下旬组织一次卫生检查，由人事行政部牵头，各部门派一名人员参加检查。

六、公司要定期进行卫生抽查，并对不符合《卫生标准》的部门和员工提出批评教育。

七、各部门和每个员工应自觉遵守此制度。

本制度自下发之日起执行，由人事行政部负责解释。

通信费报销制度

为加强公司资产管理，合理使用通信工具，提高工作效率，现制定通信工具使用管理制度如下。

本制度适用于公司正式职工。

一、通信工具的管理责任及范围

1. 公司人事行政部为通信工具管理主要责任部门；
2. 通信工具：主要指住宅电话、移动电话。

二、通信费用报销标准

1. 公司总经理、副总经理、总监、总经理助理级管理人员的住宅电话费、移动电话费每月凭交费正式发票实报实销；
2. 公司各部门经理住宅电话费、移动电话费每月凭交费正式发票报销300元；
3. 公司各部门副经理移动电话费每月凭交费正式发票报销200元；
4. 公司主管（含）以下级员工通信费如需报销，由总经理批示后予以报销，额度以总经理批示为准。

三、其他

1. 公司所有享受通信费报销的人员其移动电话和住宅电话费年度内不得突破年度费用总额。
2. 职务变动的员工一律从次月按新的职务报销标准执行。
3. 凡超出规定的报销额，费用一律自理。
4. 特殊情况以公司总经理批示为准。
5. 本制度执行情况由财务部负责监督。

本制度由公司人事行政部负责解释。

图书资料管理制度

第一条　为加强图书与资料的管理，使图书资料更好地为公司经营管理服务，根据公司实际情况特制定本制度。

第二条　本公司需集中管理的图书资料、报纸、期刊等，由人事行政部统一购置、订阅、管理。各部门因业务需要而购置的专业书刊资料由各部门兼职档案员管理。

第三条　本公司图书资料可根据各部门的需要进行购买或订购。其他资料如法规、规范、规程、技术标准等的购买可先报公司人事行政部，最后经总经理审批。

第四条　图书资料的管理含义

凡不属归档范围，用于工作业务的图书、刊物、报纸，各类规范及规程，各级政府颁发下达的法规、政策以及录像、录音、照片等载体资料，均属图书资料的管理范围。

第五条　图书资料的保管要求

一、图书资料应妥善保管，应做好防盗、防火、防潮、防蛀、防污染工作。

二、应建立分类整理，定期汇总整理检查制度。工具书、参考书应按专业分类整理存放。刊物应由保管部门自行酌情处理。其他书目资料应以形成时间为序整理存放。

三、每年应进行一次保管质量和完好程度的检查，发现破损、变质应及时修整和补救。

四、各部门应有专人（兼职档案员）负责图书资料的管理。所有图书资料应实行登记入账。

第六条　借阅图书资料的规定

一、由公司人事行政部统一管理的图书资料，实行借阅制度。借阅人应按期定时归还，遗失或破损应按图书原价一倍或折价赔偿。

二、由公司人事行政部统一管理的图书资料，借阅人不得在其上标记符号、画线、折页、剪取。

第七条　本公司管理的图书资料，未经公司同意不准外借他人（单位）；本公司形成的资料，未经公司同意，不得向外单位公布或传抄。

本制度由物业公司人事行政部负责解释。

介绍信使用管理制度

一、为便于工作，严格介绍信的使用和管理，特制定本制度。

二、本制度适用于中远酒店物业管理有限公司及其管理的下属项目。

三、介绍信由人事行政部经理管理。对介绍信要加锁保管，不得乱放。

四、要按规定开具介绍信，介绍信开具前不得事先加盖公章。不得随意开与业务无关的介绍信。

五、开具介绍信，介绍信的存根和正信上的内容要相符，要如实填写所去单位、姓名、人数、要办的具体事项、有效期限和开出时间等。

六、原则上市内公出不得携带空白介绍信。凡因公到外省、市出差或市内办事确需使用空白介绍信者，要经公司总经理批准方可开具。持信者公务办理完毕，须及时向人事行政部经理说明空白介绍信的使用情况，在存根上注明。人事行政部经理有权询问空白介绍信使用情况和收回未使用的空白介绍信。

七、如发现介绍信丢失，持信人应立即向人事行政部报告，并及时采取应有的措施。

介绍信书写要工整，不许涂改，如果发生涂改，要加盖公司印章。介绍信应用钢笔或签字笔书写，不得使用铅笔、圆珠笔或红色墨水笔书写，以保持介绍信的严肃性。

八、本制度从下发之日起执行。本制度由公司人事行政部负责解释。

文件传阅管理制度

第一章　总　则

第一条　为加强公司文件传阅的管理工作，使公司各项工作密切配合，互通信息，提高工作效率，及时落实领导对有关问题和工作的批示及意见，根据公司实际情况特制定本制度。

第二章　文件传阅的内容

第二条　公司文件传阅，主要是指公司部门之间和因工作需要两个人员以上轮流传看的文件。

第三章　文件传阅的形式和程序及要求

第三条　公司文件传阅的形式主要采取横传即接力式传阅。要传阅的文件由人事行政部助理送出后，第一应阅人阅后传至第二应阅人，直至最后一位应阅人阅后，将文件退回人事行政部助理。

第四条　公司文件传阅的程序，一般情况按人事行政部、经营管理部、财务部、市场开发部、采购部顺序传阅，如领导有明确批示的，按领导批示范围传阅。

第五条　要求公司部门负责人阅知的文件，原则上部门负责人应当天阅签后，将文件传至下一位应阅人。要求部门全体员工阅知的文件，在一个部门传阅时间不超过 4 小时。

第六条　特殊情况，时间紧迫，由公司领导批准可不按传阅程序，尽量按工作方便，迅速传阅。

第四章　附　则

第七条　本制度自下发之日起执行。本制度由物业公司人事行政部负责解释。

因公出差申请、汇报制度

第一条　为加强对因公出差人员的管理，减少因其出差给公司或部门工作带来的不利影响，特制定本制度。

第二条　本制度适用于公司全体员工。

第三条　审批权限：

1. 公司总经理、副总经理。

（1）公司总经理因公出差，需将公司的重要工作以口头或书面的形式委托给副总经理，并向上级主管领导汇报。

（2）外派到公司管理项目的公司副总经理因公出差，需书面报公司总经理批准，并将手中重要的工作委托给合适的人选（在公司本部工作的副总经理可直接向总经理书面申请）。

（3）公司总经理、副总经理原则上不可同时出差，特殊情况除外。

（4）同一项目的负责人原则上不可同时出差，特殊情况需书面向公司总经理签报。

2. 公司部门经理级别（含副职）以上的员工因公出差，须经总经理审批，报备人事行政部后方可生效。

3. 主管级别（含副职）以下的员工因公出差，须经本部门经理（含副职）审批，报备人事行政部后方可生效。

第四条 因公出差申请手续：

1. 公司总经理因公出差，应提前3天向公司副总经理交代工作安排。

2. 公司副总经理因公出差，应提前3天书面报告公司总经理并向同级或下属交代工作安排（需填写《因公出差申请表》）。

3. 公司各部室负责人、各项目负责人因公出差，应提前5天向公司总经理递交因公出差申请，公司总经理批准后应在成行前2天在人事行政部备案，并填写《因公出差申请表》。

4. 公司各部室主管级以下（含主管级）员工因公出差，应提前5天向本部门负责人递交因公出差申请，获批准后应在成行前2天在人事行政部备案，并填写《因公出差申请表》。

第五条 因公出差申请内容：

1. 任务、费用和拟解决的问题。

2. 具体日程安排。

3. 路线、停留时间。

4. 工作交接报告：

（1）注明近期由本人负责的重点工作的进展情况；

（2）因公出差人员出差后各项工作应如何开展及安排，因公出差期间各项工作应达到的预期效果；

（3）因公出差人的联系方式和工作移交对方的姓名、联系方式。

第六条 因公出差申请报告程序：

1. 写出书面申请；

2. 由公司财务部、人事行政部会签后，报公司总经理审批；

3. 临行前3日内填写因公出差申请表，并递交公司人事行政部，由人事行政部向公司总经理呈报。

第七条 出差结束后10日内要向上级主管部门汇报因公出差情况。

1. 汇报程序

（1）写出书面汇报；

（2）回公司后 10 日内将工作汇报统一递交公司人事行政部，由人事行政部统一向公司领导呈报。

2. 汇报内容

（1）因公出差情况和已解决及尚未解决的问题；

（2）今后工作的建议及计划安排；

（3）遵守因公出差纪律的情况。

第八条　适用范围

凡因公离开本工作岗位 3 天（含）以上、离京、出国、出境等均需遵守本制度的有关规定。

第九条　申请材料及汇报报告需在人事行政部留存。

第十条　本制度解释权在人事行政部，自颁布之日起施行。

因公出差申请表

部门：　　　　　　　　　　　　　　　　　　　　　　年　月　日　No：

出　差　人：		因公出差地点：		
因公出差时间：		返回时间：	总　费　用：	
事由：				
出差人签字：				
人事行政部负责人签字：				
副总经理签字：				
总经理签字：				

员工着装管理制度

为了保持和维护公司良好的社会形象，进一步实现规范化、制度化管理，树立公司品牌形象和公众形象，特制定此制度，并要求公司员工严格按制度执行。

第一章　总　则

第一条　本制度适用范围：公司本部及各所属项目员工。

第二条　本制度中"着装"是指：日常工作时间即上班时间，以及员工因公外出或出差时间内员工的穿衣、服饰搭配、发型、首饰、仪容等一系列与整体形象相关的因素。

第三条　着装的基本原则：大方、得体、整洁。

第二章　服装种类

第四条　服装主要可分为以下几类：

1. 工装：指公司为员工在工作时间内穿着而统一制作的服装。

2. 正装：也称为职业装或商务便装，主要包括西服、西裤、套装、衬衫、马甲等一系列在正式场合穿着的服装，以颜色沉稳、平和，简洁、大方为主要特点。

3. 休闲装：也称为普通便装，也就是人们在日常生活中穿着的服饰。本制度中所指的休闲装主要包括：T恤、牛仔服、休闲衬衫、休闲西服、连衣裙装等大方得体的日常服饰。

4. 运动装：是指人们在运动时穿着的服装，主要是宽松、大方，便于运动。

5. 在公司活动中不允许穿着的服装包括：吊带背心、沙滩裤、紧身皮裤、皮裙、露背、露脐、透视装、超短裙、哈韩、哈日等一系列有失庄重的服装。

第三章　工　装

第五条　日常工作时间员工在办公楼内，必须穿着公司统一定制的工作服及工鞋，离开办公楼可更换便装。

第六条　工装可分为冬装和夏装（搭配方案如下），员工在穿着时可自由选择，原则是冷热适宜，得体大方即可。

1. 夏装（男）

西裤、衬衫（短袖）、领带、工鞋。

2. 冬装（男）

西服、西裤、衬衫（长袖）、领带、工鞋。

3. 夏装（女）

方案一：西裙、衬衫（尖领短袖）、马甲、工鞋、黑色丝袜。

方案二：西裙、衬衫（圆领短袖）、领花、马甲、工鞋、黑色丝袜。

4. 冬装（女）

方案一：西服、西裤、衬衫（尖领长袖）、工鞋。

方案二：西服、西裤、衬衫（圆领长袖）、领花、工鞋。

第七条　员工穿着工装时必须遵守如下要求：

1. 员工穿着衬衣时，不得挽起袖子，不得不系袖扣。

2. 衬衣纽扣必须保证完好并穿戴整齐。

3. 着工装时员工必须佩戴工牌。

4. 女员工在着裙装时，统一穿黑色丝袜。

5. 男员工无论着冬装或夏装，均必须扎系领带。

第四章　会议着装

第八条　公司在工作时间内组织召开的各类会议如无特别说明则一律要求着工装出席。包括不在工作地点召开的会议。

第九条　公司在非工作时间内组织召开的各类会议如无要求着工装，可着正装也就是商务便装出席会议，不得穿着运动装、休闲装以及其他类服装。

第五章　外出公务（出差）着装

第十条　公司员工因公外出（北京市区当天往返），如不穿着工装则必须着正装出行。

第十一条　公司员工因公外出，北京市区以外（出差），且时间较长的需遵守以下几点要求：

1. 公司员工出差，在进行商务会谈、参观考察、座谈等商务活动时必须着正装，除此以外的自由活动、休闲时段着装不限。

2. 公司员工出差期间，衬衫必须一天一换，不得出现同一件衬衫连续穿着两天的情况，如有条件外套也应及时清洗、更换。

3. 如出差时间较长（往返时间在 10 天以上），除衬衫一天一换外，还须备正装两套以便替换。

第十二条　公司员工在出差期间严禁穿着本制度第二章中所指出的不允许穿着的服装。

第六章　佩　饰

第十三条　公司员工在工作时间以及因公外出进行商务活动时不得佩戴式样夸张的首饰，

整体服饰颜色以沉稳、和谐、淡雅为主，颜色不得过于艳丽。

第七章　仪容仪态

第十四条　公司员工应保持头发整洁，男员工发长不应盖耳、遮领，不准留大鬓角，女员工过肩长发应束扎或盘结，男女员工均不得烫怪异发型或染夸张发色。

第十五条　公司员工在工作时间以及因公外出进行商务活动时应注意自己的仪容、仪态、走姿、站姿、坐姿，严格执行《员工手册》中第二章的规定。

第八章　检查、处罚制度

第十六条　公司人事行政部负责对以上条款进行指导、监督和检查。

第十七条　公司人事行政部将对公司本部及各项目人员以不同形式、不定期地进行着装检查，如发现存在不符合情况，将以书面形式告知相关单位和本人，并由人事行政部根据《员工手册》提出处罚意见报公司领导，经由公司领导批准后予以处罚。

第十八条　相关处罚类型有：警告、记过、撤职或降级、辞退或除名四类。

第九章　附　则

第十九条　本制度解释权为公司人事行政部。
第二十条　本制度自发布之日起开始执行。

第三部分　信息管理

信息系统管理制度

网络管理员职责

电子信息库管理制度

物业管理有限公司电子信息库内容

公司信息化工作小组设置和工作职责

信息系统管理制度

信息系统在公司的各项重要业务流程、电子审批、信息交换、内部管理、控制执行中均能广泛应用，为了进一步规范使用公司信息系统资源，确保公司业务流程和内部管理的运作安全性和保密性，保证公司各项业务正常运行，特制定本制度。

第一章　总　则

第一条　本制度适用范围：公司本部及各所属项目。

第二条　本制度中"信息系统"是指：以计算机（客户端）、通信、网络以及其他现代信息技术为主要手段的信息网络、信息应用系统和信息资源开发等系统。客户端是指：由员工专用或部门公用的计算机及其配套的相关设备（包括打印机、扫描仪等）。

第三条　公司信息系统目前包括：办公平台（公司及各项目 OA）、邮件系统（coshot 邮箱、sored 邮箱）、财务 NC 系统、网站系统（coshot 网站、物管中心客服网站、租赁中心网站）。

第四条　本制度中所指网络均为以互联网为支撑信息系统运行的基础平台。

第五条　公司每名员工都对公司的计算机客户端、信息系统和网络的正常运行负有监督、照章使用的责任。

第二章　信息系统建设管理

第六条　信息系统建设应遵循统筹规划、互连互通、资源共享和安全保密的原则，禁止盲目投资和重复建设。

第七条　各项目信息系统建设应在认真研究的基础上，将工程建设方案提交公司人事行政部，由公司各职能部门研究后报公司总经理批复。

第八条　各项目信息系统建设时，安全系统必须一并进行，以保证和满足信息系统安全运行的需要。同时，相关管理制度必须进行制定，确定系统管理员及岗位责任。

第九条　各项目信息系统建设合同需报公司工程、财务等相关职能部门会签。

第十条　信息系统建设项目中所含物品（软件、硬件）采购，须按照公司物品采购程序由采购部进行采购。

第十一条　信息系统建设合同中必须明确，因设计、开发单位的过错导致信息化系统质量不合格，给建设单位造成损失的，由设计、开发单位赔偿损失。

第十二条　信息系统竣工后，开发单位应向建设单位提交竣工报告，并由建设单位组织工程部、公司相关职能部门进行验收合格后，方可使用。

第十三条　公司本部及各项目部，计算机终端按统一品牌统一系列的原则，按工作职能进行配置，由使用部门上报配置需求，计算机网络管理小组审核，报主管领导审批后，由采购部负责采购。

第三章　客户端使用制度

第十四条　公司内部计算机 IP 地址均由计算机网管人员在装机时统一分配，不需要员工自行另外设置，终端计算机禁止擅自修改 IP 地址，如因为私改 IP 引起网络冲突及故障将严肃处理。

第十五条　客户端必须安装公司指定（统一安装）的防病毒软件和网络管理软件，并接受公司的统一管理，严禁私自卸载网络版杀毒软件和安装另外的杀毒软件。禁止安装带有网络攻击性质的软件，禁止扫描、侦听、暴力破解、攻击公司内、外部计算机。

第十六条　严格禁止工作人员在上班时间用各种聊天软件进行不明文件的传输。严格禁止工作人员上班时间下载各种私用文件和程序，尤其是进行各种类型的 BT 下载，一经发现，管理员将对其进行限制、断网等措施，造成网络堵塞等严重行为的将上报领导处理。

第十七条　禁止安装影响网络正常使用的带有网络服务功能的软件，如 WINS、DNS、sysgate 等。

第十八条　禁止在客户端安装与本职工作无关的任何软件，所引发的问题均由个人承担，公司网络管理员不予提供任何技术支持与服务，造成严重后果的，公司将追究其责任。

第十九条　员工如发现病毒或其他异常情况，必须立即与技术人员联系，由技术人员进行处理，防止出现重大损失。为了预防大面积的蠕虫病毒的发作，个人电脑严禁设置各种共享文件夹。如有需求用各自的 U 盘和办公 OA 传输即可。为加强各部门信息安全的需要，个人电脑必须设置 8 位以上数字的开机密码。不允许私自更换本机的电脑配件，如有需要必须通知管理员。如发现某台电脑感染蠕虫病毒影响到网络正常使用，管理员有权对其进行断网隔离的措施后再进行修复。

第四章　保密制度

第二十条　由于信息系统中的个人用户账户权限与密码是公司员工在公司信息系统中执行业务的唯一、合法性身份标志，员工要对公司信息系统中的个人密码的安全性、保密性负全责，对所拥有权限的对应操作结果负有全责，不得盗用、借用他人账号密码。

第二十一条　个人账号密码的开通、变更、注销及管理。

1. 正式员工凭人事行政部（人力资源部）的入职、调动、离职流程表格，由公司本部人事行政部办理账号的开通、变更和注销。

2. 员工在试用期（实习期）内不开通个人账号，如有特殊情况需要开通的，由所在部门向公司人事行政部提出申请和使用有效期，由人事行政部通知系统管理员进行相关操作。

3. 员工在取得信息系统账号并安装、调试应用系统软件后，必须立即修改初始密码，重要岗位还必须设置计算机开机密码。员工要妥善保管个人信息系统的各项账号和密码，不得外泄。

4. 如果密码不慎遗失（无法进入信息系统），必须立即与管理员取得联系暂停账号使用权，同时以书面形式向公司人事行政部申请对个人账号密码进行初始化。

第二十二条　公司人事行政部对客户端的使用者、责任人有进行通报的权利。

1. 对于盗用他人用户账号和密码进行业务操作、审批的行为，人事行政部将在公司范围内对其进行通报批评。

2. 对于违反本制度，影响信息网络系统正常运行，影响公司形象、信息安全或者造成数据泄密，对公司造成直接或间接经济损失的情况，将在公司内进行通报批评，并根据《员工手册》的规定对其进行处罚。

第二十三条　计算机应用保密制度

1. 各使用单位（部门）应指派一名员工负责计算机应用的保密工作，对电子文档进行妥善保存并做好备份，不得出现丢失、泄密、损毁等有损公司文件的情况。未经公司允许，不得对电子文档进行删改。各单位（部门）计算机负责人的客户端必须设置开机密码并做好保密工作。

2. 对含有秘密信息的磁记录介质（磁带、软盘、硬盘、光盘等）应由各单位指定专人保管，对相关文件的移交、出借必须建立记录档案。

3. 存储在磁记录介质（磁带、软盘、硬盘、光盘等）的信息不应为原始信息，应该为进行处理后的加密信息。

第五章　网络安全管理

第二十四条　为确保公司网络系统的安全，公司成立组建网络安全小组，小组设组长一名，副组长一名，公司本部及各项目网络管理人员各一名。

第二十五条　严禁利用公司网络客户端进行干扰其他网络用户、破坏网络服务、设备等行为，不得在网络中发布不真实的信息、散布计算机病毒、散布垃圾邮件，以不真实身份使用网络资源、攻击服务器、对网络进行未经授权的操作等。

第二十六条　未经许可，严禁利用公司网络从事为自己谋取利益的商业活动。

第二十七条　公司计算机及其网络设备、通信设备和相关软件应由工程部人员统一安装、调试，不得擅自拆装更改，以防"黑客"侵袭。

第二十八条　如发现因病毒、系统硬件损坏或安装运行软件冲突等引起的计算机使用异常，应立即报本单位的工程人员或系统管理员进行处理解决，视问题严重性由工程人员或系统管理员再报告本单位相关领导。

第二十九条　严禁故意运行黑客程序和制造、施放计算机病毒，不得利用各种网络硬件或软件技术扫描用户口令侦听及盗用别人账号的活动。

第三十条　严禁在公司计算机上玩游戏、观看影视以及利用公司计算机办理私人事宜。

第三十一条　如人员调离时，必须移交全部资料，包括计算机有关口令及密钥。涉及公司系统核心人员调离本系统时，应确认对本系统安全不造成危害后方可调离。

第三十二条　对于以上情况，公司网络安全小组将采取每季度检查以及不定期抽查的方式，对各单位的网络及客户端的使用情况进行检查，对于检查发现的问题小组将查找原因，并以书面形式上报公司高管，由公司高管视情况对相关责任人给予处罚。（处罚包括：警告、记过、撤职或降级、辞退或开除，并由公司人事行政部根据《员工手册》的相关条款进行处罚）

第三十三条　凡违反本制度给公司造成损失者，需承担经济赔偿责任。

第六章　附　则

第三十四条　本制度解释权为公司人事行政部。

第三十五条　本制度自发布之日起开始执行。

网络管理员职责

为了进一步加强对公司现有网络系统的管理和监督，使各单位的网络管理员起到监督客户端操作，指导 OA 系统运行，维护网络系统安全，保障网络和 OA 系统运行畅通的作用，特制定本制度。

第一章　总　则

第一条　本制度适用范围：公司本部及各所属项目。

第二条　本制度中"网络管理员"是指：对公司网络系统、OA 系统、网站系统等信息化系统的日常管理维护人员。

第三条　本制度中所指网络均为以互联网为支撑信息系统运行的基础平台。

第四条　公司每名员工都对公司的计算机客户端、信息系统和网络的正常运行负有监督、照章使用的责任。

第二章　网管人员设置

第五条　公司本部及各所属项目必须各设置网管人员一名。

第六条　公司及项目网管主要负责网络硬件（机房）管理和数据备份等工作，其他网管人员将协助其保障网络的运行顺畅。

第七条　网管人员由于离职、调岗、休假等原因需要更换时，必须报备公司人事行政部。

第三章　机房管理制度

第八条　路由器、交换机和服务器以及通信设备是网络的关键设备，须放置在计算机机房内，不得自行配置或更换，更不能挪作他用。

第九条　计算机机房要保持清洁、卫生，定期管理和维护（包括温度、湿度、电力系统、网络设备等），无关人员未经管理人员批准严禁进入机房。

第十条　严禁易燃易爆和强磁物品及其他与机房工作无关的物品进入机房。

第十一条　未发生故障或故障隐患时当班人员不可对中继、光纤、网线及各种设备进行任何调试，对所发生的故障、处理过程和结果等做好详细登记。

第十二条　计算机及其相关设备的报废需经过管理部门或专职人员鉴定，确认不符合使用要求后方可申请报废。

第四章　安全防范制度

第十三条　网管人员应做好网络安全工作，服务器的各种账号严格保密。监控网络上的数据流，从中检测出攻击的行为并给予响应和处理。

第十四条　网络管理人员应有较强的病毒防范意识，定期进行病毒检测，发现病毒立即处理并通知管理部门或专职人员。

第十五条　未经上级管理人员许可，当班人员不得在服务器上安装新软件，若确为需要安装，安装前应进行病毒例行检测。

第十六条　经远程通信传送的程序或数据，必须经过检测确认无病毒后方可使用。

第五章　数据保密及数据备份制度

第十七条　根据数据的保密规定和用途，确定使用人员的存取权限、存取方式和审批手续。

第十八条　禁止泄露、外借和转移专业数据信息。未经批准不得随意更改业务数据。

第十九条　每周五当班人员制作数据的备份并异地存放，确保系统一旦发生故障时能够快速恢复，备份数据不得更改。

第二十条　备份的数据必须指定专人负责保管，由管理人员按规定的方法同数据保管员进行数据的交接。交接后的备份数据应在指定的数据保管室或指定的场所保管。

第二十一条　备份数据资料保管地点应有防火、防热、防潮、防尘、防磁、防盗设施。

第二十二条　对数据实施严格的安全与保密管理，防止系统数据的非法生成、变更、泄露、丢失及破坏。

第六章　监督检查制度

第二十三条　每季度将由公司人事行政部牵头对各部门、各项目客户端使用情况进行定期检查，将针对公司《信息系统管理制度》中的要求进行检查。

第二十四条　要求网络管理人员每月必须对所在单位的网络系统和客户端进行检查，并形成书面报告报公司人事行政部存档。

第二十五条　公司人事行政部将不定期对各部门及各项目的网络运行情况和客户端使用情况进行抽查。

第二十六条　对于检查发现的问题人事行政部将查找原因，并以书面形式上报公司高管并抄报所在单位领导，由公司高管视情况对相关责任人给予处罚。（处罚包括：警告、记过、撤职或降级、辞退或开除，并由公司人事行政部根据《员工手册》的相关条款进行处罚）

第七章　日常管理事务

第二十七条　每天对公司网络运行和安全系统运行情况进行检查，以保障远洋大厦、世纪远洋宾馆、新干线三方网络相互连通，如发现异常必须及时向公司信息化工作小组进行通报，以便问题得到解决。

第二十八条　每天对职责所属的各个重要设备如服务器等进行巡检，发现不正常现象及时向上级领导汇报，得到指示后及时进行修复。

第二十九条　每周两次及时对公司杀毒软件进行升级。

第三十条　每天做好操作系统的补丁修正工作。

第三十一条　每天随时监测网络使用情况，如发现问题及时向公司信息化工作小组通报并处理。

第三十二条　网管人员统一管理计算机及其相关设备，完整保存计算机及其相关设备的驱动程序、保修卡及重要随机文件。

第八章　附　则

第三十三条　本制度解释权为公司人事行政部。

第三十四条　本制度自发布之日起开始执行。

电子信息库管理制度

为了进一步整合公司各类信息资源，以便于公司更好地给予项目支持和指导，在公司与各项目间形成信息资源共享和互通，最终形成公司整体信息库。为了做好信息库的管理和信息更新工作，特制定本制度。

第一章　总　则

第一条　本制度适用范围：公司本部及各所属项目。

第二条　本制度中"信息库"是指：行业的政策、法规，通知文件等信息以及公司各部门、各项目信息在 OA 系统中进行发布，使公司的制度、规定、培训教材、指导性文件和规范性要求形成电子信息库，起到了信息的快速查找、调用的目的，使公司的信息得以整合和最大限度的资源共享。

第三条　本制度中所指信息库均为以互联网为支撑，建立在 OA 系统内部的信息资源库。

第二章　信息库系统信息人员设置

第四条　为加强信息更新的及时性和有效性，公司各部门、各项目必须至少设立信息库系统信息员 1 名。

第五条　系统信息员由于离职、调岗、休假等原因需要更换时，必须报备公司人事行政部。

第三章　信息库建设与内容更新

第六条　信息库内容：

1. 公司各类制度、规定、规范性文本等条例性文件。

2. 公司会议纪要、工作进展等记录性文件。

3. 公司要闻、上级公司要闻、公司刊物、公司动态、企业文化等宣传性文件。

4. 公司总结、计划、企业战略规划等指导、方针性文件。

5. 政府的政策法规、公司通信录、行业动态等工具性文件。

6. 培训教材、案例分析等教育性文件。

7. 项目动态、项目活动等项目文件。

8. 其他需要在公司内部广泛传递的文件。

第七条　信息库的更新：

1. 信息库内容将由各部门、各项目系统信息员根据所在单位工作性质进行更新。如人事行政部负责对人事、行政制度进行更新等。

2. 系统信息员每两周必须对相关信息进行一次更新，以确保信息的时效性。

3. 公司的各类新制度、法规、记录、动态等信息要及时在信息库中进行补充完善。

4. 信息库内容进行更新后，项目信息员要及时告知公司人事行政部信息员，由人事行政部信息员将信息库更新情况以公告的形式在 OA 上进行发布，以方便各单位查看。

第四章　信息库日常管理

第八条　信息员必须每日登录信息库查看信息，包括本单位和其他单位的信息，及时做好信息的传递工作。

第九条　对于信息负有跟踪义务，即在信息发布后对于信息的应查阅方如果没有及时查看有告知的义务。

第五章　日常检查和处罚

第十条　公司人事行政部负责对信息库进行日常检查和督导工作。

第十一条　公司人事行政部将每日查看信息库各板块内容，每月进行一次检查记录，对未按要求及时更新信息库内容的负责部门和负责人进行记录，并上报公司领导。

第十二条　经公司领导批准后，人事行政部将对未按要求及时更新信息库内容的负责部门和负责人在公司月度会议上进行通报批评，并在公司 OA 公告板上予以公示。

第六章　附　则

第十三条　本制度解释权为公司人事行政部。

第十四条　本制度自发布之日起开始执行。

附件：信息库内容、负责单位及更新时间

物业管理有限公司电子信息库内容

一、档案管理

此部分内容以部门为单位，分别保存各部门内的行政文件，如：会议纪要、签报、发出文件、收到文件、请假表等。此部分文件的归档由公司系统管理员负责完成。更新周期为随文件发生随时更新。

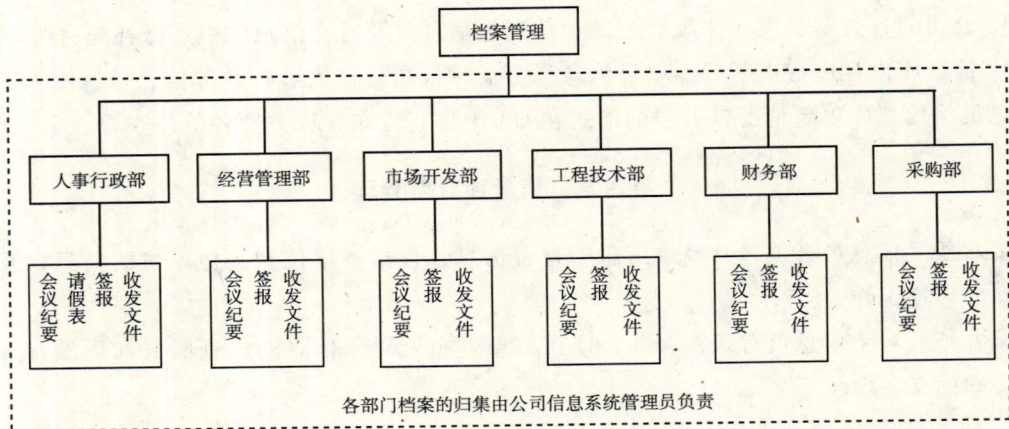

档案管理流程图

二、人事管理

此部分内容主要包括：员工档案管理、培训记录、劳动合同档案、员工花名册、员工职位变动和人事管理六方面，由公司人事行政部人事主管负责更新，更新周期为每月至少一次。

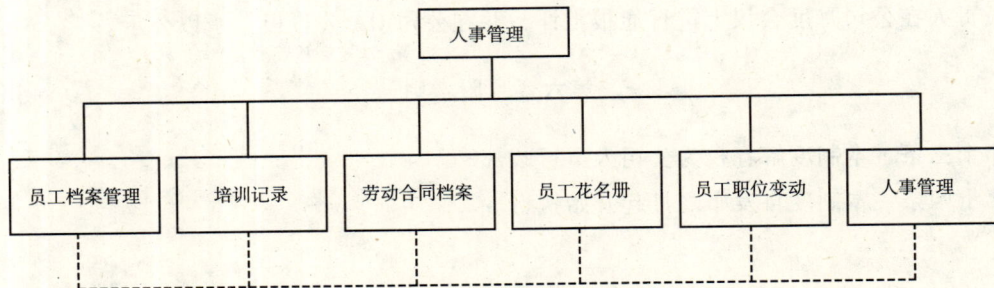

人事管理流程图

三、各部门信息共享

此部分根据公司目前组织架构，根据各部门名称分为人事行政部、经营管理部、市场开发部、工程技术中心、财务部、采购部六个部分，由各部门负责（信息员）相应部分内容的充实和完善工作。此部分包括的内容主要有：各部门相关的信息和要求、各部门的工作总结及工作计划、各部门的相关知识共享等文件资料。更新周期为每月至少一次。

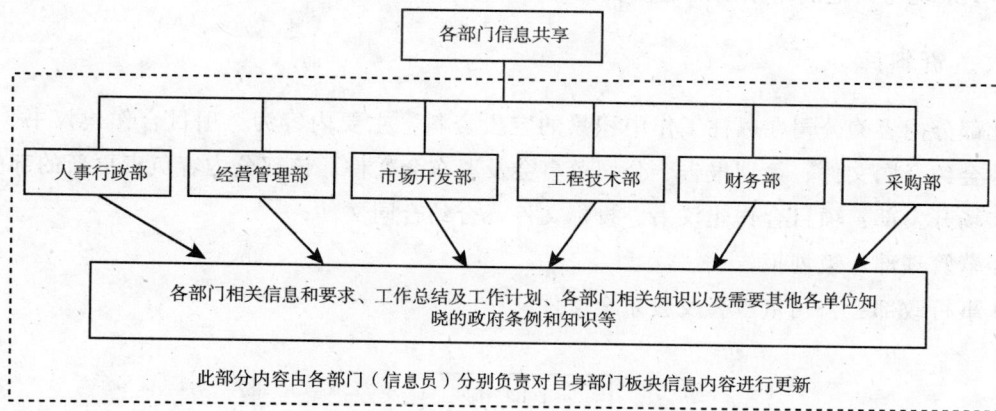

各部门信息共享流程图

四、知识管理

此部分内容主要包括公司一些重要的信息和动态，主要内容为：

（1）"工作月总结"、"安全月报及安全月度会会议纪要"、"公司领导报告"、"公司会议纪要"（月度会纪要、公司周例会纪要、专题会纪要）、"公司总结及工作计划"，以上内容由公司人事行政部负责根据公司情况及时进行内容的补充和完善，每月至少一次。

（2）公司"电子刊物"，包括"市场动态"和"公司动态"以及"公司物业通信电子版"，此部分内容由公司市场开发部负责更新，根据公司情况随时更新，每月至少一次。

（3）"公司制度"板块内容由各部门负责更新，各部门负责将本部门相关的规章制度及时更新和补充，必须保证是本部门现行的最新制度和规章。

（4）"项目信息"板块内容为公司各所属项目各类信息的发布平台，公司管理项目的各类总结计划、行业最新动态、经营管理工作中的举措、新亮点等各类信息，各项目的行政部门行政主管负责对该部分内容进行更新，每月至少一次。

五、公共信息

该部分的内容主要是一些工作中的辅助信息，其中包括：公司公共通信录（公司总电话表、各项目电话表、房地产公司电话表）、政府信息、列车时刻、北京公交、天气预报、酒店信息、民航机票、万年历、世界时刻等内容，其中除公司公共通信录需由人事行政部行政主管根据公司人员情况进行及时更新外（该部分内容每月至少更新一次），其他内容均通过公司 OA 系统与其他网络系统的链接实现查询，不需要更新。

六、资料库

此部分内容为公司在以往工作中积累的宝贵资料，主要内容为：项目合作建议书、投标文件、合约合同文件、策划报告、公司董事会及股东会文件。该部分内容负责更新的部门为：

市场开发部：项目合作建议书、投标文件、合约合同文件；

经营管理部：策划报告；

人事行政部：公司董事会及股东会文件。

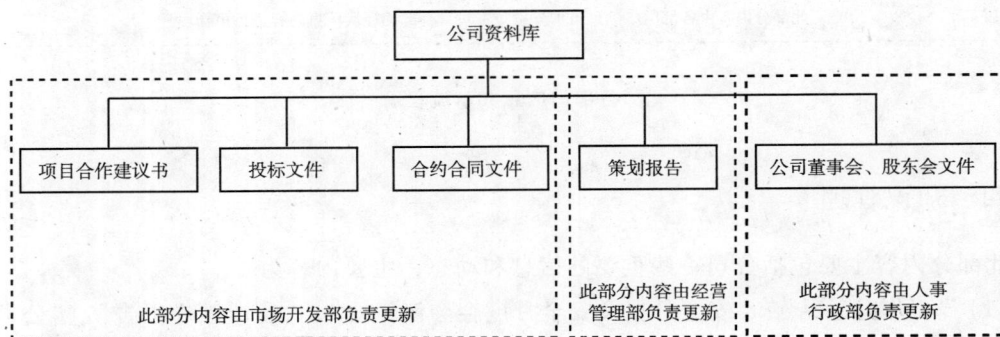

公司资料库流程图

（注：根据公司具体情况，以上内容随时进行调整和修改）

公司信息化工作小组设置和工作职责

为了做好公司信息化系统建设工作，公司应成立"中远酒店物业管理有限公司信息化工作小组"，主要负责公司信息化系统的整体建设和完善工作，并监督和指导该系统在公司的各项目的执行。

一、小组机构设置

工作小组组长：

工作小组副组长：

小组网络管理成员：

小组系统信息员：

二、小组工作职责

1. 工作小组组长工作职责

负责公司整体信息化系统建设完善工作的指挥监督工作，督促检查工作小组成员的工作，促进各部门、各项目信息化系统的建设和推广进程，指导各部门、各项目建立完善公司电子信息库，并督促其不断充实和丰富信息库内容，最终形成整体信息资料库，达到信息资源的共享和互通。

2. 工作小组副组长工作职责

协助组长做好小组的各项目工作，指导公司的各项目完成信息化系统的建设完善工作，并进行及时监督工作，督促检查各部门、各项目信息化系统的建设和推广进程。同时，指导各部门、各项目建立完善公司电子信息库，在技术上给予指导，以保障系统的可行性和可持续发展能力。

3. 小组网络管理成员工作职责

负责本单位日常网络的维护检查工作，对本单位网络通畅和正常使用有重要的管理责任。日常工作中要加强维护检查，对检查中发现的问题要及时与工作小组领导联系，以便及时解决问题。严格遵守《网络管理员管理职责》的规定，保证网络畅通。

4. 小组系统信息员工作职责

（1）公司本部系统信息员负责将本部门的相关制度、法律法规、信息、标准性文本、指导性文件等信息定期在 OA、网站上进行发布和更新。

（2）项目系统信息员负责将本项目的活动信息、会议纪要、业务动态、总结计划等需上报公司的信息资料及时在 OA 上进行发布和更新。

（3）确保信息库资源的及时性和有效性。

第四部分　内通外联管理

接受媒体采访管理办法

公关宣传工作规范

公司的内、外部沟通渠道和技巧

接受媒体采访管理办法

第一章　总　则

第一条　为加强公司品牌建设及对外宣传工作的质量，便于统一安排媒体采访，提高工作效率，特制定本办法。

第二条　本办法规定了媒体采访管理的责任部门及相应的要求。

第三条　本办法适用于公司的所管项目公司。

第四条　本办法所指媒体为电视、广播、报纸、杂志、网站、合作公司内部刊物等。

第二章　采访的形式和要求

第五条　接受媒体采访应按照公司品牌建设及营销工作的整体计划进行，原则上不接受任何形式的计划外采访。整体宣传采访计划由市场开发部负责制订。

第六条　公司在进行对外宣传时必须在公司的经营、开发范围内，与公司的项目实际情况相符，并与国家及行业规范口径一致。

第七条　公司对外接受采访根据公司整体工作及品牌建设需要，原则上由公司人事行政部和市场开发部统一安排。下属各项目因营销等方面原因，自行安排接受的媒体采访，由该项目总经理负责。宣传内容需报公司人事行政部。

第八条　根据采访内容的不同，采访形式大体分为两类，相应确定不同的新闻发言人。

第九条　第一类采访：涉及公司的重大事件、有关战略发展的观点、公司层面的管理状况等，发言人为总经理，或总经理根据具体情况指派的其他高层管理人员。

第十条　第二类采访：涉及公司下属项目的营销状况、产品设计或工程等问题，发言人为该项目总经理，或项目总经理指定的负责人。

第十一条　公司市场开发部负责确定是否可以进行第一类采访，及安排采访的时间和地点，并负责与媒体在采访前和采访后的沟通联系工作。人事行政部为协助部门，负责进行采访报道相关资料的收集整理。

第十二条　公司下属公司总经理负责确定是否可以进行第二类采访。该项目行政办公室负责采访报道相关资料的收集整理，并及时汇总至酒店物业公司人事行政部。

第三章　采访资料的管理

第十三条　对于总经理的专访必须准备采访提纲，市场开发部负责落实媒体发稿前的初审，人事行政部负责审阅定稿。

第十四条　每次采访应有专人负责陪同，陪同人应做好采访记录、录制音像资料。第一类采访的陪同人为市场开发部人员；第二类采访为各下属项目行政办公室或指派人员。

第十五条　人事行政部负责建立采访档案，将采访背景资料、音像资料、发稿媒体整理存档。

第十六条　采访完毕后，所有采访档案资料以及后续媒体发布的相关报道（包括文字报道以及音像材料等）由人事行政部负责保管。

第四章　突发性采访

第十七条　公司的项目如发生突发性采访事件，除公司或项目指定发言人外，其他人员不允许接受媒体采访。

第十八条　公司发言人为公司总经理或总经理指定的公司副总经理。项目发言人为项目总经理或项目总经理指定的项目副总经理。

第十九条　本办法自公布之日起生效。本办法由人事行政部负责解释。

公关宣传工作规范

第一条　公司公关工作是指公司为实现与各类公关主体进行良好合作，通过有效地策划各种形式的联谊、庆典、接待等活动，达到与之形成良好合作与和谐发展的目的。

第二条　各类公关活动必须按照国家和公司的有关规定进行，形式和内容必须符合公司形象，以达到良好的公关效果。

第三条　为实现公关资源共享和有利于更好的维护，提高工作效率，公司各部门、各项目应注意对公关资源的及时收集和整理。

第四条　酒店物业公司人事行政部负责汇总公司公关资源，定期和不定期的进行维护，并协助、提醒、督促各部门及控股公司对其公关资源进行维护。

第五条　在重大公关活动前，公司人事行政部应对所有公关资源进行一次整理与核对。内容包括公关人员的姓名、性别、职务、办公地址、邮政编码、联系方式及其他增减变更。

第六条　公司各部门及各项目有责任对各自的公关资源进行维护和拓展。

第七条　公司宣传是指将公司企业文化、发展战略、经营理念、重大活动及公司内、外发生的事件进行宣传、报道。

第八条　公司宣传必须符合国家方针、政策和相关规定，以正面、积极的方式进行宣传。

第九条　人事行政部负责及时地获取、收集、编辑、整理、保管公司宣传活动方面的文字及影像资料。

第十条　人事行政部与市场开发部要配合、培训、组织活动等形式及时把公司重大决策、精神进行深入的宣讲，为贯彻、执行起到帮助和指导作用；对公司活动、事件、人物等进行宣传报道，为内部沟通起到桥梁作用；对企业文化理念进行不断的渗透，为公司管理起到增进凝聚力的作用。

第十一条　各部门及各项目应及时将本单位的主要工作进展和重要的活动信息等各方面情况及时向公司人事行政部通报，并注意文字和影像资料的收集和整理。

公司的内、外部沟通渠道和技巧

一、公司内部沟通渠道和技巧

1. 沟通渠道

公司对内沟通主要渠道有：会议沟通、电话沟通、面谈沟通、传真沟通、网络（OA、E-mail）沟通、培训沟通等几个方面，公司全体员工在日常工作中，可以通过上述的各种渠道加强彼此的沟通和交流，从而提高信息、指令的传递，达到提高工作效率和质量的目的。

2. 沟通技巧

沟通的技巧方面主要是语言的技巧，在言语的表达方面词义要清楚，不能模糊、不能概念不清、不能断章取义，在表述的口气方面语气要温和，语速要适中，说话不能过快、过急，否则将会给对方以压力，表现出自身急躁、不安的情绪，使对方产生厌恶情绪，不利于沟通的顺利进行。

二、公司外部沟通渠道和技巧

1. 沟通对象

公司对外沟通工作，主要针对上级公司、政府部门、行业协会、业界单位、相关媒体等外部单位。沟通的渠道主要有：会议沟通、电话沟通、上门拜访沟通、传真沟通、网络（OA、E-mail，此处 OA 是指与政府部门、行业协会的相关 OA 系统，其中有物业管理协会网、建设网、房地产交易网等多个网络 OA 系统）沟通、培训沟通等几个方面。

2. 沟通技巧

在与外部单位沟通时，要注意沟通的语言技巧和语气的掌握，在遣词造句时要考虑到对方单位的性质和通话人的职务、身份，以免在沟通时引起对方不必要的尴尬。在与媒体、同行等单位进行沟通时，要注意语言的分寸的把握，对涉及公司经营、人事、财务等核心数据、问题时，要注意做好保密工作。与政府部门沟通时，要注意保持虚心、耐心的态度。平时要注意加强沟通和联络，积极参加政府部门和行业协会组织的各类活动，加强日常走访，联络感情，以便于公司在日后需要得到帮助时争取主动。

第五部分　董事、股东会工作管理

董事会议事规则

董事会办公室职责

董事会办公室各岗位职责

董事会议事规则

第一条　为了保证公司董事会工作效率和科学决策，保证董事会议程和决议的合法化，建立完善的法人治理结构，特制定本规则。

第二条　公司设董事会办公室，协助董事会、董事开展工作。主要负责董事会会议相关工作，以及办理董事会、董事长、董事交办的事务。

第三条　董事会的议事方式为召开董事会会议、书面决议或通信表决。

第四条　董事会每年度至少召开一次定期董事会会议。如遇到特殊情况，可召开临时董事会会议。

第五条　董事会会议由董事长召集和主持，董事长因故不能履行职责时，由董事长指定的其他董事召集和主持。

第六条　董事会会议应当于会议召开至少5个工作日但不超过30个工作日之前书面通知全体董事。

第七条　会议讨论的议案应在寄发会议通知时，同时寄送给全体董事。会议通知由董事长签字后印发。议案由董事或董事会指定的其他人中提出。董事会会议的议题由董事长审定。

第八条　董事会会议应由董事本人出席。董事因故不能出席会议时，应书面委托他人代为出席董事会。董事本人未出席董事会会议，亦未委托其他董事或代理人出席的，视为放弃在该次董事会会议上的投票权。

第九条　监事、财务总监有权列席董事会会议。其他需要列席董事会的人员由董事长和董事总经理决定，未经同意，其他人员不应列席董事会会议。在会议涉及列席董事会人员本身及与其相关事项时，该列席人员应暂时回避。

第十条　董事会会议必须达到法定人数（有三分之二的董事亲自或委托他人出席董事

会）方可举行。未达到法定人数的董事会会议所通过的决议无效。

第十一条　董事会应根据董事会会议通知中列明的议题，按顺序审议议案，付之表决，作出决议。

第十二条　与会董事享有充分的发言权。发言一般按座次轮流发表，也可在董事长或主持人的主持下对某一问题反复讨论。在发生争执情况下，董事长有权打断发言，并指定争执各方顺次发表意见。

第十三条　一般情况下，由董事直接对提交的议案发表意见，涉及须经董事会批准的规章、制度和方案，可由董事会执行委员会或专业委员会预先进行研究，听取各方面意见后，报董事会审议，也可由总经理或总经理指定的人员向董事会作情况介绍，总经理及该介绍人员有义务就有关董事提出的质询作出回答和说明。

第十四条　当某一议案经审议，董事不再发表意见时，由董事长再次征询董事对该议案有无意见，如无意见，即可将该议案付之表决。议案经表决后，由董事长或会议主持人当场宣布，并记录在案。

第十五条　董事会会议上通过的各项决议，应由出席会议的投赞成票的董事签字后生效。

第十六条　董事会会议由董事会办公室指派专人负责记录。

第十七条　会议结束时，应将会议召开的时间、地点、主持人、出席人、议事过程及表决结果，以及根据每位董事的发言要点整理成会议记录。会议记录以中文书写。出席会议的董事和记录人，应在会议记录上签名。董事在签名时有权要求对其在会议上的发言记录作出说明性记载。出席会议董事的签名簿及代理出席的委托书一并由董事会办公室保存。

第十八条　董事会会议结束后，出席会议的董事可以对其在会议上的发言观点作出修改和补充，但应在会议结束后一周内以书面方式提交董事会办公室，该修改和补充意见不影响其在正式会议上的表决态度。

董事会决议和记录作为公司档案由公司在经营期内长期保存。

第十九条　董事会决议执行和反馈的工作程序。

董事会作出决议后，由总经理主持经理层落实具体的实施工作，并将执行情况向下次董事会报告。由董事会办公室向董事长、董事传送书面报告材料。

董事长有权跟踪检查、督促董事会决议的实施情况，在检查中发现有违反决议的事项时，可要求总经理予以纠正。

第二十条　在董事会召开或闭会期间，董事可以各种方式对公司的经营提出意见和建议。董事可直接向董事长、副董事长提出，或通过董事会办公室转达。董事提出的建议，由董事长、副董事长、总经理协商一致后酌情处理。处理结果由董事会办公室及时报告有关董事。

第二十一条　公司各级管理人员应认真听取和对待董事的意见。董事有权就其关心的问题向公司提出质询及建议，公司相关管理人员有义务就董事质询的问题作出及时回复。但董事不应干预公司正常的经营活动，公司总经理有权对董事超越权限干预公司经营管理的情况，报董事会审议裁决。

董事会办公室职责

董事会设办公室，是董事会的日常办事机构，具体负责董事会的日常事务。董事会办公室由公司人事行政部部分人员组成。董事会办公室的主要职责：

一、负责董事会、各专业委员会召开的筹备、组织、会议记录、文件流转会签及文件档案管理工作；

二、负责各股东、董事之间，董事会与公司之间的密切联系及沟通工作；

三、负责督促和贯彻落实董事会的各项决议；

四、负责对外信息披露；

五、负责拟订每年的董事会经费的专项使用计划；

六、负责制定董事会有关制度和文件，拟定《公司章程》、《公司治理纲要》并贯彻实施。

董事会办公室各岗位职责

一、董事会办公室主任工作职责

1. 负责董事会、董事会执行委员会、各专业委员会等相关会议召开的筹备工作。

2. 负责传达和贯彻落实董事会决议及精神。

3. 负责制定董事会办公室有关工作制度和规定，并组织实施。

4. 协助主管副总做好董事之间的日常沟通工作。

5. 协助主管副总做好董事与公司经营管理人员之间的密切联系及沟通工作。

6. 负责保管公司及董事会法律文件和资料。

7. 完成领导交办的其他工作。

二、董事会办公室副主任工作职责

1. 负责公司章程、治理纲要、经营发展战略、年度发展计划等需提交董事会审议的文件。

2. 协助财务部制定公司年度预算大纲，提交预算委员会和董事会审议。

3. 协助办公室主任贯彻落实董事会各项决议。

4. 负责协调各控股、参股公司落实公司董事会有关决议。

5. 完成领导交办的其他工作。

三、董事会事务主管工作职责

协助董事会办公室主任及主管副总完成公司董事会办公室相关工作，具体如下：

1. 负责董事会、董事会执行委员会、各专业委员会会议议案征询、会议文件准备、会议组织等工作。

2. 负责董事会及各相关会议的记录、纪要及决议的整理及签署工作。

3. 协助主管副总督促董事会各项决议的贯彻落实。

4. 协助主管副总及董事会办公室主任做好董事之间的日常沟通工作。

5. 协助主管副总及董事会办公室主任做好董事与公司经营管理人员之间的密切联系及沟通工作。

6. 负责拟订董事会经费的专项使用计划。

7. 协助拟定、修订、完善董事会办公室的有关工作制度和规定。

8. 负责董事会及各专业委员会等有关重要文件的保管、归档工作。

9. 完成领导交办的其他工作。

第六部分　项目筹备管理

成立公司（法人机构）工作流程

申请有限责任公司登记注册应提交的文件、证件

成立分公司（非法人机构）工作流程

成立公司（法人机构）工作流程

注册成立有限责任公司程序

设立有限责任公司，一般要经过以下步骤：

第一步：咨询后领取并填写《名称（变更）预先核准申请书》，同时准备相关材料；

第二步：递交《名称（变更）预先核准申请书》及其相关材料，等待名称核准结果；

第三步：领取《企业名称预先核准通知书》，同时领取《企业设立登记申请书》等有关表格；经营范围涉及前置许可的，办理相关审批手续；到经工商局确认的入资银行开立入资专户；办理入资手续并到法定验资机构办理验资手续（以非货币方式出资的，还应办理资产评估手续）；

第四步：递交申请材料，材料齐全，符合法定形式的，等候领取《准予设立登记通知书》；

第五步：领取《准予设立登记通知书》后，按照《准予设立登记通知书》确定的日期到工商局交费并领取营业执照。

申请有限责任公司登记注册应提交的文件、证件

1. 有限责任公司设立登记应提交的文件、证件

（1）《企业设立登记申请书》［内含《企业设立登记申请表》、《单位投资者（单位股东、发起人）名录》、《自然人股东（发起人）、个人独资企业投资人、合伙企业合伙人名录》、《投资者注册资本（注册资金、出资额）缴付情况》、《法定代表人登记表》、《董事会成员、经理、监事任职证明》、《企业住所证明》等表格］；

（2）公司章程（提交打印件一份，请全体股东亲笔签字；有法人股东的，要加盖该法人单位公章）；

（3）法定验资机构出具的验资报告；

（4）《企业名称预先核准通知书》及《预核准名称投资人名录表》；

（5）股东资格证明；

（6）《指定（委托）书》；

（7）《企业秘书（联系人）登记表》；

（8）经营范围涉及前置许可项目的，应提交有关审批部门的批准文件。

提请注意：在中关村科技园区登记注册的企业申请不具体核定经营项目的，应提交《承诺书》。

除上述必备文件外，还应提交打印的与公司章程载明的股东姓名（名称）、出资时间、出资方式、出资额一致的股东名录和董事、经理、监事成员名录各一份。

2. 有限责任公司变更登记应提交的文件、证件

（1）《企业变更（改制）登记（备案）申请书》［内含《企业变更（改制）登记申请表》、《变更后单位投资者（单位股东、发起人）名录》、《变更后自然人股东（发起人）、个人独资企业投资人、合伙企业合伙人名录》、《变更后投资者注册资本（注册资金、出资额）缴付情况》、《企业法定代表人登记表》、《董事会成员、经理、监事任职证明》、《企业住所证明》等表格。请根据不同变更事项填妥相应内容］；

（2）《指定（委托）书》；

（3）《企业法人营业执照》正、副本；

（4）变更下列事项的，还需要提交以下文件、证件：

变更名称：①《企业名称变更预先核准通知书》及《预核准名称投资人名录表》；（办理名称变更预先核准登记请您参看《一次性告知单①——如何办理名称预先登记》的相关内容）；②股东会决议或一人有限责任公司股东作出的决定。

变更住所：股东会决议或一人有限责任公司股东作出的决定。

变更法定代表人：根据章程规定作出的股东会、一人有限责任公司股东作出的决定或董事会决议。

增加注册资本：①股东会决议或一人有限责任公司股东作出的决定；②以货币方式增资的，提交法定验资机构出具的验资报告；③以非货币方式增资的，还应提交评估报告（涉及国有资产评估的，应提交国有资产管理部门的确认文件）及法定验资机构对评估结果和办理财产转移手续进行验证的报告。

3. 有限责任公司注销登记应提交的文件、证件

（1）《企业注销登记申请书》；

（2）《指定（委托）书》；

（3）依照《公司法》作出的决议或决定或行政机关责令关闭的文件或法院的解散裁定或破产裁定；

（4）股东会、一人有限责任公司的股东或人民法院确认的清算报告。清算报告中应载明下列事项：①债权债务已清理完毕；②各项税款、职工工资已经结清；③已经在××报纸上发布注销公告（该报纸应为公开发行的报纸）；

（5）清算组成员《备案确认通知书》；

（6）《企业法人营业执照》正、副本。

4. 有限责任公司申请备案应提交的文件、证件

（1）《企业变更（改制）登记（备案）申请书》；

（2）《指定（委托）书》；

（3）根据不同的备案事项，还需要提交以下文件、证件：

修改章程：①修改后的章程或章程修正案；②股东会决议或一人有限责任公司股东作出的决定；③加盖公司公章的营业执照复印件。

变更董事（含副董事长）、经理、监事：①填妥《企业变更（改制）登记（备案）申请书》中的《董事会成员、经理、监事任职证明》表；②股东会决议、一人有限责任公司股东作出的决定或董事会决议；③加盖公司公章的营业执照复印件。

已设立分公司的：①加盖分公司公章的《营业执照》复印件；②加盖公司公章的《企业法人营业执照》复印件。

公司清算组备案：①公司清算组负责人签署的《企业变更（改制）登记（备案）申请书》；②股东会决议或一人有限责任公司股东作出的关于成立清算组的决定；③加盖公司公章的营业执照复印件。

办理非货币出资的财产转移：①法定审计机构出具的专项审计报告；②《企业法人营业执照》正、副本。

申请删除经营范围中后置标注内容的：①有关专项审批部门的批准文件或证书复印件；②《企业法人营业执照》正、副本。

5. 其他登记应提交的文件、证件

因执照丢失、损毁申请补发执照：（1）《指定（委托）书》；（2）全体股东签署的情况说明；（3）公开发行的报纸上登载执照挂失作废声明的报样；（4）《增（减、补）证照申请表》。

申请增发执照副本：（1）《指定（委托）书》；（2）《增（减、补）证照申请表》；（3）原《企业法人营业执照》副本。

成立分公司（非法人机构）工作流程

申请分公司登记注册应提交的文件、证件

申请分公司设立登记应先办理分公司名称预先核准登记手续，请参看《一次性告知单①——如何办理名称预先登记》的相关内容。

1. 分公司设立登记应提交的文件、证件

（1）《企业设立登记申请书》（内含《企业设立登记申请表》、《负责人登记表》、《企业经营场所证明》等表格）；

（2）《指定（委托）书》；

（3）加盖公司公章的公司营业执照复印件；

（4）《企业名称预先核准通知书》及《预核准名称投资人名录表》；

（5）《企业秘书（联系人）登记表》；

（6）经营范围涉及前置许可项目的，应提交有关审批部门的批准文件。

在中关村科技园区登记注册的企业申请不具体核定经营项目的，应提交《承诺书》。

提请注意：分公司的经营范围不得超出公司的经营范围。

2. 分公司变更登记应提交的文件、证件

（1）《企业变更（改制）登记（备案）申请书》（内含《企业变更登记申请表》、《企业负责人登记表》、《企业经营场所证明》等表格。请根据不同变更事项填妥相应内容）；

（2）《指定（委托）书》；

（3）《营业执照》正、副本；

（4）变更下列事项的，还需要提交以下文件、证件：

变更分公司名称：①涉及公司名称变更的，应提交公司名称变更证明及加盖公司公章的《企业法人营业执照》复印件；②《企业名称变更预先核准通知书》及《预核准名称投资人名录表》。

变更经营范围：①加盖公司公章的《企业法人营业执照》复印件；②新增经营项目涉及前置许可的，应提交有关审批部门的批准文件；③在中关村科技园区登记注册的企业申请不具体核定经营项目的，应提交《承诺书》。

提请注意：法律、行政法规和国务院决定规定变更登记事项需先办理许可文件变更的，应在办理变更登记时一并提交变更后的许可文件。

3. 分公司注销登记应提交的文件、证件

（1）《企业注销登记申请书》；

（2）《指定（委托）书》；

（3）《企业法人营业执照》正、副本。

因未参加年检被吊销营业执照的分公司办理注销登记时，应一并办理解除负责人警示限制手续。提交文件、证件如下：

①《企业注销登记申请书》，注销原因注明"因未参加年检依法被吊销营业执照，申请办理注销登记。申请解除负责人×××的警示限制"；

②公司出具的对分公司债权、债务清理情况及税款、职工工资完结情况的说明；

③《指定（委托）书》；

④营业执照正、副本。

第七部分　安全管理

公司安全管理手册

安 全 月 度 会 制 度

公司安全管理手册

第一部分　安全生产相关的基本知识

1. 安全生产的基本原则

（1）人身安全第一的原则

安全生产最根本最重要的就是保障从业人员的人身安全，保障他们的生命权不受侵犯。《安全生产法》第 1 条就将保障人民群众生命和财产安全作为立法宗旨，并且在第三章专门对从业人员在生产经营活动中的人身安全方面所享有的权利作出了明确的规定。《安全生产法》要求生产经营单位必须围绕着保障从业人员的人身安全这个核心抓好安全管理工作。

（2）预防为主的原则

安全生产的监督管理过程，分为事前、事中、事后三个阶段。

事前监管指生产经营单位申办、筹办和建设过程中的安全条件论证、安全设施"三同时"等工作，在正式投产（开业）之前就符合法定条件要求，把可能发生的事故隐患消灭在建设阶段。

事中监管指在生产经营全过程中的安全管理。其环节最多、过程最长，因此生产经营单位必须建章立制，加强管理，保证安全。

事后监管指发生事故的抢救和善后处理工作。

《安全生产法》要求把安全监管工作的重点放在事前监管和事中监管阶段上，由被动监管转向主动预防，防止和减少重大、特大事故。

（3）权责一致的原则

依法建立权责追究制度。

（4）社会监督、综合治理的原则

依靠人民群众、企业职工、工会等社会组织及新闻舆论的大力协助和监督，实行群防群治。

（5）依法从重处罚的原则

对那些严重违反安全生产法律、法规的违法者，必须追究其法律责任，依法从重处罚。《安全生产法》设定了"安全生产违法"应当承担的行政责任和刑事责任，规定了11种行政处罚，还破例设定了民事责任。

2. 安全生产的基本方针

"安全第一、预防为主"是法律强制实施的安全生产基本方针。

《安全生产法》关于预防为主的规定，主要体现为"六先"：

（1）安全意识在先。规定"应当采取多种形式，加强对有关安全生产法律、法规和安全生产知识的宣传，提高职工的安全生产意识"（《安全生产法》第11条，以下均指《安全生产法》）。

（2）安全投入在先。要预防事故，必须有足够的、有效的安全投入。《安全生产法》要求"生产经营单位应当具备的安全生产条件所必需的安全资金投入，由生产经营单位的决策机构、主要负责人或者个人经营的投资人予以保证，并对安全生产所必需的资金投入不足导致的后果承担责任"（第18条）。

（3）安全责任在先。突出了生产经营单位主要负责人的安全责任，目的在于通过明确安全责任来促使他们重视安全生产工作，加强领导。

（4）建章立制在先。建章立制是实现预防为主的前提条件，《安全生产法》对生产经营单位建立健全和组织实施安全生产规章制度和安全措施等问题作出的具体规定，是生产经营单位必须遵守的行为规范。

（5）隐患预防在先。消除事故隐患，预防事故发生是生产经营单位安全工作的重中之重。

（6）监督执法在先。要通过事前、事中监管，依照法定的安全生产条件，坚决把那些不符合安全生产条件或者不安全因素多、事故隐患严重的生产经营单位排除在"安全准入门槛"之外。

3. 安全生产责任制

安全生产责任制是根据安全生产法规建立的政府、行业管理部门、企业主要负责人、工程技术人员、岗位操作人员在工作过程中对安全生产层层负责的制度。

安全生产责任制是安全生产管理制度的核心。通过这一制度，使安全生产工作从组织领导上统一起来，把"管生产必须管安全"的原则从制度上固定下来。

1997年原劳动部颁布《关于认真落实安全生产责任制的意见》，提出了安全生产责任制的总要求和原则。

安全生产责任制的总要求是：企业负责、行业管理、国家监察、群众监督、劳动者遵章守纪。

安全生产责任制的原则是：（1）管生产必须管安全；（2）谁主管谁负责。

4. 安全生产第一责任者

生产经营单位的主要负责人是本单位安全生产工作的第一责任者。

《安全生产法》规定："生产经营单位的主要负责人对本单位的安全生产工作全面负责"（第5条）。

（1）生产经营单位的主要负责人，必须是本单位生产经营活动的主要决策人。

（2）生产经营单位的主要负责人，必须是实际领导、指挥本单位日常生产经营活动的决策人。

（3）生产经营单位的主要负责人，必须是能够承担本单位安全生产工作全面领导责任的决策人。

综上所述，法律所称的"生产经营单位的主要负责人"，应当是实际领导、指挥生产经营单位日常生产经营活动、能够承担生产经营单位安全生产工作主要领导责任的决策人。

（石少华：《安全生产法》条款解析）

5. 生产经营单位主要负责人的安全职责

生产经营单位的主要负责人对本单位安全生产工作负有下列职责：

（1）建立、健全本单位安全生产责任制；

（2）组织制定本单位安全生产规章制度和操作规程；

（3）保证本单位安全生产投入的有效实施；

（4）督促、检查本单位的安全生产工作，及时消除生产安全事故隐患；

（5）组织制定并实施本单位的生产安全事故应急救援预案；

（6）及时、如实报告生产安全事故。

（《安全生产法》第17条）

6. 作业现场的安全管理

生产经营单位作业现场的安全管理应当规范有序。《安全生产法》对此作出如下规定：

（1）危险物品生产经营场所的安全管理

要保证作业场所的安全畅通，应当设有符合紧急疏散要求、标志明显、保持畅通的出口。禁止封闭、堵塞出口（第34条）。

（2）交叉作业场所的安全管理

要求"两个以上生产经营单位在同一作业区域内进行生产经营活动，可能危及对方生产安全的，应当签订安全生产管理协议，明确各自的安全生产管理职责和应当采取的安全措施，并指定专职安全生产管理人员进行安全检查与协调"（第40条）。

（3）承包、租赁的安全管理

要求"生产经营单位应当与承包单位、承租单位签订专门的安全生产管理协议，或者在承包合同、租赁合同中约定各自的安全生产管理职责；生产经营单位对承包单位、承租单位的安全生产工作统一协调、管理"（第41条）。

7. 从业人员的人身安全保障

根据"人身安全第一"的原则，《安全生产法》明确规定生产经营单位必须依法参加工伤社会保险，为从业人员缴纳保险费。规定：生产经营单位与从业人员订立的劳动合同，应当载明有关从业人员劳动安全、防止职业危害的事项，以及为从业人员办理工伤社会保险的事项。生产经营单位不得以任何形式与从业人员订立协议，免除或者减轻其对从业人员因生产安全事故伤亡依法应承担的责任（第44条、第48条）。

2004年1月1日起施行的《工伤保险条例》，对从业人员办理工伤社会保险的问题作出了更加明确的法律规定。

另外，依照《民法通则》的原则规定，除从业人员恶意或者故意造成人身损害者外，生产经营单位发生生产安全事故造成人身伤害，应当承担相应的民事赔偿责任。

8. 从业人员的安全生产权利

（1）享受工伤保险和伤亡求偿权。

①从业人员依法享有工伤保险和伤亡求偿的权利。法律规定这项权利必须以劳动合同必要条款的书面形式加以确认。

②依法为从业人员缴纳工伤社会保险费和给予民事赔偿，是生产经营单位的法律义务。

③发生生产安全事故后，从业人员首先依照劳动合同和工伤社会保险合同的约定，享有应得的赔偿金；此赔偿金不足以补偿受害者的人身损害及经济损失、依照民事法律应当给予赔偿的，受害者或其亲属有权要求生产经营单位给予赔偿，生产经营单位必须履行相应的赔偿义务。

④从业人员获得工伤社会保险赔付和民事赔偿的金额标准、领取和支付程序，必须符合法律、法规和国家的有关规定。

（2）危险因素和应急措施的知情权。

（3）安全管理的批评、检举、控告权。

（4）拒绝违章指挥和强令冒险作业权。

（5）紧急情况下的停止作业和紧急撤离权。

9. 从业人员的安全生产义务

（1）遵章守规、服从管理的义务。

（2）正确佩戴和使用劳动防护用品的义务。

（3）接受安全培训、掌握安全生产技能的义务。

（4）发现事故隐患及时报告的义务。

10. 工会对安全生产的监督权利

工会依法组织职工参加本单位安全生产工作的民主管理和民主监督，维护职工在安全生产方面的合法权益（第7条）。

（1）监督和协助本单位贯彻执行国家劳动安全卫生法律法规，对本单位劳动安全卫生的决策、措施提出意见和建议。

（2）督促和协助本单位解决劳动安全卫生方面存在的问题，改善劳动条件和作业环境。

（3）参与本单位集体合同中关于劳动安全卫生、工伤保险等条款的协商与制定，对集体合同、劳动合同中劳动安全卫生条款的执行情况进行监督检查。

（4）发现本单位违章指挥、强令工人冒险作业或者发现事故隐患时，有权提出解决的建议，制止违章指挥、违章作业。

（5）依法参加本单位职工伤亡事故调查和处理，查清事故原因和责任，提出对事故责任者的处理意见，监督和协助企业采取防范措施。

（6）在生产过程中发现明显重大事故隐患和严重职业危害，并危及职工安全的紧急情况时，有权要求企业行政或现场指挥人员采取紧急措施，包括立即从危险区内撤出作业人员。同时支持或组织职工采取必要的避险措施并立即报告。

（7）督促本单位按国家有关规定发放劳动安全卫生防护用品、用具，监督本单位定期对职工进行健康检查，督促落实工伤待遇及职业病损害赔偿。

11. 安全生产违法行为的行政责任

依《安全生产法》应予追究法律责任的安全生产违法行为计有35种。

安全生产违法的行政责任，是指责任主体违法，由有关人民政府和安全生产监管部门、公安机关依法对其实施行政处罚的法律责任。

行政处罚分以下11种：责令改正；责令限期改正；责令停产停业整顿；责令停止建设；停止使用；责令停止违法行为；罚款；没收违法所得；吊销证照；拘留；关闭。

这在我国有关安全生产的法律、行政法规设定行政处罚的种类中是最多的。

12. 安全生产违法行为的民事责任

安全生产违法的民事责任，是指责任主体违法造成民事损害，由人民法院依照民事法律强制其进行民事赔偿的法律责任。

民事责任的追究，是为了最大限度地维护当事人受到民事损害时享有获得民事赔偿的权利。《安全生产法》是我国众多安全生产法律、行政法规中唯一设定民事责任的法律。

《安全生产法》第86条规定："生产经营单位将其生产经营项目、场所、设备发包或者出租给不具备安全生产条件或者相应资质的单位或者个人……导致发生生产安全事故给他人造成损害的，与承包方、出租方承担连带赔偿责任。"

《安全生产法》第95条规定："生产经营单位发生生产安全事故造成人员伤亡、他人财产损失的，应当依法承担赔偿责任。"

13. 安全生产违法行为的刑事责任

安全生产违法的刑事责任，是指责任主体违法构成犯罪，由司法机关依照刑事法律处以刑罚的法律责任。

为了制裁那些严重的安全生产违法犯罪分子，《安全生产法》中关于追究刑事责任的规定共有11条。罪名主要是：重大责任事故罪；重大劳动安全事故罪；危险物品肇事罪；提供虚假证明文件罪；国家工作人员职务犯罪。

构成重大责任事故罪、重大劳动安全事故罪的，处3年以下有期徒刑或者拘役；情节特别严重的，处以3~7年有期徒刑。

14. 中央企业安全工作12项制度

（1）安全生产责任制度。明确企业主要负责人是本单位安全生产第一责任人，强调要层层建立并认真落实责任制。

（2）安全生产与企业改革发展"三同步"制度。强调要把安全生产纳入企业发展战略和规划的整体布局，做到同步规划、同步实施、同步发展。

（3）安全工作"两定期"制度。要求企业领导班子定期分析安全形势，定期组织开展安全检查。

（4）企业内部安全工作机构和人员力量配置制度。

（5）安全培训和经营管理、特种作业人员的安全资格制度。

（6）安全质量标准化工作制度。企业要加强安全质量管理，规范各环节、各岗位的安全质量行为。

（7）重大隐患治理和应急救援制度。要加强对重大危险源的监控和重大隐患的治理，制定应急预案，建立预警和救援机制。

（8）安全生产许可制度。企业必须依法取得安全生产许可证。

（9）安全投入和"三同时"制度。企业要保障安全投入，安全设施要与主体工程同时设计、同时施工、同时投入生产和使用。

（10）按照"四不放过"原则进行事故追查制度。

（11）工伤保险制度。企业要依法参加工伤社会保险，积极发展人身意外保险。

（12）工作报告制度。企业安全生产工作的重大事项，要及时向安全监管部门和有关主管部门报告。

（《国务院办公厅关于加强中央企业安全生产工作的通知》2004.7）

第二部分　公司有关安全管理制度

安全管理规定（试行）

第一章　总　则

第一条　为了规范、加强安全管理工作，确保公司项目开发、财产和员工人身的安全，制定本规定。

第二条　本规定的适用范围是：公司本部各单位、各项目部。

第三条　安全管理指导思想：安全工作是公司一切工作的基础和保障，必须坚持安全第一、预防为主的方针，坚持清除隐患、教育先导、技术领先、科学管理的原则进行公司的安全工作。

公司所属各单位的生产安全、综合治理工作，实行"谁主管，谁负责"的原则。各单位的主要负责人（"一把手"）是该单位的安全责任人，对本单位的安全工作全面负责；各单位分管安全的负责人是本单位的安全管理人，向安全责任人负责，具体组织、落实本单位的安全工作；各单位须逐级建立安全责任制和岗位安全责任制，明确安全职责，确定各级和各岗位的安全责任人。

第二章　安全工作组织

第四条　公司成立安全委员会（下简称安委会），本部各单位和各项目部均为安委会的成员单位。公司安委会为非常设机构。

公司安委会接受上级安委会和公司董事长（总经理）的双重领导，接受公司工会的民主监督。

公司安委会由主任、副主任和委员按照席位制原则组成。安委会主任由公司总经理担任，副主任由公司分管安全的负责人担任，委员由各项目分管安全的负责人、公司工会负责人、公司本部安全管理人、公司安全员担任。安委会成员因工作变动由接替人员自动接替，同时报安委会主任批准，在安委会办公室（下简称安委办）备案。

安委会的日常办事机构为安委办，设在公司办公室。

第五条　公司本部和各项目均需设安全管理人、安全员，统一在公司安委会的领导下开展工作。项目部可根据安全工作需要设置安全管理机构。

安全责任人：公司和各项目的主要负责人（"一把手"）。

安全管理人：公司和各项目的安全管理人员，分别由公司和该项目分管安全的负责人担任。公司本部设安全管理人，由公司办公室主任担任。

安全员：公司安全员由办公室主任担任，本部各单位的安全员指定专人担任，各项目部安全员由该项目部安全保卫部门负责人担任。当公司并行管理的项目（管理建筑面积30000m²、员工100人以上的项目）达到三个时，应配备公司的专职安全员。项目安全员为安委会与各成员单位的联络员。

第六条　公司工会依照国家有关法律规定对公司的安全管理实施民主管理和民主监督。各项目部工会组织对项目部的安全管理实施民主管理和民主监督。

第七条　公司安全管理体系。

公司安全管理体系图

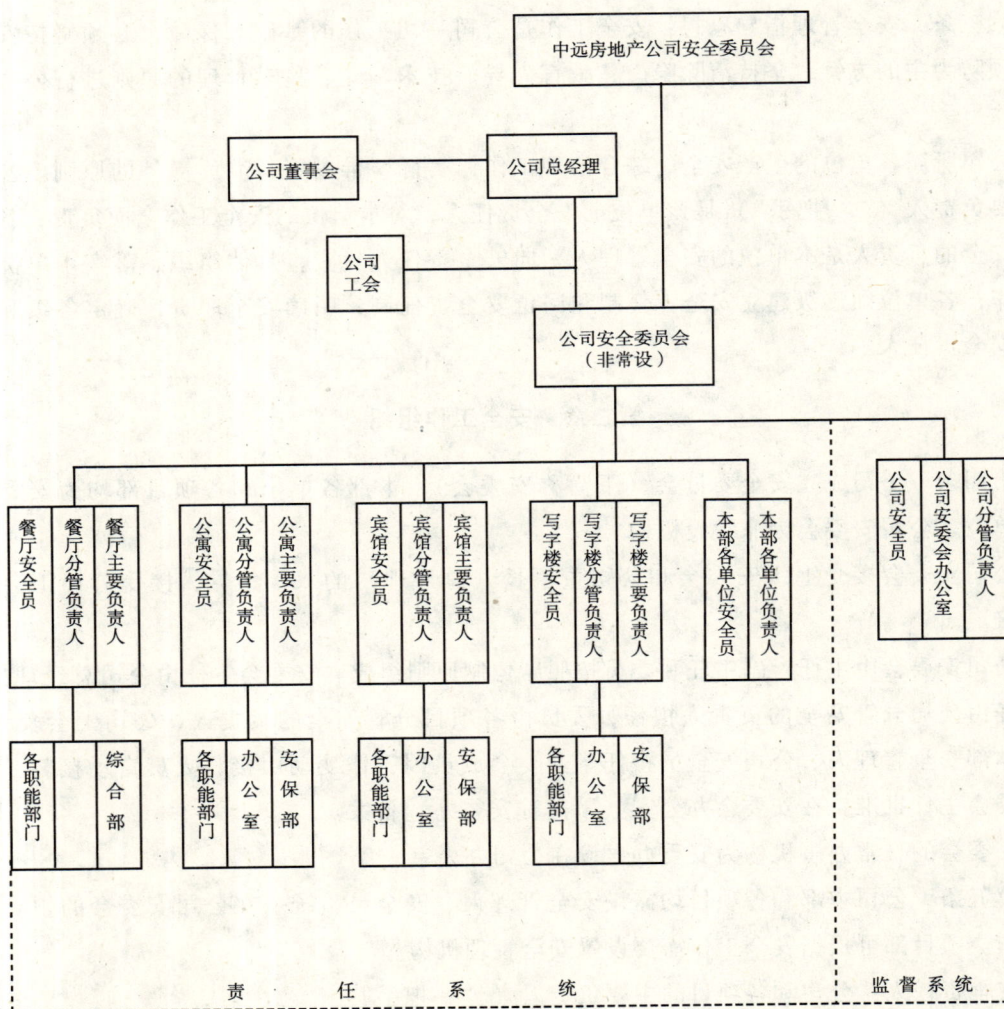

公司安全管理体系图

第三章　安全工作内容与职责

第八条　安全工作基本内容：

1. 建立、完善公司安全工作规章制度；

2. 开展安全宣传教育活动；

3. 撰写安全工作计划、总结；

4. 组织安全检查；

5. 与上级单位和地方政府的安全管理部门建立并保持良好工作关系。

第九条　安全工作的职责划分

1. 安全委员会及其办公室职责

（1）制定、修改、审议公司安全管理规章制度；

（2）组织召开公司安全工作会议；

（3）检查、指导各部室办、项目部的安全工作；

（4）向总经理办公会提出安全责任事故处理意见；

（5）向上级安全管理部门汇报本公司的安全管理情况；

（6）构建公司安全文化，组织开展安全宣传、教育工作。

2. 安全责任人职责

全面管理本项目部的安全工作，对本项目部的安全负总责。

3. 安全管理人职责

（1）建立、健全安全管理目标责任制，明晰岗位安全责任；

（2）组织制定本单位的安全管理规章制度；

（3）保证科学、合理的安全管理投入能有效实施；

（4）组织落实公司安委会工作决定；

（5）督促检查本单位的安全工作，定期研究、及时消除安全隐患；

（6）组织制定并实施本单位的安全事故应急救援预案，及时、如实报告安全事故。

4. 安全员职责

公司本部各部门的安全员在公司本部安全管理人的直接领导下工作，其主要职责为：

（1）具体协调、组织安全宣传、教育措施的落实；

（2）负责本部门安全自查，落实相关安全措施；

（3）负责配合公司安全检查组进行安全检查。

项目部安全员在项目部安全管理人的直接领导下工作，其主要职责为：

（1）建立、健全本项目部安全管理规章制度，时时监督安全管理责任制落实情况和安全管理有关协议的签订情况；

（2）负责本项目部的日常安全管理工作；

（3）有计划地组织本项目部的安全检查工作，监督、指导下属单位、项目部和外包单位的安全工作；

（4）负责组织开展本项目部安全宣传、教育工作；

（5）负责或参与、指导本项目部安全设施、设备、器材的购置、维护与管理；

（6）配合公司安全检查组进行安全检查，定期报告工作情况；

（7）依据本项目部的安全管理规章制度制止、纠正本项目部人员的违章行为，并对违章人员和发生安全事故的当事责任人提出处理意见；

（8）依据安全管理协议制止外包单位人员的违章行为，并对违章人员及其所属单位和发生安全事故的当事责任人及其所属单位进行处理；

（9）负责跟踪处理本项目部安全事故并形成事故报告；

（10）负责与项目部所在地安全管理部门建立并协调工作关系。

5. 公司本部各部室职责

办公室：

（1）作为公司安委会的日常办事机构，具体负责公司安全管理的日常组织、协调工作，落实安委会的各项职责；协助处理安全事故；

（2）与公司注册地、办公地的安全管理部门建立并保持良好的工作关系；

（3）负责检查、指导、督促各部门、各项目部的安全工作；

（4）建立、维护公司安全管理的工作档案；

（5）负责公司办公场所、网络信息安全；

（6）负责公司内机动车辆在使用、存放过程中的安全；

（7）负责开展对公司内专职司机的交通安全教育；

（8）参与安全教育、宣传工作。

人力资源部：

（1）落实安委会提出的安全事故处理意见；

（2）协助安全事故处理工作；

（3）负责落实劳动安全保险；

（4）负责审查入职人员的安全经历；

（5）负责落实安全知识培训的组织工作；

（6）负责劳动保护用品发放标准的核定。

市场开发部：

（1）在经营合作意向谈判过程中，审查经营合作对象的安全管理情况和诚实信用情况；

（2）负责公司系统内客户资料管理过程安全性的时时监控；

（3）参与安全宣传、教育工作。

财务部：

（1）负责本部门综合安全工作；

（2）监督、检查各项目部财务室的财务安全状况；

（3）参与安全宣传、教育工作。

工程技术中心：

（1）对公司系统内的安全技防设施的新建、改造、更新提供技术支持；

（2）负责在公司投标过程中审查招标单位的安全生产历史记录及管理现状；

（3）保证工程设计达到国家有关安全标准；

（4）参与安全宣传、教育工作。

采购中心：

（1）负责公司系统内的实物采购安全，防止劣质物品和价高质低物品的购入；

（2）负责在服务性采购中审查投标单位的安全生产历史记录及管理现状；

（3）负责本部门的综合安全管理，保证办公场所的防火防盗安全；

（4）参与安全宣传、教育工作。

保洁分公司：

（1）负责本单位的综合安全管理，保证办公场所的防火防盗安全；

（2）经常进行安全教育，不断提高所属员工的安全意识和自我保护能力；

（3）协调好劳动关系，防止发生因劳动争议引起的矛盾激化；

（4）做好劳动保护工作，防止发生工伤事故。

第四章 安全检查与事故处理

第十条 安全检查范围

1. 安全生产

（1）二次装修、外立面清洁等施工：重点检查项目部施工期间安全情况，消除各种事故隐患，督促施工单位建立安全施工制度，防止施工期间我方发生人身安全事故。

（2）消防管理：消防设备的配备，防火制度的建立，电气设备的消防措施，机械设备的防火措施，易燃易爆品的运输和管理。

2. 综合治理

全面检查公司系统内交通、社会治安及办公区综合安全等工作。

第十一条 安全检查主要内容

1. 检查制度

（1）检查安全管理责任制建立和规章制度的制定、宣传情况；

（2）检查员工对岗位安全职责和规章制度的掌握情况。

2. 检查管理

（1）安全管理人员工作情况；

（2）安全管理组织健全情况；

（3）检查制度的贯彻落实情况。

3. 检查设备设施

（1）安全设备设施的配备情况及技术状况；

（2）物业设备设施状况及运行检修记录；

（3）员工对安全设备设施的掌握情况。

由公司安委会另行制定《安全检查实施办法》规范此项工作。

第十二条　安全事故处理工作

1. 由安全管理人提出事故报告；

2. 由安委会提出事故善后处理意见；

3. 由事故发生单位、公司办公室、人力资源部落实事故处理决定。

第五章　安全宣传教育

第十三条　安委办在安委会的领导下，利用多种形式对公司职工进行安全宣传、教育，召开全公司安全工作会，并具体组织落实、指导各项安全宣传、教育措施或活动，有关责任部室、项目部应积极配合做好相应的落实工作。

第十四条　项目部应认真落实新员工入职安全教育和岗前安全教育，鼓励安全管理人员取得各类相关资格或执业资质证书，严格按国家有关规定组织特种作业人员参加年检培训，积极开展形式多样、经常性的普及推广安全文化理念、安全法律常识、安全科学知识和倡导安全生活方式的教育活动。

第六章　考核与奖惩

第十五条　安全工作考核

对各项目部的考核每半年进行一次，依据《安全管理目标责任书》的完成情况。完成情况由安委办联合人力资源部根据《安全管理责任目标考核标准》进行评定，评定结果由人力资源部计入考核成绩。

第十六条　奖励与处罚

1. 对在安全工作中有突出贡献和显著成绩的个人，经公司安委会批准给予500元以上5000元以内的奖励。

2. 对造成重大安全责任事件、事故的直接责任人和负有领导责任的相关领导由公司安委会研究确定处理意见，由公司办公室、人力资源部监督执行。

第七章 附 则

第十七条 本规定由公司安委会负责解释。

第十八条 本规定自颁布之日起执行。

物业管理有限公司
安全委员会工作职责

第一条 为全面贯彻国家有关安全管理的法律法规，加强对中远酒店物业管理有限公司（以下简称公司）安全工作的领导和监督管理，防止和减少各类安全事故，保障生命和财产安全，制定本职责。

第二条 安全委员会（以下简称安委会）是公司的非常设机构，公司本部各单位和各项目部为其成员单位。

第三条 安委会的主要任务是在中远房地产安委会和公司董事长（总经理）的领导下，贯彻国家关于安全管理的法律法规和行政条例，研究安全工作中的重大举措，协调、解决安全管理中的重大问题，指导全公司的安全工作，针对安全管理中带有普遍性和倾向性的问题提出指导性意见。

第四条 安委会由主任、副主任和委员按照席位制原则组成。安委会主任由公司总经理担任，并代行董事长对安全工作的领导职责；副主任由公司分管安全的负责人担任，主持安委会日常工作；委员由项目部分管安全的负责人、公司工会负责人、公司本部安全管理人、公司安全员担任。安委会成员因工作变动由接替人员自动接替，同时报安委会主任批准，在安委会办公室（以下简称安委办）备案。

第五条 安委办是公司安委会的日常工作机构，设在公司办公室。安委办设主任一名，由公司安全员担任。

第六条 安委会职责

1. 在中远房地产安委会和公司董事长（总经理）的领导下，宏观指导本部各单位和项目部贯彻落实国家安全管理的相关法律法规，督促各项目成立安全管理组织机构，建立安全管理责任制，制定安全管理制度，落实安全管理措施，培养企业安全文化。

2. 协调各项目部的安全管理工作，监督、检查各项目安全工作的开展情况，合理协调公司用于安全管理的整体资源。

3. 根据业务发展情况，分析全公司的安全形势，评估面临的安全风险，对重大安全事故、重大安全管理问题、重大安全隐患进行调查、研究，找出解决方案。向公司董事长（总经理）报告安全工作情况，反映存在的问题，提出解决建议。

4. 完成中远房地产公司和地方安全管理部门布置的安全工作。

5. 审核、批准公司的各项安全管理规章制度。

6. 根据公司安全管理的相关规定，对发生安全事故的项目部领导作出处理决定。

第七条　安委会成员职责

1. 安委会主任：代行公司董事长对安全工作的领导职责，全面领导安委会工作，直接向公司董事长负责。

2. 安委会副主任：主持安委会日常工作，直接向安委会主任负责。

3. 安委会委员：全面负责本项目部（部门）的安全工作，严格按照《安全管理规定》履行所担负的安全职责，定期向安委会汇报本项目部（部门）安全工作情况，提出安全管理意见。

第八条　安委办职责

1. 在安委会领导下，处理日常安全管理工作，承办安委会交办的重要事项。

2. 制定、修改公司的安全管理规章制度。

3. 组织召开公司安全工作会议，研究、总结、部署安全工作。

4. 检查、指导各项目（部门）的安全管理工作，主持开展对各项目（部门）安全管理的考核工作，组织开展安全大检查和有针对性的重点安全检查工作。

5. 向中远房地产公司安委会、地方政府安全管理部门和公司安委会汇报公司的安全管理情况，评估安全管理形势，提出安全工作要求和改进方案。

6. 构建企业安全文化，指导各项目组织开展安全宣传、教育工作。

7. 搜索发现安全管理领域的新技术、新成果，并指导各项目引进、运用新技术、新成果，不断提高公司和各项目的整体安全管理水平。

第九条　本职责自公布之日起执行。

物业管理有限公司
社会治安综合治理领导小组工作职责

第一条　为全面贯彻国家有关综合治理的法律法规，加强对公司社会治安综合治理工作的领导和监督管理，防止和减少各类综治事故，保障生命和财产安全，特制定本职责。

第二条　社会治安综合治理领导小组（以下简称综治领导小组）是中远酒店物业管理有限公司（以下简称公司）的非常设机构，公司本部各单位和各项目部为其成员单位。

第三条　综治领导小组的主要任务是在公司董事长（总经理）的领导下，贯彻国家关于综合治理的法律法规和行政条例，研究综合治理工作中的重大举措，协调、解决综合治理中的重大问题，指导全公司的综合治理工作，针对综合治理中带有普遍性和倾向性的问题提出指导性意见。

第四条　综治领导小组由组长、副组长和组员按照席位制原则组成。综治领导小组组长由公司总经理担任，并代行董事长对综合治理工作的领导职责；副组长由公司分管安全的负责人担任，主持综治领导小组日常工作；组员由项目部分管安全的负责人、公司本部安全管理人、公司工会负责人、公司安全员担任。综治领导小组成员因工作变动由接替人员自动接替，同时报综治领导小组组长批准，在综治领导小组办公室（以下简称综治办）备案。

第五条　综治办是综治领导小组的日常工作机构，设在公司办公室。综治办设主任一名，由公司安全员担任。

第六条　综治领导小组职责

1. 在中远房地产综治领导小组和公司董事长（总经理）的领导下，宏观指导本部各单位和项目部贯彻落实国家综合治理的相关法律法规，督促各项目部成立综合治理组织机构，建立综合治理责任制，制定综合治理制度，落实综合治理措施。

2. 协调各项目的综合治理工作，监督、检查各项目部综合治理工作的开展情况，合理协调公司用于综合治理的整体资源。

3. 根据业务发展情况，分析全公司的综治形势，对重大综治事故、重大综合治理问题、重大安全隐患进行调查、研究，找出解决方案。向公司董事长（总经理）报告综合治理工作情况，反映存在的问题，提出解决建议。

4. 完成中远房地产公司和地方综合治理部门布置的综合治理工作。

5. 审核、批准公司的各项综合治理规章制度。

6. 根据公司综合治理的相关规定，对发生综治事故的项目领导作出处理决定。

第七条　综治领导小组成员职责

1. 综治领导小组组长：代行公司董事长对综合治理工作的领导职责，全面领导综治领导小组工作，直接向公司董事长负责。

2. 综治领导小组副组长：主持综治领导小组日常工作，直接向综治领导小组组长负责。

3. 综治领导小组成员：全面负责本项目（部门）的综合治理工作，严格按照公司综合治理规定履行所担负的职责，定期向综治领导小组汇报本项目部（部门）综合治理工作情况，提出综合治理意见。

第八条　综治办职责

1. 在综治领导小组领导下，处理日常综合治理工作，承办综治领导小组交办的重要事项。

2. 制定、修改公司的综合治理规章制度。

3. 组织召开公司综合治理工作会议，研究、总结、部署综合治理工作。

4. 检查、指导各项目（部门）的综合治理工作，主持开展对各项目（部门）综合治理的考核工作，组织开展综治大检查和有针对性的重点综治检查工作。

5. 向中远房地产公司综治领导小组、地方政府综治主管部门和公司综治领导小组汇报本公司的综合治理情况，评估综合治理形势，提出综合治理工作要求和改进方案。

6. 搜索发现综合治理领域的新技术、新成果，并指导各项目引进、运用新技术、新成果，不断提高公司和各项目的整体综合治理水平。

第九条　本职责自公布之日起执行。

物业管理有限公司
安全检查实施办法（试行）

第一条　为了及时发现事故隐患、控制事故发生和建立良好的安全生产作业环境和秩序，根据《安全生产法》第三十八条之规定："生产经营单位的安全生产管理人员应当根据本单位的生产经营特点，对安全生产状况进行经常性的检查；对检查中发现的安全问题，应当立即处理；不能处理的，应当及时报告本单位有关负责人。检查及处理情况应当记录在案"，制定本办法。

第二条　安全检查是指对生产过程及安全管理中可能存在的隐患、有害与危险因素、缺陷等进行查证，以确定不安全因素存在的状况，如设备、设施、工具、附件等潜在的不安全因素、不安全的作业环境条件、员工不安全的作业行为和操作的潜在危险，以便采取防范措施，防止或减少伤亡事故的发生。

安全检查是安全管理的重要内容，是消除隐患、防止事故发生、改善劳动条件的重要手段。

第三条　定期安全检查是通过有计划、有组织、有目的的形式实现的。公司的定期检查周期是：一般岗位的安全检查应每日进行；各部门（班组）的安全检查每周进行一次；各项目部的安全检查每月至少进行一次；公司级的安全检查每季度进行一次。公司对各项目部、各项目部对所属下级每年至少进行一次考核性安全检查。

公司和各项目部还应视具体情况分别组织不定期的安全检查（重大节日、"两会"期间的检查，夜间的巡查等）。

第四条　安全检查分为综合性安全检查（大检查）和专业性安全检查（专项检查）两类。综合性安全检查是全面检查，检查的内容涉及安全生产的各个方面；专业性安全检查包括消防检查、食品卫生检查、防汛检查、设备设施检查、治安检查等。

重大节日、"两会"期间应组织综合性安全检查。

第五条　依据安全检查的范围、规模和内容不同，安全检查组由不同的部门和人员组成，其组织工作大体分为以下几类：

1. 公司级的安全检查由公司安委会主任或副主任组织实施，检查组由公司安委会部分成员和各项目部安全经理组成。

2. 各项目部的安全检查由项目部领导组织实施，检查组由本项目部的各部门负责人、工会代表和项目部安全员组成。

3. 专业性安全检查由有关主管部门分别组织，由各专业（消防、餐饮、工程、内保）技术人员和安全管理人员组成专业检查组，负责公司或各项目部的专业安全检查。

4. 部门（班组）的安全检查由部门（班组）长组织实施，检查组由部门（班组）的安全员等有关人员组成。

5. 各岗位的安全检查由岗位操作者在班前、班中和班后对设备和自身防护进行检查。

第六条　综合性安全检查的内容包括：

1. 贯彻落实安全生产责任制和安全管理制度的情况。

2. 危险源、重要场所安全监控措施执行情况。

3. 生产（服务）场所各类安全防护设施的完好情况。如：防触电、防滑倒、防烫（冻）伤、防噪声等职业卫生防护设施；平台、围栏的护栏等安全防护设施。

4. 机器设备的防护装置和定时维护保养情况。

5. 二装及厨房现场的文明生产（服务）情况和环境条件。如生产（服务）现场的清洁，工具和器具的定置摆放，通风、照明、安全通道、安全出口等。

6. 对特种作业人员（如强电等工种）的安全检查。包括持证上岗、遵守操作规程情况。

7. 特种设备的安全检查。包括：电梯、压力管道等。

8. 安全防护设施的运行情况。

9. 各单位组织机构、安全会议、责任制考核情况。

10. 消防、用电、食品卫生等专项检查情况。

11. 隐患整改情况。

12. 员工执行安全技术操作规程情况。

13. 劳动防护用品的采购、配备、发放、使用和报废等方面的管理制度及制度落实的情况。

14. 其他有关安全生产的工作。

第七条　岗位安全检查的内容包括：

1. 是否穿戴了劳动防护用品（绝缘皮鞋、耐油防滑皮鞋、防护手套、工作服等）。

2. 工作环境是否符合要求，如地面是否有油污、积水等。周围有无妨碍操作的障碍物。

3. 工具、器具是否定置摆放好。

4. 检查设备的控制器、仪表、防护装置是否安全、可靠。

5. 是否存在其他安全隐患。

第八条　日常安全检查应每天进行。各生产（工作）岗位的领班、主管和操作人员应严格履行交接班检查和班中巡回检查；各级领导和安全管理人员应在各自业务范围内，经常深入一线岗位进行安全检查，发现不安全问题及时督促有关部门解决。

第九条　应组织季节性安全检查。根据季节对各项目部生产（服务）的影响特点，由有关部门组织相关人员进行安全检查。如春节前后以防火、防爆为主要内容，夏季以防暑降温为主要内容，雨季以防雷击、防触电、防汛为主要内容，冬季以防寒、保暖为主要内容的安全检查。

第十条　重视节假日前后的安全检查。节假日前，应针对员工思想不集中、精力分散等情况，进行提示性的综合安全检查。节后应进行遵章守纪的检查，防止因长假休息的影响而造成员工的不安全行为。

第十一条　为使安全检查达到预期效果，安全检查人员应根据检查的项目内容，有针对性地做好安全检查准备。准备内容包括：

1. 确定检查对象、目的、任务；

2. 查阅、掌握有关法规、标准、规程的要求；

3. 了解检查对象的工作流程、生产（服务）情况、可能出现危险危害的情况；

4. 制订检查计划，安排检查内容、方法、步骤；

5. 编写安全检查提纲或准备齐全预先拟定的各种《安全检查表》；

6. 准备必要的检测工具、仪器、书写表格或记录本等；

7. 确定检查组成员，并进行必要的分工等。

第十二条　《安全检查表》是为检查某些系统的安全状况而事先制定的问题清单：事先把某些系统进行剖析，列出各层次的不安全因素，确定检查项目，并把检查项目按系统的组成顺序编制成表。《安全检查表》应列举需查明的所有会导致事故的不安全因素，规定检查内容要点、检查依据和检查合格标准。每种检查表均需注明检查时间、检查者、直接负责人等，以便分清责任。

为了使《安全检查表》能全面查出不安全因素，又便于操作，应根据安全检查的需要、目的、被检查的对象，编制多种类型的相对通用的《安全检查表》，如《食品卫生安全检查表》、《消防安全检查表》、《设备设施安全检查表》等。《安全检查表》应列入相关安全检查管理制度。

各项目部制定重大事故应急救援预案的情况，预案培训及实操演练的情况应作为安全检查的特别内容。

第十三条　实施安全检查，一般是通过访谈、查阅文件和记录、现场检查、仪器测量等方式来获取信息。

1. 访谈。与有关人员谈话，了解相关部门、岗位执行规章制度的情况。

2. 查阅文件和记录。检查设计文件、作业规程、安全措施、责任制度、操作规程等是否齐全，是否有效；查阅相应记录，判断上述文件是否被执行。

3. 现场检查。到作业现场寻找不安全因素、事故隐患、事故征兆等。

4. 仪器测量。利用一定的检测检验仪器设备，对在用的设备设施状况及作业环境条件等进行测量，以发现安全隐患。

第十四条 安全检查须与整改相结合。获取信息（掌握情况）后，即可凭经验、技能进行分析，必要时通过仪器检验对信息（情况）作出判断，以发现不安全因素。然后针对存在的问题下达隐患整改意见和要求，由责任单位采取有效的措施加紧整改。一时难以整改的，应采取切实可靠的安全防范措施，确保万无一失。注意及时复查整改落实情况，获得整改效果的信息，并记录在案。

第十五条 公司和项目部应分别建立安全档案。安全管理部门负责保存安全检查记录，收集基本数据，掌握基本安全情况，实现对事故隐患及不安全因素的动态管理，为及时消除事故隐患提供第一手资料，为后续的安全检查奠定基础。

第十六条 本办法由公司安委办负责解释。

第十七条 本办法自公布之日起施行。

物业管理有限公司
安全生产教育和培训管理规定（试行）

第一条 为规范安全生产教育和培训工作，保证公司员工具备必要的安全生产知识，熟悉有关的安全生产规章制度和安全操作规程，掌握本岗位的安全操作技能，减少伤亡事故的发生，根据《中华人民共和国劳动法》、《中华人民共和国安全生产法》、《北京市安全生产条例》，特制定本规定。

第二条 本规定适用于公司各部门、各项目。

第三条 公司人力资源部为员工安全生产教育和培训的主管部门，各项目部为员工安全生产教育和培训及对外开展安全宣传活动的主办单位。

第四条 公司人力资源部应于年初制订公司年度安全生产教育和培训计划及宣传计划，并督促各项目部按照计划组织开展安全生产教育和培训活动。安全生产教育和培训属于公司强制性培训，未经安全生产教育和培训合格的员工，不得上岗作业。

第五条 公司全体员工每年必须接受安全生产教育和培训，上岗前必须接受直接上级的岗位安全辅导。安全生产教育和培训对象除公司系统内全体员工外，还应适当地组织开展针对业主、客户的社会性的安全宣传活动。

1. 公司各级管理人员、技术人员和一般员工每年接受的在岗安全生产教育和培训的时间不得少于 8 学时。

2. 新招用的从业人员上岗前接受安全生产教育和培训的时间不得少于 24 学时。

3. 换岗的，离岗 6 个月以上的，以及单位采用新工艺、新技术、新材料或者新设备的，上岗前接受安全生产教育和培训的时间均不得少于 4 学时。

4. 专职安全管理人员每年接受安全管理专业技术业务培训的时间不得少于 30 学时。

5. 公司内特种作业人员的安全生产教育，按《北京市特种作业人员劳动安全管理办法》执行。

第六条　安全生产教育和培训的内容应涵盖治安、消防、生产、交通、食品卫生、自然灾害、保密、出入境管理等全部涉及人身、财产安全和社会稳定的法律法规知识、工作生活理念及方式、科学预防及救护常识。具体内容主要包括：

1. 安全生产管理的法律、法规、规章和方针、政策，安全管理研究的新成果，先进的安全文化观念。

2. 安全生产管理责任制、安全操作规程和相关技术标准。

3. 员工所在岗位使用的工作设备的构造、性能、作用、实际操作能力与技巧。

4. 安全生产防护、防范设施、装备、用具、用品的构造、性能、作用、使用方法。

5. 所在岗位及生活中处理意外事故及危险能力、报警求救方法和紧急自救、互救知识。

6. 典型安全生产事故案例。

7. 劳动工作纪律。

8. 安全健康的工作及生活行为方式。

9. 地方安全生产管理监察部门和股东单位相关部门安排的其他内容。

第七条　新入职的员工需接受所在部门（指公司部门，下同）或项目部的安全生产教育和培训，经安全管理部门考核合格上岗。转岗、换岗的员工，在上岗前必须接受新任职务直接上级的安全生产教育和培训。

1. 公司安全生产教育和培训的主要内容是：国家和地方有关安全管理的政策、法律、法规、标准、规范和公司的安全规章制度等。

2. 部门或项目部安全生产教育和培训的主要内容是：本部门或项目部的安全制度、工作环境及可能存在的不安全因素、岗位安全操作规程、劳动纪律和事故案例剖析等。

第八条　员工接受安全生产教育和培训的记录、考核成绩、相关证书由其所在项目部人力资源培训管理部门统一登记、归档。

第九条　员工的安全生产教育和培训费用从各项目部员工教育经费中列支，社会公益性安全宣传活动费用从各项目部管理费中列支。

第十条　本规定由公司安全委员会办公室负责解释。

第十一条　本规定自颁布之日起执行。

物业管理有限公司
办公场所防火防盗管理规定

第一章　总　则

第一条　为搞好各办公场所的防火防盗管理，保障公司财产和员工人身财产的安全，特制定本规定。

第二条　本规定适用于公司所有部室、项目部的办公场所。

第二章　工作责任

第三条　公司董事长对防火防盗工作承担行政领导责任，公司总经理和分管安全工作的负责人对防火防盗工作承担管理执行责任。

第四条　各部室、项目部主要负责人对本单位的防火防盗工作全面负责，安全员（兼职）负有执行责任，每位员工对防火防盗工作均负有义务和责任。

第五条　公司安全委员会办公室（以下简称安委办）为防火防盗工作的主管部门，由安委办主任具体负责。

第三章　防火安全

第六条　公司安委办应经常组织防火教育，每个员工都应具备较强的防火意识，熟知报警方法，掌握日常防火常识，具备扑救初起火灾和自救逃生的能力。

第七条　办公场所内不得存放易燃易爆危险品，禁止使用电加热器皿。

第八条　各办公场所不得私拉、改动电气设备线路。因工作需要必须改动时，须报请行政管理部门批准，由专业电工进行作业。经常检查线路、插头，发现老化、接触不良、打电火花、跳闸等现象时，及时报告行政管理部门处理。

第九条　下班前，关掉办公场所所有电气设备电源（总经理办公室应保留一台处于开启状态的传真机）。办公场所要做到人走灯灭，杜绝长明灯现象。

第十条　不得在办公场所吸烟。在指定的吸烟区或业务洽谈场所吸烟，人离开后应将烟头掐灭并放入烟灰缸内，不得乱扔。

第十一条　每天清理办公垃圾，定期清理废弃物品，清理烟灰缸时应确保烟头熄灭。

第十二条　爱护配置的消防器材设备，不得挪作他用或损坏，注意维护保养。

第四章　防盗安全

第十三条　预防盗窃，人人有责。每位员工都应保持警惕，增强防范意识，自觉履行治安防范的责任。

第十四条　认真执行办公地物业管理方的安全防盗制度，进出办公场所对门卫检查主动配合；非办公时间进出办公场所应主动登记；接待来访客人遵守会客规定，应在接待区域会客，不得将陌生人带入和留在办公区域。下班后，不得在办公场所留宿。

第十五条　对公用贵重物品，各部室要登记造册，严格履行物品出入手续，做到账目清楚，账物相符，防止丢失。

第十六条　公用贵重物品，如微机、照相机、摄像机、打印机、传真机、投影仪、复印机及其他价值500元以上的单件物品，均应指定责任人管理，如有丢失，应及时报告。小型公用贵重物品不使用时必须存放在有锁的文件柜内。

第十七条　各部室公章应指定专人保管、使用，用后及时上锁，严防被他人窃用。保险柜应由责任人管理，钥匙（卡）不得乱放。

第十八条　严格执行现金、证件、公章和票证的各项管理规定，特别是要执行对现金库存限额、取送大宗现金、支票借用的规定。

第十九条　对进入办公场所的陌生人，每位员工均有义务主动问明其身份、事由、接洽人。办公场所无人时必须锁门，严禁出现门开无人的情况。

第二十条　经常检查办公场所的门窗和箱、柜的完好情况，发现损坏应及时通知行政管理部门修理。下班前要锁好箱、柜和办公桌抽屉，关好窗户，锁好门。

第二十一条　员工不得在办公场所存放大宗现金或贵重物品，装有现金和重要物品的提包、衣服不得随手乱放，其他私人物品应自己妥善保管。钱物因个人保管不当发生丢失，责任自负。

第二十二条　发生盗窃事件，发案部门应保护好现场，不要移动、触摸发案区域内的物品，迅速退出发案区，并及时报告安全管理部门处理。

第五章　附　则

第二十三条　对公司办公场所的防火防盗情况，由安委办牵头组织检查，对查出的事故隐患要提出限期整改的要求，对造成损失的，由安委办提出初步处理意见。

第二十四条　本规定自发布之日起实施，由公司安委办负责解释。

物业管理有限公司
安全事故报告管理规定（试行）

第一条　为使安全委员会（下简称安委会）能够及时、全面地掌握公司系统内所发生的各类、各级安全事故，有效控制灾害蔓延，抢救受伤人员，保护公私财产，避免严重不良社会影响，根据《中华人民共和国安全生产法》、《企业职工伤亡事故报告和处理规定》，特制定本规定。

第二条　本规定适用于各部门、项目部。

第三条　本规定所称安全事故，是指在公司各部门、项目部管理范围内由于自然或人为因素引起的造成人身伤害、经济损失、环境污染以及严重社会影响的事故。

第四条　安全事故发生后，事故现场有关人员应当立即直接报告所属部门（指公司部门，下同）或项目部主要负责人。部门或项目部主要负责人和安全管理人员接到事故报告后，应当立即报告公司安全委员会办公室（以下简称安委办），并在24小时内报送书面报告。

第五条　安全事故报告内容要详细，应包括事故单位、发生时间、地点和人员伤亡情况（列明姓名、性别、年龄、工种或职务、工龄、伤害程度）、事故简要经过和事故原因等基本内容。

第六条　发生重大、特大安全事故，由公司安委会负责向股东单位、地方安全生产管理部门、公安部门、人民检察院、工会报告，并统一对外发布消息。

第七条　安全事故处理完毕后，事故发生单位要于3个工作日内向公司安委会报送完整的《事故调查、处理情况报告书》。《事故调查、处理情况报告书》应包括事故调查（事故过程、现场保护、伤亡情况、经济损失情况等）、事故分析（事故原因、事故责任、事故预防措施）、事故处理（事故责任者处理意见、事故的善后处理）等基本内容。

第八条　事故发生后，如有隐瞒、虚报或者故意延迟不报的，除责成补报外，将对发生事故的部门或项目部主要负责人、安全管理人领导给予纪律处分和经济处罚，情节严重的追究其法律责任。

第九条　本规定由公司安委办负责解释。

第十条　本规定自颁布之日起执行。

物业管理有限公司
安全事故责任追究的规定（试行）

第一条　为了加强对安全工作的监督管理，更加有效地防范重、特大安全事故和严重环境污染事故的发生，减少各类安全事故，保障员工和企业的生命财产安全，特制定本规定。

第二条　本规定适用于各部门、项目部的主要负责人。

第三条　各部门、项目部的主要负责人对本单位的安全工作全面负责，应认真履行《中华人民共和国安全生产法》、《中华人民共和国消防法》、《中华人民共和国劳动法》等安全管理相关法律、法规、规章规定的各项职责，执行公司有关安全管理的各项规定，防范生产、消防、治安、交通、食品卫生、失泄密等各类安全事故特别是重、特大事故的发生。经政府有关部门或公司安全委员会（以下简称安委办）事故调查分析，认定对本单位发生的安全事故负有领导责任的，由公司安委会按本规定给予通报批评、罚款或免职的处罚。

第四条　各单位在生产经营活动中出现下列安全事故情况或事故累计达到下列指标（其

中直接经济损失指获得保险赔偿前的损失金额），该单位主要负责人将被给予通报批评，同时可并处罚款：

1. 因安全事故一年内累计造成 3 人以上（含 3 人）死亡且被认定应承担一定责任（每人赔偿金额超过 10 万元人民币）。

2. 本单位员工因工死亡一年内 1 人以上（含 1 人）或重伤 2 人以上（含 2 人）；农民外包工因工死亡、重伤累计 3 人以上（含 3 人）。

3. 道路交通事故一年内累计造成 2 人以上（含 2 人）死亡且承担主要责任。

4. 因安全事故一年内累计造成直接经济损失 50 万元（人民币，下同）以上。

5. 发生一次 10 人以上（含 10 人）严重中毒或 30 人以上（含 30 人）轻微中毒的群体性中毒事件。

6. 发生其他对公司形象造成较坏影响的安全事故。

第五条　各单位在生产经营活动中出现下列安全事故情况或事故累计达到下列指标（其中直接经济损失指获得保险赔偿前的损失金额），该单位主要负责人将被给予免职处理，同时可并处罚款：

1. 道路交通事故一次造成 3 人以上（含 3 人）死亡，且被交通管理部门认定应承担主要责任。

2. 除交通事故外，一次死亡 3 人以上（含 3 人）的任何重大安全事故（包括农民外包工）。

3. 本单位员工因工死亡一年内 3 人以上（含 3 人）或重伤 6 人以上（含 6 人）；农民外包工因工死亡、重伤累计 8 人以上（含 8 人）。

4. 因安全事故一次造成直接经济损失 300 万元以上或一年内累计造成直接经济损失 500 万元以上。

5. 发生一次 100 人以上（含 100 人）急性中毒的群体性中毒事件。

6. 发生其他对公司形象造成严重影响的重、特大安全事故。

第六条　各单位主要负责人对下列重、特大安全事故的防范、发生，依照有关法律、行政法规和规章的规定有失职、渎职情形或者负有领导责任的，除进行公司内部处理外，构成玩忽职守罪或者其他罪的，交由政府有关部门依法追究刑事责任：

1. 重、特大火灾、爆炸事故；

2. 重、特大食品卫生安全事故；

3. 重、特大交通安全事故；

4. 重、特大经济犯罪案件；

5. 重、特大刑事治安案件；

6. 重、特大环境污染事故；

7. 其他重、特大安全事故。

第七条　重、特大安全事故的具体标准，按照国家和政府部门的有关规定执行。

第八条　对发生安全事故不及时上报、隐瞒不报、谎报的单位主要负责人从严处理。对发现重大险情不及时上报、隐瞒不报、谎报的单位主要负责人，在绩效考核中扣除满分总分值的10%。

第九条　发生本规定中列明的安全事故的单位，一年内取消参加综合性荣誉称号和奖励评选的资格。取消该单位主要负责人获得综合性荣誉称号、综合性奖励和升职、加薪的资格。

第十条　重、特大安全事故发生后，有关单位应当迅速组织救助，尽一切可能将事故损失降到最低程度，同时按照公司有关规定的程序和时限报告。

第十一条　重、特大险情和安全事故发生后，除按照国家有关规定由政府主管部门组织调查组对事故进行调查外，公司也要按照股东单位的要求组成调查组对事故进行内部调查，并提出调查报告。一般情况下，由政府主管部门进行调查的事故，公司安委会将以政府主管部门所做的责任判定和调查结论为准，其他以公司的调查结论为准。在事故发生之日起60日内，由公司安委会全体会议对有关单位主要负责人作出处理决定并公布。

第十二条　各单位应按照"四不放过"（事故原因未查清不放过、责任人员未处理不放过、整改措施未落实不放过、有关人员未受到教育不放过）的原则处理安全事故，制定并实施对职能部门领导、主管人员、所属肇事单位负责人或肇事者个人的责任追究制度。

第十三条　重、特大安全事故肇事单位和个人的刑事处罚和民事责任，交由政府有关部门依照有关法律、法规处理。

第十四条　本规定由公司安委会办公室负责解释。

第十五条　本规定自颁布之日起执行。

物业管理有限公司
安全事故应急救援预案（试行）

1.《预案》制定单位

公司安全委员会。

2. 事故应急处置原则

迅速反应，沉着冷静；果断决策，科学救援；及时取证；积极抢救生命，努力降低损失，控制事态发展；真实披露信息，依法调查处理。

3. 安全事故分类

本预案所称的安全事故，指在公司的生产经营活动中或与公司生产经营相关的活动中发生的意外突发性事件，通常会使正常活动中断，造成人员伤亡或财产损失。其范围一般包括：火灾事故，交通事故，中毒事故，恶性治安案件，自然灾害等。

（1）一般事故：没有造成死亡或直接经济损失在 1 万元以下的事故。

（2）较大事故：死亡 1 ~ 2 人或重伤 3 ~ 9 人，直接经济损失在 1 万 ~ 10 万元的事故。

（3）重大事故：死亡 3 ~ 9 人或重伤 10 ~ 20 人，直接经济损失在 10 万 ~ 100 万元的事故。

（4）特大事故：死亡 10 人以上（含 10 人）或重伤 20 人以上（含 20 人），直接经济损失在 100 万元以上的事故。

4. 事故报警

（1）发生"一般事故"，由公司所属的事故发生地管理单位立即按相关应急处理程序处理，并及时将事故原因、事故情况书面报公司安全委员会（以下简称安委会）。

（2）发生"较大事故"级别以上的事故，事故发生地管理单位立即按相关应急救援预案组织现场救援，同时按公司事故报告的有关规定将现场救援情况报公司安委会办公室（以下称安委办），安委办负责通知应急救援组织机构的人员到达各自工作位置，按照应急指挥部的决定，统一指挥和组织协调救援工作。

（3）安委办电话：010 – 66493428

第一接报联系人：安委办主任

第二接报联系人：公司分管安全的负责人

5. 应急救援组织机构

（1）应急指挥部

指挥长：总经理

副指挥长：公司分管安全的负责人

指挥员：公司其他高管、各项目主要负责人和分管安全的负责人

（2）应急指挥部办公室

负责人：公司人事行政部经理

成员：各项目办公室、保卫部门负责人、公司本部工作人员

（3）现场指挥组

由事故发生地管理单位的主要负责人担任现场总指挥，分管安全的负责人或保卫部门负责人担任现场副总指挥，各应急工作小组组长为成员。

（4）事故应急工作小组

①技术支持组

组长：公司工程总监

组员：事故发生地管理单位的工程技术人员

②医疗救护组

组长：公司人事行政部副经理

组员：事故发生地管理单位的人事行政部人员

③后勤支持组

组长：公司财务总监

组员：公司采购人员，事故发生地管理单位的财务、餐饮人员

④通信联络组

组长：各项目办公室负责人

组员：事故发生地管理单位的办公室人员

⑤消防治安组

组长：各项目保卫部门负责人

组员：事故发生地管理单位的安全保卫人员

⑥公众信息组

组长：开发部经理

组员：事故发生地管理单位的客户服务（物业管理）人员

⑦事故调查组

组长：安委会负责人

组员：公司各部室负责人，安委会部分成员

（5）工作位置

①应急指挥部的工作位置设在事故发生地管理单位的中央控制室，现场指挥组位置应选择在事故现场内危险性最小的地方。

②应急指挥部办公室的工作位置设在事故发生地管理单位的办公室。

③各事故应急工作小组的工作位置视事故情况由应急指挥部决定。

（6）应急救援机构须备有以下资源

①通信设备：包括固定电话、移动电话、近距离对讲设备等。

②急救设备：包括急救药品、器具、设备等。

③抢修设备：包括登高设备、照明设备、维修工具、备用品等。

④消防器材。

⑤防护用品：包括防护服、防护帽、防护眼镜、手套、呼吸器、防毒面具等。

⑥测量设备。

⑦图表：包括组织机构图、通信联络图、平面布置图、应急处理流程图（统筹图）等。

⑧有关名单表：包括外部救援机构联系表、关键岗位人员名单、全体人员名单等。

⑨标志明显的服装或显著的标志、旗帜等。

6. 职责分工

（1）应急指挥部：全面掌控事故情况，统一调配公司系统内的人力、物力、财力资源，下达抢险救援重要举措的命令，准确、翔实地向股东单位和国家政府的相关部门报告救援抢

险情况，对事故的善后工作作出妥善安排。

（2）应急指挥部办公室：收集、汇总来自事故救援现场、事故周边地区、社会医疗救助机构及公司系统内各单位的有关抢险救援的工作信息，将应急指挥部的决定、命令和股东单位、政府有关部门的指示迅速、准确地传达给相关责任人，搜集、提供救援人员的名单和联系电话、死亡受伤被困失踪人员的名单及家属联系方式、地方政府和紧急服务机构的地址和电话、事故现场示意图、设施设备的技术资料及其他与抢险救援有关的信息（如气象信息等）。

（3）现场指挥组：按照本项目部已有的事故应急预案，由现场总指挥（副总指挥协助）负责，在第一时间立即组织展开事故现场救援工作，并随时向应急指挥部直接汇报事故现场情况。

（4）技术支持组：根据事故现场的技术资料和事故现场内观察到的情况为科学、安全地实施救援措施给应急指挥部和现场总指挥提供参考建议。

（5）医疗救护组：按照应急指挥部命令，到各个接收受伤人员的医疗机构协助进行抢救工作，及时将伤员的救治情况向应急指挥部办公室报告，协助医院排除与救治工作无直接关系的单位和个人对救治工作的干扰，引导死亡受伤人员的家属到公司统一安排的接待地点。

（6）后勤支持组：全面协调公司系统内的车辆、通信工具、抢险救援物资，保证抢险救援人员的抢险及饮水用餐需要，及时联系保险公司办理理赔事宜，妥善安排死亡重伤人员的家属到安全、不被外界打扰的休息地点。

（7）通信联络组：会合事故现场的通信联络人员，均衡分布事故现场内的通信联络员，全面、翔实地搜集现场抢险排险救援的情况，由组长负责随时将集中整理后的现场情况向应急指挥部办公室通报。

（8）消防治安组：指导、支持事故现场的现场保护、事态控制、人员疏散、火险防范等项工作，协调北京市公安、消防等政府有关部门寻求支持与帮助，调派保安力量保证事故现场、死亡重伤人员家属休息地、信息发布场所等地的秩序与安全，并加强公司系统内其他项目的治安防范与保护。

（9）公众信息组：按照政府、股东单位有关部门的指示和应急指挥部的命令选择安全地点，及时公布有关事故抢险救援情况的消息、图片、录像、资料。

（10）事故调查组：按照事故原因没查清不放过、责任人员没处理不放过、整改措施没落实不放过、有关人员没受到教育不放过的"四不放过"原则，发现、取得、保存事故证据，分析、判定事故原因与责任，配合政府有关部门开展事故调查工作，撰写事故报告，提出事故应急救援预案的改进建议。

7. 社会救援机构电话

急救中心：120

公安民警：110

消防武警：119

8. 工作制度

（1）值班制度

①应急救援机构实行 24 小时不间断值班。

②应急指挥部所有成员的手机必须随时处于开启状态。

③值班人员不准擅自离岗，并定期做好值班检查及各种记录，保证报警、通信仪器、设备处于良好状态。

④严格交接班，无人接班时不得下班。

⑤值班人员接到事故报警后，须立即按照应急预案规定的程序处置，及时救援，并向上级报告。

（2）例会制度

定期召开有指挥人员和各救援专业组负责人参加的安全例会，研究应急救援现存的问题，改进工作。

各项目部的安全保卫部门在每日召开的工作例会上，应把处理突发事件的内容作为重要议程之一。

（3）应急救援设备管理制度

①应急救援设备，按照存放地点和所有权，由各项目部分别保管，并指定专人负责。

②做好使用登记，严禁装备随意挪用。

③保持设备完整清洁。

④定期按规定检查、更新和维护保养。

⑤发生故障立即报告，并及时维修。

⑥不得拆除随机附件，必须保证做好各种记录。

（4）应急救援预案培训制度

①把应急救援预案培训列入安全教育培训计划，并作为重要内容。

②定期举行消防及其他内容的实操演练。

③每次演练之后，对演练结果进行总结，及时改进。

④加强对各项目部应急救援能力的检查。

安全月度会制度

为切实做好公司的安全保卫工作，加强公司安全委员会与各项目安全保卫工作人员的沟通，公司决定每月召开一次安全保卫工作沟通会议，并形成制度。具体要求如下：

一、参会人员范围

公司安全员、项目主管安全副总经理、安保部经理。

二、会议时间

每月下旬，时间另行通知。

三、会议主要内容

1. 传达、学习上级关于安全工作的重要指示和要求；
2. 汇报项目本月安全工作总结和下月安全工作重点计划；
3. 布置公司安全工作阶段性要求；
4. 工作协调。

四、要求

1. 会议的具体时间、地点由公司安委办负责通知并召集；
2. 相关人员必须准时参加会议，会后向主管领导及时汇报，并组织贯彻执行；
3. 如确因工作安排无法参加会议，要提前向安委办请假；
4. 安全总结和计划要以电子版形式上报公司安委办。

第八部分　行政办公应用指南

会议纪要的写作方法
公文拟写要点
如何做好会务的组织工作
OA 使用指南

会议纪要的写作方法

一、会议纪要的概念

会议纪要是一种记载和传达会议情况或主要精神、议定事项等内容的规定性公文。

二、会议纪要的分类

会议纪要大致有两种类型：

1. 办公会议纪要。又称日常行政工作会议纪要。主要用来反映党政机关、人民团体、企事业单位的领导机关开会研究问题、部署工作的情况，其作用是为机关单位工作的开展提供实在的指导和具体的依据。

2. 专项会议纪要。各种各样的交流会、座谈会、研讨会的会议纪要，多属于这一类型。这种会议纪要常常通过对涉及有关工作的重要方针、政策理论原则问题的交流、讨论情况的纪实，给人们以深刻的启发，给工作以宏观的指导。但是它未经领导机关批转，就不具有像办公会议纪要那样的行政约束力。

三、会议纪要的格式

会议纪要的组成一般有会议名称、参加人、时间、地点、内容等几部分。内容包括：开头、主体、结尾。如与会者发言，则要记每个人的发言（主持人讲话、发言、领导总结）。

1. 基本情况。即会议名称、参加人、时间、地点等，要写清楚。

2. 标题。例会、办公会议纪要的标题，要求标明是何单位、何种性质的会议。其他会议纪要的标题一般由会议召开单位、会议名称和文种组成，也有只由会议名称和文种两面三项内容组织的。

3. 开头。简要介绍会议的基本情况，叙述召开会议的根据、目的、会议的起止时间、地点、参加会议的人员、会议的基本议程、主要活动和会议的结果。

4. 主体。紧承开头。具体阐述会议讨论的问题和意见、结论和决定以及对今后工作所提出的要求，从而把会议的主要精神和成果全面、具体、详尽地反映出来。如市领导讲话，就把讲话的要点写出来，如是大家发言，要从发言中总结归纳要点。这一部分是会议纪要的中心，常见的写法有两种：

（1）叙述式。就是把会议的发言、讨论情况加以综合分析，围绕中心内容，归纳概括成几个部分，分条分段用"一、二、三……"的形式或冠以小标题进行排列，标明层次，然后对各个部分作完整系统的说明和阐述。这种写法的优点是：拟写灵活，纲目清晰，层次分明，便于将问题讲深讲透。

（2）记录式。既可按会议发言顺序，把握发言要点，将发言者的观点、论据如实记录整理；也可按会议讨论的问题，分别列出小标题，然后在小标题的下面，写出重点发言。这种写法较概括叙述式简便，一般小型会议、专业性会议或座谈会多采用此种写法。

5. 结尾。一些会议纪要不单独写结尾。主体部分的最后一个问题写完即收束全文。有些会议纪要单独写一段结尾，或是会议主持人或其他领导人的总结讲话；或是对会议作出一些基本估价，提出希望。有时可以自然结尾，不必刻意讲些什么，更不能脱离会议自己编撰东西。

四、如何拟写会议纪要的标题

标题是会议纪要的一个不可缺少的组成部分。会议纪要的标题有以下几种写法：

1. 会议名称＋文种

2. 会议名称＋纪要内容＋文种

3. 发文单位名称＋会议名称＋文种

4. 正题＋副题。正题阐述会议的主旨、意义，副题交代会议的名称、文种。

会议纪要是在会议记录的基础上产生的，它是对会议记录的归纳和概括。因而它虽然来源于会议记录，但却又明显不同于会议记录。

会议记录不是公文，只是一种事务文书，是会议情况的原始记录，是拟写公文的原始参考材料。因此，会议记录一定要按会议的实际进程详细地记录开会的情况和每位发言人的发言。真实地反映发言人对每个议题的看法和意见，不能随意增删。一般说发言人怎么说就怎么记，不能人为地加以整理和归纳，尤其是会议在某一问题上出现分歧的时候，会议记录更要准确详尽地把分歧意见完整地记录下来，以体现会议的实际面貌，若想了解会议的全过程，查看当时的会议记录是最佳的方法。

会议纪要是一种正式的公文，它记载的是会议的要点（与会各方所达成的共识），诸如会场的气氛、会上的分歧、每位发言人的详细发言等过于细致的情况在纪要中是不可能得到完整全面的反映的。因此我们说，想从会议纪要中看到会议的全貌是不可能的。

这个问题同时也在提醒我们，拟写会议纪要时一定要本着"记录要点"的宗旨，概括地传达会议的精神和要求，不能缺少必要的归纳，否则就会将会议纪要写成会议记录。要想把会议纪要写好，首先就要明确开会的目的，其次要通盘了解会议的进行情况，最后还要仔细分析研究会议的发言记录和其他相关的文字材料。在通盘了解、全面把握会议的进程的基础上写成的会议纪要才是成功的会议纪要。

公文拟写要点

公文该怎样写？公文应该有一种形式，但决定文章怎样写的根本要素是内容，而不是形式。公文无非是一个载体。评价公文写得好与坏，主要看内容好不好，有没有真知灼见，有没有针对性和指导性。避免假、大、空。目前机关中很多公文的弊病多出在这个方面。一是内容空，言之无物。二是篇幅长，洋洋万言，毫无重点，空洞无物，像一本流水账。三是论述混乱，不知所云。写好公文关键在于内容好，能够准确无误地表现出行文的目的，有真知灼见，给送达对象以指引、启迪和遵循。

作为公文写作来说，虽无定法，却有基本固定的格式，根据实际工作体验，公文写作有许多带有普遍性、规律性的东西，这也是写好公文必须把握住的。主要把握：主题鲜明、结构严谨、语言简明、词句通顺。

一、切实领会好领导意图

公文是为领导活动服务的，是领导者从事行政领导管理活动的重要手段，因而能否真正领会好领导意图，是关键。熟悉领导意图主要是要明确领导讲话的实质含义，要理解领导要达到什么目的，懂得领导希望大家如何做，有了这几个了解，在行文的时候，就容易达到领导的意图。如何能更好地领会领导的意图呢？首先是要关心政治，关心时事，了解国家的大政方针；其次是了解行业的特征，市场的变化学习，知道本行业在做什么，发生着什么事情；其三是了解公司（企业）的发展规划，企业的现状，企业文化，企业的特征等，还要了解领导的习惯。所谓领导的习惯，包括领导的文化氛围，思维方式，讲话习惯，工作方法，甚至性格特征和好恶。这样才能达到预定的目的。

二、平时注意积累素材

平时要注意积累素材，拥有充分的素材是撰写好公文的基础。公文写作，许多时候是素材的归纳、加工和升华的过程。

素材是公文写作的基础，如同搞建筑一样，必须有水泥钢筋、木石砖瓦等建筑材料。要注意"备料"一定要充裕，"材料"要包括思想观点，特别是一些带战略性的思想。有人对收集材料觉得不重要，不当回事，而在写作运用时却常常有了新的认识，感到它的使用价值了，后悔没有积累，再找时间来不及了，甚至无法找到。所谓材料，包括得十分广泛，主要有与公司（企业）有关的国家的、地方的、行业的方针政策；行业的标杆和企业的资料；公司的各种文案、领导讲话、会议记录、各种活动记录等。材料要注意保管，使用时要会分析，不能把所有的材料一股脑地都堆在一起，而是用什么，选什么，不用的继续保存。

三、选好结构，凝练主题

任何文章，包括公文写作，都有结构和主题的问题。一篇好的文章，要有一个明确的目的，就是主题，公文的目的性更加清晰。如何把主题表达好呢？结构很重要。如同盖房子要先有四壁，做衣服要有款式一样。衣服的品牌，其实就是板型的好坏。板型好，美观又合身。

安排结构要考虑到以下四点：第一，全面考虑阐述问题、分析问题、解决问题的需要。第二，层次段落要围绕主旨，按照表现事物本质和特征的需要来安排。第三，条理清楚，方便表述，符合人们的认识规律，便于阅读、领会和接受。第四，各部分、各层次之间有正确、严密的逻辑和照应关系，使通篇浑然一体。

结构不是花架子，是根据文章的需要，巧妙安排文章材料的一种顺序和层次。

深入发掘主题，就是把自己要表达的意思，或要传达的意思深化，使其更加突出、明确。凝练主题要做到了解领导意图，适合企业发展要求，符合本文的宗旨，切不可盲目拔高，不切实际。

四、使用公文语言

公文写作要使用公文语言，要注意词义概念的准确，口语与书面语的差别。要注意：实事求是，言之有物，不能虚假浮夸；不能华而不实。要鲜明生动，简洁朴实。还要注意，不同文种的公文，语言特色是不同的。指导性公文（如指示、命令），语言要严谨、庄重、简洁；告知性公文（如通报、公告、通知），语言要通俗、具体、准确；报请性公文（如请示、邀请、聘请），语言要恭敬、明确；法规性公文（如条例、条令、规章制度），语言要简约、严谨、准确；纪要性公文（如会议纪要），语言要概括、凝练。

在起草机关公文时，必须针对特定的事因和对象，注意机关公文的语法语气。有利于提高企业在社会管理中的影响力和号召力。同样，领导的讲话、报告、讲演等也要注意语法语气，这样能进一步体现领导者的讲话意图，有利于实现领导者所要追求的目的。

如何做好会务的组织工作

会议无论规模大小，也不管属于什么性质，都需要会务保障。会务工作完成得好坏，直接影响到会议的质量和效果，甚至直接导致会议的失败。

会议工作的三个阶段：会前准备、会间服务、会后总结。

一、会前准备

1. 有关组织协调工作

事先，需要对会议的议题、时间、地点、会期、日程、与会人员、会议使用设备、会议横幅、场地等方面进行细致的协调、安排、准备。会议筹备的各项服务及后勤工作，如：签到、入座、记录、水、电、住宿、餐饮卫生、交通、通信、录音、录像等将每项工作落实到人。要做到万无一失，保证会议召开。

确定会议名称：

①根据会议的主题和议题来确定，即要名副其实。

②要用精练的文字高度概括出会议的主题，使人一目了然。

③会议名称应当用全称。

2. 拟定议程、日程、程序

会议程序是一次会议活动顺序的详细过程和步骤。规模较大、活动较多、时间较长的会议往往同时制定议程、日程和程序，以适应不同的需要。

3. 选择会议人员：根据会议议题确定参会人员。

4. 选择合适的会议地点。开会前要彻底检查开会场地；如果在公司以外的地方开会，更要事先考察、落实。

5. 检查会议地点、会场、会议设备等如会议室、休息室、餐厅等所有场所（包括：电源、音响设备、徽标、桌签、鲜花摆放、投影、白板、纸、笔、茶水、签到台以及服务人员是否到位等）。

6. 检查客房、餐厅设备及卫生情况；检查交通及停车是否便利。搞好食宿安排。用餐的时间、地点以及菜单要提前计划和安排。依据客人的身份、职务、级别事前预订客房。

7. 及时发出会议通知。会议通知的发送，应让参会者在接到通知后能够有时间做好赴会准备，并能准时到达会场；如需回复的会议通知，则应提前发送；重要的会议，通知发出后还要及时用电话与对方联系，询问对方是否收到以及是否赴会。

8. 准备会议文件。会议文件要保证质量，打印装订，每人一份，在会议召开之前摆放到会议桌上。重要的会议，会议文件要提前送交到参会人员手中。有些文件要编号，发放之前要登记（如董事会文件等）。

9. 布置会场。布置会场要根据会议的性质、内容、级别、参加人数的多少、季节、会议的重要程度等，决定会场如何布置。还要注意一些相关的细节，如座次的安排、名签的摆放、有无茶歇等。

二、会间的组织与服务

1. 会议前的接站工作

（1）指派专人负责；

（2）固定专车；

（3）注意接送站礼仪。

2. 报到、签到与入场工作。按照顺序由专人负责，报到—签到—引领入场。

3. 做好会议记录。要做到"完整、真实、简洁、快速、规范"。

三、会后工作的处理方法

1. 安排与会者返程

（1）搞好返程票的购买、发送工作；

（2）安排好送站车辆；

（3）搞好送行工作。

2. 善后处理

（1）检查参会者是否遗漏物品；

（2）收集会议文件，特别是涉及重要的、保密的文件不要遗漏在会场；

（3）退还设备。

3. 总结、整理会议纪要，并落实会议决议。

OA 使用指南

物业集成信息系统快速入门

1. 鼠标右键点击桌面 IE 图标，点击"属性"出现 Internet 对话框，点击 Internet 临时文件中的"设置"选项，弹出设置对话框，选择每次访问此页时检查。该项很重要，请一定设置。

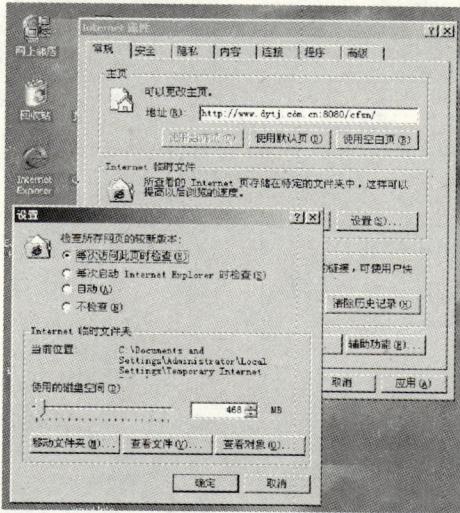

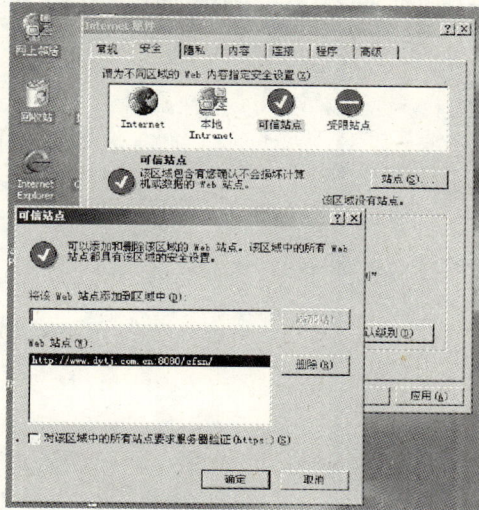

2. 将集成系统地址 IE 添加到可信站点中，设置的方法是进入 IE 工具→选项→安全→可信站点→添加站点。

将 http：//192.168.100.93/myapp/添加到信任站点里。

取消 https 的选择项目。

3. 关闭 3721 等类似的广告拦截软件的广告软件功能和脚本禁止功能。（建议）

4. 登录互联网。使用 ADSL 或者专线等方式快速登录互联网。

5. 在 IE 地址栏中输入 http：//192.168.100.93/myapp/回车进入集成系统的登录界面。使用管理员预先设定的口令和密码进入首页。

6. 进入个人设置，将 OA 用户名称和密码及您使用的其他系统的用户名称和密码，比如采购系统的密码进行设定，然后点击左侧相关系统列表即可进入到相关的系统。

7. 普通用户通用图形操作符说明。

→	下一步
📄⁺	添加行
✕	删除行

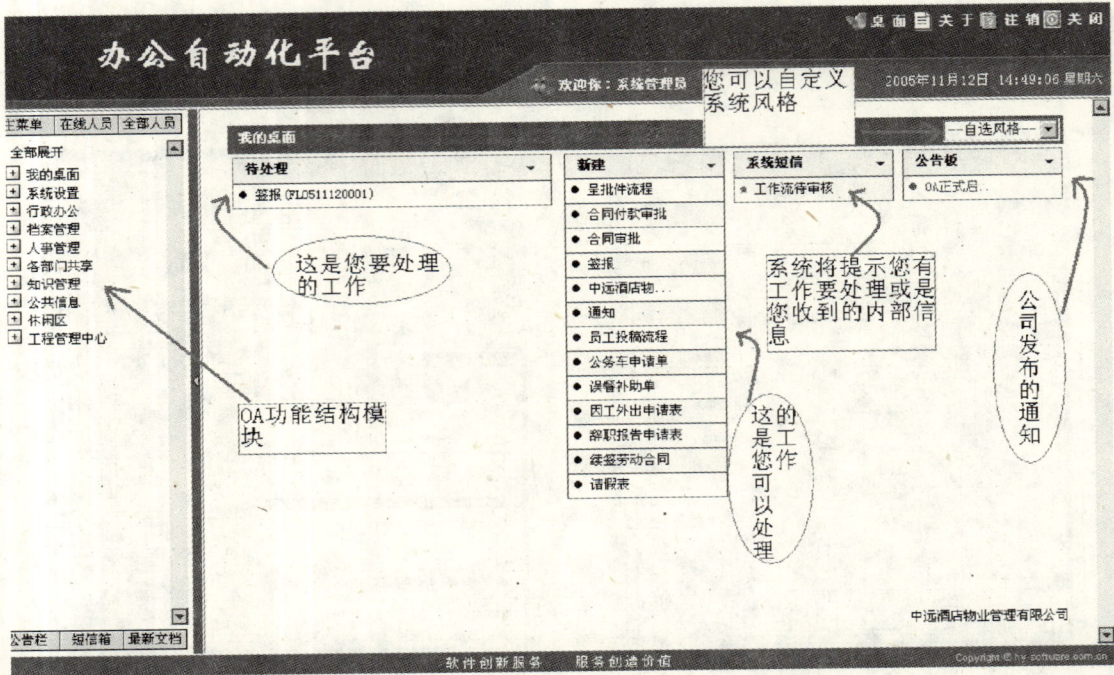

办公 OA 系统快速入门

1. 通过刚才介绍的集成平台，用户可以根据已经设好的用户名称和密码登录到办公 OA 系统。点击集团 OA 即可进入主界面：

主界面简介：

登录成功后，进入"华宇 OA"的主页面，如上图。主页分成三个区域：上方 BANER 标志区域，左侧树型菜单，右侧工作区域。

BANER 标志区域用来标志和美化整个页面的效果，在新的工作列表出现时，在"待审核工作"即待处理区域右侧会出现""的一个悬浮标志，点击对应的处理工作可以查看细节。左侧的活动树型菜单，方便用户进入到系统提供的功能区域，通过点击""，可以展开树型的下层菜单，操作方式类似于 Windows 的资源管理器。右侧区域分布六个活动的快捷菜单，功能分别如下：

主菜单：快速便捷地切换至系统的主菜单；

在线人员：切换查看当前在线人员，并可以对其发送系统短信；

全部人员：切换查看系统所有用户，并可以对其发送系统短信；

公告栏：快速便捷地切换至系统的公告栏；

短信箱：快速便捷地切换至系统短信箱；

最新文档：可以查看各部门发布的信息。

右侧的操作区域是一般窗口的显示区域，用户在这个区域中输入输出数据，如果用户在这个区域中感觉狭小的话，也可以点击用于左、右分界的蓝色条来隐藏左侧树型菜单。

本系统希望普通用户的基本操作界面在桌面完成，即桌面的"新建"、"待处理"、"系统短信"、"公告板"。

新建：当前登录用户可以进行工作，比如某个职员可以在此发起签报的工作，即发起一个工作流程；

待处理：显示需要您处理的工作列表，该工作一般是其他人给您交办的任务；

系统短信：显示其他人员给您发送的信息，或者系统提示信息；

公告板：显示公司发布的一些公告信息，每个用户都可以在这里查看到公司的公告。

2. 用户通用图形操作符说明

	增加	通常用于单据处理,例如增加单据中新内容等
	删除	表示将选中的信息删除
	编辑	编辑单据内物品
	清除	清除与删除不同,表示本单没有此内容,以后单据可能会用到
	下一步	
	详细信息编辑	
	退费	
New!	新信息	
	所属角色	
	打印	
	详细信息	
	停止,终止	（通常用在供应商和操作员停用）
	启用	（通常用在供应商和操作员停用）
	预览	

★	特急,短信息的紧急程度	
☆	紧急	
✳	一般	
⊞	可以展开,菜单可以被展开	
⊟	可以收缩,菜单可以被收缩	
⌐⌐	风格设定,表单管理中很有应用	
▭	关联设定,表单管理中用来设定表间关联	
⚿	权限管理,表单中存在应用	

智能化与信息化管理

为了推行精细化管理、精细化服务,提高服务品质,打造高端物业,坚持"以人为本,业主第一,满意服务,安全保障"的工作方针,全面结合先进的计算机信息技术和先进的智能设备,采用华仪软件系统工程有限公司开发的智能物业管理系统,充分利用新技术新手段创新服务、提高企业综合竞争能力,建立高效的"一站式"客户服务支持平台,建立客户服务快速反应系统,为客户提供"合格+满意+惊喜"的服务。

1. "一站式"服务平台

华仪智能物业管理系统对所管项目物业的各项资源进行了全面整合,统一了物业管理所有资源(包括:客户信息资源、营运资源、卡片信息资源、网络资源、客户互动服务资源),形成了物业"一站式"服务支持平台,实现了高度智能化的物业管理。具体统一资源如下:

- 统一客户信息资源(客户、人员、车辆);
- 统一营运资源(餐厅、商务中心、超市、邮局、票务中心、洗衣店、停车场等);
- 统一卡片资源(门禁卡、考勤卡、电梯卡、就餐卡、浴室水控);
- 统一网络资源(局域网、互联网);
- 统一客户服务请求互动资源(PC电脑、手机、PDA)。

依托"一站式"服务平台,智能物业管理系统集成了物业门户网站、社区综合服务信息系统、客户网上自助服务系统、客户关系系统、安全保卫及消防信息系统、物业收费系统、环境管理系统、工程管理系统、人事管理系统、门禁消费一卡通系统、物业餐厅就餐浴室水控一卡通系统、供应链管理系统、办公管理系统等。

- 门户网站：包括物业公司介绍、客服中心、物业公告、特色服务、政策法规等内容，同时提供客户服务交互功能，实现网络报修、意见投诉、缴费查询等功能。
- 客户关系：对客户公司档案、主要联系人及高管人员信息档案以及客户车辆档案进行登记管理，对客户的各项客服事件记录以及缴费消费记录进行查询统计分析。
- 综合服务：对物业公司日常业务进行处理，具体包括：房产管理、合同管理、日常服务、收费管理、工程管理、安防管理及环境管理等。
- 协同办公：实现公告通知、公文流转、会议记录、档案资料管理等功能。
- 供应链管理：实现物资申购、审批、采购及库存管理，对采购过程中的供应商、价格、采购数量进行控制与管理。
- 人力资源：对员工档案、合同信息、教育培训、考勤记录、薪资发放以及人员流动进行管理。
- 餐饮管理：对物业经营的餐饮、娱乐、商务中心等项目进行收费管理。
- 一卡通系统：以非接触式智能 IC 卡为信息载体，实现集成一体化的综合管理系统，实现门禁、餐饮消费、会所康乐消费、员工浴室水控等服务功能。
- 社区信息：天气预报、购物信息、邮局、医院、政府机构、周边规划、游乐场、超市、学校公众数据、电话号码、邮政编码、票务等社区服务信息。

2. 客户关系管理系统

建立了高效的客户管理和信息处理平台，实施 CS（客户满意）战略，以客户为中心，把客户的需求作为物业管理服务工作的输入，在服务中最大限度地使客户感到满意，对客户实行一对一专员式服务，对客户高管及重要联系人进行详细的分级档案管理。

- 客户基本信息：客户编号、客户类别、客户名称、地址、电话、传真、电子邮件、邮编等。
- 高管及联系人信息：姓名、性别、年龄、爱好、职业、职务、职称、称谓、民族、籍贯、特长、家庭成员、起居习惯、饮食习惯、禁忌、疾病等。
- 客户人员信息：姓名、性别、身份证号、一卡通卡号（与一卡通系统共享人员信息）。
- 客户缴费信息：缴费记录、欠费记录等。
- 客户合同信息：房间信息、车位信息等。
- 客户诉求信息：客户报修、意见建议及投诉。
- 关怀备忘：公司开业庆典慰问、公司成立周年庆典慰问，VIP 生日关怀。
- 满意度调查：专项调查、季度调查、满意度分析。

- 综合查询：可以通过多种查询手段（PC 电脑、PDA），通过房间、车辆、客户找到相关详细信息。

3. 智能物业一卡通系统

智能物业一卡通管理系统以非接触式智能 IC 卡为信息载体，实现集成一体化的综合经营管理系统，实现物业员工餐厅售饭、门禁、浴室水控以及客户加班门禁、餐厅、商务中心、美容美发等消费站点服务结算功能。

物业员工一卡通：

- 考勤；
- 门禁；
- 员工餐厅就餐；
- 员工浴室水控。

客户一卡通：

- 客户门禁；
- 电梯楼层通行控制；
- 加班门禁；
- 餐厅就餐；
- 消费站点充值消费。

4. PDA 无线智能手持系统

借助无线局域网络，可以部署对客"随需而至"的智能客户服务网络，摆脱有线网的束缚，提升客户对智能楼宇的认知，采用 PDA 实现如下功能：

- 大堂前台：手持 PDA，查询客户信息，实现移动办公；
- 安防：巡检信息查询，车辆信息查询；
- 餐饮：餐厅无线点菜；
- 工程：无线报修，派工；
- 保洁：日常巡检。

5. 企业门户网站建设

（1）服务介绍及企业宣传

- 服务介绍——详尽介绍服务内容、特点、适用范围及服务收费。
- 物业公告——各种物业通知公告的查询。
- 公司简介——介绍公司组织结构、企业资质、企业荣誉、发展历程等。

（2）综合信息服务

- 常用信息——常用电话、邮政编码等。
- 地理位置——介绍区域性地理分布，如周边规划、设施、交通等。

- 政策法规——介绍相关物业管理相关政策法规。

（3）客户互动

- 网上报修。

- 意见建议。

- 投诉。

- 缴费查询。

- 填写满意度调查问卷。

6. 协同办公与扁平化管理

采用先进的计算机协同办公管理系统，最大限度地实现信息的共享，便于企业实现扁平化管理，减少中间层次，增大管理幅度，使企业高管可以实时同步查看各项信息，变被动管理为主动管理，提高决策的准确性和效率。

- 行政审批：上传下发、流程监控、流程查询。

- 个人事务：日程安排、内部邮件、通信录、备忘录。

- 公共信息：知识库、公告栏、信息共享。

7. 手机短信信息平台

- 客户网上报修后，发送短信到值班工程师的手机。

- 给客户群发或单独发送慰问信息。

- 待处理工作定制提醒。

第二章　人力资源管理

一、概　　述

按照物管中心的政策，所有部门的人员数目应按照物管中心下发的组织结构图及所定人员编制设立。

（1）物管中心人事行政部负责对组织机构图定期审阅、更新，如编制上须作更改，应报请中心总经理、公司总经理批准后通知所有部门经理。

（2）所有部门应该按组织结构图运作，人员数目不能超过定员。

（3）结构图及定员有所改变，必须事先获得中心总经理书面批准。

（4）本规定自下发之日开始执行，由中心人事行政部负责解释。

二、入职管理

（一）员工合同

为实现物管中心和劳动者就业的双向选择，充分调动员工的积极性，维护中心和员工合法权益，必须与员工签订劳动合同。

1. 合同种类

（1）正式用工：签署劳动合同。

（2）短期用工：签署劳务合同及补充协议。

2. 规定

（1）员工签订的劳动合同必须遵守国家的有关法律、法规，一经签订，就具有法律效力，双方必须严格遵守。

（2）作为劳动、劳务合同文本附件的各项规章规定，随劳动、劳务合同的签订而具有法律效力。

（3）合同的期限：

①劳动合同期限分为半年、一年。

②短期用工劳务合同期限一般为半年。

③合同的续订、变更、终止、解除，严格按照合同规定的条款办理。

④此规定由公司人力资源部负责解释。

（二）个人档案

员工的个人记录应保存于个人档案，同时予以保密处理。规范员工的人事档案管理及相关手续办理。

1. 员工的个人记录

（1）员工的个人记录应包括：《求职登记表》、资质证书复印件等有关资料。

（2）人事行政部应为每个员工建立个人档案，负责个人资料的更新。

（3）员工在职期间个人资料如发生变动，须于变更后一个星期内通知人事行政部，并提供相关证明资料。否则，由此导致的一切后果，物管中心不予承担责任。

（4）只有本部门经理可以查阅属下员工的档案。

（5）部门经理如要查阅其他部门员工的档案，应事先征得物管中心总经理的批准。

2. 员工的人事档案

（1）存档入户人员的条件。

（2）具有北京市正式户口，人事关系在北京地区。

（3）原所在单位同意调出。

（4）需在本单位通过试用期。

3. 员工离职后，若因个人原因未能于 10 日内将档案调出，所引发的档案关系、社会保险关系以及存档费用等方面的问题，物管中心不予以承担责任。同时中心将根据国家有关规定在执行书面挂号信及登报通告之后将其人事档案转入街道。

4. 对于因出国逾期未归、不辞而别等原因，物管中心已对其作出解除或终止劳动关系决定的员工，不能以人事档案在单位为由补缴基本养老保险。

三、定 职

（一）试用期（主管以下员工）

考核应聘员工是否适合本岗位工作要求。适用于物管中心试用期内主管级（含）以下员工。

1. 所有员工均需通过为期一个月的试用期（根据合同期限而定）。

2. 试用期内，员工将获发试用期工资（按照劳动合同约定标准）。

3. 试用期之后，任何一方如需终止合同，需给予书面通知和一个月工资补偿。

4. 员工试用期满前一周，人事行政部将发给其部门关于该员工的《绩效考核册》。

5. 部门经理为员工作出工作表现评估，要求员工签署《绩效考核册》。

6. 人事行政部根据部门评定作出是否转正的建议，报主管副总经理、中心总经理批准。

7. 考核合格后，由人事行政部填写《员工转正/调薪、调职审批单》，给员工办理转正定级手续。

8. 人事行政部发书面通知给应转入人事档案及保险关系的员工，要求其在一个月之内办理，如未按期办理，物管中心有权不予录用。

9. 考核未通过的试用人员，办理终止《劳动合同》等相关手续。

（二）试用期（部门副职以上）

考核应聘员工是否适合本岗位工作要求。适用于试用期内部门副职（含）以上员工。

1. 所有应聘部门副职以上的员工均需通过为期一个月的合同试用期，及两个月的管理试用期（根据合同期限而定）。

2. 合同试用期内，员工将获发试用期工资（按照合同约定标准）。

3. 在管理试用期满前两周，人事行政部举办试用人员就职说明会和就职"公示"，公司人力资源部列席。

4. 在管理试用期满前一周，办公会审核，经中心总经理、公司总经理审批后，报公司人力资源部备案，拟制正式聘任文件。

5. 考核合格后，由人事行政部填写《员工转正/调薪、调职审批单》，给员工办理转正定级手续。

6. 考核未通过的试用人员，办理终止《劳动合同》等相关手续。

7. 人事行政部发书面通知给应转入人事档案及保险关系的员工，要求其在一个月之内办理，如未按期办理，物管中心有权不予录用。

四、员工考核

按照规定的考评项目，对员工担当职务所必须具备的能力以及职务工作的完成情况作出评定。

1. 原则
考核者是被考核者的直属上级。

2. 考核种类
（1）半年/年度考核
（2）晋升/调岗考核

3. 规定

（1）半年/年度考核

①考核时间

半年度考核为每年 7 月，年度考核为次年 1 月。

②对象范围

物管中心所有在册员工（除试用期员工）。

③考核程序

- 项目半年/年度绩效考核册由物管中心人事行政部统一制作。
- 主管级（含）以下员工考核工作由各部门经理负责组织；部门副职（含）以上员工考核由公司人力资源部负责组织。
- 人事行政部汇总考核结果后报物管中心办公会审核。

④考核结果应用

- 半年/年度员工考核成绩将作为晋升、薪酬调整的参考依据。
- 考核结果记入员工个人记录，由人事行政部保存。

（2）晋升考核

①员工工作业绩突出，符合物管中心晋升标准，用人部门可提出晋升申请。

②人事行政部对部门工资总额的使用情况及部门人员编制进行核定。如拟晋升人员符合晋升标准，则下发《员工工作绩效考核册》。

③由中心办公会对晋升人员进行审核。

④中心总经理审批后，人事行政部跟办相关手续。

五、培训及员工再教育

（一）入职培训

我们的工作目标是向客户提供安全、快捷、典雅、高品质的物业管理服务，因此，员工从在物管中心工作的一开始就了解这一目标是非常重要的。所有新入职员工或内部调动员工在上岗第一天应接受一个完整的部门介绍培训，并为达到并保持物管中心的服务标准而接受必需的岗位培训。本规定适用于物管中心新入职员工或内部调动员工。

1. 所有新入职员工或内部调动员工将收到"培训包"。

2. 培训包内应分别包括：

（1）物管中心总经理签发的欢迎信。

（2）物管中心组织机构图。

（3）部门组织机构图。

（4）项目介绍说明（面积、开盘日期、租售情况、周边环境、交通及公共设施分布等）。

（5）员工手册。

（6）人事管理规定。

（7）仪容仪表及电话礼貌要求。

（8）消防及安全常识。

（9）岗位职责简述。

（10）所在部门岗位工作程序和标准。

3. 人事行政部、安保部部门培训师负责新员工入职培训。

4. 各部门负责内部调动员工岗前培训。

5. 培训师必须向新入职或内部调动的员工解释"培训包"内的相关内容。

6. 各部门负责本部门培训包内容的更新。

7. 人事行政部负责每年组织一次培训包内容的评审，以确保持续改进。

（二）员工再教育管理

加强及规范物管中心全体员工的再教育工作。

1. 原则

以岗位技能培训为主，学历教育为辅，坚持干什么学什么。

2. 员工再教育种类

（1）岗位任职资格年审：已取得各岗位任职资格的证书按照相关规定进行年审，确保证件有效性。

（2）职称提升：在现有职称级别基础上继续提升，以提高员工专业技能。

（3）继续再教育培训：学历再提高（如符合工作需要的高中升大专、大专升本科等）。

（4）交叉培训：因工作需要参加本工种以外的专业培训，以提高综合技能。

3. 规定

根据中心年度工作计划适时组织员工再教育，有关费用报销经总经理办公会决定。

六、终止雇佣

（一）辞职

正常的辞职程序必须按照制定的政策与程序执行，保障工作正常衔接。

1. 员工辞职的所有详细资料，包括辞职理由等应记录在案。

2. 试用期满的员工，员工辞职应提前一个月作为通知期或以一个月工资作为补偿。

3. 应按照下列辞职程序执行：

（1）员工向部门提交离职申请，经部门同意后报人事行政部。

（2）由人事行政部约见辞职员工，进行离职面谈。

（3）经中心总经理审批后的辞职报告送交人事行政部备案。

（4）辞职员工于最后工作日到人事行政部根据《离职程序表》办理离职手续。

（5）领取薪金：每月 5 日。

（二）非自愿离职——辞退、除名

确保离职员工与部门的正常工作交接。

1. 原则

与员工终止雇佣关系的最终决定权由物管中心总经理决定。

2. 辞退

（1）部门欲辞退员工，应以书面报告形式，注明辞退原因并附有关证明材料。

（2）辞退报告送交人事行政部，由人事行政部经理签署意见后上报主管领导审核。

（3）经中心办公会讨论决定后报中心总经理审批同意后，人事行政部负责填写《解除劳动（劳务）合同通知书》并送交员工本人手中。

（4）员工在《解除劳动（劳务）合同通知书》规定时间内办理离职手续。

3. 除名

（1）员工连续旷工时间三天（含），或一年内累计旷工时间超过十五天，中心有权予以除名处理。

（2）员工如犯有重大过失，有《员工守则》奖惩条例中所述情况，或符合《劳动合同书》相关条款，中心有权与员工解除劳动合同，并给予相应处理，而无须对员工进行经济补偿。

（三）任职证明书

对于服务已满三个月的员工，离职时可要求物管中心提供一份任职证明书。

（1）员工可以要求人事行政部提供一份员工任职证明书。

（2）人事行政部按员工个人档案记录准备证明书。

（3）证明书的原稿发给员工，副本存于个人档案。

（4）员工可以要求部门经理对他的服务表现和个人素质，写一份推荐信，此信应交予中心总经理审阅。

（5）推荐信副本应送交人事行政部存档。

（6）任职证明书只可于辞职生效后发给员工。

（7）非自愿离职员工，可要求提供一份服务证明。

七、假期管理

（一）节假日

所有员工可享有国家规定的节假日。

1. 所有员工均享有国家规定的节假日。包括：

（1）元旦：一天（公历 1 月 1 日）

（2）春节：三天（农历年初一、农历年初二、农历年初三）

（3）"五一"国际劳动节：三天（第一日、第二日、第三日）

（4）国庆节：三天（第一日、第二日、第三日）

（5）国家规定的其他节假日

（6）物管中心内部各类假期

2. 员工如不能在节假日休息，休假员工所在部门应安排补休或按劳动法规定办理。

（二）年假

规范员工年假管理。本规定适用于物管中心正式员工。

1. 凡在物管中心连续工作一年以上的员工，企业工龄每满 12 个月，在次年度内可享受有薪年假，社会工龄满 3 年者，在年假基础上，本企业工龄延长 1 年，有薪年假增加 1 天。

2. 年假标准为：

主管级以下每年 7 天，最多享受 12 天；

主管级每年 10 天，最多享受 16 天；

经理级以上者每年 12 天，最多享受 18 天。

3. 年假期限均为自然日。

4. 员工休假需提前 15 天提出申请，部门经理、副经理需提前 1 个月提出申请，高管人员需提前 3 个月提出申请，年假批准后方属有效。

5. 法定节假日前后原则上不批准休年假。

6. 员工在职期间获得晋升的，当年年假标准按相应职位进行调整。

7. 对于正常享受晚婚、计划生育、哺乳、献血、丧假等假不影响有薪年假。

8. 年假不能提前预支，不能分段休，逾期作废。员工不服从休假安排，视为主动放弃休假，中心不予补偿。

9. 年度缺勤率超过 5%（非公假天数多于 18 天）者，不享受当年年假。

（三）事假

规范员工事假管理。

（1）员工申请事假须提前填写《假期申请表》报批。请假手续须本人亲自办理，他人不得代理。凡事前不请假，事后无正当理由补假的，一律按旷工处理。

（2）主管（不含）以下人员申请一天事假由部门经理批准，两天事假由主管副总经理批准，申请三天（含）以上由总经理批准。

（3）主管级（含）以上人员的事假均由中心总经理批准。

（4）事假可用本人的存休代替，请事假最小单位为 1 小时。

（5）事假不包括法定节假日。

（6）员工在事假期间患病，须有急诊证明，方可按病假处理。

（7）员工在试用期内，原则上不允许申请事假，如有特殊情况，按本条第二款处理。

（8）事假逾期不归，又未办理续假手续者，按旷工处理。

（9）工作时间因公外出需提前填写《外出申请单》，经批准后方可外出。

（10）主管级以下人员须经部门经理、人事行政部经理审批后方可生效。

（11）主管级（含）以上人员因公外出，须经部门经理、人事行政部经理、主管领导和总经理审批后方可生效。

（12）因公外出人员外出前、后须打卡。

（13）员工因公外出未经批准或超时未经批准的，一律按旷工处理。

（四）病假

规范员工病假管理，特制定本规定。

（1）所有病假申请须提供定点医院病假证明，急诊除外（可用本人存休代替）。

（2）假期应于当班前 1 小时内通知所在部门主管。员工病愈返岗上班时须交病假证明，否则按旷工处理。

（3）员工病假后未及时复工的，按旷工处理。

（4）员工一年中病假累计超过两个月，将不再享受年假。

（5）员工长期病休、住院或非因工负伤，按在物管中心服务年限，可享有国家规定的医疗期，工资待遇按照国家规定执行。

（6）员工医疗期满，需要恢复工作的，须持有中心指定医院的有效合格证明方可恢复工作。上班后有一个月的试工期。

（7）员工医疗期结束，仍不能从事原工作，又不能从事另行安排的工作，将根据劳动法有关规定执行。

（五）婚假

规范员工婚假管理，特制定本规定。

（1）男 25 周岁、女 23 周岁以上初婚者为晚婚，享受国家规定的 3 天婚假，7 天晚婚假。

（2）员工领取结婚登记证后应在 30 个工作日内到中心人事行政部备案，并在领取结婚登记证之日起一年内一次性休完婚假（逾期作废）。

（3）婚假日期连续计算，如遇休息日或节假日不可向后顺延。

（4）休过婚假的仍可享受年假。

（5）凡在中心工作满 1 年以上的员工可申请婚假。

（六）丧假

规范员工丧假管理，特制定本规定。

（1）员工休丧假，须提供《死亡证明》原件。

（2）员工直系亲属（父母、公婆、岳父母、配偶、子女）去世，准假 3 天。

（3）员工去外地办理丧事事宜的，可给予往返路程假，路费自理。

（4）休过丧假的仍可享受年假。

（七）探亲假

规范员工探亲假管理，特制定本规定。

（1）北京市行政区以外的未婚员工，与父母分居两地，可享受探亲假，假期为 20 天（自然日）。如因公需要当年不能休假或员工自愿要求两年探亲一次的，可以两年准假一次，假期为 45 天（自然日）。

（2）已婚员工探望父母，每四年准假一次，假期为 20 天（自然日）。

（3）已婚员工探望配偶，每年给探亲假一次，假期为 30 天（自然日）。

（4）探亲假可根据实际需要给予路程假，探亲假路程假期采用自然日计算，往返路费个人自理。

（5）凡在中心工作两年以上的员工可申请探亲假，探亲假和婚假不能同时休，享受探亲假的员工，不再享受当年年假。

（八）员工生育管理

规范员工生育管理，特制定本规定。

1. 对女员工在怀孕期间不适宜原岗位工作的，员工应服从物管中心的调整。

2. 女员工怀孕 8 个月以上（不含）的，经中心领导批准后可申请提前休假。

3. 女员工产假为 90 天（其中产前假 15 天、产后假 75 天），晚育（年满 24 周岁初育的为晚育）的增加 30 天奖励假。奖励假可以由男方享受，但最长不超过 15 天。其他特殊情况按照国家有关规定执行。

4. 女员工产后应及时通知人事行政部，便于核准其产假天数及返岗日期。

5. 女员工产假期满，因身体等原因不能工作需休假的，凭医院证明办理请假手续，按病假办理。

6. 女员工怀孕流产的，凭医院证明，妊娠不满四个月的，可休假 15 天至 30 天；四个月以上的，可休假 42 天。

7. 符合晚育年龄的员工，第一次人工流产假凭医院证明休假，按病假处理。二次（含）以上人工流产假按事假处理。

8. 计划外生育者，按国家规定进行处理。

9. 享受员工生育假的，不再享受年假。

10. 女员工由于生产发生的检查费、接生费、手术费、住院费和药费按照国家规定进行办理。

11. 申请程序

（1）日常检查：持医院检查证明填写假期申请表，经部门经理、主管领导审批，报中心总经理批准。

（2）产假申请：女员工凭借医院开具的预产期等资料请假，经部门同意，报中心总经理批准。

（3）产假计算：

①产前假：以其预产期前推 15 天计。

②产后假：以其预产期后推 75 天计（根据医院提供的准确证明材料）。

③晚育假：男员工享受奖励假，需提前 10 天申请（需提供女方户口所在街道开具的女方晚育证明）。员工自领取结婚登记证之日起，未在 30 日内到人事行政部备案的，中心将不予批准晚育奖励假。

④哺乳假：女员工育有不满 1 周岁婴儿的，每天可享受一个小时的哺乳时间，当天不享受，自行作废。

八、社会保险

（一）员工保险

为规范员工各项保险、福利管理，明确各项保险办理时限、流程，特制定本规定。

1. 人事行政部配合员工完成各类保险的办理手续。

2. 物管中心为员工缴纳各项保险（养老保险、医疗保险、失业保险、工伤保险、生育保险、住房公积金、补充医疗保险）。

3. 员工需及时提供/转出养老保险转移单，因员工方面原因逾期而影响保险缴纳的，其后果由员工本人承担。

4. 住房公积金，中心自员工试用期满转正后为员工缴纳住房公积金。

5. 在职员工医疗费用的报销应在当年度内完成，跨年度不予报销。

6. 离职员工的医疗费用需在办理离职手续前报销完毕，逾期不予报销。

（二）员工工伤管理

为确保员工在工作时间出现事故伤害能够得到及时处置，特制定本规定。

1. 员工因工受伤，其所属部门应在第一时间通知人事行政部，并在 24 小时内提交事故情况说明。工伤发生 24 小时仍未报告的，一切后果由所属部门及本人承担。

2. 员工在上、下班途中受到意外伤害，应在 24 小时内通知部门、人事行政部。

3. 员工在部门或人事行政部人员陪同下到中心指定医院就诊，员工不得自行选择其他医院。

4. 员工在上、下班路途中由于交通事故等情况发生意外，需就近急诊治疗，应有交管部门或其他政府职能部门的鉴定。

5. 员工受伤属于紧急处理范围的，可在通知人事行政部后，就近到非指定医院就诊。

6. 员工到指定医院就诊先由个人垫付医药费，应保留好诊断书及药费单据，并在就诊后报人事行政部。

7. 员工就诊的各项药费由中心缴纳的人身意外伤害险负责报销，如果员工被鉴定为国家工伤一级至十级，则由社保中心工伤机构予以核定报销。

8. 员工因个人原因未在国家工伤机构鉴定伤残等级的，则视为主动放弃工伤待遇，一切后果由员工本人承担。

九、工资及福利管理

（一）工资管理

为了每位员工可以按照规定享受应得报酬，特制定本规定。

1. 物管中心于每月 5 日向员工发放工资，遇节假日提前发放。

2. 物管中心采用下发薪制。

3. 员工工资包括：标准工资、岗位津贴、福利费用等。

4. 员工当月如有过失或病、事假等，将按相关规定扣除相应工资。

5. 物管中心按国家规定从员工工资中代扣代缴个人所得税及社会保险中个人应承担的费用。

（二）员工福利

为规范员工各项福利管理，特制定本规定。

工作餐：每日向员工提供一餐。

（1）存档费：员工在职期间，档案在公司集中存放的，存档费用由公司统一缴纳。

（2）工服：为统一物管中心整体团队形象，向员工发放的工服。

（3）带薪假期：员工根据规定享受的各类带薪假期。

（4）保险：物管中心根据国家规定为员工缴纳的各项社会保险及补充保险。

（5）工作环境：根据工作需要，为员工配备的办公设备等。

（三）员工考勤

工资的计算以人事行政部及其部门记录的考勤表为基础。为严格考勤制度，特制定本规定。

1. 考勤记录周期：上月 26 日～当月 25 日

2. 工时：

（1）标准工时制：每周工作 5 天，每周工作 40 小时，每天 8:30～17:00 为正常班工作时间（含午餐时间半小时）。

（2）综合工时制：每月工作时间以倒班、轮休为主，倒班或轮休员工的工作时间以部门排班表为准。

3. 填写考勤表时应用统一符号：

出勤	√	公休	□	迟到	◎	早退	◎
病假	⊙	事假	×	工伤	¢	倒休	○
年假	☆	婚假	∞	丧假	◇	产假	★
探亲假	+	倒班	△	夜（倒）班▲			

4. 考勤钟

（1）指纹采集：员工入职当天，由人事行政部为其采集指纹并确定考勤号。

（2）人事行政部为新入职员工就指纹考勤钟卡的正确使用方法进行培训。

（3）考勤数据的提取：人事行政部提取考勤数据备案，每周通报各部门经理。

5. 员工每日按标准工时上班提前 10 分钟、下班延后 10 分钟刷指纹，否则按迟到处理。如无故缺卡，按照《员工守则》相关规定进行处罚。

6. 员工加班时也应打卡，人事行政部按刷卡时间核实。如无记录，则不认可其加班。

7. 未经审批的假期申请或因公外出申请，按事假处理；60 分钟以上者按旷工处理。

8. 在刷卡过程中，因指纹不清晰无法输入或其他原因需多次输入指纹的情况，可在当日 11：00 前到人事行政部说明情况，申请重新采集指纹，否则按旷工处理。

（四）迟到、早退

要求员工按时上、下班，不得迟到或早退，否则将受到处罚。

1. 本月内员工迟到或早退一次，将按照员工手册规定处理，扣除×××元。

2. 一次迟到或早退超过 60 分钟，按旷工计，情节严重者按辞退、开除处理。

（五）旷工

所有员工上班必须准时，否则将受到处罚。

1. 如员工无正常理由而缺勤，则按旷工处理，其部门应尽快填写考勤报告，通知人事行政部。

2. 旷工 1 天将扣发下列工资：

100％日工资（标准工资＋岗位津贴）

扣款×××元。

3. 旷工 2～3 天将扣发下列工资：

100％日工资（标准工资＋岗位津贴）

扣款（×××－×××）元

4. 旷工 5 天（含）以上给予辞退或开除处理。

（六）事假

所有员工休事假均需提前得到批准。

1. 事假为无薪假。

2. 事假将按日扣发日工资（基本工资＋岗位津贴）。

3. 未经批准的事假按旷工处理。

4. 员工在终止劳动合同期内的事假因私休 1 个星期的扣除 100％当月工资。

（七）病假

所有员工休病假须持有指定医院的病假证明。

1. 员工持有指定医院（急诊除外）的证明视为病假处理。

2. 病假将按天扣发 50%×标准工资及 100% 岗位津贴。

3. 连续病休的，期间节假日按病休日计算。

4. 一个月内累计病假超过 3 天（含），将扣发当月 100% 绩效奖金。

5. 病假天数≥本月应出勤天数的 60%，享受医疗期工资。

6. 医疗期工资：

三个月内（含）：仅发放 100% 标准工资；

三个月以上：仅发放 60% 标准工资（最低为北京市最低生活保障工资）。

7. 员工因本人违反劳动纪律，或从事违法活动而导致伤病的，一律不给予病假待遇。

（八）超时工作

为了严格加班管理，规范工作秩序，本规定适用于中心主管级以下员工。

1. 加班种类

（1）正常加班

员工加班应提前 1 个工作日填写加班申请，经部门主管、经理同意，报主管副总经理批准。

（2）紧急加班

员工于加班后的第一个工作日内（遇节假日顺延）及时填写加班申请表，员工加班申请须经部门经理、人事行政部审核后，报副总经理及中心总经理审批。逾期不申请者，视为主动放弃。

（3）法定节假日加班

2. 加班的最小计算单位为 1 小时，不满 1 小时不予计算。员工超过 1 小时以上的加班，可以申请加班工资或换休。超过 1 小时以上的加班以半小时为计算单位。

3. 加班工资的发放按照国家规定执行。

4. 申请补休的人员，须提前 1 天填写倒休申请，经批准后方可实现补休。

5. 补休应在加班后半年内使用，过期失效。

（九）婚假、产假、计划生育假、晚婚晚育假、丧假、年假、探亲假

合理管理员工假期薪资。

1. 员工婚假、产假、计划生育假、丧假、年假期间，发放日工资（标准工资＋岗位津贴）。

2. 员工晚婚晚育假（奖励假）、探亲假期间，仅发放 100% 标准工资。

十、奖惩条例

（一）总则

奖励先进，严明纪律，惩罚违章违纪，是激发员工努力工作，忠于职守，提高服务质量和工作水平的重要措施。为保护员工的正当权益，奖优罚劣，奖勤罚懒，促使每位员工自觉遵守物管中心的规章制度，充分发挥出自己的聪明才智，使干得好的员工精神上受到鼓励，待遇上有所提高，使违纪员工得到相应处罚，特制定本奖惩条例。

（二）奖励

奖励分为表彰、晋级和授予荣誉称号。有下列事迹之一者，可给予一次性奖励：

1. 超额完成中心制定的经营管理指标，经济效益显著者。

2. 在本岗位有突出表现，起到表率作用者。

3. 积极向中心提出合理化建议，合理化建议被采纳，取得经济效益显著者。

4. 维护中心利益和荣誉，保护公共财产，防止事故发生或挽回经济损失者。

5. 维护中心利益和荣誉，对各种违纪行为敢于制止、批评、揭发者。

6. 敢于制止、揭发各种损害中心利益之行为者。

7. 积极参与公司内各项活动，并取得优异成绩，为公司争得荣誉者。

8. 对社会作出贡献，提高社会荣誉者。

（三）处罚

对违章违纪行为的处罚分为警告、记过、撤职和降级、辞退和除名。

1. 警告

有下列行为之一者，给予警告处分，并予以××-×××元的处罚：

（1）迟到或早退一次（按正常上班提前和下班延后10分钟），扣除××元处罚；二次扣除×××元处罚；迟到或早退三次算旷工。

（2）上班时间看与业务无关的书籍、阅报、吃食物、打瞌睡。

（3）不按规定时间到员工餐厅就餐，不遵守员工餐厅就餐规定。

（4）上班时间听录音机、看电视、打私人电话或用电话聊天。

（5）上班时间私自外出购食品、吃早点。

（6）工作时间擅离岗位，串岗或扎堆聊天。

（7）下班后无故在园区内逗留。

（8）不经请示擅自带亲友进入业主区域。

（9）无故旷工 1 天以内。

（10）在公共场所剔牙、挖耳、抓痒、抠鼻孔、照镜子、化妆、打响指、吹口哨、手插口袋、双手叉腰等有失职业风度的举动。

（11）在办公区域和公共场所仪容不整，不按规定着装，长发过肩，不戴胸牌等。

（12）着便装进入工作岗位。

（13）在公司规定的禁烟区吸烟。

（14）对上级分派的工作迟缓、拖延。

（15）没有完成领导交给的工作任务，工作责任心不强，粗心大意，造成工作失误。

（16）言语粗俗，对同事不礼貌，与同事打骂。

（17）代人打卡或托人打卡、弄虚作假，虚报考勤。

（18）在中心内搬弄是非，诽谤他人，散布不利于团结的言论；工作上缺乏协调合作精神，致使工作受到影响。

（19）管理人员对下属缺乏管理力度，发现违纪不制止，不批评，不按规章处罚。

（20）在员工更衣室内被查获中心财物，情节较轻者。

（21）违反部门制定的安全手册、工作程序、操作规范和各项规章制度。

（22）由于工作责任心不强，给大厦造成经济损失×××元以下（除按原价赔偿外）。

2. 记过

有下列行为之一者，给予记小过处分，扣除（×××－×××）元的罚款：

（1）上班时饮酒或带有醉态。

（2）无故旷工 2 天以内。

（3）用不正当手段干扰他人工作。

（4）未经批准私自使用中心的设备为己用，如车辆、办公设备等。

（5）明知中心财物受损失和丢失，而不管不问不汇报。

（6）在园区私自出售物品。

（7）提供不真实的报告、材料。

（8）泄露公司机密，遗失大厦钥匙、单据等重要物品。

（9）工作时擅离岗位、玩忽职守，擅自将机密文件透露给外公司人员者。

（10）泄露公司经营机密，未经公司同意，擅自将机密文件透露给外公司人员者。

（11）初次不服从工作安排或工作调动，影响公司或项目日常经营或工作秩序。

（12）对领导分配的工作拒不执行。

（13）搬弄是非，破坏团结，损害他人名誉和威信，影响正常工作。

（14）2 个月之内受到 2 次警告处分。

（15）违反各部室制定的工作程序和规章制度以致造成隐患。

（16）违反公司规章，不足辞退和除名。

（17）违反公司或项目工作程序，因决策失误给公司造成直接经济损失（××××-×××）（含）元。

（18）由于工作责任心不强，给公司造成经济损失×××元以上×××元（含）以下（除按原价赔偿外）。

（19）所管区域发生一般安全事故，给公司带来不利影响。

（20）发现所属人员违反公司规章制度造成安全事故、经济损失和不良影响行为，不及时向公司或所属项目报告或有意隐瞒者。

（21）所管区域发生重大安全责任事故，并给公司声誉造成不良影响。

3. 撤职或降级

有下列行为之一者，给予撤职或降级处分：

（1）所辖部门工作长期无起色。

（2）严重渎职行为。

（3）所犯错误丧失领导资格。

（4）犯有严重错误。

4. 辞退、除名或开除

有下列行为之一者，解除劳动合同，给予辞退或除名，错误严重者作开除处理：

（1）在试用期不符合录用条件的。

（2）严重失职、营私舞弊，对大厦利益造成重大损失。

（3）被公安部门依法追究刑事责任。

（4）不能胜任工作，经过培训或者调整工作岗位仍不能胜任工作。

（5）患病或非因工负伤，医疗期满后不能从事原工作，也不能从事由人事部另行安排的工作。

（6）连续旷工3天或累计旷工15天以上。

（7）2个月之内4次受客户投诉。

（8）偷窃或私拿大厦物品。

（9）侮辱、诽谤、殴打、恐吓、威胁、危害同事和上级或打架斗殴。

（10）酗酒、赌博。

（11）其他违反法律或治安条例的行为。

（12）故意不服从上级指挥，拒绝上级指派的工作，经教育无效。

（13）故意损坏公物。

（14）贪污、挪用公款。

（15）利用职务和工作之便，接受贿赂，或利用不正当手段中饱私囊。

（16）擅自对外界发表有关大厦的诬蔑性言论，发表有损大厦声誉的言论。

（17）书写匿名诬告信。

（18）严重损坏大厦形象。

（19）其他严重违纪违章行为。

（20）记一次大过或二次小过、或三次警告、或四次轻度过失处分仍无明显悔改表现。

5. 对部门惩罚

一个月之内部门有两人次受到通报批评，或两人次受到记小过处分或连续受到较严重投诉，或连续重犯同类错误无明显改善。相关部门主管及经理相应受到扣除绩效工资 10% ~ 50% 的处罚。

6. 取消处分

以上处罚一律填过失单存档。受处罚后，本人认真吸取教训，积极努力工作，做出显著成绩者，可以撤销处分。撤销处分的权限及程序按处分权限及程序执行。撤销处分的最早时间：轻度过失、警告处分不少于 1 个月，记小过处分不少于 3 个月，记大过处分不少于 6 个月。有特别突出表现者，经总经理批准撤销处分的时间可以提前。处分撤销者经济处罚不再补偿。

7. 处分作用期限

凡受过警告以上处分，当年年度奖金不能全额享受。凡上半年受一次警告处分，全年奖金享受 80%，受记小过以上处分者奖金全免。年内受一次警告处分，年终奖金享受 70%，受记小过处分年终奖金享受 30%，受记大过处分年终奖金全免。

（四）员工申诉权

员工有申诉的权利。凡对奖励或处分有异议者，可在 3 日内向本部门或人事部提出申诉，由人事部会同有关部门进行调查，并自申诉之日起 30 日内作出最后决定。如果超过 30 日不作答复，申诉者可直接向总经理申诉。主管部门对申诉者应以实事求是的态度慎重处理。

十一、《员工手册》

（一）前言

《员工手册》是面向全体员工的行为指导性读物。通过学习这本手册，您可以全面了解公司所有员工的行为准则、福利以及各项规章制度。

公司的发展，需要依靠大家的共同努力。我们共同的目标是为客户提供卓越的服务、降低营运成本、规范管理制度，实现公司经营指标和管理指标的双重提升。我们都应牢记，无论何时，客人都要得到最温馨和周到的服务。为实现这一目标，全体员工都应自觉、模范地遵守公司的《员工手册》。

现阶段《员工手册》随着公司的快速发展及各方面情况的变化内容也将不断地调整和完善。

（二）总经理欢迎词

尊敬的员工：

欢迎您成为我们团队当中的一员！

作为总经理，我为公司增加新成员而高兴，为了您能更好地适应公司的工作，特向每位入职的新员工，推荐这本《员工手册》，希望它能成为您在公司工作中规范行为的教材。

我们认为：公司成长发展的基础是有一支高素质的员工队伍，向客人提供高标准的优质服务，因此，追求宾客至上、实现全面客户满意，是我们的经营理念和不变的宗旨。我们为每位员工提供了广泛发展的空间和施展才华的领域，每位努力为公司工作和奉献的员工，都会得到公司的认可和奖励。

我再次对您加入我们的队伍表示欢迎，并真诚期望您成为一名诚实、热情、活泼、上进的员工！

总经理

（三）公司简介

公司简介的内容应包括：公司的名称、公司的基本情况（成立时间、规模、企业性质、资质情况、社会影响、各种荣誉、员工状况、各种社会名分、管理机制及现状等）。

（四）公司机构示意图

公司的组织架构，可用文字表述或图表。从董事会到各个层面（部门），最后到员工，列出管理体系，领属关系。

（五）公司企业文化

企业文化包括：

核心价值观（企业理念）：

企业精神：

服务理念：

社区文化：

以上几个方面，根据公司的具体情况，由公司制定。

（六）人力资源管理宗旨

公司注重员工队伍的建设、培养与发展，针对员工，我们的管理宗旨是：

——员工无论从事何种工作，均同等重要。

——每个员工都必须受到尊重和承认。

——每位员工要努力减少支出，降低成本，在工作中严于律己，帮助公司不断提升公众形象。

——公司的员工都是经过认真选择，量才录用，并安排在与其能力相适应的工作岗位上。

——公司为员工提供与其工作相适应的报酬和津贴，提供各种培训机会，以及个人的专业发展机会，为员工提供良好的工作条件，根据工作表现给予员工奖励和处罚。

——公司将努力为员工提供发展机会，并通过培训丰富员工的专业知识和提高技能，为员工不断发展创造条件。

（七）员工守则

1. 热爱祖国，热爱共产党，热爱社会主义；
2. 遵守纪律，服从领导，勤奋工作，廉洁奉公；
3. 文明礼貌，诚实守信，热情待客，微笑服务；
4. 仪态端庄，服装整洁，举止文雅，不讲粗话；
5. 钻研业务，提高技能，虚心学习，开拓进取；
6. 关心同志，团结协作，忠于职守，爱企如家；
7. 爱护公物，勤俭节约，讲究公德，维护环保；
8. 注意安全，保守秘密，抵制歪风，扶持正义。

（八）入离职程序及相关政策

1. 聘用及报到

（1）所有应聘人员应接受公司人事部门安排的面试及笔试，以测试业务知识、专业技能和英语水平。对每个候选人，公司人事部门还须进行背景调查和健康检查。对符合条件的人员，公司将予以录用。被录用人员接到录用通知后，请在指定日期到公司人事部门报到，如因故不能按期前往，应提前48小时以上与公司人事部门取得联系，另行确定报到日期。

（2）新聘员工应向公司提供真实准确的下列个人资料：

①身份证复印件两张（新版、正反面）

②户口本复印件（首页、本人页）

③学历证书、毕业证书、职称证明、其他相关证书及证明材料（原件及复印件）

④专业技能及特别岗位上岗证书（特别岗位需要）

⑤近期1寸免冠照片（1寸、彩色4张）

⑥近期体检合格证明（健康证）

⑦婚姻状况证明（结婚证）

⑧与原单位解除劳动关系的证明文件（盖章）

⑨待业人员必须持求职证

⑩公司人事部门要求提供的其他资料

注：请将个人社会保险缴纳情况告知人事行政部，并于入职一周内将《北京市医疗保险手册》（医疗蓝本）、养老保险转移单提交人事行政部薪酬主管，否则由于个人原因造成的保险中断由个人负责，公司不予办理任何形式的补缴。

（3）员工所提供的资料必须翔实准确，如有隐瞒及虚报，一经查实，公司将依据本《员工手册》规定，与其解除劳动关系。

2. 入职手续

新聘员工入职需办理以下手续，内容包括：

（1）洽谈人事档案存放问题，其中本市员工需在入职15天内将个人档案由原存放地点转至公司委托管理档案机构；

（2）将个人社会保险关系、住房公积金关系及时由原管理单位转至公司；

（3）领取工服、更衣柜钥匙、名牌、考勤卡、餐卡；

（4）签订劳动合同；

（5）与试用部门负责人见面，接受工作安排。

3. 劳动合同和试用期

（1）所有在职员工均应与公司签署《劳动（务）合同》。新聘员工应在入职时与公司签订书面劳动（务）合同；

（2）《劳动（务）合同》是受聘人员与公司建立劳动关系、明确双方权利和义务的法定文件。合同一旦签订，双方均应严格遵守；

（3）劳动（务）合同期内设有试用期，试用期依据国家的《劳动法》规定，视合同时间长短确定。部门领导在合同试用期内对新聘员工进行观察、考核与评估，试用期内公司与员工均有权依据《劳动法》的规定，随时终止劳动合同。

注：如试用期内连续缺勤达5个工作日或累计缺勤达10个工作日，公司将终止对您的试用（缺勤期间不予支付工资）。

4. 体格检查

（1）入职前

员工入职前必须在指定的卫生防疫站进行体检，合格后，方能被录用。体检费用自行支付。

（2）入职后

人事部门将统一安排卫生防疫站对员工定期进行体格检查。

5. 入职培训

为帮助新聘员工尽快熟悉公司，了解新的工作环境，人事行政部培训主管会为新聘员工安排入职培训。通过入职培训，使每位新聘员工了解公司的各项规章制度。

6. 工资支付

所有员工的工资于次月初通过指定银行支付；工资的结算日期是次月×日，考勤结算期为每月26日起至次月×日止。

7. 考勤制度

（1）公司实行每日工作8小时，每周工作40小时标准工时制度（其他工时制度按照北京市有关规定执行），对于大厦餐厅等不能保证为员工安排固定工作班次的项目，员工的休息日和每日的上班时间将依照工作岗位确定，但须遵守《劳动法》相关规定。

（2）标准上班时间：上午：　　　下午：　　　用餐时间：×小时

（3）考勤

①公司考勤月度为上月26日至当月25日。

②公司实行上、下班打卡制度，员工上下班均需亲自打卡，不得委托他人或替他人代打卡。

③员工外出办理业务需向部门经理申明外出理由和时间，并填写《因工外出申请表》，得到部门经理审核、人事行政部经理审批后，方可外出。

注：考勤记录为员工出勤依据，故请妥善保管考勤卡，如有损坏或丢失，须赔偿工本费10元/个。

8. 档案

（1）员工在劳动合同期内，其人事档案由公司人事部门指定档案管理机构负责代管；

（2）员工解除劳动合同，档案应在15天内由公司所注册的集体账户中转出，逾期未办理者，公司不予承担费用，且由此导致的任何结果由个人负责。

9. 员工人事记录

人事部门会为每位员工建立人事资料档案记录，如工作表现评估报告；违纪、内部转职情况；工资等级及假期等资料。员工个人情况如学历、婚姻、已婚女员工是否怀孕、住址、联系电话、紧急联系人等发生变化时，应在一周内向公司人事部门进行书面登记报告。否则，将被视为隐瞒个人资料并依情节轻重受到处分。此外，因不做个人资料变动登记所产生的不良后果和责任，均由个人承担。

10. 工作考核与评估

为了准确了解每个员工的工作情况，公司建立时段性的考核评估制度。对员工的评估结果将作为提升、奖励及培训计划的依据。评估内容包括道德品质、工作态度、业务技能、工作业绩及与同事的团结合作等方面。部门主管应通过与员工的讨论评议，指出员工的优点、缺点以及改善的具体计划。

在以下情况，部门主管必须为员工做工作评估：

员工试用期满时；

员工升职、降职、调薪时；

员工晋升岗前试用期满时；

合同期限届满时；

绩效考核评估时。

11. 提升条件

每个员工都应努力工作，积极上进。每位员工都有平等提升的机会，公司内员工职务的提升主要从下列方面考虑：

（1）出勤情况；

（2）从事现职务业务工作的水平和能力；

（3）学历状况、外语水平、在企业工作年限；

（4）专业培训经历及创新工作方式及成果；

（5）与上下级或同事的合作；

（6）是否已具备提任更高职务的业务水平和能力。

12. 员工培训

公司重视员工队伍素质的提高，并针对员工的实际需求，开设具有针对性的培训课程。每个员工都有机会学习有关的知识和技能，员工应当充分利用这些机会，不断提高自己的素质，谋求未来发展。

13. 调岗

公司根据经营管理的需要，有权对各部门、各岗位的员工进行调整、转岗，包括工作岗位、职务、级别和部门。员工须服从工作安排。

14. 停职

公司如遇需要调查、核实后再处理的事件，当事员工有可能会收到《停职通知书》。停职期间员工除基本工资和社会保险外，将不获发奖金及各项福利津贴，待事故处理完毕后，公司将依据处理决定考虑补发扣除的款项或执行处理决定。

15.《劳动合同》续签

人事部门将在员工合同期满前一个月，致函员工所在的部门经理及本人，确定续签《劳动合同》事宜。在双方同意的情况下，办理续签手续；反之则解除劳动关系。

16. 解聘

（1）员工有以下行为之一者，公司可依据政府相关规定，与其解除劳动合同：

①员工在试工期内被证明不符合录用条件的；

②员工严重违反公司的劳动纪律或规章制度，依照公司规定必须解除劳动合同的；

③员工因严重失职、营私舞弊，给公司利益造成重大损害的；

④员工被政府依法追究刑事责任的。

（2）员工辞职

①员工在合同期内，因有特殊情况而要辞职时，必须提前30天，以书面的形式通知本部门经理或以一个月工资代替通知期，经同意后，方能办理辞职手续；

②若员工未按上述规定而擅自离职，公司将按国家及公司的相关规定进行处理，并扣发一个月全额工资以代替通知期。

（3）公司与员工双方在协商一致的情况下，可解除劳动合同。

（4）员工在合同期内，因个人原因提出辞职时，必须提前30天以书面的形式通知人事部门，或以一个月工资代替通知期。经人事部门和公司主管领导批准后，方能办理辞职手续。若员工未履行上述规定程序而擅自离职，公司将按政府及公司的相关规定处理，并扣发一个月工资以代替通知期。

（5）员工给公司造成经济损失尚未处理完毕时，公司将不予以批复其辞职申请，必要时公司保留向政府相关部门提请诉讼的权利。

17. 离职

公司与员工无论任何原因解除或终止劳动合同，在劳动合同关系终止后，员工应在离职后的7天内，按下列要求到人事部门办理离职手续：

（1）向公司移交工服、工作证、名牌、更衣柜钥匙、《员工手册》，结清有关账务；

（2）转移档案关系。自解除合同之日起15日内，将个人档案关系由公司的集体账户中转出。档案在15日内不能转出的，由公司人事部门将其变更为个人账户，公司将不承担存档费用；

（3）凭新工作单位或档案存放单位的介绍信，转移个人社会保险关系和住房公积金关系；

（4）任何员工均应按公司规定办理离职手续。对未按要求办理离职手续的，公司有权按相关规定处理。

十二、员工福利

（一）工作餐

1. 公司设有员工餐厅，为员工免费提供午餐；

2. 人事行政部每月 20 日向各部门员工发放次月餐卡，由各部门派专人领取，员工凭餐卡到员工餐厅用餐；

3. 员工丢失餐卡，须赔偿费用×元/张（交至财务部）；

4. 员工应按规定的时间就餐，且就餐只限于在员工餐厅内部；

5. 员工应爱护餐厅的设备、设施；

6. 爱惜食品，杜绝浪费。

（二）工服

1. 员工在工作时间，穿着公司发放的工服，佩戴工牌；

2. 员工需妥善保管、爱惜工服，如发生损坏和丢失，照价赔偿，金额参照厂家提供的工服制作单；

3. 员工需妥善保管、爱惜工牌，如有损坏或丢失，须赔偿工本费×元/个。

（三）吸烟区

1. 公司设有员工吸烟区，员工不得在非吸烟区内吸烟；

2. 违反规定者，依公司奖惩规定进行处罚。

（四）劳动和社会保险

员工根据国家和北京市相关制度的规定，享有养老、失业、工伤、生育、医疗、住房公积金等规定社会保险。

（五）带薪假期

员工享有年假、婚假、丧家、产假、哺乳假等带薪假期，具体规定参见本手册中《假期管理规定》细则。

（六）无薪假期

在特殊情况下，员工可申请无薪假期。但此种假期的申请必须提前向人事行政部提出申请，最终由公司主管领导核准。

员工在合同期内，累计的无薪假天数若超过规定限额，将会削减员工下一合同期的带薪年假天数，具体扣除方法参见本手册中《假期管理规定》细则。

（七）培训

公司将根据员工的工作状况及经营任务的需要，对员工施以必要的技能和理论知识的培训。

（八）绩效奖金

公司依据经营效益情况、员工工作表现评估及绩效考核成绩，发放工资及奖金。

（九）员工活动

为增进员工身心健康，搞好公司员工队伍建设，增强企业的凝聚力，公司将组织与开展各项体育、文化、娱乐、报告会等集体活动，员工应积极参加。

十三、员工休假管理规定

（一）目的

规范公司人事管理制度，使在职人员的各类休假管理有章可循，特制定本规定。

（二）范围

公司及管辖范围内的所有项目对员工假期的管理，均应按本规定执行。

（三）内容

1. 公休

（1）与公司及各项目签署《劳动合同》或相关《聘用协议》的正式员工实施每周 5 天工作制，公休为每周 2 天；

（2）依照《劳动法》规定，员工月均累计工时在不超过 167.36 小时的前提下，由所在项目及部门根据员工所在岗位的班次情况，实施轮休或不固定公休制；

（3）相关涉及临时工、实习生的项目，其公休时间由所在项目与员工在《劳务合同》或《实习协议》当中约定。

2. 法定节假日

    元旦   1 天

春节	3 天
五一劳动节	3 天
十一国庆节	3 天

3. 病假

（1）种类——无薪假

（2）相关政策

①一般情况下，员工患病必须持其选定的北京市定点医疗机构的医院证明申请休病假（急诊除外），并遵守以下原则：

- 医院开具的病假证明原件应在医院签出后，由患病员工本人（特殊情况下可委托他人）在 3 个工作日内交至其所在部门；自医院签出之日起，超出 3 个工作日递交的病假证明，将被视作无效；
- 员工休病假在 3 天之内的，必须持医院开具的病假证明，填写《假期申请表》，经部门经理签批后，交公司或所在项目的人事部门审核，存档；
- 员工休病假在 3 天以上者，必须持区、市级医院的病假证明、就诊病历、取药处方和收据一并交到公司或所在项目的人事部门审核，存档；
- 病假日期的计算包括公休日和法定节假日在内。

②员工因患急症不能到岗请假，应最少于上班前 3 小时内，由本人电话向所在部门的部门经理或当班主管请假（以便部门安排工作），并于上班后的当日补办请假手续；

③若员工提供的医院证明未通过公司或所在项目人事部门的审核，将按照人事部门的最终认定结果处理，则员工的病假假期不被承认，休假期间将按旷工处理；

④对于伪造或私自涂改病假证明，或以申请病假为由，在其他单位从事专职或兼职工作的，一经发现，将依据公司《员工手册》管理制度，立即与其解除《劳动合同》，且不支付任何赔偿；

⑤员工因参与打架、斗殴受伤而需要休病假的，其病休期间按事假处理；

⑥为对全体员工负责起见，患传染病的员工，一经发现应立即通知人事管理部门，因员工本人或知他人患病不报而产生不良后果的、给公司或项目造成安全事故或经济损失的，公司或员工所在项目将依据《员工手册》管理规定予以严肃处理，直至解除《劳动合同》，并不支付任何经济补偿；

⑦员工因病需利用工作时间进行治疗和理疗的，凭医院诊断证明，经批准后，按病假进行累计工时处理（请假时间以每小时计算）；

⑧员工患病或非因工负伤，需要停止工作就医时，按《劳动法》的规定，根据本员工在本企业的实际参加工作年限，给予 3 个月到 24 个月医疗期。医疗期满，需要恢复工作时，必须持有公司或项目指定医院的痊愈证明，方可返岗工作；

实际工作年限	在本企业工作年限	医 疗 期
十年以下（含）	五年以下（含）	三个月
	五年以上	六个月
	五年以上十年以下	九个月
十年以上	十年以上十五年以下	十二个月
	十五年以上二十年以下	十八个月
	二十年以上	二十四个月

注：此条款不适用于实习生。

⑨员工因病休假一次累计超过 8 个工作日的，经所在部门及人事部门批准，可一次性用年假充抵。

（3）审批权限及程序

①主管级（含）以下员工

- 申请病假在 2 天之内的，由所在部门经理签批，人事部门审核后存档，程序为：申请人填表→部门经理→人事部门；
- 申请病假在 3 天（含）以上 5 天以下的（含），由所在部门经理签批，人事部门审核后，报部门主管副总经理审批，程序为：申请人填表→部门经理→人事部门→主管副总经理→人事部存档；
- 申请病假在 5 天以上的，由所在部门经理签批，人事部门审核后，报部门主管副总经理、项目总经理批准后休假，程序为：申请人填表→部门经理→人事部门→主管副总经理→项目总经理→人事部存档；
- 申请病假超过 30 天的，在完成项目总经理审批程序后，须报公司人事行政部，程序为：申请人填表→部门经理→人事部门→主管副总经理→项目总经理→公司及项目人事部存档。

②部门经理级人员

- 申请病假在 2 天以下（含）报人事部门审核后，由项目主管副总经理批准休假，人事部存档，程序为：申请人填表→人事部门→主管副总经理→人事部存档；
- 申请病假在 3 天以上 5 天以下的（含），由人事部门审核后，报部门主管副总经理、项目总经理批准后休假，程序为：申请人填表→人事部门→主管副总经理→项目总经理→人事部存档；
- 申请病假在 5 天以上的，由人事部门审批后，报部门主管副总经理、项目总经理审批，经公司人事行政部审核、总经理批准后休假，程序为：申请人填表→人事部门→主管副总经理→项目总经理→公司人事行政部→公司总经理→公司及项目人事部存档。

③副总经理级以上人员

- 公司本部及项目副总经理申请病假在 1 天（含）以下的，经公司或项目人事部审核，报公司或项目总经理批准后休假，程序为：申请人填表→人事部门→项目总经理→公司人事行政部→公司总经理→公司及项目人事部存档；
- 公司本部及项目副总经理申请病假在 2 天以上的，经公司或项目人事部审核，报公司总经理批准后休假，程序为：申请人填表→公司人事行政部→公司总经理→公司及项目人事部存档；
- 项目总经理申请病假，经公司总经理批准后休假，程序为：申请人填表→公司人事行政部→公司总经理→公司及项目人事部存档。

4. 事假

（1）种类——无薪假

（2）相关政策

员工请事假 1 天的应提前 24 小时，1 天以上应提前相当于休假 3 倍的时间，填写《假期申请表》，经部门经理批准后方可离开工作岗位；

事假申请手续必须本人亲自办理，他人代办无效。凡事前不请假或请假未经批准的，一律按旷工处理；

事假申请时间最小单位为 1 小时，超过 1 小时，按实际缺勤累计计算；

若员工在请事假期间患急病，必须有医疗机构的急诊证明，方可按病假处理；

员工在试用期内，原则上不准请事假，如有特殊情况，按本条第一款处理；

请事假逾期不归，又未办理请假手续的，按旷工处理；

事假的计算不包括法定节假日；员工在 12 个月内，累计事假在 20 天（含）以上的，公司将不与其续签《劳动合同》；

员工以申请事假为由，在其他单位从事专职或兼职工作的，一经发现，公司将立即与其解除《劳动合同》，且不支付任何赔偿；

员工在一个劳动合同期内，病事假累计超过 20 天的，无年假享受。

（3）审批权限及程序

①主管级（含）以下员工

- 申请事假在 2 天以内的（含），由所在部门经理签批，人事部门审核后存档，程序为：申请人填表→部门经理→人事部门；
- 申请事假在 3 天以上 5 天以下的（含），由所在部门经理签批，人事部门审核后，报部门主管副总经理审批，程序为：申请人填表→部门经理→人事部门→主管副总经理→人事部存档；
- 申请事假在 5 天以上的，由所在部门经理签批，人事部门审核后，报部门主管副总经理、项目总经理审批，程序为：申请人填表→部门经理→人事部门→主管副总经理→项目总经理→人事部存档。

②部门经理级人员

- 申请事假在 2 天以下（含）报人事部门审核后，由项目主管副总经理批准休假，人事部存档，程序为：申请人填表→人事部门→主管副总经理→人事部存档；
- 申请事假在 3 天以上 5 天以下的（含），由部门主管副总经理签批，报人事部门审核，由项目总经理批准后休假，程序为：申请人填表→ 主管副总经理 → 人事部门 →项目总经理→人事部存档；
- 申请事假在 5 天以上的，由部门主管副总经理签批，报人事部门审核，由项目总经理批准后休假，程序为：申请人填表→ 人事部门 → 主管副总经理 →项目总经理→公司人事行政部 → 公司总经理 → 公司及项目人事部存档。

③副总经理级以上人员

- 公司本部及项目副总经理申请 1 天事假，经公司或项目人事部审核，报公司或项目总经理批准后休假，程序为：申请人填表→人事部门→项目总经理→公司人事行政部→公司总经理→公司及项目人事部存档；
- 公司本部及项目副总经理申请事假在 2 天以上的，经公司或项目人事部审核，报公司总经理批准后休假，程序为：申请人填表→公司人事行政部→公司总经理→公司及项目人事部存档；
- 项目总经理申请事假，经公司总经理批准后休假，程序为：申请人填表→公司人事行政部→公司总经理→公司及项目人事部存档。

5. 带薪年假

公司及项目正式员工连续工作 1 年以上的，在次年度其《劳动合同》期满后的 12 个月内，可享受有带薪年假，超出 12 个月未休，年假视同作废。

（1）种类——带薪假

（2）相关政策

①年假休假标准：

- 主管级（含）以下员工，每年享受带薪年假 8 天，并根据工作年限，每年递增 1 天。员工级最多享受带薪年假天数为 12 天/年，年假天数达到 8 天（含）后，假期内包含 2 个公休日，其公休日计作年假；
- 部门副经理级以上员工每年享受带薪年假 8 天，并根据工作年限，每年递增 1 天。最多可享受带薪年假天数为 15 天/年，假期内包含 2 个公休日，其公休日计作年假；
- 公司及项目副总经理级以上人员每年享受带薪年假 8 天，并根据工作年限，每年递增 1 天。最多可享受带薪年假天数为 18 天/年，假期内包含 2 个公休日，其公休日计作年假。

②年假不能累计积攒，不能同婚假、法定节假日和存休一起连续使用，特殊情况主管级以下须经项目总经理批准，公司及项目部门经理级以上人员必须经公司总经理批准；

③年假不能提前预支，遇特殊情况，最多可分两次休完，员工在年假休息期限内，不服从休假安排的，视为主动放弃休假，不予以补偿；

④员工在公司内部、项目之间或项目内部门间发生调动时，其上一年度的年假应在原部门、项目休完（结算清），年假不能带入员工新调入的项目或部门；

⑤员工在决定与公司或项目解除劳动关系时，员工未休的年假不能用以替代离职的通知期使用，特殊情况，必须经项目或公司人事部门批准；

⑥员工在一个劳动合同期内，病事假累计超过20天的，无年假享受。

（3）审批权限及程序

员工应拟订休假计划，以书面形式（填写《假期申请表》）向公司或项目人事管理部门提出申请，经批准后方属有效。

①主管级以下员工休年假，须提前30天提出申请，申报程序：申请人填表→部门经理→人事部门→主管副总→项目总经理→项目人事部存档；

②部门副经理级人员休年假，须提前45天提出申请，申报程序：申请人填表→主管副总→人事部门→公司或项目总经理→公司及项目人事部存档；

③副总经理级以上人员休年假，须提前60天提出申请，申报程序：申请人填表→公司人事行政部→公司总经理→公司及项目人事部存档。

6. 婚假

（1）种类——带薪假

（2）相关政策

①公司及各项目正式员工工作满一年后申请婚假，享受带薪婚假3天；符合国家晚婚条件（男满25周岁，女满23周岁），享受10天带薪婚假（含公休日在内），再婚人员除外；

②婚假应在结婚登记日起的六个月内申请，并一次休完，逾期视为自动放弃；

③婚假不允许同年假、法定节假日和公休日一起连续使用。

（3）审批权限及程序

申请婚假应提前45天填写《假期申请表》，并附结婚证书复印件，经批准后方可休假。

①主管级以下员工申报程序：申请人填表→部门经理→主管副总→人事部门审核存档；

②部门副经理级申报程序：申请人填表→人事部门→主管副总→公司或项目总经理→公司及项目人事部存档；

③副总经理级以上人员申报程序：申请人填表→项目人事部门→公司人事行政部→公司总经理→公司及项目人事部存档。

7. 孕、产假

（1）种类——带薪假

（2）相关政策

①实行计划生育的女员工，正常情况下生产可根据医院证明，享受90天的带薪产假；难产增加15天，多胞胎生育的，每多生育一个婴儿，增加产假15天；

②凡晚婚年龄24周岁后初孕的女员工为晚育。晚育的女员工除享受国家规定的产假外，另奖励晚育假30天，女方不休的，亦可由男方享受；

③休产假的员工在次年将不再享受本年度的年假，如产假跨越两个年度，则停止享受其中一年的年假。

（3）审批权限及程序

由本人提出申请，公司或项目人事部门进行审批，通过后方可休假，程序为：申请人填表→部门经理→人事部门→主管副总→常务副总→总经理。

8. 哺乳假

（1）种类——带薪假

（2）相关政策

女员工自婴儿出生至满1周岁，每天给予两次哺乳时间，每次30分钟，每天两次哺乳时间可合并使用，当天不享受，自行作废。

（3）审批权限及程序

①主管级以下员工申报程序：申请人填表→部门经理→人事部门存档；

②部门副经理级申报程序：申请人填表→主管副总→公司或项目总经理→公司及项目人事部存档；

③副总经理级以上人员申报程序：申请人填表→公司人事行政部→公司总经理→公司及项目人事部存档；

④哺乳期满，由人事部门负责提醒员工，终止享受哺乳假。

9. 丧假

（1）种类——带薪假

（2）相关政策

①员工直系亲属（父母、配偶、配偶父母、子女）去世，给予3天带薪丧假，除此关系以外的亲属去世，员工可申请非带薪丧假，非带薪丧假按事假计算；

②员工申请丧假，必须将直系亲属的死亡证明的复印件、与亲属关系的证明一并附在《假期申请表》后，由部门经理签字后，报人事部门审核；

③员工申请丧假，允许以电话方式，在亲属去世的24小时内，向所在部门或人事部请假，请假手续可在返岗后补办。

（3）审批权限及程序

①主管级以下员工申报程序：申请人填表→部门经理→人事部门存档；

②部门副经理级申报程序：申请人填表→主管副总→公司或项目总经理→公司及项目人事部存档；

③副总经理级以上人员申报程序：申请人填表→公司人事行政部→公司总经理→公司及项目人事部存档。

10. 计划生育假

（1）种类——带薪假

（2）相关政策

凡已婚未领取生育指标或生育过一个孩子，做人工流产手术的女员工休息期间按病假计算：

①育龄女员工实行上环术，给予1天带薪休假，如上环后因身体不适，医院同意实行取环术、诊刮术和因上环手术、绝育手术失败造成怀孕做人工流产手术，凭医院证明，休息期间按病假对待；

②育龄男、女工（45岁以下）实行绝育手术，休息时间女员工30天、男员工25天，休息期间按产假对待；

③女员工未婚怀孕或已婚女员工发生计划外生育情况的，公司将严格执行政府相关计划生育管理规定，与之解除劳动关系。

（3）审批权限及程序

员工提出申请，持医生证明报公司或项目人事部门审核后休假。

①主管级以下员工申报程序：申请人填表→人事部门审核→部门经理→人事部存档；

②部门副经理级申报程序：申请人填表→人事部门审核→主管副总→公司或项目总经理→公司及项目人事部存档；

③副总经理级以上人员申报程序：申请人填表→公司人事行政部→公司总经理→公司及项目人事部存档。

11. 加班及倒休

（1）种类——带薪假

（2）相关政策

公司本着提高工作效率为管理宗旨，提倡所有员工在工作时间内准确、高效地履行岗位职责，完成工作任务，减少、杜绝产生不必要的加班，同时针对加班制定规定如下：

①员工倒休必须由所在部门经理在月末人事部提供的考勤记录卡上签字确认，员工未经批准随意倒休，将按旷工处理；

②倒休不得转借，当年度的倒休最多延长至下一年度的第一季度前休完，逾期未休的，视为自动放弃；

③员工在公司内部、项目之间或项目内部门之间发生调动时，其倒休应在原部门休完（结算清），倒休不能带入员工新调入的部门或项目。

（3）审批权限及程序

①公司及项目主管级以下员工因工作需要，在经部门经理批准后，可实施加班，由公司或所在项目副总经理核准后，记作加班，程序为：申请人填表→部门经理→主管副总→人事部门，员工连续加班超过3天，审批程序将延伸至项目总经理；

②公司对公司本部及各项目主管级以上员工（含）采取管理责任制，主管级以上人员确需工作需要产生的加班，需在加班后的24小时内填写《加班申请表》，由公司或所在项目总经理核准后，记作加班，程序为：申请人填表→部门经理→人事部门→主管副总→常务副总→总经理→人事部门存档。

（4）工资计扣标准

①员工在非法定假日产生的加班，由所在部门经理安排，给予同等时间的倒休，倒休期间按出勤计算；

②员工在国家法定节假日加班的，公司或项目将依照政府相关规定，按日工资的3倍计发员工工资，或根据员工及工作的需要，给予员工还休处理。

12. 工伤假

（1）种类——带薪假

（2）相关政策及审批程序

①员工在工作时间内因工受伤，应立即上报所在项目的相关领导及部门，程序为：部门经理→人事部→安保部→常务副总→项目总经理→公司人事行政部存档，此程序结束后，由项目人事部门书面报公司人事行政部；

②项目人事部门根据工伤保险规定，为员工办理申请工伤保险手续，员工因工伤而产生的医疗费用，按照国家工伤保险管理规定执行报销；

③公司人事行政部及项目人事部门有权在员工医疗期间，根据员工工伤恢复的情况，要求员工到指定医院进行检查；

④因员工违反正常操作规程所导致的工作中受伤，公司将依据公司相关安全管理规定对其违章操作进行处罚。

十四、工资支付管理规定

（一）目的

为规范公司及各项目工资支付管理行为，遵照政府相关法规，根据公司实际情况，制定本规定。

（二）范围

本规定适用于与公司签订劳动合同的员工。

（三）内容

1. 薪酬支付原则

（1）预算刚性原则：薪酬总额不超过董事会批准的年度预算额度；

（2）市场导向原则：薪酬水平主要参照市场同行业及人才市场同类人员薪酬水平；

（3）以岗定薪原则：实行薪酬动态管理，以岗定薪、薪随岗变、易岗易薪；

（4）薪酬保密原则：执行薪酬等级水平保密制，任何员工都不得向他人询问、透露与薪酬有关的信息，严格执行保密制度是每位员工的权利与义务，违者依据公司《员工手册》规定处理。

2. 薪酬等级标准

（1）公司人事行政部是公司薪酬管理的职能部门，负责公司薪酬政策的制定与实施，对公司所属项目薪酬政策、方案及标准的制定进行统一管理、宏观指导并实施监控；

（2）公司人事行政部根据公司及下属项目、部门的岗位职责，参照同行业人才市场的薪酬水平，针对公司及相关项目的实际情况，制定项目、部门及岗位薪酬等级标准，公司本部及各项目工资等级的制定由公司总经理办公会议审批，通过后执行；

（3）公司本部及各项目应严格执行薪酬管理标准，任何超出本规定的薪酬等级的变动必须经公司人事行政部审核，公司总经理办公会议审批通过后，方可执行。

3. 薪酬结构

（1）公司高管：执行公司《高管人员年薪管理规定》。

（2）正式员工：薪酬（100%）＝基本工资（50%）＋岗位工资（30%）＋绩效工资（20%）；岗位工资包括各类津贴。

绩效工资的发放根据公司或相关项目经营指标的完成情况及员工工作绩效情况确定。

（3）临时用工

①相关项目根据实际情况制定薪酬结构，报公司人事行政部审批，经公司总经理办公会议审批通过后执行；

②临时工工资的管理原则为以日为计薪单位，按月发放。

（4）管理培训生：同正式员工。

（5）实习生：以所在与学校签订的《实习协议》约定金额，按月发放。

（6）其他人员：按《聘用协议》约定金额执行。

4. 薪酬类别

（1）试用期薪酬标准

①入职试用期——新员工在入职试用期内，薪酬标准按所在岗位工资级别的80%执行；

②岗前试用期——员工因在公司或项目内发生岗位调动和升职情况时，在进入新岗位的前3个月内，为岗前试用期。岗前试用期工资按员工原岗位工资标准执行。

（2）试用期后薪酬标准

①员工通过试用期，经考核达到岗位工作标准，薪酬标准按所在岗位工资级别的100%执行；

②员工通过试用期，业务技能未达到岗位工作标准，薪酬标准由员工所在项目人事部门与员工所在部门负责人研究，依据项目薪酬等级确定；经员工本人同意，试用期后可继续执行试用期间的工资标准。

（3）实习期薪酬标准

①全日制大学院校应届毕业生在持有毕业证书前，到公司或项目实习期间所享受的薪酬。

②应届大专或职高院校应届毕业生在持有毕业证书前，到公司或项目实习期间所享受的薪酬。

（4）加班薪酬标准

①平日加班：加班工资＝日基本工资×150%；

②公休日加班：加班工资＝日基本工资×200%；

③国家法定节假日加班：加班工资＝日基本工资×300%。

5. 薪酬发放

（1）公司实行月薪制，薪酬支付周期为上月26日至当月25日，公司及各项目人事部于每月26日开始制作工资，次月5日发薪；

（2）公司薪酬支付为转账形式，工资通过银行存入员工个人账户，员工凭个人银行卡提取工资；

（3）薪酬发放原则为按时足额支付，遇节假日可提前发放；

（4）公司及各项目每月为员工提供工资发放凭证（工资条），员工需妥善保管，遇问题可凭工资条到公司或所在项目人事部门查询，人事部负责解答员工工资问题；

（5）公司及各项目人事部工资制作人，须严格遵守薪酬保密原则，违者依据《员工手册》，按严重违纪处理；

（6）除银行等外界不可抗因素外，公司及各项目人事部有责任保证员工按时领取到工资，凡因内部原因造成的工资延误发放，将对责任人进行处罚；

（7）员工离职等特殊情况下，工资可以现金形式支付，员工委托他人领取现金工资，须以书面委托形式办理。

（8）核扣项目及标准

年假：公司本部及各项目所有正式员工依照公司《员工休假管理规定》享受带薪年假。

①婚假

- 依照《员工休假管理规定》，员工婚假期间的薪酬按 100% 发放；
- 员工因婚前检查或领证离岗，按事假处理。

②孕产及哺乳假

- 怀孕 7 个月以上不能坚持正常工作的女员工，按公司《员工休假管理规定》申请休假，休假期间凭医院证明，按病假处理；
- 女员工怀孕，休息天数月均达到 21 天的，病假的计算依政府相关规定，按不低于本市当年月最低工资的 80% 发放；
- 女员工因产前检查离岗，按病假处理；
- 女员工预产期前离岗休息，休假期间只享受岗位的基本工资，基本工资低于本市最低工资标准的，按本市最低工资标准执行；
- 依照北京市相关文件规定，本市户口女员工产假及哺乳假期间享受生育保险基金，由政府相关部门支付；外地户口女员工产假及哺乳假期间不享受绩效工资，薪酬支付额度为（基本工资 + 岗位工资）×80% 计发，低于本市最低工资标准的，按本市最低工资标准执行；
- 凡已领取生育指标，因特殊原因必须做人工流产或引产的女员工，休息时间依据指定医院开具的证明，按产假计算。

病假核扣标准：参见《人事行政管理规定》。

③事假核扣标准

参见《人事行政管理规定》。

④工伤假

- 工伤应由劳动鉴定委员会参照工伤与职业病致残程度鉴定标准进行劳动能力鉴定，并依据鉴定结果同时按照国家规定给付休假（医疗期）期限；
- 医疗期在半年之内的，只发给基本工资、国家规定的物价补贴，医药费按规定报销，不再享受其他任何待遇；
- 医疗期超过半年，由发基本工资改发 60% 疾病救济费。不足北京市最低生活费标准，补到最低标准；
- 被鉴定为一级至四级的，应退出劳动岗位，终止劳动关系，办理退休、退职手续，享受退休、退职待遇；
- 被鉴定为五级至十级的，医疗期内不得解除劳动合同。医疗期满尚未治愈者，被解除劳动合同的经济补偿按照有关规定执行；

- 医疗期满需要恢复工作，必须持有指定医院的有效合格证明，方可返岗，返岗后的第一个月为试用期，工资按试用期标准发放。

⑤丧假

- 依照《员工休假管理规定》，员工直系亲属去世享受带薪丧假，期间的薪酬按100%发放；
- 员工直系以外的亲属去世，申请休假按事假核扣。

⑥计划生育假

员工申请的计划生育假，凡属公司《员工休假管理规定》范围以外的，均按病假核扣。

⑦试岗期

员工因降职、调动等原因发生岗位变动时，在进入新岗位的前3个月为试岗期，试岗期的员工不享受绩效工资，薪酬支付标准为岗位工资总额的80%。

⑧待岗期

员工待岗期间的薪酬按照北京市最低工资标准支付。

⑨国家规定的代扣项目

a. 个人所得税；

b. 社会保险费（养老、失业、医疗、住房公积金）中个人负担的部分；

c. 应由个人负担但公司已预支的费用；

d. 病、事假等缺勤扣款；

e. 其他扣款（如违纪、违约金、赔偿金等）；

f. 其他应由个人负担部分。

⑩其他

a. 员工子女家长会假，薪酬核扣按事假处理；

b. 员工因违反公司或项目管理制度导致的薪酬核扣，按照本手册相关规定（条款）为标准，执行核扣；

c. 员工因个人行为受治安处罚，尚不构成解除劳动关系的，公司或项目按照北京市最低工资标准支付工资，支付期限最长为6个月；

d. 因违反公司或项目管理制度，给企业造成经济损失的，在未解除劳动合同前，按照北京市最低工资标准发放薪酬；

e. 凡不在本规定内的薪酬核扣，由公司人事行政部制定，报公司总经理办公会议审批通过后执行。

6. 薪酬调整

（1）员工薪酬随工作岗位和职务变动而调整，调薪生效日期以《员工异动表》为准；

（2）员工在本岗位上薪酬发生变动，由公司或所在项目人事部报批后，附《员工异动表》、《工作绩效考核册》一并执行；

（3）因特殊情况发生的薪酬调整，由公司或项目人事部审核，报公司总经理办公会议审批通过后执行；

（4）报批程序

公司薪酬主管制作工资→人事行政部经理审核→财务部经理会签→总经理签批

项目：薪酬主管制作工资→人事行政部经理审核→财务部经理会签→项目总经理签批→公司财务部会签→公司人事行政部会签→公司主管领导审批→公司总经理审批

十五、劳动合同管理

（一）劳动合同制管理

1. 公司实行全员劳动合同制管理。

2. 合同的签订、变更、解除等依国家、各地方相关劳动法规和公司相关规定执行。

（二）完备调离手续

与公司解除/终止劳动合同，您需在离职前妥善处理完工作交接事宜，完备离职手续，包括：

（1）交还所有公司资料、文件、办公用品及其他公物；

（2）向指定的同事交接经手的工作事项；

（3）报销公司账目，归还公司欠款；

（4）人事档案关系在公司的，应在离职日将户口、档案及人事关系转离公司，不能马上转离的，应在15个工作日内办理完毕；

（5）员工违约或提出解除劳动合同时，员工应按合同规定，支付有关费用；

（6）如与公司签订有其他合同（如培训协议、保密协议），按其约定办理；

（7）待所有离职手续完备后，于发放工资日领取离职当月实际工作天数薪金；

（8）未按公司规定完备调离手续即擅自离开工作岗位，公司将按旷工处理；

（9）公司或项目主要负责人或重要岗位管理人员离职前，公司将安排离职审计；

（10）在公司内部调动人员，应比照上述条款完备调离手续，并按照以下规定执行：

①员工调入项目具有独立法人资格的，员工应与原所在项目办理离职手续、终止劳动关系，并办理劳动合同、工资保险、档案关系的转移。

②员工调入项目为非法人机构的，员工应与原所在项目办理离职手续，并办理工资保险、档案关系的转移。

③公司有权根据工作需要借调所属项目的任何员工，员工在借调期间的出勤、考核等工作由所在借调项目负责。

④员工在借调期间的工资保险、档案关系仍由原劳动关系所属项目负责。

⑤员工借调期满结束后，公司人事行政部根据其考核成绩有权将借调人员调回原项目，并由原项目负责具体安排。

（三）离职面谈

离职前，公司可根据员工意愿安排人事行政部同事或员工上司进行离职面谈，听取员工意见。

（四）保密工作

员工不得允许任何未经批准的人员接触有关公司或其业务的书籍、信件或文件，不得用书面、口头或其他形式透露有关公司业务或公司内部事务或其他客户资料。需要特别指出的是，公司资产评估报告及战略发展报告作为公司机密资料，非相关人员不得接触及复制，其他员工如因工作需要参阅的，必须经公司总经理批准方可。

员工与公司解除或终止劳动合同后的 3 个月内，员工保证不得向第三方透露或提供公司经营和管理有关的资料或数据。

十六、职场规范

（一）仪表规范

1. 上班时间均应穿着统一规定的工装制服和鞋袜，上下班应到指定地点更衣；

2. 工服必须保持清洁、熨烫平整，并应按时进行换洗；

3. 男员工着衬衫、西装、深色皮鞋（深色短袜），系领带，并保持头发整洁（男员工发长不应盖耳）；

4. 女员工着衬衫、西装（秋冬季着西裤、春夏着西装裙配黑色丝袜）、着深色皮鞋、系头花；

5. 着工服时，应将领带系戴端正，纽扣扣齐，拉链拉好，工服上必须佩戴胸牌，袜子不应有破损，皮鞋应保持光亮，鞋面不得有尘土；

6. 不得将钢笔、圆珠笔等插在上衣口袋，不得挽衣袖、卷裤腿、敞胸露怀、穿拖鞋。衣冠不整者，禁止上岗；

7. 除特殊情况外，不得穿着或携带工服离开大厦。

（二）办公礼仪

1. 使用电话注意语言简明；

2. 接到电话应使用规范语言：例："您好，中远酒店物业人事行政部×××"；

3. 您的工作资料、个人物品、现金等请妥善保存，以免丢失或损坏。

（三）仪容规范

1. 应保持头发整洁，经常梳理，男员工发长不应盖耳、遮领，不准留大鬓角，女员工过肩长发应束扎盘结，男女员工均不得烫怪发型或染发（染黑发除外）；

2. 应保持面容清洁，男员工应经常修面，不准留胡须，女员工应化淡妆上岗，不得浓妆艳抹；

3. 应遵守饰物佩戴规定，员工可佩戴一枚戒指，女员工可佩戴耳钉，戴项链者项链不得外露；

4. 应保持手部清洁，经常修剪指甲，不得蓄长指甲，不得涂有色指甲油；

5. 应注意个人卫生，经常洗澡，身上无汗味、异味；

6. 应保持口腔卫生，上岗前不得饮酒，吃葱、蒜、韭菜等有异味食品。

（四）言谈规范

1. 使用"五声、十一字"礼貌用语。五声即："欢迎声、问候声、道歉声、致谢声、告别声"；十一字即："您、您好、请、对不起、谢谢、再见"；

2. 与客户谈话时，应站立并与客户保持一步半距离（0.8～1米），面带微笑，目光注视对方，表情自然。听讲时应精神集中，用心聆听，留心客户吩咐。讲话时应声音适度，以对方能够听清楚为限，语气应温和，语调应平稳，速度应适中，表达应清楚；

3. 回答客户问询时，应以积极的态度帮助客户，做到有问必答。对解答不了的问题，不得直说"不知道"，应向客户表示歉意，请客户稍等并立即向同事或上级了解、请示，得到答案或上级指示后，立即给客户满意的答复。对需应保密的问题，应婉言相拒；

4. 接听客户电话时，电话铃响三声之内应立即接听，先向客户问好，再报自己所在部门及姓名。接听用语为"您好，中远酒店物业××部×××（姓名）"；

5. 应做到"三知"，即：知道本岗位的业务知识及工作标准、知道公司内的服务项目和设施设备、知道公司内客户状况，热情地为客户提供帮助；

6. 在与客户的谈话中，不应涉及客户隐私，听讲时不抢话，不插话，不得漫不经心、左顾右盼，讲话时不得作出伸懒腰、打哈欠等动作，不得唾沫四溅，听到客户的意见、批评时不辩解，冷静对待，遇到客户言语过激时，不应面露不悦。员工必须杜绝使用蔑视语、烦躁语、否定语、斗气语，不得以生硬、冷淡的态度待客；

7. 应尊重客户风俗习惯，不评头论足，不议论指点，不以肤色、种族、信仰、服饰取人，不得与同事在客户面前讲家乡话，不得与同事在客户背后议论客户。

（五）举止规范

1. 站姿——标准站立姿势应为：头部端正，目视前方，表情自然，面带微笑，挺胸收腹，双臂自然下垂在身体两侧或手放背后，手放背后时右手握拳左手放在右手背上，双脚略分开约 15 公分。站立时不得前俯后仰或把身体倚靠在某一设施上；

2. 坐姿——标准坐姿应为：在保持站姿基础上自然坐下，头部端正，目视前方，表情自然，面带微笑，上身挺直，不应弯曲，双手自然放置在大腿上，小腿与大腿成 90°，两腿并拢。客户向员工走来距 2～3 米时，员工应主动起立，问好。员工就座时不得前俯后仰、摇腿跷脚或跨在椅子、沙发的扶手上或把脚架在茶几上；

3. 走姿——标准行走姿势应为：在保持站姿的基础上，表情自然，面带微笑，水平向前行进；步伐应轻盈、平稳；步幅不可太大或太小；速度不可太慢或太快；双臂自然摆动，前后不超过 30°。行走时切忌摇头晃肩、东张西望、左右摇摆，在走廊行走时，不得并行，更不得相互拉手搂腰，相互追逐；

4. 手势——为客户指路的标准手势应为：手臂自然前伸，手指并拢，掌心向上，指向目标。在介绍和指示方向时，切忌用一个手指指点；

5. 在客户面前任何时候都不得有以下行为：修指甲、剔牙齿、抠鼻孔、掏耳朵、吃零食、打饱嗝、伸懒腰、搓泥垢、哼小调、吹口哨、看书报、化妆、吸烟、插兜、叉腰、抱肩等。

（六）员工礼节礼貌规范

微笑——见到客户时，应面带微笑；

问好——接待客户时，应笑脸相迎、主动问好。态度应自然、大方、热情、稳重。称呼客户应恰当，用语应得体。标准用语为"您好"；

让路——与客户相遇时，应主动让路。与客户同行时，应礼让客户先行；

进出客户单元——写字间出租后，不得随便进入客户单元，当因服务或确有事情需应进客户单元时，必须先轻敲房门，报明身份，待得到客户允许后，方可进入。出门时应面朝客户轻轻退出并轻轻把门带上；

拜访客户——拜访客户时，不应主动与客户握手。在与客户握手时，应面带笑容，姿势端正，用力适度；

服务操作——为客户服务时，应做到标准化、规范化、程序化。操作时应做到说话轻、走路轻、操作轻，保持接待环境的安静。严禁大声喧哗、嬉笑打闹。

（七）员工工作行为规范

1. 出入工作岗位、员工区域和客户区域，必须走指定的员工通道；

2. 考勤打卡——上班不得迟到，下班不准早退，严禁旷工。如有急事或因病不能到岗，应提前请假，特殊情况用电话及时报告部门领导。上、下班时必须打计时卡，不得代他人打卡或委托他人代打卡；

3. 岗位纪律——在工作时间应坚守岗位，不得做与工作无关的事。不准擅离职守、串岗、聊天、追逐打闹、大声喧哗，不可打私人电话，不准私自会客、处理私事，不得将家属、亲友带入工作岗位。严禁听收录机、睡觉、打扑克、下棋、玩电子游戏等与工作无关的事情，因工作需要外出办事，应按规定填写《因公外出申请单》；

4. 职业道德——不准捡拾客户丢弃的废品杂物私自变卖，严禁偷拿公司及他人财物。服务时不可与客户过于亲近或纠缠、攀谈；

5. 遵纪守法——应遵纪守法，不准偷听、偷看或传播黄色书刊及音像制品。不准在公司内酗酒、赌博、打架、斗殴；

6. 公共道德——应遵守公共道德，不得随地吐痰、乱扔纸屑和杂物，严禁在禁止吸烟区吸烟，严禁在墙壁、电梯、卫生间内涂写、刻画；

7. 服从领导——员工之间应团结协作，服从领导，应对违反纪律和规范的现象进行批评和教育，不得隐瞒包庇，不得提供假情况，不得阳奉阴违、诬陷他人。

十七、员工职务行为准则

（一）总则

1. 本准则体现了公司价值观的基本要求，员工应当熟知并遵守。

2. 公司尊重员工的正当权益，通过本准则界定公司利益与员工个人利益，避免二者发生冲突。

3. 员工违反本准则可能导致公司与之解除劳动合同。员工违反本准则给公司造成经济损失，公司将依法追索经济赔偿。员工行为涉嫌刑事犯罪，公司将报告司法机关处理。

（二）职务权责

1. 经营活动

（1）员工应守法、诚实地履行自己的职责，任何私人理由都不应成为其职务行为的动机；

（2）维护公司利益是员工的义务。员工不得从事、参与、支持、纵容对公司有现实或潜在危害的行为。发现公司利益受到损害，员工应向公司汇报，不得拖延或隐瞒；

（3）未经授权的情况下，员工不得超越本职业务和职权范围从事经营活动；

（4）除本职日常业务外，未经公司授权或批准，员工不得从事下列活动：

①以公司名义进行考察、谈判、签约、招投标、竞拍等；

②以公司名义提供担保、证明；

③以公司名义对新闻媒介发表意见、消息；

④代表公司出席公众活动。

员工须严格执行公司颁布的各项制度。员工认为公司制度明显不适用，应及时向上司或制定和解释该制度的部门反映。公司鼓励员工就工作充分发表意见或提出合理化建议；

遵循管理流程接受上司的领导是员工的职责。员工应服从上司的指示。员工如认为上司的指示有违反法律及商业道德，或危害公司利益，有权越级反映。

遇到工作职责交叉或模糊的事项，公司鼓励勇于承担责任和以公司利益为重的行为，倡导主动积极地行动，推动工作完成并对结果负责。在工作紧急和重要的情况下，员工不得以分工不明为由推诿；

（5）禁止员工超出公司授权范围，对客户和业务关联单位作出书面或口头承诺。在公司内部，员工应实事求是地对工作作出承诺，并努力兑现；

（6）员工有贪污、受贿或欺骗公司的行为，无论给公司造成损失与否，公司均可无条件与之解除劳动合同。

2. 资源使用

员工未经批准，不得将公司资产赠与、转让、出租、出借、抵押给其他单位或者个人；

员工对公司的办公设备、交通工具、通信及网络系统或其他资产，不得违反使用规定，做任何不适当的用途：

（1）公司的一切书面和电子教材、培训资料等，均有知识产权，员工未经授权，不得对外传播；

（2）员工因职务取得的商业和技术信息、发明创造和研究成果等，权益归公司所有；

（3）员工对任何公司财产，包括配备给个人使用的办公桌、保险柜、橱柜，乃至储存在公司设备内的电子资料，不具有隐私权。公司有权进行检查和调配。

3. 保密义务

公司一切未经公开披露的业务信息、财务资料、人事信息、招投标资料、合同文件、客户资料、调研和统计信息、技术文件（含设计方案等）、企划营销方案、管理文件、会议内容等，均属企业秘密，员工有保守该秘密的义务。当不确定某些具体内容是否为企业秘密时，应由公司鉴定其性质：

（1）员工薪酬属于个人隐私，任何员工不得公开或私下询问、议论。了解此信息的员工，不得以任何方式泄露；

（2）员工接受外部邀请进行演讲、交流或授课，应事先经上司批准，并就可能涉及的有关公司业务的重要内容征求上司意见；

（3）员工应对各种工作密码保密，不得对外泄露，严禁盗用他人密码。

（三）内外交往

1. 员工须谨慎处理内外部的各种宴请和交际应酬活动。应谢绝参加的活动包括：

（1）施工单位、材料供应商和投标单位的宴请和娱乐活动；

（2）设有彩头的牌局或其他具有赌博性质的活动；

（3）涉及违法及不良行为的活动。

2. 公司对外的交际应酬活动，应本着礼貌大方、简朴务实的原则，不应铺张浪费。公司内部的接待工作，应务实简朴。员工在安排交际活动时须考虑以下重要因素：

（1）是否属于工作需要；

（2）费用、频率和时机是否恰当；

（3）消费项目是否合法。

3. 公司对外部单位或个人支付佣金、回扣、酬金，或提供招待、馈赠等，应坚持下列原则：

（1）不违反相关法律法规；

（2）符合一般道德标准和商业惯例。

4. 员工不得以任何名义或形式索取或者收受业务关联单位的利益。员工于对外活动中，遇业务关联单位按规定合法给予的回扣、佣金或其他奖励，一律上缴公司处理，不得据为己有。对于对方馈赠的礼物，只有当价值较小（按公认标准），接受后不会影响正确处理与对方的业务关系，且拒绝对方会被视为失礼的情况下，才可以在公开的场合下接受，并应在事后及时报告上司。

5. 尊重客户、业务关联单位和同事是基本的职业准则。员工不得在任何场合诋毁任何单位和个人。

（四）个人与公司利益的冲突

1. 兼职

（1）员工未经公司安排或批准，不得在外兼任获取报酬的工作。

（2）在任何情况下，禁止下列情形的兼职（包括不获取报酬的活动）：

①在公司内从事外部的兼职工作；

②兼职于公司的业务关联单位、客户或者商业竞争对手；

③所兼任的工作构成对公司的商业竞争；

④因兼职影响本职工作或有损公司形象；

⑤经理级及以上员工兼职。

公司鼓励员工在业余时间参加社会公益活动。但如利用公司资源或可能影响到工作，员工应事先获得公司批准。

2. 个人投资

员工可以在不与公司利益发生冲突的前提下，从事合法的投资活动，但不得进行下列情形的个人投资活动：

①参与经营管理的；

②对公司的客户、业务关联单位或商业竞争对手进行直接投资的；

③借职务之便向投资对象提供利益的；

④假借他人名义从事上述三项投资行为的；

⑤员工不得利用内幕消息，进行公司股票的买卖，亦不得指使、提示他人进行买卖。

3. 特殊关系的回避

（1）公司坚持举贤避亲的人事原则，公司本部及各项目相关人员均不得录用或调动亲属到自己所管辖范围内工作。向公司内及各项目推荐自己亲属或好友的，应向人事行政部提前备案。

（2）已经存在亲属关系的员工，不得在同一公司、项目工作，并应回避有业务关联的岗位。在本公司或项目具有亲属关系的员工在录用前必须向公司人事行政部书面申明并报公司总经理特批。

（3）公司不提倡员工与自己的亲属、好友所在单位建立业务合作关系。有正当理由建立业务关系的，要主动向上司书面申报自己的亲友关系，并应在相关的业务活动中回避。

注：关于特殊关系条款中亲属范围指：子女、兄弟姐妹、配偶、表/堂兄弟妹等。

十八、安全守则

（一）目的

中远酒店物业管理有限公司本着"以人为本、安全第一"的安全管理方针，要求员工在入职时必须与公司签订《安全责任书》，同时员工还应遵守下列公司关于安全生产、经营和管理方面的规则。

（二）意外情况的处理

1. 火警

当发生火灾时，不论程度大小，必须采取如下措施：

（1）保持镇静，切记不要惊慌失措；

（2）拨打内部火警电话3119（远洋大厦）报警，报警时必须讲清发生火情的地点及火势大小，并通报部门或值班经理；

（3）在安全的情况下，利用就近灭火设备或正确的灭火方法进行扑救；

（4）切勿用水或泡沫对因漏电引致的火情进行扑救；

（5）切勿搭乘电梯，必须使用楼梯；

（6）在撤离火灾现场时，必须关掉一切电气设备的开关；

（7）如火势有蔓延的趋势，必须先协助引导客户尽快撤离着火现场；

（8）员工必须熟练掌握、正确使用公司灭火设备；

（9）员工必须熟记火警讯号、走火通道与安全出口的位置；

（10）员工必须积极参加公司的消防演习。

2. 紧急事故

在紧急情况下，例如水灾和飓风期间，员工被要求做额外临时性工作时，员工应积极配合。紧急事故期间，员工要鼎力合作，保证公司的经营业务正常运行。

3. 预防事故

（1）员工必须注意预防各类事故的发生，以收到有备无患的效果。

（2）员工必须熟练并正确掌握公司消防应急程序和消防常识。

（三）其他相关规定

参见公司《安全管理责任书》。

十九、奖惩制度

（一）总则

严明纪律、奖励先进、惩罚违章违纪，是激发员工努力工作、忠于职守、提高服务质量和工作水平的重要措施。为保护员工的正当权益，奖优罚劣，奖勤罚懒，促使每位员工自觉遵守公司的规章制度，充分发挥自己的聪明才智，使干得好的员工精神上得到鼓励，待遇上有所提高，使违纪员工受到相应处罚，特制定本奖惩制度。

（二）奖励

公司奖励分为三种：嘉奖、晋级和授予荣誉称号。有下列事迹之一者，可给予一次性奖励：

1. 努力完成本职工作和公司交给的各项任务，有突出贡献者；

2. 超额完成公司利润计划指标，经济效益显著者；

3. 被评为公司签发的各项荣誉称号者；

4. 严格开支，节约费用有显著成效者；

5. 发现事故隐患及时采取措施，防止重大事故发生者；

6. 为保护公有财产、客户生命、财产，见义勇为者；

7. 敢于向不良现象作斗争，揭发举报者；

8. 提出合理化建议，经实施有显著成效者；

9. 拾金（物）不昧者；

10. 服务热情，受到客户表扬者；

11. 模范遵守各项规章制度，为有关部门树立典范者；

12. 发现违纪行为及时举报、制止者；

13. 积极参与中远系统内各项活动，并取得优异成绩为公司获得荣誉者。

（三）惩处

对违章违纪行为的处罚分为书面警告、严重警告、辞退除名。

违纪程度	处 罚 标 准	
书面警告	罚款 100 元/次	
严重警告	罚款 200 元/次	两次书面警告构成严重警告
辞退除名	解除《劳动合同》	三次书面警告、两次严重警告构成辞退
备 注	当此处罚标准与本手册处罚条款内容相悖时，按手册中具体处罚条款执行，亦可视违纪情节轻重，加大处罚额度	

1. 书面警告

（1）当班未着工服或工服不整洁；

（2）未按规定和要求修饰头发和面部；

（3）当班未戴名牌或佩戴不合要求的名牌；

（4）在公司区域内大声喧哗或嬉闹；

（5）当班时嚼口香糖；

（6）在公共场所剔牙、挖耳、抓痒、抠鼻孔、照镜子、化妆、打响指、吹口哨、手插口袋、双手叉腰等有失职业风度的举动；

（7）未经批准，工作时间接待私事来访者；

（8）工作时间打私人电话；

（9）工作时间阅读与工作无关的书刊或做其他私事；

（10）在公司区域乱放或未经批准乱停非机动车和机动车；

（11）乱扔垃圾；

（12）个人资料发生变化，未按要求及时到人事行政部登记变更；

（13）擅自在公司区域张贴或散发告示和宣传材料；

（14）擅自揭去和损坏公司在公共场所张贴的通知、通告及各种宣传材料；

（15）在客人面前聊天、怠慢客人，引致客人不满或工作不能妥善完成；

（16）随地吐痰；

（17）在公司禁止区域大小便；

（18）未经批准，擅自使用客用设施；

（19）进出公司出入口，拒绝门卫检查，或对检查的门卫粗暴无礼；

（20）擅自离开工作岗位；

（21）上下班不打考勤卡；

（22）私自涂改考勤记录；

（23）替他人打考勤卡或要求他人为自己打考勤卡；

（24）迟到或早退；

（25）拒绝合法的加班；

（26）工作不按规定的标准或规程进行；

（27）工作不与他人合作；

（28）工作时间睡觉；

（29）用不正当手段干扰他人工作；

（30）在公司私自出售物品；

（31）年度内工作业绩不佳，经培训后仍没有工作起色。

2. 严重警告

（1）酒后工作或当班时饮酒；

（2）在公司严禁吸烟区吸烟；

（3）丢失办公室、库房等的钥匙；

（4）不执行或拒绝接受领导的工作要求和安排，或其他不服从管理的行为；

（5）顶撞或对领导粗暴无礼；

（6）处理下属问题简单或粗暴，或不能秉公办事造成不良后果；

（7）出于各种不良动机，对下属进行打击报复；

（8）工作失职、大意或玩忽职守造成公司或客户的财物损失和损坏；

（9）私撬更衣柜；

（10）病愈和医疗期结束拒绝上班；

（11）造谣或恶意中伤他人；

（12）挑拨离间、搬弄是非，对同事无礼、破坏同事间的团结与合作；

（13）损害公司声誉的各种行为；

（14）其他扰乱公司秩序的行为；

（15）并非因工作需要，擅自进入公司限制员工进入的区域，如监控室、财务室等；

（16）经常性迟到或早退（员工在 30 日内迟到或早退累计三次，视为经常性迟到）；

（17）利用患病休假，擅自从事对治疗和恢复健康不利的私人活动；

（18）旷工 2 天以上（含）；

（19）未经批准私自使用公司的设备为己用，如车辆、办公设备等；

（20）明知公司财物受损失和丢失，而不管、不问、不汇报；

（21）提供不真实的报告、材料；

（22）捡到失物不按规定上交；

（23）利用公司设备干私活；

（24）擅自占有或使用属于公司、客户或其他员工的设施、设备、物品；

（25）无许可证，将公司或客户的物品带出公司；

（26）工作时擅离岗位、玩忽职守，造成一定恶劣影响；

（27）泄露公司经营机密，未经公司同意，擅自将机密文件透露给外公司人员者；

（28）私自把本公司客户介绍给外单位、向客户索取回扣或中介费；

（29）不服从工作安排或工作调动，影响公司或项目日常经营或工作秩序；

（30）对领导分配的工作拒不执行；

（31）违反各部、室所制定的工作程序和规章制度以致造成隐患；

（32）违反公司或项目工作程序，因决策失误给公司造成直接经济损失 5000 ~ 20000（含）元；

（33）由于工作责任心不强，给公司造成经济损失 500 元以上 3000 元（含）以下（除按原价赔偿外）；

（34）所管区域发生一般或较大安全事故，给公司带来不利影响；

（35）发现所属人员违反公司规章制度造成安全事故、经济损失和不良影响行为，不及时向公司或所属项目报告或有意隐瞒者；

（36）工作管理混乱，因工作失误造成重大经济损失；

（37）所管项目、部门年度经营、管理指标未达标；

（38）所管项目、区域发生重大投诉事件，给公司声誉造成严重影响。

3. 辞退开除

（1）在试用期内不符合录用条件；

（2）不能胜任工作，经过培训或者调整工作岗位仍不能胜任工作；

（3）患病或非因公负伤，医疗期满后不能从事原工作也不能从事由人事行政部安排的工作；

（4）严重失职、营私舞弊，对公司利益造成重大损失；

（5）被公安机关依法追究刑事责任；

（6）偷窃或私拿公司物品，性质严重者；

（7）侮辱、诽谤、殴打、恐吓、威胁，危害同事、客户、上级或打架斗殴；

（8）酗酒、赌博、贪污、挪用公款；

（9）故意不服从上级指挥，拒绝上级指派的工作，经教育无效；

（10）连续旷工 3 天以上（含）；

（11）违反公司人事管理规章制度和劳动纪律；

（12）利用职务和工作之便，接受贿赂，或利用不正当手段中饱私囊；

（13）擅自对外界发表有关公司的诬蔑性言论，发表有损公司声誉的言论；

（14）书写匿名诬告信；

（15）其他违反法律或治安条例的行为；

（16）书面警告 3 次或严重警告 2 次者经处分仍无明显悔改表现；

（17）擅自在工作时间内在其他单位兼职；

（18）擅自与本人自营的公司，本人的亲属、朋友建立业务合作关系；

（19）违反公司或项目工作程序，因决策失误给公司造成直接经济损失 20000 元以上；

（20）工作责任心不强，所管区域发生重大或特大安全事故；

（21）利用职权，要求下属去从事违法或侵害公司利益的事情；

（22）私分或私占客人遗留或罚没的财物；

（23）为客户提供服务时，用虚报冒领等各种不正当手段骗取个人好处；

（24）向客户或客人提供虚假情况或证明（证书、发票、收据、文件等），或伪造公司文件及其他欺骗行为；

（25）未经批准，擅自向其他单位和个人泄露公司的商业机密和保密资料，如客户或员工的个人资料等；

（26）从事对公司经营产生不利影响的业务；

（27）挪用公司资金；

（28）向公司的物品供应商、工程承包商或其他合作对方索取回扣或其他好处；

（29）偷窃公司或他人的钱财物品和食品、饮品；

（30）煽动策划或参与任何形式的怠工、罢工行动；

（31）吸毒、贩毒；

（32）在公司内收藏危险性武器、爆炸品；

（33）违反政府法令、法规的其他犯罪行为。

其中：

（1）一般事故：没有造成死亡或直接经济损失在1万元以下的事故。

（2）较大事故：死亡1～2人或重伤3～9人；直接经济损失在1万～10万元的事故。

（3）重大事故：死亡3～9人或重伤10～20人；直接经济损失在10万～100万元的事故。

（4）特大事故：死亡10人以上（含10人）或重伤20人以上（含20人）；直接经济损失在100万元以上的事故。

注：当以上条款中未包含的违纪行为发生时，公司将根据违纪行为的性质，参照上述条款对违纪者进行处理。

（四）相关规定

1. 员工申诉权

员工有申诉的权利。凡对奖励或处分有异议者，可在3日内向本部门或人事行政部提出申诉，由人事行政部会同工会及有关部门进行调查，并自申诉之日起30日内作出最后决定。

2. 说明

本制度所列违纪条款不是所有违纪情况的概括，任何行为如果是有损于公司利益或违反法律和道德行为准则，尽管在上述规定内没有列出，也同样可以采取适当的处分措施；同时，发生违纪行为时，公司有权依据情节轻重界定其违纪类型。

二十、附　则

（一）此纪律和处罚规定颁发生效后，以前的规定中凡与本手册规定相冲突的，一律以本手册规定为准。此后颁布其他纪律规定，经公司总经理办公会议审批后，都将成为上述规定的一部分。

（二）本手册由公司人事行政部保留最终解释权。

（三）公司可根据需要，适时修订本《员工手册》的内容。

（四）本手册已经公司总经理批准，为有效版本。由于国家有关人事政策及公司经营环境的不断改变，本手册中的条款可能会随之修改完善，公司人事行政部将会对任何变动向员工进行解释。

（五）公司具体的人事政策参见公司《人事管理制度》手册。

二十一、员工回执

致：公司人事行政部

本人谨此签收到《员工手册》，并经阅读后已清楚明白内容，本人同意《员工手册》所有条款，并做到爱岗敬业、努力工作。

_____部　　　　　员工（签名）_____

年　月　日

第三章　财务管理

一、仓库管理制度

（一）为了加强公司中心仓库存货的管理，保管好库房物资，保证账实相符、账账相符，特制定此制度。

（二）内容

1. 库房管理员的岗位要求

（1）了解物管中心内部的采购循环系统。

（2）具有物品储存和管理方面的知识。

（3）有良好的组织能力，严谨、勤奋、有高度的责任心。

（4）一年以上仓储收货经验。

2. 管理内容

（1）每天检查库房物品存货情况，检查物品存放是否整齐有序，做到物资隔墙、离地、通风、防潮及仓库的清洁卫生。

（2）保管好仓库的钥匙，保管好仓库内部资料，保证仓库安全。

（3）监督检查库房安全措施是否完善，包括门、窗、锁，发现隐患及时上报。

（4）易燃、易爆物品单独存放，做好相应的安全措施。

（5）加强库房管理的安全意识，做到"四防"，即防火、防盗、防蛀、防霉烂变质。有一定的防火知识，会使用灭火器，库房配备相应的灭火器。

（6）及时处理积压破损物品，总结其发生原因，避免相似事件发生。

（7）按照物品存量标准，及时将信息反馈给采购人员和有关部门，由其安排采购，及时补充库存，避免造成不必要的损失。

（8）及时清点物品，每月填制 WD－CW－002－001《库存盘点表》，做到账物相符，库存物品做到有标志。

（9）仓库的温湿度要保持在一定范围内，温度不超过40℃、不低于－15℃，湿度范围在50%～70%之间，每天做记录。

3. 验收入库管理

（1）对清洁用品、工程备品配件等须入库管理的实物产品由采购需求部门的人员按照 QP－007－001《物品申购单》上的需求产品名称、数量、规格、型号进行验收；财务部仓库管理员配合采购申请部门验收。所采购的实物物品必须有合格证或必须符合申请采购部门的要求。

（2）根据 QP－007－001《物品申购单》或合同所定条款，在物品验收合格且准确无误后，方可办理入库手续，必须当天开具 QP－004－005《入库单》。QP－004－005《入库单》一式三联，由采购人员、仓库管理员和采购申请部门人员签字后生效，第一联交采购人员，作为结账时的凭据；第二联由库管员及时送交财务部相关会计人员；第三联留存在仓库据以及时核对库存材料账。

（3）财务部会计人员接到仓库管理员交来的 QP－004－005《入库单》，立即进行账务处理，增加库存材料和供应商的应付账款。

4. 存货出库管理

（1）由使用部门填写 WD－CW－002－002《出库单》（包括物品名称、数量、规格等），经申领部门经理或其授权人员和财务部经理或其授权人员签字后，才能到仓库领用物品。

（2）仓库管理员据签字生效的 WD－CW－002－002《出库单》，向使用部门交发所需的物品。WD－CW－002－002《出库单》须由领用人和仓库管理员签字，并由库管员按先进先出发放物品，并将单价、金额及时在物品领料单上填列。

（3）库管员对任何部门、任何人员均应严格按先办手续后提货的程序发货，严禁先发货后补手续或以白条代手续的做法。货物出库后库管员应立即处理。

（4）WD－CW－002－002《出库单》一式两联，一联由库管员交会计人员，由其据以进行材料出库账务处理；另一联由库管员保存，由其据以及时核对库存材料账。

5. 存货的盘存管理

（1）仓库管理员平时要做好存货的保管工作，建立存货明细账，控制存货的数量和金额，做好存货的收发存记录并经常核对，保证账实相符。

（2）财务部建立存货明细账，正确核算存货的金额，每月至少与仓库管理员抽查一次存货，保证存货账实相符。

（3）对盘亏的存货要追查原因，属于管理人员的责任要由其赔偿；属于正常的损耗可以列入公司的成本。

二、备用金管理规定

1. 为保障物管中心的正常经营运转，并且提高工作效率特制定此制度。

2. 内容：

（1）财务部以签报的形式申请一定金额的备用金；

（2）财务部负责备用金的保管与使用工作；

（3）各部门需要严格按照此规定执行；

（4）每周四为中心整体报销时间，各部门需要每周三将需要报销的单据汇总到财务部会计处，由会计核准金额后向出纳提交需要支取现金的数量；

（5）每周四上午9点之前，由财务部出纳向公司财务部出纳提交需借用现金金额，并于下午3点之前从公司财务部处领取现金；

（6）各部门如果需要支出大额现金（超过500元），必须提前一周通知财务部出纳；

（7）在物管中心需要紧急支出的情况下，财务部可以支取备用金；

（8）财务部在领取备用金之前，需要在物管中心附近银行以财务部经理的名义开设一个个人银行账户，并将备用金存入此账户进行保管；

（9）在支取备用金之后，财务部出纳必须在一周之内办理完毕一切手续补齐备用金；

（10）安全环境部负责保障财务部出纳取款途中的人员及资金安全。

三、节假日现金收费管理办法

1. 为了方便业主节假日缴费同时保证物管中心节假日现金收费的安全特制定此制度。

2. 适用于物管中心节假日现金收费工作。

3. 内容：

（1）财务部负责开设物管中心节假日收费的存款账户；

（2）财务部负责进行节假日期间的账务核对以及账务处理和节假日过后的现金收费款项的转存工作；

（3）客户服务部负责节假日期间物管中心的收费以及存款工作；

（4）安全环境部负责配合财务部、客户服务部人员送存款项，保证安全；

（5）财务部在收楼之前以部门经理的名义在物管中心附近的银行开设一个个人银行账户；

（6）客户服务部人员在节假日期间每日现金收费必须送存此银行账户；

（7）节假日过后的第一个工作日上午10点之前，由财务部出纳将节假日送存此银行账户的收入全部转存到物管中心开户行，并且由会计当天及时进行账务处理；

（8）会计通过物业收费系统中收费业务内的"日结"板块，首先查询节假日收费项目以及收费金额与客户服务部人员收到的现金或者其他收费方式的金额进行核对，核对无误之后进行日结并且结转凭证；若发现错误必须在当天查明原因，如果由于操作错误需要收费系统管理员进行调整的，由财务部经理及时上报公司管理员进行处理，如果非操作错误必须查明原因以及责任人及时处理；

　　（9）安全环境部负责保障送存款项时人员及资金的安全。

四、物管费等相关费用催收制度

　　1. 为加强应收账款的管理力度，特制定此制度。

　　2. 适用于物管中心应收的物管费及其他费用。

　　3. 内容：

　　（1）客户服务部负责物管费等相关费用的催收工作；

　　（2）财务部配合客户服务部催收各项款项，收到款项时及时开具发票并进行账务处理，同时根据收款情况随时调整应收账款回收情况统计表，对应收账款进行动态管理；

　　（3）财务部根据业主当月应缴款项项目及金额编制收款通知单；

　　（4）对未及时缴款的客户，财务部按照管理公约先后编制第一次催款通知单、第二次催款通知单、律师函；

　　（5）客户服务部负责先后向业主发出第一次催款通知单、第二次催款通知单、律师函，并结合上门坐等催收等方法，设法于当期收回款项；

　　（6）对拒不缴纳款项的客户，财务部和客户服务部配合中心的法律顾问（律师）采取法律诉讼方式进行追缴；

　　（7）每月，财务部编制出当月应收账款回收情况统计表，报中心领导作为月度绩效考核依据，报送各业务部门，并配合业务部门对未收回的款项继续催收。

五、现金管理制度

　　1. 为了加强对中心的现金管理，保证企业财产安全，提高资金的使用效果，规范财务收支的日常管理工作，特制定本制度。

　　2. 中心现金由财务部出纳人员负责保管。

　　3. 现金的使用范围：

　　（1）支付职工个人的工资、奖金、津贴，支付个人劳务报酬；

　　（2）支付各种劳保、福利费，以及国家规定的对个人的其他支出；

　　（3）支付出差人员必须随身携带的差旅费；

　　（4）转账结算金额（1000元）起点以下的零星支出；

　　（5）不能转账的业务款项支出；

　　（6）总经理批准的其他事项。

4. 现金领用及报销手续：

（1）领用人应事先填写《借款申请单》，列明款项用途和金额，经部门经理和成本会计审核并报请总经理或其授权领导批准后，方可到财务部领取。

（2）领用人报销时，应事先填写《报销申请单》，并附有完备的原始报销单据，原始单据必须写明单位名称、日期、数量、单价、金额并加盖出具单位的财务专用章。《报销申请单》由经办人签字，经部门经理和成本会计审核，报总经理审批后才能到财务部报销。

（3）金额超过×××元的现金款项支付时，应附上中心内部签报，说明付款原因及付款依据。

5. 凡是因公发生的购物、差旅费和劳务等支出，经办人必须取得有关单位出具的国家税务部门统一监制并加盖了出具单位财务专用章的正式发票，只有正式发票才予以报销。

6. 出差人借差旅费，或一次报销超过×××元者，须将借款或报销金额提前半天通知财务部，以便及时备款。

7. 出差人员必须在出差结束回中心后的一周内到财务部报销，余款交回。各项费用支出一律应附有原始单据。出差日期应与车、船、飞机票、旅馆费发票日期相符。

8. 任何人不得以"白条"抵充库存现金，不得坐支挪用现金，不准设立账外库存现金。

9. 对当日应发未发出的工资、奖金等款项应及时收回金库，暂挂领用人的备用金账户，日后来领时，以《报销单》形式支付。

10. 出纳人员必须每日登记现金日记账；每日下班前盘存清点库存现金，与总账核对并按日填写出纳日报；月末现金日记账余额要与总账现金余额核对相符，做到日清月结，确保账款相符，账账相符。

11. 库存现金限额规定为××××.××元，凡库存现金超过此限额的，必须在下班前送入开户银行。法定节假日时，必须于节前清库。

12. 为确保中心财物或财产的安全，出纳赴银行提现金时应注意安全，应由两人同行，提款金额较大时，中心应派车随往。

13. 有关项目或个人使用的定额备用金的限额由总经理审批；外地项目备用金的限额由总经理审定，或总经理办公会研究决定。

六、支票管理规定

1. 为了加强对中心资金管理，保证企业财产安全，提高资金的使用效果，规范财务收支的日常管理工作，特制定本制度。

2. 严格签发手续。领用人员必须事先填写《支票领用单》或《报销申请单》，列明用途、金额和收款单位，经本部门经理和成本会计审核后报中心领导审批。金额超过 2000 元的款项支付，应附上中心内部签报，说明付款原因及付款依据。

3. 出纳签发支票时，应在金额栏写上具体的金额；如暂无金额，必须写明限额，在支票金额栏的相应位置必须封上人民币符号，否则将追究出纳责任。暂未确定收款单位的，签发时可暂空缺。

4. 出纳在签发支票的同时，要在支票登记簿上登记支票领用日期，支票号码，支票用途，使用金额、领用人等，在退回支票或报销时，办理注销手续。

5. 支票签发领用后，经办人员无论使用与否均必须在十天内返回报销或退回。如遇特殊情况，必须及时向财务部报告。如发生支票丢失，财务部负责按法定公事催告程序尽快要求银行止付。凡因支票丢失发生损失的，丢失责任人承担损失责任。

6. 出纳负责中心支票的签发。支票的签发必须坚持填全项目。因特殊情况不能填全项目的必须至少填明签发日期、具体用途和使用限额三项内容。支票签发后，必须按规定用途使用，不能挪作他用，更不许转让使用。

7. 支票的签发采用双印鉴制（一枚为中心财务专用章，另一枚为中心法人名章）。出纳负责中心财务专用章的保管和使用，会计负责人名章的保管和使用，两枚印鉴必须严格分别保管，任何时候不得由一人同时执有。

8. 在出纳签发支票时，负责保管人名章的会计必须认真审核原始单据和支票必须填写的项目是否符合规定。对不符合中心规定的，不得签发支票支付款项，否则会计承担相应责任。

9. 出纳人员负责保管银行空白支票。空白支票的保管视同现金。凡因故作废的支票，必须加盖作废印章或签署作废字样，并妥善登记保管，于年末写出销毁清单，报中心主管财务的领导批准后予以销毁，销毁清单应存档备查。

10. 出纳人员需每日登记银行日记账，做到日清月结，并负责与银行的联系，各期发生的单证要及时取回，收到银行对账单后应及时交会计对账。

11. 会计应按月编制《银行存款余额调节表》。如有不符，应及时找出原因，进行处理，未达账款原则上不能超过一个月。

七、固定资产管理制度

（一）总则

1. 为了加强中心固定资产的管理，保证固定资产的安全完整，充分发挥固定资产效能，根据国家规定，结合本中心实际情况，特制定本制度。

2. 固定资产是企业从事经营业务和完成各项工作的主要劳动资料，凡是单位价值在 2000

元以上，使用年限在一年以上的房屋建筑物、运输工具、通信设备以及其他与企业生产经营有关的设备等，均作固定资产处理。不同时具备以上两个条件的，列为低值易耗品。如有其他新增类别，再作补充。

（二）固定资产的购置

1. 固定资产的购置纳入中心预算管理，年初制定预算，经董事会批准后严格执行。购置固定资产，使用部门必须提前一个月填写《采购申请单》申请购置固定资产，经部门经理审核后，报中心采购部。采购人员负责中心固定资产的购置工作，并严格按照中心采购控制制度进行固定资产的采购。

2. 新增固定资产购置完毕，由采购人员填写《固定资产验收交接单》一式三联签字后，第一联由总办留存，第二联送财务部门记账，第三联由使用部门留存。固定资产由财务部按中心制定的分类标准编号、粘贴标签后，由使用部门使用。

3. 固定资产验收合格后，财务部负责填写《固定资产卡片》并进行会计处理。

（三）固定资产的计价

1. 中心的固定资产按原值计价，应按其不同来源渠道分别确定。

（1）购入新的固定资产，按照实际支付的买价、运杂费、包装费、保险费和安装成本等作为原价，从国外进口设备的原价还包括按规定支付的关税和附加税。

（2）购入旧的固定资产，按照售出单位的账面原值，扣除原安装成本，加运杂费、包装费和安装成本等作为原价。

（3）投资者投入的固定资产，按照评估确认或合同、协议约定的价值记账。

（4）融资租入的固定资产，按照租赁协议确定的价款加运输费、途中保险费、安装调试费等记账。

（5）接受捐赠的固定资产，按照发票账单金额加上运输费、安装调试费记账，无发票账单的，按照同类物品的市价记账。

（6）在原有固定资产基础上改扩建的固定资产，按照原有固定资产的原价，加上改扩建支出，减去改扩建过程中发生的固定资产变价收入后的余额记账。

（7）盘盈的固定资产，按照同类固定资产重置完全价值计价。

（8）因购建固定资产而发生的借款利息和汇兑损益，在资产尚未交付使用或虽已交付使用但未办理竣工决算之前的，记入固定资产价值。

2. 中心的固定资产应按原值入账，入账后固定资产价值不能随意变动，凡属下列情况者方可进行账务调整：

（1）增加补充设备或改良工程；

（2）将固定资产一部分拆除；

（3）根据实际价值调整原来的暂付价值；

（4）发现原有固定资产价值有错误；

（5）根据国家规定对固定资产重新估价。

（四）固定资产的折旧

中心的各项固定资产折旧采用平均年限法按月提取，计入成本、费用。各项固定资产的折旧年限、净残值率。

（1）下列固定资产不计提折旧：

①房屋建筑物以外的未使用、不需用固定资产；

②以经营租赁方式租入的固定资产；

③已提足折旧继续使用的固定资产；

④在建工程项目交付使用以前的固定资产；

⑤破产、关停企业的固定资产；

⑥已经估价单独入账的土地等国家规定不提折旧的其他固定资产。

（2）下列固定资产要计提折旧：

①房屋建筑物；

②在用的机械设备、仪器仪表、运输工具；

③季节性停用和大修理停用的设备；

④以经营租赁方式租出的固定资产；

⑤以融资方式租入的固定资产。

（3）折旧率和折旧额的计算

年折旧率 =（1 − 预计净残值率）÷ 折旧年限

月折旧率 = 年折旧率 ÷ 12

月折旧额 = 固定资产原值 × 月折旧率

折旧方法和折旧年限一经确定，不得随意变更，需要变更的，应在变更年度前，由中心提出申请，报经中心领导和政府有关部门核准，并在财务报表中予以揭示。正常营业期间，当月开始使用的固定资产，当月不计提折旧，从下月起开始计提折旧。当月减少或停用的固定资产，当月照提折旧，从下月起不计提折旧。提前报废的固定资产，其净损失计入营业外支出，不再补提折旧。

（五）固定资产日常管理职责分工

1. 资产管理部门

（1）中心的资产管理部门为办公室。

（2）根据中心生产、业务发展需要以及财力、物力的可能，有计划的增添固定资产并编制预算。

（3）根据中心生产、业务需要和资产的技术状况和使用情况，制订固定资产修理计划，会同有关部门提出增添、调拨、报废、拆除、封存、启封、出租等意见，送财务部复核有关计划，并按规定办理申请上报手续。

（4）负责固定资产的动态管理工作，会同财务部门共同管理固定资产卡片，保证账、卡、物相符。

（5）组织办理固定资产的验收、交付、盘点、清查、清理等工作，对固定资产盘盈、盘亏和损毁等事故进行调查，提出处理意见并进行处理。

（6）每年年底与财务部门共同清查固定资产，编制固定资产盘存清单。

2. 财务部门

（1）负责中心的固定资产管理工作，掌管固定资产账册和卡片，对固定资产的动态和资金渠道进行财务监督，会同有关部门共同确保固定资产账、卡、物相符。

（2）根据有关部门提供的年度固定资产变动和修理计划资料，核编财务收支计划中有关固定资产的各项预算。

（3）参加企业固定资产的验收、移交、盘点、清查、报废等工作，并提出建议和处理意见。

（4）负责按月计提固定资产折旧，办理固定资产增减变动的会计记录。

3. 使用部门

（1）负责本部门固定资产的合理使用和保管，不断提高设备利用率和完好率，保证固定资产账、卡、物相符。

（2）根据本部门固定资产的技术状况和生产、业务需要，提出固定资产的增减、修理、封存、启封、调拨、报废、拆除及技术革新，改造的建议和意见。

（3）参加本部门有关的固定资产的验收、移交、盘点、清查、拆除等工作。

（六）固定资产的内部转移交接

1. 为充分利用固定资产，发挥固定资产的作用，根据工作实际需要，中心的固定资产在办理转移交接手续后可以内部调剂使用。为确保固定资产账册与固定资产卡片和固定资产实物相符，落实固定资产的使用和保管人，明确使用和保管责任，固定资产在中心内部转移调剂使用时，需填写《固定资产移交单》，经批准后，报财务部备案。

2. 固定资产保管、使用人对固定资产有妥善保管、合理使用的责任与义务，移交固定资产时必须填写《固定资产移交单》，经批准后方可转移固定资产。《固定资产移交单》由原保管、使用人员填写，经原保管、使用部门经理批准，报办公室审批后，由现保管、使用人员验收确认，现保管、使用部门经理签字认可，最后由财务部会签备案。《固定资产移交单》一式两联，填写审核完毕后，一联交资产管理部门办公室备查，一联交财务部用于修改相应的固定资产卡片。

3. 员工离职时需将保管、使用的所有固定资产填写《固定资产移交单》，经部门经理签字后转交接替人员；暂无接替人员的，由部门经理暂时保管，待接替人员到岗后，验收、保管、使用。长期不使用的固定资产，由原保管人填写《固定资产移交单》，转交办公室，由办公室根据工作需要在中心内部进行再分配。

（七）固定资产的盘点

1. 中心每半年进行一次全面的盘点清查。固定资产盘点工作应由中心领导负责，组织固定资产管理部门，使用部门和财务部门，依靠员工全面清点实物，以实物与账、卡相对照，查清固定资产的数量、质量和技术状况，填制固定资产盘存表。

2. 在清查中，对固定资产盘盈、盘亏，要查明原因，分清责任，提出处理意见，并向总经理报批。固定资产的非正常废弃、毁损、丢失及非正常事故的过失者，应按情节轻重，追究责任。

3. 对盘点结果，财务部门要及时进行账务处理，调整账面结存数。盘盈的固定资产，按照原价与估计折旧的差额计入营业外收入。盘亏及毁损的固定资产，按照固定资产净值扣除收到的残料变价净收入、过失人及保险中心赔款后的差额计入营业外支出。

（八）固定资产的处置

1. 固定资产报废要符合下列情况：主要结构和部件损坏严重，无修复价值；设备陈旧、技术性能很低无改造价值；因事故和意外灾害造成严重破坏，无修复价值；因新建、改扩建需固定资产报废，应由使用部门提出建议，由资产管理部门组织进行鉴定后，以签报的形式由中心总经理审批。在办妥批准手续后，由财务部门将有关固定资产转入固定资产清理，此后方可开始固定资产的拆除清理。固定资产的非正常废弃、毁损、丢失，将按情节轻重，追究相关人员的责任。

2. 固定资产转让、报废、毁损、盘亏情况应在当年会计报表的财务状况说明书中加以说明。固定资产有偿转让或清理报废的变价净收入与其账面净值的差额，作为营业外收入或者营业外支出。固定资产变价净收入是指转让或变卖固定资产所取得的价款扣除清理费用后的净额。固定资产净值是指固定资产原值减累计折旧后的净额。

八、经费管理制度

（一）总则

为了深化财务管理，增强成本意识，落实成本管理责任，切实加强费用控制，节约成本，降低费用，努力提高企业经济效益，特制定本制度。

（二）中心经费的管理原则

1. 中心经费是指直接经营成本之外的、维持中心正常经营运转的必要费用。经费实行部门统一归口，分工负责与分级管理相结合的原则，所有经费均实行预算控制并严格管理。

经费管理职责分工如下：

（1）人事行政部负责中心办公费、租赁费、公务车费、车辆保险费、固定资产修理费、书籍报刊费、绿化费、诉讼费等日常开支费用的控制。

（2）人事行政部负责中心的工资、职工教育基金、待业保险费、职工养老统筹、职工医疗统筹费、职工住房公积金、职工福利费、培训费等费用的控制。

（3）工会负责工会经费的提取和使用（工会未成立前会费暂存财务部）。

（4）财务部负责中心的审计费、咨询费、折旧费、无形资产摊销、税金等费用的控制。

2. 各部室的差旅费、市内交通费、业务招待费、办公费、通信费、会议费均实施预算控制，限额管理。

（三）经费计划的编制与下达

1. 各部门每年11月份应根据本年度1～10月份开支情况和下年度经营目标，编制下年度经费需求预算，报财务部门。

2. 财务部应于每年12月20日前根据各部门所报经费项目预算和本年度实际支出水平，按照适度从紧的原则，综合平衡，提出中心下年度经费开支预算，报总经理办公会讨论确定。

3. 财务部根据总经理办公会研究确定的年度经费预算，按经费项目管理分工责任下达各归口管理部门。

4. 财务部应于每年1月初就本办法第二条规定的费用项目对各部门下达年度预算控制指标。

（四）经费报销标准及审批手续

1. 差旅费

（1）各部、室要严格执行职工出差的审批制度，能通过信函、电报、电话、传真解决问题的，不得安排出差，以减少不必要的差旅费开支。

（2）职工出差应在规定的时间内完成任务，严禁借出差之机公费旅游，铺张浪费。

（3）计划内安排出差须经部门领导和总经理批准。

（4）出差人员凭"借款单"到财务部办理借支备用金手续。

（5）出差人员于完成出差任务后一周内填写"差旅费报销单"经部门经理审核，中心领导签批后到财务部报销，同时结清借支的备用金。

（6）职工出差、开会往返乘坐交通工具及其费用报销标准规定如下：

● 车船票：总经理级乘火车可报软卧票，乘轮船可报二等舱位票；其余人员乘火车可报普通硬卧票，乘轮船可报三等舱位票。

● 飞机票：总经理级乘飞机可报一等舱位票，其余人员可报普通舱位票；原则上出差乘火车旅途时间在××小时以内的不允许乘坐飞机，如特殊需要乘飞机时，事先必须经总经理批准。

乘坐其他交通工具按实报销。

（7）职工出差住宿费标准为××元/天：

出差地点	中心领导	一般人员
广州、深圳、珠海	×××	×××
汕头、厦门、海南	×××	×××
沿海地区及各省首府	×××	×××
一般地区	×××	×××

（8）职工出差伙食补贴标准：广州、深圳、珠海、汕头、厦门、海南地区为××元/天，其他地区××元/天。如由接待部门提供伙食的不得领取当日伙食补贴；如由中心统一安排用餐的（须事先编制预算并报领导批准，报销时不得超预算），则不再领取当日伙食补贴。

（9）职工参加各种会议的住宿费根据会议安排凭收据实报实销，会议有伙食的，不再发放伙食补助。

（10）此规定实施后，物管中心职工不得以任何理由和手段在所属项目报销差旅费、出租车费。一经发现，严肃处理。

2. 会议费

中心要坚持尽量精简会议，减少会议次数，缩短会议时间，压缩与会人员及不陪会的原则，要提倡会议简练，主题明确，说短话，办实事。各部室应于每年11月，安排下年度工作时提出下年度的会议预算报财务部，经中心领导审批后执行。各部室要严格按会议计划召开会议，会前以签报形式会签财务部，签报其内容包括：会议名称、主办单位、地点、参会人员、费用预算报财务部，并报主管领导审核同意后，向财务部申领有关费用。报销会议费只可一次性报销，报销时应将所有单据附在签报后，经主管领导审核批准后报销。若实际支出超出预算，应写出书面说明报总经理审批。

3. 业务招待费

各部室发生业务招待时，应根据招待对象和业务性质确定招待标准。业务招待费用报销时，填制报销单，由部门经理和成本会计审核后，报中心领导审批。

4. 办公费

中心日常办公开支由总办统一负责，按年编制需求预算，分月安排采购计划，购买办公用品时要坚持货比三家、价比三家，做好充分的市场调查。办公用品由采购部负责采购，办公室对购入的办公用品要建立收、发、领、存明细账，领用办理出库手续。

5. 中心礼品由总经理办公室统一归口管理，一般礼品由办公室购买，特殊情况临时购买的报销时应到办公室办理登记和领用手续，办公室要建立礼品收发明细账，并定期盘点查对

6. 公务车费是指与中心公务车相关的费用包括修理费、燃料费，停车、存车费，过路过桥费、出车费等。公务车费由办公室负责管理，编制费用预算，经审批后应积极采取措施，加强科学管理，降低公务车费用，提高公务车效率

7. 劳保用品由人事部根据劳保管理规定提出标准，由总办采购人员负责统一购买

8. 市内交通费

（1）确因公事外出，急需用车者，在中心确实无车的情况下，经部门经理同意后方可以乘坐出租车。

（2）乘坐出租车的范围只限于市区，郊区及外省市的出租车一律不予报销。

（3）租车费票据须为北京市出租车管理局印制的统一发票。

（4）乘坐出租车费用需报销时，须填制"出租车票报销明细表"并注明用车的事由，经部门长和成本会计审核，报中心领导审批后，即可到财务部报销，否则不予报销。

（5）当月出租车票当月结清。

（6）凡非公事乘坐出租车者费用自理。如发现弄虚作假将给予处罚，并向全中心通报。

9. 书籍报刊费

各部室应在每年 11 月底前，将各部室第二年所需订阅的各类报刊的名称、份数报办公室，由办公室汇总后报主管领导审批，统一订购。

10. 职工培训费

职工培训费由人事部纳入计划，归口管理。

（1）教师授课费

培训班外聘教师授课费必须控制在合理的范围内。

（2）学员培训费

经批准参加学习的，按实际费用报销培训费（包括报名费等），未经批准参加学习的费用中心不予报销。

（3）职工到外地参加培训的，学习期间按以下标准执行：

• 伙食补助：参加学习，时间在一个月内享受出差标准，超过一个月的享受出差标准的 50%；

• 住宿：服从办学单位的安排，但不能超过出差标准；

• 交通工具按出差规定标准执行；

- 报销培训费需填写报销申请单，由所在部门经理签字，人事部经理审批后到财务部报销，超过预算，不予签批报销。

11. 其他零星开支均需本部门经理签字后，由经费归口管理部门审核后，报主管领导审批

（五）报销审核程序

1. 中心各项费用报销时，由会计人员审核原始凭证，对不真实、不合法的原始凭证不予受理，对记载不准确、不完整的原始凭证予以退回，要求经办人员更正、补充。原始凭证审核无误后方可制作记账凭证，出纳人员凭记账凭证付款或结清借款。

2. 中心经费支出按月考核，年度总评。各部室要按年度预算分月控制费用开支，实现降本增效。

3. 对差旅费、市内交通费、业务招待费、办公费、通信费、会议费和公务车费七项可控费用实施严格预算控制。由财务部按月负责统计并发送各部门，要求按预算严格执行。各部门年度实际发生的七项可控费用总额不得超过部门的预算总额；且市内交通费和业务招待费每一项均不得超过该项的年初部门预算，否则财务部不予报销。

九、库存存货管理制度

为了加强中心存货的管理，保管好库房物资，保证账实相符、账账相符，特制定此制度。

（一）存货入库管理

1. 采购人员所采购的需入库管理的物品，应与库管员办理交接。物品验收由申请购买部门人员和采购人员负责，库管员协助检验物品的质量，严格据采购单认真核实物品名称、数量、规格、型号和生产日期，对质量不合格货物坚决退回。

2. 物品验收合格且准确无误后，方可办理入库手续，《入库单》必须当天开具，由供应商签字确认。入库单一式三联，由采购人员和库管员签字后生效，第一联交供应商，作为结账时的凭据；第二联由库管员及时送交财务部相关会计人员；第三联留存在仓库，据以及时登记库存材料账。

3. 财务部会计人员接到库管员交来的入库单，立即进行账务处理，增加库存材料和供应商的应付账款。

（二）存货出库管理

1. 由使用部门填写《出库单》（包括物品名称、数量、规格等），经部门经理和成本会

计签字后，才能到仓库领用物品。

2. 库管员根据签字生效的《出库单》，按先进先出法向使用部门交发所需的物品。《出库单》由领用人和库管员签字，并由库管员复核领用物品的金额。

3. 库管员对任何部门、任何人员均应严格按先办手续后提货的程序发货，严禁先发货后补手续或以白条代替的做法。

4.《出库单》一式三联，第一联由库管员交会计人员，由其据以进行材料出库账务处理；第二联交领用部门；另一联由库管员保存，由其据以及时登记库存材料账。

（三）款项的支付管理

1. 付款时先由采购人员将客户手中的《入库单》收回，并据其填写支票申领单，一张入库单上的金额应一次结清。

2. 财务部收到《入库单》（客户联）和合规性的正式发票后支付款项（钱货两清交易除外）。

3. 付款前，由会计人员核对往来账，账账相符后才能支付款项。

（四）存货的盘存管理

1. 库管员平时要做好存货的保管工作，建立存货明细账，控制存货的数量和金额，做好存货的收、发、存记录并经常核对，保证账实相符。

2. 财务部建立存货账，正确核算存货的金额，每月至少与库管员盘点一次存货，保证存货账实相符。

3. 对盘亏的存货要追查原因，属于管理人员的责任要由其赔偿；属于正常的损耗可以列入中心的成本。

4. 对盘点过程中发现的破损物品、超过保质期的物品要及时上报，采取措施进行处理。

（五）仓库管理制度

1. 每天检查库房物品存货情况，检查物品存放是否整齐有序，是否按类别分区域放置；做到物资隔墙、离地、通风、防潮及仓库清洁卫生。

2. 严格执行先进先出的存货管理规定，防止物品超过保质期，避免造成中心的损失。

3. 保管好仓库钥匙，保管好仓库内部资料，保证仓库安全。

4. 监督和检查库房安全措施是否完善，发现隐患要及时上报。

5. 加强库房管理的安全意识，做到"四防"即防火、防盗、防虫蛀、防霉烂变质。易燃、易爆物品单独存放，做好相应的安全措施。

6. 及时处理积压、破损物品，总结其发生原因，避免相似事件发生。

7. 按照物品存量标准，及时将信息反馈给采购人员和有关部门，由其安排采购，及时补充库存，避免造成不必要的损失。

8. 及时登账，适时清点物品，每月末填制盘点报表，做到账实相符。

十、收入管理制度

（一）总则

1. 为加强收入管理，维护中心利益，提高中心经济效益，防止发生侵占中心收入的行为，以明确中心各有关部门在收入工作中的管理职责，制定此制度。

2. 收入是指中心在销售商品、提供劳务及让渡资产使用权等日常活动中所形成的经济利益的总流入。中心的收入分为主营业务收入和其他业务收入，主营业务收入包括物业管理费、物业经营收入、停车场服务费等收入；其他业务收入包括工本费等收入。同时中心所收取的代收代付款、应收押金均执行此制度，纳入收入的管理范围。

3. 财务部是中心的会计核算部门，各部门按工作职责负责收取的各类款项都必须在 24 小时内交到财务部，由财务部开具发票、收据或者办理内部手续后进行统一核算。除备用金外其他部门无保存现金及有价证券的权力，如不按时向财务部缴纳收取的现金或者其他有价证券，若无特殊原因，则按私设"小金库"侵占公款严肃处理。

（二）收入管理的基本原则

1. 收入确认的原则：

（1）销售商品：当商品所有权上的主要风险和报酬转移给买方；企业既没有保留通常与所有权相联系的继续管理权，也没有对已售出的商品实施控制；与交易相关的经济利益能够流入企业；相关的收入和成本能够可靠的计量时，企业应当确认收入的实现。

（2）提供劳务：不跨年度劳务收入应在劳务完成时确认收入，确认的收入为合同或协议总金额；跨年度劳务收入的确认应在资产负债表日根据劳务的结果是否能够可靠地予以估计，分别进行处理。

2. 账务处理原则：根据权责发生制原则，按照收入的确认原则确认收入后，应及时进行账务处理，当收到款项时，借记"银行存款"等科目，贷记主营业务收入等科目；如未收到款项则必须作为应收账款及时入账处理，借记"应收账款"等科目，贷记主营业务收入等科目。对未收取的押金等其他应付款也作为应收账款进行管理。

在确认收入时，对销售折扣及折让，必须经中心领导审批，其他人员不得自行向客户提供销售折扣及折让。

3. 应收账款管理原则：中心应对应收账款进行重点管理，落实具体责任人，加强催收，确保款项及时收回，防止坏账损失。中心采用备抵法核算坏账损失，按照账龄分析法估计坏账损失，计提坏账准备。计提比例为：一年以内未收回的应收账款计提比例为0；1~2年未收回的计提比例为30%；2~3年未收回的计提比例为50%；3~4年未收回的计提比例为80%；5年以上未收回的计提比例为100%。

4. 发票开具原则：应在发生经营业务并确认收入时，才能开具发票。为确保款项及时收回，原则上应在收到款项后才能开出发票，如客户要求先开发票，财务人员应做好登记，加强发票的跟踪管理，督促业务人员尽快收回款项。在开发票时，应按照中心的发票管理制度的规定正确填写，不得随意开具。

（三）物业管理行业收入管理

1. 物业管理行业的收入种类

主要有：物业管理费收入、有偿服务收入、装修管理费收入、停车场经营收入、其他业务收入；同时为加强管理将收取的代收代付款、押金（物管费押金、其他押金）均纳入收入的管理范围。

2. 物业管理费等按期收取款项的管理

（1）管理范围：包括物业管理费收入、代收代付款项、物业管理费押金。

（2）业务流程：

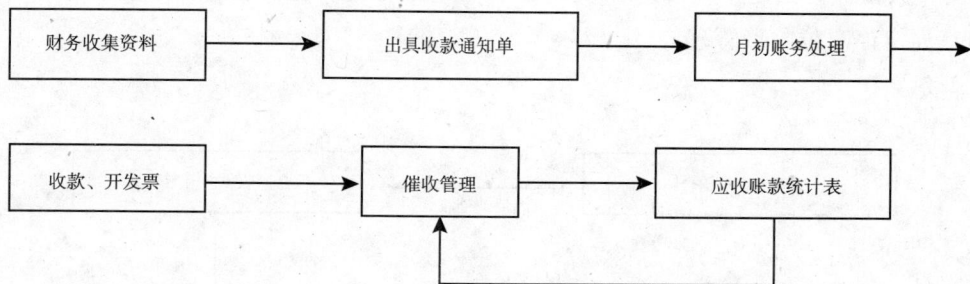

（3）管理步骤：

①财务部根据发展商转发来的《签约客户通知单》，将业主及租户名称、房屋面积、物管费单价、收费方式等资料输入物业管理软件，形成客户档案。因客户的物管费是固定不变的（除面积变动外），故此项工作只需在数据库中输入一次即可。

②财务部会计从客户服务部获得各客户本期应缴的各项杂费相关数据统计表，输入思源物业管理软件系统。定期收取的各项杂费由工程部、客户服务部定期定日采用联合查表等方式经客户确认后统计。

③按确定的日期，财务部打印出客户当期的《收费通知单》。财务人员对各项费用根据客户历史资料，认真核对物业管理费是否一致、各项杂费与以前月份相比是否异常，如有问题则应认真查找原因。在核实无误后，定期将收费通知单（后附相关单据）送交客户服务部，由其送达客户。

④每月财务部根据《收费通知单》，按权责发生制原则进行账务处理，借记"应收账款"，贷记"主营业务收入"。

⑤为加强应收账款的管理力度，中心将应收账款回收率作为绩效考核指标之一。财务部配合客户服务部催收各项款项，收到款项时及时开具发票并进行账务处理，同时根据收款情况随时调整应收账款回收情况统计表，对应收账款进行动态管理，对未及时缴款的客户，按照管理公约先后发出第一次催款通知单、第二次催款通知单、律师函，并结合上门坐等催收等方法，设法于当期收回款项。对拒不缴纳款项的客户，配合中心的法律顾问（律师）采取法律诉讼方式进行追缴。

⑥每月，财务部编制出当月应收账款回收情况统计表，报中心领导作为月度绩效考核依据，报送各业务部门，并配合业务部门对未收回的款项继续催收。

3. 停车场收入管理

（1）管理范围：停车场收入包括固定停车位收入和临时停车收入，固定车位按月收取固定金额的管理费，临时停车按小时收费。

停车场属发展商委托物业管理，租金发票和定额发票均由发展商提供，物管中心提取车位管理费，其金额为固定车位每月×××元/车位、非固定车位为临时停车收入总额。

（2）固定停车位收费管理：

①业务流程

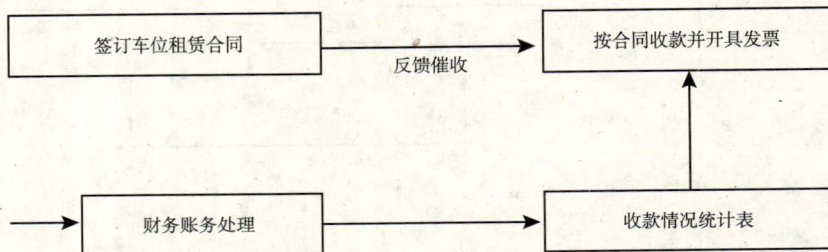

②管理步骤

- 为明确权责，凡是向客户出租固定车位，必须与客户签订车位租赁合同或车位管理合同，明确车位号、租用时间、租金额和每月车位管理费金额等内容。各部门需严格执行中心的合同签订程序，防止私自降低收费标准。合同正本交财务部保管。
- 财务部按照合同配合客户服务部收取固定停车费，其中租金部分归发展商所有，由财务部先代收，租金发票由发展商开具，并于月底将当月收取的车位租金集中支付发展商；车位管理费为中心收入，财务部向客户开具发票，并进行会计核算。财务收款时应核对与该客户签订的车位租赁合同或者车位管理合同，核准车位数量、位置（地面、地下）、租赁时间、应收租金及管理费金额。

- 固定车位均为一次性收取租用期的全部款项，在收款时，财务部及时进行会计处理，借记"银行存款"等科目，贷记"其他应付款"（应支付发展商租金）、贷记"主营业务收入——停车场收入"。对未按合同付款的，按应收账款挂账处理，并及时通知客户服务部催收。

- 每月底，财务部根据车位合同和实收款情况，编制固定车位费回收情况表，报中心领导和业务部门，加强款项回收。

（3）临时停车收费管理：

①业务流程

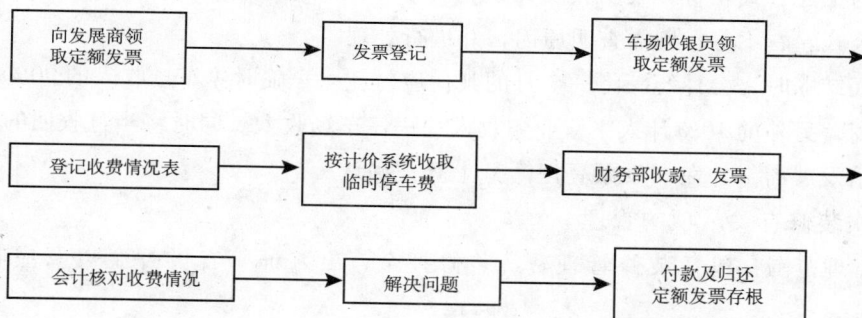

②管理步骤

- 财务部会计向发展商领取定额发票，在发展商的《发票登记簿》上登记，注明发票本数、起讫号码等，并经双方签字确认。

- 财务部将定额发票视同货币资金管理，车场收银员到财务部会计处领取定额发票时，在中心的《发票登记簿》中登记领用情况，同时会计将领取的定额发票总金额登记在《临时停车收费统计表》的领用发票金额栏，并由收银员签字确认。

- 停车场采用电子监控系统对出入车辆进行管理，收银员必须根据监控系统显示的停车时间和既定收费标准，在车辆驶离停车场时收取停车费，并给客户相应的停车场定额发票。如果客户不要发票，停车场收款员也必须在客户面前撕下相应的定额发票并将该张发票销毁，不得收取现金而不撕发票。停车场的收银员应妥善保管好领用的发票及现金，不得丢失。如果有人员变动，需要做好交接工作，并做好记录。

- 每天收银员下班时将收完整本发票的款项（现金或者其他有价证券）于当天如实缴纳给财务部出纳，停车场定额发票存根交给财务部会计并在《发票登记簿》上登记回收情况。会计根据实缴金额向收银员开出收据，并进行账务处理，借记"现金"，贷记"其他应付款"；同时会计应在《临时停车收费情况日报表》的实缴发票金额栏中登记相应数据，并结出当日未缴发票金额。会计还应将未用完整本发票的已收金额登记在"已收未缴金额"栏中，用于事后的校对。

当日未缴发票金额＝上日未缴发票金额＋当日领用发票金额－当日上缴发票金额

同时通过下述公式核对收银员手中的未缴发票金额与会计《临时停车收费情况日报表》中的当日未缴发票金额是否一致，否则需找出原因。

当日未缴发票金额＝已收未缴金额＋未用完发票的票面金额

- 次日上班时，财务部会计从停车场监控系统中打印出昨天的车辆出入记录表，复核并计算出昨天应收临时停车收入金额，通过下述公式进行校对：

昨天应收临时停车收入金额＝昨天上缴发票金额＋昨天已收未缴金额－前天已收未缴金额

如与上述公式相符，表明收费无误，会计在当日应收金额栏登记数字，并签字确认；如公式左右不等，则需查明原因，并进行处理。

- 月底结账时，会计统一将一个月的其他应付款——临时停车场收入的90%列账转给发展商，另外的10%计入主营业务收入——停车场收入。同时将当月收回的发票存根交送给发展商，并在《发票登记簿》上登记确认。

4. 二次装修有关款项的管理

（1）管理范围：包括装修管理费、装修押金、出入证等各类押金以及应收其他装修款项。

（2）业务流程：

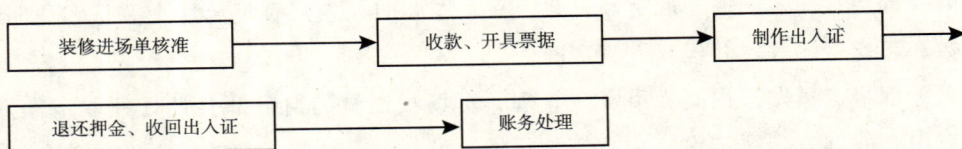

（3）管理步骤：

①财务部复核客户服务部杂项传票以及《装修进场单》列示的二装单位、装修面积是否一致后，根据装修管理费和装修押金的收费标准，核准金额，向客户收取装修押金及装修管理费，并分别开具收据及发票后，进行会计处理，其中装修管理费记入收入账户、装修押金记入其他应付款。

②根据安保部的杂项传票，为二装施工人员办理出入证，并按既定标准收取出入证押金，并向客户开具收据，出入证押金记入其他应付款账户。同时在出入证办理情况表上登记办理出入证的客户情况，作为留存记录，便于退证时核对查找。

③装修完毕后，符合退场条件时退还装修押金，由客户服务部以签报的形式报领导审批，签报中需注明客户名称、应向客户收取的其他款项、已收押金、实际应退金额等内容。财务部据审批后的签报、付款报销单，并检查客户收据后将装修押金退还给客户。

④在退出入证押金时，核对该客户的出入证原件、经过中心领导签字的对外付款报销单和收据等资料，按工本费标准扣除工本费后，将剩余出入证押金退还客户，并进行账务处理。财务部在收回出入证原件后才能退还出入证押金，同时如客户无法开具收据或证明，则需退回我中心原先开具的收据。

5. 收取的其他类款项主要包括在现场向客户收取的各类有偿服务费收入、工本费等其他服务收入。

（1）业务流程：

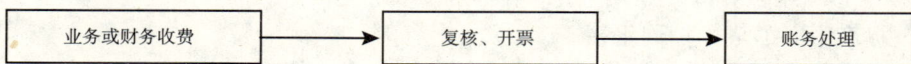

| 业务或财务收费 | → | 复核、开票 | → | 账务处理 |

（2）管理步骤：

①业务部门人员到财务部领取定额发票和收据并办理领用手续。为客户提供有偿服务后，服务人员必须按收费标准向客户收取款项，并给客户开具相应金额的发票或者收据。如果客户不要发票或者收据，收款员也必须给客户开具相应的收据，并且要求客户在收据上签字确认。

②业务部门的人员必须把当天的全部收入交到财务部，不得私自留存。现金或者支票交给财务部出纳，发票或者收据的存根联由财务部会计审核无误后在存根联上签字确认。当整本发票或者收据用完后，业务人员应及时到财务部交回发票或者收据的存根联，并经会计检查后签字确认。业务人员应妥善保管好领用的发票和收据及备用金，不得丢失。如果有人员变动，需要做好交接工作，并做好记录。

③业务部门收取的款项凡须开机打发票，均由财务部会计负责开具发票或收据，并及时进行账务处理。

十一、成本控制制度

（一）总则

1. 为加强成本控制，实现降本增效，进一步规范中心经营行为，提高中心的经济效益，实现可持续发展，特制定本制度。

2. 成本是中心为生产产品、提供劳务而发生的各种耗费。

3. 费用是指中心为销售商品、提供劳务等日常活动所发生的经济利益的流出。为强化管理控制，中心发生的经营费用和管理费用均纳入成本控制范围。

4. 为便于控制将中心的成本划分为实物性成本和服务性成本。实物性成本是指经采购行为购买实物产品，进行出入库管理，并通过生产领用消耗，转化为成本、费用的各项支出。服务性成本是指供应商直接为中心的生产经营提供服务而支付的各项支出。

5. 中心对成本支出实施全面预算控制，除随收入直接变动的直接材料等成本支出外，其他成本支出严格按预算执行，无特殊原因不得超预算标准，否则追究各部门预算责任人的责任。为确保执行预算标准，对实物性成本支出采用集中采购、出入库控制等方法进行有效控制；对服务性成本支出采用询价比价（招投标）、签订合同并严格执行等方法进行控制。

6. 为达到成本控制目的，应在中心进行全体动员，提倡成本节约意识，实现全员参与、共同控制，提高中心的成本控制水平。

（二）全面预算控制

1. 中心通过全面预算管理，对成本实施连续的、动态的控制，具体方法如下：

（1）管理范围：中心年度预算方案是本着开源节流、降本增效的精神，根据中心实际经营情况，分析中心发展规划，考虑各方面成本、费用支出，经中心董事会审核批准的全年财务收支计划。中心所有收入、支出项目都在预算控制范围之内，但鉴于中心的行业特性，成本控制更为关键。

（2）业务流程：

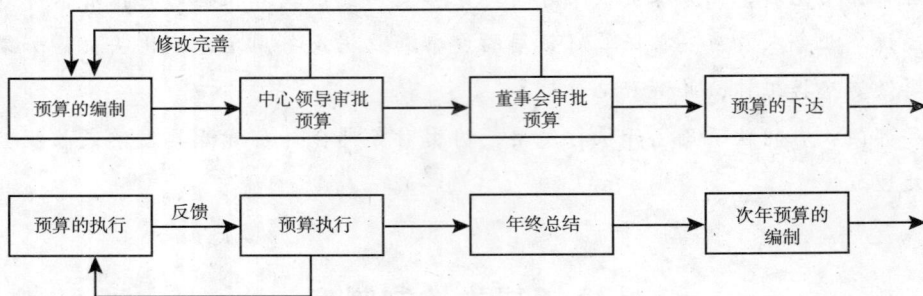

（3）管理步骤：

①预算的编制

- 每年10月份前后，根据房地产财务部下达的编制次年财务预算通知，由中心财务部组织各部门、各项目参与预算的编制工作。

- 中心本部各部门根据经营情况负责编制各部门的收入、成本及费用预算后报中心财务部。各部门经理负责本部门的预算编制工作，并对本部门预算执行结果承担责任。

- 各项目财务部负责各自项目的预算汇总编制工作，并上报中心本部财务部。各项目所属部门是中心主要的预算执行单位，在项目财务部的指导下，负责本部门经营收入和各项成本费用的编制，其部门经理直接参与预算编制工作，对本部门预算执行结果承担责任。

②中心本部财务部根据各部门、各项目上报的业务预算草案，进行汇总论证，综合平衡，拟订中心合并预算方案，报中心领导并上经理办公会讨论。根据经理办公会意见，财务部组织各项目、各部门修改预算，再次上报中心领导经批准后，提请中心董事会审核。

③董事会对中心上报的年度预算进行审核，如需要调整，财务部将根据董事会精神组织各部门、各项目修订预算，并再次报董事会审批，直至批准为止。

④预算经董事会批准后，财务部对预算进行分解，经中心领导批准后，向各部门和各项目下达分月的年度预算指标，并要求严格执行。各项目接预算指标后，由各项目财务部将指标按月分解并下达到各个部门。

⑤预算一经批准下达，各部门、各项目必须在保证经营活动正常开展的前提下，严格按照预算指标合理地发生成本支出。

⑥财务部根据成本费用实际支出情况，与预算进行对比分析，并及时与各部门、各项目沟通协调，提出意见和要求，对中心的预算执行情况进行持续的、动态的监督，确保预算顺利执行。

- 收入监控

对于预算内的收入，财务部一方面根据实际收到情况（账面数）按月与月度预算、年度预算对比，通过财务分析指出差距，寻找原因；另一方面，实行合同执行情况监控，对合同约定的到期应收未收到款项，提醒经办部门加大催收力度，保证收入的实现。

- 采购成本控制

中心为了降本增效，对实物性采购与服务性采购分别进行控制，排除配比原则的影响因素后，采购成本不得超出预算，具体参见《实物性成本支出的管理控制》与《服务性成本支出的管理控制》。

- 工资及福利等固定成本控制

对工资及各项福利费用、办公费等可控固定成本，制定并下达预算时应按时间进度合理分配，各责任部门应本着勤俭节约的精神，减少不必要的支出，杜绝铺张浪费，严格进行控制，同时财务部按月向各责任部门报送预算执行情况表，通过财务分析找出差距，提出改进建议，协助各部门进行控制。

- 监控措施

财务部每月根据账面数据，编制《可控费用执行情况表》，对日常超过时间进度的费用支出，暂缓支付。年末，对超过预算指标的可控费用，尤其是交通费、业务招待费，不予报销。月末、年末，财务部编制《损益表》，与同期预算、年度预算相对比，向中心领导汇报预算完成进度。同时，利用财务分析会，分析预算完成情况，指出不足，提出改进建议，要求各部门、各项目完成各项控制指标。

年终，财务部组织财务决算，对各项收入、成本费用支出进行汇总，与预算进行对比分析，总结经验教训，指导次年的预算编制工作。

（三）实物性成本支出的管理控制

1. 实物性成本支出采购环节控制

（1）管理内容：中心设立采购部，全面负责中心本部和下属所有项目所需实物物品的采购工作，通过华仪集中采购软件系统进行管理控制。负责采购的实物产品包括固定资产、餐饮用原材料、工程维修备品配件、低值易耗品、保洁用品、办公用品等实物物品。

（2）业务流程：

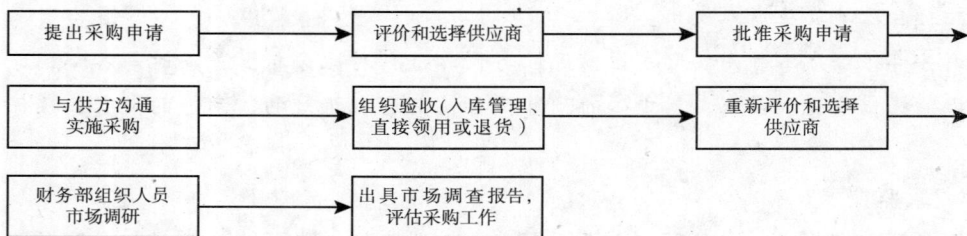

（3）控制步骤：

①各项目（各部门）申请采购实物产品，应由经办人员先填写《采购单》，通过快捷方式进入《采购信息库》，选择需要采购产品的名称、规格、所需数量和需用日期，发送至部门经理，部门经理审批签字后流转至采购部采购员。

②采购员接到采购单后，负责寻找供应商。采购员应对供应商的产品质量、资质等级、技术力量、设备条件、市场信誉、价格、售后服务能力等方面进行综合评审，确保采购物品的质量符合要求。经评审能满足要求的供应商由采购员将其列入《合格供方清单》中，建立起供应商网络。对供应商的具体评审和选择办法，按中心的《采购控制程序》执行。

③采购员确定供应商和价格，并经采购部经理审核后报成本会计审核。成本会计根据年度预算、现有库存等情况，复核采购物品的数量、单价后流转至项目领导或中心领导审批。审批权限按中心总经理签发的授权书执行。

④采购的实施

- 采购员必须严格按照经领导审批后的《采购单》上批准的合格供应商及价格条件进行实物产品的采购，不得超支。

- 对实物采购，按照各项目使用部门的需求时间，要求供应商将实物产品及时送到各项目的仓库或指定部门。

- 一次采购金额在 5 万元以上的实物产品采购，必须签订合同。在接到采购申请单，采购员经询价比价后联系供应商，由成本会计会同各项目的业务部门相关人员、采购人员与供应商协商合同条款，业务部门负责实物产品的规格、质量和验收标准等方面的管理控制，财务部负责价格管理和合同条款的合法性。协商完毕后由采购员填制《合同审批单》后附合同书，会签相关部门后报主管领导审批并签订合同，按照合同所定的条款进行采购。

- 对需经常性采购的物品，可以与供应商签订长期供货合同（时间不得超过一年），按合同采购，合同由财务部归档保存。

- 紧急采购。对于不能预先估计安排库存备件，而突发急需使用物品的采购，各项目请示中心主管领导后，可以先购买以保证经营的正常运行，事后应按规定程序补办审批手续。除"紧急采购"外，未经核准的《采购单》不得采购。

- 采购产品的验收

  - 实物产品的验收以产品合格证为准，以确保产品质量符合中心要求。如实物产品交货地点在各项目，由各项目使用部门人员和仓库管理人员按照采购单或合同所定的要求进行验收；如交货地点在供应商现场的，由采购员先据采购单或合同所定的要求进行验收，货到各项目后，由采购员会同由各项目使用部门人员和仓库管理人员按照采购单或合同所定的要求进行再次验收。

  - 验收合格后需要入库管理的物品，由仓库管理人员填制《入库单》；不需要入库管理而直接领用的物品，填制《产品验收单》，并由各项目有关领导签字确认后，报财务部进行账务处理，借记"库存材料"、"主营业务成本"等科目，贷记"应付账款"等科目。

  - 在验收过程中发现供应商提供的实物产品不符合采购单或合同的相关规定时，各项目应拒收该产品，并将情况记录在《产品验收单》上，由采购员要求供应商重新提供合格产品。如由于供应商产品质量原因给中心造成损失，协商不成则通过法律途径解决。同时由采购员尽快寻找新的供应商。

- 采购部应会同财务部对合格供方清单上的供应商每年进行一次评审，评审内容包括产品质量、服务质量、及时性和配合情况等方面。在评审时应征询使用部门的意见，对不合格的供应商在合格供方清单上作出删除标记，同时根据需要新增合格供应商。

- 财务部每月月初组织人员，对上月份物品采购价格情况进行分析，并抽取部分采购物品，进行市场比价调查。财务部根据市场调查情况，编写市场调查报告，指出不足，提出改进建议，报中心领导。市场调查报告同时抄送采购部，对提出的问题要求采购部改进。具体监督方法按中心的《采购监督制度》执行。

2. 实物性成本支出领用环节控制

（1）管理内容：包括工程用维修备品配件、餐饮用原材料、吧台和小卖部零售商品、低值易耗品、劳保用品等实物产品。

（2）业务流程：

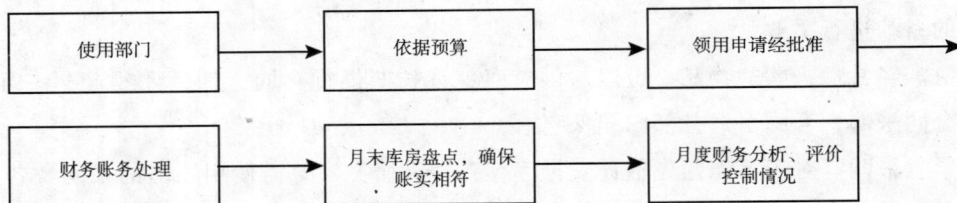

（3）控制步骤：

①各使用部门根据业务需要，由经办人员填写《物品领用单》，提出需要领用产品的名称、规格和所需数量，部门经理审批签字后通过华仪集中采购软件系统，流转至成本会计。

②成本会计根据年度预算、现有库存等情况，审核各部门的领用的实物产品是否符合预算要求及经营活动的需要，并就相关问题与部门经理及中心领导沟通协调。成本会计审核后，将《物品领用单》流转至库房管理员。

③库房管理员按照批准后的《物品领用单》，将领取的物品交领用人，并由领用人签字办理出库手续。库房管理员必须严格遵守中心的《库存存货管理制度》，严禁无单出库。

④财务部根据仓库管理员转来的《物品领用单》，按照中心各项业务的不同核算流程，进行账务处理，借记"经营成本"等科目，贷记"库存材料"等科目。

⑤每月月底，财务部会计与库房管理员对仓库存货进行清查盘点，根据盘点结果编制《库存盘点表》。如《库存盘点表》的库存材料金额与财务账面库存材料期末余额一致，表明库存材料的管理确保了账账相符、账实相符。如不一致，则需查找原因，并进行处理。

⑥财务部按时组织月度财务分析会，根据当月的经营情况，在财务分析报告中，将实际发生的成本支出与年度预算、时间进度预算以及行业参考值做对比分析，评价中心的成本控制情况，找出管理中的不足之处，并提出改进意见和建议，指导下一步的成本控制工作。

（四）服务性成本支出的管理控制

1. 服务性成本支出控制重点是通过询价比价（招投标）确定成本金额，并签订合同明确双方的权利和义务。

（1）管理内容：包括工程维修改造、设备设施维护保养、清洁服务、安保服务、绿植租摆服务等内容。

（2）业务流程：

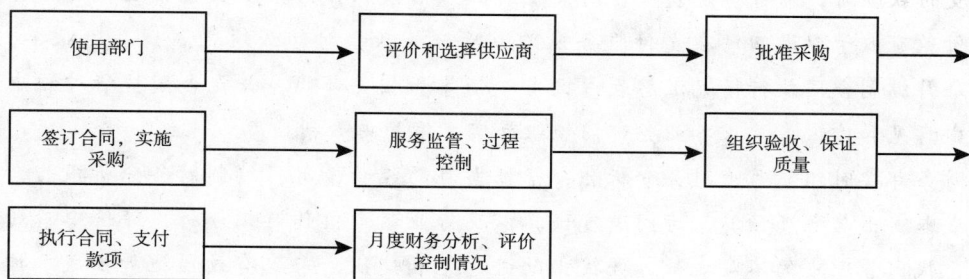

（3）控制步骤：

①由有申请采购的业务部门相关人员以《签报》的形式提出采购申请，《签报》中要说明服务的内容、原因、预计提供服务时间和预计价格。经部门经理和部门主管领导审批后，流转至成本会计。

②财务部根据年度预算，结合经营实际情况，复核该项支出是否合理，是否有预算（预算外支出需董事会特批）。同时要求申请采购部门至少向财务部提供三家供应商，财务协助申请采购部门经理对供应商的产品质量、资质等级、技术力量、设备条件、市场信誉、售后服务能力等方面进行综合评审，并就价格重点协商，确保采购的服务产品符合中心要求。经评审能满足要求的供应商由财务部将其列入《合格供方清单》中，建立起供应商网络。对供应商的具体评审和选择办法，按中心的《采购控制程序》执行。

③成本会计根据年度预算情况，与供应商协商确定价格后，将《签报》流转至项目领导或中心领导审批。审批权限按中心总经理签发的授权书执行。

④申请服务的采购，如金额在10000元以上，必须签订合同，由成本会计会同业务部门相关人员与供应商协商合同条款，业务部门负责服务产品的规格、质量、技术标准和验收标准等方面的管理控制，财务部负责价格管理和合同条款的合法性。协商一致后，由业务部门相关人员填制《经济合同审批单》后附合同文本，按中心合同审批程序经中心领导审批后，签订正式合同。正本由财务部保存。

⑤服务采购必须按照《签报》所规定的要求或者合同所定条款进行采购，由申请采购的

业务部门负责全过程的监管。监管人员在监管过程中发现问题应要求服务商立即整改，自觉地维护中心利益。

⑥服务产品必须采取竣工验收，由各业务部门依据合同或《签报》进行验收，验收的结果应记录于《产品验收单》上，以明确其是否符合合同的要求或中心的要求。验收单需注明供方名称、质量是否合格、验收时间及验收人等内容。竣工验收时发现不符合合同规定时，应要求其返工处理，并记录在《产品验收单》上。如由于供方产品质量原因给中心造成影响，则通过各种途径尽快解决。

⑦支付款项时，财务部应复核合同条款后，严格按照合同条款安排付款，对不符合合同规定的付款有权予以退回。在支付服务采购最后一笔款项时，必须凭《产品验收单》付款。财务部每月编制合同执行情况汇总表，报中心领导和相关部门，并就合同执行过程中存在的问题提出意见和建议，要求各业务部门组织落实，维护中心利益。

⑧财务部按时组织月度财务分析会，根据当月的经营情况，编制财务分析报告，将实际发生的成本支出与年度预算、时间进度预算以及行业参考值作对比分析，评价中心的成本控制情况，找出管理中的不足之处，并提出改进意见和建议，采取有效措施加强成本控制，确保各项经营指标的顺利完成。

十二、发票管理制度

（一）总则

1. 为了认真贯彻执行《中华人民共和国发票管理办法》加强本中心发票管理工作，特制定本制度。

2. 本制度所称发票是指中心在购销商品，提供或者接受服务以及从事其他经营活动中，开具、收取的收付款凭证。

（二）发票的种类及用途

中心对外（含对内部职工）开具的发票主要有以下四种：

（1）北京市服务业、娱乐业、文化体育业专用发票：中心在对外提供劳务、服务及其他经营业务、收到款项时开具。

（2）北京市定额专用发票：开具范围同上。

（3）北京市商业企业专用发票：中心对外销售商品时开具。

（4）内部收据：在内部职工归还借款或收到暂存款时开具。

（三）发票的购领

中心在办理税务登记，领取税务登记证后，应向主管税务机关申请领购发票。初次申请领购发票应向税务机关提交领购发票申请，提供经办人身份证明，税务登记证件或其他有关证明，以及财务印章或者发票专用章的印模，经主管税务机关审核后，发给发票领购簿。中心凭发票领购簿核准的种类、数量，以及购票方式，向主管税务机关领购发票。

（四）发票的开具和保管

1. 中心发票应由财务部指定专人保管，中心对外发生经营业务收取款项时，应向付款方开具发票。特殊情况下，由收款方开具。

2. 中心在购买商品，接受服务以及从事其他经营活动支付款项时，应当向收款方取得发票。取得发票时，不得要求变更品名和金额。

3. 不符合规定的发票，不得作为财务报销凭证，经办人有权拒收。

4. 开具发票应当按照规定的时限、顺序、逐栏、全部联一次性如实开具，并加盖单位财务印章或者发票专用章。

5. 中心不得转借、转让、代开发票；未经税务机关批准，不得拆本使用发票；不得自行扩大专业发票使用范围。

6. 财务部发票管理人员应当建立发票使用登记制度，设置发票登记簿，并定期向主管税务机关报告发票使用情况，并确保发票实际数量（含未使用及已使用的发票）与发票登记簿上的购买数量一致。

7. 中心在办理变更或者注销税务登记的同时，办理发票和发票领购簿的变更、缴销手续。

8. 中心应当按照税务机关的规定存放和保管发票，不得擅自损毁。已开具的发票存根联和发票登记簿，应当保存 5 年，保存期满，报经税务机关查验后销毁。

（五）发票的检查

1. 税务机关在发票管理中有权进行下列检查：

（1）检查印制、领购、开具、取得和保管发票的情况；

（2）开出发票查验；

（3）向当事各方询问与发票有关的问题和情况；

（4）在查处发票案件时，对与案件有关的情况和资料，可以记录、录音、录像、照相和复制。

2. 中心必须接受税务机关依法检查，如实反映情况，提供有关资料，不得拒绝、隐瞒。

十三、经济合同管理制度

为维护中心的利益，加强对经济合同的有效管理，特制定以下管理制度。

（一）合同的形式及适用范围

1. 为明确合同当事人双方的权利、义务及责任，所签订的合同均应以书面形式进行。

2. 本规定适用的经济合同，包括：工程施工合同、材料设备设施采购合同以及其他业务性质的合同。

（二）合同的订立

1. 合同的订立必须符合国家《合同法》的规定，应严格遵循合法、真实、平等协商的原则。

2. 合同订立前应对市场价格、对方履行能力及其资质和信誉状况进行充分了解，同时应了解对方完工后或售后服务的承诺。

（三）合同的条款

1. 合同所订立的条款应符合《合同法》的要求，必须具备以下条款：

（1）当事人的名称和住所；

（2）标的；

（3）数量及质量；

（4）价款或报酬；

（5）履行期限、地点和方式；

（6）违约责任；

（7）按法律规定或按经济合同性质规定所应具备的条款。

2. 各种合同的订立应采用相应的合同格式，并结合中心的实际情况，可适当修改及补充相关内容。

（四）合同的审批程序

1. 采购合同由经办部门以签报的形式提出申请，经审批后由采购员或经办人员按采购控制制度，会同相关部门与供应商洽谈合同条款。

2. 销售合同由业务经办部门负责与客户协商合同条款。

3. 经办部门在合同条款商定后，填制合同审批单，将合同送财务部审核。财务部主要负责审核合同条款的合法性，并就合同价款等事项签署意见后，报中心领导审批。

4. 中心领导按授权范围签署经济合同，超过授权范围的合同报董事长审批。

（五）合同的履行

为确保工程施工的质量标准或采购物品的性能规格符合合同条款规定，经办部门应指定专人负责跟进、监督，并做好跟踪记录，定期向中心领导汇报。

1. 实物性采购合同由中心采购部负责跟进、监督履行。

2. 服务性采购由各项目具体负责部门进行跟进、监督履行。

3. 对销售合同，由经办人员确保合同的及时履行并收回款项，财务部对合同履行情况进行监督，配合经办人员及时收回款项，防止坏账损失。

（六）合同的验收

1. 每一项合同完工都须进行验收。

2. 工程验收必须由负责监督该项工程的员工、工程部经理参加。

3. 涉及重要完工合同的验收，应由中心领导参加。工程验收完毕后，负责监督该项工程的员工应在验收单上签署意见，并须工程部负责人签字确认。验收报告书一式两份，工程部及财务部各一份，以备查用。

4. 对实物采购合同，由采购员、申购部门人员进行实物验收，验收合格后填制收货单直接领用，或填制入库单按库存存货管理。

（七）有关责任

凡因违反本管理规定而造成中心经济损失，将视程度轻重，由相应部门予以处罚。

（八）合同保管及存档

合同签订后，合同正本应及时送财务部存档管理，并缴纳印花税，合同保存期不应少于5年。财务部负责定期编制合同执行情况汇总表报中心领导，督促有关部门及时履行合同。

十四、会计档案管理制度

（一）为了贯彻落实会计基础工作规范化实施方案，加强会计档案的科学管理，更好地为中心经营管理服务，根据财政部、国家档案局发布的《会计档案管理办法》，特制定本制度。

（二）会计档案是指会计凭证、会计账簿、财务报告和其他会计工作资料，它是记录和反映经济业务的重要史料和依据。

（三）会计档案的管理要求是建档及时、存放有序、查找方便、保管妥善。同时，严格执行安全和保密制度，不得随意堆放，严防毁损、散失和泄密。

1. 会计凭证。包括原始凭证、记账凭证、汇总凭证和其他会计凭证。月末结账后，会计档案管理人员应将当月的会计凭证连同所附原始凭证进行顺序整理，分册装订，并加具封面，填写凭证所属时间、本月总册数及本册序号、本册凭证连续编号起止号码，装订好的账册装入会计专用凭证盒。凭证盒应注明单位、凭证名称、所属期间、册数、凭证号数。当月凭证装订整理完毕，经检查无误后，放入会计档案专用文件柜保存，同时在会计档案保管清册中进行登记。

2. 会计账簿。会计账簿包括总账、明细账、日记账、固定资产卡片、辅助账簿。年度终了结账后，会计档案管理人员应将本年度有关账簿编号归档，登记造册。

3. 会计报告。会计报告主要指财务指标快报、月、季度财务报告、年度财务决算报告，包括会计报表、附表、附注及文字说明，以及其他。月末，各项会计专用报表应统一装订，加具封面，封面注明单位名称、报表所属时间、单位负责人及财务负责人签字。向外报送的报表应注明报送日期。会计报表应放入会计报表专用档案中，同时在会计档案清册中登记。中心年度决算报表要与月报、季报分别建档。年度决算报表应同中心的财务状况说明书、报表编制说明、审计事务所出具的年度审计报告或上级单位的决算批复一起归档，每年一卷。

4. 其他会计档案的管理。其他会计档案包括会计移交清册、会计档案保管清册、会计档案销毁清册、银行余额调节表、银行对账单等。会计档案清册是分别记录会计凭证、会计账簿、会计报表等立卷、归档情况的详细资料，清册应定期登记，定期核对，以免会计档案资料丢失。银行余额调节表及银行对账单应分别银行账户按年归档。

（四）中心采用电子计算机进行会计核算，应保存打印出纸质会计档案。会计档案的保管期限分为永久和定期两类，保管期限从会计年度终了后的第一天算起。其中会计凭证需保存15年；会计账簿除银行日记账和现金日记账保存25年外，其他的需保存15年；财务报告中的月度、季度报告保存3年，年度财务决算报告永久保存；其他类会计档案中银行对账单和银行余额调节表保存5年，会计移交清册保存15年，会计档案清册和销毁清册永久保存。

（五）会计档案的保管。会计档案日常应由财务部指定会计档案管理员保管。当年会计档案，在会计年度终了后，可暂由本单位财务会计部门保管1年。会计档案的保管期限，从会计年度终了后的第一天算起，期满之后，原则上应由财务部门编造清册移交本单位的档案管理部门。移交清册应将移交内容填列完整，并由移交人、接受人及监交人签字确认。如档案部门暂不具备保管条件时，可暂由财会部门保管。

（六）会计档案的调阅。会计档案调阅时，应由档案管理员调出所需账册，调阅人当时查看。会计档案原则上不得借出，如有特殊需要，提出书面申请，经中心主管财务的领导审批后方可借出，并按时归还。

（七）档案部门接受保管的会计档案，原则上应保持原卷册的封装，个别需要拆封重新整理的，应当会同原财务会计部门经办人共同拆封整理，以分清责任。档案部门对于违反会计档案管理规定的，有权进行检查纠正，情节严重的，应当报告本中心领导或财政、审计机关处理。

（八）撤销、合并单位和建设单位完工后的会计档案，应随同单位的全部会计档案一并移交给指定单位，并按规定办理交接手续。会计档案保管期满，需要销毁时，由本单位档案部门提出销毁意见，会同财务会计部门共同鉴定，严格审查，编造会计档案销毁清册。

（九）对于未了结的往来账款，应将有关证账资料抽出另行立卷，由档案部门保管到结清账款时为止。销毁时，应由档案部门和财会部门共同派员监销，并在销毁清册上签章。"会计档案销毁清册"应一式三份，分别由单位的档案管理部门、财务部门和总经办各执一份。

第四章　工程管理

一、业主室内作业管理制度

为更好地向业主提供优质快捷服务，凡到业主室内进行"维修"、"保养"、"住前"、"住后"检查验收工作的，要求如下：

（1）工程部员工进入业主室内必须穿工程部工作服、佩戴胸卡。

（2）进入业主室内的工程部员工应视工作内容，必须带足工具、备件，不准向业主借用工具或其他物品，如：登高用的桌椅等。

（3）在维修保养工作中，若遇有与业主或管理人员之间冲突问题，须向值班调度主管汇报并作书面记录，记录要注明时间、地点、问题发生情况及处理情况等，绝不允许和业主或管理人员直接冲突。

（4）在室内进行维修保养工作中，未经业主同意，不准挪动业主物品。如果工作需要挪动物品，必须征得业主同意后方能挪动，但必须保证不损害业主的物品。

（5）在业主室内进行维修工作的，如果遇有业主提出异议，需与各楼管理人员联系，由物业管理员与业主商谈，取得业主的同意后，再进行维修工作。

（6）在室内完成维修后，一定要清理现场，恢复维修区域的原貌。

（7）与业主接触时，必须使用文明语言，行为端庄，神情饱满。

（8）维修保养工作要确保业主的人身、物品的安全，遇有影响人身安全和碰撞物品的可能性或有容易散落灰尘或杂物时，必须先做好防护措施方能进行工作。

（9）工程部员工在与业主接触中，不得向业主谈论与工作无关的事情。

二、设备巡回检查制度

（1）小区设备分布在大楼的各个部位，要安排技工巡视各设备现场。

（2）制定技工巡查范围、内容及时间。

（3）制定巡回检查表格，制定应记录的数据和状况，这些数据和状况的获得必须是视觉、听觉、触觉、嗅觉均发生作用。

（4）管理层对技工的巡回检查要进行抽查。

（5）巡查后，技工应迅速返回，不得在其他部门逗留，要登记巡查时间。

（6）因故无巡查者应向主管申报。

（7）进入其他部门的工作区域，如中控室，要接受该部门经理的领导。

三、维修材料及工具领用制度

（1）各班组根据工作需要，配备个人常用工具和小组公用工具，个人工具由本人负责保管，公用工具由主管或指定专人负责保管。

（2）所有工具都要进行建账管理，做到账物相符，每人必须在各自的工具卡上签字。

（3）所有的工具必须正确使用，特别是电动工具必须正确、合理地使用，发现问题必须立即停止使用。要严格遵守安全操作规程，不准违章使用。

（4）所有工具坚持交旧领新的原则，在领用新工具时必须交回旧的工具，交回的工具统一由库房处理，不准外流。

（5）专业工具未经培训不得随意使用。

（6）较大型的专业工具应随用随借，当日归还。

（7）需添加新的工具必须由主管领导批准后，方可购买。新工具在领用时也必须进行登记、建账签字。

（8）所有工具实行丢失赔偿的原则。

（9）领用维修材料及工具均应填写领用单，经专业主管审批后方可去仓库领取。

（10）未经部门经理批准，不可将领用的材料和工具用于大楼外。

（11）凡出大楼的材料及工具均应有部门经理签署的出门证，并交保安检验。

（12）多余材料应及时退库。

（13）有回收价值的备件应以旧换新。

（14）员工在调离公司时，全部工具必须如数交回。

四、交接班制度

（1）接班人员必须提前15分钟做好接班的准备工作及穿好工作服，佩戴好名牌，正点交接班。

（2）接班人员要详细阅读交接班日记和有关通知单，详细了解上一班设备运行情况，对不清楚的问题一定要向交班者问清楚，交班者要主动向接班者交底，交班记录要详细完整。

（3）交班人员要对接班人员负责，要交安全、交记录、交工具、交场所卫生、交设备运行状态，双方要办签字手续。

（4）如在交班时设备突然发生故障，或正在处理故障，应由交班人员为主排除，接班人员积极配合，待处理完毕或告一段落，报告经理室，征得同意后交班人员方可离去，其交班者延长的工作时间，视事故报告分析后，再作决定。

（5）在制度规定的交班时间内，如接班者因故未到，交班者不得离岗，擅自离岗者做旷工处理，发生的一切问题由交班者负责。接班者不按时接班，经理室要追查原因，视具体情节作出处理，交班者延长的工作时间除公布表扬外，并发给超时工资。

（6）接班人员酒后或带病坚持上班者，交班人不得交给他们，并及时报告经理室，统筹安排。

五、应急应变处理解决办法规定

（1）发现紧急事故应马上报告给有关专业值班室及有关人员。

（2）紧急事故发生后各专业主管、专业技工必须马上到达现场，迅速准确地判断事故原因。

（3）专业主管应沉着、冷静、果断地作出事故处理方案并通知事故有关部门给予协助。

（4）在专业主管的指挥下进行事故处理。

（5）专业人员在统一指挥下应迅速、果敢、准确地处理事故，并尽量减小事故的扩大面。

（6）当事故得到控制后，组织各专业人员检查事故所引起的连锁反应。发现问题及时组织专业人员处理。

（7）确认事故全部得到处理后，应马上恢复正常运行。

（8）事故引起的遗留问题安排各专业部门尽快妥善处理。

（9）对事故进行全面、仔细地调查，分析原因，查清责任，并制订出杜绝事后再发生同类事故的方案。

（10）将事故发生的全过程以报告的形式整理出来，交上级主管领导及本部门存档、备案。

（11）对事故全过程进行评议，对事故处理中的部门及个人提出奖、惩及建议性方案，报上级主管领导。

（12）如属重大责任事故，每年的这一天将作为部门全体员工的安全教育日。

六、工程部内部专业材料备件管理制度

为了进一步完善工程部内部各专业自管常用、应急材料备件的管理，保证和提高材料备件的使用率，减少管理上的漏洞，降低成本，特规定：

（1）各专业自管常用、应急材料备件，按制度出公司库后，明确专人负责，保持最低存量。

（2）自管常用、应急材料备件，应根据具体性能分类、用标签明示存放在清洁干净的货架上，不能上货架的应有地垫或悬挂存放，不得与带酸、碱类材料混放。

（3）五金件、阀件、电器材料存放应保持干燥，做好防腐。

（4）材料、备件的维修领用，应由领用人进行领用用途、数量登记，负责人签字、专业主管确认。

（5）各专业主管应定期检查材料、备件领用的合理性，根据材料、备件的消耗情况调整最低存量，提报采购申请，由工程部经理进行审核上报。

（6）各专业自管常用、应急材料备件，应做好安全、防火工作。易燃、易爆材料应隔离放置安全、防火、通风处，专人管理。

（7）各专业自管贵重材料、备件应存放在封闭铁柜内码放整齐，妥善管理，严格领用审核。

七、设备设施维护保养监管制度

（1）认真做好设备设施巡视检查并详细记录，定期由专业主管、部门经理检查签字确认。

（2）建立逐级报告程序：监管人员→专业主管→部门经理→主管领导。

（3）如在维护保养检修中发现零备件存在故障隐患，目前可暂时正常运行不影响客户的正常使用。监管人员与维保单位确认后上报专业主管，专业主管现场确认，商议解决方案，报主管领导签字后实施解决方案。

（4）在不影响客户正常使用设备设施的情况下用最短时间排除故障以恢复设备设施的正常运行。同时逐级上报，监管人员跟踪设备设施的维修全过程作出详细记录。

（5）当维护保养设备发生故障，如不处理故障会影响到客户正常使用时，监管人员必须立即通知维保单位人员马上到达现场。同时逐级报告，夜班时报告值班经理，必须在双方（维保单位、工程部监管人员）人员现场确认签字后方可立即更换，从此时起监管人员跟踪维修直到故障处理结束。做好详细记录，事后一周内，维保单位的技术部门出具分析报告上交工程部并报主管领导批示。

（6）维护保养合同之外的维修，维保单位根据我方建议提供施工方案及费用明细逐级上报，经主管领导批准后方可实施。专业主管制定监管事项，监管人员执行监管事项及跟踪全过程。

（7）正常维修如果需要更换的零备件价值超过2000元时。需要维保单位提供书面技术分析报告，专业主管提供专业意见。监管人员及专业主管确认签字后一并提交上级领导。经协商确认后才可进行更换。

（8）所有更换下来的坏损件一律由工程部收回。更换所有零备件均需监管人员和专业主管签字并做书面记录。

（9）各专业主管根据不同维保项目制定监管人操作程序。

（10）定期召开月度维保会，总结本月度设备设施运行状况分析存在的问题并提出解决方案。同时商定下个月度主要设备设施的维护保养工作内容。

八、部门强电专业管理制度

1. 电器竖井巡检制度

（1）人员应熟悉电器竖井各开关的作用及所控制电路的范围，严禁在不明开关作用的情况下拉合闸及带负荷拉合闸的操作。禁止误操作造成认为大面积停电。

（2）需停电时要先停负荷侧后停电源侧，严禁带负荷拉合开关。

（3）出现开关掉闸情况时，应先查明原因，排除故障后方可送电。

（4）当进行电气检修时，应先停电然后用合格的同等级验电气进行验电，确认安全后方可进行检修，并做好各种安全处理措施。

（5）带电工作时要实行监护制度，监护人在监护时不应做其他工作，并随时提醒操作人注意安全并及时纠正操作人员的错误，必要时令其停止工作。

（6）工作间断时必须做好安全处理，遇有紧急情况需送电时必须做好安全措施后方可送电。

（7）检修结束后，负责人要全面检查清理现场，检查工具及人员情况，拆除各种临时接地线及标志牌，确认无误后方可送电。

（8）送电后应观察电气设备运行情况，确认正常后方可离开现场。

（9）认真检查竖井所有的电气设备及开关仪表是否都正常，导线有无过热现象，接线螺丝是否松动，发现问题及时处理，并认真做好巡查记录，填写检查记录表。

（10）巡查时间为每周一次，并及时发现问题。如当时无法处理的应向主管领导汇报。

（11）巡查人员要认真检查，不得投机取巧，对作弊者要严肃处理。

（12）巡查人员要听从领导安排按时定期检查。

（13）·巡查中要测量电源电压及带电设备的电流并做好记录，检查开关及导线容量是否与用电设备相匹配。

（14）巡查人员要持证上岗，严禁违章操作。

（15）巡查人员不要乱动自己所不熟悉的电气设备。

（16）定期清扫竖井中的电气开关设备，紧固导线，测量电源电压及所带设备的运行电流，观察开关导线运行情况，应定期摇测绝缘。

（17）竖井电柜应可靠接地，柜内配线应采用额定电压不低于500V，截面不小于$1.5mm^2$的绝缘铜线，导线中间不应有接头，应排列整齐并用非金属材料绑扎成束。

（18）内编号应齐全，连接采用端子排。

（19）电装置上的指示灯及指示仪表应齐全完好。

（20）柜体上使用的各种连接坚固体均应镀锌。

（21）相关文件《北京地区电气规程汇编》、《维护保养要求》。

（22）记录《强电专业值班记录》、《强电专业巡视记录表》、《配电柜清扫记录表》。

2. 室外照明巡检制度

（1）每天巡检照明灯，对损坏的灯具及时更换，确定更换光源周期。合理确定照明使用时间，充分利用自然采光，路灯及集中控制的照明宜采用光控或微机控制。

（2）相关文件《北京地区电气规程汇编》。

（3）记录《强电专业值班记录》、《强电专业巡视记录表》、《楼层照明巡视表》。

3. 停电工作程序

（1）停电工作根据设备检修的需要，由专业主管确定。

（2）由专业主管填写停电通知。

（3）停电通知由部门经理审批签发。

（4）部门经理签发后的停电通知，通过客户服务部转发相关客户。

（5）停电时间和工作范围，必须符合停电通知的内容。

（6）一般情况下，任何人不得违反停电工作程序的制度，擅自停电。

（7）停电时间内如不能完成原计划的工作，需立即恢复部分供电，下次另发停电通知。

（8）相关文件《北京地区电气规程汇编》。

（9）记录《强电专业值班记录》、《工作票》、《操作票》。

九、弱电专业管理制度

1. 弱电机房管理制度

（1）弱电机房内的设备安装、布线，要符合安装规范，定期对机房设备进行安全检查，及时排除解决不安全隐患。

（2）机房值班人员必须坚守岗位，按工种操作规范作业，不得擅离职守，设备发生故障及时处理解决，并上报领导做好详细记录。

（3）机房内严禁存放易燃、易爆、挥发、有毒、有害物品，严禁吸烟、使用明火照明。

（4）机房内严禁会客，与工作无关人员禁止在机房内逗留，未经领导批准严禁参观。

（5）机房检修维护工作结束，要对设备进行复查，确认安全无误方可运行使用。

（6）认真遵守公寓安全防火规章制度，爱护消防器材，定期对无人机房进行安全检查。

2. 卫星机房管理制度

（1）未经领导批准，员工不得私自引领外单位人员到机房内参观。

（2）经领导批准来机房参观者，进出机房均应办理登记手续，原则上不允许拍照和摄像。经总经理办公室批准的，可以允许进行。

（3）值班人员要密切注意设备运行状态，做到腿勤、眼尖、耳灵、手快、脑活，及时发现和处理隐患。

（4）要严格按照巡视制度，准点巡视设备运行，认真做好记录。

（5）值班人员必须严格遵守劳动纪律，不得将与工作无关的物品带入机房，特别是食品。

（6）在机房内不允许接用临时电气设备，不允许随意挪动消防器材，未经批准不得使用电焊、气焊，不得在机房内吸烟。

3. 电梯机房管理制度

（1）未经领导批准，员工不得私自引领外单位人员到机房内参观。

（2）经领导批准来机房参观者，进出机房均应办理登记手续，原则上不允许拍照和摄像。经总经理办公室批准的，可以允许进行。

（3）值班人员要密切注意设备运行状态，做到腿勤、眼尖、耳灵、手快、脑活，及时发现和处理隐患。

（4）要严格按照巡视制度，准点巡视设备运行，认真做好记录。

（5）值班人员必须严格遵守劳动纪律，不得将与工作无关的物品带入机房，特别是食品。

（6）在机房内不允许接用临时电气设备，不允许随意挪动消防器材，未经批准不得使用电焊、气焊，不得在机房内吸烟。

（7）保持机房内清洁卫生，搞好文明生产。

4. 卫星机房值班制度

（1）卫星机房值班人员应认真遵守公寓各项管理规章制度、安全管理制度、设备操作规程。

（2）值班室人员要坚守岗位，严禁串岗、脱岗、睡岗、聊天、看书、吃零食。

（3）值班期间发现可疑动态、非法节目，及时停止转播，并上报公司领导，做好记录。

（4）禁止播放、转播非法淫秽、有损国家政府形象的政治性节目，一旦发现及时停止转播。

（5）卫星机房与工作无关人员严禁入内，参观、检查人员要经上级领导批准，方可进入，并做登记。

（6）交接班人员要认真检查设备，保障设备完好，环境清洁，做好交接记录。

十、综合维修管理制度

1. 综合维修管理制度

（1）优质服务，接到报修电话 10 分钟内到达维修现场。

（2）着装整洁、举止文明，入室维修穿戴鞋套、手套。

（3）保证安全施工，严格遵守各工种的操作规程。

（4）公共区域定期进行巡视，发现问题及时解决。

（5）及时完成报修单并及时返回工程部。

（6）使用机具时要注意爱护，按正规的方法操作，避免造成不必要的损失。

（7）做到专业机具检查保养和维修，防止机具造成损坏，延长机具寿命。

2. 配钥匙管理制度

（1）配钥匙人员将所配钥匙数量、名称、用途，以书面形式报工程部及相关领导批准后，方可配制。

（2）配钥匙人员领取所配钥匙时，必须填写登记表。

（3）严禁员工配制私用钥匙。

3. 木、油工室安全管理制度

（1）木、油工室严禁吸烟和明火作业，并设置明显的禁烟标志牌。

（2）油漆、稀料等易燃危险物品应单独存放。

（3）使用木工机械要经常检查，对刨花、锯末、木屑等要经常打扫，每天下班前清理干净。

（4）下班前操作人员要认真进行安全检查，确认无安全隐患后，断电锁门方可离开。

（5）操作室要配备相应的消防器材，定期擦拭保养。

4. 空置房检查规定

（1）每季（月）定期对管辖区的所有空置房进行检查。

（2）检查人员应检查设施是否完好，外窗玻璃和门锁有无故障，天花板、墙体状况以及管道有无漏水等，并对检查中发现的异常情况及不符合要求的地方上报部门经理，由部门经理安排人员整改。

（3）在检查空置房屋时，如发现室内较脏，应及时通知业主服务部安排清扫，使空置房始终处于使用状态。

十一、暖通、给排水专业运行值班及交接班制度

（1）值班人员在值班时是设备运行的负责人，必须严格执行操作规程和遵守各项规章制度。

（2）值班人员应认真填写运行记录表格及值班工作日志。

（3）值班人员每小时巡查一次系统的温度、压力情况，电机和水泵的运行情况，发现问题及时处理，如不能处理的应及时向主管汇报。

（4）接班人员要提前15分钟到岗，接班时必须穿好工作服。

（5）交接班内容

①查看值班工作日志，运行记录的参数是否与实际参数相符合。

②检查设备运转情况，正常后双方签字认可。

③检查清点钥匙，确认齐全后，双方签字。

④清洁卫生情况。

（6）如果在交接班时事情未处理完，以交班人员为主，接班人员为辅进行处理。

十二、重点机房管理制度

1. 机房值班制度

（1）未经领导批准，员工不得私自引领外单位人员到机房内参观。

（2）经领导批准来机房参观者，进出机房均应办理登记手续，原则上不允许拍照和摄像。除非总经理室特批，方允许进行。

（3）值班人员要密切注意设备运行状态，做到腿勤、眼尖、耳灵、手快、脑活，及时发现和处理隐患。

（4）要严格按照巡视制度，准点抄录设备各运行数据，认真做好记录。

（5）值班人员必须严格遵守劳动纪律，不得将与工作无关的物品带入机房，特别禁止的是食品。

（6）在机房内不允许接用临时电气设备，不允许随意挪动消防器材，不允许未经批准，使用电焊、气焊，不允许在机房吸烟。

（7）保持机房清洁卫生，搞好文明生产。

2. 机房"动火"制度

（1）在机房因维修需要，需动用电焊、气焊时，均需报告安保部中控室，领取《动火证》后，方可作业。

（2）在"动火"作业时，安保部应派人至现场，且配备有防火器材。

（3）电焊、气焊工必须持证操作。

（4）烧焊地点周围应清除5米内的任何易燃、易爆和可燃物质。

（5）电焊机地线不准接在建筑物、机器设备、各种管道上，必须设立专用地线。

（6）焊割的地点与乙炔发生器和氧气瓶的距离不少于10米，氧气瓶与乙炔发生器保持

5 米以上的距离。

（7）工作完成后，立即切断电源、气源，清理现场，在保证无余火、余热复燃的危险时方可离开。

3. 钥匙管理制度

（1）凡 24 小时有人值班机房，除值班人员掌握一套钥匙外，其余钥匙交工程部统一保管。

（2）凡无人值班机房，钥匙应有一套在有人值班的机房保存，专业主管负责，遇有特殊情况需使用时须严格事项、时间、使用人登记。当天领用当天交还，禁止在个人手中过夜持有。

（3）各专业主管负责本专业所管钥匙的日常清点管理工作。

（4）禁止私配机房钥匙、私自携带机房钥匙离开。

（5）无关人员不得借用机房钥匙。值班人员在未经主管经理批准不得外借。

（6）机房钥匙一旦遗失必须立即申报。

（7）无人值班的机房，借用钥匙时间需进行登记。

（8）饮用水水池、水箱、新风采集口的钥匙只允许专人领用，专人保管。

（9）各职守机房应设立钥匙箱，箱内应张贴钥匙名细表。

（10）各职守机房应设立钥匙借用登记簿。

4. 卫生制度

（1）工程部机房卫生是搞好设备管理的前提。

（2）要严格制度，每天对机房和机器设备进行 1 次卫生工作，每月 1 次大扫除。

（3）工程部地域及各机房不准悬挂和晾晒衣物。

（4）只允许在制度允许的场所吸烟，烟头不得乱丢，不允许烟缸中堆满烟头，要提倡文明。

（5）技工着装要清洁，领子、袖口均应干净，不得留长发留胡须。

（6）工作场所要清洁、整齐，不允许乱堆杂物。

（7）讲话语言要规范，不得满口脏话和大声喧哗。

十三、维修操作制度

1. 公共区域维修

（1）各个专业组接到工程部调度工程师的报修单或按计划进行设备设施维护保养需要在公共区域维修时，对影响到客户的维修应避开正常休息时间，此时维修应尽量安排上午 9:00～12:00，下午 2:00～5:00。

（2）当需要进入客户区域带有门禁系统时，应及时与客户服务部联系并对客户讲明所需要工作的地点及时间安排。同时预留出门禁卡以及必要时应让客户留人并得到客户的同意。

（3）在公共区域维修时应在相应的位置竖立"正在工作中"或"正在维修中"的警示牌，以提醒客户注意安全。

（4）工作完毕后应向客户的在场人员表示感谢"给您添麻烦了，谢谢合作，再见"。清理现场后锁好门禁退出客户区域。做好工作记录。

（5）专业主管对维修单进行确认并签字必要时应进行检查，并把维修单及时返回工程部调度工程师。同时把维修结果通报客户服务部。

2. 入室维修

（1）各个专业组接到工程部入室维修单后，各专业技工应在10分钟之内到达维修现场。此时如果技工正在其他地点工作，相应专业的主管工程师应先到场了解报修情况并进行安抚客户的工作。

（2）维修人员到达客户单元应先向客户前台服务人员或报修人员讲问候语"您好！我们接到了您的报修现在可以维修了吗"。

（3）当得到客户同意后穿戴好手套、鞋套进入室内进行维修，维修前首先把维修点附近相关物品进行遮挡以防落上灰、杂物、尘土，工作完毕后应及时清理干净现场。

（4）维修后应让客户确认并在维修单上签字。向客户表示感谢"给您添麻烦了，谢谢合作，再见"，退出客户单元做好工作记录。

（5）遇无备品备件或影响相邻客户时应向客户解释原因并另行安排时间进行维修。同时通知专业主管。

（6）专业主管对维修单进行确认并签字，同时对维修质量进行必要的检查，特别是VIP客户应由工程部经理进行检查及由专业主管把维修单及时返回给工程部。

十四、保护用品制度

1. 手套、鞋套每名技工按每月每人各2副定期于当月10日前发放。各专业组每个班组配备2条遮盖布，每个月清洗一次，每三个月更换一次。

2. 手套、鞋套由个人负责保管并随时洗涤，以保证其干净、整洁。遮盖布用脏后交由办公室负责统一洗涤。

3. 保护用品的领用采取以专业组主管负责制的形式，并采用以旧换新的方式进行更换。

4. 保护用品的领用由工程部文员负责到财务部库房统一领取。

十五、工程档案管理制度

1. 工程部档案管理员负责工程档案的收集、管理、借阅，并负责与相关方的沟通及协调。

2. 各部门负责将有关设备、设施的相关资料、图纸及时报送工程部。

3. 物管中心各部门员工均有对工程档案保密的责任。

4. 保管制度

工程部所管辖的技术资料主要是工程竣工验收资料、改造变更资料、公寓公共设施维修（维护）资料及合同、设备管理及技术资料、设备运行维护保养资料、产品合格证、设备技术说明及专业工具书等。档案资料管理制度如下：

（1）工程技术档案归档时必须进行科学分类、立卷和编号，档案目录应编制总目录、案卷目录、卷内目录。

（2）工程技术档案归档时认真验收，文件资料应是原件，归档时办理交接手续，同时保证文件、资料的完整、系统、准确、真实性。

（3）更新设备，增加设备的资料和技术说明按下列制度分类登记存档：空调、采暖系统设备，给排水系统设备，消防设备，通信设备，电梯设备等。

（4）定期检查工程档案的收集、整理，确保档案的安全存放。

（5）借阅

①严格执行档案的借阅制度。

②遇有调阅档案的部门，需到工程部填写《调阅档案审批单》，经有关领导批准。

③审核批准后按制度办理。

④工程技术档案只限在工程部查阅，原则上不得借离工程部，确因工作需要必须借离工程部的，须经物管中心有关领导批准后方可借离，所借离档案必须在三天内归还，如需延期，必须到工程部办理延期手续。

⑤借阅档案的人员，应对所借档案的安全、保密、完整性负责。不得擅自拆卷、复印或在档案内涂改、乱画。

⑥相关文件《调阅档案审批单》。

十六、工程部装修手册

（一）简介

物管中心编发本手册，旨在为业主/商户提供有关装修信息，以便业主/商户装修时参考用。了解本手册所述各项装修规定及步骤对业主/商户是至关重要的。

不了解或不遵守本手册，可能会影响您装修工程的进展，引致不必要的麻烦，故请多多予以留意。

（二）关于装修的几点提示

1. 业主/商户可自由选择装修商，唯望留意装修商的能力及信誉。并注意切勿违反政府有关部门的规定。

2. 业主/商户在雇用装修公司时，须与其签订建委推行的《北京家庭居室装饰装修施工合同》。在依法订立本合同的同时，装修公司应向您出示该公司的营业执照和《建筑业企业资质证书》，未取得资质证书的企业，将不被允许进入社区施工。

3. 业主/商户选用好装修公司，应在装修开始前会同您所选用的装修商到物业公司办理装修申请和备案手续。

4. 装修公司的噪声施工将受时间限制，限时的具体安排为：

（1）周一至周五：12:00 ~ 14:00。18:00 ~ 次日 8:00，不得从事敲、凿、刨、锯等产生噪声的装修工作。

（2）周六至周日：全天不得施工。

（3）国家法定节假日全天不得施工。

5. 装修期间产生的各种废弃物，可以自行运出园区，亦可委托物业公司代为消纳，如委托物业公司消纳，业主/商户应按物业公司的统一标准一次性向物业公司缴纳装修垃圾外运费，委托物业公司外运装修垃圾的，业主/商户应督促装修公司每日按时将装修垃圾装袋送至物业公司指定的地点，如有遗留垃圾应及时自行清理，不可随意丢弃。

6. 需提供给物业公司的资料：

（1）营业执照副本及复印件（盖红章，并标明有效期）。

（2）资质等级证书复印件（盖红章，并标明有效期）。

（3）施工安全许可证复印件（盖红章）。

（4）施工人员名单及身份证、暂住证、健康证、务工证和每人 2 张一寸照片。

（5）装修方案二套（包括装修施工平面图；装修用料清单；照明及配电平面图、系统图；给排水平面图、系统图；天花板平面图；立面图及隐蔽工程图或隐蔽工程文字说明书）。

（6）较为复杂施工，请附施工说明书（提示：竣工验收时，请交物业竣工图一份）。

7. 需签署的文件（包括但不限于）：

（1）签署《装饰装修管理协议书》

（2）签署《异产毗邻房屋装修协议书》

（3）签署《装饰装修施工消防安全协议书》

（4）签署《装饰装修承诺书》

8. 需缴纳装修费用：

（1）装修保证金（装修商支付）：×××××元（商户），××××元（住户）

（2）装修管理费（装修商支付）：××××元/平方米（商户）

（3）装修垃圾清运费（业主自运）

（4）施工人员临时出入证（装修商支付）

（5）押金××.××元/证，工本费××.××元/证

（6）灭火器租赁押金×××元/具，灭火器租金××元/具×次

9. 业主/商户有义务监督施工人员严格遵守物业公司安保部的有关规定；为安全起见，装修工程开工前，业主/商户可要求装修商购买有关保险。

（三）装修流程图

办理装修手续流程图

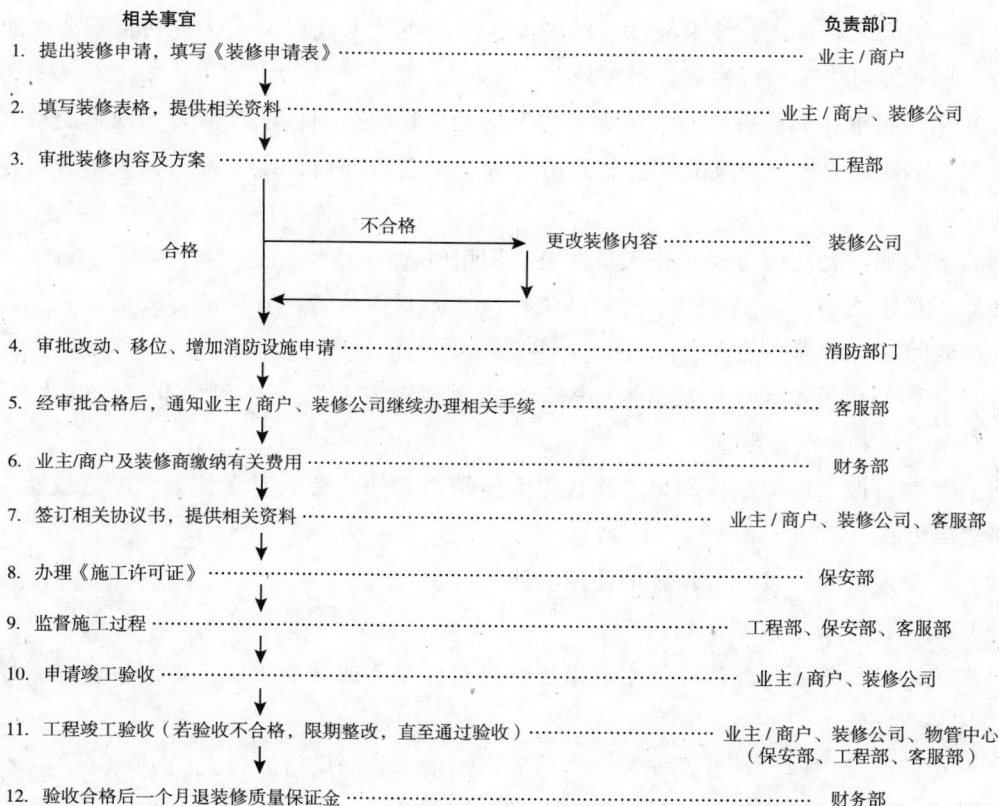

相关事宜	负责部门
1. 提出装修申请，填写《装修申请表》	业主/商户
2. 填写装修表格，提供相关资料	业主/商户、装修公司
3. 审批装修内容及方案	工程部

合格　　不合格　→　更改装修内容 …………… 装修公司

4. 审批改动、移位、增加消防设施申请	消防部门
5. 经审批合格后，通知业主/商户、装修公司继续办理相关手续	客服部
6. 业主/商户及装修商缴纳有关费用	财务部
7. 签订相关协议书，提供相关资料	业主/商户、装修公司、客服部
8. 办理《施工许可证》	保安部
9. 监督施工过程	工程部、保安部、客服部
10. 申请竣工验收	业主/商户、装修公司
11. 工程竣工验收（若验收不合格，限期整改，直至通过验收）	业主/商户、装修公司、物管中心（保安部、工程部、客服部）
12. 验收合格后一个月退装修质量保证金	财务部

（四）装饰装修管理规定

为加强住宅区装修工程的管理和监督，有效地制止违章装修行为，保障建筑物的结构安全和外观统一，维护广大业主的正常生活工作秩序，让业主安居乐业，根据《北京市家庭居室装饰装修工程承发及施工管理暂行规定（试行）》，特制定如下《装修管理规定》。

1. 装饰装修单位的安全规定。

（1）凡进入从事装饰装修施工的从业人员，必须持有有效证件（身份证、暂住证）。

（2）装饰装修施工人员，实行专楼专户专人专证制度。进入小区施工必须佩戴物业发放的有效出入证件，严禁串楼串户。一经发现严肃处理有关公司或业主。

（3）装修单元内严禁施工人员留宿。如有特殊原因须由施工负责人或业主书面申请，由物业公司批准后方可。

（4）严禁从楼上向地面或下水道抛弃废弃物品和乱倒垃圾。

（5）严禁向下水道内倾倒易燃、易爆的装修剩余材料。如油漆、涂料、稀料等危险品，以及施工原料，包括灰渣、木块、布头、砖块等。

（6）工程中如需动用明火，须提前三天向安保部申报《动火证》，并按消防规范设防火专人，设专用灭火器具，一切未经批准的"动火"（包括电气焊）行为，将被视为严重不安全隐患，物业公司将对其行为进行严厉处罚。

（7）未经批准，私自拆改、移位等消防设施的，物业公司要求装修公司限期整改。装修公司未在规定期限内进行整改的，物业公司有权上报消防部门，给予处罚，装修公司并负连带责任。

（8）各装修公司应按电梯工作人员的要求使用电梯。

（9）就以上之规定，望施工单位应遵照执行，如有违约者，安保部有权责令其整改，如造成直接或间接经济损失的需照价赔偿。

2. 装饰装修单位要保证建筑结构的安全，严禁拆改和损坏主体和承重结构以及上下水、燃气、空调管道和电气配线。

（1）严禁拆改原屋墙、柱、梁、楼板等主体结构部件，及上下水管道、供电线路、屋面防水隔热层等；

（2）严禁改变房屋及配套设施的使用功能；

（3）不得任意增加楼面荷载；

（4）户内地面施工严禁凿除原水泥面层。只允许凿毛或铺地板层，地面装修材料厚度不得超过 10 毫米；

（5）严禁改变户门、外窗及安装空调器等影响楼宇装修风格的施工；

（6）不得随便更改给排水、供暖设施和燃气管道设施；

（7）严禁将导线直接埋入抹灰层内；

（8）允许改换厨房的灶台、洗涤池和卫生间的坐便器、洗脸盆、浴缸等，但不得改变厨房、卫生间的结构和使用功能；

（9）户内幕墙 20cm 之内，严禁安装、悬挂重物；

（10）所有预留的下水道口应在装修开始前进行可靠的临时封堵。

3. 施工方装修项目按照申请书和施工说明、施工图纸进行。

4. 施工方同意施工期间接受物业公司的监督检查及物业公司制定的规章制度。

5. 工程竣工后由物业公司参与验收并将施工技术资料移交物业公司存档。

6. 施工方同意委托具有与装修工程项目相适应的资质条件的专业施工队伍施工。因房屋装修施工造成的共用部位、共用设施设备、异产毗邻房屋损坏或他人财产损失的由施工方承担赔偿责任。

7. 因施工方装修造成向下层渗漏、管道堵塞的，施工方需负责维修，造成损失的，施工方应予以赔偿。

8. 施工方对房屋的装修部分承担维修责任，物业公司对房屋的共用部位、共用设施设备有正常安全检查和维修的权力，检查和维修涉及施工方装饰部分需拆改时，施工方同意予以协助，拆改部分由施工方负责恢复。

9. 使用电、焊机等耗电量较大的施工器具必须向物业公司申报并按物业公司要求设置临时接线闸箱的，闸箱由物业公司专人接线。

10. 施工方应确保装修方案不违反建设部及市政府的有关规定，不得有影响异产毗邻房屋居住安全的房屋项目，若有抵触，业主/商户须更正装修方案。

就以上之规定如有发现违反之处，物业公司工程部将视情况责成责任人予以更正，如发生重大违章违规操作行为，并造成经济损失的责任人应照价赔偿，装修公司并承担相应的法律后果。

附件：

房屋装饰技术要求

1. 在隔断墙上粘贴瓷砖应用建筑胶结材料，用水泥砂浆粘贴时，必须将原饰面层铲除。

2. 在粘贴厨房、卫生间墙面地面装饰材料时，属于隐蔽工程的，不得破坏原基层防水，需重做防水处理的，高度为距地面以上 1.8m，并按规定办理进行 24 小时的闭水试验，经物业公司检验合格后方可继续施工。

3. 阳台拦板及地面不得粘贴除地板砖、硬木地板以外的装修材料。

4. 户内房屋装修，承重墙共用部位隔断墙、外围护墙、抗震墙等墙体上不得随意掏墙、打洞、剔槽，不得擅自拆改。

5. 户内房屋装修，其楼层地面装饰材料的总重量不得超过 40kg/m²。

6. 卫生间的坐便器、浴缸安装改造，不得随意变动下水排水口位置。用螺栓固定坐便器时，请注意不要破坏原防水层，已损坏的应做防水处理。

7. 室内装修要保证天然气管道和设备的安全要求；电气管线及设备水平净距不得小于 30cm，电线与煤气管净距不得小于 20cm。

8. 房屋装修变动要符合建筑规范，并要符合供暖、供热、天然气、电力等部门的规定。

（五）装修商守则

1. 装修商开工前需到物管中心安保部办理《施工许可证》，《施工许可证》须标明施工地点、内容及限期并一式两份。安保部、装修商各一份，装修商一份张贴于施工现场（户门）。

2. 装修商须为其施工人员办理《临时出入证》，施工人员出入园区时，必须佩戴《临时出入证》，无证人员不得入内。

3. 每个装修单元内必须配备足够的灭火器（1具/50平方米），并指定专人负责安全消防工作。严禁在施工现场吸烟、动用明火。动用电气焊必须报物业安保部批准，电气焊操作人员及电气施工人员必须持证上岗。

4. 在施工现场应设有明显的防火标志、禁烟标志及装修公司的管理制度。

5. 装修商使用电气设备时，须严格执行有关技术规范，严格执行操作程序，禁止乱拉临时电线及裸露线头，并于每日收工前切断电源。

6. 施工现场物料须码放整齐、有序，垃圾及时自行清理或委托，施工时不得锁门；易燃物品定量存放。

7. 施工人员在施工现场及园区内施工时不得吸烟、不得饮酒、不得喧哗打闹、斗殴滋事；施工区内不得游娱嬉戏、游荡滞留。

8. 装修商如有物料需运出园区时，须持由安保部签发的"出门条"，并在园区大门岗亭处停车办理核检、查验出门手续。

9. 装修商在本园区办理施工手续时预交装修质量保证金，装修商须对其工人在施工期间有意无意毁坏或损坏园区物业财产予以赔偿。

10. 装修单元户门之外的区域均属公共区域，装修施工人员必须注意保护。严禁在公共区域加工制作或储存材料。

11. 装修完工后，由物管中心验收小组会同业主/商户和装修商对装修工程进行联合检查。如对园区内因违章行为导致物业设施、设备等损坏，物管中心将执行但不限于质量保证金的违约和经济赔偿措施。

装修安全防火协议书

此装修工程为__座__层____号业主_____联系，由_____公司承担施工，计划于____年__月__日至____年__月__日施工。

为了保障园区内的安全，防止火灾和发生治安案件，根据北京市建委、市公安消防局对建筑施工现场安全防火工作的有关规定，经物管中心（甲方）和（乙方）共同协商，制定安全、防火协议如下：

（1）施工现场的安全生产、治安防范、防火工作，由乙方全面负责，甲方负责监督检查措施的落实和执行情况，甲、乙双方共同接受市、区公安消防部门、派出所的指导和监督。乙方应确定一名施工负责人为现场安全、防火工作负责人（佩戴标志），全面负责现场的安全、防火、治安工作。

（2）施工工地应有具体负责人，检查监督安全防火措施的落实和执行情况。

（3）乙方应在施工组织设计中编制安全保卫、消防工作方案和具体工作措施，报物业公司备案。

（4）乙方应对职工进行安全、防火知识教育，上班作业佩戴出入证，防止治安、伤害事故的发生。

（5）乙方要严格执行批准后的施工方案，不得擅自更改。

（6）乙方对所有参加施工的人员进行防火安全教育，如施工现场发生火灾，须及时报警并组织扑救，保护事故现场。

（7）施工现场严禁吸烟。施工人员严禁在施工现场留宿。

（8）施工人员要按工作组指定的出入口进出。

（9）电气设备必须由正式电工安装，并设置配电箱，不得随意乱拉临时线，必要的临时线使用双层互套电线，并架空使用。

（10）乙方进行明火（包括电气焊、切割）施工时，应办理临时动火许可证，并严格执行消防安全制度。操作人员必须持有效操作证上岗。

（11）乙方对于施工现场的可燃杂物必须做到随时清理，保持安全的施工环境。

（12）乙方施工中需要使用易燃、易爆物品时，必须符合《化学危险品安全管理条例》的规定，有专人进行看管，不得过夜存放。施工中严禁大面积使用喷漆、刷漆等危险工作，现场保持通风良好。

（13）严禁明火（包括电气焊、切割）和使用易燃易爆物品（包括喷漆）交叉作业。

（14）乙方必须在施工现场配备足够的有效灭火器材。

（15）乙方施工时应禁对现有消防器材破坏及更改。

（16）乙方不得在小区内酗酒、赌博、打架斗殴、无理取闹及其他违法犯罪活动。

（17）对有违反以上规定的人员，甲方有权进行制止，并对责任单位进行处罚、停工、限期改正，情节严重的送交公安机关处理。

本责任书，自签字之日起生效，一式两份，甲、乙双方各执一份。此责任书在施工验收完毕，施工人员和施工材料设备全部撤离后自行终止。

甲方：物管中心　　　　　　　　　　盖章：　　　　年　　月　　日

乙方：　　　　　　　　　　　　　　盖章：　　　　年　　月　　日

附件：

二装工程验收单

业主姓名：　　　　　　　　　　___座___层___号　　　　二次装修单位名称：

工作组意见：
负责人签字：　　　　　日期：
二装施工单位意见：
负责人签字：　　　　　日期：
业主意见：
业主签字：　　　　　日期：
客服意见：
客服签字：　　　　　日期：

施工人员出入证登记记录

登记日期：_____

施工单位名称：_____ 施工单元：_____

施工日期：_____至_____

施工时间：每日_____

施工单位负责人：_____

联系电话：_____ 紧急联系电话：_____

施工证编号	姓名	身份证号码	施工证编号	姓名	身份证号码

（1）后附各施工人员身份证复印件共_____张；

（2）共申请施工证____个，共付物业公司人民币_____元；

（含成本费_____元，押金_____元）

（3）上述所申请施工证将于_____年___月___日前如数送还物业公司，若逾期未还或有所遗失，物业公司有权没收施工单位上述所有押金，以作赔偿。

施工单位负责人签字：_____ 工作组签字：_____

施 工 证

施工单位：_____

施工地点：_____

工地负责人：_____

联系电话：_____

施工期限：_____至_____

签发人：_____

遵守物管中心规定，公共区域地面、货梯厅作保护，严禁吸烟，垃圾运到_____

业主装修委托书

我是____座____层____号业主，现指定_____（公司）负责____（房间号）的装修工程，施工期限为：_____年___月___日至_____年___月___日。

业主装修承诺书

我已详细阅读物管中心制定的，关于装修必须严格遵守的所有条款及条件，本人承诺认真执行。装修单位在进行施工时，如违反了物业公司规定的条款及条件或给他人造成伤害及财产损失，我将承担一切责任。

此致
敬礼！

业主签字_____

年　　月　　日

二次装修申请表

业主姓名：　　　　　　　　　　　　　　　　　　　　　　　　　座　　　层　　　号

联 系 人：＿＿＿＿＿＿＿＿＿＿＿＿＿　　联系电话：＿＿＿＿＿＿＿＿＿＿＿＿＿＿

承包装修单位：＿＿＿＿＿＿＿＿＿＿＿　　执 照 号：＿＿＿＿＿＿＿＿＿＿＿＿＿＿

公司负责人：＿＿＿＿＿＿＿＿＿＿＿＿　　紧急联系电话：＿＿＿＿＿＿＿＿＿＿＿＿

装修日期：＿＿＿年＿＿月＿＿日至＿＿＿年＿＿月＿＿日

序　号	装 修 内 容
1	
2	
3	
4	
5	
6	
7	
8	
9	
10	

异产毗邻房屋装修协议书

甲方：物管中心

乙方：＿＿＿＿座＿＿＿＿单元＿＿＿＿室／＿＿＿＿座＿＿＿＿号商铺

乙方对其所拥有的房屋进行装修，因装修项目毗邻甲方所有的房屋，涉及房屋的共用部位、共用设施设备，为明确双方的权利和义务，保证房屋居住安全，特签订本协议。

一、乙方装修项目要严格按照经管理处审批的申请书和施工说明、施工图纸进行。

二、乙方同意遵守建设部《城市异产毗邻房屋管理规定》、《北京市居住小区物业管理办法》和《房屋装饰技术要求》，并在本协议第一条约定的范围内施工。

施工日期自＿＿＿＿年＿＿＿月＿＿＿日起至＿＿＿＿年＿＿＿月＿＿＿日止。

1. 乙方应确保装修方案不违反建设部及市政府的有关住宅装修管理法规的限定。若有抵触，乙方需更正装修方案。

2. 乙方应确保装修方案中不得有影响异产毗邻房屋居住安全的项目，若有抵触，乙方需更正装修方案。

三、装修施工期间甲方同意向乙方提供有关房屋装修的质量、工程预算、施工技术等方面的咨询服务。乙方如有《装修管理协议书》中增、改、建项目的，必须经甲方工程部同意，书面申请批准后，签订有关协议。

四、乙方同意施工期间接受甲方的监督检查及遵守甲方制定的规章制度。工程竣工后同意由甲方参与验收，并将施工技术资料移交甲方存档。

五、乙方同意委托具有与装修工程项目相适应的资质条件的专业施工队伍施工。因房屋装修施工造成共用部位、共用设施设备、异产毗邻房屋损坏或他人财产损失的，由乙方承担全部赔偿责任。

六、因乙方装修房屋造成向下层渗漏、渠道堵塞的，乙方须负责维修，造成损失的，应予以赔偿。

七、乙方对房屋的装修部分承担维修责任。甲方对房屋的共用部位、共用设施设备有正常安全检查和维修的权利，检查和维修涉及乙方装饰部分需拆改时，乙方同意予以协助，拆改部分由乙方自行恢复。

八、使用电焊机等耗电量较大的施工机具，必须向甲方申报，并按甲方指定的闸箱由甲方专业人员接线。

九、乙方擅自扩大第一条款的装修范围、超过施工期限或因施工影响房屋安全的，甲方有权要求乙方停止施工、恢复原状并赔偿损失。

十、本协议未尽事宜，双方另行补充条款。

十一、本协议一式两份，甲乙双方各执一份，以双方签字盖章之日起生效。

十二、本协议有附件。

《房屋装饰技术要求》见《装修指南》。

甲方：物管中心   乙方：

签章：   签章：

日期：   日期：

装修竣工验收申请

物管中心：

　　兹有＿＿＿座＿＿＿层＿＿＿室/＿＿＿座＿＿＿号商铺，已全部施工完毕，现申请竣工验收。

申请人签字：　　　　　　　　　　　　　　　　　　　　　　　　　　日期：

装修竣工验收记录表

年　　月　　日

业主/商户 姓名		房间号	＿＿＿座＿＿＿单元＿＿＿室 ＿＿＿座＿＿＿＿号商铺	电话	
施工单位				电话	
验 收 情 况					
业主/商户 签字		装修商签字		安保部验收人	
				工程部验收人	
返 修 情 况				结 论	安保部负责人：
业主/商户 签字		装修商签字			工程部负责人：
备 注	1. 有隐蔽工程的必须交付竣工图,否则延期退还装修质量保证金; 2. 装修质量保证金在竣工验收合格 1 个月后凭此单和收据无息退付。				
	装修质量保证金退还日期：				

装修流转单

_____座_____单元_____室/_____座_____号商铺

业主/商户姓名：_____ 联系电话：_____

装修公司名称：_____

负责人姓名：_____ 联系电话：_____

提供资料明细：

□装修申请表   图纸（1∶50）

□《装修委托书》   □室内平面图

□施工单位营业执照复印件（加盖红章）   □室内吊顶图

□施工单位资质证明复印件（加盖红章）   □电路图

□施工人员照片及身份证、暂住证、务工证、健康证复印件   □水路图

□《装修方案》文字说明

□《异产毗邻房屋装修协议书》

□《装修管理协议书》

□《消防安全协议书》

□《装修承诺书》

说明：_____

物业经手人签字：   日期：

工程审图意见：_____

工程部经理签字：   日期：

缴费详情：

□装修质量保证金   金额：¥   □装修管理费   金额：¥

□装修垃圾清运费   金额：¥

□租用灭火器   押金：¥   租金：¥

□施工人员出入证   押金：¥   成本费：¥

主管会计签字：   日期：

物业安保部：待以上资料及手续确认办理完毕且确认无误后，由物业安保部开具《装修施工许可证》

客服部/安保部经理签字：   日期：

364

退还装修质量保证金会签表

____座____单元____室业主_____／_____座_____号商铺商户_____

（装修日期：_____年___月___日；验收合格日期：_____年___月___日）

请下列部门审核相关事宜并记录

工程部	验收意见： 扣除余额：　　　　　审核人签字：　　　　　日期：
安保部	验收意见： 扣除余额：　　　　　审核人签字：　　　　　日期：
客服部	验收意见： 扣除余额：　　　　　审核人签字：　　　　　日期：
主管会计	 扣除总额：　　　　　审核人签字：　　　　　日期：

收到金额：　　　　　　　　　　　　　　　退还金额：

项目总经理签字：　　　　　　　　　　　　日　　期：

第五章　安全管理

一、安全管理相关规定

（一）安全工作领导小组规定

1. 在公司安全委员会的领导下，中心实行安全工作领导小组制。安全工作领导小组设组长、副组长、组员。组长由中心总经理担任；副组长由中心副总经理担任；组员由中心各部室经理担任。

2. 安全工作领导小组的日常办事机构为安保部。安全小组成员若发生变动，报组长审批并在安保部备案。安全工作领导小组下设安全员。安全员由各部室主管担任或由安全小组指定。

3. 安全工作领导小组负责制定、修改、审议中心安全管理体系及资源配置的审核；如发生突发异常情况时，负责内部指挥、外部沟通与协调；组织中心月度安全检查及召开月度工作会议；指导中心相关方的安全工作；向总经理提交安全责任事故处理报告及建议；向上级安全主管部门汇报中心的安全管理工作情况；构建中心安全文化，组织开展安全宣传教育工作。

4. 安保部协助安全工作领导小组工作负责按安全工作领导小组的指令，开展中心内部安全工作的周检、重要设备设施及中心相关方的专项检查；对中心及中心相关方隐患通知书的发送和整改落实跟踪；编制安全工作月报及年报和对中心安全员的培训与考核。

5. 安全员协助各自所在部门的经理做好日常安全管理工作。负责本部门办公区域的安全管理工作。

6. 业主/客户服务部负责与中心相关方就安全工作的协商、沟通与交流并负责部分外包服务项目的安全管理工作。

7. 工程部负责公共设备设施、机房、管井、设备层、部分外维服务项目及全部二装施工项目的管理工作。

8. 保洁中心负责协助安保部做好公共区域、外围及部门外包服务项目的安全管理工作。

9. 人事行政部负责内部办公区域、库房的安全管理工作。

10. 财务部负责中心内部服务合同的管理、供方评审和财务支持。

（二）安全检查规定

1. 安保部经理主持项目的治安、消防和交通的安全日常工作；

2. 安保部负责组织安排日、周、月安全检查；

3. 安保部负责组织、安排每月一次安委会联合大检查；

4. 安保部负责对检查中发现的隐患明确责任部门、确定整改措施及整改、复查期限；

5. 安保部负责每周自行进行专项检查；

6. 对每周检查中发现的隐患明确责任部门、确定整改措施及整改、复查期限；

7. 安保部负责安排每日进行安全检查；

8. 对每日检查中发现的问题要及时处理。不能及时处理的隐患，要明确责任部门、确定整改措施及整改、复查期限；

9. 对限期内没有整改或整改不能达到要求的，要及时逐级上报；

10. 安保部负责检查、整改、复查等工作记录和存档工作。

（三）安保部管理层管理规定

1. 安保部主管以上管理层，每日对所辖区域、警卫各岗必须进行巡视检查不少于 2 次，发现违规，及时纠正；

2. 安保部主管以上管理层，遇到重要接待任务，需自觉加班，不得请假，服从领导安排；

3. 安保部主管以上管理层，每日需提前 15 分钟到达单位，检查各岗确保公寓整体安全工作处于正常；

4. 安保部主管以上管理层，手机要保持 24 小时开机状态，接到通知后，40 分钟赶到单位。如接到手机信号 10 分钟内不给予回复，当月手机费不予报销，并按照公司规定进行处罚；

5. 安保部主管以上管理层，在工作中要加强自律性，对所辖工作出现的问题，需在当日提出整改和落实并逐级上报；

6. 安保部主管以上管理层，每周对所辖管理人员进行培训一次，并按照规定进行记录存档。

（四）安保档案管理规定

1. 安保文员负责日常文件的归档和档案整理工作；

2. 安保各岗位记录本、出门条、内外来函、安全检查等记录文件需每月汇总存档；

3. 安保档案需按照系统分类存放，查找方便；

4. 安保档案需设立专柜存放；

5. 安保档案仅供本部门使用，其他部门借用、查找相关资料，须经部门经理同意方可借阅；

6. 安保档案保存 2 年，逾期档案需部门经理签字后，方可放入碎纸机内销毁。

（五）安全管理检查规定

1. 物管中心安全领导小组每月组织一次安全检查。安全检查以防火、防盗、交通安全、食品卫生、内部不安定因素排查、施工现场安全管理为重点，同时兼顾防爆、防恐、防破坏、防诈骗、防抢劫、防汛、设备设施安全。

2. 各部门安全工作检查每周一次。

3. 班组及岗位安全工作随时检查。

4. 安保部值班经理负责每日非标准工作时间的安全检查。

5. 物管中心安全领导小组根据当前安全形势和上级工作要求不定期组织专项安全检查。

6. 安全检查、复查必须有记录。

7. 安全检查中发现的隐患必须限期及时整改，并发《安全隐患通知书》。

8. 对于不能及时整改的隐患必须采取有效措施予以控制，确保不发生安全事件/事故。

9. 安全隐患的整改或控制必须遵循"三定"的原则，即"定措施、定时间、定责任人"。

（六）安全管理教育制规定

1. 安保部每年对中心全体员工进行多种形式的安全工作反复教育。

2. 工程部每年对特种作业人员进行安全教育。

3. 新员工入职实施"三级"安全教育。"三级"安全教育指中心级、部门级、班组级。

二、内保相关规定

（一）内保组管理规定

1. 遵守国家法律法规。

2. 遵守物管中心《员工手册》和各项工作规定。

3. 服从管理，积极、主动地工作。

4. 通过正规渠道，逐级反映情况。

5. 严格执行工作标准、工作程序。

6. 树立以"业主/租户服务"为中心的思想，一切内保工作的进行都须围绕此中心。

7. 鼓励以"业主/租户服务"为中心不断创新服务，不断提升内保安全服务工作水平。

8. 鼓励优胜劣汰，在以"业主/租户服务"为中心的原则下，如果遭到业主/租户的严重投诉（经调查事实成立）或严重违反《员工手册》的将从内保组调离，在安保部听从处理。

9. 注意爱护公物和固定资产、装备。

10. 认真做好值班记录工作。

11. 做好内保室卫生工作（早、晚各1次），保持办公环境整洁。

（二）安保部备用钥匙管理规定

1. 安保部备用钥匙为公寓所有公共区域钥匙，可在火灾报警及紧急情况时专用，不经批准不得外借。

2. 物管中心各部门借备用钥匙应填写《借用钥匙申请单》，经总经理或主管副总经理签字同意，钥匙保管人方可借出，否则备用钥匙一律不得外借。

3. 开发商、业主/租户非正常工作时间借用本中心备用钥匙时，须经物管中心值班经理与客人所在中心联系人联系同意后，按借用程序办理。

4. 钥匙保管人必须每天进行钥匙清点、封存，发现短缺或异常情况，向安保部经理汇报。

5. 备用钥匙每季度由钥匙保管人进行核对一次。

6. 监控员发现异常情况需进入业主/租户房间、办公室、库房时，应向客户服务部借用钥匙，须2人（监控员带一名保安员）同行，钥匙使用完毕后，须2人同时按规定登记、签字，将钥匙还回客户服务部（钥匙保管人盖章封存）。

7. 管井、机房钥匙，监控员用于异常情况确认和防火专项检查。使用完毕后，监控员按规定进行登记、签字，将钥匙换回工程部。

8. 专用钥匙柜开启后，必须及时锁闭，以防止备用钥匙丢失。

9. 钥匙柜内的钥匙要放在指定位置，不得随意改动，不得毁坏钥匙标签。

10. 按照备用钥匙使用流程规定使用备用钥匙。

（三）业主/租户托管钥匙管理规定

1. 业主/租户托管钥匙为物管中心安保部确认火灾报警及处理紧急突发事件专用，不经业主/租户同意和物管中心领导批准不得做其他用途。

2. 业主/租户借用本中心托管钥匙应事先填写《借用钥匙申请单》，须经业主/租户本人和物管中心总经理或物管中心安保部主管副总经理同意后，安保部钥匙保管人方可借出钥匙，否则该钥匙一律不得外借。

3. 业主/租户非正常工作时间借用本中心托管钥匙时，须经物管中心安保部值班经理与业主/租户所在公司负责人或紧急情况联系人联系同意后，按借用程序办理。

4. 业主/租户房间、办公区域托管钥匙放在安保部办公室钥匙专用柜内。

5. 钥匙保管人必须每天进行钥匙清点、封存，发现短缺或异常情况，向安保部经理汇报。

6. 托管钥匙每季度由钥匙保管人核对一次。

7. 业主/租户托管钥匙，主要用于火灾报警确认时使用，监控员发现异常情况需确认时，进入业主/租户房间、办公区域须2人（监控员带一名保安员）同行，钥匙使用完毕后，须2人同时按规定登记、签字，将钥匙放回原处（钥匙保管人盖章封存）。使用完毕后，监控员按规定进行登记、签字。

8. 专用钥匙柜开启后，必须及时锁闭，以防止业主/租户托管钥匙丢失。

9. 钥匙柜内的钥匙放在指定位置，不得随意改动，不得毁坏钥匙标签。

10. 按照《业主/租户托管钥匙使用流程》规定使用托管钥匙。

（四）业主/租户备用应急钥匙（门禁卡）管理规定

1. 业主/租户托管的户门钥匙（门禁卡），由物管中心客服部设专人、专柜统一管理，封存在客服部专用钥匙柜内。

2. 客服部人员每日对封存的钥匙（门禁卡）进行清点，做好详细的交接记录。

3. 封存钥匙只在发生紧急情况时使用（如烟感报警、火情、跑水、治安或有异味等可能造成灾害事故的征兆）。

4. 因紧急情况需启用封存钥匙（门禁卡）时，正常办公时间须报物管中心客服部经理批准，并有业主/租户紧急联系人在场情况下方可使用；非办公时间须经物管中心值班经理批准，并联络业主/租户紧急联系人后，方可使用。

5. 进入业主/租户区域处理问题时，必须有2名以上人员同时进入，要将现场情况进行详细拍照。

6. 启用应急备用钥匙（门禁卡）必须有详细的记录，并填写特殊情况事故报告，上报主管领导。

7. 使用后，客服部人员应及时与业主/租户负责人共同将钥匙（门禁卡）再次封好，存在钥匙柜内。

（五）客户应急钥匙（门禁卡）使用管理规定

应急钥匙（门禁卡）的管理与领用：

（1）客户委托的应急钥匙（门禁卡）设专人、专柜，由客服部统一进行保存管理。

（2）客户委托的应急钥匙（门禁卡）封存后，需加盖客户公司公章或客户签字（封线处）。

（3）客户委托的应急钥匙（门禁卡）存放在物管中心钥匙柜中（钥匙柜钥匙安保部备存一把由值班经理掌握）。由物管中心客服部专职人员负责日常管理工作。

（4）应急钥匙（门禁卡）原则不外借。如属特殊情况借用的，也需当日归还。

（5）借用应急钥匙（门禁卡）人员，需填写《应急钥匙（门禁卡）借用申请表》并且得到客户紧急联系人的确认，经过核实后方可借用。借用人严禁将钥匙交由他人使用及保管。

（6）客户借用应急钥匙（门禁卡）时，需认真填写《应急钥匙（门禁卡）借用申请表》中的各项内容，并保证真实有效。在得到客户紧急联系人的确认后，经客服部经理签字同意（非办公时间，须由夜间值班经理签字同意）后，开启钥匙柜。

（7）客服人员在每日交接班时需在交接记录中写清当日借用应急钥匙（门禁卡）情况，由客服专职人员与夜间值班经理共同签字确认。

（8）应急钥匙（门禁卡）存放的钥匙柜开启后，必须及时锁闭，以防止出现丢失现象。

（9）应急钥匙（门禁卡）存放在钥匙柜中的指定位置，不得随意改动，不得毁坏钥匙（门禁卡）标签。

（10）每周一由客服部主管与客服部专职人员共同按照台账进行一次应急钥匙（门禁卡）的核对，并填写清点记录。

应急钥匙（门禁卡）的使用要求：

小区客服部、安保部，有权在发生突发事件时（发生火灾、治安案件及跑水等事故）紧急启用应急钥匙（门禁卡）。事先上报主管领导，进入现场需2人以上，同时通知客户紧急联系人并做好记录。事后需将应急钥匙（门禁卡）重新封存，并加盖公章（签字）。

未在物管中心封存应急钥匙（门禁卡）的业主/租户，如在其房间内发生紧急情况（火警、火灾、跑水等原因），而正处在非办公期间或房内无人时，经紧急联系而有关租户单元的紧急联系人15分钟内不能赶到现场，为了保证小区整体利益及人身、财产安全，物管中心将采取紧急避险措施，且不承担由此带来的任何损失。

如更换门锁、门禁；钥匙丢失、损坏，加配钥匙，应事先通报物管中心安保部备案；更换新锁后须将应急钥匙重新提交物管中心客服部备存。

在使用过程中如未按以上述制度执行。物管中心将按情节轻重给予处罚，如有发现违法行为，将依法追究当事人的法律责任。

（六）公共区域钥匙使用管理规定

1. 公共区域钥匙的领用与管理

（1）公共区域钥匙设专人、专柜，由安保部统一进行管理。

（2）日常公共区域钥匙存放在安保部中控室钥匙柜中（钥匙柜存放于中控室，开启钥匙柜的钥匙由值班经理掌握保存）。由消防中控室值机员与值班经理共同负责日常管理工作。

（3）公共区域钥匙原则不外借，符合借用手续的借用人，需当日归还。

（4）借用公共区域钥匙人员需填写《公共区域钥匙借用情况记录》并且得到本部门经理的确认。填写内容需真实、有效，经过核实后方可借用。借用人严禁将钥匙交由他人使用及保管。

（5）消防中控室值班人员在每日交接班时需在交接记录中写清当日借用钥匙情况，由消防中控室值班人员与值班经理共同签字确认。

（6）非正常工作时间借用时，值班经理须经物管中心相关主管副总经理同意后，按借用程序办理。

（7）公共区域钥匙存放的钥匙柜开启后，必须及时锁闭，以防止公共区域钥匙丢失。

（8）公共区域钥匙存放在钥匙柜中的指定位置，不得随意改动，不得毁坏钥匙标签。

2. 钥匙的使用要求

（1）此钥匙主要用于警卫巡视、日常清洁、平台的开启，在使用时事先填好借用记录，方可领用，否则备用钥匙一律不得外借。

（2）在使用过程中如未按以上述制度执行。物管中心将按情节轻重给予处罚。

（七）巡视人员管理规定

1. 巡逻人员在工作中要时刻保持高度警惕，做到勤走、勤听、勤触、勤闻、勤问的五勤方针。

2. 巡逻人员应熟记大厦的消防系统、报警程序、巡逻路线，熟练掌握灭火器材的使用。

3. 巡逻人员应加强要害部位、临时围墙薄弱环节等地的巡逻，检查各种设备的运行状态是否正常，包括：有无异声、异味，上报部门领导及相关部门。

4. 巡逻人员应严格遵守保密制度，严禁与巡视工作无关人员谈论巡视情况。

5. 巡逻中发现各种可疑人或事要认真查原因，并及时报部门领导。

6. 巡逻人员巡视完毕后要填写巡视记录，对工作中发现的问题要有明确时间、事情经过、上报及处理结果，以备检查，防止漏报或忘报。

（八）值班经理值班管理规定

1. 值班经理在值班期间全权负责协调处理本园区内发生的各类突发事件、事故，客户投诉、纠纷和施工扰民等各种疑难问题。

2. 负责接待业主投诉，对能解决的问题及时安排解决，不能马上解决的做好解释和记录，劝慰业主，控制局面，消除消极因素。

3. 在紧急情况下组织有关部门积极采取应急处理措施。

4. 值班期间巡视检查园区各岗位、区域工作状况，发现违纪、隐患及时纠正、处置，值班期间要求最少巡查 4 次。严格按照第 11 条的有关要求巡查并认真填写《值班记录》。

5. 值班期间为周一至周五 20:00～次日 8:30，周六周日 24 小时。

6. 值班经理每日 20:00～00:30 每小时必须对各楼座大堂保安值班情况及 B1、B2 门禁状态进行检查，发现问题及时整改并记录。

7. 值班经理当班时要认真负责，严禁脱岗。如擅离职守造成出现问题后延误时间或遇事隐瞒不报，一经发现按严重失职论处。

8. 值班过程中认真填写《值班记录》，对须进一步跟进处理的问题，要记录清楚相关细节，值班后向有关部门交代好工作，必要时做好交接。

9. 严禁酒后值班和违反公司规章制度，注意保持个人形象和礼仪礼貌。

10. 如有特殊情况不能值班，可从值班经理中找人替班，得到对方确认后必须报物管中心经理批准。

11. 值班人员在巡查中要保持高度的警惕性与责任感，巡查范围不仅限于重要部位，对楼顶平台、楼层公共区域及其他区域均需要进行巡视。

三、消防相关规定

（一）办公室防火安全管理规定

1. 办公室内禁止吸烟。

2. 废纸篓应及时清理，不准在办公室内焚烧物品。

3. 办公室内禁止使用电加热器具及其他超大功率的电气设备。

4. 办公室内严禁存放酒精等易燃、易爆危险品。

5. 下班前要对室内进行检查，切断电源，确认无遗留隐患后，方可锁门离开。

（二）中控室防火安全管理规定

1. 监控人员必须持证上岗。

2. 熟悉掌握设备的操作方法，熟悉消防设施的位置，熟悉公寓建筑结构。

3. 中控室对园区外围、各楼座日常情况实行 24 小时工作制，非当班人员不得操作机器。

4. 每班 2 人上岗，发现问题及时处理并做好记录，晚间有 1 人为值班经理，负责巡视园区及公寓楼的安全，发现问题及时协调解决，为解决的问题记录在值班表中，同时于第 2 天晨会上给予通报。

5. 中控室内不得睡觉、躺卧、会客，室内严禁吸烟，严禁做任何与工作无关的事情。

6. 自觉维护室内设施设备，保持清洁。

7. 严格执行交接班规定，做好工作记录。

8. 消防设备报警时，必须按照规定时间到场确认。

9. 遇到电梯困人应做好安抚上报工作。

10. 执行门禁制度，无领导认可中控室闲人免进。

11. 夜间如遇业主忘带门禁卡，需核对其身份，并为业主开启门禁。

（三）二装施工现场防火安全管理规定

1. 二装施工单位必须与物管中心签订《施工工程消防安全责任书》，并严格按照《责任书》规定，本着"谁主管、谁负责"的原则进行防火管理，接受安保部的监督指导。

2. 二装施工单位对于装修区域的防火工作全面负责，确定一名管理人员专门管理，做到管理工作与施工任务同计划、同布置、同检查，对于安保部提出的火险隐患严格按要求进行整改。

3. 二装施工单位做好对施工人员的消防安全教育（包括灭火器的使用）。装修区域内如发生火灾事故，所造成的一切损失，由二装施工单位负责。

4. 二装施工现场严禁吸烟。严禁任何人留宿。

5. 二装施工中使用化学易燃物品时，应限额领料，不能过夜存放，严禁现场分装、调料。二装施工材料的存放、保管，应符合防火安全要求，建设工区不能作为仓库使用。

6. 使用明火时要提前到安保部办理动火审批许可证，并在指定地点、时间内使用。明火作业（电气焊割）、使用砂轮锯时，周围可燃物必须清理干净，自备好消防器材。严禁油漆、喷漆、木工等易燃操作和明火作业同时间上下、水平交叉作业。

7. 安装电气设备、进行电气焊割作业，必须有合格的电工、焊工等专业技术人员操作持证上岗。临时电线必须架空使用，不准拖放在地面，绝缘层不能有破损。配电箱内过载短路保护器、插销、插座等齐全，并符合电气安全有关规定。设备仪表完好有效、清晰，气焊乙炔压力瓶必须配备回火阀。

8. 使用电气设备和化学危险品，必须符合技术规范，禁止违章作业。公寓内严禁使用电炉、煤油炉、酒精炉及其他电热器具。工作完毕时清理现场，检查是否留下火种，确认无火险隐患后再离开现场。

9. 噪声施工应在周一至周五 8:00~18:00（中午 12:00~14:00 之间不得噪声施工），周末不得噪声施工。

10. 当日的建筑垃圾必须随时清理并当日清出公寓保持施工环境整洁。

（四）安保部保安监控录像规定

1. 非当班人员不得擅动机器设备，工作人员应注意监护。

2. 工作人员要认真观察监控画面，遇有异常现象应及时通知内保或外保人员到现场。

3. 保证录像机运行状况良好，处于正常录像状态，随时消除录像机的各种报警故障，遇有不能处理之故障，应及时上报和报修。

4. 当班人员应负责可控摄像头光圈、摄像位置的调整，保证摄录画面完整、清晰。

5. 熟练使用录像机的各种功能，保证高质量的完成日常操作和查询任务。

6. 录像资料应注意保密工作。未经领导同意，外部人员不得查看录像。

7. 爱护设备设施，按时清理保持设备清洁。

（五）机动车停车场、停车库防火安全管理规定

1. 停车场、停车库内严禁吸烟、严禁使用明火。

2. 车辆停放不得阻塞消防车通道和堵压消火栓，车辆之间保持一定的安全疏散距离。

3. 配备相应种类和数量的消防器材，非灭火时不能随意挪用，并保持整洁、完好。

4. 停车场、停车库内不准人员留宿，不准擅自搭建临时建筑设施。

5. 严禁载有易燃、易爆化学危险品的机动车在停车场、停车库停放。

6. 严禁在停车场、停车库内给车辆加油、修车、刷车。

7. 严禁在停车场、停车库内存放汽油、柴油等燃料，以及其他易燃、易爆、可燃物品。用过的油棉丝等废弃物必须及时清理，不准存放在停车场、停车库内。

8. 发生故障（包括油路、电路、机器故障）的危险车辆，严禁进入停车场、停车库。如遇汽车漏油，严禁在车位上启动引擎。

9. 凡有违反规定，车辆管理员有权提出批评并加以制止，安保部有权向责任人所在单位提出意见，要求对责任人加强教育管理。构成违反治安管理行为和犯罪的，交公安部门依法处理。

（六）保洁部安全防火规定

1. 保洁人员在岗清洁时，注意来往人员情况，发现可疑人及时进行盘问并报告。

2. 保洁人员在岗清洁时，注意发现可疑物（违禁物品）及时上报安保部，当发现易燃、易爆等危险物品时，立即报安保部，听从处置，禁止触动或挪动被发现的物品。

3. 每日须对保洁岗位实施不少于一次的安全防火检查，并进行登记，发现问题及时解决。

4. 保洁人员拾到客人物品时，须及时上交安保部。

5. 保洁人员对各种使用的钥匙应严格保管，不得转借他人。

6. 保洁人员要对清洁的物品及设备实施严格管理。

7. 保洁人员应会使用消防器材，会报警。

（七）保洁人员入室清洁安全防火规定

1. 严格钥匙使用、发放、保管程序，并指定专人负责管理，遵守钥匙管理规定。

2. 保洁人员进入业主/租户的房间进行入室清洁时，须2人以上并有专人负责，开一间、清洁一间，锁一间、登记一间，并将登记表定期交送安保部查阅。

3. 入室清洁时注意观察房间内的安全情况，发现可疑征兆上报安保部。

4. 严禁其他非入室清洁人员进入房间。

5. 清洁房间后，须锁好门并复查是否锁闭。

6. 入室清洁时，严禁吸烟。

7. 入室清洁人员会使用灭火器材，会安全检查。

（八）财务部安全防火规定

1. 财务部经理应对财务人员执行财务规定情况进行监督及检查落实，提高员工安全防范意识，加强安全管理。

2. 财务人员在财务工作中必须严格执行财务会计规定，遵守国家的法律法规。

3. 财务办公室禁止无关人员入内，财务室内禁止吸烟。

4. 现金、票证等必须存入保险柜，严禁放入办公桌抽屉内，以防止发生意外，保险柜钥匙须设专人保管，公章与票证分开管理。

5. 按照财务规定的有关规定存留现金，遇有特殊原因超额滞留现金时，须经上级领导批准，并报安保部备案，同时采取必要的安保措施。

6. 每日及时督促收取经营部位款项，不得存留大量现金过夜。

7. 严格履行财务的各种规定及手续，妥善保管好账目。

8. 取送现金提前通知安保部，安保部指派专人护送，使用防盗箱，指派专车直去直回，无关人员不得搭车。

9. 财务办公室内严禁存放易燃、易爆等危险物品。

10. 加强支票和其他票据的管理，严格执行检验、复核规定。

（九）库房安全防火规定

1. 仓库必须认真管理火种、火源、电源、水源。库房内严禁吸烟，严禁用火。要在库房门口设立明显的禁火标志。库区内经常通风，以保持一定的温度和湿度，在明显处放置温湿度计。

2. 库房内的废纸、破碎包装及一切易燃物品必须随时清除，保持库内清洁卫生。

3. 仓库物品及货架堆码必须严格按照物品堆放的五距（墙距、柱距、顶距、灯距、垛距），并分类码放，易燃物品须单独摆放。

4. 仓库的工作人员要树立消防意识，经常学习消防知识，并掌握和熟悉水源、消防栓设施，熟练使用各种消防器材。

5. 消防器材应设在库房门口或货区的明显位置，不得乱放，要指定专人养护和管理。

6. 物品入库需要登高作业时，必须双人进行，一人作业，一人保护，以保证人身安全。

7. 下班时关闭一切电源，并检查门锁。

（十）配电室安全防火规定

1. 工作人员必须熟悉消防器材的安放位置和使用方法，严禁非工作人员入内，因工作需要经同意登记后入内。

2. 配电室范围内禁止存放易燃、易爆等危险品。

3. 室内禁止明火作业，因工作需要使用喷灯时须提出用火申请，经安保部批准，采取防火措施，并在指定时间与地点安排专业人员监护作业，操作完毕后检查现场，确认无误后可离开。

4. 室内禁止吸烟，照明灯具必须为防爆灯。

5. 定期清扫变压器开关柜，加强日常巡视，发现隐患及时解决，值班人员应熟悉报警方法及预案。

6. 建立健全防火规定，每班应指定一名安全员，当班时对设备、设施等掌管的工作范围进行检查，并登记。

7. 定期对消防器材检查，失效过期的及时更换，使其处于良好状态。

8. 保持消防通道畅通无阻。

（十一）高压操作安全管理规定

1. 工作人员必须严格执行《北京地区电气安全规程》。

2. 认真遵守高压电气设备的工作规定，无特殊情况不得少于 2 人值班，值班人员应熟悉急救法。

3. 认真遵守高压设备巡视的规程。

4. 倒闸操作由 2 人以上执行，非特殊情况不得单独操作。

5. 必须执行四项安全措施，停电、验电、装设接地线、悬挂标志牌和临时护栏。

6. 为保证电气设备的正常运行，在全部停电或部分停电的设备上检修必须严格执行规程中制定的八项组织措施。

7. 在检修设备时，必须写好小组工作记录，并严格执行组织措施和技术措施，在不停电的线路上工作必须有监护人。

8. 电气工作人员在操作维修电气设备时，应使用安全用具，并严格区分基本绝缘安全用具和辅助绝缘安全用具的合理使用。应遵守使用携带型火炉和喷灯的规定，使用移动式电动工具的规定，电气焊工作的规定。

（十二）会所安全防火规定

1. 会所主管全面负责会所安全防火工作的检查、监督和落实工作。

2. 会所各项设施应符合安全防火标准。

3. 会所前台要有专人值班。

4. 消防通道和门不得阻塞或堆放物品，保持畅通。

5. 应配备相应的灭火器材，灭火器应放在明显易拿的位置。

6. 严禁将易燃、易爆等危险品带入会所区域。

7. 严禁私设电器和乱拉临时线。

8. 严禁用电炉、灯具或在桑拿浴室内烘烤毛巾、浴巾等可燃物。

9. 应急照明灯要保持正常工作状态，发现问题及时报修。

10. 工作人员需熟知"两知、三会"（知防火常识、知灭火常识，会报警、会自救逃生、会协助救援）。

11. 每天下班前要切断室内电源，全面检查确认无安全隐患后方可离开。

（十三）办公室安全防火规定

1. 办公室内不得存放贵重物品及易燃易爆物品，报纸、书刊、资料等易燃物要随时清理，不得大量存放，对必须存放的要采取可靠的防火措施。

2. 档案室、资料室，不准吸烟或进行其他明火操作。下班时要将电源切断，关好门窗后，方可离去。

3. 办公室离人必须关门落锁，钥匙应妥善保管，如有丢失应立即更换锁芯。

4. 办公室吸烟应设置烟缸，烟头、火柴梗要扔在烟缸内并捻灭，下班前打扫卫生时，要检查是否有未熄灭的火种。如有，必须熄灭后再倒入垃圾桶内。

5. 办公室要根据需要配备一定数量的灭火器材，以备急需之用。

（十四）业主携带宠物管理规定

1. 业主携犬出入公寓大堂时应将犬抱起，携宠物乘坐电梯的，应当避开乘坐电梯的高峰时间，并为宠物戴嘴套，或者将犬装入宠物袋、宠物笼。

2. 携犬进入园区时，应当对犬束犬链，由成年人牵领，携犬人应当携带养犬登记证，并应当避让老年人、残疾人、孕妇和儿童。

3. 业主带领宠物在园区行走时，应避免携犬进入底商、饭店、公共绿地、幼儿园、社区公共健身场所、儿童游乐区域等公共场所。

4. 携宠物出户时，对宠物在户外排泄的粪便，携犬人应当立即清除。

5. 养犬不得干扰他人正常生活；犬吠影响他人休息时，养犬人应当采取有效措施予以制止。

6. 定期为犬注射预防狂犬病疫苗。

（十五）儿童活动区安全管理规定

1. 儿童在园区活动区域进行活动时必须有家长陪伴，避免儿童在活动时发生意外。

2. 儿童活动器材只限儿童使用，禁止成年人或体重超出规定限制的人员使用儿童活动器材，避免儿童活动区域的器材受到损坏。

3. 遇周末儿童活动人数较多时，陪伴家长应注意避免儿童之间的碰撞，以便造成伤害。

4. 儿童活动区域的地垫起到一定的防护作用，禁止随意将地垫掀起或破坏。

（十六）地下室安全管理制度

1. 地下室是火灾的易发区，一旦发生火灾，人员疏散困难，扑救难度大，为确保地下室的安全，特制定本制度。

2. 地下室的出入口和防火疏散通道严禁堵塞，确保畅通。

3. 地下室内严禁存放、使用汽油、酒精、液化气罐等易燃、易爆危险品。

4. 严禁在地下室动用明火做饭。吸烟到指定的吸烟区。

5. 在地下室施工需要动火作业时，必须到物管中心安保部办理动火许可证。

6. 地下室内的消防设备设施保证齐全、完好有效。任何人不得随意挪动灭火器材。

7. 地下室未经主管部门批准不得擅自拆改工程内部结构，降低人防工程效能。

8. 未经物管中心批准任何人不得擅自使用、居住地下室。经物管中心批准的使用人，不得擅自变更使用用途。

9. 使用人应保持地下室的卫生环境，符合卫生防疫标准。

10. 保证地下室内部通风设备齐全，通风效果能满足使用要求。

四、车管规定

（一）停车场机动车辆停放管理规定

1. 停车场内的所有通道、车位线以外的区域，未经许可不准随意停放车辆。

2. 车管员在值勤中如发现欲违规停放的车辆，要及时给予劝阻，在劝阻过程中车管员要主动避让行驶中的机动车，注意自身安全。

3. 劝阻违规停放车辆时要使用礼貌用语，耐心为车主解释车场管理规定及一旦违规停放后对车场、对他人所造成的影响。

4. 在劝阻违规停放车辆的同时，积极为车主联系能够临时停放的车位。

5. 本车场内如所有临时停车位已满时，应礼貌向客户说明情况，并请其等候。

6. 对不听劝阻者应及时向车管队长或领班报告。

7. 车管队长、领班接到报告后应立即到现场处理。

（二）业主/租户机动车车门、车窗未锁、未关严情况的处理规定

1. 当机动车进入车场后，车管员应及时跟随到该车停放处，提示车主锁好车门，关好车窗。

2. 车管员在日常巡视工作中，一旦发现车场内停放的机动车有未锁好车门（后备箱）、关好窗现象，应立即向车队长报告，同时在该车主未到来之前给予看护。

3. 车管队长接到报告后应及时到现场，如车内有现金、贵重物品、重要文件等，必须由车管队长和车管员2人以上人员方可查看，并在清点后做好记录。

4. 车管队长要及时通知车主到现场将车门锁好，车窗关严。同时填写《停车状态通知单》，由车主签字确认（包括车内物品）。

5. 提示车主以后停车时要锁好车门、关好窗，将贵重物品要随身携带。

（三）处理两机动车之间交通事故规定

1. 车管员在上岗期间，应积极主动地指挥、疏导车辆，尽量避免在车场内发生交通事故。在指挥、疏导车辆的过程中应注意自己的站位，防止被机动车碰伤。

2. 在车场内如果两车发生交通事故，车管员应将双方车牌号、当时所目睹的实际情况给予记录，同时要积极疏导交通，防止造成交通堵塞，并尽快向车管队长报告。

3. 车管队长接到报告赶到现场后，要向车管员详细了解当时情况，不要评断双方责任，积极协调双方协商解决，待双方协商一致后应督促双方将车辆移至不阻碍交通的位置停放，或督促驶离。

4. 如果双方不能尽快协商一致，车管队长应及时向车管队长（非标准工作时间向值班经理）报告。

5. 车管队长（值班经理）接到报告后应及时赶赴现场，了解情况后也不要评断双方的责任，督促双方尽快协商解决。

6. 如果双方仍然不能协商一致，应由当事人任何一方报122，必要时可由车管队长（值

班经理）报 122。

7. 在双方协商解决问题当中或 122 交警未到现场之前，事故车辆又未完全造成交通中断的情况下，尽量不要督促事故车辆移位，防止现场被破坏后交警无法处理。

8. 在双方协商解决问题当中或 122 交警未到现场之前，事故车辆造成交通完全中断的情况下，可与当事人协商标出事故车辆所处现场位置后，将堵塞交通的车辆适当移位，车管队长组织人员进行疏导车辆。

9. 122 交警到现场处理问题，如果向当班车管员调查取证时，车管员要如实回答，不要偏袒任何一方，以免造成纠纷。

10. 车管队长做好发生交通事故及处理的经过备存。

（四）机动车辆出、入登记规定

1. 当机动车驶入停车场时，车管员应迅速跟随到该车停放车位处，引导、指挥车辆进入车位，并及时记录该车进场日期、时间，在引导、指挥车辆时，要注意自己的站位并主动避让，防止被机动车碰伤。

2. 机动车驶入车位后，车管员应尽快检查该车外观状况。如发现有残缺、破裂、凹陷、刮蹭、划伤、漆面脱落和车胎有无亏气、瘪胎等现象，要及时与车主确认并做好登记。

3. 登记该车缺陷时，要标明缺陷所处车身的位置、程度（如：左前大灯玻璃破裂、右后车门有约 10cm 长漆面划伤）。

4. 在车主即将离开车场时，车管员如果发现车门未锁、车窗未关严，应及时提醒车主将车门、窗锁好、关严。

5. 在车主即将离开车场时，车管员如果发现车内存放有现金、贵重物品、重要文件时，应礼貌地向车主提示随身携带，防止意外丢失。

6. 机动车驶离车场时，车管员应及时记录该车出场日期、时间。

7. 车管员对进、出车场的每一辆机动车都要进行登记，严禁漏登记和登记不全、不详。

（五）机动车在车场内被损坏的处理规定

1. 人为故意损坏机动车

（1）车管员如发现有人故意损坏车场内停放的机动车辆时，要及时给予制止并滞留当事人，同时向车管队长报告。

（2）车管队长接到报告后应立即赶到现场，同时向车管队长（非标准工作时间向值班经理）报告。

（3）车管队长（值班经理）接到报告后，应立即赶赴现场并及时通知车主，全力协助车主向当事人进行索赔损失。

（4）如当事人有过激行为时，车管队长（值班经理）要组织人员防止事态的发展，同时向安保部经理报告。

（5）安保部经理视情节严重程度，可请示主管领导同意后向公安机关报案。

（6）安保部准备好相关记录和材料，协助公安机关进行处理，为业主/租户挽回损失。

2. 人为无意损坏机动车

（1）车管员发现他人在车场内从事任何活动中不慎损坏车辆时，要滞留当事人并保护好现场，同时向车管队长报告。

（2）车管队长接到报告后应及时赶到现场，并及时通知车主，积极协助车主向当事人进行协商索赔。并将协商结果、双方姓名、联系电话做好记录。事后应及时向车管队长（非标准工作时间向值班经理）报告。

（3）如果双方不能协商一致，车管队长应及时向车管队长（非标准工作时间向值班经理）报告。

（4）车管队长（值班经理）接到报告后应及时赶赴现场，将现场情况及机动车被损部位给予拍照备案，并积极协助车主向当事人进行索赔。

（5）如果双方仍然不能协商一致，车管队长（值班经理）应及时向安保部经理报告，安保部经理请示主管领导同意或与车主协商向公安机关报案。

（6）安保部准备好相关记录协助公安机关处理，为车主挽回损失。

3. 车场内设备设施意外事故造成损坏机动车

（1）车管员一旦发现车场内设备设施发生意外事故，且造成车场内的机动车损坏，要利用可能的办法控制事态的发展，同时向车管队长报告，在控制事态发展的过程中要注意自身安全。

（2）车管队长接到报告后应立即赶到现场，如果车主不在现场应及时通知车主，同时向车管队长（非标准工作时间向值班经理）报告。

（3）车管队长（值班经理）接到报告后应及时赶赴现场，将现场情况及车辆被损坏部位给予拍照备案。经安保部经理确认并请示主管领导同意后，及时通知财务人员向保险公司报案。

（4）车管队长（值班经理）应及时通知有关维修人员赶到现场对设备设施发生故障的部位进行维修，防止再次发生问题。

（5）安保部准备好相关材料配合财务部为车主向保险公司索赔。

（6）事后安保部配合业主/客户服务部做好安抚工作。

（六）机动车撞坏设备设施处理规定

1. 遇车辆进出车场时，当班车管员要积极主动地给予引导、指挥，在引导、指挥车辆时，要注意自己的站位，主动避让，防止被机动车碰伤。

2. 车管员发现由于驾驶人的原因，机动车撞坏园区任何设备设施时，应滞留当事人和车辆。同时向车管队长报告并做好现场记录。

3. 车管队长接到报告后应立即赶到现场，向车管员和当事人了解事情经过，查看设备设施、机动车辆的损失情况。

4. 根据设备设施损坏的程度，车管队长如果知道价格，可以直接向当事人索赔。并同意为当事人提供向保险公司索赔的事故证明。

5. 如果车管队长对被损坏的设备设施价格不清楚的，应及时向车管队长（非标准工作时间向值班经理）报告，车管队长（值班经理）接到报告后应及时赶到现场，并将现场照相留存备案。

6. 车管队长（值班经理）按照设备设施所属部门，通知相关人员到现场定价，并协助设备设施所属部门向当事人进行索赔。

7. 如果现场不能使索赔工作完成的，车管队长（值班经理）应记录当事人的姓名、单位、车牌号、联系电话，并要求当事人滞留驾驶副本或足够押金。

8. 等待索赔工作结束后，车管队长应为当事人提供向保险公司索赔的事故证明。

（七）处理业主/租户机动车钥匙丢失问题的规定

1. 如果有业主/租户称机动车钥匙丢失（或被锁在车内）需取车时，车管员应立即向车管队长报告。

2. 车管队长应及时赶到现场，将该车车型、车牌号、颜色、车主姓名、联系电话、驾驶证号、该车行驶本给予登记，并要求车主签字。

3. 提示车主回单位（家中）取备用钥匙取车。

4. 如果车主无备用钥匙需要撬车时，应立即向车管队长（非标准工作时间向值班经理）报告。

5. 车管队长（值班经理）接到报告后应及时赶到现场，请车主出示单位证明和行驶本（证明上盖的章与行驶本上的单位应一致），经登记上述内容由车主签字后方可撬车。

6. 如果是私人机动车，应要求车主出示行驶本、驾驶本，上述 2 个证件上的姓名统一后，经登记上述内容由车主签字后方可撬车。

7. 未能出示上述证件的严禁撬车。

（八）劝告业主/租户遵守车场管理制度的规定

1. 车管队长、车场管理员在日常管理工作中，须熟知车场管理规定。

2. 如在车场管理工作中，看到业主/租户有违反车场管理规定的行为要立即给予劝阻。

3. 看到业主/租户在车库里吸烟时应说："先生您好！为了防止发生火灾，请您不要在车库内吸烟，把烟灭掉好吗，谢谢您的合作。"

4. 看到业主/租户在车场内修车时应说："先生您好！为了防止发生火灾，请您不要在车库内修车，将车开到外面去修好吗，谢谢您的合作。"

5. 看到业主/租户在车场内存放物品时应说："先生您好！为了防止丢失，请您不要在车场内存放物品，因为我们是流动岗位无法为您看管，谢谢您的合作。"

6. 看到业主/租户在车场内抛弃废物（垃圾）时应说："先生您好！请不要在车场内抛弃废物（垃圾）好吗，我帮您将废物（垃圾）放到垃圾桶里去吧。"

7. 看到业主/租户在车场内进行与存取车辆无关的活动时应说："先生您好！为了您自身的安全和业主/租户财产安全，请您不要在车场内进行××活动好吗，因为车场进出车辆比较频繁容易发生事故，谢谢您的合作。"

8. 看到业主/租户在车库内加油时应说："先生您好！为了您和公寓的安全，请您不要在车库里加油，因为汽油挥发后的气体在车库内不易排除会发生火灾的，将车开到外面加油好吗，谢谢您的合作。"

9. 看到业主/租户机动车在车库内停放后未关闭发动机时应说："您好，为了保持车库内的环境，请您将发动机关闭好吗，谢谢您的合作。"

10. 看到业主/租户穿行车场时应说："您好，为了您的安全，请您沿着路缘线走好吗，谢谢您的合作。"

11. 看到业主/租户骑车进入穿越车辆通道时应说："先生/女士您好！为了您的安全，请您下车推行好吗，谢谢您的合作。"

（九）机动车临时停放计时收费规定

车场收费员如遇临时停车车辆时：

（1）使用文明用语："您好，请问是临时停车吗？"如果客人回答"是"，迅速填写好临时停车计时卡（车牌号、进场时间必须填写准确），并将该计时卡交给业主/租户；

（2）积极引导车辆进入车位，同时注意自己的站位并主动避让，防止被机动车碰伤；

（3）车管员看到客人取车时，应在车辆未驶出车位前，按计时卡填写的时间计算并收取停车费用；

（4）客人付费的同时交给客人等额票据（如果客人不要票据，应在客人面前将该票据撕毁并告知）；

（5）对客人说声"再见"，并示意客人可以驶离。

（十）处理机动车被盗问题的规定

1. 车管员发现业主/租户报机动车被盗后，应立即保护好现场同时向车管队长报告。

2. 车管队长接到报告后，应立即赶到现场（非标准工作时间向值班经理报告）。

3. 车管队长（值班经理）接到报告后，应立即赶赴现场进行调查取证并做好记录，同时向安保部经理报告。

4. 经安保部经理确认并请示主管领导后协助车主向公安机关报案，与此同时通知财务部向保险公司报案。

5. 安保部准备好相关记录配合公安机关侦破和保险公司调查处理。

6. 车管队长记录整个案件的全过程报部门、中心领导并备存。

7. 事后车管队长要及时分析发生机动车被盗案件的原因、预防工作存在的漏洞、如何堵塞漏洞的措施上报领导。

（十一）自行车库清理规定

1. 自行车库管理员在日常管理工作中，对业主/租户长期不骑用而存放在车库内的自行车进行集中摆放。

2. 车管队长根据自行车库内业主/租户长期不骑用而存放的自行车数量进行统计，并向中心领导提出清理建议。

3. 经中心领导同意后，由安保部与业主/客户服务部配合向全体业主/租户发出首次《清理自行车库的通知》，同时在自行车库显著位置摆放《清理自行车库的通知》的告示牌，两周后再次提醒发出清理通知，明确告知逾期无人认领时将由物管中心送交公安机关进行处理。

4. 由内保主管负责办理送交公安机关逾期无人认领自行车的具体事宜。移交时应由公安接收部门负责人签字、盖章。

5. 移交完成后由内保主管、车管队长各留存一份清理自行车的登记记录备查。

（十二）车场（库）内发现无人认领可疑物品的处理规定

1. 车管员在车场内发现无人认领的可疑物品时：

（1）不要随意翻动，应立即向车管队长报告。

（2）车管队长到现场后经观察不能确认为何种物品时，应立即向安保部内保主管（非工作时间向值班经理）报告，同时注意保护好现场，禁止他人翻动。

（3）在内保主管（值班经理）到达现场后，执行安保部《防爆预案》。

2. 如可疑物品内有类似钟摆的声音时：

（1）不要随意翻动，车管员可以直接向安保部经理（非标准工作时间向值班经理）报告，同时阻止车辆行人靠近危险区域。

（2）以下程序执行安保部《防爆预案》。

（十三）　迎接重要领导来访的管理规定

1. 车场入口车管员发现重要临到车辆驶入园区，指挥车辆通过后马上通知相关上级领导做好各项接待准备工作。

2. 车管队长接到上级领导通知后，应事先安排好车管员的岗位并预留车位。

3. 车管队长在重要领导到达之前，提前半小时到车场相关部位协助岗位车管员疏导车辆，维护车场内部秩序，保障车场内部道路畅通，指引重要领导的车辆停放在预留车位。

4. 各岗位在疏导、指引车辆的过程中，应注意自己的站位并主动避让机动车，防止被机动车碰伤。

5. 相关岗位车管员应事先佩戴好洁净的白手套，检查自己的仪容仪表是否符合标准。在重要领导的车辆通过本岗位时负责礼仪性的指挥手势。

6. 当重要领导的车辆离开时，车管队长，相关岗位车管员执行2、3条款。

7. 重要领导的车辆安排停放妥当后，应委派专人进行专门看管确保车辆安全，直到领导离开。

（十四）　办理机动车停车证规定

1. 当车场主管接到客户服务部《办理停车证通知单》时。

2. 如果客户租用固定车位时。

（1）车场主管根据《通知单》的显示资料（客户名称、租用车位号、车证有效期、联系人姓名、电话、车牌号、车型、颜色），及时为客户办理《停车证》，开通机动车进出地下车库使用的 IC 停车卡（一车一卡）。

（2）车场主管将做好的《停车证》同开通好的 IC 停车卡交给客户服务部，由客户服务部送给客户。

（3）车场主管将《通知单》上显示的资料及开通 IC 停车卡的情况，输入数据库备案。

（4）车场主管及时将固定停放的机动车车牌号上墙。

五、警卫队管理相关规定

（一）　业主/租户/访客进入公寓大堂的管理规定

1. 访客应主动配合警卫人员的工作，如实填写《访客登记表》，并向警卫人员出示有效证件。

2. 业主/租户进出公寓应自行开启门禁系统。

3. 公寓严禁推销人员进入，不允许在大堂内、楼内散发广告。

4. 业主/租户/访客进入公寓大堂严禁携带易燃、易爆物品，大堂内禁止吸烟、随地吐痰，乱丢废弃物，禁止大声喧哗、打闹斗殴。

5. 携带宠物进入大堂时，应主动将宠物抱起穿越大堂。

6. 业主/租户/访客应爱惜大堂区域内的公共设施，如发现有意破坏公共设施的现象应主动制止并原价赔偿。

7. 大堂内的期刊、报纸在阅览后，主动整理好放回，不得随意放置或拿走。

8. 大堂警卫要随时负责检查门禁设备的归位情况，确保门禁设备的正常使用。

9. 在大堂警卫换岗时，要交接好访客登记记录并双方签字确认。

（二）公寓侧门管理规定

1. 施工人员应主动出示施工人员出入证件，并认真填写《施工人员登记表》。

2. 进入园区侧门的人员，严禁携带易燃、易爆等物品，且不得在公寓侧门大声喧哗、随地吐痰、乱丢废弃物。

3. 凡需要通过园区侧门的人员，应自觉维护侧门的公共设施及卫生环境，如发现有故意破坏的现象，须按原价赔偿。

4. 施工人员在搬运施工工具、器材的时候，应注意不要遗撒及磕碰到侧门内的设备设施。

5. 如发现有故意破坏的现象须原价赔偿。

6. 推销人员、衣冠不整者、闲杂人员禁止入内。

7. 如楼内业主/租户通过侧门进行搬家，需要到客服部开具出门条方可将物品运出，同时相关人员将物品携带出侧门时，警卫人员应及时进行盘问。

8. 侧门警卫对进入楼内的业务联系人员进行登记并得到客户联系、确认后放行。

9. 侧门警卫应对进入楼内的施工人员进行登记、验证后，确认后放行。

10. 楼内人员因搬家带出的物品需进行检查、登记，并验收出门条。

11. 侧门警卫应对搬家、卸货的车辆及人员的管理，保证通道的畅通，严禁在侧门内外乱停车辆及放置物品。

12. 注意及发现精神病患者、衣冠不整、乞丐、闲杂人员严禁其进入园区内。

13. 注意发现是否有易燃、易爆物品及非法物品出入楼内。

14. 按部门规定按时开关侧门。

（三）门禁卡办理/使用规定

1. 业主/租户应爱惜门禁系统设施，不能故意损坏门禁设施设备，不得随意将门禁卡转让给他人使用。

2. 业主/租户在使用过程中，出现门禁卡丢失或破损无法使用的情况，应及时到客服部登记并及时补办新卡。

3. 业主/住户因未随身带门禁卡无法进入时，大堂警卫需提示业主/住户按下"0000"，中控人员通过可视对讲系统进行身份核实，身份得到确认后为业主/住户开启门禁。

（四）大堂灯光控制要求

1. 冬季：（11月1日~次年3月1日）

（1）每天17:00将大堂顶灯开启，保障正常照明，遇阴天等特殊情况，可视情况提前开启照明（需先与办公室请示）。

（2）每天22:00将大堂顶灯关闭。开启地灯及筒灯，保障大堂正常照明及监控画面的正常使用。

2. 夏季：（6月1日~9月1日）

（1）每天19:00将大堂顶灯开启，保障正常照明，遇阴天等特殊情况，可视情况提前开启照明（需先与办公室请示）。

（2）每天21:00将大堂顶灯关闭。开启地灯及筒灯，保障大堂正常照明及监控的画面正常使用。

3. 照明设备开关一律由安保部大堂当班的警卫人员控制，遇有故障等情况需及时报修。

4. 大堂当班的警卫人员严格按照规定时间控制灯具开关（带标记的灯具开关键）。

（五）警卫队员职责

1. 服从命令，听从指挥，勇敢顽强，坚决完成任务。

2. 严守纪律，服从管理，尊重领导，团结同志，爱护集体荣誉。

3. 积极学习科学文化，提高文化素质。

4. 积极参加体育训练，锻炼身体，增加体质。

5. 遵守安全规定，保守公寓秘密。

6. 官兵关系是警卫队内部关系的基础，各级人员必须按照官兵一致的原则，互相尊重，互相帮助，同心协力地完成任务。

7. 警卫队员对经理主管应当做到：

（1）尊重经理和主管，服从领导的管理。

（2）忠诚老实，主动汇报思想。

（3）犯有过失时，诚恳接受批评，勇于承认并坚决改正错误。

（4）不当面顶撞，不背后议论，不搞极端民主化。

（5）关心集体建设，爱护集体荣誉，积极协助经理、主管做好各项工作。

8. 每位警卫队员要团结友爱和互相尊重。

9. 队员之间通常称职务或者姓加职务，上级对部属和下级以及同级间的称呼，可以称姓名；下级对上级，可以称领导或职务。警卫队员听到领导和上级呼唤自己时，应当立即答"到"，回答领导问话时，应当自行立正，接受领导口述命令指标后，应当回答"是"。

（六）警卫队员的礼仪规定

1. 每天第一次遇见领导或者上级时，应当敬礼。

2. 警卫队员进见领导时，在进入室内前，应当喊"报告"或者敲门，得到允许后方可以进入，并向领导敬礼，进入同级或者其他人员室内前，应当敲门，经允许后方可进入。

3. 同级因事接触时，通常互相敬礼。

4. 在室内，领导或者上级来到时，应当自行起立。

5. 大门警卫对出入大门的领导和上级应当敬礼。

6. 警卫交接班时，应当互相敬礼。

（七）警卫队员着装规定

1. 必须按照规定着制服，保持警容严整。

2. 按照规定佩戴帽徽、肩章、腰带、领带、领带夹。

3. 戴大檐帽时，帽檐前缘与眉同高，大檐帽松紧带使用时，不得露于帽檐外。

4. 制服应当保持整洁，配套穿着，不得警、便服混穿，不得在军服外罩便服，不得披衣、敞怀、挽袖、卷裤腿。扣好衣扣，着长袖衬衣（内衣）时，下摆扎于裤内，制服内着毛衣、绒衣等内衣时，下摆不得外露。

5. 操课和集体活动时，通常着工装鞋，着便鞋（含凉鞋）只准穿黑、棕色鞋，鞋跟高度不准超过3厘米，除工作需要和洗漱外，不得着拖鞋、赤脚和赤脚穿鞋。

6. 训练、体力劳动时通常穿着工服；其他时机和场合通常穿着常服。

7. 季节换装的时间和着装要求，由安保部规定。

8. 警卫队人员非因公外出，应当穿着便服，队员探家期间可以穿着便服。

9. 制服以及帽徽、肩章、领花等专用标志不得变卖，不得擅自拆改或者借（送）给警卫队员，警卫队员合同期满时，专用标志一律上交。

10. 警卫队员头发应当整洁，不得留长发、大鬓角和胡须，蓄发（戴假发）不得露于帽檐外，帽檐下发长不得超过1.5厘米。

11. 警卫队员不得文身，穿着制服时，不得留长指甲，不得围围巾，不得在外露的腰上系挂钥匙和饰物，除工作需要和眼疾外，不得带有色眼镜。

12. 警卫队员必须举止端正，谈吐文明，精神振作，姿态良好，不得袖手、背手和将手插入衣袋，不得边走边吸烟、吃东西、扇扇子，不得搭肩挽臂。

13. 警卫队员进入室内通常脱帽，脱帽后，无衣帽钩时，立姿可以夹于左腋下，坐姿置于桌（台）前沿左侧或者膝上（帽顶向上，帽徽朝前），也可以置于抽屉内，宿舍内军帽可以统一放在床铺上，因特殊情况不适应脱帽时，由在场最高领导规定。

（八）警卫队日常管理规定

1. 起床

听到起床哨音后，全体警卫队人员立即起床（值班员提前十分钟起床按规定着装，迅速做好出操准备，因集体活动超过熄灯时间一小时以上时，警卫队长可以确定推迟次日起床时间）。

2. 出操

除了节假日之外，警卫队通常每日出早操，每次时间通常为 30 分钟，主要进行队列训练和体能训练。除担任公差、勤务的人员和医务人员建议并经部门经理批准的伤病员外，都应当出早操。听到出操哨音后，各班迅速集合、检查着装、整理队伍、清查人数，带队出操。结合早操每周进行一次至二次着装、仪容和个人卫生检查，每次不超过十分钟。

3. 整理内务和洗漱

早操后，整理内务，清扫室内外和洗漱，时间不超过 30 分钟，警卫队队长每周组织一次全队的内务卫生检查。

4. 用餐

按照规定时间准时开饭，开饭时间通常不超过 30 分钟，听到开饭哨音后，以班为单位，带到食堂门前，由班长整队依次进入餐厅，就餐时，保持肃静，餐毕自行离开。公休日和节假日保持三餐制。

5. 课外活动

警卫队通常每日点名，公休日、节假日必须点名，由队长实施。点名通常以警卫队为单位，于就寝前或者其他时间列队进行（也可以班为单位进行），点名的内容通常包括清点人员，生活讲评，宣布次日工作或者传述命令、指示等。

6. 点名

警卫队通常每日点名，公休日、节假日必须点名。点名通常以警卫队为单位，于就寝前或者其他时间列队进行（也可以班为单位进行），点名的内容通常包括清点人员，生活讲评，宣布次日工作或者传述命令、指示等。

7. 就寝

负责就寝人（队长或员）在吹熄灯哨前 10 分钟，发出准备就寝信号，督促全体人员做好就寝准备，就寝人员应放置好衣物装具，听到熄灯哨音立即熄灯就寝，保持肃静。

（九）警卫队的行政例会制度

1. 班务会。每日召开一次，由班长主持，晚饭后进行，一般不超过一小时，主要是检查小结一日的工作。

2. 队务会。每周召开一次至二次，由队长主持，班长参加，总结本周工作，部署下周任务。

3. 全体警卫人员。每月或者一个工作阶段召开一次，主要是队长向大会报告工作，传达和布置任务，发扬民主，听取队员对警卫队工作的批评和建议。

（十）请示报告规定

1. 对警卫队无权决定或者无力解决的问题应当及时向上级请示，请示通常采取书面或者口头形式，逐级进行，请示应当一事一报，条理清楚，表达准确。

2. 下级应当主动向上级报告情况。

3. 报告通常逐级进行，必要时也可以越权报告。

（十一）物品点验及工作交接规定

1. 物品点验是对警卫队装备、个人物品全面检查。警卫队每年应进行一次至二次物品点验。

2. 警卫队员在调动时，对必须将自己掌管的工作和列入移交的文件、设备等进行移交。移交工作应当在本人离开工作岗位前完成。移交前队长应当指定接管人，交接时，双方在场认真清点，双方在交接登记册（表）上签字。

（十二）警卫队紧急集合规定

1. 应当根据上级的紧急战备号令，或在下列情况下实行紧急集合。

（1）遭到暴乱分子的突然袭击。

（2）受到火灾、水灾、地震等灾害威胁和袭击。

（3）上级赋予紧急任务或者发生重大意外情况。

2. 警卫队领导应当预先制订紧急集合方案，紧急集合方案通常规定下列事项：

（1）紧急集合的位置，进出道路及其区分；

（2）警报信号和通知的方法；

（3）各分队（全体人员）到达集合场的时限；

（4）着装要求和携带的装备；

（5）留守人员的组织。

3. 为锻炼提高警卫队紧急行动的能力，检查战斗准备状况，通常每月进行一次紧急集合，紧急集合的具体时间由警卫队根据任务等情况确定。

（十三）卫生管理规定

1. 经常进行健康教育，培养良好的卫生习惯，做到饭前便后洗手，不吃（喝）不洁净的食物（水），不暴饮暴食，勤洗澡，勤理发，勤剪指甲，勤洗晒衣服被褥，不随地吐痰和便溺，不乱扔果皮、烟头等废弃物，保持室内和公共场所地清洁卫生，提倡戒烟。

2. 深入开展爱国卫生活动，搞好卫生设施、建设和管理，防止疾病发生和蔓延，室内外卫生应当分工负责，每日清扫，每周进行大扫除，室内保持整齐清洁，空气新鲜，无蜘蛛网，无污迹，无烟头，无积尘，及时清灭蚊子、苍蝇、老鼠、蟑螂。有定点的密闭式垃圾收容设施，做到垃圾不乱倒，不暴露，定期处理。

3. 卫生检查通常班每日、队每周，安保部每季或者重大节日前组织检查评比。

（十四）警卫队宿舍内物品放置规定

1. 床铺应当铺垫整齐，被子竖叠三折，横叠四折，叠口朝前，置于床铺一端中央。

2. 经常穿用的鞋置于床下的地面上，鞋子放的数量品种、位置、顺序，应当统一。暖瓶、水杯、墨水、胶水瓶、报纸等物品放置应当统一。

（十五）警卫队列规定

1. 坚决执行命令，做到令行禁止。

2. 姿态端正，警容严整，精神振作，严肃认真。

3. 按照规定的位置列队，集中精力听指挥，动作迅速、准确，协调一致。

4. 保持队列整齐，出、入列应当报告并允许。

5. 指挥位置应当便于指挥和通视全体。通常是：停止间，在队列中央前；行进间，纵队时在左侧中央前，必要时在中央前，横队、并列纵队时，在左侧前或者（左侧），必要时在右侧前（右侧）或者左（右）侧后。

6. 队列指挥方法：队列指挥能常用口令。行进间，动令除向左转，正步互换时落在左脚，其他的落在右脚。变换指挥位置，通常用跑步（5步以内用齐步），进到预定的位置后，成立正姿势下达口令。

7. 队列指挥要求：指挥位置正确，姿态端正，精神振作，动作准确，口令准确、清楚，清点人数声音洪亮，着装整洁。

8. 严格要求，维护队列纪律。

9. 基本队形：队列的基本队形为横队、纵队、并列纵队，需要时，可以调整为其他队形。

10. 列队的间距：队列人员之间的间隔（两肘之间）通常约 10 厘米，距离（前一名脚跟至后一名脚尖）约 75 厘米。需要时，可以调整队列人员之间的间隔和距离。

（十六）对讲机使用管理规定

1. 警卫队各岗位配发一部对讲机。

2. 对讲机每四年统一更换一次，换下的对讲机由安保部统一收回。

3. 对讲机仅限于工作中使用，其他时间不得使用。

4. 对讲机由各岗位负责妥善保管，责任到人。

5. 警员在使用对讲机工作中，如有人为损坏按照折旧赔偿。

6. 使用时检查对讲机是否有损坏情况，如有损坏即向队长报告并做好记录。

7. 在使用对讲机时，如对讲机出现故障时不得个人私自维修。

8. 警卫队的对讲机如有损坏，由队长交安保部进行维修。

9. 对讲机按规定时间，每月定期进行清洁和保养。

（十七）警卫上岗规定

1. 准备

（1）提前 10 分钟到达指定地点、自检仪容、仪表。

（2）互检仪容、仪表。

（3）班长检查仪容、仪表情况，是否符合公寓规定。

2. 接班接岗

（1）派哨位。

（2）列队赶赴分派哨位，接替上班岗，并了解上一班的情况，做好交接。

3. 站岗

（1）站姿要庄重、大方。

（2）根据任务注意哨位周围环境情况。

（3）做好岗位服务工作。

4. 接到报警

（1）接到报警电话，问清报警人姓名、身份、着火情况。

（2）记清确切地点（区域、楼层具体位置）。

（3）迅速报告消防中控室。

5. 现场处理

（1）立即赶赴报警现场，了解火情，向消防中心如实报告。

（2）就近取用灭火器进行扑救。

（3）在消防中心和消防管理员的指挥下寻找火源，检查、甄别报警情况。

6. 报告处理情况

（1）检查后的情况向消防中心报告。

（2）报告消防中控室。

（3）详细情况记录《警卫队工作日记》。

7. 巡逻上岗

（1）在接班完成以后，坐货梯到达顶层、公共区域。

（2）在检查楼层中，做到没有空白点。

（3）处理突发情况：

①在巡逻中遇到推销人员，应立即上前询问，核实身份后通知内保进行处理。

②遇到上访人员时，应当立即向上级报告，控制事态，通知内保人员进行处理。

③在巡逻时，发现盗窃分子，应当及时报告上级，并用对讲机通知各出入口其体貌特征，立即进行抓捕。

- 检查公寓内固有的各类设备、设施（门、锁）及消防设施（如：发现未锁好的业主/租户房门，应及时统一用链锁将其锁好，并填写《锁门状态通知书》通知业主/租户）的运转情况、安全情况，填写《物管中心保安巡视记录表》。

- 杜绝闲杂人员如推销员、施工人员、送货者等在公寓任意闲逛，发现后核实身份，监督其离开公寓。

- 检查并杜绝各类火灾隐患、安全隐患，发现后立即排除，并填写《物管中心保安巡视记录表》，劝阻公共区域吸烟者。

- 处理各种消防、治安突发事件，把影响和损失控制在最小范围。

- 查验公寓内工作人员的有效证件（施工人员证件、动火证、出货证明、身份证、工作证等）。

- 对楼内各类施工维修现场的人员、环境进行检查，避免出现不安全隐患及事故，发现后督改并记录在《物管中心保安巡视记录表》上。

- 认真准时记录巡视情况并及时向当班领班汇报。

（4）要求：按巡视岗岗位职责展开工作并如实、及时向主管、领导汇报，认真填写《物管中心保安巡视记录表》、《警卫队工作日记》。

（5）每日22:00以后进公寓的会客人员，必须详细登记，并向警卫人员提供所要去的公司名称、电话及会见人姓名，经联系确认后由一名警卫带领其到达目的地，或要求会见人接其进入公寓。若无法联系到会见人，应婉言谢绝其进入公寓。

（6）特殊情况，立即向值班经理报告。

（十八）警卫队新入职人员岗前培训规定

1. 目的

为了使新入职的员工，能尽快熟悉工作环境，掌握本职业务，适应警卫队的管理模式，能尽快加入到我们的集体当中，应付各类突发事件。

2. 规定内容

（1）新入职人员应认真学习员工手册的内容，熟记警卫队的岗位职责。

（2）警卫队长负责对新入职员工进行岗位实际操作培训。

（3）安保部经理负责对培训后的员工进行考评、打分。

（4）新入职人员培训合格后方可上岗。

（十九）警卫队奖惩条例

1. 奖励

警卫人员有下列优异表现的，视情节给予适当奖励：

（1）工作一贯认真负责，服从命令，能圆满完成领导交办任务者；

（2）拾金不昧并及时上交者；

（3）发现不安全隐患并及时报告者；

（4）受到客人高度赞赏者；

（5）积极学习业务知识、岗位技能优秀者；

（6）对工作流程提出合理化建议并被采纳者。

2. 处罚

警卫人员有下列违纪行为的处以罚款，并视情节严重的予以辞退或送交有关部门处理：

甲类过失：

（1）无人接岗私自下岗者；

（2）私自外出饮酒，在公司内打架、偷盗，在同事之间制造矛盾、传阅观看淫秽色情出版物者；

（3）无故脱岗、离岗者；

（4）不按规定交接班，工作记录不清者；

（5）上班期间发现问题不及时汇报，但未造成重大损失者。

警卫人员有下列违纪行为的处以罚款，情节严重的予以辞退：

乙类过失：

（1）未经领导批准私自换班、替班、擅自离岗者；

（2）不请假外出或超出请假时间归队且无正当理由者；

（3）值岗人员发现私自外出人员不汇报者；

（4）不按规定叫班、叫班未起又未报告者；

（5）在岗期间岗姿不正、聊天、睡觉、吃东西、看书报、听录音机以及做其他与工作无关的事情者；

（6）未按规定保持岗位环境卫生者。

3. 奖惩方法说明

（1）本条例采取奖惩一体的实施方法，即：奖励资金从处罚资金中提取，但单次奖励资金数目不得大于处罚资金的总额。

（2）在警卫人员接到处罚通知后，应在登记本上予以签字确认。

第六章 客户服务管理

一、小区精神文明公约

小区精神文明公约

（一）热爱祖国　热爱北京　民族和睦　维护安定

（二）热爱劳动　爱岗敬业　诚实守信　勤俭节约

（三）遵守法纪　维护秩序　见义勇为　弘扬正气

（四）美化市容　讲究卫生　绿化首都　保护环境

（五）关心集体　爱护公物　热心公益　保护文物

（六）崇尚科学　重教尊师　自强不息　提高素质

（七）敬老爱幼　拥军爱民　尊重妇女　助残济困

（八）移风易俗　健康生活　计划生育　增强体魄

（九）举止文明　礼待宾客　胸襟大度　助人为乐

二、员工文明服务准则

（一）热爱本职工作，努力学习先进的管理技术，提高管理水平。牢固树立物业管理公司"业主至上、服务第一"的宗旨和全心全意为客户服务的思想。

（二）上班时间穿戴整洁、大方，佩戴工作卡，保持仪表端庄，精神饱满，不得有不雅观的举止。

（三）主动向客人问好，待人彬彬有礼，笑容可掬，举止文雅，讲话清楚，用词准确，不含糊其辞，不用不雅之词。

（四）在工作中坚持原则，秉公办事。不徇私情，不以权谋私。

（五）遵守岗位职责，明确分工，各司其职，团结协作，相互配合、监督，按质量完成本职工作。

（六）当客户有无理言行时，必须容忍，耐心说服。晓之以理，动之以情，不以恶言相待，更不允许与客户发生打架行为。

（七）认真热情地处理客户来函、来访，积极为他人排忧解难，对客户的投诉、批评、建议，要及时进行调整处理或向上级汇报，做到事事落实。不能推诿、扯皮、推卸责任，更不允许有打击报复现象发生。

（八）提高服务质量，急他人之所急，急他人之所需，热情周到，不吃请、不怠工、不刁难客户。

三、客服交接班管理规定

本标准规定了客服部值班人员交接班的相关规定，适用于对交接班工作的管理。

1. 交班员在交班前应整理好当班各种记录及相关文件，办公室内应保持干净、整洁。

2. 接班员上岗前应检查自身仪容、仪表，提前 10 分钟到岗，以便于交接班。

3. 交接班时应注意各种专用物品及设备的使用状况、钥匙情况、当班工作情况、各种通知和上级交办的临时任务等。

4. 交接班时对各种情况确认无误后，双方签字确认。

5. 交接班过程中如发生任何疑问，应及时上报主管领导解决。

6. 接班员在接班后，对遗留下来的未处理问题及时进行处理，并做好记录。

四、客服部日巡查管理规定

本标准规定了客服助理日巡检工作的内容、方法和相关规定，适用于指导开展日巡检工作。

（一）巡视频次：客户代表每日巡视，一周对所辖区域全部巡视完一次。

（二）巡视内容：

1. 楼宇管理：查违章，如：有无乱搭、乱建，违章装修；有无私自占用公共通道；墙壁有无乱画、乱张贴；楼宇内各主要公共设施、摆放花木是否完好；出租的商业房是否进行"门前三包"，对其质量进行监督、检查。

2. 维修维护：是否有不安全隐患，如：房屋出现破损、消防通道是否被堵、消防设施是否完好无损，有无临时乱拉乱接电线；公共及通信设备有无损坏，室内外上下水管有无渗漏；道路、停车场等有无损坏等。

3. 保洁管理：对内保洁、外保洁所负责的区域按内部制定的"卫生检验标准"进行考核。

4. 绿化管理：树木花草有无损坏，是否及时进行修剪和除杂草、病虫害，是否及时修枝剪叶，并对补种绿地、树木采取保护措施等。

（三）巡视记录和记录的处理：

1. 在巡视中，将发现的问题、客户的提议、建议以及自己在工作中发现的需加强管理、提高服务质量等方面的内容记录至《日巡检记录表》中。

2. 巡视中发现的问题，分类进行处理。

3. 收集的管理意见，经客服部综合研究，转呈至有关领导或部门。

4. 发现公共设施、设备的损坏，转至工程部，配合落实处理。

5. 发现有关治安、车辆问题转至安保部配合落实处理（情况紧急的，须及时通知安保部相关人员做及时处理）。

6. 有关保洁、绿化人员的工作质量，轻微不合格须随时提醒改正，严重不合格，按规定处置。

五、饲养宠物管理规定

为规范业户饲养宠物的行为，保证园区环境美化、净化；防止疫病的传播；创造文明、整洁、安全的生活环境，特制定本规定。

（一）本规定中的宠物是指符合国家相关文件的要求的可豢养的犬、猫、鸟类等宠物。

（二）宠物饲养者应该到本地公安机关办理相关饲养手续，申领许可证（如：养犬许可证和犬牌），并到物业管理中心备案。

（三）物业管理中心将不定期对本小区内宠物情况进行摸底调查。

（四）请勿在小区会所、停车场出入口、园区大门、机动车车道、楼门近侧遛犬，以防止发生意外。

（五）携宠物需进乘电梯时，请先征得同乘人的意见。乘坐电梯时请将宠物抱起。

（六）为保护园区环境，当您在园区遛犬时请将您宠物的便溺清理干净，以避免破坏绿地及公共环境卫生。

（七）请不要防碍其他业户的正常生活或休息，如发生宠物伤人或造成其他损失，宠物主人应承担所有责任。

（八）宠物户外活动需在规定的时间进行：

夏季活动时间：19:00～次日7:30

冬季活动时间：18:00～次日7:00

六、大型物品进出管理规定

（一）适用于高1.5米以上大型货车搬运物品进出园区。

（二）大型货车搬运物品进出园区，需提前 24 小时向我物管中心客户服务部提交书面申请。

（三）大型货车搬运物品进出园区需按中心规定时间进行：

周一至周五：晚 7:00 ~ 晚 10:00；

周六、周日：早 8:30 ~ 晚 5:00。

（四）大型货车进出园区走东西车道，并需服从物管中心车管人员的管理。

（五）周一至周五白天（8:30 ~ 19:00）禁止大型货车进出园区停车场。

（六）大型货车搬运物品进出园区，不得走大堂，并需做好防护，如搬运中损坏大厦公共设施设备，需照价赔偿。

（七）搬运物品时须遵守物管中心相关规定并服从物管中心安保部的管理。

七、二次装修施工相邻单元管理规范

（一）适用于二次装修客户及相邻单元客户。

（二）为避免因二次装修给施工相邻客户造成影响，使相邻客户提前做好相关准备工作，同时配合二次装修工作顺利进行，特制定此项程序。

1. 得到新客户单元二次装修、已入住客户进行整改、整修等施工申请后，立即进行内部通报；

2. 得到客户装修申请 24 小时内口头通知施工现场相邻单元客户负责人，并了解相邻客户在施工期间各项工作情况及是否有特殊安排（如：夜间值班等），及时将情况上报主管领导；

3. 对于平时在家的客户，对客户就大厦施工噪声时间安排进行解释。如客户确有困难，与二装施工客户及相邻客户进行协调，就施工噪声时间安排达成一致，并与施工单位签订有关协议。同时，发函至二次装修客户及相邻客户进行确认；

4. 与施工单位召开"二次装修进场协调会"时应着重强调允许施工噪声、粉尘、异味等影响相邻客户施工的工作时间，要求施工单位严格执行，并提前做好现场的各项防护工作；

5. 施工进场前 48 小时再次与施工现场相邻客户进行通知；

6. 客户施工进场前 24 小时，再次通知安保部及值班经理协助加强对施工现场噪声、粉尘、异味等工作的监管。

八、空置单元管理规定

为了加强对空置单元的管理，提高空置单元管理品质，物管中心特制定以下规定。

1. 工程部对其区域各项设备设施进行查验与维保，保证各项设备设施的完善及正常运行。

2. 客户服务部对其区域进行保洁清理。

3. 安保部对其区域的各项消防设备、设施进行检查，保证其正常运行。

九、空置单元日常管理规定

为了加强对空置单元的管理，提高空置单元管理品质，物管中心特制定以下规定。

1. 开发商委托部分

（1）由工程部定期对空置单元内各项设备设施进行日常维护、保养，发现问题，及时修复，并通知客户服务部跟进保洁。

（2）客户服务部每周二、五协同安保部对空置单元进行检查一次，房间内无尘土、无杂物，各项物品摆放整齐有序，保证其区域内安全，发现不安全隐患、有问题及时处理。

2. 业主委托部分

客户服务部协同安保部、工程部，每月 20 日联系业主对空置房间进行检查，查出问题及时通报业主进行整改。

十、空置单元钥匙管理规定

为了加强对空置单元的管理，提高空置单元管理品质，物管中心特制定以下规定。

1. 开发商委托部分

（1）客户服务部收到空置单元钥匙后，立即组织工程部、安保部对其空置单元进行实查，并做好记录由发展商进行确认。空置单元户门钥匙由开发商、安保部、客户服务部各掌管一套。

（2）工程部、安保部因工作之需进入空置单元，统一到客户服务部借用钥匙。

（3）安保部将本部门掌管之空置单元钥匙进行封存，以备紧急情况时使用。

2. 其他业主委托部分

（1）空置单元先由业主会同客户服务部、工程部对房间内物品、设备等进行点验登记。

（2）登记后钥匙交到安保部进行封存保管，业主与物管中心签订《钥匙托管协议》。

（3）须检查空置房间启用托管钥匙时，由客户服务部联系业主方联系人获得同意后再行使用。

十一、客户服务部库房管理规定

（一）适用于园区客户服务部库房。

（二）为严格管理客户服务部库房环境的干净整洁，并做到物品码放有序，物品齐全。

1. 客户服务部库房设专人负责库房的日常维护（保洁工作）。

2. 库房设有物品清单，以便查找所需物品及时准确。

3. 物品进入库房需要填写专用的入库单，出库填写出库单，以保证库房内物品数量的准确。

4. 领用库房物品时需通知库房管理员，填写领用物品申请单。

5. 专人对库房物品定期进行清点检查，并填写相应检查记录。

十二、前台接待管理规定

（一）适用于客户服务部前台接待人员。

（二）做好前台接待工作，为客户提供咨询指引服务。

1. 保持良好的仪容仪表，站立姿势端正，对客户热情、礼貌，操作规范、熟练；

2. 自觉遵守《员工手册》，按时上岗，当值时不看无关书刊，不吃零食，不打私人电话，不让无关人员在前台打电话；

3. 认真执行交接班制度，做到班班有交接，每班有记录；

4. 加强对设备的维护保养，保持环境整洁；

5. 严守客人秘密，不私自泄露有关客人资料；

6. 不利用工作之便，与客人拉关系或收取好处。

十三、防鼠及杀虫灭蟑管理规定

（一）适用于园区公共区域、办公区域、餐厅、车库、设备楼层、外围。

（二）确保园区各公共区域及办公区域无虫害、鼠害。

1. **防范措施**

（1）目前鼠盒、鼠药的安放工作已完成。

（2）园区内的鼠药统一使用的是"溴敌隆"牌鼠药。此药对老鼠有很好的防治作用。

（3）园区外围的鼠药统一使用的是"杀它仗"牌鼠药。是专门安放在室外的鼠药。

（4）监督工作采取定期、不定期的检查。对预防鼠害工作实行目标管理。

2. 工作程序

（1）工程部：负责园区的各个机房、管井、设备层内的鼠盒日常的监管工作。

（2）保洁中心：负责保持公共区域、各个机房、管井内的鼠盒卫生，以及鼠药、标志更换工作。

（3）安保部：负责公共区域日常巡视检查工作，发现问题及时上报客户服务部。

（4）客户服务部：负责提供鼠药、标志、粘鼠板、鼠夹子、鼠洞等灭鼠工具，并在日常工作中对其加大巡视力度。

3. 投放时间及数量

（1）园区外围的鼠药每两个月更换一次。

（2）园区内鼠药更换时间为一年四次，分别为3月1日、6月1日、9月1日及12月1日。

（3）每个鼠盒放鼠药1/3袋，由客户服务部统一发放。

十四、客服部员工管理规定

（一）适用于客户服务部客服员工。

（二）为使客服工作人员为客户提供高质量的服务，特制定本规程。

1. 工作秩序

（1）在上班时间，不得做与本职工作无关的事，如聊天、串门串岗、吃零食等；不得阅读非业务书刊；不得收听广播、录音和CD及收看电视、录像和VCD（公司组织的除外）；不得在上班期间饮酒。

（2）在上班时间，不得在办公室接待与业务无关的人员。

（3）工作人员不得在园区内大声喧哗。

（4）客服人员不得在办公室内化妆、刮胡子、修指甲，如需化妆、补妆或刮胡子，可到卫生间进行。

（5）办公室内的办公桌面应保持整洁，严禁摆放无关物品，下班后或离开办公室时应将桌面文件放入文件柜或抽屉中，并关闭所有电气设备电源。

（6）不得使用国际/国内长途电话、传真机、打字机、复印机、微机等办公设备办私事；不得在公司的微机上玩电子游戏。打电话须尽量缩短时间，不得在电话中聊天、谈家常等。

（7）工作人员应严格遵守"非办公人员不得进入办公区"的规定。

2. 仪容仪表的要求

（1）女员工在上岗前宜化淡妆，不应涂有色指甲油。

（2）女员工在上岗时头发不宜披散，尽量梳起来，短发要利落；男员工的头发不能过长。

（3）所有员工在上班时一律穿皮鞋，不可穿凉鞋、拖鞋。

3．工作标准

（1）按要求着工装，举止端庄、用语文明、礼貌待客。

（2）待客热情，及时解决客户提出的问题。

（3）接听电话准确快捷，不可让电话响过三声。

（4）严守客户秘密，不私自泄露相关客户资料。

十五、垃圾房卫生管理规定

（一）适用于园区业主/租户倾倒垃圾场所。

（二）为严格管理控制园区公共区域的环境整洁，为业主创造卫生的生活/工作环境。

1．垃圾房设专人负责，对堆放在此的垃圾进行分类存放。

2．垃圾房实行垃圾分类，对建筑垃圾所产生的粉尘进行有效控制。

3．垃圾房堆放垃圾实行日产日清制，以保证垃圾房内、周边以及园区的卫生。

4．垃圾房负责人与物管中心签订垃圾倾倒合同，以保证双方利益。

十六、业主委托钥匙管理规定

（一）为严格管理控制备用应急钥匙的使用，保证园区业主/租户托管应急钥匙的安全。

（二）业主/租户托管在物管中心客户服务部的备用应急钥匙。

1．业主/租户托管的居住区域钥匙，由物管中心客户服务部统一收齐/清点/确认后移交物管中心安保部，物管中心安保部设专人、专柜统一管理，封存在消防中控室专用钥匙柜内。

2．消防中控室人员每日对封存的钥匙进行清点，做好详细的交接记录。

3．封存钥匙只在发生紧急情况（如烟感报警、火情、跑水、治安或有异味等可能造成灾害事故的征兆）或有业主委托函的情况下使用。

4．因紧急情况需启用封存钥匙时，正常办公时间须报物管中心总经理批准，并有业主/租户紧急联系人在场情况下方可使用；非办公时间须经物管中心值班经理报物管中心总经理批准，并联络业主/租户紧急联系人后，方可使用。

5．进入业主/租户居住区域处理问题时，必须有两名以上人员同时进入，要将现场情况进行详细拍照。

6．安保部启用应急备用钥匙必须有详细的记录，并填写特殊情况事故报告，上报主管领导。

7. 使用后，物管中心客户服务部相应区域楼长应及时与业主/租户负责人取得联系，约定时间共同将开启过的钥匙再次封好，存在钥匙柜内。

十七、业主档案管理规定

（一）为严格控制园区业主的档案资料，保证园区业主/租户的个人隐私得到保护。

（二）业主/租户填写的基础资料。

1. 业主/租户在进入园区收楼时必须准确填写由物管中心印制的名为《业主基础资料情况表》的资料。

2.《业主基础资料情况表》填写完毕后由客服部文员存放在业主各自的档案袋内。

3. 业主档案分别由所居住区域的楼长亲自负责，不得移交，以保证业主资料的保密性。

4. 在查询业主资料时，需要专人查看并进行登记。

5. 随时与业主/租户保持联系，了解业主最新动态，以便掌握业主/租户的有效资料。

6. 对业主/租户资料定期进行检查，确保资料的完好。

十八、外来服务人员公共区域行为管理规定

（一）远洋园区外来服务人员。

1. 安保部

负责对外来服务人员进行核实登记存档，并对常住户的外来服务人员在公共区域的行为规范进行有效地监督。

2. 其他部门

发现外来服务人员出现不符合园区有关规定的行为，立即上前制止并将所发现的情况及时通知安保部。

（二）规范对外来服务人员公共区域行为管理，保障园区正常办公秩序。

1. 外来服务人员在园区公共区域逗留时应注意仪容仪表，注意服装的整洁配套。

2. 外来服务人员在大厦公共区域逗留时不得在大厦公共区域聊天、追逐打闹、大声喧哗，不得将子女、家属带入大厦。

3. 外来服务人员严禁在公共区域听收录机、睡觉、打扑克、下棋、玩电子游戏。

4. 外来服务人员应遵纪守法，不准偷听、偷看或传播黄色、反动书刊及音像制品。

5. 外来服务人员不准在大厦内酗酒、赌博、打架、斗殴。

6. 外来服务人员应遵守公共道德，不得随地吐痰、乱扔纸屑和杂物，严禁在禁止吸烟区吸烟，严禁在墙壁、电梯、卫生间内涂写、刻画。

十九、公共区域物品损坏赔偿管理规定

（一）适用于园区公共区域内所有公共物品。

（二）维护广大业主/租户的公共权益。对于因人为因素造成园区公共区域内物品损坏，当事人（单位）应按照以下程序进行赔偿事宜：

1. 配合大厦有关工作人员对事件经过的调查。

2. 按照所损物品相应价格进行赔偿。

3. 因当事人（单位）人为损坏公共区域物品造成严重后果的应承担连带责任。

4. 因当事人（单位）造成公共区域物品损坏拒不赔偿的，物管中心将向全体业主进行公告，并保留向司法机关追诉的权利。

5. 本管理规定根据《民法通则》与《物业管理条例》进行实施。

二十、电话服务规范

接听电话。

1. 铃响三声以内，必须接听电话。

2. 拿起电话，应清晰报道："您好，××客户服务部。"

3. 认真倾听对方的电话事由，若需传呼他人，应请对方稍候，然后轻轻搁下电话，去传呼他人；如对方有公事相告或相求时，应将对方要求逐条记录在《值班记录》内，并尽量详细回答。

4. 通话完毕，应说："谢谢，再见！"语气平和，并在对方放下电话后再轻轻放下电话，任何时候不得用力掷听筒。

5. 接电话听不懂对方语言时，应说："对不起，请您用普通话，好吗？"或"不好意思，请稍候，我听不懂您的话"。

6. 中途若遇急事需暂时中断与对方通话时，应先征得对方的同意，并表示感谢，恢复与对方通话时，切勿忘记向对方致歉。

7. 接听电话时，声音要自然、清晰、柔和、亲切，不要装腔作势，声量不要过高，亦不要过低，以免对方听不清楚。

第七章　业主（临时）公约

为落实物业的售后物业管理，维护全体业主的合法权益，维护物业区域内公共环境和秩序，根据国务院《物业管理条例》及有关法规、规章、规范性文件制定本公约，由本物业区域内全体业主共同遵守。

一、物业基本情况

物业名称：

坐落位置：

总建筑面积（平方米）：

国有土地使用证明文件政府文号：

二、业主应遵守的原则

物业管理有关法规、政策和本公约规定，配合物业管理公司的各项管理工作，妥善处理相邻关系，遵守物业管理公司按有关规定和本公约规定的管理细则及各项管理规章制度。同时，业主应保证其使用人及相关人员遵守本公约和相关规定，合理使用物业。

三、物业的使用和维修

（一）业主、使用人应当遵守法律、法规和规章的规定，按照有利于物业外貌保持、使用安全等原则，妥善处理供水、排污、通行、通风、采光、维修、环境保护等方面的相邻关系。

（二）业主、使用人应在物业管理区域内禁止以下行为：

1. 未经政府有关部门批准和业主大会、相邻业主同意，擅自改变楼宇的结构；更改承重墙、横梁、支柱等，或加建、拆除任何筑物；在该物业外墙上安装任何雕塑品、遮篷、花架、天线、旗杆、悬挂旗帜、横幅标语、广告牌、招牌、灯箱或其他任何伸出物，堵塞任何窗户；

在户内窗户玻璃上张贴广告等；

2. 堵塞、切割、损坏、更改、干扰楼宇任何公用部分之水、电、暖气、生活热水或煤气等排水道、暗渠、喉管、电缆、固定装置等设施；

3. 擅自改变房屋外貌，包括外墙、外门窗等部位的颜色、形状和规格；

4. 占用或损坏物业公共楼梯、扶栏、走道、地下室、平台、屋面等共用部位，擅自移动共用设备；

5. 侵占或损坏道路绿地、花卉树木、艺术景观和文娱、体育及休闲设施；

6. 随意倾倒或抛弃垃圾、杂物、高空抛物；

7. 堆放易燃、易爆、剧毒、放射性物品，排放有毒害物质或者发出超过规定标准的噪声；

8. 私设摊点、随意停放车辆；

9. 未经有关部门批准饲养宠物、家禽或家畜；

10. 在该物业公共地区举行葬礼、宗教仪式或其他类似活动；

11. 在楼宇内进行任何足以引致该物业投保的保险全部或部分失效，或引致保险费增加的行为；

12. 法律、法规、规章禁止的其他行为。

（三）业主或使用人，只能将其单元按规划设计用途使用，不得将其名下单元作非法或不道德用途，或在单元内进行任何足以妨碍或侵扰其他业主的事项。因特殊情况需要改变使用性质的应征得相邻业主以及业主大会的书面同意，并报政府有关主管部门批准。

（四）未向物业管理公司申报并获书面批准，任何业主或使用人不得擅自更改迁移用电装置、供暖装置、供气装置、生活热水装置。

（五）各业主不得干预或干扰开发公司、物业管理公司或其委托装修承建商在该物业范围内进行各项建筑工程。

（六）个别业主无权要求物业管理公司或其下属为该业主提供与物业管理无关的服务。

（七）每独立单元设电表、水表（包括自来水、热水）费用以实际用量计算收取。未经物业管理公司书面同意，业主不得对上述仪表进行任何改动。否则物业管理企业有权按政府有关规定予以处理。

（八）业主或使用人装饰装修房屋，应当事先将装饰装修方案报经物业管理公司认可，与物业管理公司签订装饰装修管理协议，并依据装修管理规定，向物业管理公司缴纳装修管理费、装修押金等费。

（九）利用物业设置广告等经营性设施的，应当在征得相邻业主、业主大会的书面同意后，方可向有关部门办理报批手续。经批准设置的经营性设施的收益，应当纳入公共维修资金/管理费用。

（十）业主转让或者出租物业时，应当将公约作为物业转让合同或者租赁合同的必要附件。当事人应将物业转让或出租情况书面告知物业管理公司。

（十一）物业管理公司实施对物业共用部位、共用设备设施进行维修养护时，有关业主和使用人应当给予配合。业主、使用人阻挠维修造成物业损坏及财产损失，应当负责修复或者赔偿。

（十二）物业管理公司进入业主或使用人的单元进行维修理工作，应事先通知业主或使用人并取得其同意。紧急情况下无法通知业主或使用人的，物业管理公司可在第三方机构人员的监督下，进入单元内部，但事后应及时通知业主或使用人。

（十三）如房屋建筑内因火灾、台风、地震、地陷或其他原因而破坏，以致大部分不能使用，则业主大会应该召开特别业主大会，决定房屋建筑是否修复或重建费用的筹集办法；如业主大会决定放弃修复和重建，则业主大会应拍卖剩余房产，并将拍卖所得与房屋公共维修资金及业主其他共有财产按建筑面积比例返还给各业主。

（十四）除紧急情况外，开发公司或物业管理公司在发出合理通告后，有权暂时中止任何设施运行以进行维修。业主或使用人有责任配合物业公司、开发公司或工程维修单位对房屋及其配套设施进行维修、养护。

第八章　物业管理服务手册

一、一般事项

物业管理中心的服务内容通常包括以下三大类：公共性服务、委托代办性服务及特约有偿服务。其中公共性服务通常包括：公共设施设备的维护保养，公共区域的清洁，定时清运垃圾及社区环境的保护，社区内公共庭院绿化及环境美化服务，24小时安全保卫，受理报修投诉等；委托代办性服务通常包括：代缴水费、供暖费及有线电视收视费等；特约性服务通常包括：装饰装修服务、居室清洁服务等。如您还需要一些个性化服务，物业管理处提供的特约有偿服务将满足您的需求，但需要您支付相应的成本费用。

（一）室内二次装修申请

倘您欲将室内二次装修，请提前认真阅读《装修手册》及《住宅使用说明书》，并按《装修手册》中的要求前往物业管理中心办理申请装修手续，由物业管理中心审定会签同意后方可进行室内装修，未经物业管理中心书面审定会签同意的装修工程将被责令停止，因此引起的相关费用，由业主自行负责。

（二）预约迁入

业主须于迁入前填写《业主搬家通知单》并提前两天交回物业管理中心客服部，以避免因众多的业主在同期入住造成社区交通及电梯运输的紧张，给每一位业主的迁入造成不便。

业主在迁入时须亲自控制整个搬运过程，按照物业管理中心的要求，从指定路线进出，并保证路径畅通，以避免损坏楼宇建筑物或电梯。所有包装、纸盒、废物等须作适当处理，不应弃于公共区域。

（三）物业管理费支付方法

物业管理中心将在交款期到来之前向业主发出《缴费通知单》。请业主于收到通知书15日内到物业管理中心支付物业管理费及其他有关费用。物业管理费由业主或租户缴纳均可，如果业主把物业出租，租户却未能按期缴纳物业管理费，最终仍需业主支付。您可以直接到管理中心财务部支付现金或支票，也可通过汇款方式将物业管理费直接划拨到物业管理中心指定账号。账号：×××××××××××××；户名：×××××××××××××。对不按规定时限缴纳物业管理费用的业主，物业管理中心将依照《业主临时公约》有关条款进行经济追偿。

（四）日常维修

物业管理中心提供 24 小时"一站式"维修服务，维修人员均佩戴物业管理中心职员卡，请您注意查验识别。在业主拨打热线服务电话时，一般情况下响铃三声将会有人接听，维修人员将在 15 分钟内到达维修现场。业主室内维修只按成本核算收取您适当费用，维修之前，请业主在《维修工作单》有偿服务费用金额一栏中签字确认；维修结束后，请业主在《维修工作单》上签署维修意见并于 48 小时内到物业管理中心财务部缴纳维修费用。倘若业主对维修服务结果存有异议或意见，请在《维修工作单》上予以说明或向物业管理中心进行投诉。

（五）投诉处理

物业管理中心将诚恳地接受各位业主对物业服务提出的意见和建议。业主投诉个别管理服务人员时，请记录其姓名、证件编号；您可以直接到物业管理中心投诉，也可用电话、书面函件或 E-mail、Fax 的形式进行投诉。我们将及时向你反馈处理意见。

（六）生活垃圾处理

物业管理中心将对公共环境实施清洁服务，保持所有公共场所的清洁，为维护物业环境的整洁优美，令您居住舒适，敬请您将当天的生活垃圾用袋装好放在位于每层步行梯的垃圾桶内，以便我们及时收集清理。

（七）公共通知

物业管理中心将把相关物业管理服务的公共通知，张贴在各单元大堂内的告示牌上，请您务必随时留意。

（八）保险

物业管理中心将对社区的公共场地，共用设施进行投保。并提醒各业主对于自己单元内的财产（房屋本体、机动车辆等）及时购买相应的保险。

（九）产权更改及物业租赁

您所属单元若有任何产权更改或物业租赁，请及时以书面形式通知物业管理中心，并提供新业主或租户的有关资料。

（十）失物处理

如业主在公共区域捡拾到物品，请送交物业管理中心，物业管理中心将予以登记并及时寻找物主，一般普通物品将被保留 3 个月，贵重物品将送交公安部门管理。

二、物业设备、设施及附属配套服务功能

（一）电力供应

社区为双路供电、每户设独立插卡式电表，业主需自行到工商银行充值。户内暗线安装灯位、安全插座及开关。为了安全着想，业主不可超负荷用电或私改户内电路。

（二）消防保安系统

社区设有消防保安控制中心，各单元门设有门禁系统，房屋内设有可视对讲；厨房设有燃气泄漏报警系统；且每户设有报警按钮直通控制中心；园区内设有保安监控系统、红外对射周界报警系统，以确保业主居住安全。

（三）燃气供应

社区统一供应天然气，由燃气公司负责管线安装调试并直达各用户。每户设独立燃气磁卡表。

（四）供暖

由市政热力提供。

（五）供冷

为户式中央空调制冷系统。

（六）冷热水

社区生活冷热水为 24 小时供应。每户均设独立冷水表，采用远传式计费形式；热水表为 IC 智能卡。如您发现供水系统出现问题，请尽快通知物业管理中心予以修复。

（七）有线与卫星电视系统

社区配置了卫星天线接收系统及有线电视接收系统，每楼每户的起居室及卧室设有电视天线插座。

（八）电话/通信插座

电信系统由城市管网接入社区电信管网，小区设电信模块局，程控电源入户，可接两部直通电源外线，可供用户灵活安装，每户至少留有两处数据接口。

（九）车位及车库

停车场设在地下车库，业主凭门禁卡及停车证出入停车场；访客车辆停在地下车库临时车位，物业管理中心采用计时收费方式进行管理。

（十）信箱

普通邮件将由当地邮局投递员投递到业主信箱内，快件、挂号信、汇款单等在业主不在家的情况下由物业管理中心代为接收后送交业主签收。

（十一）社区生活会所

社区内设有生活会所，方便业主生活所需，丰富业主精神文化生活。

三、温情提示

（一）管理费计缴时间

不论您所购房屋是否使用，均从《入住通知书》中规定的入住日期截至次日起计缴管理费。

（二）装修施工单位的监控

您要对您所聘用的装修施工单位及其行为进行监管，若有损坏公共地方或公共设施，或给公共地方遗留下废物等现象发生，您是最终负责人，需承担责任。

（三）紧急联络资料更新

为了能够给您提供及时有效的服务，尤其是发生紧急情况时，能准确、及时地与您取得联系，快速处理紧急情况，以维护您及相邻业主的人身、财产安全，您有必要留下您有效的紧急联系方式。日后若联系方式发生变化，请您务必及时以书面形式告知管理中心。

（四）厕所及下水道

请勿把垃圾、头发、卫生用品、剩菜剩饭等投入厕所马桶、浴缸及各类排水设备中，此举易引致厕所及楼宇管道堵塞。如因不当使用而引起损坏，您需要负责全部修理及赔偿费用。

（五）告示海报

除物业管理中心同意于指定的地方并盖有物业管理中心之图章，公有墙壁或其他公共区域和电梯内均不可以随意张贴告示、海报、小广告，更不可以随便涂绘。

（六）注意高层物品的坠落

切勿将任何物品抛出窗外，尤其是位于高层的住户。以免造成地面物品的损坏，重则危害他人生命。

四、管理规则

为了向每一位业主提供整洁、安全、有序的居住环境，物业管理中心敬请广大业主及使用者遵守下列规则及条例。物业管理中心可按实际情况作出修改及增加并告知各业主。

（一）水、电、燃气使用管理规则

1. 水

（1）社区内公用的给排水管道由物业管理中心负责养护维修，业主不得随意开挖、安装、更改管线。如业主在单元内装修时确需增建，必须事先书面申明理由并提交施工方案及图纸，经物业管理中心批准后，再行施工。

（2）业主应爱护水表和其他公共管线设备，如发现水道设备损坏和给排水不畅，应及时报修，由物业管理中心负责维修。单元内维修费用由业主承担。

2. 电

（1）电路出现故障，业主应通知物业管理中心检查维修，不能私自触动公共配电设施，尤其在停电时不得私自维修。如因私自维修造成公共配电设施损坏，业主应负全部责任。

（2）业主如需特殊用电，可向物业管理中心提出申请，并接受监督和指导，保证安全用电。

3. 燃气

（1）业主发现燃气灶具、燃气表及其他设备有故障时，应及时报修，不要私自拆装检修，以避免造成意外事故。

（2）私自违章维修者所造成经济与人身责任均由其承担全部责任。长期外出前请关闭燃气开关，认真检查燃气设备，发现有漏气现象及时向物业管理中心报修，切勿拖延时间。

（二）电信及有线电视使用管理规则

1. 电话

（1）社区内电话线路由物业管理中心负责日常养护维修。请业主不要私拆电信线路，如违章施工，造成通信中断，由肇事者承担由此引起的经济损失和法律责任。

（2）电话使用、安装、拆移、更名、过户等按中国电信规定办理，电信线路有故障时，请及时向物业管理中心或网通报修，不要自行拆检，以避免发生大范围通信障碍。

2. 有线／卫星电视

（1）社区内电视接收和放送设备及线路设施由物业管理中心负责养护维修。电视节目内容的播放均按政府有关部门规则实施。

（2）当收视效果不好，或者电视信号接收发生故障，请及时通知物业管理中心或相关电信单位派专业人员进行维修。

（三）社区车辆交通管理规则

（1）车辆进入社区必须持有物业管理中心合法的本社区有效停车证，并按规定悬贴于车辆前挡风玻璃显著位置。无证车辆进入社区时，由保安人员登记后发卡，方能进入。

（2）进入社区的车辆必须遵守社区内交通规则、标志和服从社区管理人员的指挥，如损坏路面或公共设施，必须按价赔偿。

（3）车辆驶入社区必须按照物业管理中心与公安交通部门所制定的规定车速以及物业管理中心制定的路标行驶。

（4）禁止在社区内学习驾驶车辆，一经发现学习驾车，该车将会被截停，由物业管理中心安保部处置。

（5）业主需在指定区域装卸货物，以保证道路畅通。

（6）为保证社区安全，严禁携带易燃、易爆、剧毒及各种腐蚀品的车辆进入社区。社区停车场内严禁堆放任何易燃、易爆物品，不准进行车辆修理，如有紧急维修，应到物业管理中心登记并经允许方可维修。

（7）非机动车一律停放在社区自行车存放处，机动车一律放在地下停车场。

（8）为保证社区内公共环境卫生，严禁在社区内公共地方擦洗车辆，一经发现，物业管理中心管理人员有权制止。

（9）所有停放在社区的业主车辆须购置车辆全险，倘业主未按物业管理中心建议购置车辆全险，在小区内发生车辆被盗、被抢等事故，物业管理中心不承担任何责任。

（四）社区环境卫生管理规则

（1）业主的生活垃圾须置于垃圾袋内，每天将系好的垃圾袋放在楼梯的垃圾桶内。

进入社区的人员要保护环境整洁，不准随地吐痰，不准乱扔果皮、烟蒂、杂物等，违者将负责清扫现场。

（2）业主豢养宠物必须按《北京市养犬管理规定》到有关部门注册登记，获得政府有关部门及物业管理中心的批准，并保证不会影响其他住户的正常生活和社区环境卫生。宠物在公共区域影响清洁卫生，由豢养业主负责清扫现场。宠物给他人造成人身伤害事故或财产损失的，由养宠物的业主承担全部经济和法律责任。

（3）社区内公共区域不得张贴海报广告类资料，业主须保持各类墙体清洁，不得乱涂、乱画、乱写，违者应负责清洗粉刷费用。

（4）凡乱倒垃圾、污水、杂物，污染公共地方者必须负责清扫现场并受到相关处置，如由此引起下水道堵塞或损坏，违者均应负责全部修理费用。

（5）为保持环境整洁和宁静，请不要在 22:00～次日 7:00，12:00～14:00 之间在花园或公共区域内弹奏乐器，使用音响器材，以致影响邻居。

（五）社区绿化管理规则

在绿化区域内，未经物业管理中心同意不准放任何物品，不准设置广告牌。

（1）凡人为造成公共草坪及绿化设施损坏者，将根据损坏程度给予处罚。不允许在花园内燃烧树叶、垃圾等。

（2）社区内公共绿化、花草树木、公共广场、中心水景皆为业主服务，所有人员均有责任保护其完好。请勿攀折、践踏，切勿在绿化区域内玩耍、停放车辆。

（六）消防管理规则

（1）业主应遵守《治安、消防协议书》中的条款。

（2）社区内所有消防设施不准擅自移动，不准用于其他用途，擅自改动和使用消防设施者，将会受到处罚，情节严重要负全部经济和法律责任。

（3）业主进行室内装修，需增设电器线路时，必须先到物业管理中心报批，施工要符合安全规则，严禁乱拉、乱接临时用电线路；使用易燃或可燃材料的，必须按规定进行防火处理。

（七）物业租赁管理规则

（1）业主物业的承租人应遵守业主在《业主（临时）公约》中承诺遵守的相关规定。

（2）业主在出租物业时，须要求其承租人到物业管理中心客户服务部办理相关手续。

（3）业主物业承租人退租时，须按《租户退租流程》办理。

五、紧急情况应变措施

物业管理中心敬请各位业主详细参阅下列预防措施以应突发事件之需。

（一）家居防火办法

（1）切勿让小孩擅取火柴及打火机，切勿让无生活处理能力的孩童独自留在家中。

（2）电器插座不可负荷过重，切勿将过多插头插在同一电插座上。

（3）勿将电暖炉移近易燃物品，暖炉附近应保持空气流通，以免发生过热情况。

（4）就寝或外出前，请将不必要的电插座、电器开关、燃气阀门关上。

（5）应将烟头及火柴之余烬熄灭，勿在床上吸烟。

（6）在浴室内，触电的危险性最大，除原有插座外，不应安装其他插座。再者，切勿用湿手换灯泡。

（7）家中不可以存放超过0.5公斤的汽油、酒精、香蕉水等易燃、易爆物品。

（8）家用电冰箱内不可存放可燃易爆化学物品。

（二）假如发生火情，您应该：

（1）立即通知物业管理中心前台或消防中控室。

（2）按手动报警按钮并呼叫，以警示他人。

（3）关闭燃气阀门、电源总闸及着火区域附近的门窗。

（4）保持镇静，通知家人立即离开住所，关上门户，切勿慌张乱走。

（5）切勿不顾生命无限救火，以免给您带来更大的伤害。

（6）如无法逃出，应躲避到未着火的房屋内，关闭房门，并用湿毛巾等物品堵住门缝，保持冷静，待消防队救援。

（7）按每层电梯间紧急疏散图的指示疏散逃生。

（8）听从物业管理中心人员的指挥。

（9）逃生过程中，切勿乘坐电梯。

（三）假如发生浸水情况，您应该：

（1）尽快将可能受损的贵重物品移往较高处。

（2）立即通知物业管理中心。

（3）物业管理中心工作人员出现前，切断电器用具的电源。

（4）水浸之后

- 逐渐抽出积水，以减少对结构造成的更大损害。
- 水干后注意消毒，避免虫害。
- 消除家具下方及其他地方的积水，避免破坏环境卫生。

（四）发现燃气泄漏

- 业主发现燃气泄漏，请立刻关闭有关气体供应阀门并将户门打开，让空气流通。
- 请尽快切断所有电器、照明电源。
- 如有人中毒，要迅速将病人平放在空气新鲜的地方，直至送往医院救治。
- 现场严禁明火或使用手机。

（五）电源中断

- 电源若突然中断，请立刻通知物业管理中心。
- 保持冷静，待物业管理中心通知安排。
- 业主若离开房屋，请将门窗紧闭及确保所有明火熄灭。

（六）安全防范

- 业主外出或晚间入睡前，须妥善关闭所有门窗。如发现有任何可疑情况，请立即通过安全报警系统报警或电话通知消防中控室。
- 业主如遗失钥匙，请立即把门锁更换，以防偷窃事件发生。
- 不要给陌生人开门，遇有公共机构或政府人员上门，请其出示有效证件，并向物业管理中心查询。

（七）发生地震时，您应该：

（1）保持镇定，迅速撤离或躲在桌子或坚固的结构下寻求掩护。

（2）远离窗、玻璃隔板、架子或悬挂的物件。

（3）地震时不要躲在楼梯底下。

（4）准备应付有可能发生的余震。

（5）按每层电梯间紧急疏散图的指示疏散逃生。

（6）在地震间隙，要迅速拉断电闸，关闭天然气的阀门，带上防震包，撤离到安全地区。

（7）逃生过程中，切勿乘坐电梯，切勿触摸裸露的电线。

（8）震后如需帮助，请通知物业管理中心。

（八）如发生电梯故障，乘客被困在电梯内，您应该：

（1）保持镇定，按动警铃，通知监控中心。

（2）通过对讲电话保持与监控中心联系，配合工作人员的救援行动。

（3）不要擅自从电梯天窗爬出。

（4）电梯门开启后，请听从工作人员的安排，避免因电梯移动造成的意外事故。

（5）特别提示：儿童乘坐电梯必须由大人陪同。

六、物业管理中心服务项目

（一）免费服务项目

1. 提供信息咨询：
（1）搬家公司信息
（2）教育文化信息
（3）交通运输信息
（4）旅游度假信息
（5）家庭保健信息
（6）家教信息等

2. 提供各自日常生活所需的便民服务：
（1）梯子的借用（1.5米、2米）
（2）超市小推车及运货式小推车的借用
（3）常用工具的借用
（4）雨伞借用
（5）自行车气筒借用

3. 代叫出租车服务

4. 邮政服务：送挂号信、汇款单、包裹单，报刊预订

5. 组织开展各种文体活动

6. 代缴卫星、有线电视收视费

（二）特约有偿服务项目

1. 业主空置房租赁代理服务

2. 清洁服务（钟点工、新居开荒、室内大清洁等）

3. 家庭服务（护理婴幼儿/老人、月嫂、宠物看护、家庭厨师等）

4. 消杀防疫

5. 植物租摆

6. 洗车服务

7. 洗衣、烫衣服务

8. 代购物品

9. 便民超市

10. 水站

11. 代订机票、火车票

12. 商务服务

13. 室内有偿维修服务

七、客服部管理制度

第一节　工作管理规范

（一）严格按照公司的礼仪规范着装，上班前互相检查仪容仪表。

（二）禁止在工作时间使用手机、对讲机、可视对讲或内线电话闲聊。

（三）不得在上班时间看书报、杂志。

（四）禁止在办公场所用餐。

（五）不得违反《员工手册》相关规定。

（六）禁止在办公场所与孩童戏耍、追逐。

（七）未经上级许可不得私自离开工作岗位。

（八）不得以获取相应好处为目的进行代办事项。

（九）禁止在上班前及工作用餐时食用有异味的食物及饮酒，如：羊肉、洋葱、大蒜、芥末、腊制品等。

（十）严禁向他人泄露业主隐私及相关资料。

（十一）禁止在工作场所及小区内吹口哨、吸烟。

（十二）严禁以对讲机泄露业主隐私及电话号码等相关资料。

（十三）严禁相互传播业主隐私。

（十四）严禁私自给业主介绍保姆、钟点工。

第二节　大堂的秩序管理制度

（一）确保大堂各项设施、设备正常运行（如：按时开、关空调及照明系统等），及时处理可能影响运行的事项。

（二）大堂内不可大声喧哗、吵闹，进入大堂的来访者衣着必须得体，谢绝衣着不整的服务人员（保姆、投递员、送车船票者等）进入大堂。

（三）应劝阻孩童在大堂打斗，禁止溜冰、奔跑，禁止攀越栏杆等危险动作。

（四）应对大堂内一切不雅姿势进行制止。

（五）制止破坏卫生及公共设施设备的行为。

（六）随时注意监视器，发现区域内有异常情况，应及时通知监控中心或相邻岗位，并制止。

（七）除特殊情况，当值人员不得与业主或客户、保姆聊天、闲谈。

第三节　大堂卫生及系统故障跟进

（一）及时跟进卫生破坏事项，如孩童便溺、痰迹等。

（二）确保大堂地面无灰尘、无污迹、无杂物，随时跟进。

（三）如遇雨、雪天，应及时通知清洁人员铺放地毯及"小心地滑"警示牌。

（四）如遇沙尘暴及暴风雨天气，主动知会相邻大厦，并请相邻大堂或门岗值班员协助观察，发现业户未关窗的及时用可视对讲通知业户。

（五）检查各种设施设备（如天花板、灯具、监视器、电梯、可视对讲、门禁系统等），如发现故障或其他异常情况，及时上报领班，同时做好记录。

第四节　日常用语规范

（一）"先生/小姐/阿姨，您好！""请问您是不是该楼的业主/住户？"（如果对方是小区业主/住户）"请您出示业主/住户证，好吗"，（确认是小区业主/住户）"谢谢！"

（二）早上好！（进出大堂晨运人员）晚上好！（进出大堂人员）

（三）别客气，这是我们应该做的（帮助业主提东西或扶老携幼等业主感谢时）。

（四）欢迎多提宝贵意见（业主反映小区管理存在不足之处时）。

（五）谢谢您对我们的鼓励（帮助业主/客户处理某些事后，他/她感谢时）。

（六）对不起，请不要吸烟（业主/客户/其他人员在大堂内吸烟时）。

（七）您有什么要求（问题），我们会尽力帮您解决（对需要帮助主动提问的业主）。

（八）这个问题，我不是很清楚，请稍候，我马上帮您去咨询（不能满意回答业主问题时）。

（九）对不起，我没听清楚，麻烦您再讲一遍可以吗？（客户问路/业主反映问题或提出疑问时）

（十）说话不当，使您不愉快，请谅解（向业主表示歉意时）。

（十一）对不起，打扰了（询问业主/敲业主房门时）。

（十二）谢谢您的合作（业主/来访/维修人员，配合您的工作时）。

（十三）请原谅，工作时间不能长谈（业主/客户主动与您闲聊时）。

（十四）请您注意脚下安全（雨天路滑/施工/抢险/道路受阻时）。

第五节　对讲机使用管理规定

（一）对讲机是日常工作中通信联系的工具，在使用时必须严格按照说明中的规定使用。

（二）在日常工作中，对讲机应随时放置好，以保证对讲机时刻处于良好的使用状态。

（三）对讲机由值班人员使用，严禁转借他人，严禁个人私自携带外出。

（四）对讲机严格按规定频道正确使用，严禁用机体敲打任何物体、私自乱拆、乱拧或乱调其他频道，否则按违纪处理。

（五）拉扯或弯曲对讲机天线。

（六）在交接班时应做好对讲机交接验收工作，以免出现问题时互相推脱责任。发现问题应做好记录并及时上报领班和主管加以处理。

（七）电池均按岗位编号，定人定岗使用，未经许可，不准许挪用到其他岗位。

（八）充电器应妥善保管、正确使用。

（九）用对讲机用语呼叫对方时应先报自己的岗位再叫对方岗位，结束通话时应报结束语，工作时不能讲与工作无关的事，汇报工作时应表达清楚，简明扼要。

（十）损坏对讲机将受到处罚，按损坏程度赔偿损失并给予纪律处罚。

第六节　宠物管理制度

（一）为了保障小区业主、住户的健康和人身安全，维护小区环境和公共秩序，根据国家有关法律、法规，结合小区实际情况，制定本规定。

（二）小区内所有养犬人均需持有由当地派出所负责登记年检的《准养证》，方可饲养。

（三）所有在小区内饲养的宠物（主要是犬只）均需到畜牧兽医行政部门批准的动物诊疗机构对犬进行健康检查并注射预防狂犬病疫苗，且持有动物防疫监督机构出具的《宠物健康免疫证》。

（四）凡是北京市重点限养区之内，需按北京市相关规定执行限养。

（五）下列品种的犬禁止在园区内饲养：

圣伯纳犬、大白熊犬、罗威纳犬、松狮犬、牧羊犬、斑点狗、雪橇犬、纽芬兰犬、猎狐犬、德国杜宾犬、大丹犬、英国斗牛犬、雪达犬、伯恩山犬等烈性犬。

（六）园区内许可饲养的小型观赏犬的品种与体高标准作出规定：

1. 小型观赏犬的体高标准是：成年犬不超过35cm。

2. 小型观赏犬的品种为：北京犬、西施犬、拉萨犬、巴哥犬、日本钟、博美犬、卷毛丝熊犬、吉娃娃、马尔吉斯犬、贵妇犬（玩具型）、蝴蝶犬、中国冠毛犬、腊肠犬。

（七）居于小区的养犬户应持住所地的公安机关签发的《准养证》、《宠物健康免疫证》至物管中心客服部进行养犬登记，同时缴纳犬的一寸照片一张及《准养证》、《宠物健康免疫证》的复印件各一份，领取《宠物管理制度》并与物业公司签订《养犬协议书》。

（八）养犬登记证每年年检一次，养犬人应每年将年检后的《准养证》、《宠物健康免疫证》的复印件各一份提交至物管中心客服部以备案存档。

（九）养犬人住所地变更（持其他地区养犬登记证租住的住户）的或将犬转让给他人的，均应持养犬登记证到当地派出所办理变更登记后与客服部办理相关登记手续。

（十）小区遛犬有关规定（不同物业项目可根据情况调整）：

1. 遛犬时间：早 8:30 之前、午 12:00 至 13:00、晚 20:30 之后；

2. 遛犬地点：C、F 楼东侧及北门外；

3. 携宠物外出时要将宠物抱起并乘坐货梯；

4. 外出遛犬时请务必佩戴狗牌及狗链，由成年人牵领，携犬人应当携带养犬登记证，并应当避让老年人、孕妇和儿童；

5. 遛犬需从一层侧门行走，即可到达规定的遛犬地点；

6. 如遇急事或特殊原因须携宠物穿行大堂时，请务必将宠物抱起；

7. 遛犬前携带"宠物粪便垃圾袋"，并需及时清理宠物排泄物；

8. 定期为犬注射预防狂犬病疫苗；

9. 养犬不得干扰他人正常生活，犬吠影响他人休息时，养犬人应当采取有效措施予以制止。

（十一）如在本小区内发生犬伤害他人事件时，养犬人应当立即将被伤者送至医疗卫生部门诊治，负担其全部医疗费用；对伤人犬应当及时送交畜牧兽医部门检查，发现狂犬病及时处理，同时应接受物业公司人员的协调管理并配合解决。

（十二）如住户在外出遛犬时有违反以上规定的，物管中心人员会随时提醒并劝阻，使小区的宠物管理制度更加标准化、规范化。

以上规定是依据 2003 年 9 月 5 日在市第十二届人大常委会第六次会议上获得通过，10 月 15 日开始施行的《北京市养犬管理规定》拟制而成。

第七节　部门工作巡查制度

（一）为检查各部门日常运作是否符合规定要求，使检查、监督行之有效，提高和改善管理整体水平。

（二）对各部门的七大服务进行检查，巡查包括不定期抽查或定期检查。

（三）分公司总经理负责安排督导各部门经理、主管对房管、治安、车辆、清洁、绿化、维修、社区活动七项服务进行监督、整改，并负责对现场检查结果情况进行事后整改跟踪。

（四）制度

1. 由公司制订每月工作巡查计划，对各部门工作巡查，进行定期检查与不定期检查。

2. 在现场检查过程中，各检查人员按检查表的内容，客观公正地进行检查。定期将检查内容专题通知各有关部门。

3. 检查人员应认真判断，发现不合格项目应取得受检查部门或受检部门人员的认同，如实地将检查结果分别填写在《检查表》中。

4. 检查前，相关人员用统一检查表格并准备做好现场记录。

5. 在进行现场检查前，负责人应召集检查人员开一次小会，明确各项服务过程的检查时限，检查人员的分工，检查总结会议的时间，以及其他注意事项。

6. 现场检查完毕后，检查人员将发现的所有不合格服务项目填写在《检查表》中，严重不合格项目要即日告知分公司总经理并做好相应的记录。

7. 检查总结会应按原指定时间进行，由检查负责人主持，检查人员轮流汇报检查结果，最后由检查小组统一汇总后，并将汇总结果记录在统计表中交受检部门，对于不合格项目，有关责任人必须提出纠正措施并进行整改，对于重大不合格项目与严重不合格项目，其纠正措施必须经公司总经理认可方能执行。

8. 检查小组对受检的管理分部在规定时间内对纠正整改措施完成时间效果进行跟踪验证。

9. 检查记录妥善保存，保存期为 3 年。

（五）巡查的项目和注意事项

1. 巡查的项目

（1）房管服务的巡查项目主要包括日巡视、周检及不合格服务处理情况，培训、考核，月工作计划的落实、管理，仓库文件资料管理，投诉和来访接待与处理物业巡查记录、有关标准化制度和规定的执行情况，各项收费标准及收缴情况等。

（2）保安服务的巡查项目主要包括值班、巡逻、班检、换岗交接、员工的考核、培训情况，工具的使用及保养，大厦来访登记，楼宇巡查记录，治安案件的发生和处理情况，员工服务态度、仪容仪表，值班室的整洁、安全情况，封闭管理情况等。

（3）车管服务的巡查项目主要包括车辆出入登记、车辆的交叉巡逻情况，停车场清洁，车辆盗损的处理，车辆停放（包括机动车、非机动车），员工的考核和培训情况，员工服务态度、仪容仪表，值班室的整洁、安全情况等。

（4）绿化服务的巡查项目主要包括：乔灌木整形修剪、草坪养护、防风防涝、浇水抗旱、补栽补种、病虫害预防情况。

（5）清洁服务的巡查项目主要包括室内、外的清洁消杀、垃圾清运、清洁设施、清洁保养情况，工具房整洁情况，员工操作、服务态度、仪容仪表等。

（6）社会文化服务的巡查项目主要包括有偿服务管理情况，设施、设备的清洁、保养，社会文化活动的组织、落实情况。

（7）维修服务的巡查项目主要包括室内维修，房屋本体公用设施的维修养护，室外共用设施的维修养护、维修保养的效果和及时性。

2. 注意事项

（1）巡查可采用查阅记录、提问、观察、向业主（住户）征询，向有关单位了解情况等。

（2）如巡查合格，在结果栏打"√"，如不合格，则对不合格情况作简单描述，对严重不合格、治安案件发生情况等需在《记录表》备注栏中说明。

（六）对物业服务态度中出现的不合格事项，处理方法可包括：

1. 返工（重做）；

2. 要求责任人解释，并提出更改方案；

3. 召开专题会议，审订更改方案；

4. 追究当事人，责任人的责任。

（七）预防措施

1. 利用质量问题的信息反馈分析原因，并消除不合格潜在的因素。

2. 对任何要求预防措施的问题确定所需的处理步骤。

3. 对采取的预防措施实施控制，确保其有效性。

4. 跟踪验证预防措施的实施效果。

（八）纠正整改措施

1. 公司各部门必须按《投诉处理程序》的规定，对所有住户的投诉，包括行业主管部门的要求进行有效的处理，确保顾客满意为止。

2. 公司鼓励所有员工针对出现的问题提出采取纠正整改措施可以发到公司内任何责任部门及相关承包方。

3. 纠正措施：

（1）调查并记录不合格产生的原因；

（2）确定消除不合格项目所需的纠正措施；

（3）各部门领导负责监督其责任范围内纠正措施的有效执行；

（4）管理分部经理负责监督与制度执行的纠正措施的有效执行；

（5）管理分部经理或其他人对纠正措施进行跟踪验证。

第八节 客户临时寄存物品管理办法

（一）为客户提供方便，提供服务。

（二）适用于公司和各分公司。

（三）职责

1. 礼宾部前台值班人员须对客户临时寄存的物品进行查看、登记确认。如有危险物品，有权拒绝客户临时存放的要求。

2. 礼宾部前台值班人员对客户临时存放物品放置保存完好，当客户取物时及时完好地交付。

（四）方法和过程控制

1. 客户有时会临时寄存大堂前台一些物品，为了方便客户，大堂前台值班员礼貌接收所寄存物品，并立即确认签收和记录客户的信息。

2. 大堂前台值班员在查看客户所寄存的物品时，对于易燃、易爆危险物品须拒绝客户寄存的要求。

3. 各班值班员对于客户临时寄存的物品要看护好，防止丢失、损毁和沾有污物。

4. 客户将临时寄存物品领取时，大堂前台值班员须请其签收确认。

5. 对于客户超过短时期的寄存物品，大堂前台值班员须进行电话联系，提示客户领取。

6. 对于客户寄存的物品有时会托付大堂前台值班员将此物转交前来取物品的他人，大堂前台值班员在转交他人时应认真验证，并请接收物品人签收。防止转交有误，造成客户的损失。

7. 对于客户寄存临时寄存物品，是物业分公司的一种服务项目，在接收、查看与交付的环节中，礼宾部前台值班员须按规定执行。

第九节　空置房屋管理办法

（一）为了使本小区空置房得到规范管理，保证房态信息的准确性、及时性，并维护其正常功能，特制定本办法。

（二）适用于已办理接管验收的空置房的管理。

（三）职责

1. 礼宾部负责空置房钥匙的统一保存及管理。

2. 礼宾部前台人员负责空置房房号的提供及相关资料的核对，以及空置房室内卫生的清洁及设施完好情况的检查并及时报修。

3. 工程部负责空置房室内设施的维修。

4. 物业服务部负责空置房室内卫生的清洁及设施完好情况的检查并及时报修。

（四）方法和过程控制

1. 空置房分三种情况：

（1）已办理接管验收但并未售出的房屋；

（2）房屋已售出但未办理入住手续；

（3）房屋已办理入住手续但未进行装修及投入使用。

2. 上述空置房中，前两种由物业公司进行维护管理，其管理费用：

（1）未售出的空置房由开发商全额支付。

（2）已售出的空置房，交付前由开发商承担管理费；交付后由业主自《入住通知书》生效之日起全额支付。

（3）已办理入住手续而未装修及投入使用的空置房的维护管理，原则上由业主自行负责，物业公司予以必要的协助。

（4）空置房的钥匙由物业组负责按《钥匙管理程序》进行保存及领用管理。

（5）分公司委派专人定期对空置房状态进行核对汇总，如实际检查房态和档案记录不相符，专门负责人负责与有关部门核对并做必要的协调工作。

（6）如在检查过程中，发现有重大问题时，应及时通告相关部门进行处理。

（7）空置房室内卫生的保洁由物业服务部按计划负责组织实施并做记录。

（8）清理空置房卫生的同时，要检查室内水、电、气等设施状况，并于《空置房检查记录表》上予以记录，发现破损及时报修。

（9）工程部根据报修内容，对空置房的设施予以及时修复，保证房屋的正常使用功能。

（五）支持性文件

《钥匙管理程序》。

第十节　业主档案资料管理制度

（一）根据业主档案资料的重要性及保密性，为便于系统化管理，现制定如下管理制度。

（二）适用于公司各分公司物业中心对业主档案资料的管理。

（三）内容

1. 业主基本资料情况

（1）入住通知书

（2）业主资料卡

（3）承诺书

（4）前期物业管理协议

（5）文件签收单

（6）身份证复印件

（7）发票复印件

2. 业主入住后对房屋使用过程中所发生的所有资料

（四）职责

1. 档案室由物业礼宾部物业中心负责管理，礼宾部经理指定专人负责保管档案室及档案柜的一套钥匙；

2. 礼宾部经理指定的专人负责保管一把各自区域内档案柜的钥匙，以便业主档案资料归档及时、规范管理；

3. 负责办理签约入住人员应对业主档案基本资料的完整性、完好性负责；归档的文件资料书写时必须用耐久的纸张、墨水，不得使用铅笔、圆珠笔；

4. 业主档案资料在业主办理完各项手续后即行归档，24小时之内必须录入电脑；

5. 礼宾部经理指定的专人负责各自区域内业主的档案资料的接收、整理、编号、装订、存放及档案的借阅、登记、统计等工作，填写《业主资料登记表》；

6. 如礼宾部经理指定的专人不在，物业主管负责业主档案资料的存放工作，并及时与礼宾部经理指定专人做好交接手续工作，填写《业主档案资料代存放通知单》。

（五）管理要求

1. 礼宾部经理指定的专人应对业主档案基本资料的完整、完好和保密负责；

2. 业主档案资料保管必须做好防尘、防火、防潮、防霉、防鼠、防盗等工作；

3. 为保证档案资料存储的安全，电子版资料必须每月备份一次，交礼宾部经理保管。

（六）档案借阅

1. 业主档案资料只限于分公司员工及公司需要查阅的人员在档案室查阅，且须经礼宾部经理批准，同时填写《文件、档案借阅登记表》；

2. 外单位及个人因工作需要查阅档案时，必须经分公司总经理批准，同时填写《文件、档案借阅登记表》；

3. 查阅档案者必须保证档案的完好，不得在档案上涂改、画线、圈点等；

4. 档案借还情况需在登记本上登记。

附件：

1. 备用钥匙清单

备用钥匙清单

编号：BPPCS – JL – 01 　　　　　　　　　　　　　　　　　　　序号：

部门										
序号	钥匙名称	数量	持有人情况		备用钥匙存放地点	数量	备用钥匙管理员变更情况			
							（一）	（二）	（三）	（四）
1										
2										
3										
4										
5										
6										
7										
8										
9										
10										
11										
12										

2. 代存放档案登记表

代存放档案登记表

编号：BPPCS - JL - 03　　　　　　　　　　　　　　　　　　　　序号：

序号	存放档案内容	存放日期	存放人	交接日期	交接人	备注
1						
2						
3						
4						
5						
6						
7						
8						
9						
10						
11						
12						
13						
14						
15						
16						
17						

3. 电子显示屏信息发送通知单

电子显示屏信息发送通知单

编号：BPPCS – JL – 04　　　　　　　　　　　　　　　　　序号：

致：　　　　　部门	由：礼宾部
内容：	
时效：	

拟文：	批准：	时间：

4.《电子显示屏信息发送通知单》接收表

《电子显示屏信息发送通知单》接收表

编号：BPPCS – JL – 05　　　　　　　　　　　　　　　　序号：

时　间 （　月　日　时　分）	通知单 编号	内容简述	值班人员签字

5. 房屋交付验收表

房屋交付验收表

编号：BPPCS – JL – 06   序号：

楼座		房号		业主姓名		联系电话	
客厅	天花板						
	地面						
	墙面						
	门窗						
	电路						
	其他						
卧室	天花板						
	地面						
	墙面						
	门窗						
	电路						
	其他						
厨房	天花板						
	地面						
	墙面						
	门窗						
	电路						
	地漏及上下水						
	烟道						
	其他						
卫生间	天花板						
	地面						
	墙面						
	门窗						
	电路						
	地漏及上下水						
	其他						
阳台							

房屋交付验收表（附页）

编号：BPPCS－JL－06　　　　　　　　　　　　　　　　　序号：

其 他		
要求维修时间：		
业主意见： 年　月　日	物业公司意见： 年　月　日	开发商意见： 年　月　日
处理情况： 处理人签名：　　　　　　　　　　　　　　　　　年　月　日		
业主意见： 年　月　日	物业公司意见： 年　月　日	开发商意见： 年　月　日

6. 顾客投诉记录表

顾客投诉记录表

编号：　　　　　　　　　　　　　　　　　　　　　　　　　序号：

顾客姓名		房间或车牌号		联系电话	
投诉(建议)内容： 　　　　　　　　　　　　　　　　　　　　　　记录人：　　　　　年　月　日					
应急措施： 　　　　　　　　　　　　　　　　　签名：　　　　　年　月　日					

原因分析： 　　　　　　　签名：　　　　年　月　日	要求 纠正 期限	□1 天　□1 周 □1 月　□3 月 □6 月
	责任人 签名	
	日期	年　月　日

处理结果/纠正措施：   　　　　　　　　　　　　　　　　　　签名：　　　　　年　月　日

责任部门	改善负责人	改善完成日期	验证负责人	验证结果

顾客意见		签名	
		日期	年　月　日
部门经理意见		签名	
		日期	年　月　日
副总经理意见		签名	
		日期	年　月　日
总经理意见		签名	
		日期	年　月　日

7. 机顶盒安装记录表

机顶盒安装记录表

序号	客户姓名	房间号	联系电话	机顶盒号	卡号	申请日期	安装日期	备注
1								
2								
3								
4								
5								
6								
7								
8								
9								
10								
11								
12								
13								
14								
15								
16								
17								
18								
19								
20								

8. 客户临时寄存物品登记表

客户临时寄存物品登记表

序号	寄存日期	客户房间号	客户联系电话	物品名称	物品数量	客户签字	值班员签字	领取日期	客户签收	备　注
1										
2										
3										
4										
5										
6										
7										
8										
9										
10										
11										
12										
13										
14										
15										
16										
17										
18										
19										
20										

9. 日常工作检查表

日常工作检查表

时间：　　　年　　月　　日

序号	存在问题	责任部门	完成时间	实际结果	备　注
1					
2					
3					
4					
5					
6					
7					
8					
9					
10					
11					
12					
13					
14					
15					
16					
17					
18					
19					
20					
21					
22					

10. 社区文化活动记录表

社区文化活动记录表

编号：　　　　　　　　　　　　　　　　　　　　　　　　　　　　　序号：

部　门		日　期	′	活动地点	
活动主题					
具体活动安排：					
活动效果总结：					
记录人签名				日　期	

11. 特别事件报告

特别事件报告

日期：　　　　　　　时间：　　　　　　　地点：　　　　　　　报告编号：

事件特别性质：

受理者：

财务损失：

事件详情：

包括目击者资料，现场环境，各有关资料及辅以现场车区，并注明所采取之行动及各要略。

　

部门经理处理意见：：

总物业经理处理意见：

警察到达时间：　　　　　　　　　　　　警方档案编号：

消防车到达时间：　　　　　　　　　　　救护车到达时间：

报告员工姓名：　　　　　　　　　　　　签署：

送交管理处日期：　　　　　　　　　　　时间：

受件人签署：　　　　　　　　　　　　　日期：

12. 文件档案借阅登记表

文件档案借阅登记表

编号：　　　　　　　　　　　　　　　　　　　　　　　　　　序号：

序号	档案内容	借阅部门	借阅人	借阅日期	负责人	保管人	归还日期
1							
2							
3							
4							
5							
6							
7							
8							
9							
10							
11							
12							
13							
14							
15							
16							
17							

13. 物品领用登记表

物品领用登记表

编号：　　　　　　　　　　　　　　　　　　　　　　　　序号：

日　期	楼　号	房间号	物品名称	数　量	业户签字	备　注

14. 信息联络单

信息联络单

编号：   序号：

由： 部门致：	部门

具体信息内容：

发单部门经理签字：	年 月 日
收单部门经理签字：	年 月 日
公司总经理签字：	年 月 日

15. 业主申请智能卡登记表

业主申请智能卡登记表

编号：　　　　　　　　　　　　　　　　　　　　　　　序号：

业户姓名		联系电话	
房间号		车位号	
车牌号		车辆特征	
车辆已上保险种类			
智能卡功能	出入车库□		单元门禁□
缴费情况		年　月　日至　　年　月　日止	
		年　月　日至　　年　月　日止	
		年　月　日至　　年　月　日止	
		年　月　日至　　年　月　日止	
卡号：		备注：	

16. 业主智能卡登记表

业主智能卡登记表

编号：   序号：

序　号	楼房号	IC 卡号	领取时间	领用人签字	经手人	备　注
1						
2						
3						
4						
5						
6						
7						
8						
9						
10						
11						
12						
13						
14						
15						
16						
17						
18						
19						
20						
21						
22						
23						
24						
25						
26						
27						
28						

17. 钥匙配制申请表

钥匙配制申请表

编号：　　　　　　　　　　　　　　　　　　　　　　　　　　序号：

部　门						
申请日期	钥匙名称	配置原因	数　量	申请人	钥匙管理员	审　批

18. 钥匙使用登记表

钥匙使用登记表

编号：   序号：

部 门	数 量	领用钥匙原因	领用人	签发人	借出日期/时间	归还日期/时间	签收人	备 注

操作实务篇

　　企业在确定了发展目标和规划后，执行就是关键了，许多企业的成功，得力于有很好的执行力。执行力就是实际运作的能力，是把战略转化为行动计划的过程。执行是企业的战略和目标的组成部分，是目标和结果不可缺少的环节。执行力强是优秀的企业文化气质和企业心态的综合体现。执行力不强，企业目标和规划就会落空。强化企业执行机制，深化员工绩效评估，规范管理和服务标准，是激励员工、增强执行力的有效办法。为了保证管理者和员工在执行中有据、得法、达标，在操作实务篇中，规定了每一个岗位的职责、每一个项目的具体工作程序和要求，作为操作规程，让大家工作有标准，服务有依据。在此基础上，可以进行创造性的发挥。保证服务的规范化、制度化，向客户提供满意的服务。

Management of Top Quality Apartments and Villas 高档公寓别墅管理

Integrated Management Practice

目 录

第一章 人事行政部 …………………………………………………………… 453

一、部门概要 …………………………………………………………… 453

二、部门架构 …………………………………………………………… 455

三、工作内容与岗位职责 …………………………………………………… 455

四、服务程序与要求 ……………………………………………………… 457

第二章 财务部 ……………………………………………………………… 472

一、部门概要 …………………………………………………………… 472

二、部门架构 …………………………………………………………… 472

三、工作内容与岗位职责 …………………………………………………… 472

四、服务程序与要求 ……………………………………………………… 475

第三章 工程部 ……………………………………………………………… 512

一、部门概要 …………………………………………………………… 512

二、部门架构 …………………………………………………………… 513

三、工作内容与岗位职责 …………………………………………………… 513

四、服务程序与要求 ……………………………………………………… 520

第四章 安保部 ……………………………………………………………… 537

一、部门概要 …………………………………………………………… 537

二、部门架构 …………………………………………………………… 538

三、工作内容与岗位职责 …………………………………………………… 538

四、服务程序与要求 ……………………………………………………… 544

第五章　客户服务部 ………………………………………………………… 627

一、部门概要 ………………………………………………………………… 627

二、部门架构 ………………………………………………………………… 628

三、工作内容与岗位职责 …………………………………………………… 628

四、服务程序与要求 ………………………………………………………… 633

五、服务程序 ………………………………………………………………… 693

六、突发事件处理预案 ……………………………………………………… 721

七、流程图 …………………………………………………………………… 725

第六章　应急预案 …………………………………………………………… 738

一、传染病应急处理预案 …………………………………………………… 738

二、电梯故障应急处理预案 ………………………………………………… 740

三、防爆预案 ………………………………………………………………… 743

四、防汛预案 ………………………………………………………………… 746

五、火灾应急处理预案 ……………………………………………………… 750

六、跑水应急处理预案 ……………………………………………………… 751

七、食物中毒应急处理预案 ………………………………………………… 754

八、死亡事件处理预案 ……………………………………………………… 755

九、突然死亡事件应急处理预案 …………………………………………… 756

十、外网停电故障应急处理预案 …………………………………………… 757

十一、雨水管道系统堵塞、倒灌应急处理预案 …………………………… 759

十二、污水管道系统堵塞、倒灌应急处理预案 …………………………… 761

十三、消防应急处理预案 …………………………………………………… 762

十四、治安事件应急处理预案 ……………………………………………… 767

第一章 人事行政部

一、部门概要

　　人事行政部是物管中心的重要职能部门，担负着公司人力资源管理和行政管理的重要工作。人事部门是主要负责公司人力资源规划、人事制度及员工管理、薪酬福利管理、绩效管理、员工培训和员工活动等工作的职能部门。根据物管中心的经营管理目标，合理配置劳动力，通过招聘、选拔、配置、培训、开发、激励、考核，培养和储备企业所需人才，制定并实施各项薪酬福利政策，充分调动员工积极性和主动性，激励员工最大限度地发挥潜能，达到符合企业发展的人力资源需求。行政部分负责与行业主管部门及相关单位联系，协调各部门之间的工作，负责中心各类文件的收发，政务的督办。

　　行政工作职能：主要负责公司行政事务、政府关系联络和维护、董事会事务等职能部门。

（一）行政工作

1. 负责公司行政、董事会的文秘工作，起草相关文件，完成会议纪要。

2. 负责 OA 系统及文件的流转管理。

3. 公司历年的文件、档案、保密文件的管理工作。

4. 负责公司工商执照管理与变更、企业代码证书、物业资质等各类执照的管理年检等工作。

5. 负责例会、总经理办公会的准备，会后的各项工作跟办落实。

6. 负责行政后勤、车辆、固定资产管理。

（二）企业文化与政府联络

1. 负责公司企业文化理念的推广及对外宣传工作。

2. 负责与政府和有关各部门的联络及公关。

3. 负责公司对外联络，合作单位、上级单位来宾的接待。

（三）董事会、监事会事务

1. 负责组织实施董事会的有关制度和规定。

2. 与董事会、监事会成员沟通，进行董事会文件准备、会议组织、记录，决议的整理等工作。

3. 负责董事会的文件、文档准备、整理、立卷归档工作。

人事工作职能：主要负责公司人力资源规划、人事制度及员工管理、薪酬福利管理、绩效管理、员工培训和员工活动等工作。

（1）制定人力资源的规划与人事制度

①根据公司的发展及业务需求制定人力资源规划。

②负责人员岗位需求的制定和招聘工作。

③制定年度人工成本预算并实施管理。

④负责制定和调整公司组织架构、明确部门的职责及员工岗位需求。

⑤负责规范各部门业务流程、制定节点环节，明确责任归属。

（2）员工管理

①负责人力资源市场调研，保证员工各项指标或比例，在行业中占领先地位。

②为各部门提供人力资源支持，保证人力资源配置的优化。

③公司劳动合同的签订、变更、解除等工作。

④负责"员工之家"建设和管理，员工活动的组织和安排。

⑤负责与地方劳动保障等政府部门的联络工作。

（3）薪酬福利管理

①负责人才市场调研，了解相关人员的薪酬、福利等。

③公司员工薪酬、福利的制定和实施，确保公司相关政策不违反政府有关规定。

③负责员工社会保险、商业保险的建立及费用的缴纳。

（4）绩效管理与培训实施

①负责各级人员的绩效考核及管理工作。

②负责公司培训计划、培训预算制订。

③负责公司培训系统的建立及培训的实施工作。

二、部门架构

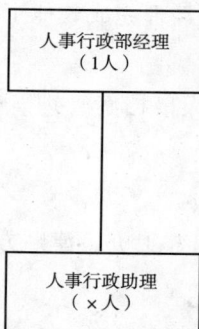

人事行政部经理
（1人）

人事行政助理
（×人）

三、工作内容与岗位职责

1. 人事行政部经理

【直接上级】总经理

【直接下级】主管、助理

【工作概要】全面负责本部门工作。制定中心人事、行政等方面的全年计划及相关规章制度。

【主要职责】

（1）全面负责中心人力资源开发、调配，制定奖励、劳保福利的标准及相关规定，负责制定并组织实施、人事管理规章制度及制订各项培训计划。

（2）根据中心经营、管理目标，依据国家相关政策，制定和完善有关方面规章制度，做好人力资源开发和储备，组织、制订、实施中心人事、行政年度工作计划。

（3）掌握员工的思想动态，发现问题及时解决，协助中心总经理做好企业文化建设。

严格按照《劳动法》指导下属办理中心与员工劳动合同的签订、履行、变更、终止，负责劳动争议处理工作。

（4）尽快形成中心的管理队伍，加强人力资源的预测和统筹管理。

（5）建立各级人员的升降激励机制；建立各类管理人员考核、使用制度和人事档案。

（6）负责同政府机关、劳动部门，社会团体及教育单位建立良好的工作关系。

（7）掌握部门各项财务预算支出，控制成本消耗。

（8）配合财务部做好中心各部门的固定资产申购。

（9）完成总经理指派的其他工作。

2. 人事行政主管

【直接上级】人事行政部经理

【工作概要】负责人事管理中有关劳资、人事档案管理、劳动合同及招聘考核以及日常行政管理工作的具体实施，并协助部门经理完成其他工作。

【主要职责】

（1）负责人事管理中有关劳资、人事档案管理、劳动合同及招聘考核以及日常行政管理工作。

（2）负责中心人员的招聘工作。

（3）草拟并执行有关员工福利待遇、工资、津贴方面的规章制度，办理员工劳动合同的签署、公证和续签等手续。

（4）审核员工考勤、加班补休工资奖金工作。

（5）负责员工人事档案的管理工作，建立并完善人事档案管理系统。

（6）负责中心员工劳动合同管理工作。

（7）根据市场调查和中心运行情况，提出工资薪金计划和调查方案。

（8）负责完成经理委派的其他工作任务。

3. 人事行政助理

【直接上级】人事行政部经理

【工作概要】协助人事主管做好人事方面的管理工作，负责员工保险、培训工作和培训资料编辑工作及日常文件管理工作。

【主要职责】

（1）负责保险、培训工作和培训资料编辑工作及日常文件管理工作。

（2）审核办理员工养老保险、失业保险、住房公积金。

（3）根据中心管理经营方针和在管理服务上存在的问题分析培训需求，制定中心年度培训规划和制订月度培训计划。

（4）负责中心员工培训计划具体实施、组织、协调工作及培训教材的编写、设计。

（5）建立完善的员工培训档案，并做好各项培训记录的收集、存档工作。

（6）检查、监督《员工手册》和人事管理规章制度的执行情况。

（7）完成经理委派的其他工作任务。

（8）组织物管中心各类会议，并拟制会议纪要。

（9）做好日常行政文件的管理工作。

（10）办理员工的入职和离职手续。

四、服务程序与要求

（一）员工管理

1. 员工招聘管理

工 作 程 序	工 作 要 求
1. 获取招聘需求信息	员工需求
2. 招聘渠道	发布招聘信息 参加招聘会 内部提拔
3. 人事行政部在获得应聘人员资料后开始约见应聘者	符合《岗位任职资格》标准 审核应聘人员资料是否符合规定
4. 人事行政部初次面试筛选	应聘人员填写《求职登记表》 应聘者所持证书及相关资料 对面试结果进行记录
5. 用人部门进行复试	考察应聘人员专业技能
6. 主管领导及总经理审批	人事行政部报总经理审批后方可通知应聘人员办理入职相关手续
7. 向应聘人员发出《入职前调查函》，并要求其办理《健康证》	《健康证》必须是区级卫生防疫站
8. 通知录取人员入职时间及所需注意事项	报到具体时间 中心所规定的仪容仪表规范要求
9. 通知用人部门	提前一天

2. 员工入职管理

工 作 程 序	工 作 要 求
1. 与员工签订《劳动合同》	合同为一式两份，合同签订日期为入职当天
2. 发出保险转移通知单	向原保险缴纳单位
3. 填写《员工入职登记表》	按照登记表内容领取员工工牌、考勤打卡号、员工工服、更衣柜和餐卡
4. 发放《员工手册》	
5. 带入用人部门试用	接受用人部门安排 试用期一个月

3. 员工转正管理

工 作 程 序	工 作 要 求
1. 人事行政部向用人部门发出《员工转正考核册》,确定员工是否按期正常转正、延长试用期或与其解除劳动合同	在试用期结束前10天制作《员工转正考核册》交用人部门填写
2. 由用人部门经理直接填写《员工转正考核册》,经主管领导及总经理审核,签字确认后返回人事行政部	部门及主管领导审核为1个工作日
3. 通知转正考核人员考核结果	在劳动合同规定试用期结束前7个工作日
4. 部门经理级以上管理人员由主管领导和总经理考核,并将结果返回人事行政部	试用期结束前7个工作日
5. 人事行政部将经理级以上管理人员考核册上报公司人力资源部	
6. 按照公司人力资源部审核后下发的聘任通知向考核人员发出聘任函	

4. 员工离职管理

工 作 程 序	工 作 要 求
1. 提出辞职申请	员工提出辞职应提前30天提出辞职申请
2. 员工所在部门经理及主管领导审批	
3. 提交人事行政部	
4. 合同到期不再与员工续签或解除劳动合同	因各种原因不能胜任其工作岗位 工作表现不能达到要求 提前30天将劳动合同届满通知书、解除合同通知书送达员工本人签字认可 按照双方协商的日期办理相关离职手续
5. 人事行政部向辞职人员出具《员工离职表》,办理相关手续	按照《员工离职表》内容退还各类物品和款项,并移交工作项目 按照与之签署的《培训协议》条款,赔偿相应的培训费
6. 离职面谈	了解员工离职的真正原因 对中心整体工作的看法
7. 向离职人员发出《终止、解除劳动合同证明》,办理各项社会保险转移及档案转出手续	员工应在办理离职手续后30个工作日内办理档案转出手续 员工逾期未办理档案转出手续,按档案清退程序处理

5. 员工考勤管理

工 作 程 序	工 作 要 求
1. 刷卡	员工上、下班应按照刷卡时间规定在员工通道出入口刷指纹卡 员工加班时也应打卡,人事行政部按刷卡时间核实。如无记录,则不认可其加班
2. 考勤汇总	各部门汇总上月考勤汇总表、工时统计表
3. 审核	根据各部门汇总的考勤表,对照员工打卡记录检查员工到岗情况,根据各部门上报的考勤记录,确认各部门工时统计表

6. 员工违纪处理

工 作 程 序	工 作 要 求
1. 部门、人事行政部对违纪员工提出违纪处理提议	坚持"事实清楚,严肃慎重,定性准确,处理适当"的处理原则
2. 违纪员工所在部门根据员工本人违纪事实及《员工手册》相关条款,填写《员工违纪过失单》	在违纪行为发生2个工作日内作出违纪处理
3.《员工违纪过失单》须经部门经理、主管领导及总经理签署后生效	
4. 人事行政部接到《员工违纪过失单》后根据部门签署的处分意见进行处理	依据《员工手册》对违纪员工进行相应记过和处罚
5. 存入员工个人档案	
6. 员工申诉	参照《员工申诉处理》

7. 员工申诉处理

工 作 程 序	工 作 要 求
1. 员工直接向直属主管申诉	要尽可能在最低层次解决问题
2. 如仍不满意答复,也可向处分批准人的直接上级提出口头或书面申诉	与员工正面、单独沟通,不要仅通过第三者搜集情况 受理者应在2日内以书面或口头形式答复申诉员工
3. 申诉员工如不服此处理结果,可以书面形式向人事行政部经理提出申诉	不与申诉员工在商讨中订立超越自己职权的任何协议,及许下违背政策的承诺 人事行政部经办调查后,在7日内给予答复
4. 申诉员工如不服此处理结果,可以书面形式向中心领导提出申诉	中心领导经过调查后,在30日内以书面形式答复申诉员工
5. 申诉员工如不服此处理结果,可向区劳动和社会保障局劳动争议仲裁委员会提出申诉	

（二）劳动合同管理

	工 作 程 序	工 作 要 求
一、新签劳动合同	1. 新员工入职当日签订劳动合同	
	2. 劳动合同条款除法定条款外需注明约定条款	注明试用期限及相关福利待遇等
	3. 新员工认真阅读并签字	
	4. 加盖法定代表人名章及公章	
	5. 将签署完毕的合同一份归档,一份交于员工本人	
二、日常管理	1. 向员工所在部门发出《续签劳动合同意见征询表》	在员工合同届满前一个半月发出征询表 连续本企业工龄满十年的做"＊"标记,按公司有关规定执行
	2. 部门根据中心需要提供到期员工的日常表现,签署是否与其续签意见	
	3. 将意见反馈人事行政部	

续表

工 作 程 序		工 作 要 求
三、续签合同	与到期员工签订续签劳动合同	人事行政部依据部门、中心总经理所签署的续签意见,提前30天通知员工办理劳动合同续签手续

（三）员工薪酬管理

工 作 程 序	工 作 要 求
1. 薪资制度	根据行业特点和因岗而异的原则
2. 薪酬构成	月薪制 构成:基本工资、岗位津贴、各种补贴 试用期期间的薪金为转正后薪金的80% 按照国家有关规定,从员工工资中代扣代缴个人所得税及社会保险中个人应承担的费用
3. 核定考勤	按照人事行政部及部门记录的考勤为基础 考勤记录周期:上月26日至当月25日 按照员工上班的实际工作天数
4. 特殊时期的薪资给付	如有过失、病、事假等,按照相关规定扣除应付工资
5. 工资发放	采用下发薪制 每月5日发放,节假日提前发放 发薪日前发放工资条
6. 员工福利	参照物管中心《人事管理规定》

（四）员工考核管理

1. 半年/年度考核

工 作 程 序	工 作 要 求
1. 考核日期	半年/年度考核(每年七月及次年1月)
2. 绩效考核工作计划	于考核工作前一个月制订考核工作计划 考核计划报总经理审批 审批后的考核计划返回人事行政部
3. 考核对象	物管中心所有在册员工 企业工龄不满半年者 评定期间出勤不满两个月者
4. 制作考核册	各部门根据本部门各岗位工作职责,制定考核要素报到人事行政部 由人事行政部统一制作考核册
5. 组织考核	主管(含)以下员工考核工作由各部门经理负责组织 部门经理(含副职)以上员工考核由公司人力资源部负责组织

续表

工 作 程 序	工 作 要 求
6. 评定者	评定者为被考核者的直接上级领导 在评定期间因工作转换等原因,导致考核关系变更,不能对被考核者进行充分考核或评估困难的,可寻找能替代原直属上司的评定者完成考核工作,但应征得人事行政部同意
7. 考评阶段	第一评定者,在直接指导监督的立场上,客观、公正地对考评者作出评定,特殊事项应予以说明 第二评定者,职务、级别要高于第一评定者。与第一评定者评定不一致的或对评定产生显著影响的须予以说明。特别是在与第一评定者有明显不一致时,需在倾听第一评定者意见的前提下对评定作出调整。不能调整的应把评定结果告诉第一评定者
8. 人事行政部汇总考核结果报总经理	
9. 考核结果应用	考核结果将作为晋升、薪酬调整的参考依据 根据能力考核评估决定薪酬调整范围
10. 考核结果面谈	第一评定人对考核人员进行考核结果面谈
11. 记录与存档	考核结果记入个人记录,考核册存入员工个人档案,由人事行政部保存

2. 晋升考核

工 作 程 序	工 作 要 求
1. 考核时间	工作业绩突出,符合晋升标准,用人部门提出申请
2. 人事行政部对部门工资总额、人员编制进行核定	
3. 中心经理办公会对晋升人员进行审核	以能力考核及业绩考核评估作为主要依据
4. 进入岗前试用期	一个月
5. 下发《员工工作绩效考核册》	第一评定者,须站在指导监督的立场上 第二评定者,职务、级别高于第一评定者。参照第一评定者意见,如有明显不一致的情况,有必要调整,应将结果告诉第一评定者
6. 报中心总经理审批	部门经理级以上员工须经公司总经理批准
7. 跟班相关手续	

(五)员工培训

1. 培训需求分析

工 作 程 序	工 作 要 求
1. 准备工作	核对有关资料和数字报表 分析年度发展规划 近三个月客户满意度 仔细研究近期客户意见 参考近期培训评估表

工 作 程 序	工 作 要 求
2. 面谈	与部门经理进行面谈,听取意见 与员工代表和管理人员进行面谈 听取中心领导指示
3. 发出调查问卷	对培训课的满意程度 能够接受的培训时间 对培训课程的需求 如何提高培训质量 培训对员工的重要性
4. 分析	分析问题产生的原因 找出培训出现的问题 结合整体经营管理目标,找差距
5. 培训需求分析报告	经营管理目标中影响与培训有关的问题 目前培训工作中存在的主要问题 员工培训需求 培训中所涉及的有关部门,需要提高的方面 目前的培训策略及方针

2. 年度培训计划

工 作 程 序	工 作 要 求
1. 准备有关资料	调查企业人力资源现状 培训需求分析
2. 下发《培训需求申请表》	
3. 制订培训计划	根据年度发展计划 员工调查问卷 部门培训目标
4. 编制预算	
5. 经办公会讨论,报中心总经理审批	

3. 培训课准备

工 作 程 序	工 作 要 求
1. 发出培训通知	提前一周将有关培训通知下发各部门
2. 培训所需物品	确认培训人数 确认培训地点 培训课程资料 培训设备
3. 与培训讲师进行沟通	音像教材资料配合讲课内容提前2天与培训讲师联系最后确认时间

工 作 程 序	工 作 要 求
4. 最后落实培训前的准备	培训设备是否到位 桌椅是否符合数量 讲台摆放位置是否符合讲师要求
5. 出勤记录	制作培训签到表 指导培训人员进行签到 统计实际参加培训的出勤人数

4. 新员工入职培训

工 作 程 序	工 作 要 求
1. 准备工作	统计新员工入职名单 确定培训场所和培训设备 与培训人员进行沟通，确定培训时间 提前三天向有关部门发通知 准备培训材料
2. 培训	所有参加培训人员进行签到 按照《新员工入职培训》内容进行培训
3. 填写培训档案	各项信息要准确无误填写 填写内容字迹要工整
4. 存档	将新员工培训计划和培训记录存入员工个人档案
5. 培训评估	培训人员填写《培训记录表》

5. 外部培训

工 作 程 序	工 作 要 求
1. 了解提升培训需求	按照年度培训计划 根据实际工作情况
2. 确定外训项目、外训公司	确定外训项目 确定参训范围 沟通培训内容 准备培训条件 外训公司准备 选定培训方式 指定培训讲师 涉及培训课程
3. 培训准备	参照培训课准备
4. 制订培训计划	

工 作 程 序	工 作 要 求
5. 评估培训效果	与参训员工进行交流 外训公司提供分析报告
6. 培训评估分析报告	
7. 上报中心总经理	
8. 存档	将外训培训计划和完成情况记录存档

（六）员工档案管理

1. 调入人事档案

工 作 程 序	工 作 要 求
1. 审核人事档案调入资格	原所在单位同意调出 通过试用期考核
2. 开具调入介绍信	
3. 介绍信开具当日交员工本人,并告知在介绍信有效期内办理调档手续	
4. 员工凭介绍信到公司集体存档单位开具档案调函	
5. 员工凭调函到原单位提取个人人事档案	在开具调函10日内存入公司集体存档指定单位
6. 员工将人事档案存入公司集体存档指定单位,并领取存档卡	
7. 员工将存档卡交到人事行政部	在存档卡收到当日办理登记手续
8. 员工存档卡登记、编号、归档	

2. 调出人事档案

工 作 程 序	工 作 要 求
1. 员工离职后办理相关转档手续	员工离职5日内办理
2. 员工本人持接收单位的调函到公司集体指定存档取走人事档案,将回执归档	
3. 如员工违纪离职,将处分决定一并放入其人事档案中	
4. 档案调出由员工本人签字取档	员工离职后,在15个工作日办理档案转出手续
5. 档案退至街道	

（七）员工保险管理

1. 新参保人员

工 作 程 序		工 作 要 求
一、养老保险	填写《社会保险登记表》(表二)	首次在本市参加养老保险个人账户的人员
	办理有关增加手续	办理地点：所在地区社会保险中心
二、医疗保险	填写《参保人员情况登记表》	员工本人填写并确认签字
	填写《基本医疗保险参保人员增加表》	
	到社保中心办理人员增加手续	
	打印北京市医疗保险手册	贴照片、盖钢印
	医疗手册在医保中心盖章后交给员工本人	
	提取新增人员医疗保险存折，交给员工本人	提取地点：北京银行 提取时间：两个月后
三、失业保险	填写《北京市用人单位失业保险新增人员基本情况表》	注明城镇、农村户口
	到社保中心办理人员增加手续	
四、住房公积金	填写《住房公积金变更汇缴清册（增加汇缴）》	
	办理有关增加手续	办理地点：住房公积金管理中心

2. 参统人员的变更（增加）

工 作 程 序		工 作 要 求
一、养老、工伤、失业、生育保险	开具养老保险转移单	由其他单位调入的员工
	填写恢复日期和个人缴费工资基数	加盖公司人事章
	办理增加手续	到所在地区社保中心
二、医疗保险		
三、住房公积金		

3. 参统人员的变更（减少）

工 作 程 序		工 作 要 求
一、养老、失业、工伤、生育保险	填写《北京市社保中心保险减少表》	加盖公司人事章 如有调动、参军、中断缴费、失业、出国等情况
	领取《北京市养老保险个人账户转移单》	到所在地区社保中心
二、医疗保险	填写《基本医疗保险参保人员减少表》	如有调动、参军、中断缴费、失业、出国等情况
	办理离职人员医疗保险中断手续	到所在地区社保中心
三、住房公积金	填写《住房公积金变更汇缴清册（减少汇缴）》	
	办理有关减少手续	到住房公积金管理中心

（八）特种作业人员管理

工 作 程 序	工 作 要 求
1. 特种作业包括	电　工 金属焊接切割 起重机械（含电梯） 锅炉作业（含水质化验） 压力容器操作 制冷等
2. 在员工个人记录中，建立特种作业工作档案	操作证复印件 违章操作记录
3. 定期复审	特种作业操作证有效期截止日前，组织特种作业人员参加培训考核（复审） 员工复审参见《人事管理规定》有关规定

（九）文件管理

1. 制发文件

工 作 程 序	工 作 要 求
1. 文件草拟	文件中的数字，除发文号、统计表、计划表、序号、百分比、专业术语和其他必须用阿拉伯数码外，一般用汉字书写 引用公文时应注明发文时间、机关、标题和文号 用词要准确、规范。在使用简称时，应先用全称，并加以说明，其后再使用简称。不采用不规范的词与字
2. 提交主管领导及总经理审批，签发	重要的、涉及面广的由总经理签发
3. 审核、会签后的文件，由文件签发人签署意见、姓名和时间	

2. 外来文件处理

工 作 程 序	工 作 要 求
1. 外来文件来源	上级公司发来的文件 相关方发来的文件
2. 附上《文件处理专用单》	检查外来文件及附件是否齐全
3. 在《外来文件登记本》上进行登记	
4. 根据文件内容及性质，附上拟办意见	
5. 呈送总经理阅批	
6. 根据阅批意见将文件送交有关部门阅办或进行传阅	一个工作日内
7. 存档	按外来文件来源存入相应文件夹内

3. 内部文件处理

工作程序		工作要求
一、接收内部文件	1. 在《内部收文记录本》上登记	登记内容：发文部门、发文内容、接收时间等
	2. 根据发文内容进行阅办	部门经理签字确认处理意见
	3. 存档	按照文件类型进行登记，将文件名称、文件编号、分发号、签收人、收文日期记录清楚 存入相应文件夹内
二、发送内部文件	1. 制发文件	参照制发文件内容
	2. 领导签发	
	3. 底稿留存	
	4. 将所发文件加盖受控文件章和分发号	
	5. 在《发文记录本》上登记	登记文件名称、文件编号、分发号、签收人、发文日期等
	6. 分发相关部门	签收人进行签字确认
	7. 各部门分别建立收、发文件登记本，收到的文件和发出的文件均应有详细的记录	

4. 文件传阅

工作程序	工作要求
1. 根据外来文件批示意见范围附上《文件传阅单》	注明传阅内容、传阅时间
2. 将文件逐一发给应阅人传阅	每个应阅人传阅时间最多不超过一天 承办部门接到文件后，应按照领导阅批意见及时办理，如确有困难，应向阅批文件领导报告 对需要催办的文件，按照规定日期检查办文情况，发现问题及时通报人事行政部
3. 阅文后签字	
4. 将外来文件返回人事行政部	

5. 上报文件

工作程序	工作要求
1. 填写《上报文件审批单》后报人事行政部	各部门所需上报的文件 将上报内容、上报时间、上报部门填写清楚
2. 人事行政部在《上报文件审批单》上签署意见后报总经理	上报文件若涉及财务、工程等专业问题时，须经财务部、工程部会签后报总经理
3. 《上报文件审批单》经总经理批准后，由人事行政部登记、留底后报公司或相关方	人事行政部负责公司和相关方对上报文件反馈信息的报告，并做好上级指示的处理、跟踪和记录

（十）行政管理

1. 会议管理

工 作 程 序	工 作 要 求
1. 会前准备	确定会议时间、地点 发出会议通知 预订会场 准备会议所需相关文件,桌签、座次安排、横幅及相关设备
2. 会议过程	提前20分钟到会场 调试会议所需设备 发放会议文件和相关资料 会议记录
3. 会后工作	草拟会议纪要,处理相关资料 按照领导批示,印发会议纪要
4. 存档	跟踪图片保存

2. 保密制度

工 作 程 序	工 作 要 求
1. 公司秘密内容	公司重大决策 公司尚未实施的经营方向、决策、项目 内部掌握的合同、协议、意向书、主要会议记录 中心财务类报表、数据 员工人事档案、工资等资料 其他公司确定应保密的事项
2. 保密文件的保管	具有密级的文件、资料要保存好 密级性文件资料不准复印,确需复印的,须经公司总经理签字批准
3. 保密文件的作废、销毁	属于公司机密的文件、资料和其他物品的销毁由人事行政部专人执行 采用电脑技术存取、处理、传递的公司秘密由电脑使用人负责保密和销毁 已作废的保密文件要加盖作废章,残角作废 保密文件及资料丢弃时应碎片处理
4. 保密信息	员工不得向他人泄露公司保密信息 故意或过失泄露公司保密信息按《员工手册》相关规定处理

3. 印章管理

工 作 程 序	工 作 要 求
1. 用章部门填写《用章审批单》	用章经办人填写 填写内容包括:用章种类、用途、份数等
2. 经部门经理签字	
3. 报到人事行政部签署意见	
4. 上报总经理签字	以中心名义对外行文、签署的文件、合同等均需总经理签字后方可直接用印

续表

工 作 程 序	工 作 要 求
5. 将《用章审批单》存档,以备查阅	
6. 用章	严禁在空白纸张上盖章 用章印迹清晰,位置合乎要求
7. 印章借用	中心印章一般不准携带外出,如需外借,须经中心总经理批准 携带外出须有两人同行,并办理借用手续,如期归还

4. 办公设备管理

(1) 复印机管理

工 作 程 序		工 作 要 求
一、复印机的使用	1. 使用复印机人员需先填写《复印机使用登记本》	注明:复印日期、复印人员、复印内容、复印份数等
	2. 人事行政部根据登记情况开启复印机	其他部门人员未经允许不得自行开机 按操作规程开启复印机使用密码
	3. 复印	为保护复印机,必须使用专用复印纸进行复印,不得使用其他类型纸张复印文件资料 不得使用复印机复印绝密文件和个人资料
二、故障处理	1. 人事行政部联系设备维保厂家	复印机发生故障,复印人员不得自行开机查看处置
	2. 待维保厂家维修完毕后方可使用	

(2) 办公平台的管理

工 作 程 序	工 作 要 求
1. 部门提出修改或增加项目,填写《办公平台维护表》	办公平台中所有应用模块项目必须经部门经理签字确认模块内容
2. 内容增加须经主管领导审批	
3. 所有权限审批须经主管领导和总经理批准	
4. 将《办公平台维护表》报到人事行政部	由人事行政部负责进行权限修改,如不在中心自行调整权限内的,联系技术维保厂家负责调整

(3) 办公电话管理

工 作 程 序		工 作 要 求
一、电话使用	1. 提出办公设备使用申请	填写使用原因、使用地点、使用人、选择分机或者直线电话等
	2. 提交人事行政部批准	
	3. 上报主管领导和总经理审批	

工 作 程 序		工 作 要 求
二、电话功能设置	1. 提出电话功能设置调整申请	填写使用原因、使用地点、使用人等
	2. 提交人事行政部批准	
	3. 上报主管领导和总经理审批	

（4）小灵通申领程序

工 作 程 序	工 作 要 求
1. 申领人提出申领或更换小灵通手机需填写《小灵通手机使用申领单》	填写申领开通登记表
2. 经部门经理、主管领导和总经理批准	
3. 由使用人持《小灵通手机使用申领单》到人事行政部办理使用手续，到财务部领取小灵通，到工程部办理开通	人事行政部办理手续并存档财务部领取

5. 办公用品管理

工 作 程 序		工 作 要 求
一、办公用品申购	1. 各部门根据实际需要提出申请，由部门经理签字确认	办公用品包括中心日常办公所需物品及办公设备耗材申报日期：每月初申请内容：注明所需办公用品名称及数量
	2. 经人事行政部审核	
	3. 人事行政部根据各部门提交的物品申请整理汇总，提出申购申请	
	4. 上报总经理批准后，交公司采购中心统一办理	
二、办公用品验货	办公用品到货	清点办公用品的品种、规格、数量，并对办公用品质量进行验收
三、办公用品分发	1. 使用部门凭借物品申购单到人事行政部领用办公用品	经部门经理批准
	2. 人事行政部审核后发放	领用部门签字确认
	3. 办公用品申购单留存，备查	
四、固体废弃物管理	1. 在《废旧物品登记表》上填写领用物品名称和日期，并进行签字确认	申领硒鼓或墨盒等危险源办公用品，按照职业健康安全和环境管理体系有关要求进行处理
	2. 交回相应废弃危险源办公用品	
	3. 经办人进行签字确认	由指定携带外出回收单位进行回收

6. 工服管理

（1）工服制作管理

工 作 程 序	工 作 要 求
1. 提出制作工服申请	按照中心规定为员工配备相应岗位的工服 在需更换工服年限内提前两个月提出申请
2. 上报总经理批示	列出所需更换工服种类和数量
3. 待总经理批注后联系工服制作厂家进行量体裁衣	
4. 工服制作完毕根据各部门人员情况发放工服	员工领用工服需在《工服领用单》上签字确认
5. 新员工入职制作工服	根据员工入职登记表上所列项目为员工制作相应岗位的工服

（2）工服洗涤管理

工 作 程 序	工 作 要 求
1. 清点所需清洗的工服	人事行政部与各部门核对数量并做好登记
2. 洗衣公司取走所需清洗工服,开具洗衣清单	在规定时间取走工服 记录清洗数量,双方签字确认
3. 送回所需清洗工服	在规定时间内送回工服
4. 清点工服数量	按照取走工服数量进行清点,并对工服洗衣质量进行抽检,并做好洗衣情况记录,双方确认签字
5. 发放清洗后的工服	按照各部门送交清洗的工服数量进行发放,做好签字确认 各部门对工服洗涤质量提出问题并及时向人事行政部反映,人事行政部负责协调解决

（十一）保安宿舍管理

工 作 程 序	工 作 要 求
1. 宿舍管理相关部门	安保部负责宿舍床位的分配、管理与安全检查 住宿员工负责宿舍的清洁卫生与保持 人事行政部负责员工宿舍用具配备
2. 宿舍管理相关规定	根据工作需要在宿舍住宿的员工,须为公司合同制员工 安保部根据有效的劳务关系安排宿舍床位 员工按有关规定领用住宿用品 员工在离职时,将住宿用品上交人事行政部
3. 宿舍管理相关要求	员工要自觉保持宿舍安全和卫生 员工不得在宿舍内堆放杂物及危险品 未经安保部经理允许不得带外来人员到宿舍停留 宿舍内禁止饮酒、赌博等不健康行为 安保部应将员工在宿舍的表现纳入员工考核和评估的范围内 对违反上述规定的员工按《员工手册》相关规定处理

第二章　财　务　部

一、部门概要

　　财务部主要负责整个物管中心日常的财务预算、财务核算、财务监督和提供必要的财经服务，通过建立一套卓有成效的财务控制管理制度，对中心财务进行规范化的管理和控制，参与中心发展策略和财务计划的建立和执行，提供关于企业财务状况、经营情况等会计报告。对中心各部门的财务收支情况进行调控，同时着眼于企业未来的经营活动，有效地履行预测、预算、考核等职能，对中心现在和未来的财务状况及获利能力作出评价。同时完成领导交办的其他日常工作。

二、部门架构

```
        ┌─────────────┐
        │  财务部经理  │
        │    1人      │
        └──────┬──────┘
        ┌──────┴──────────────┐
┌───────────┐         ┌───────────────┐
│ 物业管理会计 │         │ 出纳、库房     │
│    ×人     │         │ 管理员         │
│            │         │ ×人           │
└───────────┘         └───────────────┘
```

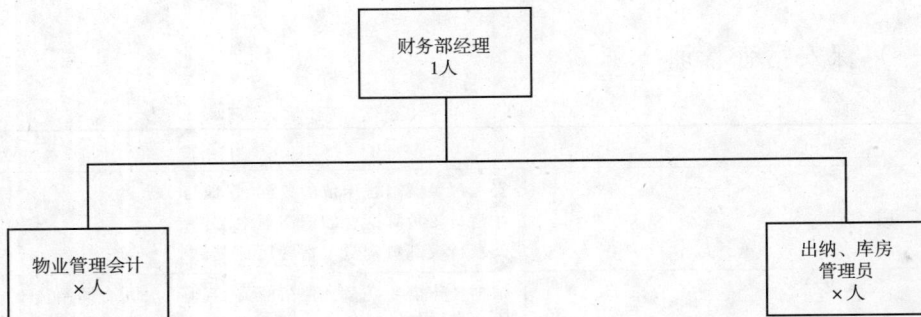

三、工作内容与岗位职责

1. 经理

【直接上级】主管总经理

【工作概要】负责财务全面工作。

【岗位职责】

（1）主持部门日常工作。

（2）负责物管中心宏观财务管理和会计核算工作，及时向公司财务总监汇报物管中心财务状况。

（3）负责部门员工绩效考核。

（4）建立健全各项财务管理制度，保证财务工作的合法性。

（5）负责中心的财务核算工作。建立财务管理体系，保证账目记录完整、准确。

（6）负责制定采购管理程序，并保证符合体系要求。

（7）协调好与相关方及上级财务部的关系。

（8）负责编制年度财务预算及年终财务报告，解答客户问询，保证报告的合法性。

（9）严格掌握费用开支，认真执行费用报销制度，本着勤俭节约等精神监督审批各部门的费用开支情况，并及时向总经理提出合理整改建议。

（10）负责对部门员工做好会计管理、合同管理及采购管理，并保证采购合同的有效性。

（11）负责监督中心相关部门的外包、外维合同的执行情况。

（12）负责供方评审及外包、外维费用支出的审核，并及时将改进意见报告总经理。

2. 物业管理会计

【直接上级】财务部经理

【工作概要】各项账务处理工作。

【岗位职责】

（1）负责中心收入及各项暂收款项的核算工作。

（2）负责物业管理收费软件数据的每月更新，并按期打印收费通知单提交客户服务部，分发给各客户。

（3）负责中心应收账款的管理工作，按月编制收费情况统计报表，及时催收有关款项，防止坏账损失的发生。

（4）负责发票的管理，并定期核对。

（5）负责物管中心成本、费用的会计核算工作。在认真审核原始凭证的基础上正确制作会计凭证并及时登记明细账和总账。

（6）进行存货出、入库的会计核算，定期与仓库管理员进行核对，确保账实相符。

（7）负责员工工资及各项保险统筹的核算管理工作，及时发放工资。

（8）负责中心的固定资产的管理工作，保证中心资产的安全，定期计提折旧。

（9）按月编制银行存款余额调节表调节，及时向财务经理汇报资金情况。

（10）负责保管会计凭证、账簿、报表等财务档案资料；要定期对其进行归集、检查、装订成册以及编号登记。

（11）熟练使用物业收费系统。

（12）负责领导交办的其他任务。

3. 出纳兼库房管理员

【直接上级】财务部经理

【工作概要】现金收付、库房管理。

【岗位职责】

（1）出纳员要严格按照国家有关现金管理和结算制度，认真办理款项收付有关业务，根据审核无误、手续完备的会计凭证支付款项。

（2）现金收、付时，必须当面点清。实有现金超过库存现金限额时，要及时送存银行，否则责任自负。

（3）每日逐笔登记现金日记账，做到账证相符。每日结出当日余额，并与库存现金核对，保证现金的准确无误，做到账实相符。

（4）逐日逐笔登记银行存款日记账，确保账证相符，每月从银行拿回对账单交会计核对，并查清未达账项。

（5）做好空白收据及空白支票的管理，建立票据使用登记簿，逐项详细登记、注销，监督签字。票据使用要规范，正确填制好各种银行结算单据，并做好保管。

（6）及时办理银行业务，保证管理中心日常工作正常、有序地进行。

（7）配合申请采购部门，负责入库物品的验收工作，填制入库单，发现不合格品及时与采购员联系解决。

（8）建立存货明细账，做好物品收、发、存的记录工作，随时能结出实存数量。

（9）根据审批后的《出库单》及时向使用部门发放物品。

（10）做好物品的入库上架、分类有序标志和堆放工作；保持仓库清洁和通风良好，做好防火、防潮、防晒、防水等防护措施，确保物品质量和库房安全卫生。

（11）每月与会计对物品进行盘点，做到账物相符，编制月度报表。

（12）严格按照国家有关现金管理和结算制度，认真办理款项收付有关业务，根据审核无误、手续完备的会计凭证支付款项。

（13）每日结出当日余额，并与库存现金核对，保证现金的准确无误，做到账实相符。

（14）负责业主各项费用的收取工作，并且按照支出凭单办理业主各种款项的退款工作。现金收、付时，必须当面点清。

（15）负责物管中心其他各项有偿服务费的收取，各项押金的收付管理工作。

（16）收款后向客户及时开具发票，并定期核对。

（17）熟练使用物业收费系统。

（18）负责领导交办的其他任务。

四、服务程序与要求

1. 编制资产负债表

工 作 程 序	工 作 要 求
1. 将每月或该年度所有原始凭证输入财务软件系统	数据全面
2. 财务经理将所有记账凭证审核完毕	记账凭证无误
3. 主管往来账会计核对与相关方的往来款项是否一致	往来款项一致
4. 每月月底时,财务经理进行账务平衡测试,测试完毕后完成结账工作	收入成本结转正确
5. 打印末级科目余额表	正确体现各科目余额
6. 将余额表中的诸如应收账款贷方余额和应付账款的借方余额等,按照会计原理的要求进行账务调整	保证科目余额数据正确
7. 按照科目性质进行分类、归纳后,财务经理编制资产负债表	每项科目余额均反映在资产负债表上
8. 检查资产负债表是否平衡	资产 = 负债 + 所有者权益

2. 编制成本类凭证

工 作 程 序	工 作 要 求
1. 检查付款报销单是否符合签字程序	有部门经理、财务总监、公司领导签字
2. 根据税务要求检查发票的真伪	税务统一印制发票
3. 检查发票抬头是否正确	公司正确的全称
4. 检查发票项目是否符合要求	公司营业执照范围内的项目
5. 检查发票金额是否与报销金额一致	发票金额与报销金额一致
6. 根据检查正确的原始凭证,编制成本类记账凭证	凭证输入正确
7. 凭证编制完成保存后打印凭证	凭证打印及时
8. 将打印完毕的凭证按财务要求粘贴好	粘贴整齐
9. 将粘贴好的凭证放到固定的地点	按顺序摆放好

3. 编制现金流量表

工 作 程 序	工 作 要 求
在编制每笔涉及到货币资金的记账凭证时,输入正确的现金流量项目	现金流量项目输入正确
每月或年度末按现金流量项目统计汇总各项目现金流量总额	统计数字真实
按现金流量表的项目设置,分别填制相应的统计金额	正确体现各项目金额
按会计原理要求,对诸如内部交易等项目进行调整	保证各现金流量金额的准确
检查净利润科目金额是否与账务一致	净利润与损益表净利润一致
检查现金流入流出及留存金额是否与账务一致	现金流入流出及留存金额与科目余额表的金额一致

4. 编制损益表

工 作 程 序	工 作 要 求
1. 将每月或该年度所有原始凭证输入财务软件系统	数据全面
2. 财务经理将所有记账凭证审核完毕	记账凭证无误
3. 每月月底时,财务经理进行账务平衡测试,测试完毕后完成结账工作	收入成本结转正确
4. 打印末级科目余额表	正确体现各科目余额
5. 检查所有的收入成本项目是否均转入到本年利润科目	保证科目余额数据正确
6. 按照科目性质进行分类、归纳后,财务经理编制损益表	每项科目余额均反映在损益表上
7. 检查损益表各项目间的逻辑关系是否正确	收入 - 费用 = 利润

5. 编制收支明细表

工 作 程 序	工 作 要 求
1. 每月月底结账后,打印出末级科目余额表	数据真实有效
2. 按照收入、成本等明细科目累计数字进行分类汇总	数据资料全面
3. 将分类汇总的各科目数据填制到收支明细表的相关项目中	数据填制正确
4. 将每个科目数据,除以累计总成本的金额得出的比率填制到相应比例中	比例正确,比例总和 = 100%
5. 检查收支明细表之间的逻辑关系是否正确	收入、成本、物管费余额与损益表的金额一致

6. 月底结账

工 作 程 序	工 作 要 求
会计将每月或每年度的原始凭证全部都输入财务软件系统	数据全面
财务经理已经将所有的记账凭证审核完毕	记账凭证无误
财务经理已经将所有的科目分类汇总后,进行了账务平衡测试	收入成本结转正确
财务经理已经完成了所有计提科目的计提和所有应结转科目的结转	所有应计提科目均已经计提
进行月底结账	结账及时、正确

7. 编写周工作总结

工 作 程 序	工 作 要 求
每星期五下午 4 时,物业会计给财务经理提供截止到 4 时的物业费及杂费回收情况表	费用表格登录及时、全面
财务经理将费用回收情况表进行汇总	报告数据与回收表一致
财务经理对照周初制订的工作计划,逐一检查工作完成情况	在规定的时间节点内工作完成情况
财务经理对本周临时工作计划进行汇总总结	对已完成工作与未完成工作分别加以说明
财务经理对已完成工作、未完成工作分类汇总后编写周工作总结	对一周整体工作情况作出公正的评价

8. 编写下周工作计划

工 作 程 序	工 作 要 求
财务经理对上周工作总结进行分析,对未完成的工作本周继续完成	对时间节点内未完成的工作统计完全
财务经理对照本周工作计划安排下周的工作计划	按年度计划安排工作
收集本部门其他员工在下周将要进行的工作内容	员工对自己的工作安排具体
将各项工作内容按工作性质进行分类汇总	按重点工作、管理提升、队伍建设三项分类汇总
按时间节点将分类汇总的工作内容编制周工作计划	每项工作计划要有时间节点

9. 编写财务分析报告

工 作 程 序	工 作 要 求
阐述公司累计到报表时期的资产负债及所有者权益状况	资产负债金额与资产负债表一致,往来款项有详细说明
阐述公司累计到报表时期的具体经营效益情况,含收入、成本组成情况	收入、成本数据与损益表一致,预算值与年初值一致
阐述公司累计到报表时期的现金流量情况,包括现金流入、现金流出、现金结存	现金流入、流出及结存值与科目余额表一致
阐述公司累计到报表时期的各项财务指标分析	费用回收率与物业会计费用回收情况表一致
阐述公司累计到报表时期的七项可控费用执行情况	七项可控费用的数值准确
编写完上述资料后,根据各项情况对公司未来的发展提出自己的客观意见	建议要针对上述表格中执行情况不是太好的项目

10. 汇总外包会议纪要

工 作 程 序	工 作 要 求
每月 8 日前,通知各部门文员将本部门的外包外维单位会议纪要交到财务部	每月 8 日前必须收齐各部门会议纪要
财务经理阅读分析各部门会议纪要,总结分析会议纪要内容,形成一句话简要说明	简要说明要涵盖外包单位服务的优缺点
编制会议进程表,将外包外维单位服务的优缺点进行阐述,并按百分比描述进程	进程表严格按照进度编制
将进程表返回到各部门,请各专业主管签字确认,主管领导批示后交到财务部	进程表有各专业主管及主管领导的签字确认
财务部经理将各部门交还的进程表上报总经理批阅	每月 10 日前交总经理
财务部经理将总经理批阅意见复印后,发给各部门执行	各部门签字确认

11. 编写询价报告

工　作　程　序	工　作　要　求
库管员每月月初根据当月实物采购合同情况对部分实物价格进行市场调研	抽查样品要具有一定的代表性,或者是价格较高、采购量较大的实物
库管员对调研资料进行分类汇总后交到财务经理处	价格调研要符合市场情况
财务经理对库管员上交价格调研进行分析,对价格异常的实物进行原因调查	价格异常物品原因要真实
财务部经理将价格异常的调查原因写成报告,报财务总监审核	报告内容要真实体现调查结果
财务经理将财务总监审核意见及改进建议写成报告报送总经理	调查报告及改进建议要符合市场调研的实际情况

12. 凭证的审核

工　作　程　序	工　作　要　求
审核制单日期是否符合原始凭证报销日期	制单日期不能偏离原始凭证报销日期,现金单据必须是当天发生当天制单
审核记账凭证科目是否都涵盖了所有的原始凭证业务范畴	一份原始凭证业务对应一个会计科目
审核原始凭证票据、手续、金额等是否符合报销要求	手续齐全,票据齐全
审核记账凭证的借贷方金额是否正确、借贷方金额是否相等	借方金额等于贷方金额
审核记账凭证凭证号是否连贯	凭证号连贯

13. 福利费的核算

工　作　程　序	工　作　要　求
当月度的工资已经发放并已经进行了账务处理	工资金额核算准确
按照工资发放金额的14%的比例计提职工福利费	职工福利费 = 应付工资 × 14%
按照工资发放金额的2%的比例计提工会经费	工会经费 = 应付工资 × 2%
按照工资发放金额的1.5%的比例计提职工教育经费等	职工教育经费 = 应付工资 × 1.5%
将计提的各项福利费记入相应的成本项目	结转到正确的相关成本项目

14. 员工保险费的核算

工　作　程　序	工　作　要　求
财务部根据人事行政部缴纳的员工保险明细单进行账务处理	按各项保险的计提比例计提
根据人事行政部提供的工资发放表,核对代扣代缴职工各项保险费用	员工保险明细单金额 = 工资发放表职工代扣代缴保险金额
对保险不符合部分进行原因清查,确定是错缴或是离职员工造成	差额原因清楚
查定原因后通知人事行政部出具原因说明	原因说明与差额一致
将调整核对正确的各项职工代收代缴保险进行账务处理	按核对正确的金额冲减代扣代缴职工保险费用

15. 营业税金的核算

工 作 程 序	工 作 要 求
当月或当年度所有的收入成本项目均已经处理并结转完毕	保证税款计提基数的准确性
按当月或当年度收入总额的5%计提当月或当年度的应缴营业税	营业税 = 收入金额 ×5%
按当月或当年度计提营业税金额的7%计提当月或当年度的城建税	城建税 = 营业税额 ×7%
按当月或当年度计提营业税金额的3%计提当月或当年度的教育费附加	教育费附加 = 营业税额 ×3%
按计提的各项税款金额填制税务申报报表,并到银行缴纳税款	申报金额 = 计提金额
会计根据银行返回的营业税税票进行相关的账务处理	账务处理无误

16. 个人所得税的核算

工 作 程 序	工 作 要 求
当月或当年度的工资已经核算完毕并已经发放完毕	确定数据全面、真实
根据人事行政部核定的工资发放表,按个人所得税税法规定扣缴个人所得税	按税法规定扣缴
核对个人所得税税款总计与工资发放表的税款金额总计是否一致	个人所得税税款总计等于工资发放表总计
按照核对正确的个人所得税税款金额填制个人所得税申报报表	申报金额等于计提金额
会计根据银行返回的个人所得税税票进行相关的账务处理	账务处理无误

17. 考察供方单位

工 作 程 序	工 作 要 求
财务经理联系各部门召开外包单位沟通会,分析各供方单位的服务情况	对各供方单位服务情况要实事求是
根据各单位的服务情况,财务经理与管理者代表共同确定需要考察的供方单位清单	供方清单体现的供方单位是重点服务单位或服务质量一般的单位
财务经理会同人事行政部经理及相关部门去相关单位进行现场考察,重点考察相关单位的诸如资质、生产服务能力等项目	现场考察项目是与自己公司息息相关的项目
各部门就考察中发现的问题及需要解决的问题出具书面报告,报财务部和管理者代表	书面报告体现问题要全面、真实
财务部将各部门考察各相关单位的报告分类汇总,报总经理阅示	材料真实、全面

18. 编写供方评审报告

工 作 程 序	工 作 要 求
对财务部外包、外维单位在该评审期间内的服务情况进行总结	情况总结实事求是
定时联系财务部供方单位召开沟通会,就双方的服务合作问题进行沟通协调	沟通协调平时合作中不是太协调的问题
财务部经理会同人事行政部经理及管代对供方单位进行现场考察	考察与财务部相关的服务流程问题
财务部经理会同人事行政部经理及管代对供方服务产品进行抽查	抽查服务产品的及时性
财务部经理对考察及抽查结果进行分析,总结出供方评审报告,上报总经理	报告全面、真实

19. 抽查供方服务产品

工　作　程　序	工　作　要　求
财务经理联系各部门召开沟通会,分析各部门供方单位服务产品情况	各部门对服务产品情况要实事求是
根据各部门反映的服务产品情况,财务经理与管理者代表共同确定需要考察的供方产品清单	服务产品要求是公司重点部位使用的产品
财务经理会同人事行政部经理及相关部门去相关单位进行现场考察,重点考察相关产品的质量、性能、服务能力等项目	产品质量等指标要符合公司的整体性能
各部门就以往出现的服务产品问题,考察中发现的问题,需要解决的问题,出具书面报告,报财务部和管代	问题报告要全面、真实,要符合公司的性能要求
财务部将各部门考察各相关单位的报告分类汇总,报总经理阅示	材料分类明确,真实全面

20. 票据的管理

工　作　程　序	工　作　要　求
1. 财务部发票购置员根据财务部发票需要量到税务局购置相应的发票	符合发票购置手续
2. 财务部经理将发票分类后分别按发票号码先后顺序登录在发票领用簿上	有序,分门别类
3. 收入会计需要领用发票时,按发票顺序从前至后发放并经收入会计签字确认	签字确认,有签字日期
4. 发票用完后,收入会计将作废发票整理后交到财务经理处换取新发票,并将旧发票还回后签字确认	旧发票无遗漏、签字确认,有交还日期
5. 每次购置发票前,财务部经理将收回的废票整理装订成册,做存档处理	装订整齐,有存档记录

21. 编制内部交易采集表

工　作　程　序	工　作　要　求
每月或每年度所有的涉及内部交易的原始凭证都已经输入到财务软件	保证内部交易信息齐全
主管往来账会计核对与内部单位的往来款项是否一致	与内部交易单位的往来款项一致
财务经理月底或年度末进行账务试算平衡,试算平衡后完成结账工作	确定内部交易款项均已结转
按照收入、成本等项目对内部交易进行整理汇总,并与账务核对	分单位、科目汇总,汇总金额与账务一致
财务经理将核对正确后的各项内部交易项目,分单位分别填制到内部交易采集表中	数据填制无误
财务经理对内部交易采集表进行表内审核,审核通过后上报	审核通过,上报及时

22. 财务报表申报

工　作　程　序	工　作　要　求
进入 NC 财务报表申报系统,并导入需要填制的报表	进入财务 UFO 系统
导入报表后,在需要填制的报表界面下,先进行计算处理	导入部门系统数据,但数据不全面
将进行计算处理后的报表与账务余额进行核对,不符部分按照账务余额进行修改	报表数据与账务数据一致
修改完毕后,进行区域计算处理,检查经过区域处理后的报表金额是否与账务一致	报表数据与账务数据一致
报表填制正确后,进行表内审核,表内审核通过后,进行表间审核	表内逻辑关系正确
表间审核通过后,进入财务报表申报系统,进行报表申报	表间逻辑关系正确,申报确认

23. 餐费报表编制

工 作 程 序	工 作 要 求
每月月初人事行政部向财务部递交警卫队与车管队员的上月用餐情况表	用餐情况统计全面,含早中晚三餐
财务部经理与主管餐厅收入的财务会计核对上个月员工用餐金额统计	金额统计全面,员工餐只含中餐及加班餐
财务部经理将统计正确后的员工用餐金额填制到人事行政部递交的用餐表上,形成上月度用餐统计总表	金额统计正确,员工餐与车管、警卫的用餐要求不一致
财务部经理对用餐统计总表进行核对,核对正确后返还人事行政部签字确认,并报总经理签字确认	确认金额,相关手续齐全
人事行政部将签字确认后的用餐统计表递交财务部进行账务处理	账务处理无误

24. 员工工资的核算

工 作 程 序	工 作 要 求
每月 5 日前,人事行政部将工资总额明细表递交到财务部	工资表数据全面,无遗漏
财务部经理核对工资总额明细表的应发金额总额	应发总额＝各部门应发额总计数
财务部经理核对工资总额明细表上的员工保险与应扣个人所得税是否正确	员工保险与个人所得税与人事部上缴保险一致
财务部经理核对正确后,在工资总额明细表上签字确认,并返还人事部办理签字手续	核对无误后签字确认
财务部会计收到人事部交来的签字手续齐全的工资明细表后,分员工逐个输入到银行工资发放系统中	认真仔细,数据无误
财务部会计输入工资系统完毕后,将数据拷贝入软盘,交由出纳办理银行工资发放手续	支票开具金额＝工资发放总额

25. 可控费用的核算

工 作 程 序	工 作 要 求
每月月底或年度底负责七项费用报销的财务会计将所有七项可控费用凭证处理完毕	全部费用均已报销完毕
财务经理将凭证审核完毕后,财务会计打印出七项可控费用使用明细表	明细表涵盖所有七项可控费用
财务会计将七项可控费用按部门分类汇总后填制到七项费用可控表中	可控报表数据与明细表总额一致
财务会计根据年初预算的时间进度要求,逐项分部门检查费用控制情况	严格按照时间进度要求
对超出预算使用范围的费用通报给各部门,年度总额超出预算部分不予报销	严格按照年初预算执行
财务会计打印出七项可控费用表报财务总监签字后发送各部门	发放到各部门经理处并签字确认

26. 备用金的管理

工 作 程 序	工 作 要 求
1. 领用人应事先填写《借款申请单》，列明款项用途和金额，经部门经理和财务部经理审核并报请总经理或其授权领导批准后，方可到财务部领取	手续齐全
2. 领用人需在当月报销，报销时应事先填写《报销申请单》，并附有完备的原始报销单据，原始单据必须写明单位名称、日期、数量、单价、金额并加盖出具单位的财务专用章	填写无误
3.《报销申请单》填写清楚用途后，由经办人签字，经部门经理和财务部经理审核，报总经理审批后才能到财务部报销	审批手续齐全
4. 金额超过贰千元的现金款项支付时，应附上中心内部签报，说明付款原因及付款依据	理由充分
5. 有关个人使用的定额备用金的限额由总经理审批	符合审批权限

27. 编写成本分析资料

工 作 程 序	工 作 要 求
每月月底在结账之后打印明细账，编写物管费收支明细表	分类归集各项成本
根据收支明细表，对各项成本支出所占总支出的比例进行分析	使用不同分析方式参考行业指标分析原因
根据收支明细表以及去年同期收支明细表，针对去年同期支出情况进行对比分析	分析增加或者减少的原因
根据收支明细表以及年初预算情况进行对比分析	分析完成预算情况
整理所有成本分析资料	编写分析报告

28. 编写供方评审方案

工 作 程 序	工 作 要 求
整理正在执行中的所有服务采购合同的供方单位	全面整理
按照执行部门的不同进行分类归集	根据合同涉及内容分类
根据质量管理体系中供方评审的要求编写评审方案、确定评审内容	评审范围全面完整
根据领导意见调整评审方案	达到领导要求
最终确定供方评审方案	通告各部门经理

29. 编写供方评审计划

工 作 程 序	工 作 要 求
根据年度工作计划确定供方评审时间	按照时间节点开始供方评审工作
在供方评审之前编制供方评审计划	全面考虑评审工作
向各部门发放需要进行供方评审的供方单位名称	全面完整
约定供方评审收集供方营业执照时间	考虑个别特殊情况的供方单位
约定各部门报送经业主管领导签字确认的供方评审报告的时间	根据各部门不同数量的供方单位进行评审
约定财务部整理所有供方评审报告以及其他资料的时间	区分合格与不合格供方单位
约定向中心领导报送供方评审报告的最终时间	根据年度工作计划整体时间安排

30. 编制对讲机台账

工 作 程 序	工 作 要 求
根据账面对讲机情况盘点现有对讲机使用情况	全面仔细、分类、责任人
属于固定资产的对讲机按照固定资产的顺序编号	检查原有编号
属于非固定资产的对讲机重新编号	重新编号管理落实责任人
根据使用情况分类建立台账	分成报废、可使用以及富余等几类
报废对讲机经过监测确定不能维修后入库封存管理	入库保管
富余对讲机按照办公用品管理办法进行领用管理	填写《物品领用单》经领导签字后领用
不断调整对讲机台账	台账不断更新与实际使用情况相符

31. 固定资产管理

工 作 程 序	工 作 要 求
固定资产的购置,纳入中心预算管理,年初制定预算,经董事会批准后严格执行	预算符合公司发展要求
固定资产的计价,中心的固定资产按原值计价,应按其不同来源渠道分别确定	固定资产按原值计价
固定资产的折旧,中心的各项固定资产折旧采用平均年限法按月提取,计入成本、费用	固定资产折旧按直线法折旧
固定资产日常管理职责分工,人事行政部、财务部和使用部门分清各自职责	人事部是资产管理部门,财务部是资产核算部门
固定资产的内部转移交接,为充分利用固定资产,发挥固定资产的作用,根据工作实际需要,中心的固定资产在办理转移交接手续后可以内部调剂使用	固定资产移交符合财务制度与财务程序
固定资产的盘点,中心每半年进行一次全面的盘点清查	固定资产的盘点要全面,资料真实
固定资产的处置,固定资产报废,应由使用部门提出建议,由资产管理部门组织进行鉴定后,以签报的形式由中心总经理审批	固定资产的处置要符合财务制度

32. 基础知识的培训

工 作 程 序	工 作 要 求
财务部经理在部门内展开调查,了解部门员工的培训需求	收集全面,分类归集
财务部经理归纳整理调查资料后,制订培训计划	时间安排合理
财务部经理根据培训需求及培训计划,准备培训资料	全面、贴近实际工作
财务部经理准备好培训资料后,确定合适的时间组织培训活动	根据培训内容的不同召集不同的人员参加
培训结束后,在部门员工内进行调查,了解培训的优缺点,汇总培训反馈信息	收集全面,分类归集
财务部经理在汇总培训反馈信息后,总结培训经验教训,改进今后培训内容	更加符合参加培训人员的需求

33. 内部队伍建设

工 作 程 序	工 作 要 求
财务经理每月召开财务人员座谈会了解员工思想动态,加强员工廉洁教育	沟通思想,廉洁教育
财务部定期组织员工学习财务员工职业道德建设,提高员工的职业道德	加强职业道德教育,提供交流平台
财务部不定期安排各岗位人员组织财务人员内部培训活动	提高工作的专业性
财务部每年组织财务人员参加会计证继续教育	提高工作能力、自身素质
鼓励员工参加更高学历的考试以及财务系列技术资格考试	提高员工的自身学习能力

34. 内部管理

工 作 程 序	工 作 要 求
财务部经理编制财务部各岗位职责以及工作程序、工作要求	分清工作内容,做好本职工作同时做好配合工作
财务部经理每周组织员工参加公司财务部召开的部门内部协调会	布置每周重点工作,协调员工之间关系
财务部经理组织员工参加每月召开的部门沟通会	互相了解工作内容,提高工作效率
财务部经理不定期组织部门员工进行专业及非专业方面的培训	提高工作能力以及专业水平
每年度末,财务部经理组织部门召开总结计划会,进行工作总结及第二年工作计划	总结当年工作,计划明年工作

35. 部门预算执行的监督

工 作 程 序	工 作 要 求
1. 每月结账后,对于预算内的收入,财务部根据实际收到情况(账面数)按月与月度预算、年度预算对比	通过财务分析指出差距,寻找原因
2. 财务部实行合同执行情况监控	对合同约定的到期应收未收到款项,提醒经办部门加大催收力度,保证收入的实现
3. 财务部对实物性采购与服务性采购在审批环节分别进行控制	采购成本不得超出预算
4. 结账后,财务部按月向各责任部门报送预算执行情况表	通过财务分析找出差距,提出改进建议,协助各部门进行控制
5. 财务部每月根据账面数据,编制《可控费用执行情况表》	对日常超过时间进度的费用支出,暂缓支付。年末,对超过预算指标的可控费用,尤其是交通费、业务招待费,不予报销
6. 每月月末、年末,财务部编制《损益表》,与同期预算、年度预算相对比,向中心领导汇报预算完成进度	分析预算完成情况,指出不足,提出改进建议,要求各部门完成各项控制指标
7. 年终,财务部组织财务决算,对各项收入、成本费用支出进行汇总,与预算进行对比分析	总结经验教训,指导次年的预算编制工作

36. 公司预算管理工作

工 作 程 序	工 作 要 求
每年 10 月份前后,根据房地产财务部下达的编制次年财务预算通知,由公司财务部组织各部门、各项目,参与预算的编制工作	预算的制定
预算编制完成后,经公司领导讨论批准后,报公司董事会批准	预算的下达
预算经董事会批准后,财务部对预算进行分解,经公司领导批准后,向各部门和各项目下达分月的年度预算指标,并要求严格执行。各项目接到预算指标后,由各项目财务部将指标按月分解并下达到各个部门	预算的执行
预算一经批准下达,各部门、各项目必须在保证经营活动正常开展的前提下,严格按照预算指标合理地发生成本支出	预算执行的监督
财务部根据成本费用实际支出情况,与预算进行对比分析,并及时与各部门、各项目沟通协调,提出意见和要求,对中心的预算执行情况进行持续的、动态的监督,确保预算顺利执行到年终,财务部组织财务决算,对各项收入、成本费用支出进行汇总,与预算进行对比分析,总结经验教训,指导次年的预算编制工作和预算的审核	预算的总结

37. 公众责任险的理赔

工 作 程 序	工 作 要 求
1. 出险并且保险公司现场拍照之后,由相关部门人员联系受损人员提供报价	真实可靠
2. 报价经保险公司确认后,由相关部门人员通知受损人员进行修复	跟进修复完成工作
3. 财务部经理对发生的事故进行记录	时间、地点、人物、金额等
4. 然后根据事情经过编写"事故经过""索赔申请"报送保险公司(包括发票)	符合现场实际,准确无误
5. 在等候保险公司赔付的期间,在征得保险公司同意后,我公司可以先行赔付受损人员,并且由财务部进行账务处理	有关部门按照程序领取款项,账务处理正确
6. 收到保险公司的赔款后,反馈保险公司明细单,并且进行账务处理	盖章有效,冲回提前付给受损人员的赔款

38. 公众责任险的投保

工 作 程 序	工 作 要 求
1. 与保险公司联系投保事宜	了解投保注意事项与投保要求
2. 准备投保资料	完整可靠
3. 填写投保资料表格	准确清楚
4. 与保险公司确定投保时间	保证公司财产安全
5. 签订公众责任险的保险合同	按照服务采购签订合同步骤
6. 报单到期之前半个月与保险公司联系续保事宜	保证公司利益不受侵害
7. 按照服务采购程序完成续保工作	手续齐备

39. 公众责任险事故现场的勘察

工 作 程 序	工 作 要 求
接到出险电话判断事故类型	准确判断
属于公众责任险事故,立即报保险公司相关人员到现场拍照	相关部门保护现场
配合相关部门人员寻找事故原因	尽快查明原因,保证安全运转
拍照后,由相关部门联系受损失人员提供损失报价	正式报价文件,有技术依据
财务部将报价报送保险公司相关人员,由保险公司评定价格的合理性	符合保险公司理赔要求
经保险公司审核通过的报价再转到相关部门人员通知受损人员进行修复	跟进修复完成工作

40. 备品备件的申购

工 作 程 序	工 作 要 求
库管员根据物管中心工程备品备件的库存数量进行申购	按要求做,并达到库存要求
库管员在申购工程备品备件时把所需要的特殊要求加以注明	特殊的要求一定要加以注明
申购工程备品备件时一定要填写规格、型号、产地、数量	认真、负责
工程备品备件申购完成由库管员转给财务经理	按程序办

41. 物品验收

工 作 程 序	工 作 要 求
1. 采购人员所采购的需入库管理的物品,应与库管员办理交接	库管员要认真与采购员交接
2. 物品验收由工程部人员和采购人员负责,库管员协助检验物品的质量	认真验货
3. 严格根据采购单认真核实物品名称、数量、规格、型号和生产日期	严格核对物品的规格、型号、质量、数量
4. 对质量不合格的货物坚决退回	把好质量关
5. 物品验收合格且准确无误后方可办理入库手续并打印入库单	验收合格入库并打印入库单

42. 入库单的填制

工 作 程 序	工 作 要 求
1. 先进入"物管中心"工程备品备件的华仪系统	进入系统
2. 入库单必须当天填制并由供应商签字确认	填制入库单
3. 入库单一式三联,由采购人员和库管员签字后生效	入库单必须要采购员和库管员同时签字
4. 填制入库单时一定要按实际的数量来填写	入库单必须按实际数量填写
5. 填制入库单时必须用华仪系统,不准用手工填写,不准在入库单上进行改写	按要求去做

43. 物品统计

工 作 程 序	工 作 要 求
1. 库管员平时要做好存货的保管工作	要有工作责任心
2. 库管员在办理工程备品备件的入库时要把各种物品的数量清点准确	工作准确无误
3. 工程部在领取工程备品备件时各种物品的数量清点准确	工作责任心要强
4. 库管员要做好物品的收发工作,并核对华仪系统进行库存查询与当天的出入库是否一致	当天要对出入的物品进行核对
5. 每天出入库的数量都会在华仪系统的盘点表上反映出来,月底库存品的统计形成	每天核对华仪系统

44. 出库管理

工 作 程 序	工 作 要 求
1. 进入华仪系统看有没有出库单并打印	进入华仪系统看当天的工作
2. 出库单由使用部门填写,经部门经理和财务经理签字后才能到仓库领用物品	出库单要手续齐全
3. 库管员根据签字生效的出库单按先进先出法向使用部门交发所需的物品领用人和库管员签字并由库管员复核领用物品的金额	库管员按要求发货
4. 库管员对任何部门任何人员均应严格按办手续后提货的程序发货,严禁先发货后补手续或以白条代替的做法	库管员要按规定去做
5. 出库单一式三联,第一联由库管员交会计人员由其据以进行材料出库财务处理,第二联交领用部门,另一联由库管员保存由其据与财务会计进行对账	库管员要保存好出库单

45. 备件存放

工 作 程 序	工 作 要 求
1. 每天检查库房物品存货情况	库管员每天要去库房检查
2. 检查物品存放是否整齐有序	检查物品
3. 做到备品备件隔墙、离地、通风防潮	备品备件的通风
4. 备品备件要做到按类码放,并要把每个物品的名称规格型号写清楚贴在物品上	写清楚备品备件的标签
5. 对油漆类的物品存放时间最好不要超过一星期,要需用部门及时领用出去	对特殊类物品要及时处理

46. 仓库的安全检查

工 作 程 序	工 作 要 求
库房专人管理,闲人免进	专人管理,闲人免进
库房内严禁吸烟和进行其他明火作业	库房内严禁有火
库房内禁止使用电加热器具及其他超大功率的电器设备	库房内用的电器不使用大功率
库房内严禁存放易燃、易爆危险物品	严禁有易燃、易爆品

续表

工　作　程　序	工　作　要　求
物品分类分垛存放,保留安全间距,符合五距要求	按要求码放物品
用过的废纸要放在纸篓内并及时清除,不准在库房内燃烧物品	用过的废纸要及时处理
下班时要对库房内进行防火检查,切断电源确认无隐患锁门后方可离开	下班时一定要对库房检查好方可离去
消防器材严禁埋压、圈占,应摆放在明显位置,工作人员要熟悉灭火器材位置,掌握灭火范围和使用方法	消防器材一定按要求码放

47. 库存品盘点

工　作　程　序	工　作　要　求
库管员平时要做好存货的保管工作,控制存货的数量和金额	库管员要做好存货的保管,控制存货的数量和金额
做好存货的收发并经常在华仪系统进行核对,保证账实相符	存货的发放、账务的核对
财务部建立存货账,正确核算存货金额,每月至少与库管员盘点一次存货,保证存货账实相符	财务与库管员的物品盘存要做到账实相符
对盘点过程中发现的破损物品与超过保质期的物品要及时上报,采取措施进行处理	库管员要经常对物品进行检查,发现问题及时处理
对盘亏的存货要追查原因,属于管理人员的责任,要由其赔偿。属于正常的损耗,可以列入公司的成本	库管员要对存货认真管理,不能出现人为的差错

48. 现金管理

工　作　程　序	工　作　要　求
1. 现金的使用范围明确	公司现金制度
2. 现金的领用手续要齐全	确保领用现金手续齐备
3. 不得坐支挪用现金,不准设立账外库存现金	国家财务制度
4. 当日未发出的工资、奖金等款项应及时收回金库	确保领用现金安全
5. 出纳每日登记现金日记账	确保账账相符
6. 每日下班前盘存库存现金,填写现金日报表	确保账款相符,账实相符
7. 超过库存现金规定限额现金要送存银行	符合公司现金存量标准
8. 出纳提取现金,应有保安同行,金额较大应派车随往	保证公司现金安全

49. 转账支票管理

工　作　程　序	工　作　要　求
严格遵照签发支票手续	公司支票管理制度
转账支票的使用范围	确保领用转账支票的手续齐备
申领支票需填写《支票领用单》	明确支票用途、金额、收款单位
出纳负责公司支票的签发	支票登记簿上登记支票领用日期、支票号码、支票用途、使用金额
支票签发使用双印鉴制(公司财务专用章、公司法人名章)	两枚印鉴必须严格分别保管,出纳负责财务专用章的保管和使用,经理负责法人章的保管和使用

续表

工 作 程 序	工 作 要 求
出纳负责保管银行空白支票	空白支票保管视同现金,作废支票妥善保管
支票领用人需在十天内返回报销或退回,如遇特殊情况请说明	支票发生丢失,丢失责任人承担责任
申领支票时,如暂无金额,应写明限额	确保支票正常使用

50. 现金支票管理

工 作 程 序	工 作 要 求
1. 现金支票的使用范围明确	公司支票管理制度
2. 出纳负责公司现金支票的签发和使用	明确支票用途、金额,支票登记簿上登记支票领用日期、支票号码、支票用途、使用金额
3. 现金支票签发使用双印鉴制(公司财务专用章、公司法人名章)	印鉴必须严格分别保管,出纳负责财务专用章的保管和使用,经理负责法人章的保管和使用
4. 出纳负责保管现金空白支票	空白支票保管视同现金,作废支票妥善保管,支票发生丢失,丢失责任人承担责任
5. 现金支票签发必须填写金额、日期和收款人名称	确保支票正常安全使用

51. 银行开户

工 作 程 序	工 作 要 求
携带营业执照正副本原件	按照银行开户要求办理开户
携带组织机构代码证书正本原件	遵守银行开户程序
携带税务登记证正本原件	资料真实有效
填写开户申请书	
提供法人授权书	
被授权人身份证原件	

52. 现金的支付

工 作 程 序	工 作 要 求
1. 出纳根据审核无误的记账凭证支付现金	保障现金正确支付
2. 复核会计凭证支付现金与对外付款报销单是否一致	确保现金支付准确无误
3. 检查付款凭证是否符合公司财务制度	严格按照公司制度执行
4. 复核发票	检查发票是否是国家税务部门统一监制的正式发票
5. 领用人签字后方可领取现金	现金当面点清
6. 支取后加盖"现金付讫"章	

53. 现金工资的发放

工 作 程 序	工 作 要 求
根据人事部现金工资表发放现金	未办理工资卡及离职的员工可发放现金工资
根据现金工资需要提取现金	到银行提取现金并保证现金安全
根据审核无误的会计凭证支付现金工资	确保现金金额正确支付
复核会计凭证与工资表是否一致	确保现金及时发放
领取人签字后方可领取现金工资	现金当面点清,支取后加盖"现金付讫"章

54. 购买支票

工 作 程 序	工 作 要 求
1. 支票即将用完时,及时到银行购买支票	确保公司转账支票的正常运转
2. 购买支票要携带支票购买证	严格按照银行管理制度执行
3. 正确填写支票购买凭证	及时购买支票
4. 购买支票要及时清点数量	确保公司购买的支票数量正确
5. 妥善保管从银行购买的支票	保证支票安全

55. 银行转账

工 作 程 序	工 作 要 求
1. 支付计划电费,月末应补电费通过银行转账	同银行签订同城特约委托收款付款授权书
2. 支付水费、污水处理费、热水费通过银行转账	认真填写银行电汇、信汇单
3. 支付员工医疗保险费通过银行转账	填写三联进账单通过银行转账
4. 支付煤气费、采暖费等凭证通过银行转账	填写银行各种单据准确无误
5. 支付款需要电汇、信汇时可通过银行转账	

56. 每日现金盘点

工 作 程 序	工 作 要 求
1. 现金收取及支付时,要认真清点	保证现金数量准确无误
2. 查看现金账余额	做到账账相符
3. 查看现金日记账余额	做到账实相符
4. 清点保险柜金额数量	认真执行盘库制度
5. 登记现金出纳日报表	做到日清月结

57. 现金盘点日报表

工 作 程 序	工 作 要 求
填写出纳日报表	填写日期、金额要准确无误
根据现金日记账填写昨日结存	正确填写昨日结存
统计本日收入累计金额	认真统计收入累计金额
统计本日支出累计金额	认真统计支出累计金额
盘点现金余额	现金清点准确无误

58. 现金盘点月报表

工 作 程 序	工 作 要 求
1. 填写出纳月报表	填写日期、金额要准确无误
2. 根据现金上月结存表余额,填写上月结存金额	认真统计当月余额
3. 统计本月收入累计金额	认真统计收入累计金额
4. 统计本月支出累计金额	认真统计支出累计金额
5. 填写本月余额	保险柜里的金额与本月报表余额相等

59. 清查银行未达账项

工 作 程 序	工 作 要 求
从银行提取当月对账单	及时提取对账单
银行贷方与我方账户借方一一对账	逐项钩对银行已收企业未收款项
银行借方与我方账户贷方一一对账	逐项钩对银行已付企业未付款项
如发现未达账款及时查明原因	未达账项及时查明原因
填写银行人民币存款余额调节表	正确填写调节后存款余额

60. 登记现金日记账

工 作 程 序	工 作 要 求
根据审核无误的会计凭证登记现金日记账	字迹清晰工整
登记日记账凭证要写日期、摘要、金额	数额准确无误
凭证借方金额、贷方金额要分辨清楚	登录日记账正确填写各项内容
记账凭证按序号登记	序号按先后排列
结出当日现金账余额	当日现金当日结算

61. 银行存款月报表

工 作 程 序	工 作 要 求
1. 填写银行存款月报表	填写日期、金额要准确无误
2. 根据银行存款上月结存表余额填写上月结存金额	认真统计当月银行存款余额
3. 统计本月收入累计金额	认真统计当月银行存款收入累计金额
4. 统计本月支出累计金额	认真统计当月银行存款支出累计金额
5. 填写本月银行款余额	金额准确无误

62. 进账单填写

工 作 程 序	工 作 要 求
1. 填写进账单出票人全称、账号、开户银行	填写进账单字迹清晰工整
2. 填写进账单日期、金额（人民币大写、小写）	填写进账单金额准确无误
3. 填写票据种类和票据张数额	票据种类数量无误
4. 填写进账单收款人全称、账号、开户银行	收款人名称、账号、开户行无误
5. 检查进账单填写是否正确	填写全面

63. 报销单据保存

工 作 程 序	工 作 要 求
1. 检查报销单据有无缺损	报销单据妥善保管
2. 报销单据按财务规定粘贴好	粘贴整齐
3. 检查是否符合报销手续，是否加盖收讫、付讫印鉴	手续齐全
4. 报销单据手续符合财务要求时交会计进行账务处理	原始凭证交付及时
5. 财务会计处理完毕后，出纳登录现金、银行日记账，完毕将会计凭证归纳到指定地点存放	账务登录及时，按顺序存放

64. 超额现金的存现

工 作 程 序	工 作 要 求
1. 认真清点库存现金	严格执行公司的财务制度
2. 库存现金超过库存规定时要及时送存银行	超额现金清点准确无误
3. 填写现金存款凭证日期、金额（人民币大写、小写）	日期金额无误
4. 现金存款凭证填写存款人全称、账号、开户银行	资料全面
5. 把清点好的库存现金送存银行	有保安随行
6. 现金存款单交由会计当日处理完毕	当日现金当日处理完毕

65. 银行回单的收发

工 作 程 序	工 作 要 求
1. 从银行回单柜取计划电费、月末应补电费回单、水费、污水处理费、热水费回单	及时、准确、快捷从银行收取回单
2. 从银行回单柜取员工医疗保险费回单	回单数量无误
3. 从银行回单柜取客户物管费、杂费等回单	回单数量无误
4. 从银行打印出银行对账单	对账单日期无误
5. 将电费、水费等单据发放给工程部并签字确认	签字确认
6. 将医疗保险回单发放给人事行政部并签字确认	签字确认
7. 将物管费、杂费等回单及银行对账单发放给财务部会计	发放及时

66. 支票领用登记簿管理

工 作 程 序	工 作 要 求
1. 出纳负责支票领用簿的管理	按公司财务制度进行登记
2. 领用支票必须在支票领用簿上登记	每一项都要一一认真登记
3. 支票登记簿上登记支票领用日期、支票号码、支票用途、使用金额	字迹清晰工整
4. 领用支票时领用人必须签字后方可拿走支票	有领用人签字
5. 出纳负责定期检查支票领用簿上支票使用情况与支票留存情况	支票登记簿上支票留存情况与支票实际留存情况一致

67. 复核报销单据

工 作 程 序	工 作 要 求
1. 检查记账凭证是否是当日日期	凭证须为当日凭证
2. 检查记账凭证会计科目是否正确	会计科目正确
3. 检查报销原始凭证金额是否正确	金额与记账金额一致
4. 检查报销原始凭证是否符合报销手续	签字手续齐全
5. 检查报销单原始凭证是否有付讫印鉴	印鉴齐全
6. 检查报销原始凭证数量是否符合	确保报销单据各项内容正确

68. 收费软件数据每月的更新

工 作 程 序	工 作 要 求
1. 每月26号左右，与客服部主管此项业务的人员沟通，取当月收费情况表	确保按时收到此表
2. 将收费情况表上电费、电话费、水费及排污费与客服部提供的相关汇总数据进行核对	两套数据核对无误

工　作　程　序	工　作　要　求
3. 将收费情况表上服务费与工程部及客服部提供的原始单据进行核对	两者金额一致
4. 将收费通知单上车位服务费数据与车管员提供的停车场发票金额进行核对	两者金额一致
5. 因应收物管费美元数各月基本一致,故对当月应收物管美元数与以前月份进行核对,对应收物管费美元金额与以前月份不一致的,调查原因	确保应收物管费金额正确
6. 对当月各类收费与以前月份相关数据进行对比,对两者间产生较大差异的情况进行调查	收费可控

69. 物业费收费通知单的输入

工　作　程　序	工　作　要　求
1. 打开思源收费系统软件,对上个月数据进行月结	确认上个月数据都已正确录入
2. 依据核对后的收费情况表,将应收物管费是固定汇率的客户,当月应收取的各项费用录入到收费系统中	数据录入正确,注意调整月份
3. 依据核对后的收费情况表,将应收物管费是浮动汇率的客户,当月应收取的各项费用录入到收费系统中	数据录入正确,注意调整月份
4. 每月1日,向银行问询当月1日美元兑换人民币中间价,并将汇率记录下来	询问两家以上银行
5. 在收费系统中,录入当月汇率	录入正确

70. 物业费收费通知单的发放

工　作　程　序	工　作　要　求
1. 每月1日,将收费通知单打印出来,且将打印好的收费通知单交给客服部	打印工作要及时进行
2. 将打印好的收费通知单进行整理,机打收费通知单一式四份,手工单据一式两份,其中发给客户和财务做账的两份加盖财务专用章,另两份分别归财务部及客服部保管	整理工作及时、有序
3. 将打印好的收费通知单进行核对,检查费用归属月份是否正确,金额与以前月份相比是否异常	收费可控
4. 数出当月打印出的收费通知单的数量,记录于册,并与收费情况表上的数量进行核对	查找是否有漏记
5. 将收费通知单及时交给客服部专管此项事务人员,客服部专管此项人员对收费通知单进行检查,签字。与其对当月收费的特殊情况进行沟通	在将收费通知单交给客户前,把好最后一道关

71. 物管费及杂费的挂账

工 作 程 序	工 作 要 求
1. 打开用户 NC 软件	用户名密码录入正确
2. 根据打印出的收费通知单进行挂账	挂账及时,准确。一笔应收只能对应一笔收入
3. 编制当月收费情况统计表	应与客服部提供的当月收款情况表上的数据一致
4. 将当月收费情况表上的物管费合计数与明细表中物管费合计数进行对照	两者数额应一致
5. 将当月收费情况表上的其他费用合计数与明细表中代收代付合计数进行核对	两者数额应一致
6. 将工程部及客服部提供的原始单据与挂账的服务费进行核对,并将其粘贴到记账凭证后头	两者数额应一致

72. 出具第一、第二次催款通知单

工 作 程 序	工 作 要 求
1. 每月 14 号、19 号统计当月收费情况表中未缴款客户,15 号物管费回收率应达到 50%,如未达到,应及时与客服部联系,向客户催款	统计及时
2. 将收款情况表中未缴款客户与账上未缴款客户进行核对,查找有无多计、少计未缴款客户	核对无误
3. 编写催款通知单	
4. 打印催款通知单,加盖财务部公章,催款通知单上金额应与收费通知单上金额一致	确保两者金额一致
5. 将第一、第二次催款通知单于当月 15、20 号交付客服部,与客服部再次确认未缴款客户是否正确	确保无误

73. 出具第三次催款通知单

工 作 程 序	工 作 要 求
1. 每月 24 号统计当月收费情况表中未缴款客户	统计无误
2. 将收款情况表中未缴款客户与账上未缴款客户进行核对	查找有无多计、少计未缴款客户
3. 编写催款通知单	
4. 计算滞纳金	计算无误
5. 打印催款通知单,加盖财务部公章,催款通知单上金额应与收费通知单上金额一致	确保两者金额一致
6. 将第三次催款通知单于当月 25 号交付客服部	与客服部再次确认未缴款客户是否正确

74. 机打正式发票的开具

工 作 程 序	工 作 要 求
1. 向发票保管人领取发票,在发票领用本中记录领用时间及领用人	领用前,提前通知保管人
2. 退还已用发票,在发票领用本中记录旧发票归还时间,作废发票张数、归还人	实际退还的发票应与记录一致
3. 在税控打印机中录入新领取发票的发票号	确保机打发票号与税控机中发票号一致
4. 在客户缴款后,开具发票,加盖财务专用章	核对发票抬头、金额是否准确
5. 对未缴款客户,可先开具发票,加盖财务专用章,在发票第一联登记发票领用人姓名,督促其及时缴款	加强发票管理
6. 将开出的发票登记在发票登记本中,应登记发票号、发票抬头、金额及领用人、领用日期	登记无误

75. 收据的开具

工 作 程 序	工 作 要 求
1. 向收据保管人领取收据,在收据领用本中记录领用时间及领用人	实领数与记录一致
2. 退还已用收据,在收据领用本中记录旧收据归还时间及归还人	退还数与记录一致
3. 在客户缴款后,开具收据,加盖财务专用章,在收款人处由开票人签上自己姓名,在缴款人处由缴款人签上自己姓名	符合财务规定
4. 将收据第二联交给缴款人保管	确认所开收据各项正确
5. 将收据第三联用于财务做账,做账及时,收到的现金应于当天入账,并与出纳核对金额是否正确	与现金日记账对应

76. 固定客户临时停车票据的收集

工 作 程 序	工 作 要 求
1. 每日根据车管员交来的临时停车收费日报表,登记当日收到的固定客户停车票据张数	登记完毕后,由车管员签字确认
2. 每月月底,由车管员送交当月固定客户临时停车票据	将送交的票据分客户整理

77. 固定客户临时停车票据的统计

工 作 程 序	工 作 要 求
1. 每月月底,将收到的固定客户临时停车收据进行整理	目前分为鲍鱼王、首创、能美三家固定客户
2. 查看票据上是否加盖该客户的印章	仔细、认真,对未加盖公章的票据不予确认,并与车管员进行联系
3. 根据票面实际金额,分别计算各家临时停车费	计算准确
4. 将统计出的固定客户当月的临时停车费登记到收费通知单中,于下月收取	填写无误
5. 在下月将固定客户临时停车票据交给客服部专管此项事务人员,并由其交给固定客户核对	将前一月所有票据全部交还

78. 机打发票开具情况统计

工 作 程 序	工 作 要 求
1. 对于留存机打发票第一联做账的情况,如果开票时客户尚未缴款,应由发票应用人在发票第一联上签上自己姓名	敦促发票领用人及时缴款
2. 对于不留存机打发票第一联做账的情况,应由开票人在发票登记本上签上自己姓名	应登记发票号、发票抬头、金额及领用人、领用日期
3. 当使用完一本机打发票后,统计出当月作废发票,登记到发票领用本中	及时进行此项工作
4. 将当月使用的机打发票,从税控打印机中调出,打印,交给发票审核人进行审核	及时进行此项工作
5. 根据发票审核人的审核情况,执行其要求	依据税控发票管理规定进行

79. 当月物管费及杂费的统计

工 作 程 序	工 作 要 求
1. 编制当月物管费及杂费回收情况表	物管费及杂费应账表一致
2. 每收到一笔款项,及时通知客服部,并在账上及回收情况表上同时记录	账表一致
3. 每月 15 日前,查询当月物管费回收率,并及时与客服部沟通	物管费回收率应超过50%
4. 每月月底,查询当月物管费回收率,及时与客服部沟通	物管费回收率应超过50%
5. 统计当月未缴款客户,配合客服部做好催款事宜	及时进行,工作无误
6. 于下月 1 日前,打印当月收费情况表	

80. 物业费及杂费汇总统计表

工 作 程 序	工 作 要 求
1. 每月月初,统计出上月物管费及杂费回收情况	当月物管费回收率务必达到96%
2. 将上月物管费及杂费应收、实收金额录入到汇总统计表中	汇总统计表中金额应与回收情况表中金额一致
3. 将上月物管费及杂费累计应收、累计实收金额录入到汇总统计表中	汇总统计表中金额应与回收情况表中金额一致
4. 将物管费及杂费汇总表中金额与回收情况表中进行再次核对	金额一致

81. 物管费及杂费汇总报表的发放

工 作 程 序	工 作 要 求
1. 于每月月初,将统计出的上月物管费及杂费回收情况表与汇总统计表打印出来	回收情况表打印出 4 份,汇总统计表打印出 5 份
2. 将打印好的报表交给财务总监审核并签字	及时送交
3. 将签好字的报表发放各部门	财务部、财务总监、总经理、客服部、人事行政部各 1 份
4. 将留存在财务部的报表放入指定文件夹进行保管	

82. 收费通知单的保管

工 作 程 序	工 作 要 求
1. 于每月 1 日,将收费通知单打印出来,机打收费通知单一式四份,手工单据一式两份,其中发给客户和财务做账的两份加盖财务专用章,另两份分别归财务部及客服部保管	及时进行
2. 将留存在财务部的两份收费通知单,一份加盖财务专用章,作为原始凭证,附在记账凭证后面,另一份放入专用文件夹中进行保管,并与收费情况表上的数量进行核对,查找有无漏记收费项	核对无误,按财务规定保管

83. 维修单的保管

工 作 程 序	工 作 要 求
1. 每月 25 号左右,收到由客服部提供的工程部维修单	敦促其及时送交
2. 将维修单上费用与应收情况表上服务费金额进行核对	两者数额应一致
3. 对核对出的多计或漏计服务费金额及时与客服部联系,查找原因	发挥会计的反映与监督职能
4. 将维修单作为原始凭证,附在记账凭证后面,与收费情况表上的服务费金额进行核对,查找有无多记、漏记收费项	两者数额应一致

84. 车场收入的核对

工 作 程 序	工 作 要 求
1. 每天车管员下班时将收完整本发票的款项(现金或者其他有价证券)于当天如实缴纳给财务部出纳,停车场定额发票存根交给财务部会计并在《发票登记簿》上登记回收情况	出纳收到的现金与会计收到的停车场定额发票存根金额一致
2. 会计根据实缴金额向收银员开出收据,并进行账务处理	实缴金额与收据金额一致
3. 会计应在《临时停车收费情况日报表》的实缴发票金额栏中登记相应数据,并结出当日未缴发票金额	当日未缴发票金额 = 上日未缴发票金额 + 当日领用发票金额 − 当日上缴发票金额
4. 核对收银员手中的未缴发票金额与会计《临时停车收费情况日报表》中的当日未缴发票金额是否一致,否则需找出原因	当日未缴发票金额 = 已收未缴金额 + 未用完发票的票面金额
5. 每月月底,编制归还发票统计表,连同本月发票存根交给发展商	归还发票统计表上记录应与归还发票存根一致,并由发展商会计签字确认

85. 物业费及杂费的收取

工 作 程 序	工 作 要 求
1. 财务部根据发展商转发来的《签约客户通知单》,将业主及租户名称、办公楼面积、物管费单价、收费方式等资料输入物业管理软件,形成客户档案	输入无误

工 作 程 序	工 作 要 求
2. 每月 26 日,财务部会计从客户服务部获得各客户本月应缴水费、电费、电话费、有偿服务费等杂费相关数据统计表,以及提供各项有偿服务的《工程报修单》原件,根据杂费统计表将相关数据输入思源物业管理软件系统,客户用水量、耗电量、燃气用量等数据由工程部、客户服务部每月联合查表并经客户确认后统计;《工程报修单》由工程部等业务部门在向客户提供各项有偿服务时填制,《工程报修单》需注明服务项目、时间、收费金额等并经客户确认	确保各种数据准确
3. 公司物管费按美元计价,每月 1 日,财务部将当天的美元兑人民币牌价输入软件系统后,生成并打印出客户《收费通知单》	财务人员对各项费用根据客户历史资料,认真核对物业管理费是否一致、水电费等费用与以前月份相比是否异常,如有问题则应认真查找原因
4. 每月月初财务部根据《收费通知单》,按权责发生制原则进行账务处理,借记"应收账款",贷记"主营业务收入",为便于查询和保存,将发展商转来的新签客户的《签约客户通知单》原件作为记账凭证的附件	按财务规定进行
5. 每月在收到款项后,冲减计提的"应收账款",并在回收情况表中记录此笔款项	确保账上金额、发票金额,与回收情况表上金额一致
6. 每月月底,财务部编制出当月应收账款回收情况统计表,上报公司领导作为月度绩效考核依据,报送各业务部门,并配合业务部门对未收回的款项继续催收	及时、准确、完整

86. 有偿服务费的收取

工 作 程 序	工 作 要 求
1. 每月月初,根据客服部提供的《工程报修单》与应收情况表上的服务费金额核对后,计提上月应收服务费,《工程报修单》由工程部等业务部门在向客户提供各项有偿服务时填制,会计人员应审核《工程报修单》是否注明服务项目、时间、收费金额等并经客户确认	核对无误
2. 每月在收到款项后,冲减计提的"应收账款",开具发票	确保账上金额与发票金额一致
3. 对于收取的当月发生的服务费,应收到客服部提供的杂项传票,确定金额后,开具发票	杂项传票上应注明服务项目、时间、收费金额等并经客户确认

87. 固定停车费的核算

工 作 程 序	工 作 要 求
1. 为明确权责,凡是向客户出租固定车位,必须与客户签订车位租赁合同或车位管理合同,合同正本交财务部保管,合同中应明确车位号、租用时间、租用金额和每月车位管理费金额等内容	按合同管理规定进行
2. 财务部按照合同配合客户服务部收取固定停车费,其中租金部分归发展商所有,先由财务部代收,租金发票由发展商开具	于当月月底及时送交
3. 车位管理费为公司收入,财务部向客户开具发票,并进行会计核算	发票金额与应收车位费金额一致

工 作 程 序	工 作 要 求
4. 固定车位均为一次性收取租用期的全部款项,在收款时,财务部及时进行会计处理,借记"银行存款"等科目,贷记"其他应付款"(应支付发展商租金)、贷记"主营业务收入－停车场收入"。对未按合同付款的,按应收账款挂账处理,并及时通知客户服务部催收	按财务规定进行
5. 每月月底,财务部根据车位合同和实收款情况,编制固定车位费回收情况表,财务部及发展商各留一份	及时进行

88. 装修押金,出入证押金的收取

工 作 程 序	工 作 要 求
1. 财务部复核客户服务部杂项传票以及《装修进场单》列示的二装单位、装修面积是否一致后,根据装修管理费和装修押金的收费要求,核准金额,向客户收取装修押金及装修管理费,并分别开具收据及发票后,进行会计处理,装修管理费记入收入账户、装修押金记入"其他应付款"科目	按规定进行
2. 根据安保部的杂项传票,为二装施工人员办理出入证,按既定标准收取出入证押金,并向客户开具收据,出入证押金记入其他应付款账户	按规定进行
3. 在出入证办理情况表上登记办理出入证的客户情况,作为留存记录,便于退证时核对查找	登记无误

89. 装修押金,出入证押金的退还

工 作 程 序	工 作 要 求
1. 装修完毕后,符合退场条件时退还装修押金,由客户服务部以签报的形式报领导审批,签报中需注明客户名称、应向客户收取的其他款项,已收押金、实际应退金额等内容	按规章进行
2. 财务部据审批后的签报、付款报销单,并检查客户收据后将装修押金退还给客户	金额需确认
3. 在退出入证押金时,核对该客户的出入证原件、经过中心领导签字的对外付款报销单和收据等资料,按工本费标准扣除工本费后,将剩余出入证押金退还客户,并进行账务处理	财务部在收回出入证原件后才能退还出入证押金,同时如客户无法开具收据或证明,则需退回我公司原先开具的收据
4. 在出入证办理情况表上登记退还出入证的情况	登记无误

90. 财务部办公用品的申购

工 作 程 序	工 作 要 求
1. 根据财务部实际缺少办公用品在《物品领用单》上填写	如实填写
2. 将《物品领用单》交给财务部经理审核签字	审核无误
3. 将《物品领用单》交给人事行政部,与其核对申购物品品种及数量	核对无误

91. 车场发票的管理

工 作 程 序	工 作 要 求
1. 到开发商处领取发票,检查发票是否连号,是否加盖财务章	发票符合规定
2. 在开发商《发票登记本》"领用人"处签字	确认发票已领回
3. 将所领发票号码登记在公司的《发票登记本》上	账实相符
4. 开发商在物管中心《发票登记本》"发放人"处签字	账实相符
5. 将发票放入指定地点	防止遗失
6. 车管员到财务部领取发票,并在物管中心《发票登记本》"领用人"处签字	确认发票已领走
7. 会计将车管员领取的发票金额登记在《临时停车收费统计表》的"领用发票金额"栏,车管员签字确认	金额登记准确
8. 车管员每日将用完的整本发票归还财务部,会计将金额填入《临时停车收费统计表》的"归还发票金额"栏里,车管员签字确认	归还发票与所缴现金金额一致

92. 临时停车费的核算

工 作 程 序	工 作 要 求
1. 收银员根据监控系统显示的停车时间和既定收费标准,在车辆驶离停车场时收取停车费	金额收取准确无误
2. 收银员给客户撕取相应金额的发票	票实相符
3. 收银员妥善保管现金	防止丢失
4. 收银员下班时,将每天收取的整本发票的现金及发票上缴财务部	票实相符
5. 会计根据实缴金额开出收据,并进行账务处理	凭证无误
6. 会计在《临时停车收费统计表》的"归还发票金额"栏中登记相应金额,结出当日"未缴发票金额"	账实相符
7. 会计将未用完整本发票已收金额登记在"已收未缴金额"栏中,同时计算出应收金额	公式正确,金额无误
8. 次日上班,会计从停车场监控系统中打印出昨天的收费记录,并复核前一天收入,检查无误,会计签字	金额相符,不符需查明原因

93. 银行余额调节表的编制

工 作 程 序	工 作 要 求
1. 从 NC 系统中输出"银行日记账"	输出准确
2. 将账面发生额和银行对账单所示金额逐一核对	核对准确
3. 将银行月末余额和企业"银行日记账"余额,及"企业已收,银行未收"、"企业已付,银行未付"、"银行已收,企业未收"、"银行已付,企业未付"填入银行对账单的相应位置	金额及位置
4. 根据公式计算出调整后金额	公式正确
5. 核对企业和银行调整后金额	金额一致
6. 查看未达账项	查明原因

94. 报销单据的审核

工 作 程 序	工 作 要 求
1. 审核发票的抬头交款单位是否正确 审核是否加盖财务章	发票符合规定
2. 审核发票真伪	发票符合规定
3. 审核对外付款报销单上金额与原始发票金额是否一致	报销单填写无误
4. 检查对外付款报销单上各级签字是否准确	报销单填写无误
5. 检查对外付款报销单上的即付用途与原始发票所开项目是否一致	报销单填写无误

95. 编制七项可控费用报表

工 作 程 序	工 作 要 求
1. 从 NC 系统中输出各部门可控费用余额表	数据导出正确
2. 按部门将金额填入"可控费用统计表"相应位置	金额正确,位置准确
3. 计算出各部门预算使用情况及进度比例	金额正确,进度准确
4. 对超预算的部门重点标示	使超标部门区别于其他部门
5. 将"可控费用统计表"合计金额与账面金额核对	保证账表一致

96. 会计凭证的装订

工 作 程 序	工 作 要 求
1. 将凭证按顺序排好	凭证整齐,无断号
2. 将凭证均匀地分成几份	每份凭证厚度一致
3. 将分发好的凭证加上封皮,用夹子固定后,用凭证装订机在凭证的左上方钻两个大小一致的孔	两孔间间距及两孔与凭证边缘距离适中
4. 用线穿至两孔间,将凭证装订成册	固定凭证
5. 用纸将凭证左上角包好	凭证美观
6. 每两本凭证装入一个凭证盒中,并在凭证盒上注明相关信息	书写工整,号码、日期、卷宗号正确
7. 将装订好的凭证妥善保管	码放整齐,防止丢失

97. 存货出库的会计核算

工 作 程 序	工 作 要 求
1. 使用部门填写"出库单"	物品填写准确
2. 领导逐级审批	审批手续齐全
3. 库管员根据审批后的"出库单"进行出库	出库物品与出库单物品一致
4. 会计检查出库单金额是否正确,签字手续是否齐全	"出库单"准确无误
5. 会计根据"出库单"进行账务处理	会计科目及金额正确无误

98. 存货入库的会计核算

工 作 程 序	工 作 要 求
1. 使用部门填写"申购单"	物品填写准确
2. 领导逐级审批	审批手续齐全
3. 库管员根据所购货物填写"入库单"进行入库处理	"入库单"与所购物品一致
4. 会计检查"入库单"金额是否正确,签字手续是否齐全	"入库单"准确无误
5. 会计根据"入库单"进行账务处理	会计科目及金额正确无误

99. 固定资产的管理

工 作 程 序	工 作 要 求
1. 建立固定资产管理制度	保证固定资产的统一规范管理
2. 固定资产的购置纳入中心预算管理,年初制定预算	经公司批准后严格执行
3. 购置固定资产,使用部门必须提前一个月填写采购申请单申请购置固定资产,经部门经理审核后,报中心采购部	采购人员负责中心固定资产的购置工作,并严格按照中心采购控制制度进行固定资产的采购
4. 新增固定资产购置完毕,由采购人员填写"固定资产验收交接单"一式叁联签字后,第一联由人事行政部留存,第二联送财务部门记账,第三联由使用部门留存	固定资产由财务部按中心制定的分类标准编号、粘贴标签后,由使用部门使用
5. 固定资产验收合格后,财务部负责填写"固定资产卡片"并进行会计处理	处理正确
6. 中心的各项固定资产折旧采用平均年限法按月提取,计入成本、费用	正常营业期间,当月开始使用的固定资产,当月不计提折旧,从下月起开始计提折旧。当月减少或停用的固定资产,当月照提折旧,从下月起不计提折旧。提前报废的固定资产,其净损失计入营业外支出,不再补提折旧
7. 固定资产日常管理按照职责分工管理	中心的资产管理部门为办公室,核算部门为财务部,使用部门负责本部门固定资产的有效使用
8. 固定资产在中心内部转移调剂使用时,需填写《固定资产移交单》,经批准后,报财务部备案	明确责任人
9. 员工离职时需将保管、使用的所有固定资产填写《固定资产移交单》,经部门经理签字后转交接替人员;暂无接替人员的,由部门经理暂时保管,待接替人员到岗后,验收、保管、使用	保证固定资产的安全使用
10. 中心每半年进行一次全面的盘点清查	保证固定资产的安全使用
11. 固定资产报废,应由使用部门提出建议,由资产管理部门组织进行鉴定后,以签报的形式由中心总经理审批	在办妥批准手续后,由财务部门将有关固定资产转入固定资产清理,此后方可开始固定资产的拆除清理。固定资产的非正常废弃、毁损、丢失,将按情节轻重,追究相关人员的责任
12. 固定资产转让、报废、毁损、盘亏情况应在当年会计报表的财务状况说明书中加以说明	固定资产有偿转让或清理报废的变价净收入与其账面净值的差额,作为营业外收入或者营业外支出。固定资产变价净收入是指转让或变卖固定资产所取得的价款扣除清理费用后的净额。固定资产净值是指固定资产原值减累计折旧后的净额

100. 固定资产的盘点

工 作 程 序	工 作 要 求
1. 中心每半年进行一次全面的盘点清查	固定资产盘点工作应由中心领导负责，组织固定资产管理部门、使用部门和财务部门，依靠员工全面清点实物，以实物与账、卡相对照
2. 盘点之前从固定资产账套内打印出固定资产明细表	盘点之前统计固定资产使用情况
3. 修改此明细表，增加新固定资产使用人栏目	方便盘点使用
4. 按照固定资产保管地点以及固定资产原保管人进行盘点，查清固定资产的数量、质量和技术状况	按照责任人签字确认
5. 盘点之后整理盘点表	归纳整理根据使用情况进行分类
6. 在清查中，对固定资产盘盈、盘亏，要查明原因，分清责任，提出处理意见，并向总经理报批	编写盘点报告
7. 固定资产的非正常废弃、毁损、丢失有非正常事故的过失者，应按情节轻重，追究责任	分清责任人
8. 对盘点结果，财务部门要及时进行账务处理	调整保管人或者调整账面结存数

101. 固定资产台账

工 作 程 序	工 作 要 求
1. 建立台账之前进行固定资产盘点，盘点之前从固定资产账套内打印出固定资产明细表	盘点之前统计固定资产使用情况
2. 修改此明细表，增加新固定资产使用人栏目	方便盘点使用
3. 按照固定资产保管地点以及固定资产原保管人进行盘点，查清固定资产的数量、质量和技术状况	按照责任人签字确认
4. 盘点之后整理盘点表	归纳整理根据使用情况进行分类
5. 建立固定资产台账	明确责任人和使用情况
6. 将固定资产台账报送各部门经理备案	明确各部门固定资产情况

102. 合同的保管

工 作 程 序	工 作 要 求
1. 财务部收到合同之后，检查是否符合质量管理体系要求	完整，符合要求，审批手续齐全
2. 财务部收到合同之后按照性质区分，编号编制统计表	统计准确完整
3. 财务部将合同收集统一装订存档管理	保管完整，保证安全
4. 财务部缴纳印花税	金额准确
5. 合同保存期不应少于 5 年	保存完整安全

103. 合同价格的审定

工 作 程 序	工 作 要 求
1. 在签订合同之前提出服务采购的部门寻找供方单位	选择符合工作要求的单位
2. 由提出服务采购的相应部门向财务部提供至少三家供方单位以及报价	相应部门已经作出一定程度的筛选并且初步与供方单位协商过合同价格
3. 财务部根据部门参考意见以及对供方提供服务量的审核,初步确定价格	价格合理并且符合预算要求
4. 财务部负责人会同相关部门负责人共同与供方单位协商合同价格	达成一致意见符合我中心预算要求
5. 相关部门以签报形式将合同价格上报中心领导审批	最终确定合同价格准备签订合同

104. 合同文本的审核

工 作 程 序	工 作 要 求
1. 签订合同之前,提出服务采购的相关部门向财务部提供合同文本	电子版合同文本
2. 财务部经理根据经济法以及合同范本的规定初步修改合同文本	合同条文基本符合法律要求
3. 将合同文本交给法律顾问进行专业审核	律师出具书面审核意见
4. 财务部根据审核意见逐一进行修改,然后交给相关部门	达到律师的要求
5. 相关部门最后再将修改后的合同文本后附合同审批单上报中心领导签字确认	签订合同

105. 合同执行情况的监督

工 作 程 序	工 作 要 求
1. 财务部收到合同之后按照性质区分,编制统计表	统计准确完整
2. 财务经理根据合同情况审核支出签报	符合合同要求
3. 账目上出现的有关于合同的收入和支出分别在合同统计表上列示	统计收款和支出情况
4. 每月月底结账之前,财务经理统计按照合同要求需要收到或者支出的款项	监督合同执行
5. 打印合同统计表报送各部门经理	催促相关部门按照合同要求履行合同
6. 根据收入成本配比原则,按照合同时间进度,在结账之前计提成本支出	准确合理
7. 每月结账之后,再次向各部门经理报送合同统计表	监督合同执行情况

106. 合同执行情况的统计

工 作 程 序	工 作 要 求
1. 财务部收到合同之后,检查是否符合质量管理体系要求	完整,符合要求,审批手续齐全
2. 财务部收到合同之后按照性质区分,编号编制统计表	统计准确完整
3. 账目上出现的有关于合同的收入和支出,分别在合同统计表上列示	统计收款和支出情况
4. 每月月底结账之前,财务经理统计按照合同要求需要收到或者支出的款项	监督合同执行
5. 打印合同统计表报送各部门经理	催促相关部门按照合同要求履行合同
6. 每月结账之后,根据收入或者支出情况,再次向各部门经理报送合同统计表	监督合同执行情况

107. 会计报表的整理

工 作 程 序	工 作 要 求
1. 每月月底在结账之后打印余额表和明细账	正确体现各科目余额
2. 按照科目性质分类归集之后,编写资产负债表、损益表、现金流量表等报表	保证准确无误
3. 报表通过表内和表间审核	平衡正确
4. 将报表上报公司本部财务	按时呈报
5. 财务部经理将每月报表打印出来进行装订整理、归档编号	保存完整,保证安全
6. 财务部经理同时将报表电子版形式进行备份保存	保证电子文件的安全使用

108. 会计报表的装订

工 作 程 序	工 作 要 求
1. 每月月底财务部经理将每月报表打印出来	保证报表完整准确
2. 按照前后顺序罗列	顺序合理
3. 打印统一报表存档封面经领导签字确认	修改正确日期、签字手续齐全
4. 根据统一形式装订存档	保证美观完整
5. 定期将存档报表转移到库房长期存放	保证安全以防丢失
6. 财务部经理同时将报表电子版形式进行备份保存	保证电子文件的安全

109. 机器损坏险的理赔

工 作 程 序	工 作 要 求
1. 出险并且保险公司现场拍照之后,由相关部门人员联系受损人员提供报价	真实可靠
2. 报价经保险公司确认后,由相关部门人员通知有关修理公司进行修复	跟进修复完成工作
3. 财务部经理对发生的事故进行简单记录	时间、地点、人物、金额等
4. 然后根据事情经过编写"事故经过""索赔申请"报送保险公司(包括发票)	符合现场实际,准确无误
5. 在等候保险公司赔付的情况下,我公司可以先行给付维修公司款项,并且由财务部进行账务处理	有关部门按照程序领取款项,账务处理正确
6. 收到保险公司的赔款后,反馈保险公司明细单,并且进行账务处理	盖章有效,冲回提前付给维修公司的赔款

110. 机器损坏险的投保

工 作 程 序	工 作 要 求
1. 与保险公司联系投保事宜	了解投保注意事项与投保要求
2. 准备投保资料,收集机器设备清单	完整可靠
3. 填写投保资料表格	准确清楚
4. 与保险公司确定投保时间	保证公司财产安全
5. 签订机器损坏险的保险合同	按照服务采购签订合同步骤
6. 报单到期之前半个月,与保险公司联系续保事宜	保证公司利益不受侵害
7. 按照服务采购程序完成续保工作	手续齐备

111. 机器损坏险事故现场的勘察

工 作 程 序	工 作 要 求
1. 接到出险电话,判断事故类型	准确判断
2. 属于机器损坏险事故,立即报保险公司相关人员到现场拍照	相关部门保护现场不受到破坏
3. 配合相关部门人员寻找事故原因	尽快查明原因,保证安全运转
4. 拍照后,由相关部门联系维修公司提供损失报价	正式报价文件,有技术依据
5. 财务部将报价报送保险公司相关人员,由保险公司评定价格的合理性	符合保险公司理赔要求
6. 经过保险公司审核通过的报价,再转到相关部门人员联系维修公司进行修复	跟进修复完成工作

112. 监督财务收支

工 作 程 序	工 作 要 求
1. 物管费收入通过物管费回收统计表进行监督	统计及时准确
2. 车位管理费收入通过合同的执行情况进行监督	合同统计完整
3. 临时停车管理费通过核实停车场系统进行监督	统计及时准确
4. 各部门支出签报必须经过财务部签字确认	符合支出要求、符合预算范围或者符合合同要求
5. 各部门实物采购必须经过财务审核	符合预算范围要求
6. 各部门报销单必须经过财务审核	符合财务制度要求并且符合预算范围
7. 每月进行财务分析	分析各项收入支出是否符合预算要求

113. 监督年度计划的执行

工 作 程 序	工 作 要 求
1. 每周初确定工作内容以及责任人	根据年度工作计划
2. 每周末检查工作完成情况	说明未完成原因,并且制订下周计划
3. 每半年总结一次该半年工作完成情况	分析未完成原因
4. 修改完善工作计划	根据实际情况修改完善工作计划
5. 年底总体总结全年工作完成情况	全面总结并且提出明年改进意见

114. 建立财务年度指标

工 作 程 序	工 作 要 求
1. 回顾上年度财务年度指标	分析完成情况
2. 参加中心当年整体年度指标的讨论	了解中心指标整体思路
3. 分析中心当年整体年度指标	分析中心整体指标所要达到的目的和要求
4. 初步建立财务年度指标	全面、实用、符合整体要求
5. 经过中心领导以及公司本部财务总监审核并根据领导意见调整年度指标	达到领导要求
6. 确定财务年度指标	通报各部门以及公司本部财务

115. 年度财务决算工作

工 作 程 序	工 作 要 求
1. 将年度所有原始凭证输入财务软件系统	数据全面
2. 财务经理将所有记账凭证审核完毕	记账凭证无误
3. 主管往来账会计核对与相关方的往来款项是否一致	往来款项一致
4. 12月底时,财务经理完成所有需调整的账务处理,进行账务平衡测试,测试完毕后完成结账工作	收入成本结转正确并且调整科目正确无误
5. 打印末级科目余额表以及明细账	正确体现各科目余额以及明细金额
6. 按照房地产报表要求逐一填写所有报表,并且进行表内与表间审核	保证审核无误上报公司本部财务
7. 完成所有账务以及报表处理,打印余额表以及明细表装订	凭证以及表格完整
8. 准备资料接受会计师事务所审核	配合会计师事务所工作
9. 根据会计师事务所审核意见,调整凭证以及报表	按照合理要求调整
10. 收到会计师事务所审计意见,结转年度余额	准确无误

116. 新员工的培训

工 作 程 序	工 作 要 求
1. 准备培训材料	最新资料、全面
2. 根据新员工培训表格逐项进行基础培训	逐项进行培训,并且注重新员工反馈效果
3. 培训财务规章制度	重点培训内容,关注新员工所负责工作的财务规章制度培训
4. 培训具体工作内容	仔细认真
5. 培训财务人员职业道德	教育新员工廉洁自律以及工作认真负责的精神
6. 参加中心组织的新员工整体培训	了解公司以及中心整体情况
7. 正式开始工作	能够独立上岗

117. 修改完善年度工作计划

工 作 程 序	工 作 要 求
1. 分析修改完善工作计划的原因	全面深刻
2. 统计工作计划实际完成情况	全面仔细
3. 分析工作计划中不能完成项目的原因	原因要有说服力
4. 根据实际情况再次修改完善年度计划	贴近实际工作需要,确保能够实施
5. 通过领导审核,并根据领导意见再次修改	符合领导要求
6. 最终确定年度工作计划	通报各部门以及公司本部财务

118. 预算编制

工 作 程 序	工 作 要 求
1. 每年 10 月份前后,根据公司本部财务部下达的编制次年财务预算通知,由物管中心财务部组织各部门,参与预算的编制工作	全面参与预算的编制工作
2. 物管中心各部门根据经营情况负责编制各部门的收入、成本及费用预算后报物管中心财务部	各部门经理负责本部门的预算编制工作,并对本部门预算执行结果承担责任
3. 物管中心财务部根据各部门上报的业务预算草案,进行汇总论证,综合平衡,拟订物管中心合并预算方案,报中心领导并上经理办公会讨论	符合实际工作要求
4. 根据经理办公会意见,财务部组织各部门修改预算,再次上报物管中心领导经批准后,提请公司本部财务部审核	符合领导要求
5. 公司财务部对物管中心上报的年度预算进行审核,如需要调整,财务部将根据公司财务部精神组织各部门修订预算,并再次报公司审批,直至批准为止	符合公司整体预算要求

119. 预算的执行

工 作 程 序	工 作 要 求
1. 预算经公司批准后,财务部对预算进行分解,经中心领导批准后,向各部门下达分月的年度预算指标	要求各部门严格执行
2. 预算一经批准下达,各部门必须在保证经营活动正常开展的前提下,严格按照预算指标合理地发生成本支出	严格控制支出
3. 财务部根据成本费用实际支出情况,与预算进行对比分析,并及时与各部门沟通协调,提出意见和要求,对中心的预算执行情况进行持续的、动态的监督	确保预算的执行
4. 年终,财务部组织财务决算,对各项收入、成本费用支出进行汇总,与预算进行对比分析	总结经验教训,指导次年的预算编制工作

120. 预算数据的采集

工 作 程 序	工 作 要 求
1. 分析上年度预算完成情况	分析超额完成或者未完成原因
2. 整理各楼层出租与出售的整体面积情况	分类统计
3. 整理车位出租情况	统计完整包括临时车位
4. 整理统计上年度合同签订以及执行情况	统计完整尤其是跨年度合同执行情况
5. 向各部门征集下年度成本支出需求	各部门提供全面的支出需求
6. 汇总以上资料	统计归纳分类

121. 折旧的计提

工 作 程 序	工 作 要 求
1. 每月结账之前处理完毕所有增加或者减少固定资产的账务工作	记账凭证无误
2. 财务经理完成凭证的审核工作	保证记账凭证正确
3. 通过固定资产账套完成折旧的计提工作	保证计提数额的正确
4. 各项固定资产折旧采用平均年限法按月提取,计入成本、费用	保证入账的正确
5. 折旧方法和折旧年限一经确定,不得随意变更。需要变更的,应在变更年度前,由中心提出申请,报经中心领导和政府有关部门核准,并在财务报表中予以揭示	揭示正确,符合财务制度要求
6. 正常营业期间,当月开始使用的固定资产,当月不计提折旧,从下月起开始计提折旧。当月减少或停用的固定资产,当月照提折旧,从下月起不计提折旧。提前报废的固定资产,其净损失计入营业外支出,不再补提折旧	保证符合财务制度要求,计提正确

122. 制订年度工作计划

工 作 程 序	工 作 要 求
1. 回顾上年度工作	分析完成情况
2. 了解中心整体工作计划	了解中心工作计划整体思路以及分析中心计划所要达到的目的和要求
3. 了解公司本部财务工作计划	分析公司本部财务对下属项目财务工作的要求
4. 初步制订本部门年度工作计划	全面、实用、符合整体要求
5. 通过中心领导以及公司本部财务审核,并根据领导意见进行修改完善	达到领导要求
6. 确定本部门年度工作计划	通报各部门以及公司本部财务

123. 资金的调度

工 作 程 序	工 作 要 求
1. 了解库存资金情况	保证当天的资金使用
2. 了解银行存款情况	保证一段时间的资金使用
3. 了解各部门资金使用计划	保证紧急情况下的资金使用
4. 调度资金	资金使用正常,符合要求
5. 月初编制银行余额调节表	核对当月资金情况
6. 月底编制现金流量表	分析当月资金使用情况

124. 结算业主年度物管费

工 作 程 序	工 作 要 求
1. 了解业主房间建筑面积	保证实测建筑面积准确
2. 了解业主物管费收费标准	分清收费标准
3. 了解业主缴费期间	保证收费期间准确
4. 出具收费通知单	检查费用金额保证准确
5. 将收费通知单交给客户服务人员	保证及时

125. 使用物业收费系统收费

工 作 程 序	工 作 要 求
1. 设置使用人权限	合理分配权限保证准确
2. 培训收费系统使用方法	专人培训保证使用正确
3. 查询汇总收费情况	监督收费工作开展,同时保证统计工作正确
4. 维护收费系统的使用	保证正常使用
5. 提出改进系统建议	提高使用效率

126. 集中收楼

工 作 程 序	工 作 要 求
1. 统计收楼业主名单	保证面积、名字、房号准确
2. 导入收费系统	保证费用金额准确
3. 打印收楼缴费通知单	保证正确
4. 布置收楼收费现场	符合收楼工作需要
5. 集中收取业主物业管理费	保证收费效率和准确率
6. 统计收楼业主情况	保证账实相符

127. 常规收楼

工 作 程 序	工 作 要 求
1. 了解收楼业主情况	保证面积、名字、房号、入住时间准确
2. 向开发商出具业主收楼缴费通知单	保证费用金额正确
3. 经开发商通知收取业主物业管理费	保证收费金额正确
4. 编制收楼情况汇总表	保证账实相符

第三章 工 程 部

一、部门概要

工程部是实施物业工程管理、保障设备、设施正常运行的职能部门。工程部管理具有严密的科学性和较高的技术性，它是为用户创造安全、文明、舒适、方便的商住环境的基本保障和坚强后盾，是物业管理服务水准的重要标志，是物管企业树立良好形象和声誉的重要部门。

工程部的职责范围如下：

（1）负责服务区域内设备设施运行管理并负责服务区域内的电力系统、通信系统、电梯系统、空调系统、供水系统、排水系统、热力供应等公共设施、设备的运行管理，维护保养和故障检修。确保设备设施处于良好运行状态，满足正常管理经营及客户需求。

（2）负责贯彻执行国家及政府职能部门有关设备设施安全运行及节能降耗等各项管理规定。使水、电、热能源的消耗，实现最大限度的节约。

（3）负责建立健全部门内部各项规章制度及工作标准、流程。

（4）负责客户"二装"施工的图纸审核，施工监管、协调及资料归档工作，保证客户"二装"施工的顺利进行。

（5）负责制定、完善、落实设备设施运行应急预案，保证在紧急情况下作出的反应，最大程度地减少设备设施故障损失。

（6）负责建立健全安全生产管理体系，完善、落实安全生产管理制度。

（7）负责管区内设备设施的运行管控，完善、落实设备设施维修保养计划。

（8）做好客户报修的快速处理，实现客户报修处理率100%。

（9）负责公寓外包工程的监管工作。

二、部门架构

```
                      ┌──────────┐
                      │  经  理  │
                      └────┬─────┘
                      ┌────┴─────┐
                      │  副 经 理 │
                      └────┬─────┘
        ┌────────────┬─────┴──────┬──────────────┐
   ┌────┴────┐  ┌────┴────┐  ┌─────┴──────┐  ┌────┴────┐
   │ 强电主管 │  │ 弱电主管 │  │空调、给排水主管│  │  文  员  │
   └────┬────┘  └────┬────┘  └─────┬──────┘  └─────────┘
   ┌────┴────┐  ┌────┴────┐  ┌─────┴──────┐
   │  技  工  │  │  技  工  │  │ 综合维修领班 │
   └─────────┘  └─────────┘  └─────┬──────┘
                               ┌───┴────┐
                               │  技  工 │
                               └────────┘
```

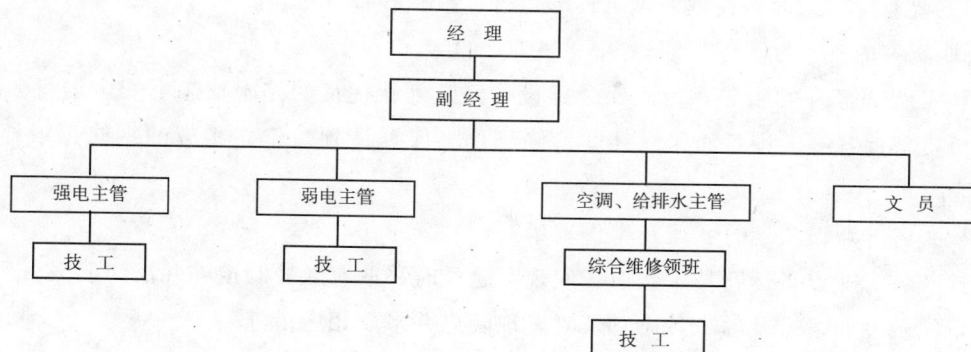

三、工作内容与岗位职责

1. 经理

【直接上级】副总经理

【直接下级】各专业主管

【工作概要】全面负责公寓设施设备的正常运行、维护及日常管理。

【主要职责】

（1）负责贯彻质量方针、质量目标，确保质量管理体系有效运行。

（2）根据国家有关法律和政策，制定、贯彻、执行有关工程和能源管理方面的方针、政策和制度。

（3）根据要求为大楼所有系统和设备建立并保有一个全面的维修计划。

（4）建立健全工程设备的运行和操作程序，确保整个公寓工程设备的正常运转。

（5）全面负责工程方面的节支运行，根据楼宇运行要求准备和修改工程部运行预算，并严格控制工程运行和维修费用。

（6）跟踪、控制所有水、电、煤气的能源消耗，保证最大限度的节能。

（7）负责准备并及时向有关管理单位上交所有报表。

（8）负责工程部员工绩效评估，并按照奖惩制度实施奖惩。

（9）负责建立健全部门培训计划，保证工程部员工掌握必备的专业技术和技能。

（10）在环境和安全方面保证大楼执行法律要求。

（11）制订并执行对其他部门紧急情况作出反应的计划。

（12）负责质量管理体系中基础设施、测量和监控装置的控制及服务结果的监视和测量的制定，并予以实施。

2. 副经理

【直接上级】工程部经理

【工作概要】协助工程部经理处理工程部运行、报修等日常工作。

【主要职责】

（1）在工程部经理的领导下，确保公寓设备经常处在优良的技术状态下安全运行。

（2）负责督促各专业设备的年、月度检修维护、保养计划，建立相应的维修记录档案，并监督实施。

（3）检查各专业设备运行状况及工作现场。

（4）检查各专业设备运行技术状态，发现问题及时采取有效控制措施并反馈上报。

（5）审阅各专业运行及值班日志，及时发现隐患并采取相应措施。

（6）检查工作现场卫生状况，保持良好的工作环境。

（7）做好公寓公共区域设备运行状况、消防设施及重要部位设备设施的巡检，发现问题及时组织当班人员采取有效的控制措施。重大问题向主管领导和有关部门报告并做好记录。

（8）做好与物业部关于客户报修、客户投诉信息的传递和沟通，做到信息准，处理快。

（9）检查和抽查各专业工作落实情况，做好签认。

（10）严格控制维修材料的出库及去向，努力降低成本及消耗。

（11）检查当班员工维修工作质量和工作态度，发现不良现象及时纠正。

（12）组织各专业二装审图及验收工作。

（13）完成领导交办的其他工作。

3. 调度工程师

【直接上级】工程部经理

【工作概要】在工程部经理的领导下做好工程维修、客户报修的调度管理协调及工作质量的监督检查与考核。

【主要职责】

（1）负责各类文件的复印、收发、打印。

（2）负责各类文件的存档、周转和回收，文具用品的分发。

（3）负责日常事务现金报销。

（4）负责布告栏的定期公布、更换，确保所有信息及时转达到员工。

（5）会议记录，整理会议纪要、打印、发送。

（6）对各部门或客人来工程部联系工作人员要热情接待。

（7）工程部周、月报的打印、周转及收发。

（8）完成当班客户报修工单的分派及现场实际情况的检查了解，做好记录及信息反馈。

（9）做好与管理公司其他部门及各专业的工作配合，协调好与客户之间的关系。

（10）做好公寓客户报修派工单的分类整理统计归档及信息反馈工作。

（11）填写值班日志，按照绩效考核管理办法提出岗位员工的考核意见，给各专业主管工程师落实考核。

（12）完成领导交办的其他工作。

4. 强电主管

【直接上级】工程部经理

【工作概要】在工程部经理的领导下，确保供电系统及电气设备的正常运转，做好电梯的巡检、电梯维修保养的监督工作，做好本专业设备设施的计划检修、维护、保养工作及机器管理工作。

【主要职责】

（1）严格按北京市供电局颁发的《电气设备管理规程》和《电气安全操作规程》，做好公寓 24 小时有效供电。

（2）编制公寓电气设备设施的年、月检修、维护保养及备件计划并监督计划的实施，做好相应的记录档案。

（3）每天检查重要设备运行状况及检修工作现场，发现问题及时采取有效控制措施，重大问题反馈上报并做好日志。

（4）负责完善本专业内部的各项管理制度，做好基础管理工作。

（5）配合客户做好二次装修的质量把关，做好配电资料的整理归档工作。

（6）做好客户报修的工作安排，重大检修现场组织实施。

（7）做好电梯的巡检记录，并监督电梯公司维修保养事宜。

（8）检查下属员工的岗位纪律、工作态度、现场卫生，发现不良现象及时纠正，严格考核。

（9）审阅本专业设备运行、检修、值班日志，监督巡检制度、考勤制度等的执行，落实考核。

（10）负责本专业能源消耗统计做好节能工作，严格控制维修材料、备件、工具的消耗及出库去向，降低维修运行成本。

（11）负责本专业新岗位员工的培训和专业培训验证工作安排，提高本专业员工素质。

（12）负责与其他班组或部门的协调合作。

（13）完成领导交办的其他工作。

5. 弱电主管

【直接上级】工程部经理

【工作概要】在工程部经理的领导下负责公寓弱电设备控制系统、卫星接收、广播通信、消防、电梯、楼宇自动化等系统的正常运行、维护、保养工作。

【主要职责】

（1）依照国家的有关法律法规负责公寓卫星接收、广播、通信、信息数据网络、消防报警、楼宇控制、电梯等弱电设备系统的运行管理及工作反馈。

（2）编制弱电专业设备的维护保养年、月工作计划并督促计划的有效实施。

（3）完善本专业的各项管理制度，做好基础管理工作，建立健全设备档案。

（4）组织参与客户报修的处理及做好运行设备巡检工作的检查统计，并做好工作日志。

（5）做好所管设备设施状态的巡查发现的问题及时安排处理，重大问题及时反馈，并做好工作日志。

（6）配合客户做好二次装修，关于弱电专业的质量把关及装修资料的收集整理归档工作。

（7）检查下属员工的岗位纪律、工作态度、现场卫生，做好考勤管理，发现不良现象及时纠正，严格考核。

（8）严格控制维修材料备件工具的消耗及出库去向，降低维修运行成本。

（9）负责本专业新岗位员工的培训和专业培训验证工作安排，提高本专业员工素质。

（10）负责与其他班组或部门的协调合作。

（11）完成领导交办的其他工作。

6. 空调给排水主管

【直接上级】工程部经理

【工作概要】在工程部经理的领导下负责公寓冷暖空调、通风、给排水系统等生活设备设施的运行、检修、维护、保养及管理工作反馈，安排综合维修专业正常工作，保证公寓的正常运营。

【主要职责】

（1）负责公寓空调、通风、给排水系统设备设施的运行、检修、维护、保养及管理工作反馈。

（2）编制本专业年度检修、保养计划，并组织实施做好记录。

（3）完善本专业基础管理工作，建立健全各项管理制度和图纸资料档案。

（4）配合客户二次装修，做好质量把关及装修资料的收集整理归档工作。

（5）组织参与客户报修的处理，重大问题现场组织处理并做好工作日志。

（6）做好所管设备设施的状态巡查发现的问题及时安排处理，重大问题及时反馈，并做好工作日志。

（7）检查下属员工的岗位纪律、工作态度、工作现场、机房卫生、考勤制度、巡检制度的执行情况，发现不良现象及时纠正，严格考核。

（8）严格控制维修材料备件工具的消耗及出库去向，降低维修运行成本。

（9）负责专业新岗位员工的培训和专业培训验证工作安排，提高本专业员工素质。

（10）负责安排综合维修专业工作计划等工作。

（11）与其他班组或部门的协调合作。

（12）完成领导交办的其他工作。

7. 综合维修领班

【直接上级】空调给排水主管

【工作概要】在给排水主管的带领下，有计划地完成土建装修，完善维修保新工作。

【主要职责】

（1）配合主管编制本专业年、月维修、改造、保新工作计划，并组织实施。

（2）做好客户报修的安排处理及公寓装修，土建设施的巡检工作并做好统计记录及工作日志。

（3）确保公寓公共区域装修的完好。

（4）负责合理安排综合维修专业的日常工作。

（5）做好所管设施的状态的巡查，发现问题及时安排处理，重大问题及时反馈，并做好工作日志。

（6）严格控制维修、材料备件工具的领用消耗及出库去向，降低维修成本。

（7）带领员工做好本专业各项工作。

（8）完成领导交办的其他工作。

8. 强电技工

【直接上级】强电主管

【工作概要】在强电主管工程师的领导下负责电气设备设施的检修、维护、保养及修改完善等工作，按照电器设备运行管理制度做好电器设备运行工作，服从电气事故抢修工作安排。

【主要职责】

（1）熟悉掌握公寓的供配电方式、线路走向；负责公寓所有照明线路、动力线路和灯具的日常管理和维修工作，处理客户报修。

（2）熟练掌握公寓机房电气控制设备，按计划负责做好发电机组、变配电设备及各机房内电机、电气设备的维护保养工作。

（3）完成大楼内大型接待活动和节日活动特需的照明布置、接线及设备安装和拆收工作。

（4）根据维修巡检计划完成线路设备的巡检工作，并认真填写巡视记录，对发现的问题或隐患及时向主管工程师汇报。

（5）做好线路防火工作，严格检查线路负荷、绝缘，发现不正常状态必须找出原因加以纠正。

（6）根据工作安排在配电室运行值班管理工作中，严格遵守输配电各项制度及安全操作规程，检查各种设备开关、线路和仪表的正常运行，认真填写值班记录和工作报表，按制度手续做好交接班工作；认真做好配电室安全防火事故工作，保管好高压电路检修工具。

（7）熟悉并掌握停电时的应急发电方法，设备技术性能和倒闸操作方法；确保大楼供电的连续性和可靠性。

（8）认真填写大楼用电量日报表和月报表；定期巡视高、低压电器设备，密切监视中央信号屏的工况，正确抄录仪表显示数据。

（9）认真做好设备、机房及工作现场的卫生清洁工作。

（10）严格执行材料、备件及工具领用管理制度，节约费用降低消耗。

（11）严格遵守劳动纪律，执行考勤制度、礼仪规范，搞好工作协作。

（12）完成领导交办的其他工作。

9. 瓦油木综合维修工

【直接上级】综合维修领班

【工作概要】在领班的带领下，确保整幢大楼之装修、天花板、墙壁、门锁、家具、门窗、墙纸及粉刷等完好无损。

【主要职责】

（1）负责公寓门窗、玻璃、五金配件的日常维修与更换。

（2）负责公寓吊顶板面、龙骨及检查口的日常维修与更换。

（3）负责公寓内外墙面及柱面、地面破损的维修。

（4）负责公寓屋面防水的日常维修。

（5）负责公寓修补、其他专业维修造成的土建破损。

（6）按上级指示完成整幢大楼的天花、墙壁、门锁、门窗、粉刷之常规保养。

（7）及时完成客户报修工单。

（8）及时参加紧急情况维修。

（9）严格执行材料、备件及工具领用管理制度，节约费用降低消耗。

（10）严格遵守劳动纪律，执行考勤制度、礼仪规范，搞好工作协作。

10. 弱电技工

【直接上级】弱电主管

【工作概要】负责公寓监控、楼宇自控、广播电视、消防、电梯等弱电系统的线路、接口、设备设施的日常维修保养、管理监测、运行调整记录工作，处理客户报修。

【主要职责】

（1）严格遵守公司各项管理制度及行业制度，认真落实弱电主管工程师布置的各项工作任务，并按工作要求按时按质按量认真完成。

（2）必须熟悉掌握公寓监控、楼宇自控、广播电视、消防、电梯等弱电系统的分布结构线路、接口、设备设施规格、型号、名称、性能、安装地点位置、启用时间、运行状态、维修保养情况、出厂日期等。按要求做好日常维修保养、管理监测、运行调整记录、档案工作。

（3）弱电维修人员要熟知公寓监控、楼宇自控、广播电视、消防、电梯等系统的工作原理，掌握设备性能、调整、操作规程及维修保养程序，及时处理好客户报修。

（4）要定期或不定期对本专业设备进行巡视检查，做好维修检测工作，随时掌握设备性能和运行状况，发现问题及时解决或采取有效的控制措施，做好记录并及时向上级汇报。

（5）保证工作环境达到要求，妥善保管好配发的工具、设备备用零件，做好设备防火、防潮、防静电工作，保障设备正常运行。

（6）认真做好设备、机房及工作现场的卫生清洁工作。

（7）严格执行材料、备件及工具领用管理制度，节约费用降低消耗。

（8）严格遵守劳动纪律，执行考勤制度、礼仪规范，搞好工作协作。

（9）完成上级领导交办的其他各项工作。

（10）团结同事与客户建立良好工作关系。

11. 空调技工

【直接上级】空调给排水主管

【工作概要】在主管的领导下完成公寓冷暖中央空调、通风系统等生活设备设施的运行、检修、维护、保养及风机盘管控制开关检修，盘管电机、轴承更换工作，及时处理客户报修。

【主要职责】

（1）严格遵守公司各项管理制度，认真落实暖通主管工程师布置的各项工作任务，并按工作要求按时保质保量认真完成。

（2）熟悉掌握公寓冷暖中央空调、通风系统的工作原理，管线分布情况、阀门控制区域、设备设施规格、型号、名称、性能、安装地点位置、运行状态、维修保养要求。按要求做好日常维修保养、管理监测、运行调整及交接班记录工作。

（3）掌握冷暖中央空调、通风及相关设备性能、调整、操作规程、维修保养程序，及时处理好客户报修。

（4）做好定期或不定期对本专业设备进行巡视检查，做好维修检测工作记录。随时掌握设备性能和运行状况，发现问题及时解决或采取有效的控制措施，做好记录并及时向上级汇报。

（5）根据工作需要，积极参加事故抢修抢救工作，保证公寓设备设施运行安全。

（6）妥善保管好配发的工具、设备备用零件，做好机房及设备防火、防潮工作。

（7）认真做好设备、机房及工作现场的卫生清洁工作。

（8）严格执行材料、备件及工具领用管理制度，节约费用降低消耗。

（9）严格遵守劳动纪律，执行考勤制度、礼仪规范，搞好工作间相互协作。

（10）完成上级领导交办的其他各项工作。

（11）团结同事与客户建立良好工作关系。

12. 给排水技工

【直接上级】空调给排水主管

【工作概要】在主管的领导下完成公寓生活水、消防水、给排水、外景喷泉、雕塑池系统等生活设备设施的运行、检修、维护、保养及管理工作记录反馈，保证公寓的正常运营，及时处理客户报修。

【主要职责】

（1）严格遵守公司各项管理制度，认真落实给排水主管工程师布置的各项工作任务，并按工作要求按时按质按量认真完成。

（2）熟悉掌握公寓生活水、消防水、给排水、外景喷泉、雕塑池系统的工作原理，管线分布情况、阀门控制区域、设备设施规格、型号、名称、性能、安装地点位置、运行状态、维修保养要求。按计划要求做好日常维修保养，管理监测、运行调整及交接班记录工作。

（3）掌握生活水、消防水、给排水、外景喷泉、雕塑池及相关设备性能、调整、操作规程、维修保养程序，及时处理好客户报修。

（4）做好定期或不定期对本专业设备进行巡视检查，做好维修检测工作记录，随时掌握设备性能和运行状况，发现问题及时解决或采取有效的控制措施，做好记录并及时向上级汇报。

（5）根据工作需要，积极参加事故抢修抢救工作，保证公寓设备设施运行安全。

（6）保证工作环境要达到要求，妥善保管好配发的工具、设备备用零件，做好机房及设备防火、防潮工作。

（7）认真做好设备、机房及工作现场的卫生清洁工作。

（8）严格执行材料、备件及工具领用管理制度，节约费用降低消耗。

（9）严格遵守劳动纪律，执行考勤制度、礼仪规范，搞好工作协作。

（10）完成上级领导交办的其他各项工作。

四、服务程序与要求

（一）强电组

1. 低压开关故障维修

工 作 程 序	工 作 要 求
打开配电柜	防止配电柜门反弹发生触电事故
准备工具	改锥、内六角扳手、克丝钳、尖嘴钳
准备更换的开关	检查开关的通断状态
停电并验电	使用试电笔验电
拆除连线	使用工具时注意安全
拆除开关、安装开关、安装连线	使用改锥时注意螺丝的丝扣不应损坏、安装牢固、导线连接无虚点
检查接线质量	连接牢固
送　电	试送一次
使用测温仪检查开关连接处有无发热现象	开关连接处的温度不应超过60℃
使用钳形电流表测量电流值	电流值不应超开关容量的90%
记　录	维修的时间、工作的内容、维修人
检　查	主管检查工作的质量

2. 电开水器的检修

工 作 程 序	工 作 要 求
电开水器断电	确保工作安全,拔下电开水器电源插头
准备工具	内六角扳手、克丝钳、尖嘴钳、扳手、改锥
准备材料	温度显示器、电源线、电源插头、指示灯、温控器、电加热管、微动开关、导线、接触器
将箱体平放	露出所拆的元件
举例说明:更换电加热管(其他维修类推)	检查电加热管的连接端有无开焊现象
打开防护盖板	露出电加热管的紧固螺丝
拆除连接导线、拆除电加热管、安装电加热管	拆除三组连线、使用内六角扳手、胶垫放置平整,均匀紧固螺丝
连接导线	导线连接要牢固
检查安装质量	接线正确
放水通电做试验	无漏水现象
安装完毕	调整水温到100℃,正常使用
记 录	检查的时间、工作的内容、检查人
检 查	主管检查工作的质量

3. 电机的检查

工 作 程 序	工 作 要 求
检查环境	环境无杂物、通风良好
检查电机所带机械设备	机械设备完好
检查轴承	不缺油、无异响
检查温升,使用测温仪	B级电机:绕组、定子铁芯85度、滚动轴承65度
检查电流,使用钳形电流表	不应超额定电流
检查电压,使用万用表	400V,正5V、负10V
声音和气味	无异响和异味
风 扇	排风良好
记 录	检查的时间、工作的内容、检查人
检 查	主管检查工作的质量

4. 环形灯具的维修

工 作 程 序	工 作 要 求
断电并根据环形灯安装的高度,选择梯子	断开开关确保安全并选用铝合金或木质人字梯,梯子必须牢固可靠,使用安全
准备材料和工具	材料和工具必须符合使用要求:环形灯管、启辉器和启辉器底座、灯脚、镇流器、电容、导线、改锥、克丝钳、尖嘴钳、电工刀、试电笔
拆除环形灯具面罩	将螺丝拆下,拆除灯面罩

工 作 程 序	工 作 要 求
拆除环形灯管	向下轻拉灯管取下
重新配线	按照灯具连接图配线,连接紧固
更换环形灯管	灯管连接可靠
更换启辉器和启辉器底座	启辉器和启辉器底座固定牢固
更换灯脚	灯脚的卡头必须插接牢固
更换镇流器,紧固连接导线	镇流器固定牢固,导线连接紧固
检查工作质量并送电	发光正常,清理施工现场
记　　录	检查的时间、工作的内容、检查人
检　　查	主管检查工作的质量

5. 霓虹灯的巡视、检查

工 作 程 序	工 作 要 求
每班晚上开灯后检查	每班晚上巡检,认真仔细,检查到位
检查外观	霓虹灯外观整体良好
检查发光源	光源发光正常
检查线路	线路无漏电、短路
检查防护板	防护板无破损
检查开关	开关无过流现象
检查结构	结构牢固
记　　录	检查的时间、工作的内容、检查人
检　　查	主管检查工作的质量

6. 配电室电气设备运行状态记录

工 作 程 序	工 作 要 求
第一路电源电流	变配电室值班人员每天巡视变配电室设备运行情况,每天 11 次,从高
第二路电源电流	压开关柜——低压开关柜——变压器室,检查内容主要有:
第一路电源电压	两路高压电源指示是否正常(10kV,正负 7%)
第二路电源电压	变压器运行情况、运行温度是否正常(100℃以下正常)
变压器高压侧电流	低压侧主、分路负荷情况是否正常(不应超负荷)
变压器低压侧电流	电容补偿装置运行指标是否正常
变压器温度	各配电装置和电器内部有无异味等
有功功率	变配电室内照明应完好正常,室内外的维修通道是否保持畅通
无功功率	如发现异常应查明原因,及时处理并做好记录,处理不了时应及时向上
功率因数	级主管汇报。在负荷高峰和异常天气时,应对配电装置和电器增加巡视 处于高峰负荷时,应检查电气设备是否超负荷
记　　录	检查的时间、工作的内容、检查人
检　　查	主管检查工作的质量

7. 日光灯具的维修

工 作 程 序	工 作 要 求
断电并根据日光灯安装的高度,选择梯子	断开开关确保安全并选用铝合金或木质人字梯,梯子必须牢固可靠,使用安全
准备材料和工具	材料和工具必须符合使用要求:日光灯灯管、启辉器和启辉器底座、灯脚、镇流器、电容、导线、改锥、克丝钳、尖嘴钳、电工刀、试电笔
拆除日光灯面罩	将卡子向下打开,拆除日光灯面罩
拆除日光灯灯管	转动日光灯灯管,然后取下
拆除日光灯底板	将固定日光灯底板的螺丝取下,拆除日光灯底板
更换日光灯灯管	日光灯灯管连接可靠
更换启辉器和启辉器底座	启辉器和启辉器底座固定牢固
更换灯脚,更换镇流器,更换电容	灯脚的卡头必须卡到位,镇流器固定牢固,电容连接紧固
重新配线	按照灯具连接图配线,连接紧固
检查工作质量并送电	日光灯发光正常后清理施工现场
记 录	检查的时间、工作的内容、检查人
检 查	主管检查工作的质量

8. 运行中低压开关的巡检

工 作 程 序	工 作 要 求
打开配电柜门	防止配电柜门反弹发生触电事故
目测低压开关的外观及连接导线有无变色现象	目测时要仔细,保持安全距离0.1m
听声音,有无异常声响	正常运行的开关无声响
检查开关外观有无烧蚀现象	开关内部连接故障,会发生烧蚀现象,检查时注意安全距离
使用测温仪检查开关连接处有无发热现象	开关连接处的温度不应超过60℃
使用钳形电流表测量电流值	电流值不应超开关容量的90%
使用电压表测量电压值	符合使用要求
关闭配电柜门	锁紧,保障安全
记 录	检查的时间、工作的内容、检查人
检 查	主管检查工作的质量

9. 电梯故障状态救援操作规程

工 作 程 序	工 作 要 求
1. 各安全装置必须处于有效状态	各安全装置必须处于有效状态,并由有电梯操作证的专业人员进行操作
2. 断开主电源开关	由电梯专业人员对电梯内被困客户进行疏散
3. 用厅门钥匙打开厅门,以确定轿厢位置。检查连锁装置,随后必须关闭厅门。注意防止坠入井道	进行救援操作的人员必须按以上操作程序进行过培训,并实际操作

工 作 程 序	工 作 要 求
4. 使乘客安静下来,并解释我们将要做什么	
5. 制动器内插入松闸杆并按箭头方向小心松闸。注意电梯轿厢可能向上或向下移动	
6. 慢慢地转动拽引轮,直到轿厢到达下一个楼面(注意钢丝绳标记)注意如果轿厢速度开始迅速加快,应立即释放松闸杆。松闸后如果轿厢静止不动,则按下列方法操作拆去松闸杆,用2只螺丝将手动装置拧到支座轴承上	
7. 把松闸杆放置到位并小心松闸。用手轮移动轿厢到下一层楼(注意钢丝绳标记)然后重新抱闸,并拿掉松闸杆	
8. 用手打开厅门并疏散乘客注意提请乘客注意脚下,不要绊倒	
9. 随后检查并确保厅门均已关闭,主电源开关继续断开	
10. 由工程部电梯监管人员通知电梯服务公司对电梯进行急修服务,如果轿厢不能手动操作移动,必须立即通知电梯服务公司进行急修服务	
11. 由电梯监管人员及迅达电梯现场维保人员24小时内出具故障报告和专业意见	

10. 电梯检修工作程序

工 作 程 序	工 作 要 求
1. 准备工具	
2. 脱梯、立牌、加围挡	
3. 锁梯开关、消防盒	开关功能正常、消防盒完好
4. 关门力限制器、强迫关门	功能正常
5. 报警装置、警铃、通信系统、轿厢照明	与中控室配合进行,功能正常
6. 应急照明	电梯断电检查功能正常
7. 语音报站、层显	显示正常,报站准确
8. 平层精度	轿厢地坎不低于厅门地坎,高度差不大于7mm
9. 厅轿门垂直度	垂直度偏差不大于1/1000,门缝上下一致
10. 开关门运行	无撞击声及其他异响
11. 抱闸检查	动作灵活,制动时闸瓦均匀紧密贴合在制动轮工作面上,送闸时,两侧闸瓦同步离开,抱闸各项尺寸符合技术规范
12. 送闸扳手和盘车装置	应放置在规定位置
13. 拽引钢丝绳	检查钢丝绳揳入拽引轮槽的情况,观察地面铁屑,反馈异常情况
14. 限速器	运行平活,开关动作可靠
15. 相序继电器	检查错相、断相
16. 机房检修盒	动作正常
17. 电梯运行次数	读取运行次数计数器并记录电梯运行次数
18. 接触器、继电器	随机检查5~10个螺丝的紧固,如有松动全部紧固一遍
19. 井道上限位和上极限	检查井道限位开关和极限开关的位置,测试开关的动作和功能

续表

工 作 程 序	工 作 要 求
20. 轿顶安全开关	测试所有轿顶安全开关的动作和功能。包括：检修盒急停开关、安全窗开关、门机急停开关
21. 安全钳开关	开关动作可靠
22. 轿厢·对重反绳轮	检查轮槽磨损情况,检查挡绳装置
23. 钢丝绳松紧度检查	钢丝绳松紧一致
24. 井道下限位和下极限	检查井道限位开关和极限开关的位置,测试开关动作和功能
25. 光、电感应装置、磁开关	检查安装位置、尺寸、接线可靠
26. 厅、轿门悬挂装置	检查门挂轮和上坎,清洁和润滑。必要时更换滚轮
27. 门触点	清洁门触点
28. 轿门微动开关	检查轿门微动开关安装位置和动作
29. 门机装置	清洁、调整门机
30. 门机链条和皮带	检查门机皮带和链条的张紧度和磨损情况,必要时调整更换,以符合技术规范
31. 门刀、门球的配合	检查门刀和门球的配合尺寸
32. 厅门门锁	所有门锁动作可靠,符合技术规范
33. 轿门连杆机构	清洁、润滑所有轿门连杆机构
34. 门机磁鼓	检查门机磁鼓并调整
35. 底坑急停开关	动作可靠
36. 补偿绳张紧装置	检查开关和挡杆间的尺寸,开关动作灵敏
37. 补偿绳张紧度	松紧一致
38. 补偿链	补偿链距地面小于100mm,导向装置完好
39. 缓冲器开关	开关动作灵敏有效
40. 检视工具	现场清洁
41. 移走警示牌	
42. 恢复电梯正常运行	

11. 开水器不加热的故障检查

工 作 程 序	工 作 要 求
工具的准备	螺丝刀、活扳手、万用表、试电笔
电源检查	用试电笔检查电源插座,电压为380V,检查插头是否插好
加热棒检查	用万用表测量加热棒是否烧坏,如损坏需更换加热棒
温控器检查	用万用表测量温控器是否损坏,如损坏需更换温控器

(二) 弱电组

1. 调整卫星接收机

工 作 程 序	工 作 要 求
1. 将馈线接到接收机的天线输入端上,视、音频输出端接到电视机的 AV 接口上,接好电源线,将 LNB 开关置于 ON 的位置	所收节目必须合法
2. 接上电源,按电源开、关键,再按 MENU 键,电视机上显示出主菜单	输入时应将原数据清除干净,输入数据必须完整、准确

续表

工 作 程 序	工 作 要 求
3. 移动操作箭头,使光标移到所需设定位置,再按 SELECT 键	注意保存参数
4. 按查询到的接收参数,将工作频率、本振频率、极化方式、符号速率、纠错速率、网络 ID 输入解码器	
5. 保存输入参数,按搜索键搜索所需节目	
6. 退出菜单,调整频道号找到所收卫星节目,通过闭路系统播放	

2. 维修卷帘门电控箱

工 作 程 序	工 作 要 求
1. 准备工具	
2. 通知有关人员	
3. 矗立维修标志牌	
4. 断掉主电源	保证维修人员人身安全
5. 检查按钮控制线路	线路无接地短路,按钮控制上升、下降、停止灵敏有效
6. 检查电控板	接触器、空开、变压器无异常声响,接触器触点接触牢固,无尘土,无疵点
7. 送上主电源	
8. 调整行程开关	卷帘门上升、下降行程灵敏有效
9. 手动动作试验	手动上升、下降、停止有效
10. 恢复远程控制及返回信号线路	
11. 远程控制检测	远程及联动控制卷帘门下降,并有返回信号
12. 撤掉维修标志牌	
13. 填写工作记录	

3. 维修卷帘门传动部分

工 作 程 序	工 作 要 求
1. 准备工具	
2. 通知有关人员	
3. 矗立维修标志牌	
4. 将卷帘门放到底	
5. 断开主电源	保证维修人员人身安全
6. 检查减速器齿轮	齿轮咬合紧固,齿轮无损坏
7. 检查齿轮传动链条	链条长短适合,无损坏,并且滑润
8. 检查传动轴	保证 90°水平,轴身无损坏
9. 恢复主电源	
10. 手动动作试验	
11. 撤掉维修标志牌	
12. 填写工作日志	

4. 消防管道喷淋头漏水的应急处理

工 作 程 序	工 作 要 求
工具、备件的准备	30m 长的消防水带引至下水管道处,管钳子、梯子(2m)1 架、大浴巾、生料带、塑料桶
备件的存放	工程部库房配件架上
漏水的处理	迅速关闭跑水区域控制阀门 打开泄水阀门漏水点下方用塑料桶接水,用浴巾平铺地上,再用管钳子卸下喷淋头,用生料带缠好丝扣部分,重新安装好喷淋头,漏水处理完毕做记录。分析事故原因,避免类似事故的再次发生

5. 可视对讲机无图像/声音

工 作 程 序	工 作 要 求
检查室内连线,如正常,检查竖井内触角解码器信号线、电源线是否连接正常,如正常,重新激活	工作认真、仔细,维修完毕时随手锁门

6. 电视机有雪花/横纹

工 作 程 序	工 作 要 求
检测户内端口信号,再测入户信号,测算线阻是否正常,如线阻高信号低,查线路对接头,并重做不合格接头,如入户信号高,可在入户干路加衰减器,对信号进行调整	尽量提高工作效率,避免长时间在业主家逗留

7. 电话无声

工 作 程 序	工 作 要 求
首先确认话机正常,由交接机向下逐级排查,配线架——楼层分线架——用户面板——电话连接线	避免短路事故发生

8. 门禁不能开启/关闭

工 作 程 序	工 作 要 求
检查楼层控制器供电是否正常,如正常重新激活,如无电源,通知电工合闸送电	迅速果断判断出故障点,以便及时修复

9. 燃气探头误报

工 作 程 序	工 作 要 求
取下故障探头,用编码器读取编码,将读取编码写入新探头,安装妥当,故障排除,废旧探头交与厂家以旧换新	跑点迅速准确,处理及时得当

(三) 暖通组

1. 墩布池疏通的处理

工 作 程 序	工 作 要 求
用揣子疏通	用揣子对准下水口,反复揣即可
用疏通机疏通	用疏通机疏通。根据管道的长度及管径来选择软轴的长度及直径
用一炮通疏通	用一炮通疏通,一泡通打好压后,对准下水管口将其堵严。其他下水口也堵严,只留一个下水口,放压即可

2. 污水泵的运行维护

工 作 程 序	工 作 要 求
电机绝缘性的检查	绝缘性能不能低于 $2M\Omega$。如低于 $2M\Omega$ 重新做绝缘
泵体进口处的叶轮与油封的间隙	不能超过 2cm,如超过应更换耐磨油封
累计工作 1000h 检查密封状况	密封良好
累计工作 3000h 检查轴承的润滑脂	润滑脂更换
安装密封	将静密封环装平装实,不能有松动现象 将动密封环安上,也要装平,放上紧锁片
泵的运行状况	运行正常无异常噪声

3. 循环泵启动的操作

工 作 程 序	工 作 要 求
启动前的状态	将循环泵进水口阀门保持开启,出水口阀门保持关闭
启动过程中	启动循环泵后慢慢开启出水口阀门
启动后的检查	观察循环泵进、出水压力表压力差 循环泵运转应无异常噪声 循环泵电流正常

4. 循环泵检修的内容

工 作 程 序	工 作 要 求
轴承检查	在运行期间一个月加一次润滑油
密封圈检查	密封圈应无渗水、漏水现象

续表

工 作 程 序	工 作 要 求
底座及地脚螺栓检查	底座和地脚螺栓应连接牢固
压力表检查	压力表压力指示应正常
循环泵运转时电机轴承的检查	运转时无异常噪声
连轴器检查	水泵和电机连轴器连接可靠
循环泵体及电机的清洁	循环泵体及电机应无浮尘
循环泵盘车检查	在非运行期间每两个月盘车一次
做记录	做好定期维保记录

5. 生活水箱清洗消毒

工 作 程 序	工 作 要 求
放水清理	生活水箱排水之后,将其内壁污垢、附着杂物全部清除,反复刷洗内壁,冲洗后泄掉
消毒	用配好的5‰次氯酸钠溶液对内壁进行杀菌消毒一遍,用清水冲洗后泄掉
冲洗	用高压清洗机对内壁各个部位进行喷淋清洗,直到排出的水清亮透明
检验	清洗之后取水样化验,由防疫站发放水质检验许可证

6. 混合式水龙头安装

工 作 程 序	工 作 要 求
材料的准备	混合式水龙头(外观完好,质量合格) 生料带和软连接高压水管两根
工具的准备	相应的工具(扳手、螺丝刀、安装水龙头的专用工具)
固定水龙头	用专用扳手紧固水龙头的固定螺丝
软连接的安装	用扳手将软连接头接在水龙头进水一侧,另一端与阀门出口处连接。第二根用同样的方法
打开进水阀门	关闭水龙头扳手 软连接应无漏水现象,阀门无漏水现象
水龙头的调试	将水量调整正常(洗手时,水不溅到台面,不溅到衣服上即可) 将水温调整正常(37℃左右),扳手放在中间位置

7. 室外喷泉的管理

工 作 程 序	工 作 要 求
冬季喷泉关闭	每年10月底室外喷泉泄水(全部泄完) 安装喷泉盖 各个阀门做好保温
夏季喷泉运行	每年3月30日之前清洗喷泉池完毕 对循环泵进行检查(电机绝缘、运转无噪声) 喷嘴清洗,确保喷水正常 阀门检查(开启灵活、丝杆加油) 浮漂进行检查(动作灵敏)
调整	加水调整喷泉高度及喷水的方向(垂直)

8. 手动板牙套丝的使用

工 作 程 序	工 作 要 求
装 牙	扳机活动度盘归零顺时针转到头,活动度盘 与固定度盘的 A 点对 A 点 板牙对号入座
对 板	松手柄将板钮逆时针转到头 用活动度盘找固定度盘相应的口径 数紧手柄
套 丝	挂板、紧后挡(后套) 推板套丝

9. 混合式水龙头水嘴堵塞的清理

工 作 程 序	工 作 要 求
检查堵塞	检查水龙头出水量的大小,堵的程度
工具准备	活扳手或专用扳手
拆卸水嘴	活扳手夹住水嘴向外拧 5～6 扣,即可拆除(正扣)
清理水嘴过滤网	用水反冲水嘴过滤网或用压缩空气反吹水嘴过滤网即可 水龙头打开出清水即可
安装水嘴	活扳手夹住水嘴向里拧紧(注意密封圈)
打开水龙头试水量	通水试验,确定水流畅通,水量正常,无漏水现象

10. 离心式水泵不出水的原因及排除操作

工 作 程 序	工 作 要 求
电源无电	用万用表测量电源,恢复供电
充水不足检查	停泵重新充水
水泵方向检查	反转,调换相序
吸水口检查	吸水口被堵塞,清理吸水口杂物
叶轮检查	叶轮坏,更换叶轮

11. 疏通机的使用

工 作 程 序	工 作 要 求
首先外观检查,正常后再接上电源	检查疏通能正常运转以及正反方向转动正常
正确使用疏通机平头、抱头方向向前用软轴从疏通机后轴穿过,续入地漏。开启电源,按下压把,缓慢送软轴,向前疏通。通时,遇见弯头要多次反复进行,方可进入 疏通完后,要用反转收回软轴,不能强行拽出	疏通机平头或抱头要安装牢固,方向向前
收拾工具,清理现场	地面清理干净

12. 污水泵常见的故障及处理

工 作 程 序	工 作 要 求
污水泵不出水	检查电源情况,如果电源没有接好要请电工 查找原因恢复供电水泵运转方向不对,调整接线 吸水口堵塞时,要对杂物进行清除 叶轮出现损坏,进行更换 轴承出现损坏,进行更换
污水泵杂音或振动	连接基础螺栓松动时,进行紧固 吸水口过滤网破损杂物进入叶轮,进行清理 轴承出现损坏,进行更换 叶轮平衡差,做动平衡试验 转动部分与固定部分发生磨损,停泵检修恢复正常

13. 恭桶的安装

工 作 程 序	工 作 要 求
材料的准备	恭桶及配件符合标准 泥子、白密封胶或白水泥要选优质材料
工具的准备	如扳手、螺丝刀等
安 装	接口处打上一圈泥子,厚度为 2～3cm(泥子不可堵住下水口) 恭桶放在接口上与地面要保持平稳 紧固恭桶底面螺栓 恭桶外侧打密封胶或白水泥(地面,恭桶底部需清理干净) 安装软连接高压水管、八字门,要保证无漏水现象,安装水箱的浮漂、扳手、皮塞等 确保安装后正常(安装前确保水箱里无杂物)
调 试	打开阀门放水(过12h后再进行使用) 调整水量 检查无漏水即可

14. 恭桶底部漏水的处理

工 作 程 序	工 作 要 求
检查步骤及处理方法	下水是否堵塞,如堵塞应进行疏通
	恭桶是否有砂眼,进行维修或更换恭桶
	下水口接口如果没有接好,应重新进行安装
	如果是恭桶外部密封胶脱落,应重新进行打胶

15. 恭桶盖的安装

工 作 程 序	工 作 要 求
材料的准备	恭桶盖、专用螺栓两个、专用拉枪
安 装	螺栓装在拉枪上将螺栓稳固在恭桶座上。恭桶盖放好位置用拉枪紧固螺栓,紧固后退出拉枪

（四）综合维修组

1. 木门合叶安装维修

工 作 程 序	工 作 要 求
1. 准备工具	锤子、凿子、改锥、螺丝、撬杠
2. 拆木门	用撬杠将木门垫起,拆下合叶,将木门取下放置在靠墙的平地上
3. 安装合叶	按木门合叶安装尺寸,用凿子、锤子剔凿门口合叶位置,安装合叶,合叶槽应里平外卧,安装时螺丝钉严禁一次钉入,钉入深度不宜超过螺丝长度1/3,拧入深度不得小于2/3
4. 安装木门	用撬杠将木门垫起,对准合叶槽拧上合叶螺丝
5. 调整木门	调整木门合叶高低,防止木门蹭顶蹭地
6. 清理现场	工作完毕后,检查清点工具,清理工作地点卫生,做好工作记录

2. 木门刷混色油漆

工 作 程 序	工 作 要 求
1. 刷样板	作业前一天刷样板漆面积不小于0.1平方米,经检查合格后再进行下一步工作
2. 设置告示牌	公共区域维修前应在相应的位置设置告示牌,并在木门两面醒目位置张贴统一印制的"油漆未干"告示,以提醒客户注意
3. 成品保护	五金件、门套、玻璃周围要贴美纹纸,地面铺垃圾袋,以免被油漆污染
4. 基层处理	将变形部分处理平整。清扫、除油污,铲去脂囊,将脂迹刮干净,流松香的结疤挖掉,较大的脂囊应用与木纹相近的材料用胶镶嵌;磨砂纸,先磨线角后磨口平面,顺木纹打磨,有小活翘皮用小刀剔掉,有重皮的地方用小钉子钉牢固;点漆片,在木结疤和油迹处用漆片点刷
5. 抹泥子	泥子的重量配合比为石膏粉20、熟桐油7、水50,将钉孔、裂缝、结疤以及边棱残缺处,用石膏油泥子刮抹平整,泥子要不软不硬不出蜂窝,挑丝不倒为准,刮时要横抹竖起,将泥子刮入钉孔或裂纹内,空洞较大时,可用开刀将泥子挤入洞内使泥子嵌入后刮平收净,表面上的泥子要刮光,无泥子残渣
6. 刷第一遍漆	刷第一遍油漆:先将油漆搅拌过箩(120目/英寸),其稠度以达到盖底、不流淌、不显刷痕为准。厚薄要均匀。一樘门刷完后,应检查一下,无漏刷、流坠、裹棱及透底,最后将木门扇下口用木楔固定
7. 抹泥子	抹泥子:待油漆干透后,对于底泥子收缩或残缺处,再用石膏泥子刮抹一次,要求与做法同前
8. 磨砂纸	等泥子干透后,用1号以下的砂纸打磨,要求与做法同前。磨好后用潮布将粉末擦净
9. 刷第二遍漆、抹泥子、磨砂纸	严禁脱皮、漏刷;大面无透底、流坠、皱皮,小面明显处亦无;颜色一致、刷纹通顺;五金件、玻璃、门套应保持洁净,不得被油漆污染
10. 清 理	工作完成后,要将垃圾清理干净,做到活完脚下清。废弃的装油漆稀料的容器、擦油漆的棉丝等,不得随意丢弃,必须送到固体废弃物收集处集中处理。做好工作记录

3. 更换木门玻璃

工 作 程 序	工 作 要 求
1. 裁玻璃	按原安装玻璃品种选用玻璃,根据裁口量好玻璃四边尺寸(上下余量3mm,宽窄余量4mm),玻璃边不得有斜曲或缺角等
2. 抹底油灰	玻璃安装前先在底面和裁口之间均匀涂抹1~3mm厚底油灰
3. 推平、压实	将玻璃轻轻抬起,把玻璃推铺平整、压实在裁口上
4. 钉钉子	四边分别钉上钉子,钉子间距为150~200mm,每边不少于两个钉子
5. 木压条固定	不得将玻璃压得过紧,用汽钉将裁口钉在门扇上
6. 清理	玻璃安装后应进行清理,将油灰、钉子、木压条等清理干净,做好工作记录

4. 木门球形锁安装修理

工 作 程 序	工 作 要 求
1. 准备工具	锤子、改锥、钳子、开孔器、手电钻、钻头
2. 球形锁定位	根据图纸尺寸要求,将球形锁定位并画线
3. 球形锁位置打孔	用开孔器开锁盘孔,再用相应钻头开锁打孔
4. 安装球形锁	先将锁头用螺丝固定在相应孔内,球形锁锁盘插入锁舌头连接部位,用螺丝固定好锁盘
5. 开锁头槽	通过球形锁锁舌头定位门口锁头槽,用凿子开槽,安装锁头护板
6. 调试球形锁	将装好锁的门进行开锁和关锁检查,以确保正常使用
7. 清理现场	工作完毕后,清点工具,打扫工作现场卫生。做好工作记录

5. 木门闭门器安装修理

工 作 程 序	工 作 要 求
1. 准备工具	自动改锥、锤子、凿子、螺钉、扳子
2. 闭门器的定位	将闭门器包装打开,组装闭门器,按照说明书要求对准门的正常开启位置做好标记
3. 闭门器的安装	先将闭门器用螺丝固定在木门上,用锤子、凿子将门框需固定闭门器拉杆的位置按标记处凿好,再将闭门器拉杆用螺丝固定在门框上
4. 调节闭门器拉杆	用扳子固定拉杆上端的螺母,使闭门器能正常工作
5. 调节闭门器关门速度	用改锥调节闭门器关门速度,调节螺钉以保证木门在关门时匀速声音适中
6. 清理现场	工作完毕后,检查清点工具,清理工作地点卫生

6. 木门安装修理

工 作 程 序	工 作 要 求
1. 准备工具	锤子、改锥、钳子、开孔器、手电钻、钻头
2. 安全措施	使用电动木工机械作业,严格执行安全操作规程,检查安全防护装置必须齐全有效,机械运转时,不得进行维修,更不得移动或拆除安全挡板进行刨削。严禁戴手套操作

续表

工 作 程 序	工 作 要 求
3. 检查	先确定小五金件的型号和安装位置,对开的应以开启方向的右扇为盖口扇。检查门口是否窜脚及变形
4. 安装	将门扇靠在框上画出相应的尺寸线,如果扇大,则应根据框的尺寸将大的部分刨去,若扇小应绑木条,用胶和钉子钉牢,钉帽应砸扁,并钉入木材内1~2cm
5. 修刨	刨料时应保持身体稳定,双手操作。刨大面时,要按在料上面,手指必须离开刨口50mm以上;刨小面时,手指不低于料高的一半,并不得少于30mm,严禁用手在料后推送。料的厚度小于30mm,长度小于400mm时,应用压板或压棍推进。厚度在15mm,长度在250mm以下的木料,不放在平刨上加工。刨削量每次一般不得超过1.5mm。进料速度保持均匀,经过刨口时用力要轻,禁止在刨刃上方回料。被刨木料如有破裂或硬节等缺陷时,必须处理后再施刨。刨回料前,必须将料上钉子、杂物消除干净。遇木茬、节疤要缓慢送料。严禁将手按在节疤上送料。第一次修刨后的门扇应以能塞入口为宜,塞好后用木楔顶住临时固定,待门扇与口留缝的宽度合适后,画第二次修刨线,标上合叶槽的位置
6. 安装	合叶槽剔好后,即安装上下合叶,安装时应先拧一枚木螺丝,然后关上门检查缝隙是否合适,口与扇是否平整,无问题后方可将木螺丝全部拧上拧进。木螺丝应钉入全长的1/3,拧入2/3。如木门为黄花松或其他硬木时,安装前应先钻眼,眼的孔径为木螺丝直径的0.9倍,眼深为螺丝长2/3,打眼后再拧螺丝,以免安装劈裂或将螺丝拧断。安装对开扇启口锁时,对口缝的裁口深度和裁口方向应满足锁的要求,然后进行四周修刨到准确尺寸
7. 清理	工作完毕后,清点工具,打扫工作现场卫生。做好工作记录

7. 玻璃门地弹簧安装修理

工 作 程 序	工 作 要 求
1. 准备工具	活扳手、改锥、撬棍、内六角扳手、撬杠、皮垫、同型号地弹簧
2. 拆玻璃门	拆下合叶盖板,用内六角扳手拆合叶,撬杠拆除玻璃门,玻璃门要用皮垫垫好
3. 拆地弹簧	拆除地弹簧盖板,松开固定地弹簧螺钉,取出地弹簧
4. 安装地弹簧	清理地弹簧地盒,安装新的地弹簧,粗调位置
5. 安装玻璃门	将玻璃门装在地弹簧上,固定上端合叶
6. 调节玻璃门位置	轻轻关上玻璃门,调节玻璃门间的缝隙,保证玻璃门关门正常,检查玻璃门地锁使用正常;门扇自动定位准确,开启角度为90°,正负1.5°,关闭时间在6~10s范围内
7. 清理现场	工作完毕后,检查清点工具,清理工作地点卫生

8. 玻璃门地锁安装修理

工 作 程 序	工 作 要 求
1. 准备工具	活扳手、改锥、撬棍、内六角扳手、撬杠、皮垫
2. 拆除玻璃门	拆下合叶盖板,用内六角扳手拆合叶,用撬杠拆除玻璃门,玻璃门要用皮垫垫好
3. 拆除玻璃门地锁	将玻璃门地锁盖板拆除,拆下锁芯,拆除锁盘维修
4. 恢复玻璃门锁盘安装	锁盘维修好后,重新把地锁组装在玻璃门上
5. 安装玻璃门	将玻璃门装在地弹簧上,固定上端合叶
6. 调节玻璃门位置	轻轻关上玻璃门,调节玻璃门间的缝隙,保证玻璃门关门正常,检查玻璃门地锁使用正常
7. 清理现场	工作完毕后,检查清点工具,清理工作地点卫生

9. 顶棚刷乳胶漆

工 作 程 序	工 作 要 求
1. 准备	在公共区域维修时应在相应的位置设置告示牌,以提醒客户注意安全,作业前,地面要铺垃圾袋,墙面顶棚各种设施周围要贴美纹纸以免污染
2. 安全措施	在环廊灯池周围清理墙面时,下面要有人将清理下的墙皮用垃圾袋接好,防止掉到大堂。在环廊周围等处高空作业必须采取安全措施,严格执行安全操作规程,梯子、安全带必须安全可靠、干净整洁,作业操作人员必须系安全带并固定可靠,梯子必须有一人负责监护
3. 清理墙面	首先将墙面起皮松动处全部清理干净,基层不得有疏松处,将灰渣铲干净,然后将墙面扫净
4. 修补墙面	石膏板墙面之间缝隙用嵌缝带粘在板缝处,要把带拉直拉平,粘完后刮泥子时要盖过带的宽度;木质基层墙面接缝处出现起鼓,要将接缝处板材拆下,拼接后重新固定在龙骨上;用石膏将墙面磕碰处及坑洼缝隙处找平,干燥后用砂纸将凸出处磨掉,将浮尘扫净
5. 刷乳胶水	在刮泥子之前先刷一道乳胶水,以增加泥子与基层表面的粘接性,乳胶水重量配合比为清水:乳液 = 5:1;应刷均匀一致,不得有遗漏处
6. 刮泥子	刮泥子一般情况下为三遍,泥子重量配合比视刮泥子快慢定,泥子要随用随搅拌,第一遍用刮板横向满刮,一刮板紧接着一刮板,接头不得留茬,每刮一刮板最后收头要干净利索。干燥后磨砂纸,将浮泥子及斑迹磨光磨平。第二遍用刮板竖向满刮,方法同第一遍。第三边用钢片刮板满刮泥子,将墙面刮平刮光,干燥后用细砂纸磨平磨光,但不得将泥子磨穿
7. 刷第一遍乳胶漆	涂刷顺序为上后下,先将墙面清扫干净,用布将墙面粉尘擦掉。乳胶漆用排笔涂刷,使用新排笔时,要将活动的排笔毛清理掉。乳胶漆使用前应搅拌均匀,适当加水稀释,防止头遍漆刷不开。干燥后复补泥子,干燥后再用砂纸磨光,清扫干净
8. 刷第二遍乳胶漆	操作要求同第一遍,乳胶漆使用前充分搅拌,如不很稠,不宜加水或少加水,以防透底。漆膜干燥后,用细砂纸将墙面小疙瘩和排笔毛打磨掉,磨光后清扫干净
9. 刷第三遍乳胶漆	操作要求同第二遍。由于漆膜干燥较快,应连续迅速操作,涂刷时从一头开始,要上下顺刷互相衔接,后一排笔紧接前一排笔,避免干燥后出现接头
10. 清理	工作完成后将地面墙面清理干净

10. 修理窗帘

工 作 程 序	工 作 要 求
1. 准备工具	梯子、改锥、钳子、木锤、螺丝
2. 拆下有故障的窗帘	上梯子先将窗帘布取下,再用改锥拧下固定在窗帘盒的螺丝,取下窗帘盒
3. 进行维修	将窗帘挂链依次按顺序穿好,码放整齐。对窗帘盒进行检修整形,轨道加机油润滑
4. 安装	先将窗帘盒用螺丝固定到原来的位置,再将窗帘布按顺序插入窗帘盒内的卡子里固定
5. 清理现场	修理安装完毕后,对工作现场进行清理,打扫卫生

11. 电锤使用

工 作 程 序	工 作 要 求
1. 检查外观	检查电锤外壳是否完好,各连接部件是否紧固
2. 检查电源线	检查电源线是否完好,有无破损,插头是否完好,接触是否灵敏
3. 检查设备	将电锤钻头插入电锤卡头中后,检查钻头是否松动
4. 试运转	接通电源后,启动电锤是否有异响和异常共振
5. 安全措施	在操作过程中,不能戴手套进行操作,要用双手共同把持工作
6. 操作方法	安装电锤钻头右手持锤把,左手握住辅助把手清理作业现场,右手食指控制开关,并顶住工作面进行操作
7. 清理现场	工作完毕后,切断电源取下钻头,将电锤放入工具箱。清扫工作现场

12. 电钻使用

工 作 程 序	工 作 要 求
1. 检查外观	检查电钻外壳是否完好,各连接部件是否紧固
2. 检查电源线	检查电源线是否完好,有无破损,插头是否完好,接触是否灵敏
3. 检查设备运转	将电钻钻头插入电锤卡头中后,检查钻头是否松动
4. 试运转	接通电源后,启动电钻是否有异响和异常共振
5. 安全措施	在操作过程中,不能戴手套进行操作,要用双手共同把持工作
6. 操作方法	右手食指控制开关、顶住工作面进行操作,卡固电钻钻头,右手握住钻把,左手握住电钻机体
7. 清理现场	工作完毕后,切断电源取下钻头,将电钻放入工具箱。清理作业现场

13. 云石机使用

工 作 程 序	工 作 要 求
1. 检查外观	检查云石机外壳是否完好,各连接部件是否紧固
2. 检查电源线	检查电源线是否完好,有无破损,插头是否完好,接触是否灵敏
3. 检查设备运转	检查连接电源及设备运转是否正常
4. 试运转	接通电源后,启动云石机是否有异响和异常共振
5. 安全措施	在操作过程中,不能戴手套进行操作,要用双手共同把持工作
6. 操作方法	右手握住云石机机把,左手食指控制开关进行操作
7. 清理现场	工作完毕后,切断电源取下锯片,将云石机放入工具箱。清理作业现场

第四章 安 保 部

一、部门概要

安保部是物管中心的重要职能部门。在物管中心总经理和主管安全的副总经理直接领导下开展工作，在业务上接受北京市公安局、消防局和上级保卫部门的指导。安保部坚决贯彻"预防为主、群防群治"的工作方针，"谁主管、谁负责"的工作原则和"以人为本、客户第一、满意服务"的服务宗旨，负责维护管辖小区公共区域的安全和停车场管理，为业主/租户提供一个安全、舒适的环境。

主要任务：

1. 根据国家有关法律、法规，贯彻落实管区各项安全规章制度。

2. 有序实施各项治安、消防管理，维护管区整体安全。

3. 积极开展各项安全宣传活动，提高管区内全员的安全防范意识与自救逃生技能。

4. 定期对管区的防火、保安监控等系统设备、设施、器材的完好情况进行检查，确保有效使用。

5. 负责日常公共区域的安全巡视检查工作。

6. 负责管区范围内道路安全及进出车辆的引导服务。

7. 负责管区范围内各项大型会议、活动的安全秩序维护工作。

8. 积极配合属地政府相关部门完成相关工作。

二、部门架构

```
                    ┌─────────┐
                    │  经  理  │
                    └────┬────┘
                         │
                    ┌────┴────┐
                    │  文  员  │
                    └─────────┘
         ┌───────────────┼───────────────┐
    ┌─────────┐     ┌─────────┐     ┌─────────┐
    │ 警卫队长 │     │ 车场主管 │     │ 消防主管 │
    └────┬────┘     └────┬────┘     └────┬────┘
         │               │               │
    ┌─────────┐     ┌────┴────┐     ┌─────────┐
    │ 警卫班长 │     │         │     │ 中控值机员│
    └────┬────┘  ┌─────────┐ ┌─────────┐└─────────┘
         │       │  车管员  │ │  收银员  │
    ┌─────────┐  └─────────┘ └─────────┘
    │ 警卫队员 │
    └─────────┘
```

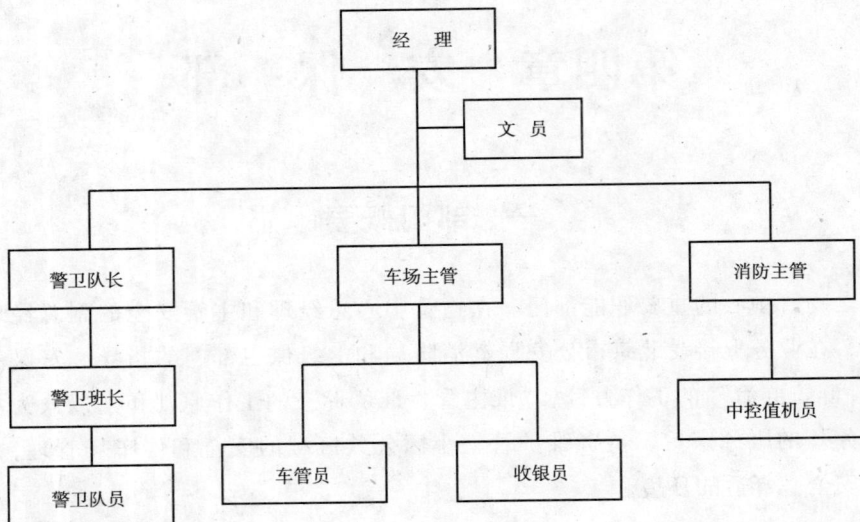

三、工作内容与岗位职责

1. 经理

【直接上级】主管总经理

【工作概要】负责部门全面工作。

【主要职责】

（1）主持部门日常工作。

（2）负责对部门员工质量方针、质量目标的培训，确保质量管理体系有效运行。

（3）负责部门员工绩效考核。

（4）编制部门年度工作计划及培训计划，并负责组织实施。

（5）负责中心安全管理体系的牵头运行及保障公寓安全体系的持续改进工作。

（6）组织安全检查，跟踪落实整改情况。对公寓内部的安全隐患，拟订整改方案并监督有关部门整改落实，并将整改情况报告最高管理者。

（7）编制各类应急预案，并坚持有效的培训及预案的完善，确保符合有效。

（8）确保公寓安全、有序、畅通，无重大安全责任事故。

（9）制订节日及重大活动保卫工作计划，协助客户做好重大活动的安全保卫工作，保持与客户公司安全负责人的良性沟通。

（10）保证公寓安全责任制的落实，并建立、完善安全管理档案。

（11）负责涉外事件、治安事件和火灾事故等突发事故、事件的处理，并第一时间将情况报告总经理。

（12）配合相关执法机关对违法犯罪进行调查取证，保证公寓办公秩序的正常。

（13）保证公寓防火系统、设备、设施、器材的安全有效，日常工作记录的符合和可追溯性。

（14）负责公寓二装施工的安全管理，确保施工安全、客户满意。

（15）负责外包、外维工作的监督及劳务输入人员的管理，保证他们工作的有效性。

2. 文员

【直接上级】安保部经理

【工作概要】协助经理、各专业做好相关的业务工作。

【主要职责】

（1）负责部门每日的日常接待工作。

（2）负责部门每日工作协调会的召集，并整理会议纪要。

（3）负责对部门周计划进行汇总并提交人事行政部。

（4）负责部门各项费用的报销。

（5）负责办理二装施工人员的相关证件，并将其出示的证明存档。

（6）负责本部门人员工服的收发工作。

（7）负责完成部门每周末的周末安排。

（8）配合人力资源部完成本部门的绩效考核及事故隐患的统计工作。

（9）负责本部门固定资产和其他办公用品的管理和清点。

（10）负责本部门员工餐卡的收发工作。

（11）每月负责编写《安全工作月报》上报主管领导，并发相关单位、人员。

（12）每月做好部门人员考勤的统计。

（13）负责本部门外包单位会议纪要的收取、上报、存档工作。

（14）负责收集本部门各项培训材料，提交人力资源部存档备案。

（15）做好质量管理体系文件、职业健康安全和环境管理体系文件、投诉管理规范文件的保管、归档工作。

（16）负责内部文件的打印、收发、整理、归档的管理。

（17）协助经理、各专业做好相关的业务工作。

（18）负责汇总部门的月/季/年度等工作总结，交人事行政部存档备案。

（19）对所工作区域内的危险源及环境因素的识别，按照职业健康安全和环境程序文件中的《危险源辨识和评价程序》和《环境因素识别和评价程序》执行。

3. 消防主管

【直接上级】安保部经理

【工作概要】具体负责公寓消防安全工作。

【主要职责】

（1）贯彻执行政府各项消防法规。

（2）负责定期防火安全检查和每日巡查，对防火重点部位要严密管理，掌握情况。

（3）提出火险隐患的整改意见，做好火灾预防工作。

（4）全面负责公寓消防设施的检查和管理，积极配合工程部进行维修保养。

（5）对消防监控员进行思想教育，使其树立良好的职业道德和爱岗敬业思想，做好公寓消防安全工作。

（6）配合有关部门做好消防安全的培训工作。

（7）随时处理各种火险事故，保证公寓防火安全。

（8）掌握中控室各种设备的技术性能，督导监控员做好消防监控和保安监控工作。

（9）负责新入职监控员的培训工作，对监控员进行业务素质培训。

（10）对值机范围和楼层公共区域危险源及环境因素的识别按照职业健康安全和环境程序文件中的《危险源辨识和评价程序》和《环境因素识别和评价程序》执行。

（11）对施工现场的管理，按照职业健康安全和环境程序文件中《施工项目安全、环境影响控制程序》执行。

4. 中控值机员

【直接上级】消防主管

【工作概要】负责消防中心值班工作。

【主要职责】

（1）严格执行消防中心各项规章制度。

（2）认真执行交接班制度，保证工作的连续性。

（3）当班监控员必须坚守岗位，严禁擅离职守。

（4）爱护公寓和中控室的公物，保护消防中心的一切设备设施。

（5）严格控制消防中心的人员进出，除必要人员外，其他人员谢绝入内。

（6）严格按照工作程序操作各种设备，做好设备设施运行记录。

（7）负责公寓公共区域、重要机房、电梯运行的保安监控工作，按照操作程序及时处理电梯故障困人事故。

（8）禁止擅自将录像机、监视器、电梯显示屏关闭或改为他用。

（9）严格遵守消防中心的保密纪律和公司的各项规章制度。

（10）对值机范围和楼层公共区域危险源及环境因素的识别，按照职业健康安全和环境程序文件中的《危险源辨识和评价程序》和《环境因素识别和评价程序》执行。

5. 警卫队长

【直接上级】安保部经理

【工作概要】负责制订警卫队管理工作计划及年终工作总结管理方案的落实和考核，检查监督警卫队日常值勤巡逻工作。

【主要职责】

（1）警卫主管对警卫队工作负完全责任。

（2）领导警卫队落实各项警卫值勤任务，指挥警卫队圆满完成警卫任务。

（3）领导警卫队遵纪守法，严格执行规章制度，维护正常的生活秩序。

（4）帮助警卫班长提高组织指挥能力和管理教育能力。

（5）督促、检查警卫班长、警卫队员的岗位职责、行为规范、劳动纪律落实情况。

（6）巡视公寓，检查警卫队员值勤巡逻工作。

（7）掌握警卫队员的思想情况，关心爱护队员，做好思想政治工作，增强团结，保证各项任务完成。

（8）协助经理做好安全保卫工作，每天与各主管及时沟通情况，相互配合工作。

（9）教育和监督警卫队员严守秘密，落实安全措施，预防各种事故案件。

（10）完成领导赋予的其他任务。

（11）对公寓公共区域内危险源及环境因素的识别按照职业健康安全和环境程序文件中的《危险源辨识和评价程序》和《环境因素识别和评价程序》执行。

6. 警卫班长

【直接上级】警卫队长

【工作概要】负责警卫巡逻工作。

【主要职责】

（1）检查队员的工作情况，汇集报表及时向上级领导报告工作情况。

（2）协助处理值勤期间发生的安全问题。

（3）负责处理、协调警卫的一般问题。

（4）负责对本班警卫队员进行培训、考核工作。

（5）了解队员的思想情况，妥善解决队员之间的矛盾。

（6）班长不在岗时，副班长履行班长的岗位职责。

（7）对警卫工作进行严格督导。

（8）巡视公寓，确保公寓警卫值勤工作的正常进行。

（9）带领本班完成各项工作。

（10）对公寓公共区域内危险源及环境因素的识别，按照职业健康安全和环境程序文件中的《危险源辨识和评价程序》和《环境因素识别和评价程序》执行。

7. 警卫队员

【直接上级】警卫班长

【工作概要】负责公寓的治安秩序，处理突发事件，指挥在门前的车辆。

【主要职责】

（1）以标准的军姿，整洁合体的着装，展示公寓安保部的精神面貌，体现公寓物业管理精益求精的工作作风。

（2）保持高度警惕，注意发现并阻止可疑人员进入公寓的办公区，密切观察值勤区内的情况，发现可疑物或事故苗头立即报告。

（3）劝阻衣冠不整和精神明显不正常的人员进入公寓，要设法将其带离公寓外围区域。

（4）发现在公寓门前乞讨、卖艺、出售小商品等各类影响客人进出、影响公寓形象或车辆行驶的人员要立即劝离。

（5）在客人进出高峰时期，指挥、疏导在公寓门前卸载客人的车辆及做好对客户的相关服务工作。

（6）严禁任何人携带危险品进入公寓。

（7）严禁任何人在未办理公寓携物出门条时带出任何办公设备及家具。

（8）在发生紧急突发的治安、灾害事故时，坚守岗位，服从统一指挥，维持正门的出入秩序，制止犯罪，抓捕犯罪嫌疑人。

（9）按规定时间开启、锁闭南北门。

（10）严禁门前装卸大件货物。

（11）非标准工作时间，做好登记工作。

（12）按部门规定的时间和指定的路线进行巡逻，每两小时巡检公寓管理区一次。

（13）熟悉公寓内外的设施设备情况，注意检查公寓内外的各类设施的运转安全情况，并将巡查情况详细地记录在记录表上。

（14）妥善保管和正确使用巡逻打卡钟，按规定在巡逻定位仪上签到。

（15）在巡逻中如发现未锁好的房间，不得擅自进入，立即用对讲机通知警卫队长处置。

（16）留意公寓内水电煤气的情况，发现异常及时报告值班经理和工程部。

（17）制止闲杂人员在公寓闲逛，发现后核实身份，检查随身携带物品，监督其离开公寓。

（18）抽查公寓内工作人员的有效证件（二装施工人员的出入证、身份证、工作证、动火证等）。

（19）在公寓内外管理区域内，发现违法乱纪情况，立即制止，维护公寓管理区域内正常的治安秩序，详细记录处理过程和结果。

（20）注意检查公寓外围墙面是否挂有悬挂物（标语、横幅），一旦发现立即报告值班经理。

（21）夜班外围巡逻警卫负责地面、车场、停放车辆的安全。

（22）夜间 21:00 以后，禁止外部临时车辆停放。

（23）外围巡逻警卫对 23:00 以后驶离地面车场的车辆做好查验行驶证工作，车号与证件不符合或无行驶证的严禁驶离停车场，并立即向值班经理汇报处理。

（24）如发现可疑物品，立即向安保部经理或值班经理汇报，妥善处理。

（25）对公寓公共区域内危险源及环境因素的识别，按照职业健康安全和环境程序文件中的《危险源辨识和评价程序》和《环境因素识别和评价程序》执行。

8. 车场主管

【直接上级】安保部经理

【工作概要】负责制订车场管理工作计划及年终工作总结，检查监督外包单位车场管理方案的落实情况，并进行考核。

【主要职责】

（1）负责制订对车场外包单位管理的工作计划、年终工作总结并考核。

（2）督促、检查外包单位车场管理方案落实情况。

（3）掌握车场内设备设施的运行情况，发现问题及时通知相关部门进行维修，使车场设备处于良好的运行状态。

（4）经常性地巡视停车场，发现问题时责令外包单位进行整改，保障停车场良好的停车秩序。

（5）负责办理客户租用车位的有关手续，负责办理每年年终客户续租车位手续。

（6）负责车场车位租用情况的统计工作，建立并管理车场计算机数据库。

（7）处理车场内发生的非外包单位车管员的责任事故，协助安保部副经理及有关部门处理车场内发生的重大事故并按照《应急准备和响应管理程序》、《事故、事件不符合，纠正与预防措施管理程序》执行。

（8）监督和指导外包单位处理客户对车场管理工作的一般投诉，协助安保部副经理处理客户对车场管理工作的重大投诉。

（9）遇有客户园区举行重大活动，事先做好机动车停车安排并做好相关服务工作。

（10）对车场区域内危险源及环境因素的识别，按照职业健康安全和环境程序文件中的《危险源辨识和评价程序》和《环境因素识别和评价程序》执行。

9. 停车场管理员

【直接上级】车场主管

【工作概要】负责维持停车场交通秩序和治安秩序，处理突发事件，保证车位区域内车辆停放，进出过程中的安全、有序，严格执行车场管理规定。

【主要职责】

（1）保障车位区域内通道的畅通，积极指引车辆安全驶入车位停车。

（2）检查并提示车主锁好车门，并详细记录车辆进出时间、车况及车牌号。

（3）做好对机动车的监护及车场（库）的安全巡视工作。

（4）提示司机严格遵守停车场（库）的安全管理规定和使用规定。

（5）严格杜绝停车场（库）内有明火发生。

（6）对车场（库）周围的施工情况进行管理，避免因施工影响到公寓的正常停车秩序。

（7）阻止未经许可或未办理停车位的机动车辆进入地下车库。

（8）阻止装有易燃、易爆危险物品的车辆驶入停车场（库），发现问题立即向车管队长报告。

（9）阻止无关人员、闲散人员（包括非工作需要的员工）穿行车库或在车库内逗留，并保障双层车位内无杂物。

（10）对停放一天以上的车辆要记录，并向车管队长报告。

（11）严格禁止在停车场（库）内停放非机动车辆和存放货物。

（12）严格执行机械式双层立体车位工作流程。

（13）认真做好当班各种记录，并做好交接班工作。

（14）经常检查机械式双层立体车位设备是否处于正常状态，如发现问题及时报告，并做好记录。

（15）对车场区域内危险源及环境因素的识别，按照职业健康安全和环境程序文件中的《危险源辨识和评价程序》和《环境因素识别和评价程序》执行。

四、服务程序与要求

（一）部门经理

1. 查岗

工　作　程　序	工　作　要　求
1. 检查仪容仪表	按照《员工手册》要求检查
2. 检查礼节礼貌	按照交接记录内容检查
3. 检查着装	按照《岗位职责》要求检查
4. 检查工作交接	视线内无可疑人/物；无污物/杂物
5. 检查岗位职责	每日至少一次，每月至少两次非工作时间突击检查
6. 检查视线范围内卫生/安全情况	
7. 纠正不符合	
8. 记录	

2. 巡视

工 作 程 序	工 作 要 求
1. 巡视地下车库	每日至少巡视一次
2. 巡视自行车库	发现问题,及时处理
3. 巡视地面车场	消防设备设施、器材完好、有效
4. 巡视楼层	员工工作符合岗位职责要求
5. 巡视制高点/平台	车道畅通,车行有序
6. 巡视重点/要害部位	重大问题及时报告
7. 纠正不符合	视线内整洁
8. 记录	

3. 安全检查

工 作 程 序	工 作 要 求
1. 拟订计划	安保部每周组织一次
2. 制定检查路线	物管中心每月组织一次
3. 发通知	无特殊情况,准时进行
4. 组织检查	参加人员不得迟到
5. 记录并汇总	
6. 发文整改	24 小时内发整改通知
7. 复查整改记录	一周内复查整改情况

4. 召开月度协调会

工 作 程 序	工 作 要 求
1. 总结上月工作完成情况	每月一次
2. 本月工作计划	每月 5 日前完成。节假日顺延
3. 主管报告评核结果	双方经理参加
4. 经理点评并提出要求	
5. 外包/外维单位经理点评	
6. 撰写《会议纪要》	24 小时内出《会议纪要》
7. 双方经理在《会议纪要》上签字	
8. 报主管领导、总经理审阅	
9. 财务部存档	

5. 制定安全协议

工 作 程 序	工 作 要 求
1. 向新入住业主/租户提交远洋公寓《安全协议》模本	入住时办理
2. 客户方律师审核	入住期间有效
3. 我方律师审核	每年请律师评审一次

工 作 程 序	工 作 要 求
4. 双方签字、盖章	
5. 双方各存一份。未尽事宜双方另立补充协议	根据法律、法规和重大服务内容的变化,修订协议内容

6. 消防演习

工 作 程 序	工 作 要 求
1. 市场调查	每年 9~11 月举行
2. 拟订演习方案	全体客户参加
3. 经理办公会讨论	符合法律法规
4. 征求客户意见	灭火与疏散
5. 修订方案	
6. 主管领导审核,总经理批准	
7. 按计划实施	
8. 拍照、记录	做好总结分析
9. 总结分析	持续改进

7. 员工培训

工 作 程 序	工 作 要 求
1. 制订培训计划	提前 24 小时通知
2. 主管领导审核批准	培训人员提前 5 分钟到位
3. 备 课	经理负责
4. 实施培训	主管全程跟踪/记录
5. 反馈培训效果	每周进行一次
6. 考 核	
7. 记 录	记录在人事行政部备案

8. 召开部门工作例会

工 作 程 序	工 作 要 求
1. 文员提前通知	与会人员提前 5 分钟到会
2. 与会人员参会	会议不超过 30 分钟
3. 布置工作	文员记录会议内容
4. 传达领导指示	经理主持
5. 沟通与协调	
6. 记 录	

9. 参加中心安全员会议

工 作 程 序	工 作 要 求
1. 文员提前通知	各部门安全员参加
2. 与会人员参会	每月一次
3. 沟通安全信息	安保部经理主持会议
4. 传达上级领导指示	文员记录
5. 培 训	24 小时内出《会议纪要》
6. 记 录	

10. 参加中心会议

工 作 程 序	工 作 要 求
1. 准备会议内容	提前 5 分钟到会
2. 除例会外,按通知到会	认真做好记录
3. 记录会议内容	积极发言
	及时将会议精神传达员工
	遇特殊情况不能参会,及时向主管领导请假

11. 安全工作月报

工 作 程 序	工 作 要 求
1. 收集各专业信息	文员负责收集信息
2. 汇 总	各专业主管上报信息
3. 校对、审核	每月 3 日前将上月月报完成(遇节假日顺延)
4. 报主管领导审核	经理负责初步审核
5. 呈总经理批准	
6. 发相关方	
7. 记 录	

12. 部门绩效管理

工 作 程 序	工 作 要 求
1. 书面评核业绩	公平、公正
2. 经理审核	业绩评核,员工确认
3. 按照公司奖金系数确定奖金数额	做好记录和存档
4. 制 表	
5. 填报绩效奖金表	
6. 存 档	
7. 领 取	
8. 发 放	
9. 记 录	

13. 部门架构调整

工 作 程 序	工 作 要 求
1. 按专业细化分解至各专业	按照专业规范
2. 逐级核定	结合市场标准
3. 形成文件、表格	考虑公寓特点
4. 人事行政部、主管领导审核	合理利用人力资源成本
5. 总经理批准	
6. 执 行	经理负责

14. 年度工作总结、计划、预算

工 作 程 序	工 作 要 求
1. 按专业细化分解至各专业	每年一次
2. 逐级落实	每年年底完成
3. 形成文件	经理负责
4. 部门主管领导审核	
5. 总经理批准	

15. 外联事宜

工 作 程 序	工 作 要 求
1. 参加会议、培训	纳入预算
2. 配合工作	经理负责
3. 定期沟通	提前上报计划
4. 拟订计划	合理安排
5. 申请费用	不影响正常工作
6. 呈总经理批准	
7. 执 行	

16. 火灾紧急行动工作程序

工 作 程 序	工 作 要 求
1. 火灾的扑救和疏散	建立火灾指挥中心,听候总经理命令 建立现场指挥部,组织人员扑救、疏散、抢救工作
2. 对火灾扑灭后的保护	义务消防队员和员工协助安保部保护现场,维护秩序 员工在安保部的领导下对公司及业主的各类物品进行保护

（二）文员

1. 各类文件的打印

工 作 程 序	工 作 要 求
1. 按照规定格式录入文本	无错别字
2. 检查录入结果	除特殊要求外,全部双面打印
3. 打印文件	装订整齐
4. 装订文件并交经理	

2. 各类文件的收发

工 作 程 序	工 作 要 求
1. 各项收发文件首先交经理确认	
2. 检查录入结果	不能出现错别字
3. 打印文件	除特殊要求外,全部双面打印
4. 装订文件并交经理	装订整齐

3. 各类文件的复印

工 作 程 序	工 作 要 求
1. 确认复印份数	确定数量,避免重复复印,浪费纸张
2. 快速复印并装订	注意装订顺序,不出现错订
3. 及时将复印完毕的文件交还复印人	确保文件交到复印人手中,防止文件丢失

4. 各类文件的存档

工 作 程 序	工 作 要 求
1. 将需存档文件分类	按文件性质分类
2. 建立存档目录	
3. 每月检查一次	是否有漏存或错存文件

5. 外包、外维会议纪要

工 作 程 序	工 作 要 求
1. 收 集	次月召开当月外包、外维月度协调会
2. 上报部门经理审核	会议纪要须由部门经理,外包、外维单位负责人签字确认 经部门经理,外包、外维单位负责人签字的会议纪要送主管领导、总经理批示 按照总经理批示发各专业改正落实
3. 存 档	外包、外维会议纪要双方签字各留一份并存档

6. 供方评审

工 作 程 序	工 作 要 求
1. 发放《供方评审报告格式》	按照财务部所发《供方评审报告格式》发各专业进行填写
2. 督促各专业上交《供方评审报告》	收集各专业填写的《供方评审报告》
3. 督促各专业收集外包、外维营业执照、资质证明	通知各专业收集外包、外维营业执照、资质证明
4.《供方评审报告》须由部门经理、主管领导签字确认	将收集的《供方评审报告》附外包、外维营业执照、资质证明报部门经理、主管领导签字
5.《供方评审报告》外包、外维营业执照、资质证明送财务部经理签字确认	经部门经理、主管领导签字的《供方评审报告》外包、外维营业执照、资质证明送财务部经理签字确认

7. 月度评估管理

工 作 程 序	工 作 要 求
1. 汇总外包单位《月度评估表》	每月收集外包单位《月度评估表》
2. 检查相关专业外包单位日常工作，检查记录月度评估汇总	检查外包单位《月度评估表》
3. 汇报评估记录结果，由部门经理签字确认	将检查的外包单位《岗位检查表》结果向部门经理汇报
4. 月度评估表后附日常工作检查表装订成册上报主管领导、总经理批示	将部门经理签字确认的《月度评估表》后附日常工作检查表，装订成册上报主管领导、总经理批示
5. 严格按照总经理批示，通知、督促相关专业人员改正落实	将总经理批示的月度评估记录意见复印发相关专业人员进行整改落实
6. 保存每月评估记录	保存月度评估记录

8. 季度评估管理

工 作 程 序	工 作 要 求
1. 收集外包单位《日检表》及《月评估表》	督促相关专业上交外包单位日常工作检查记录及月度评估汇总
2. 检查外包单位《日检表》及《月评估表》	检查相关专业外包单位日常工作检查记录及月度评估汇总
3. 按照每月检查的外包单位日常工作检查评估结果形成季度评估报告向部门经理汇报，并签字确认	按照每月评估汇总形成季度评估报告上报部门经理签字确认
4. 将部门经理签字确认的季度评估报告上报主管领导、总经理批示	季度评估报告须上报主管领导、总经理批示
5. 将总经理批示的季度评估报告意见复印发给相关专业人员，进行整改落实	严格按照总经理批示，通知、督促相关专业人员改正落实
6. 按类别保存季度评估记录	保存季度评估记录

9. 合同准备

工 作 程 序	工 作 要 求
1. 填写 OP－PM－QP－002《签报》	合同中 OP－PM－QP－002《签报》、QP－004－006《经济合同审批单》同附
2. 填写 QP－004－006《经济合同审批单》	
3. 将 OP－PM－QP－002《签报》、QP－004－006《经济合同审批单》后附合同文件报部门经理、主管领导、财务部及相关人员签字	OP－PM－QP－002《签报》、QP－004－006《经济合同审批单》必须按照文件审批顺序签字
4. 经部门经理、主管领导、财务部及相关人员签字后报总经理批准	
5. 总经理批准后送人事行政部盖章	合同盖章须有总经理签字确认的 OP－PM－QP－002《签报》、QP－004－006《经济合同审批单》

10. 服务性合同

工 作 程 序	工 作 要 求
1. 签订合同前,OP－PM－QP－002《签报》、QP－004－006《经济合同审批单》同附	填写 OP－PM－QP－002《签报》,说明服务内容、原因、预计提供服务时间和预计价格
2. OP－PM－QP－002《签报》、QP－004－006《经济合同审批单》必须按照顺序由部门经理、主管领导、财务部、总经理签字认可	服务性采购金额在 10000 元以上,填写 QP－004－006《经济合同审批单》
3. 合同盖章须有总经理签字确认的 OP－PM－QP－002《签报》、QP－004－006《经济合同审批单》	将 OP－PM－QP－002《签报》、QP－004－006《经济合同审批单》后附合同文件报部门经理、主管领导、财务部及相关人员签字
4. 合同原件须受控发财务部	按照上报文件程序报总经理批准后,送人事行政部盖章
5. 部门根据合同份数留存原件或复印件	盖章合同原件受控送财务部一份,另一份送合同他方,部门留存复印件

11. 上报文件程序

工 作 程 序	工 作 要 求
1. 填写人事行政部《上报文件审批单》	写清《上报文件审批单》内容
2. 按照文件要求送相关部门签阅意见	经相关部门签署意见,送相关部门经理签字确认
3. 接受人须签字确认	上报文件须由上级公司相关负责人签字确认
4. 汇报上报文件进程	向部门经理、主管领导汇报上报文件完成情况
5. 存档《上报文件审批单》	保存《上报文件审批单》

12. OA 办公使用程序

工 作 程 序	工 作 要 求
1. 点击桌面 OA 系统	每天点击桌面 OA 系统
2. 输入 OA 系统密码	输入 OA 系统密码
3. 查看当日需处理的任务	点击"需要处理的任务",查看当日需处理的任务
4. 查看正在处理当中的任务	点击"已处理的任务",查看正在处理当中的任务
5. 查看已结束的任务	点击、查看"已结束的任务"
6. 按照部门领导意见填写"系统公用部分"内容	点击"系统公用部分",根据工作要求填写

13. 各类假期的申请

工 作 程 序	工 作 要 求
1. 内容填写完整	填写申请人姓名、到职日期
2. 跟踪《假期/倒休/加班申请表》流程	填写申请时间、天数
3. 打印《假期申请表》	填写申请类别
4. 通知休假人员	保存填写内容
	点击"流转"流转至部门经理处审批
	假期批准后,通知相关人员

14. 处理邮件

工 作 程 序	工 作 要 求
1. 按照文件性质,保存收到的邮件	收到邮件时,点击"邮件箱"中"收件箱"
	双击"收件箱"中的文件,使其界面变成 Word 版式
	保存到文档中
2. 按照领导要求进行打印	按照领导要求进行打印
3. 发送邮件	发送邮件时,点击"新邮件",点击"插入",从界面中出现的所有文档中进行筛选要发送的文件
	点击"打开",文件便存在邮件中
	点击"收件人",选出发送人员
	点击"邮件发送",邮件便发送成功
4. 清除垃圾箱	当邮件箱中的邮件增多时,点击鼠标右键,点击"删除"清除

15. 经济合同审批单

工 作 程 序	工 作 要 求
1. 点击"系统公用部分"	点击"系统公用部分"
2. 点击 QP - 004 - 006《经济合同审批单》	点击 QP - 004 - 006《经济合同审批单》
3. 填写内容并保存内容	内容填写清楚
4. 点击"流转"流转至部门经理处签字,打印送主管领导、财务部、总经理签阅	打印 QP - 004 - 006《经济合同审批单》由部门经理、主管领导、财务部、总经理及相关部门手签
5. 直接将 QP - 004 - 006《经济合同审批单》打印按文件流程签阅	

16. 产品验收单

工 作 程 序	工 作 要 求
1. 点击"系统公用部分"	点击"系统公用部分"
2. 点击 QP－004－007《产品验收单》	点击 QP－004－007《产品验收单》
3. 填写内容	内容填写清楚
4. 点击"流转"流转至部门经理处签字,经部门经理签字后,打印留存及报销	QP－004－007《产品验收单》由部门经理签字后,打印留存及报销使用

17. 物品申领/申购单

工 作 程 序	工 作 要 求
1. 填写华仪采购系统	需从库房领取物品时,填写华仪采购系统中的《物品申领/购单》
2. 按照领导要求申请物品领用数量	打开华仪采购系统,点击《物品申领/购单》,输入物品名称,将《物品申领/购单》流转至部门经理处签字确认
3. 领回物品须由使用人员签字确认	待部门经理、财务部经理、总经理批准后,由财务部通知领取物品验收领回物品发相关专业,并签字确认

18. 接待工作

工 作 程 序	工 作 要 求
1. 语言规范	起身站立
2. 姿态正确	向来访者问好
3. 问清来源	沏茶
4. 帮助联系	问清缘由
5. 向部门领导汇报	帮助联系 向部门领导汇报 答复

19. 接听电话

工 作 程 序	工 作 要 求
1. 接听电话在 3 声之内	接听电话时,电话铃响 3 声之内应立即接听
2. 使用客气语言并向客户问好	向客户问好
3. 告知客户自己所在部门或岗位	告知客户自己所在部门或岗位,如"您好,物管中心××部"、"您好,××部×××"
4. 接听电话姿式要端正	询问对方"我能为您做些什么"
5. 客户留言的记录	需要留言的及时记录,再汇报
6. 汇报客户留言记录	

20. 电话传达

工 作 程 序	工 作 要 求
1. 接到电话,使用客气语言	接到电话时,及时通知部门相关人员接听
2. 为拨打电话人记录留言	当拨打电话人所寻找的人不在办公室时,询问对方是否留言传达
3. 及时传达拨打电话人留言内容	根据拨打电话人员意愿进行留言,并及时传达
4. 通知留言接收者回电	待通知后,由留言接收者回电

21. 领用办公用品

工 作 程 序	工 作 要 求
1.《物品申领单》的填写	接到人事行政部电话,填写《物品申领单》
2.《物品申领单》须部门经理签字认可	部门经理审批《物品申领单》
3.《物品申领单》须送人事行政部文员处	将部门经理审批的《物品申领单》送人事行政部文员处
4. 按照《物品申领单》领回办公用品	发放领回办公用品
5. 办公用品领用须填写《办公用品领用单》	发放填写《办公用品领用单》

22. 收发传真

工 作 程 序	工 作 要 求
1. 传真机呈开启状态	插上传真机电源
2. 检查传真机显示屏内显示是否正常	显示屏中显示"Waitting for"
3. 纸槽里随时要放复印纸	纸槽里放 A4 复印纸
4. 已用过的单面纸,有字面朝上整齐放在纸槽内	传真机电话铃响时,拿起电话与对方通话并按"启动"键等待
5. 清洁传真机	传真机显示屏中显示"Recieve",表明收到对方发来的文件资料信息
	传送文件资料字面朝下放入纸槽
	拨通对方传真电话,对方给信号
	待文件资料接收/传送完毕后,告知相关人员

23. 组织部门会议

工 作 程 序	工 作 要 求
1. 工作协调会时间为 13:30	每天 13:30 组织各专业召开工作协调会
2. 准时通知各专业	13:00 询问部门经理是否开会
3. 未到场的人员及时用电话通知	13:30 询问主管领导是否参会
4. 人员到齐后,通知主管领导、部门经理召开会议	通知各专业 13:30 召开工作协调会
	人员未到齐,用电话再次通知(特殊情况除外)
	人员到齐后,通知部门经理开会

24. 药箱的管理

工 作 程 序	工 作 要 求
1. 检查药箱中现有药品的出厂日期、保存日期	每周清查药箱药品一次，并做好记录
2. 过期药品及时清理	每周对药箱进行一次清理
3. 及时填充药箱药品并记录	根据药品的增减程度进行补充
4. 药箱的清洁	过期药品及时清理，并做好记录

25. 文件传阅

工 作 程 序	工 作 要 求
1. 打印部门内部文件传阅单	打印部门内部文件传阅单
2. 后附需传阅的文件	传阅文件使用复印件，原件存档
3. 发相关人员传阅	传阅单中写清文件阅读的目的、范围
	阅读者须在文件传阅单中签字确认
	检查阅读者签字情况
	文件传阅单须在电脑中进行登记
	存档文件传阅单

26. 建立办公用品台账

工 作 程 序	工 作 要 求
1. 办公用品台账的建立	编制部门办公用品台账
2. 办公用品的分类存放	按照办公用品类别进行分类
3. 写清办公用品的名称、数量、型号	将办公用品名称输入电脑中
4. 统计办公用品缺项	写清办公用品数量、型号
5. 领取办公用品缺项并登记入账	写清办公用品缺项 将办公用品缺项填写在《物品申领单》中，从人事行政部领取，并登入台账中

27. 办理盖章手续

工 作 程 序	工 作 要 求
1. 填写《盖章申请表》	填写人事行政部《盖章申请表》后附文件，并写清盖章事由、份数等
2.《盖章申请表》须附盖章文件	填写《盖章申请表》送部门经理签字
3.《盖章申请表》须由部门经理、人事行政部、总经理签字确认	部门经理签字后，送人事行政部经理签字
4. 由总经理批示的《盖章申请表》须送人事行政部	部门经理、人事行政部经理签完字后送总经理批示
5. 将须盖章的文件送人事行政部盖章	将总经理批示的《盖章申请表》送人事行政部盖章

28. 上墙管理制度

工 作 程 序	工 作 要 求
1. 打印、排版上墙的规章制度	按照领导要求，协助各专业主管打印、排版须上墙的规章制度
2. 上墙规章制度使用 A3 复印纸	用 A3 复印纸复印规章制度
3. 上墙规章制度须盖部门受控文件章	在复印好的规章制度上盖部门受控文件章，交给相关专业

29. 作业指导书

工 作 程 序	工 作 要 求
1. 协助各专业完成作业指导书的修改	根据各专业工作需求、部门领导要求，协助各专业对部门作业指导书内容进行修改
2. 填写 QP－001－006《文件更改申请单》由部门经理、主管领导、管理者代表签字确认	修改完毕的作业指导书，填写 QP－001－006《文件更改申请单》报部门经理、主管领导、管理者代表审批
3. 发放新版作业指导书	复印分发各专业批准的新版本作业指导书

30. 建立防汛物资台账

工 作 程 序	工 作 要 求
1. 收集防汛物资清单	收集各专业防汛物资清单
2. 编制《防汛物资统计表》	编制《防汛物资统计表》
3. 防汛物资分类输入电脑台账中	将各专业防汛物资进行分类
4. 保存防汛物资台账	将各专业防汛物资名称、数量输入电脑中
5. 检查各专业防汛物资数量	保存防汛物资台账
	每周检查一次防汛各专业防汛物资

31. 建立对讲机台账

工 作 程 序	工 作 要 求
1. 建立台账	编制《对讲机使用情况表》
2. 核对数量、编码	核对部门对讲机使用情况、编码
3. 对讲机的发放	收集需进行维修的对讲机数量
4. 统计对讲机维修数量	联系人事行政部与对讲机维修厂家签订维保协议
5. 联系维保厂家	
6. 对讲机领用登记	做好对讲机领用登记

32. 文件柜的管理

工 作 程 序	工 作 要 求
1. 建立台账	统计工位数量
2. 核对数量	文件柜的清洁
3. 保持整洁	摆放整齐

33. 固定资产管理

工 作 程 序	工 作 要 求
1. 统计固定资产数量	统计部门固定资产数量
2. 核对数量,签字确认	协助财务部核对固定资产数量,并签字确认

34. 物品报修管理

工 作 程 序	工 作 要 求
1. 报修统计	统计部门报修数量
2. 通知客户服务部进行维修	通知客户服务部报修位置、物品名称
3. 复查报修位置、物品	检查报修位置是否修复

35. 报废管理

工 作 程 序	工 作 要 求
1. 统计报废物品数量	统计部门报废物品数量
2. 申请报废程序	填写 QP – 002 – 002《签报》申请报废
3. 按照总经理批示,与财务部协商处理	经总经理批准后,与财务部协商将物品卖掉
4. 卖掉物品财务部须开收据并留存	卖掉物品由财务部开具收据,由文员签字,留存一张

36. 巡更点的管理

工 作 程 序	工 作 要 求
1. 收集打点情况	每周收集警卫打点情况
2. 下载巡更记录	每周下载巡更记录
3. 保存巡更记录	保存巡更记录

37. 人员情况统计

工　作　程　序	工　作　要　求
1. 编制《部门人员情况统计表》	编制《部门人员情况统计表》
2. 核清部门人员所填《部门人员情况统计表》	向各专业发放《部门人员情况统计表》进行填写
3. 汇总部门人员情况	收回各专业填写的《部门人员情况统计表》 汇总部门人员情况，并输入《部门人员情况统计表》中保存

38. 人员架构图的统计

工　作　程　序	工　作　要　求
1. 编制部门人员架构图	编制部门人员架构图
2. 经部门经理批准的人员架构图，送发人事行政部	人员架构图须部门经理签字确认，方可送人事行政部

39. 人员名单的统计

工　作　程　序	工　作　要　求
1. 收集各专业人员名单	
2. 汇总各专业人员名单	编制《部门人员名单》 人员名单须部门经理签字确认，方可送人事行政部
3. 编制《部门人员名单》	
4. 分发各专业修订的人员名单	经部门经理签字确认的人员名单发人事行政部一份

40. 统计先进集体、员工

工　作　程　序	工　作　要　求
1. 通知部门经理人事行政部所发评选季度先进集体、员工	接到人事行政部通知，评选季度先进集体、员工
2. 统计季度先进集体、员工名单	待部门经理告知已评选的先进集体、员工名单时，输入电脑中保存
3. 送人事行政部季度先进集体、员工名单须由部门经理签字认可	打印部门评选的季度先进集体、员工，经部门经理签字认可后，送人事行政部一份，复印留存

41. 服装管理

工　作　程　序	工　作　要　求
1. 建立警卫、车管服装台账	收集警卫、车管服装统计表
2. 洗涤警卫、车管服装	警卫、车管服装洗涤时，贴标签，登记人员名单
3. 警卫、车管的发放	收集每周三洗涤服装人名单
	下周二取回按照名单发放，并由领取人签字

42. 填写因公外出单

工 作 程 序	工 作 要 求
1. 员工级外出,须部门经理、人事行政部经理签字认可后,方可外出	按照领导要求须外出办事,为部门员工填写《因公外出申请单》
2. 主管级外出,须部门经理、人事行政部经理、主管领导签字认可后,方可外出	填写好《因公外出申请单》送部门经理签字
3. 经理级外出,须部门经理、人事行政部经理、主管领导、总经理签字认可后,方可外出	经部门经理同意后,送人事行政部签字
	经部门经理、人事行政部经理同意签字后,送主管领导签字
	待部门经理、人事行政部经理、主管领导签字后,送总经理签字认可
	《因公外出申请单》审批完后,通知相关人员外出办事

43. 节日值班记录

工 作 程 序	工 作 要 求
1. 编制《节日期间值班记录》	按照节日值班要求编制《节日期间值班记录》
2. 《节日期间值班记录》装订成册	对编制的《节日期间值班记录》进行装订成册
3. 《节日期间值班记录》放在值班室	将《节日期间值班记录》放在值班室中并附值班要求
4. 收回《节日期间值班记录》须由部门经理签字确认	节日过后,收回并检查经部门经理签字的《节日期间值班记录》
5. 保存《节日期间值班记录》	保存《节日期间值班记录》

44. 电话记录

工 作 程 序	工 作 要 求
1. 编制《电话记录》	部门领导或文员接到外部单位通知
2. 《电话记录》须上报部门经理、主管领导、总经理签字认可	编制《电话记录》
3. 按照总经理批示执行	报部门经理、主管领导、总经理批准
4. 编制《电话记录编号统计表》并保存	按照总经理批示执行
	编制《电话记录编号统计表》,按照时间顺序登记
	保存《电话记录编号统计表》

45. 统计出门条

工 作 程 序	工 作 要 求
1. 收集出门条	次日收集内保人员每日出门条
2. 分类储存出门条	将出门条粘贴在 A4 复印纸上
	注明出门条日期、份数,物品名称、数量
	将粘贴好的出门条插入插页中保存

46. 考勤管理

工 作 程 序	工 作 要 求
1. 收集加班/倒休/休假人员名单	加班/倒休/休假须已批准
2. 核对加班人员时间、天数	核清加班/倒休/休假人员时间、天数
3. 填写《考勤汇总表》	填写《考勤汇总表》

47. 安全隐患和事故月统计表

工 作 程 序	工 作 要 求
1. 填写《安全隐患和事故月统计表》	根据当月工作情况,填写《安全隐患和事故月统计表》
2.《安全隐患和事故月统计表》由部门经理签字确认	将填写好的《安全隐患和事故月统计表》,报部门经理签字后,送人事行政部签字确认
3. 复印留存	复印留存

48. 部门周、月报的打印、周转及收发

工 作 程 序	工 作 要 求
1. 按规定时间收取各专业周、月工作总结	及时收取
2. 整理总结	符合人事行政部公文要求
3. 报部门经理审核	通过 OA 传送
4. 根据经理要求进行整改	
5. 整改完毕后上交人事行政部	在规定时间内上交

49. 协助部门经理完成半年/年度工作总结和计划

工 作 程 序	工 作 要 求
1. 收集各专业半年/年度工作内容	6 月 20 日收集各专业上半年/年度已完成工作内容、未完成工作内容及下半年/年度工作计划
2. 汇总部门半年/年度总结和计划	协助部门经理汇总部门上半年/年度工作总结及下半年/年度工作计划
3. 部门经理、主管领导签字确认半年/年度工作计划	将汇总的下半年/年度计划,利用 OA 系统中邮件传送部门经理阅示
4. 发送人事行政部文员	经部门经理签字同意后的上半年/年度工作总结和下半年/年度计划,送人事行政部文员及部门各专业处

50. 办理管理方案

工 作 程 序	工 作 要 求
1. 收集各专业制订的管理方案	收集部门制订的各项管理方案
2. 形成《管理方案清单》	汇总部门各项管理方案,形成《管理方案清单》
3. 发送人事行政部文员	将汇总的管理方案,利用 OA 系统中邮件传送部门经理阅示 经部门经理签字同意后的《管理方案清单》,送人事行政部文员及部门各专业处

51. 周/月/年度培训计划

工 作 程 序	工 作 要 求
1. 收集培训资料	协助部门经理编制周/月/年度培训材料
2. 通知各专业按照周/月/年度培训计划落实	通知各专业按照周/月/年度进行培训
3. 收回各专业培训总结	收回各专业培训总结

52. 整理、收集法律法规

工 作 程 序	工 作 要 求
1. 收集最新法律法规	收集最新法律法规
2. 发放最新法律法规	将法律法规电子版分发各专业主管进行培训
3. 总结法律法规学习情况	汇总各专业法律法规学习情况
	对法律法规内容学习情况进行总结

53. 外事站岗安排

工 作 程 序	工 作 要 求
1. 编制协助外部单位站岗人员名单	按照领导要求,编制部门协助外部单位站岗人员名单
2. 上报部门经理、主管领导、总经理批准	将编制好的协助外部单位站岗人员名单,上报部门经理、主管领导、总经理批准
3. 分发相关专业执行	将总经理批准的人员名单分发相关专业

54. 订阅消防周刊

工 作 程 序	工 作 要 求
1. 填写 QP – 002 – 002《签报》	填写 QP – 002 – 002《签报》,说明缘由
2. 上报部门经理、主管领导、总经理批准	上报部门经理、主管领导、总经理批准
3. 告知相关人员执行	告知相关人员联系邮局或消防局订阅消防周刊,并开具发票报销

55. 施工人员证件

工 作 程 序	工 作 要 求
1. 办理施工证件,须有身份证复印件、1 寸照片	办理二装出入证件时,收取施工负责人身份证复印件、1 寸照片
2. 验证施工人员身份证复印件、照片	验证施工人员身份证复印件、照片
3. 按照顺序编制二装施工证号码	填写二装施工出入证,并为每张出入证编号,登入电脑中

56. 收据管理

工 作 程 序	工 作 要 求
1. 领回收据第二联须盖公司财务章	从财务部领取收据一本
2. 写清施工单位办理证件数量、编号、金额	将收据第二联盖上财务章
3. 交款人、收款人处由施工单位、文员签字确认	收施工单位现金,使用验钞机验钞
4. 第二联由客户收存	填写收据内容,并在收款人、交款人处签字
	将收据第二联撕下交给施工单位,并告知保存缘由

57. 出入证押金管理

工 作 程 序	工 作 要 求
1. 收取出入证押金	收到出入证押金,在《二装出入证押金登记本》上进行登记
2. 登记出入证押金	写清施工单位办理证件日期、金额
3. 由财务部会计签收	出入证押金、收据第三联送财务部
	由财务部会计签收

58. 施工人员台账管理

工 作 程 序	工 作 要 求
1. 粘贴二装施工人员证件	将收到的二装施工人员身份证复印件按照编号排列粘贴在白纸上
2. 建立《二装施工人员情况统计表》	将二装施工人员身份证复印件输入电脑《二装施工人员情况统计表》中
3. 保存二装施工人员身份证复印件	将粘贴好的施工证放入插页中保存

59. 塑封、打孔

工 作 程 序	工 作 要 求
1. 粘贴二装施工人员照片	填写好二装施工人员出入证的内容,贴上照片,并盖二装专用章
2. 盖二装施工证件专用章	套上塑封膜
3. 塑封、打孔	打开塑封机预热 3 分钟
4. 用礼貌用语欢送办证单位离开	将套上塑封膜的二装出入证放入塑封机中过塑
	将过塑完毕的二装出入证,使用打孔器进行打孔并安上夹子
	将做好的二装出入证交给施工单位

60. 更换二装出入证

工 作 程 序	工 作 要 求
1. 填写出入证内容(施工单位名称、位置,施工人员姓名、期限、编号)	当施工单位办理的二装出入证超过使用期限时,为其更换
2. 粘贴二装施工人员照片	收回过期二装出入证

续表

工 作 程 序	工 作 要 求
3. 盖二装施工证件专用章	按照原编号进行办理
4. 塑封、打孔	塑封出入证交给施工单位
5. 收取工本费	收工本费
6. 用礼貌用语欢送办证单位离开	

61. 二次装修消防安全协议书

工 作 程 序	工 作 要 求
1. 二次装修消防安全协议书须由施工单位先盖章	填写《用章申请单》,后附由施工单位盖章的二次装修消防安全协议书
2.《用章申请单》须由部门经理、人事行政部经理、总经理批准	送部门经理、人事行政部经理、总经理批准
3. 盖章的二次装修消防安全协议书双方各留一份	总经理批准后,送人事行政部盖章
	取回盖章的二次装修消防安全协议书
	通知施工单位取回二次装修消防安全协议书,文员留存一份

62. 外包单位请款管理

工 作 程 序	工 作 要 求
1. 支付外包单位费用 QP－002－002《签报》须总经理批准	打印经总经理批准支付外包单位月度费用 QP－002－002《签报》
2. 通知外包单位送发票	通知外包单位送发票,并核对发票名称、金额
3. 核对发票名称、金额及 QP－002－002《签报》中的金额	打印 QP－004－007《产品验收单》
4.《对外付款报销申请单》后附 QP－002－002《签报》、QP－004－007《产品验收单》、发票并经部门经理、财务部经理、总经理签字	填写《对外付款报销申请单》,后附 QP－002－002《签报》、QP－004－007《产品验收单》、发票并经总经理签字
5. 外包单位领取支票须签字确认	经总经理签署后,将《对外付款报销申请单》及附件送财务部报销
	领回支票,通知外包单位负责人领取支票并在支票发放本中签字确认

63. 领取支票

工 作 程 序	工 作 要 求
1. 选择申请支付类别	填写《对外付款报销申请单》
2.《对外付款报销申请单》后附 QP－002－002《签报》、QP－004－007《产品验收单》、发票并经部门经理、财务部经理、总经理签字	在《对外付款报销申请单》选择申请支票支付

续表

工 作 程 序	工 作 要 求
3. 借支票,须填写《支票领用单》后附 QP – 002 – 002《签报》	经总经理签署后,将《对外付款报销申请单》及附件送财务部报销
4. 领取支票	从财务部领取支票并在其支票发放本中签字确认
	若借支票,须填写《支票领用单》并附 QP – 002 – 002《签报》,写清事由,经总经理批准
	总经理批准后,从财务部领取支票

64. 领取现金

工 作 程 序	工 作 要 求
1. 选择申请支付类别	填写《对外付款报销申请单》
2. 《对外付款报销申请单》后附 QP – 002 – 002《签报》、《产品验收单》、发票并经部门经理、财务部经理、总经理签字	在《对外付款报销申请单》选择申请现金支付
3. 借款,须填写《借款单》后附 QP – 002 – 002《签报》	经总经理签署后,将《对外付款报销申请单》及附件送财务部报销
4. 领取现金	从财务部领取现金并在《对外付款报销申请单》领款人一栏中签字确认
	若借现金,须填写《借款单》并附 QP – 002 – 002《签报》,写清事由,经总经理批准
	总经理批准后,从财务部领取现金

65. 安全月报

工 作 程 序	工 作 要 求
1. 收集内保数据	汇总内保数据(推销人员、上访人员、出门条、捡拾物品、违章施工人员)
2. 收集消防安全数据	汇总消防安全
3. 收集停车场临时收费数据	汇总停车场临时收费数据
4. 收集当月翻场统计数据	汇总当月翻场统计数据
5. 搜集当月最新法律法规	搜集当月最新法律法规
6. 记录部门新举措	记录部门新举措
7. 记录部门需与发展商协商的事情	
8. 记录下月工作计划	记录下月工作计划
9. 送发展商《安全工作月报》并签字确认	将以上内容填入当月《安全工作月报》中,经部门经理、主管领导、总经理批准后,装订成册送发展商一份,并签字确认

（三）消防主管

1. 发隐患通知书

工 作 程 序	工 作 要 求
1. 汇总检查结果	确定隐患位置及行为
2. 填写隐患通知书	下达整改隐患通知
	填写隐患通知书
	限定隐患整改时间及整改要求
	监督采取有效临时防护措施

2. 检查制度的张贴情况

工 作 程 序	工 作 要 求
1. 检查张贴位置	张贴位置应明显
2. 检查清洁情况	完好清洁
3. 检查落实情况	

3. 为施工人员开具动火证

工 作 程 序	工 作 要 求
动火人到安保部开具动火证	问清动火的具体位置及动火原因
	问清动火的种类
	让其备足灭火设备并提出应注意的问题

4. 检查外包单位电器设备

工 作 程 序	工 作 要 求
1. 检查电器设备情况	设备应完好,正常运行
2. 检查线路	专人管理,使用期间人员不得离开
	线路应符合要求,线径应与电器匹配

5. 灭火器的年度检测

工 作 程 序	工 作 要 求
1. 制订检测计划	根据单位实际情况制订计划
2. 制订维修计划	
3. 制订更换计划	

续表

工 作 程 序	工 作 要 求
4. 安排人员进行更换	按照班次安排人员进行更换
5. 更换后的验收	验收应达到灭火器使用标准
6. 安排人员进行复查	标志完好符合要求
7. 写出工作总结	

6. 库房的检查

工 作 程 序	工 作 要 求
1. 检查制度张贴	制度张贴明显清洁
2. 检查灭火器	灭火器数量符合要求、摆放位置明显、取用方便
3. 检查电气线路	线路无裸露、无临时接线
4. 检查灯具	灯具使用防爆灯
5. 检查物品摆放	物品按照性能分类摆放

7. 卫星机房的检查

工 作 程 序	工 作 要 求
1. 检查人员在岗情况	人员按照规定在岗值班
2. 检查制度	制度上墙
3. 检查卫生	卫生符合机房标准
4. 检查登记	登记项目齐全
5. 检查灭火器	灭火器完好有效

8. 检查喷淋系统管网压力

工 作 程 序	工 作 要 求
检查压力表	压力表外观完好 压力应不大于 0.4MP

9. 召开值机员例会

工 作 程 序	工 作 要 求
1. 拟定会议内容	根据工作情况拟定会议内容
2. 拟定会议通知	口头或书面通知会议时间、地点及参会人员
3. 召开会议	按照计划召开会议
4. 填写会议记录	就会议内容填写会议记录

10. 出消防板报

工 作 程 序	工 作 要 求
1. 拟定板报内容	根据工作要求和当前形式拟定板报内容
2. 收集板报材料	所需材料的收集汇总
3. 制作板报	制作板报

11. 监督烟道清洗施工

工 作 程 序	工 作 要 求
1. 根据时间安排通知施工单位施工	按照3个月一小清,半年一大清的要求,联系施工单位进行清洗
2. 拟订施工计划、方案	明确施工位置、要求
3. 施工过程的监管	对施工作业现场进行管理
4. 施工作业的验收	验收

12. 安保部现场监督程序

工 作 程 序	工 作 要 求
安保部现场监督	通知巡视人员加强动火现场的检查 发现问题及时上报安保部 动火操作必须2人以上并配备灭火器具

13. 交还动火证程序

工 作 程 序	工 作 要 求
交还动火证	询问监督者该施工单位在动火期间的情况 让监督者查看施工后的现场清理情况 将动火证归档收存

14. 钥匙管理工作程序

工 作 程 序	工 作 要 求
1. 需要到物业部开具领用钥匙条	认清施工人员及内部人员的签字
2. 到安保部领取钥匙	中介人员需出示业主委托书方可
3. 对领取钥匙进行登记	业主借用确认身份
4. 归还钥匙情况	施工人员及内部人员须抵押出入证
	中介人员须抵押有效证件
	核对钥匙条与所取的钥匙相统一
	登记时间、数量、房号、物业部的签字
	收回钥匙,核对楼号
	归还借用人抵押的证件
	放回原处

15. 开具施工许可证

工 作 程 序	工 作 要 求
开具施工许可证	工程部二装经理签字 物业部经理签字 装修消防协议书 安保部经理签字

16. 办理施工证

工 作 程 序	工 作 要 求
办理施工证	身份证复印件、2 张相片 财务部交款的收据发票 对施工人员登记备案

（四）中控值机员

1. 检查灭火器箱

工 作 程 序	工 作 要 求
1. 检查外观	外观清洁、无划痕
2. 检查配件	配件齐全
3. 检查标志	标志完好清晰
4. 检查箱门	箱门开启灵活
5. 检查卫生情况	

2. 检查消火栓箱

工 作 程 序	工 作 要 求
1. 检查外观	外观清洁、无划痕
2. 检查标志	标志清晰完好
3. 检查配件	配件齐全
4. 检查箱门	箱门开启灵活
5. 检查卫生情况	

3. 检查灭火器

工 作 程 序	工 作 要 求
1. 检查卫生情况	外观应清洁
2. 检查年检有效期	年检日期不应超过 1 年
3. 检查年检标志	标志应清晰完好

续表

工 作 程 序	工 作 要 求
4. 检查配件	铅封、保险、胶管等配件齐全
5. 检查数量	数量符合配置标准
6. 检查位置	位置应正确
7. 检查瓶体	瓶体无锈蚀、掉漆
8. 检查胶管	胶管无物品堵塞
9. 检查压力	压力应显示正常,不应指示到红色区域
10. 检查重量	重量不应低于标重的 90%

4. 检查 1211 灭火器

工 作 程 序	工 作 要 求
1. 检查外观	外观应清洁完好,无掉漆、锈蚀
2. 检查卫生情况	配置环境应通风、干燥、阴凉及取用方便,环境温度应保持在 $-10℃ \sim +45℃$ 之间
3. 检查配置环境	压力表不应指示在红色区域
4. 检查压力	年检时间不应超过 1 年
5. 检查年检情况	胶管无堵塞
6. 检查配件	

5. 检查干粉灭火器

工 作 程 序	工 作 要 求
1. 检查环境	配置环境应通风、干燥、阴凉、取用方便、无腐蚀、无高温
2. 检查外观	瓶体清洁、无掉漆、无锈蚀
3. 检查卫生	胶管无堵塞,灭火器无结块
4. 检查配件	铅封、压力表、拉环等配件齐全
5. 检查压力	压力表指针不应指示红色区域
6. 检查年检情况	年检时间不超过 1 年
7. 检查重量	称重应不低于标重 7 克

6. 检查二氧化碳灭火器

工 作 程 序	工 作 要 求
1. 检查配置环境	环境应通风、干燥、阴凉、取用方便,环境温度在 $-5℃ \sim +45℃$ 之间
2. 检查重量	重量不低于标重 50 克
3. 检查年检日期	年检日期不超过 1 年
4. 检查配件	配件齐全完好
5. 检查外观	喷嘴无堵塞

7. 检查消火栓

工 作 程 序	工 作 要 求
1. 检查外观	外观清洁、无划痕
2. 检查配件	箱门开启灵活
3. 检查内部器材	拉环完好
	水带、枪头、消防软管、小枪头、卡口齐全完好
	卷盘转动灵活
	启泵按钮完好
	出水口无堵塞、锈蚀、无存水
	箱体内部无存水
	内部无杂物

8. 检查疏散通道

工 作 程 序	工 作 要 求
1. 检查应急照明设施	照明应完好并达到照度标准
2. 检查通道使用情况	无堆堵物品影响通行
3. 检查标志	防火门闭门器完好有效
	疏散标志应齐全完好
	蓄光标志荧粉无脱落
	指向标志方向正确

9. 检查安全出口

工 作 程 序	工 作 要 求
1. 检查使用情况	防火门应保持关闭状态
2. 检查照明	闭门器完好有效
3. 检查标志	无堵塞
	照明照度符合要求
	标志清晰明显、无脱落
	蓄光标志清晰、荧粉无脱落
	指向标志方向正确

10. 检查应急照明

工 作 程 序	工 作 要 求
1. 检查光照度	光照度不低于 0.5 勒
2. 检查清洁情况	应清洁完好,保护罩无破损
3. 检查工况	检查切换开关能否正常使用
4. 检查配件	

11. 检查消防电梯

工 作 程 序	工 作 要 求
1. 检查电梯运行情况	运行应平稳,无杂音、无阻滞
2. 检查前室	前室无物品堆放影响使用
3. 检查卫生情况	清洁
4. 检查配件	按钮齐全有效
5. 检查通话系统	通话效果良好
6. 检查警铃	警铃声音清晰

12. 检查喷淋头

工 作 程 序	工 作 要 求
1. 检查外观	外观无明显磕碰
2. 检查安装	安装紧固无漏水
3. 检查环境	周围 0.5 米内无悬挂物品
	下方 0.5 米内无物品堆放

13. 检查疏散标志

工 作 程 序	工 作 要 求
1. 检查外观	外观完好无破损,表面清洁无污物
2. 检查位置	安装位置距地面不超过 30 公分
3. 检查指示方向	指示方向正确,无遮挡

14. 检查空调出风口

工 作 程 序	工 作 要 求
1. 检查外观	无松动
2. 检查工况	运行中无杂音
	现场无异常气味
	下方无易燃品堆放
	出风口处不得悬挂物品

15. 检查末端放水口

工 作 程 序	工 作 要 求
1. 检查外观	外观完好
2. 检查部件	出水口无滴水
	下方无堆堵物品
	使用方便
	冬季检查防冻措施

16. 检查正压送风口

工 作 程 序	工 作 要 求
1. 检查外观	外观完好清洁
2. 检查内部	内部无杂物
3. 检查机械部分	

17. 检查机械排烟口

工 作 程 序	工 作 要 求
1. 检查外观	外观清洁完好
2. 检查配件	复位开关按钮完好
3. 检查机械部分	钢丝拉线正常,连接紧固
4. 检查标志	熔断片连接符合要求

18. 室外接合器的检查

工 作 程 序	工 作 要 求
1. 检查标志牌	标志牌位置明显清晰
2. 检查使用情况	井盖钥匙在位完好
3. 检查外观	井盖结合良好无松动
	红漆无脱落
	无埋压、圈占、堵塞、占用
	外观无损坏

19. 室外消火栓的检查

工 作 程 序	工 作 要 求
1. 检查标志牌	标志牌位置明显
2. 检查使用情况	井盖钥匙在位完好
3. 检查外观	红漆无脱落
	井盖结合紧密,无松动
	无埋压圈占
	外观无损坏

20. 检查警铃

工 作 程 序	工 作 要 求
1. 检查外观	外观完好清洁
2. 检查线路	线路无裸露
3. 检查配件	击锤完好

21. 检查公共区域配电箱

工 作 程 序	工 作 要 求
1. 检查外观	外观完好
2. 检查锁闭装置	箱门无变形
3. 检查周边情况	箱门与箱体结合紧密
	锁闭装置灵活好用
	配电箱下方及附近无易燃物品

22. 检查外围防火间距

工 作 程 序	工 作 要 求
检查管理情况	无堆放物

23. 检查外围消防标志

工 作 程 序	工 作 要 求
1. 检查卫生情况	应清洁完好
2. 检查位置	位置明显
3. 检查周边情况	无遮挡
	标志齐全无损坏

24. 检查报警阀

工 作 程 序	工 作 要 求
1. 检查外观	外观完好
2. 检查卫生情况	卫生良好无污渍
3. 检查使用情况	无滴水、漏水

25. 检查燃气探头

工 作 程 序	工 作 要 求
1. 检查外观	外观完好
2. 检查巡检	巡检灯正常闪亮
3. 检查环境	下方 50 公分内无遮挡

26. 检查防火门

工 作 程 序	工 作 要 求
1. 检查外观	外观无损坏
2. 检查门缝	门体清洁
3. 检查闭门器	闭门器松紧适度
4. 检查配件	把手、标志齐全
	门缝不大于 10 毫米

27. 检查安全出口灯

工 作 程 序	工 作 要 求
1. 检查卫生	应清洁
2. 检查标志	标志齐全有效
3. 检查管理情况	无物品堆放

28. 检查空调开关

工 作 程 序	工 作 要 求
1. 检查开关	开关完好
2. 检查连接	连接紧固
	线路无外露

29. 检查烟感探头

工 作 程 序	工 作 要 求
1. 检查外观	外观清洁无损坏
2. 检查运行情况	运行情况良好,巡检正常
3. 检查环境	周围 0.5 米内无遮挡

30. 会议室的检查

工 作 程 序	工 作 要 求
1. 检查应急照明	应急照明应完好有效
2. 检查灭火器材	灭火器材位置正确
3. 检查安全出口	数量符合配置要求
4. 检查疏散标志	器材完好有效
	安全出口无遮挡
	疏散标志清晰、完好、有效

31. 办公区域的检查

工 作 程 序	工 作 要 求
1. 检查灭火器材	灭火器材清洁、完好
2. 检查疏散通道	疏散通道无物品阻塞
3. 检查用电情况	电器使用符合规定要求,无虚接
4. 检查应急照明	下班后及时断电
5. 检查疏散标志	应急照明完好有效,光照度符合要求
6. 检查手动报警器	疏散标志位置明显,距地符合要求
	手动报警器无遮挡
	活动面板开启灵活
	电话插孔无损坏

32. 地下停车场的检查

工 作 程 序	工 作 要 求
1. 检查吸烟情况	车场内无违章吸烟行为
2. 检查固定消防设施	固定消防设施完好无遮挡
3. 检查违章行为	无违反规定使用汽油清洁车辆行为
4. 检查安全指示标志	标志完好、清晰、无损坏

33. 检查违反安全防火制度的行为

工 作 程 序	工 作 要 求
1. 检查人员	人员无破坏消防设备设施的行为
2. 检查管理情况	无违反规定在非吸烟区吸烟行为
	消防设备设施无遮挡损坏

34. 隐患整改的复查

工 作 程 序	工 作 要 求
1. 检查整改时间	是否按照规定时间整改完毕
2. 检查整改内容	整改结果是否符合要求
3. 检查整改记录	整改记录是否规范、符合要求

35. 检查危险物品库房

工 作 程 序	工 作 要 求
1. 检查制度张贴情况	张贴清洁、位置明显
2. 检查消防设施器材	消防器材符合要求
3. 检查安全管理情况	符合库房"五距"要求
	安全检查登记清楚规范

36. 检查会议现场

工 作 程 序	工 作 要 求
1. 检查消防设备设施	消防设备设施完好有效
2. 检查疏散标志	疏散标志完好
3. 检查安全出口通道	安全出口无锁闭
4. 检查应急照明	应急照明完好,光照度符合要求
5. 检查现场环境	疏散通道畅通无阻塞
	现场无可疑物品

37. 检查大型活动现场

工 作 程 序	工 作 要 求
1. 检查安全出口	安全出口无阻塞
2. 检查疏散通道	疏散通道防火门闭门器完好,通道内无阻塞
3. 检查消防设施	消防设施完好有效
4. 检查应急照明	应急照明清洁完好,光照度符合要求
5. 检查疏散标志	疏散标志完好有效
6. 检查现场环境	现场无可疑物品

38. 检查施工现场

工 作 程 序	工 作 要 求
1. 检查消防设施	现场消防设施完好
2. 检查成品保护	现场成品保护措施到位,保护严密
3. 检查施工违章	施工现场无吸烟、无违章动火
4. 检查施工用料	施工用料专人管理、码放整齐,措施符合安全防火要求
5. 检查施工动火	
6. 检查安全生产	
7. 检查用电情况	
8. 检查施工程序	
9. 制度张贴情况	

39. 检查电梯运行情况

工 作 程 序	工 作 要 求
1. 检查卫生情况	卫生良好
2. 检查运行状况	运行正常无噪声
3. 检查按键	按键齐全有效
4. 检查对讲系统	对讲系统通话效果清晰
5. 检查警铃	警铃声音符合要求

40. 检查电梯机房

工 作 程 序	工 作 要 求
1. 检查值班人员在岗情况	人员在岗值班情况正常
2. 检查门禁执行情况	门禁执行情况良好
3. 检查灭火器材	灭火器材卫生情况良好、配件齐全有效、数量符合要求
4. 检查安全检查记录	安全检查记录登记项目正确无涂改
5. 检查防火制度张贴情况	防火制度张贴位置明显整洁

41. 检查垃圾房

工 作 程 序	工 作 要 求
1. 检查制度张贴情况	制度张贴位置明显清洁
2. 检查垃圾分类情况	垃圾按照不同类别进行分类
3. 检查灭火器材	灭火器材完好有效、外观清洁
4. 检查其他物品	室内无易燃、易爆危险物品

42. 检查强光手电

工 作 程 序	工 作 要 求
1. 检查手电筒外观是否有损坏	手电筒外观完好无损
2. 检查开关开启是否灵活	开关开启灵活
3. 手电筒内开关接触点有无锈迹	手电筒内开关接触点无锈迹
4. 手电筒后盖接触点有无锈迹	手电筒后盖接触点无锈迹
5. 检查电灯泡是否能正常发光	检查电灯泡发光正常
6. 电灯泡前端的镜片是否干净明亮	电灯泡前端的镜片干净明亮
7. 检查电池是否正常有效	检查电池正常有效

43. 检查发烟器

工 作 程 序	工 作 要 求
1. 发烟器的拉线是否完好	发烟器的拉线必须完好
2. 发烟器底座螺丝转动是否完好	加烟器底座螺丝转动完好有效
3. 发烟器橡胶皮套是否完好	发烟器橡胶皮套完整无损坏
4. 发烟器喷头内周围是否干净整洁	发烟器头周围必须干净整洁
5. 发烟器的枪杆是否完好	发烟器的枪杆完好
6. 发烟器内的配件是否齐全	发烟器内的配件齐全有效

44. 检查空气呼吸器

工 作 程 序	工 作 要 求
1. 检查呼吸器配件是否齐全	呼吸器的配件必须齐全
2. 检查呼吸器头套密封情况	戴上头套,打开气阀门能呼吸到清晰的空气
3. 检查呼吸器各接头连接是否完好	呼吸器各接头连接完好不脱节
4. 检查呼吸器的气量是否充足	气量充足
5. 检查呼吸器的背带是否完好	呼吸器的背带完好无损坏

45. 检查联动台运行指示灯

工 作 程 序	工 作 要 求
1. 联动台运行指示灯是否齐全	联动台运行指示灯必须齐全
2. 指示灯的保护罩有无损坏	指示灯的保护罩无损坏
3. 指示灯上有无杂物堆放	指示灯上无杂物堆放
4. 指示灯周围是否干净整洁	指示灯的周围必须干净整洁

46. 检查消防战斗服

工 作 程 序	工 作 要 求
1. 战斗服是否按规定摆放整齐	战斗服必须按规定摆放整齐
2. 战斗服上所配备的工具是否完好齐全,头盔是否完好	战斗服上所配备的工具必须完好齐全,头盔必须完好
3. 配件是否齐全	配件必须齐全

47. 检查消防喇叭

工 作 程 序	工 作 要 求
1. 消防喇叭的外观是否完好无损	消防喇叭的外观必须完好无损
2. 消防喇叭的开关是否灵活有效	消防喇叭的开关必须灵活有效
3. 和电池接触点有无锈迹	和电池的接触点无锈迹
4. 检查消防喇叭是否能喊话	测试消防喇叭必须能喊话
5. 消防喇叭是否有备用电池	消防喇叭必须有备用电池
6. 消防喇叭是否干净整洁	消防喇叭必须保持干净整洁

48. 检查测压仪

工 作 程 序	工 作 要 求
1. 检查压力表的指针是否在 0 刻度线上	压力表的指针必须在 0 刻度线上
2. 检查测压仪两端接口封闭是否完好	测压仪的两端接口封闭完好无损坏
3. 检查排气孔是否畅通	测压仪排气孔必须畅通、无堵塞
4. 检查压力表外观是否完好	测压仪的压力表外观完好无损

49. 发烟器的使用

工 作 程 序	工 作 要 求
1. 发烟器的拉线是否完好	将发烟器的橡胶皮套对准套住要检测的感烟器,拉动发烟器拉线
2. 发烟器底座螺丝转动是否完好	确认烟罐出烟后等待数秒钟,待烟感头上红灯亮后,将发烟器移开,同时与监控室确认
3. 发烟器橡胶皮套是否完好	
4. 发烟器喷头内周围是否干净整洁	
5. 发烟器的枪杆是否完好	
6. 发烟器内的配件是否齐全	

50. 空气呼吸器的使用

工 作 程 序	工 作 要 求
1. 检查呼吸器配件是否齐全	将呼吸器开关旋钮向下背好
2. 检查呼吸器头套密封情况	将呼吸气头套戴好,拉紧
3. 检查呼吸器各接头连接是否完好	同时迅速打开呼吸器开关,调整气量使呼吸顺畅
4. 检查呼吸器的气量是否充足	
5. 检查呼吸器的背带是否完好	

51. 防盗抢报警器的使用

工 作 程 序	工 作 要 求
1. 定期检查红外线报警器是否灵敏有效	从显示器中观察各财务室的人员下班离开后,打开红外线报警器
2. 手动报警器定期进行测试	如遇红外线报警器,立即通过显示器确认,同时通知内保人员现场确认

52. 硬盘录像资料的备份

工 作 程 序	工 作 要 求
1. 每班接班后检查硬盘录像机的工作状态	每日 0:30 检查硬盘录像机的时间是否及时转换
2. 日常工作中随时检查,发现故障及时报修	日常注意检查录像机的工作状态,确保录像资料的完整性

53. 中控室紧急备用钥匙的启用

工 作 程 序	工 作 要 求
1. 备用钥匙主要是各疏散通道门的	非标准工作时间使用时(主要是火灾的预、报警的确认),必须双人进入,使用完毕后及时进行封存,由当事人双方共同签字,并报值班经理
2. 检查紧急备用钥匙是否齐全	
3. 定期检查备用钥匙的灵敏度	

54. 播放消防广播

工 作 程 序	工 作 要 求
每班检查消防广播的背景音乐播放是否正常,如发生故障及时报修	如遇紧急情况按上级要求立即开通消防广播,向事故楼层及相邻的楼层进行固定的广播内容播放

55. 电梯对讲系统的使用

工 作 程 序	工 作 要 求
1. 检查电梯对讲系统的外观	电梯报警时,立即通过电梯对讲系统使用标准用语询问电梯内人员是否需要帮助
2. 检查电梯对讲系统的通话质量	

56. 电磁门的使用

工 作 程 序	工 作 要 求
1. 检查电磁门的外观是否齐全有效	遇电磁门需打开时,应问明原因事由
2. 检查电磁门的开启情况是否灵敏	打开前用监控系统或对讲通信系统确认人员到位情况及电磁门的开启情况

57. 通知、留言

工 作 程 序	工 作 要 求
1. 口头交接通知、留言	应详细记录通知、留言内容
2. 书面交接通知、留言	准确传达 待接班人交接清楚后方可离开

58. 值班记录的交接

工 作 程 序	工 作 要 求
1. 交接工作内容	应根据要求写清当班人员姓名、班次、时间、情况记录等
	当班内容填写清楚,内容详尽
2. 交接临时通知	临时性通知、留言记录详细
3. 交接其他内容	需下一班跟进工作填写详细并口头交接

59. 报警情况的记录

工 作 程 序	工 作 要 求
对当班期间报警情况进行记录	记录报警时间
	记录警情
	记录报警位置或报警人员
	记录处置情况
	记录处置结果
	记录需跟进事宜

60. 报修情况记录

工 作 程 序	工 作 要 求
及时记录设备故障及报请部门	记录故障设备名称
	记录故障原因
	记录报修时间
	记录接报修人员部门及姓名
	记录处理意见及结果
	记录需跟进事宜

61. 设备运行记录

工 作 程 序	工 作 要 求
记录本班设备运行情况	记录设备名称
	记录设备运行情况
	记录维修后设备的跟进运行情况

62. 对讲机检查

工 作 程 序	工 作 要 求
1. 检查数量	数量符合岗位配置
2. 检查外观	外观应完好无损坏
3. 检查电池	电池完好
4. 检查配件	耳机、充电器、卡子等配件齐全有效
5. 检查通话性能	通话性能良好

63. 交接备用钥匙

工 作 程 序	工 作 要 求
1. 清点钥匙数量	根据登记清点钥匙数量
2. 检查钥匙借用记录	外借钥匙应详细进行登记
3. 了解钥匙借用情况	接班前向上班了解借用人部门、姓名、用途、归还时间等情况
4. 跟进	跟进钥匙归还事宜

64. 检查主机报警点

工 作 程 序	工 作 要 求
1. 听取上班人员介绍主机报警情况	了解报警情况
2. 检查报警记录	了解处置情况
3. 结合记录对报警情况进行确认	了解报警点现时运行、维修情况

65. 卫生检查

工 作 程 序	工 作 要 求
1. 当班人员交接前提前按照要求做好卫生清洁	设备应清洁
2. 接受接班人员检查	地面无污渍 器材清洁完好

66. 嫌疑人的监控

工 作 程 序	工 作 要 求
1. 配合内保人员进行监控	内保人员发现嫌疑人后要求配合监控时,按要求将嫌疑人的去向及状态向内保人员报告
2. 通过监控系统发现嫌疑人进行监控	如监视器中发现嫌疑人后立即向内保人员报告并做好监控记录

67. 硬盘录像的回放

工 作 程 序	工 作 要 求
1. 检查监控录像的完整性	按要求进行录像的回放
2. 按要求进行回放查找	回放查找迅速、准确

68. 来客登记

工 作 程 序	工 作 要 求
1. 上级单位来访时,立即通知主管领导,并做好来客登记 2. 如遇客户来访时及时向上级领导汇报,同意后方可接待	遇有来客访问时,按规定进行登记,并向客人简要讲解本室内的设备设施情况。并向主管领导汇报

69. 硬盘录像时间点的查找

工 作 程 序	工 作 要 求
按要求查找	按要求的时间地点迅速查找,并进行图像资料的备份

70. VIP 人员的监控

工 作 程 序	工 作 要 求
1. 监视器中注意发现 VIP 人员或车辆 2. 在公寓区域内注意监视 VIP 人员周围的情况	监视器中如发现 VIP 人员或车辆进入公寓区域后,利用监视设备进行监控,并通知车场及警卫人员做好相应的服务

71. 监控抬车场栏杆机的手动控制

工 作 程 序	工 作 要 求
按上级领导的要求进行抬杆	按领导指示准备抬杆 抬杆前利用监控设备及通信设施确认车辆所在位置及出入情况 抬杆后将所放行车辆的资料进行登记

72. 液化石油气罐的检查

工 作 程 序	工 作 要 求
1. 检查卫生情况	卫生情况良好
2. 检查连接软管	软管长度不超过 1.5 米,无僵化现象
3. 检查减压阀	减压阀连接紧固
4. 检查瓶体	瓶体无锈蚀掉漆
5. 检查开关	开关旋钮紧密无松动

73. 火警确认

工 作 程 序	工 作 要 求
1. 接报警	
2. 中控室确认报警点	确认火情及到达现场时间不得超过 3 分钟
3. 通知巡视人员现场确认	严格执行工作程序
4. 确认火情发生后,迅速组织灭火并启动应急预案	现场认真查明原因
5. 确认误报,通知中控室主机复位	随时保持通信联络
6. 填写记录	正确规范填写记录

74. 填写消防设施检查记录

工 作 程 序	工 作 要 求
1. 根据计划对消防设施运行、管理、使用情况进行检查	检查时间应明确
2. 责任人员进行确认	部位记录清楚
3. 检查人员按照表格要求填写检查记录	记录设备设施名称 记录运行、管理情况 记录存在的问题

工 作 程 序	工 作 要 求
	记录报修部门及接报修人员姓名 记录责任人及部门 记录整改时间及措施
4. 检查人员签字	责任人签字明晰

75. 填写安全检查记录

工 作 程 序	工 作 要 求
1. 根据计划对相关部位进行检查	详细记录检查路线
2. 检查完毕填写检查记录	记录检查人员姓名
3. 相关人员签字	记录发现的问题
4. 存档	记录整改时间及措施
	记录人员及责任人签字

76. 填写巡视记录

工 作 程 序	工 作 要 求
记录巡视期间检查情况	记录巡视人员姓名 记录巡视时间 记录巡视路线 记录发现的问题 记录处理经过 记录处理结果 记录领导意见

77. 填写消防设施报修记录

工 作 程 序	工 作 要 求
1. 确认设备设施故障	记录故障设备名称
2. 请示领导	记录故障原因
3. 向相关部门报修	记录报修时间
4. 填写记录	记录接报修人员部门及姓名
5. 确认签字	记录处理意见及结果
	记录需跟进事宜

78. 填写报警记录

工 作 程 序	工 作 要 求
1. 确认报警	记录报警时间
2. 上报部门领导	记录报警部位
3. 处理报警情况	记录报警人姓名
4. 记录报警情况	记录报警人部门
	记录处置情况
	记录处置结果
5. 确认签字	确认签字

79. 填写交接班记录

工 作 程 序	工 作 要 求
1. 工作中填写本班工作内容	项目齐全
2. 填写临时性通知、留言	书写工整 内容翔实
3. 交班人员签字	签字完整

80. 检查室外消火栓保养情况

工 作 程 序	工 作 要 求
1. 检查标志	标志明显、清晰
2. 检查井盖	井盖完好
3. 检查钥匙	钥匙在位好用
4. 检查内部情况	内部无积水、无锈蚀 冬季防冻措施到位 无违章占用情况,3 米范围内无遮挡物

81. 检查室外接合器保养情况

工 作 程 序	工 作 要 求
1. 检查外观	标志明显
2. 检查井盖	井盖完好
3. 检查钥匙	钥匙在位好用
4. 检查内部情况	内部无积水、无锈蚀 冬季防冻措施到位 无违章占用情况,3 米范围内无遮挡物

82. 检查室内消火栓保养情况

工 作 程 序	工 作 要 求
1. 检查外观	外观完好无损坏
2. 检查配件	配件齐全有效
3. 检查内部设施	枪头、水带、卷盘、软管、水喉、启泵按钮完好有效
4. 检查封条	封条完好

83. 消防验收

工 作 程 序	工 作 要 求
消防验收	对消防设备烟感、煤气探头进行检测，看是否能正常使用 对明线进行检查

84. 紧急停电处置工作程序

工 作 程 序	工 作 要 求
1. 突然停电时	发现后马上通知保安员或物业部
2. 停电后询问配电室情况	安保部当班人员询问配电室停电情况及时间
3. 电视监控室	检查各电梯有无人员被关 密切监控各大门出入口，防止不法人员破坏

85. 监控报修工作程序

工 作 程 序	工 作 要 求
1. 发现问题	根据电视图像及时发现监控范围内的各种问题 内保巡视人员或其他人员上报监控的各种问题
2. 确认问题	发现或接到各种问题之后监控人员须让人替班后至现场确认清楚情况 在清楚问题后亲自填写安保部报修单并写清问题
3. 向物业部报修	至物业部报修并进行详细说明使物业部人员清楚所报问题，并在安保部报修单上签字 对报修修复情况进行记录
4. 检查报修的修复情况	对未能修复的问题进行跟进，并在无法处理的情况下上报安保部进行修理

86. 消防设备检测工作程序

工 作 程 序	工 作 要 求
1. 从消防主机上检测	值机员每天对消防主机运行情况进行监测
2. 对消防设备进行检测	在消防演习等活动中由厂家人员共同对主机进行检测 巡视人员在每次巡视中对公共区域内的消防设备进行检查 对通风系统进行一次启动检测（工程部配合）
3. 对消防设备检测中出现的问题上报	消防值机员对各种检测中的问题上报并要求有关部门马上修理 向主管上报在检测中需进行整改的问题，由主管上报公司进行处理

（五）车场主管

1. 外包单位监督

（1）查岗

工 作 程 序	工 作 要 求
1. 检查仪容仪表	按照《员工手册》规定
2. 检查礼节礼貌	按照交接记录内容
3. 检查着装	按照《岗位职责》要求
4. 检查工作交接	无可疑人/可疑物;无污物/杂物
5. 检查岗位职责	
6. 检查视线范围内卫生/安全情况	
7. 填写《查岗记录》	

（2）巡视

工 作 程 序	工 作 要 求
1. B2/B3 地下车库	每日至少巡视两次
2. 自行车库	发现问题,及时处理
3. 地面车场	车场设备设施、器材完好、有效
3.1 1#车场	车管员工作符合《岗位职责》要求
3.2 2#车场	车道畅通,车行有序
3.3 西马路	重大问题及时报告
3.4 3#车场	整洁、卫生
3.5 4#车场	

（3）召开协调会

工 作 程 序	工 作 要 求
1. 总结上月工作完成情况	每月一次
2. 本月工作计划	每月 8 日前完成,节假日顺延
3. 车场主管报告评核结果	车管队长、主管和双方经理参加
4. 经理点评并提出要求	
5. 外包/外维单位(金地公司)点评	
6. 出《会议纪要》	车场主管 24 小时内出《会议纪要》
7. 双方负责人在《会议纪要》上签字	
8. 报主管领导、总经理审阅	
9. 财务部存档	

（4）填写产品验收单

工　作　程　序	工　作　要　求
1. 车场主管填写	每月一次
2. 经理签字	每月 5 日前完成
3. 送财务部存档	作为支付外包单位劳务费依据

（5）支付劳务费

工　作　程　序	工　作　要　求
1. 填写《签报》	每月 10 日前完成
2. 审批	巡检记录和评核记录装订成册
3. 提交日巡检记录	车场主管负责此项工作
4. 提交月评核记录	

（6）交接记录

工　作　程　序	工　作　要　求
1. 班长交接	每日早 9:00～9:10，车场主管检查
2. 车场主管签字确认	每日由车场主管向经理汇报交接情况
3. 经理抽查	交接记录每月装订成册

（7）供方评审

工　作　程　序	工　作　要　求
1. 市场调查	资质/现场审核每半年一次
2. 出具书面分析报告	合同续签前一个月提交市场调查报告
3. 资质审核	财务部组织现场审核
4. 现场审核	现场审核中心领导参加

2. 设备设施

（1）双层车位管理

工　作　程　序	工　作　要　求
1. 由维保厂家进行维护保养	每月一次维保与协调会
2. 与维保厂家召开月度协调会	每月 25 日前完成维保
3. 发生故障，维修人员及时到现场维修	每年定期给使用人做培训
4. 每日由车管员监督运行情况	每年定期给车管员做培训

（2）车位锁管理

工 作 程 序	工 作 要 求
1. 钥匙由使用人保管/开启	
2. 活络上油	每季度活络上油一次
3. 喷漆	每年喷漆一次（10 月 1～7 日）
4. 锁闭	使用人取车后由车管员统一锁闭
5. 应急开启	
6. 维修	损耗\维修纳入年度预算

（3）交通标牌管理

工 作 程 序	工 作 要 求
1. 每日巡视检查	符合交通法规
2. 记录	
3. 补画脱落部分	每年定期补画
4. 定期清洁	每季度清洁一次

（4）反光道钉管理

工 作 程 序	工 作 要 求
1. 每日巡视检查	车场主管负责
2. 记录	纳入年度预算
3. 修补脱落部分	每年定期修补

（5）反光凸面镜巡查

工 作 程 序	工 作 要 求
1. 巡视检查	纳入日检项目
2. 定期清洁	每季度清洁一次
3. 维修	维修纳入年度预算
4. 记录	车场主管负责

（6）交通标线维护

工 作 程 序	工 作 要 求
1. 每日巡视检查	符合交通法规
2. 补画脱落部分	每年定期补画
3. 定期清洁	每季度清洁一次
4. 记录	车场主管负责

（7）反光锥筒维护

工 作 程 序	工 作 要 求
1. 每日清点	轻拿轻放
2. 摆放整齐	统一管理
3. 定期清洁	每季度清洁一次
4. 记录	低值易耗品，纳入年度预算
5. 定期修补损耗	车场主管/队长负责

（8）气泵维护

工 作 程 序	工 作 要 求
1. 专人保管	车场主管负责
2. 客户使用	协调工程专业人员维保
3. 定期保养	每季度维保一次
4. 及时维修	轻抬轻放，爱惜使用 如有损坏，及时联系厂家维修

（9）减速带维护

工 作 程 序	工 作 要 求
1. 巡视检查	每日检查一次
2. 定期清洁	每季度清洁、保养一次
3. 及时维修	如有损坏，及时联系厂家维修
4. 记录	车场主管/队长负责

（10）栏杆机（挡车臂）维护

工 作 程 序	工 作 要 求
1. 巡视检查	每日检查一次
2. 定期清洁	每季度清洁、保养一次
3. 及时维修	如有损坏，及时联系厂家维修
4. 做好记录	车场主管负责

（11）感应棒维护

工 作 程 序	工 作 要 求
1. 客服部发《工作联络单》	
2. 经理签字	客服部、安保部经理签字确认
3. 车场主管按要求开通	确认后1小时内开通
4. 收取押金	一棒一车
5. 做好记录	当年有效

（12）遮阳伞维护

工 作 程 序	工 作 要 求
1. 支伞	限地面车场使用，伞的高度为1.85米，垂直于地面
2. 收伞	具体时间：每年5月1日~10月31日7:00~17:00
3. 保存	遇三级以上风，班长收伞
4. 定期清洁	清洁干净
5. 维修	如有损坏，及时联系厂家维修
6. 记录	车场主管/队长负责保存

（13）雨衣使用

工 作 程 序	工 作 要 求
1. 雨衣使用	限地面车场使用每人一件
2. 保存	车场主管/队长负责保存
3. 定期清洁	如有损坏，及时联系厂家补修

（14）停车证管理

工 作 程 序	工 作 要 求
1. 客服部发《工作联络单》	
2. 经理签字	经客服部、安保部经理签字确认，确认后1小时内完成
3. 车场主管按要求制证	一证一车
4. 打印	当年有效
5. 填写	
6. 塑封	

（15）对讲机管理

工 作 程 序	工 作 要 求
1. 按下通话按键	一岗一机
2. 携带	使用人签订《对讲机使用协议》
3. 交接	班长负责每日交接
4. 保存	
5. 维修	人为损坏，必须赔偿
6. 记录	使用规范语言
	正常损耗，及时报修。使用备用机确保岗位通信正常

（16）停车费发票管理

工 作 程 序	工 作 要 求
1. 到财务部领取备用金	发票不做交接，专人专用
2. 到财务部领发票	车场主管每日核实账目
3. 凭票根，更换新发票本	账目不清或发票丢失，个人承担损失
4. 车场主管每日核实账目	严禁收费不撕票

（17）防撞栏杆维护

工 作 程 序	工 作 要 求
1. 巡检	每日巡视检查一次
2. 清洁	每季度清洁一次
3. 保养	严禁攀登，或坐在栏杆上
4. 维修	货场警卫负责
5. 记录	发现问题，及时报告

3. 车辆管理

（1）工作月报

工 作 程 序	工 作 要 求
1. 主管每月初提交上月车场工作月报	每月一次
2. 经理审阅并签字	每月 5 日前完成，遇节假日顺延
3. 报主管领导审阅	包含记录
4. 报总经理审阅	装订成册
5. 报上级单位，送相关方	内勤存档

（2）VIP 车辆管理

工 作 程 序	工 作 要 求
1. 制定 VIP 车牌号档案	每月更新一次 VIP 车牌号档案
2. 培训	每周培训一次全体车管员，每月做一次考试
3. 预留车位	
4. 指引车辆入位	下发 VIP 车牌号至每名车管员手中
5. 敬礼	对不能识别的 VIP 车，采取先入位后识别的办法
6. 拉门	
7. 问好	
8. 更新档案	

（3）送货车辆管理

工作程序	工作要求
1. 接到客服部通知	必须通知客服部或接到客服部通知
2. 车管员通知货场警卫	非标准工作时间通知值班经理
3. 升货场卷帘门	卸货时间超过 30 分钟按临时停车收费
4. 货车驶入 B1 货场	货场车位满时,须在指定位置等候
5. 降货场卷帘门	
6. 登记	
7. 卸货	超高、超长、超宽货车在外围指定区域卸货并用小推车推入货场
8. 升货场卷帘门	
9. 驶离货场	按规定路线驶入/驶离货场
10. 降货场卷帘门	

（4）会议车辆管理

工作程序	工作要求
1. 接到客服部通知	提前 24 小时通知
2. 预留车位	预留临时车位 30 个
3. 放告示牌指引车辆停放	停车超过 30 辆,启动备用车位
4. 收费	车场主管/队长负责

（5）临时停车管理

工作程序	工作要求
1. 车管员指引车辆到 2 号停车场	计时单填写完整(时间/车牌号)
2. 记录入场时间、车牌号码	语音报时
3. 发计时单	按 2.5 元/半小时收费
4. 收费	停车不超过 15 分钟,免收停车费
5. 放行	军车免收停车费
	车位已满时,车辆须在指定区域排队等候

（6）急修车辆管理

工作程序	工作要求
1. 发《急修停车证》	仅限发证车辆/厂家
2. 凭证优先进入 2 号停车场停车	免收停车费
3. 如携带大型工具,可驶入 B1 货场	确保及时停车
	主管协调
	禁止驶入 B2、B3 地库
	《急修停车证》当年有效

4. 故障、事故处理

（1）双层车位故障处理

工　作　程　序	工　作　要　求
1. 通知维保厂家	维修人员30分钟内到现场
2. 维修人员赶到现场	急修在30分钟内完成
3. 将车取出	车场主管到现场安抚客户
4. 排除故障	非标准工作时间由值班经理到现场
5. 记录	紧急情况采取应急措施（支付客户打车费用）
6. 提交故障报告	维修人员联系方式每月更新

（2）栏杆机故障处理

工　作　程　序	工　作　要　求
1. 通知维保厂家	维修人员30分钟内到现场
2. 维修人员赶到现场	急修在30分钟内完成
3. 排除故障	车场主管到现场安抚客户
4. 记录	非标准工作时间由值班经理到现场
5. 提交故障报告	紧急情况采取应急措施（拆卸挡车臂，放车出入）
	维修人员联系方式每月更新

（3）智能管理系统故障处理

工　作　程　序	工　作　要　求
1. 通知维保厂家	
2. 维修人员赶到现场	维修人员30分钟内到现场，急修在30分钟内完成，车场主管到现场
3. 排除故障	
4. 记录	非标准工作时间由值班经理到现场
5. 提交故障报告	维修人员联系方式每月更新

（4）车漏油处理

工　作　程　序	工　作　要　求
1. 通知车主	严禁在车库内修车
2. 通知保洁人员清理	每季度更新车主联系电话
3. 车主取车	车场主管（值班经理）到现场
4. 车开出或拖出车场维修	
5. 记录	

（5）车报警器鸣笛不止处理

工　作　程　序	工　作　要　求
1. 与车主联系	每季度更新车主/司机联系电话
2. 与车主单位紧急情况联系人取得联系	查看车门是否关严
3. 车主到现场恢复	采取应急措施减小噪声污染（棉被覆盖）
4. 做好记录	车场主管（值班经理）到现场
5. 报告上级	

（6）轮胎漏气处理

工　作　程　序	工　作　要　求
1. 通知车主	严禁在车库内修车
2. 车主取车	每季度更新车主联系电话
3. 车开出或拖出车场维修	车场队长（内保员）到现场
4. 记录	

5. 车场安全

（1）防暑降温

工　作　程　序	工　作　要　求
1. 根据室外气温调整换岗频度	车场主管/队长负责
2. 联系餐厅,制作饮品	禁止在岗位上喝饮料
3. 安排人员领取防暑降温饮料	车场主管/队长到现场
4. 备勤人员到位	及时报告情况
5. 药品到位	

（2）防盗监控

工　作　程　序	工　作　要　求
1. 巡视	车场主管/队长负责
2. 发现可疑人报告	专人巡视
3. 盘查	及时报告
4. 识别/排除	内保员到现场
5. 记录	做好记录
6. 非工作时间封闭管理	

（3）现金管理

工　作　程　序	工　作　要　求
1. 领备用金	主管负责检查,财务部监督
2. 用备用金领发票	车场现金不得超过100元
3. 收费员以票根换新发票	严禁积压票根
4. 用完一本换一本	严禁收费不撕发票

6. 其他

（1）市场调查

工 作 程 序	工 作 要 求
1. 选择对标公司进行调研	每年一次
2. 制订计划	纳入年度工作计划
3. 观摩学习	车场主管负责
4. 写《市调报告》	
5. 制定整改措施	
6. 落实整改内容	

（2）办公室卫生清洁

工 作 程 序	工 作 要 求
1. 扫地	地面无纸屑、杂物
2. 擦桌子	桌面整洁干净，符合要求
3. 整理桌面办公用品	墙面干净，"制度"整齐悬挂
4. 整理文件柜	办公家具、物品整洁
5. 定期大扫除	专人负责值日 车场主管检查落实

（3）电话机使用管理

工 作 程 序	工 作 要 求
1. 接听	铃响 3 声内接听
2. 记录	接听电话必须使用规范语言
3. 挂电话	重要电话记录
4. 定期清洁	严禁使用电话做与工作无关的事
5. 发现故障，报修	车场主管/队长负责

（4）手套管理

工 作 程 序	工 作 要 求
1. 车管队长到文员处领取	车管队长领取
2. 经理签字	以旧换新
3. 记录	做好记录
4. 存档	专物专用 文员负责

（5）领导交办临时工作

工 作 程 序	工 作 要 求
1. 了解工作内容	迅速
2. 执行工作	准确
3. 反馈	反馈及时

（六）车管队长/车管员

1. 日常训练

（1）交通指挥手势训练

工 作 程 序	工 作 要 求
1. 车管员下班后,集中训练	每周一次
2. 考核	队长负责
3. 收集培训效果	持续改进
4. 记录	做好记录

（2）队列训练

工 作 程 序	工 作 要 求
1. 车管员下班后,集中训练	每周一次
2. 考核	队长负责
3. 收集培训效果	持续改进
4. 记录	做好记录

（3）消防训练

工 作 程 序	工 作 要 求
1. 车管员下班后,集中训练	每周一次
2. 考核	队长负责
3. 收集培训效果	持续改进
4. 记录	做好记录

（4）应知应会培训

工 作 程 序	工 作 要 求
1. 车场主管负责	
2. 主管/经理培训	理论与实操并重,由浅入深
3. 记录	
4. 反馈	
5. 考核	每月一次

（5） VIP 车牌号识别

工　作　程　序	工　作　要　求
1. 车场主管/队长组织	每月更新一次 VIP 车牌号档案
2. 全体车管员参加	每周一次培训全体车管员
3. 反复记忆,反复考核	每月做一次考核 下发 VIP 车牌号至每名车管员手中 对不能识别的 VIP 车,采取先入位后识别的办法

（6）应急预案

工　作　程　序	工　作　要　求
1. 车场主管负责	
2. 主管/经理培训	理论与实操并重,由浅入深
3. 记录	
4. 反馈	
5. 考核	每月一次

（7）岗位交接

工　作　程　序	工　作　要　求
1. 队列	按规定路线行走
2. 行进	两人成排,三人以上成队
3. 互敬礼	行走姿势标准
4. 交接内容通报	
5. 换岗	领班带队

（8）电话接听

工　作　程　序	工　作　要　求
1. 接电话	电话铃响 3 声之内必须接听
2. 问好	使用规范用语
3. 报部门姓名	
4. 听内容,记录	重要电话做好记录并上报
5. 再见,挂电话	

2. 日常工作

（1）交接班会议

工 作 程 序	工 作 要 求
1. 车场主管/队长参加	每日 3 次
2. 总结本班工作	班长负责组织
3. 布置工作	
4. 做交接记录	车场主管/队长在记录上签字
5. 检查交接内容	
6. 检查上岗人员是否符合标准	

（2）高峰期车辆疏导

工 作 程 序	工 作 要 求
1. 车场主管/队长到现场	确保畅通
2. 疏导车辆	每日车辆高峰期
3. 根据情况调配人员	经理检查

（3）查岗

工 作 程 序	工 作 要 求
1. 检查仪容仪表	按照《员工手册》规定
2. 检查礼节礼貌	
3. 检查着装	
4. 检查工作交接	按照交接记录内容
5. 检查岗位职责	按照《岗位职责》要求
6. 检查视线范围内卫生/安全情况	无可疑人/可疑物,无污物/杂物
7. 填写《查岗记录》	

（4）替岗

工 作 程 序	工 作 要 求
1. 车场队长/班长批准	妥善安排,禁止空岗
2. 巡视岗替固定岗	替岗时间不得超过 30 分钟 做好记录

（5）召集班长/车管员会

工　作　程　序	工　作　要　求
1. 车场主管/队长组织	每日班前/班后召开
2. 每日班前/班后召开	班长负责
3. 总结当班情况,布置工作	班前/后 5 分钟完成
4. 工作交接	

3. 车辆管理

（1）车场管理工作程序

工　作　程　序	工　作　要　求
停车场管理员注意事项	按停车管理规定,值勤人员严格按制度和标准合理收费
停车场工作范围	认真登记车辆的车型、车号及业主姓名,以备后查 按规定做好出入的各项登记 车锁及时扶起,防止车位被占情况的发生 认真检查车辆有无损坏,并做好记录 观察业主车辆有无车门未锁、灯未关等 防止车辆被划被盗 控制不缴费车辆进入车库管理 严禁在车库内吸烟加油、维修车辆等,如发现及时劝阻

（2）VIP 车辆管理

工　作　程　序	工　作　要　求
1. 制定 VIP 车牌号档案	
2. 培训	每周培训全体车管员
3. 预留车位	每月做一次考试
4. 指引车辆入位	下发 VIP 车牌号至每名车管员手中
5. 敬礼	对不能识别的 VIP 车,采取先入位后识别的办法
6. 拉门	
7. 问好	
8. 更新档案	每月更新一次 VIP 车牌号档案

（3）出租车管理

工　作　程　序	工　作　要　求
1. 按南侧马路指定区域排队等候	整齐、有序
2. 专人疏导	时间:标准办公时间 8:00 ~ 17:00 严禁堵南门出口

（4）邮车管理

工 作 程 序	工 作 要 求
1. 驶入 1 号车场	指定区域停放
2. 专人管理	严禁堵塞路口
3. 超时收费	不得超过 30 分钟

（5）送货车管理

工 作 程 序	工 作 要 求
接到客服部通知	必须通知客服部或接到客服部通知
车管员通知货场警卫	非标准工作时间通知值班经理
升货场卷帘门	卸货时间超过 30 分钟按临时停车收费
货车驶入 B1 货场	货场车位满时，须在指定位置等候
降货场卷帘门	
登记	
卸货	超高、超长、超宽货车在外围指定区域卸货并用小推车推入货场
升货场卷帘门	
驶离货场	按规定路线驶入/驶离货场
降货场卷帘门	

（6）送菜/送水车（非机动车）管理

工 作 程 序	工 作 要 求
1. 与货场警卫联系,确保安全后推入货场	指定时间
2. 高峰期间禁止走坡道	得到货场警卫允许后方可进入
3. 同货车驶入货场程序	同货车要求

（7）车位已满的处理

工 作 程 序	工 作 要 求
放置车位满告示牌	告示牌摆放及时
疏导车辆	禁止堵塞入口
排队等候	车辆排队有序 专人加强疏导

（8）过夜车管理

工 作 程 序	工 作 要 求
1. 夜班警卫做好记录	车况记录完全
2. 与白班车管员交接	交接清楚
3. 定期巡视	每小时巡视一次 车场主管每日检查记录

（9）等候车管理

工 作 程 序	工 作 要 求
1. 在指定地点排队	禁止堵塞入口
2. 有车位后，按顺序入场	排队有序
3. 车管队长视情况加岗	专人疏导

4. 设备设施/器材管理

（1）车位锁保养

工 作 程 序	工 作 要 求
车场主管/队长组织	每季度活络上油一次
做好记录	每年喷漆一次（10 月 1～7 日）
事先通知	损耗/维修纳入年度预算

（2）收/支遮阳伞

工 作 程 序	工 作 要 求
1. 领班/巡视岗在每日接岗前支好	限地面车场使用，具体时间：每年 5 月 1 日～10 月 31 日 7：00～17：00
2. 车场主管检查	遇三级以上风，车管班长收伞
3. 做好记录	支伞的高度为 1.85 米，并垂直于地面
	如有损坏及时联系厂家维修
	车管队长负责保存

（3）摆放反光锥筒

工 作 程 序	工 作 要 求
1. 在指定区域码放	整齐、美观
2. 巡视岗负责	间距一致
3. 车管队长检查	一个车位一个

（七）警卫主管（队长）

1. 制订警卫队年度培训计划

工 作 程 序	工 作 要 求
1. 准备培训教材	简洁、易懂
2. 制订培训计划	专业性与可操作性强
3. 组织实施培训	突发事件按照《应急处理预案》进行培训
4. 效果反馈，填写培训记录	全员参与

2. 对警卫进行业务知识考核工作

工 作 程 序	工 作 要 求
1. 准备考核题目	考核题目以安全知识及操作技能为题
2. 组织实施考核	全员参与考核

3. 日常巡视检查

工 作 程 序	工 作 要 求
1. 按时对公共区域进行巡视检查	及时化解、消除各类安全隐患
2. 检查公共区域治安安全状况	不发生重大治安事件
3. 检查警卫员日常值勤巡视工作	发现问题及时纠正

4. 带领警卫队进行应急处理

工 作 程 序	工 作 要 求
按照《应急处理预案》程序进行处理	快速、有效
	及时发现、及时报告、及时处理
	减少、降低负面影响
	无重大人员伤亡

5. 检查警卫值勤巡逻工作

工 作 程 序	工 作 要 求
1. 检查仪容仪表	按照《员工手册》规定
2. 检查礼节礼貌	
3. 检查岗位纪律	
4. 检查工作交接	按照交接记录内容
5. 检查岗位职责	按照《岗位职责》要求
6. 填写《查岗记录》	

6. 严格执行规章制度

工 作 程 序	工 作 要 求
1. 起床	维护正规的生活秩序
2. 出早操	养成警卫队良好作风
3. 洗漱	
4. 清扫宿舍卫生	
5. 用餐	
6. 值勤	
7. 课外活动(训练)	
8. 晚点名	
9. 就寝	

7. 应急预案内容的演练

工 作 程 序	工 作 要 求
1. 对每月应急演练内容制订方案	按照应急预案内容程序进行演练
2. 组织实施	可操作性强
3. 演练情况进行总结	

8. 召开队务会

工 作 程 序	工 作 要 求
1. 总结本周工作	每周日晚20:30召开队务会,总结本周工作优点及缺点
2. 布置下周工作	
3. 传达领导精神	
4. 听取员工建议	掌握警卫员对管理工作建议

9. 召开班长协调会

工 作 程 序	工 作 要 求
1. 布置当天工作	提前10分钟召开每日工作会
2. 传达领导精神	内容简洁、汇报全面
3. 听取班长汇报	随时掌握当天内保信息

10. 检查宿舍卫生

工 作 程 序	工 作 要 求
1. 检查各班室内卫生	符合卫生要求
2. 检查电源使用情况是否符合要求	符合防火要求
3. 检查床铺整洁情况	无重大安全隐患
4. 检查室内物品的摆放	
5. 检查各班责任区卫生情况	
6. 对各班检查的卫生情况进行记录并评出分数	

11. 军事训练管理

工 作 程 序	工 作 要 求
1. 每周定期制订训练计划	军事动作规范
2. 组织实施培训	锻炼身体,增强体质
3. 效果反馈,填写培训记录	全员参与

12. 监督管理外包单位

工 作 程 序	工 作 要 求
1. 定期召开外包、外维公司月度会	每月召开一次月度会
2. 监督管理外包保安公司工作情况	每月 8 日前完成,节假日顺延
3. 对外包警卫定期进行培训、考核工作	24 小时内出《会议纪要》 检查保安公司服务质量是否符合公司要求
4. 定期对外包公司人员数量进行检查	每周一次对外包单位人员数量进行检查
5. 对新入职外包警卫进行面试检查	检查新入职外包警卫是否符合公司要求

（八）警卫班长/警卫员

1. 对讲机/充电器管理

工 作 程 序	工 作 要 求
1. 检查对讲机/充电器外观完好	确保对讲机/充电器设施的齐全、完好、有效的使用
2. 检查对讲机正常通话,充电器有效充电	出现故障立即报修(夜间 12 小时内,白班 1 小时内)
3. 对讲机 16 台,8 用 8 备	
4. 充电器 8 台	

2. 钥匙柜管理

工 作 程 序	工 作 要 求
1. 钥匙柜存放的钥匙,为备用和应急钥匙	专人管理:每班内保负责管理
2. 启用应急钥匙进入租区前,须经经理级同意 （1）白天须部门经理同意 （2）非正常工作时间,须经过值班经理同意	专门制度:有专门制度 专柜管理:设有专柜管理 公寓业主/租区租户应急钥匙
3. 应急钥匙使用后,须重新封闭,封闭程序如下: （1）填写《封存钥匙申请表》,须由经办人、部门经理、总经理签字 （2）经办人与客户服务部人员携带钥匙和封存袋一同到启用应急钥匙公司共同签字、盖章封存	公寓机房应急钥匙 物管中心钥匙 平台制高点钥匙 防汛物资门钥匙

3. 器材柜管理

工 作 程 序	工 作 要 求
1. 遇到特殊事件,启用器材柜物品时,须经内保同意	摄像机
2. 启用的物品,须在记录本上登记	照相机
3. 启用后,须及时存放在器材柜内	强光手电 应急照明灯 警具

4. 饮水机管理

工 作 程 序	工 作 要 求
1. 更换顶端水瓶时须拔掉电源	常清理水龙头下边的储水槽,避免水满后溢出
2. 然后再更换储水瓶	日常须保持饮水机外观干净整洁

5. 报刊杂志架管理

工 作 程 序	工 作 要 求
1. 每日下班前 30 分钟整理好报刊杂志架	要保持报刊杂志架的干净整洁、完好
2. 报刊杂志阅读中,不得撕扯	
3. 报刊杂志架要摆放在固定的位置	

6. 记录未完工作

工 作 程 序	工 作 要 求
1. 在岗班长须将未完工作详细写在记录本内	字迹清楚、工整
2. 在与接班班长交接时,须详细说明需要跟进的内容和办法	内容详细
3. 交接后相互在记录本上签字	

7. 报修

工 作 程 序	工 作 要 求
1. 在巡视中发现的设施设备故障,巡视后在报修登记本中做好记录,并报修	按照表格要求做好记录
2. 白天报修:拨打 3000,并询问接听人姓名	填写记录时字迹要工整清楚
3. 夜间:做好记录,由白天值班员负责报修	
4. 夜间遇到紧急情况,及时通过班长报值班经理	

8. 特殊事件处理

工 作 程 序	工 作 要 求
1. 发现特殊事件,做好现场保护	遇到特殊事件须在 3 分钟赶到现场
2. 及时逐级上报	对外尽量控制信息
3. 班长、内保携带照相机,到现场拍照	控制事态发展
4. 与当事人做好询问笔录	
5. 写出书面特殊事故报告	

9. 室内卫生管理

工 作 程 序	工 作 要 求
1. 柜子、桌面、地面干净整洁	每日交接班前 15 分钟,必须安排清理备勤室卫生
2. 室内地面没有烟头、纸屑、泥土	使用吸尘器,吸地面、墙角,墩布清洁地面
3. 桌面没有水迹、杂物,物品摆放整齐	使用湿布擦桌子、椅子、柜子

10. 主持班前会

工 作 程 序	工 作 要 求
1. 班长须在本班人员接岗前,召开班前会	开会时要保持会场安静
2. 班长须对前一日、上一班或领导交办的工作进行总体安排	
3. 检查每一名员工服装是否标准	上岗前须穿戴整齐

11. 检查仪容仪表

工 作 程 序	工 作 要 求
1. 警卫更换服装后,要在穿衣镜前整理服装	服装干净整洁
2. 穿戴整齐后,主动请班长检查	不留长发
3. 待班长说合格后,再去上岗接班	

12. 岗位巡查

工 作 程 序	工 作 要 求
1. 班长在岗期间要随时进行岗位检查	
2. 纠正岗位不规范行为	规范着装,礼貌待客
3. 检查岗位设备摆放是否规范	物品摆放整齐

13. 统计出勤

工 作 程 序	工 作 要 求
1. 每日班长须按照到岗人数、时间统计出勤情况	接班人员须提前 15 分钟到备勤室
2. 到备勤室后，按照标准更换服装	服装要干净整洁
3. 班长根据出勤情况，安排岗位值班	服从班长工作安排

14. 处理投诉

工 作 程 序	工 作 要 求
1. 接客户报案	3 分钟内赶到现场
2. 立即赶到现场	必要时做好现场保护
3. 了解事件经过	主动配合客户报警
4. 根据事情情况处理	
5. 在租区协助解决	
6. 查询相关录像	
7. 协助客户报警	
8. 配合公安机关工作	
9. 做好记录	及时向客户反馈案件进程
10. 重要案件写出特殊事件报告	

15. 出现损坏/损失突发事件处理程序

工 作 程 序	工 作 要 求
1. 发现特殊事件，做好现场保护	遇到特殊事件须在 3 分钟内赶到现场
2. 及时逐级上报	对外尽量控制信息
3. 班长、内保携带照相机，到现场拍照	控制事态发展
4. 与当事人做好询问笔录	
5. 写出书面特殊事故报告	
6. 出现物品损坏或损失时： （1）查找电话联系表，及时通过电话报知保险公司，电话接通后，询问对方接听电话人姓名，并做好记录 （2）须按照保险公司报损报告格式，写出书面报损报告，向保险公司索赔 （3）索赔报告不得超过 4 小时 （4）写好后，将书面材料传至保险公司，并记录接收人姓名、日期、时间 （5）传真后，盖上已发传真印章，注明传真日期、时间、经办人、姓名 （6）连同相关材料一并归档	

16. 表格记录归档

工 作 程 序	工 作 要 求
1. 日常警卫内保使用 7 种表格	字迹工整
2. 每日、每班巡视后或在岗期间发生的异常情况,按照表格要求认真填写	每日记录保持完整
3. 日常表格全部装订成登记本	
4. 每个本填满后,由班长、内保签字后,交主管上级,由主管上级签字后,交安保部内勤统一存档	

17. 雪天工作安排

工 作 程 序	工 作 要 求
1. 遇到雪天时,班长要安排及时撒融雪剂	撒融雪剂时要注意交通安全
2. 撒融雪剂时要撒开、撒匀	注意疏导好交通
3. 雪停后,及时安排扫雪	
4. 扫雪时,要根据提前划定的区域,将雪扫向路的一侧	

18. 雨天工作安排

工 作 程 序	工 作 要 求
1. 遇到雨天,及时通知客户服务部	汇报及时(1 分钟内)
2. 配合客户服务部,摆放好套伞塑料袋架、铺设好门前地毯、摆放好注意安全标志牌	行动快速,20 分钟内完成
3. 提醒客户出行注意地面湿滑、注意安全	确保客人出行安全,方便
4. 协助客人叫"的士"服务	
5. 安排在岗警卫盖好 7#、8#楼梯,5 个竖井出风口	
6. 根据雨量大小在地库 B1 排污管道前摆放沙袋	

19. 接听电话规范用语

工 作 程 序	工 作 要 求
1. 电话铃响 3 声内接起	接听电话语速要适当
2. 拿起电话"您好,安保部×××"	吐字清晰
3. 接听电话后,待对方放下电话后,再放下电话	用心去接听 要让对方感觉到你在微笑着接听电话 做好电话接听记录

20. 接听电话会议

工 作 程 序	工 作 要 求
1. 接听电话会议时:写上日期、时间,并说"请问贵姓、单位",并逐字写清楚	字迹工整
2. 根据对方通知内容,按照 1、2、3,逐条写清楚	
3. 写完后,向对方重复一遍所记录内容,待对方说无误后,说声谢谢	
4. 将会议记录及时上报	夜间:如紧急事情,记录后,立刻电话逐级上报,及时上报:白天不超过 30 分钟,夜间:次日晨 8:30

21. 接听恐吓电话

工 作 程 序	工 作 要 求
1. 接听恐吓电话时,记录好对方所说的每一个字	接听恐吓电话时,要冷静
2. 接听时判断对方的年龄、口音	要尽可能多询问对方内容
3. 接听后立即上报(1 分钟内)	要正确对待

22. 押款管理

工 作 程 序	工 作 要 求
1. 接押款通知后,安排 2 人负责到指定地点与财务人员一起出发	严格遵守押款保密制度
2. 押款人员须携带警具、手机电话,出发前填写押款记录	不得随意泄露工作内容
3. 押款过程中,须不断与公寓安保部保持沟通	保证押款过程中与携款人保持 3~5 米安全距离
4. 完成任务回到公寓后,立即汇报	整个过程中,不离携款人 确保将携款人送到目的地

23. 出行路线设计

工 作 程 序	工 作 要 求
1. 固定岗、巡视岗去接岗、就餐时,均须走指定路线	巡视过程中,不得打闹
2. 外出时,两人成行、三人成排	认真检查,详细记录

24. 消防报警跑点

工 作 程 序	工 作 要 求
1. 主机报警	
2. 中控室根据报警点跑点确认	
3. 现场确认: (1)确认设施误报 (2)及时将信息反馈中控室 (3)中控室值班员主机消音/复位 (4)填写相关记录	确认火情后到达现场时间不得超过 3 分钟 正确启用报警程序 及时报告上级领导 严格执行工作程序

续表

工 作 程 序	工 作 要 求
4. 确认火情: （1）启用轻便灭火器到现场灭火 （2）控制现场 （3）立即逐级汇报 （4）启动《应急预案》	现场正确处置 随时保持通信联络 果断执行领导指令 正确规范填写记录

25. 财务报警

工 作 程 序	工 作 要 求
1. 接报后,立即携带警具 2. 两人以上赶往报警现场 3. 现场确认: 　（1）设施误报 　（2）及时将信息反馈指挥中心 　（3）设施复位 　（4）填写财务报警记录并由跑点人签字确认 4. 如遇抢劫: 　（1）控制好现场 　（2）及时汇报 　（3）按照《应急处理预案》程序处置	必须携带警具 必须 2 人以上 3 分钟内同时到达 保障人身安全

26. 配钥匙

工 作 程 序	工 作 要 求
填写配钥匙审批单	严格按照配钥匙审批程序操作
领导签字同意	
联系工程部木工组配钥匙	
根据钥匙种类妥善保管（挂放、封存）	

27. 借用钥匙

工 作 程 序	工 作 要 求
1. 证实身份(客户托管钥匙借用须经客户指定联系人同意)	记录清晰,详细记录进出时间与取送物品
2. 报告领导(非正常工作时间报告值班经理)	主动配合
3. 填写《钥匙借用记录》并由借用人签字确认	未经客户指定联系人同意,钥匙一律不外借
4. 协助开启	钥匙使用人员须进行相关登记
5. 协助锁闭	
6. 使用后第一个工作日内与客户指定联系人联系将钥匙重新进行封存保管	
7. 记录存档	

28. 出事故现场拍照

工 作 程 序	工 作 要 求
1. 取照相机	所拍摄照片必须清晰有效
2. 确认相机电池有效	嫌疑人拍正面、侧面最少 2 张免冠照片
3. 现场拍照聚焦目标	事故现场根据不同位置拍摄多张照片
4. 由远到近,拍摄 5～10 张	
5. 冲洗胶卷	一般照片一周内冲洗,特殊照片立即冲洗
6. 规类存档	照片规类存档,以便日后查找

29. 询问笔录

工 作 程 序	工 作 要 求
1. 准备笔录登记单	做询问笔录须 2 人在场
2. 发问:姓名、性别、年龄、出生地、事情的整体经过	一问一答的方式询问
3. 记录采取一问一答的形式记录	询问笔录须当事人签字确认,不会写字的要捺手印
4. 询问后,经过被询问人确认后,签字	询问记录内容不得更改
5. 存档备案	

30. 拉车门

工 作 程 序	工 作 要 求
1. 南、北门警卫须为到大堂前车辆提供拉车门服务	动作协调
2. 当有两辆车时,以先后到达为顺序	行动快速
3. 当内部领导与外部车辆同时到达时,以外部车辆为先	客人下车时说声"您好,请慢走"
4. 拉车门时	
4.1 一手拉车门	
4.2 另一只手要放在车门框下	
4.3 待客人下车离开车门区后,关好车门	
5. 疏导车辆离开大堂门前	

31. 交通牌摆放

工 作 程 序	工 作 要 求
1. 落地交通标志牌,要摆放在指定位置	注意落地标志牌的完好
2. 落地交通标志牌间隔距离要相等	出现车辆碰撞损坏时,及时逐级上报
3. 车辆进出需要挪动时,及时协助移动	
4. 移动后,放回指定位置	

32. 滞留车辆管理

工 作 程 序	工 作 要 求
1. 非停车场地,原则上不得滞留	根据标志牌规定时间,劝离滞留车辆
2. 特殊车辆,司机不准离开车辆,进行看护,原则上只能停留10分钟	停车后,司机离开要及时上报班长
3. 超过时间,须提醒司机或报安保部	特殊车辆要处理好

33. 平推门的使用

工 作 程 序	工 作 要 求
1. 高峰期间,将两个平推门同时向内开启	非高峰时间,遇到平推门开启时,主动将其处于自动关闭状态
2. 高峰期过后,将平推门处于自然关闭状态	

34. 转门的使用

工 作 程 序	工 作 要 求
1. 在岗期间注意观察转门的完好状态 2. 转门出现故障,及时: 　(1)开启平推门 　(2)上报班长	确保客人出入平安

35. 交通事故处理

工 作 程 序	工 作 要 求
1. 出现交通事故时,要以疏导交通为主	确保车辆出行畅通
2. 及时逐级上报	
3. 以客人自行协商解决为主	
4. 解决后,做好工作记录	

36. 回答客人疑问

工 作 程 序	工 作 要 求
1. 在岗期间,礼貌回答客人询问	工作中不能说"不"、"不知道"
2. 客人询问时,要准确答疑	
3. 如果客人询问的问题不知道,要告知客人到大堂前台问询	

37. 视线内秩序管理

工 作 程 序	工 作 要 求
1. 警卫在岗期间,须注意视线内秩序	确保公寓内外秩序良好
2. 出现意外事故、事件,及时逐级上报	

38. 视线内设施管理

工 作 程 序	工 作 要 求
1. 在岗期间注意视线内设施设备	确保公寓内外设备设施处于齐全、完好、有效的状态
2. 一旦出现故障,及时报修	

39. 视线内卫生管理

工 作 程 序	工 作 要 求
1. 在岗期间注意视线内卫生状况	确保视线内干净整洁
2. 一旦出现临时遗撒、或影响公寓形象的卫生问题,及时报告班长	
3. 注意疏导客人绕行	
4. 确保客人安全	

40. 特殊事件汇报

工 作 程 序	工 作 要 求
1. 发现特殊事件,做好现场保护	遇到特殊事件须在3分钟内赶到现场
2. 及时逐级上报	对外尽量控制信息
3. 班长、内保携带照相机,到现场拍照	控制事态发展
4. 与当事人做好询问笔录	
5. 写出书面特殊事故报告	
6. 出现物品损坏或损失时,查找电话联系表,及时通过电话报知保险公司,电话接通后,询问对方接听电话人姓名,并做好记录	

41. 擦鞋机维护

工 作 程 序	工 作 要 求
1. 关注擦鞋设施的完好、有效	客人体面进入公寓
2. 出现故障,及时报修	
3. 遇到客人鞋面不洁时,提醒客人这里有擦鞋机	

42. 登记制度管理

工 作 程 序	工 作 要 求
1. 正常工作时间,施工人员不得进入公寓,有二装小组批准的许可证除外	公寓内没有闲杂人员停留
2. 外来服务人员进入公寓	

43. 出门条管理

工 作 程 序	工 作 要 求
1. 遇到客人携带物品外出时,须问询客人是否开具出门条	确保公寓业主/租户财产安全
2. 客人出示出门条后,须核实出门条内容与物品、数量要相符	出门条必须签字、盖章方为有效 出门条内容与实际出货相符
3. 核实后,说声"谢谢配合,请走好"	保存好当日出门,每月存档一次

44. 接待上访

工 作 程 序	工 作 要 求
1. 发现上访(5人以下)人员将上访 　(1)将上访人员请到安保部办公室 　(2)与上访人员要寻找的客户联系 　(3)为上访人员倒水 　(4)在客户到来之前,安排专人作陪上访人员,维持秩序 2. 发现群体上访人员 　(1)将上访人员控制在公寓门外 　(2)与其要找的客户联系 　(3)在客户到来之前,安抚上访人员等待 　(4)告知上访人员我们正在联系客户和接待其洽谈的位置	注意上访人员情绪 不用过激语 维护好秩序工作 确保客户正常进出公寓

45. 雨伞维护

工 作 程 序	工 作 要 求
1. 日常要保持雨伞的干燥整洁	保证雨伞数量
2. 整齐地排放在接待台旁	
3. 雨天遇到没有携带雨伞的客人出行时,可提供雨伞服务	客人借用后,没有按时归还,主动电话联系客户
4. 借用前,请客人出示有效证件,核实登记,并请客人签字后,方可借用	确保雨伞的正常使用

46. 公共区域照明管理

工 作 程 序	工 作 要 求
1. 白天: 　(1)正常工作时间公寓内照明全部开启 　(2)时间为:7:00～23:00 2. 夜间: 　(1)时间为23:00～次日晨7:00 　(2)公共区域照明灯隔3个开一个 3. 巡视中发现不亮或灯闪现象,巡视后及时报修 4. 做好报修记录	巡视中分清正常状态和夜间状态 巡视中要全方位巡视 确保公寓照明齐全、完好、有效

47. 公共区域巡视

工 作 程 序	工 作 要 求
1. 检查公共区域是否有闲散、可疑人员、可疑物品	白班巡视不少于 4 次
2. 检查公共区域消防设施设备齐全、完好、有效状态	夜班巡视不少于 4 次
3. 正常上班时间,业主/租户大门应处于自然关闭状态,发现向公共区域开启大门的业主/租户,告知前台:为了公共区域客人行走的安全,将门协助关闭	发现问题妥善处理
4. 检查公共区域是否畅通,没有任何杂物	及时汇报
5. 检查公寓外立面及玻璃幕墙的完好情况	
6. 检查外窗开启情况	
7. 检查外围车场车辆停放情况	
8. 填写《巡视检查记录表》	

48. 客户门禁系统

工 作 程 序	工 作 要 求
1. 白天:7:00 ~ 20:00 (1)巡视中注意观察客户门禁系统是否正常,门是否处于自然关闭状态 (2)发现用其他杂物别门情况,及时复原 (3)巡视后,做好记录 (4)分析别门原因,并找相关单位洽谈,避免类似情况在同一地点再次发生 2. 夜间:20:00 ~ 次日晨 7:00 (1)推拉每一个门 (2)发现客户门禁系统大门没有锁好时须 2 人进入租区,确认没有客人后,将门锁闭 (3)巡视后,做好记录,次日通过客户服务部给租户发函,告知业主/租户,下班后锁好门再离开	周一至周五 20:00 以后进入夜间封闭管理状态 巡视中要全方位巡视 确保公寓照明设施齐全完好有效

49. 公寓防火门管理

工 作 程 序	工 作 要 求
1. 公寓消防门须处于自然关闭状态	全方位巡视,对检查出不符合规定的消防门,进行复位
2. 巡视中发现用其他物品挡门情况,及时将物品移开,使消防门处于自然关闭状态	确保公寓照明处于有效状态
3. 巡视后做好记录,并分析原因,找相关单位或部门洽谈,避免类似情况再次发生	

50. 消防栓管理

工 作 程 序	工 作 要 求
1. 检查外观	外观清洁、无划痕
2. 检查标志	标志清晰完好
3. 检查配件	配件齐全
4. 检查箱门	箱门开启灵活
5. 检查卫生情况	

51. 灭火器管理

工 作 程 序	工 作 要 求
1. 检查卫生情况	外观应清洁
2. 检查年检有效期	年检日期不应超过一年
3. 检查年检标志	标志应清晰完好
4. 检查配件	铅封、保险、胶管等配件齐全
5. 检查数量	数量符合配置标准
6. 检查位置	位置应正确
7. 检查瓶体	瓶体无锈蚀、掉漆
8. 检查胶管	胶管无物品堵塞
9. 检查压力	压力应显示正常,不应指示到红色区域
10. 检查重量	重量不应低于标重的90%

52. 喷淋头管理

工 作 程 序	工 作 要 求
1. 检查外观	外观无明显磕碰
2. 检查安装	安装紧固、不漏水
3. 检查环境	周围0.5米内无悬挂物品

53. 送风口管理

工 作 程 序	工 作 要 求
1. 检查外观	无松动
2. 检查工况	运行中无杂音 现场无异常气味 下方无易燃品堆放 送风口处不得悬挂物品

54. 正压送风口管理

工 作 程 序	工 作 要 求
1. 检查外观	外观完好、清洁
2. 检查内部	内部无杂物
3. 检查机械部分	

55. 卷帘门管理

工 作 程 序	工 作 要 求
1. 检查门缝	
2. 检查导轨	门缝、导轨、卷筒等缝隙应密封、无缝隙、无破损
3. 检查卷筒	
4. 检查喷淋头	喷淋头应完好、无遮挡
5. 检查控制开关	控制开关应锁闭完好、无遮挡,熔断片完好
6. 检查门体水平	门体下方应水平,下方无物品遮挡影响使用

56. 疏散指示灯管理

工 作 程 序	工 作 要 求
1. 检查外观	外观完好无破损
2. 检查位置	安装位置距地面不超过30公分
3. 检查指示方向	指示方向正确
4. 检查清洁情况	表面清洁无污物无遮挡

57. 应急照明管理

工 作 程 序	工 作 要 求
1. 检查光照度	光照度不低于 0.5 勒
2. 检查清洁情况	应清洁完好、保护罩无破损
3. 检查工况	检查切换开关能否正常使用
4. 检查配件	

58. 消防通道管理

工 作 程 序	工 作 要 求
1. 检查应急照明设施	照明设施应完好并达到照度标准
2. 检查通道使用情况	无堆堵物品影响通行 防火门闭门器完好有效
3. 检查标志	疏散标志应齐全完好 蓄光标志荧粉无脱落 指向标志方向正确

59. 电梯管理

工 作 程 序	工 作 要 求
1. 检查电梯有无异响	发现异常情况及时报修
2. 检查电梯内照明	提示使用人员换乘电梯
3. 检查电梯轿厢门的开启情况	

60. 噪声处理

工 作 程 序	工 作 要 求
1. 发现正常工作时间有噪声时,须及时出现劝阻	确保正常上班时间公共区域的安静
2. 噪声:喧闹声、吵闹声、施工噪声	正常办公时间为:8:30～17:30
(1) 劝告	
(2) 制止	

61. 异味处理

工 作 程 序	工 作 要 求
1. 巡视中发现异味,寻找异味源	及时准确
2. 辨别异味种类:餐厅、污水、汽油、油漆等	
3. 逐级汇报	
4. 部门经理与相关部门联系	
5. 排除异味	减少影响范围
6. 做好记录	

62. 制高点巡查/控制

工 作 程 序	工 作 要 求
1. 定期对楼内平台制高点进行安全检查	每周进行一次检查
2. 检查有无高空坠物隐患	区域内干净、整洁,无杂物
3. 检查防火安全	
4. 检查基础设施	基础设施正常
5. 填写《检查登记表》存档	
6. 将查出的隐患通知相关部门及时整改	
7. 对隐患进行复查	

63. 检查二次装修现场

工 作 程 序	工 作 要 求
1. 是否有施工许可证	认真检查
2. 二装现场施工人员是否有"公寓临时出入证"	出现违规,立即找施工单位负责人纠正
3. 是否配备有轻便灭火器材	出现隐患,不服从管理时,可以采取停止施工措施,并上报值班经理

工 作 程 序	工 作 要 求
4. 临时用电,电线是否固定规范	
5. 插座、插头是否齐全完好	
6. 动火期间,是否有安保部开具的动火证	
7. 刷油漆期间是否有物业部开具的异味施工许可证	
8. 施工中严禁噪声施工	
9. 遇到客户投诉时,须提醒施工单位,将噪声施工安排在夜间22:00以后	

64. 垃圾房管理

工 作 程 序	工 作 要 求
1. 检查制度张贴情况	制度张贴位置明显、清洁
2. 检查垃圾分类情况	垃圾按照不同类别进行分类
3. 检查灭火器材	灭火器材完好有效,外观清洁
4. 检查其他物品	室内无易燃、易爆危险物品

65. 捡拾物品管理

工 作 程 序	工 作 要 求
1. 巡视中捡拾物品,巡视后须进行登记	
2. 须遗失物品人员详细描述遗失物品	
3. 客人描述的遗失物品与捡拾物品相符后方可发还	须按照要求做好记录工作
4. 随后,客人须出示有效证件	
5. 记录遗失物品人员有效证件后,在领取遗失物品登记单上签字	
6. 将物品发还其本人	

66. 业主/租户加班

工 作 程 序	工 作 要 求
1. 夜间20:00以后,公寓进入封闭性管理阶段	巡视中每一个楼层、每一家业主/租户逐层、逐户的推门检查
2. 每日20:00以后巡视时,须推每一家公司大门,检查是否锁好	确保公寓财产和人身的安全
3. 如发现业主/租户正在加班,做好记录后离开	在封闭性管理期间,公寓内有多少家业主/租户、多少人、都在哪些楼层加班,要做到心中有数
4. 巡视中详细记录业主/租户加班楼层、单元号	周六、日协助警卫进行加班登记工作
5. 22:00后巡视,将业主/租户还在加班位置、公司名称、加班人数、姓名进行登记,并请业主/租户签字	清晰记录进入与离开时间
6. 提醒业主/租户锁好大门,注意用电安全	登记时使用规范用语
7. 巡视后做好详细记录	

67. 巡视打卡

工 作 程 序	工 作 要 求
1. 由设备层按指定路线行走至 B3 警卫宿舍	巡视白班 2 次,夜班 2 次
2. 巡查楼内基础设施情况	按时打点、巡视,不漏点
3. 巡查楼内要害部位情况	
4. 发现、处理楼内闲散、可疑、上访人员	
5. 发现、处理楼内可疑事物	

68. 未锁门的处理

工 作 程 序	工 作 要 求
1. 巡视中遇到客人未锁门时	巡视中每一个楼层、每一家业主/租户逐层、逐户的推门检查
2. 须 2 人进入业主/租户房间,确认无人后,将门锁闭	确保公寓业主/租户无人时,房门全部锁好
3. 遇到业主/租户未锁门的情况时,须及时电话通知业主/租户	
4. 巡视后做好记录	
5. 次日通过客户服务部给业主/租户发函告知,下班将公司大门锁好后再离开	

69. 可疑人员的监控

工 作 程 序	工 作 要 求
1. 巡视中注意发现可疑人员	注意发现形迹可疑人员
2. 报告监控室,并逐级上告	防止破坏公寓设施设备
3. 视情况跟随	保持警惕,宁信其有,不信其无
4. 内保员到现场询问、盘查	内紧外松
5. 识别、排除(内保员)	报告及时
6. 记录	可带到值班室由内保员处理
7. 特别是中午就餐时间,加强楼层的巡视力度,避免客人就餐忘记锁门出现被盗案件	必要时报公安机关处理 纳入绩效管理

70. 可疑物品处理

工 作 程 序	工 作 要 求
1. 巡视中发现可疑物品,不要去移动	事件整体过程中,要保守秘密
2. 一人保护现场,一人回去汇报	无关人员不得进入控制区
3. 回去汇报人员,将情况逐级上报总经理	保持警惕,宁信其有,不信其无
4. 班长汇报后,带领警卫携带防爆毯到现场	内紧外松
5. 须总经理同意,由安保部经理报110排除可疑物	报告及时
6. 现场看护人员,避免其他人走近或移动可疑物品	可疑物品不动

续表

工 作 程 序	工 作 要 求
7. 防爆队到场,确认为爆炸物后,根据总经理命令,疏散公寓业主/租户	专业人员识别/排除
8. 避免可疑物品出现爆炸	纳入绩效管理

71. 推销人员管理

工 作 程 序	工 作 要 求
1. 巡视中发现推销人员,立即将其带往安保部	
2. 检查其有效证件	
3. 登记有效身份证明	严格禁止推销人员在楼层滞留
4. 扣留推销材料(只扣书面材料,不扣物品)	避免因其推销影响业主/租户办公
5. 当事人写保证书	
6. 劝离公寓	

72. 劝阻吸烟

工 作 程 序	工 作 要 求
1. 公共区域巡视中遇到吸烟客人,及时劝阻熄灭烟头	
2. 告知客人吸烟请到公寓设置的吸烟室	检查公共区域,不留火情隐患
3. 提醒客人将烟头熄灭后,扔到设置好的烟缸内	

73. 交通事故处理

工 作 程 序	工 作 要 求
1. 遇到交通事故时,在岗人员以疏导交通为主	交通事故过程中,确保道路畅通
2. 在岗人员通过对讲机汇报班长、主管	确保车辆和行人的进出安全
3. 处理交通事故原则,以双方自行协商为主	
4. 安保部协调为辅	

74. 小推车借用服务

工 作 程 序	工 作 要 求
1. 公寓客户供应商前来送货时,货场安保部岗亭可提供小推车借用服务	保证小推车处于完好有效状态
2. 借用时,借用人须出示有效证件	出现故障及时报修
3. 当班人核实后,在登记本上逐项登记	
4. 并将借用人有效证件暂时留存	
5. 然后将小推车借出	
6. 客人归还时,须检查借出车辆是否完好	
7. 所借用小推车检查无误后,将证件归还客人	

75. 交通指挥

工 作 程 序	工 作 要 求
1. 车管员在岗期间,须有良好的服务意识	服装整洁
2. 车辆进出时,要给出明确的交通指挥手势	交通指挥手势规范

76. 协调货车进出

工 作 程 序	工 作 要 求
1. B1 警卫随时准备接听地面车管员在对讲机的呼叫	货车进入期间指挥好交通
2. 地面车管员呼叫地下岗"有货车去货场,是否有地方"	确保车辆进入的安全
3. 地下岗回答"可以进入"	
4. 地下岗升降卷帘门	
5. 指挥地库出车等候货车进入后,再出行	

77. 升降卷帘门使用

工 作 程 序	工 作 要 求
1. B1 卷帘门日常处于降落状态	根据工作需要升降卷帘门
2. 在有货车进入时,须升起卷帘门	卷帘门出现故障时,及时报修
3. 每日中午 11:30~13:30 将卷帘门升起,换空气	
4. 其余时间卷帘门处于关闭状态	

78. 沙袋/小推车摆放

工 作 程 序	工 作 要 求
1. B1 东西货场在岗值班人员,须检查防汛沙袋码放是否整齐、干净	
2. 每日每岗要清洁一次沙袋/小推车外观	
3. 遇到使用后,沙袋摆放不整齐时,须及时码放好,并清理干净	
4. 遇到特大暴雨,将沙袋摆放在 B1 下水道后边	确保沙袋/小推车码放干净整齐
(1)日常白天下雨,原则上不摆放沙袋	确保小推车处于干净有效的状态
(2)夜间,遇到中雨,在 20:30 后可以摆放	
(3)遇到特大暴雨,不分时间即可摆放	

79. 站/坐时段规定

工 作 程 序	工 作 要 求
1. B1 货场每日站立时间: 周一至周五 7:30~9:00 11:30~13:30 16:30~18:00	不得做其他事情
2. 其余时间可以在岗亭内坐下休息	不得脱岗聊天
3. 站、坐均应目视车道方向	
4. 遇到车辆进出须有服务意识	

80. 外围施工现场检查

工 作 程 序	工 作 要 求
1. 是否有施工许可证	认真检查
2. 是否配备有轻便灭火器材	出现违规,找施工单位负责人立即纠正
3. 临时用电,电线是否固定规范	出现隐患,不服从管理时,可以采取停止施工措施,并上报值班经理
4. 插座、插头是否齐全完好	
5. 动火期间,是否有安保部开具的动火证	
6. 施工中严禁噪声施工	
7. 遇到客户投诉时,须提醒施工单位,将噪声施工安排在夜间 22:00 以后	

81. 过夜车辆的管理

工 作 程 序	工 作 要 求
1. 每日 23:00 后,地面未开走车辆,视为过夜车辆	检查、核实过夜车辆是否公寓业主/租户车辆
2. 巡视中,要检查车门、车窗、后备箱是否锁闭	非公寓业主/租户车辆,须收取取停车费
3. 遇到未关车门的车辆,检查车内是否有贵重物品	并告知不要在此停放
4. 如有拿回安保部,登记后保存	
5. 待客人前来认领时,按照遗失物品手续领回·	

82. 外围路口/外围车道管理

工 作 程 序	工 作 要 求
1. 夜间巡视中,注意检查公寓各路口设施设备齐全、完好情况	确保公寓各路口随时保持畅通
2. 各路口不得有任何车辆停放	

83. 照明管理

工 作 程 序	工 作 要 求
1. 巡视中检查公寓路灯、交通标志牌灯箱、公寓楼体照明灯	确保公寓外围照明设施处于齐全、完好、有效状态
2. 遇到故障记录清楚位置,及时报修	

84. 公寓玻璃幕墙管理

工 作 程 序	工 作 要 求
1. 夜间巡视中,使用强光手电观察公寓外围幕墙玻璃和玻璃扣板的完好情况	确保白天客人进出公寓的安全
2. 发现异样及时汇报值班经理,并做好记录	
3. 在地面做好安全护栏工作	

85. 防雨罩、公寓换风口苫布使用

工 作 程 序	工 作 要 求
1. 外围大堂岗根据天气的变化,如出现下雨天气,随时报告班长	确保雨天雨水不会倒灌进公寓
2. 班长接报后,立即带领警卫将7#、8#楼梯,公寓外围周边五个换风口用苫布盖好	保证沙袋盖好后,达到有效状态
3. 遇到大雨、大风天气,盖好苫布后,苫布四个角须绑上沙袋,确保沙袋不被大风吹移位	

86. 施工现场检查

工 作 程 序	工 作 要 求
施工现场检查	施工现场有无灭火器 有无易燃、易爆物品 严禁施工现场电、气、焊与油漆交叉作业 严禁乱放东西堵住消防通道

87. 紧急停电处置工作程序

工 作 程 序	工 作 要 求
车库出入口栏杆机	业主自己刷卡,栏杆机开启后进入,车库管理员不得代刷
派保安人员拿应急灯到各重要部位	如遇停电等紧急情况时通知工程部将栏杆机卸下,进出车库的车辆须由车库管理员检查进入,直至工程部将情况排除 保安人员接到命令后马上按分工到各岗加勤

88. 物品出入小区管理工作程序

工 作 程 序	工 作 要 求
安保部对出门条确认	安保部对物品进行查看
保安员对物品确认放行	安保部对出门条进行确认、签字 接到出门条后,首先问有无物业部、安保部开具的签字 对物品逐一进行清点

89. 火灾紧急行动工作程序

工 作 程 序	工 作 要 求
火灾报警	发现火灾后马上向中控室报告 中控室向上级领导报告并派人员赶到现场 确认火情的消防值班人员,将确认后的情况报中控室

90. 监控系统操作工作程序

工 作 程 序	工 作 要 求
熟悉监控系统	对公寓各部位做到清楚
对监控时看到的突发情况进行处理	对监控系统的操作进行学习并熟练掌握
对监控情况进行记录	要做到能及时发现问题 对发现的问题重点录像 马上上报领导进行处理 对工作中的情况进行详细记录 对进入监控室的陌生人进行登记，并报安保部

91. 警卫交接班工作程序

工 作 程 序	工 作 要 求
上岗提前 10 分钟在指定地点集合，由领班带队交接班	上岗前检查自身的着装、仪容、仪表
由保安班长安排各岗位值勤人员、数量、任务及注意事项	查看制服穿戴是否整齐，手套、皮鞋是否干净
交接班时要将当班情况和未处理完的问题，认真交接清楚	合理有效分配保安员在本岗位值勤时间内所要完成的任务 保安员必须履行本岗位职责 交接中遇有情况应由交班人员处理，接班人员协助 交班人员给接班人员传达上级指示，及未完成事件

第五章　客户服务部

一、部门概要

客户服务部是物管中心的主要职能部门，也是物管中心的核心部门。通过自己的服务，满足客服的需求，向客户提供热情、快速、细致的服务，彰显公司的服务品质。

客户服务部的主要职能是：

1. 负责客户关系管理，建立与客户沟通的渠道。

2. 为客户提供咨询服务，负责处理客户投诉及客户满意度的调查工作。

3. 建立客户服务体系。

4. 客户服务部负责客户入住、物业验收及"二次装修"管理的相关工作。

5. 负责客户对物业服务标准、收费标准及物业规章制度的咨询受理工作。

6. 建立定期客户沟通制度，策划并组织好客户联谊活动。

7. 负责进行客户信息调查和管理，并对收集的客户信息进行整理和归档，建立客户档案信息库。

8. 负责建立并监督实施对客服务的质量检查工作，确保服务标准的持续改进。

9. 执行并保证完成物管中心对客服部下达的各项经营和管理指标。

二、部门架构

```
客户服务部经理
（×人）
    │
客户服务主管
（×人）
    │
┌──────┬──────┬──────┬──────┐
前台    客户服务助理  档案管理员  邮件分发员
（×人）  （×人）    （×人）   （×人）
```

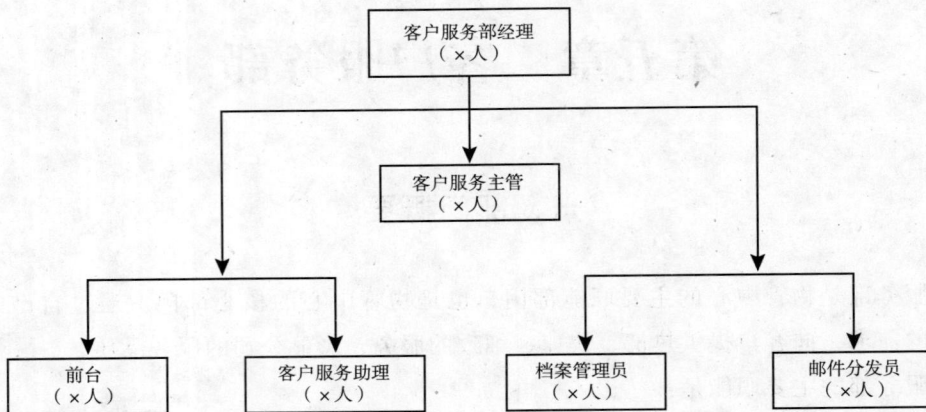

三、工作内容与岗位职责

1. 经理

【直接上级】副总经理

【工作概要】负责客户服务部的整体工作和有偿服务的管理，做好客户活动的组织策划以及业主委员会的协调。

【具体职责】

（1）负责处理重点客户投诉，采取有效的措施控制事态发展，事后将处理结果及客户反映以书面形式报告总经理。

（2）与客户保持良好关系，负责策划组织客户联谊公关活动。

（3）负责社区节日期间的装饰、布置，选定合同乙方，做好装饰期间的协调、配合工作。

（4）及时了解客户需求，将客户反馈意见进行汇总，并提出合理化建议报告总经理。

（5）监督指导本部门全体员工提高服务质量，配合领导及有关部门做好工作。

（6）负责编制部门年度工作计划。

（7）编制部门年度培训计划，配合人事行政部做好员工培训工作。

（8）对部门员工进行考核评估。

（9）如遇雨雪天气，8:00前到达社区岗位，做好客户的服务及扫雪工作。

（10）监督员工的行为、考勤、衣着、纪律，确保属下员工的行为规范符合中心要求。

（11）编制客户服务部员工的值班时间表。

2. 客户服务主管

【直接上级】经理

【工作概要】负责物业管理费的催缴，解决客户投诉并做好客户回访。

【具体职责】

（1）负责检查有关客户服务部工作记录，定期完成物业周报、月报。

（2）负责核对发给客户的物业管理费等杂项费用账单，并检查费用收取情况。

（3）做好有关客户活动前期宣传、接待、组织及配合工作。

（4）积极走访客户，了解客户需求，提出有关改善服务的合理化建议，达到客户满意。

（5）协助客户服务助理解决客户投诉，并及时进行回访。

（6）跟进各项客户服务工作，按期提交案例分析报告，并进行总结，组织对服务案例进行培训。

（7）随时了解员工思想动态并及时向部门经理汇报。

（8）负责客户二次进场装修的有关协调配合工作，并指导客户服务助理办理二次装修进场手续。

（9）与客户做好日常的联系与沟通工作。

（10）帮助并监督文员及客户服务助理做好客户档案的归档与管理工作，并定期进行检查。

（11）负责牵头组织工程部、安保部每周对空置单元进行检查，并跟踪隐患的整改落实工作，做好相关记录。

（12）发放并统计客户满意率，做好客户回访工作，按时提交报告。

（13）负责检查员工仪容仪表、礼仪礼貌及工作纪律。

（14）每日检查员工工作记录。

（15）随时了解员工思想动态并及时向部门经理汇报。

（16）如遇雨雪天气，8:00前到达岗位，做好客户走访工作。

（17）完成经理交办的其他工作。

3. 保洁中心经理

【直接上级】客户服务部经理

【工作概要】做好整个园区及各楼座保洁的巡视，加强对外包保洁的监管力度，做好园区的日常绿化管理及绿植摆放计划的实施。

【具体职责】

（1）负责制订社区外围草坪绿化计划，对外包方操作过程进行控制。

（2）负责管理社区内的植物租摆，并及时调整。

（3）监管社区杀虫灭鼠灭蟑、垃圾清运、保洁人员管理工作。

（4）编制对外包、外维单位人员的培训计划，并定期对其人员进行培训。

（5）负责监控保洁中心对社区外墙清洁、地面清洁等工作，并对结果进行验收。

（6）检查保洁人员的服务工作是否严格按照操作规程并对工作质量进行检查，并有详细记录。

（7）制订保洁工作计划、清洁标准、时间表。

（8）严格控制各类用品消耗，降低成本。

（9）定期对社区公共区域进行巡视，及时纠正违规行为。

（10）检查保洁中心员工工作表现和仪容仪表。

（11）如遇雨雪天气，8:00之前到达岗位，进行外围清洁工作。

（12）完成部门经理交办的其他工作。

4. 客户服务助理

【直接上级】客户服务主管

【工作概要】做好物管费的催缴工作，做好与业主的沟通，处理业主投诉及接受业主意见，加强客户活动的宣传及引导。

【具体职责】

（1）负责新客户收楼手续的办理工作，并对房屋整改问题进行跟进。

（2）熟悉园区的设计风格，公寓主体结构、户型、格局、户数及入住、租赁情况，做到心中有数。

（3）负责客户装修手续办理及解释工作。

（4）对负责区域的环境卫生、消杀、公共区域设施设备及安全情况，每天至少进行一次巡视，发现问题及时通知相关部门，并做好巡视记录。

（5）负责所辖区域的空置房管理和巡视。

（6）受理客户一般投诉，及时到现场查看情况，跟踪报修处理情况，并及时进行回访。

（7）发送收费通知单，做好客户签收记录。

（8）负责催收物管费及各项杂费，将收费情况随时报告主管。

（9）负责做好客户大型物品带出园区的登记、开条工作。

（10）负责组织落实客户满意度调查意见征询活动和社区文化活动。

（11）负责定期对管辖区域内的客户进行走访、意见调查，了解客户需求以及对服务中存在的问题进行统计，并提出改进措施。

（12）如遇下雪天气，8:00前到达远洋新干线，做好客户的服务及扫雪工作。

（13）增强自身保护意识，注重自身安全防护，避免工作中出现摔伤、滑倒等情况的发生。

（14）完成经理交办的其他工作。

5. 前台接待

【直接上级】客服主管

【工作概要】负责物业公司答客问，及记录投诉等工作。

【具体职责】

（1）按规范要求接听客户来电、处理业主投诉、接听报修电话，快速礼貌地处理客户要求，并做详细记录，及时将信息传递给相关部门。

（2）提前20分钟到岗，按规范程序与上一班人员将工作进行交接。

（3）随时保持服务台周围各项设施和设备摆放规范、干净、整齐。

（4）熟记园区内业主/租户名称及单元号码。

（5）熟记园区内重要业主/租户的单元号码及联络电话。

（6）了解园区周边讯息，以便更好地为客户服务。

（7）如遇雨雪天气，8:00前到达岗位，做好客户的服务及扫雪工作。

（8）增强自身保护意识，注重自身安全防护，避免工作中出现摔伤、滑倒等情况的发生。

（9）做好通知、告示等日常发函工作。

（10）完成经理交办的其他工作。

6. 文员

【直接上级】客户服务部经理

【工作概要】负责文件的草拟及业主档案资料的管理，办理车位停车证。

【具体职责】

（1）负责建立、整理客户资料档案，并保证档案完整、齐全、保密。

（2）做好客户通知、告示等日常发函工作。

（3）负责部门各类文件的拟制及内部文件的管理工作。

（4）负责做好部门的会议纪要，并及时把纪要内容转达至部门各岗员工。

（5）负责部门员工的考勤的记录，并按月制作考勤表。

（6）负责本部门劳保用品、办公用品的领取发放。

（7）负责本部门公共设备设施的正常使用及管理。

（8）负责保持业主接待区域及办公区域的整洁、安全。

（9）负责物业管理信息的收集、整理工作。

（10）完成领导交办的其他工作。

7. 保洁员

【直接上级】保洁中心经理

【工作概要】负责公共区域的卫生。

【具体职责】

（1）员工一律佩戴工牌上班，做到服装整齐、干净，精神饱满。

（2）须严格遵守各项规章制度，上班不迟到、不早退。上班期间不准会客、聚众交谈，以公带私给业主提供有偿服务。有事先请假。严格按照公司制度执行。

（3）爱护工具，丢失或损坏者折价或照价赔偿，节约清洁材料，表现突出者给予适当奖励。

（4）熟悉各自分工及所负责范围内的清洁卫生情况，对所负责范围内卫生全面负责。

（5）爱护小区的一切设施，发现问题及时上报。

（6）不做有损公司形象与声誉及对其他人不道德的事情，说话和气，互相团结，对业主要有礼貌。

（7）积极参加业务培训，提高业务水平，自觉学习有关清洁卫生知识，提高个人素质。

（8）处理与清洁卫生相关的其他事宜。

（9）经常检讨自己的工作，不能完成自己的本职工作者，视情节按规定处罚。

（10）遵纪守法，遵守公司的各项规章制度。

（11）须乘坐货梯到达各自负责清洁工作区域，进行擦拭、吸尘等清洁工作。

8. 绿化养护工

【直接上级】 客服主管

【工作概要】 负责小区的绿化及保养工作。

【具体职责】

（1）熟悉住宅小区绿化面积和布局，懂得立体绿化基本知识与技能，熟悉花草树木的品种和数量，充分利用发展绿地面积合理布置花草树木的品种和数量。

（2）对花草树木定期进行培土、施肥、除杂草和病虫害，并修剪枝叶、补苗、淋水。大棵的灌木，要给以生动活泼的造型，丰富小区的绿化内容。剪枝产生垃圾自清自运。

（3）懂得花草树木的名称、特性和培植方式，并对较多名贵、稀有或数量配套的品种在适当的地方公告其名称、种植季节、生长特性、管理办法等，供居民观赏。

（4）保持绿化地清洁，保证不留杂草、杂物、不缺水、不死苗、不被偷窃，花草生长茂盛。

（5）每月定期检查绿化草坪完好情况、花草树木生长情况，并做好详细记录。

（6）当暴风雨、大雪来临前，提前做好花草树木的稳固工作，采取相应的保护措施，防止造成大的损失。

（7）经常巡视小区绿化地，严禁在草地上践踏、倾倒垃圾或用树干晾晒衣服等行为，一经发现按公司规章制度的有关规定处置。

（8）维护好绿化水泵、电机、喷淋设备及其他材料、工具。

四、服务程序与要求

（一）经理

1. 检查公共区域

工 作 程 序	工 作 要 求
1. 检查公共区域设备设施	检查电梯、公共区域照明等设备设施是否正常等
2. 报修	如在检查中发现设备设施出现问题,及时拨打 010－64612631 报修
3. 复检	在下次检查中对上一次报修项目进行复检,确保维修到位

2. 检查员工仪容仪表、工作纪律

工 作 程 序	工 作 要 求
1. 检查仪容仪表	检查员工仪容仪表是否符合公司规定,女员工要化淡妆,将头发梳理整齐,男员工前面头发不能过眉,侧面不能过耳,后面不能过衣领,衬衫袖口超出西服一指
2. 检查工作纪律	检查员工的工作纪律是否符合《员工手册》的各项要求

3. 检查标志

工 作 程 序	工 作 要 求
1. 检查标志	检查标志是否符合公司 VI 要求
2. 发现标志问题	及时与制作单位联系,将不符合要求的标志更换

4. 解答客户咨询

工 作 程 序	工 作 要 求
1. 解答业主咨询	在工作当中遇到客人询问问题,如属于本部门范畴,应按中心要求现场给予业主解答
	如涉及其他部门工作范畴,应记录业主信息及所咨询问题,按首问责任制要求处理
2. 记录	
3. 沟通	与相关部门长沟通,了解客户咨询问题的解决办法
4. 回复	在 2 小时内,回复业主,难点问题 24 小时内回复业主

5. 接听电话标准

工 作 程 序	工 作 要 求
1. 响铃	接听电话要在铃响 3 声内接听
2. 接听	接听电话要按公司标准"您好,客服部,×××"
3. 记录	根据接听内容记录,并重复记录内容与致电人确认
4. 挂机	应使用礼貌用语结束通话,并请致电人先挂机

6. 查看会议纪要

工 作 程 序	工 作 要 求
查看会议纪要	查看会议纪要,跟进未完成工作

7. 查看企业 OA 系统

工 作 程 序	工 作 要 求
查看企业 OA 系统	查看 OA 系统,完成需要处理的工作

8. 参加中心会议

工 作 程 序	工 作 要 求
1. 参加中心会议	根据中心通知的时间、地点,参加会议
2. 记录会议纪要	本部门召开的会议须在 24 小时内出具《会议纪要》,上交领导

9. 使用 OA 系统发布会议通知

工 作 程 序	工 作 要 求
1. 发布通知	本部门须召集专题会讨论相关事宜,及时在 OA 系统上发布通知,提示与会人员及时参加
2. 参加会议	提前 5 分钟到场
3. 根据决议要求完成工作	24 小时内提供《会议纪要》,根据会议决议,在规定的时间内完成各项工作

10. 参加中心例会

工 作 程 序	工 作 要 求
1. 参加中心例会	每周一 8∶30 参加物管中心周例会
2. 提前到场	每次会议提前 5 分钟到场
3. 认真记录	会议中涉及本部门的问题,认真记录
4. 安排落实	将会议中本部门问题安排人员及时落实,检查后向主管领导汇报

11. 召开部门例会

工 作 程 序	工 作 要 求
1. 召集部门各岗位员工	部门例会周一至周日每天 8∶30 准时召开,如遇特殊情况另行通知召开时间
2. 在指定地点召开会议	部门例会召开地点为物管中心办公室内洽谈室
3. 各岗位汇报工作	各岗位将头天的重点、难点工作情况进行汇报,计划当天工作
4. 部门经理点评	部门经理点评工作后,布置当天重点工作,并及时将周例会会议精神进行贯彻

12. 参加中心每日协调会

工 作 程 序	工 作 要 求
1. 参加中心协调会	每周一至周五9:00参加物管中心协调会
2. 提前到场	每次会议提前5分钟到场
3. 认真记录	会议中涉及本部门的问题,认真记录
4. 安排落实	将会议中本部门问题安排相关人员及时落实,检查后向主管领导汇报

13. 制订周工作计划

工 作 程 序	工 作 要 求
1. 每周四制订下周工作计划	每周四上交人事行政部本部门工作总结及计划
2.(客服)副经理上报业主服务方面总结计划	工作计划中须遵循年度工作计划制订内容并涵盖相关管理举措
3.(工程)副经理上报工程方面总结计划	工作计划中须遵循年度工作计划制订内容并涵盖相关管理举措
4. 主管领导核实	每周工作总结计划必须由主管领导审核后再发至人事行政部汇总

14. 处理日常文件

工 作 程 序	工 作 要 求
1. 文件类型	严格按照中心内、外文件处理规定执行
2. 内部文件	由部门经理签发给相关人员进行跟进完成并上报中心领导签阅
3. 外部文件	由部门经理根据来文性质报主管领导、中心总经理批示
4. 处理落实文件	根据主管领导、中心总经理批示监督落实并及时进行汇报

15. 处理违纪员工

工 作 程 序	工 作 要 求
1. 在工作中发现员工不符合要求	遵照《员工手册》及时予以纠正
2. 与违纪员工沟通	告知员工违反了《员工手册》中相关项目内容并聆听员工申诉
3. 违纪行为处理	严格按照《员工手册》中违纪项进行处理
4. 违纪记录	过失单由部门经理签发后由人事行政部存档

16. 检查部门工作记录

工 作 程 序	工 作 要 求
1. 检查各岗位工作记录	每天对员工《交接记录本》进行检查签字
2. 检查内容	检查各岗位人员是否完成晨会布置工作
3. 纠正不符合项	对员工未办妥的工作进行指正
4. 复查	根据体系要求对不符合要求的进行整改复查

17. 发放各项通知

工 作 程 序	工 作 要 求
1. 通知内容	根据各一线部门工作计划提前沟通,提前48小时向业主发放
2. 拟定通知	由部门经理按公司通知格式拟定通知
3. 签阅	由部门经理签署后报主管领导、中心总经理
4. 盖章	中心总经理签阅后的通知按申请公章制度到人事行政部盖章
5. 发布	所有通知均在告示牌中发布

18. 部门办公用品的控制

工 作 程 序	工 作 要 求
1. 制订办公用品计划	根据部门办公用品实际消耗情况,制订本部门的办公用品计划
2. 填写领用单	领用单中的物品名称及数量必须由部门经理签字确认,严格按计划领用
3. 保管	部门的办公用品统一由部门的文员保管
4. 发放	办公用品的发放由部门文员本着以旧换新的原则发放

19. 掌握客户最新动态

工 作 程 序	工 作 要 求
1. 定期走访业主	每周要求各楼长至少走访8家业主
2. 了解业主需求	走访中与业主建立联系,并听取业主对中心工作的意见和建议
3. 深入研讨业主需求	根据业主的意见和建议组织中心各部门召开专题会,进行研讨,制订解决方案
4. 积极实施	按照解决方案积极实施认真落实全程关注进展
5. 发布	针对业主提出的意见和建议的完成情况对业主进行回访,直至业主满意

20. 制订部门年度工作计划

工 作 程 序	工 作 要 求
1. 编制部门年度工作计划	计划中涵盖各项重点工作、服务创新、客户活动、团队建设、管理提升等内容,责任人及时间,每年度末制订下一年度工作计划
2. 主管领导审核	工作计划由主管领导进行审核修改签阅
3. 修改	根据主管领导的批示修改工作计划
4. 上报	修改后的工作计划报人事行政部、总经理审核
5. 实施	根据总经理签发的年度工作计划按照时间节点逐一落实

21. 编写服务案例纳入培训体系

工 作 程 序	工 作 要 求
1. 编写服务案例	根据日常工作中的服务案例及行业中的常见问题,编写本部门服务案例并具体分析原因
2. 主管领导审核	服务案例由主管领导进行审核修改签阅

续表

工 作 程 序	工 作 要 求
3. 修改	根据主管领导的批示修改服务案例
4. 上报	修改后的服务案例报人事行政部汇总纳入培训体系
5. 实施培训	按照时间节点对部门员工实施培训

22. 制订年度客户活动计划

工 作 程 序	工 作 要 求
1. 编制部门年度客户活动计划	计划中明确活动主题、经费预算、负责人、配合部门人员名单、实施时间,每年度末制订下一年度活动计划
2. 主管领导审核	客户活动计划由主管领导进行审核后上会讨论
3. 会议研讨	由物管中心领导及各部门经理研讨客户活动的可行性及相关事宜
4. 修改及报批	根据会议决议修改客户活动计划,总经理批准,经费预算上报公司总经理审批
5. 实施	根据年度客户活动计划按照时间节点协调相关部门配合实施,并提前一个月上报具体方案

23. 组织部门员工做好年中、全年工作总结

工 作 程 序	工 作 要 求
1. 编写年中、全年工作总结	总结汇报各岗位工作情况、指标完成情况、各项数据存在不足等内容
2. 部门经理审核	经理对各岗位员工的总结进行审核,提出修改意见
3. 修改	各岗位员工按经理修改意见重新调整工作总结
4. 汇总	各部门员工总结按人事行政部要求时间上报汇总
5. 考核	经理按照各岗位员工的总结情况实施年中、全年员工考核

24. 申请签报

工 作 程 序	工 作 要 求
1. 申请签报	按照公司签报制度,完成各类签报
2. 实施	按照公司财务及采购制度进行实施

25. 检查收费账单发放情况

工 作 程 序	工 作 要 求
1. 检查客服助理账单发放情况	账单发放后 5 日检查
2. 检查内容	账单是否由业主/租户签收
3. 如发现账单数据有误差	协调财务部核实
4. 再次发放	须由业主/租户签收

26. 扫雪铲冰

工　作　程　序	工　作　要　求
1. 关注天气变化	随时关注天气预报
2. 提前通知	如遇降雪天气,提前通知部门人员 8:00 前到岗
3. 按责任区实施扫雪铲冰	根据扫雪铲冰责任区划分领取工具安排人员进行

27. 考勤管理

工　作　程　序	工　作　要　求
1. 汇总部门考勤	部门文员按物管中心考勤制度汇总部门人员当月考勤情况
2. 部门审核	由部门经理对当月部门人员考勤情况进行审核并签字确认
3. 上报考勤	部门经理签字确认后的考勤统计表上报人事行政部汇总

28. 签署部门员工假期申请

工　作　程　序	工　作　要　求
1. 签署假期表格	严格按照中心假期申请制度执行
2. 假期类型	公务外出提前 2 小时申请,其他假期提前 24 小时申请
3. 假期申请的签阅	按照中心假期签报流程执行

29. 组织部门人员参加中心培训

工　作　程　序	工　作　要　求
1. 培训通知	随时关注人事部培训通知
2. 组织人员参加	根据培训通知中涉及人员通知到位,提前 5 分钟到场
3. 交接工作	参加培训人员将工作与本部门人员进行交接,不得影响正常工作
4. 传达培训内容	参加培训人员须将培训内容传达至部门员工,使全员知晓

30. 合同结算

工　作　程　序	工　作　要　求
1. 本部门合同运行情况	了解、掌握本部门合同运行情况,各类款项付款的时间节点
2. 签报申请	严格按照中心签报付款程序执行
3. 汇总合同单位各项工作检查记录	根据中心要求,汇总合同单位各项工作检查记录作为附件,与完成的签报上报物管中心领导
4. 费用结算	与财务部配合通知合同单位开具正式发票,联系确定领取支票时间并遵守公司财务制度

31. 报修回访

工 作 程 序	工 作 要 求
1. 整理各项报修	了解报修完成情况,各类报修均须进行回访
2. 回访客户	了解客户对报修的维修质量、效率的满意度,持续改进
3. 报修投诉处理	按照客户投诉管理要求执行
4. 跟进投诉处理反馈	对客户报修投诉的整改情况全程关注,并及时回访客户,直至客户满意

32. 参加中心月度消防安全大检查

工 作 程 序	工 作 要 求
1. 了解具体检查时间及安排	随时关注远洋物管集成系统,掌握检查时间及具体细则
2. 参加检查	服从领导工作部署,涉及客户或客户区域提前与客户沟通做好各项准备工作
3. 认真记录	检查中涉及本部门的整改项目,认真进行记录
4. 落实整改	对检查中涉及本部门的整改项目,按照《检查记录表》的时间节点予以落实

33. 发放各项通知

工 作 程 序	工 作 要 求
1. 通知内容	根据各一线部门工作计划提前沟通,提前48小时向客户发放
2. 拟定通知	由部门经理按公司通知格式拟定通知
3. 签阅	由部门经理签署后上报主管领导、中心总经理
4. 盖章	物管中心总经理签阅后的通知,按申请公章制度到人事行政部盖章
5. 发放	所有通知均须发放到户并由客户签字确认

34. 部门办公用品的控制

工 作 程 序	工 作 要 求
1. 制订办公用品计划	根据部门办公用品实际消耗情况,制订本部门的办公用品计划
2. 填写领货单	领货单中的物品名称及数量须由部门经理签字确认,严格按计划领用
3. 保管	部门的办公用品统一由部门的文员保管
4. 发放	办公用品的发放,由部门文员本着以旧换新的原则发放

35. 催收各项费用

工 作 程 序	工 作 要 求
1. 发放催款函	分别发放3次催款函
2. 上门催款	楼长上门对欠费户上门催款,了解客户未缴费原因
3. 重点户催款	部门主管、经理协助对重点欠费户进行催款,完成部门费用收缴指标
4. 发送律师信	针对长期欠费户报请中心总经理批准,由法律顾问向欠费户发送律师信提起诉讼

36. 首问责任制

工　作　程　序	工　作　要　求
1. 受理	按首问责任制要求受理客户咨询,涉及本部门的工作内容现场予以解决
2. 协调相关部门	涉及其他部门工作内容,协调相关部门经理提出解决方案
3. 回复客户	按首问责任制要求,2小时内回复客户
4. 回访	根据其他部门提出的解决方案的执行情况,对客户进行回访,直至客户满意

37. 收集信息

工　作　程　序	工　作　要　求
1. 收集渠道	严谨、可靠
2. 评估	适用于日常工作
3. 存档	指派专人管理

38. 市场调研出具策划方案

工　作　程　序	工　作　要　求
1. 自行检查	及时发现自身不足
2. 拟写整改方案	内容详细,整改方案有时间节点
3. 相关支持	各部门积极配合,必要情况下到同类项目做市场调研
4. 拿出整改方案	结合实际情况,上报部门领导,上会讨论后实施

39. 审核节日装饰方案

工　作　程　序	工　作　要　求
1. 装饰时间	每年劳动节、国庆节、圣诞节、春节
2. 实施单位	请绿化部门提出装饰方案
3. 计划上报	有效果图施工方案、报价及完成日期

40. 节日安全检查

工　作　程　序	工　作　要　求
1. 检查时间	7日长假前一周
2. 检查重点	涉及公共区域内所有安全隐患
3. 具体实施	部门专业人员陪同检查
4. 持续改进	一周内对所有不合格项整改完毕

41. 检查外围绿化

工 作 程 序	工 作 要 求
1. 检查时间	每日 8:00 至 17:00 不少于 3 次检查
2. 检查内容	参照相关合同
3. 检查区域	外围所有绿化区域
4. 持续改进	对所提要求外包单位在两日内予以解决

42. 对员工进行法律法规培训

工 作 程 序	工 作 要 求
1. 培训时间	参照全年培训计划
2. 培训人	部门员工,要求全部掌握,定期考核
3. 培训记录	清晰、准确、属实、全面
4. 持续改进	根据法律法规清单的修改随时组织员工培训

43. 制订部门工作计划

工 作 程 序	工 作 要 求
1. 制订计划	有时间节点、工作方案、实施人
2. 实施人	根据实际情况所订计划,员工能够圆满完成
3. 相关支持	在计划中需要其他部门支持的接口要提前告之,以便提高工作的时效性
4. 持续改进	根据实际工作需求和变化随时调整工作计划

44. 编写部门程序、制度、岗位职责

工 作 程 序	工 作 要 求
1. 部门工作汇总	所有工作内容详细、全面,没有缺项
2. 任务下发	分配合理,员工自行描述适合自己的工作岗位
3. 统一汇总审核	内容齐全、条理清晰,符合相关规定
4. 上会讨论	组织主管级以上人员逐条研讨
5. 盖章存档	认真装订,统一盖章后指派专人管理

45. 监督指导下属工作

工 作 程 序	工 作 要 求
1. 检查商务中心	员工仪容仪表、设施设备状况、运营状况
2. 检查前台	员工仪容仪表、前台工作状况
3. 检查保洁工作	参照《作业指导书》
4. 检查外包单位	参照相关合同

46. 沟通相关部门

工 作 程 序	工 作 要 求
1. 制订计划	部门接口提前沟通
2. 具体实施	主动提出实施方案,供相关部门参考
3. 上会讨论	由主管领导牵头确认接口分工
4. 持续整改	根据实际情况调整

47. 召开员工交流会

工 作 程 序	工 作 要 求
1. 日常观察	与员工沟通
2. 个别谈心	态度和蔼,由浅入深
3. 采取措施	分析、理解、协商、交流
4. 上会讨论	提前做好讨论报告
5. 持续改进	杜绝同样事件发生

48. 与客户沟通

工 作 程 序	工 作 要 求
1. 信息反馈	培训员工通过日常巡视、意见调查搜集信息
2. 反应速度	快速、灵敏
3. 上会讨论	提前通知,文字表述清晰
4. 相关支持	密切配合,随时跟进
5. 及时解决	方案合理,措施符合大厦要求

49. 处理客户重大投诉

工 作 程 序	工 作 要 求
1. 接受投诉	客户投诉(包括电话、书面、上门),做好相关记录,包括投诉人姓名、房号、电话、投诉内容等
2. 处理措施	决定是否通知相关部门负责人/中心经理赶往现场处理
3. 回访	客服部进行回访,如果客户不满意,应遍知相关部门再次进行处理,直至客户满意
4. 记录	做好投诉处理记录,包括处理过程、处理结果并备案

（二）客服主管

1. 检查公共区域

工 作 程 序	工 作 要 求
1. 检查公共区域设备设施	检查电梯、公共区域照明等设备设施是否正常等
2. 报修	如在检查中发现设备设施出现问题，及时拨打报修电话
3. 复检	在下次检查中对上一次报修项目进行复检，确保维修到位

2. 检查员工仪容仪表、工作纪律

工 作 程 序	工 作 要 求
1. 检查仪容仪表	检查员工仪容仪表是否符合公司规定，女员工要化淡妆，将头发梳理整齐，男员工前面头发不能过眉，侧面不能过耳，后面不能过衣领，衬衫袖口超出西服一指
2. 检查工作纪律	检查员工的工作纪律是否符合《员工手册》的各项要求

3. 检查绿植

工 作 程 序	工 作 要 求
1. 检查公共区域绿植	检查公共区域绿植的生长是否茂盛，枝叶是否枯黄，绿植标准是否统一
2. 发现问题	发现问题及时联系相关单位
3. 复检	在下次检查中对上一次报修项目进行复检，确保维修到位

4. 检查标志

工 作 程 序	工 作 要 求
1. 检查标志	检查标志是否符合公司 VI 要求
2. 发现标志问题	及时与制作单位联系，将不符合要求的标志更换

5. 解答客户咨询

工 作 程 序	工 作 要 求
1. 解答客户咨询	在工作当中遇到客人询问问题，如属于本部门范畴，应按中心要求现场对客户解答
2. 记录	如涉及其他部门工作范畴，应记录客户信息及所咨询问题，按首问责任制要求处理
3. 沟通	与相关部门沟通，了解客户咨询问题解决办法
4. 回复	在 2 小时内，根据了解的解决办法回复客户

6. 接听电话标准

工 作 程 序	工 作 要 求
1. 铃响	接听电话要在铃响 3 声内接听
2. 接听	接听电话要按公司标准"您好,客服部,×××"
3. 记录	根据接听内容记录,并重复记录内容与致电人确认
4. 挂机	应使用礼貌用语结束通话,并请致电人先挂机

7. 查看《会议纪要》

工 作 程 序	工 作 要 求
查看《会议纪要》	查看《会议纪要》,跟进未完成的工作

8. 申请签报

工 作 程 序	工 作 要 求
1. 申请签报	按照公司签报制度,完成各类签报
2. 实施	按照公司财务及采购制度进行实施

9. 参加中心会议

工 作 程 序	工 作 要 求
1. 参加中心会议	根据上级通知的会议时间、地点,参加会议
2. 记录会议纪要	本部门召开的会议须在 24 小时内出具《会议纪要》,上交领导

10. 使用远洋物管集成系统发布会议通知

工 作 程 序	工 作 要 求
1. 发布通知	本部门需召开专题会讨论相关事宜,及时在远洋物管集成系统上发布通知,提示与会人员及时参加
2. 参加会议	提前 5 分钟到场
3. 根据决议要求完成工作	24 小时内出具《会议纪要》,根据会议的决议,在规定的时间内完成各项工作

11. 参加中心例会

工 作 程 序	工 作 要 求
1. 参加中心例会	每周一 9:00 参加物管中心周例会
2. 提前到场	每次会议提前 5 分钟到场
3. 认真记录	会议中涉及本部门的问题,认真记录
4. 安排落实	将会议中本部门问题安排人员及时落实,检查后向主管领导汇报

12. 召开部门例会

工 作 程 序	工 作 要 求
1. 召集部门各岗位员工	部门例会周一至周五每天 15:30 准时召开,如遇特殊情况另行通知召开时间
2. 在指定地点召开会议	部门例会召开地点为物管中心办公室内洽谈室
3. 各岗位汇报工作	各岗位将当天的重点工作情况进行汇报,严禁遗漏
4. 部门经理点评	部门经理点评当日工作,并将周例会会议精神进行贯彻

13. 参加中心每日协调会

工 作 程 序	工 作 要 求
1. 参加中心协调会	每周一至周五 16:30 参加物管中心协调会
2. 提前到场	每次会议提前 5 分钟到场
3. 认真记录	会议中涉及本部门的问题,认真记录
4. 安排落实	将会议中本部门问题安排人员及时落实,检查后向主管领导汇报

14. 制订周工作计划

工 作 程 序	工 作 要 求
1. 每周五制订下周工作计划	每周五 16:30 之前物管集成系统至人事行政部文员,制作 ppt. 文件
2. 副经理上报保洁绿化方面的下周工作计划	工作计划中须遵循年度工作计划制定内容并涵盖相关管理举措
3. 副经理上报客户服务方面的下周工作计划	工作计划中须遵循年度工作计划制定内容并涵盖相关管理举措
4. 主管领导审核	每周工作计划须由主管领导审核,然后再发至人事行政部文员处汇总

15. 编制部门月度周末值班表

工 作 程 序	工 作 要 求
1. 每月底编制部门月度周末值班表	每月 25 日前报人事行政部部门月度周末值班表
2. 周末值班人员构成	值班人员由主管以上级别人员及部门工作骨干构成
3. 值班人员职责	配合值班经理工作,统筹安排客户服务部相关工作
4. 值班人员换班	值班人员换班必须由部门经理确认后方可进行调换

16. 处理日常文件

工 作 程 序	工 作 要 求
1. 文件类型	严格按照中心内、外文件处理规定执行
2. 内部文件	由部门经理签发给相关人员跟进完成并上报中心领导签阅
3. 外部文件	由部门经理根据来文性质上报主管领导、中心总经理批示
4. 处理落实文件	根据主管领导、中心总经理批示监督落实并及时进行汇报

17. 处理违纪员工

工 作 程 序	工 作 要 求
1. 在工作中发现员工不符合要求	遵照《员工手册》及时予以纠正
2. 与违纪员工沟通	告知员工违反了《员工手册》中相关项目内容并听取员工申诉
3. 违纪行为处理	严格按照《员工手册》中违纪项进行处理
4. 违纪记录	过失单由部门经理签发后由人事部存档

18. 抽查部门工作记录

工 作 程 序	工 作 要 求
1. 抽查各岗位工作记录	每月各岗位至少抽查两次
2. 抽查内容	检查各岗位人员是否按照表格内容准确填写无遗漏项
3. 纠正不符合项	严格按照 ISO 90001 体系要求及时对不符合项进行纠正
4. 复查	根据体系要求对不符合项的整改进行复查

19. 检查收费账单发放情况

工 作 程 序	工 作 要 求
1. 检查客服助理账单发放情况	账单发放后 5 日检查
2. 检查内容	账单是否由业主/租户签收
3. 账单数据有误差	协调财务部核实
4. 再次发放	须由业主/租户签收

20. 协调客户工程报修

工 作 程 序	工 作 要 求
1. 走访客户征求维修意见	每天对客户报修项进行回访
2. 对不满意项进行收集	协同工程部对不满意项制定整改措施
3. 整改措施的监控	随时对不符合项的整改措施进行监控,了解工作进展

21. 雨后检查漏点

工 作 程 序	工 作 要 求
1. 检查范围	重点检查以往漏点并关注整个园区雨后情况
2. 检查内容	重点检查客户户内玻璃幕墙及公共区域幕墙
3. 漏点统计	将雨后漏点汇总后交工程部进行维修
4. 跟进维修后效果	对工程部维修后的漏点在下次雨后排查中作为重点进行检查

22. 协调工程部各项维修

工 作 程 序	工 作 要 求
1. 通知	根据工程部的维修计划,提前48小时发文通知客户
2. 与客户沟通	如客户区域须与客户负责人沟通的,要安排专人值守
3. 全程跟进	客户区域的维修,客服人员全程关注维修进程
4. 回访	对工程部维修后的效果,要对客户进行回访直至客户满意

23. 扫雪铲冰

工 作 程 序	工 作 要 求
1. 关注天气变化	随时关注天气预报
2. 提前通知	如遇降雪天气提前通知部门人员8:00前到岗
3. 按责任区实施扫雪铲冰	

24. 考勤管理

工 作 程 序	工 作 要 求
1. 汇总部门考勤	部门文员按中心考勤制度汇总部门人员当月考勤情况
2. 部门审核	由部门经理对当月部门人员考勤情况进行审核并确认签字
3. 上报考勤	由部门经理确认签字后的考勤统计表上报人事行政部汇总

25. 签署部门员工假期申请

工 作 程 序	工 作 要 求
1. 签署假期表格	严格按照中心假期申请制度执行
2. 假期类型	公务外出提前2小时申请,其他假期提前24小时申请
3. 假期申请的签阅	按照中心假期签报流程执行

26. 组织人员参加中心培训

工 作 程 序	工 作 要 求
1. 培训通知	随时关注人事部门培训通知
2. 组织人员参加	根据培训通知中涉及人员通知到位,提前 5 分钟到场
3. 交接工作	参加培训人员将工作与本部门人员进行交接,不得影响正常工作
4. 传达培训内容	参加培训人员须将培训内容传达至部门员工,使全员知晓

27. 合同结算

工 作 程 序	工 作 要 求
1. 本部门合同运行情况	了解、掌握本部门合同运行情况,各类款项付款的时间节点
2. 签报申请	严格按照中心签报付款程序执行
3. 汇总合同单位各项工作检查记录	根据中心要求,汇总合同单位各项工作检查记录作为附件与完成的签报上报中心领导
4. 费用结算	与财务部配合通知合同单位开具正式发票,联系确定领取支票时间并遵守公司财务制度

28. 报修回访

工 作 程 序	工 作 要 求
1. 整理各项报修	了解报修完成情况,各类报修均须进行回访
2. 回访客户	了解客户对报修的维修质量、效率的满意度,持续改进
3. 报修投诉	按照客户投诉管理规定要求执行
4. 跟进投诉	对客户报修投诉的整改情况全程关注,并及时回访客户,直至客户满意

29. 参加中心月度消防安全大检查

工 作 程 序	工 作 要 求
1. 了解具体检查时间及安排	随时关注安全检查的情况,掌握检查时间及具体细则
2. 参加检查	服从领导工作部署,涉及客户或客户区域提前与客户沟通做好各项准备工作
3. 认真记录	检查中涉及本部门的整改项目认真进行记录
4. 落实整改	对检查中涉及本部门的整改项目,按照《检查记录表》的时间节点予以落实

30. 更新客户通信录

工 作 程 序	工 作 要 求
1. 掌握客户入住及房屋出租情况	随时了解掌握公寓内客户入住情况,密切与业主及租户保持沟通
2. 调整客户通信录	根据各楼座客户入住情况,以月为单位对客户通信录进行调整
3. 审核	由部门经理对客户通信录的内容进行审核,确保准确无误

31. 发放各项通知

工 作 程 序	工 作 要 求
1. 通知内容	根据各一线部门工作计划提前沟通,提前48小时向客户发放
2. 拟定通知	由部门经理按公司通知格式拟定通知
3. 签阅	由部门经理签署后上报主管领导、中心总经理
4. 盖章	物管中心总经理签阅后的通知按申请公章制度到人事行政部盖章
5. 发放	所有通知均须发放到户并由客户签字确认

32. 部门办公用品的控制

工 作 程 序	工 作 要 求
1. 制订办公用品计划	根据部门办公用品实际消耗情况,制订本部门的办公用品计划
2. 填写领货单	领货单中的物品名称及数量须由部门经理签字确认,严格按计划领用
3. 保管	部门的办公用品统一由部门的文员保管
4. 发放	办公用品的发放由部门文员本着以旧换新的原则发放

33. 催收各项费用

工 作 程 序	工 作 要 求
1. 发放3次催款函	每月10日、20日、25日分别发放3次催款函
2. 上门催款	由部门主管以上级别人员每月20日开始对欠费户上门催款,了解客户未缴费原因
3. 部门经理2次催款	由部门经理对重点欠费户进行催款,30日前完成部门费用缴纳指标
4. 发放律师信	针对长期欠费户,报请物管中心总经理批准,由法律顾问向欠费户发放律师信提起诉讼

34. 掌握客户最新动态

工 作 程 序	工 作 要 求
1. 定期走访客户	每周至少走访两家客户
2. 了解客户需求	走访中与客户公司的行政人员进行沟通,听取客户对中心工作的意见和建议
3. 深入研讨客户需求	根据客户的意见和建议组织中心各部门召开专题会,进行研讨,制订解决方案
4. 积极实施	按照解决方案积极实施,认真落实,全程关注进展
5. 回访	针对客户提出的意见和建议的完成情况对客户进行回访,直至客户满意

35. 组织召开专题会

工 作 程 序	工 作 要 求
1. 拟写服务举措实施方案	责任到人措施到位,时间节点明确并由中心总经理确认方案上会讨论
2. 发出会议通知	提前24小时发出会议通知,明确时间、地点、与会人员名单
3. 会议研讨	听取与会人员建议及意见,调整方案
4. 出具《会议纪要》	在会后24小时内出具《会议纪要》
5. 实施	根据专题会会议决议案实施方案实施,严格执行时间节点的要求

36. 加强与员工的交流

工　作　程　序	工　作　要　求
1. 定期与员工进行沟通	每周至少与一名员工进行座谈
2. 观察员工工作状态	日常工作中观察每个员工的精神状态,对情绪低落的员工及时进行沟通了解情况
3. 解决员工顾虑	针对员工的顾虑合理劝导提高员工工作热情
4. 向上级领导汇报	无法解决的问题及时向主管领导汇报

37. 制订部门年度培训计划

工　作　程　序	工　作　要　求
1. 编制部门年度培训计划	计划中涵盖各项工作的程序、规章制度、紧急预案、服务技巧、员工手册等内容以及培训人及时间,每年度末制订下一年度培训计划
2. 主管领导审核	培训计划由主管领导进行审核修改签阅
3. 修改	根据主管领导的批示修改培训计划
4. 上报	修改后的培训计划上报人事行政部、总经理审核
5. 实施	根据总经理签发的年度培训计划按照时间节点,实施培训并做好培训记录存档

38. 编写服务案例纳入培训体系

工　作　程　序	工　作　要　求
1. 编写服务案例	根据日常工作中的服务案例及行业中的常见问题,编写本部门服务案例并具体分析原因
2. 主管领导审核	服务案例由主管领导进行审核修改签阅
3. 修改	根据主管领导的批示修改服务案例
4. 上报	修改后的案例上报人事行政部汇总纳入培训体系
5. 实施培训	按照时间节点对部门员工实施培训

39. 制订部门年度工作计划

工　作　程　序	工　作　要　求
1. 编制部门年度工作计划	计划中涵盖各项重点工作、服务创新、客户活动、团队建设、管理提升等内容以及责任人及时间,每年度末制订下一年度工作计划
2. 主管领导审核	工作计划由主管领导进行审核修改签阅
3. 修改	根据主管领导的批示修改工作计划
4. 上报	修改后的工作计划上报人事行政部、总经理审核签发
5. 实施	根据总经理签发的年度工作计划按时间节点实施

40. 办理二装手续

工 作 程 序	工 作 要 求
1. 受理业主/租户二装申请	业主和租户签署授权书,同时向业主/租户提供二装管理手册并作详细说明和解释以及填写远洋大厦二次装修应交图纸明细表
2. 工程部调度接二装施工图纸	审核二装图纸,提出专业修改意见或建议,安保部副经理负责办理安全防火协议,同时工程调度协助业主/租户办理消防建审手续
3. 消防备案	工程部调度收到施工方消防建审或备案审批建审后,组织为业主/租户办理施工人员进场证
4. 缴纳装修费用	客户服务部经理带领业主/租户办理管理费、二装押金缴费手续
5. 办理施工证及工人出入证	主管副总、总经理批准后,副组长负责开具《施工证》开始二装,消防报验审批前负责办理《临时施工证》
6. 进场施工	客服部经理负责施工中是否影响周边客户及协调工作,安保部副经理及值班经理负责施工中的安全防火及有无违规行为的检查和监管
7. 隐蔽工程验收	业主/租户二装过程中,工程部调度负责施工质量的监管及对隐蔽工程进行验收工作
8. 竣工验收	施工完毕后副组长负责组织工程验收,工程部文员负责资料、图纸的收集归档工作
9. 办理退场手续	副组长负责组织进行联合会签退场手续工作,报请主管副总、总经理审批
10. 退还装修押金	主管副总、总经理审批后,客服部经理负责为业主/租户办理施工押金退还手续

41. 空置房检查

工 作 程 序	工 作 要 求
1. 检查空置房	按照空置房检查制度每日进行检查
2. 领取钥匙	从钥匙管理人员手中领取空置房钥匙并做记录
3. 检查内容	检查项目包括设备设施运行情况、房间卫生状况、安全隐患等内容
4. 记录	对存在的问题进行记录,通知相关部门整改
5. 复查	针对存在的问题在下次检查中重点进行复检直至问题解决

42. 制订年度客户活动计划

工 作 程 序	工 作 要 求
1. 编制部门年度客户活动计划	计划中明确活动主题、经费预算、负责人、配合部门人员名单、实施时间,每年度末制订下一年度客户活动计划
2. 主管领导审核	客户活动计划由主管领导进行审核后上会讨论
3. 会议研讨	由中心领导及各部门经理研讨客户活动的可行性及相关事宜
4. 修改及报批	根据会议决议修改客户活动计划,经总经理批准,费用预算上报公司总经理审批
5. 实施	根据年度客户活动计划按照时间节点协调相关部门配合实施,并提前一个月上报具体方案

43. 编写年中、全年工作总结

工 作 程 序	工 作 要 求
1. 编写年中、全年工作总结	总结中汇报各岗位工作情况、指标完成情况、各项数据存在不足等内容
2. 部门经理审核	经理对各岗位员工的总结进行审核，提出修改意见
3. 修改	各岗位员工按经理修改意见重新调整工作总结
4. 汇总	各部门员工总结按人事行政部要求时间上报汇总
5. 考核	经理按照各岗位员工的总结情况实施年中、全年员工考核

44. 每日巡视检查

工 作 程 序	工 作 要 求
1. 对公寓内公共区域设备设施进行巡视	每日对公共区域墙面、筒灯、电梯状况等进行检查，确保设备设施完好、有效
2. 对公寓绿植租摆进行巡视	每日对大堂租摆进行巡视，确保绿植叶面无土、不残破、无黄叶、冠幅合格
3. 对公共区域卫生情况进行巡视	每日对大堂、走廊公共区域进行巡视，保证无水迹、灰尘

45. 联系业主开展公关活动

工 作 程 序	工 作 要 求
1. 根据年度公关计划开展客户活动	年初部门经理制订详细的公关计划
2. 根据计划发放公关礼品	制订详细的定额计划

46. 协助客户解决突发事件

工 作 程 序	工 作 要 求
1. 接到客户电话立即联系安保部	立即赶到现场维护秩序
2. 安保部根据既定预案进行解决	根据既定的安全预案执行
3. 客服人员回访客户，对客户进行安抚	解决后上报主管领导

47. 协助客户联系财务部进行账目查询

工 作 程 序	工 作 要 求
当客户对账目出现疑问时协助客户联系财务部进行查询	由财务人员出具证明，客服人员回答疑问

48. 收集汇总客户信息

工 作 程 序	工 作 要 求
1. 客户服务部每月汇总一次客户公司基本资料，上报主管领导	每月月初 6 日前上报最新信息
2. 每天更新业主/租户状态信息，上报主管领导	每天 16:30 上报最新信息
3. 现有整改维修房屋状态表，每天须及时更新	每天 16:30 上报最新信息

49. 投诉受理

工 作 程 序	工 作 要 求
1. 接到客户投诉立即进行记录	填写客户投诉记录表,按客户投诉处理规范进行
2. 询问客户详细情况	反馈相关部门及主管领导
3. 进行分析评估	能现场解决的现场解决,否则组织各部门及专业人员进行解决
4. 作出回复	根据客户投诉渠道,在相应的时间范围内回复客户
5. 回访客户	回访客户满意度

50. 客户满意度统计

工 作 程 序	工 作 要 求
1. 发放客户满意度调查问卷	每月 5~7 日
2. 进行回收统计	每月 10 日前收齐
3. 编写报告	根据调查问卷,编写分析报告
4. 填写客户投诉记录表分发各部门	根据调查问卷的客户所提意见及不满意项填写
5. 回收投诉记录表并上报领导	须会同满意度分析报告一同上报
6. 跟进客户不满意项的整改情况	须在整改过程中提出建议
7. 拟写回复函,回复提出意见客户,我中心对此意见的整改	以客户意见及整改情况为根据
8. 回访客户并再次整改	对整改结果的反馈意见进行回访

51. 处理业主退房

工 作 程 序	工 作 要 求
1. 确认退房	与开发商确认无误
2. 验收房屋	客服助理协同工程部、开发商负责人、业主共同入户验收房屋,抄写各能源表底数
3. 收回钥匙	客服助理收回入住时发放的所有物品与资料
4. 财务部核查欠费	请客户结清费用
5. 放行	通知安保部
6. 做好记录	存档

52. 收取物业管理费

工 作 程 序	工 作 要 求
1. 审核收费通知单,防止发生金额错误	每半年预收物业管理费一次,对财务部送来的收费通知单进行审核,防止发生金额错误
2. 发放客户通知单及相关票据	认真核对,保证全部发放客户手中
3. 收取客户相关费用,并提供送票服务	接客户通知收费并出具发票
4. 与财务部紧密配合,每月底进行账目结算,并出具回收率统计表	每月最后一个工作日完成

53. 催款

工 作 程 序	工 作 要 求
1. 出具第一封催款通知书	收费单发放 15 日后，出具第一封催款通知书，并请客户签收
2. 联系财务部出具第二封催款通知书	20 日后发放第二封催款通知书并请客户签收
3. 出具未缴费客户统计表上报领导	根据客户缴费情况出具统计表上报主管领导
4. 联系财务部出具第三封催款通知书	30 日后发放第三封催款通知书并请客户签收

54. 客户报修

工 作 程 序	工 作 要 求
1. 接听客户报修电话后立即通知报修	按电话接听程序接听
2. 接听电话后立即赶到现场	5 分钟内赶到
3. 了解报修情况	等工程部赶到现场进行维修，遇工程部能力所不及的维修时，协助客户联系专业厂家
4. 跟进回访	工程部维修完毕后通知客服部，客服部对客户满意度进行回访

55. 完成领导临时交办任务

工 作 程 序	工 作 要 求
领导安排临时工作	按领导要求完成

56. 协助工程部进行设备检查

工 作 程 序	工 作 要 求
1. 工程部报出检查计划	工作联系单
2. 根据工作联系单要求联系客户	遇客户对选定时间不同意时，以客户所定时间为准，并通知工程部调整时间
3. 将联系情况通知工程部	将客户意见进行反馈，请工程部进行安排
4. 工程部检查后，进行回访	工程部根据既定时间进行检查后，客服人员进行跟进回访

57. 联合安保部定期进行安全检查

工 作 程 序	工 作 要 求
1. 安保部制订完善的安全检查计划	提前 48 小时发放各部门
2. 根据计划联系客户参加安全检查	如有涉及客户区域提前与客户进行沟通
3. 根据检查结果书面通知客户进行整改	出具书面通知并确定检查整改时间
4. 检查整改结果	联合安保部对整改情况跟踪落实

58. 协助财务部对投保项目进行索赔

工 作 程 序	工 作 要 求
1. 接到客户通知立即赶到现场进行确认	5 分钟内赶到现场并同时通知工程部
2. 确认后立即通知财务部联系保险公司	财务部联系保险公司后携保险公司人员赶到现场取证
3. 出具情况说明报保险公司	根据财务部要求
4. 索赔后回访客户	将回访结果上报主管领导

59. 协助客户对重点客户进行接待

工 作 程 序	工 作 要 求
1. 接到客户通知后立即通知主管领导	记录下客户活动时间、地点、接待来人、客户联系人、联系电话
2. 根据客户要求联系各部门进行准备	根据客户接待预案
3. 回访客户满意度	将结果上报主管领导

60. 投诉受理

工 作 程 序	工 作 要 求
1. 接到客户投诉立即进行记录	填写客户投诉记录表,按客户投诉受理规范进行
2. 询问客户详细情况	反馈相关部门及主管领导
3. 进行分析评估	能现场解决的现场解决,否则组织各部门及专业人员进行解决
4. 作出回复	根据客户投诉渠道,在相应的时间范围内回复客户
5. 回访客户	回访客户满意度

61. 拟写中心函件

工 作 程 序	工 作 要 求
1. 根据客户来函拟定回函	客户来函 48 小时以内
2. 相关法律问题联系公司律师进行沟通	记录律师意见,对函件进行修改
3. 将修改稿提交主管领导	领导修改后才能发放

62. 车位申请

工 作 程 序	工 作 要 求
1. 根据客户车位申请函拟文至开发商	客户来函当天
2. 根据开发商回函通知客户办理车位	收到回函后立即通知客户
3. 拟定车位租赁合同请客户进行签署	收到回函后立即进行
4. 客户缴纳相应费用后出具发票	立即进行
5. 向安保部发出车位办理通知书	收费后立即进行
6. 将办好的车位识别器交到客户手中	收费后立即进行
7. 车位合同进行存档	财务部留原件,客户服务部留复印件

63. 车位提前退租

工　作　程　序	工　作　要　求
1. 根据客户车位退租来函,拟函至发展商	客户来函当天
2. 根据客户通知出具车位退租通知书	客户来函当天
3. 根据合同结算客户所剩车位费	根据合同约定办理
4. 根据相应款项拟签报申请退款	根据财物程序进行
5. 通知客户前来领取车位费退款	根据财物程序进行

64. 车位到期退租

工　作　程　序	工　作　要　求
1. 客户车位到期后请客户来函通知	需要出具车位号,及确定不再继续续租
2. 根据客户通知出具车位退租通知书转安保部	须经理签字,客户确认
3. 通知发展商将客户退租车位记作空车位	办理手续完毕后
4. 收回客户车位识别器	遗失按 200 元/件收取补偿金
5. 识别器交回安保部	进行撤号处理

65. 车位月报

工　作　程　序	工　作　要　求
1. 整理车位合同	每月 20 日进行
2. 出具统计报表及变更表	根据当月车位使用情况出具统计表并上报主管领导

66. 办理车位续租

工　作　程　序	工　作　要　求
1. 提示客户办理车位续租手续	每年 12 月 1 日前发文通知全体客户
2. 为客户办理车位续租手续	按车位租赁程序
3. 统计表上报主管领导及开发商	每年 12 月 31 日汇总车位租赁情况,次年 1 月 1 日以前完成

67. 组织客户活动

工　作　程　序	工　作　要　求
1. 拟订客户活动方案	根据部门经理每年年初制订的全年度客户活动计划进行
2. 方案修订	协助部门经理组织各部门召开方案研讨会,对方案进行修订
3. 物品采购	联系采购中心进行奖品及活动用品的采购
4. 通知楼内客户	拟定通知,上报中心领导审批,批准后发放客户
5. 确定参加活动的人数	动员客户,组织客户积极参加活动,并统计参加人数
6. 完成既定活动任务	按方案实施活动计划操作

续表

工 作 程 序	工 作 要 求
7. 活动总结	拟写活动总结,查找不足吸取经验,争取在今后活动中予以借鉴
8. 上报公司办公室	拟写活动简讯,上报公司办公室
9. 收集资料	对资料进行筛选收集,为物业通信做好准备
10. 其他活动	协助部门经理组织其他公益宣传活动

68. 季度专项调查

工 作 程 序	工 作 要 求
1. 拟定专项调查文卷呈报主管领导	根据每季度重大举措情况制定
2. 发放调查问卷	事先选定固定的发放对象
3. 回收调查问卷	保证全部回收
4. 进行分析汇总	根据客户调查问卷拟写分析汇总报告上报主管领导

69. 召开季度客户意见分析会

工 作 程 序	工 作 要 求
1. 总结客户季度意见	形成季度客户意见分析报告,对本季度出现的客户投诉、意见、预情进行分析汇总
2. 发文通知开会时间	通过远洋物管集成系统发文通知各部门经理
3. 开会研讨客户意见,提出部门建议	通过会议查找下一步工作要点,确定工作方向
4. 形成《会议纪要》	发各部门经理

(三) 保洁主管

1. 检查垃圾房

工 作 程 序	工 作 要 求
1. 检查时间	每日检查时间为 14:00~17:00,须认真填写记录
2. 垃圾物品摆放	所有垃圾装袋后整齐地摆放到货架,不得有污水滴漏
3. 检查垃圾房异味	每日必须对垃圾房用消毒剂进行消毒,保持地面无水迹
4. 检查垃圾房卫生	垃圾房内干净、整洁,保证垃圾房设施设备的完好

2. 检查车库环境卫生

工 作 程 序	工 作 要 求
1. 检查时间	每天至少检查一次车库
2. 检查内容	高处管线、地面墙壁、挡车器、升降杆等卫生状况

3. 检查公共区域环境卫生

工 作 程 序	工 作 要 求
1. 公关区域楼道	地面无脚印、天花板无手印、墙面无污迹,设施设备运行良好,了解客户动态
2. 电梯轿厢	镜面清晰,不锈钢光亮,地面无杂物,照明正常,运行无异常声响,认真填写巡检记录
3. 消防楼梯	无痰迹、无烟头,地面光亮

4. 检查鼠害、虫控

工 作 程 序	工 作 要 求
1. 根据合同监控	参照合同条款制订实施计划,检查落实
2. 客户调研	通过客户调研了解实施效果
3. 实地考察	通过日常巡视检查实施效果
4. 重点消杀	针对不同区域增加频率

5. 检查公关区域绿植租摆

工 作 程 序	工 作 要 求
1. 检查日期	每日巡视,例行检查
2. 日常检查	参照养护合同
3. 特殊要求	根据领导和客户要求随时调整
4. 信息反馈	根据发现的不合格项通知外包单位整改
5. 持续改进	检查整改后效果是否达到合同要求

6. 检查外围绿地养护状况

工 作 程 序	工 作 要 求
1. 检查日期	每日巡视,例行检查
2. 日常检查	参照养护合同
3. 特殊要求	根据气候变化及时调整工作流程
4. 信息反馈	根据生长情况与养护人员沟通调整工作内容
5. 持续改进	检查整改后效果,总结整改经验

7. 检查公关区域标志

工 作 程 序	工 作 要 求
1. 检查日期	每周至少两次
2. 日常检查	无粉尘、涂改,内容相符
3. 特殊要求	根据客户需要通知外包单位及时调整
4. 持续改进	通过各类信息渠道提高专业水平

8. 检查员工仪容仪表

工 作 程 序	工 作 要 求
1. 检查时间	每日上岗前 10 分钟,各岗位每日检查不少于 4 次
2. 检查标准	参照《员工手册》
3. 特殊情况	如遇员工不符合上岗要求及时调整人员安排
4. 持续改进	根据实际工作情况和中心要求的提高,及时对检查标准进行调整

9. 召开外包单位月度会

工 作 程 序	工 作 要 求
1. 召开时间	每月月中,提前一周通知外包单位
2. 参加人员	外包单位主管领导和现场负责人
3. 会议内容	总结整月工作表现,表扬优点,批评不足,传达下月工作重点和中心领导要求
4.《会议纪要》标准	由召开人根据会议情况如实拟写并请外包单位负责人签字确认
5. 持续改进	根据会议精神,在会议结束一周后,检查不合格项的整改情况

10. 外包费用结算

工 作 程 序	工 作 要 求
1. 结算日期	参照合同范本
2. 结算依据	根据日常巡检记录和合同条款
3. 计算标准	参照合同和实际发生情况结算
4. 结算流程	通过集成系统如实填写,上报领导,由领导和财务部审核
5. 费用领取	接到财务部通知,由本部门员工代领后通知外包单位领取

11. 外包单位评估

工 作 程 序	工 作 要 求
1. 评估日期	每年 7 月份和 12 月份
2. 评估依据	主管人员参照相关合同、月度工作《会议纪要》
3. 评估内容	总结各外包单位半年、全年工作情况,建议领导是否续签第二年工作合同
4. 评估流程	主管领导拟写评估报告上报财务部,经财务部确认后上报中心领导

12. 扫雪铲冰

工 作 程 序	工 作 要 求
1. 掌握相关信息	进入冬季随时了解天气变化
2. 物品准备	掌握保洁分公司对扫雪工具的储备情况,确保雪后能够及时清扫
3. 人员安排	按照部门划分实行区域包干,所有员工提前半小时到岗

13. 制订保洁人员培训计划

工 作 程 序	工 作 要 求
1. 制订计划	根据公司培训方针制订部门培训计划
2. 培训时间	参照部门全年培训计划
3. 培训人	所有保洁中心员工,要求能够掌握培训要求
4. 培训内容	根据实际需求制订培训计划
5. 培训方式	现场培训、外出培训

14. 员工礼仪礼貌培训

工 作 程 序	工 作 要 求
1. 培训时间	参照全年培训计划
2. 培训人	全体员工,要求不间断培训,随时达到标准
3. 培训记录	清晰、准确、属实、全面
4. 持续改进	根据公司指导精神随时提高

15. 市场调研出具策划方案

工 作 程 序	工 作 要 求
1. 自行检查	及时发现自身不足
2. 拟写整改方案	内容详细,整改方案有时间节点
3. 相关支持	各部门积极配合,必要情况下到各类项目做市场调研
4. 拿出整改方案	结合实际情况,上报部门领导,上会讨论后实施

16. 检查杀虫、灭鼠

工 作 程 序	工 作 要 求
1. 消杀时间	参照相关合同
2. 重点捕杀	对食品多、人口密集等区域重点捕杀
3. 测量评估	工作完成请相关方签字确认
4. 信息反馈	通过客户调查问卷及日常巡检所得信息,及时与外包单位联系

17. 参加保洁中心例会

工 作 程 序	工 作 要 求
1. 准备内容	根据保洁中心工作情况,切合实际,总结阶段性工作
2. 参加例会	仔细听取保洁中心主管对下属员工的工作布置及检查情况,并做好相关记录
3. 提出相关要求	严格按照物管中心的工作流程及标准,对工作中所发现的问题提出整改方案

18. 处理漏水事件

工　作　程　序	工　作　要　求
1. 区域	准确掌握公寓各个区域位置,确保及时到达漏水现场
2. 组织	合理调配人员,及时到达现场
3. 行为	动作敏捷、迅速,把事态控制到最低点
4. 工具	吸水机、大浴巾、水桶、墩布等工具准备齐全
5. 上报	当发现有漏水区域时,及时上报主管上级并及时通知客服部前台报修
6. 记录	如实记录漏水区域及漏水原因

19. 节假日卫生计划

工　作　程　序	工　作　要　求
1. 拟订计划	根据不同区域的需要,制订完善的工作计划
2. 人员安排	协调保洁中心,合理地安排人员并记录保洁人员姓名、人数
3. 实施	保证安全,严格按照工作流程及标准
4. 检查	是否达到公寓卫生标准
5. 记录	详细填写实施情况

20. 检查外墙清洗工作

工　作　程　序	工　作　要　求
1. 安全措施	记录清点人数,检查队伍高空作业证书及安全标志和安全用具
2. 天气	根据每日天气预报情况,安排人员进行现场作业
3. 记录	详细记录清洗外墙人员安全情况
4. 检查	确认当日外墙作业区域,玻璃无水点、无污迹;如发现不符合卫生标准,及时通知保洁中心项目经理
5. 时间	每年作业 2 次

21. 卫生联合检查

工　作　程　序	工　作　要　求
1. 时间	每周一次,联系保洁中心管理人员,确定检查时间
2. 检查内容	与保洁管理人员对辖区及外围卫生进行全方位检查,在巡视中发现问题要求其安排人员及时整改
3. 记录	正确填写好检查时间、日期、检查内容

22. 检查空置单元

工　作　程　序	工　作　要　求
1. 准备表格	按标准填写表格
2. 到客服部借用钥匙	严格按照借用钥匙规定借用
3. 检查设备设施	发现问题及时与客服部前台联系并说明事故原因
4. 检查卫生状况	房间内须无杂物,玻璃光亮且无污迹,地面干净整洁,地毯无污渍符合大厦卫生标准
5. 检查时间:9:30~10:00	每天检查1次
6. 填写巡检表格	认真填写,内容属实
7. 到安保部交还钥匙	严格按照钥匙借用规定交还

23. 检查电梯卫生情况

工　作　程　序	工　作　要　求
1. 准备表格	按物管中心认可的表格
2. 检查地面墙面	墙壁无污渍,地面干净,垃圾桶盖密封,垃圾桶内无异味
3. 检查电梯门	干净、光滑、无污渍、无手印、有光亮度
4. 填写表格	如实填写,内容属实,做好相关记录

24. 检查消防楼梯卫生状况

工　作　程　序	工　作　要　求
1. 准备表格	按物管中心认可的表格
2. 从上到下步行	地面无纸屑、杂物、烟头,楼梯扶手有光亮度,扶手玻璃干净明亮
3. 检查步行梯照明情况	发现照明不符,及时通报客服部前台申请报销
4. 填写表格	如实填写,内容属实,做好相关记录

25. 检查卫生间卫生状况

工　作　程　序	工　作　要　求
1. 准备表格	按物管中心认可的表格
2. 检查地面(从里到外)	从里到外地面无纸屑、杂物、烟头、积水、痰渍
3. 检查坐便器	坐便器干净,无便溺、无污渍、无灰尘,水箱流水通畅,坐便器盖应关闭
4. 检查垃圾桶	清空状态,垃圾桶内外侧干净、无污渍,垃圾桶盖封闭
5. 检查镜面及门隔断板	从上到下检查,无灰尘、污渍、水点
6. 检查客用品	卫生纸及面巾纸按大厦规定摆放齐全,如发现缺项,及时通知保洁中心进行补充,保证客户使用
7. 检查卫生间设备设施	从上到下、从里到外检查照明情况,烘手器是否工作正常,如发现问题,及时报告客服部前台
8. 检查造液机	洗手液是否按规定补充,造液机外观是否干净,如发现不符,及时通知保洁中心,保证客户使用
9. 填写表格	如实填写,内容属实,做好相关记录

26. 检查地下车库卫生状况

工 作 程 序	工 作 要 求
1. 准备表格	符合 ISO9001 认证及物管中心认可的表格
2. 巡视检查	巡视检查地面无纸屑、杂物、烟头、痰渍,无卫生死角、无积水
3. 检查地下设备设施状况	照明情况是否良好,如发现问题及时报告客服部前台并说明问题发生所在区域
4. 填写表格	如实填写,内容属实,做好相关记录

27. 检查保洁人员的仪容仪表

工 作 程 序	工 作 要 求
1. 抽查男员工	头发须有发迹,两鬓不能过耳,梳理整齐;不得留有胡须
2. 抽查女员工	淡妆上岗,必须盘头,禁止佩戴饰品
3. 抽查全体员工	严格按照《员工手册》的仪容仪表标准,工服干净整洁,鞋袜搭配合理,正确佩戴工牌

28. 检查下属员工礼节礼仪

工 作 程 序	工 作 要 求
1. 与员工交谈	员工须掌握"五声"、"十一字"
2. 检查时间	在工作时间内随时抽查

29. 培训员工专业知识

工 作 程 序	工 作 要 求
1. 固定日期	每周末在规定时间内培训
2. 规定培训时间	在不影响正常工作情况下的规定时间
3. 培训内容	列出各项专业指导书,编排培训项目,内容要充实,结合实际
4. 培训目的	提高员工专业知识水平,确保员工熟练掌握技能

30. 培训员工安全管理规定

工 作 程 序	工 作 要 求
1. 联络授讲人	与安保人员协调
2. 培训地点	固定培训地点
3. 固定日期和时间	与授讲人洽谈日期和时间
4. 培训通知	培训前一天通知全体员工
5. 培训内容	与授讲人协商培训科目
6. 培训目的	增强全体员工的安全防范意识

31. 空置单元清洁

工 作 程 序	工 作 要 求
1. 安排人员	与保洁中心协调
2. 到客服部借取钥匙	严格按照借取钥匙的规定借取
3. 移交钥匙	转交保洁中心项目经理并做好钥匙的数量及门牌号码的记录
4. 检查	地面干净,无垃圾、无污渍、无卫生死角,玻璃明亮且无手印,家具摆放整齐
5. 收取钥匙	收取钥匙并核实钥匙的数量及门牌号码并做好记录
6. 归还钥匙	严格按照借取钥匙的规定归还
7. 时间	每周清洁及检查 1 次

32. 灭鼠布控

工 作 程 序	工 作 要 求
1. 联系	拟定灭鼠时间
2. 通知	拟定时间后,通知分包公司进行灭鼠布控工作
3. 现场	监控分包公司人员布控灭鼠工具的摆放位置及其数量,并做好相应的记录
4. 反馈	询问灭鼠的情况
5. 汇报	递交灭鼠布控工作的汇报
6. 时间	每月 1 次

33. 杀虫管理

工 作 程 序	工 作 要 求
1. 通知	向客户发放通知书并告知客户公共区域虫空日期与时间
2. 联系	确认虫控公司人数、到达岗位的时间,保证工作的实施
3. 实施	现场监控虫控公司人员进入公共区域
4. 记录	认真统计工作区域
5. 报告	认真做好报告递交主管上级
6. 时间	每年 2 次

34. 垃圾房消毒

工 作 程 序	工 作 要 求
1. 发放消毒液	选择适合于垃圾房的消毒液并按比例发放垃圾房工作人员
2. 消毒日期	每周一与周五
3. 检查	墙壁无污渍,地面干净,垃圾桶盖密封,室内无异味,垃圾分类清楚

35. 处理漏水事件

工 作 程 序	工 作 要 求
1. 区域	准确掌握各个区域位置,确保及时到达漏水现场
2. 组织	合理调配人员,及时到达现场
3. 行为	动作敏捷、迅速,把事故控制到最低点
4. 工具	吸水机、毛巾、水桶、墩布等工具准备齐全
5. 上报	当发现有漏水区域时及时上报主管上级并及时通知客服部前台报修
6. 记录	如实记录漏水区域及漏水原因

36. 新员工礼节礼仪培训

工 作 程 序	工 作 要 求
1. 地点	协调会议中心人员,选择合适培训地点
2. 考勤	统计受训人员总数并制定受训人员考勤表格
3. 资料	向受训人员发放礼节礼仪规定的相关资料,确保人手一份
4. 实施	认真讲解礼仪要求,通过考核,确保新员工达标上岗
5. 目的	使员工认识到礼节礼仪在物管行业中的重要性,并能维护大厦的良好形象

37. 考核保洁员专业技能

工 作 程 序	工 作 要 求
1. 时间	选择合适时间
2. 地点	保洁人员休息室
3. 拟定试卷	根据保洁作业指导书并结合大厦实际情况拟定试卷
4. 考核目的	使保洁人员熟练掌握保洁专业技能,确保熟知熟会

38. 培训保洁员石材保养技能

工 作 程 序	工 作 要 求
1. 时间	选择恰当时间
2. 地点	保洁员休息室
3. 拟订方案	根据石材的材质制定保养工作程序
4. 组织	安排相关人员参加培训,做到熟知熟会

39. 公共区域石材保养

工 作 程 序	工 作 要 求
1. 作业频率	每年 2 次
2. 安排	合理恰当安排人员

工　作　程　序	工　作　要　求
3. 机器设备	安排保洁员正确使用结晶机及结晶粉
4. 完成时间	每次两周
5. 记录	如实做好相关记录,拟定石材保养报告,递交主管上级

40. 召开分包单位会议

工　作　程　序	工　作　要　求
1. 日期与时间	选择日期与时间
2. 通知	召集分包公司项目人告知会议时间地点及日期
3. 准备会议内容	内容要充实,如实整理工作记录
4. 组织召开会议	问题要得到解决,要互相沟通、目标明确
5. 记录	认真做好分包公司项目管理人员在会议中的讲话记录
6. 拟定《会议纪要》	记录要准确无误并上交主管领导

41. 检查外墙清洗单位安全措施

工　作　程　序	工　作　要　求
1. 人数	记录及清点队伍人数,确认队伍安全员
2. 实施	检查队伍高空作业证书,是否符合高空作业规定及安全标志和安全用具
3. 天气	根据每日天气预报情况,安排人员进行现场作业
4. 记录	详细填写保洁中心外墙清洗人员安全情况

42. 检查外墙清洗人员作业质量

工　作　程　序	工　作　要　求
1. 准备表格	按中心要求的表格
2. 检查	确认当日外墙作业区域,玻璃无水点、无污迹,铝板无尘土、无污迹,如发现不符合卫生标准,及时通知保洁中心项目经理
3. 填写表格	填写检查日期、时间、工作区域、工作情况及发现问题的区域
4. 时间	每年作业时间 2 次

43. 呈报外墙清洗报告

工　作　程　序	工　作　要　求
1. 准备	核实外墙清洗完成的时间
2. 复查	复查保洁中心整改是否存在问题
3. 确认	根据清洗队伍的人员编制,再次核实人员编制是否齐全
4. 汇总及递交	如实填写外墙清洗报告,递交主管上级

44. 节日装饰

工 作 程 序	工 作 要 求
1. 准备	联系租摆公司,选择花卉摆放区域及花卉品种与数量,制订花卉摆放方案
2. 报批	递交主管上级已制订的方案,仅供领导参考、抉择
3. 实施	清点花卉品种与数量,检查花卉质量并按方案摆放,保洁主管必须在现场监管
4. 记录	记录花卉品种与数量及摆放情况

45. 节前安全动员

工 作 程 序	工 作 要 求
1. 准备	收集安全管理规定相关资料
2. 地点	保洁中心休息室
3. 组织	确认节日期间保洁中心值班人员人数与姓名
4. 实施	对所有值班人员培训大厦节日期间安全注意事项
5. 记录	如实记录所有工作内容和所有值班人员姓名

46. 开展保洁入室有偿服务

工 作 程 序	工 作 要 求
1. 联系	根据客户需要,前台对保洁服务进行记录
2. 报价	根据工作内容确定价格,告知客户
3. 实施	安排保洁人员按照客户要求及标准,为客户服务
4. 汇报	如实记录客户姓名及单元号码与客户要求的工作内容及工作时间,做好上门服务

47. 关注 VIP 客户

工 作 程 序	工 作 要 求
1. 信息	详细掌握 VIP 客户信息
2. 关注	定期询问 VIP 客户的需求及出现的问题并做好相关记录,及时解决
3. 注意	接待 VIP 客户应注意礼节礼仪标准,避免投诉
4. 汇总	如实汇总对 VIP 客户服务的报告,并递交主管上级

48. 摆放灭鼠工具及药品

工 作 程 序	工 作 要 求
1. 区域	确认楼层各个区域鼠盒摆放的位置
2. 统计	清点鼠盒及鼠药的数量,向保洁中心人员发放
3. 检查	巡视各个区域鼠盒摆放的标准,鼠药是否有潮湿现象,标志要清晰,鼠盒表面要干净、无尘土,如发现不符合上述标准,及时安排保洁人员整改

工　作　程　序	工　作　要　求
4. 鼠药更换频率	一月1次
5. 记录	如实记录所有工作情况,登记所有鼠药更换时间

49. 制订外围草坪养护计划

工　作　程　序	工　作　要　求
1. 准备	根据不同的季节,制订不同的外围草坪养护计划
2. 拟订方案	结合外围草坪实际情况,与西城区园林局三大队项目负责人协商并草拟方案
3. 实施时间	作业时间定为周一到周五8:30之前,17:30之后,周六周日全天可作业
4. 实施	监管园林人员对草坪进行维护,达到预期效果

50. 卫生联合检查

工　作　程　序	工　作　要　求
1. 时间	每周1次,联系保洁中心管理人员,确定检查时间
2. 检查内容	与保洁管理人员共同进行全方位的检查,在巡视中发现问题要求其安排人员及时整改
3. 记录	正确填写好检查时间、日期、检查内容

51. 参加部门例会

工　作　程　序	工　作　要　求
1. 准备	准备会议内容,如实总结当天工作情况
2. 信息	接到客服部前台通知后,按时按点到达会议室
3. 听取	听取客服部各位同事汇报工作情况并做记录
4. 汇报	向部门主管上级如实汇报当天工作并听取上级给予的指示及要求,做好记录

52. 雨天对客服务

工　作　程　序	工　作　要　求
1. 准备	安排人员准备好伞套机
2. 固定人员	根据雨量大小,合理安排人员
3. 实施	安排人员在大堂内铺好防滑垫及在大堂门口放置"小心地滑"提示牌,须有管理人员监管
4. 巡视	仔细巡视公共区域、客服区域是否有漏水现象,如果有漏水现象,耐心向客人解释,及时通知工程部安排人员处理,并通知保洁中心做好善后工作

（四）客服楼长

1. 巡视大堂

工 作 程 序	工 作 要 求
1. 8:30~9:00巡视大堂	检查大堂设施是否运行正常
2. 解答客户问题	解答客户的询问

2. 检查公共区域设备设施

工 作 程 序	工 作 要 求
1. 检查电梯	检查电梯是否正常运转,等待时间是否过长等
2. 检查公关区域筒灯	检查筒灯是否有不亮或闪的
3. 检查公关区域窗户及消防门	检查是否有损坏
4. 发现问题及时维修	如发现上述问题及时进行维修

3. 检查绿植

工 作 程 序	工 作 要 求
1. 检查公共区域的绿植	检查绿植是否有黄叶、枝叶是否茂盛,规格是否符合标准
2. 发现问题及时通报	如发现绿植状况不好,影响美观时立即通报保洁主管进行调换

4. 张贴各类通知

工 作 程 序	工 作 要 求
1. 检查打印好的通知	将打印好的通知进行检查,并熟读通知内容
2. 张贴在大堂告示牌中	将通知整齐地张贴到大堂告示牌中,以便业主观看,如有业主不解处,客服助理应当面给予解答

5. 组织客户活动

工 作 程 序	工 作 要 求
1. 将活动信息传达	张贴通知,将活动通知张贴在告示牌中
2. 统计客户报名情况	将报名的客户统一分组
3. 活动前期准备	听从部门经理调遣,做好活动前期各项准备工作
4. 组织活动,现场协调	活动当天负责现场各项组织协调工作

6. 接听电话标准

工 作 程 序	工 作 要 求
1. 响铃	接听电话要在铃响 3 声内接听
2. 接听	接听电话要按公司标准"您好,客服部,×××"
3. 记录	根据接听内容记录,并重复记录内容与致电人确认
4. 挂机	应使用礼貌用语结束通话,并请致电人先挂机

7. 劝阻推销人员

工 作 程 序	工 作 要 求
1. 发现推销人员	在巡视公共区域时,发现可疑人员应及时上前询问
2. 阻止推销人员在楼内推销	确定对方是推销人员后,及时制止,以免影响其他业主的正常生活和工作
3. 如推销人员不听劝阻	如推销人员不听劝阻可通知安保部人员,由安保部协助将推销人员请出

8. 检查空置单元

工 作 程 序	工 作 要 求
1. 检查空置单元	每周两次协同安保部、工程部、保洁部一起对空置单元进行检查
2. 将检查结果上报客服主管	将检查结果上报客服主管,客服主管汇总后上报部门经理

9. 检查二次装修现场

工 作 程 序	工 作 要 求
1. 二装检查	检查二次装修现场是否符合标准,人员是否佩戴胸牌等
2. 如有异常	如有异常及时上报通知安保部进行协查处理

10. 物品借用

工 作 程 序	工 作 要 求
1. 业主借用物品	客户需要物品(如改锥、锤子等)
2. 将物品借给客户	将客户所需物品由楼长借出
3. 客户归还所借物品	将客户所借物品收回

11. 解答客户咨询

工 作 程 序	工 作 要 求
1. 解答客户咨询	在工作当中遇到客人询问问题,如属于本部门范畴,应按中心要求现场对客户解答
2. 记录	如涉及其他部门工作范畴,应记录客户信息及所咨询问题,按首问责任制要求处理

12. 报修回访

工 作 程 序	工 作 要 求
1. 整理各项报修	了解报修完成情况,各类报修均须进行回访
2. 回访客户	了解客户对报修的维修质量、效率的满意度,持续改进
3. 报修投诉	严格按照受理投诉管理规定要求执行
4. 跟进投诉	对客户报修投诉的整改情况全程关注,并及时回访客户,直至客户满意

13. 收集汇总客户信息

工 作 程 序	工 作 要 求
1. 客户服务部每月汇总一次客户公司基本资料,上报主管领导	每月 6 日上报最新信息
2. 每天更新业主/租户状态信息,上报主管领导	每天 16:30 上报最新信息
3. 现有整改维修房屋状态表,每天须及时更新	每天 16:30 上报最新信息

14. 投诉受理

工 作 程 序	工 作 要 求
1. 接到客户投诉立即进行记录	填写客户投诉记录表,按客户投诉处理规范进行
2. 询问客户详细情况	反馈相关部门及主管领导
3. 进行分析评估	能现场解决的现场解决,否则组织各部门及专业人员进行解决
4. 作出回复	根据客户投诉渠道,在相应的时间范围内回复客户
5. 回访客户	回访客户满意度

15. 客户满意度统计

工 作 程 序	工 作 要 求
1. 发放客户满意度调查问卷	每月 5～7 日
2. 进行回收统计	每月 10 日前收齐
3. 编写报告	根据调查问卷,编写分析报告
4. 填写客户投诉记录表分发各部门	根据调查问卷的客户所提意见及不满意项填写
5. 回收投诉记录表并上报领导	须会同满意度分析报告一同上报
6. 跟进客户不满意项的整改情况	须在整改过程中提出建议
7. 拟写回复函,回复提出意见客户,我中心对此意见的整改	以客户意见及整改情况为根据
8. 回访客户并再次整改	对整改结果的反馈意见进行回访

16. 办理入住收楼手续

工　作　程　序	工　作　要　求
1. 接待客户	确认客户身份,客户出示《交屋凭单》及身份证,委托人还应出示《委托书》。将办理入住手续流程向客户作详细说明
2. 缴纳物业管理费及各项其他应付费用	引导客户到财务部缴纳各项费用
3. 入住签约	与客户签署《客户(临时)公约》承诺书、客户资料及各类协议。发放两书、钥匙、各类卡、说明书、赠品等,由客户签收确认
4. 向客户征询意见	向客户详细介绍各类卡的用途及入住后的物业应注意事项,并向客户征询物业服务要求等
5. 客户验收	通知工程部专业人员陪同客户验房,对房屋设施设备进行讲解,确认能源表读数,同时在《房屋修缮单》上记录房屋整改项目,验收人填写竣工验收确认单,记录户内表读数,由客户签字确认
6. 验收完毕	验收未合格有整改项目时,客服部人员与客户确认维修时间,并填写《工程维修单》
7. 资料入档	入住手续办理完毕后,将客户档案资料按存档目录,交文员存储归档

17. 办理钥匙托管手续

工　作　程　序	工　作　要　求
1. 钥匙委托	房屋验收完毕,确定整改期限,通知客户预留托管钥匙
2. 手续办理	与客户签订维修期间钥匙托管协议及钥匙托管单
3. 通知客户	确认维修项目完毕后,通知客户取消钥匙托管
4. 取消托管	由客户本人前来办理取消托管手续
5. 领取钥匙	客服助理将取消托管手续存档

18. 受理客户报修

工　作　程　序	工　作　要　求
1. 客户报修	客服部开具工程维修单,写明维修内容、房号、报修人等,确认维修项目、时间、时限
2. 通知工程部工程师	工程维保组取单后,登记
3. 工程部通知各维保单位	按时限要求完成维修工作
4. 完成返单	工程部验收是否合格
5. 反馈客服部	将维修结果通知客服助理
6. 回访	客服助理将维修结果通报客户

19. 客户购电服务

工　作　程　序	工　作　要　求
1. 发放客户电卡	客户领取 IC 卡、用电证,发放人做好领取记录
2. 购电	第一次购电,通知客户至中国银行及工商银行办理,日后可在物管中心机上购买
3. 输入电量	接客户通知,至楼层配电间为客户输入电量

20. 客户委托购买热水、燃气

工 作 程 序	工 作 要 求
1. 客户委托代购	客服前台接待收款、登记
2. 保管	客服前台将收取款项、登记表转交财务部保管
3. 定期办理	客服燃气由客服部周一~周四至燃气公司购买,热水由财务部代办购买
4. 通知业主	客服前台、楼长通知业主取回余款及燃气卡/热水卡

21. 办理客户退房

工 作 程 序	工 作 要 求
1、确认退房	与开发商确认无误
2. 验收房屋	客服楼长协同工程部、开发商负责人、业主共同入户验收房屋,抄写各能源表底数
3. 收回钥匙	客服楼长收回入住时发放的所有物品与资料
4. 财务部核查欠费	请客户结清费用
5. 放行	通知安保部
6. 做好记录	存档

22. 日志记录及回访要求

工 作 程 序	工 作 要 求
1. 接到报修、投诉	客服楼长均须作出相应处理,并认真填写《楼长日志》
2. 投诉事项	一般投诉事件须当时解决,重要投诉一般在 3 日内处置完毕,超时须经中心总经理批准。重大投诉一般在 2 日内给投诉者明确答复,解决时间不宜超过 10 日
2. 维修跟进处理情况	接到已修复返回《工程维修单》,应跟进落实返修情况
3. 回访	对客户进行回访,将维修结果报知客户,客户满意后,办理退还托管钥匙手续。投诉事件的回访率要求达到 100%
4. 记录回访情况	记录回访客户情况,录入《楼长日志》。每日 17:00 各楼长将《楼长日志》整理好后交至客服部文员转中心领导审核

23. 8 小时楼长负责制

工 作 程 序	工 作 要 求
1. 楼长入楼	每日各楼楼长于 9:00~11:00、14:30~16:30 在各座大堂办公,接待客户
2. 各楼座执行 8 小时楼长负责制	按时完成每日工作
3. 定时巡视	每日 11:00、16:00 楼长在楼内巡视
4. 回访	对客户进行回访,投诉事件的回访率要求达到 100%
5. 与业主沟通与交流	了解本楼客户情况,及时解决客户问题,与业主建立沟通渠道

24. 入室有偿服务

工　作　程　序	工　作　要　求
1. 特约服务项目制定	中心总经理负责审批便民服务项目及相关特约服务的收费标准
2. 特约服务项目实施	客服部根据审批过的特约服务项目及收费标准，组织客服部以适宜的方式公告客户
3. 客户看到特约服务公告后	根据需要的服务采取电话预约形式与客服部联系
4. 安排相关部门向住户提供相关项目服务	提供服务的住户姓名、住址、服务项目作详细登记，开具有偿服务单
5. 特约服务回访工作及质量评价	根据回访及客户投诉情况，监督特约服务质量，处理特约服务过程中发生的问题，对难以处理的重大问题应上报中心主任决定处理措施

25. 客户搬家管理

工　作　程　序	工　作　要　求
1. 客户提出搬家申请	立即通知安保部、工程部，同时对业主讲清搬家注意事项，搬家过程按照业主手册上所约定的进行
2. 相关部门配合实施	安保部根据业主所要求的搬家日期进行记录查对，如当日业主所住楼栋搬家较多，应建议业主改日，避免造成拥堵。工程部应指定固定搬家用电梯供业主使用，实行客、货分乘，并对货用电梯进行加固保护
3. 客户使用指定电梯	客户搬家只能使用指定电梯或货运电梯，不得使用客梯，安保部如发现使用客梯搬运应立即进行制止。工程部应定期对电梯进行检修，确保安全
4. 搬家结束	安保部应将搬家过程向客服部和工程部进行通报

26. 客户搬出管理

工　作　程　序	工　作　要　求
1. 客户搬运大件物品出园区	客服部确认核实，开具出门条
2. 相关部门配合实施	安保部根据业主所要求的搬家日期进行记录查对，如当日业主所住楼栋搬家较多，应建议业主改日，避免造成拥堵。工程部应指定固定搬家用电梯供业主使用，实行客、货分乘，并对货用电梯进行加固保护
3. 客户使用指定电梯	客户搬家只能使用指定电梯或货运电梯，不得使用客梯，安保部如发现使用客梯搬运应立即进行制止。工程部应定期对电梯进行检修，确保安全
4. 搬家结束	安保部应将搬家过程向客服部和工程部进行通报。保洁中心安排人员对现场进行清扫，确保公共区域的卫生清洁

27. 办理装修竣工

工　作　程　序	工　作　要　求
1. 住户和施工单位提出的竣工验收要求	客服部牵头组织工程部技术人员、安保部对该单元进行竣工验收
2. 竣工验收合格	工程部、安保部、客服部参加验收人员在《竣工验收申请单》完工验收栏内签署验收意见

工 作 程 序	工 作 要 求
3. 退证	安保部负责施工队退场的监督工作收回施工证
4.	对客户进行回访,投诉事件的回访率要求达到100%
5.	了解本楼客户情况,及时解决客户问题,与业主建立沟通渠道

28. 办理水牌

工 作 程 序	工 作 要 求
1. 客户填写水牌申请单	将水牌申请单交给客户,请客户将公司名称的中英文填写清楚
2. 审核业主公司	业主须提供公司营业执照副本复印件并加盖公章
3. 告知业主水牌制作完成	15天内摆放到位

29. 空置房检查

工 作 程 序	工 作 要 求
1. 检查空置房	按照空置房检查制度每日进行检查
2. 领取钥匙	从前台钥匙柜中领取空置房钥匙并作记录
3. 检查内容	检查项目包括设备设施运行情况、房间卫生状况、安全隐患等内容
4. 记录	对存在的问题进行记录,通知相关部门整改
5. 复查	针对存在的问题,在下次检查中重点进行复检直至问题解决

30. 参加中心月度消防安全大检查

工 作 程 序	工 作 要 求
1. 了解具体检查时间及安排	随时关注远洋物管集成系统,掌握检查时间及具体细则
2. 参加检查	服从领导工作部署,涉及客户或客户区域提前与客户沟通做好各项准备工作
3. 认真记录	检查中涉及本部门的整改项目认真进行记录
4. 落实整改	对检查中涉及本部门的整改项目按照《检查记录表》的时间节点予以落实

31. 协调工程部各项维修

工 作 程 序	工 作 要 求
1. 通知	根据工程部的维修计划提前48小时发文通知客户
2. 与客户沟通	涉及客户区域须与客户负责人沟通安排专人值守
3. 全程跟进	涉及客户区域的维修客服人员全程关注维修进程
4. 回访	对工程部维修后的效果进行回访直至客户满意

32. 拟写中心函件

工　作　程　序	工　作　要　求
1. 根据客户来函拟定回函	客户来函48小时以内
2. 相关法律问题联系公司律师进行沟通	记录律师意见，对函件进行修改
3. 将修改稿提交主管领导	领导修改后报中心总经理同意才能发放

33. 检查雨后漏点

工　作　程　序	工　作　要　求
1. 如遇雨雪天气应提前到岗	雨雪天气在8:00前到岗
2. 检查漏点	从楼上至楼下检查各客户区域及公共区域有无漏雨情况
3. 记录漏雨地点及数量	将漏雨的数量及地点记录并打印
4. 处理漏雨情况	请保洁人员将大浴巾或桶放在漏雨的地方

34. 空调报修

工　作　程　序	工　作　要　求
1. 客户报空调不制冷或不制热时	接到客户的不制冷或不制热电话时，及时通知工程部
2. 尽快赶到客户区域	询问客户原因，检查空调温控是否开启
3. 工程部人员到达	询问工程部人员问题所在
4. 向客户解释	将空调问题告知客户

35. 物品借用管理

工　作　程　序	工　作　要　求
1. 客户借用物品	客户需要物品（如改锥、钳子等）
2. 将物品借给客户	将客户所需物品由工程部处借出
3. 客户归还所借物品	将客户所借物品归还给工程部

36. 管理空置单元钥匙

工　作　程　序	工　作　要　求
1. 平时保管钥匙	锁在抽屉里
2. 根据需要由部门人员领取	按照《空置单元钥匙登记表》填写、签字
3. 督促收回钥匙	签字确认

37. 发放文件

工 作 程 序	工 作 要 求
1. 发放文件	将文件发给客人
2. 确认签字	客人收到文件后,请客人签字确认

38. 维护大堂卫生

工 作 程 序	工 作 要 求
关注大堂卫生	必要时协助保洁维护大堂卫生,发现大堂内有废弃物要主动捡起并扔到垃圾桶内

39. 乘坐电梯咨询

工 作 程 序	工 作 要 求
1. 询问	询问客人所去的楼层
2. 电梯使用方法	告知客人电梯的使用方法
3. 按电梯	帮客人按电梯

40. 引导客户运货

工 作 程 序	工 作 要 求
1. 发现客人拉运货物	告知客人请走货梯
2. 打开货梯间的门	帮客人打开货梯间的门
3. 按电梯	帮客人按电梯,并告知客人稍等

41. 检查公共区域清洁情况

工 作 程 序	工 作 要 求
1. 检查走廊玻璃清洁是否干净整洁	走廊玻璃干净整洁、无污迹、无水迹
2. 检查门廊不锈钢扶手	不锈钢扶手无污迹、无水迹、无尘土
3. 检查墙面	墙面保持洁白无污迹
4. 检查排风口	排风口无污迹、无尘土,干净整洁
5. 检查地面	无污迹、无杂物、无水迹、无尘土
6. 检查通道窗户玻璃及窗框	东西通道窗户无污迹、无水迹、无尘土
7. 检查电梯厅烟灰筒	电梯厅烟灰筒烟头不能超过 3 个,无污迹,干净整洁
8. 检查电梯厅外门	电梯厅外门无污迹、无水迹,保持光亮整洁
9. 检查步行梯	步行梯干净整洁,无烟头、无杂物
10. 检查垃圾桶	垃圾桶干净整洁无污迹,垃圾桶内垃圾须及时清理

42. 检查消防楼梯卫生情况

工 作 程 序	工 作 要 求
1. 检查步行梯内烟头	步行梯内无烟头、无杂物,保持干净整洁
2. 检查步行梯烟头清洁情况	在墩步行梯时须立好小心地滑警示牌,保持地面干燥
3. 检查步行梯不锈钢扶手	不锈钢扶手无尘土、无污迹,干净整洁
4. 检查步行梯玻璃清洁情况	玻璃无尘土、无污迹,干净整洁

43. 检查装修区域卫生情况

工 作 程 序	工 作 要 求
1. 检查装修区域户外公共区域地面是否有粉尘	对装修区域户外公共区域及时进行地面清理,保持地面干净整洁
2. 检查各扶手、墙面、排风口、玻璃	保洁员在进行清理过程中,发现地面有打滑现象须及时清理干净

44. 检查外围清洁情况

工 作 程 序	工 作 要 求
1. 检查路面、绿地进行彻底清扫,清除地面果皮、纸屑、树叶和烟头等杂物的清洁情况	每天循环保洁,保持整洁
2. 检查黏在地面上的口香糖等杂物	地面无杂物、积水,无明显污渍、泥沙
3. 检查污水、污渍、痰迹清洁情况	
4. 检查各垃圾桶倾倒刷洗情况	垃圾桶外表无明显污迹、无垃圾黏附物
5. 检查室外宣传牌、雕塑擦拭情况	宣传牌、雕塑无灰尘、污渍

45. 开具出门条

工 作 程 序	工 作 要 求
1. 客户携带物品或搬家	由业主本人持身份证开出门条
2. 开具出门条	在核实业主身份后,开出门条。保安见到出门条后方可放行
3. 客户未带证件	如业主(使用人)没有带有效证件在无法确认业主的情况下,联系该楼客服助理确认无误后,方可开出门条
4. 公司搬家	如公司搬家,须前台人员与业主核实,并取得业主同意后方可开出门条放行
5. 租户携带物品出区或搬家	租户携带物品或搬家,须前台人员与业主核实,并取得业主同意后方可开出门条。出货时须保安按照出门条上开出的物品进行清点,如无误方可放行
6. 业主不同意开出门条时	如业主不同意给租户开出门条,总台人员不得开出门条并通知各门岗不得放行

46. 办理宠物饲养登记

工 作 程 序	工 作 要 求
1. 客户饲养宠物	由客服助理通知客户至物管中心办理相关登记手续
2. 办理登记	按《北京市宠物管理规定》要求客户出具《养犬许可证》、养犬照片、犬牌，由客服人员为业主进行登记
3. 通知安保部	登记完毕后，将登记资料交安保部一份，以便日后检查使用

（五）文员

1. 接听处理报修电话

工 作 程 序	工 作 要 求
1. 接听电话	使用礼貌用语"您好，客户服务部，×××"，铃响3声之内接听
2. 聆听并记录	记录来电人情况（姓名、公司、房间号、电话）及报修内容
3. 安抚客户，清晰作答	不与客户发生争执，使用礼貌用语"请、您、对不起、谢谢、再见"
4. 重复客户报修内容	口齿清晰
5. 与相关方沟通协调	通知工程部调度及本部门客户服务人员，复杂报修通知部门经理及工程部经理
6. 填写工程报修单	按照填写要求流转
7. 跟踪回访	电话跟踪回访，或根据报修大小要求客服人员现场回访，询问客户对维修情况是否满意

2. 处理客户来文

工 作 程 序	工 作 要 求
1. 附文件处理单	注明日期、收文号，注意来文日期应与当日日期相符，否则要求客户签字确认
2. 上交部门经理	1小时内
3. 根据批示将文件复印或流转相关部门或个人	注意跟踪文件流转情况，做好收发文记录
4. 文件处理完毕后存档	需要各个负责人签字，闭环
5. 将文件扫描	保证完整清晰

3. 领取发放办公用品

工 作 程 序	工 作 要 求
1. 按月统计填写申领单	保证部门办公用品齐全，随时可用
2. 提交	部门经理签字后交人事行政部，并签字确认
3. 人事行政部通知时领取后发放	到人事部领取，并签字确认

4. 清洗工服

工 作 程 序	工 作 要 求
1. 送洗工服	每周二、周四将部门员工及统计数量一并登记后，进行清洗，每件工服须贴有姓名标签，便于辨认
2. 领回工服	数量与送时相符

5. 周报修统计

工 作 程 序	工 作 要 求
1. 统计报修	统计上周四至本周三的报修记录汇总到本部门周报中
2. 制作成表格	周四下班前传给部门经理

6. 统计部门员工考勤

工 作 程 序	工 作 要 求
1. 按格式填写考勤表（上月 26 日至本月 25 日）	统计本部门员工考勤、加班及倒休情况
2. 提交	当月 28 日前由部门经理签字后交由人事行政部存档

7. 编制周末值班表

工 作 程 序	工 作 要 求
1. 编制部门周末值班表	每月月末按照顺序打印值班表
2. 通知部门各位员工	由部门经理签字后贴在办公室白板上，如有变动标注清楚

8. 检查办公室卫生

工 作 程 序	工 作 要 求
1. 每天随时检查卫生	如发现垃圾（如水杯、废纸），立即清理
2. 每天上下班检查安全	上班时把各个电源打开，下班把电源关闭，确保安全

9. 部门内部设备使用及管理

工 作 程 序	工 作 要 求
检查设备	检查有无损坏，如有损坏及时报修。管理好个人设备的完整

10. 《远洋物业》稿件收集

工 作 程 序	工 作 要 求
1. 及时收集本部门稿件资料	完整、准确
2. 校对小样	收集本部供稿后,由文员协助对稿件内容进行校对
3. 确保稿件合格	交稿前由部门经理审核无误
4. 汇总至通信联系人	将稿件以电子版形式发至物业中心通信联系人

11. 接待物管中心来访宾客

工 作 程 序	工 作 要 求
1. 接待来访	起立问清来访人与谁联系好,并通知所联系好的人
2. 服务	按照服务接待规范,服务来访宾客

12. 打印各种文件或表格

工 作 程 序	工 作 要 求
1. 记录清经理所要打印的内容	及时完成所打印内容,准确、仔细
2. 递交经理	如有需要进一步修改,最终达到要求

13. 监控办公区内环境

工 作 程 序	工 作 要 求
1. 卫生	随时检查办公室内的卫生,如看到不整洁,及时整理
2. 安全	随时检查办公室的电源及开关

14. 管理空置单元钥匙

工 作 程 序	工 作 要 求
1. 平时保管钥匙	锁在钥匙柜里
2. 根据需要由部门人员领取	按照《空置单元钥匙登记表》填写、签字
3. 督促收回钥匙	签字确认

15. 填写支票领用单

工 作 程 序	工 作 要 求
1. 填写部门支票领用单	按照经理要求填写、签字
2. 在财务部领取支票	按公司财务制度
3. 拿回发票后按照报销程序填写对外报销单	按公司财务制度

16. 填写借款单

工 作 程 序	工 作 要 求
1. 填写借款单	按要求填写金额、日期、申领人等
2. 在财务部领取现金	按公司财务制度
3. 拿回发票后按照报销程序填写对外报销单	按公司财务制度
4. 将剩余现金还回财务部	保留好收据

17. 填写部门员工外出申请单

工 作 程 序	工 作 要 求
1. 填写外出申请单	按要求填写日期、外出人、外出地点、外出时间等
2. 按顺序由部门经理、人事行政部经理签字	主管以上人员须由总经理签字
3. 存档	按公司人事管理规定要求

18. 内部文件流转

工 作 程 序	工 作 要 求
1. 接收每日各部门送达须审阅的文件	注意文件数量
2. 把文件按各部门分配好	及时送进总经理办公室
3. 总经理审阅完，通知各部门来领取	及时通知，并让各部门签收

19. 推销电话接听

工 作 程 序	工 作 要 求
1. 接听电话	使用礼貌用语"您好，××××物管中心"
2. 聆听	仔细聆听对方所说的具体内容
3. 若为推销电话	给予拒绝，不能告知内部电话及姓名

20. 客户档案管理

工 作 程 序	工 作 要 求
1. 保管档案柜钥匙	保证不被其他人随意拿到
2. 定期保存客户档案	按客户分类
3. 档案借阅	要求借阅人签字登记，或只提供复印件
4. 借出档案的收回	及时
5. 电子档案管理	随时添加、编辑

21. 部门有害废弃物回收

工 作 程 序	工 作 要 求
1. 回收	回收墨盒、硒鼓等有害废弃物并做好记录
2. 上交	上交人事行政部登记后统一处理

22. 统计部门员工考勤

工 作 程 序	工 作 要 求
1. 按格式填写考勤表（上月 26 日至本月 25 日）	统计本部门员工考勤、加班及倒休情况
2. 提交	当月 25 日由部门经理签字后交由人事行政部

23. 部门内部设备使用及管理

工 作 程 序	工 作 要 求
检查设备	检查有无损坏，如有损坏及时报修。保证部门设备的完好

24. 文件流转

工 作 程 序	工 作 要 求
1. 接收内部文件并及时传达部门员工	及时将信息准确地传达到每位员工
2. 接到外部文件后及时送达相关领导审阅	注意文件的数量，并及时送进领导办公室

25. 客户电子档案管理

工 作 程 序	工 作 要 求
1. 定期保存业主档案	按业主分类
2. 将业主档案录入电脑并存放在 OA 系统中	准确地录入电子档案，随时添加、编辑，方便领导查阅

26. 协助客服主管办理二次装修手续

工 作 程 序	工 作 要 求
1. 受理业主/租户二装申请	业主和租户签署授权书，同时向业主/租户提供二装管理手册并做详细说明和解释以及填写二装申请表及各类协议
2. 工程部人员接二装施工图纸	审核二装图纸，提出专业修改意见或建议
3. 消费备案	工程部人员收到施工方消防建审或备案审批后，由安保部负责为业主/租户办理施工人员进场证
4. 缴纳装修保证金	客服部代业主/租户缴纳二装保证金
5. 办理施工许可证	以上手续办理完成后，由安保部为业主/租户办理施工许可证

工 作 程 序	工 作 要 求
6. 进场施工	客服部主管负责施工中是否影响周边客户及协调工作,安保部经理负责施工中的安全防火及有无违规行为的检查和监督
7. 隐蔽工程验收	在施工过程中,工程部负责施工质量的监督及对隐蔽工程进行验收工作
8. 竣工验收	施工完毕后,客服部负责组织工程验收
9. 办理退场手续	客服部组织进行联合会签退场手续工作,报请主管、副总、总经理审批
10. 退还装修保证金	主管副总、总经理审批后,客服助理负责为业主/租户办理施工押金退还手续

27. 部门办公用品管理

工 作 程 序	工 作 要 求
1. 制订办公用品计划	根据部门办公用品实际消耗情况,制订本部门的办公用品计划
2. 填写领用单	领用单中的物品名称及数量必须由部门经理签字确认,严格按计划领用
3. 保管	部门的办公用品统一由部门的文员保管
4. 发放	办公用品的发放由部门文员本着以旧换新的原则发放

28. 查看物管集成系统

工 作 程 序	工 作 要 求
查看物管集成系统	查看物管集成系统,完成需要处理的工作

29. 参加部门会议

工 作 程 序	工 作 要 求
1. 参加部门会议	根据本部门会议通知的时间、地点,参加会议
2. 记录会议纪要	本部门召开的会议须在 24 小时内出具《会议纪要》,上交领导

30. 会议通知发布

工 作 程 序	工 作 要 求
1. 发布通知	本部门需召开专题会讨论相关事宜,及时发布通知,提示与会人员及时参加
2. 参加会议	提前 5 分钟到场
3. 根据决议要求完成工作	24 小时内提供《会议纪要》。根据会议决议,在规定的时间内完成各项工作

31. 修改内部电话表

工 作 程 序	工 作 要 求
修改内部电话	方便掌握电话的管理及电话分配

32. 合同结算

工 作 程 序	工 作 要 求
1. 本部门合同运行情况	了解、掌握本部门合同运行情况,各类款项付款的时间节点
2. 签报申请	严格按照物管中心签报付款程序执行
3. 汇总合同单位各项工作检查记录	根据物管中心要求,汇总合同单位各项工作检查记录作为附件与完成的签报上报物管中心领导
4. 费用结算	与财务部配合通知合同单位开具正式发票,联系确定领取支票时间并遵守公司财务制度

33. 拟定各项通知

工 作 程 序	工 作 要 求
1. 通知内容	根据各一线部门工作计划提前沟通,提前 48 小时向客户发放
2. 拟定通知	按物管中心通知格式,拟定通知
3. 签阅	由部门经理签署后上报主管领导、物管中心总经理
4. 盖章	物管中心总经理签阅后的通知按申请公章制度到人事行政部盖章
5. 发放	所有通知均须张贴在各大堂告示栏中

34. 车位月报

工 作 程 序	工 作 要 求
1. 整理车位合同	每月 25 日进行
2. 出具统计报表及变更表	根据当月车位使用情况出具统计表并上报主管领导

35. 办理车位续租

工 作 程 序	工 作 要 求
1. 提示客户办理车位续租手续	每年 12 月 1 日前发文通知全体客户
2. 为客户办理车位续租手续	按车位租赁程序
3. 统计表上报主管领导及开发商	每年 12 月 31 日汇总车位租赁情况,次年 1 月 1 日以前完成

36. 办理车位到期退租

工　作　程　序	工　作　要　求
1. 客户车位到期后请客户来函通知	需要出具车位号,及确定不再继续续租
2. 根据客户通知出具车位退租通知书转安保部	须经理签字,客户确认
3. 通知开发商将客户退租车位记作空车位	办理手续完毕后

37. 办理车位提前退租

工　作　程　序	工　作　要　求
1. 根据客户车位退租来函,拟函至开发商	客户来函当天
2. 根据客户通知出具车位退租通知书	客户来函当天
3. 根据合同结算客户所剩车位费	根据合同约定办理
4. 根据相应款项拟签报申请退款	根据财物程序进行
5. 通知客户前来领取车位费退款	根据财物程序进行

38. 车位申请管理

工　作　程　序	工　作　要　求
1. 根据客户车位申请函拟文至开发商	客户来函当天
2. 根据开发商回函通知客户办理车位	收到回函后立即通知客户
3. 签订车位租赁合同请客户进行签署	收到回函后立即进行
4. 客户缴纳相应费用后出具发票	立即
5. 向安保部发出车位办理通知书	收费后立即
6. 将办好的停车证交到客户手中	收费后立即
7. 车位合同进行存档	财务部留原件,客户服务部留复印件

39. 发放满意度调查问卷

工　作　程　序	工　作　要　求
1. 检查问卷	检查调查问卷确保句意表达准确无误
2. 复印	将检查好的调查问卷复印相应份数
3. 盖章	将复印好的文件逐一盖章
4. 发放问卷	将调查问卷给客服助理,请客服助理将调查问卷发放给客户,由客户填写完整
5. 统计	统计相应的客户满意率

40. 前台替班

工 作 程 序	工 作 要 求
1. 配合前台值班	如遇前台人员休息,主动配合前台工作,按前台要求进行服务
2. 配合前台完成每日报修及投诉汇总工作	每日报修由前台及文员按固定格式及标准出具每日报修统计表

(六) 前台

1. 检查前台设备设施

工 作 程 序	工 作 要 求
1. 插好电源,打开所有照明设施的开关	保证各种设施完好及正常工作
2. 插好电话线	保证电话的正常使用

2. 整理前台及洽谈室环境

工 作 程 序	工 作 要 求
整理前台及洽谈室环境	整理前台台面,做到台面无杂物,洽谈室内桌椅摆放整齐,桌面整洁

3. 接听客户电话

工 作 程 序	工 作 要 求
1. 接听电话	铃响 3 声内接听电话并用礼貌用语向客人问好
2. 解答客人提出的问题	要准确、快速、耐心地解答客人的问题
3. 挂机	重复客人的问题核实无误后,确定客人先挂断电话方可挂机

4. 接待访客询问

工 作 程 序	工 作 要 求
1. 询问客人有什么要求	看到客人时要面带微笑主动问好并询问可以提供什么帮助
2. 解答问题	快速准确地解答问题

5. 发放各类用户 IC 卡

工 作 程 序	工 作 要 求
1. 确认客户身份	查询电脑中录入的客户信息资料,确认客户身份
2. 发放用户 IC 卡	按楼号、房号向客户发放用户 IC 卡
3. 签字确认	客户收到文件后,请客户签字确认
4. 通知各楼长	将客户领卡情况及时通知各楼长

6. 维护前台卫生

工 作 程 序	工 作 要 求
关注前台卫生状况	必要时协助保洁人员维护前台卫生,发现接待处有任何废弃物要主动捡起并扔到垃圾桶内

7. 前台日常管理

工 作 程 序	工 作 要 求
1. 摆放物品	将前台的物品摆放整齐
2. 整理杂物	随时整理前台各类记录本及各类手册

8. 前台设备日常管理

工 作 程 序	工 作 要 求
1. 检查通信设施	每天确保电话正常使用
2. 检查照明设施	每天确保前台所有照明设施的正常使用

9. 工作交接

工 作 程 序	工 作 要 求
1. 每天下班前须记录当天未完成工作及其他情况	记录本内容须清楚明了,把未完成工作及需交代各楼长事宜,认真记录清楚
2. 记录清楚当天报修情况	对报修记录要求记录清晰明了,对当天重要报修及投诉情况及时报告主管及经理
3. 记录当天钥匙归还情况	清楚记录领钥匙人及归还时间

10. 解答客户问题

工 作 程 序	工 作 要 求
解答客户问题	客户询问车位、电话之类的问题应及时回答客户,如不清楚应及时询问相应部门

11. 物品借用

工 作 程 序	工 作 要 求
1. 客户借用物品	客户需要物品(如改锥、钳子等)
2. 将物品借给客户	将客户所需物品由工程部处借出
3. 客户归还所借物品	将客户所借物品归还给工程部

12. 接听处理报修电话

工 作 程 序	工 作 要 求
1. 接听电话	使用礼貌用语"您好,客户服务部,×××",铃响3声之内接听
2. 聆听并记录	记录来电人情况(姓名、公司、房间号、电话)及报修内容
3. 安抚客户,清晰作答	不与客户发生争执,使用礼貌用语"请、您、对不起、谢谢、再见"
4. 重复客户报修内容	口齿清晰
5. 与相关方沟通协调	通知工程部调度及本部门客户服务人员,复杂报修通知部门经理及工程部经理
6. 填写工程报修单	在物管集成系统中,按照填写要求流转
7. 跟踪回访	电话跟踪回访,或根据报修大小要求客服人员现场回访,询问客户对维修情况是否满意

13. 推销电话接听

工 作 程 序	工 作 要 求
1. 接听电话	使用礼貌用语"您好,物管中心"
2. 聆听	仔细聆听对方所说的具体内容
3. 若为推销电话	给予拒绝,不能告知内部电话及姓名

14. 客户查询电话

工 作 程 序	工 作 要 求
1. 接听客户来电	熟悉各类服务设施及相关单位的电话号码,如供电、热力、燃气公司电话、地址,为询问人提供快捷服务
2. 客户电话、资料不能随便泄露	询问客户电话须在征得客户同意后方可告之

15. 客户档案电子化管理

工 作 程 序	工 作 要 求
1. 客户档案信息、资料	录入客户档案信息、资料,以备随时查询
2. 进行编辑	资料及文件随时编辑更新
3. 存入电子文档	使用客户档案查询方便、快捷
4. 档案管理	配合文员进行文件的存档

16. 文员替班

工 作 程 序	工 作 要 求
接替文员工作	文员不在的情况下,接替文员所须完成工作

17. 钥匙管理

工 作 程 序	工 作 要 求
1. 平时保管钥匙	锁在钥匙柜中
2. 根据工作需要借用钥匙	认真填写钥匙借用记录并签字确认
3. 督促收回钥匙	借用钥匙当天收回

18. 前台员工仪容仪表、工作纪律

工 作 程 序	工 作 要 求
1. 仪容仪表	前台员工仪容仪表应符合公司规定,女员工要化淡妆,将头发梳理整齐,男员工前面头发不能过眉,侧面不能过耳,后面不能过衣领,衬衫袖口超出西服袖口一指;男员工每日要求修面,剃净胡须
2. 工作纪律	前台员工的工作纪律应符合《员工手册》的各项要求

19. 检查标志

工 作 程 序	工 作 要 求
1. 检查标志	检查标志是否符合公司 VI 要求
2. 发现标志问题	及时与制作单位联系,将不符合要求的标志进行更换

20. 解答客户咨询

工 作 程 序	工 作 要 求
1. 解答客户咨询	在工作当中遇到客人询问问题,如属于本部门范畴,应按中心要求现场对客户解答
2. 记录	如涉及其他部门工作范畴,应记录客户信息及所咨询问题,按首问责任制要求处理
3. 沟通	与相关部门经理沟通,了解客户咨询问题解决办法
4. 回复	在 2 小时内,根据了解的解决办法回复客户

21. 接听电话

工 作 程 序	工 作 要 求
1. 铃响	接听电话要在铃响 3 声内接听
2. 接听	接听电话要按公司标准"您好,客服务部,×××"
3. 记录	根据接听内容记录,并重复记录内容与致电人确认
4. 挂机	应使用礼貌用语结束通话,并请致电人先挂机

22. 查看《会议纪要》

工 作 程 序	工 作 要 求
查看《会议纪要》	查看《会议纪要》,跟进未完成的工作

23. 物品借用

工 作 程 序	工 作 要 求
1. 客户借用物品	客户需要物品（如改锥、锤子等）
2. 将物品借给客户	将客户所需物品由楼长借出
3. 客户归还所借物品	将客户所借物品收回

24. 接待来访物管中心宾客

工 作 程 序	工 作 要 求
1. 接待来访	起立问清来访人与谁联系好，并通知所联系好的人
2. 服务	按照服务接待规范，服务来访宾客

25. 报修日报表管理

工 作 程 序	工 作 要 求
1. 记录客户报修内容	及时准确填写报修单，按报修流程及时报修至维保组
2. 汇总录入	将客户每日报修内容汇总录入电脑存档，并于每日 15:30 前完成
3. 楼长跟进	将每日重点客户报修问题交各楼长负责跟进解决

26. 监控办公区域内环境

工 作 程 序	工 作 要 求
1. 卫生	随时检查办公室内的卫生，如看到不整洁，及时整理
2. 安全	随时检查办公室的电源及开关

27. 客户电子档案管理

工 作 程 序	工 作 要 求
1. 定期保存业主档案	按业主分类
2. 将业主档案录入电脑文员及时核对汇总	准确地录入电子档案，随时添加、编辑、更新，方便查阅

28. 投诉受理

工 作 程 序	工 作 要 求
1. 接到客户投诉立即进行记录	填写客户投诉记录表，按客户投诉受理规范进行
2. 询问客户详细情况	反馈相关部门及各楼楼长
3. 楼长作出回复	由楼长至现场解决，否则组织各部门及专业人员进行解决
4. 楼长回访客户	回访客户满意度

29. 有偿服务

工 作 程 序	工 作 要 求
1. 接到服务要求	记录详细,认真填写《有偿服务单》
2. 通知相关部门	汇报详细情况,及时与相关部门沟通,上门做好服务
3. 费用收取	参照《有偿服务收费表》,业主缴费后上交财务部,财务部开具收费发票
4. 客户回访	将客户反馈信息及时准确通知各部门并做好记录

30. 执行值班制度

工 作 程 序	工 作 要 求
1. 前台按早晚班工作制度执行上、下班	前台按早晚班排班上岗,早班 8:00～16:30,晚班 12:30～21:00
2. 到岗时间	早班应 7:50 到岗,晚班应 12:20 到岗
3. 值班记录	工作时间前台应做好每日值班记录,重大事件应上报主管领导处理
4. 报表	每日报修事项制作报表

31. 开具出门条

工 作 程 序	工 作 要 求
1. 客户携带物品或搬家	由业主本人持身份证开出门条
2. 开具出门条	在核实业主身份后,开出门条,保安见到出门条后方可放行,如业主(使用人)没有带有
3. 客户未带证件	效证件在无法确认业主的情况下,联系该楼客服助理确认无误后,方可开出门条
4. 公司搬家	如公司搬家,须前台人员与业主核实,并取得业主同意后方可开出门条放行
5. 租户携带物品或搬家	租户携带物品或搬家,须前台人员与业主核实,并取得业主同意后方可开出门条。出门时须保安按照出门条上开出的物品进行清点,如无误方可放行
6. 业主不同意开出门条时	如业主不同意给租户开出门条,总台人员不得开出门条并通知各门岗不得放行

33. 办理业主居住证明

工 作 程 序	工 作 要 求
1. 业主提出申请	确认并核实业主身份
2. 拟定	为业主开具居住证明,加盖客服部印章
3. 领取	业主持身份证到前台领取

34. 办理业主迁户口证明

工 作 程 序	工 作 要 求
1. 业主提出申请	确认并核实业主身份
2. 拟定	为业主开具迁户口证明,加盖客服部印章
3. 领取	业主持身份证到前台领取

35. 门禁卡发放

工 作 程 序	工 作 要 求
1. 业主领取门禁卡	确认并核实业主身份,业主须持身份证前来领取,可为业主免费提供门禁卡 3 张
2. 登记	为业主办理领卡手续,并由业主登记签字确认领用
3. 领取	由业主本人领取
4. 租户购买	租户购卡须联系业主,征得业主同意后,开具《有偿服务单》由租户至财务部门缴费
5. 制卡	收取费用后通知工程部制作门禁卡
6. 领取	由前台或客服助理通知客户领取,领取时请客户签字确认

五、服务程序

（一）入住管理程序

1. 使各分公司按规范步骤准确无误地办理客户入住手续

2. 适用于公司各项目

3. 职责

（1）客服部经理负责组织、协调、落实入住手续各项工作的顺利实施。

（2）客服部经理指定专人热情接待客户，解答客户问题，建立客户档案并妥善保管。

4. 方法和过程控制

（1）客户（业主或租户）携带下列资料前往物业中心办理入住手续。

①家庭户应带资料

由发展商销售部签发的《入住通知书》、《购房合同书》，物业公司发出的《业主资料卡》、户主及家庭成员身份证及其复印件、照片等。（租户另须提供《租房合同书》）

②公司客户应带资料

由发展商销售部签发的《入住通知书》、《购房合同书》，物业公司发出的《业主资料卡》、公司法人代表身份证及其复印件、营业执照及其复印件（加盖公章）、公司员工名单及其身份证复印件、照片等。（租户另须提供《租房合同书》）

③业主委托人应带资料

业主委托书（书面）、被委托人身份证及其复印件以及上两款所列资料。

（2）部门经理指定专人引导入伙业主到达入住手续办理现场。

（3）部门经理指定专人发放入住手续的相关资料，检验并收回业主的《入住通知书》、《业主资料卡》以及应携带的资料。

（4）管理处工作人员根据《业主资料卡》及相关资料，协助客户填写相关资料。

（5）分公司指定专人陪同客户验房。

①分公司指定专人陪同客户进行卫生间、厨房防水试验并认真翔实记录，请业主于蓄水24小时后，由其本人或代理人进行现场验收，并在《卫生间、厨房防水试验记录单》上签字确认。

②分公司指定专人抄录水、电、燃气表底，并与客户共同确认后，请业主在《水、电、热水、燃气表底单》上签字确认。

③分公司指定专人陪同客户验房，并在《房屋交付验收表》上记录。验房后若客户提出质量问题，由分公司将《房屋交付验收表》复印件交发展商处理，发展商处理完毕后，交客户签字确认存档。

（6）房屋验收完毕后，与业主签订入住相关协议，包括《业主公约》等，并由礼宾部经理指定专人验收并核发资料。

（7）客服部经理指定专人办理业户智能卡手续。（参见《业户智能卡办理规定》）

（8）客服部经理指定专人与财务部共同核准《入住收费指南》，并经财务部审批后收取入住相关费用。

（9）客户凭入住缴费收据领取房门钥匙及《住户手册》、相关物品或礼品，并在《物品领用登记表》中签收。

（10）入住资料整理完毕后，指定专人将住户房屋、业主及常住人员的详细资料录入电脑。

（11）对租赁本公司商业用物业的顾客或公司，须与物业中心签署租赁合同，并须于两个月内提供营业执照及影印件、负责人和员工的身份证影印件及人员照片。

（12）租用业主房屋做商务办公用途的租户，凭与业主签订的《租房合同书》到物业中心签订《租户管理协议书》，并按协议书的要求缴纳相关的保证金及提供有关证件。

（13）租用受托管的写字楼、商场的顾客或公司，凭与业主签订的租赁合同到物业中心签订管理协议书，要求写字楼及商场内必须按消防管理规定配备相应的灭火器材，并提供营业执照、负责人和员工身份证复印件。

（14）租用业主房屋做居住用途的个人租户，凭与业主签订的《租房合同书》到物业中心签订《租户管理协议书》，并按协议书的要求提供有关证件。

（15）各类管理费用收取标准的确定、更改，由各分公司参照"北京市物业管理收费指导标准"进行测算，报财务部审核，并由总经理和业主委员会批准后执行。

（16）客服部经理指定专人负责保管客户提供的资料。

（17）客户的资料属保密文件，部门经理以上人员或部门经理授权人员因工作需要方可查阅。

（18）有关客户持有 IC 卡的电脑资料同属保密文件，未经部门经理批准，保管人员不得随意给人查阅。

5. 工作记录表格

《业主资料卡》

《卫生间、厨房防水试验记录单》

《水、电、热水、燃气表底单》

《房屋交付验收表》

《物品领用登记表》

《租户管理协议书》

（二）装饰装修管理程序

1. 确保装饰装修符合法规要求，满足装修指南的规范要求，保证公共设施设备、公用场地不受破坏

2. 适用于物业物管中心管理区域内装饰装修工程

3. 职责

（1）物管中心客服部：受理申请、查验装修公司相关证明、参加竣工验收、协调解决装修中的纠纷。

（2）物管中心工程部：方案审批、过程监管、竣工验收。

（3）物管中心财务部：收取装修相关费用、退还装修保证金及出入证押金。

（4）物管中心安全环境部：办理施工许可证及人员出入证、施工现场巡视、竣工验收。

（三）提供服务（家庭维修）控制程序

1. 规范家庭维修服务的运作程序，及时高效地为客户提供服务

2. 适用于公司各项目对客户家庭维修服务的提供和管理

3. 职责

（1）分公司总经理负责检查、协调对客户的家庭维修服务，必要时参加回访。

（2）工程部经理和客服部经理负责对家庭维修服务工作的安排及服务质量的监督。

（3）客服部主管负责客户意见表的回收并根据实际情况进行回访，及时了解服务质量。

（4）维修人员保质、保量、按时地为客户提供家庭维修及保养服务。

4. 方法和过程控制

当有客户现场或电话申请维修服务时，客服部值班员或物业中心受理人员须在值班记录表上登记，明确客户的房号、姓名、需维修保养时间、大概内容、要求等，并由工

程部经理或客服部值班人员及时安排维修人员上门服务。客户直接通知维修人员的服务项目，维修人员应及时知会客服部值班人员，并根据客服部值班人员的安排进行维修服务。

一般情况下，维修服务申请受理人员应及时安排维修人员上门服务，维修人员安排有困难的，须与客户约定时间进行。对于水管爆裂、关键部位漏水、晚上停电等紧急情况，9:00~23:00期间，须保证维修人员在10分钟之内到达现场；小修当天内完成，大修应做紧急处理后与客户约定维修时间，并向客户解释原因。

维修人员到客户家里进行维修保养时，应随身携带工作护垫及脚套，并向客户了解故障点或保养内容，查明故障原因，在自己能力所及的范围内进行维修。

维修过程中如发现客户家中有不安全因素，应及时向客户指明，并向物业中心和工程部汇报，采取措施，以消除隐患。

维修人员在客户家里工作时，严禁收受小费、抽烟、喝茶、打私人电话。

（四）特约有偿服务受理程序

1. 确保向客户提供多元化、人性化的特约有偿服务，满足客户需求

2. 本程序适用于项目物管中心为客户提供特约有偿服务的管理

3. 职责

（1）物管中心客服部：负责客户特约有偿服务申请的接待、安排、回访及统计工作。

（2）服务提供部门：负责特约有偿服务工作的具体实施和检查。

（3）物管中心财务部：负责收取特约有偿服务费用及收费情况统计工作。

（五）服务收费操作程序

1. 物业公司的经营成果来自于物业服务费，对于物业服务费的收缴率决定物业公司的业绩

2. 适用于公司各项目客户服务部门

（1）客服部、财务部每月对物业费的收缴率、欠费率进行实施与开展，并对欠费业主的原因进行分析，报送公司总经理。

（2）客服部负责催缴物业费的人员与客户进行交涉时须做好解释工作，加强与客户的沟通和联系。

（3）对于客户欠费的原因，催缴物业费人员应及时将信息反馈部门经理，由本部门经理与各部门进行协调，尽快为客户解决问题。

（4）对于恶意欠费的客户，催缴物业费人员除做耐心工作外应及时上报本部门经理，由部门经理、主管至公司副总经理做其催缴工作。

3. 方法和过程控制

（1）催缴人员礼貌地以电话联系和发放信函及发放催缴挂号信的方式对客户进行催缴，对于严重欠费户须上门催缴。

（2）催缴人员排定责任区范围，在各自管理催缴区域内进行有效的工作。

（3）随时做好催缴费用记录，每月与财务部门对收缴与催缴的数额进行分析。

（4）客户欠费的主要原因：

①居住房屋的各种工程质量问题。

②冬季供暖的温度达不到标准，暖风机漏水等问题。

③夏季空调不制冷的质量问题。

④其他一些问题。

（5）控制：

①客服部门催缴人员根据客户反映问题及时与责任部门核实，如情况属实，除做好客户的解释、安抚工作外，应责成责任部门出具整改措施，并将信息及时反馈给客户。

②客服部门催缴人员及时给予客户回函，让客户签收，明确工程维修与物业管理费的支付无直接关系。

③加强与客户的沟通和联系，及时掌握客户的信息，并及时处理客户反映的有关问题。

④安排平时工作中与客户接触较多且与客户关系较好的人员做说服工作。

⑤如一些问题，客户需要减免部分费用，如费用不高，可写专题报告公司领导审批。

⑥对于中度欠费户须采取定期发催缴通知单、打电话联系客户上门催缴。

⑦对于恶意拖欠的客户须采取定期发催缴通知单、发律师函、向法院起诉。

4. 工作记录表格

《催缴费用总明细表》

（六）突发事件处理程序

1. 确保最大限度地控制突发事件的事态发展，避免经济财产损失的扩大

2. 适用于项目物管中心对突发事件的处理

3. 职责

（1）物管中心工程部：负责工程故障的处理。

（2）物管中心安全环境部：负责治安事故、消防事故的处理。

（3）物管中心客服部：负责通知相关客户，并疏散、妥善安置客户、解答客户问题，联系保险索赔事宜，并反馈客户处理结果。

（4）物管中心总经理：全面负责突发事件的协调与过程监控。

（七）客户满意程度调查程序

1. 了解服务现状，满足顾客需求，提高服务质量

2. 适用于公司项目

3. 职责

（1）品质管理人员负责各部门与顾客沟通工作的监督及定期进行顾客意见调查。

（2）部门经理负责组织、落实与顾客沟通的方式、方法和内容，并将有关信息传递到公司。

（3）客服部主管负责本部门顾客投诉处理、沟通、信息收集、整理等。

4. 方法和过程控制

（1）客服部主管向顾客介绍我们所提供的服务，解答顾客的提问，对顾客的困难予以重视，及时向上级汇报顾客的意见和困难，并在值班记录中进行登记。

（2）客服部主管负责在维修和家政服务后，通过电话、上门或其他方式进行回访，并填写《维修服务及回访记录表》。

（3）由客服部主管负责对顾客投诉进行跟踪、回访和记录，并提出整改措施。每月5日前，客服部主管将本部门上月顾客投诉及处理情况汇总，经部门经理审批后予以公布，并抄送品质管理人员。

（4）客服部主管负责对顾客提出的促进管理或建设性意见予以记录，并在分析其可行性后作出回应。

（5）客服部经理负责与业主委员会的沟通工作，每季度把分公司的主要工作内容和工作中存在的难点与业主委员会主任进行沟通；业主委员会的会议必须要整理成《会议纪要》，交与总经理审阅后报业主委员会主任审批，并于小区内予以公布。

（6）客服部主管负责每半年一次的顾客恳谈会通知的拟定，报上级领导审批后予以发放，并负责会议的组织及落实等工作。

（7）各部门经理负责主持每半年一次的顾客恳谈会。

（8）客服部主管在每季度至少组织一次社区文化活动，每年初要根据公司的全年社区文化活动计划制订本部门的社区文化活动计划，每次活动要附照片或文字记录；活动结束后将本次活动情况在《社区文化活动记录表》中予以记录，并对活动效果进行总结。

（9）每半年中期管理评审前，品质管理人员负责进行一次顾客意见调查，调查采取抽查方式，根据上年度调查情况，选取不少于20%的意见反映较多的顾客作为重点进行调查，回收率确保在50%以上。

（10）每年年底管理评审前，品质管理人员负责进行一次全面的顾客意见调查，调查形式采取将调查表直接发至顾客信箱，并在调查意见专用箱中由专人进行收集的方式，调查表回收率确保在 30% 以上。

5. 工作表格

《社区文化活动记录表》

（八）客户投诉处理程序

1. 加强与顾客沟通，弥补管理疏漏，改善服务质量，满足客户合理要求

2. 适用于项目各部门

3. 职责

（1）副总经理负责对各部门未能处理的业户投诉提出处理意见，直接向公司汇报。

（2）部门经理负责处理部门业务范围内的所有投诉，并做好记录。

（3）各部门主管、领班、班长负责处理业务范围内的投诉并做好记录，同时向上级领导汇报。

（4）所有员工都负有向上级及时汇报客户投诉的责任。

4. 定义

（1）一类投诉：由于物业管理不到位而产生的投诉。

（2）二类投诉：由于发展商及房屋质量方面问题导致的投诉。

（3）三类投诉：由于外部环境、非管辖区内公共配套设施等方面而导致的投诉。

5. 方法和过程控制

（1）投诉的处理流程

①当部门接到业主投诉时，当事人须向业主致歉，并对业主的意见表示感谢。

②当场可以解决的须当场处理，并向上级汇报；不能当场处理的，迅速通知上级领导，由上级领导给出处理意见。

A. 一类投诉：由客服部经理填写《顾客投诉记录表》，及时跟进、处理，并将处理结果知会投诉人，《顾客投诉记录表》由处理部门妥善保存。

B. 二类投诉：由工程部经理填写《工程遗留问题处理记录表》，对于影响较大的问题由受理部门以书面形式上报公司总办，由总办负责转呈发展商，并跟进与反馈处理结果。

C. 三类投诉：由受理部门在《值班记录表》上予以记录，根据投诉的影响程度以专题报告的形式转呈相关部门，并将处理结果予以公布。

③对于处理难度较大的业主投诉，必须及时上报公司领导，由公司领导提出处理意见及时限，同时抄报副总经理，在限期内跟踪、验证处理结果。

（2）业主投诉到公司、集团公司、媒介及政府有关部门的投诉，由投诉受理者负责记录，及时负责跟踪，将处理情况及时抄报管理者代表（副总经理、总经理）。将《顾客投诉记录表》留存。

（3）每月5日前，由部门文员将本部门上月顾客投拆及处理情况汇总，经部门经理审批后予以公布，并抄送公司领导。

（4）客服部主管负责每季度对各部门投诉情况进行分析与汇总，并在公司内部信息网上予以公布。

（5）对于无效投诉，应当予业主以合理、耐心的解释。

6. 工作表格

《顾客投诉记录表》

（九）物业接管验收程序

1. 明确责任，维护顾客利益，保障物业管理工作的顺利开展

2. 适用于公司各项目

3. 职责

（1）总经理负责接管验收方案的审批，副总经理负责监督实施。

（2）总经理负责制订房屋接管验收方案并全面组织、协调、落实房屋移交验收工作，签发与发展商的验收往来文件及签订保修合同。

（3）总经理指定专人负责小区（大厦）竣工资料、设备技术资料的移交验收归档。

（4）总经理指定专人按照验收标准进行严格验收，及时提出合理化建议，确保验收工作的顺利完成。

4. 方法和过程控制

（1）物业接管验收具体的要求与标准可参考建设部1991年颁布的《房屋接管验收标准》。验收方案的具体内容应视接收项目实际情况作必要的调整，物业接管验收工作的主要内容。

①接管验收应提交验收的资料有：产权资料包括项目批准文件、用地批准文件、建筑执照、拆迁资料；技术资料包括竣工图（总平面图、建筑、结构、设备、附属工程有隐蔽管线的全套图纸），地质勘察报告，工程保修合同及开、竣工报告，图纸会审记录，工程设计变更通知及技术核定单位（包括质量事故处理记录），隐蔽工程验收签证，沉降观测记录，竣工验收证明书，钢材、水泥等主要材料的质量保证书，新材料、构配件的鉴定合格证书，水、电、暖、通、卫生器具、电梯等设备的检验合格证书，砂浆、砼试块试压报告，供水、供暖、管道燃气的试压报告等。

②给水设备的验收：包括水泵、给水管网等。

③排水设施的验收：包括室外排水管道、沟、渠、池、井、排污系统、清通设备等。

④卫生设备的验收：包括浴缸、浴盆、冷热水龙头、抽水马桶、面盆、水龙头、镜子及其他附属性卫生设备。

⑤厨房设备的验收：包括洗菜盆、洗菜盆龙头、管道煤气、煤气灶具、抽油烟机、储物柜等。

⑥供热设施的验收：包括热力交换站、热力管网、开关室、各种阀门等。

⑦供电设备的验收：包括电表、各类开关、灯座、各类配电箱、供电线路、插座、照明器具、灯杆、高压柜、电力变压器、主电力电缆、发电机组等。

⑧弱电系统的验收：包括卫星地面站、电视天线系统等。

⑨空调系统的验收：包括空调机组、风机盘管、循环泵、自控系统等。

⑩燃气系统的验收：包括管线、燃气表、燃气截门等。

⑪电话系统的验收：包括交换机线路、插座等。

⑫在建工程的验收：包括各类材料构成的墙面、地面、门窗及其他各种室内外建筑配套设施。

⑬消防设施的验收：包括烟感、温感、喷淋头、消火栓、应急灯、警铃（钟）、玻璃按钮、防火门、排送风机、通风口、通风管、消防管道、控制主机、联动柜、煤气管道、切断阀以及接合器、水龙带等。

⑭电梯的验收：包括客用电梯、消防电梯、货梯、扶梯等。

（2）房屋移交验收情况记录

①验收人员须对各单元户的房屋质量进行验收，并记录在《房屋验收记录表》上，并移交部门代表签字确认。

②对于公共部位和公共设施的验收，由总经理指定专人负责根据验收情况整理填写《物业移交验收情况通报表》后，呈交承建商和/或发展商代表签字确认。

③验收合格后由总经理负责与发展商办理书面移交手续，签署物业管理正式接收文件。

（3）对于接管验收中存在的问题，由总经理指定专人负责及时跟踪处理，并保存记录。

（4）各空置房房门钥匙，按照《钥匙管理程序》进行管理。

5. 引用标准：中华人民共和国建设部《房屋接管验收标准》

（十）与顾客沟通程序

1. 了解服务现状，满足顾客需求，提高服务质量

2. 适用于公司各项目

3. 职责

（1）品质管理人员负责各部门与顾客沟通工作的监督及定期进行顾客意见调查。

（2）部门经理负责组织、落实与顾客沟通的方式、方法和内容，并将有关信息传递到公司。

（3）客服部主管负责本部门顾客投诉处理、沟通、信息收集、整理等。

4. 方法和过程控制

（1）客服部主管向顾客介绍我们所提供的服务，解答顾客的提问，对顾客的困难予以重视，及时向上级汇报顾客的意见和困难，并在值班记录中进行登记。

（2）客服部主管负责在维修和家政服务后，通过电话、上门或其他方式进行回访，并填写《维修服务及回访记录表》。

（3）由客服部主管负责对顾客投诉进行跟踪、回访和记录，并提出整改措施。每月5日前，客服部主管将本部门上月顾客投诉及处理情况汇总，经部门经理审批后予以公布，并抄送品质管理人员。

（4）客服部主管负责对顾客提出的促进管理或建设性意见予以记录，并在分析其可行性后作出回应。

（5）客服部经理负责与业主委员会的沟通工作，每季度把分公司的主要工作内容和工作中存在的难点与业主委员会主任进行沟通；业主委员会的会议必须要整理成《会议纪要》，交与总经理审阅后报业主委员会主任审批，并于小区内予以公布。

（6）客服部主管负责每半年一次的顾客恳谈会通知的拟定，报上级领导审批后予以发放，并负责会议的组织及落实等工作。

（7）各部门经理负责主持每半年一次的顾客恳谈会。

（8）客服部主管在每季度至少组织一次社区文化活动，每年初要根据公司的全年社区文化活动计划制订本部门的社区文化活动计划，每次活动要附照片或文字记录；活动结束后将本次活动情况在《社区文化活动记录表》中予以记录，并对活动效果予以总结。

（9）每半年中期管理评审前，品质管理人员负责进行一次顾客意见调查，调查采取抽查方式，根据上年度调查情况，选取不少于20%的意见反映较多的顾客作为重点进行调查，回收率确保在50%以上。

（10）每年年底管理评审前，品质管理人员负责进行一次全面的顾客意见调查，调查形式采取将调查表直接发至顾客信箱，并在设立调查意见专用箱中由专人进行收集的方式，调查表回收率确保在30%以上。

5. 工作表格

《社区文化活动记录表》

（十一）钥匙管理程序

1. 加强钥匙管理，消除安全隐患
2. 适用于公司客服部及保洁部
3. 职责

由部门经理指定人员负责钥匙的接收、领用、保管和配制。

4. 定义

钥匙主要是空置房的钥匙。

5. 方法和过程控制

（1）由部门经理指定专人对钥匙加以标志，并进行分类保管。

（2）钥匙统一放在本部门办公室或物业中心特制的钥匙柜内，由钥匙管理员或当值人员负责钥匙的领用、归还情况记录。

（3）任何人未经部门经理许可不得私自配制钥匙，若因工作需要配制时，须由钥匙管理员及经手人填写好《钥匙配制申请表》的相关内容，报部门经理同意后方可配制。

（4）钥匙领用后必须随身携带，不可将钥匙随意离身放置或把钥匙转借给他人，更不能让他人代还钥匙，领用的钥匙下班前须交还给钥匙管理员或当值人员。钥匙管理员或当值人员每天下班前应清点钥匙数量，发现未交还现象应及时追回，如有异常，应在《钥匙使用登记表》的"备注"栏中予以记录。

（5）若钥匙不慎遗失，必须立刻报告部门经理，由部门经理作出处理决定，钥匙管理员登记备案。

（6）钥匙管理员应列出本部门的《备用钥匙清单》，并对本部门钥匙持有人的变更情况和钥匙的变动情况随时进行记录。

6. 质量记录和表格

《钥匙配制申请表》

《钥匙使用登记表》

《备用钥匙清单》

《钥匙借用登记》

（十二）办理各类门禁卡、车卡作业程序

1. 为规范 IC 卡管理，确保 IC 卡不丢失、不误发，及时处理 IC 卡故障

2. 适用于公司各项目

3. 职责

（1）物管中心主管负责 IC 卡管理的指导、监督和落实。

（2）物管中心工作人员负责 IC 卡管理的具体实施。

4. 方法及过程控制

（1）IC 卡的种类

①门禁卡。

②车卡。

（2）IC 卡的保管

物管中心主管指定专人负责 IC 卡的管理并做好标志。

（3）IC 卡的管理

①业主在办理入住手续时，同时申请填写《业主智能卡登记表》，并请业主选择授权范围。

②停车场的授权只限已购或已租车位的业主，并签订了《车位管理协议书》或《车位租赁合同》。

③物管中心主管指定专人做好标志的 IC 卡送至工程部门制作。

④物管中心主管指定专人负责 IC 卡的授权工作。

⑤物管中心主管安排专人现场检查 IC 卡是否有效，并将 IC 卡号登记在《业主智能卡登记表》上。并录入电脑《智能卡统计》中。

⑥物业中心工作人员负责通知业主到物业中心领取已授权的智能 IC 卡，并在《业主智能卡登记表》上签字确认。

⑦业主如需增办智能 IC 卡按 4.3.1 至 4.3.6 步骤执行。

⑧智能 IC 卡使用人提出智能 IC 卡存在故障时，物业中心工作人员负责做好记录，并交由指定的智能 IC 卡操作人员对此卡进行读卡检测鉴定，以排除故障。如属智能卡质量问题，应换用新卡重新授权并取消原卡的授权指令，并知会物业中心工作人员更改《业主智能登记表》和电脑资料上的卡号，业主领卡时请业主签字确认。

5. 支持性文件

《车位管理协议书》

《车位租赁合同》

6. 工作记录表格

《业户智能卡登记表》

（十三）机顶盒安装作业程序

1. 为提高本小区业主（租客）家庭电视的收视效果，更好地满足业主（租客）的要求的一项服务工作

2. 适用于本公司各项目

3. 职责

（1）客服部经理指定专人对小区业主报装机顶盒进行统计记录，负责与厂家入户安装调试工作。

（2）客服部专人负责机顶盒须跟进收视效果，及时回复和解决业主（租客）提出的问题，不能及时解决的须上报本部门主管或经理予以解决。

（3）客服部负责机顶盒的专人须积极跟进催缴业主每年度的收视费工作。

4. 方法与过程控制

（1）业主须到物管中心办理安装申请及手续，物管中心收费处负责代收业户缴纳机顶盒工本费及收视费。

（2）客服部负责管理机顶盒专员将业主已办理的申请及相关费用手续等报交安装厂家。

（3）联系好安装时间与厂家入户一同进行安装调试工作，记录好有关机顶盒的机器编号及卡号，并请业主确认签字。

（4）跟进业主安装后的收视效果；遇有一般维修问题及时修复或联系厂家进行解决，需要更换须上报部门主管和经理，并联系厂家为业主更换，做好有关记录。

（5）客服部负责管理机顶盒专员须保存好有关业主申请安装工作记录和机号、卡号与业主的楼宇房间号的准确性。

（6）对于无任何原因而拒绝缴纳收视费的业主，应耐心说服，仍未解决的须上报部门主管或经理予以解决。

5. 工作记录表格

《机顶盒安装记录表》

（十四）社区活动安排作业程序

1. 为丰富社区业主的业余生活，宣传国家政策法规，增进业主与物业人员之间的交流，促进相互关系

2. 适用于公司各项目

3. 职责

（1）分公司总经理、副总经理在每季度号召物业员工与小区业主进行联谊活动。

（2）各部门经理负责对每季度活动内容的策划与实施。

（3）客服部经理负责活动信息公布或电子屏幕信息发送的安排，落实到小区的业主。

（4）安全员保证社区活动安排的周边治安防范。

4. 方法和过程控制

（1）社区活动包括：各种文化宣传活动、节日庆祝联谊活动、体育活动、消防演习等一系列活动。

（2）每年度分公司都要作出各项活动的安排、实施方案，通过各部门经理、主管及领班等共同策划，分公司副总经理进行审定，总经理进行决策。

（3）客服部负责在各大堂通告栏张贴通知，大堂前台值班员发送业户通知宣传册。

（4）各部门经理指定该部门人员在活动中共同协作配合，进行活动场地布置工作和实施。

（5）品质管理部对此次活动的安排、过程、结果进行监督、协调与落实工作。

（6）客服部工作人员在举办活动中负责安排、招待每位业主，为活动中的主要宣传、主要参与人员。

（7）与业主的各项活动，客服部主管填写《社区文化活动记录表》进行总结，报送部门经理审核后，抄送品质管理部。

5. 工作记录表格

《社区文化活动记录表》

（十五）信息处理作业程序

1. 规范物业中心信息处理流程，及时、准确传达和处理顾客信息，满足顾客需求

2. 适用于公司各项目

3. 职责

（1）客服部经理负责对本部门信息传递的及时性进行监督。

（2）客服部主管负责信息处理工作的落实和指导并指定专人负责具体工作的实施。

4. 方法和过程控制

（1）物管中心值班信息的处理

①业主信息：电话、来访、传真、电子邮件等。

②物管中心值班工作人员在接收到顾客信息后，及时记录在值班记录本上。

③物管中心工作人员对所做记录的信息进行简单分类处理后（入户维修、家政服务）并跟踪验证。由客服部主管对业主意见及业主投诉予以界定并参照《与客户沟通办法》及《顾客投诉处理指导书》执行。

④物管中心工作人员在接到业主入户维修服务（含入户维修和家政保洁）信息后，及时通知维修组，并在值班记录上做好记录。重要的维修项目应以信息联络单形式发给维修组，同时要及时跟踪和验证结果，并将验证结果记录在值班记录上。

⑤物管中心工作人员在接到业主家政保洁服务信息时，及时将信息知会物业服务部并记录在值班记录上，同时在业主预约时间后予以跟踪验证并将验证结果记录在值班记录上。

⑥其他类信息由物管中心工作人员进行初步判断，对于不能确定的信息及时向当值负责人或主管汇报并跟踪处理结果。

（2）房态信息的处理

①客服部主管指定专人及时将新控制房信息与电脑存档的空置房资料核对修改，物管中心工作人员在办理完入伙手续后要及时知会负责修改信息的工作人员，修改相应文件内容，以便保证信息的及时有效。

②物管中心信息责任人每日将房态变更情况填写在《每日房态变更情况表》上，经主管审核后及时将最新的空置房信息传递给相关部门。

③物管中心信息责任人每周对房态表予以更新，经主管审核后及时发给相关部门接收人并收回原有房态表进行作废处理。

④房态表中对于不同的房态要予以明确的标志，以便识别。

5. 支持性文件

《顾客投诉处理指导书》

《与客户沟通办法》

6. 工作记录表格

《每日房态变更情况表》

《顾客投诉记录表》

《顾客投诉登记表》

（十六）业主通知发放作业程序

1. 为保证对业主发放通知等信息的准确性、及时性

2. 适用于公司各项目

3. 职责

（1）分公司总经理或其授权人负责对业主信息的公布或电子屏幕信息发送的审批及监督。

（2）各部门经理负责对业主信息公布内容的审核，以确保信息的准确性。

（3）客服部经理负责信息公布或电子屏幕信息发送的安排、督促和落实。

（4）客服部负责信息公布和电子屏幕信息的具体实施。

4. 方法和过程控制

（1）客服部经理指定专人负责操作电子屏幕信息发送的专用电脑并负责对业主张贴信息的公布工作。

（2）各部门经理审核对业主公布或通过电子显示屏发送信息的内容后，以《信息联络单》的书面形式发至客服部并明确信息公布的内容、公布时效、公布范围、公布时间。

（3）客服部接到《信息联络单》后，进行文字编辑处理，拟通知文稿或填写《电子显示屏信息发送通知单》。

（4）对业主张贴的通知必须经分公司总经理或其授权人审批，并加盖公司章，由物业中心工作人员负责安排张贴工作。

（5）《电子显示屏信息发放通知单》必须经分公司总经理或其授权人批准后，由物业中心工作人员负责安排公布。

（6）公布电子显示屏信息的工作人员接到《电子显示屏信息发送通知单》签字确认后，按《电子显示屏信息发送通知单》中的内容将信息输入电脑正式公布，发现内容有问题时要及时与拟稿人核实并做好记录。

（7）屏幕信息公布后，立即通知就近当值安全员检查显示屏显示的信息内容，并将结果记录在值班记录中。

（8）负责公布电子显示屏信息的操作人员，要根据《电子显示屏信息发送通知单接收表》中的时效要求准时取消时效过期的信息。

5. 工作记录表格

《信息联络单》

《电子显示屏信息发送通知单》

《电子显示屏信息发送通知单接收表》

（十七）仓库管理程序

1. 对仓库物资的储存、保护、进（出）库进行有效的控制

2. 适用于公司各部门

3. 职责

（1）部门经理负责对仓库管理进行监督检查。

（2）部门出纳负责监督仓管员的盘点与记账工作。

（3）仓管员负责按规定对仓库进行管理。

4. 方法和过程控制

（1）仓库管理要求

①各部门根据物资的性能、品种、型号、用途、重量、包装等特点以及易挥发、易受潮物资的特性和仓库条件，将仓库分成清洁物资、维修物资、清洁工具、维修工具、有毒物资及危险品、待处理物资六个区进行物资定位管理。有毒物资及危险品须带锁柜装，并做好标志；待处理物资包括赠品、回收再利用品、边角料及发展商遗留下来的物品等；所有物资包装标志一律向外。

②应保持仓库环境的温度、湿度及整洁，仓库内的消防设施应功能正常、保证充足，每50平方米须配置一部灭火器。存放有毒物资及危险品的仓库须装防爆灯，除工作人员外其他人未经许可不得入内。

（2）物资入库

①仓库员对经检验合格的物资进行核实后，开具《进仓单》（办公文具除外），由相关人员签字确认后，按指定位置入库。出纳员将《进仓单》连同发票一同报销，入库的所有物资

都必须及时登记入账。

②对急用物资可先直接拿至现场使用，但随后采购员须携带发票找仓管员开具《进仓单》，仓管员入账。

（3）物资出库

①物资的出库必须凭《物资领（借）用单》，项目清楚，手续齐全。如有不符，仓管员有权拒绝发放物资。

②物资要按照先进先出的原则发放。对于不是一次性消耗的物资如油漆、电话线、铁钉、漂白水等，由最初使用人填写《物资领（借）用单》，由仓管员销账。剩余物资必须存放在剩余物资存放点，剩余物资未使用完前，不能开封新物资。

③急用物资领用人员须及时将《物资领（借）用单》交仓管员，并对物资质量情况做检验记录，仓管员账面销账。

④《物资领（借）用单》由物资使用人填写，各类业务主管审批；如是借用物资，归还时须填写归还日期，由仓管员验收入库。部门经理须对整个物资领用的合理性进行监督。

（4）物资盘点

①仓管员对库存物资至少每月进行一次盘点，并填写《仓库物资盘点表》，报部门经理审核。

②对库存时间较长的物资，发现霉变、破损或超保质期应及时填写《物资报废申请单》写明报废原因，由公司财务部进行价格审定。×××元以下的物资，由部门经理根据实际情况填写处理意见，报人事行政部核准；×××元以上（含×××元）的物资，报总经理或授权人审批。属资产类物资须按公司物资管理规定执行。

③对不能及时处理的物资，应统一放置于仓库的待处理物资隔离区内。

④物资未得到妥善处理之前，《物资报废申请单》与物资不可分开放置。仓管员根据盘点情况及时登记入账。

（5）待处理物资管理

①对馈赠品、回收再利用物资、边角料及发展商遗留下来的物资须填制《待处理物资登记表》，并报财务部进行价格审定。×××元以下的物资，部门经理根据待处理物资的情况可作出变卖、内部调剂等处理，报人事行政部核准；×××元以上（含×××元）的物资处理须报总经理或其授权人审批，仓管员设置账本并按实际情况登记入账。属资产类物资须按照公司资产管理规定执行。

②对"待处理物资"，仓管员应每季度至少整理、汇总一次，报部门经理审核后挂于部门物资供需网站。

③对于需调剂的资产，应由资产调入部门填写资产情况审核单，由部门经理签字确认后，按资产管理规定执行。

5. 质量记录和表格

《物资领（借）用单》

《仓库物资盘点表》

《物资报废申请单》

《待处理物资登记表》

（十八）收、倒垃圾作业程序

1. 及时处理管辖区域内的生活垃圾，保持环境清洁卫生

2. 适用于公司各管理处收、倒垃圾作业

3. 方法和过程控制

（1）垃圾收集人员必须每天收集 2 次以上垃圾。

（2）收集垃圾时携带备用袋，取出旧垃圾袋的同时换上新垃圾袋，检查桶内有无遗漏垃圾，并及时清洁。

（3）收集的每袋垃圾应用垃圾桶清运至垃圾收集点。

（4）多层小区直接将垃圾放入垃圾车内。

（5）收集、清运垃圾应乘指定的电梯，并应避免同顾客同乘一趟电梯。

（6）每次收完垃圾后，须及时对运送过程中遗漏的垃圾水及垃圾物捡起并进行冲洗。

（7）保洁员每天应用垃圾车将垃圾从垃圾收集点运到指定地点，协助司机将垃圾倒入车内。

（8）垃圾运到指定地点后应及时返回到规定的地方，将垃圾车冲洗干净后放回原处，并对垃圾收集点进行冲洗，避免有臭气或招引蚊蝇，冲洗后应扫干或拖干水迹。

（9）管理处任何人员发现垃圾桶（箱）超载，均应通知有关清洁人员及时处理。

（十九）办公场所保洁作业程序

1. 为办公场所的保洁工作提供作业指引，确保服务质量

2. 适用于公司所辖物业中用于写字楼、商业或学校等用途的物业的保洁工作

3. 方法和过程控制

写字楼

①办公场所的日常保洁以顾客非正常办公时间进行为主，所有垃圾应集中收集，统一处理。

②在正常的办公时间，保洁员对所辖区域的保洁工作以巡视为主。

③每日早上及午间正常办公前 15 分钟对办公场所喷洒空气清新剂。

④每日早中晚非正常办公时间，至少各一次由指定保洁员对洗手间、公共垃圾桶、公共通道、电梯间、茶水间进行全面保洁工作。

⑤顾客下班后主要针对办公区域内设施进行保洁，如办公桌椅、文件柜、沙发、茶几、办公设备、烟灰缸、废纸篓、垃圾桶、门、窗、地面、电梯、室内绿化等。

⑥每日正常办公时间由指定保洁员按每半小时频率对公共设施、会客室、会议室、公用烟灰盅、饮水设施、地面卫生等使用率高的公共场所或设施进行巡视检查，发现不洁之处立即进行整理、清洁。

⑦每周一次（通常安排在顾客的非工作日）对空调风口、天花板、照明灯具、窗帘、地脚线、电梯、卫生间内隔板、水箱、灯具、办公设施等进行清洁工作。

⑧每月对写字楼的地板进行一次以上打蜡，大堂内的灯具每月须彻底清洁一次。

⑨进入顾客已下班的办公场所或商场内进行清洁卫生时，应由两人以上同时进出，共同作业。

4. 质量记录和表格

《洗手间定时清洁记录表》

（二十）洗手间清洁作业程序

1. 为办公场所洗手间的保洁工作提供指引

2. 适用于公司所辖物业中用作办公、商业或学校等物业的保洁工作

3. 方法和过程控制

（1）顾客上班前（8:00前）洗手间的清洁

①打开洗手间大便池每一个冲水阀冲水，并对大小便池进行洗刷。

②如遇有水锈或顽固污迹，使用洁瓷灵、去污粉、稀盐酸、小灰铲进行洗刷，直到干净。

③用抹布擦洗洗手池台面、纸巾盒、毛巾架、镜面、扶手、挂钩及拉手，确保干净。

④补充更换洗手间内香球、纸巾、擦手毛巾、洗手皂（液），并由更换物品的人对所更换物品的质量进行检查控制工作。如发现伪劣物品应及时汇报保洁主管或管理处经理，并做好相关记录。

⑤清洁完后应拖净地面水迹，清理工具，并喷洒空气清新剂。

（2）顾客上班后，保洁员须每隔30分钟对洗手间进行巡视、清洁，以保持洗手间的干净，及时补充纸巾。

（3）中午清倒一次垃圾。

（4）顾客下班后，清倒洗手间内的垃圾，更换垃圾袋，清洗毛巾。对电脑自动控制的烘干机等清洁设备，应检验能否正常使用。

（5）每周对洗手间进行一次冲洗，并用洁瓷灵兑水混合液（1:7为参照比例）对地面进行刷洗。如地面缝脱落应勾补。

（6）每周对洗手间内墙壁、风口、排风扇进行一次清洗。

（7）每月对洗手间灯饰进行一次清洗。

4. 质量记录和表格

《洗手间定时清洁记录表》

（二十一）地面清洁保养作业程序

1. 保持楼内地面整洁，延长地板的使用寿命

2. 适用于公司总部及各管理处

3. 方法和过程控制

（1）打蜡前的工作安排

①打蜡工作应于每月底最后一个周末进行，具体操作时间可自行安排，以尽量避免或减少影响顾客为宜。

②要搬出或移动被打蜡范围内的座椅、茶几、告示牌、灭火器、垃圾箱、室内花卉、书报架等其他物品，以使打蜡工作顺利进行。

③大堂打蜡要有"工作进行中、小心地滑"告示牌，并用警戒带圈出警戒区，安排安全员指引客户走其他通道和电梯，以免影响打蜡进程。

（2）清除旧蜡（大理石地面的打蜡前）

①首先将大理石地面清理干净，不得有颗粒状杂物和油污。

②将起蜡水和温水按1:4的比例倒入干净的桶内，用干净拖布蘸上混合液均匀涂在大理石面上。

③用短毛手刷或刷地机洗大理石面。

④用抹布、铲刀、刮刀、刷子等工具或用溶液稀释剂除去地面上各种污迹。

⑤用吸水机除大理石面上的污水，再用清水轻拖地面2至3遍。待干燥后清扫，以保证大理石表面完全干净，无杂物、无污渍。

（3）大理石地面的打蜡

①上底

A. 将需用的底蜡液倒入干净的打蜡车（墩布车）内。

B. 使用专用干燥、洁净的拖布浸入蜡中，充分吸入蜡液后取出，在桶边拧挤干净进行涂蜡。

C. 上蜡应按由里至外、先横再竖的方式均匀地上蜡，直到全部结束，待其干燥。

D. 涂蜡过程中，蜡在未干燥前不能踩踏。

②上面蜡

A. 将需用的面蜡倒入已空置的打蜡车内。

B. 将专用干净的拖布浸入蜡中，充分吸入蜡液后取出，在桶边拧挤干净并进行涂蜡。

C. 上蜡应按由里至外、先横再竖的方式均匀地上蜡，直至全部结束，待其干燥。

D. 涂蜡过程中，蜡在未干燥前不能踩踏。

③抛光

A. 将抛光蜡均匀地涂在地面表层，待其干燥。

B. 由指定操作员操作抛光机，抛光时根据材质选择速度对地面进行抛光。

C. 抛光可来回匀速走动，按照由里向外的顺序，直到地面无蜡印。

（4）胶质或柚木地面打蜡

上面蜡

A. 将需用的面蜡液倒入已空置的打蜡车（墩布车）内。

B. 将已洗净的拖布浸入蜡液中，充分吸入蜡液后取出，在桶边拧挤干净并进行涂蜡。

C. 上蜡应按由里至外、先横再竖的方式均匀地上蜡。

D. 蜡在未干燥前不能踩踏，待蜡全部干燥后，打蜡工序结束。

（5）补蜡

①地蜡因重撞导致部分脱蜡时，可采用局部起蜡、涂蜡的方式给予修补。

②补蜡方法

A. 将要补蜡地面清理干净。

B. 将起蜡水涂于补蜡地面，然后用手刷或洗地机起蜡。

C. 用铲刀、刮刀、清洁球、刷子等工具除去地面顽固污迹。

D. 用拖布拖干净表面污迹，待其干燥。

E. 以上面蜡方式进行全部补蜡。

（6）上固体蜡的大理石地面补蜡

①打蜡前

A. 拖干净地面，并检查有无颗粒状杂物，待其干燥。

B. 有水蜡地面应清除旧蜡，方法同3.2。

②打蜡之后还须经常进行抛光保养。

（7）打蜡工序结束

打蜡工作完成后应进行工具的清洗、整理，并存放在仓库，同时检查库存蜡水情况，以便及时补充。

（8）瓷砖地（墙）面的清洁、保养

①一般情况下，瓷砖地（墙）面清洗只需用抹布或拖把进行半湿擦拭拖扫。

②对于特别脏的地方用水加少量清洁剂调匀后进行清洗，如遇顽固污迹采用小灰铲或钢丝刷清洁，直至砖间缝干净，砖面不留污迹。禁止将酸性较强的清洁剂直接倒在地面清洗，以免对地面造成损坏。

③每次拖地面积达 3 平方米后，拖布须进行清洗。

④瓷砖墙面如有污垢，应用抹布蘸清洁剂进行清洁。

⑤灰质墙面如有污垢，应用干抹布擦拭，必要时可用细砂纸擦掉，但要注意墙面。

⑥日常清洁过程中，应按先墙面后地面的程序进行清洁。

（9）大理石、水磨石顽固污迹处理

①茶迹、咖啡迹，用全能清洁剂或用专用药水按适当比例进行刷洗。

②水迹用氨水加酒精涂在大理石上，4～6 小时后再擦洗。

③油漆用漆料、汽油慢慢刷洗。

④香口胶用香口胶剂喷在四周，5 分钟后擦洗，或用刀片轻轻刮除，再擦拭干净。

（二十二）杀虫灭蟑等作业程序

1. 为杀虫灭蟑等工作提供作业指引，及时消灭四害

2. 适用于公司各管理处的杀虫灭蟑等工作

3. 方法和过程控制

（1）杀虫灭蟑等应注意事项

①对农药有皮肤过敏者或身体状况不佳者严禁从事此项工作。

②在进行杀虫灭蟑等工作时要做好杀虫灭蟑等标志，明确顾客应注意的事项。

③作业时工作人员要戴好橡胶口罩、手套，注意风向，从上风区域开始，先喷高处后喷低处，严禁药水喷到行人。作业后用肥皂水洗擦皮肤裸露处。

④室外进行消杀作业时应避开阳光强烈的正午，尽量选在晴朗天气阴凉无风的时候进行，以防中暑或中毒。

⑤杀虫药剂浓度不宜过高，对施用的杀虫药应每隔一段时间进行一次更换。否则长期过高浓度或长期施用一种药剂会使病虫产生抗药性，不利于杀虫灭蟑工作的有效进行。

（2）杀虫药剂方法

①蚊虫的滋生地在潮湿、阴暗处，苍蝇的滋生地在潮湿和有垃圾腐败物的地方。

②灭蚊蝇用敌敌畏、家虫清，应按说明书的比例进行调配喷杀，一般采用浓度为水1000～1500 倍液。

③对雨水井、污水井、化粪池等处的蚊蝇进行消杀时，只将井盖移开一条缝将喷头插入后进行喷杀，不可将井盖一次性翻开，以防蚊虫大量飞出。消杀完成后须及时将井盖复位盖实。

④楼层灭蝇时间定于 20：00～22：00 为佳。灭蚊宜在白天进行，灭蚊药液一般喷洒在阴凉潮湿的角落、绿篱花丛、天台阴暗处及地下室阴暗处。

⑤灭鼠时间定于 22：00 以后为佳。一般将灭鼠药物投放在各阴暗角落及洞口附近，放药

后第二天7:00前应收捡死鼠，并用垃圾袋装好送到垃圾清运站，同时将残留的药物清扫干净。

⑥蚯蚓消杀应在阴雨天气进行，将药物均匀投洒在土壤表层，再淋少量水，使药物能充分溶解渗入土中。

（3）杀虫灭蟑效果评估

每次消杀工作结束后，由消杀责任人对本次消杀做好质量记录，并于次日由保洁班长对本次杀虫灭蟑工作效果予以评估。

（4）杀虫药品的管理

①杀虫药品严格按照《仓库管理程序》的有关规定内容予以储存、保管，严格领用。

②灭虫工作完成后必须清洗工具，及时归还。灭虫责任人须严格执行上班领、借用工具和物品，下班时及时归还工具和物品，严禁将任何物品及工具置于单车棚、宿舍或其他公共区域。

4. 质量记录和表格

《杀虫灭蟑的工作记录表》

（二十三）公共设施清洁保养作业程序

1. 为公共设施的保洁工作提供指引

2. 适用于公司总部及各项目的公共设施的保洁

3. 方法和过程控制

（1）字、牌、画的清洁保养

①每天用毛刷或掸子轻抹字、牌、画上的灰尘。

②每周用半湿抹布对艺术字进行光亮处理和保养。

③不锈钢的字、牌、制品、设施应每周用干燥干净的毛巾先擦一遍，再用干燥干净的毛巾蘸上不锈钢水顺着纹路轻抹一次。

④铜字、牌、制品、设施应每周用干燥干净的毛巾除尘后，再用干净的毛巾蘸少量铜亮剂按同一方向、快速用力擦，然后用干布抛亮。

⑤有机玻璃面的字画及PVC胶板字、牌每隔2日用拧干的毛巾蘸兑水洗洁精（水与洗洁精）擦拭。

⑥无玻璃装裱的字画，每周用鸡毛掸进行除尘。

⑦有玻璃装裱的字画应每周先喷少量玻璃水到玻璃上，再用干净的半湿毛巾轻擦，最后用预先准备的柔软的干毛巾擦干水迹。要注意防止玻璃水喷洒过多，沿镜框渗透到内部沾污染字画。

（2）公用烟灰盅的清洁

①每天用半干毛巾擦拭烟灰盅，烟灰盅为不锈钢或铜制品的，每周擦拭一次，方法见

3.1.3 和 3.1.4。

②先将烟灰盅内烟头捡出，再将石米倒入筛网后进行烟灰盅清洁，洗净擦干后换上干净的石米。

③将筛网中的石米放入水中进行翻洗以洗去烟灰。

④将洗去烟灰的石米放入清洁用桶内，加入清洁剂或漂白水进行反复搓洗，直到洁白为止。

⑤将洗好的石米晒于指定地点，晒干后及时收存于指定地点，以作备用。实际工作中也可将石米置于大块干布中揉搓至干。

（3）玻璃门、墙的清洁

①平面玻璃门、墙的清洁

A. 用浸透兑水洗洁精（水与洗洁精的比例为 7:1）的毛巾逐块对玻璃门、墙进行擦洗。

B. 用玻璃刮刀从上至下刮去玻璃上遗留的清洁剂，然后用干抹布将残留边角水迹抹干净。

C. 玻璃刮刀每刮一次后应用半干湿毛巾对刮刀胶片进行擦拭，以抹去刮刀上清洁剂，然后再进行下一次操作。

D. 清洗工作完成后应将工具清洗干净，并存放在仓库。

②非平面玻璃门、墙的清洁

A. 用毛巾蘸兑水的洗洁精（水与洗洁精的比例为 7:1）对玻璃门、墙进行擦拭。

B. 用拧干的毛巾擦干净。

（4）地毯的一般清洁保养

①毛地毯的清洁保养

A. 每天应对毛地毯表面进行吸尘作业。

B. 污垢多的地毯面应视情况喷洒清洁剂或粉末清洁精，以溶解污垢。

C. 应用干湿两用吸尘器或吸水机吸净污垢，然后风干。

D. 固定地毯用吸水机吸干。

②胶地毯的清洁保养

A. 每周应用硬毛刷蘸洗洁精或洗衣粉进行清洗。面积较大时，应用洗洁精兑水后用洗地机进行清洗。

B. 清洗后应放置在指定位置晒干或风干。

（5）地毯的特殊清洁保养

①地毯压痕消除

地毯由于家具或其他物件的重压会形成凹痕，消除凹痕的办法是：将浸过热水的毛巾拧干，敷在凹痕部位5～10分钟，然后移去毛巾，用电吹风和细毛刷边吹边刷即可恢复原状。

②地毯焦痕消除

焦痕程度不严重时，只要用剪刀或壁纸刀剪除，然后用硬刷刷起覆盖。若是较严重的焦痕，可把压在家具下的地毯毛刷起来用剪刀剪下，用黏合剂把它粘在烧焦处，用类似书本轻重的平面物品压在上面，待黏合剂干燥后粘上去的毛就牢固了，再用毛刷轻轻梳理一下便可。

③地毯复色

地毯用久了颜色就不如新的鲜艳，要让用久了的地毯颜色变得鲜艳起来，可在头一天晚上把食盐撒在地毯上，第二天早上用干净的湿抹布把盐抹净，地毯的鲜艳颜色即恢复。

④地毯洗涤

用地毯清洗剂，按使用说明比例并视地毯污迹程度兑温水，然后用地毯机进行清洗。

⑤地毯污迹去除

A. 对毛地毯上的动植物油迹，应用毛巾蘸适量地毯去油剂擦拭。

B. 对果汁和啤酒迹、墨水迹，用专用地毯去渍剂去除。

（6）纺织品类公共设施顽固污迹的清除

①纺织品、咖啡、果汁、油迹、唇膏、指甲油、汗渍、香口胶等顽固污渍等用清洁剂和家具清洗剂清除。

②油漆用漆料清除。

（7）家私的保养

①木质家私的保养

A. 先用半干抹布除尘。

B. 喷家私蜡，然后用干净的软毛巾擦拭。

②皮具家私的保养

A. 先用半干抹布除尘。

B. 用万能泡沫或碧丽珠清洁剂擦拭。

C. 其他适宜使用的皮具清洁剂按照产品说明书使用。

③布制品的保养

A. 一般用鸡毛掸或软毛毛刷除尘。

B. 可拆卸的布制品外套应拆下后清洗。

C. 不可拆卸的布制品可用万能泡沫喷洒后用刷子刷洗，然后用干毛巾擦拭。高档布艺家具可用专用沙发机干洗，以防缩水。

④塑料制品的保养

A. 用抹布除尘。

B. 用清洁精刷洗。

C. 用蜡水擦拭，对洗洁精处理不了的污垢，可用天拿水或蓝威宝清洁剂擦拭。

（8）真丝、羊绒、羊毛制品等只可干洗。

（二十四）保洁设备操作及保养作业程序

1. 为正确使用清洁工具、设备提供指引，保证清洁工具、设备完好

2. 适用于公司各项目

3. 方法和过程控制

（1）保洁设备的管理应由经培训合格的保洁专人使用，并由专人负责保管，确保设备完好无损。

（2）洗地机的操作及保养方法

①根据待清洗之物品选择软（硬）毛刷头，并安装在洗地机底盘上。（一般洗地用硬毛刷头，洗地毯则用软毛刷头）

②按说明比例将水和清洁剂（洗地毯用）或起蜡水（洗地用）盛入盛液桶内。

③双手把住洗地机把手，将把手调节至腰部适当高度，以便于操作。

④检查电源线外观无损坏、无裸露正常后，再插上电源。（指示灯亮）

⑤双手抓紧左右把手，抓住把手下左右边任一开关按钮后都可启动洗地机。熟练操作洗地机后，可左右开关轮流使用，以便于休息。

⑥启动后，洗地机随着地刷的旋转会左右或前后移动，洗地机移动的方向与左右手用力的方向始终相反，移动的快慢与用力大小却成正比。例如：要使洗地机向前移动，双手应适当用力向操作者方向往后压；要使洗地机向左移动时，双手应适当用力。

⑦清洗过程中，对较脏或有顽固污迹的地方刷头停留的时间可延长，直至污迹清除。

⑧清洗结束后，拔掉电源，收好电源线，调节把手至垂直状态，以便于拆下刷头和推着机器走动。

⑨清洗干净刷头及盛液桶，并用毛巾擦干净洗地机，放回仓库。

（3）抛光机的操作及保养

①将抛光垫安装在抛光机底盘上。

②检查电源线外观无损坏、无裸露正常后，再插上电源（指示灯亮）即可启动。启动后将电源线搭在肩上，以避免电源线卷入机器内。

③抛光机在地面重叠旋转，按照顺序由左至右依次进行，直到地面光滑、无痕印为准。

④抛完光后，应用毛刷刷干净抛光垫，清洁机器，送还仓库。

（4）吸尘器的操作及保养

①洗尘

A. 打开吸尘器的内容，安装洗尘刷头。

B. 根据吸尘的内容，安装吸尘刷头。

C. 检查电源线外观无损坏、无裸露后，再插上电源（指示灯亮）即可启动。启动后将电源线搭在肩上，以避免电源线卷入机器内。

D. 按照从上到下，从内至外的原则吸尘。

E. 吸尘结束后，拔掉电源线并收好，清洁滤尘袋和装尘的容器，保持设备清洁干净，送还仓库。

②吸水

A. 打开吸尘器，将吸尘袋取出。

B. 吸水操作同吸尘器吸尘操作。

（二十五）保洁管理岗位管理程序

1. 建立一支高效的保洁队伍，明确保洁各岗位职责，确保所辖区域的清洁工作质量

2. 适用于公司各项目对保洁岗位的管理工作

3. 保洁管理工作内容

（1）环境卫生管理：地面、公共设施、环境消杀、办公场所、收倒垃圾、洗手间等。

（2）园林绿化管理：绿化养护、绿化植物消杀等。

（3）家政服务管理：日常清洁、清理物品、绿化养护、地板打蜡、外包服务等。

4. 方法和过程控制

（1）保洁班长

①负责制定完善保洁工作作业细则，合理调配保洁员。

②负责对保洁设备、器具维修保养及操作指导。

③负责每月消耗材料统计汇总。

④负责保洁员的日常技能培训、岗前培训，不断提高员工工作能力。

⑤负责及时了解班员思想动态，并将有关信息及时上传下达。

⑥负责保洁月工作计划制订，每周组织保洁工作例会。

⑦负责及时收集顾客意见并汇报。

⑧负责对保洁员的月工作情况进行考核。

⑨负责每日对保洁各岗位进行巡查。

（2）熟悉楼宇结构、单元户数、楼座排列、车行道、人行道及公共配套设施、设备等的分布情况，以便于顺利开展各项工作

①严格按照保洁程序文件、作业指导书，对责任区域内的物业进行清扫、清洁，并不断巡视，保持整洁。

②积极钻研本职岗位工作中的难点，寻找解决的办法，不断提高自身业务技能。对不能解决的问题须及时汇报上报。

③爱护保洁工具、用品，每次使用后应清洗干净，并统一存放于指定地点。

④维护责任区域卫生，有效制止各种违章、违规现象，劝阻、制止不卫生、不文明的行为，并直接向上级报告。

⑤对公共配套设施、设备等的损坏情况，及时报告相关主管人员或控制中心进行处理。

⑥发现可疑人员或可疑情况，及时与当值安全管理员或控制中心取得联系进行处理。

⑦发现火情时，必须及时通知控制中心或本部门工作人员，并按照消防作战图履行相关职责。

⑧收集顾客的意见和建议并及时向上级汇报。

（3）绿化员

①熟悉所管辖范围内的绿化布局、苗木的品种、数量。

②熟悉所管项目花木的名称、种植季节、生长季节、生长习性和培植管理。

③对遭受意外损坏或生长弱的苗木要及时修补、扶植、更新。

④熟悉园林工具的使用和简单的维修养护。

⑤经常巡视绿化地，制止践踏草地、乱清倒垃圾或在树干上晒衣物等行为。

⑥认真巡视绿化植物生长情况，预防病虫害的发生。

⑦对缺土、缺肥、缺水、有病虫害植物要及时培土、施肥、除病虫害、拔草。

⑧对造型树木、花篱、花球、花丛要及时修剪，保持良好的造型。

⑨发现枯枝枯叶要及时予以剪除，发现老化植林要及时更新。

⑩每天早晚清理一次绿化带上的杂物，保持绿化环境整洁。

⑪学习科学养护方法、园林栽培技巧和造型技艺，不断提高业务素质。

（4）家庭服务员

①严格遵守《员工手册》及公司的各项规章制度。

②服从上级工作安排，按质、按量、按时、细心、周到地完成服务工作，以保证顾客满意。

③在服务前应备齐清洁用品和工具，准时到达顾客家中。

④注意礼貌礼节，在进入住户家中服务时须先按门铃或敲门。

⑤当顾客有特殊需求时，须征得班长同意后方可进行。

⑥洁身自爱、自重，不得在顾客房内无故停留，不得有索取、收取顾客财务等不良行为。工作完毕应及时填写《维修服务回访记录》，请顾客签字确认后立即离开。

⑦不得随意使用顾客家中的电话或其他生活娱乐设施。

⑧不得将亲友带进顾客家中或公司。

⑨不得随意与他人谈论顾客家庭、公司情况。

⑩接受顾客的意见和建议，及时改进或纠正工作中的差错。

⑪严格按照公司规定做好客户服务质量记录。

⑫及时收集、汇报顾客的意见和建议。

5. 质量记录和表格

《消杀工作记录表》

《洗手间定时清洁记录表》

《值班记录表》

《公共设施维修记录表》

《代客购物登记表》

《邮件签收登记表》

《家庭服务协议书》

《客户服务情况统计分析报告》

《清洁绿化巡查记录表》

《管理处绿化（地）养护巡查周记表》

《保洁工作检查记录表》

六、突发事件处理预案

（一）防汛处理预案

1. 客户服务部

（1）客户服务部经理按照防汛工作组指示及时将紧急情况通知中心相关方。

（2）了解中心相关方区域内滴漏情况，及时通知相关部门进行处理。

（3）配合中心相关方做好防汛宣传工作，张贴防汛告示，并向客户做好解释工作。

（4）随时将防汛紧急情况报告防汛指挥小组。

（5）如遇紧急情况，根据中心防汛工作组指示，做好中心相关方的解释、安抚、疏散工作。

（6）提示并协助中心相关方做好单元内漏点的紧急处理，及时通报工程部经理，并做好记录。事毕，做好漏点的跟踪记录报告物管中心领导。

2. 保洁中心

（1）保洁中心经理按照防汛工作组指示及时组织人员、物资进行防汛抢险工作。

（2）携带防汛物资做好中心相关方区域的除水、清理工作。随时将防汛情况报告防汛指挥小组。

（3）组织人员、物资，做好防汛抢险的应急准备。

（4）如中心相关方区域发生滴漏现象，及时携带防汛物资进行抢险清理工作。

（5）发现险情，及时向防汛工作组组长报告。

（6）组织在岗人员及物资，听从值班经理指挥，做好防汛抢险的应急准备。

（7）非保洁中心工作时间，值班经理根据情况，需要保洁人员到场时，及时与保洁中心经理联系。

3. 相关记录

《事故、事件情况报告》。

（二）跑水应急处理预案

1. 园区公共区域系统跑水及其他原因跑水

2. 客户服务部：负责与中心相关方的协调工作

保洁中心：负责跑水现场清理工作。为保证及时有效处理跑水事件，把影响和损失减少到最低程度。

值班人员：负责非正常工作时间内跑水事件的组织处置。

3. 程序

客户服务部

（1）接到中心相关方报告后立即派专人赶赴现场了解情况，并及时通知工程部经理与相关专业工作人员赶赴现场抢修。

（2）协助中心相关方做好跑水点的紧急处置。

（3）做好中心相关方的解释与安抚工作。

（4）统计中心相关方因跑水事件产生的物品损失，并协助处理保险理赔事宜。

（5）事后做好中心相关方的回访工作。

（6）非正常工作时间内接到跑水情况通知后，立即组织各岗值班人员携带应急工具赶赴事故现场进行抢险。

（7）通过现场情况判断，及时通知电梯公司维保人员将电梯锁在跑水区域楼层以上的某一层，视情况而决定是否恢复使用。

（8）无法进入客户区域时，可电话与该区域中心相关方紧急联系人联系确认后进入该区域；如无跑水区域备用钥匙，经中心领导同意后可联系政府相关部门许可及到场监督，方可破门进行抢险。

（9）安排各岗员工妥善处理好抢险完毕后相关事宜（现场清理、取证拍照等）。

（10）以书面的形式报告中心领导。

客户服务部及时将恢复情况通知中心相关方。

保洁中心

（1）保洁中心经理接到通知后，立即组织人员携带器具赶赴现场协助进行抢险、排水工作。

（2）协助安保人员用沙袋或一切可利用物品放置在电梯等重要设备和客户门口，防止水流入浸泡，减少损失。

（3）抢险工作完成后做好跑水现场的清理工作。

4. 相关记录

《事故、事件情况报告》。

（三）外网停电故障应急处理预案

1. 避免或减少园区及中心相关方因断电造成的损失

2. 园区范围内

3. 职责

客户服务部：负责对园区各楼客户做好解释工作，协助做好相关事宜。

安保部：负责对园区各出入口、重点部位与公共区域进行安全监管，检查园区各楼门禁锁闭情况。

工程部：负责与相关方进行联系，尽快恢复供电，确保应急发电机正常运转。

其他部门：负责根据需要合理安排员工协助维持现场秩序。

值班经理：非正常工作时间内负责组织人员应急处理，并及时向中心领导报告。

4. 程序

客户服务部

（1）将停电情况以通告、网络形式提前通知客户。

（2）停电发生后立即安排人员到各楼层电梯间协助客人疏散到安全地方。

（3）做好客户的解释与安抚工作，并提醒园区客户在恢复供电前注意各项设备应处于安全状态。

（4）事后做好园区客户的回访工作。

其他部门

在保障部门安全的同时，根据需要协助做好相关工作。

5. 应急状态的结束与应急现场的恢复

（1）应急状态的结束统一由中心总经理宣布。

（2）安保部对应急现场、工程部对设备及时进行恢复。

（3）客户服务部及时将恢复情况通知园区客户。

6. 相关记录

《事故、事件情况报告》。

（四）污水管道系统堵、倒灌应急处理预案

1. 积极预防，及时处理，减少损失

2. 园区排污管道系统

3. 职责

客户服务部：负责与园区客户的解释协调工作。

保洁中心：负责部分应急物资的准备与抢险，并做好清洁工作。

4. 程序

客户服务部

（1）接到客户投诉时，及时对客户进行解释、安抚及提示客户尽量不从此区域经过。

（2）如客户区域内受到影响，及时安排保洁人员前去清理、消毒。

（3）随时与工程部保持联系，如经处理疏通后及时将情况通知保洁中心。

保洁中心

（1）关闭 B1～B3 卫生间，同时检查各层地漏是否有返水现象。

（2）及时码放相应告示牌并协助做好相关区域的卫生清洁工作。

（3）接到通知后及时恢复卫生间正常使用。

5. 应急状态的结束与应急现场的恢复

（1）由工程部确认应急状态的结束。

（2）保洁中心、安保部对应急现场进行清理，工程部及时恢复设备的使用。

（3）客户服务部及时将恢复情况通知客户，并对客户进行回访。

6. 相关记录

《事故、事件情况报告》。

七、流程图

（一）办理车位续租续缴及补办管理费工作流程

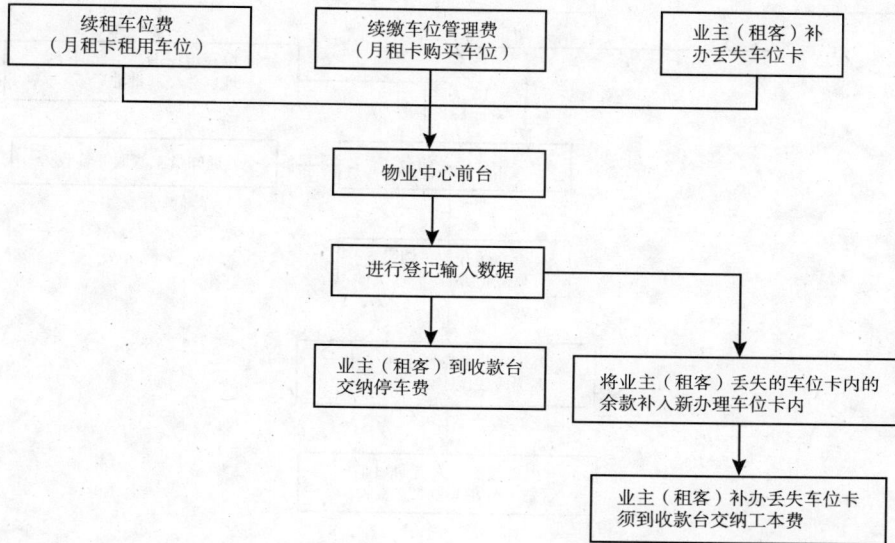

```
┌──────────────┐   ┌──────────────┐   ┌──────────────┐
│  续租车位费    │   │ 续缴车位管理费 │   │ 业主（租客）补 │
│（月租卡租用车位）│  │（月租卡购买车位）│  │ 办丢失车位卡   │
└──────┬───────┘   └──────┬───────┘   └──────┬───────┘
       └──────────────────┼──────────────────┘
                          ▼
                  ┌──────────────┐
                  │   物业中心前台   │
                  └──────┬───────┘
                          ▼
                  ┌──────────────┐
                  │ 进行登记输入数据 │────────────┐
                  └──────┬───────┘            │
                          ▼                    ▼
            ┌──────────────┐    ┌──────────────────────┐
            │ 业主（租客）到收款台 │  │ 将业主（租客）丢失的车位卡内的 │
            │ 交纳停车费        │   │ 余款补入新办理车位卡内       │
            └──────────────┘    └──────────┬───────────┘
                                            ▼
                                ┌──────────────────────┐
                                │ 业主（租客）补办丢失车位卡 │
                                │ 须到收款台交纳工本费       │
                                └──────────────────────┘
```

（二）办理出入证管理流程

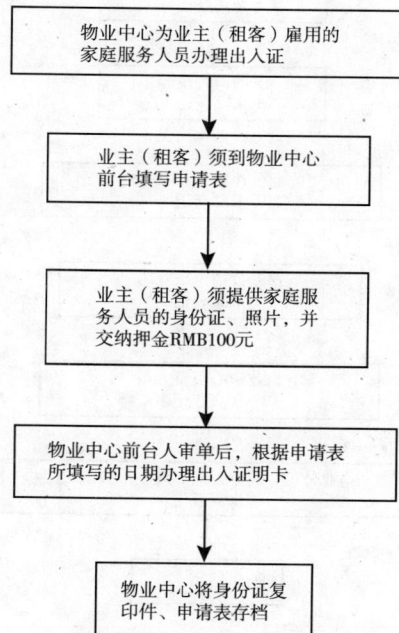

```
        ┌──────────────────────┐
        │ 物业中心为业主（租客）雇用的 │
        │ 家庭服务人员办理出入证      │
        └──────────┬───────────┘
                    ▼
        ┌──────────────────────┐
        │ 业主（租客）须到物业中心    │
        │ 前台填写申请表           │
        └──────────┬───────────┘
                    ▼
        ┌──────────────────────┐
        │ 业主（租客）须提供家庭服      │
        │ 务人员的身份证、照片，并     │
        │ 交纳押金RMB100元         │
        └──────────┬───────────┘
                    ▼
        ┌──────────────────────┐
        │ 物业中心前台人审单后，根据申请表 │
        │ 所填写的日期办理出入证明卡     │
        └──────────┬───────────┘
                    ▼
        ┌──────────────────────┐
        │ 物业中心将身份证复         │
        │ 印件、申请表存档          │
        └──────────────────────┘
```

（三）办理门禁卡工作流程

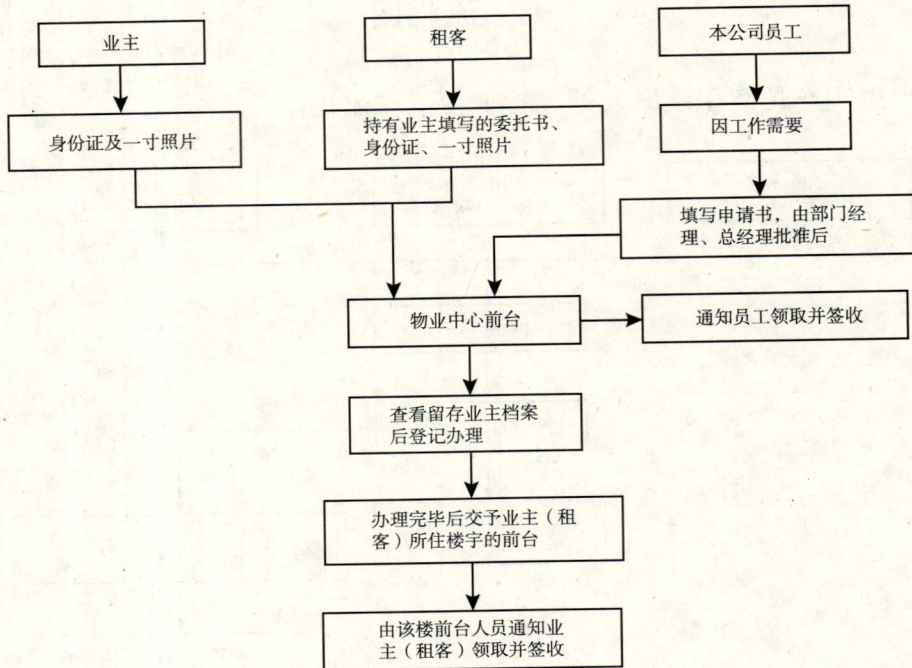

```
┌──────────┐      ┌──────────┐      ┌──────────┐
│   业主   │      │   租客   │      │ 本公司员工 │
└────┬─────┘      └────┬─────┘      └────┬─────┘
     ↓                 ↓                 ↓
┌──────────┐  ┌──────────────┐  ┌──────────┐
│身份证及一寸照片│  │持有业主填写的委托书、│  │ 因工作需要 │
│          │  │  身份证、一寸照片 │  │          │
└────┬─────┘  └──────┬───────┘  └────┬─────┘
                                      ↓
                          ┌─────────────────┐
                          │填写申请书，由部门经│
                          │ 理、总经理批准后  │
                          └────────┬────────┘
        ↓                          ↓
   ┌──────────────┐        ┌──────────────────┐
   │  物业中心前台   │───────→│ 通知员工领取并签收  │
   └──────┬───────┘        └──────────────────┘
          ↓
   ┌──────────────┐
   │ 查看留存业主档案 │
   │   后登记办理   │
   └──────┬───────┘
          ↓
   ┌──────────────────┐
   │办理完毕后交予业主（租│
   │ 客）所住楼宇的前台  │
   └──────┬───────────┘
          ↓
   ┌──────────────────┐
   │由该楼前台人员通知业 │
   │ 主（租客）领取并签收 │
   └──────────────────┘
```

（四）办理入伙流程

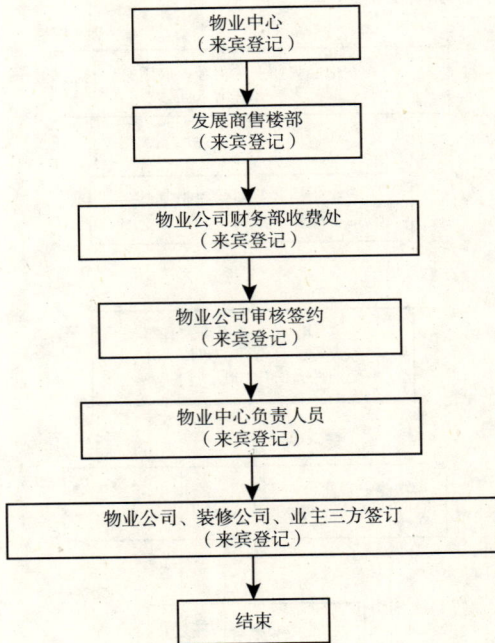

```
        ┌──────────────┐
        │   物业中心    │
        │  （来宾登记）  │
        └──────┬───────┘
               ↓
        ┌──────────────┐
        │  发展商售楼部  │
        │  （来宾登记）  │
        └──────┬───────┘
               ↓
        ┌──────────────────┐
        │ 物业公司财务部收费处 │
        │   （来宾登记）     │
        └──────┬───────────┘
               ↓
        ┌──────────────┐
        │ 物业公司审核签约 │
        │  （来宾登记）  │
        └──────┬───────┘
               ↓
        ┌──────────────┐
        │ 物业中心负责人员 │
        │  （来宾登记）  │
        └──────┬───────┘
               ↓
    ┌──────────────────────┐
    │物业公司、装修公司、业主三方签订│
    │     （来宾登记）        │
    └──────────┬───────────┘
               ↓
           ┌────────┐
           │  结束  │
           └────────┘
```

（五）处理业主（租客）报修的流程

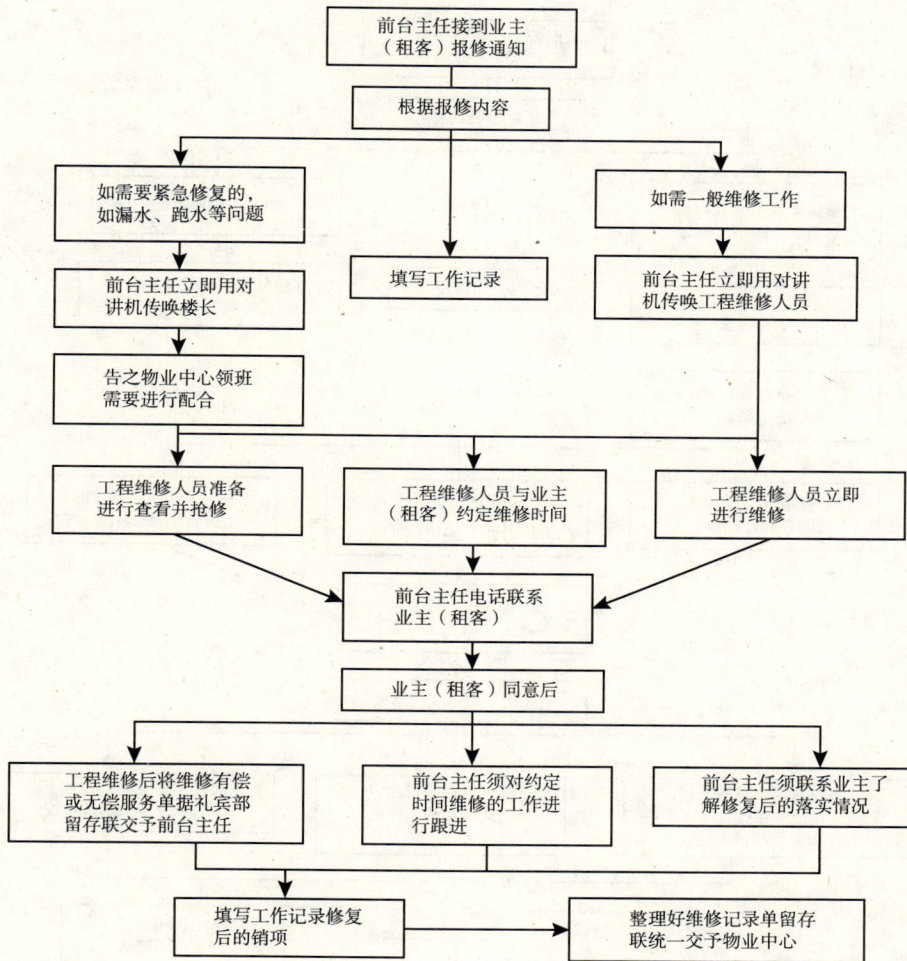

前台主任接到业主
（租客）报修通知

根据报修内容

如需要紧急修复的，
如漏水、跑水等问题

填写工作记录

如需一般维修工作

前台主任立即用对
讲机传唤楼长

前台主任立即用对讲
机传唤工程维修人员

告之物业中心领班
需要进行配合

工程维修人员准备
进行查看并抢修

工程维修人员与业主
（租客）约定维修时间

工程维修人员立即
进行维修

前台主任电话联系
业主（租客）

业主（租客）同意后

工程维修后将维修有偿
或无偿服务单据礼宾部
留存联交予前台主任

前台主任须对约定
时间维修的工作进
行跟进

前台主任须联系业主了
解修复后的落实情况

填写工作记录修复
后的销项

整理好维修记录单留存
联统一交予物业中心

（六）处理业主（租客）的报修管理工作流程

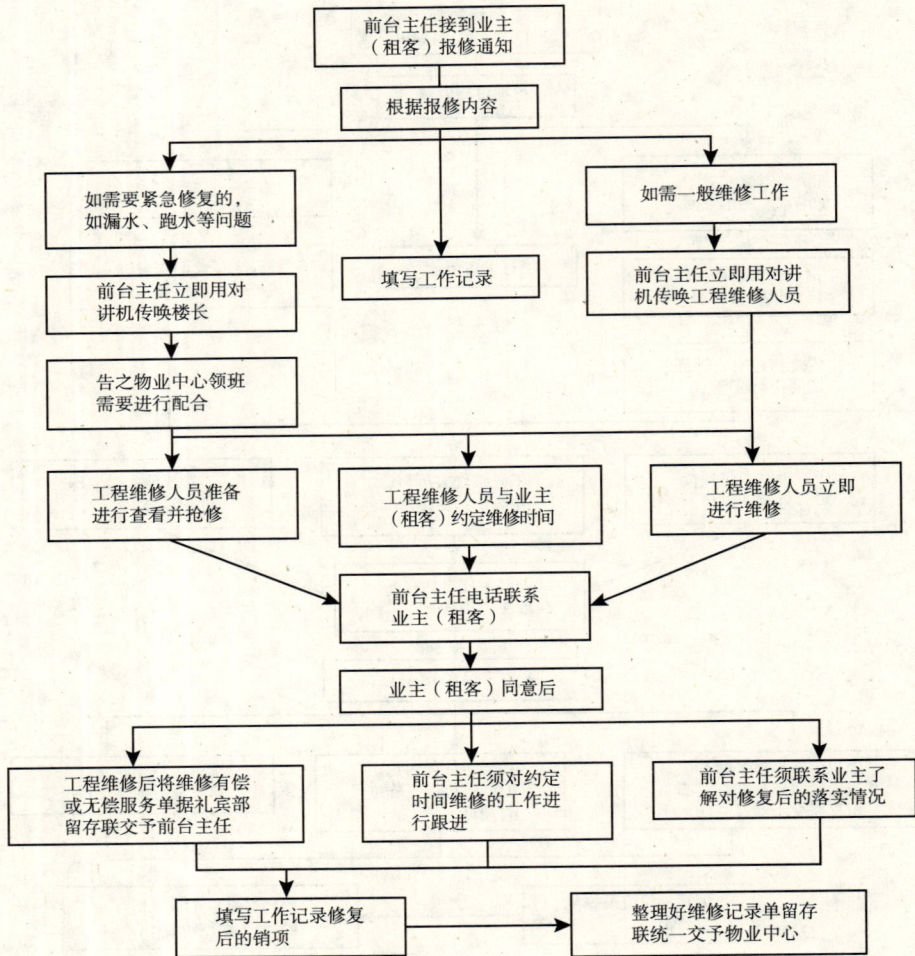

```
        ┌─────────────────────┐
        │ 前台主任接到业主      │
        │（租客）报修通知       │
        └─────────────────────┘
                  │
        ┌─────────────────────┐
        │   根据报修内容        │
        └─────────────────────┘
```

如需要紧急修复的，如漏水、跑水等问题	填写工作记录	如需一般维修工作

前台主任立即用对讲机传唤楼长

前台主任立即用对讲机传唤工程维修人员

告之物业中心领班需要进行配合

工程维修人员准备进行查看并抢修	工程维修人员与业主（租客）约定维修时间	工程维修人员立即进行维修

前台主任电话联系业主（租客）

业主（租客）同意后

工程维修后将维修有偿或无偿服务单据礼宾部留存联交予前台主任	前台主任须对约定时间维修的工作进行跟进	前台主任须联系业主了解对修复后的落实情况

填写工作记录修复后的销项	整理好维修记录单留存联统一交予物业中心

（七）大堂前台值班员接待他人进出的管理流程

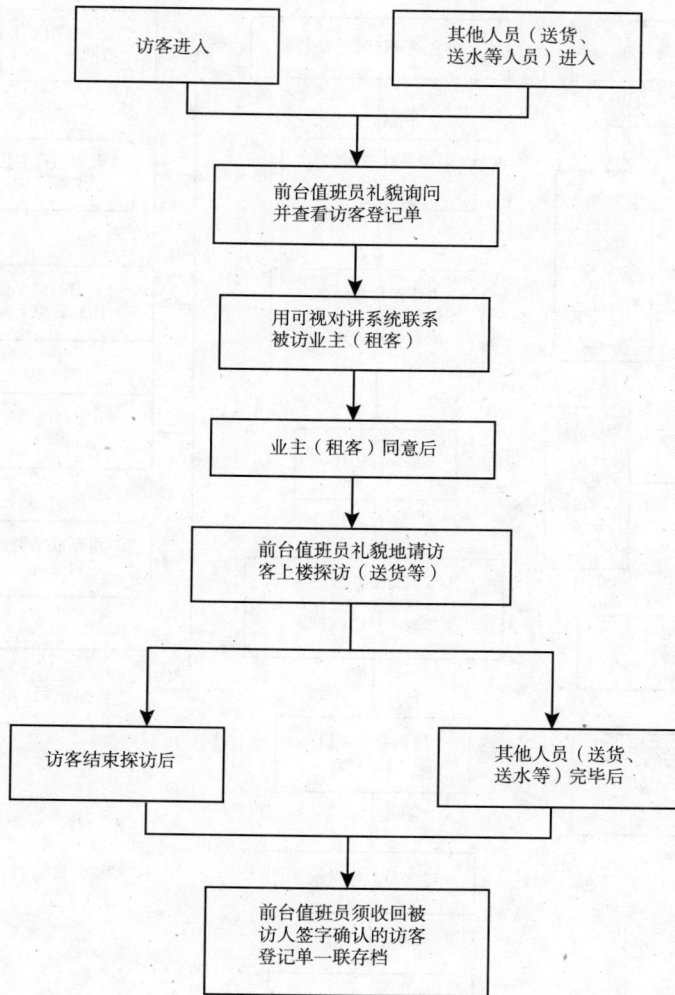

```
┌─────────────┐          ┌─────────────────┐
│   访客进入   │          │ 其他人员（送货、 │
│             │          │ 送水等人员）进入 │
└──────┬──────┘          └────────┬────────┘
       │                          │
       └────────────┬─────────────┘
                    ↓
        ┌───────────────────────┐
        │ 前台值班员礼貌询问      │
        │ 并查看访客登记单        │
        └───────────┬───────────┘
                    ↓
        ┌───────────────────────┐
        │ 用可视对讲系统联系      │
        │ 被访业主（租客）        │
        └───────────┬───────────┘
                    ↓
        ┌───────────────────────┐
        │ 业主（租客）同意后      │
        └───────────┬───────────┘
                    ↓
        ┌───────────────────────┐
        │ 前台值班员礼貌地请访    │
        │ 客上楼探访（送货等）    │
        └───────────┬───────────┘
          ┌─────────┴──────────┐
          ↓                    ↓
┌───────────────┐    ┌─────────────────┐
│ 访客结束探访后 │    │ 其他人员（送货、 │
│               │    │ 送水等）完毕后   │
└───────┬───────┘    └────────┬────────┘
        └──────────┬──────────┘
                   ↓
        ┌───────────────────────┐
        │ 前台值班员须收回被      │
        │ 访人签字确认的访客      │
        │ 登记单一联存档          │
        └───────────────────────┘
```

（八）大堂前台值班员其他工作流程及前台主任处理其他工作流程

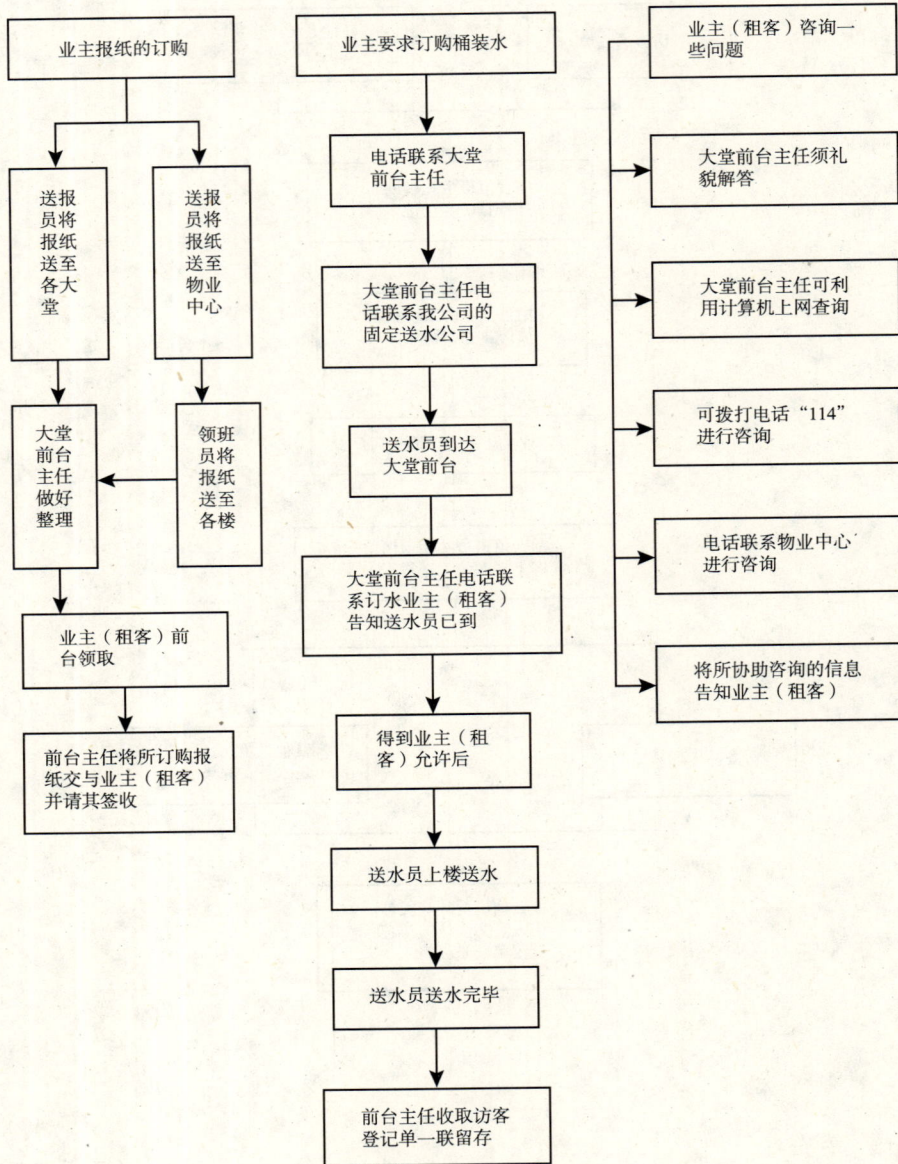

```
┌─────────────────┐      ┌─────────────────┐      ┌─────────────────┐
│  业主报纸的订购  │      │ 业主要求订购桶装水│      │ 业主（租客）咨询一│
└─────────────────┘      └─────────────────┘      │   些问题         │
                                                    └─────────────────┘
```

业主报纸的订购	业主要求订购桶装水	业主（租客）咨询一些问题
送报员将报纸送至各大堂 / 送报员将报纸送至物业中心	电话联系大堂前台主任	大堂前台主任须礼貌解答
大堂前台主任做好整理 ← 领班员将报纸送至各楼	大堂前台主任电话联系我公司的固定送水公司	大堂前台主任可利用计算机上网查询
业主（租客）前台领取	送水员到达大堂前台	可拨打电话"114"进行咨询
前台主任将所订购报纸交与业主（租客）并请其签收	大堂前台主任电话联系订水业主（租客）告知送水员已到	电话联系物业中心进行咨询
	得到业主（租客）允许后	将所协助咨询的信息告知业主（租客）
	送水员上楼送水	
	送水员送水完毕	
	前台主任收取访客登记单一联留存	

（九）机顶盒安装流程

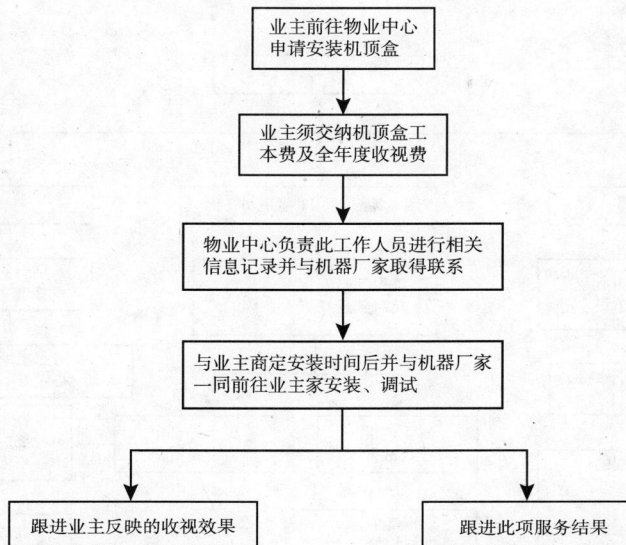

```
┌─────────────────────┐
│ 业主前往物业中心      │
│ 申请安装机顶盒        │
└─────────────────────┘
          ↓
┌─────────────────────┐
│ 业主须交纳机顶盒工    │
│ 本费及全年度收视费    │
└─────────────────────┘
          ↓
┌─────────────────────────┐
│ 物业中心负责此工作人员进行相关 │
│ 信息记录并与机器厂家取得联系  │
└─────────────────────────┘
          ↓
┌─────────────────────────┐
│ 与业主商定安装时间后并与机器厂家 │
│ 一同前往业主家安装、调试     │
└─────────────────────────┘
        ↓                      ↓
┌──────────────────┐   ┌──────────────────┐
│ 跟进业主反映的收视效果 │   │ 跟进此项服务结果    │
└──────────────────┘   └──────────────────┘
```

（十）接待访客进入的管理工作流程

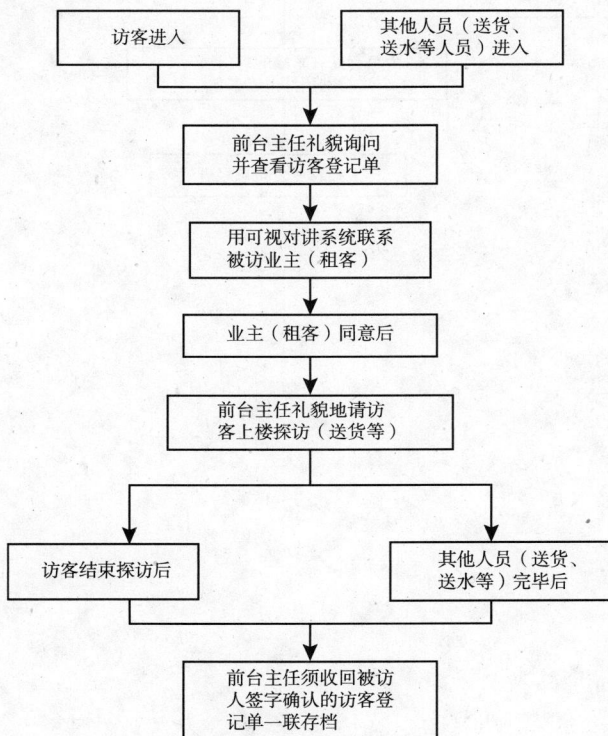

```
┌──────────┐      ┌──────────────────┐
│ 访客进入   │      │ 其他人员（送货、    │
│          │      │ 送水等人员）进入    │
└──────────┘      └──────────────────┘
       └──────────┬──────────┘
                  ↓
        ┌──────────────────┐
        │ 前台主任礼貌询问    │
        │ 并查看访客登记单    │
        └──────────────────┘
                  ↓
        ┌──────────────────┐
        │ 用可视对讲系统联系   │
        │ 被访业主（租客）    │
        └──────────────────┘
                  ↓
        ┌──────────────────┐
        │ 业主（租客）同意后   │
        └──────────────────┘
                  ↓
        ┌──────────────────┐
        │ 前台主任礼貌地请访   │
        │ 客上楼探访（送货等） │
        └──────────────────┘
        ↓                      ↓
┌──────────────┐   ┌──────────────────┐
│ 访客结束探访后  │   │ 其他人员（送货、    │
│              │   │ 送水等）完毕后     │
└──────────────┘   └──────────────────┘
        └──────────┬──────────┘
                   ↓
        ┌──────────────────┐
        │ 前台主任须收回被访   │
        │ 人签字确认的访客登   │
        │ 记单一联存档        │
        └──────────────────┘
```

（十一）紧急突发事件处理流程

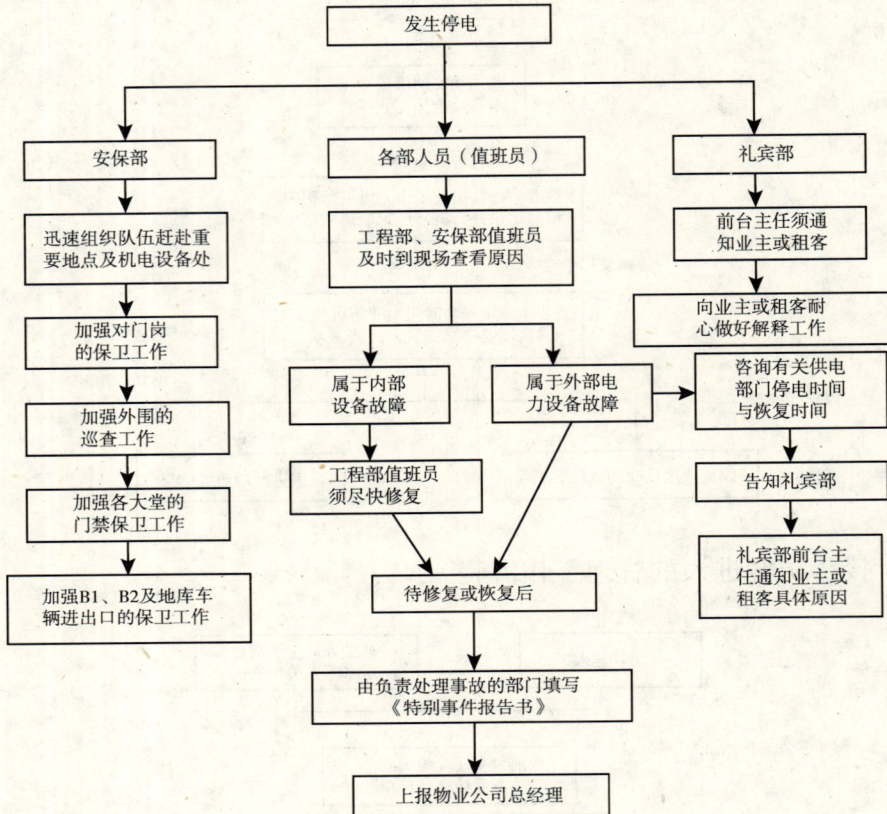

```
                        ┌──────────────┐
                        │   发生停电    │
                        └──────┬───────┘
          ┌────────────────────┼────────────────────┐
          ▼                    ▼                    ▼
    ┌───────────┐      ┌────────────────┐    ┌───────────┐
    │   安保部   │      │各部人员（值班员）│    │   礼宾部   │
    └─────┬─────┘      └───────┬────────┘    └─────┬─────┘
          ▼                    ▼                    ▼
  ┌───────────────┐    ┌───────────────┐    ┌───────────────┐
  │迅速组织队伍赶赴重│    │工程部、安保部值班员│   │前台主任须通    │
  │要地点及机电设备处│    │及时到现场查看原因 │    │知业主或租客    │
  └───────┬───────┘    └───────┬────────┘    └───────┬───────┘
          ▼                                           ▼
  ┌───────────────┐                          ┌───────────────┐
  │加强对门岗      │                          │向业主或租客耐  │
  │的保卫工作      │                          │心做好解释工作  │
  └───────┬───────┘                          └───────┬───────┘
          ▼            ┌──────────┐ ┌──────────┐      ▼
  ┌───────────────┐   │属于内部   │ │属于外部电 │ ┌───────────────┐
  │加强外围的      │   │设备故障   │ │力设备故障 │→│咨询有关供电    │
  │巡查工作        │   └────┬─────┘ └────┬─────┘  │部门停电时间    │
  └───────┬───────┘        ▼              │        │与恢复时间      │
          ▼          ┌───────────┐        │        └───────┬───────┘
  ┌───────────────┐ │工程部值班员│        │                ▼
  │加强各大堂的    │ │须尽快修复  │        │        ┌───────────────┐
  │门禁保卫工作    │ └─────┬─────┘        │        │告知礼宾部      │
  └───────┬───────┘       ▼               │        └───────┬───────┘
          ▼          ┌──────────────┐     │                ▼
  ┌───────────────┐ │待修复或恢复后  │←────┘        ┌───────────────┐
  │加强B1、B2及地库车│ └──────┬───────┘             │礼宾部前台主    │
  │辆进出口的保卫工作│        │                      │任通知业主或    │
  └───────────────┘        ▼                      │租客具体原因    │
                    ┌──────────────────┐          └───────────────┘
                    │由负责处理事故的部门填写│
                    │《特别事件报告书》  │
                    └────────┬─────────┘
                             ▼
                    ┌──────────────────┐
                    │上报物业公司总经理  │
                    └──────────────────┘
```

（十二）投诉处理的流程

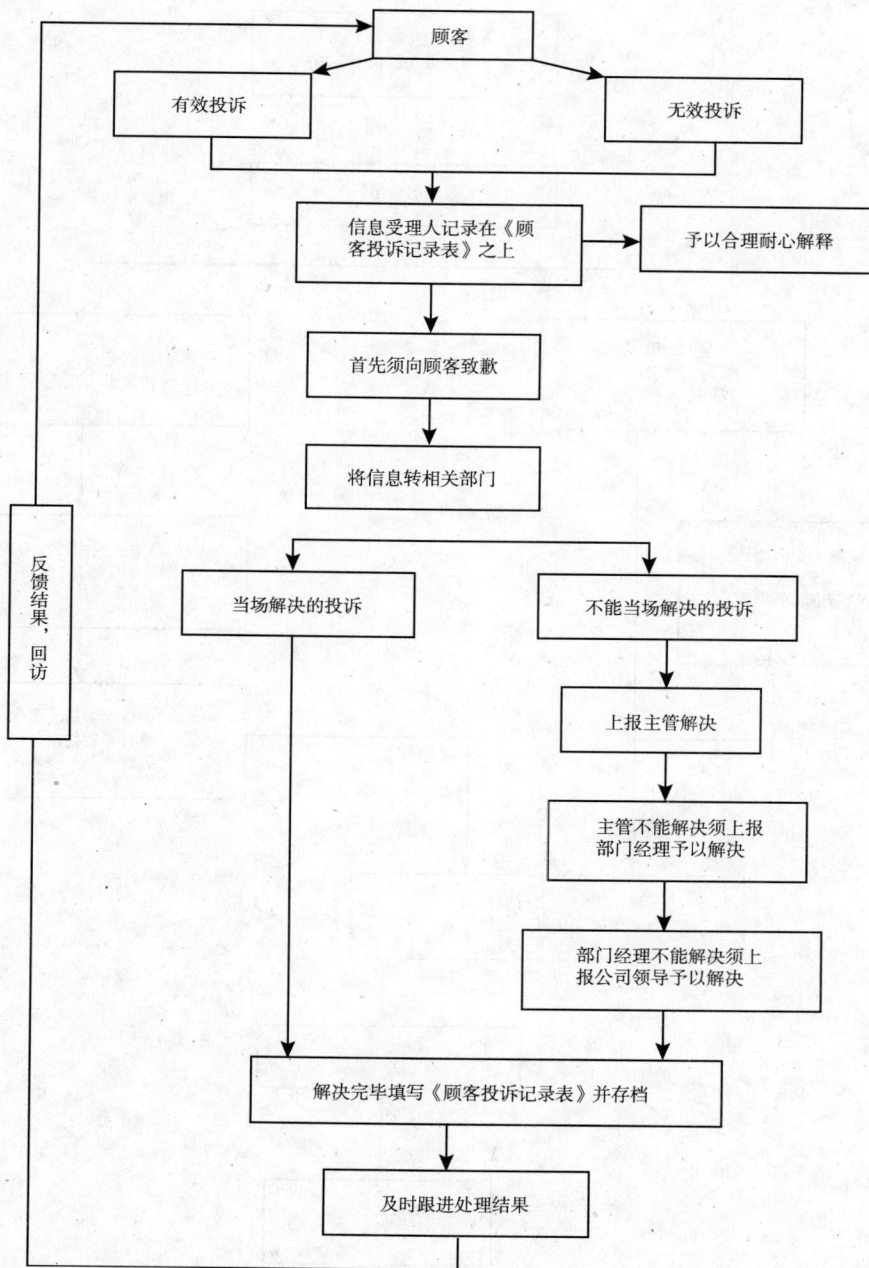

```
                          顾客
                 ┌─────────┴─────────┐
            有效投诉                  无效投诉
                 └─────────┬─────────┘
                           │
              信息受理人记录在《顾          予以合理耐心解释
              客投诉记录表》之上  ────→
                           │
                    首先须向顾客致歉
                           │
                    将信息转相关部门
              ┌────────────┴────────────┐
         当场解决的投诉              不能当场解决的投诉
              │                          │
              │                    上报主管解决
              │                          │
              │                  主管不能解决须上报
              │                  部门经理予以解决
              │                          │
              │                  部门经理不能解决须上
              │                  报公司领导予以解决
              └────────────┬────────────┘
                           │
              解决完毕填写《顾客投诉记录表》并存档
                           │
                    及时跟进处理结果
```

反馈结果，回访

（十三）物品搬出社区管理流程

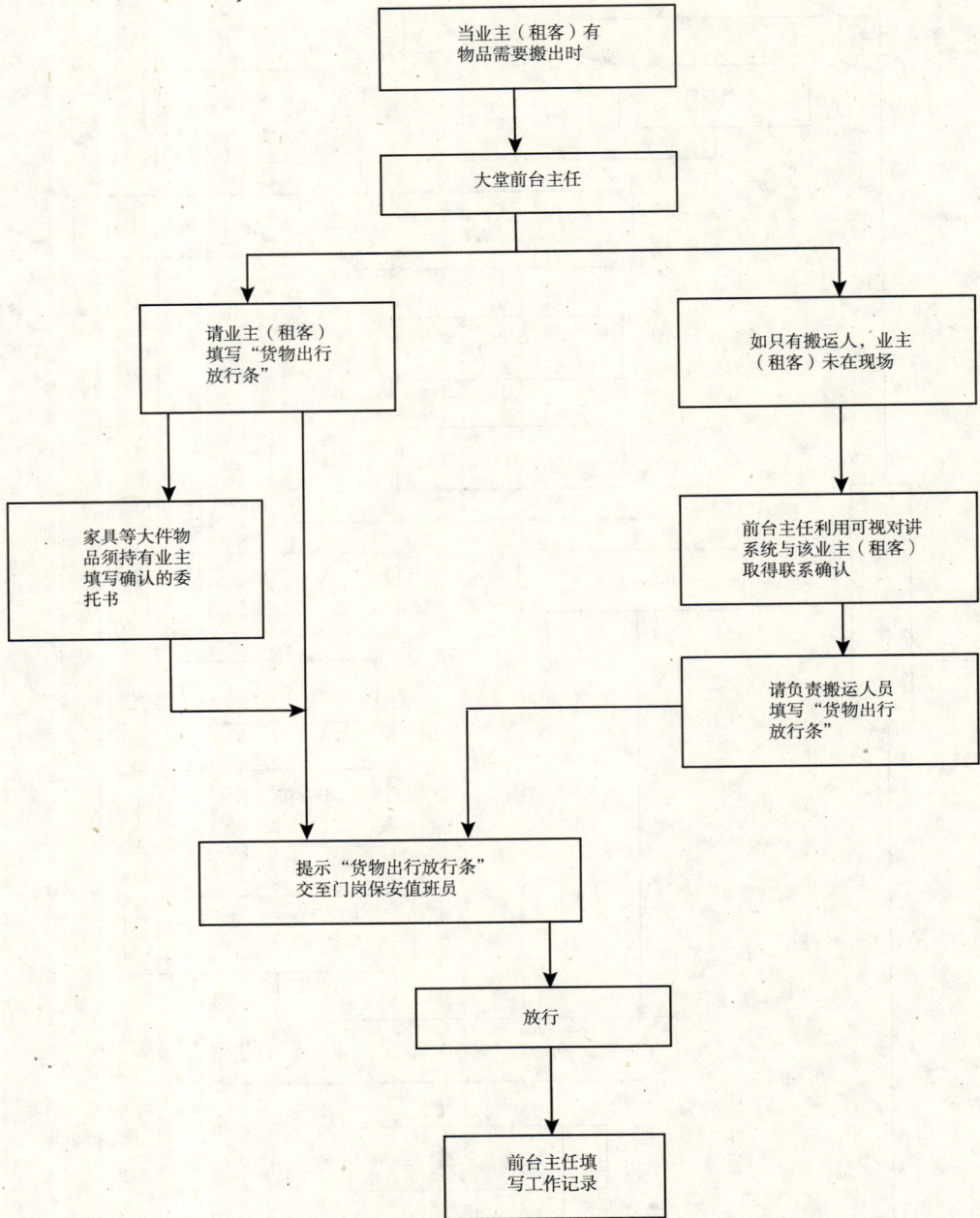

```
           ┌─────────────────┐
           │ 当业主（租客）有 │
           │ 物品需要搬出时   │
           └────────┬────────┘
                    │
           ┌────────▼────────┐
           │  大堂前台主任    │
           └────────┬────────┘
          ┌─────────┴──────────┐
          │                    │
┌─────────▼─────────┐  ┌───────▼──────────┐
│ 请业主（租客）     │  │ 如只有搬运人，业主│
│ 填写"货物出行      │  │ （租客）未在现场  │
│ 放行条"            │  │                  │
└──┬─────────────┬──┘  └───────┬──────────┘
   │             │             │
┌──▼─────────┐   │     ┌───────▼──────────┐
│ 家具等大件物│   │     │ 前台主任利用可视对讲│
│ 品须持有业主│   │     │ 系统与该业主（租客）│
│ 填写确认的委│   │     │ 取得联系确认      │
│ 托书        │   │     └───────┬──────────┘
└──┬─────────┘   │             │
   │             │     ┌───────▼──────────┐
   │             │     │ 请负责搬运人员    │
   └─────────────┤     │ 填写"货物出行     │
                 │     │ 放行条"           │
                 │     └───────┬──────────┘
                 │             │
          ┌──────▼─────────────▼──┐
          │ 提示"货物出行放行条"   │
          │ 交至门岗保安值班员     │
          └──────────┬────────────┘
                     │
              ┌──────▼──────┐
              │    放行      │
              └──────┬──────┘
                     │
              ┌──────▼──────┐
              │ 前台主任填    │
              │ 写工作记录    │
              └─────────────┘
```

（十四）物管中心办理车位手续流程

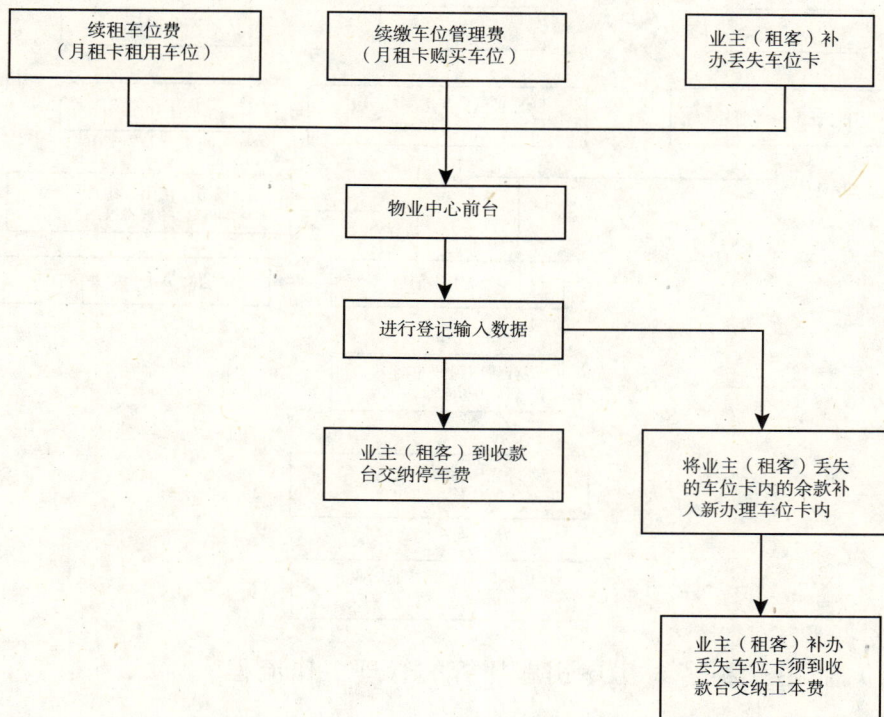

```
┌──────────────┐   ┌──────────────┐   ┌──────────────┐
│  续租车位费   │   │ 续缴车位管理费 │   │ 业主（租客）补 │
│（月租卡租用车位）│   │（月租卡购买车位）│   │ 办丢失车位卡   │
└──────┬───────┘   └──────┬───────┘   └──────┬───────┘
       └──────────────────┼──────────────────┘
                          ▼
                  ┌──────────────┐
                  │   物业中心前台  │
                  └──────┬───────┘
                         ▼
                  ┌──────────────┐
                  │  进行登记输入数据 ├──────────┐
                  └──────┬───────┘          │
                         ▼                  ▼
              ┌──────────────┐   ┌──────────────┐
              │ 业主（租客）到收款 │   │ 将业主（租客）丢失 │
              │ 台交纳停车费    │   │ 的车位卡内的余款补 │
              └──────────────┘   │ 入新办理车位卡内  │
                                 └──────┬───────┘
                                        ▼
                                 ┌──────────────┐
                                 │ 业主（租客）补办 │
                                 │ 丢失车位卡须到收 │
                                 │ 款台交纳工本费  │
                                 └──────────────┘
```

（十五）物管中心办理出入证手续流程

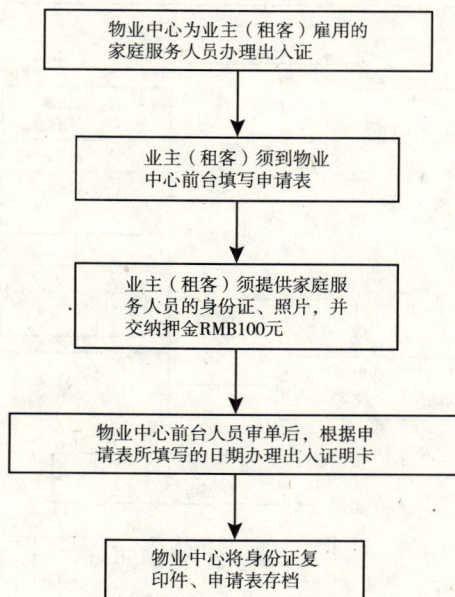

```
              ┌────────────────────┐
              │ 物业中心为业主（租客）雇用的 │
              │ 家庭服务人员办理出入证    │
              └──────────┬─────────┘
                         ▼
              ┌────────────────────┐
              │  业主（租客）须到物业    │
              │  中心前台填写申请表     │
              └──────────┬─────────┘
                         ▼
              ┌────────────────────┐
              │ 业主（租客）须提供家庭服  │
              │ 务人员的身份证、照片，并  │
              │ 交纳押金RMB100元     │
              └──────────┬─────────┘
                         ▼
              ┌────────────────────┐
              │ 物业中心前台人员审单后，根据申 │
              │ 请表所填写的日期办理出入证明卡 │
              └──────────┬─────────┘
                         ▼
              ┌────────────────────┐
              │ 物业中心将身份证复      │
              │ 印件、申请表存档       │
              └────────────────────┘
```

（十六）物管中心办理门禁卡手续的流程

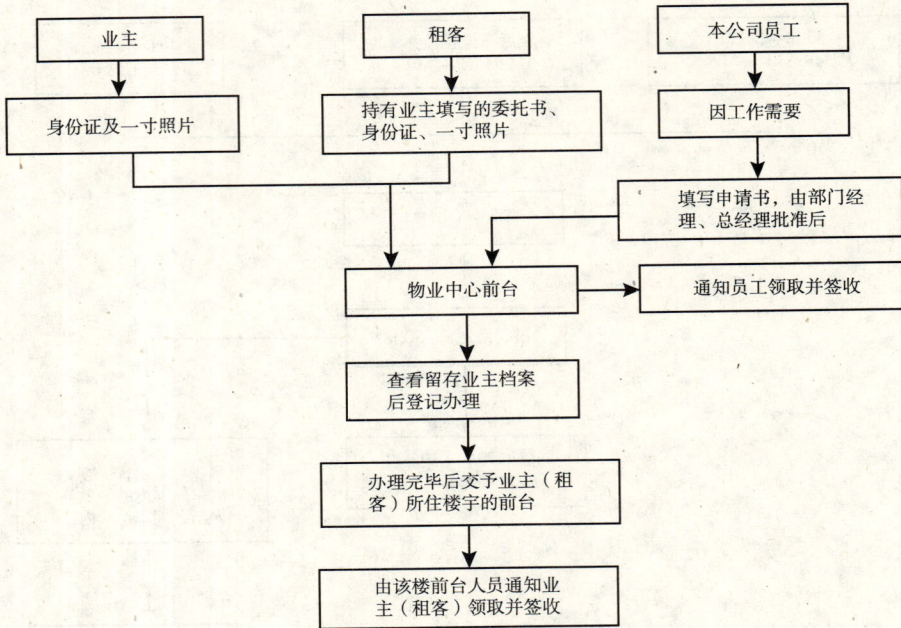

```
┌──────────┐      ┌──────────┐      ┌──────────┐
│   业主    │      │   租客    │      │ 本公司员工 │
└────┬─────┘      └────┬─────┘      └────┬─────┘
     │                 │                 │
┌────┴─────┐   ┌───────┴────────┐   ┌────┴─────┐
│身份证及一寸│   │持有业主填写的委托书、│   │ 因工作需要 │
│  照片     │   │ 身份证、一寸照片   │   └────┬─────┘
└────┬─────┘   └───────┬────────┘        │
     │                 │          ┌───────┴────────┐
     │                 │          │填写申请书，由部门经│
     │                 │          │理、总经理批准后    │
     │                 │          └───────┬────────┘
     └────────┬────────┘                  │
         ┌────┴─────┐         ┌───────────┴────────┐
         │ 物业中心前台│────────>│ 通知员工领取并签收    │
         └────┬─────┘         └────────────────────┘
         ┌────┴─────┐
         │查看留存业主档案│
         │  后登记办理   │
         └────┬─────┘
      ┌───────┴────────┐
      │办理完毕后交予业主（租│
      │ 客）所住楼宇的前台  │
      └───────┬────────┘
      ┌───────┴────────┐
      │由该楼前台人员通知业 │
      │主（租客）领取并签收 │
      └────────────────┘
```

（十七）业主（租客）房屋钥匙托管的管理工作流程

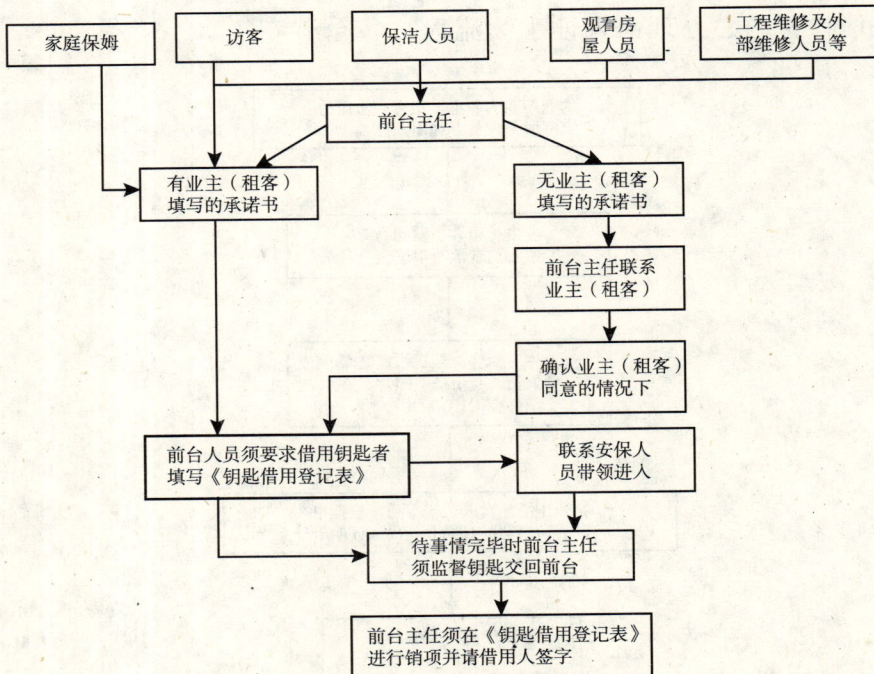

```
┌──────┐ ┌────┐ ┌──────┐  ┌──────┐ ┌──────────┐
│家庭保姆│ │访客 │ │保洁人员│  │观看房 │ │工程维修及外│
└──┬───┘ └─┬──┘ └──┬───┘  │屋人员 │ │部维修人员等│
   │       │       │      └──┬───┘ └────┬─────┘
   │       │    ┌──┴───────┴─────────┴──┐
   │       │    │       前台主任           │
   │       │    └──┬─────────────┬───────┘
   │   ┌───┴───────┴──┐      ┌───┴──────────┐
   └──>│有业主（租客）    │      │无业主（租客）   │
       │填写的承诺书      │      │填写的承诺书     │
       └──┬───────────┘      └───┬──────────┘
          │                  ┌────┴──────────┐
          │                  │前台主任联系      │
          │                  │业主（租客）      │
          │                  └────┬──────────┘
          │                  ┌────┴──────────┐
          │                  │确认业主（租客）   │
          │                  │同意的情况下      │
          │                  └────┬──────────┘
   ┌──────┴────────────┐   ┌────┴──────────┐
   │前台人员须要求借用钥匙者│──>│联系安保人       │
   │填写《钥匙借用登记表》   │   │员带领进入       │
   └──────┬────────────┘   └────┬──────────┘
          │        ┌────────────┴──────────┐
          └───────>│待事情完毕时前台主任       │
                   │须监督钥匙交回前台          │
                   └────────────┬──────────┘
                   ┌────────────┴──────────┐
                   │前台主任须在《钥匙借用登记表》│
                   │进行销项并请借用人签字      │
                   └───────────────────────┘
```

（十八）业主（租客）需要出租车的管理工作流程

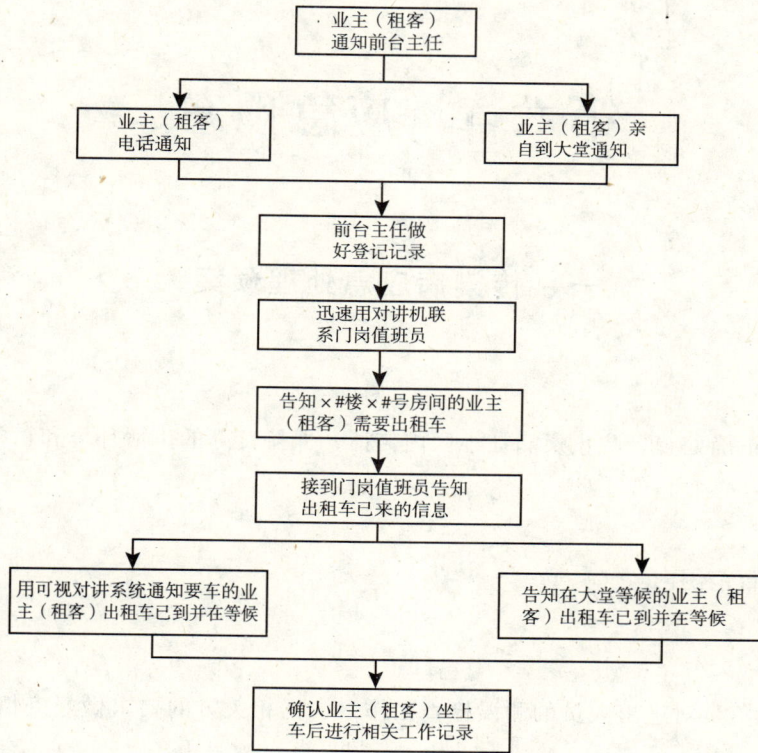

```
              ┌──────────────────┐
              │   业主（租客）    │
              │   通知前台主任    │
              └──────────────────┘
          ┌───────────┴───────────┐
┌──────────────────┐      ┌──────────────────┐
│   业主（租客）    │      │   业主（租客）亲  │
│   电话通知        │      │   自到大堂通知    │
└──────────────────┘      └──────────────────┘
          └───────────┬───────────┘
              ┌──────────────────┐
              │   前台主任做      │
              │   好登记记录      │
              └──────────────────┘
              ┌──────────────────┐
              │  迅速用对讲机联   │
              │  系门岗值班员     │
              └──────────────────┘
              ┌──────────────────┐
              │ 告知×#楼×#号房间的业主 │
              │ （租客）需要出租车 │
              └──────────────────┘
              ┌──────────────────┐
              │  接到门岗值班员告知 │
              │  出租车已来的信息  │
              └──────────────────┘
    ┌──────────────┴───────────────┐
┌────────────────────┐    ┌────────────────────┐
│ 用可视对讲系统通知要车的业 │    │ 告知在大堂等候的业主（租 │
│ 主（租客）出租车已到并在等候 │    │ 客）出租车已到并在等候 │
└────────────────────┘    └────────────────────┘
    └──────────────┬───────────────┘
              ┌──────────────────┐
              │  确认业主（租客）坐上 │
              │  车后进行相关工作记录 │
              └──────────────────┘
```

（十九）业主大件物品搬出的管理工作流程

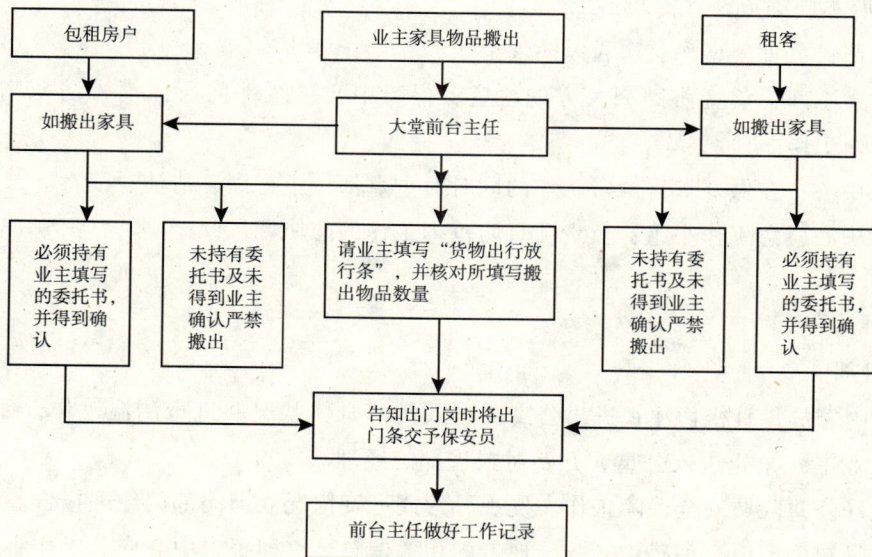

```
┌──────────┐      ┌──────────────┐      ┌──────────┐
│ 包租房户 │      │ 业主家具物品搬出 │      │  租客   │
└──────────┘      └──────────────┘      └──────────┘
     │                   │                   │
┌──────────┐      ┌──────────────┐      ┌──────────┐
│ 如搬出家具 │◄────│  大堂前台主任  │────►│ 如搬出家具 │
└──────────┘      └──────────────┘      └──────────┘
  ┌────┴────┐          │          ┌────┴────┐
┌──────┐ ┌──────┐ ┌──────────┐ ┌──────┐ ┌──────┐
│必须持有│ │未持有委│ │请业主填写"货│ │未持有委│ │必须持有│
│业主填写│ │托书及未│ │物出行放 │ │托书及未│ │业主填写│
│的委托书│ │得到业主│ │行条"，并核│ │得到业主│ │的委托书│
│，并得到确│ │确认严禁│ │对所填写搬│ │确认严禁│ │，并得到确│
│认    │ │搬出  │ │出物品数量│ │搬出  │ │认    │
└──────┘ └──────┘ └──────────┘ └──────┘ └──────┘
                        │
              ┌──────────────────┐
              │  告知出门岗时将出 │
              │  门条交予保安员   │
              └──────────────────┘
                        │
              ┌──────────────────┐
              │  前台主任做好工作记录 │
              └──────────────────┘
```

第六章　应急预案

一、传染病应急处理预案

（一）目的

及时应对、正确处置、防止疾病在小区内传播，保持良好的生活环境和正常的秩序。

（二）范围

所管辖的项目范围内。

（三）职责

1. 安保部：负责对进出人员的测温检查工作，根据相关方的要求做好疫情区域的安全防范工作。

2. 客户服务部：负责与中心相关方的信息沟通，协助中心相关方做好其区域内的消毒工作，同时采取不同渠道，宣传防治工作。

3. 工程部：负责公寓深层次通风换气工作。

4. 行政人事部：负责协助相关方的检查；保障中心一线部门所需消毒防范物品，做好"一日一报"，工作。

5. 保洁中心：在做好日常消毒工作的同时对重点部位进行深度清洁、消毒。

6. 物管中心应急工作小组：负责项目防范内工作的总协调。

（四）程序

1. 安保部

（1）各岗警员每日密切注视进出公寓所有人员的身体状况并进行测温工作，如发现体温异常者（非业主）禁止进入公寓，并及时报告部门经理。

（2）做好公共区域安全保障工作。发现异常或可疑情况立即向部门经理报告。

（3）如得知公寓内有关感染者与疑似者的相关信息，立即报告中心应急工作小组。

（4）根据中心应急工作小组指示，立即对有关疫情区域进行控制。

（5）如公寓区域内人员被确诊为传染病患者，并将公寓设定为隔离观察区域，根据中心应急工作小组及公司领导指示配合相关方做好相关工作。

（6）中控室通过监控录像密切注意被隔离区域内情况，发现异常情况立即向中心应急工作小组报告。

（7）如有人强行离开被隔离区域，立即通知中心应急工作小组，经领导同意后拨打报警电话报警，并协助相关方做好相关工作。

（8）每日及时将工作情况向中心应急工作小组报告。

2. 客户服务部

（1）每天保持与中心相关方行政负责人的联系，随时保持信息沟通。

（2）按照相关方的要求，协助中心相关方做好相关区域的消毒工作。

（3）如得知公寓内有关感染者与疑似者的相关信息，立即报告中心应急工作小组。

（4）根据中心应急工作小组的指示，做好中心相关方的通告、安抚、疏散工作。

（5）如公寓区域内人员被确诊为传染病患者，并将公寓设定为隔离观察区域，根据中心应急工作小组及公司领导指示配合相关方做好相关工作。

（6）每日及时将工作情况向中心应急工作小组报告。

3. 工程部

（1）按照相关方的要求，做好深层次通风换气工作。

（2）每日及时将工作情况向中心应急工作小组报告。

4. 行政人事部

（1）配合做好与相关方的检查与协作工作。

（2）做好中心一线部门的后勤保障工作。

（3）做好"一日一报"，保持与相关方的沟通及时、通畅。

5. 保洁中心

（1）在做好日常消毒工作的同时，按照相关方的要求，配合做好公寓的深度消毒工作。

（2）加强对保洁员预防传染病消毒程序的培训，防止发生在工作过程中造成感染。

（3）如得知公寓内有关传染病感染者与疑似者的相关信息立即报告中心应急工作小组。

（4）每日及时将工作情况向中心应急工作小组报告。

（五）"报告"顺序

1. 员工向部门经理报告（非正常工作时间值班经理）

2. 相关部门经理及时向中心领导报告。

3. 中心应急工作小组掌握情况后，由总经理第一时间向上级公司总经理报告。

（六）中心应急工作小组成员

1. 组长：总经理。
2. 副组长：副总经理、总经理助理。
3. 组员：各部门经理。

（七）应急状态的结束与应急现场的恢复

1. 根据相关方意见，应急状态的结束和进行现场恢复统一由中心总经理宣布。
2. 安保部对应急现场、工程部对设备及时进行恢复。
3. 客户服务部及时将恢复情况通知中心相关方。

（八）要求

1. 防治工作原则：早发现、早隔离、早报告。
2. 中心所有员工得知公寓内有关传染病感染者与疑似者的相关信息均应按本预案"报告"顺序报告。
3. 各部门应加强对员工预防传染病知识的培训，有效防止在工作过程中造成感染。

（九）相关文件

1. 《中华人民共和国传染病防治法》。
2. 《突发公共卫生事件应急条例》。

（十）相关记录

《事故、事件情况报告》。

二、电梯故障应急处理预案

（一）目的

及时解救被困人员，迅速处理电梯故障，及时恢复运行。

（二）适用范围

项目内电梯。

（三）职责

1. 安保部：通过电梯对讲系统了解现场情况安抚被困人员，报告物管中心领导，协助现场救援。

2. 工程部：负责排除电梯故障，解救被困人员，出具故障分析报告。

3. 客户服务部：负责被困人员的安抚工作，如有人员伤亡协助做好善后事宜。

4. 财务部：根据需要及时做好中心相关方的保险理赔工作。

5. 行政人事部：提前与急救中心联系，做好抢救伤员和所用车辆的准备。

6. 值班经理：负责在非正常工作时间内组织人员解救被困人员，并妥善安置被困人员。

（四）程序

1. 正常工作时间

（1）安保部

①中控室监控员发现电梯报警信号后立即通过对讲系统安抚被困人员。

②通过询问确认被困人员的详细情况（包括梯号、停在几层、被困人数、客户单位、姓名等）。

③立即电话通知工程部值班人员与附近巡视人员赶赴电梯故障地点，进行现场救援。

④将情况迅速通知相关部门负责人，并做好电梯故障报警记录。安保部经理——工程部经理——客户服务部经理。

⑤通过对话与监视屏幕观察了解被困人员的身体状况，如有异常，则须视情况请示中心领导是否与急救中心联系，安排救护车抢救，电话120、999。待救援人员到达并将被困人员救出方可关闭电梯对讲系统。

⑥工程部经理接到通知后，立即到现场组织救援和抢修。

⑦安保部经理、客户服务部经理接到报告后立即组织人员赶到现场协助救援，安抚被困人员，并负责解救后的妥善安置。

⑧安保部人员携带照相机做好意外情况发生的记录工作。（照片留档备案）

⑨维持好现场秩序，如有紧急情况酌情处理并及时报告。

⑩中控室做好相关录像记录的备份工作。

（2）工程部

①工程部接到报警通知后5分钟内，迅速携带电梯机房钥匙、电梯轿厢钥匙、对讲机、手电等工具赶赴现场进行营救。

②在现场营救时，必须由有电梯操作证的专业人员进行操作。打开轿厢的工作程序、标准必须按照专业故障处理标准、程序进行。尤其在营救被困人员出梯时，工作人员一定要确

认电梯轿厢内电源是否关闭，关闭电源后方可营救。

③统计设备、设施的损坏情况，并做详细记录，由维保单位现场人员签字确认。

（3）客户服务部

①迅速（5分钟内）赶赴现场了解现场情况，并与中控室随时保持联系，掌握被困人员动态。

②安抚现场被困人员，并对被困人员致歉。

③如有人员伤亡，及时报告中心领导并做好善后事宜。

④事后做好客户的回访工作，报告中心领导。

（4）财务部

①根据工程部提供的资料，及时与中心相关方联系，协助其做好保险理赔工作。

②将具体理赔情况报告中心领导。

2. 非正常工作时间

（1）值班经理

①接到报警通知后5分钟内，迅速组织人员赶赴现场进行解困抢险工作，并与中控室随时保持联系，掌握被困人员动态。

②安抚被困人员，妥善安置被困人员。

③通知客户服务部经理，与被困人员的家人或单位相关负责人保持联系。

④如有人员伤亡，及时联系急救中心并报告中心领导。

（2）安保部

①中控室监控员接到电梯报警信号后立即通过对讲系统安抚被困人员。

②通过询问确认被困人员的详细情况（包括梯号、停在几层、被困人数、客户单位、姓名等）。

③立即电话通知工程部值班人员与附近巡视人员赶赴电梯故障地点，进行现场救援。

④将情况迅速通知值班经理、保安队长、弱电专业值班员，并做好电梯故障报警记录。

⑤通过对话与监视屏幕观察了解被困人员的身体状况，如有异常，则须视情况请示中心领导是否与急救中心联系，安排救护车抢救，电话120、999。待救援人员到达并将被困人员救出方可关闭电梯对讲系统。

⑥保安队长接到报警通知后立即组织保安员赶赴电梯故障地点（5分钟内），协助救援。

⑦保安队长携带照相机做好意外情况发生的记录工作。（照片留档备案）

⑧维持好现场秩序，如有紧急情况酌情处理并及时报告。

⑨中控室做好相关录像记录的备份工作。

（3）工程部

①接到报警通知后5分钟内，迅速携带电梯机房钥匙、电梯轿厢钥匙、对讲机、手电等

工具赶赴现场进行营救。

②在现场营救时，必须由有电梯操作证的专业人员进行操作。打开轿厢的工作程序、标准必须按照专业故障处理标准、程序进行。尤其在营救客户出梯时，工作人员一定要确认电梯轿厢内电源是否关闭，关闭电源后方可营救。

③统计设备、设施的损坏情况，由维保单位现场人员签字确认。

（五）应急状态的结束与应急现场的恢复

1. 应急状态的结束和进行现场恢复统一由物管中心总经理宣布。
2. 安保部对应急现场、工程部对设备及时进行恢复。
3. 客户服务部及时将恢复情况通知中心相关方。

三、防爆预案

（一）目的

积极防范、正确应对，防止或减少因爆炸造成的损失及影响。

（二）范围

项目公共区域及外围。

（三）职责

1. 安保部：负责对可疑爆炸物现场进行控制，迅速报告主管领导及中心总经理，根据中心总经理指示向相关方报警，配合相关方做好处理工作。

2. 工程部：负责及时关闭可疑爆炸物现场附近的设备、设施（消防设备除外）。

3. 客户服务部：按照总经理指示及时将情况通知中心相关方，做好人员疏散及统计工作。

4. 保洁中心：负责协助、引导中心相关方进行疏散。

5. 行政人事部：负责提前与急救中心联系，做好抢救伤员和所用车辆的准备。做好中心内部人员疏散统计工作。

6. 财务部：负责携带重要票据、现金撤离到安全地点。

7. 值班经理：负责组织在岗人员对非正常工作时间内可疑爆炸物现场进行控制。迅速将情况报告中心领导。

（四）程序

1. 正常工作时间

（1）安保部

①中控室接到报警后，接报员详细记录报警人的姓名、部门、时间、地点和可疑爆炸物品的情况。

②接报员根据报警人提供的位置，立即通知安保部经理、内保主管、保安队长。

③安保部经理立即报告中心领导，经中心领导同意后进行报警。

④迅速携带防爆用具（防爆毯）赶赴现场进行控制。

⑤布置以可疑爆炸物为中心的警戒线，严禁无关人员进入警戒线内，并控制好现场。

⑥关闭相关楼层防火门，撤走现场可以移动的贵重物品。

⑦在可疑爆炸物现场周围的安全地点配置好足够数量的灭火器材，以及时扑救因发生爆炸引起的火灾。

⑧对楼内公共区域进行搜寻工作，检查是否有其他可疑爆炸物存在。

⑨加强对公寓各出入口的管理，必要时只出不进，发现可疑人员及时予以控制。

⑩对报警当事人做好现场访问、调查了解当时情况，采集相关证据并做好记录。

⑪随时对可疑爆炸物现场进行监控，发现异常情况及时上报。

⑫将发现可疑爆炸物现场的有关时间段内录像内容备份、存档。

⑬按照中心领导指示，及时安排人员带领中心相关方进行疏散。

⑭相关方到达现场后，听从指挥，配合做好工作。

（2）工程部

①关闭附近由于爆炸可能引起恶性事故的设备（必要时所有电梯临时停运）。

②派专人对各重要机房进行检查，是否有其他可疑爆炸物存在。

③将停运和关闭的设备情况进行统计，报告中心领导。

（3）客户服务部

①接到通知后，经总经理批准及时将情况通知中心相关方，并讲清楚可疑爆炸物放置的具体位置。

②按照总经理的指示，立即组织客服人员做好中心相关方的疏散与撤离。

③对中心相关方疏散、撤离情况进行统计并报告中心领导。

（4）保洁中心

接到疏散通知后，及时安排人员引导中心相关方从消防通道进行撤离。

（5）行政人事部

①提前与急救中心联系，做好抢救伤员和所用车辆的准备。

②必要情况下经总经理批准后以书面形式报告相关方。

③做好中心内部人员疏散的统计情况。

（6）财务部

安排专人负责携带重要票据、现金撤离到安全地点。

2. 非正常工作时间

（1）安保部

①中控室接到报警后，接报员详细记录报警人的姓名、部门、时间、地点和可疑爆炸物品的情况。

②接报员根据报警人提供的位置，立即通知值班经理、保安队长赶到现场。

③立即报告安保部经理与中心领导，经中心领导同意后进行报警。

④迅速携带防爆用具（防爆毯）赶赴现场进行控制。

⑤布置以可疑爆炸物为中心的警戒线，严禁无关人员进入警戒线内，并控制好现场。

⑥关闭相关楼层防火门，撤走现场可以移动的贵重物品。

⑦在可疑爆炸物现场周围的安全地点配置好足够数量的灭火器材，以及时扑救因发生爆炸引起的火灾。

⑧对楼内公共区域进行搜寻工作，检查是否有其他可疑爆炸物存在。

⑨加强对公寓各出入口的管理，必要时只出不进，发现可疑人员及时予以控制。

⑩对报警当事人做好现场访问、调查了解当时情况，采集相关证据并做好记录。

⑪随时对可疑爆炸物现场进行监控，发现异常情况及时上报。

⑫将发现可疑爆炸物现场的有关时间段内录像内容备份。

⑬按照中心领导指示，及时带领中心相关方值班人员进行疏散。

⑭相关方到达现场后，听从指挥，配合做好工作。

（2）工程部

①关闭附近由于爆炸可能引起恶性事故的设备（必要时所有电梯临时停运）。

②派专人对各重要机房进行检查，是否有其他可疑爆炸物存在。

③将停运和关闭的设备情况进行统计，报告中心领导。

（3）值班经理

①接到通知后，首先到现场进行确认。

②立即将现场情况报告中心领导，并通知各部门负责人。

③安排值班保安员做好对可疑爆炸物现场的控制工作。

④经中心领导同意后，打报警电话进行报警。

⑤及时与放置可疑爆炸物地点中心相关方紧急情况联系人取得联系，将危险性告知中心相关方。

⑥安排保安队员对楼内公共区域进行全面搜寻工作，检查是否有其他可疑爆炸物存在。

（五）应急状态的结束与应急现场的恢复

1. 根据相关方意见，应急状态的结束和进行现场恢复统一由中心总经理宣布。
2. 安保部对应急现场、工程部对设备及时进行恢复。
3. 客户服务部及时将恢复情况通知中心相关方。

（六）要求

1. 发现可疑物品，不要惊慌，保持冷静，迅速按下墙壁手动报警按钮。
2. 不要轻易进入爆炸现场或触动可疑爆炸物，尽可能保护、控制现场，等待安保部及公安人员进行处理。

四、防汛预案

（一）目的

积极预防、及时处理，减少损失。

（二）范围

1. 时间：根据本市情况汛期为每年的 5～9 月。
2. 区域：所管辖的项目。

（三）职责

1. 防汛工作领导小组：负责防汛工作的总指挥工作。
2. 安保部：负责防汛物资的准备与保管，组织抢险。
3. 保洁中心：负责保洁中心抢险物资的准备与保管，参加抢险。
4. 工程部：负责防汛设备、设施的检查、维护、保养，保证防汛设备、设施的正常运行。每周通报天气预报，并参加防汛抢险工作。
5. 客户服务部：在汛情发生时及时通知中心相关方，协助做好防汛工作。
6. 财务部：负责与相关方联系，协助做好中心、中心相关方保险理赔工作。
7. 行政人事部：负责与相关方联系，做好后勤保障工作。
8. 值班经理：负责组织非正常工作时间的防汛抢险工作。

（四）程序

1. 一级汛情

降雨量大且持续时间长，造成市政排水管网堵塞，大量雨水倒灌，影响业主正常生活，中心相关方财产受到严重威胁时启动该预案。

（1）安保部

①安保部经理按照防汛工作组指示及时与各部门联系，并组织人力在公寓各个出入口、地下车库入口码放防洪沙袋，公寓外通风井用苫布遮盖好，防止雨水倒灌进入，及时排除险情。

②根据汛情需要将防汛物资发放至每一位防汛抢险队员，24小时对汛情最严重的地点进行监控。

③中控室随时对各抢险现场进行监控，发现紧急情况及时报告。

④协助客户服务部对中心相关方区域漏雨情况进行检查，并及时通知相关部门进行补漏、抢修，减少财产损失。

⑤车场临时进行关闭，并组织人员参加抢险。

⑥随时将防汛紧急情况上报防汛指挥小组。

（2）工程部

①工程部经理按照防汛工作组指示及时启动所有防汛设备（排水泵、潜水泵等）同时安排工作人员积极参加防汛抢险工作。

②使用各类排水工具进行疏通。

③及时封闭地下空间内所有地漏，防止因市政排水管网瘫痪造成返水、倒灌发生。

④检查各类设备，对受到威胁的设备进行临时保护。

⑤保证抢险时必要的电源供应。

⑥及时补充必要的防汛设备、工具，保证抢险需要。

⑦随时将防汛紧急情况报告防汛指挥小组。

（3）客户服务部

①客户服务部经理按照防汛工作组指示及时将紧急情况通知中心相关方。

②配合中心相关方做好防汛工作。

③随时将防汛紧急情况报告防汛指挥小组。

（4）保洁中心

①保洁中心经理按照防汛工作组指示及时组织人员、物资进行防汛抢险工作。

②携带防汛物资做好中心相关方区域除水、清理工作。

③随时将防汛紧急情况报告防汛指挥小组。

（5）财务部

①在安排好岗位工作的同时，组织人员参加抢险工作。

②事后及时与相关方做好保险理赔工作，报告中心领导。

（6）人事行政部

①负责做好防汛工作的后勤保障工作。

②如有抢险队员发生意外及时与当地医务部门取得联系。

③保持与市、区防汛部门的联系，随时将政府有关指导建议向中心防汛工作小组报告。

④事后将具体情况以书面形式报告总经理。

（7）值班经理

①负责夜间防汛抢险工作的协调、指挥工作。

②必要时及时与中心相关方紧急联系人取得联系，对中心相关方区域进行防汛检查。

③随时将防汛紧急情况报告防汛指挥小组。

2. 非正常工作时间

（1）值班经理

①降暴雨一小时以上时向防汛工作组组长报告。

②通知工程部暖通值班——强电值班——保洁中心值班——保安队长——车管队长。

③检查各岗位及设备、设施的运行情况，并做好防汛抢险准备。

④根据雨水情况通知保安队长码放防洪沙袋。安排车管队长组织车管员做好进出车辆的指挥疏导。

⑤检查防汛重点部位排水、防雨情况，发现险情及时与保安队长、车管队长组织抢险工作。

⑥需要使用防汛储备物资时，通知保安队长打开库房门，向参加抢险人员发放抢险物品。

⑦必要时及时与中心相关方紧急联系人取得联系，并组织人员进行检查。

⑧将工作情况及时向防汛工作组组长报告。

（2）安保部

①外围巡逻岗发现下雨后，立即报告保安队长和中控室。

②保安队长和中控室立即报告值班经理。

③安排巡逻人员将防雨罩盖在公寓外侧通风口上。

④根据值班经理指示，安排保安人员在地下车库口码放防洪沙袋，并与车管人员配合做好进出车辆的指挥疏导工作。

⑤按值班经理指示，打开防汛储备库房门，并向参加抢险人员发放抢险物资。

⑥安排保安人员到各公寓楼楼顶平台，检查天井口是否关好，有无漏雨现象。

⑦协助值班经理组织人员，做好防汛抢险工作。

⑧将工作情况及时向值班经理汇报，并做好记录。

⑨中控室监控发现异常情况时，及时向值班经理报告，并做好记录。

（3）工程部

①检查平台排水情况，发现异常及时向值班经理报告，并做好记录。

②检查所有雨水地漏排水情况以及所有设备、设施的启动运行情况，及时向值班经理报告，并做好记录。

③接到中心相关方区域有滴漏现象通知时，及时进行补漏工作。

（4）保洁中心

①组织在岗人员及物资，听从值班经理指挥，做好防汛抢险的应急准备。

②非保洁中心工作时间，值班经理根据情况，需要保洁人员到场时，及时与保洁中心经理联系。

（五）防汛物资

1. 吸水机

2. 移动潜水泵（排水量 36.8 立方米/台/小时）

3. 防洪沙袋

4. 应急物资

大浴巾

竹扫把

墩布

扫刷（扫把）

水桶

塑料簸箕

雨衣

雨靴

防雨苫布

责任人每周进行一次防汛安全检查，及时补充所需防汛物资。

（六）应急状态的结束与应急现场的恢复

1. 应急状态的结束和进行现场恢复统一由中心总经理宣布。

2. 保洁中心、安保部对应急现场进行清理，工程部对设备进行恢复。

3. 客户服务部及时将恢复情况通知中心相关方。

（七）要求

发生一级汛情时全体员工按本预案要求参加防汛抢险工作。

（八）相关文件

1.《中华人民共和国水法》。

2.《应急准备和响应管理程序》。

五、火灾应急处理预案

火灾应急方案是根据《中华人民共和国消防法》、《北京市消防条例》，结合小区的消防设施及物业管理中心组织结构制订的，因而达到及时发现火情、及时扑救，并有秩序疏散人员，将火险损失降到最低限度的目的。

1. 当项目内任何一处发生火情时，任何人都有责任向119或小区消防中心报警。

2. 消防中心消防主机报警后，值班人员一人到报警现场确认检查，确认火情后，立即通知消防中心值班员。

3. 巡视保安员发现园区火情后，立即用附近的灭火器材控制火势，并向消防中心报告。

4. 消防中心值班员接到报警后，按照紧急电话联系表通知：安环部、工程部、客服部经理和物管中心领导及相关人员到火情现场。

5. 成立临时灭火指挥部，物管中心领导为总指挥（当物管中心领导不在时，安环部经理担任灭火总指挥）。根据火势情况由总指挥下达以下命令：

（1）启动项目火灾应急方案。

（2）启动项目消防设施。

（3）指挥调动项目义务消防队实施灭火，控制火势。

（4）公安消防队到场后，向公安消防指挥员报告火场情况，并无条件服从公安消防指挥员的指挥。

6. 安全环境部的工作

（1）消防主管立即督导义务消防员赶赴火情现场。

（2）保安队长指挥保安员对项目进行警戒，维护道路的畅通，阻止闲杂人员进入项目，安排专人迎接公安消防车。

（3）灭火组：携带灭火器材到现场，利用一切灭火器材实施灭火。

（4）疏散组：阻止人员进入现场，协助引导人员疏散到指定区域。

（5）夜间发生火灾，值班经理负责启动火灾应急方案，有权调动所有在岗人员及宿舍的保安员实施灭火。

（6）消防中心按照紧急电话联系表向相关人员报告，并按程序远程启动消防设备，协助灭火和人员疏散。

7. 义务消防队的任务

义务消防队服从灭火指挥部下达的命令。

8. 工程部的任务

（1）切断火灾范围内的供电、供气线路。

（2）确保现场消防照明。

（3）保证消防泵房设备、消火栓等消防设施完好有效。

9. 客户服务部的任务

（1）负责疏散、清点人员的工作。

（2）回答业主的询问或小区外来的电话。

10. 人事行政部的任务

（1）整理好重要的文件、资料等，随时准备撤离。

（2）有人员受伤时，准备急救药品，拨打120急救电话。

11. 保洁公司人员的任务

（1）协助运送现场所需的物资。

（2）协助抢运贵重物品。

（3）协助疏散人员，禁止人员乘坐电梯。

12. 财务部的任务

（1）将现金转移到保险柜中。

（2）整理好重要账目、单据、支票等，随时准备撤离。

13. 资产经营部的任务是整理好重要的文件、资料等，随时准备撤离。

14. 人员集合清点

灭火指挥部指定安全集合地点（远离火灾现场），疏散人员集合后，立即清点人数，了解业主的情况，并将情况向灭火指挥部报告。

六、跑水应急处理预案

（一）目的

为保证及时有效处理跑水事件，把影响和损失减少到最低程度。

（二）范围

项目公共区域及消防喷淋水系统。

（三）职责

1. 客户服务部：负责与中心相关方的协调工作。
2. 安保部：负责对跑水现场的抢险工作、现场取证工作，以及协助出具抢险情况报告。
3. 工程部：负责跑水设备的现场抢修工作，出具事故分析报告。
4. 保洁中心：负责跑水现场清理工作。
5. 财务部：做好保险理赔工作。
6. 值班经理：负责非正常工作时间内跑水事件的组织处理。

（四）程序

1. 客户服务部

（1）接到中心相关方报告后立即派专人赶赴现场了解情况，并及时通知工程部经理与相关专业工作人员赶赴现场抢修。

（2）协助中心相关方做好跑水点的紧急处置。

（3）做好中心相关方的解释与安抚工作。

（4）统计中心相关方因跑水事件产生的物品损失，并协助处理保险理赔事宜。

（5）事后做好中心相关方的回访工作。

2. 安保部

巡视人员在巡视过程中（中控室消防系统喷淋报警）发现供水管网系统发生跑水事故立即采取以下应急措施：

（1）通知中控室值班人员和保安队值岗人员，报清楚发生跑水情况的所在楼层及具体区域，以及所需使用的工具。（非正常工作时间内无法进入客户区域内，可电话通知相应区域中心相关方紧急联系人后进入该区域，如通知不到，跑水十分严重，又无其房间钥匙，经领导同意后可破门进行抢险）

（2）立即从最近的消防栓箱内取出消防水带做好抢险准备。

（3）中控室值机人员立即电话通知工程部（水工）关闭相应区域管路阀门，安保部队相关人员到现场进行抢险工作。

（4）中控室一名工作人员和保安人员立即携带应急工具赶赴现场，并临时组建现场抢险小组（最少6人，两人上梯准备抢险，两人在梯下准备接应和做保护），一人取用消防水带进行连接排险，一人保证消防水带平顺不打结，将消防水带另一出水口放置在最近地漏处泄水。

（5）与此同时，留守在中控室的工作人员将情况及时上报安保部经理（夜间报值班经理）——工程部经理——客户服务部经理（涉及中心相关方办公区域）——中心主管领导。

（6）组织保安员用沙袋或一切可利用物品放置在电梯等重要设备和客户门口，防止水流入浸泡，减少损失。

（7）如跑水发生在中心相关方区域内，及时协助中心相关方抢救贵重物品与设备。

（8）抢险工作完成后，协助做好现场的清理工作，并加放围挡。

（9）安保部人员进行现场拍照取证工作并留档备案。

（10）将事件经过以书面的形式报告中心领导。

3. 工程部

（1）工程部（水工）接到通知后必须携带管井钥匙、相关工具赶赴现场抢险，立即关闭相关区域控制阀门，截断水源。

（2）如跑水管路无法得到有效控制，马上进行相应区域的泄水工作。

（3）工程部经理在接到通知后（非正常工作时间由值班经理），立即带领有关人员进入场地。

（4）如跑水严重及时关闭相应区域电源，强电工作人员应立即携带应急照明、电源等辅助工具到现场协助抢险。

（5）及时将电梯锁在跑水楼层以上的楼层，视情况而决定是否恢复使用。

（6）协助安保人员用沙袋或一切可利用物品放置在电梯等重要设备和客户门口，防止水流入浸泡，减少损失。

（7）检查有关设备，调查事故原因，出具事故分析报告，报告中心领导。

4. 保洁中心

（1）保洁中心经理接到通知后，立即组织人员携带器具赶赴现场协助进行抢险、排水工作。

（2）协助安保人员用沙袋或一切可利用物品放置在电梯等重要设备和客户门口，防止水流入浸泡，减少损失。

（3）抢险工作完成后做好跑水现场的清理工作。

5. 财务部

（1）接到通知后立即通知保险公司相关人员，并协助其做好现场取证。

（2）协助中心相关方做好保险理赔工作。

（3）将保险理赔工作的具体情况报告中心领导。

6. 值班经理

（1）非正常工作时间内接到跑水情况通知后，立即组织各岗值班人员携带应急工具赶赴事故现场进行抢险。

（2）通过现场情况判断，及时通知将电梯锁在跑水区域楼层以上的楼层，视情况而决定是否恢复使用。

（3）业主家没人发生严重跑水时，可电话与该业主或紧急联系人联系，征得业主同意，经中心领导批准后可破门进行抢险。

（4）安排员工妥善处理好抢险完毕后相关事宜（现场清理、取证拍照等）。

（五）应急状态的结束与应急现场的恢复

1. 由工程部确认应急状态的结束。

2. 保洁中心、安保部对应急现场进行清理，工程部及时恢复设备的使用。

3. 客户服务部及时将恢复情况通知中心相关方。

七、食物中毒应急处理预案

（一）目的

有效应对，快速处理，减少因事件产生的负面影响。

（二）范围

所辖公寓内一次性 5 人以上出现食物中毒症状。

（三）职责

1. 行政人事部：负责与相关方的沟通协调工作与组织场所内的应急处置。

2. 客户服务部：负责中心相关方信息的收集、人员的安抚并协助应急处置。

3. 安保部：负责协助相关方（调查、取证）工作。

4. 其他部门：负责根据需要协助做好相关事宜。

（四）程序

1. 人事行政部

（1）接到发生食物中毒通知，立即向总经理报告。

（2）联系附近医疗部门并安排车辆运送食物中毒人员。

（3）及时将收集到的各种化验样品，如吃剩的有毒食品或疑似有毒食品、病人的吐泻物、餐具等经总经理批准后送专业机构化验并向地区卫生防疫部门报告情况。

（4）统计场所内中毒人员的具体人数。

（5）根据医院和防疫部门要求制定并采取防止疫情扩散和蔓延的相应措施。

2. 客户服务部

（1）随时掌握信息，做好中心相关方的安抚工作。

（2）协助行政人事部应急处置。

（3）统计物管中心相关方详细情况（如食物中毒人数及身体状况）及时报告总经理。

3. 安保部

（1）接到通知后立即赶到现场协助救援。

（2）做好现场的调查与取证工作（如吃剩的有毒食品或疑似有毒食品、病人的吐泻物、餐具等）并拍照留档备案。

4. 其他部门

（1）根据需要组织人员协助进行救援工作。

（2）将协助救援具体情况报告中心领导。

（五）应急状态的结束与应急现场的恢复

（1）根据相关方意见，应急状态的结束和进行现场恢复统一由中心总经理宣布。

（2）安保部对应急现场进行恢复。

（3）客户服务部及时将恢复情况通知中心相关方。

（六）要求

中心各部门发现人员出现食物中毒症状时立即由部门经理通知行政人事部。

八、死亡事件处理预案

（一）项目发生人员非正常死亡事件，保安员接报后迅速赶赴现场核实情况的真实性，确认后立即向保安队长及安全环境部报告。安全环境部按照紧急联系程序向上级报告，及时报警，并向相关部门人员通报情况。

（二）现场安全员做好现场情况的控制，无关人员禁止靠近现场。保安队长带领保安员，携带警戒带、遮盖物等物品赶赴现场。

（三）到现场后迅速拉起警戒带，用遮盖物将尸体覆盖，现场重要痕迹、物证等做好标记，采取有效措施加以保护。向报告人和目击人了解情况，并做好记录。

（四）如果死亡人员是业主或业主亲属，由客服人员及时联系其家人或直系亲属。

（五）安全环境部配合和协助公安人员进行现场勘察和调查，提供所掌握的情况。如经勘察和调查有他杀嫌疑，配合公安人员在小区内开展调查和取证工作。

（六）相关部门安排好尸体运出小区的最佳路线，避免不利影响，并做好善后工作。

（七）经公安人员同意后，方可清洁打扫现场。

（八）客服部人员负责回答业主或其他人员关于死亡事件的询问，回答要统一口径。物管中心其他人员不得回答关于死亡事件的任何问题。

九、突然死亡事件应急处理预案

（一）目的

为保证有效处理，及时恢复正常生活、工作秩序。

（二）范围

所辖公寓内。

（三）职责

1. 安保部：负责对事发现场的控制工作，维持现场秩序，协助相关方做好调查工作。

2. 客户服务部：协助安保部维持现场秩序，做好中心相关方的解释工作。

3. 值班经理：负责非正常工作时间内组织人员控制现场，及时报告中心领导，协助相关方做好工作。

4. 相关部门：根据需要做好协助工作。

（四）程序

1. 安保部

（1）中控室监控员接到报警后，立即电话通知以下人员赶到现场。安保部经理——内保主管——保安队长。

（2）中控室监控员提取相关区域事发前后时间段内监控录像材料存档备案。

（3）安保部经理接到报警后，根据提供的事发地点，带领保安人员赶赴现场，拉出警戒线，维持现场秩序，同时上报中心领导与各部门负责人。

（4）保安队员严格控制各出入口，密切注意可疑人员。

（5）经中心领导批准后，向相关方报警。

（6）内保工作人员对报警人、当事人、知情者做好现场访问，调查了解当时情况并现场拍照（包括出事人员倒地位置、姿势、现场遗留物品等）并做好记录。

（7）相关方到达现场后，配合做好现场勘察确认等相关工作。

2. 客户服务部

（1）协助安保部维持现场秩序并疏导、劝离现场围观人员，做好中心相关方的解释工作。

（2）根据安保部提供的证件、材料与信息，及时联系亡者家人或亲属及单位有关人员。

（3）协助中心相关方做好善后事宜，并将情况汇总报告总经理。

3. 值班经理

（1）非正常工作时间内组织值班保安队员控制现场。

（2）立即将事件情况报告中心领导，并按照中心领导指示进行报警。

（3）协助相关方做好工作。

4. 相关部门

根据实际需要做好相关工作。

（五）应急状态的结束与应急现场的恢复

1. 根据相关方意见，应急状态的结束和进行现场恢复统一由中心总经理宣布。

2. 安保部对应急现场进行恢复。

3. 客户服务部及时将恢复情况通知中心相关方。

（六）要求

中心所有员工遇到突然死亡事件时，应立即拨打中控室报警电话，报警时不要惊慌，讲清自己的姓名、部门、事发地点，并保护好现场。

十、外网停电故障应急处理预案

（一）目的

避免或减少公寓及中心相关方因断电造成的损失。

（二）范围

所辖公寓内。

（三）职责

1. 安保部：负责对公寓各出入口、重点部位与公共区域进行安全监管，检查中心相关方门禁锁闭情况。

2. 工程部：负责与相关方进行联系，尽快恢复供电。

3. 客户服务部：负责对中心相关方的解释工作，协助做好相关事宜。

4. 财务部：负责现金及各类票据的保管。

5. 其他部门：负责根据需要合理安排员工协助维持现场秩序。

6. 值班经理：非正常工作时间内负责组织人员应急处理，并及时向中心领导报告。

（四）程序

1. 安保部

（1）发生停电故障后，保安人员立即对财务部进行保卫，防止犯罪分子借机作案。

（2）安排保安人员负责公寓停电区域内各楼层的巡视检查工作，对有可能造成意外的区域派专人值守，确保公寓业主及客户的安全。

（3）中控室通过监视器密切关注电梯轿厢内的情况，如发生困人事件立即报告并按照《电梯故障处理预案》程序进行处理。（如监控设备无法使用，立即通知工程部工作人员）

（4）安排保安人员与车管人员对公寓各出入口进行管理（在恢复供电前必要时只出不进），疏导好进出人员与车辆，并做好解释工作。

（5）派专人负责车场进出口处挡车臂抬杆运行情况，防止因停电造成意外下落，伤及进出车辆，并临时停止使用双层车位。

（6）合理安排好应急照明灯的使用，最大限度保障重要区域的使用。

2. 工程部

（1）立即与相关方进行联络，了解停电原因与具体情况。

（2）如停电造成电梯困人，立即组织人员按照《电梯故障处理预案》进行解救。

（3）根据情况需要，经总经理批准后致电相关方申请援助。

（4）配合相关方做好相关工作。

3. 客户服务部

（1）做好中心相关方的解释与安抚工作，并提醒中心相关方在恢复供电前不要惊慌，不要随意走动。

（2）如中心相关方须临时撤离公寓，则按照《消防应急处理预案》中疏散程序协助中心相关方进行疏散。

（3）事后做好中心相关方的回访工作。

4. 财务部

（1）发生停电事故时，负责保管重要财务票据与现金。

（2）协助安保部人员做好警戒。

（3）协助中心相关方做好保险理赔工作。

5. 其他部门

在保障部门安全的同时，根据需要协助做好相关工作。

6. 值班经理

（1）发生停电事故时，及时组织安保部值班人员做好各项应急准备工作。第一时间向中心领导汇报。

（2）及时处理因停电导致的相关突发事件。

（3）组织保安人员控制公寓各出入口，严格检查、登记。

（4）组织人员对各楼层进行巡视检查。

（五）应急状态的结束与应急现场的恢复

（1）应急状态的结束统一由中心总经理宣布。

（2）安保部对应急现场、工程部对设备及时进行恢复。

（3）客户服务部及时将恢复情况通知中心相关方。

十一、雨水管道系统堵塞、倒灌应急处理预案

（一）各部门工作职责

1. 工程部：负责公寓雨水管道系统的抢修、抢险工作。出具雨水管道堵塞、倒灌情况分析报告。

2. 安保部：负责防汛物资的供给，协助做好抢险工作。出具抢险过程的情况报告。

3. 保洁中心：负责部分应急物资的准备与抢险，并做好清洁工作。

4. 客户服务部：负责与公寓相关方的协调工作。

5. 财务部：负责与相关方的联系，协助做好保险理赔工作。

6. 值班经理：非正常工作时间内负责组织抢险工作。

（二）工作程序

1. 工程部（在非下雨时间）

（1）每天检查室外雨水井、排水沟、屋顶、地漏的通畅情况。如发现堵塞，及时疏通维修，并做好记录。

（2）每天检查所有潜水泵等设备，重点检查电梯井排水泵保证随时能够正常使用，并做好记录。

（3）每月2次，由工程部经理负责组织本部门主管及主管以上人员进行防汛设备、设施

检查，并形成检查记录。

2. 工程部（在出现雨水倒灌时）

（1）暖通人员及时启动所有防汛设备（排水泵、潜水泵等），确保设备运行正常，重点设备、设施专人值守。

（2）各专业人员检查公寓各类机电设备，对受到威胁的设备进行防水保护。（此措施详见工程部各专业之作业指导书）

（3）紧急情况下经部门经理批准强电人员、暖通人员一起用潜水泵接水龙带往外排水，确保重点机房不得进水。

（4）弱电人员将电梯升至首层防止雨水进入电梯井道。

（5）遇有排水设施堵塞时，暖通人员使用各类疏通工具、设备进行疏通抢修。

（6）如果排水沟发生排水不畅的情况，及时打开上一级的雨水井，进行排水疏通，并用潜水泵接水龙带往公寓外侧排水。

（7）工程部经理为设备、设施抢修负责人，如遇紧急情况时，第一时间报告主管领导及总经理。

（8）事件处理后24小时内，工程部出具事件处理情况报告，并提交相关记录上报主管领导。

3. 安保部

（1）如发生堵塞与倒灌情况，及时组织人力在坡道挡水沟处码放防洪沙袋，防止雨水倒灌进入公寓内。

（2）根据具体情况在电梯厅各出入口码放防洪沙袋，防止雨水进入电梯井道，造成电梯损坏。

（3）因排水系统堵塞导致客户人员、车辆进出不畅及时进行疏导工作。

（4）如客户区域内发生排水系统堵塞，及时协助客户转移贵重物品，并通知相关部门人员进行抢修处理。

（5）将具体抢险情况报告公寓领导。

4. 保洁中心

（1）及时用保洁工具清理地面积水（如笤帚、吸水机等）保持地面整洁。

（2）必要时及时在抢险区域放置围挡。

5. 客户服务部

及时做好相关区域公寓相关方的解释、安抚工作，协助公寓相关方做好相关工作。

6. 财务部

及时与相关方联系，协助公寓相关方做好保险理赔工作。

7. 值班经理

（1）非正常工作时间内组织抢险工作。

（2）如须进入公寓相关方区域进行抢险，及时通知公寓相关方紧急联系人。

（3）将事件处理情况报告公寓领导。

（三）应急状态的结束与应急现场的恢复

1. 由工程部确认应急状态的结束。

2. 保洁中心、安保部对应急现场进行清理，工程部及时恢复设备的使用。

3. 客户服务部及时将恢复情况通知公寓相关方。

十二、污水管道系统堵塞、倒灌应急处理预案

（一）各部门工作职责

1. 工程部：联系环卫局抽排污水，做好公寓污水管道系统的抢修工作。出具污水管道堵塞、倒灌情况分析报告。

2. 客户服务部：负责与公寓相关方的协调工作。

3. 安保部：负责防汛物资的供给，协助做好抢险工作。出具抢险过程的情况报告。

4. 保洁中心：负责部分应急物资的准备与抢险，并做好清洁工作。

5. 值班经理：非正常工作时间内负责组织抢险工作。

（二）工作程序

1. 工程部

（1）接到通知后工程部经理立即派相关专业人员到现场进行抢修处理。

（2）暖通人员迅速检查污水间内排污泵是否正常运行，检查公寓外围三座化粪池及所有污水井。

（3）若化粪池污水外溢严重，由暖通主管及时联系环卫部门抽排污水，并报告工程部经理，同时将堵塞影响区域通知相关部门，并派专人24小时负责监控。

（4）若污水井外溢，暖通人员负责用临时排污泵，将堵塞井内的污水排至下一级井，同时进行疏通。

（5）由强电专业人员保障临时排污作业的电源供应。

（6）在没有疏通前建议领导临时关闭可能有影响的区域内卫生间。

（7）当污水管线畅通后，及时通知相关部门开放卫生间。

（8）污水排水系统恢复正常后24小时内，工程部将具体排污情况上报公寓领导。

2. 客户服务部

（1）接到异情通知后，及时对公寓相关方进行解释、安抚及提示公寓相关方尽量不从此

区域经过。

（2）如公寓相关方区域内卫生间受到影响，及时在相应区域卫生间处摆放告示牌，提醒中心相关方不要使用该区域卫生间。

（3）随时与工程部保持联系，如经处理疏通后及时将情况通知环境管理部，开放相应区域卫生间。

3. 安保部

（1）协助工程部码放沙袋确保重要设备、设施的安全（如电梯等）。

（2）协助做好相应区域内的围挡。

4. 保洁中心

（1）同时检查各层地漏是否有返水现象。

（2）及时码放相应告示牌并协助做好相关区域的卫生清洁工作。

（3）接到通知后及时恢复卫生间正常使用。

5. 值班经理

（1）非正常工作时间内组织抢险工作。

（2）将事件情况报告总经理。

6. 应急状态的结束与应急现场的恢复

（1）由工程部确认应急状态的结束。

（2）安全环境管理部、安保部对应急现场进行清理，工程部及时恢复设备的使用。

（3）客户服务部及时将恢复情况通知公寓相关方。

十三、消防应急处理预案

（一）目的

保护生命、保护财产，减少损失，防止火势蔓延。

（二）范围

项目范围内。

（三）组织及职责

1. 组织

（1）指挥组：由总经理、副总经理等3人组成。

组长：总经理。

（2）安保组：由安保部经理、内保主管、车场主管、保安队长等20人组成。

组长：安保部经理。

（3）灭火组：由工程部经理等6人、安保部消防主管等6人组成。

组长：消防主管。

（4）抢救组：保安队长等6人、工程人员2人组成。

组长：保安队长。

（5）疏散组：客服部经理等5人、保洁中心经理等11人、行政人事部2人、财务部2人组成。

组长：客服部经理。

2. 职责

（1）指挥组：指挥灭火、疏散工作并负责相关方的沟通与协调，是组织灭火、疏散工作的核心和纽带。

（2）安保组：负责楼内外警戒、安全保卫工作；周边车辆的疏导和"消防队"车辆的引导工作。

（3）灭火组：保证在灭火工作中的消防设备、设施的正常运转；组织人员参加灭火工作。

（4）抢救组：负责抢救火场受伤人员，送到疏散集合点处。

（5）疏散组：负责中心相关方的疏散。安抚客户、清点人员、接管安置伤员。

3. 组织架构图

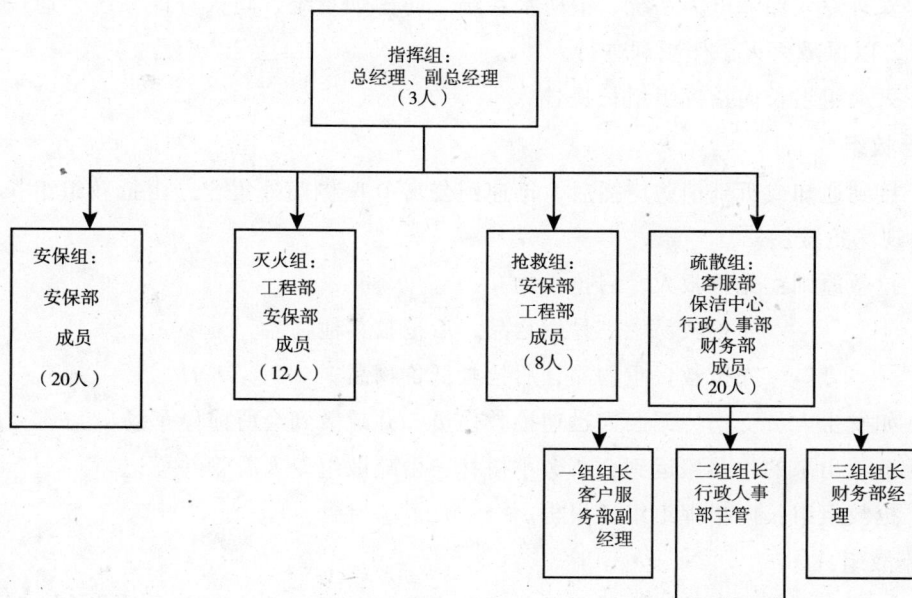

（四）任务

1. 指挥组

（1）接到通知或听到消防广播后，迅速到中控室，指挥抢救、灭火、疏散。并负责总协调工作。

（2）了解各组情况，发布命令。

2. 安保组

（1）接到通知或听到消防广播后，迅速在安保部门口集合，听从安保组组长的指令及任务分配。

（2）当班保安人员坚守自己的工作岗位，不得擅离职守。

（3）根据起火地点布置好现场保安人员，控制公寓各出入口，阻止无关人员进入公寓。

（4）车场主管做好消防车辆的引导，阻止其他车辆进入危险区域。

（5）如有新闻媒体采访，控制并迅速上报指挥组组长。

3. 灭火组

（1）灭火组组长接到通知或听到消防广播后，迅速赶到起火地点，组织灭火工作。

（2）灭火组人员接到通知或听到消防广播后，灭火组人员迅速到 D 座侧门外集合，由灭火组组长组织参加灭火。

（3）义务消防队员由消防主管带领，到中控室穿消防战斗服参加灭火战斗。

（4）断掉火灾区域的电源、气源，防止发生爆炸事件，阻止火势的蔓延、扩散。

（5）安排专人保障电力系统、消防水系统、防排烟系统、防火分区系统、通信系统设备正常运转，以保障灭火工作顺利进行。

（6）灭火组组长向指挥组组长报告。

4. 抢救组

（1）接到通知或听到消防广播后，迅速到公寓 D 座侧门外集合，由抢救组组长组织迅速赶往起火现场抢救。

（2）抢救原则：先抢救人，后抢救物。

先抢救易燃、易爆物品，后抢救其他物品。

先抢救贵重物品，后抢救低价物品。

（3）如发生人员受伤，派两人迅速抢救伤员，并疏散到会所前停车场。

（4）抢救出来的物品搬运到会所旁小树林，由疏散组专人看管并登记。

（5）抢救组组长向指挥组组长报告。

5. 疏散组

（1）接到通知或听到消防广播后，各疏散小组组长迅速到大堂前台处集合，听从疏散组组长的指令及分配任务。

（2）疏散一组：

①必须携带湿毛巾、记号笔、手电筒。

②疏散原则：先疏散着火部位的客户，再疏散其他房间的客户。先疏散着火部位上边楼层的客户，再疏散下边楼层的客户。

③疏散人员通知各客户速从消防疏散楼梯疏散，不要乘坐电梯，将门窗关好。人员疏散后在房门处用记号笔画上"×"记号。

④在首层消防疏散楼梯处和电梯厅处，做好标志并派专人做好疏散引导工作。

⑤确保无客户落在楼内房间，之后由客户服务部经理向总经理报告情况。

⑥做好疏散出来客户的安抚工作，对客户困难尽力予以帮助、解决。

（3）疏散二组：

①准备好急救药品，以便救护烧伤人员（伤员姓名、联系方式），必要时与北京市急救中心联系（120），叫救护车。

②负责接管伤员，核对、清点物管中心当日上班人员情况。

（4）疏散三组：

①保管好抢救出来的贵重物品，并做好登记。

②将财务账单、现金保管好，做好报损报险的准备工作。

（5）疏散组组长视火灾情况（人员疏散、人员抢救、物资抢救）组织安排疏散 1 组、2 组、3 组成员到达指定位置（会所前停车场），实施各自的任务。

①疏散 1 组：客户服务部副经理、保洁经理（客户服务部、保洁中心人员）负责各楼层协助疏散客户及安置地会所前停车场人员的安抚与接待。

②疏散 2 组：行政人事部人员负责对会所前停车场伤员的安抚与救护。

③疏散 3 组：财务部经理（财务部）人员负责会所旁树林物资的保管与登记。

（6）疏散组组长向指挥组组长报告。

（五）程序

（第一步　火警确认）

1. 报警方式

（1）人员报警或电话报警。

（2）消防自动报警系统报警。

2. 火警确认

（1）任何时间中控室接到报警后，立即通知中控员到达火警现场确认。

（2）非正常工作时间，中控员或保安班长到达现场确认。

3. 火警处置

（1）误报，中控员复位，记录。通知工程部查找原因。

（2）初起小火：

①中控室值班人员（值班经理）迅速组织扑灭，防止复燃。报告安保部经理进行调查和记录。

②如果是大火，立即通知中控室进行消防程序第二步，并组织疏散附近客户。

（第二步　现场灭火）

4. 中控室接到通知后，进行消防程序第二步

（1）立即电话通知指挥组成员到位：

①指挥组成员迅速到中控室，指挥灭火工作。

②灭火组组长到火灾现场指挥灭火工作。

③各组按本预案

④任务执行。

（2）中控室值班员根据总经理的指令：

①拨打火警电话（119），与消防队取得联系，报告火情。

②将所有电梯降到首层停止使用。

（第三步　火场疏散）

5. 视火灾现场灭火情况

（1）如果火灾得到控制，总经理指示中控室值班人员进行消防广播，通知客户和员工。

（2）如果火势蔓延，工程部、安保部经理认为不能控制，报告总经理。

（3）总经理根据上级领导指令下达疏散命令。

6. 消防疏散

（1）中控室值班员播放消防疏散广播。

（2）中控室值班员启动消防联动设备控制。

（3）消防队到达公寓时，由总经理或总经理指派之组长与之联系，介绍火情，疏通交通通道。

（4）此时，灭火指挥权交给消防队长官，物管中心各小组人员做好配合工作。

7. 善后工作

（1）各相关部门按照"四不放过原则"执行。

（2）对外第一发言人为中远酒店物业管理有限公司总经理或其指定人员。

（六）应急状态的结束与应急现场的恢复

1. 根据相关方意见，应急状态的结束和进行现场恢复统一由中心总经理宣布。

2. 安保部对应急现场、工程部对设备及时进行恢复。

3. 客户服务部及时将恢复情况通知中心相关方。

（七）要求

1. 在任何情况下，各级管理人员必须保持镇静、机敏。

2. 火警现场确认，中控室人员必须携带通信设备赶赴火警现场确认、处理。

3. 配备对讲机的岗位必须携带对讲机。

4. 除重要岗位留有一人看守外，所有岗位人员在接到火警通知后 5 分钟内到达各自的指定地点。

5. 各部门人员必须按要求携带消防用品、物品、装备。

6. 第一责任领导不在岗位时，由第二责任领导接替指挥工作。

7. 非标准工作时间段发生火灾，由值班经理行使总经理的职责，全权负责指挥，组织人员控制火情的发展，并在第一时间报告。

8. 服从上级指令，不准散布任何谣言。

9. 总经理统一回答任何外界询问，任何人不得对外界发表任何声明或陈述。

10. 发现紧急情况，立即拨打中控室报警电话。

十四、治安事件应急处理预案

（一）目的

确保项目内业主正常生活秩序及人员生命财产的安全。

（二）范围

所辖项目公共区域及外围范围。

（三）职责

1. 安保部：负责对各类治安（暴力、抢劫、凶杀、枪杀与吸毒、贩毒等）事件现场的控制工作，维持现场秩序，协助相关方做好处理工作。

2. 客户服务部：负责中心相关方的解释、安抚工作，必要时协助中心相关方进行安全疏散。

3. 工程部：坚守工作岗位，防止要害部位、设备设施受到破坏。

4. 行政人事部：提前与急救中心联系，做好抢救伤员和所用车辆的准备。

5. 保洁中心：在相关方取证完毕后，负责对事发现场的清理工作。

6. 值班经理：非正常工作时间内负责组织人员控制现场，及时报告中心领导，协助相关方做好处理工作。

（四）程序

1. 安保部

（1）中控室（监控员）接到报警后，立即电话通知以下人员赶到现场。安保部经理——内保主管——保安队长。

（2）中控室监控员通过监控屏幕，对事件发生与相关区域做好跟踪录像，并随时报告。

（3）安保部经理、内保主管、保安队长接到报警后，根据提供的事发地点、嫌疑人的人数，带领保安人员携带警具赶赴现场控制局面，同时报告中心领导。

（4）保安队员控制各出入口；防止犯罪嫌疑人逃脱，并划定警戒线禁止无关人员进入。

（5）经中心领导批准后，向相关方报警。

（6）如犯罪嫌疑人扣押人质，待相关方工作人员到达后进行处理。

（7）安保部人员对报警人、当事人、知情者做好现场访问，调查了解当时情况并采集相关证据（现场拍照）做好记录并存档。

（8）相关方到达现场后，协助做好相关工作。

2. 客户服务部

（1）疏导、劝离现场围观人员，做好中心相关方的解释工作。

（2）必要时经总经理同意后协助中心相关方紧急疏散。

（3）做好相关人员的安抚工作，协助安保部维持现场秩序。

3. 工程部

（1）检查附近设备、设施是否遭到破坏，如有破坏立即进行抢修。

（2）各专业派专人负责公寓内其他要害部位设备、设施的安全。

（3）将设备、设施保护和运行情况报告主管领导。

4. 行政人事部

（1）发生紧急情况时，经总经理批准后提前与急救中心联系，做好抢救伤员及所用车辆的准备。

（2）必要情况下经总经理批准后以书面形式报告相关方。

5. 保洁中心

（1）在相关方现场取证完毕后，负责对事发现场的清理工作。

（2）如在清理过程中发现异常物品（可疑物品、其他危险品、可能为证据的相关物品）

及时报告安保部。

6. 值班经理

（1）非正常工作时间内发生治安事件时，负责组织值班保安队员控制现场。

（2）负责将事件情况报告中心领导，并按照中心总经理指示进行处置。

（3）协助相关方做好处理工作。

（五）应急状态的结束与应急现场的恢复

1. 根据相关方意见，应急状态的结束和进行现场恢复统一由中心总经理宣布。

2. 安保部对应急现场及时进行恢复。

3. 客户服务部及时将恢复情况通知中心相关方。

（六）要求

1. 中心所有员工发现治安事件，立即拨打中控室报警电话。

2. 报警时不要惊慌，讲明自己的姓名、部门、事发地点、犯罪嫌疑人人数及简要情况。

（七）相关文件

1.《中华人民共和国社会治安处罚条例》。
2.《北京市社会治安综合治理条例》。

培训教材篇

企业要保持可持续发展，保证向客人恒久地提供全面满意的服务，就必须有一支优秀的管理和服务团队。培训是保证员工队伍与时俱进、不断提高管理水平和服务水平的有效途径。重视对员工的培训和指导是管理者的责任，也是企业发展的需要。从员工入职起，就要进行一系列的培训。如入职培训、岗位培训、专业培训等，不同专业、不同层次、不同阶段，实行有针对性的各类培训。使员工不断更新观念，不断提高管理水平、服务素质和技能。蓝皮书中的这些内容，是我们在多年来学习与实践中，积累的培训资料、操作方法和体会。是十分有益的培训教材。

目　　录

第一章　入职教育 ……………………………………………………………… 775

　　一、企业介绍 ………………………………………………………………… 775

　　二、项目介绍 ………………………………………………………………… 775

第二章　培训系统设置 ………………………………………………………… 777

　　一、培训目的 ………………………………………………………………… 777

　　二、培训标准 ………………………………………………………………… 777

　　三、培训系统 ………………………………………………………………… 777

第三章　培训教材 ……………………………………………………………… 780

　　教材一　培训者技能 ………………………………………………………… 780

　　教材二　领导技能 …………………………………………………………… 791

　　教材三　销售谈判技能 ……………………………………………………… 823

　　教材四　社交技能 …………………………………………………………… 837

　　教材五　绩效管理与激励的技能 …………………………………………… 862

　　教材六　质量管理技能 ……………………………………………………… 888

　　教材七　沟通技能 …………………………………………………………… 894

　　教材八　时间管理技能 ……………………………………………………… 908

　　教材九　授权管理技能 ……………………………………………………… 913

　　教材十　评估管理技能 ……………………………………………………… 920

　　教材十一　微笑与服务 ……………………………………………………… 930

　　教材十二　礼仪服务基本技能 ……………………………………………… 945

第四章　参考教材 ……………………………………………………………… 962

一、物业服务企业的品牌建设和推广
　　——兼谈中远酒店物业公司的品牌建设与推广 ……………………… 962

二、物业服务质量管理体系研究 ………………………………………… 974

三、智能化系统的应用与管理 …………………………………………… 982

四、别墅物业的特点与物业管理实务 …………………………………… 988

五、公司工程管理体系的建立与管理实施 ……………………………… 997

六、如何建立公司人力资源管理体系 …………………………………… 1014

七、浅谈企业行政管理及"大行政"概念的建立 ……………………… 1019

八、试论物业客户服务体系的建立 ……………………………………… 1026

九、如何构建公司保安管理体系 ………………………………………… 1032

十、客户服务管理与公寓物业服务 ……………………………………… 1038

十一、浅谈物业管理的前期介入 ………………………………………… 1045

跋 ………………………………………………………………………………… 1051

第一章　入职教育

　　员工入职，首先必须让他们了解企业，了解自己企业的经营管理理念、企业的发展规划、企业文化纲领、企业的服务特征、企业的业务现状以及所服务项目的基本情况、设备设施、服务要求等，使员工了解自己工作的单位、工作的要求、服务对象。了解企业，才能更快地融入到企业中去，做好工作，才能更好地进行服务。

一、企业介绍

企业基本情况：资质、历史、性质、规模、品牌、管理和服务特色等
经营理念：以人为本，业主第一
企业精神：敬业　诚实　责任　执行
管理目标：经营创效益　管理上水平　队伍建设出人才
服务宗旨：一切为了宾客　为了一切宾客　为了宾客一切
质量方针：规范专业管理　全面客户满意

二、项目介绍

1. 基本情况

- 总投资、建筑面积。
- 开发、建设单位，设计单位。
- 建筑设计特色、风格，楼体或小区特色，突出的亮点。
- 地理位置、优势特征。
- 绿化、环境特色。

2. 设备设施

- 空调系统。
- 卫星天线闭路电视系统。
- 通信系统。

- 电梯系统。
- 综合布线。
- 停车场。
- 楼宇自控系统。
- 供电系统。
- 给排水系统。

3. 底商或配套商务环境

- 会议中心。
- 银行。
- 保险。
- 餐厅。
- 洗衣服务。
- 咖啡厅。
- 旅行社。
- 邮政服务。

4. 特色服务

- 服务热线。
- 首问责任制。
- 二装一站式服务。
- 温情收费。
- 保洁有偿服务。
- 警卫服务。
- 商务中心：专业策划、会议礼仪、文字处理、复印、传真、刻字、图片冲印、装订、电话、网络、绿植租摆、花卉预订、礼品定做、手机、加油站等。

第二章　培训系统设置

一、培训目的

通过各种内容和形式的培训，达到卓有成效的培训效果，牢固树立"以人为本"的人力资源管理理念，帮助员工与企业共同成长。培训的宗旨是："让优秀的员工更优秀，让平庸的员工不平庸。为客人提供一流的服务，提高员工的职业道德水准和专业服务水平，实现全面客户满意。"

二、培训标准

指导员工不断追求更高的专业水准和更强的服务意识；

关注员工对培训的需求，鼓励员工参与培训，帮助员工规划职业生涯；

建立培训计划、跟进培训实施过程、检验培训效果，实现既定的培训目标；

通过灵活多样的培训，为员工提供发展的机会，为企业留住优秀的员工；

增加员工的交流机会，激发其参与企业管理的热情；

倡导爱岗敬业的企业文化，构建无私奉献的企业精神。

三、培训系统

（一）系统设置

1. 目的

建立培训积分运行机制，形成培训体系，为宾馆培养高素质人才。

2. 政策

实施培训积分系统，是对员工实行激励机制的有效手段。因此，人力资源部应做好培训的考核和评估等工作，并使之制度化、程序化。

（1）员工从试用期到转正期必须接受以下课程的培训：

①入职培训

②《员工手册》

③仪容仪表

④服务技能

⑤消防安全

⑥各部门入职培训

以上每个课程的培训积分均为 5 分，培训总积分为 30 分。员工培训积分不满 30 分，将导致试用期延长或终止《劳动合同》。

（2）员工晋升领班必须接受领班岗位技能培训。每个课程的培训积分均为 5 分，培训总积分为 35 分。员工培训积分不满 35 分，将自动延长晋升期或者不能参与晋升。

（3）领班、主管级员工必须接受以下课程的培训：

①时间管理技能

②沟通技能

③授权管理技能

④评估管理技能

⑤激励技能

⑥微笑与服务技能

⑦礼仪服务技能

以上每个课程的培训积分为 5 分，培训总积分为 75 分。员工培训积分不满 75 分，将导致晋升期延长或者不能参与晋升。

（4）主管晋升部门副经理必须接受副经理岗位技能培训。每个课程的培训积分为 5 分，培训总积分为 80 分。培训积分不满 80 分，将自动延长晋升期或者不能参与晋升。

（5）部门副经理晋升经理必须接受部门经理岗位技能培训。部门经理级管理人员必须接受以下课程的培训：

①培训者技能

②领导技能

③社交技能

④销售谈判技能

⑤质量管理技能

⑥绩效管理技能

每个课程的培训积分均为 5 分，培训总积分为 90 分。培训积分不满 90 分，将自动延长晋升期或者不能参与晋升。

（6）部门经理晋升副总经理，必须接受副总经理岗位技能培训。每个课程的培训积分均为 5 分，培训总积分为 100 分。

（7）培训期间，如果受训者违规，第一次会受口头警告，第二次将受书面警告。每一次书面警告将被扣除培训总积分 0.5 分。受训者若 3 次受到书面警告，将参加人力资源部在当年当月专门举办的宾馆规章制度培训。如果受训者在完成培训后 6 个月内，不再犯相同的错误，可以恢复培训积分，但不能获得本年度、本季度、本月度优秀员工的评选资格。

（二）培训系统流程

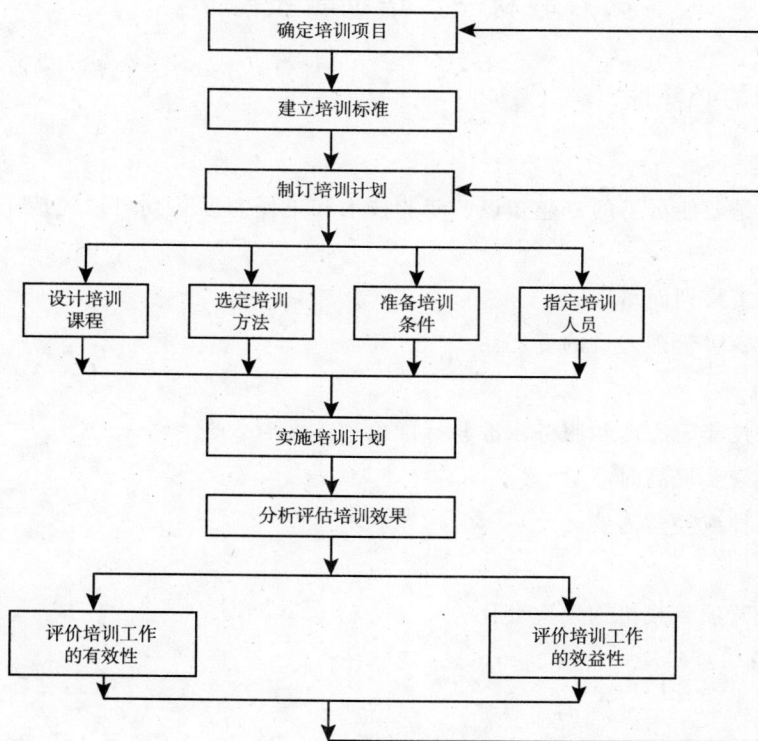

第三章　培训教材

教材一　培训者技能

（一）培训的必要性

1. 培训前提

（1）培训就是要使员工的专业知识、专业技术和工作态度达到可以完成工作并符合考核标准的过程。

（2）不是为了培训而培训。

（3）培训是各级管理人员的责任。

2. 培训时机

（1）员工在技能、态度和服务水准与标准出现差距时。

（2）提升或需要提高时。

（3）交换工种或经营需要。

（4）开业前。

（5）改变经营项目或机构发生变化。

3. 培训对象

（1）现有员工。

（2）新员工。

（3）补充人员。

（二）培训的益处

1. 公司的利益

（1）减少人员的流动。

（2）提高劳动生产力。

（3）提高工作效率。

（4）提高员工整体素质。

（5）促进企业营销。

（6）增进企业的长远发展。

（7）促进企业的信息交流。

（8）减少浪费。

（9）降低损耗。

（10）引进竞争。

（11）提高信誉。

2. 员工的利益

（1）提高积极性。

（2）工作内容充实。

（3）心情愉快。

（4）增加晋升机会。

（5）促进职业的发展。

（6）提高工作效率。

（7）提升专业水准。

（8）增强荣誉感。

3. 客人的利益

（1）金钱的价值。

（2）增强满足感。

（3）享有高档次标准化服务。

（4）提高效率。

（5）增进客户关系。

（6）期望的满足。

（三）培训需求分析

1. 管理中的问题

（1）服务态度粗鲁，讲话生硬。

（2）服务没有效率。

（3）敌对与不合作的态度。

（4）没有教养，不乐于助人。

（5）服务中没有微笑。

（6）服务质量与消费价格不成比例。

（7）服务员对客人不理不睬。

（8）傲慢无礼。

（9）使客人感到是不受欢迎的人。

（10）客人走进房间时，服务员正在清理房间。

（11）老客户从来没有享受特殊待遇。

（12）餐厅的椅子很脏，客人不愿入座。

（13）温度感觉不舒适，不像星级宾馆的水准。

（14）客人在咖啡厅用餐，但不允许签单挂账。

2. 存在的问题

客人的投诉可以用来分析服务中存在的问题，为管理者实施有效的管理提供可靠依据，应该考虑：

（1）问题是什么？

（2）这一问题存在有多久？

（3）问题是否很普通？

（4）发生的场合和时间？

（5）这些问题有什么不同？

（6）问题是否重要？

（7）问题产生后，对企业的影响？

3. 存在问题的原因

（1）由于知识的欠缺，导致员工不懂得他们将要做什么，如何去做好以及什么时间去做。

（2）由于技能的欠缺，使员工因周围环境等因素的影响导致工作失败。

区分知识与技能的欠缺，是解决这些问题的关键，试回答下列问题以找出知识欠缺和技能欠缺之间的区别。

①期望的工作是什么？

②标准是什么？参照什么样的标准？每个人对标准的理解都会一样吗？

③理想工作与现实工作之间有明显的差别吗？

④每个人都是因需要而工作吗？什么人？什么时间？

⑤倘若员工以此为生，能够圆满完成全部工作吗？

⑥员工知道自己工作中有不足吗？

⑦员工的期望是什么？工作中的差距离标准还差多远？

⑧员工对正确和错误的工作是否能够预料到有哪些积极或消极的后果？

4. 技能的欠缺

技能欠缺的表现，有以下几种情况：

（1）缺少反馈。当一个人不知道这一行为的重要性，或不知道标准而参照某一错误的标准执行时，问题便发生了。解决问题的关键是构建一个良好的反馈系统。

（2）工作障碍。员工不能完成预期的工作，是因为缺少工具或过多的工作任务妨碍了整个工作，此时，消除工作障碍是解决这一问题的关键。

（3）惩罚或一些不利因素。在这种情况下，员工没有动力来完成预期的工作，或抵触他们短时期内曾感兴趣的工作。解决这一问题的办法是：制定与工作相关的具体措施并很好地去执行，以鼓励员工更好地工作。

5. 知识的欠缺

通过教育与培训可以适当地提高员工的劳动生产率。如何判断工作中是否存在知识的欠缺，回答如下问题，这可以帮助你作出判断：

（1）执行者是否知道他应该完成的工作？

（2）执行者是否知道这一工作是什么？

（3）执行者是否知道何时开始这一工作？

（4）执行者是否知道如何做好所期望的工作？

（5）执行者是否知道工作的标准与水平？

（四）培训发展战略的制定

1. 发展战略

（1）确定员工发展的途径。

（2）建立知识、技能和态度的培训系统。

（3）员工提升计划。

2. 确定培训和发展的需求

（1）本部门需要接受培训的人员

①姓名、职位

列举本部门需要接受培训人员的名单及职位。

②培训内容

（2）领班、主管需要接受培训及将要发展为领班、主管的人员

①姓名、职位

列举需要接受培训人员的名单及职位。

②培训内容

（3）管理技能及技巧的培训

①姓名、职位

列举需要接受培训人员的名单及职位。

②培训人所需技能和职责

（五）培训实施步骤

1. 确定培训需求

员工在工作中出现的失误，不是因为缺乏相关的知识和技巧，而是缺乏对工作标准的了解，缺乏对工作的正确判断，或缺乏相关的一些工具；或缺少对工作后产生积极或消极影响的预测。

2. 制定培训清单

部门的岗位培训，在培训前制定好培训清单十分重要。下面所给出的是一个综合性餐厅的服务流程。

职责：用餐服务

任务：员工应知应会

（1）欢迎客人并为客人引座。

（2）提供水和小蜡烛。

（3）提供饮料。

（4）提供菜单和酒单。

（5）帮助客人点酒。

（6）将菜单传入厨房。

（7）上菜，适时更换餐巾。

（8）提供葡萄酒。

（9）上咖啡。

（10）结账。

（11）清扫地毯上的污物。

（12）重新布置桌面。

（13）其他。

3. 制定培训细则

◇ 目标和内容

对工作程序的说明或对工作程序的分解叫做工作细则。对部门的岗位培训，经理或主管应列出具体的步骤，并确定每一步如何执行，从而建立工作标准和反馈途径。工作细则的设计，可以帮助部门制订一个完整的、有条理的培训计划。

培训的内容和员工所要学习的知识，通过工作细则可以一览无余，但对于如何具体实施培训的细则，则还不够完善。所需知识和技能的培训应在教学环境中进行，在培训过程中，要注意员工对工作技能的掌握和对某些暗示产生的反应。

工作细则分析操作单：

工作技术	日 期	准备者
目的		
步骤（做什么）	技术（怎样做） 特殊程序、关键点	原因（为什么） 质量、效率、安全性
用少于 4 个字的话来描述每个步骤的工作	简略地描述一下如何进行每一部分的工作，用"使用"一类的词作为工作开头	要指明使用这种方法或技术的重要性
	指明所使用的方法和所包含的"工作诀窍"	
	对任何重要的"不要"一类的词要加以说明	
	你所要弄明白的一些重点问题	

◇ 培训的安排

制订一个有效的培训计划，包括时间、地点、受训者、培训人、工具等。要确定目标，选择内容和方法，通过培训从而测试受训者的表现。

（1）课程设计：

①课题：教学方法和情况介绍。

②行动步骤：培训人将要学到什么，要有案例分析。

③建设性意见：培训人在教材的基础上应多加些建设性的意见。

④培训所需设备：投影仪（幕布）、白板（白板笔）、提纲纸、笔记本电脑。

（2）培训环境应根据主题略加布置。

（3）参与性活动：

①培训中，培训人提出问题时，应尽量使用简单明了的语言，如使用"怎样"、"谁"等来发问。

②讨论中，如是集体参与，应对每人的回答给予评论、表扬或微笑。

③控制善于言谈的人，用"让我们听一听某某人的意见"来打断说话过多的人。

④创造些活动来活跃培训气氛，使培训人不感觉枯燥。

（4）培训前的准备：

①培训开课前请领导发言并进行概括性介绍。

②培训前 2 周应将计划发至各部门，或提前 10 天向受训者发出邀请信。

③将讨论提纲写好，并把培训设备提前安装测试好。

④检查培训教室，环境要干净舒适。

（5）培训中的注意事项：

①开课前要表示你欢迎提问，告诉受训者鼓励并期待他们提出问题。

②对所提问题要给予积极的答复，受训者应认真观察培训人是否严肃认真对待这些问题。

③观察不讲话的人，判断谁有发言的愿望，这样可不等他们举手就向他们提问。

④重复问题以确认是否准确理解，同时证实一下与其他人的理解是否一样。

⑤休息时不得再提问、插话，或离题目太远。

⑥不要让人感觉培训人在赶时间，应有足够的耐心回答一两个问题。

（6）培训的方法：

以下5种常用的培训方法，各有长短。我们在选择培训方法的时候，应考虑哪一种方法对受训者最有效。

方　法	优　点	缺　点
1. 这种方法与传统的(笔与黑板)教学法相似(讲座法)	(1) 培训人备课比较轻松 (2) 可以很快地把要讲的理论或内容说出来 (3) 培训人可以毫无困难地根据安排的进度和讲稿授课	(1) 受训者被动,他们可以不必思考,只管听就可以,甚至不听讲 (2) 培训人不知道受训者实际学到了多少东西
2. 培训人领导受训者对所学的题目发表看法(讨论法)	(1) 受训者必须积极参加 (2) 可以激发受训者的思考 (3) 培训人可以从中观察受训者的能力和积极性 (4) 受训者可以互相学习及交换学习心得	(1) 培训人必须能控制过分活跃的人,也能带动较为安静的人参加讨论 (2) 培训人必须准备一些诱导性问题,带领受训者向有关方向思考,得出正确的答案和结论
3. 受训者把自己的感情、价值、态度带入培训人设计的任务模式中,在指定的处境中演绎成行为(任务带入法)	(1) 受训者可以体验到为什么某些原因和行为会带来某种后果 (2) 这种方法让各受训者有较大程度的参与 (3) 特别适用于较抽象的意念,例如:礼貌	(1) 培训人必须善于设计(如果……)的处境 (2) 害羞或者内向的受训者可能会感到尴尬不安
4. 培训人把一件事情的操作程序按照实际情况,利用实物逐一示范(示范法)	(1) 它可以诱发受训者模仿的意愿 (2) 是教授技巧的最有效方法 (3) 能刺激受训者的视觉、听觉、触觉等感官	(1) 培训人必须有很完善的课前准备 (2) 培训人必须对有关事项中的一切细节和程序非常熟悉
5. 培训人设计一个困难的情境,由受训者讨论解决的方法(案例分析法)	(1) 受训者尝试解决一些假设的但具有现实意义的困难处境 (2) 受训者应用所学知识去解决问题的时候,会对新知识进一步了解	(1) 可能需要很长时间 (2) 如果受训者不能达成解决方案,可能会导致思维混乱

4. 培训执行和评估

在准备相关工作的过程中，可能会出现简单错误，特别是那些由于缺乏准备而发生的错误。

一个典型的错误是，培训人一次讲太多的内容，或是对受训者不够耐心。受训者需要有充足的时间理解他所听到的。因此，必要时培训人可以暂停下来，或将培训分为几步来完成。

在执行培训中，最重要的问题是"培训人不够老练"，特别是对受训者行为的反馈要准确适当。培训人应能根据工作标准，纠正受训者的行为。培训人在培训过程中，一定要避免对受训者的否定、生气和缺乏耐心。和谐、互助的气氛是非常重要的。

最后一点，每项工作都要培训一次以上，根据不同的实际情况，受训者对培训有不同的反应。这时候，培训人可根据受训人对培训内容的理解和掌握程度，调整对每一项工作的培训次数。

对有关培训的评估，一般要看培训目标是否完成，即受训者是否已掌握了培训内容。通过对培训结果的观察，也可以显示培训成效。工作细则是否合适，在工作中是否要改变我们的教学方法，只有在仔细评估的基础上才能得出结论，才能制定更好的工作细则，以便修订培训计划。

培训通常由各部门组织进行，而不单纯是人力资源部，但同样需要周密的计划和员工的积极参与。同时，不断地从有经验的员工那里获得反馈信息，是非常必要的。对新员工和对那些不能很好地掌握新知识的老员工而言，培训和辅导是非常重要的。特别是在比较复杂的情况下，受训者要学会处理大量不可预见的情况，因此辅导是对培训有益的补充。经过培训和辅导后，员工应能对自己的行为作出准确判断。

5. 结论

在一个科技高速发展的社会中，随着商业竞争的需要，员工差强人意的表现会经常出现，这是由于缺乏知识或技能，或在任务执行中不重视知识和技能的提高。随着科技的进步和竞争的加剧，知识和技能也在不断更新，任务和工作也要不断重新定义。员工应知道工作和任务所包括的内容，以及如何按照规定完成任务。

（六）相关表格

相关表格：

《实施报告》表

《月份培训报告》表

《技巧培训》表

《培训内容》表

实 施 报 告

部门：   月份：

员工总数	已受训人数	培训内容	培训者	培训时间

日 期	
部门主管	
部门培训者	

月份培训报告

部门：   月份：

日　期	主　题	实施者	出席者

技 巧 培 训

部门：　　　　　　　　　　　　　　　　　　　　月份：

参加员工	已培训员工数	涉及内容	培训者

培 训 内 容

部门：　　　　　　　　　　　　　　　　　　　月份：

日　期	时　期	培训内容	备　注

教材二　领导技能

（一）有效领导

领导原则卡片

（1）适用于"世纪远洋宾馆服务标准"的每位员工。

（2）帮助员工在工作中不断取得进步、获得成功。

（3）责任管理。

（4）成为高素质的管理者。

（5）使个人的责任成为兴趣。

（6）帮助员工更好地完成自己的工作。

原则1：适用于与服务相关的每个人，包括客人、员工、同事、供货方、卖方、业主、投资方。

如何做：

- 当你看到一位客人（员工、同事等）应微笑并恰当亲切地与其打招呼。
- 以友善、热诚的声音和礼貌的方式对每一位客人讲话。
- 对所有问题迅速作出有效的回答，并亲自找出答案。
- 预计客人、员工或同事的需求，并帮助他们解决问题。

原则2：帮助员工在工作上取得进步、获得成功。

如何做：

- 经常告诉员工你相信他们能够胜任此项工作任务。
- 你应安排一定的时间聆听他们的意见，并关心他们的需求。
- 不断地给予真实、积极、有建设性的反馈。
- 重视并借鉴他们的见解和经验，利用这些信息来帮助员工加强运作，并作出最佳决定。
- 提高自身的受信任程度。
- 做到对每个人都言行一致。
- 实现你的诺言。
- 保持一种你乐于了解对方的态度。
- 提供先进的、具有启发性的思维方式和工作方法，帮助员工在工作中不断成长和提高，如：交叉培训、特别任务、讨论会等。

原则3：责任管理。

如何做：

- 以结果和收益为中心。
- 当员工犯错时，帮助他们学会改正，并以此作为学习的机会。
- 确保员工了解工作的目标，并促使他们对工作的结果负责。
  ——如果员工的工作达到或超过标准，应鼓励他们继续努力，不断提高。
  ——如果他们的工作低于标准，利用管理工具的反馈，帮助他们赶上并超过标准。
  ——如果管理方式不适合于现行的工作标准，应进行新的培训。

原则 4：做一个有能力的管理者。

如何做：

- 了解你在做什么。在处理员工和客人之间的关系时，你必须花费一些时间，去征求反馈意见和建议，关心与他们有关的事，了解、探寻他们的需求。

- 了解你希望员工达到的工作标准，确保你的员工能够理解这些标准。

- 作为一个领导者，必须按照标准分析你的工作（如领导原则、对客服务标准、GOP、工作目标等），经常自我评估或直接向其他人征求意见（如好友、下级、老板），对你进行各方面综合评价。

- 寻求、开发并充分利用你的内、外部资源，帮助你不断提高领导技巧，确保工作的每个环节和整体运行良好。

原则 5：将个人责任与预期的工作目标相统一，排除个人和团队工作中的干扰。

如何做：

- 预测干扰：

——了解预期的工作目标并传达给员工。

——借鉴过去的经验，并收集、总结所在团队的经验（如协调会）。

——利用内部的材料进行趋势分析（GSI、个人意见卡、客户团队、员工态度观察、记录簿等）。

——利用你和你的团队收集同行业的专业技术知识。

——利用你的专业特长来增加你的知识（市场趋势、交易记录、竞争分析）。

——做专业领导者，发挥预测干扰能力。

- 确认干扰：

——该项工作的标准是否已制定和沟通过？

——该项工作的概述及说明是否已阐明与沟通过？

——是否存在有碍管理的规定？

——自我评估。确定你是否存在相反的思想、过激的反应。

——有足够的员工吗？

——你的部门内部与其他部门之间缺乏沟通吗？

——该文件的流转是否是无效率的或重复性的？

——与通告相冲突的地方？

——薪酬和福利是否具有竞争力？

——该员工对于自己的职位缺乏必要的资格或能力吗？

- 克服干扰：

——利用各方面资源寻找解决的办法。

——实施这种办法并评估其有效性。

——借鉴学到的知识和积累的经验。

原则 6：让你的员工参与并寻找有效的解决办法。

如何做：

- 在那些给你"正确的"和"聪明的"回答的人们面前放下架子，并将他们放在培训人和领导者的地位。
- 当这些问题引起你的注意时，不要提出答案，应利用询问的技巧和教授方式，帮助员工找到他们自己的解决办法。
- 鼓励你的员工预测、思考问题，引导他们跟随你的思路，寻找具有可行性解决问题的方法。

如何达到一致：

"一致"是当你需要其他人支持来完成某项工作或者解决某个问题时，在需要作出决定时所运用的一种处理问题的技巧。

"一致"的意思不是一致通过，它意味着参与这个决策步骤的每个人都有机会表达自己的观点、主张和意见。

"一致"的目的是使员工参与这项工作并作出决策，给予该项工作积极的支持。

如何达到一致：如何做及应避免

如何做：	应避免：
- 让每个人表达主张和观点	- 不同意正在说的就不听了
- 为你的观点辩护并提出他背后的原因	- 害怕表达自己的观点
- 隐藏的原因	- 因为害怕出错而保留你的看法
- 希望改变你的想法	- 只因为"看上去不错"而同意
- 声援其他人	- 更改或放弃一个主意或决定而化解争论
- 希望修正你的想法和决定以获得其他人的支持和理解	

小组练习：

领导原则

利用小组形式将下列的每个原则进行评价，按它们的重要性和适用性从 1 到 6 排列（1 = 最重要的，6 = 最不重要的）。在以下的评价中，列出你选择它们的两到三个原因，以及影响下列原则的因素。

原　　则

1. SGSS 标准适用于与你相关的每个人

评价

———

　　　　　　　　　原因：　　　　　　　　　　　　干扰：

（1）

（2）

（3）

2. 帮助你的员工进步，并使其胜任他们的工作

评价

———

　　　　　　　　　原因：　　　　　　　　　　　　干扰：

（1）

（2）

（3）

3. 责任管理

评价

———

　　　　　　　　　原因：　　　　　　　　　　　　干扰：

（1）

（2）

（3）

4. 做一个有能力的管理者

评价

———

　　　　　　　　　原因：　　　　　　　　　　　　干扰：

（1）

（2）

（3）

5. 将个人责任与期望相统一，排除个人和团队工作中的干扰

评价

———

　　　　　　　　　原因：　　　　　　　　　　　　干扰：

（1）

（2）

（3）

6. 让你的员工参加并寻找有效解决的办法

评价

———

原因：　　　　　　　　　　　　　　　干扰：

（1）

（2）

（3）

（二）有效地聆听

1. 聆听自我评估

（1）若希望评价聆听的有效性，请阅读以下的30条，同时在"对"或"错"每条后画圈，画完后，测出你是不是一个好的聆听者。

①对/错。当我做工作计划时，允许自己有一些与员工、合作者、老板和客人即兴对话的"自由"时间。

②对/错。当人们与我谈话时，我时常会觉得他们在浪费我的时间。

③对/错。我倾向于"加入"交谈，并打断其他人的交谈。

④对/错。当别人说话时，我有乱画或玩弄铅笔或纸片的习惯。

⑤对/错。当有杂音或其他活动时，我会走神。

⑥对/错。我了解如何装成聆听的样子。

⑦对/错。我用目光接触、面对讲话者、微笑、点头等方式鼓励其他人自由地去讲。

⑧对/错。我时常在讨论时失去条理，且不得不问些问题，或"伪装"一下，直到重新赶上。

⑨对/错。我问些问题以确保正确地明晰讲话者的意思。

⑩对/错。我发现聆听对履行任务是有效的，通常我可以听出一些重点，如听电话时我将信息归类。

⑪对/错。我是个直性子的人，如果某人说某件我不喜欢的事，我会立即进行辩论。

⑫对/错。我经常听讲话者更多的意见，而不是事实和细节。

⑬对/错。我心里概括讲话者所说的。

⑭对/错。我将讲话者提供的事实和细节作记录。

⑮对/错。我经常试着尽可能地详细记录。

⑯对/错。当一个讲话者充满激情的"连珠炮似的"说话，会使我"走神"而错过后来的讲话内容。

⑰对/错。我更愿意看到人们高兴的样子。如果是一个不高兴的人在讲话，我会听上一会儿，但如果他们一直都高兴不起来，我会试着跟他们开个玩笑使他们活跃起来。

⑱对/错。当他们来看我时，若我不能马上跟他们交谈，我会与他们迟些约个时间会面，或者在一天之内打电话给他们。

⑲对/错。在开会时，我故意避开容易分散注意力的地方，例如，不选择对着钟表或走廊的位置。

⑳对/错。我相信对方是不会以貌取人的。

㉑对/错。我鼓励我的员工告诉我他们工作中存在的问题。

㉒对/错。我确信在与我谈话中，我的员工会感觉轻松地向我询问问题。

㉓对/错。我在人们所说的话中，作出标记，标明他们的声调、面部表情和手势等。

㉔对/错。我避开听复杂难懂的话语。

㉕对/错。我已注意到许多女性很难清楚地表达她们自己的思想。

㉖对/错。我举行一个会议时，喜欢房间温度稍微低一点，这能让人保持清醒。

㉗对/错。我时常猜测下一个讲话者要说什么。

㉘对/错。我知道在开会时非常容易打瞌睡，所以我强迫自己集中注意力。

㉙对/错。当他岔开所说的时，我跟不上他所说的。

㉚对/错。不管是逐个的讲话发言、小组会议还是大礼堂式的会议，我总是靠近一个讲话者坐着。

（2）回答与注解

①对。这些对话必定会发生，这是你工作的一部分，而不是对你的干扰。（如果因为你不做工作计划而选择"错"，那又是另一个问题）

②错。如果你有这样的感觉或许就能证明：你对别人想让你知道的情况根本没有完全理解，未达到沟通的目的。

③错。你喜欢被打断吗？没有人会喜欢，此外，你这样做时会导致信息缺失。

④错。这种行为将分散你的注意力。

⑤对。几乎每个人都会如此，尝试控制自己注意力的分散。

⑥错。当他们没有听你讲话的时候，你可以提醒他们，并且你会观察到他们走神。

⑦对。很好，只是应掌握尺度，注意讲话时赞同他的意见。

⑧错。"时常"这个关键词，不应频繁出现。尽管在场的每一个人很难保证不出现这种状况。

⑨对。适时、适当地提问，对于证实理解是很重要的。

⑩错。聆听是一种全神贯注的行为。

⑪错。对一个讲话者所说的，你可以提出异议或不赞成，但（正如第3条）如果你立刻作出反应，就会妨碍对方的讲话讲完。先收住自己的口，你可以听到更有用的信息。

⑫对。作为一项规则，你的注意力应放在意见和相关的、非口头上的沟通交流上。当事实和细节相当重要须记住时，应做笔记或记录。

⑬对或错。在对话或演讲进行过程中，你可以不去做这个，但之后还是值得做的。

⑭对或错。在一种非情绪化的气氛中，你需要这些"事实和细节"，记录是有必要的。但如果是一个情绪化的人过来与你交谈，做记录看上去就太呆板了，并会妨碍沟通。在大多数的对话或讲演中，事实和细节将对引用的观点提供支持，因此没有必要做记录。

⑮错。详细的记录是相当必要的。事实上，当你只注意做记录时，会导致你更困难地领悟、理解问题的核心。

⑯对。有些时候你会出现这种情况，但必须要控制思维，并克服"走神"的情况，这样你才能继续"听下去"。

⑰错。如果这样做，人们将断定你轻视他们所关心的事，这将使处理这些已转向情绪化的问题更为艰难。

⑱对。若是紧急事件，让讲话者告诉你事情的主要情况，如果不是，安排一个特定的时间或限制一个时间再沟通。

⑲对。简单而有效。

⑳对或错。外表可能会重要，例如对一个前厅接待员或是一个模特而言，外表是相当重要的；但如果你是我们的员工，客人希望我们展示给他的是一副整洁的外表。

㉑对。你不能去分担他们的工作，但了解他们工作中出现的问题对你是很重要的。

㉒对。要注意到，一些人不愿意在大众面前提问题，他们得到你的一些反馈后，会想到一些问题。可以当场提问。如果可能，你可以说"如果你们有更多的问题或意见，请于明天10点钟前告诉我，以便我能把你们的想法在下午时转达给总经理"。

㉓对。非口头的沟通有时比语言更有启发性。

㉔错。你没必要避开这种情况，练习聆听和通过对信息的筛选来找出重点。

㉕错。如果你注重性别、年龄或民族等方面因素，表明你在沟通方面存在问题。

㉖错。适当的温度是对的，但凉爽比温暖更好些。

㉗对。如果注意且抓住讲者的要旨，就能欲知接下来的是什么，但要等待讲话者证实你的猜想。

㉘对。它可能是一场困难的战斗，但你明白了不该如此，就能帮助你坚持，直到赢得胜利。

㉙错。你应锻炼自己去做。

㉚对。这有几个好处：你能听得和看得更清楚，减少周边环境对你的干扰，选择远离讲话者的唯一原因，是在会议或讲演结束前你打算中途退出。

2. 影响有效聆听的障碍

（1）听者可能会是一种干扰

● 催促讲话者、因没兴趣而指指点点，屡次中断。

- 偏见。

（2）现有的组织结构可能会是一种干扰

- 忙碌的前台或厨房。
- 嘈杂的环境。
- 拥挤的环境。

（3）信息可能会是一种干扰

- "坏消息"。
- 用其他语言讲话或翻译。
- 用词单一。

（4）时间上的压力可能会是一种干扰

- 负担过多。
- 在去某处路上。
- 考虑的事情太多。

（5）讲话者可能会是一种干扰

- 无法有效地沟通。
- 令人不愉快。
- 冗长的、乏味的讲话。
- 腔调。

（6）沟通的方式可能会是一种干扰

- 书面信息时常译错。
- 外来信息被歪曲。

3. 聆听的三把钥匙："TLC"模式

T：鼓励"双向"沟通。

L：集中听。

C：澄清并确定谈话的内容能被准确地理解。

"TLC"模式：如何做？

T：鼓励"双向"沟通。

- 利用问题

——你如何看这种情况？

——你觉得这个问题怎么样？

——你怎么看这件事的结果？

- 目光的接触
- 点头

- 使用鼓励性的语言

——是的。

——我明白了。

- 使用身体语言提醒注意

——向前稍弯腰。

——双臂在体侧。

L：集中听。

- 全神贯注

- 杜绝猜测

- 不作评价

- 不打断

- 必要时做记录

C：澄清并确定谈话的内容能被准确地理解。

- 提问

——对不起，您能重复一遍吗？

——请问，这就是您要说的吗？

- 从感情方面作出反应

——您看上去很高兴……

——您为……感到不安？

- 改说形式

——听上去像是您想说……

——我听您说……

- 概述所有的信息

4. 聆听技巧训练

总结

这个练习的目的，是使你能够运用有效聆听的技巧，进而得到有建设性的反馈。

在这些练习中，你将与其他有关系的 3 人成为一组，共同完成。在 3 个训练回合中，你和你的同事，应遵循以下规则：

- 听者：与讲话者的训练讨论中，运用聆听技巧。

- 培训人：将帮助讲话者准备训练讨论，指导反馈会和必要的介入。

- 讲话者：将参与训练讨论，完成后提供反馈。

每个训练回合由以下方面构成：

- 准备。

- 技巧训练讨论。

- 反馈会。

在第一回合中，你将按上面描述的饰演一个角色，在后面的第二、第三回合中替换角色。练习结束之后，将你收到的反馈，做个人记录。

5. 聆听者的角色

准备：

与你被安排在同组表演的组员进行交流，讨论并制定战略。确认 2~3 个主要场所，利用 TLC 模式，聆听评价结果及你希望得到的反馈。

讨论：

指导老师询问你时，与讲话者商讨、讨论，将注意力放在贯彻你的战略上，以便更有效地聆听。

反馈会：

把聆听的效果反馈回去。

6. 聆听的战略

与你的培训人合作展开策划，以便在接下来的讨论中能有效地聆听。回顾 TLC 模式和聆听评价，列出 2~3 个讨论中将重点关注的要点，同时运用实用性的工具，帮助你重点关注这 2~3 个要点。使用下列模式，能帮助你进一步细化这些要点。

TLC 模式	要 点
T：鼓励"双向"沟通。	你将怎样鼓励"双向"沟通？
L：集中听。	你如何集中去听？
C：澄清并确定谈话的内容能 被准确地理解。	你如何澄清并确定所说的 都能被准确地理解？

7. 培训人的角色

准备：

与扮演聆听者角色的成员合作，帮助其确认在讨论中要注意聆听要点。用以下问题开始准备工作：

- 以聆听评价作指导，在讨论中你希望集中注意哪些要点？

- 你将使用哪些工具（利用 TLC 模式）论证你集中注意的要点是正确的？

讨论：

聆听者与讲话者的实际操作讨论大约进行 5 分钟，你作为一个培训人，有责任随时对时间进行监督和使讨论维持集中焦点，当讨论变成一边倒时要介入进来，或通过解决这些问题将话题转移。

反馈会：

作为培训人你将引导这个反馈会，向聆听者提出以下问题：

（1）在这个讨论训练中，哪些技巧你运用得较好？

（2）如果你重做一遍练习，你说的、做的会有一些不同吗？不同之处在哪里？

（3）你认为你已经完成在准备会上确定的、关于要点方面的事情了吗？

接下来，对讲话者提出以下问题：

（1）你认为训练和练习进行得怎样？

（2）是否觉得已引起聆听者的全部注意力？

（3）对给聆听者做实际运用的例子，你是否提供一些特别的建议？

接着，简述反馈意见并提供自己的意见，询问扮演聆听者角色的人，能否向你提出有帮助的建议，他提供的建议将有助于培训人技巧的提高。

8. 讲话者的角色

准备：

与聆听者和培训人交流，并告诉他们你已选定的关注的主要内容。建议的概论包括：

（1）客人的抱怨，请在这个练习中扮演聆听者的角色。

（2）某种结果，与我们的生活有密切的关系。

（3）一种你的任何一位老师都不能处理的情境。

为这个讨论做准备，着重准备你要讨论问题的细节。

讨论：

反馈会：

（三）标准化管理

1. 确定标准

企业要求员工顺利完成工作并达到预期的管理标准，必须首先制定明确的标准尺度。通过回答以下 5 个问题，你可以获得你需要的所有信息，来确定每一个员工的标准。

（1）什么是任务？就是说，让员工去做些什么？

（2）标准是什么？标准就是一项任务的工作规范，通常包括两方面：数量和质量。员工必须达到什么样的标准？

- 提高数量的标准，问：

　　——有多少？

　　——用多长时间？

　　——有多少花费？

- 质量标准通常是很难下定义的，但却是很重要的，这些标准通常要涉及态度、感觉等，很容易认可，却很难定义。例如，你很容易就能看出某人是高兴的或是友好的，但当有人问你是怎么得出结论的，这是一个很难回答的问题。

——演示、讲解这些标准并告诉员工他们应如何对待工作。

——描述一下优质服务、一种积极的态度等，在某种特定的事件中，员工应如何做。

例如：一位员工要非常热情、礼貌地对待每一位客人。"热情地"就应该定义一下，"热情地"是较容易被定义的——它可以用积极、乐观、讲话时抑扬顿挫、微笑、一个友好的手势（如：挥手、握手等）来描述。

——确定员工坚决执行的标准，一些在工作中极有礼貌的员工，似乎在执行标准时毫无困难，并且可以将其视为执行标准的模范，并成为新员工或缺乏经验员工的榜样。

（3）执行任务必须采取的程序或步骤是什么？

（4）你和这个领导团体将提供什么支持？

- 员工在执行任务中需要什么特殊工具、支持和帮助？

- 员工在培训与指导中需要哪些支持？员工期望从你或其他经理、主管那得到支持吗？

（5）你将如何按照标准监督员工的行为？

- 员工多久才能得到自己在工作中的反馈？

- 反馈是以何种形式进行的（如：口头、书面或是面对面等）？

- 希望员工如何对待这些反馈（如落实到实际工作中等）？

①每次你遇到客人或员工时，应先微笑，然后礼貌地打个招呼。

②以友善、热诚和礼貌的语气与客人或员工讲话。

③迅速回答客人或员工的问题，并为他们设法找出答案。

④预计客人、员工或同事的需求，并帮助他们解决问题。

2. 确定一种标准

个人练习

要求：选择一种你觉得对你的部门很重要的，或是一种你的同事经常遇到麻烦的工作标准。用 10 分钟的时间回答以下 5 个与你已选择的标准有关的问题。

（1）任务是什么？

（2）标准是什么？（包括质量标准）

（3）执行任务的程序与步骤是什么？

（4）你或所在组织将提供什么支持？

（5）你如何依照标准进行监督？

集体练习

利用以下的内容作为引导工具，以此来从员工队伍中得到反馈。当得到反馈后，把你自己当做一名已经被告之标准的员工，如果需要，强调透明度及支持的重要性，每一个参与者用大约 3~5 分钟时间来阐述他们的标准并作答。

任务：

（1）任务是如何被定义的？

（2）员工对被告知要做事情是否清楚？

（3）任务能够被简化吗？

标准：（尺度）

（1）每一条标准与某些尺度相联系，数量上或是性质上的，还是两者都有？

（2）需要增加一些衡量标准尺度吗？

（3）这些尺度"真的可以衡量"标准吗？

程度：（步骤）

（1）步骤清楚吗？

（2）员工是否知道必须做什么，什么时候做和在什么情况下必须遵循这些步骤？

（3）除这些步骤以外还有其他的选择吗？

支持：

（1）部门员工能够从你或部门那里得到什么支持？

（2）员工是否需要额外的培训来完成工作？

（3）是否提供了额外的激励机会？

监督：

（1）员工是否对反馈程序有清楚的了解？反馈程序是什么、如何进行以及什么时间反馈合适？

（2）员工是否能从反馈中得到鼓励？

（3）如何才能使反馈机制在员工工作的表现及状态上得到体现？

如何实现标准化管理：

第一步：与员工回顾标准。

第二步：确保员工理解标准。

第三步：关注员工关心的问题。

第四步：解决员工关心的事。

第五步：实行测试。

具体做：

第一步：与员工回顾标准

- 要承担的任务。
- 规范（标准）。
- 程序（步骤）。

- 可提供的支持。
- 你将如何监督工作。

第二步：确保员工理解标准

- 明确员工工作任务、标准或实施步骤。
- 必要时提供更多的信息和进一步解释。

第三步：关注员工关心的问题

- 询问员工方面将会有什么干扰、什么将导致错误等。
- 利用聆听技巧鼓励员工讲话。
- 反思，确认你自己的理解。

第四步：解决员工关心的事

- 询问可能引起干扰的因素和如何克服。
- 对要求克服干扰的行动表示同意。
- 如果测试之后，你发现这个员工不能或不愿去解决问题，则要为其提供解决办法。

第五步：实行测试

- 询问这个员工对此问题的理解是什么？能够解决问题的办法是什么？
- 询问这个员工对已确定的行动的执行并达到标准情况，如果这个员工不愿全力以赴达到目标，鼓励他去执行工作并达到标准。
- 重申你为支持员工达到标准将做些什么。
- 强调你有信心相信这个员工可以达到标准。
- 列出一个互相合适的"回顾"日程。

标准化管理模式

此模式应用于不同类型的员工。

D1（低能力与高效执行）	• 提供所有 5 个"定义标准"问题的详细清楚的答案。
	• 帮助员工看清干扰和缺陷将会在哪里，培训他们如何克服。
	• 鼓励员工达到标准。
D2（有些能力与低效执行）	• 提供上述所期待的清楚答案。
	• 鼓励员工为就如何达到标准献计献策。
	• 在第三、第四步上花更多的时间仔细聆听员工所关心的问题，并在如何克服干扰上为其出谋划策，提供帮助。
	• 鼓励某个员工提出他自己的解决方法，但要有指导性意见，确定解决问题的实际可行的方案。
D3（高能力与不稳定执行）	• 思考 5 个问题的答案，但期望员工提供自己的如何达到

标准的答案。

- 共同讨论干扰或问题，与员工共同找出解决方法。
- 在"克服干扰"方面给该员工更多的支持，帮他获得更多的支持，减少实际工作中的复杂性。

D4（高能力与高效执行）

- 了解你所期望的，并希望该员工尽其全力去理解和达到工作标准。
- 提高标准给该员工"压力"，希望该员工能在工作中不断提高。
- 给该员工委派克服困难和抗干扰的责任，希望其在不寻常或特别的环境中跟随你，而不是按标准的日复一日的工作。

技巧训练练习

介绍：

这个练习的目的是训练你实行标准化管理的技巧，从你施与这些技巧的员工身上获得有建设性的反馈。

这个练习，将 3 个人一组共同完成相关的其他项目，在这 3 个训练回合中，你和你的同事将完成以下任务：

- 经理：在训练会中将与员工沟通一项实际工作标准（以前练习中已改进的）。
- 培训人：帮助经理准备训练讨论，并在观察这个讨论之后，指导反馈会。
- 员工：参与训练讨论，提供反馈。

每个"回合"都将由以下方面构成：

- 准备。
- 技巧训练讨论。
- 反馈会。
- 在第一回合中，你将扮演上述的 3 个角色之一，然后在第二、第三回合中，你将替换角色。

随着这个练习的结束，记录下你收到的反馈。

1. 经理的角色

准备：

（1）与扮员工角色的人交流，重点向这个员工传达已确定的标准。讲述：

- 员工的工作。
- 经验。

- 发展水平。
- 其他有关该员工的记录和相关信息。

（2）与扮培训人角色的人交流，制订出适用于此人的沟通标准范例计划。

标准化管理模式	注　解
第一步：与员工回顾标准	怎样：
第二步：测试以确保员工理解标准	怎样：
第三步：面对出现的问题	怎样：
第四步：如问题存在，共同解决问题	怎样：
第五步：实行测试	怎样：

讨论：

当培训人要你表演时，应与员工沟通，并展开讨论。

反馈会：

2. 培训人的角色

准备：

与扮演经理角色的人交流，协助其制订出接下来员工讨论的计划，需问以下问题：

（1）在训练会中，将标准化管理模式当做一个指导，你希望重点关注哪些方面？

（2）你用哪些信息作为你重点关注某些方面的依据？

（3）哪种领导方式对这个员工最适当？

（4）你用什么方法来证明你运用的领导方式的适当性？

（5）讨论的结果：你达到目标了吗？

讨论：

观察讨论和记录下经理所做的、所说的特别的事情，使用有效性模式。当重点转向问题的解决时，介入讨论。

反馈会：

你作为培训人将指导反馈会，询问经理以下问题：

（1）训练讨论中，什么技巧你示范得最好？

（2）如果你再做一次练习，你所说的、做的会有些不同吗？说出这些不同点？

（3）你认为是否完成了在准备会上确定的、关于要点方面的问题？

接下来，询问员工关于一系列问题的反馈。这些问题包括：

（1）你认为训练、练习进行得如何？

（2）你是否认为已完全引起经理的注意？

（3）对于经理的引导模式，你能提些特别的建议吗？

最后总结反馈并提出你自己观察的情况。

3. 员工的角色

准备：

与扮演经理角色的成员交流，讲述你将扮演的员工的情况。

讨论：

与经理一起参与到讨论中，扮演员工的角色。

反馈会：

培训人将指导这个讨论。

（四）有效反馈

有效反馈模式

第一步：确定反馈的目标

- 积极的反馈：有效工作的认知。
- 建设性的反馈：怎样工作更有效。

第二步：清晰传递反馈

- 状况："当你……时候"（特别是描述员工的工作、行为）。
- 描述员工的工作、行为的效果及对客服务中的冲突（描述对他自己、同事、你、其他人等）。
- 如果提供两种反馈，则要确保将积极的反馈与建设性的反馈区分开。

反馈计划

这个表是检查你已为员工提供的反馈的数量和类型，以及为他们提供建设性反馈所作的准备。

记录：＿＿＿＿＿＿＿＿＿＿＿　　行动步骤：＿＿＿＿＿＿＿＿＿＿＿

员工：＿＿＿＿＿＿＿＿＿＿＿

在过去的 3~6 个月中，你向员工提出的建设性反馈与对员工谈话要点。

提供反馈的周期是多长？（画"√"）

　　　□每天　　　□每周 2~3 次　　　□每月 2~3 次　　　□不常发生

你最近一次向这个员工提供反馈是什么时候？

（日期）＿＿＿＿＿＿＿＿＿＿＿　　（内容）＿＿＿＿＿＿＿＿＿＿＿

提供部门交叉反馈的渠道

（1）所有发生部门交叉的反馈讨论，应该集中在实际观察到的各种信息，而不是以传闻、道听途说或是推测为基础。

（2）反馈的焦点应是工作的分配和客人满意度的冲突，而不是在性格、感受或带有感情色彩的谈论。

（3）经理必须承担解决问题的责任而不是全部推给主管人员去处理。

（4）所有涉及的人员都应该达成一个折中的方案。

（5）部门交叉反馈，经常是在恳谈会上进行的。

（6）所有相关的人员应参加确定适当的信息。

（7）反馈在将来应是有建设性的，一个经理永远不要命令另一个经理怎样去管理他的部门。

（8）其他人提供给经理的反馈应该保密。

（9）给员工提供反馈的渠道，应在提供部门交叉反馈时同时提供。

（10）经常性地给另一个部门必要的、适当的支持、指导和帮助。

团队训练：训练声明

以下的声明中陈述了12种不同的训练思想、观点。它们中没有一个是完整的训练概念，但各自都具有一定的作用。请独立地练习，并用＊标出4种你认为最接近于你需要达到的培训人类型的描述，发给你的员工、职能部门等。然后，你将和同队的其他队员比较观点。

1. 一个好的培训人应了解他的员工内在及外在表现，他们的目标是什么，他们惧怕什么，甚至包括他们喜爱的早餐是什么。

2. 训练意味着提供给人们排除障碍继续前进的工具。

3. 培训人是某种意义上的"父母"——无论在任何情况下都必须支持你的队员。

4. 培训人的任务是设定出高标准，并推动受训者努力达到预期的标准。

5. 培训人必须具有激励队员的能力——激起队员的斗志是培训人的重要职责。

6. 最优秀的培训人拥有胜利者的魅力——这可以体现在他的言行当中。

7. 培训人的责任是发扬你的优点，摒弃你的弱点，并给你足够的信心从失败中爬起，从头再来。

8. 培训人不能与其他的队员关系过于亲近，友谊会令作出强硬的决定变为难事。

9. 培训人的最艰巨的工作就是激发每个队员的个性。

10. 聆听是培训人最重要的技能。

11. 培训人是真正要为在发火状态下作出的所有决定负责的人，培训人必须能够使队员具有应付紧急事件的能力。

12. 培训人应具有灵活性，能够适应各种类型的人，并能满足他们的需要。

训练计划表

此表用于判定需要进行提高培训的员工。尽可能具体地回答每个问题。在进行技能实操练习时，你可以使用此表来让不同的人扮演所要被判定的员工。

员工姓名：

选择该员工的原因：

员工发展水平（范围）：

1. 问题出现属于偶然事件，还是一种工作质量低劣的典型行为？
2. 员工有必要的技能和知识来达到标准并执行任务吗？
3. 提供给员工必要的工具、方法和支持了吗？
4. 员工行为会被其他的任务或优先权干扰吗？
5. 达到标准或执行任务有明确的利益吗？
6. 员工的责任感、素质水平足够达到标准并完成任务吗？

训 练

做什么	如 何 做
步骤一： 讨论	1. 说明讨论的目的："我想和你谈一些我的想法" 2. 用具体的术语，描述正在进行什么 3. 说明期望目标、具体标准是什么等，帮助员工弥补行为"缺口" 　 如果员工理解了行为问题所在，则进入步骤二；如果没有，重复步骤一
步骤二： 确定可能的原因	1. 询问员工引起差距的原因，倾听反映。运用在"用来分析工作问题的工具"中提出的6个问题，来收集相关提到的信息（应在与员工讨论的基础上提出，并分析这6个问题。运用它们仅仅是为了得到对信息的确认） 2. 提供可能的原因 3. 向员工重复、解释确保你明白了员工的观点、想法，"我听到你说……"
步骤三： 解决	1. 首先询问员工有没有解决问题的办法，并集体讨论 2. 在具体的可行性解决办法上达成一致。要求员工写出具体实施行动步骤、实施计划和完成方法，并尽可能地给他提供帮助 3. 如果员工不愿意或不能实施计划，应给予更多的帮助 4. 询问员工需要你提供的帮助，并同意提供适当的帮助 5. 让员工解释计划的主要要素 6. 询问员工是否同意执行此计划。如果员工不很确定或不满意，需要询问原因。如果必要，询问此员工是否愿意尝试一下 7. 向他说明支持他是你的责任，给他足够的鼓励
步骤四： 跟进到底	1. 设置两周的追踪计划安排 2. 给出追踪日期内的明确的预期目标

❖ 能力低、承担义务高
- 步骤一:按照示例中的步骤进行。
- 步骤二:询问员工出现问题的原因。询问并倾听员工的想法。向员工讲清楚引发问题的原因。
- 步骤三:将你需要员工执行的解决办法具体化。清楚地列出员工需要做什么、什么时候、如何做。将他需要什么帮助具体化,并创造可以回顾过程的面对面的"检查站"方式。通过询问员工对打算做什么、什么时候、如何做的陈述,来辨别员工理解程度。对员工表明信心和将帮助其解决问题的态度。认真测试员工在最近讨论中的态度。

❖ 有些能力、承担义务低
- 步骤一:根据模式中的描述执行。澄清讨论的目的在于为员工的潜在性需求提供支持。
- 步骤二:根据模式中的描述执行。认真倾听员工对问题的观点,在必要时提供帮助。
- 步骤三:必要时,指导员工如何做、什么时候做等,提供更多的鼓励和支持,让其复述要做的事情及方式、方法,以便明确其是否正确理解,并对其说明你的信任和帮助其解决问题所应承担的责任,认真地检验员工在讨论结束时的责任感。

❖ 能力强、承担义务低
- 步骤一:按照模式执行。明确你帮助员工解决问题的目的,并不是单纯地解决问题。
- 步骤二:假设员工能分辨问题的实质性原因,使用6个标有"分析解决问题的工具"来帮助该员工,弄清所有潜在的实质性原因。若员工本人不能分辨问题的实质性原因时,应提供更多的指导。
- 步骤三:假设员工能找到有效的方法来解决问题,应与员工共同开拓思想,寻找解决问题的方法。当员工解决问题的方法与你不同时,应灵活掌握。同样地,当员工不能找出合理的解决问题的方法时,应给予指导。让员工重复所应做、如何做及采用方法,来判断其理解程度。对员工说明你的信任和帮助其解决问题应承担的责任。

❖ 能力强、承担义务高
- 步骤一:按模式执行。说明你帮助员工解决问题的目的,而不是单纯帮他去把问题解决掉。
- 步骤二:推断员工能够弄明问题的根源,如必要采用6个标有"分析解决问题的工具"来帮助他,弄清所有潜在的根源。
- 步骤三:让员工开发计划,如需要提供想法和支持,要澄清这是员工的计划,而不是你的计划。为判断员工的理解程度,让其重复所应做、如何做及采用方法。对其说明你的信任和帮助其解决问题,以及你应承担的责任。

领导原则:

1. 将标准化模式适用到你控制的每个员工
2. 帮助员工胜任工作并获得成功
3. 履行个人职责:预料、判断、调动、消除阻碍团队及个人行为的障碍

(五)工作业绩提升训练

技能实操练习

导言:

本练习的目的为:在训练及发展员工过程中,提升你的技巧,使你在使用这些技巧时收到其他人的具有建设性的反馈意见。

本练习中,你将与其他人共同参与3个小组练习。在这3个"回合"的练习中,你和你的队友将扮演下列角色:

- 经理：运用训练模式，在实操讨论中提供一个员工的真实业绩情况。为了能将这名员工的情况通知给你的队友，你将早一些使用训练计划表。
- 培训人：帮助经理准备讨论练习，观察讨论结果并最终召开反馈会议。
- 员工：参与讨论练习，提供反馈意见。

每个"回合"的练习主要结构如下：

- 准备。
- 技巧讨论练习。
- 反馈会议。

第一个回合中，你将扮演其中一个角色，然后在后两个回合中，转换角色。完成这些练习后，在你的个人计划表中记下所有你的反馈意见。

角色：经理

执行如下步骤完成此回合：

准备：

（1）找一个人扮演员工角色，向他描述角色要求。使用训练计划表：

- 员工的工作。
- 过去的工作经历。
- 未来发展水平（能力及责任心）。
- 分析出的行为问题，你所看到的过去出现的问题及原因。
- 在实际训练会议中员工可能会有何反应。

（2）为与员工进行的讨论列出计划——使用训练模式来训练员工，确保其以实际行动提高其工作业绩，并接受辅导来讨论计划。

有效训练的模式	注　解
步骤一：设立讨论	如何做：
步骤二：确认可能的原因	如何做：
步骤三：解决办法	如何做：
步骤四：设置追踪日期	如何做：

讨论：

在培训师要求你表演时，与员工进行讨论。

角色：培训人

准备：

与你队中扮演经理角色的人员会面。提出如下问题：

（1）将"提高行为模式"作为指导方针，你希望重点讨论哪部分？

（2）你使用哪种工具证明讨论重点在这些部分存在？

（3）根据"领导情形示范"，此员工属于哪种发展水平？

（4）哪种领导方法最适合此员工？

（5）特别需要注意的是，用什么资料证明你选择的方法是最适合的领导技巧？

（6）你怎样看待此次讨论目标？

讨论：

观看讨论，并对经理运用模式过程中有效的或无效的部分做出具体记录。当把重点转向寻求解决问题的办法时，展开讨论。

有效训练的组件	记　录
步骤一：讨论	语言、行动：
步骤二：确定可能的原因	语言、行动：
步骤三：发展解决办法	语言、行动：
步骤四：设置追踪日程	语言、行动：

反馈会议：

作为培训人的你将主持反馈会议。在会议开始时，你应向经理提出一系列问题：

（1）在讨论练习中，你的哪些技能较好？

（2）如果重做一次这个练习，你的言行会有所不同吗？哪些言行会有所不同？

（3）你认为完成了哪些在会议准备时计划确定的关键部分？

询问员工以下的一系列反馈问题。包括：

（1）你对讨论练习有什么看法？

（2）你认为是否理解了经理的真正意图？

（3）针对刚才被用来做指导方针的示范，你能否给经理提出具体的建议？

完成这些之后，总结反馈意见并给出自己的观点。询问扮演经理的员工感觉到你哪些方面对他有帮助，请他提出能帮助你提高训练技能的具体建议。

角色：员工

执行以下步骤完成此回合：

准备：

请扮演经理角色的人员向你描述将扮演的角色。

讨论：

与"经理"合作，参与讨论，扮演员工角色。

反馈会议：

组件六：经理的角色

前言：在空格处填入适当的队（A，B，C，D）使用下列的标尺给每个表现积分：

5	4	3	2	1
非常好	好	一般	较差	非常差

（1）选择的主题　　　　　　　　　　　　　　　　＿＿＿＿＿＿

（2）用来介绍主题进行交流的方式、方法（说、写、图解）＿＿＿＿＿＿

（3）介绍"创造性思想"　　　　　　　　　　　　　＿＿＿＿＿＿

（4）对发送信息的介绍　　　　　　　　　　　　　＿＿＿＿＿＿

（5）对组织的介绍　　　　　　　　　　　　　　　＿＿＿＿＿＿

（6）总结对主题介绍的评价　　　　　　　　　　　＿＿＿＿＿＿

行动思想：创造高水准业绩的氛围

- 乐于倾听反对的意见。
- 乐于寻找所有可能解决问题的方法，克服对评价结果的恐惧。
- 团队精神超越竞争心理。
- 在人人都有价值角色可以扮演的地方，我们为共同的目标而工作。
- 信任和自愿，能让他人奉献和自我管理。
- 没有人扮演成专家。
- 时间的压力对行为的束缚超过行动。
- 我们做的事是重要的。
- 集体团结允许个性的存在。
- 有着向前看和乐观主义的精神，就没有问题可以打败我们。
- 对"很好地完成工作"的认可。

（六）管理者职责

总的指导方针：

- 要认识到所有员工都是不同的，每个员工完成任务和承担任务的能力都是不一样的。
- 不依赖分配的任务，判断每个员工的能力和承担义务的水平。
- 领导风格必须灵活。有些情况要求你在其他人建议"委派或授予权力"时"实施指挥"。
- 对员工的进步及发展予以认可，并相应地调整领导风格。

具体的指导方针：

如果你正使用一种高水平的指挥风格，你就需要使用更具支持性的领导风格，那么：

- 为获得员工需求、疑虑及对你领导风格的意见，询问员工如"你有什么疑虑？""你能提供给我过去如何管理的一些反馈意见吗？"
- 允许员工在作出决定的过程中，扮演一个关键性的角色，征求意见。"你怎么想？""你希望在这个过程中扮演什么角色？"
- 完成任务时，鼓励员工。"做得很好！""干得不错！"
- 不要总是不停地监督员工，允许员工管理自己。如必要可以计划追踪步骤。
- 在必要时，给员工提供帮助和建议"你能从培训办公室获得哪条信息"。
- 承认和奖赏员工对组织的服务和他在各自部门的工作成果。

如果你正使用一种高水平的支持性风格，你就需要使用更具有指导性的风格，那么：

- 为具有指导性，对原因进行评估。"你是否期望过高，对员工的能力作出了错误的判断？"
- 是否弄清楚了员工的期望目标。
- 具体地与员工交流期望目标。
- 给员工演示如何完成工作，应如何做这项工作，并与员工交流制定完成工作的日程。
- 使用反馈会议、报告等方式对员工的工作进行紧密的督导。
- 必要时对员工进行培训。
- 对员工高水准的工作予以认可和奖赏。

个人计划表

导言：

领导技巧培训，是能够帮助你提高管理的有效性的工具、方法和思想。个人计划表的目的在于：使你在你的部门能够运用这些工具和技巧，发展个人计划。

（七）相关练习

组件一：有效地领导

管理挑战

在以下的空格内，列出你在工作中遇到的典型的 1~3 个管理问题或挑战。尽量具体地描述每一个问题或挑战。

（1）

（2）

（3）

行动思想

管理挑战

在下面空白处找到可以帮助你有效地处理管理挑战的 3 个行动思想。请尽量具体地描述每一个思想。

领导原则

在空白处确定一到三个行动思想（从你刚刚完成的团队练习中选出），它们应是可以应用在工作中的有效领导原则。尽可能具体地描述每个行动思想。

行动策划

在组件二中，请完成下列安排：

（1）从你在第三页记录下的行动思想中选择一个并在工作中实现它。一定要选择一个实际可行且具有管理意义的思想（可以较容易且较好实现的想法）。在下面的空白处，记录下你将要实现的思想和日程安排：

行动思想＿＿＿＿＿＿＿＿＿＿＿＿＿＿＿＿＿＿＿＿＿＿＿＿＿＿＿＿

为实现它你打算做什么＿＿＿＿＿＿＿＿＿＿＿＿＿＿＿＿＿＿＿＿

目标日期＿＿＿＿＿＿＿＿＿＿＿＿＿＿＿＿＿＿＿＿＿＿＿＿＿＿＿

（2）在下面的空白处，记下实现思想过程中发生的情况，包括积极的、消极的和未预料的结果。

积极的结果＿＿＿＿＿＿＿＿＿＿＿＿＿＿＿＿＿＿＿＿＿＿＿＿＿＿

消极的结果＿＿＿＿＿＿＿＿＿＿＿＿＿＿＿＿＿＿＿＿＿＿＿＿＿＿

未预料的结果＿＿＿＿＿＿＿＿＿＿＿＿＿＿＿＿＿＿＿＿＿＿＿＿＿

活动策划

在进行第二部分之前，与你安排好的伙伴会面。回顾一下你的行动方案和结果。同你的伙伴讨论一下在采取这次活动中你所学到的东西，如果必要的话，讨论下一步的步骤；在下面记下你的想法，在第二部分的基础之上，准备汇报。

你所学到的：

下一步骤：

组件二：有效地聆听

有效聆听的障碍

在下面的空白处，列出三到五项你在工作中遇到的障碍及有效聆听的障碍（经小组讨论总结得出），然后，找出一项或更多的办法去克服你所列出来的障碍。尽可能具体地描述一下你列出的障碍及解决的办法。

障碍_____

克服障碍的具体方法_____

倾听技巧的反馈

倾听技巧练习之后，在下面的空白处，记录下你从小组成员那里得到的建议、想法。

鼓励信息交流的方法_____

改进的建议_____

你带着重点去倾听的方法_____

改进的建议_____

用来鉴别及确定的方法_____

改进的建议_____

活 动 策 划

请在进行第三部分之前完成以下工作：

计划一个与一名下属进行的小型会谈，这次会谈的基本目的是练习你所学的倾听技巧；会谈还能帮助你确定和发现影响你工作的真正问题。

会谈的焦点在于下属认为他最需要从管理者那里得到的何种支持，以便更好地为客人有效地服务。

准备会谈，首先选择一名你认为可以从他那里获得建议或想法的下属，并考虑一下你如何解释（说明）这个会谈和这样做的原因（如课程的安排、给我的援助等），说明你们正在进行的这次会谈是计划的一部分。作为你们正在参加培训的一个课程，你可以通过这个课程了解到你的下属的需要，进而有效地工作。之后，在下面标出你的会谈者是谁，并且确定你在有效地聆听的过程中可能遇到的障碍，写出你将如何去克服的方法。

员工姓名_____

障碍_____

克服的方法_____

活 动 策 划

下一步使用下面的检查表去考虑一下如何使用聆听技巧。在与下属会谈的过程中，在TLC 模式每部分中记录一条或两条你认为很重要的、具体的想法。

TLC 模式　　　　　　　　　　你的重点所在

T　鼓励双方交流

L　倾听重点

C　判断及确定所说的已被理解了多少

活动策划

（1）在进行会谈之前与安排给你的"伙伴"复习、练习并完善你们的计划。检查并确定你们已经做的：

- 确定所有潜在障碍和克服它们的方法。
- 确定会谈时重点运用的具体聆听技巧。

（2）进行会谈。

（3）在下面的空白处记录下你的员工认为他最需要的支持，而且至少确定一项你已经采取或准备采取的步骤。作为对你下属报告的反馈，你采取这些行动的确定日期是什么时候。

需要的支持＿＿＿＿＿＿　行动＿＿＿＿＿＿　预定日期＿＿＿＿＿＿

组件三：交流并与标准化管理取得一致

反馈你的"交流并与标准化管理取得一致"的技巧

在下面空白处记录下从其他队员那里收到的反馈、建议和思想。

步骤一：与员工回顾标准

　　　　你所说的有效的意见＿＿＿＿＿＿＿＿＿＿＿＿＿＿＿＿＿

　　　　所说的无效的意见＿＿＿＿＿＿＿＿＿＿＿＿＿＿＿＿＿＿

　　　　下一次再做有何不同＿＿＿＿＿＿＿＿＿＿＿＿＿＿＿＿＿

步骤二：检查，确信员工已经理解这个标准

　　　　你所说的有效的意见＿＿＿＿＿＿＿＿＿＿＿＿＿＿＿＿＿

　　　　所说的无效的意见＿＿＿＿＿＿＿＿＿＿＿＿＿＿＿＿＿＿

　　　　下一次再做有何不同＿＿＿＿＿＿＿＿＿＿＿＿＿＿＿＿＿

步骤三：弄清楚员工所关心的问题，尽可能地提供解决的方法

　　　　你所说的有效的意见＿＿＿＿＿＿＿＿＿＿＿＿＿＿＿＿＿

　　　　所说的无效的意见＿＿＿＿＿＿＿＿＿＿＿＿＿＿＿＿＿＿

　　　　下一次再做有何不同＿＿＿＿＿＿＿＿＿＿＿＿＿＿＿＿＿

步骤四：如果存在疑虑，与员工商讨如何解决问题

　　你所说的有效的意见_____

　　所说的无效的意见_____

　　下一次再做有何不同_____

步骤五：对理解程度及承担义务的检验

　　你所说的有效的意见_____

　　所说的无效的意见_____

　　下一次再做有何不同_____

活动策划

请在进行组件四之前完成下列安排：

（1）准备一个讨论，在这个讨论中你将对一个员工解释你今天所确定的标准，在今天的技巧练习中，使用标准化管理模式。

首先复习以下模式，然后注出每一个步骤你将重点处理的事务（回想一下技巧练习，考虑你最需要什么使你能够更加有效地使用这个模式，而且也要考虑一下员工解释和承诺的可靠性。

　　模式_____

　　重点所在_____

　　步骤一：与员工回顾标准

　　步骤二：检查、确定员工已理解标准

　　步骤三：使员工的疑虑表现出来

　　步骤四：如果存在疑虑，与员工共同解决问题

　　步骤五：对理解程度及承担义务的检验

（2）在进行会谈前，同分配给你的"伙伴"回顾并确定你的计划，检查并确信你已经：

● 很清楚地制定了规范，回答了"制定标准工具"中的5个问题。

● 你制订了一个详细的计划，在讨论中使用该模式，并把员工的能力考虑在内。

（3）同你的员工举行讨论会。

（4）最后，记录下讨论的结果：

● 你所说、所做的无效部分的内容。

● 你所说、所做的有效部分的内容。

组件四：有效的反馈

技巧练习反馈

在下面的空白处记录你在"有效的反馈"技巧练习中得到的反馈

你所说的有效的意见＿＿＿＿＿＿＿＿＿＿＿＿＿＿＿＿＿＿

所说的无效的意见＿＿＿＿＿＿＿＿＿＿＿＿＿＿＿＿＿＿＿

下一次再做有何不同＿＿＿＿＿＿＿＿＿＿＿＿＿＿＿＿＿

活动策划

请在进行组件五之前完成下面的安排：

准备一个讨论，在这个讨论中你将告诉你的员工在今天的技巧练习中你所得到的反馈：

- 回顾一下有效反馈的模式以及根据你所学的技巧练习的基础所制订的一个反馈计划表。清楚地把这些反馈告诉参加讨论的员工。
- 进行附加练习，扮演反馈讨论中的角色与员工会面，进行讨论并在下面的空白处记录下讨论的结果。

你所说的有效的意见＿＿＿＿＿＿＿＿＿＿＿＿＿＿＿＿＿＿

所说的无效的意见＿＿＿＿＿＿＿＿＿＿＿＿＿＿＿＿＿＿＿

下一次再做有何不同＿＿＿＿＿＿＿＿＿＿＿＿＿＿＿＿＿

组件五：提高业绩的训练

提高反馈业绩训练的技巧

在完成技巧实操练习后，在下面的空白处，记录下你从其他同事处得到的反馈意见，包括建议和思想。

步骤一：讨论

步骤二：辨明可能的原因

步骤三：提供解决办法

步骤四：设置追踪日程

你所说的有效的意见＿＿＿＿＿＿＿＿＿＿＿＿＿＿＿＿＿＿

所说的无效的意见＿＿＿＿＿＿＿＿＿＿＿＿＿＿＿＿＿＿＿

下一次再做有何不同＿＿＿＿＿＿＿＿＿＿＿＿＿＿＿＿＿

活动策划

在组件六之前完成下列安排：

（1）使用"工作业绩提升训练"模式，对你今天打算做的训练讨论作出计划：

- 回顾你为发展技能练习而制定的训练表。检查并确定你已回答了"用来分析问题的工具"中的问题。与一个同事或"伙伴"会面，协调计划。与你的"伙伴"进行角色练习，做附加练习。
- 与员工会面，举行反馈会议。
- 在下面空白处记录讨论结果。

（2）与你的经理做简短的会面，向你的经理询问他所期望在未来一年半的时间里，你在宾馆作为一名领导所应发挥的作用。特别是，在那段时期，你将要面临的最大的两个或三个工作挑战是什么？记录在下面，你会在组件六中用到它们。

领导人的挑战：

组件六：经理角色

行动思想：创造高水准业绩的氛围

使用下面空白处记录下 1~3 个行动思想（从你刚完成的练习中选出），它可以帮助你在你的部门创造出高水准业绩的氛围、调动员工的工作热情等。记录下实现这些行动思想时遇到的障碍。

行动思想＿＿＿＿＿＿＿＿＿＿＿＿＿＿＿＿＿＿

障碍＿＿＿＿＿＿＿＿＿＿＿＿＿＿＿＿＿＿＿＿

SBA 数据

使用本页来思索你的 SBA 数据和你正在运用的管理和领导方法的含义。

- 哪些看起来很熟悉？标出一项或两项最接近你所期望的发现，在你管理自己、员工和部门时熟知的领导风格的影响效果。

熟知的领导风格＿＿＿＿＿＿＿＿＿＿＿＿＿＿＿

效果＿＿＿＿＿＿＿＿＿＿＿＿＿＿＿＿＿＿＿＿

（什么使你惊诧？标出 1~2 种与你的期望差得最多的发现）

行动思想：领导类型

在下列空白处，记录下能帮助你更有效地管理员工的 1~3 个行动思想（从你刚刚完成的练习中），并记录下实现这些行动思想过程中遇到的障碍。

行动思想＿＿＿＿＿＿＿＿＿＿＿＿＿＿＿＿＿＿

障碍＿＿＿＿＿＿＿＿＿＿＿＿＿＿＿＿＿＿＿＿

行动思想：领导原则

使用下面空白处记录下用来克服使用领导原则时的障碍的行动思想（从刚刚完成的团队练习中选出），并坚持在工作中运用这些领导原则，并记录下实现这些行动思想时遇到的障碍。

行动思想_____

障碍_____

行动计划

（1）确定一到两项领导重点——作为领导者你希望更为有效的管理区域——确定领导重点。

（2）为每个领导重点发展一个行动计划。计划应包括：

- 你想要获得的具体结果。
- 你将采取的具体步骤及每个步骤进行的时间。
- 你需要的帮助和支持及从谁那里获取。
- 潜在的障碍及如何克服。

行动计划：领导优先权

领导优先权

将你想要获得的结果具体化：

获得结果的步骤_____

时间_____

需要的支持和帮助_____

从谁那里获得_____

潜在障碍_____

如何克服_____

现实测验：

与分配给你的同事或"伙伴"共同工作，请你用 15 分钟，在每个人的领导优先计划上做"现实测验"，询问下列问题并共同改进计划：

（1）每个计划都是实际可行的吗？它的重点是否放在重要的部分，如你的同事切实希望获得改进的地方？

（2）每个计划具体吗？这些成果陈述得清楚吗？为获得这些成果是否有清楚和具体的步骤？

（3）你的同事确定了成功所需的支持吗？是否获得了充分的计划支持？

（4）所有的潜在的障碍都已被考虑在内了吗？你的同事确定了有效的方式来克服最有可能出现的障碍吗？

（5）每个计划对你的同事都具有重要意义吗？你的同事确定成功会带来何种收益？明白为什么计划是值得执行的吗？

（6）你看到任何计划中的漏洞和忽略的部分了吗？如果有，如何纠正？

教材三　销售谈判技能

（一）销售谈判的定义

销售谈判是销售人员和客户之间为解决同一目标价值而进行的不同观点的讨论。

谈判的结果是为维护双方利益而达成的协议——双方获胜，使销售人员和客户都满意。大部分销售谈判的发生是在客人有合作愿望的时候。销售谈判是确定最后协议的一种办法。也有特殊情况，在作出销售决定以后，客人需要增加其他变化而展开谈判。

谈判是双方商议条款的程序。人们之所以谈判，是因为每个人都拥有各自的想法。双方都想保护自己的利益，寻找可能的方式，实现利益的最大化。

谈判是综合的程序，包括广泛的剖析、战略和策略的计划，所有这些需要大量的知识和技巧，包括对谈判及主题的知识（对你和客人的价值）及有关客户利益所在的知识、技巧，是一种工作之间的合作关系。推销和议价谈判的鉴别，将帮助确认这种概念。

销售谈判不同于：

1. 劝说

劝说可能是谈判的成分，但与谈判是不一样的。

劝说是一个人可以接受的方式，强调一方的愿望屈服于另一方。"劝说"不利于获得"双赢"的谈判结果，也不利于与客户之间的长期合作。

2. 妥协

妥协一般指谈判双方都能接受协议，但可能双方对结果都不太满意。

3. 调解

调解的含义是双方作出让步，这并不等于双方都满意，因为并没有消除差异。

你对客户的调解，易造成与你今后交易的不满意和勉强。如你作出了让步，将削减你为客人提供最好服务的愿望。

4. 推销

推销是企业销售的主动行为。推销的焦点在于客户的需要，而这种需要由于你的产品、服务形象及利益所在，能够使客户满意。

谈判使你考虑客户的处境和利益（他们想干什么，为什么要这样），确保他们得到真正的利益。

（二）销售谈判的机会

广泛地说，谈判预示客人在精神上已经接受了你的产品或服务；另一种情况下，是在合同签订以后，如果你向客人合理地推销某种产品或者服务的优点，他也会同意与你谈判。

提供谈判机会的情形：

1. 障碍

例如，你的一位会计师在提高价格上提出异议，所显示资料进一步表明，客人确实寻求一些特殊——如独特的登记，现场会的支持，增加一些消耗品或其他，以提高成本。如果是这样，我们称其为谈判，而不是价格的异议。

2. 增加需求

在我们最后承诺以前，客户经常要求免费的服务、额外的消耗品、逻辑上的支持或最后的优惠。这些例子指多增加的项目，效率高的推销员，应该根据双方的利益为你的客户提前做好准备。

3. 组织变化

例如，你的一个客户的计划在被推迟了好几个月以后，突然打算实施该计划但宾馆的价格提高了。这时，你应告诉客户，房价提高了，这是由于宾馆方面组织方向的变化，客户想索要提高房费以后的回报，或许只能就房间价格进行谈判。

4. 正式合同的谈判

许多公司的工作是每年或定期以合同形式进行谈判。

这种谈判一般是有固定的模式，但可以实施不同的谈判策略。与此同时，这种谈判参与的人较多，需要的时间也较长。

5. 竞争性活动

新的或具有竞争力的竞争者，可能要求与你谈判，要求提供"特别优惠"，你应积极与其进行谈判。谈判可能是一种动力，能使你达到预期的愿望。

在很多的议项中，成交量大的、具有潜力的谈判有很多的机会，这取决于你的客源阶层，包括价格、时间、能确认的房间、服务、广告和推销等。许多的谈判源于启动帮助客户实现愿望，而最终实现真正意义上的谈判。

（三）权威性谈判

在过去，大部分销售人员谈判时显得很被动，优秀的销售人员都是采取防守姿态。因为客户的主管人员掌握经费，有权讲是或不是，他们可以把生意让给其他宾馆、饭店来做。

事实上，双赢的谈判结果是可能出现的。若你参加谈判，应具备这种知识——你和你的客户是平等的，这也是当今的市场动力。

你的目的不是拥有更多权力，而是平衡你的产品和价值，这样你开始和结束谈判时都是平等的起点。如何在谈判中保持平等的权力？关键在于评估你权力的成功性、局限性以及客户的权力。你将很快发现权力是怎样平衡的。

平等权力的意思是：

- 你应有充分的信心和热情参加谈判。
- 谈判的气氛是积极的。
- 你和你的客户双方互利即双赢。

其实，你应明白，在谈判中还是有局限客户权力的因素。因此，权力是平衡的。

——局限客户在谈判中的权力

1. 价格

客户能接受的价格，指所有的预算。

2. 时间

客户可能不想花费过多的时间或根本不打算用过多的时间来谈判，希望在较短的时间内很快作出决定。

3. 过去的经验

竞争者所存在的问题，可能局限客户的选择。

4. 风险

客户要求的保险系数，可能局限谈判的权力。比如，一些客户对我们宾馆服务和产品的信心，使他们不愿与没有合作关系的其他同行合作，从而增加风险因素。

5. 特征、优势

你可以列出我们宾馆的优势及为客户带来的利益附加值，而你的竞争对手没有，这样便自动地减少了客人的选择。

6. 个人仪态

个人的仪态须适合你的客户，这种局限是很适合对付竞争对手的。

7. 方便

可能客户习惯了与你打交道，因为他们已很熟悉你做事的风格，不想冒风险去与其他人重新建立这种合作关系了。

8. 日期

客户可能受他们工作时间的限制，制约其权力的发挥。

9. 地理位置

我们已确定了日期，而客户可能已确定了地点。

——销售人员谈判权力的来源

1. 对客户情况的了解

你的决策取决于你的知识、个性、人品和有关政策。同时，对合同谈判的技巧、产品的态度和服务性能的了解，都为你作出决策提供了帮助。

2. 对你竞争对手的长、短处的了解

你可以提供什么、不能提供什么？竞争对手与你的优、劣势的比较。

3. 对宾馆的知识

宾馆设施及服务的优势、产品的价值和特色服务，这些都与客户的需要相关。

4. 对承担风险的能力

你应具备实际的、具有创造性的分析形势的能力，承担能预期的风险，增强你的权力基数。

5. 转移谈判的能力

在谈判结果中，你权力的基点使你能够明确确定参数比例，直至最后确定能力比重。

6. 合法性

利用正式合同的文本，保证谈判内容的合法性。

7. 过去的经验

你对客户的了解和以往的谈判经验，能在谈判中提供强有力的支撑。

（四）销售谈判问题的确认

可以谈判的议题是：你和企业是一个整体。在谈判中，你将把企业所有的信息整合，并根据你的设想将信息市场化。谈判的议题在你与客户之间的差异得到解决后便成为合作现实。议题可能是：产品的特性、价格、服务、广告等。谈判的议题是你与客户各自的需要是什么？这样，这些议题会与宾馆整体和提供的服务相关。

通过介绍多方面的方法用以推动谈判：

- 有许多谈判是由客户发起的，这可能给我们带来许多不利，试图用多种方法去建立有利于自己的氛围。
- 逐条或就某一方面拓宽谈判要求。
- 实现相对满意的议题，实行双赢的谈判。
- 推动谈判可以用清点所有的议题的方法，你需要什么？客户需要什么？特别是针对潜在的生意，可使用该方法。记住谈判中将谈到的议题是来自双方的，不仅仅是客户单方面的。

复习：谈判议题

——你的客户需要什么

（列出你的客户对企业的硬件和服务的需求及利益所在）

——你或企业所需要的是什么

（什么是你或企业的需要？你希望从客户那里得到什么）

——客户的需求是什么

以下所列的谈判议题，企业间不尽相同。

客户的议题：免费产品或服务

- 处理行政细节的有关方面。
- 付款内容。
- 合同期限。
- 广告或市场的支持。
- 房价。
- 会议室的租价。
- 折扣。
- 时间、日期。
- 现场的支持。
- 保证。
- 平等的选择。
- 娱乐活动。
- 房间的位置。
- 对特殊要求的提供。
- 对要求的完成时间。
- 交通。

——销售人员需要什么

下面是典型的销售人员需要从客人那里得到的：

- 新的交易。
- 新增加的合同条款。
- 交易的价值。
- 合同期限。

- 客户应承担的责任方面的协议。
- 共同投入广告的协议。
- 付款时间。
- 特殊推销的参与协议。
- 确立预定的协议。
- 临时需增加的房间。
- 食品和饮料的用量。

（五）复议谈判模式

下面的谈判模式包括了谈判的 5 个步骤：

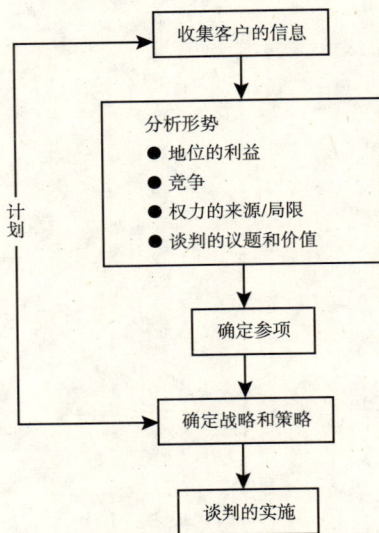

为了使谈判更为有效，第一步是你自己要确认，你是否掌握了足够的客户信息。第二步是制订谈判计划。第三步才是谈判的实施。当然，如果你前几步计划得很好，最后一步会很顺利。

计划是给你提供机会，检验你希望通过谈判达到什么目的。计划允许你考虑多种议题，并选择最可行的，以决定你的战略和策略。同时减少出现意外的机会，确保不会产生对交易双方不利的因素。

同样重要的是，做好计划可以加强你在谈判前和谈判中的信心。

在你做谈判计划之前，确保你掌握了所需的资料。第二步是分析形势，可从 4 个方面进行分析。分析的目的是决定你和你的客户从哪里计划或开始谈判。这个分析是你做计划的基本要素，你能否掌握这几方面是很重要的：

1. 地位和利益。估计你的客户需要什么，查找原因，寻求出共性的利益或解决办法，使客户的利益能满足。

2. 竞争。决定是否竞争，确定竞争的有利方面和不利方面。

3. 权力的资源。这使你能比较权力的影响力，你在谈判时，应平衡权力的影响。

4. 谈判的议题和利益。

当你完成形势分析以后，进入计划的步骤，限定数量、分析及总结，将使你决定你所提供的最大量和权限量，这个数量将是你谈判时的大纲。

模式的下一步是非常关键的，它可以帮助你设计一个谈判的"游戏的计划"，以决定战略和策略的实施步骤，使你实施一系列的步骤——你将提供什么、如何使用特殊的谈判策略，并给予自己足够的信心。

最后的一步是实施谈判。如何达到双赢的结果，取决于你既定计划的质量。

在以下内容中，将详细告诉你每一步的重要性。

——形势分析：位置和利益

为了完成这个分析，首先要了解以下几个方面：客户需要什么？会提出什么问题？优先的选择是什么？试着验证客户为什么提出这些要求：如自尊心、声誉、公司政策、责任感、想做好的生意、老板的压力等。

例：下面是位置和利益分析

客户位置	客户利益
想要高级员工住的套房	想节约的开支
想免费班车到机场接送	让高级员工感觉更好
计划董事会的年会 安排在宾馆举行	想确切表示客人的需求 将在我们这里得以满足
需要为他们新产品存放 提供的库房	随时可以满足 为会议准备材料的需要

——形势分析：竞争

在这里，确定可能的竞争者，填入表中"竞争者"的空白处。下一步，估计竞争对手的产品和服务。整个形势中他们的优势和劣势分别是什么？并将它们一一列举出来。然后评估竞争者的能力是否与利益相符合，有利的方面和不利的方面分别是什么？这种分析的目的在于认清谈判中的竞争关系。

例：下面列举一种特殊的竞争

竞　争：		
竞争者：	×××饭店	
	竞争的优势	竞争的劣势
产品或服务	有所有套房 免费停车 地理位置	会议室地方有限 服务不全面 餐饮质量一般
负荷价值兴趣的能力	免费提供机场接送	人员的流动较大
客户对竞争的认识	价格最好 地理位置好	服务水平一般 不能安排质量高的会议

——形势分析：权力的来源和局限

这种分析的目的是帮助你平衡权力，正确地把客户的权力来源与你自己的加以比较，这样你更有信心获得双赢的谈判结果。权力的限制用同样的方法去做。

你的分析应显示出你和你的客户之间在权力上平衡。

如果你的客户有能制约权力的基础，你就需要从战略上将计划有效地执行。

例：

客户的	我们的
权力资源	
客户资源有限,有足够的经验挑选合作对象,可较灵活地安排会议日程	客户喜欢我们,因为我们是国际连锁,并有好的记录,他们喜欢我们的产品和我们的信誉
权力的局限	
会议室面积的要求有限制但大部分成员赞成与我们合作	可能不能满足他们对房价的要求 离机场较远

——形势分析：谈判的争论点和价值

将双方的问题罗列清单，以决定谈判的争论点，客户的和你自己的。分析客户要求的或可能提出的每一件事情，然后与你准备好的议题加以比较，并能提出应对措施。同时，拓宽议题的讨论范围，并加进自己的打算与客户议论的议题。

在列出单子以后，填入其他相关的内容，如客人的其他要求等。比如，客人想要免费招待，对客人这些特殊的要求，除非得到相应的回报，否则你将难以满足。

价值的练习：

对价值而言，说明议题是销售谈判中极其重要的技巧。这个练习将为说明议题提供帮助，罗列出在你谈判中通过谈判而带来的价值。完成下列练习：

（1）你的饭店客房平均出租价格为 200 美元间/夜。你的一个客户将举行 3 天会议，并希望在会前一天预留会议室 24 小时。这里要求的价值是什么？（假设，客户已为此会议付了款）

（2）你的一位客户要求为参加会议人员提供免费停车，你想为在你饭店住宿的 50 名客人提供 2 天的免费接送。停车费一天 8 元，此项业务的价值是什么？

（3）一个客户想要为他的重要客人免费提供鸡尾酒会，大约有 30 人参加。如果你计划每人按 209 美元计算，这位客户提出的价值是什么？

——参数

在销售谈判中的第三步是确定参数。参数是明确谈判中的让步，是受限制的。他们回答：

- 你最低的开价是多少（还可以让客户高兴）？
- 你最高的开价是多少（还可以让我们高兴）？
- 参数是很重要的，它可以为双赢的结果提供帮助，尤其在谈判不顺利的情况下尤为重要。
- 谈判中提供的参数应建立于以下几个方面：

——对客户短期和长期的销售目标。

——现实的期望值。

——管理当局的意见。

——过去与客户谈判的经验。

——竞争对手的开出价格。

——怎样使双方都感到公平、合理。

——你分析形势后的结果。（认真复议，提供十分有益的现状及趋势分析）

下面是如何设定参数的案例：

参数
我最低开价的底线是多少（还可以让客户高兴）？ 　　房价 15% 的折扣或免费班车接送 我最高开价的上限是多少（还可以让我们高兴）？ 　　房价 25% 的折扣或 2 间免费套房或免费班车接送

（六）销售策略的应用

1. 交替策略

所有的销售谈判策略，交替使用是经常的。互换条件是谈判的基本策略。交替的意思是用开价（出售条件）向客户让步，是给予和获取的技巧，运用对你有利的一个问题向客人讨价另一个问题。

在谈判让步上，下面是你做交替的重要步骤：

- 避免在谈判时让步太早。让步太早会使你的客户认为你乐于给予，但不做让步，使你承受压力。
- 在交替时慢些让步，原因如上，让步太快，会使你处于劣势的地位，使客户在心理上占据优势。
- 你不可以早于客人作出主动的让步，这同样会使你的客户在心理上占优势。但另一方面早于客人作出让步也可以使你占据优先地位，变成正面因素，可使与客户的合作较为灵活。
- 在接近让步底线时，不能再给出额外的让步。谈判中，可根据谈判的进度使用这个策略。

2. 试算气球的策略

试算气球的策略是一种对客人采用征询式问题的方法，如"如果怎样……"等。你不要作出承诺，但你可以把问题引出来讨论，同时给客人拒绝的权利。这个策略能帮助你评估你的客户，检验你应用试算气球策略的利益和位置。

同时，你必须认真听每一个回复，并进行讨论。当你使用"如果怎样……"同时使用"假定我能……"或"我不很清楚这是否行得通，但是您认为怎样"时，这个策略非常有效。

3. 表面上的撤退策略

表面上撤退表明你可能撤退，或许你正在计划另一个行动。这个策略是暗示你的客户，你在表面上想撤退时，不要给你施加更多的压力。这是一个自我保护的防御措施，当你感觉压力很大时可使用它。

时间和技巧是否决定一切，这是非常微妙的。告诉对方，你可能撤退或推迟谈判。当然，你没必要马上撤退，但是你必须告诉你的客户，你确实有撤退、推迟谈判或更改谈判的可能。

4. 虚击（佯攻）、转向的策略

虚击、转向是引导客户从关键问题上转移视线，而强调不太重要的议题。你作出的每一个小的让步，实际上看来很重要，使对方为小的利益而努力争取；最后，当你涉及重要的议题时，你将拥有优势，因为对客户而言，你已经在一系列问题中作出了让步。

有关预测，表明撤退和佯攻、转向的练习：

（1）一个主要的客户来谈2年以后想在宾馆召开董事会。当然了，他们的董事会希望免费。你也希望这样做，前提是你要求客户同时要确定大会在你所在的宾馆召开。这样，你如何使用预测？

（2）你的客户在谈判中给你施加了很大压力，很多要求很难满足他们。这时你应使用表明撤退的策略。在使用这些策略中，你应该怎样谈呢？

（3）已进行了一半，你猜想你的客户想解决一些主要问题。在解决这些议题之前，你想用一个小的问题，如"免费房间"的议题去转移客户的注意力。你已知道他们需要 6 间免费房，你也准备答应他们的要求。你如何使用佯攻或转向的策略，如何表达以使客户认为他想要达到这个目的，也将是非常困难的。

5. 停缓策略

停缓叫做暂停或停止，比马上答应或给予客户回复的做法更具有策略性。如果你马上退让或给予，客户就在心理上占了优势。但当你最终要给予时，不要犹豫。记住，如果你让利太容易了，就会误导客户在整个谈判中都期待你轻易地要让给他们。停缓，从另一方面讲，将提高你在客户心中的价值。

6. 佯装、假设策略

佯装、假设策略包括向客户展示一整套完整的行动计划，表明让步已经达到极点。使用这个策略的办法是向客户表明，你已经为他们安排了会议室，并告诉客户合同已准备好或已寄出。

采用这个策略应谨慎小心，要在客户看来已经决定了但又由于某种原因没有做最后的承诺时应用，佯装能使你的客户接受或反对你的让步决策。不管怎么说，你可以这样猜想：这时对客户而言你的让步已到极点。

7. 最后期限的策略

最后期限策略的使用，即你想让客户同意在一定时间内作出决策，以得到特殊的利益的方法。最后期限策略表明，让步将很快取消。如果客户在规定期限内作出决策，他将获得更大的利益，以此来使客户接受你的最后期限。

8. 增援策略

增援是一种策略，你可以引入第三方，比如总经理或其他高级管理人员，其目的是：

（1）让客户感到因为你作出了特殊的让步以达成交易。

（2）增助力量（数量上）。

（3）在谈判中保证充分的支持。

（4）借用最初的权威，强调你让步的合法性。

把核心人物引进来支持你，将使你在心理上占据优势。当然，有高层人物的援助永远是有益的。如果你的客户计划带一定数量的人来参与谈判，你需要增援以补偿自己的劣势。

9. 回避策略

使用这个策略，实际上将客户的力量转变为你的优势。你总是听到批评和劝告，倒不如保留你的想法。谈判中的提问是很有用的，因为一般的回答都包含客户真正感兴趣的、有价值的信息。因此，应使你和客户之间的交流采用对话形式，而不用批评的方式。

真挚的提问，可以转移敏感的话题，表达你真正的愿望，可使谈判对你有利。回避典型问题的例子是：您所关心的我怎能不考虑呢？

10. 分享利益策略

分享利益策略包括：提醒你的客户，你们双方分享共同的利益和共同的目标，表达分享的利益将增援双赢的谈判结果。

在整个销售谈判过程中随时应用此策略。开始我们就强调了你必须重点关注利益而不是地位，并且在你的对话中不断地重复。

（七）销售战略的决策

在销售谈判中，第四步是决定你的战略和策略。首先，让我们明确下列定义：

战略：计划中的总的指导方针，你让步什么？提问什么？你的策略是什么？

策略：具体的步骤，实施你的战略——战略的具体实施。

为了有次序实施战略，应牢记你的战略是建立在形势分析和参数的基础上。你应以最少的让步取得交易的成功。事实上，以最多的让步去促成交易是最为不可取的策略。

当设计谈判计划或战略时，切记：

- 你不需要8个交易步骤。但如果你需要，我们将为你提供8个步骤的空间。在大部分谈判中，你很可能会使用的。
- 完成"我将让步什么"和"我将提问什么"的空格，然后填入所需要的策略。
- 拟订计划、战略的步骤时，不要拟定交易的规则，特别是那些小的让步。然后，逐渐缩小你的让步幅度来使谈判对你更有利。

销售谈判的战略和策略案例

战略和策略		
我将让步的	我将提问的	策略
1. 免费班车	对套房及鸡尾酒会优惠15%	买卖交换
2. 房费优惠20%	交通免费	Trian Ballon
3. 对高级职员机场交通免费	允许账号为第三者使用	Trian Ballon

（八）应对客户的策略

在你使用策略过程中，你的客户可能使用下面的策略，请在左方空格内作出解释，在右方空格内列出可能的对应办法。

客户的策略	如何应对
1. 客户代表态度的好、坏 态度不好的客户恐吓或训斥你。而当他不在时,态度好的客户(感到为难),会尽力使你处于安全的境况,较大的让步比你预测的要多	认清你的策略,态度好的人所讲的话应认真去听,但仍要坚守你自己的立场
2. 高级的权威人 对方可能在你作出决定前会告诉你,是他的领导将做最后的决策	设法知道谁是最终的决策人,想办法直接去接触。如果你不能直接接触,将你的让步保留起来,以使你有机会见到决策人时使用它
3. 假定式购买 买方为了想让你作出让步,可能会询问一些假设的问题。当你决定让你的买方知道你退让的极限,买方也准备采纳,这时买方是否还要继续坚持假设的问题	拖延时间、提问、聆听,试图了解客户真正的兴趣是什么?他们到底需要什么
4. 公开竞争对手信息 公开告诉你的竞争对手让步的条件,以此使你能答应他们的条件以得到此笔生意	警惕你的竞争对手可能很容易获取信息,了解你的竞争对手,并尽量使你的数据保密(预测)
5. 将来的合作 对方已经担保他们将来继续跟你合作,只要你这次作出让步	在合同中建立条款,尽量使你有利,即使客户没有信守承诺
6. 预算的制约 买方强调了有很大的兴趣跟你合作,只是对此没有预算	发明创造性的结果,给予适当的贸易交换、让步或改变你的产品及服务,尽量去接其他的预算
7. 吹毛求疵(找碴儿) 当你们快要结束谈判时,客户试图增加筹码	使用虚击的策略,如果所增加的是少量的服务或产品,那么就准备以大量让步做交换
8. 误谬的数据 买方提出不当的要求	首先要清楚要求是什么? 如果从策略上讲他们是不合理的,你应该告诉客户,在此情况下你不能继续谈判。如果你很有策略,客户很可能知道他的要求是不容易的,很可能再与你合作
9. 变换想法 客户不停地更换想法	了解信息,摸清对方真正的底牌,同时卖方也想摸清你的底牌。每次见面应有新的议题出现,可尝试使用表面撤退的策略
10. 客观条件的阻碍 客户利用环境占优势。比如,安排你坐的椅子不舒服,或安排你坐在椅子上使阳光直射你的眼睛	表明你的不舒服,建议形式怎么改变一下。如果可能,将谈判更换到其他的地点
11. 要挟 客户以你若不接受他的条件,便将生意让给其他客户为由迫使你让步	在对双方利益没有涉及的地方提出问题,解释说明你和你的宾馆能为客户提供什么
12. 僵局 你和你的客户都陷入了僵局。对你来讲,已经没有什么可讲的了	强调双方共同的利益,表达愿意谈判的愿望,建议暂停。与经理讨论几种选择,检查一下,你与客户的讨论是利益问题,而不是位置

（九）销售谈判练习

观察、讨论大纲

观察什么	我喜欢这样做	我可能与众不同的做法
对客户地位和利益反映		
高效率地应对你的竞争对手		
与价值相关的事宜		
连接的一连串逻辑战略（让步和要求）		
有效地使用策略		
有效地处理客户策略		
坚守事先的预测		
双赢协议的取得		

（十）总结

培训后的个人行动计划

罗列出你从销售谈判中所学的体会和技巧，保证自己在今后的行动中有所提高。

我获得如下谈判能力：
1.
2.
3.

在今后的谈判中，我将有不同的做法：

1.
2.
3.

教材四　社交技能

中远酒店物业管理有限公司

课程介绍与学习目的

- 在物管中心的管理中，重视客人的期望需求是最基本的要素。
- 在服务行业，对标准化服务和个性化服务存在着一致的标准。
- 在学习的过程中，我们将通过客人的眼睛来观察我们的服务，进而把精力再集中在服务的基本要素上。
- 社交技巧发挥的作用。
- 建立良好的人际关系。
- 以规范的服务水准，提升物管中心的经营管理水平。

课程包括

客户的需求与社交技巧	45 分钟
理解力 / 洞察力	40 分钟
推销术	30 分钟
如何处理投诉	45 分钟

（一）客户需求与社交技巧

当客户选择一家公寓、别墅时，他期望得到哪些周到的服务？

——公寓、别墅应提供什么设施　　　　——员工应提供什么服务

- 物有所值
- 可供选择的商业设施
- 健身／娱乐设施
- 环保的装修
- 安全防卫措施
- 明亮的办公区域

- 热情的迎宾
- 个性服务
- 面带笑容的职员
- 标准化的服务
- 热情友好的气氛
- 令人轻松的气氛

- 第一栏与第二栏的区别是什么？
  ——硬件和软件两方面
- 同等水准的公寓或别墅，什么条件会使客户选择这一家而拒绝另一家？
  ——软件服务不同

　　因此，今天，我们集中了解写字楼员工提供的服务如何满足客户的需求。

- 个性服务涉及哪些部门？

| 客户服务部 | 工程部 | 安保部 |
| 行政人事部 | 财务部 | |

上述每个部门都发挥着重要的作用。二线部门为一线部门提供不容忽视的支持。因此，专业化的个性服务是团体的努力！

物管中心的服务在哪些方面容易引起客人的抱怨？

- 面无表情，没有微笑
- 粗鲁的态度
- 缺乏工作热情
- 没按客人的要求做
- 受到冷落
- 做事拖拉
- 语言不礼貌

——社交技巧

为满足客人的需要，并提供满意的服务，员工需要了解社交技巧。

——定义

社交技巧
社　　交：别人怎么看你。
技　　巧：一种对他人行为的分析、了解和影响力。
社交技巧：对他人行为做出迅速、有礼反应的能力。

——社交技巧：能与他人彬彬有礼并且有效地进行交际的能力。

善于对客察言观色，并清楚地知道用什么方式来待客。

比如：有些客人希望我们用正式的方式接待他们，而另外的客人却希望我们对他们不必拘泥于形式。

当我们误解了客人的需求时，问题就产生了。

当谈及社交技巧时，我们应平等地考虑员工与客户之间的关系。

——《客户调查表》中的客户对物管中心员工的消极评价

- 他态度粗鲁
- 服务没有效率
- 不合作的态度
- 没有教养并且不乐于助人
- 他们必须多微笑
- 服务人员对我们不理不睬
- 他们不欢迎我们

——员工为什么表现不好

- 个人问题
- 工作压力
- 缺少必要的设备
- 较差的交流能力
- 缺乏动力
- 缺乏专业知识的培训
- 缺乏应有的教育培训
- 粗鲁的客人

——客人是否体谅员工的感受

不，在物业行业，客人要求我们一年365天每天24小时都是一流表现。因此，我们要努力克服上述问题，随时给客人一种彬彬有礼并且职业化的印象。

如果90%的员工是礼貌和职业化的，只有一位员工对客人态度粗鲁，客人就会对朋友说："不要选择这家物业，他们的员工都很粗鲁。"这多么不幸。

——《客户调查表》中客人对员工的肯定评论

- 服务速度快、效率高
- 员工友好而又乐于助人，我们非常感激
- 他们非常有礼貌并且能提供给我们各方面的信息
- 优秀的服务
- 我们度过了很好的时光
- 我们会向朋友介绍你们物业
- 我们希望再在你们社区的餐饮消费
- 物业的员工非常尽职尽责

——满足客人的需求

物业管理的目的是给客人提供良好的服务。做到这点就涉及社交能力。如果员工对这些技能运用自如，客户在租用我们物业时就会感到他们已收获到的价值所在。为了成功地做到这点，判断客人的所需、员工们怎样运用服务技能才能使客人满意就显得尤为重要。

——客户需要一种对他们热情友好的欢迎

- 建立融洽和谐的关系、热情友好的态度、自然的微笑及与客人的目光接触都很重要。这样才会使宾客在比较陌生的环境中感到舒适、安全。
- 如果可能，即使你同时在给其他客人服务，尽量使用名字问候某位客人"早上好"、"晚上好"。他们会领会到你已经看到他，并且会尽快地来服务于他的需要。
- 良好的个人形象会给客人创造一个正确的"第一印象"。个人卫生更是重要。

——建立和谐融洽的关系

- 采取令人感到愉快的态度，表现出客人属于其中一员。
- 在客人没有发问的情况下，通过帮助来考虑客人，使客人感到你是可以信赖的。
- 运用你的机智、敏捷的注意力以及良好的工作效率来礼貌地对待客人。
- 表现出与客人相同的兴趣。
- 示意你有充足的时间为客人服务，否则他们会感到被孤立，不被接受。这样会导致投诉。记住，当你在与其他职员谈话聊天时，千万不要让客人等。如果客人到达前台的同时电话铃响，要在接电话之前问候客人。

——表现出你的机智与外交手段

如：有人去酒吧与某人碰面，为了同伴聚会，他们可能会喝很多酒。对这样的事情，社交技能要求的是利用机智和外交手段，而不是一种反驳或责备的气氛。

——宾客们希望被视为贵宾

- 良好的记忆：记住客人的名字，喜欢的朋友，他喜欢的和不喜欢的。客人会感到他被认识并且感到了自己的重要。
- 此情景常常发生在一个客人企图在给他的老板或重要客户留下深刻印象的时候。员工要通过欢迎客人，提一提他的名字以及给予足够的注意力来帮助他。

——以下情况如何处理

- 不能支付费用的客人。
  - ——不要与客人争吵。
  - ——机智地将他带到负责人那儿去。

- 醉酒的客人。
  - ——不要过于友好地对待他。
  - ——不要与他争吵。
  - ——不要不断责备。
  - ——把他带到负责人那儿。
  - ——如果他惹麻烦，避免介入他人的问题。

——处理投诉

- 首先要立刻不断地表示歉意，然后逐步纠正错误。要求有关负责人的参与。告诉他投诉的大致意思。切记不要与客人争辩。
- 不要企图利用责备他人而为自己的错误找借口，客人是不会感兴趣的。
- 尽量保证所有的投诉在物业区域内解决。不要请投诉者向法人机关投诉。
- 在任何时候与客人接触时，礼貌是最为重要的。

——与孩子打交道

- 对待他要与成年人一样有足够的礼貌，但不要太正式。
- 不要过于参与他们的活动。
- 常备适合于小孩子使用的设备。

——社交技能中自我形象及个人气质的重要性

　　熟练运用社交技能，良好的自我形象和个人气质会在你接近客人和处理事情的时候建立信心。就此提供以下几点供参考：

——言辞
　　自信、友好。建立自己热情好客的性格与高效率态度。
——目光接触
　　始终要正视与你交谈的人。这样会显示出你对待某事的兴趣，不然就给人以粗俗、精神不集中的感觉。
——面部表情很重要
　　记住，微笑会掩饰很多问题。
——头发必须干净、整齐并很好地修饰过
——指甲保持清洁和适当的长度

——注意

- 不要在公共场所咀嚼东西。
- 除了特定的时间和地点不要吸烟。
- 制服要保持干净整齐。
- 正确地穿戴制服。
- 特别注意个人身体卫生，鼓励多使用清香剂。

对员工行为的必要提示

- 对客人的友好不要过分。
- 不要向客人啰哩啰唆阐述你个人的麻烦。
- 不要花太长时间与同一客人交谈。
- 不要与一个客人说另一个客人的闲话。
- 不经过允许不要直呼其名。
- 不要过分照顾某位宾客，应对所有客人平等对待。
- 不要对客人不耐心。
- 不被问到不要随便发表自己的见解。
- 不要讨论政治或宗教。
- 不要与同事在客人面前争论，创造良好的服务气氛。
- 在客人面前不要与其他的职员大声交谈。

（二）理解力和洞察力的应用

理解力——非语言的信号和暗示
——我们进入下一步的学习，即

> 理解力／洞察力

指的是：

> 为某一目的而观察

　　换句话，对员工来说，就是观察客人以便得知他作
何反应。

——问题
——一张白纸放在灯光下与放在阴影中，有什么区别？
——我们为什么讨论这个问题？
——下面请坦诚地说出
大家对上门推销的人员的看法：
1.
2.
3.
对延迟付款客户的看法：
1.
2.

对某些客人的看法

　　我们分析一下，我们对客人并非有朋友式的了解，我们只是将每一位客人全体都概括为一个概念，当成了一类人，实际上我们应该将每一位客人视为个体来对待。

——观察图像

如果你没有真正看懂图片中的内容,不要担心,这并不意味着你有什么问题。

很多时候,人不能在同一时间观察一个以上的图像。

我们应该意识到,我们所观察的角度是不同的,一旦我们能够注意观察和倾听不同的反映,那么,我们就开始能够对客人作出不同的反应和对待。

——在咖啡厅里,有一个十人团队和一个单独的客人同时到达,我们应该更关注哪一方?
- 十人的团队（因为有更多的效益）。
- 单独的客人应得到更多的重视，因为他单独用餐，需要关注，十人的团队可以自娱自乐。
——写字楼的客人和小区居民谁更好服务?
——调查表明,我们对商务客人、住宅客人等不同类型的客人的需求应提供有区别的对待。

——试验

(1)

(2)

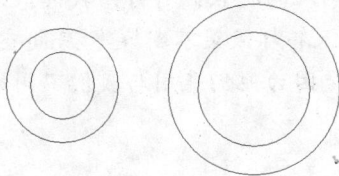

(3)

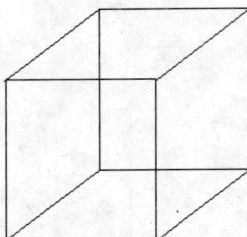

――总结

- 我们经常不太容易接受别人的观点，有时，我们认为他们的判断是错误的，比如：客人说，餐厅饭菜不新鲜、房间空调太热等。我们却是相反的看法。这是因为他们采用与我们不同的观察事物的方式方法。

- 由于理解力不同，我们千万不要判断客人是错误的。

我们必须始终接受客人的判断力，尽管从我们的角度我们并非如此认为。

（三）社交技能与推销术的运用

——好的推销术是至关重要的，它表现为：

1. 我们的态度
2. 我们的形象
3. 对客人的需求认知的程度
4. 有创造性的产品和宣传品

——态度

一旦客人租住我们的物业，就会成为我们提供服务的潜在消费者。应该意识到一位将入住的客人是非常重要的。经常询问客人是否需要其他某种服务。

——形象

哪些形象会妨碍销售？

- 脏指甲
- 穿着不整洁的保洁员在楼层里走来走去
- 员工嘴嚼口香糖
- 手指沾满烟垢的工程维修工

——正确的形象

干净、整洁，但不要过于严肃，轻松但要高效率。

——对客人需求的认知

下列不同客人的需求预知：

- 旅游团队客人：

  旅游景点、购物场所等

- 商务客人：

  邮局、银行、大厦通信、商务中心、商务套餐

——有创造性的产品和宣传品

我们有责任了解我们的产品。

- 了解物业现有的设备
- 了解物业的整体布局
- 了解物业的主要服务项目
- 了解物业的各种变化
- 了解服务项目中吸引人的项目

有利于销售的宣传品：

- 通常设计得便于携带
- 展示的地方必须接近客人
- 不断补充，以满足客人
- 宣传品经常有所变化
- 员工对宣传品的内容了如指掌

（四）处理客人投诉

——当接到投诉者的投诉时如何处理
——掌握正确地处理客人投诉的技巧

在我们的工作过程中，我们时常会遇到客人由于各种原因而引起的投诉。

因此，我们应充分认识并注意积累客人的投诉，并能专业化、礼貌地处理这些投诉是我们处理这些问题的关键。

我们将根据调节投诉的基本原则来逐步处理，同时保证不会再发生同样的投诉。

到此课结束时，你们可能会以礼貌、专业化的方式并且根据物管中心的基本原则和步骤，以一种适当的方式来处理客人的投诉。

对于所有的投诉都有相应的解决途径，如果不想按所提供的方法来解决，你可以根据自己的设想来处理这些问题。

——处理口头投诉的一般思维方式。

- 客人投诉，期望得到什么。
- 道歉、纠正错误。
- 如果得到相反的结果，这时，客人的反应。

对抗、争吵、永远不再选择这家写字楼。

——我们要尽可能以最快的速度来解决投诉，另外应了解投诉的主要原因不是硬件本身，70%以上是对我们服务。

- 如果你在附近的餐馆吃了一顿糟糕的晚餐，你将告诉多少人？

统计学家的统计数字是 20 人左右。

- 如果吃了一顿非常好的晚餐，你将告诉多少人？

5 个人。

- 传播坏的消息比好的消息更过瘾，对我们来讲，我们想让离开物业项目的所有人员去告诉他周围的每一个人，我们有最好的服务和员工。

——以正确的态度对待客人的投诉

给我们改过的机会。

—— 处理非书面投诉的步骤

- 开场白
- 仔细倾听客人的讲述
- 道歉
- 表示关怀
- 表示感谢
- 采取行动

——仔细倾听客人的讲述

- 为什么不打断客人的讲述？

更加激怒客人；

可能只了解故事的一半；

当他述说时，客人将告诉你他投诉的所有问题，你必须仔细听，如果有必要的话，随时记录下来。

——表示道歉

- 十分抱歉，×××先生。

抱歉只需说一次，不要说："×××先生，我真的十分抱歉，总经理以及我们全体员工都应向您表示真诚的歉意。"

你的这种回答，客人会反问："好的，您感到十分抱歉，但您如何处理这件事情？"

——表示关切

- 如何显示对客人的关切？

  我们必须向客人解释我们能充分理解这事他是多么的烦恼。

  "我们十分抱歉，史密斯先生，我十分能理解您的心情。"

——表示感谢

- 感谢他告诉了我们他的投诉。

  感谢并不是客人所想到的，这样通常会使他们平静下来。
- 采取行动。
- 引领客人远离其他客人。
- 给客人以承认。

客人："我是这里总经理的朋友。"

回答："我们很高兴您选择我们这里，如果您需要帮助，可以随时找我。"

——给客人以偿还

客人投诉他们的高消费水平与很差的服务质量不相称时，期待我们偿还。

- 纠正错误。

投诉服务项目的单一和很差的服务，期待我们纠正错误，我们应该采取必要的迅速的行动向客人解释。

- 客人不接受处理结果，应该如何做？

通知主管或经理。

- 如何保证你曾经许诺的行动？

落实你承诺的行动。

- 客人将来再找你的时候，我们应怎样接待客人？

VIP 待遇

- 为使客人满意，我们必须找出真正的原因，禁止同
  样的投诉再发生第二次。

——投诉发生时，我们不应该有的行为：

找借口。

指责客人的投诉是不公平的。

争论谁是正确的。

根据社会经验来判断客人。

——角色扮演

案例：账单有误。

前台不代存物品。

由于维修人员减少，检修速度慢。

保洁员做保洁时发出很大的响声。

客户被装修的噪声烦扰。

客户服务部与客人就消费折扣达成协议，客人的账单。

依旧是全价。

员工行为受影响的因素					
工作环境： 噪　音 空　间 灯　光 气　味 颜　色 温　度 设　备	工作布局： 设备的布置 工作位置 设备的状况	工作： 任务间的冲突 任务的重叠 工作的中断 各项工作的范围 评价工作表现的标准 评价工作结果的标准 发挥的作用 / 提升机会 公司政策	态度： （针对）雇员 （针对）老板 老板的 （针对）同事 同事的 下属 （针对）下属的 （针对）客户 客户的	表现： 客户的 老板的 同事的 下属单位的	外部影响： 内部问题 身体问题 财务问题

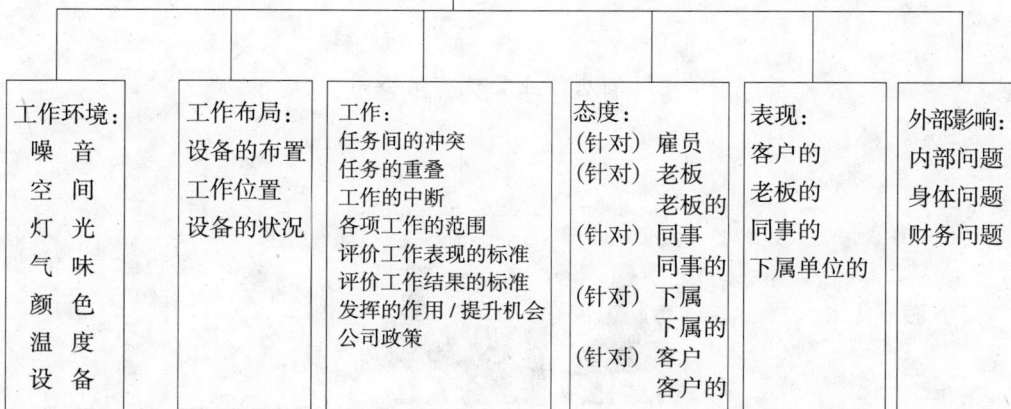

影响客户行为的因素

员工的工作态度	工作压力
最近的经历	内部压力
以前的经历	社会压力
对如下的期望：	财政压力
服务	
产品	
环境	
价格	

教材五　绩效管理与激励的技能

中远酒店物业管理有限公司

（一）绩效管理步骤

1. 设定绩效目标、形成工作期望
2. 记录绩效表现
3. 提供辅导与帮助
4. 实施绩效考核
5. 面谈反馈，制订改进计划
6. 绩效考核结果的运用

（二）绩效考核模式

1. 直接上级考核
2. 同层级考评
3. 自我考评
4. 直接下级考核
5. 间接上级考核
6. 外部专家考核和顾问考核

（三）绩效考核的步骤

1. 绩效考核的认知
2. 绩效考核的目的
3. 绩效考核的六个步骤

绩效考核的认知

- **基本概念**

　　绩效考核就是管理者对其下属在一定时间、范围内的工作进行客观、公正的总结，并且对以后的工作得出展望。

　　绩效考核如果做得好，对企业的运作将有很大帮助，反之，则会产生很大的不良影响。

- **绩效考核常见的误区**

  - 有的主管把绩效考核看成就是给员工打分，根据自己对下属的看法给出一个平均分值，至于给分的具体原因，不去跟下属沟通。
  - 有的企业不公布评分，没有一个真正客观、公正的评估过程。
  - 认为绩效考核就是考核工资和职位。事实上，绩效考核要考核很多项，工资只是其中的一小部分内容。
  - 认为绩效考核无关紧要，浪费时间。

　　作为评估者，必须要用正确的态度来客观、公正地对待绩效评估，既不能把它当做给下属穿小鞋的机会，也不是找上司表功、要奖励的时机，而是大家互相沟通的一个过程。

（四）绩效考核的步骤

- 公司的期望

- 主管的期望

- 下属的期望

公司的期望

- 了解全体员工的工作绩效
- 为人事决策提供依据
- 提高工作绩效
- 提供制定组织发展策略的依据
- 传达组织对员工的绩效期望
- 了解员工在绩效发展方面的想法和建议

主管的期望

- 表达对下属的工作评估和绩效期望
- 了解下属对自身的看法和评价
- 了解下属对工作目标的看法
- 给下属解释其工作表现的机会
- 了解下属对自己和公司的看法和建议
- 与下属讨论改善绩效的方法

下属的期望

- 了解上司对自己的看法和评价
- 得到说明困难、解释错误的机会
- 希望获得上司的帮助
- 了解自己的职责和工作目标
- 提出自己发展的意愿

绩效考核的六个步骤

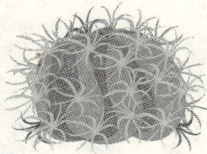

- 准备工作
- 陈述目的
- 下属的自我考核
- 告知考核结果
- 与下属商讨不一致的方面
- 提出希望、制定目标

（五）绩效反馈面谈

原则

1. 抓住时机，及时反馈
2. 明确具体，言之有据
3. 对事不对人，更不要与人妄加比较
4. 反馈信息应定向于可以改进的个人可控行为
5. 建立并维持彼此的信任
6. 重在绩效，而不是人格特征

7. 在平等的立场上进行商讨
8. 倾听并鼓励下属说话
9. 允许员工对考核反馈提出不同意见
10. 优点与缺点并重
11. 同时提出对员工的支持帮助计划
12. 不将考核与工资、晋升混为一谈
13. 以积极的方式结束面谈

如何与不同类型的员工进行有效的绩效沟通

1. 优秀员工
2. 一直无明显进步的员工
3. 绩效差的员工
4. 过分雄心勃勃的员工
5. 沉默内向的员工
6. 爱发火的员工
7. 年龄大、工龄长的员工

准备工作

- 资料准备
- 面谈准备
  - ➤ 事先完成评分。
  - ➤ 大致拟定大纲。
  - ➤ 约定合适的时间、地点。

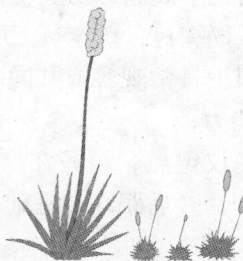

下属的自我考核

- 摆功型

- 辩解型

- 观望型

（六）提高绩效管理技能

1. 帮助下属制订切实可行的能力发展计划；
2. 共同探讨，确定员工所需发展的能力领域；
3. 根据日常观察或共同商讨用什么方法提高此方面的
   能力；
4. 商议定后，填写在《绩效考核表》中相应的位置，
   作为今后跟踪的基础。

如何提高管理者的绩效管理能力

1. 运用恰当的时机进行日常指导。

2. 将绩效指导变成管理习惯。

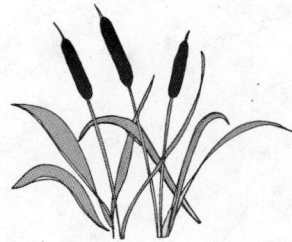

激 励

学习目标

- 重新认识知识激励的本质，从根本上激励下属。
- 通过学习需求层次理论，做到知己知彼，找到动力的源泉。
- 进一步了解如何能有效地消除下属的不满，使下属受到激励。
- 掌握日常实施激励的技巧，克服经常出现的错误。

（七）激励认知

- 两种不同的管理风格与激励的关系
- 激励的作用
- 需求层次理论
- 激励认知测验
- 需求的转换
- 需求层次理论的应用

　　在企业的管理中，中层主管激励手段运用得恰当与否将直接影响到下属，也就是关系到具体的操作实施人能否按工作任务的要求而保质保量地按时完成任务，因此，中层主管了解掌握一些激励技巧是非常必要的。中层主管掌握了激励的需求分析、因素等要素后，就可以很好地激励下属进行更有成效的工作。

两种不同的管理风格与激励的关系

- 两种管理风格
  - ➤ 命令与诱惑相结合的管理方法
  - ➤ 目标与激励相结合的管理方法
- 不同管理风格与激励的关系

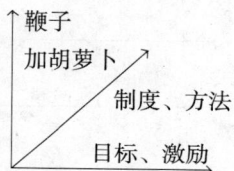

鞭子
加胡萝卜↑
　　　制度、方法
　目标、激励

(八) 激励的作用

- 计算时间成本

　　时间成本＝员工总数×（激励后平均工作时间—激励前的平均工作时间）

- 计算效率成本

　　效率成本＝员工总数×（激励后平均效率水平—激励前的平均效率水平）

- 激励对员工、主管、企业的好处
  - ➤ 员工努力工作
  - ➤ 主管带领团队高效工作
  - ➤ 公司利润增加，良性地不断向前发展
- 通过激励搭建坚实的组织结构

　　激励除了能为企业、员工、管理人员带来直接的好处之外，从公司的整体组织结构而言，还能搭建公司坚实的组织结构。

　　企业基本上是金字塔形的结构，最高一层是决策层，中间是管理层和监督层，最基础的是员工层面。按照内部结构的坚实性，企业的组织结构有金字塔和松糕这两种结构之分。

需求层次理论

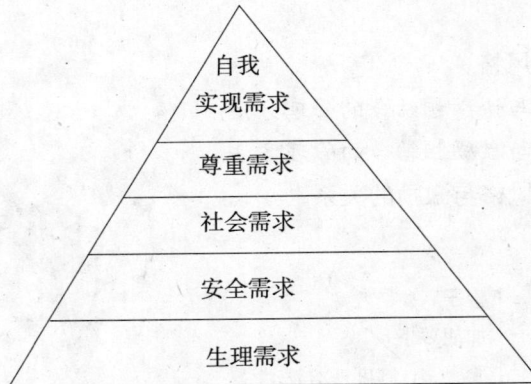

```
        自我
      实现需求
     ┌─────────┐
     │ 尊重需求 │
   ┌─┴─────────┴─┐
   │   社会需求   │
 ┌─┴─────────────┴─┐
 │     安全需求     │
┌┴─────────────────┴┐
│      生理需求      │
└──────────────────┘
```

激励认知测验

　　员工处于不同阶段时，会有不同的需求，甚至在某一时刻处于某一个环境时，需求也会改变。那么，如何具体地应用需求层次理论来进行有成效的激励呢？通过分析以下观点，可以明了对激励的认知程度。

- 观点一：我能直接地激励下属工作
- 观点二：给下属增加工作量，下属一定认为工作有挑战性
- 观点三：目标可以使下属受到激励
- 观点四：个别下属无法激励
- 观点五：金钱能激励下属工作
- 观点六：公开员工的业绩可以使员工受到有效的激励
- 观点七：让下属参与决策能激励下属
- 观点八：绝大多数下属从内心里想把自己的工作做好

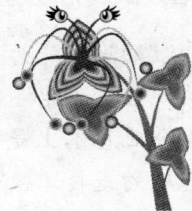

需求的转换

从需求层次理论可以看出，所有的激励因素都与人的内在需求有关，基本上都着眼于自我实现、被尊重以及社会地位的提升等非低层次的生存需求和安全感。因此，管理者在进行激励时要认真地充分考虑需求的变化，随之也要变换激励方式。

充分利用激励因素

- 激励因素与维持因素

- 区分激励因素和维持因素

- 团队的激励

　　企业管理人员理应对激励有相当深刻的认知，在充分了解激励的作用后，是否就能按照马斯洛的需求层次理论对员工进行很有成效的激励呢？

　　实际上要真正做到有效的激励，管理人员还需要全面而深入地了解激励因素与维持因素的区别，更好地将激励因素与需求层次理论进行结合，对团体进行卓有成效的激励，以取得良好的企业发展。

激励因素与维持因素

- 激励因素

　　激励因素包括晋升、认可、责任、工作本身、成就、成长。

➤ 满意与激励不同。

➤ 满意不一定就能带来激励。

- 维持因素

　　维持因素包括公司的政策、工作条件、同事关系、个人生活、保障、工资等各方面的因素。

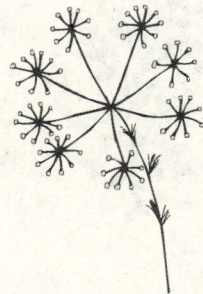

区分激励因素和维持因素

- 激励因素和维持因素的区别
  - ➢ 激励因素可以有效地激励员工，使其满意。
  - ➢ 维持因素可以消除不满，但它没有激励作用。
- 激励的误区
  - ➢ 环境的改善只能暂时消除员工的不满。
  - ➢ 涨工资是最容易让员工不被激励的因素。

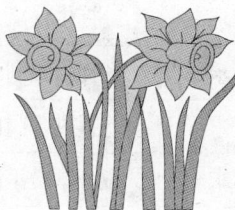

（九）团队的激励

- 确定能保障员工生存的因素
- 安全需求的因素

  安全的需求主要指人们保护自己身体和情感免受侵害的需求。关于员工的安全需求，一般指福利、有保障的机制，如签订合同的年限等问题。

- 社会的需求

  企业应尽量地提供员工认识外界的机会。这样，员工自身会感觉融入了一个团体，有了归宿感，而所处的团体又为社会所接受，就很好地满足了员工的社会需求。

- 尊重的需求

  尊重的需求包括内部尊重，如自尊、自主和成就感；外部尊重，如地位、认可和关注等。员工尊重的需求通常包括：员工希望别人分享自己所取得的成就，希望别人尊重自己的劳动等。

  公司可以适当地给予员工一些授权，让其在一定的范围内可以充分地用他的职权来完成一些工作，这也是员工被尊重的另一种需求。

- 自我实现的需求

  自我实现的需求处在马斯洛需求层次的最上层，指发挥自身潜能，实现理想的需求，它是一种追求个人能力极限的内驱力，但这并不意味着，只有底层的需求满足之后，人才会产生自我实现的需求。

团队的激励方式

不同层次	满足需求的方式
生存的需求	提供保障、待遇
安全的需求	提供福利、有保障的机制、签约年限等
社会的需求	提供部门内部、不同部门间以及与社会外界的交流
尊重的需求	分享员工的成就、尊重员工的劳动以及适时地给予员工认可、表扬和鼓励
自我实现的需求	分享公司的目标以及给予员工挑战性的工作

（十）激励要素

- 一分钟激励的必要性
- 激励的五要素
- 利用激励要素进行正确的激励
- 两种应避免的激励

一分钟激励的必要性

- "一分钟激励"
  - ➤ 一分钟的目标。
  - ➤ 一分钟的激励。
  - ➤ 一分钟的批评。
- "一分钟"的内涵
  - ➤ 马上去做。
  - ➤ 批评、激励目标都是短暂明确的。

激励的五要素

- 及时
- 具体
- 阐述益处
- 加上个人感受
- "再接再厉"的鼓励

利用激励要素进行正确的激励

- 理论结合实际
- 在实际工作中不断地练习使用

两种应避免的激励

- 搞平衡

- 公正派

（十一）有效激励

研究表明

经常受到激励的人，其潜能可以发挥 80%~90%，而一个没有受到激励的人，只能发挥能力的 20%~30%。

- 什么样的激励更有效?

- 什么样的激励让员工更幸福?

（十二）激励方式

1. 情感激励

管理者以"情"作为管理理念的基点和核心，时时刻刻关心员工的工作和生活，随时帮助员工解决各方面的困难，对员工进行感情投入，把员工视为"内部顾客"，使员工明白他们对于部门和整个企业的成功起着至关重要的作用。

小案例：

索尼公司的"大家庭"文化

2. 参与激励

平等和尊重、关注与参与是知识经济下的管理的新形势，参与激励就是要赋予员工更多的权力和责任，有意识地让员工参与管理，参与企业的战略决策和目标决策。

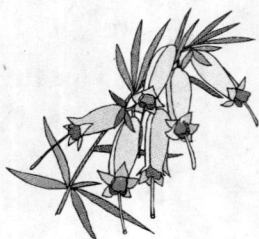

小案例：

里兹—卡尔顿饭店的"参与激励"

3. 远景激励

重视员工的个人成长和职业生涯发展，指导新入店的员工确定个人需要和职业发展意愿，帮助他们设计成长计划，明确职业发展空间，使员工的个人发展与企业的可持续发展得到最佳的结合。

小案例：

微软公司的"职业阶梯"计划

4. 培训激励

把培训作为一种激励手段，要求物业管理者重视为员工提供入职培训、岗位培训、授权培训等在职培训，还要为员工提供再发展的培训。

培训是最好的福利

培训激励的作用在于它可以使员工不断成长，不断满足自我发展、自我实现的最高精神层次的需求，增强自信心，使员工不仅成为宾馆需要的人才，更可以成为社会需要的人才，培养他们对企业的忠诚度和责任感。

小案例:

希尔顿饭店、香格里拉酒店的
"在线培训"

5. 环境激励

物业管理者重视强调人性化管理,重视企业人文环境的塑造,重视企业精神文化的建设,提倡相互关心,相互信任,公平竞争,努力营造尊重、和谐、团结、进取的氛围,为员工创造良好的融洽的人际关系。

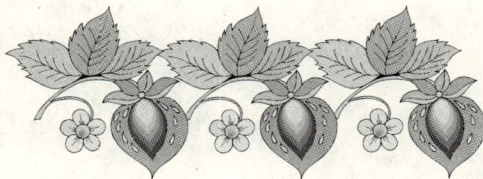

教材六　质量管理技能

——全面客户满意培训

中远酒店物业管理有限公司

请您回答以下问题：

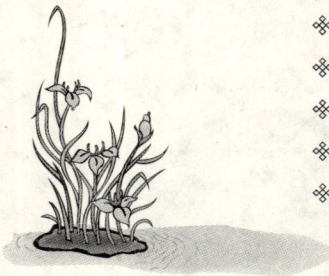

❖ 您工作的主要原因是什么？

❖ 您的工作围绕什么？

❖ 您工作追求的目标是什么？

❖ 您更看重与客户怎样的关系？

❖ 您认为公司建立竞争优势的关键是什么？

❖ 您的客户有哪些？

❖ 您工作中最忠实的信息来源是什么？

客户分类

按客户所处位置：

　　内部客户、外部客户

按时间状态：

　　过去客户、现在客户、将来客户

按关系类型：

　　直接客户、间接客户

您的客户需要什么？

※ 客户需要受到尊敬。

※ 客户希望您的产品和服务符合他们的希望。

※ 客户希望成功。

※ 客户遇到困难的时候需要得到帮助。

※ 客户有独特的需要，希望得到特殊服务。

※ 客户希望您重视他们的时间。

※ 客户希望从购买和使用的服务中得到利益。

客户需求状况分析

事前等待 < 实际效果→满意→成为常客

事前等待 > 实际效果→不满→不再光临

事前等待 = 实际效果→满意或不满意→竞争的对象

为什么要实现全面客户满意

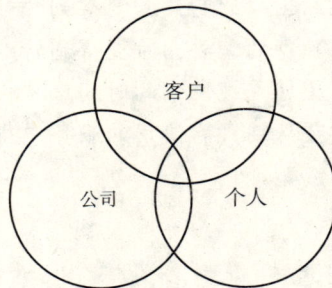

客户

公司　个人

怎样实现客户满意

※ 客户满意经营全员化
※ 测评客户满意度
※ 重视与客户的接触点
※ 真心实意以客户为中心

真心实意以客户为第一

真心实意以客户为第一的前提是：
了解客户的需求，并满足客户需求。

重视与客户的接触点

当客户……

回报他……

测定客户满意度

客户满意度即 TCS 调查，是了解企业提供产品和服务所带给客户的满意状况，其目的在于寻求提高客户满意度的途径。

客户满意经营全员化

客户满意经营是自上而下的全员行动，每一个员工都应参与，这是 TCS 的基本保障。

关注你的内部客户

请你思考：
- ❀ 谁是你的内部客户？
- ❀ 你知道他们的工作程序吗？
- ❀ 你知道他的内部客户的要求吗？
- ❀ 你和内部客户是否有有效的沟通渠道？

教材七　沟通技能

中远酒店物业管理有限公司

（一）沟通的概念

为设定的目标，将信息、思想、感情，在个人或群体间传递的过程。

请思考：

您在一生中有多少时间是在用于与人沟通？

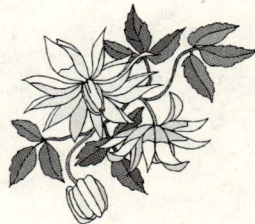

有效沟通
　　——客户满意的基础

（二）有效沟通的重要性

　　对于组织
　　　　❈ 达成组织的目标
　　　　❈ 激发员工士气
　　　　❈ 整合团队合作
　　　　❈ 增加客户满意度
　　　　❈ 提高企业赢利

对于个人

❖ 传达意图和信息
❖ 明确自己的处境
❖ 使对方对您的观点感兴趣
❖ 建立良好的关系

❖ **谈行为不谈个性**

谈行为的句子特性是：
　　描述一个人做了什么，没有
做什么。

谈个性的句子特征是：
　　您对某人的感受和评论。

如何有效沟通

❖ 双向性

　　有效沟通是一种双向的交流

❖ 明确性

　　选择最有效的沟通方式：

　　文字沟通、语言沟通、非语言沟通

❖ 同理心

　　以别人的观点看事情，理解
别人的感受与信念。

❈ **学会赞美**

得到赞美是人的心理需要，

运用赞美是有效的沟通工具。

（三）有效沟通的基本要素

❈ 沟通前先澄清概念
❈ 检查沟通真正的目的
❈ 考虑沟通时的一切环境、情境
❈ 计划沟通内容，尽可能征求他人意见
❈ 注意沟通时的语气、语调
❈ 尽可能传送有效的信息
❈ 有必要的跟进反馈
❈ 沟通要着眼于现在和未来
❈ 言行一致
❈ 做一个好听众

　　理想的上下级关系应该是以彼此间的真诚尊重、畅顺沟通和关怀体谅为基础。

——杰克·韦尔奇

　　处理好与领导的关系是人际关系中很重要的一个方面。我们应当在生活的课堂里学好这一课。

——戴尔·卡耐基

（四）与上级的有效沟通

两种错误观点：
- 是领导的事。
- 庸俗、丧失人格。

与领导保持良好沟通关系的行为原则

- 学会听，充分领会领导的命令。
- 学会简明扼要地汇报。
- 掌握建议的要诀。
- 为你的领导创造良好形象。
- 独立解决你的问题，了解你的领导。

（五）与下属的沟通技巧

如何使口头指示被正确地执行

仔细考虑指示的内容：
- 我想要说什么？
- 这一信息应该最先告诉谁？有多少人将受到影响？
- 在传达信息时，我拥有可靠的事实吗？
- 如何最好地表述才能使听者能够充分理解？
- 听者可能做出何种反应？会不会反对或有不同意见？
- 是否需要进行示范？
- 接受指示的人完成工作的时限。

选择好谈话的地点

- 办公室是传播信息最安全的场所。
- 到下属工作的岗位上交谈，也是一个好办法。
- 咖啡厅或其他场所进行的交谈，具有随意性。

对下属多赞扬、多鼓励

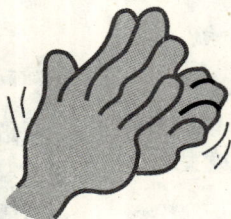

- 鼓励是相对的，不是绝对的。
- 鼓励要适时，不要过早或过晚。

（六）表扬的方式和步骤

1. 开诚布公交谈
2. 及时表扬优点
3. 具体指出问题
4. 高兴表达认可
5. 鼓励再接再厉
6. 拍拍肩膀加油

批评和训诫下属须注意的方式

1. 批评要因人而异
- 自觉性较高者——启发自我批评
- 思想反应敏感者——影射、暗喻批评
- 性格耿直者——直接批评
- 问题严重、影响较大者——公开批评
- 思想麻痹者——警示性批评

2. 把握好批评的时机

☞ 批评需要一定的前提

- 批评和接受批评的双方应以足够的信任为基础。
- 批评者有纯正的动机和建议性的意见。
- 充分把握批评的理由，不使批评扩大化。

☞ 时机必须适当

- 心平气和且能从客观立场出发时，就是谈话的适当时机。
- 过分的情绪化，不仅无济于事，反而有害。
- 掌握事情发生的时效，在人们记忆犹新时提出批评。

☞ 用事实说话，少加主观评论。

☞ 避免人身攻击。

☞ 适度的赞美。

- "三明治"式的赞美。
- 先表扬，再批评。
- 先批评，再鼓励。

☞ 批评是为了惩前毖后。

批评的重要性

- 不批评的后果
  - ➤ 团队纪律散漫，形成了一种不好的风气。
  - ➤ 下属变本加厉，养成了不好的习惯。
  - ➤ 影响自己和公司的业绩。
  - ➤ 让上级主管怀疑自己的管理能力。

为什么不批评

- 不批评的借口
  - ➢ 绩效最重要
  - ➢ 激励比批评更有效
  - ➢ 公司的要求太过苛刻，目标太高
  - ➢ 先记下来
  - ➢ 下属太狡辩
  - ➢ 批评也没用
- 不批评的实质
  - ➢ 不愿意费口舌
  - ➢ 不愿意得罪人
  - ➢ 不知道究竟如何批评

（七）批评的五步法则

　　运用提出批评的五个步骤，能使你的下属心服口服，真正起到批评的作用。

- 直截了当地提出问题
- 列出事实
- 让下属认识到问题的存在
- 提出后果
- 找到解决的办法

让下属认识到问题的存在

- 换位思考

- 使用引导式的问题

提出后果

- 在提出后果方面，不少主管存在着心理误区：
  ➢ 说得太明白，有点儿像在威胁员工。
  ➢ 大家心里知道就可以了，直接指出在面子上总觉得有些过不去。
  ➢ 给自己留条退路，不要得罪人。
  事实上，主管要站在帮助员工的角度上看问题，提出后果不仅是警告，还可以让下属对下一步的改进计划能有效地更加认真地执行。
- 提出后果的原则：
  ➢ 一定要有依据。
  ➢ 如果员工再犯；一定要严格地执行规章的规定。

教材八　时间管理技能

中远酒店物业管理有限公司

学习目标

- 掌握充分利用时间管理工具来分析工作的方法，提高工作效率。

（一）时间管理的要素

※ 目标的设定
※ 掌握重点
※ 不做"救火队员"
※ 授权

（二）目标设定的原则

Smart 原则：

- 明确性(Specific)
- 可衡量性(Measurable)
- 一致性(Agreed)
- 现实性(Realistic)
- 时间性(Time)

（三）时间管理理论

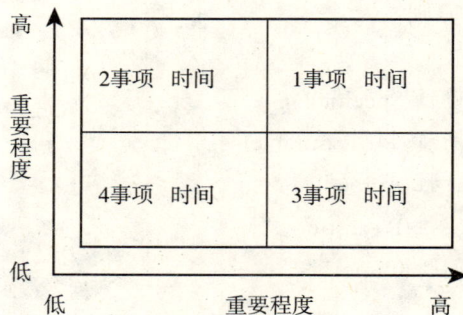

我们可以利用上述表格，有效地管理时间。首先，记录下每天要做的事情及所需的时间；其次，在时间管理分析表里进行归类，分别进行处理：

➢ 对于既急迫又重要的事，当然要首先处理。

➢ 对于重要而不紧急的事，要及时处理，"防患于未然"，避免最后变成既重要又紧急的事。

➢ 对于紧急但不重要的事，例如其他部门来要一些资料，要得很着急，但是对本部门却没什么影响，这时，主管可以有效地授权，让别人来完成这些工作，而自己则把更多的精力放在更重要的事情上。

如果我们能做好对时间的有效管理，紧急的事情就会越来越少，每天都能轻松自在、有条不紊地做事。

（四）时间管理的方法

● 时间管理理论

时间管理分析图

时间管理的方法

- 管理时间的技巧
  - ➢ 排除外界干扰
  - ➢ 进行预约
  - ➢ 利用节省的时间来充分休息

时间管理的方法

- 不做"救火队员"

变成"救火队员"的原因：

  - ➢ 关注所有的事情，把自己当成了万能的救世主。
  - ➢ 对计划和目标缺乏有效的时间估算。
  - ➢ 经常改变想法和决策。
  - ➢ 下属忙得应接不暇。
  - ➢ 不能充分利用一切可以利用的资源，凡事自己动手。

工作时间管理表

工作	时间（分钟）	可避免	可委派
例会	30		
查收和回复 E-mail	30		
和个别销售人员讨论送货问题	15		
找网管给自己的电脑升级	30		√
利用电话和各部门及客户进行沟通	45		
查阅刚送到的广告信函	15	√	
帮下属起草项目建议书	45		√
午餐			
和上级开会	30		

续表

工作	时间（分钟）	可避免	可委派
接待一位突然来访的客户	60		√
处理价格投诉	60		
打电话通知有关的同事	25	√	
编制新的报表及制度，避免再发生类似投诉	55		
接朋友的电话并替朋友预订饭店	10	√	
制订工作计划	30		
总分合计	480	50	135

时间管理的方法

● 5W 法提高时间使用率

经常用 5W 法来问问自己，能大幅度提高时间的使用率。

> What　　　什么占据了我的时间？
> When　　　何时的工作效率最高？
> Where　　　哪里还能挤出时间？
> Why　　　我的时间使用率为什么会是这样？
> What if　　如果……怎样……

教材九　授权管理技能

中远酒店物业管理有限公司

学习目标

- 知道委派工作的真正意义和重要性，能用
  正确的态度对待授权。
- 用正确的方法对下属进行授权。
- 克服授权中会出现的问题。

授权认知

- 授权的必要性

- 授权对各方的好处

- 走出委派工作的误区

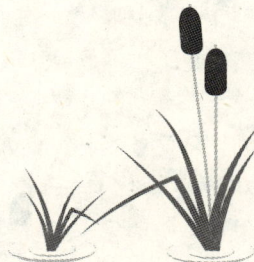

（一）授权的必要性

- 授权工作是管理，而非管理风格
- 授权的影响

　　授权能充分体现员工的工作价值，每位员工都会因此而充满工作的热情；授权也会使员工得到很多的锻炼机会，使他们具有承担责任和行使职权的意识和自信心；授权还能使员工的潜能得到开发，使员工对职业发展有信心。

- 主管不授权的原因
  - ➢ 对下属不信任
  - ➢ 担心下属不服从
  - ➢ 害怕对全局失去监控
  - ➢ 主管喜欢大包大揽

（二）授权的有效性

- 对员工

　　员工希望通过工作，不仅得到收入，更重要的是得到自己在事业上的发展和培训机会，获得满足感和成就感。委派工作对员工有很大的激励作用：

　　体现员工的价值

  - ➢ 使员工充满工作热情，主动地承担一些责任，意识到自己是企业的主人。
  - ➢ 有助于激发员工的潜能，锻炼员工的工作能力。
  - ➢ 能促使下属员工建立对工作的自信，从而获得满足感和成就感。

- 对管理者
- 对企业

(三) 授权与委派的区别

- 错误的授权认知
  - ➢ 授权即为分工。
  - ➢ 授权就是将我的任务分解。
  - ➢ 授权就是让下属拥有我的一部分权力。
  - ➢ 授权了,责任也就随之而分出去了。
  - ➢ 授权的工作做错了,就有了"替罪羊"。
  - ➢ 授权就是将所有工作都让下属完成,自己正好落得清闲。
  - ➢ 授权了,就要信任下属员工,就一切都别再插手。
  - ➢ 授权只不过是给下属提供一些锻炼的机会罢了。
- 正确的授权认知
  - ➢ 授权绝不是简单的分工。
  - ➢ 授权是让下属承担他对工作应负的责任。
  - ➢ 授权是让下属也享有完成其工作所需的适当权限。
  - ➢ 授权人同样对授权出去的工作负责。
  - ➢ 授权出去的工作如果做错了,授权人也要承担责任。
  - ➢ 授权是将应由下属完成的工作让他们来承担,委派人只起监督指导作用。
  - ➢ 授权了,就要信任,但也要进行过程中的检查。
  - ➢ 授权不只是给下属提供锻炼的机会,同时还让他们提高完成工作的能力。

(四) 授权的步骤

- 解释工作的重要性
- 提出要求
- 确认职权
- 协商期限
- 确认理解
- 过程中的检查

解释工作的重要性

- 解释工作的重要作用
- 解释工作的流程
  - ➤ 指出工作的目标
  - ➤ 指出具体责任
  - ➤ 陈述重要性的理由
  - ➤ 介绍影响的范围
  - ➤ 指出发生错误的后果

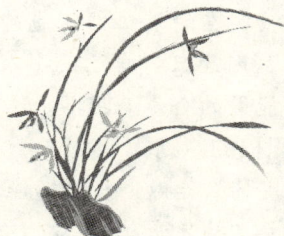

提出要求

- 明确对结果的要求

- 不提供具体方法

- 给员工自己做主的机会

确认职权

- 确认职权的重要性。
  - 有的下属得到授权后，没有明确自己的职权，就假设自己有某些职权，然后去行使这些职权，例如需要某个同事的帮助，就立刻去找这个同事，不管别人是否有时间。
  - 需要提供帮助或提供资料的员工没有得到通知，不知道是否应该抽出时间和精力来做此事。
  - 比较实在的员工因不能确认自己究竟有什么样的职权，又实在不好意思去麻烦他人，因此只好自己一个人埋头苦干，实际上是不仅浪费了时间和精力，而且有时可能做的全是无用功。
- 确认职权的原则：
  - 确定什么能做，什么不能做。
  - 避免"挤牙膏"，把权力全都留在自己手里。
  - 要区分主次，分清重要性。
  - 避免滥用职权。

协商期限

- 应避免使用模糊性的词句
  - 越快越好
  - 最快要用
  - 下个月吧
  - 好像很急
- 留出适当的富裕时间
- 要考虑全局

确认理解

让下属重复一遍工作的内容，说出他们对任务的理解，及时统一双方的认识。

过程中的检查

- 把握检查的时机

- 适当地提供帮助

教材十　评估管理技能

——工作表现评估

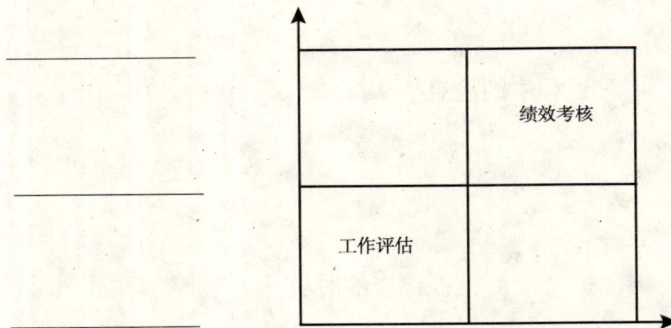

绩效考核

工作评估

工作评估管理图示

人力资源管理——工作表现评估

➢ 工作表现评估的益处
➢ 工作表现评估中的障碍
➢ 工作表现评估中常见的错误
➢ 工作表现评估的方式
➢. 工作表现评估的步骤

工作表现评估——学习目的

1. 描述影响有效评估过程的障碍。
2. 识别实施评估时，应防止的常见错误。
3. 掌握工作表现的比较法。
4. 描述工作表现的绝对标准法。
5. 解释工作表现评估的目标设置管理法。
6. 识别工作表现评估是督导应采取的步骤。

（一）工作表现评估的益处

1. 员工
2. 督导
3. 管理层

➤ **工作表现评估的益处**

1. 员工
   ✓ 工作表现评估向员工提供了 _____ 的机会，经常性地向
     员工提供工作情况的信息，这种沟通方式，督导能够防
     止员工的 _____ 和 _____。
   ✓ 帮助员工识别自己的 _____ 和 _____。
   ✓ 在一对一的评估过程中，增强员工的 _____。

➢ **工作表现评估的益处**

2. 督导
- ✓ 督导能够识别并认可员工对工作的 _____ 和有待改进之处，并提出 _____ ；
- ✓ 有助于员工的 _____ ；
- ✓ 有助于改善同员工的 _____ 。

➢ **工作表现评估的益处**

3. 管理层
- ✓ 获得大量的信息（报酬、工作和培训计划的决策）；
- ✓ 员工的薪资、职务的升降和奖惩都与评估挂钩；
- ✓ 根据评估结果制订出的培训计划更具可行性。

（二）工作表现评估中的障碍

- 督导缺乏技巧
- 低效的评估表
- 程序不当
- 偶然的评估
- 唯恐激怒员工
- 怕员工指责不公正
- 没有跟进

（三）工作表现评估中常见的错误

- 最近印象型
- 一成不变型
- 光环效应型
- 仁慈型
- 残酷型
- 中庸型

（四）工作表现评估的方式

    1．比较法
    2．绝对标准法
    3．目标设置管理法

➢ 工作表现评估的方式

    1．比较法
     ✓ 简单排列法
     ✓ 交叉排列法
     ✓ 对比排列法（图）
     ✓ 比例分类法（图）

➤ **工作表现评估的方式**

2. 绝对标准法
   - ✓ 关键事况法
   - ✓ 重点检测法
   - ✓ 强制选择法
   - ✓ 等级排列法
   - ✓ 行为依据法

➤ **工作表现评估的方式**

3. 目标设置管理法
   - ✓ 设置下次评估时应达到的目标；
   - ✓ 提供充足的时间、培训和帮助计划，使其熟练掌握工作，以完成设置的目标；
   - ✓ 在下次评估时，将已达到的目标与初次设置的目标相对比；
   - ✓ 为下次评估设置新的目标以及达成新目标的行动计划。

（五）工作表现评估的步骤

1. 评估开始前
2. 评估过程中
3. 评估结束后

➤ **工作表现评估的步骤**

1. 评估开始前
   ✓ 确定时间、地点和被评估者的《岗位说明书》
     及相关数据或资料；
   ✓ 给员工自我评估的机会；
   ✓ 准备面谈内容和整个过程（以事实为依据）；
   ✓ 着重准备员工可能提出的异议看法或有分歧的
     问题，以及如何化解员工对评估的抵触情绪。

➢ **工作表现评估的步骤**

2. 评估过程中
   ✓ 真诚友善的开场白；
   ✓ 请员工自我评分并解释得分原因；
   ✓ 共同讨论既定工作目标的完成情况；
   ✓ 根据工作表现的评估过程和行动计划的细节，
     与员工一起制定改进（改善）日期；
   ✓ 总结、致谢并签字确认。

➢ **工作表现评估的步骤**

✓ 共同讨论既定工作目标的完成情况
   1. 首先探讨员工目前的工作状态；
   2. 向员工陈述应达到的工作标准；
   3. 请员工来找出存在差距的原因；
   4. 向员工征求解决问题的方案；
   5. 为员工制订工作改进的行动计划，且
     双方须达成共识。

➢ **工作表现评估的步骤**

3. 评估结束后
  ✓ 评议此次面谈并考虑有待改进之方面；
  ✓ 向员工提供评估的最后文本；
  ✓ 根据制定的改进日期与员工会谈；
  ✓ 向员工提供相应的帮助、培训及辅导；
  ✓ 对员工的改进及时表扬，未改进的加以
    提示。

培训结束　感谢参与！

教材十一　微笑与服务

（一）微笑的标准

微　笑

触动客人心跳的"风景"

"八颗牙"

与

"十步法则"

（二）服务的概念

服　　务

　　一种无形的"产品"

松下幸之助：以笑脸相迎，

　　　　　　　就是服务。

（三）微笑服务的重要性

微笑服务

服务的核心是竞争力

产品——质量、品牌、价格

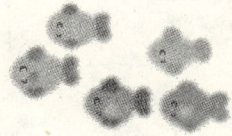

微　　笑

服务的灵魂

真心地"微笑"

真正的服务

微　笑

"简单的事情重复做，
就能做成不简单的事情！"
——张瑞敏

- *微笑*可以表达一种自信
- *微笑*可以表达一种自我优越
- *微笑*可以表达对整个生活的一种积极的状态
- *微笑*可以表达能够帮助对方、有力量帮助对方的那种自觉意识

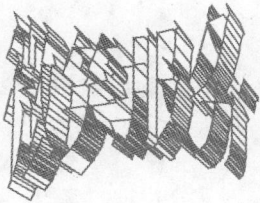

微笑的背后

- 顾客需要您的**微笑**

- 企业需要您的**微笑**

微笑的七大作用

- **微笑**的作用之一：放松身体
- **微笑**的作用之二：放松心理
- **微笑**的作用之三：缓解痛苦
- **微笑**的作用之四：增加创造力
- **微笑**的作用之五：消除疲劳
- **微笑**的作用之六：缓解人际关系
- **微笑**的作用之七：进入乐观的状态

用"心"微笑

"认真做事可以把事情做对，
用心做事可以把事情做好！"

——李素丽

（四）用"心"微笑的培养

谁偷走了你的微笑

场景 1

- 工作中的烦恼**偷走**
  了你的微笑

场景 2

- 人际关系**偷走**
  了你的微笑

场景 3

- 生活中的琐事 **偷走** 了你的微笑

- 像空姐一样微笑
- 微笑的三结合
  与眼睛的结合

　　眼睛会说话，也会笑。如果内心充满温和、善良和厚爱时，那眼睛的笑容一定非常感人。眼睛的笑容有两种：一种是"眼形笑"，一种是"眼神笑"。

与语言的结合

　　微笑着说"早上好"、"您好"、"欢迎光临"等礼貌用语，不要光笑不说，或光说不笑。

与身体的结合

　　微笑要与正确的身体语言相结合，才会相得益彰，给顾客留下最佳的印象。

时时刻刻微笑

第一，自觉运用微笑；

第二，早晚面对镜子微笑；

第三，做任何事之前，面带微笑；

第四，感到紧张时，给自己一个微笑；

第五，寻找榜样。

微笑是一扇窗户，能让人类的心灵和外面的世界相互对视。

学会真诚微笑

学会用"心"微笑，用眼神来表达，用语言来传递。

（五）用"心"微笑的原则

第一，微笑一定要发自内心；
第二，微笑服务要始终如一；
第三，微笑服务要做到"五个一样"；
第四，微笑服务要持之以恒。

通过微笑把尊重传递给每一个顾客。

"五个一样"

- 领导在与不在**一个样**
- 内宾外宾**一个样**
- 生客熟客 **一个样**
- 心境好坏 **一个样**
- 领导员工 **一个样**

（六）用"心"微笑的方法

用『心』微笑的方法

第一，安装过滤器；
第二，运用幽默；
第三，要与顾客有感情上的沟通；
第四，保持宽阔的胸怀。

从现在起
绽放你的笑容吧！

教材十二　礼仪服务基本技能

（一）礼仪的概念

中华民族是礼仪之邦，礼仪文化源远流长。礼仪是中华民族文化的基础，是灿烂文化宝库中的重要篇章。礼仪，包括礼节、礼貌和表达礼节的方式。

礼仪是人类社会为维系社会正常生活而共同遵循的最简单、最起码的道德行为规范，它属于道德体系中社会公德的内容，是人们在长期共同生活和相互交往中逐渐形成的，并以风俗、习惯和传统等形式固定下来。礼仪是人类社会文明和社会进步的重要标志，它既是社交活动的重要内容，又是道德文化的外在表现形式，蕴涵着丰富的内涵。

对个人来讲，礼仪是一个人道德标准、思想水平、文化修养、交际能力、风度与气质的外在表现；对社会来讲，礼仪是精神文明建设的重要组成部分，是一个民族，一个国家乃至社会的文明程度、道德风尚、生活习俗的反映和形象的写照。

礼仪在商务活动中甚至可以决定一个商务活动的成败，掌握礼仪服务技能，对于宾馆的每一位员工来讲，具有深刻内涵和实践意义。

礼仪是礼节和仪式的统称。包括了人们互相交往中的规范行为，待人接物的行为规则，参加公众活动的外表、外貌、风度、谈吐及各种活动的规范形式等。

遵行礼仪的核心和基点是对交往的对方持以尊敬之意，有乐贤之容；谈吐举止上懂得礼仪规矩；外表上注重仪容、仪态、风度和服饰；在一些正式的礼仪场合，还须遵循一定的典礼程序等。孔子曰："博学于文，约之以礼。"

（二）礼仪的功能

1. 沟通功能

在人际交往中，交往双方都自觉地执行礼仪规范，使双方之间的感情得到沟通，从而使得人们之间的交际往来得到成功，保持和谐愉快的人际关系。

2. 协调功能

礼仪的重要功能是对人际关系的调节，从一定意义上说，它是人际关系和谐发展的"调节器"。

3. 维护功能

礼仪是整个社会文明发展程度的反映和标志，同时礼仪也反作用于社会，对社会的风尚产生广泛、持久和深刻影响。社会上讲礼仪的人越多，社会便会越和谐安定。在维护社会秩序方面，礼仪发挥着法律所起不到的作用。

4. 教育功能

礼仪通过评价、劝阻、示范等教育形式纠正人们不正确的行为习惯，倡导人们按礼仪规范的要求去协调人际关系，维护社会正常生活。

（三）礼仪的特点

1. 共同性

礼仪是人类公共道德的基础内容，不分民族、种族和性别。

2. 继承性

礼仪是人类长期共同生活中逐渐积累起来的，是维护正常生活秩序的经验和结晶，是社会进步和人类精神文明的标志。礼仪规范不会一成不变，而是随着人类社会的发展不断丰富和发展，具有传承的特点。

3. 统一性

礼仪不仅是交际过程中的外在表现形式，也是以内在的思想品德、文化艺术的修养为基础的。两者有机地统一结合，才会有良好的恒性社会效果。

4. 差异性

礼仪规范往往因时间、空间或对象的不同而体现差异，因此需要了解、熟悉各个国家、各个少数民族、各种场合、各种对象的礼仪规范的异同点。

（四）礼仪在服务中的作用

1. 礼仪是服务内容的一部分

有人认为礼仪是一种现象，礼仪与服务没有关系，这是不正确的。礼仪有时看起来是与服务没有关系，是独立的，实际上是服务不可或缺的一部分，有时候则完全渗透于服务之中。比如微笑，表面看，笑就是笑，实际与服务是分不开的，但由于微笑，使服务更能令客人满意。

把礼仪看成服务的一部分，你就会在服务的每一个环节中贯穿礼仪，而不会认为礼仪就是礼仪，服务就是服务，而把两者割裂开来。

我国是个文明古国，各种礼仪、礼节很多，礼仪活动也很多，如古人的祭祀，其实是一种礼仪活动，是宗教行为，而整个祭祀实际就是一种礼仪活动，每一个细节就是一个又一个礼节。

又如探亲访友，这是一种人类交往中的礼仪活动，同样也由许多环节组成，如准备礼品、上门拜访、寒暄问候、约定再会、道别等这些礼节组成了整个"探亲访友"的过程。

弄清这个问题，就会明白，广义地说，服务全过程也是一种礼仪活动，在宾馆，服务员恰当地进行规范服务，同时体现礼仪，会使服务增显档次，会让客人满意，加深对客人的尊重与欢迎程度。

2. 礼仪是服务员与客人沟通的桥梁

人际关系中，人与人之间交往是关键，而沟通是人与人交往的重要途径，也是商务活动和服务的重要手段。

通过与客人交流情感，能及时更好地了解客人的需求，也能更好地为客人服务。有时候，一个微笑、一个贴切的礼节、一个得体的礼仪行为，能解决很多问题，也有时候，由于礼仪不当而造成误会，引起客人不满。

有位客人住进某饭店，第一天，客房服务员在清理房间时，就问客人何时离店，客人没在意，说还没有定。第二天和第三天服务员都重复问到客人同样的问题，客人生气了，感觉受到了侮辱，找到总经理。经了解，才弄清楚这个服务员是新来的，由于离店与不离店客房，整理方式不同，才发生了这种情况，而服务员并没有意识到，这样做无形中造成客人的误解。

他是机械地理解了服务程序，如果他与客人较好地沟通，礼貌地征询客人的意见，述说原因，客人就不会误解了。

某饭店来了一对外国年轻夫妻，住店后，莫名其妙的不高兴，对服务不满意，对服务员总是板着脸。服务员从他们的谈话中得知这是一对新婚夫妇，便向经理做了汇报，并经经理同意，买了一束鲜花并写了一张卡片，写道："祝您新婚愉快！"放在客房的茶几上。客人见后十分高兴，特意呼来服务员，表示感谢！从此，每天见到服务员都喜笑颜开！这便是一个小小的"礼仪"，沟通了与客人的感情。当然，并不是所有的沟通都要用这种办法，有时一句问候、一个微笑都能达到意想不到的效果。

3. 礼仪能化解矛盾

"礼仪能化解矛盾"与上面所讲的沟通，其实有相同之处。在服务理念中，有一条"客人永远是对的"，但这不等于说客人做的每一件事都是正确的，但要做到在客人面前永远不说"NO"。那么，在服务中发生了问题，特别是客人有些时候做法不恰当，如何掌握分寸、如何对待？处理不好会与客人发生争执，造成矛盾。在服务中，一旦出现了问题，不管什么原因，宾馆和服务员必须认真检讨自己，向客人道歉或者解释，化解矛盾。"良言一句三春暖"，有时一句入情入理的话，能化干戈为玉帛。

某酒店，一位外国客人（年迈的老者）在楼道里用烟斗抽烟，烟灰掉在纯毛地毯上，服务员客气地提醒老人，老人发怒了，说赔得起地毯，连你们酒店都买得起。事情发生后，客房部向服务员了解了情况，然后带着服务员去向客人道歉。这位客人很激动，说："服务员没有错，我自己当时觉得有损尊严，所以发了火，实际上是我错了。"这位客人还请经理不要处罚服务员，并向服务员道了歉，还表示以后就住在该宾馆。

这是礼仪的力量，这是坚持"客人永远是对的"的好处。

4. 礼仪服务展示宾馆的服务水平

中国是礼仪之邦，有悠久的文化，有光荣的传统。礼仪其实是一种尊重，一种文化，也是一种道德。现在，市场竞争实际是企业文化的竞争，是人才的竞争。在服务管理中，人文管理是当今管理中的重要手段，注重开发"心经济"。企业有两个上帝，一个是客人，一个是员工，因此注重员工教育，尊重员工，关注员工利益是很重要的。打造先进的企业文化，营造一种礼仪氛围，让宾馆成为"礼仪之邦"，把礼仪贯穿于服务中，使每个员工都成为"礼仪之士"，有较高的礼仪修养，宾馆服务水平一定会提高，完美地塑造服务形象。

礼仪是灵魂，有礼走遍天下。礼仪服务一定会让企业的知名度提高。如果服务是宾馆的一颗星，那么礼仪就是这颗星灿烂的光芒。

（五）礼仪在服务中的体现

1. 礼仪的重要性

礼仪是人类为维系社会正常生活而要求人们共同遵守的最起码的道德规范，它是人们在长期共同生活和相互交往中逐渐形成的，并且以风俗、习惯和传统等方式固定下来。中华民族自古以来一直就是以"礼仪之邦"之称而闻名世界的民族，孔子曰："不学礼，无以立。"

对一个人来说，礼仪是一个人的思想道德水平、文化修养、交际能力的外在表现，对一个社会来说，礼仪是一个国家社会文明程度、道德风尚和生活习惯的反映。重视、开展礼仪教育已成为道德实践的一个重要内容。

礼仪的内容涵盖着社会生活的各个方面。从内容上看有仪容仪表、举止、表情、服饰、谈吐、待人接物等。

礼仪的内容丰富多样，在人际交往过程中的行为规范称为礼节，礼仪在言语动作上的表现又称为礼貌。但无论是礼仪、礼节还是礼貌，它们有着相同的规律性，其基本的礼仪原则：一是敬人的原则；二是自律的原则；三是适度的原则；四是真诚的原则。

2. 礼仪的内容

（1）仪容仪表

①客人注意到我们的第一眼就是仪表（外表），如果我们仪表整洁会给客人留下好的第一印象。

②当我们仪表整齐（绅士）时，客人会更加相信我们。

③客人（或我们）都希望所住饭店的员工有很高的个人卫生和仪表标准。他们愿意付更多的钱住在整齐和清洁的饭店，当然他们也希望看到仪表整洁、干净的服务员。

④工作时，好的仪表和卫生不仅会使客人高兴，同时也会使你的同事愉快，也有助于服

务工作。

⑤仪表仪容和个人卫生也是一个人修养的表现，是服务的一部分。

头发：干净，无灰尘和头皮屑。如需染色，必须是自然色。整齐，梳理成型。不允许留怪发型，或带发套。长短适中，不过肩，女员工如留长发，上班时必须把头发盘起或束起来，露出耳朵。

牙齿：清洁，洗漱干净，齿缝间无异物。

口腔：无异味，上班前不要吃蒜、葱等有异味的食物。如有异味应设法清除。

面部：女员工化淡妆，尽可能接近自然与真实。切记口红不要太重。男员工不得留胡须。

名牌：位置合适，佩戴在左胸前，高度相当于男衬衣衣口处，洁净，无污点、无涂抹字迹，如有损坏或字迹模糊，要立即更换。

制服：按公司规定着装。领扣必须系上，领带、领结必须打好。清洁无污点、油渍、灰尘。平整、无皱、合体。纽扣齐全，无缺损，如丢失纽扣，应立即更换。员工入店后，应尽量保持体型、体重，如有明显变化，应及时更换合适的制服。

指甲：清洁，表面及夹缝无污垢，长度合适，不超过指尖。不允许涂指甲油。

鞋袜：鞋子要清洁、无灰尘、无污点、光亮。颜色符合公司统一要求和规定。袜子要清洁、干净、无味，为公司规定的颜色。

饰物：只允许佩戴一只小结婚戒指。厨师不得佩戴戒指。男员工不得有任何饰物，女员工只允许戴小耳环或耳钉，耳环须固定在耳垂上，不可摇摆不定，耳环的式样与颜色应与制服相配。不允许制服外悬挂项链。在衣服里面的项链要细、轻，要保持制服的平整。不许戴手镯。

精神面貌：面带微笑，应答迅速，行动利落，精神集中。

（2）服务礼仪与行为规范

①见面

与客人见面，尤其是第一次见面时，必须保持良好的精神状态，并注意做好以下几点：

- 要能有礼貌地与客人进行寒暄，表现出热情友好、谦恭的态度；
- 对于初次相见的客人，不要直接询问对方的级别、职称、工资、家庭等情况，不要对客人的来龙去脉刨根问底，更不要在客人面前炫耀自己。

②握手

握手是一种最常见的礼节。握手规矩很多，一般有以下几点：

- 握手时须双眼注视对方的眼睛，上身略微前倾，头略微低一些，含笑向对方致意，但眼睛不可俯视地面；
- 握手的时间不要过长，尤其是对异性，时间可更短一些；
- 不要握住对方的手来回摇晃，不要用力过重，也不要用力过轻，以适度为宜；

- 遇到长辈、上级时，待他们伸出手后，再与其握手；
- 男士一般不主动向女士要求握手。女士如果与人初次相见，但并不打算与向自己问候者握手，可以点头致意；
- 握手时掌心不能向下。平等而自然的握手姿态是两人手掌都处于垂直状态；
- 如果在重大场合需握手的人比较多时，与每位握手时间长短要大致相等，不要只管与认识的人握手，而同不认识的人只是意思一下；
- 握手时要讲究顺序，避免交叉握手，否则是非常不礼貌的行为；
- 在主动和人握手之前，应先想一想自己是否受欢迎，如果观察对方无握手之意，最礼貌的办法是向他点头致意。

③举止姿态

举止是无声的语言。服务中举止要自然随和，彬彬有礼，动作稳重得体，大方而不做作，显示出很强的自尊心和自信心。良好的姿态，是体现仪表美的重要内容：站要挺直；行要稳健；坐要端正。

站姿：

站立是人最基本的姿势，是一种静态的美。站立时，身体应与地面垂直，重心放在两个前脚掌上，挺胸、收腹、收颌、抬头、双肩放松。双臂自然下垂或在体前交叉，眼睛平视，面带笑容。站立时不要歪脖、斜腰、屈腿等，在一些正式场合不宜将手插在裤袋里或交叉在胸前，更不要下意识地做些小动作。

坐姿：

坐，也是一种静态造型。端庄优美的坐，会给人以文雅、稳重、自然大方的美感。正确的坐姿应该：腰背挺直，肩放松。女性应双膝并拢；男性膝部可分开一些，但不要过大，一般不超过肩宽。双手自然放在膝盖或椅子扶手上。在正式场合，入座时动作要轻，起座时要端庄稳重，不可猛起猛坐。

神态：

俗话说，"眼睛是心灵的窗户"。眼神能表现出一个人的内心世界。在服务中和客人在一起，不可乱用眼神，以免引起误会。眼神应该是自然、温和、稳重，使人感到亲切。

④面部表情

讲话时面带微笑，会使你的声音听起来乐观亲切。要让你的面部表情与你所讲的内容匹配。这样做可以让你的自信和真诚充分展现出来。

面部表情应当呈现出一种积极愉快的精神状态，千万不要让一天的压力都积压在眉宇之间。在服务中任何时候，都不要给客人留下不良印象。

（六）服务礼仪与沟通技巧

几种有效的服务沟通礼仪：

1. 看的技巧

眼睛是心灵的窗户，要善于通过观察迅速准确把握客户心理。优秀的员工总是能迅捷洞悉客户心理，以便审时度势，在服务过程中占据主动。

目光接触是最有效的身体语言技巧之一，它可以让客户感知你正在专心致志、聚精会神地听他说话，也愿意接受他的看法。真诚的目光，还会增加信息的可信度，增进对客户的感情。客户最忌讳目光淡漠，言不由衷。

客户究竟希望得到什么样的服务？客户为什么希望得到这样的服务？这是在观察客户时要随时注意的问题。因为有时客户不愿意将自己的期望直接说出来，而是通过隐含的语言、身体动作等暗示出来，所以就需要及时揣摩客户的心理。因此，在与客人接触或交谈时：

（1）目光要敏锐：在服务中要注意观察，比如哪位客户会吸烟，哪位客户善于交谈等，并从年龄、服饰、语言、行为、态度等方面探索客户的需求，以进行适当的服务。

（2）感情要投入：投入感情设身处地地为客户着想，通过眼睛去观察和体会客户的内在需求。这样，你才能提供优质有效的服务。还要避免一些不当的目光。比如：在与客户交谈中，不要漠视，也不要直勾勾地盯住客人。更不要突然扫视、目光游移不定、频繁眨眼等。

2. 说的技巧

语言是服务时的重要工具，而表达亲切、真诚的重要因素是语调、声音。此外，还应注意语言表达中的一些禁忌。

（1）音量适中

讲话要让客户听清。如果客户听不清楚你讲的是什么，他就会心不在焉，忽略你讲的内容，也不会要求你大声讲或者重新讲述。

恰当地控制音量，有助于突出讲话重点，在提到重要的信息时，把声音提高几度，可以引起客户的注意，在谈及特别重要的地方，降低声音同样也能起到类似的效果。音量高低并没有特别的模式可以遵循，但是，说话时，一定要让你的声音有起伏，有节奏。

（2）语调恰当

语调是表达情感和情绪的重要因素，也能展示出对客户的态度。声音有高有低，可以使客户了解到你对他们说的话是否感兴趣。声调的高低变化，可以反映出你说的话是否生动有趣。缺少了语气的抑扬变化，你的声音听起来可能会单调乏味。

在与客户的对话中，语调变化也影响到态度是否真诚，对客户态度的好坏，所以切勿小看服务中语言的声调。

（3）讲话中还必须注意避免以下几点：

①犹疑不定：说话时声音犹豫不定，表达不清，左顾右盼，这样客户会理解成你缺乏底气或者言不由衷。你的声音实际上起到衡量你是否自信的作用。面对客户，你的声音若缺乏

自信，客户不知道你要讲什么，也就别指望他们会像你所希望的那样认真听你讲话。

②过分温和：要避免声音的过于温和，有气无力。有些人认为柔和地讲话，会亲切、可信。这种讲话，会让人搞不清你的意图。

③含混不清：声音过低、含混不清，会让客户认为你对任何事情拿不定主意，不知该怎么做。对你失去信心，不愿接受你的服务。

④节奏混乱：说话的语速十分重要。要会控制节奏，恰当的节奏，才能准确地表达自己的意思，让客户听清你要表达的内容。不要"连珠炮"，也不要过于慢条斯理，毫无节奏的斯文。讲话时要配合适当的手势和肢体语言。恰当的手势、优美的讲话姿势，是讲话的重要组成部分。讲话是一门综合艺术，也是服务的一种手段。

⑤讲话方式不当：与客户沟通时，讲什么自然很重要，但你讲话的方式也很重要。人们在使用语言表达信息时，其情感更多的是通过语言之外的信息，也就是肢体语言和声音语调体现出来。交谈时，你流露出的情感才是真正吸引人们注意力的地方。

在与他人交谈时，你一定要保持自信，不要用保守或夸张的方式表达自己的意思。要真诚、自然、准确地向客户传达你的信息。

（4）要使谈话达到预期的结果，还应注意以下几点：

①要用清晰的声音主动与客户打招呼。谈话时态度要真挚、热诚，让客户感到很亲切。

②谈话时要注意目光。与客户交谈时特别要注意自己的眼神，目光的高度要适中，可轻松自然地注意对方的眼睛或头部，不要左顾右盼，东张西望，视线不固定。但也不要死盯住对方，让客户感到不知所措，惶恐不安。

③谈话时不要有小动作。与客户交谈时不要看书、看报、看文件；或是面带倦容，不断地打哈欠，剪指甲，整理衣服。也不要将手抱在胸前，或跷着二郎腿不停地摆动。

④与客户谈话时，脸上要带微笑。微笑是一种无声的语言，接待客户时面带微笑，会显示出你所具备的涵养和工作水平。微笑要自然、亲切。

⑤与客户谈话时，可用一些手势加强语气，强调内容，这样可以加强效果，但手势不宜过多。更不要用手指着人说话，或反复做一个同样的手势。

⑥与客户交谈时，要注意自己的情绪。不要客户说了半天，而你却一言不发，使客户不知所措。这是对客户非常不礼貌的。

⑦与客户交谈时，还要善于倾听客户说话。说话时，要表现得大方、自然、诚恳、精神集中，言语要亲切、和气，说话速度要适中，吐字要清晰，耐心地让对方把话说完，用点头或应声表示对说话人的兴趣，让对方说出你感兴趣的话题。如果别人讲话时你想插话，请用商量的口气："请稍等一下，我想提个问题可以吗？"切不可粗暴地打断别人的话。在听客户谈话时，在同对方谈话时，要能控制自己的感情，不要因对方谈话的内容而激动，要从对方谈话的声调、情调、态度以及表情、手势等动作中，了解对方的本意。

3. 在服务中常用的礼仪用语

——迎客时说"欢迎"、"欢迎您光临"、"您好"等。

——感谢时说"谢谢"、"谢谢您"、"多谢您的帮助"等。

——听取客户意见时说"听清楚了,请您放心"等。

——不能立即接待客户时说"请您稍等"、"麻烦您,请等一下"等。

——对在等待的客户说"对不起,让您等候多时了"等。

——打扰或给客户带来麻烦时说"对不起"、"实在对不起,给您添麻烦了"等。

——表示歉意时说:"很抱歉"、"实在抱歉"等。

——当客户向你致谢时说:"请别客气"、"不用客气"、"很高兴为您服务"等。

——当客户向你道歉时说"没有什么"、"不用客气"等。

——当你听不清客户问话时说"对不起,请您重复一遍好吗"等。

——送客时说"再见"、"再见,欢迎下次再来"等。

——当要打断客户的谈话时说"对不起,我可以占用一下你的时间吗"等。

4. 服务人员"六不问"

(1)不问年龄:不要问客人年龄,尤其是女性。既不要直接问,也不要从别人那里打听人家的年龄。

(2)不问婚姻:打听别人婚姻信息是不礼貌的。即使是比较熟悉的客人也不要问。若是打听异性的婚姻状况,就更不恰当。

(3)不问收入:收入是一个人的隐私,有时人们把它看成是一种地位的象征。因此,不要问。与收入有关的住宅、财产等也不宜谈论。

(4)不问地址:一般不要问客户家庭住址,避免引起客人误会。

(5)不问经历:个人经历有时也包含着个人隐私。所以不要问客人的经历。

(6)不问信仰:宗教信仰和政治见解是非常严肃的事,交谈中,最好避开这一类话题。

5. 电话接听的技巧

在宾馆各部门,尤其是办公区域,使用电话是最普遍、最经常,使用频率最高的,一般人接电话时常是:"哪位"、"喂",这种说法没错,但却不够礼貌。因此,作为办公室的公关人员,掌握一些电话的特性和通话知识,以及打、接电话的礼仪是非常重要的。

(1)打电话的四要素

①准备:打电话之前,要把自己的讲话内容整理好,做好充分准备。

②理清思路:打电话之前,一定要使自己保持思路清晰,重要的电话最好有书面稿,以免电话拨通后,不得要领,词不达意,甚至信口开河,不仅浪费时间,也容易发生误会。

③注意礼节:电话接通后,要主动问好,并问明对方单位,得到肯定答复后,报上自己

的单位、部门和姓名。

④强调重点：在电话中交代过的事情，尤其是较重要的事情，应向接话人询问是否已经听清楚，并记下来，非常重要的内容可重复一下，并让接话人复述一遍，同时，自己也应记录下来，以便日后查阅。

（2）还要注意不同类型电话的不同打法

①给上级领导打电话时，不要过于拘谨。一定要言简意赅，注意条理性，不要过多重复。如有疑问，也要问清楚。如果是请示、汇报工作，就要开门见山地说清楚请示什么、汇报什么，免得领导问来问去，耽误很多时间。

②给下级机关打电话时，态度要谦和，亲切自然，不要摆架子，不打官腔，不盛气凌人，不能给人一种傲慢、清高的感觉。

③接、打电话时要做记录：接、打电话年、月、日、时、分，接、打电话的单位、姓名及电话号码，主要内容，通话内容摘要处理意见，记录人签名。

（3）同时注意打电话的礼仪

①打电话时，说话态度和蔼，语言清晰，既不要装腔作势，也不要娇声娇气。这样说出的话哪怕只是简单的问候，也会给对方留下好印象。只要脸上带着笑容，自然会把明朗的表情传给对方。打电话时双方彼此亲切悦耳的寒暄声，对沟通感情起着极大的作用。

②电话铃响3声内接听，不可拖延。拿起听筒问"您好"同时报出自己的单位和姓名。如果电话响过多遍后，拿起听筒向对方说"对不起，让您久等了"。

③如果你的同事正在打电话，你若有事要与他说，最好不要在旁边插话，而在旁边等候，让他注意到你，等他打完电话，再与他说话。如果有紧急的事情，万不得已，也要说声"对不起，打扰一下"，打电话者也要向接话人道歉，请其稍候，或者过一会儿再与对方通话。

④接、打电话时，如果对方没有离开，不要和他人谈笑，也不要盖住听筒和他人谈话。

⑤当对方要找的人不在时，请不要随便传话。要巧妙地回答，又要不失礼貌。

⑥打电话时，应礼貌地询问"现在说话方便吗？"，等对方说方便，再继续说，如果对方说不方便，要说，我等一会儿再打过来。

对方来电话找本单位领导时，首先要问清其单位、姓名及身份，然后用婉转的口气告诉他："请稍候，我去找一找。"如果要找的领导不在或不希望与他对话，要有礼貌地向其说明原因。

6. 听话的技巧

与别人谈话要学会倾听。全神贯注地理解客户谈话的内容，与客户一起去体验，感受整个过程。

（1）积极聆听的作用：

——可以获得更多信息。

——能把谈话继续下去。

——处理不同的意见。

——有效发表自己的意见。

——保持沟通气氛的友好。

（2）学会聆听：

一些员工在听客户讲话时，精神不集中，或者思考下边自己怎么说，甚至不等客户说完就急急忙忙打断客户的话。这样会使客户不满，特别是在听客户投诉时，这样会激怒客户。聆听就是为了了解情况，情况清楚，事情才能办好，服务才能让客户满意。

一名优秀的员工，要善于聆听。要倾听客户的要求、需要、渴望和理想，既要倾听客户的异议、抱怨和投诉，又要善于听清客户讲话的意思和目的，了解他的意见和需求。记住，客户喜欢谈话，尤其喜欢谈他们自己。他们谈得越多，越感到愉快，就越会感到满意。人人都喜欢好听众，所以，要耐心地听，学会克制自己，始终与客户保持目光接触，观察他的面部表情，注意他的声调变化。如果你能用笔记本记录客户说的有关词语，它会帮助你更认真地听，并能记住对方的话。然后进行分析，重要的要报告领导。

不要表现出你知道客户要说什么。听完之后，要用适当的语言表达自己的意见。如果是投诉或者建议，要表示感谢。如果是客户预先约定要向你反映情况或意见，在倾听之前，要做好准备。倾听中，必须要做记录，必要时可以请客户重复，做到准确无误。

（七）员工礼仪行为规范

1. 礼仪服务的基本要素："五声、十一字"

"五声"：

客户进店有"欢迎声"；

客户离店有"送别声"；

见到客户打招呼有"问候声"；

反馈客户投诉有"道歉声"；

向客户表示谢意有"致谢声"。

"十一字"：请、您、您好、谢谢、对不起、再见。

2. 双手递还式服务

- 在验证客户有效证件时，要求用双手接、还。
- 在归还客户有效证件时，要求证件正面朝向客户，双手归还，并使用证件上的姓氏称呼客户。

- 在收取客户付账时，无论是现金还是支票，均须用双手接。
- 在付给客户找回的零款时，同样要求双手递还，并对客户的付账表示感谢。

（八）做好礼仪服务的几个要素

第一：客户第一。"客户就是给我们送工资的人"，因为宾馆的服务对象是商务客人和旅游者，因此，只要你服务得好，他们就会满意。这样，把客户看做是能为企业及员工不断带来更多的利润和工资的人是十分重要的。"客户永远是对的"，那么，有时客户的确做错了事，我们也不能指出吗？在这里要说明的是："客户就是给我们送工资的人"，"客户永远是对的"，这就是以我们与客户关系中所处的经营服务角色而言的，同时也是以客户是文明礼貌为前提的。如果客户不文明礼貌，当然我们也可采用适当的方式予以提醒。

第二：微笑。微笑是一种各国客户都理解的世界性欢迎语言。在服务中，要会微笑，要发自内心地笑，要知道，微笑是服务的一部分。

第三：真诚、友好。这要求宾馆员工一定要尽力为客户服务，一定要用友好积极的态度对待客户，要真诚地与客户沟通，为客户服务。

第四：快捷。要提供快速敏捷的服务，员工要根据客户的服务要求，及时进行服务，推行首问责任制，就是要让客人在第一时间得到服务。这也是尊重客户的表现。

第五：礼貌。服务中要注意礼节礼貌，会使用礼貌用语。至少有两句话，员工要做到脱口而出。当客户向你走来时，你除了礼节性地打招呼外，还要说："我能帮助您吗？"当客户向你道谢时，你要说："不用谢。"

第六：注意仪容仪表。每一位员工都要注意仪容仪表，注意清洁卫生。要求每一位员工都要做到制服干净平整，要佩戴好你的名牌。这是规定也便于客户与你联系。如果客户需要你的服务，他们就可以招呼你。

第七：适度。对待客户要热情，但要适度，而且对待所有客户要一视同仁，不可偏爱某些客户。

第八：团队精神。服务往往是集团性的、连带性的、系列性的，不是独立的，有时一个环节处理不好，就会影响全局。

第九：主动。要主动向客户问候。如果知道客人的姓名，一定要称呼他的姓名，再加上尊称，问候客户，这样有亲切感。

第十：敬业。每一位员工要热爱自己的工作，熟悉自己的工作，熟悉自己宾馆有关的信息。全心全意地为客户服务。

（九）服务的职业习惯

1. 明确企业的目标、价值观、信念和自己的工作范围

员工在为客户服务的同时，也是在为企业服务，应该掌握企业对自己的期望和要求。

员工对这些目标的认知和理解，会直接影响企业的服务质量。因此，每一位员工都有义务理解企业的目标，并应该进一步了解围绕这个根本目标而制定的企业战略和自己岗位的各项工作。

2. 尽量使用客户的姓氏称呼客户

使用客户姓氏称呼客户，表达了对客户的尊重和关注。满足客户的需求是对服务的基本要求，但要做到让客人有宾至如归之感，就必须在实践中不断摸索，做到预见客户的需求，在客户还没有提出或客户认为是额外的服务不好意思提出时，主动帮助客户解决困难。同样，我们不要忘记做好送客工作，在亲切地把客户送走后，整个服务过程才算结束。

3. 员工不得使用客用设施、设备

员工应该主动培养服务意识，言行举止应该有其必备的职业素质和风度。应该做到：

——礼貌：见到客户和同事应该打招呼、问好，并主动询问客户是否需要帮忙。

——三轻：走路轻、讲话轻、操作轻。

——安静：有客户在时应该停止内部的对话，转而关注客户的需求。如果在和另外的客户讲话或通电话，暂时不能中断手中的工作时，应该用眼神和客户打招呼。由于工作需要乘客用电梯时应该保持安静，不要大声和同事或其他客户讲话。

——回避：做写字间清洁卫生时，如果遇到客户返回房间会谈，应该主动询问是否打扰客户，主动回避。

——礼让：客户使用企业公共设施时应自觉礼让，让客户优先使用。如让客户优先出入电梯，在走廊通道礼让客户先走等。

——方便：服务是为了方便客户。员工不应该因为正在为客户服务而使客户不便。在清洁公共卫生间时，如果有客户使用，应该先让客户使用，然后再继续清洁；客户入住高峰期不应该安排大堂地板打蜡；客户使用电梯时不应该抢先在里面打扫。

4. 将微笑贯穿于服务始终

微笑是服务人员的重要习惯。微笑不仅会带给客户喜悦感，而且可以化解客户的投诉。我们不仅要求员工保证向客户微笑，更重要的是使微笑成为员工生活的一部分。微笑要做到量化，要让客人感觉到。而且要贯穿整个服务过程。

5. 充分运用企业给你的权利，必要时直至寻求总经理的帮助

满足客户的需求是企业获取利润的源泉。只要是为了满足客户的需求，员工应该对自身的判断力充满信心，运用企业的授权解决客户的困难。如果需要的话，不要吝啬向其他部门的同事和上级管理者寻求支持或援助，直至向宾馆总经理寻求援助。企业管理者，应该鼓励和培养这种全心全意为客户服务的精神。

6. 了解企业存在的不足，敢于提出你的改进建议

任何一个企业都有缺点和不足，企业只有不断弥补不足，才能适应不断变化的竞争环境。

企业管理者应该创造一个让员工积极参与管理的开放环境，发动员工提出自己的意见和建议。员工要勇于提出自己的观点。

7. 积极沟通，搞好部门之间的协作

当客户提意见时，员工要主动承担责任，不能把责任推到其他同事或者其他部门，甚至推到领导身上。了解客人的意见后主动解决。自己解决不了的逐级上报。部门之间要相互沟通，相互支持，以企业的利益为重。

8. 重视并妥善处理客户投诉

员工必须认识到，没有一个客户愿意投诉。员工应该把客户每一次的投诉，看做是一次为客户提供额外服务的良机，尽一切办法，快速回应，解决问题，这不仅是企业，也是每一个员工的责任。

9. 注意仪表仪容

员工在上岗时精神饱满，着装整齐，充满自信，不仅表达了对客户的重视和尊敬，而且能够充分展示企业的形象和管理水平。自信来源于对工作的驾驭能力、满意度和相关知识，自信的员工才会有工作的自豪感，自信的员工，才会得到客户的尊重。

10. 爱护企业财产

不爱护企业的财产，就等于增加企业的经营成本。企业不必追求豪华的装修和装饰，但必须有完好常新的设备，员工要努力创造一个让客人惊喜的环境。

（十）塑造职业心态

世界上最开心的事，是开心地生活、开心地工作，但是在现实生活中，我们周围有这样一些人，每天早上起床后，便背着不开心的包袱，开始一天的工作、生活。

这种类型的人有一个共同的特点：他们总是把周围环境中每件美中不足的事情放在心上，被周围事情的指责和消极情绪捆住了手脚，使他们很难体验到快乐，总想着过去没解决的问题和矛盾，把不顺心的事总是挂在嘴上，写在脸上。

在这样一种状态下工作，肯定做不好。因为，对待客人肯定比平时心态要差。工作中就会犯错误，以至于受到上级的批评，因而又产生了新的不顺。

其实，导致人们情绪不佳的事，往往是日常生活中经常发生的一些小事情，每个人都会遇到，明智的人不计较，不放在心上。因为有些事是不可避免的，有些事是无法预测的。能补救的则可以尽力去补救，无法改变的，就应泰然处之，调整好自己的心态。去做应该做的事情。开心地工作，这样才能做到让客户满意。员工服务中应具有的心态（精神）大体归纳为四种。

1. 把自己当做企业的主人

什么叫做主人？不管经理在不在，不管主管在不在，不管遇到什么样的挫折，你都愿意

去全力以赴，愿意为客户服务，愿意帮助企业去创造更多的财富。

总经理要为企业创造业绩，同时也要对自己负责任。如果你有为自己工作的心态，你也具备做总经理的素质。如果你的心态是在为别人工作，必须靠别人的监管控制才肯努力，那则注定你可能一辈子都是个打工者。

如果要做一个主人，要先具备做主人应该具备的心态：只要我在做，我就要全力以赴。我们可以看到，好的领导者，开始都要做一个很好的员工，在做员工的时候，如果很随随便便，以后就不会成为一个很好的领导者。

2. 培养敬业精神，热爱本职工作

这是员工要具备的基本的工作态度，也是一个员工要具备的非常重要的特质。如果一个员工具有认真负责的工作态度，热爱本职工作，积极主动地工作，爱岗敬业，就能做好工作，否则，他就不会尽职尽责、热情服务。

3. 努力做事，争取最好

世界上没有不能做成的事情，只要努力去做，就能获得成功，决心决定一切。做任何事情，想要成功的话，永远要相信：我能成功，我一定成功。

大多数人只是想要结果，只想要成功，却不愿意去努力。人的一生其实就是奋斗的一生。要想做好事，就不能找任何借口，只能不懈地努力。作为一名员工，就要把工作作为己任，当做自己发展的平台，下定决心，成为优秀的员工。

（十一）妥善处理客户投诉

1. 如何看待客户

（1）客户不只是消费者，客户是上帝，是给我们送工资的人。客户的本意是具有消费能力或消费潜力的人，是产品或服务的使用者或接受者。可以说，客户就是我们的衣食父母，是资产，是企业的生存发展的基础，是企业利润的来源。

（2）客户又是信息传播者。每一个客户都在时时刻刻地传播他接触过的产品（服务）的质量、价格、功能、特点等信息，传播产品和服务好坏的信息。假如客户在对我们的产品和服务做正面信息传播，他就是企业的义务"推销员"。如果客户做反面信息传播，就会起到极大的反面作用。其信息传播能量之大，远远超过企业自己的正面宣传。

因此，如果我们服务不好，客户就会流失。重视每一个客户，是搞好服务、增加客源、增加企业收入的关键。接待好客户，就是保护给我们送工资的人。如果我们的服务做得不好，就会造成客户流失。为了引起重视，这里，我们来分析一下客户流失的原因。

2. 客户流失的原因

（1）因价格差异而流失：由于价格与服务不等值，就是客户认为物不当值，或客户比较计较价格。因此，选择较低价格的地方而离去。

（2）因服务不好而流失：因服务流失，是指客户由于服务较差而离开。这其中员工的素质和态度起着非常重要的作用。员工的失误主要缘于服务态度，对客户漠不关心，不礼貌，或者缺乏专业的知识和经验。服务中，员工对客户抱怨，或者客人投诉没有得到及时处理。

（3）因需求改变而流失：需求改变流失，是指客户对现有产品或服务需求发生了变化。这里面包括客户对宾馆的地理位置、营业时间、服务质量、等待预约的时间等方面有了新的需求，或者由于客户的客人有了新的选择与需求等原因，自己做了重新选择。

当客户得到满意的服务时，他们一般会继续做企业的忠诚客户；如果他们不满意，他们就会离去，并将向朋友和同事讲述自己的经历。因此，注重礼仪服务是留住客户的重要手段。

3. 客户投诉原因

（1）客户不满意

客户满意度主要涉及三个方面：客户的期望值、产品和服务的质量、服务人员的态度与方式。客户的期望在客户对企业的产品和服务的判断中起着关键性作用，客户将他们所要的或期望的产品或服务与他们得到的产品或服务进行比较，以此评价购买的价值。

如果客户的满意度小于期望值，就会产生投诉。

（2）服务质量不好

①员工服务态度不好，不尊敬客户，缺乏礼貌。

②服务工作不到位，该做的事情没有做，或者缺乏耐心，对客户的提问、要求不认真对待，或者服务质量差、不及时等。

③有些设施、设备质量没有达到规定的标准，影响客户使用等。

4. 如何正确对待客户投诉

（1）引起客户投诉后，不要紧张，要镇静对待。多数投诉者是忠实的客户，当然也有一些人认为是吃了亏，有不满情绪的。而忠诚客户是多数。他们的投诉是一种热爱，希望你改进工作，如果你改进得好，这些人很可能是你的回头客。

（2）利用处理投诉的机会，进行再宣传。从长远经营的角度考虑，客户投诉是好事，它能促进宾馆改进工作，有时自己的一些问题自己看不清楚，所谓旁观者清。通过有效地处理客户投诉，将其妥善处理，将坏事变好事，变消极因素为积极因素，可能会更增加客户对宾馆的信任。这也正是再一次宣传企业的机会。

（3）把投诉当动力，合理的投诉是不容易获得的，而这种投诉对于企业来说具有极大的价值。首先，合理的投诉有助于你发现问题，可以尽快改善管理和服务。其次，如果不能正确处理投诉，与客户针锋相对，听之任之，依然故我，那么，如果你的客户中有95%是满意的，另外5%的客户的投诉负面影响力是很大的。

（4）不要听到投诉就不舒服，要明白忠言逆耳利于行。其实，自身存在的问题，如果自己不能发现，时间长了，就会造成更大的损失。对于一些有意中伤、别有用心的投诉，也要处理好，不要把事态扩大，要妥善处理。坚持以"有则改之，无则加勉"的心态对待。这样，就会化投诉为动力，企业就会得到更好的发展。处理客户投诉要及时，坚持树立"客户永远是正确的"的观念，必须用使客户满意的方式解决问题。处理客户投诉时切忌拖延，不要激怒客户。向客户道歉时要有诚意，不能口是心非，也不能麻木不仁。

5. 处理客户投诉的有效方法

（1）主动承担责任

①客户在提出投诉的时候实际上已经认定过错在宾馆或员工，他需要的是服务人员或宾馆承担责任并采取必要的补救措施。在这种情况下试图"纠正"客户的想法或推卸责任是很不妥当的。在处理客户投诉的时候，一开始就真诚地致歉，客户的心理即刻得到了抚慰，问题就已经解决了一大半。

②漠视客户是处理投诉的大忌。将心比心、诚心诚意地表示理解和同情，如有过失，要承认。对于任何客户提出的投诉，无论其合理性是否已被证实，都不要急着推卸责任。

（2）尽量缓和客户情绪

①对待客户情绪应该疏导，而不是激怒。在应对客户投诉时，通过让客户表达意见，陈述事实，了解事情真相，不要斗气，更不能谩骂。不要用含混不清的词语，多用诚恳准确的语言。

②处理投诉的原则：先理清情感，后处理问题。你会发现，在倾诉的过程中，客户的情绪得到了宣泄，问题也就接近解决了。通过进一步做工作，很快就会使事情得到妥善处理。

（3）积极解决问题，一定要把自己怎么处理问题的态度表示明确，让客人感到你的诚心，积极落实解决问题的办法和时间。给客人确切的答复。把能马上做的事情立即进行，交谈中，注意词句。避免用模棱两可的语言应付客户。

第四章　参考教材

中远酒店物业公司在培养人才上，实行内外结合的双轨制，即外招与内培。通过社会普遍招生、招收管理培训生等途径招收社会上、高等学校的对口专业人才，同时，在企业内部，对在职人员，进行各种层面的培训，举办高级管理研修班，是一种培养骨干、快出人才的有效的办法。研修班学员，针对自己的专业，撰写了一批有价值的论文，这些论文，从不同的角度阐述了物业管理与服务中的各种问题，针对性、实用性很强，我们选择了其中一部分作为参考教材。

一、物业服务企业的品牌建设和推广

——兼谈中远酒店物业公司的品牌建设与推广

物业服务市场是一个特殊的商品市场，市场竞争的焦点已经逐渐由管理、服务和价格等较为单项的竞争要素，逐步转向企业综合实力的竞争，集中反映为品牌的竞争。良好的物业品牌不仅有益于弥补和完善开发商的信誉和形象，而且使物业本身更具有吸引力。

构成物业管理企业品牌的因素主要有：声誉、形象以及形成和影响公司声誉、形象的一系列因素，包括物业管理企业的名称、注册资金、管理业绩、装备水平、社会评价、业主的反映、政府意见等；管理层的素质、专业技术人员的职称或技术等级等；此外，还包括物业管理服务的项目、收费标准、服务态度、服务深度等方面。

物业服务企业如果单纯地想通过技术、质量、价格、服务等传统的竞争手段来甩开对手，显然将会变得更加困难。在这种情况下，有着良好品牌和公众形象的物业管理企业，凭借其品牌的强大吸引力和文化去赢得消费者和社会公众对品牌的认同，必然会在激烈的市场竞争中占据主动，先人一步抢占更多的市场份额。

品牌的重要性不仅体现在市场上，作为企业经营中的一个关键元素，它在保持企业凝聚力方面，也是无可替代的。

进入 21 世纪，品牌竞争更加激烈，企业要想占有更大的市场份额，为企业创造大量的超额利润，保持强有力的市场竞争力，除了有优质的产品，还必须建立起过硬的品牌。在打造品牌的过程中，品牌推广是十分重要的，它是品牌形成与巩固的关键，是形成企业（产品）品牌氛围，提高知名度，赢得消费者的信任和对企业的好感，建立品牌的忠诚度的保证，品牌建设就包括品牌的形成与推广，这是不可分割的两个部分，其实，品牌的形成与推广是同时发生的，品牌的推广过程就是形成过程。

（一）物业服务企业的品牌建设

物业管理行业品牌现状及发展趋势

物业服务企业目前大体有几类，国际知名企业如：戴德梁行、仲量联行、世邦魏理仕、第一太平戴维斯等，国内知名品牌如：中海、万科、赛特、陆家嘴。还有一批有实力、有规模，逐渐形成品牌的公司如中远酒店物业等，但多数是还没有形成品牌，服务规模较小的公司。国内目前物业服务行业基本是以下状态：

（1）房地产开发公司持有占主导地位

房地产开发公司由于业务需要，创建物业管理公司，成为房地产开发行业的一种趋势。国内知名的大型房地产企业，基本上都有物业管理公司，如万科、金地、珠江、中房、中远（远洋地产）等。与房地产开发业务相比，物业服务企业成本高，利润低，所以地位也比较低。万科一向不指望物业管理公司赚钱，虽然它们为集团的声誉贡献很多。在这些企业中，品牌的形象往往与开发公司的形象相近，而物业公司缺乏独立的品牌形象。

在全国100强物业管理企业中，66%的企业由开发商设立。考虑存在大量的项目公司，全国物业管理企业平均水平，此数值会更大，保守估计会达到70%以上。

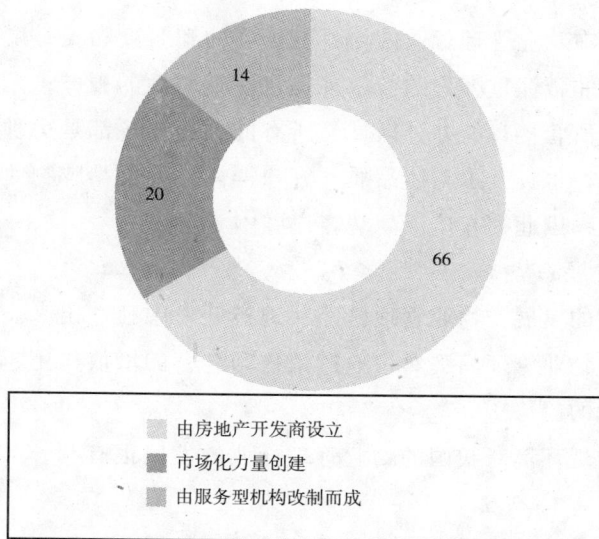

图例：
- 由房地产开发商设立
- 市场化力量创建
- 由服务型机构改制而成

（2）物业公司普遍规模较小

二、三级城市引入专业的物业管理公司很少，物业管理在一级城市才有相对较宽的市场空间。主要原因是，二、三级城市缺乏经济承受能力。在一级城市中，地产开发企业大多都有自己的物业管理公司。虽然根据《物业管理条例》关于前期物业管理（前期物业管理一般是指自房屋出售之日起至业主委员会与物业管理企业签订的《物业管理合同》生效时止的物业管理）规定，"住宅物业的建设单位，应当通过招投标的方式选聘具有相应资质的物业管理企业"，但一般都是由房地产开发商同集团的物业公司中标。在一级城市中，推行物业管理的时间也并不算太长，企业利润积累不多，所以多数物业服务公司，规模较小。目前，全国一级管理资质的物业公司占物业公司总数的比例在20%左右，二类公司占大多数。一类公司规模相对大些，三类公司很小，有的三类公司就管理一个楼或一个住宅小区。

（3）外资品牌物业公司依然强势

北京市物业管理行业高端物业管理及顾问市场主要份额依然被四大外资品牌，即第一太平、戴维斯、世邦魏理仕、仲量联行、戴德梁行占据，外资物业管理企业的优势主要体现在以下方面：

①企业规模化；

②管理规范化；

③各级员工职业化；

④服务质量标准化；

⑤用工方式国际化；

⑥企业经营多样化。

一些知名的品牌，在物业管理行业内均具有极高的知名度和美誉度，市场上对于其所管项目也有较好的口碑，非常注重客户的需求并提供有针对性的服务；品牌意识较强，非常注重公司整体形象，如其所管楼盘的办公区域、所有的办公设备都是一种式样包括颜色、款式等，既有利于服务业主，也提升了整体品质。客户群体是外资品牌物业另一大优势，由于其在国际上拥有的知名度，因此拥有广泛高端客户群体。

（4）物业行业的发展趋势

随着物业管理行业的发展，物业管理已经从地产开发中独立出来。房地产开发企业的竞争将向物业管理延伸，物业管理品牌对房地产销售和经营的增值作用越来越明显，这些因素促进了物业管理品牌化的趋势。

由此可以看出，宏观环境对我国的物业管理行业的发展很有利，其综合作用将包括以下几点：

市场需求强劲：城市化的推进、房地产开发量的增加以及人民生活水平的提高都为物业管理提供了巨大的需求；

品牌需求增强：开发商和业主对品牌化的物业管理企业，尤其是国外企业的认同度均较高，导致品牌需求增强；

技术含量和人性化需求提高：物业管理及相关技术的进步、人性化需求的提高，提高了对物业管理技术和技能的要求；

政策支持加强：物业和物权立法体系的建设促进物业管理行业向规范化发展。

（二）物业服务企业的品牌推广

品牌推广可以加速品牌竞争力的形成，品牌推广是品牌形成中的重要环节。如何进行品牌推广，这是企业必须考虑的问题。

1. 品牌推广的几个阶段

品牌推广贯穿于品牌形成的全过程，它随着产品的建设、形成、竞争和成熟，用不同的方式让客户对产品和企业从未知到有知再到感知，从而产生信任感和忠诚度。大体可以归结为以下几个阶段：

（1）产品规范阶段推产品：在产品建设制造和形成过程中，企业需要用广告等简单的形式，在企业内部和社会范围内宣传产品，强势灌输产品的定位、特征、性能、使用规范等，这是品牌推广的基础阶段。

（2）产品竞争阶段推企业：在产品竞争过程中，需要企业对品牌建设有计划性的资金投入，宣传的重点是建立企业形象内涵和面向社会群体的宣传推广，以标志性产品为宣传点，以点带面，让客户通过产品认识企业，从而强化对产品的认识，其实，对于以服务为产品的物业服务企业来说，推广企业就是推广产品。

（3）产品成熟阶段推企业文化：在产品逐渐成熟的时期，是最需要推广的时候，在这个阶段付出更多的精力和经济力来维护。通过举办和参加研讨会等形式，重点宣传能够引导、推进企业发展的环节，树立企业的社会责任感，不断创新，焕发企业青春活力，拓展品牌延伸，培养客户的忠诚度。

品牌推广的几个阶段并没有明显的界限，也没有明显的时间概念，它们之间互相融合、互相影响，要根据产品成长周期的不同特点，制定有针对性的宣传推广策略，提升品牌价值。

2. 品牌推广的方法和途径

一个成功的品牌推广关键在于成功地与客户进行情感对话，将客户的"我需要"变为"我想要"。企业要用最适合的方法和最快速的反应，找对客户和品牌的情感切入点，才能大大提高品牌推广的效果。

（1）操作模式：

①宣传推广

在产品逐渐形成的过程中，准确定位，确定一个标志性产品作为重点宣传对象，与社会公众媒体和业内专业媒体合作，借助股东方、合作方的知名品牌效应等，让客户更快、更容易记住产品和企业。

②体验感知

对于物业服务企业这是主要的方式，客户通过参与企业组织的活动，了解物业企业。企业员工通过企业的文化建设培养企业自豪感。客户对企业的忠实度需要我们通过各种活动或搭建平台，不断丰富企业文化，让更多的客户在参与企业文化建设的同时，逐渐熟悉并认可企业，成为忠实客户。

③综合方式

这种方式是将前两种方式混合使用，在一种产品宣传成熟的时候，要加大宣传力度和客户参与程度，树立社会良好形象，宣传的重点从产品、企业移至企业的专业性和社会责任感，培养客户对企业的崇拜感。

作为服务性行业，宣传只是推广手段，自己的高端优质产品即优质的服务才是竞争市场最有力的武器，才是创造和推广品牌的保证。

（2）品牌整合和传播手段：

服务品牌需要整合，将产品品牌和企业品牌进行整合，并把它们有机地结合起来，关注全盘，品牌整合的过程，是在企业内部建立起对企业核心价值观及愿景的共识的过程，这将提高员工的使命感和凝聚力，有力地推动企业文化建设，从而提高企业的整体服务水平和市场竞争力。品牌整合大体分为三部分：

①借用知名品牌整合产品

整合产品是从设计到规范到完成的整个过程，整合企业内单一到多元化、单一地区到多个地区的产品。整合过程中适时借用知名品牌，与知名品牌组合或借名，同时还要同股东方、合作方的品牌进行捆绑宣传。

②利用产品整合宣传手段

通过不同的产品定位和特点，整合软文、广告、媒体、网络、事件等宣传手段，分析市场、分析讯息、分析产品、分析客户，找到宣传手段与客户、员工和企业的接触点，有针对性地进行推广。

③利用数据库整合人力资源

员工、已有客户、潜在客户都是推广中需要整合的人力资源。这些人力资源既是品牌推广的对象，又是品牌推广借助的力量。因此，必须充分发挥人力资源传播的作用。

（3）品牌推广的几个注意事项：

①定位要明确

根据产品的定位，找准推广对象的定位，不能盲目地全方位地推广，要分析市场、分析客户群，合理分配企业资源，控制成本输出，有针对性地进行推广。

②时机要恰当

品牌推广是伴随着品牌建设一起进行的长期的工作，不能过于急躁，要综合考虑产品的成熟程度和企业发展的阶段及状态，保证企业发展的可持续性。

③不断提高产品品质

这也是最重要的一点，产品品质是打造品牌的基础和保证，一味地进行推广而忽略了产品的品质，就会影响品牌的形成和推广。说到底，产品的品质才是企业竞争的有力保证，一个有特色、有个性的企业和文化，加上过硬的产品品质才能在竞争中立于不败之地。

（三）中远酒店物业公司的品牌形成与推广

1. "中远酒店物业"品牌的形成

中远酒店物业管理有限公司成立于 1997 年，伴随远洋地产业务高速发展获得了长足的发展，管理物业面积累计超过 150 万平方米。公司于 2005 年获得了建设部颁发的物业管理企业一级资质证书，并初步建立起完善的管理体系和三套管理模式，出版了管理模式《三色书》。

中远酒店物业管理有限公司主要业务范畴包括：高档写字楼管理、高档酒店管理、高档公寓别墅管理，在从事主营业务物业管理和酒店管理服务的同时，同步开展工程顾问、保洁服务等单项服务业务。

中远酒店物业还没有形成具有广泛影响力的品牌，和标杆企业中海、万科等物业相比，品牌知名度还不够。但是，中远酒店物业公司已基本形成了自己的品牌基础。

通过了 ISO 9001 质量管理体系、ISO 14001 环境管理体系、OHSAS 18001 职业健康安全体系、CMSAS 86∶2000 投诉管理体系，并于 2006 年成功改制为中外合资企业，中远酒店物业管理有限公司的命名源于中远集团，与远洋地产的名称具有很深的关联，产生于远洋地产，并成长于远洋地产品牌的影响中。中远酒店物业公司在远洋地产的品牌架构中处于其开发业务链的末端环节，是远洋地产开发品牌的延伸，是维护远洋地产开发理念和产品形象的关键因素，其位置非常重要。与远洋地产其他下属公司之间的关系为互相支持、协调发展的关系。

远洋地产在北京市乃至全国地产开发行业具有较高的品牌知名度和美誉度，并在全国形成自己的影响力。远洋地产品牌在市场上的知名度及可信度为我公司的市场开拓和业务开展带来积极的影响，主要体现在客户知道我公司为远洋地产的下属公司会加强对方对我们的信任程度和好感。我公司物业服务工作的好坏直接影响其对远洋地产品牌的认知度、美誉度、物业的保值增值，也影响到远洋地产的市场口碑和潜在项目开发的升值空间。

远洋地产已经明确提出了从"开发为主、经营为辅"的经营性公司到"开发和经营并重"的房地产投资管理公司的战略发展思路，将进一步加强和深化经营板块业务，为公司创造长期业务和利润增长，这些均为中远酒店物业的发展提供了很好的机会。

2. "中远酒店物业"在远洋地产经营板块未来的战略定位

（1）第一个定位为"资产维护平台"

①使物业长期保持良好的运行状态，包括设备、设施、周边环境、物业内部环境等，其实质就是对物业的保值和增值。

②吸引和保持优质客户，优质客户聚集会进一步提升物业的品质，从而实现资产增值。

③进一步完善服务产品定位，提升服务产品的品质，形成项目的规模化经营，从而创建知名物业管理品牌，为房地产的项目开发提供强有力的辅助支持。

（2）第二个定位为"服务专家"

①远洋地产提出的做"客户专家"的战略定位，实质上就是做客户的贴心人和知心人，深入了解和预知客户的需求及潜在需求。

②物业管理平台作为远洋高端物业的管理平台，其核心的产品是服务，为此物业管理平台要成为物业服务行业的"服务专家"，它是远洋"客户专家"战略的有益延伸。

③服务专家最终的要求是提高客户满意度，提高客户满意度是保持长期稳定的保证。

3. "中远酒店物业"品牌战略三部曲

（1）品牌定位

品牌定位主要指品牌在竞争环境中所设定使用的特定位置，定位以组合的形式表达了品牌目标、对目标客户的核心承诺，以及支持品牌承诺的区别性的个性特质。一个品牌不可能覆盖全部消费者和消费者需求，因此市场首先要进行细分。

根据股东的定位，结合公司管理层的憧憬，中远酒店物业的品牌定位为：全国知名的高端物业服务专家，中远酒店物业发展的未来目标是做全国高端物业的引领者。

根据公司的业务资源特点和优势，建议公司在高端的写字楼、酒店、公寓别墅项目上发展自身物业管理品牌。

（2）品牌塑造

品牌定位以后，最直接的问题是如何塑造品牌，物业管理作为一个新兴的特殊行业，还没有本土强势品牌的发展案例可供参评，但市场总是以同一规律向前发展的，塑造强势品牌依然有章可循。

中远酒店物业的品牌战略建议从以下五个方面实施：

①服务质量标准化是品牌塑造的基础

品牌竞争所依赖的是产品的内在质量。作为物业管理企业，产品的质量就是服务的质量。服务质量是物业管理企业的生命线，没有好的服务质量就不能被广大业主和社会公众所认知，树立服务品牌就无从说起。物业管理企业的服务质量是企业的立足之本、品牌的生命之源。服务质量标准化可从以下两个方面入手：

- 建立 ISO 9001、ISO 14001 等国际标准化管理体系

物业管理企业主动建立 ISO 9001 质量保证体系，使自己的物业管理服务水平尽快与国际通用标准接轨，这是一种行之有效的竞争策略。

建立 ISO 14001 环境管理体系，是物业管理企业继 ISO 9001 质量保证体系之后，满足国际接轨需要、国家政策要求和业主、社会公众期望的又一竞争策略。环境管理与物业管理的关系十分密切，因为物业管理中的很多服务的内容，如保洁服务、绿化服务、建筑养护等本身就是环境管理的一部分。

- 提供差异化服务

物业管理企业在实施公共性的维修保养、保安、保洁、绿化管理等专业服务时，可以利用公司的整体优势在服务时间、服务方式、服务方法、服务形象等方面进行改良，创造一些具有个性色彩的服务。并在服务品位、服务质量上优于行业标准，优于地方标准，优于其他企业，做到这种差异，企业品牌的质量竞争就可能获得成功。

②规模化发展实现品牌塑造的目标

品牌之所以成为品牌，就是因为有了规模。或者说，规模铸就了当今世界的品牌。一般而言，所谓品牌往往是指这一品牌下的产品，在同类产品的市场竞争中，有较高的产品质量和市场美誉度，才有较高的市场占有率。

由于我国物业管理的发展总体上还在初级阶段，物业管理企业的资产规模大多很小，绝大多数企业因为没有资本的积累，不能有足够的资本投入培训、投入人力资源开发和投入到市场营销上，所以市场竞争力很弱。物业管理企业在品牌营运和努力扩大市场规模的同时，一定不要忽视资产的积累，资产规模的成长才是品牌成长的决定因素，才可能实现规模化发展企业，塑造企业品牌的目标。

③品牌战略需要人才资源的支持

物业管理品牌的竞争一是要靠质量竞争，质量是品牌的生命；二是靠资产规模，规模是品牌的基础，而企业要实现质量和规模，最终还要依靠企业的优秀管理人才。

要成功营运物业管理品牌，至少需要五类人才：一是专业能力、综合能力出众的技术人才；二是知识全面的管理人才；三是能够适应市场变化的营销人才；四是能够出谋划策的企划人才；五是能够运筹帷幄、勇于创新的人才。物业管理品牌的人才竞争将是这五类人才的竞争。

中远酒店物业近两年来通过管理培训生、高级管理研修班等多种人才培训形式为公司的发展储备了很多优秀人才，通过这种统一的学习和培训也统一了品牌价值的认识，加强了员工之间的沟通和交流。

④企业文化是塑造品牌的灵魂

企业文化是指企业的全体成员所共同拥有的理想和信念。企业文化是人们看不到的，而正是这些看不到的东西，对企业的发展、员工的工作热情、士气、工作方法甚至企业的生存有着深远的影响，一个成功的企业品牌的塑造首先得益于它有一种成功的企业文化。能将不同地域、不同背景、不同文化的人们整合到一个团队中来。

物业管理企业要注重企业文化的建设，以此来引导全体员工树立共同的企业价值观念，并为之努力，以确保服务产品的统一性，提高工作效率，同时也能不断突破旧的思维模式，提高认识水平。

中远酒店物业企业文化的核心是企业的核心价值观：

敬业、创新、诚信、责任。

建立一种能不断激发全员创造力的企业文化，实际是企业塑造品牌和保持品牌的持久动力。

⑤统一企业视觉形象系统（VI），充分发挥企业刊物、网站的传媒平台功能

（3）品牌管理

作为服务这种无形的商品没有类似其他有形商品的质量评价标准，检验我们服务质量的唯一标准是业主的满意率。制定规范化、标准化的物业品牌管理手册，将服务过程规范化，从而逐渐培养业主对物业品牌的信任度和忠诚度。因此，必须加强物业品牌的规范化管理，不断进行交流和学习，取长补短，不断地创新和提高，尽快树立物业管理品牌。

我公司目前正在推行的基于保安、保洁、车管等一线人员重点推行的"窗口形象工程"就是服务标准化管理的一个典型案例，公司自推行倡导窗口形象工程以来，服务口碑有了很大的提高。

品牌形成容易，但维持是个很艰难的过程。没有很好的品牌关怀战略，品牌是无法成长的。很多品牌在有了知名度后，不再关注客户需求的变化，不能提供承诺的一流服务，令客户对品牌最终失去信心。品牌管理的重点是品牌的维持。品牌维持需要注重以下三点工作：

①建立良好的信誉

信誉是品牌的基础。没有信誉的品牌几乎没有办法去市场参加竞争。物业管理企业要依靠提升管理水平、提高客户满意度和提升团队的素质来建立信誉。

②争取广泛的支持

除了客户的支持外，来自政府、媒体、行业专家、研究机构的权威人士、员工、合作伙伴、投资人、股东、战略联盟等的支持也同样重要。没有企业价值链上所有层面的全力支持，品牌将得不到有效的发展和推广。

③与行业媒体、政府主管部门建立合作关系

与行业媒体建立良好的合作关系是至关重要的，这是品牌传播成败的关键，与媒体建立良好的合作关系可以共享有价值的资讯，同时可以有保证地发布针对性的行销策略。

4. 中远酒店物业公司的品牌推广

（1）酒店物业公司品牌推广的理念

作为远洋地产的下属一级资质物业公司，我们的品牌推广战略是根据公司的发展战略和市场的需求，与远洋地产品牌建设保持同步，依托远洋地产优质项目，借助股东方和合作方的知名品牌效应，以多元化的高端物业为产品，形成独特的管理模式，用专业优质的产品，引领物业市场，成为享誉全国的知名物业服务专家。

（2）公司品牌推广现状

酒店物业公司成立十年来，服务内容更加多元化，服务范围从北京扩大到全国，应该说随着产品的逐渐标准化、多元化，品牌也在不断的建设和推广中，从中国旅游饭店协会会员到中国物业管理理事再到开设自己的门户网站、开办内部宣传刊物、出版管理模式《三色书》，酒店物业公司的品牌推广工作逐渐深入。现在，中远酒店物业的品牌已经有了一定的知名度。随着企业快速的发展，品牌推广也进入到一个新的时期，需要充分整合产品、项目、人力、信息等资源，逐步培养员工和客户的忠诚度，加强企业的市场竞争力。通过学习海尔品牌发展战略，对比找出酒店物业公司品牌推广的现状和工作重点。

公司正处在第一次自我否定阶段，也就是否定在企业建设中的不适应因素，通过调整和创新满足企业发展和社会需要，相应的宣传工作从"服务篇"进入了"技术篇"阶段，也就是从一般性的习惯性常规服务到有意识的规范式科学的服务，在服务中增加了科技含量和品牌模式。这个时期应当"加强提升产品品质，加强企业内部建设，坚持借用知名品牌宣传，坚持宣传服务专业性"，逐步开展宣传工作。

（3）推广方法

根据酒店物业公司的发展阶段和市场定位，需要在企业内部和社会群体中加大推广力度，定位人性化、时尚、高端的推广方法。

①内部推广

整合文化凝聚员工。酒店物业公司的企业服务理念是：与企业共成长，为宾客献爱心。公司1997年成立，定位为高端物业，经过几年的发展，逐步形成了我们的管理规范，完成了企业文化的制定，出版《三色书》，通过各种渠道，进行品牌宣传，实现了自己的第一次否定。2006年实现了改制，成为中外合资企业。实现了从服务形象宣传到技术形象宣传过程，在远洋地产改制和名称变更时，更改公司的企业标志，完善服务规范，提高产品质量，向第二次自我否定期过渡，将逐步实现在企业远景规划中成为知名的高端物业服务专家。

　　员工是企业发展的基础，通过丰富和整合优秀的企业文化，用过硬的产品、不断增长的市场份额、企业的社会责任感以及为员工社会价值的增值和实现，增强员工使命感和荣誉感，使员工成为企业品牌推广的潜在力量。但由于行业的特点和市场的状态，我们还需要加强以下几个方面的宣传力度：

- 培养企业自豪感：通过各种内部宣传渠道，让员工从多侧面了解企业，增强企业自豪感，因此宣传工作重点落在企业发展和获得荣誉等的深入报道和分析上，调动员工参与企业文化建设，培养企业自豪感。

- 加强内部沟通培养品牌意识：员工作为品牌推广的巨大潜在力量，每一个人都是企业的品牌代言人，通过搭建员工沟通平台，组织培训等形式，培养员工的品牌意识。

- 体现员工个人价值：通过对员工的职业生涯设计，深化"共同成长"的企业理念，通过薪酬激励、培训激励等，调动员工参与企业建设，使不同年龄、不同层面的员工感到个人价值的展现与提升，增强企业忠实度。

　　②社会推广：准确定位推广企业

　　中远酒店物业定位高端物业市场，因此通过细分市场，分析高端物业市场和客户的需求，我们得出能够提供高端物业市场的开发商需要一个同样成功、有社会责任感，特别是服务有保证、有可持续发展能力的物业公司，同时，由于高端客户的知识和社会地位普遍偏高，因此他们更加追求享受生活，对个性化服务和超前理念等都有要求。所以，我们的宣传工作就要定位高端、定位专业，以我们的旗舰产品——写字楼管理模式为推广发力点和品牌标志，重点宣传服务的专业性、先进性和个性化，以及可以为客户保值增值的特点，在推广方式上我们重点选用以下几种方式：

- 借助股东方和合作方的知名品牌效应。在项目前期咨询等工作中，通过与业内知名公司的合作，借此契机大力宣传，提升公司知名度。

- 利用企业刊物。通过向各发展商、媒体等团体发放企业刊物《远洋物业》，宣传企业建设、企业文化的同时，特别加大项目宣传和管理心得的宣传，从各个角度体现我们管理的专业性。

　　2004 年度制定的企业视觉形象系统（VI）手册在公司及各项目的推行，为公司品牌形象统一起到了至关重要的作用。

　　《远洋物业》双月刊、物业管理网站（http：//www.coshot.com）的改版也提升了企业形象，同时是我们面对顾客和社会的一个重要窗口，网站、OA 系统帮助我们提高了与社会和顾客及内部互动交流的质量。

　　中远酒店物业编辑的管理模式《三色书》，体现了公司在管理上的规范性和专业性，重要的是得到了市场和客户的认可，在增强企业市场竞争力方面有重要的作用，也是推广工作的重点。

- 利用专业媒体和公众媒体。在建设企业网站和与业内专业媒体〔例如《中国物业管理》杂志和《北京房地产》（新地标）、搜房网（物业频道）、百度搜索等〕的合作中，通过参加研讨会、刊登专业报告等形式，加强业内交流，加大企业专业性和责任感的宣传。同时利用公众媒体，发布企业信息，扩大企业影响。
- 利用事件宣传。就是举办主题活动，比如，中远酒店物业可以借助慈善事业或社会事件，如奥运契机等，通过活动的形式，调动客户和媒体参与，加大企业社会责任感的宣传力度。

随着公司服务范围的不断扩大，异地项目逐渐增加，对于异地项目的推广我们需要坚持"一个标准，因地制宜"的宣传原则。树立一个可信赖的企业背景，在企业产品统一的定位下，整合异地市场信息和客户信息，根据他们的需求和特点，从产品到企业再到文化逐步推广，最终，培养忠实客户，实现公司品牌的统一性。

推广的方法很多，不能完全套用某一种模式，要根据企业的战略和发展适时调整宣传侧重点，组合、分解推广方法，最终达到市场和客户的认可，同时，在推广的同时要建立宣传监控、反馈系统，时时监控、定期收集、反馈信息，根据企业发展战略及时调整宣传重点，更新宣传手段，做到有效宣传。

21世纪将是我国物业管理品牌竞争的时代，是我国物业管理专业化、市场化、社会化、法制化和现代化不断成熟的时代。品牌作为现代企业竞争市场的重要武器，是企业实现可持续发展的保证，是为企业带来更多财富的手段。品牌的形成需要一个过程，在品牌形成的过程中，品牌推广是至关重要的，其实，没有推广就不存在品牌的形成，因为没有社会知名度的品牌只能是企业自己的孤芳自赏，只有企业品牌被社会和消费者认可，品牌才会产生价值，所以品牌推广是品牌形成的重要组成部分，而且是关系到品牌价值的重要环节。许多企业，花大气力，投入巨大资金进行品牌推广也就是这个原因。企业需要用品牌推广来赢得更多的客户，提升知名度。酒店物业公司的品牌战略进入了一个新的阶段，需要我们制定行之有效的品牌推广策略，制定品牌推广方针，在提高产品质量的同时，形成酒店物业自己特有的物业品牌，用有效的推广，创出自己的一片天地。这是一项长期的工作，需要我们大家共同努力完成，使酒店物业公司在市场浪潮中站稳脚跟，发展壮大。

（朱捍东、付洋）

参考文献

[1]《中国物业管理》杂志. 论文集
[2]《中远酒店物业企业发展战略》报告

〔3〕陈伟（中国物业管理协会秘书长）.《CS 战略与物业管理》

［4〕《万科品牌之路》

［5〕http：//www. globrand. com 全球品牌网

［6〕陈放.《品牌策划》. 蓝天出版社，2005

［7〕陈云岗.《品牌推广》. 中国人民大学出版社，2004

［8〕熊素芳.《营销心理学》. 北京理工大学出版社，2006

二、物业服务质量管理体系研究

服务质量是服务业发展的核心。在我国，物业管理是新兴的服务业，物业管理企业面临着机遇与挑战，要获得生存与发展，提高服务质量，建立以客户为核心的服务质量管理体系，是企业发展的根本之路。随着公司的快速发展，公司在管项目不断增多，研究如何从公司层面、项目层面做好服务质量的管理对公司稳步发展有着重要的意义。

（一）服务的定义及服务质量构成要素

1. 服务的定义
服务是为满足顾客的需要，供方和客户之间接触的活动以及供方内部活动所产生的结果。

2. 服务质量的构成要素
一般来说，服务质量由技术质量和功能质量两个方面构成。如下图所示：

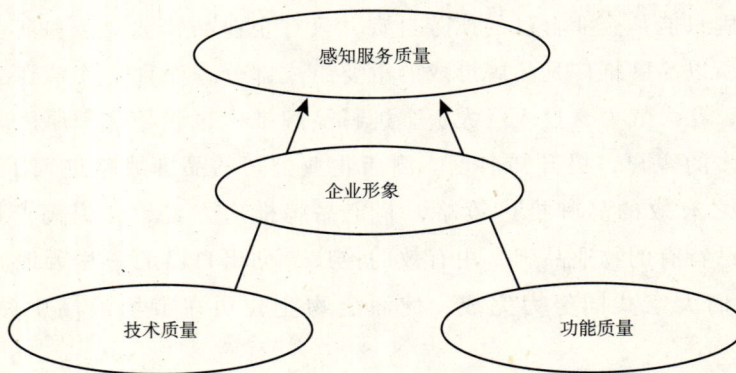

感知服务质量图

技术质量：技术质量是指服务结果和产出的质量，也就是顾客从实际服务中感受到的服务质量。酒店为顾客提供食品和饮料，银行为客户提供贷款，这些服务的结果是顾客接受服务的整个经历的一个组成部分。通常，许多客户能比较客观地评估服务结果的技术质量。

功能质量：功能质量是指服务过程的质量，服务的同时性。服务人员如何提供服务，必然会影响顾客对服务质量的看法。服务过程的质量不仅与服务时间、地点、人员的仪容仪表、态度、知识、行为方式等因素有关，而且与顾客的个性特点、态度、知识、行为方式等因素有关。

另外，在服务的过程中，顾客往往能够接触到企业的各个方面，包括资源、组织结构和运作方式等，所以企业的形象将不可避免地影响到顾客对服务质量的感知评价，企业形象被喻为顾客感知服务质量的"过滤器"。

（二）物业服务内容及质量内容

物业管理属于服务业，在研究服务的定义、特点及服务质量构成要素的基础上，本文将明确物业服务内容并进一步分析物业服务质量的内容。

物业管理，是指业主通过选聘物业管理企业，由业主和物业管理企业按照物业服务合同约定，对房屋及配套的设施和相关场地进行维修、养护、管理，维护相关区域内的环境卫生和秩序的活动。

物业管理的基本内容按照其服务性质和提供的方式一般分为三大类：即常规性的公共服务、针对性的专项服务和委托性的特约服务。

1. 物业管理服务质量概念

物业管理服务质量是指物业管理服务活动达到规定要求和满足业主需求的能力和程度。

2. 物业管理服务质量内容

根据服务质量的构成要素，物业管理服务质量内容包括技术质量和功能质量两个方面的内容。

（1）技术质量方面：设备设施完好程度和维护运行水准；清洁、绿化现场效果；消防安全等管理目标实现；建筑物的完好程度；服务项目的多少、维修质量好坏；社区环境布置与管理氛围等；专项维修基金的代管。

（2）功能质量：服务人员知识能力及技能；服务语言及态度；服务人员的气质、行为方式；服务人员仪容仪表；服务语言及态度；服务时间及效率；职业道德；团队精神等。

（三）服务质量的形成过程

只有对产品形成的整个过程都进行有效的管理，才能最终保证产品的质量。

在了解服务质量的构成要素后，研究服务质量的实现过程将有助于更好地进行服务质量管理。

一组将输入转化为输出的相互关联或相互作用的活动称为过程。通常情况下，一个过程的输出直接成为一个过程的输入。系统的识别和管理组织所应用的过程，特别是这些过程之间的相互作用，被称为"过程方法"。

20世纪60年代，美国著名质量管理专家戴明（W. Edwards Deming）首先将质量管理过程总结为四个密切相关的工作阶段，即：

计划（Plan），依据顾客要求和组织方针确定所需要的目标；

执行（Do），实施运作过程；

检查（Check），依据方针、目标及产品要求对过程和产品进行监视和测量并报告；

改进（Action），采取措施，持续改进过程业绩。这就是质量管理的 PDCA 循环（见图1），也称戴明环。它反映着质量管理必须遵循的四个阶段，对质量管理有着指导性的作用，同样适用于物业管理行业。以过程为基础的质量管理体系模式，整体就是一个 PDCA 循环，而具体的每一个环节又都可以适用 PDCA 循环。

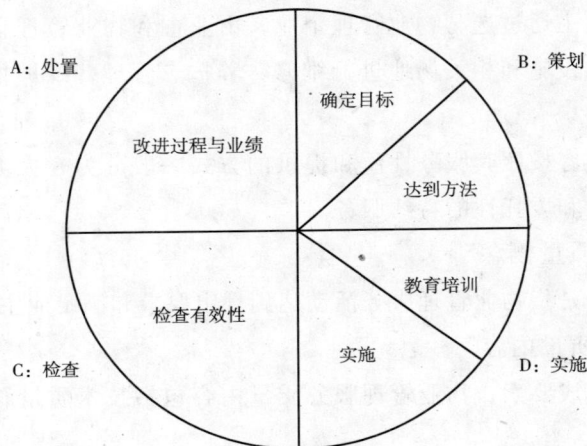

图1

（四）中远酒店物业服务管理体系研究

依照服务质量管理理论，参考戴德梁行质量管理特点，根据中远酒店物业经营管理实际，来研究酒店物业如何从公司和项目层面进行服务质量管理。

物业管理的最终的客户是委托我公司进行物业管理服务的发展商、业主。为发展商、业主提供服务的直接主体是公司的各个项目部，如远洋大厦物管中心、远洋国际物管中心、远洋新干线物管中心等。在服务实现过程中，公司本部需要为各项目部提供服务的各个环节进行相应的支持，并对服务过程进行监督、管理，促进服务质量不断提升。公司的组织结构简图如下：

```
                    ┌─────────────┐
                    │   公司高管层   │
                    └──────┬──────┘
                           │
   ┌──────┬──────┬─────────┼─────────┬──────┬──────┐
┌──┴──┐┌──┴──┐┌──┴──┐  ┌──┴──┐┌──┴──┐┌──┴──┐
│市    ││经    ││人    │  │工    ││财    ││采    │
│场    ││营    ││事    │  │程    ││务    ││购    │
│开    ││管    ││行    │  │技    ││部    ││部    │
│发    ││理    ││政    │  │术    ││      ││      │
│部    ││部    ││部    │  │中    ││      ││      │
│      ││      ││      │  │心    ││      ││      │
└──┬──┘└──┬──┘└──┬──┘  └──┬──┘└──┬──┘└──┬──┘
   │      │      │         │      │      │
   └──────┴──────┴─┬───────┴──────┴──────┘
              ┌─────┴─────┐
              │   各项目部   │
              └───────────┘
```

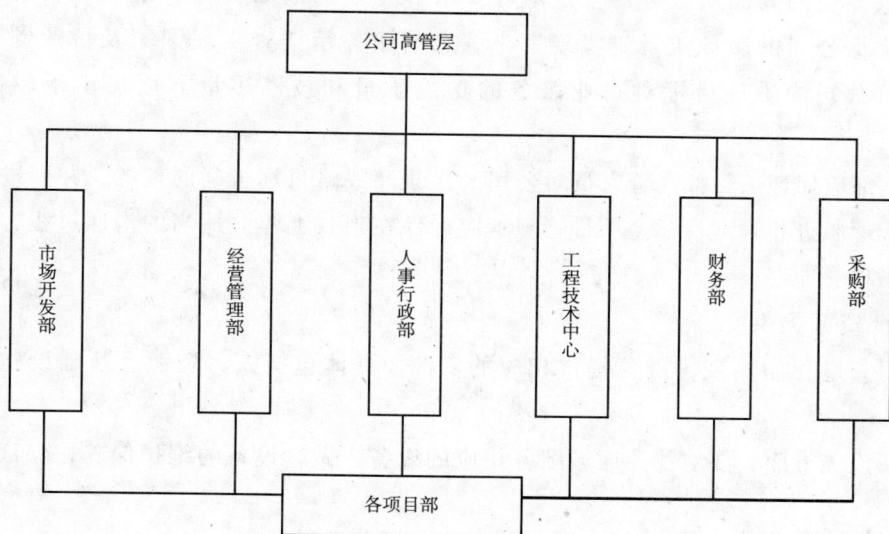

1. 计划（Plan）阶段依据顾客要求和组织方针确定所需要的目标

公司服务质量目标的最终确定需要结合客户的要求和公司的战略目标定位。关注客户需求是成为一个合格企业的基本保证。在结合客户需求，理解公司战略目标定位的基础上，形成最终的服务质量目标可以促进公司战略目标的实现。

（1）关注客户需求

对客户需求的理解体现在两个方面：

①客户所需要提供服务的内容。具体到物业管理企业，主要包括安全管理模式、园区环境布置与风格、文化氛围、配套设施、特约需求服务等方面；

②客户对服务水平的期望值，如"需要服务是非常便捷的"、"服务响应是及时的"。

从公司和项目层面如何做才能有效保证把握客户需求呢？

在物业管理前期，公司本部经营管理部、市场开发部等部门应协助前期项目筹备组结合物业的市场定位、客户群体，做好客户需求调查，完成物业服务方案。为实现公司的战略目标，应确保我们输入的服务与客户期待内容与水平相一致甚至高于客户期望。

服务方案内容主要包括：项目特点、管理服务总体思路、管理目标、管理模式、服务内容、服务标准、物业管理核心工作、项目管理组织结构等。

（2）理解公司战略

中远酒店物业服务质量的目标是什么呢？服务质量目标的确定离不开公司的战略定位。中远酒店物业的愿景是要成为全国知名的高端物业服务专家。公司的愿景要求我们为客户提供专业的高品质服务。依据顾客要求和企业的战略目标，中远酒店物业的质量目标是为确保公司的服务质量，实现客户满意的服务承诺，实现国家及行业颁布的物业管理标准。公司的质量目标对物业服务的功能质量和技术质量方面提出了较高的整体要求。

公司本部应保证项目部高管人员对公司的愿景和战略目标正确的理解，并要进一步形成各项目的管理职责和管理目标。项目管理者应确保在项目上建立适当的沟通过程，促进项目管理目标实现。

2. 保证资源提供

完成服务过程的实现，需要提供相应的资源。具体包括人力资源、基础设施、工作环境等。

在设备设施方面，要对物业区域配备相应的设备，做好设备的维护保养，保证设备的正常良好运行。

在人力资源方面，各个项目都应保证提供服务员工的胜任能力，具备为客户提供满意服务的教育、培训、技能及经验方面的资格。

根据服务产品与一般产品的区别，要在保证服务的技术质量基础上，进一步保证功能质量，人的服务意识的培养占有重要的因素。服务人员的态度、气质、行为方式、仪容仪表，服务语言及态度，服务时间及效率，职业道德，团队精神都将影响客户对服务的最终评价。

为让公司服务理念得到员工的充分认可，保证统一的服务标准，可以借鉴戴德梁行的做法，建立统一的培训体系。人力资源部主要负责公司、项目主管培训，项目上交培训需求，公司人力资源部制订培训计划，并组织培训。同时，公司对各项目的培训情况进行检查。

在资源提供的宏观管理上，公司人力资源部、工程技术中心应对项目的人力资源、工程方面给予必要的支持和监控，并要对公司整体资源做到宏观规划、协调配置。公司本部相关职能部门针对对应的专业可以借鉴戴德梁行的做法，如公司工程部的经理可以到分管的项目通过参加周例会、召开月度会的方式就项目的需求、资源提供情况进行沟通、审核和管理。

3. 服务实现过程

（1）服务实现的策划：在服务实现过程中，首先要在关注客户需求、公司质量管理目标的基础上，进行服务实现的策划。服务实现的策划是要根据客户需求和服务合同条款，对公司在物业管理中所提供的各项服务活动过程进行组织和策划，以保证满足客户需求。服务策划实现的基本任务是形成客户要求的服务制度规范，并且要形成必要的程序和作业层次的指导书。

- 前期介入项目：对于前期介入项目，在前期阶段，公司形成前期工作规定。具体确定重要节点阶段、工作内容、工作报告结果、工作负责人、工作方式。

如工程规划及施工期（时间为：从项目立项到竣工验收），工作内容为：

①从物业管理角度协助确认规划设计、建筑计划、园林规划设计，协助确认各项使用功能，以满足客户需求及达到低成本、高效率、高标准的要求。

②协助确认项目规划服务性功能的合理设置、项目规划配套设施及日后管理建议。

③协助评估项目交通道路、车库、停车设施的设计规划，使日后物业交通安全、有序、畅通。

④协助开发商编制各专业初步设计任务书及招标文件。

⑤协助做好项目空调系统、消防系统、供电系统、给排水系统、弱电系统集成等系统的合理布置。

⑥协助确定保安监控、消防中控系统的设计规划是否有效、合理，并便于日后维修操作等工作的进行。

⑦对设计单位设备、设施的选型提供专业性建议，保障开发商、客户综合利益的最大化。工作报告结果为与工作内容相适应的各项标准格式性建议报告。工作负责人为高级工程师，工作方式为不驻场。

经营管理部梳理完成的《早期介入与前期物业管理运行服务手册》，也为导入期的项目提供了很好的支持。

- 正式运行项目：对于正式运行的项目，公司本部应为项目提供适合其物业类型特点的各种适当的制度规定、程序及作业标准。在制度上，提供人事行政管理制度、工程管理制度、客户服务管理制度、安全管理制度。在程序上，提供项目的投诉管理、采购管理、报修管理程序、客户沟通程序等。在作业层次上，支持并指导各项目建立各专业各级别人员作业指导书，如客户服务部经理作业指导书、前台作业指导书等。

中远酒店物业出版的中远酒店物业管理模式《三色书》，包含了物业管理项目科学管理以及运作的制度、流程、标准等一系列实务操作规程，有效地为正常的物业管理项目提供了制度、标准类的支持。

（2）服务提供：公司项目部应按照项目的制度、程序及作业层次标准组织提供相应的服务。在服务提供过程中，应关注客户的动态需求和深层次需求，注重收集客户意见和建议，不断改进服务质量，提升管理水平，满足客户要求。

项目部根据需要适时对项目的运行状态以月报形式进行汇报；公司质量管理部门要及时了解项目部出现的各种客户投诉，多方面了解项目的运行状况。当服务总体制度、各种服务具体实现程序、作业文件已不能满足需要时，项目应及时修改并重新发布执行，公司品质管理部门将定期检查。

4. 测量、分析和改进

（1）测量和分析：要保证企业的质量管理目标的最终实现，企业应依据方针、目标及服务要求对过程和服务进行监视和测量并报告。测量方法可以采取以下三种方式：

① 自我测量

自我测量，是强化质量管理，提高物业管理服务品质，确保管理服务质量达到预定目标的重要措施。

项目层面，各个项目可以成立服务质量自检小组，对安保、客服、工程、环境等各专业部门提供的服务进行评价，对服务结果进行分析，并提出改进意见。

投诉是客户主动表达对服务意见、建议、不满的一种方式。物业管理企业应重视业主的投诉，应有专门的部门受理业主投诉。对于业主投诉的服务质量问题，应认真分析原因和责任，并定出切实的改进措施。

项目应定期对客户投诉进行统计分析，了解服务状况，完成客户投诉分析报告。客户投诉分析报告内容应包括：统计时间阶段、投诉总数量、投诉内容范围、投诉处理情况、重大投诉案例分析（见下表）。通过对客户投诉进行统计分析，我们可以得出整体服务状态，了解服务不足的整体分布范围。

客户投诉统计分析表

日期：_____ 至 _____

投诉数量（件）			重大投诉处理情况	备 注
投诉内容 ＼ 投诉级别	重大投诉	一般投诉	事件描述： 处理情况：	重大投诉 1. 公司承诺或合同规定提供的服务没有实施或实施效果有明显误差，经客户多次反映而得不到解决的投诉 2. 由于公司或工作人员责任而给客户造成的重大经济损失或人身伤害 3. 在一个月内得不到合理解决的有效投诉 一般投诉 1. 由于公司服务不到位、有过失而引起的投诉 2. 因公司设施、设备和管理水平等客观因素给客户带来工作上的不便，而非人为因素造成的影响，并可以通过改进而较易得到解决或改进的投诉
客　服				
保　安				
绿　化				
设备、工程维修				
其　他				
合　计				

公司层面，品质管理部门如经营管理部，应对项目为客户提供的服务进行检查和评估，可采取临时检查、定期月度检查和季度综合评估的形式。检查的内容主要包括：

- 制度的健全有效性。
- 员工的培训情况、技能资格、服务意识。
- 对客户需求的了解程度、客户关系、客户沟通、投诉处理情况。
- 公共卫生环境、社区文化建设。
- 设备设施的配置、维护、管理。
- 安全管理。检查方法可以综合采用现场观察、文件记录检查、员工访谈、客户访谈等多种方法。

②客户测量

客户是服务产品的消费者，客户对物业管理企业的服务意识、服务过程和服务品质水平也最有发言权，客户的意见将对提高我们服务水平提供有价值的信息。

在研修班考察的所有项目，包含酒店物业本身在内，都通过不同方式来加强客户对提供服务的测量。客户对物业管理服务品质的评估信息具有极其重要的作用。

客户满意度调查一般可采用问卷调查、随机采访、预约访问、专题座谈、设立意见簿等方式。

客户满意度的定期调查可以每月进行一次，主要内容应涉及人员服务、团队风貌满意度、日常运行、环境卫生满意度、安全管理满意度方面及客户所反映出来的相应市场、行业方面的信息。客户满意度分析报告内容包括调查问卷总体统计、调查时间、被调查客户类型、客户总体满意度、各专业客户评价情况、需要改进方面、客户新增需求等。

公司品质管理负责部门应协同项目设计调查的内容、方式，并对项目调查过程中的客观性、真实性给予监督，对调查数据结果进行科学分析，为项目、公司的服务改进提供有用的信息。

③行业评定

行业评定是指依据行业标准，对公司各项目提供的管理服务进行评定，它的指标体系是对各物业管理企业提供的管理服务进行及格评估和水平评估。目前新修订的全国优秀物业管理示范小区标准、全国物业管理示范大厦标准，就是高标准的评定体系，是一个全面质量管理的标准，可以客观地反映出公司所提供的管理服务质量。

（2）改进过程：改进过程主要是采取措施，持续改进过程业绩。在改进过程中各项目应根据测量、分析的结果，针对在整个服务实现过程中的不足之处，采取相应的纠正措施，消除产生不合格服务现象的根源。

公司品质管理部门要对项目的改进过程给予支持和监督。公司经营管理部将建立各项目服务沟通平台，使得各项目服务举措、客户活动等较好经验可以有效交流。

同时公司层面应站在为项目提供更好支持与管理的基础上，不断改进工作，促进公司服务质量的不断提升。

服务质量管理，强调领导的作用和全员的参与。在组织高层领导的重视和本部及项目部全体员工的积极参与下，按照计划、执行、实现、测量分析和改进的过程方法，服务质量就会得到持续的改进，保证向客户提供高品质的服务产品，促进公司战略目标的实现。

（王丹）

参考文献

[1] 方芳，吕萍.《物业管理实务》. 上海：上海财经出版社，2001. 9

[2] 泽丝曼尔（Zeithaml, V. A.），比特纳（Bitner, M. J.）.《服务营销》（第三版）（张金成等译）. 北京：机械工业出版社，2004.3

[3] 苏宝炜，李薇薇.《反思物业管理与 ISO 9000 的"联姻"》. 住宅与房地产—物业管理版，2004.7（133）

[4]《2000 版质量管理体系标准及转换资料汇编》. 北京经纬方正技术咨询有限公司，2004.4.30

三、智能化系统的应用与管理

智能化系统在公寓、写字楼的应用是十分重要的，它不仅提高了运营能力，而且能提高服务水平，所以现代化的公寓和写字楼在设计和管理中把智能化放在了十分重要的地位，从我们这次研修班的考察实践中，也深切地感受到智能化系统的重要，凡是智能化水平高的项目，管理水平就高，服务质量就好。反之，则受到很大影响。

高品质的物业管理智能化系统包括硬件和软件两个方面，即对智能系统的管理，以及个性化、人性化的服务管理。其中，涉及设备设施管理、人员管理、工作流程等诸多内容。在我国智能大厦基本概念定义为：在现代建筑物内综合利用计算机技术、控制技术、通信技术和图形显示技术，即4C技术，建立一个由计算机管理的集成化系统，它应具备三个方面的管理内容和服务功能，即确保大厦内的人身、财产安全可靠；对灾害和突发事件具备有效的防御能力；提供方便、快捷、安全和多样化的通信方式。

（一）智能化系统概述

随着网络与信息化的快速发展，智能化大厦的实质是将楼宇自动化系统（BA）、安全防范系统（SA）、卫星接收与有线电视系统（CATV）、结构化布线系统（SCS）、计算机网络系统（CNS）、办公室自动化系统（OA）通过网络汇总在一个平台上，以实现对楼宇的全方位管理。具体实现了以下功能：

1. 楼宇设备自动化系统

能提供安全舒适的高质量工作环境和先进高效的现代化管理手段，能省时、省力、节能降耗提高效率。

（1）自动监视并控制各种机电设备的启、停，实现或打印当前运行状况。

（2）自动监测、显示各种设备的运行参数，如温度、湿度、流量、用电量等，当参数超过正常范围时，自动实现越限报警。

（3）检测并及时处理各种意外、突发事件，如检测到停电、燃气泄漏偶然事件时，可按预先编制的程序迅速进行处理，避免事态扩大。

（4）实现对大厦机电设备的统一管理，协调控制。

（5）自动对水、电、燃气进行计量和收费。实现能源自动化的管理。

2. 通信网络自动化系统

由光纤传输系统、电话交换机、有线电视系统、卫星通信系统、电视会议系统、多媒体系统组成。通过这些系统实现内外信息互通、资料查询和资源共享。

3. 办公自动化系统

利用信息技术将各种办公设备连成一体，把文字、数据、图像、语言和信息处理组合在一个系统之中，达到提高办公效率和办公质量的目的。自动化系统又分为七个管理子系统：

（1）物业管理系统：以图文并茂的形式综合介绍物业的规划、配套和管理程序等。

（2）房产管理系统：对楼宇、车位等物业资源进行全面管理。

（3）业户管理系统：对业户的档案变更状况、投诉、维修和装修等事项进行管理。

（4）财务管理系统：完成用户的收费业务，对收费结果、拖欠情况进行统计，保存所有个人缴费的历史。

（5）保洁管理系统：对保洁人员及日常保洁排班等事项进行综合管理。

（6）设备管理系统：对设备档案、维修保养计划、日常保养计划进行管理。

（7）绿化管理系统：对绿化植被、绿化带、绿化工程进行管理。

4. 保安自动化系统

利用信息技术对整个大厦进行安全布防，是保障人身和财产安全最重要的系统，它配合使用微波、红外检测设备做辅助，确保每个重要部位人员进出的监视，形成一个综合的保安监控网络，当遇有突发事件时，保安系统能及时报警。

5. 消防自动化系统

消防自动化系统是一种自动报警及联动系统。当出现异常情况时，自动控制消防系统能及时报警和接警，发生火灾时，能自动启动灭火设备，同时切断电源和气源。

6. 结构化布线系统

能够支持任何语音、数据、图形图像应用的电信布线系统。

在智能体系中，上述各系统都不是完全独立运行的，许多情况下是需要系统间相互协调。例如，消防系统在发现火灾报警后，要通知空调系统、给排水系统转入火灾运行模式，以利于人员疏散；电力系统则需要停掉一些供电线路，以保证安全；保安系统在发现险情时也要求照明系统、电梯设备进行一些相应的控制动作。这些协调控制需要在 BAS 控制中心通过计算机和操作人员的相互配合实现。智能化系统不但保证了设备安全、可靠运行，同时还具有以下几方面特点：

（1）节省人工及提高管理的效率。

通过对所有设备的监控可减少设备管理人员和他们的劳动强度。改善设备运行状况，不断地收集设备运行资料，安排计划性维修，并将设备的各种信息集中进行管理。因此，投入很少的人员即可操作各种机电设备。还可进一步有效地利用信息，实现更高质量的服务。

（2）节省能源。

通过控制和管理使设备高效运行，减少大厦的能源消耗，提高整体节能效果。例如，空调设备可根据气候变化、室内人员多少自动调节温度、风度，自动优化到既节能又感觉舒适的最佳状况。对于大厦的照明系统，按照是否有人及照明时间的设定或利用外界自然采光情况进行综合控制，同样能收到很好的节能效果。

（3）提高智能大厦的安全性。

由于机电设备的所有信息集中于中央监控室，因而了解设备状态和操作就变得相当容易。即使有停电、火灾或设备运行异常时，也能进行相应的处理，保证了设备良好的运行。另外，通过安全系统的综合化，在不妨碍使用的前提下，实现了确保大厦使用者的安全。

（4）智能化避免了人为的错误操作。

因为人受情绪变化、身体素质、反应快慢的影响，在应对某具体的工作项目和管理项目时，人为的去控制就有可能自主或不自主地出现这样或那样的失误与失控，而智能化系统通过利用人的智能进行系统的、科学的、完整的管理，日夜不停地对各种设备运行情况进行实时监控，可以杜绝人为造成的失误，使设备免遭不必要的损坏。

"智能化大厦"在国内的出现不过是近十几年的事情，虽然其发展十分迅速，但因起步较晚，它的运用还只是停留在智能化的初级阶段，在一体化集成、3A 集成等领域上还有一些的差距，通过对远洋项目及其他项目的实地考察，使我充分看到了各项目在智能系统上的优势，同时也看到了一些不完善的地方。如：有些项目虽然具备了一些智能化系统，但只是实现了部分功能，其他功能还没有真正地利用上。在安防系统上，还存在监控点不足，盲区较多等现象。另外，有些智能设备中存在大量的易损或易老化的器件，造成系统使用不当，工作效率降低，现在虽然多数智能系统的元器件尚在维护期内，但日后若须付费维修保养，那对于物业管理公司来说又将会是一笔很大的开支。

因此，我认为一个成功的智能化系统工程必须具有两个要素：第一是系统的运行应稳定可靠，发生故障频率要降到最低限度；第二是系统能提供精确的、量化的控制模式，为大楼能源控制提供有力保障。

（二）智能化的"前期介入"与应用

智能化的应用与管理，其实是从前期介入开始的，在前期介入中，就要对智能化系统进行合理规划和配置，以保证运行时的正常使用。高端智能化系统包括：楼宇自控系统、安全技术防范系统、综合布线系统、数据通信与宽带接入系统、有线电视及卫星电视系统、消防系统。其中：

1. 楼宇自动化系统采用中央管理计算机、网络管理单元、现场控制器、执行设备四部分组成，通过 DDC 进行数据的采集和转换、分析计算和控制输出。它分别监控：给排水系统，空调系统，照明系统，送排风系统，冷热站系统，变、配电系统及对电梯进行监视等，系统电源采用双路供电。

2. 安防系统包括闭路监控系统、门禁对讲系统、防盗报警系统、停车库管理系统以及巡更系统。其中门禁对讲系统除进行内部通信外，住户的室内机自带收发功能，具有无线紧急呼叫安防中心功能，防盗报警系统设有红外双鉴探头器。在车场管理系统中设有计费功能、车辆满位显示功能、图像对比功能、操作员管理功能等。

（三）后期验收与运行维护管理

有了服务性强、技术含量高、功能完善的智能化系统，并不意味可以一劳永逸地享受现代科技的成果，虽然前期做了一些工作，但大量艰苦的工作还在后面。因为只有在良好的管理下，智能化系统才能维持正常工作，因此在以后的施工验收过程中还要注意以下几方面工作：

1. 系统功能的验收

功能的验收的目的是为以后的使用、运行和管理做保证，使智能化系统设备充分地发挥其功能，因此在验收过程中确定系统功能是否与原先的规划设计相一致是我们工作的关键。验收的标准主要是根据国家相关标准和规范及原先的规划设计方案来确定。在验收时，按照验收标准，对系统功能逐一进行确认。

在满足系统功能的前提下，也必须对系统的技术性能指标进行验收。性能指标的验收就是为了保证各种功能的运行和使用在性能指标上得到保障。检验系统性能参数，一是检验系统及设备的性能能否满足系统功能的需要；二是检验系统及设备的安装和配置是否正确。系统性能参数验收的主要依据是系统设计方案和产品说明书，同样，须将这些性能参数的要求写入事先制定的验收标准内。

系统验收还有一个重要内容，就是文档资料的验收。这里所指的文档资料是与工程有关的，包括设计方案、施工图纸、工程记录等各类过程文档和竣工文档，这对以后的运营和管理是至关重要的。因为工程文档资料不完整，将给日后智能化系统的使用和维护带来极大的困难，如：没有配线记录或配线记录不完整，那么在更改跳线时，就非常麻烦。所以，在工程验收时必须同时考虑工程文档资料的验收，将此作为一个不可缺少的部分，并在工程的验收标准中明确施工单位所提供的文档资料的类型、数量。文档验收的目的就是为了能够保存一整套完整的资料，为了系统能够长期的维护与保养。

2. 建立完备的技术资料和设备档案

为了便于管理和维修，对设备原始档案应进行归档、汇总，登记造册，对系统中一些容易出现问题的重点部位在资料中予以注释，同时利用微机系统对前期工程遗留的问题以及改动后的设施情况进行问题点位的存储，以便于今后的查找与维修。

3. 做好对智能化终端设备的管理

设备一旦投入运行后就要相应的建立和完善设备管理体系，对设备、设施进行规范化、标准化、专业化的管理，做到责任到岗、任务到人，用科学的管理来提高服务质量和管理水平。

4. 严格执行绩效标准

为了提高工作效率和服务质量，根据设备使用周期，制定保养、维修标准，如建立设备卡、设备台账，定期对设备进行检查，并保持设备的清洁，做到分系统、分位置专人负责，依据员工完成情况实施绩效管理，充分调动员工的工作积极性，增加部门员工凝聚力和向心力。

监控系统月报表（每月一次）

项　目	保养情况及处理情况	保养人	完成时间
测试主机键盘功能，矩阵切换功能			
检查摄像监视电信号的切换			
检查镜头并校焦			
检查监视系统各连线与接触			
检查设备控制器件、显示器的运行情况			
室外摄像机检查防风防雨、防风罩的密封			
检查电源接地装置			

5. 建立维保单位的维保管理体系

由于智能化是一个多设备、多系统的综合性项目，因此做好维保单位的管理也是保证设备保值、增值的重要举措。具体的管理措施包括：制定维修管理制度，设备定期保养规程和标准，维保人员的服务质量，设备性能评审。制定维保工作中的注意事项等措施（包括施工前的提示、遮拦、保护、施工人员行走路线的确定、施工现场的确定、施工撤场的确定）。

楼宇控制设备系统保养记录表

设　备	保养时间	服务内容
系统软件	每半年	1. 诊断测试 2. 系统功能模块测试
监控主机	三个月	1. 表面检查与清洁 2. 线路接口端子的检查 3. 设备性能及运行状况测试
现场控制器（DDC） 现场传感器 现场执行机构	三个月	1. 表面检查与清洁 2. 线路接口端子的检查 3. 设备性能及运行状况测试

（四）节能降耗管理和技改技革

"能源紧张、资源危机"已经成为了当今社会的高频词语，如何节约能源是建设智能型大厦必须考虑的问题。为此在今后的工作中，我们将采取一系列的节能措施和控制方案，以保证设备系统最大的节耗，以此来提高利润。例如：

1. 在空调系统中，可将楼体内部进行分区监控，确定各区的温、湿度设定值，提高室内温、湿度控制精度

楼体内温、湿度的变化与节能有着紧密的相关性，根据有关资料统计表明，如果在夏季将设定温度下调1℃，将增加9%的能耗。如果在冬季将设定温度上调1℃，将增加12%的能耗。传统的大厦由于没有采用 BAS 系统或者也采用了 BAS 系统，但是由于自动控制精度不高，经常造成温度过冷和过热的现象，不仅让人感到不舒适，对人体的健康也不利，同时也浪费了能源。因此空调系统温、湿度控制精度越高，带来的节能效果越明显。

2. 照明系统

可以根据外界光线变化，自动调节照度变化，并按不同区域对照明度的要求，进行照明度的合理分区，同时还可以自动控制公共区域和楼体外立面照明的开启和关闭。

3. 技改技革

任何智能化系统都需要不断完善，为了保证设备的安全运行，我们必须在现有监控的基础上，实行技防加人防的双重管理，同时，我们还可以自己开发制作，完善监控点位不足的问题。曾经在远洋宾馆我们自己设计、安装过一套设备停电、水位超压的自动报警装置，很好地解决了机房报警点位不足的问题，以此缓解了维修人员不足和设备失控的矛盾，提高了设备的完好率。

（五）做好培训工作、严抓工作质量

1. 由于智能化系统涉及电子技术、多媒体技术、网络技术等领域，要用好和管好智能化系统就必须掌握专业知识和技能。因此操作人员和管理人员在了解相关的智能化基础上还应定期进行必要的操作和产品的培训，以便在日常工作中对智能化系统及设备进行维护和管理。培训方法可根据各子系统的特点，采取集中授课和现场培训相结合的方法进行。

2. 树立质量服务意识：物业管理是服务性行业，员工即使有一流的技术，如果缺乏责任心也是搞不好这项工作，因此我们将把每一台设备，每一条管线都要落实到维修人员身上，使每个人对他所负责的机位都能做到心中有数。

3. 实现角色转换：工程部作为物业管理的一线部门直接对业主提供面对面的服务，这就要求工程人员树立为客服务的意识，打造服务心态，实现技术工人向服务型技术工人的角色转换，不但让业主对我们的技术满意，还要让其体会到服务的价值，树立企业的良好形象。

结束语：智能化系统的应用与管理是当今物业管理中一个重要课题，为了提高服务品质，必须搞好智能化系统的配置与运营，将智能化作为物业管理品牌的亮点，做到硬件（设施、设备）完善，软件（服务）到位。实现科学管理，人性化服务，节能增效，并逐步建立、形成自身的智能化系统，为公司拓展物业管理市场提供有力的工程技术支持。

（刘四新）

参考文献

[1]《物业智能化系统维护与管理》. 中国建筑工业出版社

[2]《智能化建筑弱电系统工程》. 中国环境科学出版社

[3]《智能化系统的应用与管理》

[4]《智能建筑设计标准》. 中国计划出版社，2000

四、别墅物业的特点与物业管理实务

随着人们生活水平的不断提高，房地产业的发展，物业从单一的住宅、写字楼逐步发展为多业态，别墅成为诸多业态物业的贵族，它以豪华、享受为特征。因此也就给物业管理提出了一个新的课题——如何管理别墅。在国外，这个问题已经基本解决，在国内由于别墅开发是近几年才大面积兴起的，所以人们对别墅物业的研究也刚刚开始。

（一）别墅的定义

"别墅"现代汉语定义为：在郊区或风景区建造的供休养用的园林住宅。目前，国内居住类型物业分为：一般住宅、公寓、别墅三种，从档次上，别墅属于居住类型物业最高的一层。别墅是针对少数人的高档消费品，是住宅消费的金字塔顶。

（二）别墅物业管理的定位

别墅物业管理的服务定位，就要根据它的物业特征决定。无论是万科物业的"物业管理处"统一更名为"物业服务中心"的行动，还是别墅物业管理公司提出的"管家式服务"、"酒店式服务"，均强调了品牌物业"服务为本"的价值取向。物业管理未来的发展方向是更加人性化的服务模式。别墅物业管理服务的定位是：以客户需求为导向，服务第一。

（三）别墅的特点

从价位上讲，拥有者为有经济实力者及有社会地位者等人群，追求安全性；
从使用上讲，在国内，多为人们休假的第二居所，追求私密性；
从服务上讲，比一般住宅要求标准高，要求专业、高效、方便；
从环境上讲，为"景观＋宜居"，一般都有私家花园或庭院，私搭乱建严重；
从管理上讲，更讲究方式方法，更需要服务创新，更追求艺术性，要求突出特色服务、增值服务。

1. 强调安全性

别墅的业主十分关注居住的安全性。别墅在规划上是统一设计、施工的几十栋、上百栋为一组的、相对封闭、上规模的社区。从价位上讲，拥有者为有经济实力者及有社会地位者等人群。从使用上讲，多为人们休假的第二居所。由于人流稀疏、人员密度小、财产价值大、隐患部位多，别墅的高档项目和一般的住宅小区是有区别的。第一个区别是安全性，这是高端客户最关心问题的一个方面。

2. 追求私密性

别墅的业主对私密性要求比普通住宅高很多，因为买得起别墅的人很多都具有国外生活经验，或者是生意人、演艺明星等，都是社会关注人群。所以，他们对自己的隐私保护特别的在意。他们不希望暴露自己的财富、行踪及交往细节，这也是中国人的特点。尤其是访客来了以后，未征得同意就把别人放进来，业主会很不满意的。物业公司就要与业主配合沟通好，避免带来不必要的麻烦。

3. 关注社区生活环境

别墅业主对共用产权的义务非常在乎，住户入住别墅后，要求物业一定要管理得很好，同时，对公共财物也非常关注，比如游泳池有什么安全隐患，哪里应增加交通标志，甚至哪里死了一棵树，圣诞节如何装饰，如何组织园区各种活动等，业主都会主动给物业公司提出意见，因为别墅客户对于整体的人文环境意识比普通住宅高得多，他们的生活品位和品质很高，注重生活质量，希望自己的园区环境优美，设施配套安全并完好无损。因此，物业公司注重园区公共配套设施的维护保养和持续改善，加强环境管理工作，定期组织各种文体活动和业主联谊会，拉近与业主的关系，同时对业主提出的建议要认真对待，提升服务质量。

4. 业主私搭乱建严重

别墅区内的违章私建乱盖问题比较严重，各式各样的加建，使原来统一园区面目全非，而随之产生的邻里矛盾和纠纷导致冲突不断，已经形成严重的社会问题。部分业主认为物业公司制止私盖加建是物业公司的责任和义务。

根据现行的《北京市城镇私有房屋翻建扩建规划管理若干规定》和《北京市禁止违法建设若干规定》，没有进行报批或改变了土地的使用性质属违法行为。

造成业主毁绿、损绿、违章搭建的原因主要之一是有些房地产开发商在推销房屋时，为了自己的利益故意模糊了"私家花园"产权和使用权的概念，使业主产生"误会"，以为"私家花园"是私有花园，可以随意使用，同时为了卖房承诺业主可以加建现象也比较普遍。

私搭乱建主要危害是首先影响邻里关系，比如对私家花园的改造，如加建阳光房、亭子、种植大型树木、更改门窗、封阳台等，便有可能影响到邻居家的采光。另外，很多人从众心理很强，当有的业主对房屋及其他私有空间进行改建后，没有得到有关方面的及时制止，就会引起同别墅区内的其他业主竞相效仿。

首先，私搭乱建行为会造成楼间距减小、绿化面积缩水、影响园区整体景观等问题。其次，影响社区的整体形象。这些负面影响将直接导致社区的贬值，这不仅是社区全体业主的损失，同时也是私搭乱建业主自己的损失。

以美国芝加哥曾经名噪一时的左岸社区为例，最初它是个环境优美、居住舒适的高档别墅区，很多名人以拥有左岸社区的房子为荣。但随着入住的业主越来越多，不少人就开始对自家的别墅进行随意改造，影响了整个别墅区的品质和环境，其结果导致大部分有钱人逐渐搬离此区域。到20世纪70年代，这个曾经拥有无限辉煌的高级别墅区，却最终沦为令政府头痛的贫民窟。可见别墅区私搭乱建问题的严重性。

5. 业主维权意识非常强，物业要及时告知

别墅业主非常关注物业服务标准和效率，特别是关系到业主生活的问题，都要物业公司

做到位。

有一个案例：某园区突然停电了，接到一个业主的电话，业主问物业公司园区的电是不是临时电？物业公司说肯定不是临时电，业主说为什么停电了，物业公司答复可能是线路改造，业主要求把来龙去脉告诉他。物业公司随即咨询供电局，什么原因停电，为什么停电，然后回复给了业主，业主又亲自打电话给供电公司。所以物业公司应实事求是，并要告知业主，做好解释工作，得到业主理解与支持。

（四）如何管理别墅物业

针对别墅物业的特殊性，别墅物业的管理者必须采取针对性的管理和服务。物业管理人员要有知识、懂法律、会服务。知识面必须非常广泛，因为涉及保安、工程、安全等方面的内容。具备各方面的知识和服务技能是搞好服务的保证。

1. 保安管理：制度严格　管理缜密

（1）出入管理

物业公司在安全防范这一块就要做到细腻、细致，包括保安人员素质的提高，保安人员的配置，还有技防方面的管理要做到万无一失，特别是进出人群的管理，所有的访客须首先征得业主的同意并登记后方可入园。把好人员出入关是至关重要的，物业公司要对进出园区任何人及车辆认真检查，不能马虎。雇员带东西出门或带业主小孩子出园必须经业主同意，否则禁止出园，以确保业主安全。

（2）外围防范

强化外围防范，注意每一个细节。别墅是一些犯罪分子十分关注的地方，一些犯罪分子经常在外围找机会作案，所以在外围重点区域应设立固定岗进行监控，同时还要有流动岗巡查。

（3）雇员管理

别墅的业主，几乎家家都有雇员，有的家庭雇几个雇员。所以业主雇员管理尤为重要，物业公司应认真登记每家雇员基本情况，了解掌握活动情况及所有相关资料并存档备案，同时所有雇员应在当地派出所办理暂住证并登记，确保无刑事犯罪人员混入园区工作。还要注意雇员的亲友往来，雇员间的交往。发现异常，要及时处理并注意防范。

（4）消防管理

要定期检查测试别墅消防联动设施设备，保障设备设施的工作正常。定期举办消防演习，对业主及雇员进行消防知识宣传与普及工作，加强对装修现场巡查工作，特别是春节期间，别墅通常不在禁放范围之内，而园内业主燃放鞭炮普遍，做好春节燃放宣传及防火预案则非常重要。

（5）保安员管理

业主对保安员综合素质要求很高，懂外语、服务热情、规范、责任心强的保安员最受业主欢迎，很多物业公司口头上强调保安重要性，但实际并没有真正改进和提高，特别是别墅保安管理，物业公司出于对人力资源成本考虑，普遍将保安工作外包给保安公司，保安员中大多数文化水平较低，服务意识差，缺乏培训，素质低，并且保安公司并不了解别墅业主需求和要求，加上保安员流动性大，很难保障对业主的服务。因此要加强对保安人员的管理，以保证小区安全工作的落实。

物业公司建立自己的保安队伍很重要，物业公司如果没有自己的保安队伍，则很难保障各项工作按照规定流程操作，物业自聘保安可以把握保安员素质，虽然要投入很大开支和管理成本，但还是很有必要的。另外保安管理人员素质和业务水平将直接影响园区安全管理工作，关系到业主生命财产安全和物业公司声誉。所以别墅管理者应结合园区特点组织建立完善保安管理体系，有效管理园区各项保安工作，为业主服务，让业主感到居住安心、放心。

2. 工程维修：注重细节　保证及时

（1）入户维修时的注意事项

由于别墅业主属于社会特殊群体，有着不同文化教育背景，强调个性化服务，所以物业公司服务人员应对园区内业主脾气和秉性及生活习惯有所了解，客服部平时应注意观察业主喜好并记录在案，以便于新员工更好地了解业主，做好服务工作。

去住户家应事先预约，征得业主同意后再去，不要冒失打扰住户，到住户家门前时，要先按门铃，如业主不喜欢按门铃的，要轻声敲门，注意不要连续按门铃或敲门催促住户，以免引起业主不满，要耐心等待业主开门，进门后不要东张西望，服务完毕，清理现场，立即离开，不要与业主攀谈。任何员工都不能议论业主隐私，有些员工经常喜欢把在业主家看到的事情在公共场合宣扬，影响很坏，也会引起业主的不满。物业公司应经常教育员工杜绝此类事件发生。

（2）专业维修服务

工程维修服务，及时到位很重要。一般来说，接到业主的电话以后，用最短的时间到达现场，可根据别墅的情况确定到达时间，一般以不超过15分钟为宜。（规模小的别墅区，到达时间还要短）对于跑水等突发事件，物业要以最快速度马上赶往现场处理，以尽可能减少业主损失。维修完成以后，还要认真检查并回访住户使用情况，千万不要糊弄糊弄就走，不然，就很容易引起业主投诉。

另外，工程部要培养技术全面维修工，俗称"万能工"，别墅业主对维修人员素质要求区别于普通物业服务，因为别墅里面设备设施相对比较复杂，尤其空调系统、热水系统，一旦出问题，业主期望工程部能及时修理。由于交通问题，专业厂家一般情况都不能当天来维修，则影响业主生活，因此技术好的员工尤为重要。另外，业主则更相信物业，不太信任专业厂家，所以培养高水平维修工是提升服务关键，同时可以提升物业服务品质与口碑。

（3）装修管理

物业公司应聘请有经验工程技术人员，通晓水、电、土建装修方面知识，对业主装修提供技术咨询，认真审图，提前建议业主不合理装修方案，避免业主今后在使用上带来问题。加强对现场巡视，发现问题，及时处理。制定与落实《业主装修手册》、《装修服务指南》有关规定，竣工验收时要认真检查，对将来影响业主生活及使用可能带来的问题要与业主沟通并书面确认，以避免今后出现问题。

（4）有偿服务

坚持收费合理，质量保证原则。人们普遍认为别墅业主有钱，不在乎十几元的维修费，但实际上并非如此，业主对有偿服务价格、故障原因、维修、配件、保修等问题非常关心，物业公司首先要掌握业主心理，价格要与服务相配。首先要明码标价，同时，站在业主角度上，所有费用要与业主解释清楚，更换前要先征求业主意见，有偿服务范围要符合物业实际维修水平及人员配置采购等因素制定，同时要考虑市场价格。

3. 私搭乱建处理办法：坚持原则 注意方法

制止私搭乱建，首先是开发商在销售时要坚持原则，开发商在销售时应严格禁止承诺业主可以加建，其次是在合同中开发商可以通过合同约定来限制业主加建，如果业主违反合同坚持加建，开发商可以通过法律收回商品房。

现在，别墅区里肆意的私搭乱建现象，已经成为影响别墅品质的最突出问题。私搭乱建行为无疑是违法违规行为。《城市规划法》第四十条规定："在城市规划区内，未取得建设工程规划许可证件或者违反建设工程规划许可证件的规定进行建设，严重影响城市规划的，由县级以上地方人民政府城市规划行政主管部门责令停止建设，限期拆除或者没收违法建筑物、构筑物或者其他设施，影响城市规划，尚可采取改正措施的，由县级以上地方人民政府城市规划行政主管部门责令限期改正，并处罚款。"

物业公司在这个问题上采取监督、检查、举报、起诉等办法。平时要注意巡视，发现有私搭乱建者及时制止。物业公司和受影响的业主等，若发现别墅内存在私搭乱建现象，应及时向有关单位举报，政府部门接到举报后应立即采取行动制止。同时，要解决别墅区内的私搭乱建现象，应该在政府的行政管理上入手，建立对破坏别墅环境的相关监管机制，以防微杜渐，将别墅区内不和谐因素彻底制止住。

如通过劝说制止不了，就要起诉。解决私搭乱建问题是别墅物业工作的棘手问题，许多物业公司尝试过很多的措施来解决，最终还是没有得到制止。但是物业公司拥有一个义务，就是告知。别墅的私搭乱建在法律定义上就是不合法，需要广泛告知所有业主。为了今后物业管理正常秩序，物业公司必须做好园区加建管理工作。

（五）物业服务

目前别墅项目普遍采取管家式服务理念，让业主真正感觉到居住安心、放心和舒心。

1. 英式 5C 管家服务

物业服务模式采用具有个性化的英式 5C 管家服务，经过严格训练的管家，在形象、气质、举止、修养、专业等各方面均达到服务行业之较高标准，以其优良素质，与别墅业主的身份相匹配。同时，物业公司一整套的服务标准化流程及监督考核标准，通过满意率、及时率、投诉率对管家们进行考核，对其所提供的服务进行全方位的质量保证。

2. 5C 管家服务体系标准如下

（1）Comfortable（舒适的）：与国际酒店标准同步，创造舒适的生活享受。

（2）Courteous（殷勤的）：与酒店理念相同的服务，而非程式化的殷勤。

（3）Communication（沟通的）：更加人性化的服务，物业管理人员与业主进行一对一的双向沟通。

（4）Complete（完全的）：涵括业主收楼、装修、入住三个环节服务。收楼：办理入住；装修阶段：配合施工；入住：提供全方位服务。

（5）Creative（创造性的）：个性化而非机械化的服务，根据业主不同情况量身定做。

3. 管家服务体制

物业服务将设立管家值守制，24 小时受理业主投诉与服务需求的同时，对事务所各项工作进行全方位不间断监控督促，以确保任何时间内物业管理服务的高品质。其服务模式采取管家与业主一对一的服务模式，24 小时由专职管家受理业主的投诉与服务需求。在业主入住初期建立动态业主档案，研究业主的家庭情况、兴趣爱好、消费心理、服务需求，运用人性化、个性化服务理念，为业主提供预见式的关怀服务。

4. 管家服务承诺

（1）所有服务需求，管家均 100% 受理。

（2）所有服务过程，均由管家进行全程监控。

（3）所有服务结果，均由管家亲自进行跟踪回访。

（4）任意服务时间，管家保证随叫随到。

同时，物业公司还将提供定制"套餐"服务，即根据业主不同层次的服务需求，事务所将与每一位业主共同商议为其量身定制与其个人情况、兴趣爱好相适应的生活服务套餐，让业主感受物业服务品质的妥帖便利与安全，全方位地免除业主的后顾之忧。

5. 管家式服务的 5 大重点

（1）一对一专人服务

24 小时不间断全方位、一站式"管家"服务。

从物业接管期起，即要求专属"管家"与业主建立良好的沟通，介绍物业的超前服务项目，使业主在入住前既感到"管家"的作用，又体会到"管家"服务优越。利用办理入住的良好时机，充分体现物业特有的便捷、细致，通过准时、高效的办理入住流程；"管家"详尽、专业的介绍，简洁、精致的入住材料（含《"管家"服务卡》），对管家情况、范围进行介绍，以及为办理入住业主预留车位的细致工作，将为居住业主留下完美的第一印象。

（2）家居生活的全方位"助理"

设立临时"管家"，24小时不间断电话，所有服务人员随叫随到。

所有"管家"必须能准确、清晰回答业主的各类问题，所有工作都讲求时效性（各类投诉回复不超过24小时，生活咨询回复不超过12小时），在业主心中树立重承诺、讲信誉的规范形象，使业主产生信赖感。全方位的生活咨询，大到房屋装修小到生活窍门，"管家"都能指导业主找到正确的答案。接受业主的各类服务委托，做业主最放心的生活帮手。帮助业主全程监督操作过程，让业主轻松享受100%完美效果。

（3）深入到微小细节的服务方式

完善服务信息协调网，提供全方位服务项目支撑。通过各种途径，联络各服务公司提供有效的服务项目支撑。协调各服务公司，提供快速高效便捷的服务质量，满足业主的需求。寻求广泛有效便捷的信息来源，为业主提供全方位信息服务。全方位储备人力服务资源，第一时间满足业主的需求。

（4）高素质加职能多面手

要求"管家"使用规范酒店式礼仪行为规范为业主提供服务。高素质＋职能多面手＝强有力的专业队伍。利用高素质的个体，展现高标准的人文环境。职能多面手，形成优势互补，利用有限的人力资源，100%完成公司的各项任务。

（5）打造便捷、舒适的贵族生活

由项目经理宏观把控，把整个小区按区域划分，由专职管家负责管理，配备一定保安、保洁、维修、个性化服务人员等，由每个区域管家负责管理调度。管家在为业主服务上能做到想业主所想，先业主所想，贴心的服务观念。

管家直接管理调度，鉴于基础服务工作量具有伸缩性和成本的考虑，为了使人力资源职能互补；便于管家调度和及时满足业主的需求。

（六）别墅物业特色服务

1. 零干扰服务

（1）收费方式

由于别墅带有很强的私密性，各种费用的收缴是管理工作之必行，如上门收取，从服务角度上讲固然可取，但频频打扰用户又是不可取之。这时利用多费统收、银行划账、智能传输等方式，物业费也可以每半年一收，一举两得。

（2）预约服务

突发事件除外，当业主报修时，物业服务人员要根据报修情况统筹安排，主动与业主预约时间，合理安排维修服务。

（3）设备检修

有关设备检修工作尽量安排在夜间进行，尽可能减少对业主影响。

2. 别墅物业特别服务

通过向业主提供高效、多样的"贴心"服务，形成和谐的社区环境，营造一种悠闲、便捷的生活。真正从业主的日常生活细节考虑，以点点滴滴的积累和平凡的小事，体现管家式服务的全面性和专业性。

（1）保安临时勤务服务

提供保安临时勤务服务以及特殊天气周到服务。

①业主家庭聚会、Party 等活动，只需向管理中心提出申请，管理中心将安排保安礼仪服务；确定固定路线指引、停车指引、环境维护、临时勤务等服务。

②空置房屋管理将根据约定，对户内设备设施进行定期巡视、试运行等服务。

③遇雨、雪天气，物业管理处将以楼门为单位，每个楼门停车位旁设置伞位存放雨伞，并结合道路与组团设计安排保安人员，安排保安巡逻路线，保证动态状况下每200米会有1名保安人员负责所辖区域的周到服务。

④所有保安人员需熟知业主房号、车号等一些基本的业主信息。

⑤业主行车出入园区，大门礼仪岗须立即通知巡逻岗到位进行停车指引及周到服务。（管理中心配置有足够的高性能对讲机和耳机）

（2）秘书式商务服务

①由管理中心在社区内设立商务中心，为业主提供商务服务。涵盖中英文打印服务，收发传真、电子邮件、复印、代找快递邮寄及秘书服务等，有关收费标准将有明码标价。

②MINI 办公室，提供全套办公设备。

③私人聚会、商务会议服务，提供策划、组织、联络、场地预订、现场布置、设备租用、餐饮配备、礼仪服务等。

④翻译服务，提供书面翻译、计时直译服务。

⑤代订车船机票。

⑥异地酒店预订。

⑦其他各类商务讯息服务，留言、信件服务，承办商务会议和商务联谊活动。

（七）物业增值服务

1. 代收租金服务

由于别墅部分业主属于投资型业主，业主不在本地，手续非常烦琐，租客定期向业主支付租金，由于房屋租赁租金主要是银行转账，需要办理汇款、交税金等相关财务手续，物业公司可以通过此项服务收取代办费，同时业主也省去专门与租客打交道，租客维修费用也可以在业主同意下扣除，避免租客与业主之间矛盾。

2. 租赁服务

业主在办理入住时由物业向业主主动介绍可以提供租赁服务，业主可以不用再找中介公司直接通过物业进行租赁业务，由于本身园区就具备租赁市场，利用现有客服人员，并且物业能更好照顾业主租客，提升物业服务品质，增加物业收入，利用现有客服人员，增进与业主之间关系。

3. 空房代管服务

物业可以通过一套完整清洁、绿化、设备维护方案为业主提供空房代管服务，既增加物业收入又可以使业主房间不会因为长期不住造成设备损坏绿化荒弃等问题，延长物业使用寿命。

（八）社区文化活动

别墅业主是有着高尚品位的精英人士，有着不同文化教育背景，对组织社区文化活动非常关注，为了小区营造健康文明的居住氛围，加强业主与物业、业主之间的沟通与交流，别墅的社区文化活动组织与策划则尤为重要，物业公司应认真分析研究业主需求，针对不同群体业主开展针对性活动。

1. 搞好圣诞节等活动

这项活动中外业主都欢迎，别墅业主对圣诞节活动是非常关注的，凡是有小孩子的业主通常会参加，活动内容包括圣诞大餐、演出、抽奖等，发放礼物则是业主最喜欢的，由专人装扮成圣诞老人替家长发放礼物则是孩子们最喜欢的。

还有一些外国和中国的重要节日，也要搞好。这是联系客户的方法之一。

2. 各类儿童活动

定期举办 DIY 课程，满足儿童动手欲望，提高孩子智力发育，组织观看木偶表演、卡通片放映等活动最受家长欢迎。

3. 举办园区嘉年华活动

在条件允许情况下，物业可以考虑每年举办一次社区嘉年华活动，通常安排在夏季假期，一方面丰富儿童暑期生活，另一方面丰富园区娱乐生活。活动将由餐饮、游戏、表演、体育等多方面项目组成，增进业主与物业之间交流和感情，提高社区文化生活质量。

4. 组织各类义卖和公益活动

别墅业主非常关注公益活动，物业公司应积极主动推动园区各类公益活动，许多业主希望物业能够多提供参加公益活动机会，如植树、赞助贫困学校、环保活动、赞助孤儿院、养老院、为灾区义卖等活动，通过公益活动，可以提升物业品质。

5. 定期举办各类沙龙

物业请专业人士做一些和别墅业主有关的讲座，比如：设备使用与保养、绿化养护、花园设计、室内装潢搭配、保险、金融服务等。

别墅物业管理是物业管理的一个重要方面军，一个高品质的物业公司，要成为一个领先行业的品牌公司，必须研究别墅物业的管理并取得实际管理的成就与经验，为实现管理多业态物业打下基础，管理好别墅物业，就必须了解它的特点，并研究市场的变化。学习先进的管理经验，针对别墅物业的特点，搞好别墅物业管理和服务。

（袁宏亮）

五、公司工程管理体系的建立与管理实施

工程管理是物业管理中的重要组成部分，从前期介入到后期管理，工程管理起着其他部门不可替代的作用。为了更好地完成工程部门所承担的任务，建立工程管理体系是很必要的，特别是对于一些大的管理公司，项目多、任务重，只靠单一的工程部就显得薄弱了。物业管理的工程部门，从物业工程前期咨询顾问、物业工程前期介入、物业工程前期管理到物业项目全面运行管理，战线长，服务对象变化大。从公司管理的角度来讲，建立这样一个体系是十分重要的：第一，通过建立管理制度、流程，使管理工作配置更加合理、全面；第二，使项目管理更加科学，"体系"提高管理的时效性、及时性，加强了公司、项目的联系；第三，便于经验总结、完善工作，使企业的工程管理更加科学、合理、高效。

（一）公司物业工程管理体系概述

根据房地产市场产业链及工程施工流程而确定物业工程管理主要由四个阶段组成：第一，物业工程前期咨询顾问阶段；第二，物业工程前期介入阶段；第三，物业工程前期管理阶段；第四，物业项目运行管理阶段。

以上四个阶段基本涵盖物业工程管理在房地产业中的主要工作，这也就构成物业工程管理的主要内容。从公司工程技术中心的部门职责角度考虑，必须建立各阶段相应的管理制度、

方法、流程，从而形成公司的物业工程管理体系。

1. 公司物业工程管理体系的结构及各阶段管理

公司物业工程管理的主要内容在上述四个方面，为保证管理的有效性需要建立信息库系统，将资料有效收集、整理、总结。所以，公司的物业工程管理体系应当由以下五个方面构成（见图1），即：

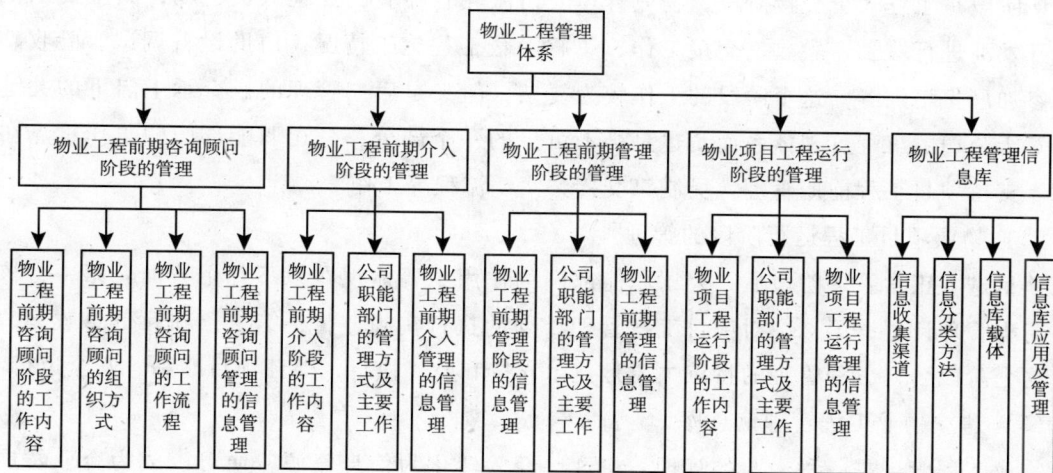

图1 物业工程管理体系

（1）物业工程前期咨询顾问阶段的管理

物业工程前期咨询顾问阶段的主要工作，即从物业企业取得招投标信息开始到整个物业顾问工作结束为止的前期所涉及的物业工程管理的工作（见图2）。

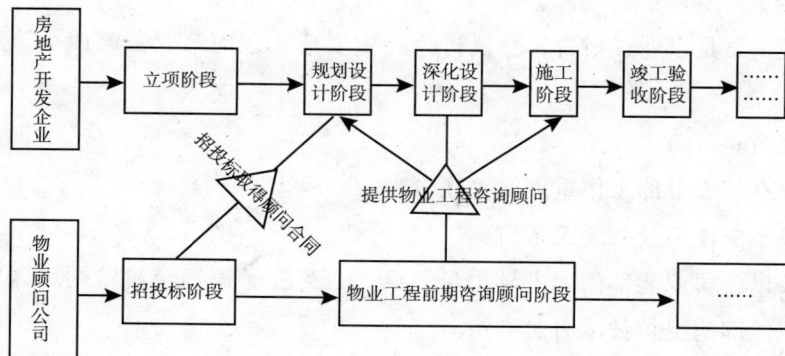

图2 物业工程前期咨询顾问

（2）物业工程前期介入阶段的管理

这个阶段一般贯穿项目施工的整个过程，是指派驻现场人员介入前期项目，对其施工中的重点问题予以关注，并与公司相关职能部门紧密配合提出整改建议，以利于后期物业管理的需要。对于公司职能部门来讲，此时的工作重点应当在工程技术支持上。

（3）物业工程前期管理阶段的管理

该阶段是工程竣工交接阶段，物业管理公司派驻有经验的工程人员进场，其主要工作为协助开发商进行竣工、验收、交接工作，了解隐蔽工程施工情况，协助设备调试、验收、交接，参加厂家培训等。这个阶段的工作较为复杂，但又是后期管理的一个承上启下的关键环节，对于公司的工程管理体系而言也是必不可少的一个部分；公司职能部门的工作重点在于协助、支持项目工程前期管理人员制订交接方案、流程等工作。

（4）物业项目工程运行阶段的管理

项目进入正常管理阶段后，公司职能部门的作用主要体现在以下几个方面：第一，核定项目工程管理计划；第二，对项目工程管理计划的执行实施监督；第三，项目信息收集、归纳。这个阶段公司工程管理的特点主要是技术支持和监督执行，保证项目顺利、安全运行。

（5）建立物业工程管理信息库

物业工程管理是一种经验的管理，将这些经验转化为信息资源，便可以成为企业发展的基础，对信息的有效分类、整理、分析同样是公司职能部门工程管理的一个重要部分。物业工程管理信息库应包含信息收集的渠道、分类的方法、管理的模式等。

2. 物业工程管理四个阶段的关系

以上表述的物业工程管理的主要工作，其内在是有着联系和区别的。

（1）物业工程管理四个阶段的区别

①主要工作方式不同

前两个阶段主要是以建议报告、会议讨论为主要形式，而第三、第四个阶段则以实际管理为基础。

②主要工作内容不同

每个阶段都有其独有的工作重点，关注内容。

③公司对每个阶段的管理方式不同

第一个阶段以公司职能部门为主导力量；第二、第三、第四个阶段则以派驻现场人员工作为主，公司职能部门提供技术力量支持。

（2）物业工程管理四个阶段的联系

这四个阶段的划分是以开发流程为基础的，每个阶段之间也有不同程度的重叠，甚至是无法区分的（见图3）。

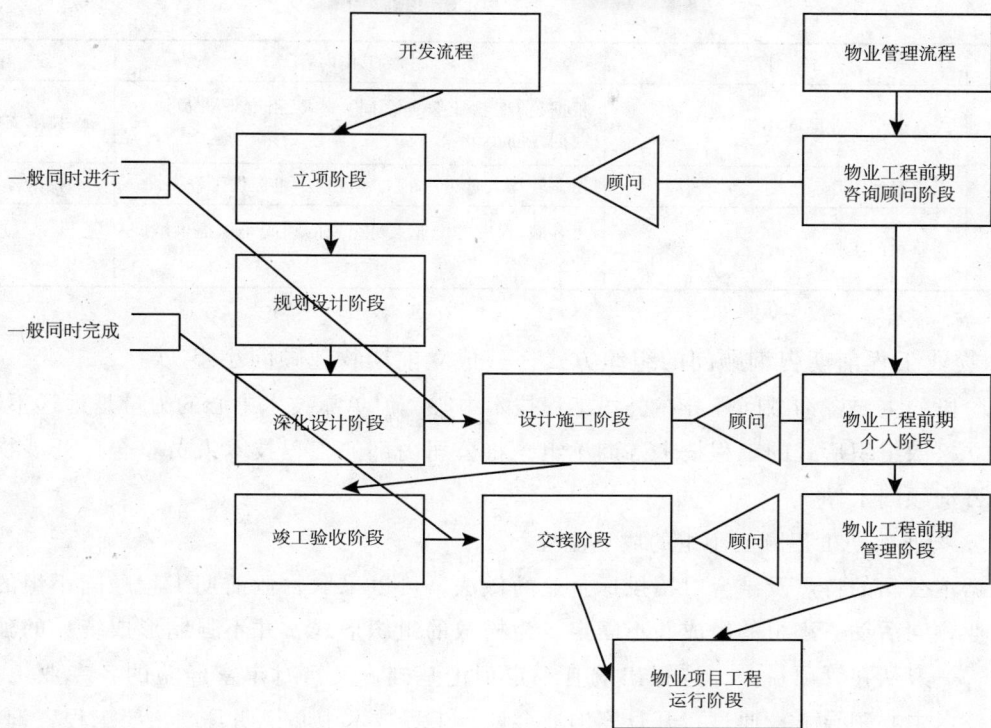

图3 物业管理流程

（二）物业工程前期咨询顾问阶段的管理

这个阶段为物业工程介入开发流程的第一个阶段，其主要管理职责在公司职能部门——工程技术中心应当负责工程前期咨询顾问阶段的主要工作，各项目根据实际情况进行相应配合。当然顾问咨询工作是多部门共同完成的，在此特指工程前期顾问咨询。

1. 物业工程前期咨询顾问阶段的工作内容

在物业工程前期咨询顾问阶段，主要工作集中在招投标的支持与咨询顾问两个方面（见表1）。

表1 物业工程前期咨询顾问阶段主要工作内容

	阶 段	主要工作内容	备 注
招投标阶段	收集市场信息	取得发标单位招标说明	—
	组织分析会	根据招标说明，组织相关人员召开分析会	技术支持
	提出项目可行性研究报告	通过可行性研究，对项目进行可行性评估	技术支持
	撰写投标文件	通过可行性评估的项目进行投标文件撰写工作	技术支持
	中标	进入顾问阶段	—

	阶　段	主要工作内容	备　注
前期物业顾问阶段	成立前期物业顾问小组	根据《前期物业服务合同》要求，由专业人员成立前期顾问小组	技术支持
	工程咨询工作	由非驻场人员组成的工程咨询小组提供工程咨询	技术咨询
	物业顾问工作	由客服、保安等专业人员组成的顾问小组提供顾问业务	—

2. 物业工程前期咨询顾问的组织方式——成立前期物业顾问小组

该阶段的主要咨询顾问任务在公司工程技术中心，但单靠技术中心的力量是远远不够的，通过成立松散组织形式的工程技术咨询小组，将公司内部的工程技术人员整合，开展物业工程前期咨询顾问工作。

（1）物业前期工程顾问小组的成立流程

根据本公司的特点及结合对招投标企业的做法，可以采取物业前期工程顾问小组的形式开展物业顾问活动。小组的组成并不固定，为松散的组织形式，并不强制形成统一的独立组织机构，一般从在管项目中，选择出既有一定理论基础，又富有丰富经验的各专业工程师，在工程技术中心领导下，通过召开月度沟通会议，工程技术中心说明月度主要工程咨询工作，并安排相应工程师的工作；小组成员则汇报各自的咨询工作进展情况。（见图4）

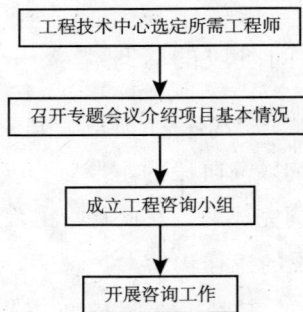

```
┌──────────────────────┐
│ 工程技术中心选定所需工程师 │
└──────────────────────┘
            ↓
┌──────────────────────┐
│ 召开专题会议介绍项目基本情况 │
└──────────────────────┘
            ↓
┌──────────────────────┐
│      成立工程咨询小组      │
└──────────────────────┘
            ↓
┌──────────────────────┐
│       开展咨询工作        │
└──────────────────────┘
```

图4　咨询小组成立流程图

小组的成立通常有以下四种情况：

第一，公司新承接项目需要非驻场顾问时，成立多专业咨询小组；

第二，公司需要专门的工程师参与顾问工作时，成立专业咨询小组（如机电专业顾问小组、土建专业顾问小组）；

第三，公司需要对不同的高端业态进行专题讨论，可以从成熟项目抽调专业工程师（如写字楼专业组、公寓专业组等）；

第四，公司需要对个别在管项目提供技术支持时，成立咨询小组。

（2）物业前期工程顾问小组的主要工作

小组主要工作主要涉及两个方面：

第一，对基础资料的完善、整理、改进工作；

第二，对前期顾问项目的工程咨询工作。

（3）物业前期工程顾问小组的工作标准

①工作流程

第一，基础资料完善工作。

物业前期工程顾问小组负责将原有的《关注要点手册》加以应用，并通过实践的检验，改进、完善、充实《关注要点手册》，方式见图5。

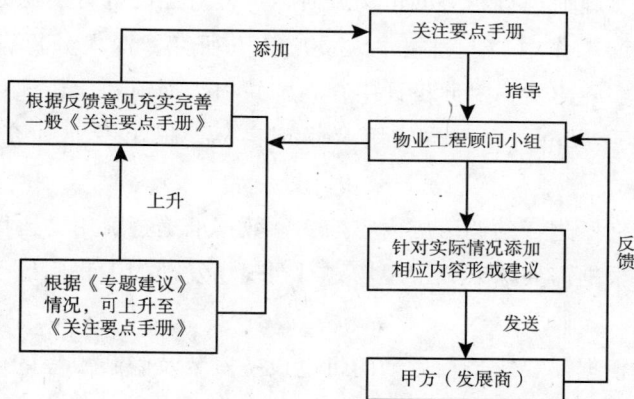

图5 基础资料改进流程图

手册对工程人员提供指导，发展商对建议反馈意见，改进充实《关注要点手册》这样一个循环结束后，改进了《关注要点手册》的内容，利于日后提供相关建议。

第二，工程技术咨询工作。

- 在实际的咨询活动中，一般我们取得提出的建议分为两种：第一，对专业人员在审图时发现的问题提出建议；第二，对甲方提出的要求提出针对性的建议。
- 专业工程师的工作方式：第一，是完全脱产参与咨询工作，并提出相应建议；第二，是利用业余时间提出建议。

②质量要求

第一，基础资料改进的质量要求。

- 结合行业特点及建筑工程设计规范、工程质量验收规范及相关法律法规，完善改进基础资料。
- 对行业内在工程方面采用的新技术、新方法、新材料、新工艺等及时收集整理加入相关《关注要点手册》。

- 保存政府各职能部门颁发的有关政策、法规条例、规程和标准等强制性外来文件。
- 对行业主管部门外来文件的接受，并转发移交项目物管中心工程部归档管理、执行。
- 建立咨询项目提供的咨询用图纸、技术资料档案。
- 根据行业特点，项目设备设施情况，建立技术先进、质量可靠的服务商及产品信息档案。

第二，咨询报告的质量要求。

- 在工程技术咨询工作中，一切要从客户使用，有利于公司管理经营出发，对咨询项目提出合理的工作建议。
- 工程技术人员，应在公司工程技术中心的统一领导部署下，认真完成对外的工程咨询、服务工作。
- 工程技术咨询实施前进行相关的市场调研，有针对性的进行类比分析。
- 在工程技术咨询工作中，工程技术人员应认真研究，深入分析咨询项目方提供的图纸、资料，从实际出发，对原设计中存在的缺项、漏项和非最优化处理及有碍整体协调的部分，结合规范、标准、使用及管理实际，提出专业补充建议和建设性修改建议。
- 为工程技术咨询所进行的调研应内容翔实、数据准确、引用类比得当。
- 工程服务咨询根据需要深入施工现场，对在现场发现的工程问题及时向客户以书面的形式进行反馈。
- 工程服务咨询根据需要对工程后期的机电设备安装及隐蔽工程的施工要加强监管，发现不合理的地方，及时提出修改意见。

③考核标准

- 工程总监负责对工程前期技术咨询管理中存在的问题进行分析改进，对检查出的不符合项进行关闭。
- 工程总监负责对所属工程技术人员工作情况进行半年考核，按人事部相关考核内容进行，考核权重 20% ~ 30%。

（4）物业前期工程顾问小组的沟通方式

主要的方式是通过月度沟通例会制度达到。

①月度沟通例会

会议时间：每月最后一周的星期五。

会议内容：第一，工程技术中心通报顾问项目情况，安排下月主要工作；

　　　　　　第二，各小组汇报本月主要咨询工作的进展情况；

　　　　　　第三，各专业工程师汇报咨询工作的进展情况；

　　　　　　第四，各项目人员提报技术资料库信息。

②临时性的专题会议

会议时间：不定期。

会议内容：根据议题进行讨论。

③电话

辅助的沟通形式。

④电子邮件

辅助的沟通形式。

（5）物业前期工程顾问小组的组织结构

①组成

第一，具有一定理论基础，并富有物业工程管理经验的在管项目工程人员；

第二，专业技术全面、强电专业、弱电专业、暖通专业、综合维修专业等人员。

②组织架构（见图6）

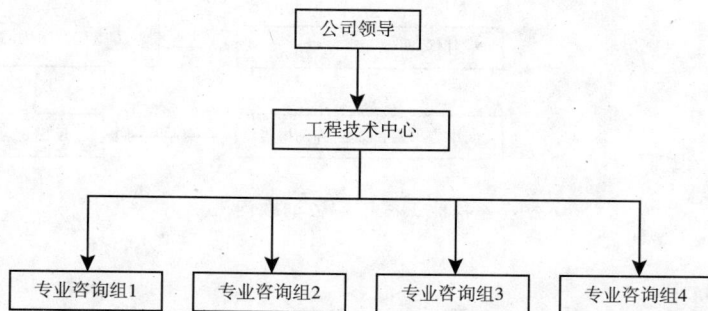

图6 组织架构

3. 物业工程前期咨询顾问的工作流程

咨询工作主要以技术咨询小组执行完成，最终将资料整理成册，形成咨询大纲。具体流程如图7所示。

4. 物业工程前期咨询顾问的信息管理

此阶段的主要成果体现在咨询报告质量上，对咨询报告的总结、整理和对专项调研报告的总结、整理是这个阶段信息管理的主要内容，其主要的咨询工作涉及内容有项目功能定位、结构布局、机电设备系统配置等几个方面，从这几个方面可以提炼相应的《关注要点手册》形成该阶段的主要信息资料。

（1）定位建议：

通过对市场的调研和周边相近楼宇的比较，提出项目功能设计定位的建议，使项目定位更加合理。

```
┌─────────────────────┐
│   咨询项目议题        │
│  （甲方项目部确定）   │
└─────────────────────┘
          │
          ▼
┌─────────────────────┐
│   咨询工作任务书      │
│ （由工程技术中心制定）│
└─────────────────────┘
          │
          ▼
┌──────────────┐   ┌─────────────────────┐   ┌──────────────────┐
│ 相关市场专业调研│◄──│  分项咨询内容的编写   │──►│ 图纸或项目相关资料提供│
│ 及技术信息收集 │   │ （由咨询小组人员完成）│   │ （由工程技术中心提供）│
│（咨询小组人员完成）│  └─────────────────────┘   └──────────────────┘
└──────────────┘           │
                           ▼
              ┌─────────────────────┐
              │   分项编写内容的讨论  │
              │ （由工程技术中心组织制定）│
              └─────────────────────┘
                           │
                           ▼
              ┌─────────────────────┐
              │ 咨询报告分项内容的汇总│
              │ （由工程技术中心完成制定）│
              └─────────────────────┘
                           │
                           ▼                    ┌──────────────────┐
              ┌─────────────────────┐            │    修改补充        │
              │  报公司领导审核批准   │◄──────────│ （工程技术中心完成）│
              └─────────────────────┘            └──────────────────┘
                           │                              ▲
                           ▼                              │
              ┌─────────────────────┐            ┌──────────────┐
              │ 向甲方项目部发出咨询报告│──────────►│   反馈意见     │
              └─────────────────────┘            └──────────────┘
```

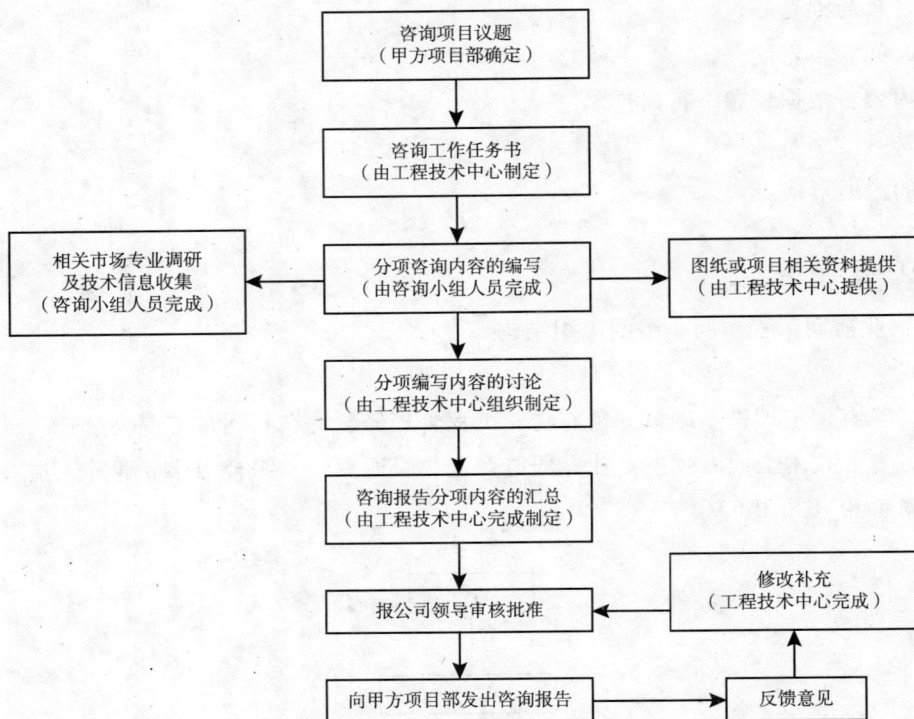

图7　物业工程前期咨询顾问流程

（2）功能布局建议：

审阅项目的初步设计图纸，参照项目市场定位，从物业管理及用户角度就项目的标准楼层楼面布局、不同结构楼层的分配比例、设备设施设计及配置提出建设性意见，使布局更加合理，功能更加完善。

（3）建材选料建议：

对项目内部结构布局、材料选择、装饰、装修、设备的安装等提出建设性意见，以达到方便客户使用及维修的目的。

（4）设施设备建议：

从使用、维修、管理、安全、环保等不同角度，以及今后物业科技发展趋势和物业管理的角度，结合物业管理的实际经验，针对不同类型项目（写字楼、酒店、公寓别墅）的机电系统、空调系统、安保监控系统及自控系统提出优化方案，为其选择订购的设备设施型号、性能、规格、造型、质量等，从先进性、可靠性、经济性、实用性等方面，提供专业建议。

（5）交通、配套设置建议：

对项目各区域的平面交通、垂直运输等提出意见和建议；合理化公共区域、服务区域、客户进出通道、货场停车等的交通流线。并对不同类型项目（写字楼、酒店、公寓别墅）的商务配套、功能配套、管理配套等的配置提出优化改进建议。

（6）复核及其他建议：

第一，对其机电系统设计施工图进行复核；

第二，从实际出发，对项目设计中可能存在的缺项、漏项和非最优化处理及有碍整体协调的部分，提出补充建议和建设性改进建议。

由以上主要工作内容中我们可以总结出：

①一般性手册

《（写字楼、酒店、公寓别墅）项目前期工作手册（工程技术部分）》

《（写字楼、酒店、公寓别墅）项目整体定位建议关注要点手册（工程技术部分）》

《（写字楼、酒店、公寓别墅）物业管理定位建议关注要点手册（工程技术部分）》

《（写字楼、酒店、公寓别墅）商务配套设施建议关注要点手册（工程技术部分）》

《（写字楼、酒店、公寓别墅）交通流线及相关问题建议关注要点指导手册》

《（写字楼、酒店、公寓别墅）建筑材料配置定位建议关注要点手册》

《（写字楼、酒店、公寓别墅）结构布局配置定位建议关注要点手册》

《（写字楼、酒店、公寓别墅）设备系统配置定位建议关注要点手册》

《（写字楼、酒店、公寓别墅）强电系统配置定位建议关注要点分册》

《（写字楼、酒店、公寓别墅）弱电系统配置定位建议关注要点分册》

《（写字楼、酒店、公寓别墅）暖通设备系统配置定位建议关注要点分册》

《（写字楼、酒店、公寓别墅）工程竣工验收关注要点手册》

②专题性手册

《（写字楼、酒店、公寓别墅）审图中发现问题专题建议》

《（写字楼、酒店、公寓别墅）空调系统专题建议》

《（写字楼、酒店、公寓别墅）保安监控系统专题建议》

《（写字楼、酒店、公寓别墅）消防系统专题建议》等

（三）物业工程前期介入阶段的管理

物业工程前期介入是派驻现场人员进行物业顾问咨询的一种形式，这个阶段的工作重点及关注内容是区别于物业工程前期咨询顾问的。

1. 物业工程前期介入阶段的工作内容

该阶段主要在项目已经完成方案设计，深化施工设计图纸基本完成，进入施工阶段，物业顾问公司派驻人员进场，驻场实施相关顾问工作；但在一般情况下深化设计、施工两个步骤同时开展，物业驻场人员的主要工作也来自这两个方面：

（1）与建设单位、施工单位就施工中发现的问题共同商榷，及时提出并落实方案；

（2）配合设备安装，确保安装质量；

（3）对内外装修方式、用料及工艺等从物业管理角度提出意见；

（4）熟悉并记录基础及隐蔽工程、管线的铺设情况。

2. 公司职能部门的管理方式及主要工作

（1）管理方式

作为公司职能部门的技术中心，应采取积极配合、技术支持的方式，对项目驻场人员发现的问题、甲方反馈的问题，提出必要的建议供驻场人员参考，在需要的时候参与到现场工作中。在实际的管理上，技术中心一般对一个项目既有顾问咨询，并且派驻驻场顾问；技术中心提出规划设计的物业建议、优化设计建议，驻场人员对现场发现问题及时向甲方反映，提出建议，并与技术中心沟通从另一个方面提醒甲方。

（2）主要工作

技术中心主要工作是为驻场人员提供技术支持，对驻场人员提出的一些问题以建议的形式提报甲方。

3. 物业工程前期介入的信息管理

根据上述的主要工作，可以形成以下手册：

一般性手册：《（写字楼、酒店、公寓别墅）物业工程前期介入关注要点手册（工程技术部分）》。

（四）物业工程前期管理阶段的管理

这个阶段既是物业前期工作的最后一个阶段，又是物业正式接管的开始，它是承上启下的关键。

1. 物业工程前期管理阶段的工作内容

这个阶段的主要工作集中在现场管理上，它是一个复杂的、涉及多专业的综合性管理工作，对现场管理者的要求很高。此阶段物业管理企业一般已经成立筹备组，前期工程人员多在物业人员全部到场前先期进驻熟悉现场情况，主要工作如表2所示：

表2　接管验收阶段主要工作

阶段		主要工作内容	备注
物业工程前期管理阶段	制订总体接管方案	根据工程进度安排，由项目筹备处工程部门制订接管方案	技术支持
	制订单项接管方案	根据工程进度安排，由项目筹备处工程部门制订接管方案	技术支持
	进行接管验收工作	全面接管楼盘	技术支持
	参与设备调试	对各单项工程系统进行调试	技术支持
	参加厂家培训	参加设备厂家组织的相关技术培训	技术培训

2. 公司职能部门的管理方式及主要工作

职能部门的管理方式是现场指导与文件支持两种管理方式，主要涉及的工作内容是为现场筹备组提供如单项工程的系统、设备、线路等交接表格，对现场设备调试及试运行中容易出现的问题进行提醒，避免调试中的设备损坏。（见图8）

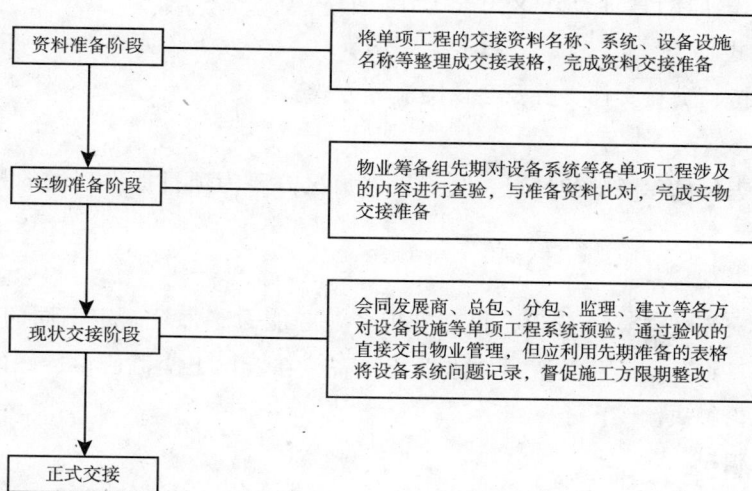

图8 物业前期工程管理的主要工作

3. 物业工程前期管理的信息管理

本阶段可形成的手册有：

（1）一般性手册：

《（写字楼、酒店、公寓别墅）项目验收接管指导手册》

《（写字楼、酒店、公寓别墅）项目总体验收接管关注要点手册》

《（写字楼、酒店、公寓别墅）项目分项验收接管关注要点手册》

（2）专题性手册：

《（写字楼、酒店、公寓别墅）验收问题汇总建议》等

（五）物业项目工程运行阶段的管理

进入正常管理阶段的物业项目，其工程方面的主要任务在于设备运行，为业户营造良好环境。

1. 物业项目工程运行阶段的工作内容

物业项目工程运行主要涉及以下几个方面的工作：

（1）制订、实施设备设施运行计划。

（2）制订、实施设备设施维修保养计划。

（3）外包维保、升级改造工程的管理。

（4）入室维修、有偿工程服务的管理。

（5）制订、实施服务性采购计划。

（6）装修管理。

2. 公司职能部门的管理方式及主要工作

（1）管理方式

现场技术支持、资料文件支持及会议交流等方式。

①现场办公

根据项目动态信息库反映的情况，公司根据情况需要为项目提供现场的技术支持，及时解决问题。

②会议研讨

通过项目间交流增强竞争意识，提高管理者业务能力。每月制定不同的议题下发项目，根据通知要求项目将月度会相关资料文本进行准备，在会议上交流研讨，好的经验项目间分享，问题共同讨论解决。

③外部参观调研

组织项目外出调研，通过参观各类技术交流展会等获取先进工程技术知识，为设备改造、升级等提供考察依据；组织参观对标项目，学习先进管理方法，提高业务能力。

（2）管理内容

①工程技术交流

- 结合各项目部工程管理制度完善、节能运行、重要设备维修及重点工程问题，组织专题技术交流、参观。

- 专题工程技术交流内容、制度完善意见征集，需提前一周送达相关项目，保证交流效果。

- 交流情况做好相关记录，相关记录按《工程基础资料管理规定》做好总结、分类归档。

②工程管理质量检查

- 结合公司质量管理要求，对各项目部工程管理规章制度的执行情况、设备设施检修计划的制订、落实情况的每月抽查、每季的联合检查。

- 检查前应明确重点检查内容，检查工作实事求是，认真做好检查记录，对需要整改情况进行跟踪记录。

- 对工程管理检查发现的问题，应与各项目部工程管理者进行现场沟通，提出专业考评书面意见报质检小组。

③工程事项的审核

- 对项目年初既定的各项计划予以审核，提出意见。

- 对服务性采购计划进行审核与采购部共同出具意见。

- 对各项目部申报的工程技术改造更新项目方案，应与各项目部工程管理者共同进行深入的现场和相关市场调研后提出审核意见。
- 对各项目部重要工程设备设施外委外包承包商，重要工程材料备件供应商的年度审核，应与各项目部工程管理者共同进行先期深入的现场和相关市场调研，了解掌握相关信息，提出部门意见。
- 对工程事项审核所需资料应做好收集、整理、存档管理。

④工程的节能
- 由各项目工程部上报项目工程能源、水资源消耗统计、分析材料，工程技术部不定期反馈咨询意见并上报公司领导。
- 根据地区及行业节能降耗指标，及时了解节能相关的技术信息，为项目节能工作提供相关建议或组织交流。
- 对重大节能技术改造项目按《设备设施技术改造审批管理规定》执行。

3. 物业项目工程运行管理的信息管理

这个阶段的信息收集、整理工作对于公司现在的发展阶段来讲是尤为重要的，对于技术咨询及介入的信息是属于个性类的专题信息，而项目运行过程中的信息在积累一定量时具有普遍性，可以为今后新项目运行提供可靠的依据。

此处的信息收集主要是对项目运行数据的收集整理，如能耗数据、设备运行数据等。

（六）物业工程管理信息库

物业工程管理与大多数科学管理一样，是需要大量原始数据、调查资料等各个方面信息支持的，没有一个信息收集的畅通渠道、分类方法、管理制度是行不通的。当然，公司的管理信息库不是一个部门可以独立完成的，需要各个职能部门分别牵头，各部门、项目配合共同完成此项工作。

1. 信息收集渠道

信息收集渠道是多种多样的，在整个管理过程中都存在着各种各样的资源，有着许多信息：

（1）市场调研收集的专题资料

市场调研是收集资料的比较直接的方式，但是对于物业工程来讲，其调研一般都是专题性质的，针对不同的设备设施、功能布局有着不同性质及对象的调研方法，在第一、第二、第三阶段都可以收集类似的调研信息。

（2）项目前期的基础资料及信息

前期顾问、前期介入等可以收集到顾问项目的大量信息，针对这些信息应进行有效整理、收集。

（3）运行项目的数据信息

对于公司现阶段的发展状态，前期顾问咨询所获得的信息是有限的，而对我们实管项目的日常运行、管理信息的积累、分析则更有意义。

（4）互联网知识型信息

随着网络科技的进步，信息获取的途径越来越方便、快捷，将网络服务商提供的信息进行收集也是信息收集的途径。

（5）人员口传信息

这是信息获得比较模糊的方式，获取途径不明确，但是通过慢慢积累也可以为信息收集提供条件。

2. 信息分类方法

主要按照不同阶段的不同特点及信息收集内容进行分类检索，可参考图9：

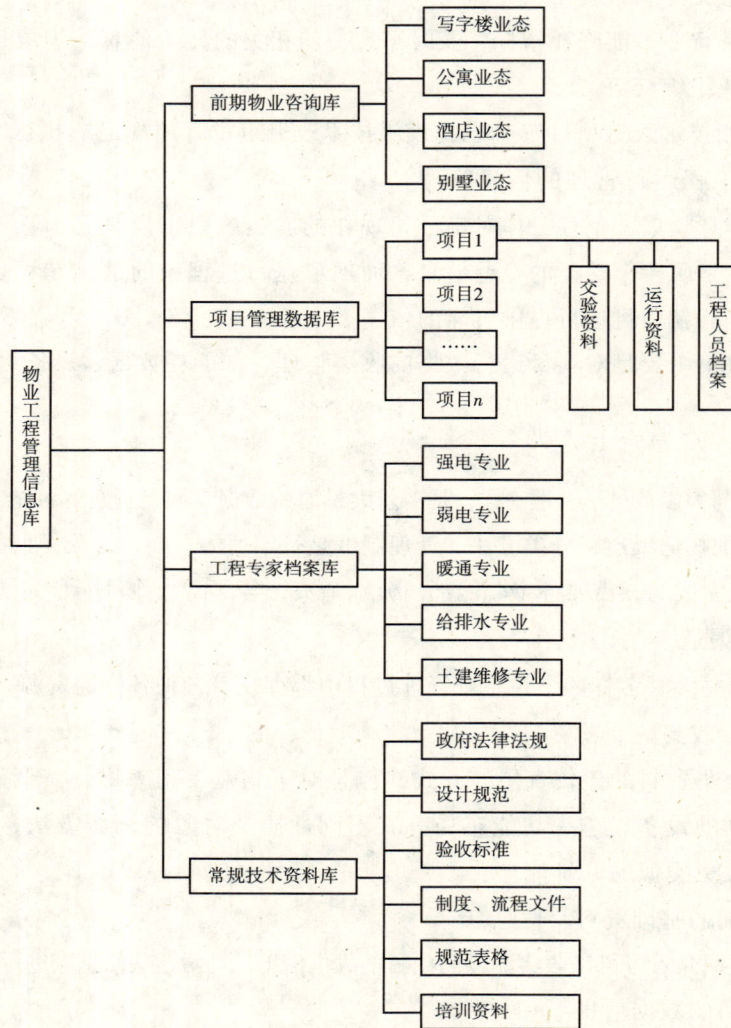

图9　物业工程信息库分类

3. 信息库载体

硬件载体为电脑或服务器，软件载体为物业管理软件与数据库软件。

（1）在公司建立物业工程信息库管理系统，前期物业咨询库、专家资料库、常规技术资料库存放在公司本地服务器中；

（2）项目建立物业服务软件系统，将项目管理数据库放在每个项目本地服务器中；

（3）常规技术资料库为共享资料库，公司及项目工程人员可随时调阅；

（4）项目管理数据库的内容公司与项目共享，以便公司职能部门调阅。

4. 信息库应用及管理

（1）保密机制

信息库是整个公司拥有的享有知识产权的数据库，按照严格的权限浏览、补充及管理。

（2）专人管理

信息库的管理涉及收集、整理、录入、硬件维护等一整套流程的所有工作，必须要设置专门人员进行管理。

（3）信息管理制度

①目的

本制度明确工程基础资料管理的内容、职责、方法和要求，使得基础资料可为工程咨询、管理提供所需的条件和保障。

②适用范围

适用于公司工程技术部的工程咨询、管理所需基础资料的管理。

③职责

- 负责公司承接物管项目设备设施基础资料管理的宏观技术指导、监督和检查工作。
- 负责咨询项目设备设施基础资料的收集管理工作。
- 负责专业技术交流信息的收集管理工作。

④基础资料的内容管理要求

- 结合行业特点收集与公司有关的最新版本的建筑工程设计规范，相应的工程质量验收规范及相关法律法规，做到分类管理。
- 对行业内在工程方面采用的新技术、新方法、新材料、新工艺等及时收集整理。
- 保存政府各职能部门颁发的有关政策、法规条例、规程和标准等外来文件。
- 接收行业主管部门外来文件，办转发移交手续后由项目物管中心工程部归档管理、执行。工程技术部保存复印件。
- 建立咨询项目提供的咨询用图纸、技术资料档案。
- 根据行业特点，项目设备设施情况，建立技术先进、质量可靠的服务商及产品信息档案。

⑤基础资料的质量要求

- 基础资料及主要设备技术档案翔实、可靠，力求完整。
- 基础技术资料的保管符合有关技术档案的管理要求。
- 基础资料、档案资料、信息等采用计算机辅助管理。

⑥基础资料的督促、检查

- 工程总监负责所属基础资料管理的检查工作。
- 经办理相应手续后，可借阅工程技术部的基础资料，便于资源共享。

物业公司建立完整的工程管理体系是十分必要的，它是提高公司管理效率、准确性的关键，也是提升项目管理能力、打造公司品牌的有效方法。在物业介入和管理的每一个阶段，公司各职能部门扮演的角色是不相同的，第一、第二个阶段是工程技术中心的主责任，而第三、第四个阶段，技术中心的主要工作放在协助、支持上，通过对项目筹备组、工程部的多方支持达到提高工作效率和管理能力的目的。对于工程管理信息库，在某种意义上讲现在还是一个概念性的模块，随着公司的发展、壮大，信息资源的不断充实，通过技术手段不仅可以使其实体化，并且对公司发展将会产生一定的促进作用。

（柳林）

参考文献

［1］中国物业管理协会.《物业管理实务》. 中国建筑工业出版社，2006（13）

［2］季如进.《物业管理》. 首都经济贸易大学出版社，2004（251）

［3］刘洪玉.《房地产开发》. 首都经济贸易大学出版社，2005（222）

［4］吴权威.《Access 2003 中文版应用基础教程》. 中国铁道出版社，2005

六、如何建立公司人力资源管理体系

建立起一套完善的人力资源管理体系，是企业实现人力资源管理的根本，而人力资源工作必须与公司的经营管理紧密结合。

有些人认为人力资源管理通用性比较强，无非是招聘、培训、考核等。其实不然，在现代企业中，人力资源工作是企业发展的重要保证，在企业发展的不同阶段，都起着重要作用。在企业初期，人事管理者的精力主要用在选对人、用好人上；随着企业的发展，人才的培养则日渐重要，企业招纳和培养人才，留住骨干人才，储备人才则成为一件大事。为了保证人力资源工作的科学性，必须建立一个人力资源管理体系。

如何构建一套规范的、可操性和实效性强的人力资源管理体系，是我们研究的内容。

（一）打牢基础、规范制度

人力资源体系基础的建立，支撑着整套管理体系，管理基础是指对组织结构、制度建设、资源配置三部分的规范运作。

1. 组织结构

人事管理中的组织结构是人力资源管理体系的基本构成。

（1）组织结构的构建：包括公司组织架构、治理结构、部门功能定位及职责划分、管理权限等。保证公司的所有工作被完整地分解到各部门，做到责权清晰、分工明确。

（2）岗位体系的建立：包括岗位分析、岗位评估和制定岗位说明书，其中岗位说明书在人力资源管理中的作用非常重要，是每个岗位的具体要求，是招聘、培训和考核的依据，明确岗位流程及工作标准。所以说岗位说明书的编写是人力资源管理工作的基础。

2. 制度建设

政治经济学中讲道：生产力（员工）决定生产关系（制度），生产关系（制度）要与生产力（员工）相适应。人才是企业的生产力，管理制度就是企业的生产关系。生产力（员工）发展了，生产关系（制度）就要相应的变化，由新的生产关系（制度）代替旧的生产关系（制度），以适应生产力（员工）发展的要求。因此，人力资源管理工作的各项制度，就必须根据公司的发展不断完善，制度建设需要达到以下几个标准：

（1）完善性

制定一套完善的管理制度，永远是企业管理人员追寻的目标，人事管理制度尽量做到完善、全面，保证每个岗位、每个环节都有翔实的管理依据。保证使员工充分发挥作用。

（2）可行性

制度建设的关键是具备可行性。不可行的制度行同虚设，有时还会限制员工的积极性的发挥。

（3）执行力度

制度建设最终的落脚点是被贯彻执行。再好的制度，不执行等于没有。

为配合公司自身的发展需要，公司行政人事部今年制定了《人事管理手册》，目的是在规范管理的同时，强调公司对项目的宏观管理，使公司的管理模式能够成功地被项目复制、贯彻并执行，同时公司制定制度的职能部门，需要对制度的执行提供支持，监督检查执行情况，最终使制度被完整的贯彻落实。

3. 资源配置

人力资源管理的最佳配置是"人力"与"物力"资源的协调。"要求公司本部要做精、项目要做强！职能部门要在宏观管理上下工夫"！这些都是构建公司人力资源体系须遵循的原则，只有实现公司管理层面资源配置的高精尖，才能充分地调动、整合、利用好其他资源，保证有足够的人员储备特别是在新项目组建前期的资源配置上发挥作用，达到为项目提供支持和服务的目的。

（二）夯实中间、外引内培

人力资源管理体系的中间环节分为上下两部分，发挥着承上启下的作用。

伴随公司的快速发展，人力资源团队中暴露了中高端管理人才的匮乏，基础岗位"力"不从心的问题（这里的"力"指劳动力，即目前市场和行业对保安和保洁数量上的需求缺口），显现出目前的人力资源没有为公司的发展发挥应有的保障作用。

在中国物业管理协会召开的2006年全国物业行业交流会上，珠海酒店物业（广州）管理公司的一位总经理介绍他们团队人员结构为：员工总数230余人，其中研究生学历的占20%，本科以上学历的占36%，大专以上的占40%，20%的管理人员具备中级以上职称，虽然是这样一个人员构成比例，但这位总经理讲，整个团队中40%的管理人员他是在"将就着用"，在组建新项目时，他会优先把这些人做岗位调整，寄希望于他们在新岗位上的"超常发挥"。

这件事可以引起我们的深思，数字比例背后反映出的是中高级管理人员专业水平的不到位，制约了企业的发展速度和水平。所以企业必须解决聚才、育才、用才和留才的问题。

1. 聚拢人才

针对上述问题及公司的实际情况，多元化、多渠道的引进各类人才，提升高学历的管理人才的内部比重，对构建具有市场竞争力的人力资源团队工作迫在眉睫。

如何做？我认为首先我们要以"引"代"招"，用引进人才的概念来替换招聘，因为市场在变化，行业在发展，求职者的心态在调整，我们必须适应这种变化。

两年前，公司为积蓄储备培养管理人才，策划并启动了"管理培训生"计划和组织了"高级管理研修班"，近两年来，我们看到了效果，管理当中这一部分突出代表，已经晋升到了部门经理的管理岗位，"高级管理研修班"更把一批管理人才推向更高一层的管理岗位。

管理培训生培养计划和高级管理研修班的举办，是公司培养、储备中高级管理人才的一种有效手段，当然这还只是抓住了一头，对于物业行业而言，一线员工：保安、保洁、厨师、服务员也是构成我们团队的主要基础骨干力量。前不久的《北京青年报》上刊登了一篇关于国旗班退伍战士的报道，指出他们的求职目标已不单是拿到手中的工资，而是若干年后的自身发展。人力资源工作就是要为最基层的员工制订个人职业生活发展设计，公司为他们提供发展平台。

公司领导要求我尽快制订关于员工发展的管理计划，以此将这些优秀的应用型人才吸引到我们的团队中来。由此我提出：变"招"为"引"，建立公司的《员工职业生涯发展规划》，将保安、保洁、厨师、服务员、工程技工等基础岗位全部涵盖进来，并将此作为吸引人才的有效手段。

这样做，我们可抓住两头，一"头"将管理人员抓好，一"头"是将基础员工抓实，以人才引进的概念和方式，聚敛公司各个层面的所需人才，保证公司发展对人才数量和质量的需要。

2. 培育人才

培训的重要性。培训是企业对员工的投资，也是员工的一种福利。既然是投资，那么就要有回报，如何回报，如何使我们的培训效果真正在经营管理中得到体现，是检验人力资源管理体系设计是否到位的一个重要标准。

（1）公共课程培训

目前，在建立公司培训体系的同时，我们强调：一名合格的管理者，必须是一名优秀的培训者。因此今年，我们在主管级以上的中层管理人员当中，进行组织、选拔，组建了公司培训师队伍，并从宏观角度出发，在针对具体项目的前期培训中，由公司及各项目高管参与，实施的公共课程培训，取得了良好的效果，积累了经验，今后将在其他新项目中进行复制、推广。明年公司将加大对内部培训师的投资，使其更加能够发挥岗位技能优势，培养后续人才。

（2）岗位技能培训

通常我们会认为：岗位技能培训指的是对主管级以下员工的培训，部门经理级以上的中高层管理人员不需要，其实不然，岗位培训是针对各个岗位的，做好岗位技能培训，才能达到公司培养人才、储备人才的目的。强化自身的造血机能，坚持对人才的培训与培养，是人力资源管理者永远的课题。

3. 使用人才和留住人才

合理使用人才是留住人才的有效方法。如何考量人才的合理使用？我认为有以下几个方面：

（1）匹配原则

指员工专业与岗位的匹配；技术能力与工作标准的匹配；个人期望与发展空间的匹配等，在构建人力资源管理体系时，应着重考虑对于不同类型员工的使用问题，以期达到合理的资源配置即"人"、"事"相宜的原则。

（2）发展原则

企业要从长远发展的角度使用并留住员工，就要关爱员工，丰富员工生活，优化工作环境，提供发展机遇。使其建立与公司长远发展的愿望，房地产公司"共同成长、相伴一生"的企业文化理念是很好的体现。

企业有发展，员工才有空间，公司的企业文化是"与企业共成长，为宾客献爱心"，强调的是员工要有责任感和使命感，拥有责任感才能做好本职工作，拥有使命感才能与企业坎坷同担，员工为企业的发展贡献力量，同时不断提升自身的发展空间。帮助、引导他们扎扎实实、脚踏实地的立足本职，实现并创造自己和公司的价值，实现公司与个人价值的双赢。

（三）完善薪酬机制，搞好绩效管理

薪酬机制是激励员工的重要手段，我们公司对各项目的薪酬结构进行了调整，将绩效工资列入工资总额，实现了对各项目的统一管理。但在薪酬激励方面，公司的统筹设计和操作技巧尚待开发，应建立针对客服人员、保安、保洁等基础岗位员工的激励机制，突出薪酬的个性化，使其成为具备市场竞争力、激励员工的有效措施。

目前大多数物业行业实行的多是月度绩效考核，考核项目和内容均是固定的，考评的实施对象多为部门的主管或经理，除员工发生重大事故或违纪行为外，绩效工资或奖金部分是基本兑现。

绩效管理是人力资源管理中最难的一项工作。难在考核指标的细化与量化，难在其实施涉及面之广，难在直接牵涉利益问题太过敏感。但绩效管理又是人力资源管理体系中的核心环节。针对服务行业的特点，对员工的绩效管理应着重德、能、勤、绩的统一性。目前大多数的物业项目对员工实施月度或季度绩效考核，考核的实效性并没有真正发挥出来，这些问题有待于我们深入研究。

（四）弘扬企业文化，促进团队建设

人力资源体系的最高层面非企业文化和团队建设莫属了。

企业文化建设工作应该是自上而下贯通的，人力资源管理者应是企业文化的设计者、建设者、传播者和捍卫者，因为人是文化的载体，我们的服务对象就是员工，人事管理者对人的工作负责，也就是对企业文化的建设与传播工作负责。

搞好团队建设是人力资源工作的落脚点。团队是由人组成的，团队建设做得好，就可以充分发挥员工的作用，也可以留住人才，促进企业发展。公司及各项目每年都开展形式多样的员工活动，随着公司明年一系列窗口形象工程的推出，人力资源部也要加大团队建设的投入，凝聚力量，打造核心竞争力，促进团队健康和谐的发展！

（五）如何开展工作

随着公司的快速发展，对人力资源工作的要求就越高。目前物业行业中的大部分人力资源工作都是在着重于解决具体人事问题，忽略了宏观的长远的发展需求的问题。基础工作要做，这些工作能够满足企业发展的基本需要，但是却没有提升到宏观管理的层面。一旦公司发展需求增大，就会措手不及。所以必须要依靠三个"吃透"，解决三个"做"的问题。

1. 吃透公司发展战略，明确为什么做

吃透公司的发展战略非常重要，做到心中有数，按照发展战略储备人才。公司职能和业务部门要参照市场和行业的运作模式开展工作，开阔眼界，正确理解公司的战略发展规划的

需求，从公司的整体角度设计、开展工作，培养整体的宏观性思维，以此来思考问题、筹划工作，同时依据公司整体的政策指导项目开展工作，理清工作思路，将职能部门的工作与公司的发展结合起来，领会开展工作的重要性和必要性，有利于我们创造性地开展、落实工作。

2. 吃透项目特点，了解客户需求，知道应做什么

对于公司的职能部门来说，领导和员工都是我们的客户，公司的职能部门要发挥宏观管理的作用，需要充分了解下属项目（客户）的具体情况和实际需求，只有这样，才能使工作做到有的放矢。从研修阶段至今，我一直在远洋国际中心进行挂职锻炼，通过挂职，提升了自身对项目性质和运作规律的了解，在为项目解决一些实际问题的同时，对于公司对项目管理层面的界定有了更深层次的理解和定位。通过挂职使我深刻地意识到：公司职能和业务部门在对项目的支持和服务上，功能性不强，效果还不尽理想。

3. 吃透本职工作，发挥部门职能，了解怎样去做

很久以来，我们习惯的工作方法是：有问题找领导，向领导寻求解决问题的对策，而很少能够从专业的角度，为领导提供解决问题的参考意见。而立足本职、对部门工作进行整体的规划，市场的竞争、公司的发展，需要我们从根本上转变工作方式。不断提高自身的综合素质，培养自己逐渐从纷繁复杂的事务性工作中脱离出来，以高目标为导向，从设计的角度规划部门的整体工作，争当岗位专家。

人力资源管理工作是一项复杂的工作，是一项系统工程，人力资源工作的原则是以公司的发展为依据，满足公司发展的需求，与时俱进，不断创新，保证公司未来发展在行业中的领先。因此公司职能部门的人力资源管理人员，要从企业的发展角度思考问题，从公司整体管理的高度思考问题，通过建立适应公司发展需要的人力资源管理体系，寻求吸引培养人才的办法，优化公司内部的资源配置，提高公司资源运作流程的效率，充分发挥公司人力资源管理体系的作用，为公司的快速发展提供人力资源支持！

（卢文玲）

七、浅谈企业行政管理及"大行政"概念的建立

企业中的"行政"是人所熟知的，它可以说是企业的中枢神经系统和血液循环系统。因为它是以公司总经理（大脑）为最高领导，由专门的行政部门（神经元）组织、实施、操作，其触角深入到企业的各个部门和各项目、各单位的方方面面的一个完整的系统和网络。同时，行政不只是信息的向外传递还需要对信息进行收集和储存，就像血液流经全身最终会回到心脏一样。它是上情下达、下情上达的纽带和渠道。在现代化管理的情况下，行政工作更突显其重要性。所以"行政"是一个体系、系统和管理网络，它不单单只是作为某一个部门的工作，而是企业整个管理系统中重要的一环。作为企业管理中的重要部分，行政管理有

别于企业策划、营销规划等经营性管理，而与企业文化、信息管理等内控管理统称为行政管理，它包括：计划、组织、指挥、控制等职能在内的企业管理活动，因此，行政管理工作在企业中占有十分重要位置，起着无可替代的作用。

（一）行政管理在企业管理中的作用

行政管理担负着企业的内部管理工作，企业中除行政管理之外的工作，都是具体的"业（事）务工作"。行政管理体系推动和保证着企业的技术（设计）、资金（财务）、经营（销售）、发展（开发）等几大块业务的顺利开展，有效进行着相互之间的协调工作。一个较大企业的行政管理体系，其本身往往就是一个具体的网状管理系统。行政工作在其广度、深度、重要性及敏感性等方面都不同于企业各方面的业务，它涉及企业内部上下、左右、里里外外的沟通和协调。广度，涉及企业的全部运作过程。深度，又涉及许多难以想象的细枝末节，行政管理的重要，是因为它是领导和各部门之间，众员工之间、公司与项目之间、项目与项目之间的桥梁和纽带，肩负着建立和完善公司的工作程序和规章制度的任务，以达到各项工作流程在实际工作中的有效性和符合性。

1. 正常运行，整体保障作用

一般来说，企业正常运行的基本保障正取决于人、财、物和信息，这些保障主要来自于三个部门：人力资源、财务部门、行政部门，三个部门都各有一套复杂的运行规律，而其中的行政部门除了做好保障工作以外，还担负着整个企业机体中的沟通、协调、组织等一系列内、外部维系工作。企业的行政工作除了做好内部协调，外联工作也是不可或缺的，企业与各政府机关的沟通和协调是行政部门必须做好的一项重要工作。

行政工作是千头万绪、纷繁复杂的。每天都面临着大量的、琐碎的工作。但是，这些事务只不过是行政管理中的很小一部分，概括起来说，行政管理在企业中主要有管理、协调、服务三大功能，其中管理是主干、协调是核心、服务是根本。

2. 上下沟通，信息传递作用

行政工作者不能简单地以传达领导的命令，完成领导交办的任务为满足，也不能对各个部门颐指气使，行政部门应主动做好上与下、左与右、里与外的横向纵向沟通，在充分沟通的基础上做好协调，完成好自身的各项工作任务，也为其他部门任务的完成充分做好协调与配合。

同时，行政管理作为公司的血液循环系统，不但肩负着信息的向下传递，还担负着信息的回收、整理、归纳和汇总功能，也就是说行政管理系统担负着保障公司信息系统畅通的重要责任，而信息系统也不单单是指各类公文的相互传递，它还包括着通信、电子政务、会议系统等各种途径的信息传递渠道，而做好它们之间的管理和协调就是行政管理工作的基础。

3. 具体事物，日常协调作用

作为公司的行政管理部门，担负着企业行政管理的组织实施和具体操作工作，是行政管理工作中的一个部分、一个环节，是整个行政管理系统中的一个小系统。行政部门的任务就是把领导和员工从繁重、琐碎的行政事务和琐事中解脱出来，可以集中精力、轻装上阵，研究市场内外形势、考虑公司的发展战略、探讨公司的组织架构、实施公司的经营方针、解决公司所面临的重大问题以及专心做好每一笔重要业务。当然，为了出色地完成好以上职责，就必须建立健全和认真执行行政部门的各项管理制度、岗位责任制度、工作程序以及一系列规范化公文格式等，从而建立起行政部门的"法治"秩序。更重要的是，通过科学分工、层次化管理，完善硬件条件（如办公设备、设施，办公软件）、软件条件（如规章制度、工作程序）、人员队伍，通过分工协作和管理层次建立健全行政管理体系。

作为企业，服务的对象是客户，对于行政部门来说，服务的对象不单单是外部的客户，还有内部的客户，也就是公司内的其他业务板块的部门和项目。企业行政部门的工作，特别是后勤服务工作，是为公司（企业）服务的部门，所以不要奢望成为企业关注的"核心"。因为如果一个企业的关注点在于行政部门，那就说明行政工作没做好，影响了企业各方面的工作，影响了企业最终目的的实现，以至于引起大家的关注。

（二）行政管理的变革

企业的行政工作有几个特点：

（1）行政部门是综合协调部门，它是通过对人力、物力、财务、技术等多种资源的调用，以达到保障业务进展，达到服务企业的目的。

（2）行政部门是企业的中枢，负责传达上级指示和意图，反映员工意见，在一定程度上是个领导和员工中间的枢纽。

（3）行政部门是服务部门，为企业服务。通过行政服务，达到使企业服务规范，规范企业的行政行为。

（4）行政部门是非直接赢利部门。企业是要通过经营赢利的，但是行政部门，一般不参与直接的经营活动，而是为经营服务。

因此，企业行政的这四项特点，说明了行政的核心工作就是服务于一线，这并不仅仅是外在的配合，更重要的是内在的协作，也就需要将行政工作渗透到每一个工作环节、每个业务环节的方方面面。正如前面说的，企业的行政工作不仅仅是行政部门的工作一样，是整个行政系统的工作，它需要打破原有部门分割线，强化企业内部的协调，超脱部门意识，树立全局观念，建立科学合理的上下分权体系和左右分权体系，利用企业矩阵式管理模式，充分合理地利用现有资源，减少管理内耗，减少重复劳动，启动整体行政系统，实行行政管理一体化。

（三）树立大行政概念，建立行政管理体系

什么是"大行政"概念？概括地讲，行政管理工作不单单只是行政部门的工作，而是基于行政网络上每一个员工的工作，也就是说行政工作其实是深入到每一个工作环节、每一个员工的实际工作中的整体管理工作。同时，"大行政"是公司本部行政和项目行政的结合，本部行政与项目行政的紧密联合形成了"大行政"系统，通过对下属项目的高度集权式管理，加强对其的掌控，从行政权、档案权、人事权、财务权等方面全面控制，通过分层、分权的方式，从公司本部的不同职能和业务部门对下属管理项目进行对口部门管理，与项目经理形成"双线管理"，这样不但充分调动了各项目人员的工作积极性，提高了工作效率，还让作为公司本部的职能部门更近一步地对项目提供了专业性的指导和帮助，更有利于项目建立与公司相符的管理体系，形成统一的管理大环境。这样才能使公司整体的各方面业务工作在行政体系的平台上顺利地运作。

如何才能在公司内形成整体的管理"大行政"环境呢？如果我们把整体公司的管理体系视为"大系统"的话，那么各项目的管理体系则是"小系统"，在"大系统"、"小系统"之间还有若干个"中系统"，一般有行政管理系统、经营销售系统、技术研发系统、市场开发系统、人力资源系统和财务系统，也就是前面所说的集团企业通常都有的"几大块"工作。如图：

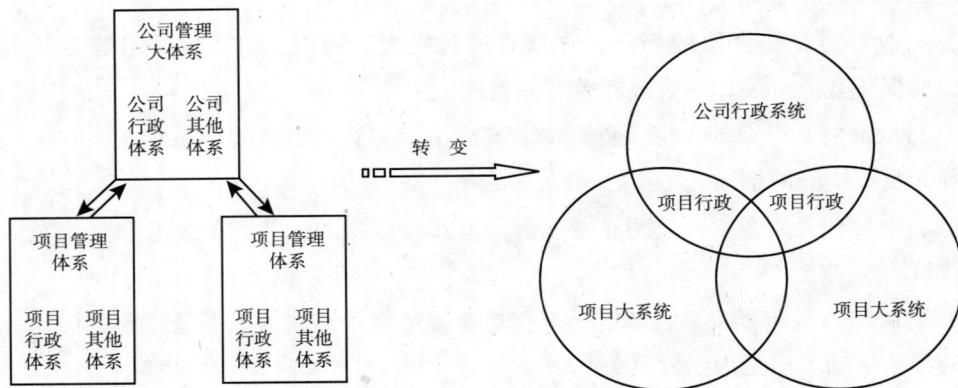

公司的行政、人力资源、技术、市场、财务都应是在总公司的领导下，统揽涉及全公司各部门、各项目的"大行政"、"大技术"、"大市场"、"大财务"，不管涉及哪个部门或哪个项目，只要是"行政方面"的事，都由行政统一领导和出面协调，只要是"市场方面"的事，都由市场部门领导和协调，以此类推，"大行政"、"大市场"、"大财务"等不论"部门"或"项目"，而只管"方面"（某一方面工作）。由公司本部统领着公司整体这个"大系

统"，负责"大系统"中各个"中系统"之间的协调；"大行政"统领着"行政中系统"，负责的是所分管的"中系统"所涉及的各部门和各项目之间的管理、服务、协调；各项目统领着内部的"小系统"，负责该"小系统"即内部的运行。这也就是企业内部"对口管理"。

通过"大系统"即"大行政"体系的建立，有利于企业的行政系统克服部门分割、行政无力等问题，充分、有力地发挥其全局性的管理功能，较大地提高企业的行政效率和行政效能，改变行政在企业中的形象和地位，真正实现和发挥其在企业中应有的作用。

（四）如何做好行政管理工作，形成有效的行政管理模式

以中远酒店物业公司为例，酒店物业公司成立已经十年，公司行政管理都已经逐步形成比较完整的体系。但是随着公司的发展，在管项目的增多，行政管理还不够完善，公司与项目还没有形成很好的互动。目前公司在管项目 12 个，新项目与老项目并存，就存在着行政管理工作发展程度不一、水平不一的情况，要使行政管理系统化，就要在公司内部形成并强化"大行政"管理模式，通过对项目行政工作的管控、指导，提高行政工作的能力，对已有的整体行政管理工作进行分层、分权管理，将"集权制"和"分权制"相结合，对基础事务性工作进行固化（例如推行《行政管理手册》，并进行不断完善和修订，保持有效性和持续性），对宏观指导工作进行创新，充分利用现代化管理手段和已有的工作平台为公司和项目提供服务，使整体行政管理这一系统得以顺畅的"自动运转"，减少"人治"情况，提高效率，减少内耗。

同时，行政管理部门作为公司的行政系统的执行部门，要努力提升和完善自身的组织、协调、服务等行政管理能力，以"岗位专家"为目标不断强化部门内部建设，加强部门内部学习，提高沟通能力，随时与项目保持良好的沟通渠道，加大项目信息的收集力度，形成有效的信息交互平台，实现信息的上下传递和反馈。

在房地产两步发展战略中，提出了"房地产开发、物业持有经营协同发展，实现跨地域发展"的愿景目标，所以酒店物业公司必然在房地产公司的整体发展中随之而快步发展，为了实际这一目标，企业的知识管理在企业中的地位就日益凸显。实施知识管理是势在必行的。实施知识管理有三个目标：

1. 提高企业整体知识水平

公司目前所管项目达 12 个之多，员工分散在北京的各个方位，共享公司的现有知识，发掘潜在知识，提高全员的实操和理论水平，加深对企业文化的理解，从而使公司的发展战略从上而下的得到贯彻。

2. 减少重复劳动

将形成在员工大脑中的知识进行整理，使之共享。公司新项目在接管中，大量的文件资料要求进行准备，通过对现有知识的整合、复制，不但减少了工作强度，提高了工作效率，

而且也统一了公司的整体对外形象，保障了文件的制作质量。

3. 做好信息积累

公司成立至今已经近十年，十年来积累了很多的好的管理经验，同时也有一些不足，将以往的不足形成案例，把这些案例共享，使其有指导的延续性，从而保证公司不重蹈覆辙。

为此，我认为酒店物业公司在现有的行政管理的基础上，特别需要加强的是：

（1）做好知识积累，完善公司电子知识库

以公司 OA 系统和项目 OA 系统为知识库的平台，不断丰富和完善内容。将公司知识库分为三个层面，即：公司行政信息、公司部门信息、项目信息，从这三个层面对信息进行及时补充。将其中的 70%～80% 的内容为所有员工进行共享，其余涉及公司战略等核心只对公司高层开放，实现公司知识的初步共享。同时，制定有效的信息库管理制度，明确各单位的责任人，下达信息库信息更新指标，明晰奖罚。

①操作人员完善知识库的意识不足。各部门、各项目的信息管理员对信息发布的敏感度需要进一步提高和加强，在各类信息发生的第一时间要有信息库的完善和发布的意识。对本单位历史资料的收集、整理、共享要进一步提高工作的主动性。

②各单位信息管理员的人员变动频繁，使得系统操作水平需要进一步丰富和提高。

③公司知识库管理制度不健全，奖罚不清晰，责任分层不明确。

针对存在困难的具体措施：

- 完善制度。对公司现在知识库管理制度进行修订完善，做到责权明晰，奖罚分明。
- 建立相对稳定的知识库管理员小组，加强日常培训，通过对相关制度的学习，提高人员的知识库管理意识。同时，对系统的实际操作进行培训，提高管理人员的操作水平。
- 提高各单位知识管理员对各类资料的收集整理意识，同时对历史资料进行整理，统一纳入到公司整体知识库中，我部将根据各项目的实际情况定期开展检查和抽查，以督促各单位人员丰富公司知识库。

（2）夯实基础建设，完成公司整体档案库

建立公司整体档案管理检索系统，在完善各项目自身档案库的同时，将详细的档案检索查询资料，报备公司行政，由我部建立公司整体档案检索查询系统，以达到公司及各项目的文件统一检索、统一查询、统一调配的功能，加快文件查询速度，提高文件调阅效率，进一步形成了公司信息的整合、共享。

（3）采取现代化会议手段，提高会议效率

随着科学技术的不断提高，会议的形式也不再只限于面对面在会议室内召开，远程、视频、电话、电视会议等多种形式都是会议的形式，这些会议形式的优点就是减少开会人员为开会往返于工作地点与会议地点的时间，提高了工作效率。缺点是局限于会议设备或是通信硬件的情况，不利于当面沟通。针对优缺点结合公司实际的会议情况，对部分会议进行改革，通过合并参会人员、合并开会时间、利用现代化会议设备等方法，提高会议效率和质量。

（4）充分利用总机系统，确保通信渠道畅通

充分利用好本部小总机系统，确保通信系统畅通。做好公司前台人员培训，规范总机接听标准。同时也与各项目工程部沟通，对各项目现有通信系统进行了解，对存在的问题进行整改，从制度或技术上进行完善，以保障公司整体通信系统的畅通。

（5）充分利用各类宣传渠道，扩大公司的知名度

充分利用房地产宣传网络、行业报纸杂志、内部刊物等平台，宣传公司、项目的创新举措、先进事迹和工作突破情况，扩大业内外知名度，树立公司物业管理品牌。

（6）统一行政渠道，控制行文质量

对公司目前的行政公文传递渠道进行梳理，统一公司文件归口管理部门，同时从公司本部开始对各项目的行政渠道进行逐级梳理，通过对公司本部与项目之间文件接口的重新明确，统一公司对外宣传口径。方便各类文件的收集和归档，一方面有利于使公司的工作形成整体化和达到一致性，另一方面通过单一的公文口径也更利于对文件质量的监督和控制，提高公司公文出品的质量，有利于公司对外形象的提升。

（7）提高会议质量，精细化会议管理

对公司层面的大型会议进行统一管理、整合召开，明确公司各层级会议召开范围、召开程序、主办部门等，使公司整体会议管理更具条理性，从整体的流程着手提高会议质量和效率。完善公司会议管理制度，从制度上提高管理，从理论上为项目提供指导。

（8）优化管理程序，实施流程化管理

以《行政管理手册》等各类手册为基础，指导各项目建立和完善工作流程图，开展《行政管理手册》学习、推广活动，通过不断地学习、研讨加强各单位对《行政管理手册》的认识和理解，召开项目现场办公会，结合项目特点和不同的管理模式对《行政管理手册》中的制度进行适当的丰富和调整，使各项管理制度更符合项目的运行需求，实现制度的持续改进。同时，针对公司新项目的接管，指导项目行政人员建立符合该项目的行政管理流程和体系。

（9）开展行政培训，规范公司行政工作标准

利用行政部门对各项目、各部门不定期的行政检查，查找工作中存在的不足和问题，对各项目进行现场培训和指导。

针对公司新入职人员对公司的行政流程、OA 系统、知识库、档案库系统都没有系统的认识和概念，编写行政入职培训内容，开展行政入职培训，加快其与公司接轨的时间。

（10）搭建公司内部行政沟通平台

学习的形式是多样化的，分享也是学习的一种。通过会议、现场交流等形式，在公司及

项目之间开展交流活动，为各单位的行政人员搭建一个有效的沟通交流的平台，使各项目的行政人员将自己的工作心得和经验与大家进行分享，在巩固自己知识的同时，也在与同事讨论中激发出新的思路，达到学习和提高的目的。

为了实现有效的行政管理，达到行政管理的自动化和模式化，就要以"大行政"的管理理念为基础，勇于创新，敢于工作，在公司内部形成一个"大行政"的管理环境，在资源、信息上尽可能地实现共享和互通，提高工作效率，对行政中相通的工作流程进行固化和模式化，为各业务板块真正起到推动作用。

（薛舒闵）

参考文献

[1] 黄达强，刘怡昌.《行政学》. 中国人民大学出版社，1988
[2] 夏书章.《行政管理学》. 中山大学出版社，1999
[3] 张国庆.《行政管理学概论》. 北京大学出版社，2000

八、试论物业客户服务体系的建立

随着物业管理市场的不断成熟和发展，业主的需求不断呈现高标准、多样化的趋势，物业管理企业已不可避免地进入到"以客户满意为中心"的服务竞争时代。在此背景下，简单的、保守的客户服务已经不再能满足客户的需求。另外，随着企业规模的扩张，所管理项目的档次、物业类型不断丰富，尽快建立一套科学的客户服务体系就更显得十分迫切。因此，物业管理企业必须树立"以客户为中心"的服务理念，建立规范化、常规化的客户服务体系，以适应市场竞争并实现可持续发展。

客户服务体系是一种科学的服务模式，能够将各工种、各部门的服务资源进行整合，使得对客户服务的全过程导向明确（以客户需求为导向）、操作规范（以作业指导书等制度文件为规范）、支持有力（以客户信息管理系统为支撑）、监督有效（以客户满意度评价系统为监督）。那么，如何才能建立一套行之有效的客户服务体系呢？通过对市场上一些项目的考察和对相关理论的研究，并结合我公司的实际情况，我认为可以从以下几个方面入手：

（一）树立"满意服务"的服务理念

现阶段，国内物业管理企业与国际知名公司的最大差距之一就是观念的落后，这种差距表现在国内很多企业主要站在自身的立场上制定经营管理战略，提供服务产品，而忽视了客户的需求和客户满意度的重要性。导入客户服务体系，就是赋予传统意义上的"客户服务"以时代的精神，要求企业主动地进行换位思考，把优质的客户服务与企业的发展战略相结合，以"客户服务"作为企业服务的理念不断地向员工灌输，激发员工的积极性和创造性，使"创造满意的客户服务"成为物业管理企业一切经营活动的出发点和归宿。

（二）建立客户需求分析系统——客户服务体系的支撑平台

研究客户需求作为现代客户服务的一个基础性工作，是整个客户服务体系运行的方向，是实现有效服务的前提，也是企业进行准确市场定位的依据。研究客户需求是一项长期而深入的工作，通过有效地运用所掌握的客户信息，对客户数据、信息进行科学化、系统化的管理和分析，从中把握客户需求变化的趋势，以不断改进客户服务，达到提高客户满意度的目的，这就构成了客户服务体系的信息支撑平台。

1. 客户档案管理

需求分析系统首先要求管理者通过全面掌握客户的自然状况、财务情况、消费特点和个人偏好等客户信息，建立完备的客户档案资料。客户档案应包括基本信息和动态信息两部分：

（1）基本信息

在写字楼管理中，客户档案的基本信息主要包括以下内容：建筑信息、合同信息、"二装"信息、业务信息、联系人信息、领导人信息、入住原因、缴费状况等资料。

在公寓类型的物业中，客户档案的基本信息一般包括：个人身份信息、学历信息、大致经历、工作状况、收入情况、家庭状况等，此外如条件允许，还应尽量收集业主及物业使用者的兴趣爱好、习惯、生日及其他纪念日等个人信息资料。

（2）动态信息

对于客户的动态信息中的报修与投诉信息要在第一时间传递给相关部门，并按照规范流程进行处理。对于其他动态信息，客服部应由专人进行阶段性统计，根据统计结果对客户档案进行更新，保证客户档案的有效性。

2. 客户需求分析

（1）需求的差异性。由于客户在性格、年龄、生活习惯、文化程度、职业、收入水平等各方面是不同的，所以他们对服务的需求也就不同。例如，年纪稍大的客户可能偏好比较普通的物业管理服务，如保安、清洁、绿化等服务就能满足他们的需求。而对于年轻人，他们的需求可能更广泛，如预订机票、代缴各项费用等特约服务。

（2）需求的多样性。每个客户的需求是多方面的，他们可能既要求服务质量好，又要求服务类型新颖。目前多数客户都希望物业管理服务能多样化，以满足他们不同时期的需要，并且这些多样化的服务还要有特色，如举办特色的客户联谊活动，引进各种商务服务及与生活工作相关的代理服务等，为客户之间增添沟通的渠道，满足客户的多样化需求。

（3）需求的发展性。有些受青睐的服务产品，可能过段时间就会被淘汰，许多潜在的服务需求变得越来越旺盛。在过去家庭保姆服务曾是一时的消费时尚，而现在由于保姆引发的各种问题导致业主对各种钟点工、入室保洁服务的需求开始发展起来。可以看出客户的需求是不断发展变化的。

（4）需求的互补和替代性。客户可以选择其他服务或者不同服务提供者的服务来满足自己需要，如业主在选择图片冲印、送水等服务时，可以自己联系外面的公司，也可以选择物业公司提供的服务。

把握住客户需求的特性，才能对客户需求进行准确的定位，因此要注意区分不同行业、不同经历、不同身份的客户对物业服务需求的差异性、多样性、发展性等特性，在健全、有效的客户信息的基础上进行深入分析，按客户信息中体现的特点进行归类，从零散的客户信息中提炼出有价值的客户需求，才能指导我们制定有针对性的服务举措。

（三）建立客户服务处理系统——客户服务体系的运营平台

客户服务处理系统是一支以客户服务部门为中心，随时随地准备奔赴客户服务第一线的快速反应组织，对客户的需求、意见、投诉、不满作出快速反应，并予以妥善解决。

目前，我公司各个物业项目已经成立了客户服务部，但随着公司所管理的项目数量不断增多，物业类型不断丰富，以项目客服部为主的格局已经不再适应公司发展和管理的需要。项目客服部相对独立，工作流程、工作标准、规范制度不尽相同，没有公司层面的职能部门进行统一的监督管理，不利于公司整体服务质量的提高和客户资源的整合。而且容易造成服务质量因服务人员特长的不同而不同、因业务流程的不同而不同、因项目所处阶段的不同而不同等参差不齐的现象。

因此，应适时考虑设立公司层面客户服务中心和项目客服部两级客户管理和服务机构。分别行使决策监督和具体执行职能，从而构建起纵向管理和横向执行相结合的"条"、"块"的客户服务体系，使各项目客服部之间能够互通有无、资源共享。

1. 客户服务机构的职责划分

（1）客户服务中心：客服中心原则上不参与具体的项目客户服务工作，客服中心是公司客户服务工作制度和政策的制定者和解释者，其职责主要表现为：

①制定公司客户服务工作的指导方针；

②制定并颁布公司客户服务工作的规章制度；

③制定并颁布公司客户服务工作流程、工作规范及工作标准，在全公司范围内，各项目统一参照实施；

④负责协调与工程、财务等部门的重大业务事宜；

⑤负责对客服工作项目执行机构的业务指导和执行监督；

⑥指导并审批各项目客户满意度调查计划；

⑦负责协调项目执行机构无法独立完成的一般协调工作。

（2）项目客户服务部：项目客户服务部作为对客户服务的一线组织，直接处理客户的需求及投诉，其职责主要表现为：

①维护客户档案，定期对客户信息、数据进行更新、维护；

②协调相关部门，满足客户一般的有效需求；

③完成物业管理费的回收，确保回收率达到指标；

④定期调查客户满意度，并对相关数据进行分析；

⑤定期组织客户活动，维护客户关系；

⑥按要求同客服中心进行沟通等。

待公司客户服务中心运行稳定后，可以考虑启动公司层面的呼叫中心或客户专线，对于收到的客户投诉区分处理，简单投诉分配到相关项目自行处理，客服中心对处理情况进行跟踪管理，重大投诉由客服中心牵头，协调相关部门进行处理。

2. 建立内部沟通制度

（1）客服工作信息的沟通方式

各项目客户服务部通过向公司客户服务中心报送客服工作计划、客服工作报表、报告的形式实现客服工作信息的有效沟通。

项目客户服务部应指定明确的客服工作联系人保证与客户服务中心就客服工作的沟通实现对接。

客服工作计划的报送以及各部门客服工作报表、报告的提交由联系人统一牵头组织、收集，按要求提交客户服务中心。

（2）客服工作报表、报告的收集与管理

客服工作信息的收集包括报表和报告两种形式。具体包括：《重大客户事件报表》、《典型客户投诉处理案例报告》、《客户分析报告》、《客户满意度调查报告》、《客户投诉分析报告》。

客户服务中心负责提出对各类报表、报告的基本要求，包括其作用、主要内容、提交部门、形式、时间等，并制定基本模板予以下发；并对客户服务部的信息收集情况进行监督；对收集的报表、报告进行分析、整理后提交公司高管层；对报表、报告中涉及的关键性问题与相关部门做及时沟通与协调。

客户服务部负责收集与本部门客户服务工作相关的信息，参照相关要求进行整理并按规定时间提交。

客服工作信息的收集应遵循准确、及时、全面的原则，保证所收集信息的内容、深度、整理形式符合有关规定。

（四）建立客户满意度监测与反馈系统——客户服务体系的监督平台

建立客户服务体系的最终目的是满足客户需求，实现客户满意，虽然客户满意是一种带有强烈主观色彩的消费心理，存在着难以量化的主观品质，但如果对客户满意度的分析和调研只停留在定性的层次，那么客户服务体系的运行将失去保障，发挥的作用也要大打折扣。

对物业管理行业而言，客户服务体系的监督平台可以建立在对物业管理各种基础数据（如入住率、收费率、投诉率、满意率）的收集和分类的基础上，通过跟踪调查、现场诊断等手段对特定范围的客户服务情况进行原因分析和综合评价，并以此为依据为日后的分析和评价准备原始数据和档案资料。

建立一套科学、严密、完整的客户服务评价系统是保证客户服务体系有效运行的关键，主要包括以下几个方面的内容。

1. 投诉处理

（1）项目客户服务部的投诉处理

项目客户服务部是客户投诉的主要接收部门，负责受理各种渠道的客户投诉，责成相关部门妥善处理并在规定时间内回访客户，谨防矛盾升级。

客户服务部应建立广泛的渠道接收客户投诉，包括：来电、来函、来访、图文传真、电子邮箱等形式。

①客服部门日常投诉处理流程：

- 对于客户各种形式的投诉，客户服务部必须认真受理，热情接待。
- 客服部门接到意见、投诉后，对于能直接答复和处理的常规性问题应直接给予答复和处理。
- 对于专业性的意见、投诉，客户服务部应详尽真实地记录，填写《中远酒店物业_____项目客户意见/投诉记录表》，并通知相关责任部门进行处理。
- 相关责任部门接到客户服务部的通知后须在规定期限内将处理结果或结论性意见反馈给客服部门。
- 客户服务部回访客户，并在投诉记录表上填写处理意见、处理结果、回访效果等情况。在规定时间内向客户作出正式答复。

②重大客户事件的处理

重大客户事件的标准：

- 就同一问题提起投诉数量达 10 户以上的客户事件。
- 导致公司经济损失 2 万元/户以上的客户事件。
- 被媒体刊登，严重影响公司信誉的客户事件。
- 涉及诉讼的客户事件。

对于符合"重大客户事件"标准的客户投诉，客户服务部除填写《投诉记录表》，还须同时填写《重大客户事件报表》，和《投诉记录表》一起及时上报客服中心。

客户服务部应定期总结客户投诉处理工作，以季度为单位，向客服中心提交《典型客户投诉处理案例报告》，以年度为单位向客服中心提交《客户投诉分析报告》。

（2）客户服务中心的投诉处理

①客户服务中心在成立初期不直接处理客户投诉。

②对客户通过电话、来访或其他方式针对某项目以及项目客服机构和人员向公司本部进行的投诉，由客服中心代表公司予以受理和接待。

③客服中心须认真填写《客服中心客户意见/投诉记录表》区分项目及投诉类型后，提出处理建议，分配到相关项目自行处理，客服中心对处理情况进行跟踪管理，并给予协调意见。

④对项目难以独立解决的客户投诉，客服中心有责任协调相关资源共同解决。客服中心负责对收集到的客户投诉信息以及各项目提交的《典型客户投诉处理案例报告》、《客户投诉分析报告》进行分析、总结后提交公司高管层。

2. 业主走访/回访

（1）把对业主的走访/回访列入项目客服人员的职责范围，并落实到每年的工作计划和考核中；

（2）走访/回访时，虚心听取意见，诚恳接受批评，采纳合理化建议，做好走访/回访记录，并按季度向客服中心提交《_____项目客户走访季总结》。

3. 业主满意度调查

（1）客户服务中心和项目客户服务部负责了解业主满意程度的信息，以此作为对客户服务体系运行情况的一种测量。项目客服部于每年末编制次年的《业主满意度调查计划》，经公司客服中心进行审批、备案后施行。同时调查问卷的内容应根据服务内容的变化、客户关注点的变化进行适当调整，但调整不应过于频繁，以免失去对比性。

（2）在进行业主满意程度调查前向业主进行公告，告知业主进行满意度调查的时间和方式，保证业主的知情权和调查的广泛性。在调查过程中，客服人员对全过程进行严格记录，并保持与客户的沟通，确保调查的严谨性和有效性。

（3）调查的形式应不拘泥于单一的发放问卷的方式，可以根据不同客户的表达习惯，采取面谈、信函、电话等方式进行征询，以便全面了解业主需求的动向。在此次对戴德梁行的考察中，我们了解到，该公司各项目每半年做一次客户满意度调查，公司本部同时会和开发商、大业主就服务质量进行深入沟通，这种双层面的沟通，保证了公司所了解的信息的可靠性，也实现了对各项目服务质量的有效监控。同时，各项目遇到重大投诉会及时上报公司，客户也可以直接致电公司本部的投诉热线反映情况，这便于及时了解客户动态，在第一时间作出有效处置。这种交叉管理的方式，是依托于公司客服中心、项目客服部基础上的两级客户服务运行方式，这种做法，是客户服务工作的发展方向，也是客户服务体系运行的客观要求，值得我们借鉴。

（4）客服部对调查结果进行统计分析，编制《满意度调查分析报告》，得出业主对物管中心各项服务的满意率等数据结果，确定业主的需求和关注点及公司需改进的方面。

4. 管理服务策略的调整和改进

通过客户满意度的分析和评估结论，可以发现特定物业区域内客户服务中存在的问题和不足，并通过对客户满意度构成要素（如价格、功能、服务水平、服务态度、物业环境等）的剖析研究，寻找出解决客户不满意的方法，采取积极有效的措施对具体的管理行为做及时的修正，最大限度地满足客户的需求。

此外，由于物业管理客户服务工作的长期性，客户对服务质量的期望值存在着不断增长的趋势，而且客户满意度是一个动态变化的过程，这就要求管理者必须具有长远的眼光，在认真分析自身的长处与不足的同时，根据客观条件的变化不断调整和改进管理服务策略，不断提升服务质量，以实现客户满意度的最大化。

（五）小结

21 世纪的物业管理市场，短缺已成为历史，垄断正逐渐被打破。构建有效的客户服务体系不仅是保证客户满意的必要条件，也是适应行业竞争的客观需要，从强化员工的服务理念入手，深挖客户需求，完善客户服务工作的组织结构，并对客户服务质量进行有效的监督，建立这样一套有效的客户服务体系，不但预示着企业核心竞争力的重构，同时也将直接关系到物业管理企业的可持续发展。

（彭沛锡）

参考文献

［1］齐坚.《物业管理教程》. 同济大学出版社，2004.9

［2］林广志.《物业管理学》. 中山大学出版社，2002.9

［3］矫佩民.《房地产客户关系管理》. 北京大学音像出版社

［4］宋建阳.《物业管理概论》. 华南理工大学出版社，2002.10

九、如何构建公司保安管理体系

（一）建立保安管理体系的重要性

1. 保安工作是物业服务的窗口

（1）安全是根本、是基础、是保障，物业管理中稍不注意，就有可能出现安全隐患或事故。对于物业管理这个微利行业来讲，出现一次安全责任事故，动辄几十万的赔偿，或者造成严重的社会影响，会给企业带来很大的损失。加强安全防范的作用日趋突出，建立科学、合理、完善、实用的管理制度和运作体系已经成为物业管理中的首要问题。

（2）保安管理是物业服务中一项重要的常规服务内容，是整个物业管理服务的重要组成部分，安全管理对实现客户服务提供重要的技术支撑。保安管理体系的建立有利于整个物业服务体系的完善。

2. 保安管理体系的内容

谈论保安管理体系，要首先清楚它具体包括哪些内容。通过此次参加管理研修，进行同行业参观、专业知识学习，并结合从业经验，我认为完善的保安管理体系主要包括三方面内容：第一，组织机构和职权划分；第二，保安队伍建设；第三，制度建设。

（1）组织机构与职权划分

以公司目前的管理体制进行分析，保安管理的组织机构与职权划分着重于两个层面，一是公司本部，二是项目，以及两者之间的职权关系。

针对保安管理，公司目前管理体系中有两种管理方式可以借鉴。

第一种，实行全公司保安统一化管理，成立专门的经营型管理部门——保安中心，其具体运作方式类似于公司的保洁中心。保安中心与项目的关系就是一种平等的服务合同委托关系。但是，这种管理方式在实际运作中会产生诸多问题。

①保安工作的重要性和特殊性决定了公司要对项目的安全工作有监督管理的权力，如果这项权力由保安中心负责，就同项目无法形成平等的服务合同委托关系，管理权与平等的合同约束权之间相互交错混淆，出于部门经营利益，必然造成矛盾和管理混乱。如果此项权力由其他职能机构承担，保安中心只负责保安员提供，就和市场上的保安公司一样，等于在保安管理体系中，一个事情，两套人马，资源分散，职权关系混乱，将不利于统一的保安管理体系的构建。

②目前北京保安员市场需求量大，保安员整体工资待遇在逐步提高，造成人源紧张。一个项目保安员少的几十人，多的上百人，这么大量的人员队伍组建势必给保安中心带来很大压力。另外，各项目业态不同、客户类型不同、物业费收支不同，决定保安队伍组建标准不同，保安中心是否能满足各项目用人标准，也是一个问题。在人源不足的情况下，要用更多方式方法，并根据项目管理需要选人和用人。

③保安中心组建保安队伍，保安员面对两个管理系统，一个是保安中心，一个是项目本身，容易产生管理目标和岗位要求上的差异，不利于项目整体服务目标的实现。

所以采用以下管理方式较好。

第二种，职能型组织机构管理方式。

首先，公司要由领导主管保安工作，同时，经营管理部也负有一些安全监督检查职能。主管领导和职能机构有权在自己的业务范围内，向项目或直接向项目的保安部行使指导、监督和检查权。

这种组织结构方式必须搞清几种职权关系，正常情况下，职能机构应具备三种职权：第一是业务考核和监督权；第二是业务指导权；第三是参谋权。第四种权力是对项目安全管理的命令和指示权，这个权力应该审慎考虑，职能机构的这个权力来源于公司领导的授权，公司总经理或分管副总经理对项目具有直线指挥权，分管安全的总经理针对安全管理工作对项目具有直线指挥权，这种命令和指示的权力是通过本人行使还是在一定情况下授予公司经营管理部行使，如果授予过多，管理宽度过大，就会造成职责不清，权责不明。形成上边千条线，下面一根针的情况。

其次，针对职能机构的职权，同项目的哪个层级发生职权关系也很重要。针对前三种权力，可以针对项目的保安部门直接进行，没有问题。但是如果职能机构具备第四种权力，应该同项目的总经理发生职权关系，职权指向不应直接面对保安部，这样可以保证管理职权的统一和效率。

目前的物业公司，这种职能内部岗位设置又大致分为两种方式，一是将品质管理职能整合设置，管理人员或工作人员兼顾不同专业，从岗位规范设计、体系标准监督、服务品质巡视检查一概而全。二是按物业管理的不同专业设置不同的品质管理人员，如有的物业公司按客服、保安、工程来设置相应的具备丰富的从业经验和专业知识的管理人员。

如果物业公司的规模较小，下属项目不多，第一种方式没有太大的问题，如果公司快速发展，下属项目众多，就要考虑第二种方式的品质管理队伍的建设。

（2）项目保安管理机构的设置

单独的一个物业项目，组织机构是垂直领导、直线排列，每一个岗位都有一个直接上级，即"一个人，一个头"，项目总经理对保安部经理拥有直线职权，保安部经理对专业主管或班组长拥有直线职权。这样便形成一条权力线，又是指挥链和指挥系统。这样的系统权力集中、责任分明、命令统一、联系简捷。

对于保安工作来讲，正常管理情况下，应该坚持这种分级原则，即在一般情况下，应该先向直接主管上报，出于保安工作的特殊性和重要性，也可以越级上报，但是关于指挥权问题，在正常的管理状况下，不要越级指挥。随意打乱这种管理层级，会挫伤管理人员的积极性，使管理系统混乱，无所适从。当然，事情没有绝对的，这只是相对的情况，如果遇有紧急突发事件、现场控制事件、管理纠错事件，当然也可以直接越级指挥，以便事情的及时解决。

（二）保安队伍的组建和管理

解决了组织机构设置和职权划分的问题，就要考虑保安管理体系中最重要的资源人的问题，保安员是安全管理的最重要的要素。缺少了合格的保安员，就不能实现安全管理的目标，管理体系也就无法运行。

1. 保安员队伍的组建

依目前物业公司保安员队伍的组建方式来看，主要为两种：一是自己招聘，组建自己的保安员队伍；二是通过服务委托的方式由保安公司来提供保安服务。不同的物业公司对这两种方式的选择也是不同的。从目前物业公司保安管理的实际操作来看，通过服务委托的方式存在诸多弊端。一是专业的社会化程度偏低：专业的保安公司其实不专业，或者更多的是挂靠在保安公司下面的黑保安、野保安，其内部管理混乱，保安员来源复杂，在一定程度上影响了物业公司的对客户服务水平，因保安服务质量而引起的物业纠纷在报纸电视上屡见不鲜，严重影响了物业公司的社会形象；二是保安员的队伍不稳定：保安公司的人员流动率普遍较大，人员的频繁流动，给物业项目本身带来安全隐患，另外，无法形成一支熟悉工作和环境、成熟的稳定的保安队伍，也严重影响了人员素质的提升；三是保安公司存在吃空额的现象；四是保安员实际待遇低，思想不稳定，为项目物业管理带来很多不安全因素。

所以在目前保安市场社会化程度不高，人员素质得不到保证的情况下，筹建自己的保安队伍势在必行，很多有实力的物业公司尤其是管理高端项目的物业公司也在进行尝试。

自建保安队伍，要解决以下问题：

首先，由谁自建，是由公司自建还是由项目自建，依上述的管理方式，应该以项目为主，公司提供必要的支持。项目自建虽然方式方法灵活，渠道多样，但毕竟有其局限性。公司可以集中各项资源，集中进行兵源渠道拓展。同时，对项目的人员选聘进行政策性把控，确保人员质量。

其次，确定保安队伍的组建标准。这个标准要根据同客户的服务质量约定及公司的品质要求确定，同时要考虑市场情况、兵源渠道、物业费收支合理限定。比如身高、年龄、是否退役军人，还包括地域选择。确定标准，把好招聘关，坚持原则就可以很好地保证兵源质量。

再次，要下大力气解决兵源渠道问题，保证兵源充足。结合北京目前的保安市场情况，临近 2008 年奥运会，需要大量的安检人员，因此保安员需求量大，工资待遇在逐步提高，这也给物业公司组建保安队伍带来不小的困难。工资待遇、工作环境将直接影响兵源渠道。但是良好的工资待遇和优越的工作环境并不一定就能确保充足的兵源。有几种方式可供选择，一是通过报纸、网络发布招聘信息；二是走出去，同地方的劳动部门建立联系，包括部队和地方退伍军人安置办公室，或者同地方部队建立稳定的联系渠道，在军人退役时直接输入兵源；三是采取以自招为主、同保安公司合作为辅的方式，在自招出现困难时，可以选定一家正规的保安公司，确保稳定的兵源提供，作为一种补充和过渡，保证不会因自招兵源的不足而影响了岗位的空缺。

2. 保安队伍的管理

做好保安队伍的组建只是第一步，如何做好用人、育人和留人将直接决定安全管理工作的运行和服务质量目标的实现。

在保安队伍的管理上，要深入贯彻公司的企业文化精神，关心员工、爱护员工，坚持"军事化管理"、"人性化关怀"的原则。

（1）军事化管理

军事化管理的两个方面，一是军事素质的培养，二是思想政治工作的深入。二者相互补充，缺一不可。物业管理公司的管理、服务好坏，归根到底取决于员工队伍素质的高低，虽然我们在选择保安员时精挑细选，考虑了他们对职业的适应能力和岗位的需要，但由于员工在接受能力、思想认识等方面存在的个体差异因素，要想保证适应服务工作的需要，提高人员素质，必须花大力气对他们开展军事素质、职业技能培训与思想教育，只有这样，才能增强服务技能、提高工作效率、保持积极的工作心态，由被动服从转为主动服务。例如：有的项目管理目标是"保安出亮点"，什么是亮点，一是人员身高 1.78m 以上，年龄 25 岁以下，然后按公司规范做到标准队列、标准军姿、标准军礼、标准手势、标准服务用语、标准岗位规范，这就是亮点。如何出亮点？在进行保安员队伍的建设时，对于刚入职的员工，首先开展军事化训练，进行队列、军姿、军礼、手势等基础训练，项目的警卫主管和队长，都是原先国旗班和三军仪仗队的战士，具有丰富的带兵经验和良好的军事素质，由他们来主抓人员培训和日常管理，日常起居严格按照军队的要求进行管理，所有人员在经过至少两周的强化训练后，经过考核合格，方能上岗。通过这些措施使员工队伍始终保持高度的组织性和纪律性，避免队伍的散漫，提高整体服务水平。

（2）人性化关怀

人性化管理，首先要做到尊重人、关心人、爱护人、善待自己的员工。例如，在公司或项目力所能及的范围内，改善他们的居住条件、饮食条件、生活文化条件，改善工作环境，保证正常休息，按劳动法用工，为他们规划职业生涯和创造岗位发展空间。这些都是搞好安全服务工作的基础。其次要关心员工、爱护员工。一要加强思想政治教育，要加强职业道德培训，帮助其树立正确的人生观、价值观，培养敬业精神；二要加强礼仪知识培训，增强员工良好的服务意识，树立公司形象，建立起文明的服务"窗口"；三要加强物业管理知识、消防知识的培训，提高其业务知识和业务技能；四要加强法律知识的培训，使其知法、守法、懂法，在能正确地维护好业主和公司利益的同时，也能保护好自己。

也要注意员工的生活，包括有员工生日会、定期的员工座谈会、建立了员工活动室，通过这种方式，使企业文化深入人心，培养了员工的忠诚度，丰富了员工的生活，稳定了员工的心态，非常好地促进了各项工作的开展。

（3）对外委保安员的管理

通过服务委托的方式聘用保安公司的情况下，如何加强人员管理，我认为应将保安员纳入公司的统一管理体系之中。而不是听之任之，只做简单的合同约束。应建立员工档案，随时掌握每一个员工的信息，同时涉及保安员调岗、离职、请假、调动等事宜必须提前通知物业公司，除员工离职外，其他变动事项必须经物业公司批准。

（三）制度建设

保安管理制度是公司服务水平与经营利益的保障，"没有规矩不成方圆"，制定完善详细的安全管理制度和工作流程，不仅对工作有指导和规范意义，更重要的是通过制度，检验工作中存在的安全问题及漏洞，及时修改和完善。

依照质量体系文件进行安全管理制度建设，包括质量文件、程序文件、作业指导书，要遵循科学、合理、完善、实用的原则。

为保证公司整体服务水平的质量，推进公司标准化统一化建设，依据保安管理体系组织机构及职权划分原则，保安的标准化基础管理文件应该由公司经营管理部制定，涉及消防、内保警卫、车辆管理三个方面，包括：管理制度、标准作业规程、工作标准与岗位规范、岗位职责、紧急突发预案等。

（四）保安管理体系的运行

保安管理归纳起来，可以概括为：一级监督、二级管理、三级考核、四级培训。

1. 一级监督——公司宏观管理

根据上述组织机构和职权划分的原则，在保安管理体系中，公司重点在于对项目安全的宏观管理，管理职权主要体现于三个方面：业务考核与监督权、指导权、参谋权。

（1）管理绩效的评估和改进

并不是对个人工作的考评，而是指对项目安全管理方案、保安管理运行模式、保安管理的措施和方法的效能评估。是不是适用，是不是实用，是不是有效，公司和项目要定期进行综合分析和评定。

（2）服务质量检查

每月组织进行一次，对保安员仪容仪表、岗位规范、制度执行、消防安防设备有效运行情况、安全工作隐患、机房管理等进行综合评定，提出整改措施和管理建议。

（3）建立横向和纵向的安全管理信息沟通和反馈制度

有效的信息沟通和反馈是实行管理监督和控制的基础。建立项目的安全周报和月报制度，同时完善紧急突发事件汇报制度，使公司及时掌握项目安全管理情况。同时针对安全管理的共性问题，组织进行分析和讨论，提出解决方案和措施，推进项目落实。

（4）为项目保安管理提供技术支持，做好工作指导

消防监控设备、安防监控设备是项目的重要技防设施。设备设施的运转情况是否有效和正常，有没有技术缺陷和不足，公司可以定期组织进行中控运行分析会，专门针对设备问题提供技术支持和解决方案。

2．二级管理

相对于公司宏观管理，项目安全工作实行逐级责任制。项目总经理及保安部经理负有安全管理主责，是两个主要的管理层级。

项目作为具体的保安管理实施者，应根据项目管理特点做好安全分析工作，并制订合理、实用的保安管理方案、措施和方法。例如，远洋国际中心由保安部制定了《立体安全防范体系》，将人员防范、技术防范、实体（物理）防范和安全信息网络有机地结合起来，建立以人员防范为基础，消防、监控、门禁等设备为手段，安全信息为导向的紧密联系的宝塔式的立体安全防范网络，通过该网络的逐层过滤，及时发现和消除各种安全隐患，从而达到确保项目安全的最终目的。

3．三级考核——公司、项目、部门

保安管理体系中，应建立公司、项目、部门三级考核制度。但不同的管理层级考核重点不同，方式也不同。公司侧重于对项目整体安全管理指标的考核。硬性指标就是无重大安全责任事故。考核的对象是项目总经理和保安部经理。一年一次或一年两次进行。项目考核的是保安部经理和各专业主管，考核的内容是各项安全管理方案、工作措施的执行情况及员工队伍建设情况。考核方式可灵活进行，可以是月度工作整体性考核，也可以是针对某一项重点工作计划的执行情况进行考核。部门考核的对象是保安员工，考核的内容是具体的岗位规范执行情况，方式、时间可灵活进行，但要确保有考核记录，并针对考核出现的问题有具体的纠正措施。

4．四级培训

培训工作至关重要，是提升员工管理与服务素质，提高保安整体服务水平最主要的一种方式。保安管理建立公司、项目、部门、班组四级培训体系。培训内容包括军事素质训练、公共课程、专业技能、不同专业交叉培训四项。公司可以集中优势的培训资源，建立起专业的培训师队伍，培训对象以各项目主管级以上人员为主，侧重于专业知识与管理方式方法上的培训。项目重点面向主管级以下人员进行，内容以公共课程包括员工生活与企业文化建设、公司行政人事管理制度为主，增强对员工企业凝聚力、忠诚度的培养。项目和班组的培训要经常化，以军事训练、岗位规范、标准作业规程的执行为主进行，把握员工服务细节，提升员工基础服务素质。

要重视各级员工的培训需求分析，结合项目管理需要制订培训计划。公司和项目的培训计划要具体到每月。部门和班组的培训计划要具体到每周和每月，同时加强对培训工作的检查和考核，不要让培训流于形式，有名无实。可以通过岗位技能比武、内卫比赛等方式来进行检验。

（任泽伟）

十、客户服务管理与公寓物业服务

所谓客户服务，就是在物业服务中，为客户提供按约定应该提供的服务，它是根据客户的需求，使客户得到满足，使客户感觉到他受到重视，把这种好感铭刻在他的心里，并主动承担契约规定中的各项义务，成为企业的忠实的客户。

物业管理行业是一项以服务为中心的行业，所以客户服务对于物业管理行业来说，是最重要的，公寓项目中客户服务尤显重要。

比尔·盖茨说："客户需要什么样的产品，我们就给他提供什么样的产品。"这就是说，作为服务部门或行业就应尽量满足客户的需求。物业公司的产品是服务，那么，我们就要向客户提供满意的服务，做到满足客户的需求是首要任务。所以我们首先要明白服务是什么，还要对服务进行有效的管理。使服务有规范、有要求、有标准。公寓物业服务，则要根据公寓的特点，进行有针对性的服务。

（一）客户服务管理的必要性

1. 客户服务的意义

据国际权威机构调查：对客户服务不好，会造成94%的客户离去！没有解决客户的问题，会造成89%的客户离去！每一个不满意的客户，平均会向九个亲友叙述不愉快的经历。在不满意的用户中有67%的用户要投诉。而通过较好地解决用户投诉，可挽回75%的客户。及时、高效地表示出特别重视他，尽最大努力去解决了用户的投诉的，将有95%的客户还会继续接受你的服务。吸引一个新客户是保持一个老客户所要花费费用的6倍。

由这项统计，我们可以看出客户服务对于一个企业的重要性，对于物业行业，客户服务具有更大的价值，它是提升整个企业服务质量的关键。服务质量并不完全由企业本身来决定，而同客户的感受有很大的关系。即使被企业认为符合高标准的服务，也可能不为客户所喜欢和接受。因此，可以认为服务质量是一个主观范畴，它取决于客户对服务的预期质量与其实际感受的服务水平（体验质量）的对比，即客户的满意程度。

有学者经过研究发现，客户在评价服务质量时，主要从十个标准进行考虑，即可感知性、可靠性、反应性、胜任能力、友爱、可信性、安全性、易于接触、沟通能力以及对消费者的理解程度。而要了解这些方面，客户关系管理应该是最有力的管理技术和实现手段。

2. 客户管理的原则

以人为本，是物业管理行业服务的基本原则。物业管理企业作为劳动密集型的服务行业，最终的顾客是居住者，居住者的满意度才是衡量物业公司工作的最终标准，所以物业管理企业要完善服务观念，寓管理于服务之中，在管理中服务，在服务中管理。只有这样，才能真正为居住者提供更细致、更周到、更体贴的人性化服务。

3. 重视客户的需求

做好客户服务的首要条件就是要重视你的客户最迫切的需求，但我们清楚地知道，大多数客户是不会跑来和你说他需要什么，他要你怎么做，而是靠我们的员工主动去了解客户的需求。有很多方法，满意度调查问卷、设置意见箱等，但对于新干线这个社区来说，应利用楼长与业主、租户的关系，利用平时的谈话了解客户目前的所需，也许很随意的一句话就可以看出客户的需求，所以要加强对楼长的培训，多注意客户的需求，及时反馈。

总之，业主需求是物业管理公司利润的源泉，物业管理公司提供服务的过程就是业主消费的过程，服务质量的测定也有赖于业主的评价。因此，物业管理公司实施客户服务管理是重中之重。

（二）公寓的特点

不同业态的物业具有不同的特点与性质，公寓物业，主要用途为居住，所以更注重物业公司所提供的服务。物业公司更多的注重的是为业主提供何种服务更能满足客户的需求。

1. 公寓住宅的特点

（1）住宅结构具有整体性和系统性

住宅小区的地上建筑和地下设施是一个不可分割整体，即使同一幢房屋，可能每间房屋产权、用途都不同，但房屋建筑结构是相连的，这一特点就要求住宅小区必须实行统一管理。

（2）建设统一化和功能多样化

住宅小区以居住为主体，配有商业、服务业、办公等用房，而且为使小区内各种住宅相互协调，有机结合，都是统一规划，集中综合开发建设。住宅小区的这种建设统一化和功能多样化特点，就要求住宅小区的管理既要实行统一管理，又要开展多样化服务。

（3）产权多样化

产权多样化是住宅小区的突出特点，并且在今后相当长时期都会存在，这一特点就决定了在小区管理中可能会出现分散管理。

（4）更具社会化

小区的功能多样化和产权多样化，这些都使住宅小区成为一个"微型社会"。一方面住宅小区的许多公用设施、绿化等，都是为全小区服务的，已全部"社会化"；另一方面由于产权多样化，使居住人口十分复杂，各行各业人员都有，产生社会化现象。

对于公寓来说，服务具有更重大的意义，做好客户服务工作是公寓物业管理的重中之重。

2. 公寓人群分析

据专业统计数据显示，以北京为例，目前北京高档公寓租赁市场的需求客户主要集中于外籍公司派出的高级员工、国内大型私企的老板等高阶层人士，均以商务居住为主，并具有长期居住及安置家人的需求，这些客户的租期一般为半年以上或时间更长，由公司担负高额的房租费用，同时自己在异地没有买房定居的需要。其中，欧美人占到65%，其他是港澳台人、日本人和华裔等。对于这样的居住人群，他们对于服务的要求远高于一般的城镇居民，在忙碌的闲暇，更希望得到一个优质的居住环境和卓越的服务，他们对于公寓不仅有硬件的要求，如花园式园区、会所、便利店等，对于软件即物业提供的服务也有着更高的要求，他们希望得到个性化服务，希望物业成为其管家，可以将主要精力投入在工作中。因此公寓的居住人群对于物业往往具有更高的要求，需要得到最好的服务。

（三）如何进行公寓的客户服务

1. 做好前期介入，打下良好基础

前期介入是指在项目规划设计阶段开始，我们就应站在业主的立场上，根据以前的管理经验，结合工作中业主反映较多的意见和建议，有针对性地向房地产项目部、设计部等相关部门提出规划设计的修改变更意见。这些意见包括智能化设备、景观绿化、电气系统、给排水系统、公建配套设施等所有日后与业主生活、物业管理息息相关的内容。全程参与项目规划设计、营销策划和工程施工，从而大幅度地减少质量隐患，确保业主入住后享受到高品质、更便利的物业服务，对于业主、物业公司、开发商三方，这是一个"三赢"的结局。

（1）竣工验收与接管验收

物业竣工验收是指一项物业开发建设的最后一个阶段。物业所属的工程项目经过建筑施工和设备安装以后，达到了该工程项目设计文件所规定的要求，具备了使用的条件，由建筑商向开发商办理交付手续。在办理交付手续时，由开发商或专门组织的验收委员会对竣工项目进行查验，认为工程合格后办理工程交付手续，完成建筑商把物业交给开发商的一个法定程序。物业竣工验收后，建筑商完成了一项最终建筑产品，而开发商也完成了该物业的开发任务，开始承担物业开发质量的法定责任。

接管验收不同于竣工验收。接管验收是由物业管理企业依据建设部颁布的《房屋接管验收标准》，接管开发商移交的物业所进行的验收。接管验收是在竣工验收合格的基础上，以主体结构安全和满足使用功能为主要内容的再检验。其首要条件是竣工验收合格，并且供电、采暖、给排水、卫生、道路等设备和设施能正常使用，房屋幢、户编号经有关部门确认，同时，还接收相关的物业资料。接管验收后，由物业管理公司依据前期物业服务合同履行物业运行、维护和保养的责任。

物业的竣工验收与接管验收，实际都是一种责任转移的形式，不仅法律意义重大，而且直接关系到对物业建设与开发质量的确认，以及今后物业管理工作能否正常开展。因此，要搞好前期物业管理，确保物业使用的百年大计和业主的根本利益，就必须严格物业的竣工验收和物业的接管验收。

对物业公司来说，应在房屋粗开荒后站在业主收房的角度由客服部与工程部共同参与竣工验收工作，在全面了解房屋工程质量的同时为后期跟进整改打下良好基础。

（2）入伙管理

"入伙管理"是物业公司接管物业以后的意见重要的公众管理工作，其工作质量的优劣事关物业公司日后的工作全局，意义重大。"万事开头难"，如果这一步工作不能到位，极易

给业主造成不佳的第一印象，日后的物业管理难度也将倍增。

所谓"入伙管理"是指开发商在向业主发出"入住"通知后，业主前来办理入住手续，验房收楼，直至搬入新居开始正常生活这一阶段的物业管理工作。所以，物业公司应充分利用这一机会，既做好物业管理的宣传、讲解工作，又要切实为业主着想办事，以树立起物业公司良好的第一印象，取得广大业主的信赖。

（3）空置房管理

空置房指小区办理入住手续后开发商尚未出售的房屋。充分了解房屋的破损规律，有利于科学地管理空置房。其破损规律是：新建房屋的头三年发生破损的几率是比较高的，尤其是头一年的空置房，如果管理不到位，房屋的隐性破损是很大的，对房屋的未来使用安全尤为重要。

管理员根据季节变化定时对空置房进行开窗通风、散热。必要时应进行烘干处理，防止墙面、天花板发霉、木制品生虫及变形。同时定期安排保洁人员进行房屋清洁并做好防火、防盗工作，一旦发现问题及时上报。

2. 爱护客户　重视客户需求

（1）重视客户，倾听客户的意见和投诉

客户是我们的服务对象，爱护客户、重视客户的需求，这是搞好服务的主要依据和关键。我们的服务是有固定对象的，不是随意的做什么工作，是根据客户的需求来做的服务，不是填鸭，不是主观臆想，而是按需而为。要按照需求服务，还要倾听客户的意见，对客户的反映或投诉，要及时给予回馈。

（2）了解客户，建立健全的客户档案

了解客户是为客户服务的基础，为了更好地服务客户，必须了解客户，还要做好资料的保存管理工作。客户的流动、信息的更新、市场的快速变化，需要企业加强客户管理、信息管理、客户情报管理，实现信息共享，提高工作效率。对于新干线这种多业态的公寓来说，客户档案就更为重要，目前新干线物管中心采取袋式档案及网上档案共享，即通过电脑，如查看客户档案资料，有权限的人随时可以查看客户档案。

①资料收集

客户资料主要由各楼长进行收集，业主的档案在收楼时都要求其填写完整的个人信息，装袋保存，同时由文员进行电脑的录入。若房已出租，须由租户根据个人情况填写《租户一览表》。值得注意的是，业主、租户的资料是随时变动的，物业客服人员应随时对资料进行更新、完善，时刻保持客户资料的最有效性。

②资料管理

资料录入后，装袋保存，针对客户档案的保密性，档案由部门文员专门负责管理，其他人员如需查看档案，须先向总经理请示。重点户用特殊标志标记。

③资料使用

客户资料完善存档及录入 OA 网上系统后，公司相关人员根据个人权限在需要时可以通过网络随时查阅客户信息，当输入需查询房间号后，系统自动显示该客户相关的收房信息、个人资料、租户资料及报修记录等。

3. 积极创新，提高服务水平

一般认为，创新是技术创新、制度创新、管理创新相互作用、相互促进的结果，是指不断应用先进的思想、科学的方法、新颖的技术，将过时落后的东西取而代之，以达到更高目标的一系列创造活动。就物业管理创新而言，大体可分为观念创新、经营创新、管理创新和服务创新，它们之间既相互对立，又水乳交融。

（1）观念创新

现实中人们常受到传统观念的束缚，对物业管理没有全新的认识，对物业管理企业没有准确的定位，使物业管理面临重重困难。物业管理作为一种新事物，就需要我们用新眼光、新立场去看待它，用新的思维方式去研究它。而物业管理要想走出困境，首先要做的就是解放思想，只有从思想上深刻认识到物业管理是一种企业行为，而不是行政行为，其活动必须符合和满足市场规律的要求，才有可能从新角度去审视它，用新观念去理解、研究它。

（2）经营创新

作为物业管理者，只有始终把自己的追求置于创新之中，不断创造新的企业产品、新的服务项目、新的消费群体，才能在竞争中立于不败之地，这就是物业管理企业创新的目的。物业管理经营创新表现在：一是物业管理是一种企业行为，因此，必须不断开拓市场，发现新的市场需求，发展新的消费者，使物业管理公司取得较好的经济效益；二是把握市场规律，预见性地创造出新的服务项目；三是要善于发现和培养懂经营、懂管理的人才；四是要设置灵活的组织管理形式；五是创造良好的经营环境。

（3）管理和服务创新

物业管理切忌墨守成规，真正的物业管理者应该是一个创新者。物业管理的中心任务不应该仅是对物的管理、对人的服务，而是将二者有机结合在一起所进行的一系列创造性活动，其实质应该是通过协调人与人、人与物、物与物之间的关系，来创造一个人物结合的环境，达到人流、物流的有序流转。物业管理者要根据许多变化的因素，不断创出新方式、新措施来促进环境的优化。

必须强调的是，物业服务是一件十分复杂而细致的工作且随着工作的进展，要求服务者必须不断改善服务对管理和服务进行创新，提高服务水平。管理创新，最重要的是流程的简化，各部门员工尤其是主管以上员工，对于本部门所有流程应该相当熟悉，在熟悉的同时，应该对于已经陈旧或多余的流程进行组合或删减，尤其是对目前还在沿用但可操作性较差的流程进行优化，力求节约人力、物力。服务创新，首先要有超前的观念，就是指观念要先进，并不断接受新事物，做到与时俱进，更新观念，与国际化接轨。在时尚观念和服务理念上给业主以耳目一新的感觉，在为业主提供日常专业服务的同时，在生活方式和居住理念上给业主创造高档次、高品位的艺术享受。在实际工作中，理念上的模糊必然导致思想上的错乱，而思想上的错乱又必然导致行动上的混乱。比如，物管企业每逢重大节日都要进行节日装饰布置，而这种布置必须适应时代的潮流，迎和广大业主的品味要求，并体现出本小区或楼宇的特色性。否则，就会引起业主的投诉或不满，起不到应有的装饰和宣传效果。要正确处理好成本控制与实际需要的关系，不能以控制成本为由降低装饰布置的水准。只有具备了超前的观念才能有所创新。

4. 搞好员工培训，提高服务素质

搞好服务，员工是关键，员工服务水平是关键，所以，要不断提高员工的心理素质、技能素质、综合素质等。

心理素质："处变不惊"的应变力，挫折打击的承受能力，情绪的自我掌控及调节能力，满负荷情感付出的支持能力，积极进取、永不言败的良好心态；

技能素质：良好的语言表达能力、丰富的行业知识及经验、熟练的专业技能、优雅的形体语言表达技巧、思维敏捷，具备对客户心理活动的洞察力、具备良好的人际关系沟通能力、具备专业的客户服务电话接听技巧、良好的倾听能力；

综合素质："客户至上"的服务观念、工作的独立处理能力、各种问题的分析解决能力、人际关系的协调能力。提高这些素质，要培训，让员工在工作中学习。培训可以分成两种，第一种是日常的培训，即随时发生问题随时培训，发生了突发事件，不要慌张，不要束手无策，也不要漠然处之，要积极妥善解决，而且应牢记心中，把它当做案例，在员工中进行分析，避免类似情况再次发生。第二种，这种培训可以作为一种激励手段，对于表现较好，较有发展前途的员工定期提供客户服务相关知识培训，一方面增加员工知识面，另一方面激励员工努力工作，争取积累更多的工作经验。

5. 做好客户投诉处理

要想真正地维护客户关系，认真对待每一位客户的投诉是很关键的，调查证明，对企业或产品不满意而进行投诉的顾客，比不满意而没有投诉的顾客再次购买的比例要高得多。做好客户投诉处理工作，大体包括以下几方面：

（1）客户投诉的记录

①客户对物管中心服务方面的投诉，不论采取何种方式，如电话、信函或来人面谈，由前台或楼长集中登记、组织处理、向客户反馈处理结果。

②客服部建立《客户投诉登记表》，对每一份投诉或意见予以记录。记录的内容包括客户名称、投诉文件（信件、电话及面谈的正式记录）的编号、投诉性质或内容摘要、批办意见、处理结果、客户回访等。

（2）客户意见的处理

①客服部接到投诉后，首先对投诉进行有效性分析。对于有效投诉，马上根据投诉内容

协调相关部门进行处理。

②对重大问题的投诉，部门不能处理的须统一协调的问题，逐级上报，由领导作出处理决定。

③在投诉处理完成后，一定要及时给业主反馈，在对业主回访的同时让业主充分感受到物业对于服务对象的充分重视。

④客服部每月对客户投诉进行汇总分析并上报，对于重点投诉形成案例，为员工进行培训，以免同类问题重复发生。

公寓作为较高档的住宅项目，有着其自身的特点和不同的客户需求，只有及时了解客户需求，不断完善业主档案资料，不断创新等才能最终提高公寓的客户服务的管理。公寓项目尤其是多业态项目中的公寓项目，与其他项目有许多不同，只有了解了它的特点才可能提高服务质量。物业管理在我国还是一个新兴的行业，伴随着市场经济的发展、物业的多业态，多业态物业的融合现象会更多，了解公寓管理的特点，采取有效的针对性的服务，才能保证满足业主的需求，取得较好的经济效益和社会效益。

（雷艳丽）

十一、浅谈物业管理的前期介入

企业在接到一个新的项目后，为了更好地进行管理，要制订详细的经营管理计划包括诸多方面，但前期介入规范在整个经营计划中起着举足轻重的作用，从我们这次对公司内外的考察中，更感到了这个问题的重要性。凡是前期工作做的完善的项目，后期管理就比较顺畅，前期介入工作粗糙，后期问题就多，不仅影响管理品质，也会造成和开发商之间的纠纷。我在这里重点谈谈前期介入的规范问题。我认为前期规范要做到把控时机、规范项目、搞好培训、消除盲点，要做到这些，在前期进入前，必须制订前期介入规范方案，列出包括工程、安保、客服、设施设备等各方面的详细预案和措施，这份方案是介入纲领，一切以此为准。当然，在执行过程中，还可以修订，根据介入的不同阶段进行完善。制定前期介入标准大纲、前期介入手册。在介入的不同阶段采取不同的做法。前期介入大体分为四个阶段：

（一）管理方案策划阶段

从物业管理的经验看，大多物业公司都是在前期介入与开发公司的项目一起滚动的。从项目的规划、设计、施工与安装验收工程这几个过程中物业公司都进行了专人的参与，专门成立了前期介入小组，深入项目工地，与房地产开发公司的项目领导、工程技术人员紧密配合，充分发挥各自的优势，使得项目得以如期完工。

- 有助于对项目的全面了解，对开发商的设计理念及市场定位的把控，制订有针对性的管理方案。

- 同时作为物业公司，可以尽早接触项目的施工现场和其他的操作过程，通过前期的磨合取得开发商以及其他有关单位、部门的好感、信任与支持。
- 站在物业公司今后的管理和使用者的角度对于一些因规划、设计以及设备、设施等相关技术参数对于今后管理工作中可能会出现的问题或影响提供建设性的意见和方案。这样可以有效地解决开发与使用及对日后管理工作中带来的缺陷。
- 物业公司可以有效地掌握开发节奏，为后期的接管验收提前做好相应的准备工作。

应制订各项相关设施的交接调试、试运行的计划。使下一步的接管工作更有条理。具体做法是：

1. 项目管理目标策划

根据项目的特点，以及对业态的分析、楼宇建筑的档次、管理的特点并结合行业的市场形式进行综合分析，确定对此项目的管理模式，制定管理目标、管理标准、管理项目的管理方法。通过确立管理总纲来实现下一部对此项目的针对性管理。因为没有一个项目是完全一样的、可复制的，要想管理好项目就应针对其特点制定、建立相应的管理模式。在这个过程中应注意做好与开发商之间的沟通，使我们的管理总纲能够得到他们的认可与支持。

2. 策划机构的设置

确定管理标准和方式后，应根据实际需求对未来项目的机构设置及管理人员编制进行策划。提前做好人员储备，使项目班子的人员组成、分工更适合于项目的需求。更有助于在下一步进入磨合期建立良好的工作关系，使之形成高效的管理团队。

（二）前期介入与准备阶段

从项目管理的实践中证明，前期介入对于以后的物业管理工作起着至关重要的作用。我认为主要表现在以下的六个方面：

1. 管理前期准备期

成功的前期准备可以为今后物业管理的实际运作打下良好基础，避免随意性，最大限度地规避管理风险，应结合管理总纲的思路制定物业管理前期的成本预算，制订物业管理具体开展工作方案，编制物业管理所需的各种文件，包括《管理公约》、《用户手册》、《装修指南》。建立各项管理制度，如《车场管理制度》、《消防预案》以及其他相关规定等。

2. 前期的介入与准备

在这个时期的工作对于物业的今后管理起着至关重要的作用，作为物业公司来讲能否有效地利用这个阶段做好各项交接前的准备工作，与开发商、与业主、与员工之间，通过有效的磨合建立互相的信任，有着重要的意义。在这个阶段物业公司应根据管理总纲所制定的管理思路制订全面完善的工作计划并保证每一项节点工作的完成时限，从人员的招聘，到物业管理具体工作的展开，从前期的成本预算的测算到各项物品的准备，从交楼前各项资料的准备，到落实员工的培训，从客户档案的建立到与客户关系的建立，从工程各相关节点的跟进到各相关部门的沟通等。方方面面的事情非常烦琐，那么如何体现物业公司的专业性，在这个时期也就较为凸显。这就要求培养一支具备过硬专业素质的团队来得以实现。

3. 制定与品质相匹配的管理方法

现在客户购房的特点是一方面注重房屋的品质，另一方面注重对物业的服务选择，能否实现物有所值。业主的服务需求已不再是仅仅需要基本的生活满足，而需要受到尊重，需要微笑的服务，更追求楼宇的品质与服务的细节，并越发的苛刻与挑剔。如果我们有一个环节的细节服务没有做到位，就将在业主的心目中大打折扣，因此就需要物业的服务更加注重在细节方面下工夫。在准备期就要求我们换位思考，站在业主需求的角度去制定我们服务的标准，使各项管理与楼宇的品质，与客户的需求相匹配，相融合。特别是到了交楼期间，这就要求物业公司尽可能地把将要遇到的问题充分地进行预测，并尽可能地减少因房屋质量、环境、服务过程等出现的问题。给客人（业主）一个良好的印象。在对外部项目的考察期间，我了解到各个公司都在围绕业主满意方面下了工夫，有的推出英式管家式服务理念，有设置大堂值班经理岗，有的推出金钥匙顶级酒店式服务，这些无不体现了物业公司为营造客人对服务层次的不同层面的需要所追求的业主至上，精细服务管理理念。有个项目，在小院内建造假山流水、奇石吊桥，会所就设在假山下面，红花绿树丛中，巧妙地利用了空间，拓展了园林面积，很有格调，配以英式管家服务，凸显了服务档次，这种服务模式是与公寓的风格、小区环境、园林小品相匹配的。有个项目区域内高楼林立，大堂富丽堂皇，在大堂里设值班经理，展现出酒店式服务的特色。

4. 进行人员的招聘与培训，打造高效团队

要想实现以上的品质，就要求我们拥有一支高素质的员工队伍，因此我认为，前期物业介入的准备阶段另一个重要的内容是人员的招聘、培训与整体的队伍的磨合过程。对招聘人员要根据项目的特点进行相应的培训。我们知道物业行业管理工作是由人来实现和完成的，因此人力资源的储备和培育是企业品牌战略发展的关键，人员素质是决定物业公司品牌战略发展的重要因素，应重视人员的招聘工作，重视分析员工的能力与态度，使用适合岗位的人。这样可以有效地调动他们的积极性，充分发挥每一个人的特长。此外，培训工作应是这个阶段的重点，这对后期的管理工作有着重要的意义。前期的培训不光要重视对员工企业文化的介绍、从业人员规章制度的讲解，更重要的是通过培训，加强员工的行为规范，培养他们的业务技能和良好的服务意识，还应对自己所管理的产品特点、优势、硬件及配置标准有一个清晰的认识，对于一些共性问题的回复应保持统一的口径，以清楚了解所管项目硬件及配置标准，减少凭主观判断对客户服务，以体现员工队伍的整体专业性。为了提高服务质量，要

加强培训。培训计划安排应做好全员及对相关专业的针对性，目的是通过专业知识的培养，使每一个员工都具备与物业公司要求标准一致的素质。通过培训磨合，增强队伍的凝聚力和战斗力，为下一步的接管验收试运行提供有效的保障。

5. 建立有效的系统保障体系

根据所管项目的特点，应建立行之有效的运行系统，使在下一个阶段的接管验收工作有条不紊的实现。在这个过程中应从三个方面进行信息系统的搭建、客户档案及运行流程的建立。

（1）信息系统的搭建

在这个阶段还应重视信息系统的建设，这对于后期的交验、试运行的管理，培养每一位员工的习惯有着重要的作用。（例如：像通信系统、OA系统、网站的建设、报修系统等方面）信息系统的建立一方面有助于内部沟通工作的开展，可以有效提高整体的办事效率；另一方面利用信息平台搭建与客户沟通的桥梁，使业主可以与物业管理公司进行对话，同时使物业公司的前期工作得到业主的支持，对于一些涉及的相关物业信息进行发布，建立正面的客户导向。

（2）客户档案的建立与管理

建立客户档案的管理有助于我们更好地了解客户的需求，有助于比较前期的建立与业主的关系。在这个阶段应确定和划分客户的管理，使管理人员能够较早地熟悉今后负责管理的客户名单，同时建立与业主的联系与沟通，通过档案的建立更加全面地对所购房本人及家庭成员的职业、单位、喜好、风俗习惯、生日、紧急情况的联系人、车号等诸多方面的信息进行了解，有助于前期培养与业主建立良好信任的关系，体现物业服务管理工作的专业性。

（3）运行流程的建立

通过对万科星园的考察，感受到合理的运行流程对于提高后期对客服务的满意度，有着十分重要的意义，同时也能更加经济地使用分配人力资源，在整个园区的管理中，充分地发挥中控指挥中心的职能，24小时的服务利用资源优势集中了门禁系统的管理、消防监控，同时还涵盖了处理业主的投诉、报修、叫车等信息的调度、分配传递、跟进、记录、反馈等多方面的职能，通过监控系统使客服、工程、安保等多项工作连接起来，大大提高了对客的服务办事效率。因此合理的运行流程可以提高客户的满意度。

6. 营造良好的环境氛围

良好的环境氛围有利于提高业主满意度，也是彰显物业管理公司品牌的一个窗口，所以在前期介入时与开发商沟通。从园区绿化、植被的选择、园内小品的布局及业主房屋的施工进度等方面提出建议。

（三）管理启动与试运行阶段

这个时期的工作也就意味着进入客户办理入住手续的倒计时阶段，前期介入的各项准备工作已按照时间表完成，随着工程整体进度的收尾应与开发商落实具体的交接验收同时做好设备、设施的试运行阶段的准备工作。物业公司的接管验收是物业管理过程中不可缺少的一个环节。这要求物业公司要依据有关工程验收的技术规范与质量标准，对将接管的物业进行检验，以保证今后物业管理的正常开展。

1. 物业接管验收的作用

物业公司应充分利用自己在接管验收中的权力和质量补偿的权力。一方面考虑质量问题对自己日后管理的影响，另一方面还应站在业主的立场上，充分维护业主的权利。因为这会减少很多日后因房屋质量所带来的麻烦：

- 应明确交接双方的责、权、利关系。通过交接验收签署一系列的文件，实现权利和义务的同时转移，从而在法律上界定清楚交接双方的关系。
- 应确保物业具备正常的使用功能。物业接管验收有相应的标准，通过这程序促使施工或开发单位依标准进行规划设计和建设，充分维护业主和自身的利益。
- 同时为后期的管理创造有利的条件。通过接管验收，一方面使工程质量达到要求，减少日常管理过程中的维修、养护的工作量；另一方面，根据接管的有关物业的文件资料，可以了解物业的性能与特点，预防日后管理事务中可能出现的问题，计划安排好各项管理事项，建立物业管理系统，发挥专业化、社会化、现代化的管理优势。

2. 站在业主的角度，做好物业的接管验收

物业公司与开发商进行交接验收实际也就意味着由建设期向物业的管理期的转变。在这个阶段物业公司应高度重视这个过程，这不同于开发商和施工单位的竣工验收，它需要更加细致和要求具备相当的专业性。接管验收应包含交接的资料、交接的具体内容、物业交接双方的责任以及设备设施的试运行几个方面的工作。

（1）交接的资料包括应检索提交的资料，产权资料，项目批准文件，用地批准文件，建筑执照，拆迁安置资料，技术资料有：竣工图纸，包括总平面、建筑、结构、设备、附属工程及隐蔽工程管线的全套图纸，地质勘察报告，工程预决算，图纸会审记录，工程设计变更通知及技术核定单，隐蔽工程验收签证，沉降记录，竣工验收证明书，钢材、水泥等主要材料的质量保证书，新材料、构配件的鉴定合格证书，水电暖卫生器具、电梯等设备的检验合格证书，砂浆、混凝土石块试压报告，供水供暖试压报告。

（2）房屋交接的具体内容包括质量与使用功能的检验：例如主体结构应符合国家规定所要求的标准值，房屋与楼体地面应符合设计要求，装修，电气，水、消防、采暖，附属配套等对应的标准与要求，应符合国家或行业的规定。同时对于影响房屋结构安全和设备使用安全的质量问题，必须约定期限由开发单位负责进行返修，直至合格达标；影响相邻房屋的安全问题，由开发单位处理。对于不影响房屋结构安全和设备使用安全的问题可约定期限由开发单位负责维修，也可采取费用补偿的办法，由接管方处理。

（3）物业交接双方责任：物业公司应与开发商对具备条件的和应检索提交的资料提前做好交验准备，同时对双方的提交、回复应确定明确的时间期限。对未经接管的房屋一律不得交付使用。接管验收时，交接双方均应严格按照标准执行，验收不合格时，双方协商处理办法，并商定时间复验，开发单位应按约返修合格，组织复检。房屋接管交付使用后，如发生隐蔽性的重大质量事故，应由物业公司同开发单位和设计、施工单位共同研究分析，查明原因，如属设计施工材料的原因应由开发单位负责处理。新建房屋从验收接管之日起，应执行建筑工程保修的有关规定，由开发单位负责保修。并要求向物业公司预付保证金，物业公司在需要时用于代修。预付保证金的方式可以有效地提高维保单位的维修效率。通过理顺交接的关系，能够有效地保证今后业主的权益和提高维修的满意度。使日后物业公司与业主之间的关系能够更为融洽。

（4）设备设施的试运行。对于物业公司，如果能够在这个时期有效地把控做好设备设施的试运转，对于提高入住客人的满意度有着重要的意义，特别是将要或已进入供暖、供冷期。再有对于涉及客户安全的需要提前将门禁、监控、消防等方面的工作准备好，这样可以更好地提高自身的管理效应，体现物业公司对业主的服务专业性。

在新干线前期交验阶段，由于某些交验资料交接不清，导致日后管理工作的被动。

（四）全面运作阶段

这个阶段，是物业公司对所制定的前期各项工作的继续与延伸，通过准确的前一阶段制订的计划目标对所管的项目的内容包括设备设施的维护、社区环境的营造、安全的管理，为业主提供的各项服务的展开，以此不断追求客户的满意，不断追求保持持续改进的服务，从而达到物业公司效益的实现。

在这个阶段是物业服务的正常运转期，如果说前面是准备阶段，那么，现在就要把工作全面展开了。这个时期，全面工作步入正轨，要按照管理的规范，按部就班地、系统地进行对客户服务，兑现对业主的承诺。这个时期，也是对前期工作的检验，所以，为了运转期的顺利实现，必须重视前期介入的工作。

前期介入就像一个交响乐的序曲，序曲演奏好了，整个乐章都会精彩。重视前期介入，这是搞好物业服务的关键。

（魏建国）

跋

　　中远酒店物业管理模式"三色书"之一，《高档公寓别墅管理》，经过认真编写和反复修改、整理，现在和大家见面了。物业管理在国内还是个新生事物，随着我国房地产业的发展，物业管理逐渐成熟，但是，有关高档写字楼、公寓、别墅的完整的管理模式还不多，与物业管理业的飞速发展很不适应。中远酒店物业管理有限公司，先后管理了写字楼、公寓、酒店，积累了宝贵经验。为了形成中远酒店物业自己的品牌，也为了规范我们在高档写字楼、酒店、公寓、别墅方面的管理与服务，我们发动公司本部的行政人事部、工程技术中心、经营管理部、市场开发部和远洋大厦、远洋新干线、远洋国际中心、凯晨世贸中心等物管中心的员工，参与了我们本管理模式的编写工作。各项目的高管、各部门的经理，都是主要的编写者。本卷书是以远洋新干线的管理实务、远洋国际物管中心的物业前期管理、凯晨世贸中心的管理细则等为基础，针对高级公寓、别墅的特征、客户需求等进行编写的。我们把这次编写工作，当做一次学习和培训，使大家在编写工作中，体会物业管理的特点和要领，提高管理和服务水平。我们的《写字楼管理》、《酒店管理》已经出版，并受到业界和社会的广泛好评，在这个基础上，我们又编写了这册《高档公寓别墅管理》。由于时间紧、经验不足，加之我们的几种模式还在不断成熟中，因此，缺点甚至错误难免，敬请各位专家、同行指正。

编　者

2007 年 10 月

编 委 名 单

主　编　傅丽茹

编　委　方新桥　冯　珞　赵进刚

　　　　刘肇津　张树建　李在昌

编　辑　魏建国　雷艳丽　刘朝晖

　　　　赵海林　任泽伟　杨　沛

　　　　李　阳　薛舒闵　柳　林

　　　　彭沛锡　付　洋　王　丹

　　　　金　涛　史向军　刘四新

责任编辑：高　瑞

责任印制：冯冬青

图书在版编目（CIP）数据

高档公寓别墅管理——综合管理实务/傅丽茹主编．－北京：中国旅游出版社，2008.1

ISBN 978－7－5032－3321－0

Ⅰ．高…　Ⅱ．傅…　Ⅲ．①住宅－物业管理②别墅－物业管理　Ⅳ．F293.33

中国版本图书馆 CIP 数据核字（2007）第 176513 号

书　　名：高档公寓别墅管理——综合管理实务

主　　编：傅丽茹

出版发行：中国旅游出版社

（北京建国门内大街甲 9 号　邮编：100005）

http：//www.cttp.net.cn　E-mail：cttp@cnta.gov.cn

发行部电话：010－85166507　85166517

排　　版：北京中文天地文化艺术有限公司

经　　销：全国各地新华书店

印　　刷：三河市灵山红旗印刷厂

版　　次：2008 年 1 月第 1 版　2008 年 1 月第 1 次印刷

开　　本：787 毫米×1092 毫米　1/16

印　　张：65.5

印　　数：2300 册

字　　数：1410 千

定　　价：258.00 元

ISBN　978－7－5032－3321－0